Zu dieser Textsam.

Weite Teile des nationalen Arbeitsrechts sind ohne Rückgriff auf das Arbeitsrecht der Europäischen Union (EU) nicht mehr hinreichend verständlich und anwendbar. Die vorliegende Textsammlung EU-Arbeitsrecht gibt die für Deutschland als Mitgliedstaat der Europäischen Union (EU) und damit auch der Europäischen Gemeinschaft (EG) bedeutenden arbeitsrechtlichen und für das Arbeitsrecht wesentlichen sozialversicherungsrechtlichen Normtexte des materiellen Rechts und des Verfahrensrechts der Europäischen Gemeinschaft als Teil der Europäischen Union wieder. Ergänzend zu den EU-rechtlichen Normen sind ein Auszug aus dem Abkommen über den Europäischen Wirtschaftsraum (Nr. 2), die Sozialcharta des Europarats (Nr. 3), das Unions-BürgerG (Nr. 12) und das deutsche Gesetz zur Ausführung zwischenstaatlicher Verträge und zur Durchführung von Verordnungen der Europäischen Gemeinschaft auf dem Gebiet der Anerkennung und Vollstreckung in Zivil- und Handelssachen (Anerkennungs- und Vollstreckungsausführungsgesetz – Nr. 102) abgedruckt.

Der Sammlung liegen die offiziellen Fassungen bzw. Übersetzungen in die deutsche Sprache aus den deutschsprachigen Veröffentlichungen in den Amts-, Gesetz- oder Verordnungsblättern zugrunde. Fußnoten weisen darauf hin, inwieweit die europäische Bestimmung in nationales Recht der Bundesrepublik Deutschland umgesetzt worden ist. Soweit solche Hinweise nicht bereits in die Veröffentlichungen im Bundesgesetzblatt aufgenommen und hier wiedergegeben worden sind, handelt es sich um redaktionelle Hinweise.

Harald Schliemann

Inhaltsverzeichnis

Teil IV. Anhänge

Richtlinien zu Beschäftigung, Freizügigkeit, Soziale Sicherheit, technischer Arbeitsschutz

Abkürzungsverzeichnis

Abk.	Abkommen
ABl.	Amtsblatt der Europäischen Gemeinschaften (bis 1958: Amtsblatt der Europäischen Gemeinschaft für Kohle und Stahl)
Abs.	Absatz
AEntG	Arbeitnehmer-Entsendegesetz
AEUV	Vertrag über die Arbeitsweise der EU
amtl.	amtlich/e(r)
Anm.	Anmerkung
Arbeitsschutzgesetze	Arbeitsschutzgesetze (Beck'sche Textausgaben)
ArbSchG	Arbeitsschutzgesetz
ArbZG	Arbeitszeitgesetz
Art.	Artikel
AUG	Arbeitnehmerüberlassungsgesetz
AufenthG	Aufenthaltsgesetz
BAnz.	Bundesanzeiger
BEEG	Bundeselterngeld- und Elternzeitgesetz
Bek.	Bekanntmachung
ber.	berichtigt
BetrAVG	Gesetz zur Verbesserung der betrieblichen Altersversorgung
BetrVG	Betriebsverfassungsgesetz
BGB	Bürgerliches Gesetzbuch
BGBl. I bzw. II	Bundesgesetzblatt Teil I bzw. II
BGBl. III	Bereinigte Sammlung des Bundesrechts, abgeschlossen am 28. 12. 1968 (in Nachweisform fortgeführt durch FNA)
BVerfG	Bundesverfassungsgericht
CEEP	Centre Européen des Entreprises à participation publique et des entreprises d'intérêt économique général (Europäischer Zentralverband der öffentlichen Wirtschaft)
CRPD	Behindertenrechtskonvention
DVO	Durchführungsverordnung
EBRG	Europäische Betriebsräte-Gesetz
EG	Europäische Gemeinschaften
EGB	Europäischer Gewerkschaftsbund
EGV	Vertrag zur Gründung der Europäischen Gemeinschaft
EURK	Europäische Menschenrechtskonvention
EuGH	Europäischer Gerichtshof
EU	Europäische Union
EUV	Vertrag über die Europäische Union
EWG	Europäische Wirtschaftsgemeinschaft
EWR	Europäischer Wirtschaftsraum
Fn.	Fußnote

Abkürzungsverzeichnis

FNA	Bundesgesetzblatt Teil I, Fundstellennachweis A (Bundesrecht ohne völkerrechtliche Vereinbarungen)
G	Gesetz
geänd.	geändert
GefStoffV	Gefahrstoffverordnung
GR	Grundrechte
insb.	insbesondere
JArbSchG	Jugendarbeitsschutzgesetz
Jayme/ Hausmann	Internationales Privat- und Verfahrensrecht (Beck'sche Textausgaben)
KSchG	Kündigungsschutzgesetz
lt.	laut, gemäß
MuSchG	Mutterschutzgesetz
NachwG	Nachweisgesetz
Prot.	Protokoll(e)
RL	Richtlinie
S.	Seite
SE	Europäische Gesellschaft (lat. Socjetas Europaea)
SGB III	Sozialgesetzbuch (SGB) – Drittes Buch (III). Arbeitsförderung
TzBfG	Teilzeit- und Befristungsgesetz
u. a.	unter anderem
Übk.	Übereinkommen
UNICE	Union of Industrial and Employers' Confederations of Europe (Union der Industrie- und Arbeitgeberverbände Europas)
v.	vom
vgl.	vergleiche
VO	Verordnung
zul.	zuletzt

Einführung in das EU-Arbeitsrecht

von Harald Schliemann
Thüringer Justizminister a. D.
Vorsitzender Richter am Bundesarbeitsgericht i. R.
Rechtsanwalt

I. Begriff und Grundlagen des EU-Arbeitsrechts

Die vorliegende Textsammlung umfasst das **Arbeitsrecht der Europäischen Union**. Das EU-Arbeitsrecht stellt keinen Rechtsbegriff dar, sondern eine Umschreibung der in der EU geltenden arbeitsrechtlichen und arbeitsrechtlich relevanten Normen der Union. Das gesamte Arbeitsrecht der Europäischen Gemeinschaft beruht auf einer Reihe von thematischen Einzelermächtigungen im europäischen Primärrecht.

1. Rechtsquellen

Primäre Quellen für das Recht der Europäischen Union und damit auch für deren Arbeitsrecht sind die europäischen Verträge, nämlich der **Vertrag über die Europäische Union** in der Fassung des Vertrags von Lissabon (**EUV-** hier lfd. Nr. 1) und der **Vertrag über die Arbeitsweise der Europäischen Union** (**AEUV**, hier lfd. Nr. 5) einschließlich der Anhänge, Protokolle und Zusatzvereinbarungen. Daneben bestehen weitere Quellen für das Recht der Union und deren Arbeitsrecht.

Für das Europäische Arbeitsrecht sind die **grundlegenden Werte der Europäischen Union** von großer Bedeutung. Schon vor der der Erarbeitung und der Anerkennung der Grundrechtscharta war der nunmehr als Unionbezeichnete Zusammenschluss auf die grundlegende Werte gegründet. Diese – zusammenfassend als Werte zu bezeichnenden – Rechte, Freiheiten und Grundsätze finden sich bereits im Gründungsvertrag des – Zusammenschlusses der sechs Gründungsmitglieder Belgien, Deutschland, Frankreich Italien, Luxemburg und Niederlande zur Europäische Wirtschaftsgemeinschaft (EWG). Später wurden diese Rechte, Freiheiten und Grundsätze in der die Präambel der Einheitlichen Europäischen Akte **(EEA).** Die Vollendung der Zollunion (1.7.1968) zwischen den Mitgliedsstaaten der EWG machte es aus der Sicht der Mitgliedstaaten erforderlich, weitergehende Ziele im Sinn einer Vertiefung des Integrationsprozesses vertraglich zu vereinbaren. Dazu gehörte auch die (nochmalige) Bekräftigung der gemeinsamen Werte. Auf diese Werte hat der EuGH immer wieder zurückgegriffen.

Die weitere politische Entwicklung der EWG über die EG zur (europäischen) Union gebot, diese von Anfang an beschlossenen **Werte auch im Vertragswerk von Lissabon im Jahr 2007** festzuhalten. In Art. 2 **EUV** wurden diese Werte expressis verbis erneut niedergelegt: „Die Werte, auf die sich die Union gründet, sind Achtung der Menschenwürde, Freiheit, Demokratie, Gleichheit, Rechtsstaatlichkeit und Wahrung der Menschenrechte einschließlich der Rechte der Personen, die Minderheiten angehören. Diese Werte sind allen Mitgliedstaaten in einer Gesellschaft gemeinsam, die sich durch Pluralismus, Nichtdiskriminierung, Toleranz, Gerechtigkeit, Solidarität und die Gleichhit von Frauen und Männern auszeichnet.“ In ihrer Erklärung zu ihrer

Schlussakte hat die Regierungskonferenz von Lissabon (Abdruck lfd. Nr. 10) den **Vorrang** der Unionsrechtlichen Verträge und des auf dieser Grundlage gesetzten Rechts vor dem Recht der Mitgliedstaaten nochmals betont.

Neben diesen von Anfang an maßgebenden Werten haben die in der **Europäischen Grundrechtecharta (EU-GRCharta)** großenteil deckungsgleich niedergelegten Werte auf das europäische Arbeitsrecht und dessen Auslegung und Verständnis wesentlichen Einfluss. Der Europäische Rat in seiner Tagung im April 1999 in Köln beschlossen, dass die besondere Bedeutung der Grundrechte für die Europäische Union und ihre Bürger deutlicher erkennbar gemacht werden sollte (EuGRZ 1999, S. 364 ff.). Es kam zur Bildung eines Konvents zur Erarbeitung der Grundrechtecharta. Der Konvent erarbeitete unter Einbeziehung wesentlicher sozialer Grundrechte aus der ESC die Grundrechtecharta (EU-GRCharta, hier lfd. Nr. 15). Die EU-GRCharta gilt seit dem 1. Dezember 2009 als Rechtsquelle für die Union und die Unionsbürger. Sie hat eine umfassende Bedeutung für das gesamte Recht der Union. Das Sekundärrecht der Union ist anhand der EU-GRCharta auszulegen (EuGH – C-499 – Andresen; EuGH – C 306/09 –).

Die **formelle Geltung der EU-GRCharta für die Union** ist durch **Art. 6 Abs. 1 EUV** herbeigeführt worden. Dort erklärt die Union; sie erkenne die Rechte, Freiheiten und Grundsätze an, die in der Charta der Grundrecht der Europäischen Union vom 7. Dezember 2000 in der am 12. Dezember 2007 in Straßburg angepassten Fassung niedergelegt sind (Art. 6 Abs. 1 1. Halbsatz EUV). Dabei sind die Charta der Grundrechte und die „die Verträge" (sc. EUV und AEUV) gleichrangig (Art. 6 Abs. 1 2. Halbsatz EUV). Nachdem der ursprüngliche Plan, die EU-Grundrechte zu integrieren (vgl. Mitteilunge der Kommission vom 11. Oktober 2000 KOM 2000, 644 endg. 4) gescheitert war, war es geboten, dass die Union diese Grundrechte anerkennt, damit sie eine rechtliche hinreichende Bedeutung für die Union und deren Bürger erhalten konnte.

Die bereits im Jahr 1950 durch den Europarat geschaffene Europäische Menschenrechtskonvention wurde als „Konvention zum Schutz der Menschenrechte und der Grundfreiheiten" am 22.10.2010 neu gefasst (EMRK, hier lfd. Nr. 30). Die EMRK stellt – auch in ihrer Neufassung – kein Recht der Union dar und beruht auch nicht auf einem Rechtsakt der Union. Sie ist ein völkerrechtlicher Vertrag. Gleichwohl hat die EMRK hohe Bedeutung für die die Auslegung des Rechts der Union und damit auch für das Europäische Arbeitsrecht. Nach Art. 6 Abs. 3 EUV tritt die Union der Europäische Menschenrechtskonvention bei. Infolge des Beitritts ist die EMRK eine Rechtsquelle der Union. Sie gehört nicht zum Primärrecht der Union, sondern zum Sekundärrecht, dies allerdings mit der Besonderheit, dass sie die Organe der Union und die Mitgliedstaaten bindet (Art. 216 Abs. 2 AEUV).

Die **Europäische Sozialcharta** (**ESC,** hier lfd. Nr. 20) aus dem Jahr 1961 steht gleichsam ergänzend neben der EMRK. Sie ist nicht von der Union geschaffen worden, sondern von Mitgliedstaaten des Europarates und stellt einen völkerrechtlichen Vertrag dar. Viele, aber nicht alle Mitgliedern der Union, haben die ESC z. T. mit Vorbehalten, ratifiziert. Die Union selbst ist ihr nicht beigetreten. Deutschland hat die ESC, nicht aber deren Art. 4 Abs. 4, Art. 7 Abs. 1, Art. 8 Abs. 2 und 4 sowie Art. 10 Abs. 4 angenommen (G. v. 19. 9.1964, BGBl. II, S. 1261). Umstritten ist, ob die ESC über ihr völkerrechtliche begründete Interstaatenverpflichtung hinaus den Bürgern ihrer Anwendungsstatten subjektive individuelle Rechte gewährt oder nicht (vgl. von Maydell, FS Birk, S. 547, 549).

Die EU hat im Jahre 1989 **die Gemeinschaftscharta der sozialen Grundrechte der Arbeitnehmer** (**SozGR,** hier lfd. Nr. 25) beschlossen. Diese Charta enthält die wesentlichen Grundsätze, auf denen das europäische Arbeitsrechtsmodell beruht und befasst sich mit den Bereichen Freizügigkeit der Arbeitnehmer, Beschäftigung und Arbeitsentgelt, Verbesserung der Arbeitsbedingungen, sozialer Schutz, Koalitionsfreiheit und Tarifverhandlungen, berufliche Bildung, Gleichbehandlung von Männern und Frauen, Unterrichtung, Anhörung und Mitwirkung der Arbeitnehmer, Gesundheitsschutz und Arbeitssicherheit und Schutz von Kindern, Jugendlichen, älteren Menschen und Behinderten. Diese sozialen Rechte gelten als gemeinsame Mindestgrundsätze für alle Mitgliedstaaten der Europäischen Union (EU). Die Bestimmungen der Charta wurden in den Vertrag von Lissabon (Artikel 151 AEUV) und (weitestgehend) in die Charta der Grundrechte der EU übernommen. Diese Charta blieb formell bestehen.

Für die EU und für Deutschland gilt die **Convention on the Rights of Persons with Disabilities** (CRPD), auch UN Behindertenrechtskonvention genannt. Dieses Übereinkommen der Vereinten Nationen (VN) ist das erste internationale und rechtsverbindliche Instrument, in dem Mindeststandards für die Rechte von Menschen mit Behinderungen festgelegt sind. Deutschland hat die CRPD ratifiziert (G. v. 21.12.2008, BGBl. II, S. 1419); sie ist hier am 26.3.2009 in Kraft getreten (Bek. V. 5.6.2009, BGBl. II; S, 812). Es ist zugleich das erste Menschenrechtsübereinkommen, bei dem die Union selbst Vertragspartei ist. Für die EU ist das CRPD am 22.01.2011 in Kraft getreten. Alle EU-Mitgliedstaaten haben das Übereinkommen im Laufe der Zeit unterzeichnet und ratifiziert. Im Januar 2019 haben 22 EU-Länder außerdem das sog. Fakultativprotokoll unterzeichnet und ratifiziert. Die wesentlichen Punkte des CRPD sind in die „Europäischen Strategie zugunsten von Menschen mit Behinderungen 2010 bis 2020" (KOM(2010) 636 endg.) aufgenommen worden.

Sekundäre **arbeitsrechtliche Rechtsquellen** sind die einschlägigen **Verordnungen** und **Richtlinien** der **EWG, EG, EU und Union.** Die unterschiedlichen Quellenbezeichnungen geben den jeweiligen Entwicklungsstand der Union bei der Schaffung oder Überarbeitung bzw. Neufassung der jeweiligen Normen wieder.

Arbeitsrechtliche Erkenntnisquellen zum EU-Recht allgemein und zum EU Arbeitsrecht im Besonderen sind vor allem die Entscheidungen des Europäischen Gerichtshofes EuGH) in Luxemburg, zur EMRK auch die des Europäischen Gerichtshof für Menschenrechte (EGMR) in Straßburg.

2. Arbeitsrechtliches Regelwerk der Union

Primärrechtliche Grundlagen für alles Recht und alle Handlungen der Union sind die europäischen Verträge, nämlich der Vertrag über die Union in der Fassung des Vertrags von Lissabon (EUV, hier lfd. Nr. 1) und der Vertrag über die Arbeitsweise der Union (AEUV, hier lfd. Nr. 5) einschließlich der Anhänge, Protokolle und Zusatzvereinbarungen. Der EUV hat die Charta der Grundrechte der Union (GRC, hier lfd. Nr. 15) zum gleichrangigen Teil des Primärrechts erhoben. Ebenso zählen zum Primärrecht der EU die sog. „ungeschriebenen Grundsätze" (siehe unten IV.2.) Weitgehend bestehen die Rechtsgrundlagen der Union aus der Übertragung von Hoheitsrechten ihrer Mitgliedstaaten. Vielfach haben die Bestimmungen im EUV und vor allem im AEUV Vorgängerbestimmungen in den vorherigen Verträgen und deren Fassungen. Gleiches gilt für europäische Verordnungen und Richtlinien. In der vorliegenden Textausgabe werden nur die derzeit gültigen Normen in deren Bezeichnungen verwendet; Hinsichtlich der jeweiligen Vorgängerbestimmungen wird auf die Vorauflage(n) verwiesen.

Das Wort „EU-Arbeitsrecht" stellt keinen Rechtsbegriff dar. Als **EU-Arbeitsrecht** lassen sich zusammenfassend alle **arbeitsrechtlichen Regeln** der **Union** bezeichnen. Diese Regeln stellen kein in sich geschlossenes Regelwerk für das Arbeitsrecht insgesamt dar, sondern betreffen nur Teile des Arbeitsrechts und setzen die Existenz nationalen Arbeitsrechts in den EU-Mitgliedstaaten voraus. Durch EU-Recht wurde das jeweilige nationale Arbeitsrecht der verschiedenen Mitgliedstaaten zunächst vor allem unter dem Gesichtspunkt der Freizügigkeit der Arbeitnehmer (Art. 45 AEUV) und der Gleichbehandlung von Mann und Frau beim Arbeitsentgelt (Art. 157 AEUV) und sodann des EU-weiten gleichen sozialen Schutzes der Arbeitnehmer überlagert und weiterentwickelt. Das EU-Arbeitsrecht wendet sich an die Union selbst und anderen Mitgliedstaaten, durch besondere Abkommen auch an dritte Staaten und Gebiete, letzteres zuweilen mit Modifikationen. Insgesamt hat das EU-Arbeitsrecht (wie auch das nur rudimentäre EU-Sozialversicherungsrecht) Vorrang vor dem nationalen Arbeitsrecht. Soweit zwingendes EU-Arbeitsrecht besteht, können die Mitgliedstaaten aus eigener Souveränität Abweichendes nicht mehr regeln.

Nicht selten ist zu beobachten, dass die materiellen Regeln nationalen Arbeitsrechts einzelner Mitgliedstaaten als Vorbild für das Europäische Arbeitsrecht dienen oder gedient haben. Zuweilen suchen Mitgliedstaaten aber auch den Weg über die Rechtsetzung der EU wie auch über die Rechtsprechung des Europäischen Gerichtshofes – EuGH – zur Entwicklung neuer materieller arbeitsrechtlicher Regeln, wie ihn Deutschland z.B. 1994 im Jahr bei der Ablösung der alten Arbeitszeitordnung durch das Arbeitszeitgesetz beschritten hat.

Für das Verständnis des Inhalts und der Bedeutung des EU-Arbeitsrechts ist zu beachten, dass die EU die Trennung von Arbeits- und Sozialrecht nach deutschem Verständnis sprachlich und rechtlich nicht nachvollzieht. Im Sprachgebrauch der EU ist insoweit häufig von Sozialpolitik (vgl. Überschrift des Titel X und des Art. 151 Abs. 1 AEUV), von „sozialer Sicherheit" und „sozialem Schutz" (Art. 151 Abs. 1 AEUV) der Arbeitnehmer sowie von „sozialem Dialog" (vgl. Art. 151 Abs. 1, Art. 152 AEUV) die Rede. Damit werden häufig nach deutschem Sprachgebrauch sowohl Arbeitsrecht, Arbeitsschutzrecht, Arbeitsmarktrecht wie auch verwaltungs- und sozialrechtliche Aspekte zugleich angesprochen.

II. Bedeutung des EU-Arbeitsrechts für das nationale Arbeitsrecht

Das **EU-Arbeitsrecht** hat **grundlegende Bedeutung auch** für das **nationale Arbeitsrecht.** Dies betrifft nicht etwa nur staatenübergreifende Angelegenheiten, sondern ebenso reine Inlandssachverhalte. Auf die **Union sind für bestimmte Sachthemen des sog. Sozialpolitik die Rechtsetzungskompetenzen vollständig übertragen worden.** Für andere Sachthemen **teilt die Union ihre Zuständigkeit mit den Mitgliedstaaten** (Art. 4 Abs. 1 und 2 Buchst. b) AEUV). Diese sind Artikel wie Art. 45 AEUV (Freizügigkeit der Arbeitnehmer), Art. 151 AEUV (Lohngleichheit von Mann und Frau), vor allem aber im „Titel X – Sozialpolitik" in den Art. 151 bis 161 AEUV im Einzelnen aufgezählt. Die einzelnen Bestimmungen zeigen, dass es dabei in weitem

Umfang um materielles und formelles Arbeitsrecht einschließlich des technischen und des sozialen Arbeitsschutzrechts geht.

Das EU-Arbeitsrecht beruht auf gesetzförmigen oder gesetzähnlichen Regelungen der Union und wird durch die Rechtsprechung des EuGH wesentlich ausgeformt. Der **inländischen Alltagspraxis** ist die **grundlegende Bedeutung** der europäischen Rechtsetzung und Rechtsprechung auf dem Gebiet des Arbeitsrechts nicht immer hinreichend bewusst. Dies liegt nicht zuletzt daran, dass nur ganz wenige EU-Bestimmungen auf dem Gebiet des Arbeitsrechts unmittelbar für Arbeitnehmer und Arbeitgeber in einem Mitgliedsland der Union gelten. Weit mehr materielle Bestimmungen des EU-Arbeitsrechts enthalten die **EU-Richtlinien** (ex EG- bzw. EWG-Richtlinien). Deren Geltungsbefehl richtet sich nur an die Mitgliedstaaten, nicht aber an deren Bürger oder an die darin ansässigen Unternehmen.

Die Mitgliedstaaten müssen den Inhalt der Richtlinie innerhalb der dort genannten Frist in nationales Recht der Mitgliedstaaten der EU umsetzen (Art. 288 Abs. 3 AEUV). Die Umsetzung geschieht in der Regel durch nationale Gesetze und erfolgt – jedenfalls in Deutschland – mehr oder weniger rechtzeitig und vollständig. Zuweilen geht sie über die Vorgaben der EU-Richtlinie auch hinaus, zuweilen bleibt sie dahinter zurück. Die neuen deutschen Umsetzungsgesetze legen in einer amtlichen Anmerkung offen, inwieweit sie (nur) EU-Richtlinienrecht umsetzen. Diese Hinweise werden zwar im Bundesgesetzblatt mitgeteilt, mit Ausnahmen (z. B. vorliegend sowie in Arbeitsgesetze Beck-Texte im dtv, Nr. 5006) aber nicht immer in alltäglichen Textausgaben. Der Mangel solcher Hinweise erschwert den Umgang mit nationalen Gesetzen erheblich, weil nicht erkennbar ist, ob ein darin enthaltener Rechtsbegriff noch der nationalen oder **Interpretationshoheit der Union** unterliegt. Seit langem sind ganze nationale arbeitsrechtliche Gesetze auf EU-Richtlinien zurückzuführen, z. B. das **Arbeitszeitgesetz,** das **Nachweisgesetz,** das **Teilzeit- und Befristungsgesetz**, das **Allgemeine Gleichbehandlungsgesetz,** das **Gesetz über Europäische Betriebsräte.** Beispielsweise beruhen die nationalen Bestimmungen über die Gleichbehandlung von Mann und Frau im Arbeitsleben, vor allem beim Entgelt, nicht nur auf Art. 3 GG, sondern wesentlich auf EU-Arbeitsrecht.

Auch wenn die EU-Richtlinien in nationales Recht umgesetzt worden sind, hat es damit nicht sein Bewenden. Für Verständnis und Auslegung derartiger nationaler Regelungen, vor allem der darin enthaltenen Rechtsbegriffe müssen stets der Definitionsvorrang und der Interpretationsvorrang der Union und die EU-rechtliche Vorgabe beachtet werden. Gegebenenfalls muss das nationale Gericht den Rechtsstreit aussetzen und den Europäischen Gerichtshof im Wege des EU-rechtlichen Vorabentscheidungsverfahrens (Art. 267 AEUV) anrufen.

III. Kompetenzprinzipien der (Europäischen) Union

Die (europäische) **Union** hat zwar Rechtspersönlichkeit, ihr gehören auch Bürger an, sie ist aber weder Staat noch Verbandsstaat, weder ein Bundesstaat wie die Bundesrepublik Deutschland noch ein Unionsstaat wie die USA. Die Union stellt (nur) eine mit weitreichenden Befugnissen zur Rechtsetzung ausgestatte, **supranationale Organisation sui generis ihrer Mitgliedstaaten** dar. Im völkerrechtlichen Sprachgebrauch stellt die Union einen Staatenverbund dar. Sie ist zwar Völkerrechtssubjekt, aber kein Staat. Gleichwohl hat sie die Kompetenz zur gegenüber den Mitgliedstaaten supranationalen Gesetzgebung im Rahmen der ihr von den Mitgliedstaaten übertragen einzelnen Sachkompetenzen. Das EU-Arbeitsrecht ist Teil des **supranationalen Unionsrechts** und beruht wie dieses auf dem in Art. 5 Abs. 1 und 2 EUV geregelten Prinzip der **begrenzten Einzelermächtigung.** Für die Ausübung der Gesetzgebungskompetenz der Union wie für deren sonstigen Handlungen gelten die Grundsätze der **Subsidiarität** und der **Verhältnismäßigkeit** (Art. 5 Abs. 1 EUV).Der EuGH hat die nach Art. 153 AEUV zu beachtenden Eigenheiten mitgliedstaatlichen Rechts einerseits deutlich respektiert(vgl. für Altersgrenzen zu RL 2000/78/EG EuGH 16.10.2007 – C-411/05 (Palacios de la Villa), – NJW 2007, 3339, hierzu und zu Art. 21 Abs. 1 GRC: EuGH 19.4.2016 – C-441/14 (Dansk Industri), EuZW 20176, 466). Anderseits hat er aber den Eindruck erweckt, mitgliedstaatliche Besonderheiten nicht mehr beachten zu wollen (vgl. zum Urlaubsrecht: EuGH 24.1.2012 – C-282/10 (Dominguez), NZA 2012, 139).

1. Supranationales Recht

Das Recht der EU bildet – anders als die klassisch völkerrechtlichen, bilateralen oder multilateralen Verträge zwischen Staaten als Völkerrechtssubjekte – eine eigenständige **supranationale Rechtsordnung.** Durch multilaterale, völkerrechtliche Verträge haben die Mitgliedstaaten die EU (vormals: EG, EWG) errichtet und ihr **Hoheitsrechte** zur selbständigen Ausübung nach dem Prinzip der **Einzelermächtigung** (Art. 5 Abs. 1, 2 EUV, ex EGV) und dem Prinzip der Subsidiarität (Art. 5 Abs. 2 EUV, ex EGV) übertragen (vgl. BVerfG 30.6.2009 – Lissabon – BVerfGE 123, 267, 271 ff., NJW 2009, 2267; EuGH 5.2.1963 – van Gend & Loos – Slg. 1963, 1, 24; EuGH 15.7.1964 – Costa ./. E. N. E. L. – Slg. 1964, 1251).

2. Vorrang vor dem nationalen Recht

Infolge der Übertragung von Hoheitsrechten auf die Union hat das gesamte EU-Recht, gleichgültig, ob es das Primärrecht der Union oder das von ihr geschaffene Sekundärrecht ist, **Vorrang vor dem nationalen Recht** (EuGH 15.7.1964 – Costa ./. E. N. E. L. – Slg. 1964, 1251; EuGH 17.4.2018 – C 414/16 (Egenberger), NZA 2018, S. 569). Dies ist auch in Deutschland höchstrichterlich anerkannt (BVerfG 28.1.1992 AP Nr. 2 zu § 19 AZO; BAG 5.3.1996 – AP Nr. 226 zu Art. 3 GG). Der Vorrang gilt nicht nur gegenüber jedwedem staatlichem Recht, auch Verfassungsrecht (EuGH 11.1.2000 – Kreil – AP Nr. 19 zu EWG-RL76/207), sondern auch gegenüber Tarifvertragsnormen (EuGH 31.5.1995 – Royal Copenhagen – AP Nr. 68 zu Art. 119 EWG-Vertrag). Dies führt jedoch nicht zur Durchbrechung der Rechtskraft einer mit Unionsrecht unvereinbaren Entscheidung eines mitgliedstaatlichen Gerichts (EuGH 16.3.2006 – Kapferer – EuZW 2006, 241).

3. Begrenzte Einzelermächtigung

Das in Art. 5 Abs. 1 EUV vereinbarte und normierte Prinzip der begrenzten Einzelermächtigung dient der generellen Abgrenzung der Rechtsetzungskompetenz zwischen Union und deren Mitgliedstaaten. Die Union wird „nur in den Grenzen der Zuständigkeiten tätig, die die Mitgliedstaaten ihr in den Verträgen zur Verwirklichung der darin niedergelegten Ziele übertragen haben. Alle der Union nicht in den Verträgen übertragenen Zuständigkeiten verbleiben bei den Mitgliedstaaten" (Art. 5 Abs. 1 EUV). Die Union hat nicht die Kompetenz, ihre sachliche Zuständigkeit selbst zu bestimmen oder diese gar zu erweitern.

Weitere Grundregeln wie auch Einzelregelungen der Zuständigkeit der Union enthalten die Art. 2 bis 6 AEUV. In Art. 3 AEUV sind die ausschließliche Rechts- und Sachzuständigkeiten der Union geregelt. Die Rechts- und Sachgebiete, in den die Zuständigkeit zwischen der Union und den Mitgliedstaaten geteilt ist, sind in Art. 4 AEUV aufgezählt.

4. Subsidiarität

Das **Subsidiaritätsprinzip** betrifft nur die Bereiche, in denen die Union nicht ausschließlich zuständig ist (vgl. Art. 3 Abs. 3 EUV). Für den Hauptbereich „Sozialpolitik" (Art. 4 Abs. 1, Abs. 2 Buchst. b, i.V.m. Titel X – Sozialpolitik AEUV) ist die Union nicht ausschließlich zuständig. Das Subsidiaritätsprinzip besagt, dass die Union in den genannten Bereichen der geteilten Zuständigkeit nur tätig wird, „sofern und soweit die Ziele der in Betracht gezogenen Maßnahmen von den Mitgliedstaaten weder auf zentraler noch auf regionaler oder lokaler Ebene ausreichend verwirklicht werden können, sondern vielmehr wegen ihres Umfangs oder ihrer Wirkungen auf Unionsebene besser zu verwirklichen sind" (Art. 5 Abs. 3 EUV).

IV. Ränge der rechtlichen Bestimmungen der Union

Das Recht der Europäischen Union ist in **Primärrecht** und das ihm nachgeordnete **Sekundärrecht** zu unterteilen. Das Primärrecht bildet die Rechtsgrundlage für die Existenz der Union und ihrer Organe und das Verhältnis zwischen den Mitgliedstaaten und der Union, vor allem die Verträge und die Charta der Grundrechte der Europäischen Union (GRC) sowie die dazu gehörenden Protokolle und (angenommenen) Erklärungen. Als Sekundärrecht lassen sich alle von der Union geschaffenen unionsrechtlichen Regelungen bezeichnen.

1. Formelles Primärrecht

Die Europäische Union ist als supranationale Vereinigung ihrer Mitgliedstaaten durch multinationale Verträge errichtet worden. Maßgeblich ist nunmehr der **Vertrag von Lissabon** vom 13.12.2007 (Abl. C 2007, 306, S. 1, ber. Abl. C 2008, C 111, S. 56, ber. Abl. 2009 C S. 1, kons. Fassung: Abl. 2010 C 83, S. 47). Er hat das gesamte Primärrecht der Europäischen Union mit Wirkung vom 1. Dezember 2009 auf formell neue Rechtsgrundlagen gestellt.

Wegen der Einzelheiten der vorherigen Rechtsentwicklung von den drei europäischen Gemeinschaften (Europäische Gemeinschaft für Kohle und Stahl – EGKS), der Europäischen Atomgemeinschaft (EAG) und der Europäischen Wirtschaftsgemeinschaft (EWG) und deren Weiterentwicklung zu Europäischer Gemeinschaft (EG) und Europäischer Union (EU) wird auf die Einführung in der dritten Auflage dieser Textausgabe verwiesen.

In der Bundesrepublik Deutschland war umstritten, ob das Zustimmungsgesetz (vgl. Art. 23, GG) zum Vertrag von Lissabon mit dem Grundgesetz vereinbar sei. Das Bundesverfassungsgericht hat dies bejaht, gleichzeitig jedoch festgehalten, dass die europäische Vereinigung auf der Grundlage einer Vertragsunion souveräner Staaten nicht so verwirklicht werden dürfe, dass in den Mitgliedstaaten kein ausreichender Raum zur politischen Gestaltung der wirtschaftlichen, kulturellen und sozialen Lebensverhältnisse mehr bleibe, und angekündigt, es werde prüfen, ob Rechtsakte der europäischen Organe und Einrichtungen sich unter Wahrung des europarechtlichen Subsidiaritätsprinzips (Art. 5 Abs. 1 Satz 2, Abs. 3 EUV) in den Grenzen der ihnen im Wege der begrenzten Einzelermächtigung eingeräumten Hoheitsrechts halten (BVerfG, Urteil 30.6.2009 – Lissabon – BVerfGE 123, 267, 271 ff; NJW 2009, 2267).

Der Vertrag von Lissabon hat das bisherige „Drei-Säulen-Konzept" der Europäischen Union (Art. 1 Abs. 3 Satz 1 EUV a. F.) abgelöst. Der neue **Vertrag über die Europäische Union** behält seine Bezeichnung, abgekürzt **„EUV";** der Vertrag zur Gründung der Europäischen Gemeinschaft wurde in **Vertrag über die Arbeitsweise der Europäischen Union – „AEUV"** – umbenannt. Die **Europäische Union** ist an die Stelle der Europäischen Gemeinschaft getreten; sie ist Rechtsnachfolgerin (Art. 1 Abs. 3 Satz 3 EUV) und hat eine eigene Rechtspersönlichkeit erlangt (Art. 47 EUV). Sie wird künftig grundsätzlich nur noch als Union bezeichnet. Die Europäische Atomgemeinschaft (EAG, auch Euratom) wird aus dem ehemaligen Dachverband der Europäischen Union ausgegliedert und besteht – abgesehen von einer institutionellen Verbundenheit mit der Europäischen Union – als unabhängige internationale Organisation fort. Die Art. 30 ff. EAG-Vertrag regeln technische Arbeitsschutzbestimmungen für die Atomwirtschaft (hier nicht abgedruckt).

Zugleich ist mit dem Vertrag von Lissabon die **Charta der Grundrechte der Europäischen Union – GRC –** vom 7. Dezember 2000 in der Fassung von Straßburg vom 12. Dezember 2007 von der EU formell anerkannt worden (Art. 6 Abs. 1 Halbs. 1 EUV). Die Bestimmungen der GRC gelten in vollem Umfang, allerdings unter Wahrung des Subsidiaritätsprinzips (Art. 5 Abs. 3 EUV, ex EGV) für die **Organe der EU.** Für die Mitgliedstaaten der EU gelten die Bestimmungen der GRC bei der Durchführung von Unionsrecht (Art. 51 Abs. 1 Satz 1 GRC).

Zum **Primärrecht der Union** gehören auch die 37 **Protokolle** zum Vertrag von Lissabon und zur GRC, die **Anhänge** zum Vertrag, darunter der über überseeische Länder und Hoheitsgebiete, auf welche der Vierte Teil des AEUV anzuwenden ist. Ebenso die **Erklärungen** zur Schlussakte der Regierungskonferenz, die den am 13. Dezember 2007 unterzeichneten Vertrag von Lissabon angenommen hat, nämlich (A) die zu den Bestimmungen dieser Verträge, (B) die zu den den Verträgen beigefügten Protokollen und (C) die Erklärungen der Mitgliedstaaten.

2. Ungeschriebenes Primärrecht

Zum gleichrangigen Primärrecht der EU zählen auch die **(ungeschriebenen) allgemeinen Grundsätze des Unionsrechts,** wie sie in der **Europäischen Menschenrechtskonvention (EMRK)** gewährleistet sind und wie sie sich aus den gemeinsamen Verfassungsüberlieferungen der Mitgliedstaaten ergeben (Art. 6 Abs. 3 EUV). Nach Art. 6 Abs. 2 EUV tritt die Union der

EMRK bei, ohne dass dies die in den Verträgen niedergelegte Zuständigkeit der Union ändert. Die allgemeinen Grundsätze des Unionsrechts bestehen als solche trotz Inkrafttretens der GRC fort (EuGH 26.1.2010 – Transportes Urbanos – EuGRZ 2010, 87). Dies wirft die Frage nach dem Verhältnis von GRC, EMRK und den ungeschriebenen allgemeinen Grundsätzen des primären Unionsrechts auf. Wenn und weil sich die GRC an die Organe der EU richten, beschreiben sie deren grundrechtlichen Grenzen zur Errichtung von Sekundärrecht. Insoweit ist fraglich, ob die Organe der Union auch insoweit auf ungeschriebene allgemeine Grundsätze des Unionsrechts zurückgreifen dürfen, als sie in der GRC keinen Niederschlag gefunden haben (vgl. aber EuGH 26.1.2010 – Transportes Urbanos – EuGRZ 2010, 87). Ein Rückgriff auf die EMRK ändert jedenfalls an der Zuständigkeit der Union nichts. Das BVerfG hat sich in zwei Entscheidungen mit dem Verhältnis der Grundrechte des Grundgesetzes zu den in der GRC fixierten Grundrechten befasst. Es geht davon aus, dass die Rechte in der EU-GRCharta die Grundrechte des Grundgesetzes im Rahmen der inhaltlichen Übereinstimmung verdrängen.

Allgemeine hergebrachte Grundsätze des Unionsrechts (vormals: „Gemeinschaftsrechts") sind z.B. der allgemeine Gleichheitssatz (EuGH 19.10.1977 – Ruckdeschel – Slg. 1977, 1753, 1770), das Recht des Arbeitnehmers auf freie Wahl des Arbeitgebers (EuGH 16.12.1992 – Katsikas – Slg. 1992, I-6577, 6609), Vertrauensschutz und Verhältnismäßigkeit (EuGH 12.12.1996 – Accrington Beef – Slg. 1999, I-6699, 6730), das Verbot des Rechtsmissbrauchs (EuGH 12.5.1998 – Kefalos – Slg-. 1998, I-2843, die Rechtssicherheit (EuGH 14.3.2000 – Scientology – Slg. 2000, I-6699, 6730) aber auch die Rechtssicherheit (EuGH 25.11.2008 – „Heemskerk" – EuZW 2009, 92 und die Staatshaftung für Schäden infolge Verstoßes des Staates gegen EU-Recht (EuGH, 26.1.2010 – Transportes Urbanos – EuGRZ 2010, 87), die Grundsätze der „Effektivität" und der „Äquivalenz" (EuGH 28.10.2009 – Pontin – NZA 2009, 1327). Der EuGH geht auch nach dem Vertrag von Lissabon ohne weiteres davon aus, dass diese ungeschriebenen Grundsätze weiter bestehen (EuGH 25.11.2010 – Fuß II – NZA 2011, 53).

3. Gleichrangigkeit des Primärrechts

Alles Primärrecht der EU ist **gleichrangig.** Dies gilt ausdrücklich für die formellen Rechtsquellen **EUV, AEUV und GRC.** Der **AEUV** ist trotz seiner Bezeichnung dem EUV nicht nachgeordnet, sondern ist ihm- wie in den Verträgen mehrfach betont wird – „rechtlich gleichrangig" (Art. 1 Abs. 3 Satz 2 EUV); „beide Verträge, die rechtlich gleichrangig sind, werden als 'die Verträge' bezeichnet" (Art. 1 Abs. 2 Satz 2 AEUV). Die „Union" ist an die Stelle der Europäischen Gemeinschaft getreten, sie ist deren Rechtsnachfolgerin (Art. 1 Abs. 3 Satz 2 EUV). Die Rechtsetzungsmechanismen der Union sind geändert worden (vgl. Art. 16, 17 EUV, Art. 238 Abs. 2 AEUV).

Denselben Rang wie EUV und AEUV genießt auch die GRC: „Die Charta der Grundrechte und die Verträge sind gleichrangig" (Art. 6 Abs. 1 Halbs. 2 EUV). Es gibt darin – anders als im deutschen Recht im Verhältnis von Grundgesetz zu einfachem Gesetz – **keine Normenhierarchie** zwischen den europäischen Grundrechten und den Verträgen.

Die GRC stellt einen **umfangreichen Grundrechtekatalog** dar und enthält eine Reihe von Grundrechten mit **arbeitsrechtlicher Relevanz.** Allerdings gelten die Normen der GRC wegen des Subsidiaritätsprinzips (Art. 5 Abs. 3 EUV) nur gegenüber den Organen der EU und nach Art. 51 Abs. 1 Satz 1 GRC gegenüber den Mitgliedstaaten der EU bei der Durchführung von Unionsrecht. Damit bleibt der formale Geltungsanspruch der GRC deutlich hinter dem Geltungsanspruch der Grundrechte des GG zurück. Indessen bleibt insoweit die Entwicklung der Rechtsprechung des EuGH zur Wirkung der europäischen Grundrechte unter Privaten abzuwarten.

Mangels **Normenhierarchie** sind Konflikte zwischen den einzelnen gleichrangigen Primärrechten durch **Abwägung** der widerstreitenden Rechte zu lösen. Der EuGH entwickelt insoweit eine **Abwägungsmethodik.** Er geht primäre von den **wirtschaftlichen Grundfreiheiten** aus und macht die Zulässigkeit, in solche Grundfreiheiten zu Gunsten von Arbeitnehmerinteressen einzugreifen, allein von der **Bedeutung und dem Gewicht der widerstreitenden Interessen** abhängig (EuGH 16.7.2015 C-580/13 (COTY), EuZW 2015; S. 747). In den vor Inkrafttreten der GRC ergangenen Entscheidungen „Viking" (EuGH 11.12.2007 – AP Nr. 3 zu Art. 43 EG) und „Laval" (EuGH 18.12.2007 – AP Nr. 15 zu At. 49 EG) wurde nicht geprüft, inwieweit die widerstreitenden Interessen der Arbeitnehmer ihrerseits auf Grundrechte zurückzuführen waren.

4. Primäres Arbeitsrecht

Der AEUV hat – soweit für das Arbeitsrecht von Bedeutung – im Wesentlichen den materiell-rechtlichen Gehalt der EG übernommen. Indessen ist im Hinblick auf das ungeschriebene Primärrecht durch die formelle Übernahme der GRC teilweise eine Erweiterung, teilweise eine „Verdoppelung" arbeitsrechtlich bedeutsamer Bestimmungen des EU-Rechts eingetreten.

Das Primärrecht der Union enthält **grundlegendes Arbeitsrecht** vor allem hinsichtlich der **Freizügigkeit** der Arbeitnehmer (Art. 45 AEUV, ex Art. 39 EGV), hinsichtlich der **Gleichbehandlung** von Mann und Frau beim **Arbeitsentgelt** (Art. 157 AEUV), hinsichtlich des **Schutzes vor Diskriminierungen** (Art. 19 AEUV, allerdings auch hinsichtlich der Wahrung und Achtung und Nichtbeeinträchtigung des Status von **Kirchen und anderen Religionsgesellschaften** nach dem Recht der Mitgliedstaaten (Art. 17 AEUV).

Arbeitsrechtlich von Bedeutung sind aber auch etliche Bestimmungen des **GRC** wie die **Vereinigungsfreiheit** (Art. 8 GRC), die **Versammlungs- und Vereinigungsfreiheit** einschließlich Bildung von **Gewerkschaften** (Art. 12 GRC), die **Berufsfreiheit** (Art. 15 GRC), die **unternehmerische Freiheit** (Art. 16 GRC), der **Eigentumsschutz** (Art. 17 GRC) der **personenbezogene Datenschutz** (Art. 8 GRC), das **Diskriminierungsverbot** (Art. 21 GRC), das Gebot der **Gleichheit von Mann und Frau** in allen Bereichen einschließlich Beschäftigung, Arbeit und Arbeitsentgelt (Art: 23 GRC), die **Solidaritätsregelungen über die Unterrichtung und Anhörung der Arbeitnehmer** (Art. 27 GRC), das Recht auf **Kollektivverhandlungen** und -**maßnahmen** einschließlich des **Streiks** (Art. 28 GRC), **Entlassungsschutz** (Art. 30 GRC) und das Postulat **gerechter und angemessener Arbeitsbedingungen** (Art. 31 GRC). Die meisten dieser grundlegenden Bestimmungen hatten bereits vor der Schaffung der GRC ihre Anerkennung in der Rechtsprechung des EuGH gefunden. Hinzu kommen die oben schlagwortartig skizzierten arbeitsrechtlich relevanten Bestimmungen des **ungeschriebenen Primärrechts.**

Zum **arbeitsrechtlich** bedeutsamen **Primärrecht** zählen auch die Bestimmungen über das – auch in der Praxis der deutschen Arbeitsgerichtsbarkeit in allen Instanzen ständig vorkommende – **Vorabentscheidungsverfahren** (Art. 267 AUEV) sowie das Grundrecht auf einen wirksamen Rechtsbehelf und ein unparteiisches Gericht (Art. 47 GRC).

5. Sekundärrecht

Sekundärrecht ist alles aus dem Primärrecht abgeleitete und schon deshalb ihm **nachrangige Unionsrecht** (vormals „Gemeinschaftsrecht"). Gesetze der Union werden zur Erfüllung der Aufgaben der Union durch den Rat und das Europäische Parlament gemeinsam (Art. 16 Abs. 1 EUV) erlassen. Der Rat, die Kommission und die sonstigen Organe der Union, auch der EuGH „nehmen" **Verordnung, Richtlinien** und **Entscheidungen**, **Empfehlungen** und **Stellungnahmen** „an" (so der deutsche Wortlaut des § 288 Abs. 1 AEUV), d.h., sie erlassen solche Akte oder geben Stellungnahmen ab (Art. 288 Satz 1 AEUV). Auch diese Akte zählen – unbeschadet der Frage ihrer rechtlichen Verbindlichkeit – zum Sekundärrecht der Union. Zum Sekundärrecht gehört auch die (längst bestehende) **Verfahrensordnung des EuGH**, die nach Art 254 Abs. 5 AEUV vom Gerichtshof erlassen wird und der einstimmigen Genehmigung des Rates bedarf.

Das auf den bisherigen Grundlagen der EG bzw. EU gesetzte **Sekundärrecht** gilt als „Unionsrecht" weiter.

6. Sekundäres Arbeitsrecht

Wesentliche Teile des EU-Arbeitsrechts sind Bestandteil des EU-Sekundärrechts. Dies gilt vor allem für die **arbeitsrechtlichen Richtlinien.** Sie richten sich an die Mitgliedstaaten und geben diesen den Befehl zur Umsetzung in innerstaatliches Recht, haben aber keine unmittelbare Rechtswirksamkeit unter Privaten.

Sekundäres EU-Arbeitsrecht muss nicht ex ovo von der Union selbst geschaffen werden. Es kann nach näherer Maßgabe des Art. 155 AEUV auch auf dem Ergebnis eines **Dialogs der Sozialpartner** (europäische Gewerkschaften und Arbeitgeberverbände) beruhen. Die Durchführung solcher auf Unionsebene geschlossenen Vereinbarungen **(Sozialpartnervereinbarungen)** erfolgt entweder nach den jeweiligen Verfahren und Gepflogenheiten der Sozialpartner und der Mitgliedstaaten oder – in dem durch Art. 153 AEUV erfassten Bereichen – auf gemeinsamen Antrag der Unterzeichnerparteien durch einen, ggfs. notwendig einstimmigen Beschluss des Rates auf Vorschlag der Kommission. In solchem Fall kann die Union auch eine Richtlinie nutzen, mit der sie das Ergebnis des Dialogs in Richtlinienrecht erhebt.

IV. Geltungsbereich des EU-Arbeitsrechts

Das Recht der EU und damit auch deren Arbeitsrecht gilt normativ für die Union und für deren Mitgliedstaaten. Nach näherer Maßgabe von Assoziierungsabkommen kann es auch Geltung für dritte Staaten bzw. deren Staatsangehörige bei Tätigkeiten in der Union haben.

Neben dem EU-Arbeitsrecht bestehen arbeitsrechtliche oder arbeitsrechtlich bedeutsame Abkommen mit der Union oder deren Mitgliedstaaten einerseits und Drittstaaten andererseits. Vor allem gelten die Regeln über die Arbeitnehmerfreizügigkeit (Art. 45 AEUV) auch für Angehörige des – neben der EU existierenden – **Europäischen Wirtschaftsraumes** (Island, Norwegen, Liechtenstein) und für die Bürger der **Schweiz.**

V. Anderes Arbeitsvölkerrecht

Außerhalb des EU-Rechts steht die vom Europarat geschaffene **Europäische Sozialcharta – ESC.** Sie gilt kraft Ratifizierung (G zur ESC 19.9.1964, BGBl. II, 1261) seit ihrem Inkrafttreten am 26.2.1965 auch in der Bundesrepublik Deutschland; ihr kommt allerdings keine unmittelbare innerstaatliche, sondern nur völkerrechtliche Bedeutung zu (BVerwG 18.12.1992 – 7 C 12.92-DVBl. 1993, 787).

Unabhängig von den unionsrechtlichen Rechtsgrundlagen und der ESC besteht zwischen der Bundesrepublik Deutschland und Staaten, vor allem solchen, die nicht zur Europäischen Union gehören, ein durch internationale Verträge und nationale Kollisionsnormen, z. T. auch nur auf Regierungsabkommen beruhendes **Arbeitsvölkerrecht.** Solche Abkommen bleiben für die vorliegende Textausgabe außer Betracht.

VI. Verbindlichkeit und Anwendbarkeit des EU-Arbeitsrechts

Entsprechend der Rechtsnormqualität und den Rechtsnormadressaten sind die Verbindlichkeit und die Anwendbarkeit der europäischen Rechtsakte und damit auch des EU-Arbeitsrechts unterschiedlich ausgestaltet.

1. Unmittelbare und zwingende Geltung für Alle

Die Normen des **Primärrechts** der Union gelten in allen Mitgliedstaaten für Alle, gleichgültig, ob Staat oder Private, **unmittelbar und zwingend. Verordnungen** der Union (vormals EU, EG, auch noch EWG) haben allgemeine Geltung; sie sind in allen ihren Teilen verbindlich und gelten unmittelbar in jedem Mitgliedstaat, auch und gerade im Rechtsverkehr unter Privaten (Art. 288 Abs. 2 AEUV). Allerdings können Verordnungen zugleich die Geltung mitgliedstaatlicher Regelungen zulassen (vgl. Art. 88 der Datenschutz-Grundverordnung hinsichtlich der Datenverarbeitung im Kontext von Beschäftigungsverhältnissen).

Unklar ist allerdings die Frage der Geltung der GRC unter Privaten im Rechtsverkehr innerhalb eines Mitgliedstaates. Hier stellt sich für den innerstaatlichen Rechtsverkehr unter Privaten in der Bundesrepublik Deutschland die Frage, ob insoweit – unbeschadet der Frage der Drittwirkung – deutsche Grundrechte oder die der GRC maßgeblich sind. Nach dem (vermeintlich) klaren Wortlaut des Art. 51 GRC dürfte diese Frage nicht auftreten. Jedoch relativiert der EuGH anscheinend die in Art. 51 GRC normierte Geltungsbeschränkung. Nach EuGH (Urt. 27.6.2006 – C 540/03 (Parlament ./. Rat), Slg 2006, I-5769) soll sich die Bindung an die Grundrechte der Union auch auf solche Bereiche erstrecken, in denen die Richtlinie für ihre Umsetzung den Mitgliedstaaten einen Ermessens- oder Regelungsspielraum eröffnet. Das BVerfG (Beschl. 14.5.2007, 1 BvR 2036/05 – NVwZ 2007, 942) lässt die Bindung an die Grundrechte -inzwischen solche der GRC – jedoch nur für die innerstaatliche Umsetzung solcher Richtlinien gelten, für die dem Mitgliedstaat kein Umsetzungsspielraum bleibe. Inzwischen folgt der EuGH der Auffassung des BVerfG zu folgen (vgl. EuGH 15.1.2014 – C-176/12 (Association de médiation sociale gegen Union locale des syndicats CGT), NZA 2014, 193).

2. Geltung nur für den Mitgliedstaat und dessen Untergliederungen

Die **Richtlinie** richtet sich nur an die Mitgliedstaaten und ist für diese hinsichtlich des zu erreichenden Zieles unmittelbar verbindlich, überlässt jedoch den innerstaatlichen Stellen die Wahl der Form und der Mittel (Art. 288 Abs. 3 AEUV). Für **Private** gelten Richtlinien der Union grundsätzlich nicht unmittelbar, und zwar selbst dann nicht, wenn sie nicht rechtzeitig oder nicht vollständig oder unzutreffend in nationales Recht umgesetzt worden sind (vgl. in einer Strafsache EuGH 26.9.1996 – C 168/95 (Arcaro), Slg. 1996, I-4705). Dies gilt auch für das Arbeitsrecht.

Dagegen ist der säkulare **öffentliche Arbeitgeber** in solchem Fall an die Richtlinie gebunden, ohne sich allerdings auf die darin zu seinen Gunsten bestehenden Bestimmungen stützen zu können (EuGH 8.10.1987 – C 80/86 (Kolpinghaus Nijmwegen), Slg. 1987, 3969). Dies folgt aus der alle Gliederungen eines Mitgliedstaates (Staat, Land, Kommune, Eigenbetrieb der Gebietskörperschaft, Anstalt, Körperschaft des staatlichen öffentlichen Rechts) nach Art. 4 Abs. 3 EUV treffenden Verpflichtung, alle geeigneten Maßnahmen zu treffen, um die Ziele der Unionsmaßnahme, hier die der Richtlinie, zu erreichen.

3. Geltung nur für die Entscheidungsadressaten

Die **Urteile, Beschlüsse** und sonstigen Entscheidungen **des EuGH** sind in allen ihren Teilen – wie in der Regel – an bestimmte Adressaten, nämlich an Parteien des Rechtsstreits oder sonstige Verfahrensbeteiligte richten, nur für diese verbindlich (Art. 288 Abs. 2 AEUV). Indessen ist die praktische, fallübergreifende und grundsätzliche Wirkung von EuGH-Entscheidungen auf die Rechtspraxis ebenso wenig zu übersehen wie die entsprechende Wirkung höchstrichterlicher Entscheidungen nationaler Gerichte.

4. Unverbindliche Rechtsakte der Union

Die **Empfehlungen** und Stellungnahmen von Organen der Union sind nicht verbindlich (Art. 288 Abs. 5 AEUV).

VII. Umsetzung von Richtlinien

Die EU-Richtlinie ist für den Mitgliedstaat verbindlich, nicht jedoch für den privatrechtlichen Rechtsverkehr seiner Bürger (EuGH 26.9.1996 – C 168/905 (Arcaro), Slg. 1996, I-4705). Soweit die Richtlinie dem Mitgliedstaat keinen Ermessens- oder Regelungsspielraum eröffnet, muss der Mitgliedstaat alles europäische Primärrecht beachten. Unklar ist die Bindung an die Grundrechte der GRC (s. o. VI.1.).

Der Mitgliedstaat ist nicht verpflichtet, die Umsetzung der Richtlinie vor dem Ablauf der darin normierten **Umsetzungsfrist** durchzuführen. Er unterliegt jedoch einem aus Art. 4 Abs. 3 EUV, Art. 288 Abs. 3 AEUV abzuleitenden unionsrechtlichen **Frustrationsverbot** und darf deshalb nach Inkrafttreten der Richtlinie keine Vorschriften erlassen, die den in der Richtlinie vorgegebenen Zielen zuwiderlaufen (EuGH 15.4.2008 – C-268/06 (Impact), NZA 2008, 581).

Zu den mitgliedstaatlichen Normadressaten einer Richtlinie gehören auch die **mitgliedstaatlichen Gerichte;** auch sie sind grundsätzlich gehalten, auf die Erreichung der Ziele der Richtlinie hinzuwirken (EuGH 5.10.2004 – C-397/01 bis C 403/01 (Pfeiffer u.a. NZA 2004, 1145). Dabei gibt die Richtlinie keinen absoluten Erkenntnismaßstab für das nationale Gericht ab. Dies würde dem auch von der Union geachteten Prinzip der Gewaltteilung zwischen Rechtsprechung und Rechtsetzung widersprechen.

VIII. Unionsrechtskonforme Auslegung

Jedes nationale Gericht ist im Rahmen seiner nationalen Rechts- und Verfahrensordnung zu einer **unionsrechtkonformen Auslegung des nationalen Rechts** verpflichtet. Dies betrifft ohne weiteres das Primärrecht der Union und das unmittelbar geltende Sekundärrecht. Die nationalen Gerichte sind aber ebenso zu einer „richtlinienkonformen" Auslegung des nationalen Rechts gehalten (EuGH 5.10.2004 – C-397/01 bis C 403/01 – Pfeiffer und andere – NZA 2004, 1145; EuGH 19.1.2010 – (C 555/97) Kücüdeveci – NZA 2010, 85; EuGH 14.7.1994 – C-91/92, (Faccini Dori), Slg. 1994, I-3347; BAG 23.3.2006 – 2 AZR 343/05 – AP Nr. 21 zu § 17 KSchG 1969). Die unionsrechts- und/oder richtlinienkonforme Auslegung betrifft das gesamt mitgliedstaatliche Recht, auch wenn es älter ist als das Unionsrecht (EuGH 4.7.2006 – C-212/04 (Adeneler), AP Nr. 1 zu Richtlinie 1999/70/EG).

Diese auf Unionsrecht beruhende Verpflichtung soll nach Ansicht des BAG sogar hinsichtlich (noch) nicht in nationales Recht umgesetzter EU-Richtlinien, mithin während der noch laufenden Umsetzungsfrist bestehen (BAG 2.4.1996 – 1 ABR 47/95 – AP Nr. 5 zu § 87 BetrVG Gesundheitsschutz). Nach Auffassung des BGH dagegen soll dies in dieser Zeit nur dann der Fall sein, wenn die Auslegung des nationalen Rechts zu dessen Harmonisierung mit dem Unionsrecht führt (BGH 5.2.1998 – NJW 1998, 2208). Der EuGH hat die unmittelbare Anwendung der Richtlinie auf Private vor Ablauf der Umsetzungsfrist abgelehnt (EuGH 6.11.2018 C-684/16 (Max-Planck-Gesellschaft); NZA 2018, S. 1474 m. w. N.; BVerfG 10.12.2014 – 2 BvR 1549/07 – NZA 2015, S. 375; auch schon EuGH 15.3.2001 – C 165/98 (Mazzoleni), AP Nr. 2 zu EWG-Richtlinie 86/71) und eine Antwort auf eine vor Ablauf der Umsetzungsfrist gestellte Vorlagefrage in einem Rechtsstreit unter Privaten mangels (derzeitiger) Entscheidungserheblichkeit der Vorlagefrage verweigert (EuGH 25.10.2001 – C-49/98 (Finalarte), AP Nr. 1 zu § 1 AEntG).

IX. Anwendungsvorrang des Unionsrecht

Ist die nationale Norm mit unmittelbar geltendem Unionsrecht unvereinbar, so ist nach dem Grundsatz des Anwendungsvorrangs nicht die nationale Norm, sondern die Unionsnorm anzuwenden, ohne dass die nationale Norm zuvor formell beseitigt werden müsste (Stdg. Rspr. des EuGH vgl. schon EuGH 05.02.1963 – C 26/62 (Gent & Loss), Slg. 1963 I, S. 1; EuGH 17.4.2018 – C 414/16 (Egenberger), NZA 2018, S. 569; EuGH 19.1.2009 – C 314/08 (Filipak) – IStR 2009, 892). Dies gilt auch für Tarifnormen (EuGH 7.2.1991 – C

184/89 (Nimz), AP Nr. 25 zu § 23a BAT). Die Unionswidrigkeit führt – anders als die Verfassungswidrigkeit – nicht zur Nichtigkeit, sondern nur zur Unanwendbarkeit der deutschen Norm; diese besteht jedoch als solche fort (BVerfG 30.6.2009 – 2 BvE 2/08 u.a. (Lissabon) – BVerfGE 123, 267, 271ff; NJW 2009, 2267). Steht fest, dass die deutsche Norm im Hinblick auf entgegenstehendes Unionsrecht nicht angewendet werden darf, so ist eine Richtervorlage an das BVerfG (Art. 100 GG) unzulässig (BVerfGE 1.7.2006 – 1 AZR 550/93 – AP Nr. 129 zu Art. 9 GG).

X. Vorabentscheidungsverfahren zum EuGH

Das in Art. 267 Abs. 1 AEUV vorgesehene gerichtliche **Vorabentscheidungsverfahren** hat den Zweck, durch Zusammenarbeit der nationalen Gerichte mit dem EuGH die **einheitliche Anwendung** des **Unionsrechts** (vormals: europäischen Gemeinschaftsrechts) zu sichern (EuGH 16.12.1981 – C 244/80 (Foglia), Slg. 1981, I-3045, 3062; BVerfG 8.4.1987 – 2 BvR 687/85 – BVerfGE 75, 223, 234). Hiernach können vorinstanzlich und müssen letztinstanzlich entscheidende Gerichte der Mitgliedstaaten dem Europäischen Gerichtshof Gelegenheit geben, im Wege der Vorabentscheidung a) über die „Auslegung der Verträge" und b) über die Gültigkeit und die Auslegung der Handlungen der Organe, Einrichtungen und sonstigen Stellen der Union zu befinden.

1. Vorlagepflicht

Die **Vorlagepflicht** setzt die **Entscheidungserheblichkeit** der Vorlagefrage für den Rechtsstreit vor dem vorlegenden Gericht voraus (EuGH 25.10.2001 – C 49/98 (Finalarte), AP Nr. 1 zu § 1 AEntG).

Die Vorlagepflicht besteht nur für **letztinstanzlich entscheidende nationale Gerichte.** Solche sind nicht stets die hierarchisch obersten Fachgerichte, sondern das Gericht, gegen dessen Entscheidung im konkreten Verfahren kein Rechtsmittel gegeben ist (vgl. BVerfG 13.6.1997 – 1 BvR 2102/95 – AP Nr. 52 zu Art. 101 GG). Will ein letztinstanzlich entscheidendes Gericht eines Mitgliedstaates dagegen dem EuGH folgen und nationales Recht wegen des Anwendungsvorrangs des Unionsrechts nicht anwenden, so besteht keine Vorlagepflicht zum EuGH (EuGH 19.1.2010 – C 555/97 (Kücüdeveci), NZA 2010, 85).

2. Vorlageberechtigte Gerichte

Im konkreten Fall nicht letztinstanzlich entscheidende Gerichte der Mitgliedstaaten trifft keine Vorlagepflicht. Indessen haben sie das Recht, den EuGH im Wege des Vorlageverfahrens anzurufen. Hierzu sind sie nach dem Verfahrensrecht aber nicht verpflichtet. Auch wenn sie von der Rechtsprechung des EuGH abweichen wollen, können sie von einer Vorlage an den EuGH absehen, wenn und weil gegen ihre Entscheidung ein Rechtsmittel möglich ist. Zu diesen Rechtsmitteln zählen nicht nur Berufung und Beschwerde zu den Landesarbeitsgerichten und Revision und Rechtsbeschwerde zum Bundesarbeitsgericht, sondern auch die Nichtzulassungsbeschwerde (§ 72a, § 92a ArbGG). Allerdings haben auch letztinstanzlich nicht entscheidende Gerichte dem EuGH die Rechtsfrage vorzulegen, wenn sie **Unionsrecht als nicht gültig** behandeln wollen (EuGH 22.10.1987 – C 314/85 (Foto-Frost), Slg. 1987, 4199).

3. Keine Vorlagepflicht

Keine Vorlagepflicht besteht, wenn der EuGH die **Vorlagefrage bereits entschieden** hat (BAG 31.7.1996 – 5 AZR 9/95 – AP Nr. 15 zu § 14 MuSchG 1968), ohne dass es auf eine völlige Identität der Fragestellung ankäme (EuGH 6.10.1982 – C-283/81 (C. I. L. F. I. T.), Slg. 1982, 3415). Die Entscheidung des EuGH ist für das vorgelegte Verfahren verbindlich (EuGH 3.2.1977 – Benedetti – Slg. 1977, 163. Dies hindert ein nationales Gericht rechtlich indessen nicht, dem EuGH dieselbe Vorlagefrage in einem anderen Verfahren erneut vorzulegen (EuGH 11.6.1987 – C-14/86 (Pretore di Salò) – Slg. 1097, 2545). Hält ein an sich vorlageberechtigtes Gericht die nationale Norm für derart eindeutig, dass eine unionsrichtlinienkonforme Auslegung nicht in Betracht kommt, so ist eine Vorlage an den EuGH nicht nur entbehrlich, sondern unzulässig (BAG, 17.11.2009 – 9 AZR 8434/08 – NZA 2010. 1020).

Im Fall des **„acte clair"**, also dann, wenn die richtige Auslegung des Unionsrechts derart offenkundig ist, dass kein vernünftiger Zweifel bleibt, besteht ebenfalls keine Vorlagepflicht (stdg. Rspr. EuGH 06.12.2005 – C 461/03 (Gaston Schul), Slg. 2005 I, 10513;). Ein Fall des „acte clair" liegt auch vor, wenn die Rechtsfrage (eindeutig) außerhalb des Unionsrechts liegt (BVerfG 25.2.2010 – 1 BvR 230/09 , NZA 2010, 439). Die deutschen obersten Gerichtshöfe, nicht zuletzt das BAG, machen von der Berufung auf den „acte clair" durchaus Gebrauch (z. B. BAG 20.11.2001, AP Nr. 39 zu § 113 BetrVG 1972 m. w. N.).

Vom „acte clair" ist der „acte éclaire´" zu unterscheiden. Er liegt vor, wenn der EuGH die Vorlagefrage in einem gleichgelagerten Fall bereits entschieden hat (vgl. EuGH 06.10.182 – C 283/81 (CILFIT), Slg. 1982, 3415). Auch in solchem Fall ist eine Vorlage der Frage an den EuGH entbehrlich. Gleichwohl darf das nationale Gericht die Frage dem EuGH in einem anderen Verfahren erneut vorlegen (EuGH 06.11.2018 – C 569/16 und C 570/16 (Bauer und Willmeroth), NZA 2018, S. 1467).

4. Verletzung der Vorlagepflicht

Die **Verletzung der Vorlagepflicht** kann gegen das Gebot des gesetzlichen Richters nach Art. 101 GG verstoßen (BVerfG 5.8.1998 – 1 BvR 264/98 – AP GG Art. 101 Nr. 56). Ein letztinstanzlich entscheidendes Hauptsachegericht verletzt Art. 101 Abs. 1 Satz 2 GG, wenn es in einem Fall, in welchem zu einer entscheidungserheblichen Frage des Unionsrechts (Gemeinschaftsrechts) noch keine einschlägige Rechtsprechung vorliegt, oder die entscheidungserhebliche Rechtsfrage noch nicht erschöpfend beantwortet worden ist, also (noch) kein „acte éclairé" vorliegt. Ebenso kann Art. 101 GG verletzt sein, wenn das Gericht der Hauptsache den ihm zustehenden Beurteilungsrahmen überschreitet, z. B. indem es eine eigene Lösung entwickelt, die nicht auf eine Rechtsprechung des EuGH zurückzuführen ist (vgl. BVerfG 25.2.2010 – 1 BvR 230/09, NZA 2010, 439) oder wenn es europäisches Recht selbst (nach nationalrechtlichen Maßstäben) auslegt oder interpretiert (BVerfG 9.1.2001, 1 BvR 1036/99) oder gar bewusst von der Rechtsprechung des EuGH abweichen will (BVerfG 8.4.1987 – 2 BvR 687/85, BVerfGE 75, 223).

Harald Schliemann

Teil I. Primärrecht der EU

1. Vertrag über die Europäische Union idF des Vertrags von Lissabon[1)]

13. Dezember 2007[2)]

(ABl. C 306 S. 1, ber. ABl. 2008 C 111 S. 56, ABl. 2009 C 290 S. 1, ABl. 2011 C 378 S. 3)

Celex-Nr. 1 1992 M

zuletzt geänd. durch Art. 13, 14 Abs. 1 EU-Beitrittsakte 2013 v. 9.12.2011 (ABl. 2012 L 112 S. 21)

– Auszug –

SEINE MAJESTÄT DER KÖNIG DER BELGIER,
IHRE MAJESTÄT DIE KÖNIGIN VON DÄNEMARK,
DER PRÄSIDENT DER BUNDESREPUBLIK DEUTSCHLAND,
DER PRÄSIDENT DER GRIECHISCHEN REPUBLIK,
SEINE MAJESTÄT DER KÖNIG VON SPANIEN,
DER PRÄSIDENT DER FRANZÖSISCHEN REPUBLIK,
DER PRÄSIDENT IRLANDS,
DER PRÄSIDENT DER ITALIENISCHEN REPUBLIK,
SEINE KÖNIGLICHE HOHEIT DER GROSSHERZOG
VON LUXEMBURG,
IHRE MAJESTÄT DIE KÖNIGIN DER NIEDERLANDE,
DER PRÄSIDENT DER PORTUGIESISCHEN REPUBLIK,
IHRE MAJESTÄT DIE KÖNIGIN DES VEREINIGTEN
KÖNIGREICHS GROSSBRITANNIEN UND NORDIRLAND,[3)]

[1)] Die Artikelfolge und Verweise/Bezugnahmen auf Vorschriften des AEUV sind gemäß Art. 5 des Vertrags von Lissabon iVm den Übereinstimmungstabellen an die neue Nummerierung angepasst worden.

[2)] Konsolidierte Fassung des Vertrags über die Europäische Union v. 7.2.1992 (ABl. C 191 S. 1). Die Bundesrepublik Deutschland hat dem Vertrag mit G v. 28.12.1992 (BGBl. II S. 1251) zugestimmt. Inkrafttreten gemäß Bek. v. 19.10.1993 (BGBl. II S. 1947) am **1.11.1993**. Die durch den Amsterdamer Vertrag konsolidierte Fassung des Vertrages trat am 1.5.1999 in Kraft, siehe Bek. v. 6.4.1999 (BGBl. II S. 296); in seiner durch den Vertrag von Nizza geänderten Fassung ist er am 1.2.2003 in Kraft getreten, siehe Bek. v. 20.8.2003 (BGBl. II S. 1477); in seiner durch die EUBeitrittsakte 2003 geänderten Fassung ist er am 1.5.2004 in Kraft getreten, siehe Bek. v. 28.6.2004 (BGBl. II S. 1102); in seiner durch die EU-Beitrittsakte 2005 geänderten Fassung ist er am 1.1.2007 in Kraft getreten, siehe Bek. v. 26.1.2007 (BGBl. II S. 127); in seiner durch den Vertrag von Lissabon geänderten Fassung ist er am 1.12.2009 in Kraft getreten, siehe Bek. v. 13.11.2009 (BGBl. II S. 1223).

[3)] **Amtl. Anm.:** Seit dem ursprünglichen Vertragsschluss sind Mitgliedstaaten der Europäischen Union geworden: ***[Red. Anm.:** die Republik Kroatien mWv 1.7.2013,]* die Republik Bulgarien, die Tschechische Republik, die Republik Estland, die Republik Zypern, die Republik Lettland, die Republik Litauen, die Republik Ungarn, die Republik Malta, die Republik Österreich, die Republik Polen, Rumänien, die Republik Slowenien, die Slowakische Republik, die Republik Finnland und das Königreich Schweden ***[Red. Anm.:** Seit dem 1.2.2020 ist das Vereinigte Königreich aus der Europäischen Union ausgetreten und ist seitdem ein Drittland (Nicht-EU-Land).]*.

ENTSCHLOSSEN, den mit der Gründung der Europäischen Gemeinschaften eingeleiteten Prozeß der europäischen Integration auf eine neue Stufe zu heben,

SCHÖPFEND aus dem kulturellen, religiösen und humanistischen Erbe Europas, aus dem sich die unverletzlichen und unveräußerlichen Rechte des Menschen sowie Freiheit, Demokratie, Gleichheit und Rechtsstaatlichkeit als universelle Werte entwickelt haben,

EINGEDENK der historischen Bedeutung der Überwindung der Teilung des europäischen Kontinents und der Notwendigkeit, feste Grundlagen für die Gestalt des zukünftigen Europas zu schaffen,

IN BESTÄTIGUNG ihres Bekenntnisses zu den Grundsätzen der Freiheit, der Demokratie und der Achtung der Menschenrechte und Grundfreiheiten und der Rechtsstaatlichkeit,

IN BESTÄTIGUNG der Bedeutung, die sie den sozialen Grundrechten beimessen, wie sie in der am 18. Oktober 1961 in Turin unterzeichneten Europäischen Sozialcharta[1)] und in der Gemeinschaftscharta der sozialen Grundrechte der Arbeitnehmer von 1989[2)] festgelegt sind,

IN DEM WUNSCH, die Solidarität zwischen ihren Völkern unter Achtung ihrer Geschichte, ihrer Kultur und ihrer Traditionen zu stärken,

IN DEM WUNSCH, Demokratie und Effizienz in der Arbeit der Organe weiter zu stärken, damit diese in die Lage versetzt werden, die ihnen übertragenen Aufgaben in einem einheitlichen institutionellen Rahmen besser wahrzunehmen,

ENTSCHLOSSEN, die Stärkung und die Konvergenz ihrer Volkswirtschaften herbeizuführen und eine Wirtschafts- und Währungsunion zu errichten, die im Einklang mit diesem Vertrag und dem Vertrag über die Arbeitsweise der Europäischen Union[3)] eine einheitliche, stabile Währung einschließt,

IN DEM FESTEN WILLEN, im Rahmen der Verwirklichung des Binnenmarkts sowie der Stärkung des Zusammenhalts und des Umweltschutzes den wirtschaftlichen und sozialen Fortschritt ihrer Völker unter Berücksichtigung des Grundsatzes der nachhaltigen Entwicklung zu fördern und Politiken zu verfolgen, die gewährleisten, dass Fortschritte bei der wirtschaftlichen Integration mit parallelen Fortschritten auf anderen Gebieten einhergehen,

ENTSCHLOSSEN, eine gemeinsame Unionsbürgerschaft für die Staatsangehörigen ihrer Länder einzuführen,

ENTSCHLOSSEN, eine Gemeinsame Außen- und Sicherheitspolitik zu verfolgen, wozu nach Maßgabe des Artikels 42 auch die schrittweise Festlegung einer gemeinsamen Verteidigungspolitik gehört, die zu einer gemeinsamen Verteidigung führen könnte, und so die Identität und Unabhängigkeit Europas zu stärken, um Frieden, Sicherheit und Fortschritt in Europa und in der Welt zu fördern,

ENTSCHLOSSEN, die Freizügigkeit unter gleichzeitiger Gewährleistung der Sicherheit ihrer Bürger durch den Aufbau eines Raums der Freiheit, der Sicherheit und des Rechts nach Maßgabe der Bestimmungen dieses Vertrags und des Vertrags über die Arbeitsweise der Europäischen Union[3)] zu fördern,

---

1) Nr. **20**.
2) Nr. **25**.
3) Auszugsweise abgedruckt unter Nr. **5**.

ENTSCHLOSSEN, den Prozeß der Schaffung einer immer engeren Union der Völker Europas, in der die Entscheidungen entsprechend dem Subsidiaritätsprinzip möglichst bürgernah getroffen werden, weiterzuführen,

IM HINBLICK auf weitere Schritte, die getan werden müssen, um die europäische Integration voranzutreiben,

HABEN BESCHLOSSEN, eine Europäische Union zu gründen; sie haben zu diesem Zweck zu ihren Bevollmächtigten ernannt:

SEINE MAJESTÄT DER KÖNIG DER BELGIER:

Mark EYSKENS,

Minister für auswärtige Angelegenheiten;

Philippe MAYSTADT,

Minister der Finanzen;

IHRE MAJESTÄT DIE KÖNIGIN VON DÄNEMARK:

Uffe ELLEMANN-JENSEN,

Minister für auswärtige Angelegenheiten;

Anders FOGH RASMUSSEN,

Minister für Wirtschaft;

DER PRÄSIDENT DER BUNDESREPUBLIK DEUTSCHLAND:

Hans-Dietrich GENSCHER,

Bundesminister des Auswärtigen;

Theodor WAIGEL,

Bundesminister der Finanzen;

DER PRÄSIDENT DER GRIECHISCHEN REPUBLIK:

Antonios SAMARAS,

Minister für auswärtige Angelegenheiten;

Efthymios CHRISTODOULOU,

Minister für Wirtschaft;

SEINE MAJESTÄT DER KÖNIG VON SPANIEN:

Francisco FERNÁNDEZ ORDÓÑEZ,

Minister für auswärtige Angelegenheiten;

Carlos SOLCHAGA CATALÁN,

Minister für Wirtschaft und Finanzen;

DER PRÄSIDENT DER FRANZÖSISCHEN REPUBLIK:

Roland DUMAS,

Minister für auswärtige Angelegenheiten;

Pierre BEREGOVOY,

Minister für Wirtschaft, Finanzen und Haushalt;

DER PRÄSIDENT IRLANDS:

Gerard COLLINS,

Minister für auswärtige Angelegenheiten;

Bertie AHERN,

Minister der Finanzen;

DER PRÄSIDENT DER ITALIENISCHEN REPUBLIK:
Giannni DE MICHELIS,
Minister für auswärtige Angelegenheiten;
Guido CARLI,
Schatzminister;
SEINE KÖNIGLICHE HOHEIT DER GROSSHERZOG VON LUXEMBURG:
Jacques F. POOS,
Vizepremierminister,
Minister für auswärtige Angelegenheiten;
Jean-Claude JUNCKER,
Minister der Finanzen;
IHRE MAJESTÄT DIE KÖNIGIN DER NIEDERLANDE:
Hans VAN DEN BRÖK,
Minister für auswärtige Angelegenheiten;
Willem KOK,
Minister der Finanzen;
DER PRÄSIDENT DER PORTUGIESISCHEN REPUBLIK:
Joao de Deus PINHEIRO,
Minister für auswärtige Angelegenheiten;
Jorge BRAGA de MACEDO,
Minister der Finanzen;
IHRE MAJESTÄT DIE KÖNIGIN DES VEREINIGTEN KÖNIGREICHS GROSSBRITANNIEN UND NORDIRLAND:
Rt. Hon. Douglas HURD,
Minister für auswärtige Angelegenheiten und Commonwealth-Fragen;
Hon. Francis MAUDE,
Financial Secretary im Schatzamt;
DIESE SIND nach Austausch ihrer als gut und gehörig befundenen Vollmachten wie folgt ÜBEREINGEKOMMEN:

Titel I. Gemeinsame Bestimmungen

Art. 1 [Gründung der Europäischen Union; Grundlagen] *[1]* Durch diesen Vertrag gründen die Hohen Vertragsparteien untereinander eine EUROPÄISCHE UNION (im Folgenden „Union"), der die Mitgliedstaaten Zuständigkeiten zur Verwirklichung ihrer gemeinsamen Ziele übertragen.

[2] Dieser Vertrag stellt eine neue Stufe bei der Verwirklichung einer immer engeren Union der Völker Europas dar, in der die Entscheidungen möglichst offen und möglichst bürgernah getroffen werden.

[3] [1] Grundlage der Union sind dieser Vertrag und der Vertrag über die Arbeitsweise der Europäischen Union[1)] (im Folgenden „Verträge"). [2] Beide Verträge sind rechtlich gleichrangig. [3] Die Union tritt an die Stelle der Europäischen Gemeinschaft, deren Rechtsnachfolgerin sie ist.

Art. 2 [Grundlegende Werte] [1] Die Werte, auf die sich die Union gründet, sind die Achtung der Menschenwürde, Freiheit, Demokratie, Gleichheit, Rechtsstaatlichkeit und die Wahrung der Menschenrechte einschließlich der Rechte der Personen, die Minderheiten angehören. [2] Diese Werte sind allen Mitgliedstaaten in einer Gesellschaft gemeinsam, die sich durch Pluralismus, Nichtdiskriminierung, Toleranz, Gerechtigkeit, Solidarität und die Gleichheit von Frauen und Männern auszeichnet.

Art. 3 [Ziel der Union] (1) Ziel der Union ist es, den Frieden, ihre Werte und das Wohlergehen ihrer Völker zu fördern.

(2) Die Union bietet ihren Bürgerinnen und Bürgern einen Raum der Freiheit, der Sicherheit und des Rechts ohne Binnengrenzen, in dem – in Verbindung mit geeigneten Maßnahmen in Bezug auf die Kontrollen an den Außengrenzen, das Asyl, die Einwanderung sowie die Verhütung und Bekämpfung der Kriminalität – der freie Personenverkehr gewährleistet ist.

(3) *[1]* [1] Die Union errichtet einen Binnenmarkt. [2] Sie wirkt auf die nachhaltige Entwicklung Europas auf der Grundlage eines ausgewogenen Wirtschaftswachstums und von Preisstabilität, eine in hohem Maße wettbewerbsfähige soziale Marktwirtschaft, die auf Vollbeschäftigung und sozialen Fortschritt abzielt, sowie ein hohes Maß an Umweltschutz und Verbesserung der Umweltqualität hin. [3] Sie fördert den wissenschaftlichen und technischen Fortschritt.

[2] Sie bekämpft soziale Ausgrenzung und Diskriminierungen und fördert soziale Gerechtigkeit und sozialen Schutz, die Gleichstellung von Frauen und Männern, die Solidarität zwischen den Generationen und den Schutz der Rechte des Kindes.

[3] Sie fördert den wirtschaftlichen, sozialen und territorialen Zusammenhalt und die Solidarität zwischen den Mitgliedstaaten.

[4] Sie wahrt den Reichtum ihrer kulturellen und sprachlichen Vielfalt und sorgt für den Schutz und die Entwicklung des kulturellen Erbes Europas.

(4) Die Union errichtet eine Wirtschafts- und Währungsunion, deren Währung der Euro ist.

(5) [1] In ihren Beziehungen zur übrigen Welt schützt und fördert die Union ihre Werte und Interessen und trägt zum Schutz ihrer Bürgerinnen und Bürger bei. [2] Sie leistet einen Beitrag zu Frieden, Sicherheit, globaler nachhaltiger Entwicklung, Solidarität und gegenseitiger Achtung unter den Völkern, zu freiem und gerechtem Handel, zur Beseitigung der Armut und zum Schutz der Menschenrechte, insbesondere der Rechte des Kindes, sowie zur strikten Einhaltung und Weiterentwicklung des Völkerrechts, insbesondere zur Wahrung der Grundsätze der Charta der Vereinten Nationen.

(6) Die Union verfolgt ihre Ziele mit geeigneten Mitteln entsprechend den Zuständigkeiten, die ihr in den Verträgen übertragen sind.

[1)] Auszugsweise abgedruckt unter Nr. **5**.

Art. 4 [Zuständigkeiten der Union] (1) Alle der Union nicht in den Verträgen übertragenen Zuständigkeiten verbleiben gemäß Artikel 5 bei den Mitgliedstaaten.

(2) [1] Die Union achtet die Gleichheit der Mitgliedstaaten vor den Verträgen und ihre jeweilige nationale Identität, die in ihren grundlegenden politischen und verfassungsmäßigen Strukturen einschließlich der regionalen und lokalen Selbstverwaltung zum Ausdruck kommt. [2] Sie achtet die grundlegenden Funktionen des Staates, insbesondere die Wahrung der territorialen Unversehrtheit, die Aufrechterhaltung der öffentlichen Ordnung und den Schutz der nationalen Sicherheit. [3] Insbesondere die nationale Sicherheit fällt weiterhin in die alleinige Verantwortung der einzelnen Mitgliedstaaten.

(3) *[1]* Nach dem Grundsatz der loyalen Zusammenarbeit achten und unterstützen sich die Union und die Mitgliedstaaten gegenseitig bei der Erfüllung der Aufgaben, die sich aus den Verträgen ergeben.

[2] Die Mitgliedstaaten ergreifen alle geeigneten Maßnahmen allgemeiner oder besonderer Art zur Erfüllung der Verpflichtungen, die sich aus den Verträgen oder den Handlungen der Organe der Union ergeben.

[3] Die Mitgliedstaaten unterstützen die Union bei der Erfüllung ihrer Aufgabe und unterlassen alle Maßnahmen, die die Verwirklichung der Ziele der Union gefährden könnten.

Art. 5 [Subsidiaritäts- und Verhältnismäßigkeitsgrundsatz] (1) [1] Für die Abgrenzung der Zuständigkeiten der Union gilt der Grundsatz der begrenzten Einzelermächtigung. [2] Für die Ausübung der Zuständigkeiten der Union gelten die Grundsätze der Subsidiarität und der Verhältnismäßigkeit.

(2) [1] Nach dem Grundsatz der begrenzten Einzelermächtigung wird die Union nur innerhalb der Grenzen der Zuständigkeiten tätig, die die Mitgliedstaaten ihr in den Verträgen zur Verwirklichung der darin niedergelegten Ziele übertragen haben. [2] Alle der Union nicht in den Verträgen übertragenen Zuständigkeiten verbleiben bei den Mitgliedstaaten.

(3) *[1]* Nach dem Subsidiaritätsprinzip wird die Union in den Bereichen, die nicht in ihre ausschließliche Zuständigkeit fallen, nur tätig, sofern und soweit die Ziele der in Betracht gezogenen Maßnahmen von den Mitgliedstaaten weder auf zentraler noch auf regionaler oder lokaler Ebene ausreichend verwirklicht werden können, sondern vielmehr wegen ihres Umfangs oder ihrer Wirkungen auf Unionsebene besser zu verwirklichen sind.

[2] [1] Die Organe der Union wenden das Subsidiaritätsprinzip nach dem Protokoll über die Anwendung der Grundsätze der Subsidiarität und der Verhältnismäßigkeit[1)] an. [2] Die nationalen Parlamente achten auf die Einhaltung des Subsidiaritätsprinzips nach dem in jenem Protokoll vorgesehenen Verfahren.

(4) *[1]* Nach dem Grundsatz der Verhältnismäßigkeit gehen die Maßnahmen der Union inhaltlich wie formal nicht über das zur Erreichung der Ziele der Verträge erforderliche Maß hinaus.

[2] Die Organe der Union wenden den Grundsatz der Verhältnismäßigkeit nach dem Protokoll über die Anwendung der Grundsätze der Subsidiarität und der Verhältnismäßigkeit an.

[1)] **dtv 5014 Europa-Recht Nr. 17.**

Art. 6 [Grundrechte-Charta und EMRK] (1) *[1]* Die Union erkennt die Rechte, Freiheiten und Grundsätze an, die in der Charta der Grundrechte der Europäischen Union vom 7. Dezember 2000 in der am 12. Dezember 2007 in Straßburg angepassten Fassung niedergelegt sind; die Charta der Grundrechte und die Verträge sind rechtlich gleichrangig.

[2] Durch die Bestimmungen der Charta werden die in den Verträgen festgelegten Zuständigkeiten der Union in keiner Weise erweitert.

[3] Die in der Charta niedergelegten Rechte, Freiheiten und Grundsätze werden gemäß den allgemeinen Bestimmungen des Titels VII der Charta, der ihre Auslegung und Anwendung regelt, und unter gebührender Berücksichtigung der in der Charta angeführten Erläuterungen, in denen die Quellen dieser Bestimmungen angegeben sind, ausgelegt.

(2) [1] Die Union tritt der Europäischen Konvention zum Schutz der Menschenrechte und Grundfreiheiten[1)] bei. [2] Dieser Beitritt ändert nicht die in den Verträgen festgelegten Zuständigkeiten der Union.

(3) Die Grundrechte, wie sie in der Europäischen Konvention zum Schutz der Menschenrechte und Grundfreiheiten gewährleistet sind und wie sie sich aus den gemeinsamen Verfassungsüberlieferungen der Mitgliedstaaten ergeben, sind als allgemeine Grundsätze Teil des Unionsrechts.

Art. 7 [Verletzung fundamentaler Grundsätze durch einen Mitgliedstaat] (1) *[1]* [1] Auf begründeten Vorschlag eines Drittels der Mitgliedstaaten, des Europäischen Parlaments oder der Europäischen Kommission kann der Rat mit der Mehrheit von vier Fünfteln seiner Mitglieder nach Zustimmung des Europäischen Parlaments feststellen, dass die eindeutige Gefahr einer schwerwiegenden Verletzung der in Artikel 2 genannten Werte durch einen Mitgliedstaat besteht. [2] Der Rat hört, bevor er eine solche Feststellung trifft, den betroffenen Mitgliedstaat und kann Empfehlungen an ihn richten, die er nach demselben Verfahren beschließt.

[2] Der Rat überprüft regelmäßig, ob die Gründe, die zu dieser Feststellung geführt haben, noch zutreffen.

(2) Auf Vorschlag eines Drittels der Mitgliedstaaten oder der Europäischen Kommission und nach Zustimmung des Europäischen Parlaments kann der Europäische Rat einstimmig feststellen, dass eine schwerwiegende und anhaltende Verletzung der in Artikel 2 genannten Werte durch einen Mitgliedstaat vorliegt, nachdem er den betroffenen Mitgliedstaat zu einer Stellungnahme aufgefordert hat.

(3) *[1]* [1] Wurde die Feststellung nach Absatz 2 getroffen, so kann der Rat mit qualifizierter Mehrheit beschließen, bestimmte Rechte auszusetzen, die sich aus der Anwendung der Verträge auf den betroffenen Mitgliedstaat herleiten, einschließlich der Stimmrechte des Vertreters der Regierung dieses Mitgliedstaats im Rat. [2] Dabei berücksichtigt er die möglichen Auswirkungen einer solchen Aussetzung auf die Rechte und Pflichten natürlicher und juristischer Personen.

[2] Die sich aus den Verträgen ergebenden Verpflichtungen des betroffenen Mitgliedstaats sind für diesen auf jeden Fall weiterhin verbindlich.

(4) Der Rat kann zu einem späteren Zeitpunkt mit qualifizierter Mehrheit beschließen, nach Absatz 3 getroffene Maßnahmen abzuändern oder aufzuheben,

---

1) Nr. **30**.

wenn in der Lage, die zur Verhängung dieser Maßnahmen geführt hat, Änderungen eingetreten sind.

(5) Die Abstimmungsmodalitäten, die für die Zwecke dieses Artikels für das Europäische Parlament, den Europäischen Rat und den Rat gelten, sind in Artikel 354 des Vertrags über die Arbeitsweise der Europäischen Union festgelegt.

Art. 8 [Nachbarschaftspolitik] (1) Die Union entwickelt besondere Beziehungen zu den Ländern in ihrer Nachbarschaft, um einen Raum des Wohlstands und der guten Nachbarschaft zu schaffen, der auf den Werten der Union aufbaut und sich durch enge, friedliche Beziehungen auf der Grundlage der Zusammenarbeit auszeichnet.

(2) [1] Für die Zwecke des Absatzes 1 kann die Union spezielle Übereinkünfte mit den betreffenden Ländern schließen. [2] Diese Übereinkünfte können gegenseitige Rechte und Pflichten umfassen und die Möglichkeit zu gemeinsamem Vorgehen eröffnen. [3] Zur Durchführung der Übereinkünfte finden regelmäßige Konsultationen statt.

Titel III. Bestimmungen über die Organe

Art. 13 [Organe der Union] (1) *[1]* Die Union verfügt über einen institutionellen Rahmen, der zum Zweck hat, ihren Werten Geltung zu verschaffen, ihre Ziele zu verfolgen, ihren Interessen, denen ihrer Bürgerinnen und Bürger und denen der Mitgliedstaaten zu dienen sowie die Kohärenz, Effizienz und Kontinuität ihrer Politik und ihrer Maßnahmen sicherzustellen.

[2] Die Organe der Union sind

- das Europäische Parlament,
- der Europäische Rat,
- der Rat,
- die Europäische Kommission (im Folgenden „Kommission"),
- der Gerichtshof der Europäischen Union,
- die Europäische Zentralbank,
- der Rechnungshof.

(2) [1] Jedes Organ handelt nach Maßgabe der ihm in den Verträgen zugewiesenen Befugnisse nach den Verfahren, Bedingungen und Zielen, die in den Verträgen festgelegt sind. [2] Die Organe arbeiten loyal zusammen.

(3) Die Bestimmungen über die Europäische Zentralbank und den Rechnungshof sowie die detaillierten Bestimmungen über die übrigen Organe sind im Vertrag über die Arbeitsweise der Europäischen Union[1)] enthalten.

(4) Das Europäische Parlament, der Rat und die Kommission werden von einem Wirtschafts- und Sozialausschuss sowie einem Ausschuss der Regionen unterstützt, die beratende Aufgaben wahrnehmen.

Art. 14[2)] [Europäisches Parlament] (1) [1] Das Europäische Parlament wird gemeinsam mit dem Rat als Gesetzgeber tätig und übt gemeinsam mit ihm die Haushaltsbefugnisse aus. [2] Es erfüllt Aufgaben der politischen Kontrolle und

---

[1)] Auszugsweise abgedruckt unter Nr. **5**.

[2)] Art. 19 der EU-Beitrittsakte 2013 v. 9.12.2011 (ABl. 2012 L 112 S. 21) regelt abweichend zu diesem Artikel die kroatische Wahl zum Europäischen Parlament und dessen Anzahl an kroatischen Sitzen.

Beratungsfunktionen nach Maßgabe der Verträge. [3] Es wählt den Präsidenten der Kommission.

(2) *[1]* [1] Das Europäische Parlament setzt sich aus Vertretern der Unionsbürgerinnen und Unionsbürger zusammen. [2] Ihre Anzahl darf 750 nicht überschreiten, zuzüglich des Präsidenten. [3] Die Bürgerinnen und Bürger sind im Europäischen Parlament degressiv proportional, mindestens jedoch mit sechs Mitgliedern je Mitgliedstaat vertreten. [4] Kein Mitgliedstaat erhält mehr als 96 Sitze.

[2] Der Europäische Rat erlässt einstimmig auf Initiative des Europäischen Parlaments und mit dessen Zustimmung einen Beschluss über die Zusammensetzung des Europäischen Parlaments, in dem die in Unterabsatz 1 genannten Grundsätze gewahrt sind.

(3) Die Mitglieder des Europäischen Parlaments werden in allgemeiner, unmittelbarer, freier und geheimer Wahl für eine Amtszeit von fünf Jahren gewählt.

(4) Das Europäische Parlament wählt aus seiner Mitte seinen Präsidenten und sein Präsidium.

Art. 15 [Europäischer Rat] (1) [1] Der Europäische Rat gibt der Union die für ihre Entwicklung erforderlichen Impulse und legt die allgemeinen politischen Zielvorstellungen und Prioritäten hierfür fest. [2] Er wird nicht gesetzgeberisch tätig.

(2) [1] Der Europäische Rat setzt sich zusammen aus den Staats- und Regierungschefs der Mitgliedstaaten sowie dem Präsidenten des Europäischen Rates und dem Präsidenten der Kommission. [2] Der Hohe Vertreter der Union für Außen- und Sicherheitspolitik nimmt an seinen Arbeiten teil.

(3) [1] Der Europäische Rat tritt zweimal pro Halbjahr zusammen; er wird von seinem Präsidenten einberufen. [2] Wenn es die Tagesordnung erfordert, können die Mitglieder des Europäischen Rates beschließen, sich jeweils von einem Minister oder – im Fall des Präsidenten der Kommission – von einem Mitglied der Kommission unterstützen zu lassen. [3] Wenn es die Lage erfordert, beruft der Präsident eine außerordentliche Tagung des Europäischen Rates ein.

(4) Soweit in den Verträgen nichts anderes festgelegt ist, entscheidet der Europäische Rat im Konsens.

(5) [1] Der Europäische Rat wählt seinen Präsidenten mit qualifizierter Mehrheit für eine Amtszeit von zweieinhalb Jahren; der Präsident kann einmal wiedergewählt werden. [2] Im Falle einer Verhinderung oder einer schweren Verfehlung kann der Europäische Rat ihn im Wege des gleichen Verfahrens von seinem Amt entbinden.

(6) *[1]* Der Präsident des Europäischen Rates

a) führt den Vorsitz bei den Arbeiten des Europäischen Rates und gibt ihnen Impulse,
b) sorgt in Zusammenarbeit mit dem Präsidenten der Kommission auf der Grundlage der Arbeiten des Rates „Allgemeine Angelegenheiten" für die Vorbereitung und Kontinuität der Arbeiten des Europäischen Rates,
c) wirkt darauf hin, dass Zusammenhalt und Konsens im Europäischen Rat gefördert werden,
d) legt dem Europäischen Parlament im Anschluss an jede Tagung des Europäischen Rates einen Bericht vor.

[2] Der Präsident des Europäischen Rates nimmt auf seiner Ebene und in seiner Eigenschaft, unbeschadet der Befugnisse des Hohen Vertreters der Union für Außen- und Sicherheitspolitik, die Außenvertretung der Union in Angelegenheiten der Gemeinsamen Außen- und Sicherheitspolitik wahr.

[3] Der Präsident des Europäischen Rates darf kein einzelstaatliches Amt ausüben.

Art. 16 [Rat] (1) [1]Der Rat wird gemeinsam mit dem Europäischen Parlament als Gesetzgeber tätig und übt gemeinsam mit ihm die Haushaltsbefugnisse aus. [2]Zu seinen Aufgaben gehört die Festlegung der Politik und die Koordinierung nach Maßgabe der Verträge.

(2) Der Rat besteht aus je einem Vertreter jedes Mitgliedstaats auf Ministerebene, der befugt ist, für die Regierung des von ihm vertretenen Mitgliedstaats verbindlich zu handeln und das Stimmrecht auszuüben.

(3) Soweit in den Verträgen nichts anderes festgelegt ist, beschließt der Rat mit qualifizierter Mehrheit.

(4) *[1]* Ab dem 1. November 2014 gilt als qualifizierte Mehrheit eine Mehrheit von mindestens 55 % der Mitglieder des Rates, gebildet aus mindestens 15 Mitgliedern, sofern die von diesen vertretenen Mitgliedstaaten zusammen mindestens 65 % der Bevölkerung der Union ausmachen.[1)]

[2] Für eine Sperrminorität sind mindestens vier Mitglieder des Rates erforderlich, andernfalls gilt die qualifizierte Mehrheit als erreicht.

[3] Die übrigen Modalitäten für die Abstimmung mit qualifizierter Mehrheit sind in Artikel 238 Absatz 2 des Vertrags über die Arbeitsweise der Europäischen Union festgelegt.

(5) Die Übergangsbestimmungen für die Definition der qualifizierten Mehrheit, die bis zum 31. Oktober 2014 gelten, sowie die Übergangsbestimmungen, die zwischen dem 1. November 2014 und dem 31. März 2017 gelten, sind im Protokoll über die Übergangsbestimmungen festgelegt.

(6) *[1]* Der Rat tagt in verschiedenen Zusammensetzungen; die Liste dieser Zusammensetzungen wird nach Artikel 236 des Vertrags über die Arbeitsweise der Europäischen Union angenommen.

[2] [1]Als Rat „Allgemeine Angelegenheiten" sorgt er für die Kohärenz der Arbeiten des Rates in seinen verschiedenen Zusammensetzungen. [2]In Verbindung mit dem Präsidenten des Europäischen Rates und mit der Kommission bereitet er die Tagungen des Europäischen Rates vor und sorgt für das weitere Vorgehen.

[3] Als Rat „Auswärtige Angelegenheiten" gestaltet er das auswärtige Handeln der Union entsprechend den strategischen Vorgaben des Europäischen Rates und sorgt für die Kohärenz des Handelns der Union.

(7) Ein Ausschuss der Ständigen Vertreter der Regierungen der Mitgliedstaaten ist für die Vorbereitung der Arbeiten des Rates verantwortlich.

(8) [1]Der Rat tagt öffentlich, wenn er über Entwürfe zu Gesetzgebungsakten berät und abstimmt. [2]Zu diesem Zweck wird jede Ratstagung in zwei Teile unterteilt, von denen der eine den Beratungen über die Gesetzgebungsakte der

---

[1)] Näheres siehe hierzu im Beschluss 2009/857/EG v. 13.12.2007 (ABl. 2009 L 314 S. 73).

Union und der andere den nicht die Gesetzgebung betreffenden Tätigkeiten gewidmet ist.

(9) Der Vorsitz im Rat in allen seinen Zusammensetzungen mit Ausnahme des Rates „Auswärtige Angelegenheiten" wird von den Vertretern der Mitgliedstaaten im Rat unter Bedingungen, die gemäß Artikel 236 des Vertrags über die Arbeitsweise der Europäischen Union festgelegt werden, nach einem System der gleichberechtigten Rotation wahrgenommen.

Art. 17 [Kommission] (1) [1] Die Kommission fördert die allgemeinen Interessen der Union und ergreift geeignete Initiativen zu diesem Zweck. [2] Sie sorgt für die Anwendung der Verträge sowie der von den Organen kraft der Verträge erlassenen Maßnahmen. [3] Sie überwacht die Anwendung des Unionsrechts unter der Kontrolle des Gerichtshofs der Europäischen Union. [4] Sie führt den Haushaltsplan aus und verwaltet die Programme. [5] Sie übt nach Maßgabe der Verträge Koordinierungs-, Exekutiv- und Verwaltungsfunktionen aus. [6] Außer in der Gemeinsamen Außen- und Sicherheitspolitik und den übrigen in den Verträgen vorgesehenen Fällen nimmt sie die Vertretung der Union nach außen wahr. [7] Sie leitet die jährliche und die mehrjährige Programmplanung der Union mit dem Ziel ein, interinstitutionelle Vereinbarungen zu erreichen.

(2) [1] Soweit in den Verträgen nichts anderes festgelegt ist, darf ein Gesetzgebungsakt der Union nur auf Vorschlag der Kommission erlassen werden. [2] Andere Rechtsakte werden auf der Grundlage eines Kommissionsvorschlags erlassen, wenn dies in den Verträgen vorgesehen ist.

(3) *[1]* Die Amtszeit der Kommission beträgt fünf Jahre.

[2] Die Mitglieder der Kommission werden aufgrund ihrer allgemeinen Befähigung und ihres Einsatzes für Europa unter Persönlichkeiten ausgewählt, die volle Gewähr für ihre Unabhängigkeit bieten.

[3] [1] Die Kommission übt ihre Tätigkeit in voller Unabhängigkeit aus. [2] Die Mitglieder der Kommission dürfen unbeschadet des Artikels 18 Absatz 2 Weisungen von einer Regierung, einem Organ, einer Einrichtung oder jeder anderen Stelle weder einholen noch entgegennehmen. [3] Sie enthalten sich jeder Handlung, die mit ihrem Amt oder der Erfüllung ihrer Aufgaben unvereinbar ist.

(4) Die Kommission, die zwischen dem Zeitpunkt des Inkrafttretens des Vertrags von Lissabon und dem 31. Oktober 2014 ernannt wird, besteht einschließlich ihres Präsidenten und des Hohen Vertreters der Union für Außen- und Sicherheitspolitik, der einer der Vizepräsidenten der Kommission ist, aus je einem Staatsangehörigen jedes Mitgliedstaats.

(5) *[1]* Ab dem 1. November 2014 besteht die Kommission, einschließlich ihres Präsidenten und des Hohen Vertreters der Union für Außen- und Sicherheitspolitik, aus einer Anzahl von Mitgliedern, die zwei Dritteln der Zahl der Mitgliedstaaten entspricht, sofern der Europäische Rat nicht einstimmig eine Änderung dieser Anzahl beschließt.

[2] [1] Die Mitglieder der Kommission werden unter den Staatsangehörigen der Mitgliedstaaten in einem System der strikt gleichberechtigten Rotation zwischen den Mitgliedstaaten so ausgewählt, dass das demografische und geografische Spektrum der Gesamtheit der Mitgliedstaaten zum Ausdruck kommt. [2] Dieses System wird vom Europäischen Rat nach Artikel 244 des Vertrags über die Arbeitsweise der Europäischen Union einstimmig festgelegt.

(6) *[1]* Der Präsident der Kommission

a) legt die Leitlinien fest, nach denen die Kommission ihre Aufgaben ausübt,

b) beschließt über die interne Organisation der Kommission, um die Kohärenz, die Effizienz und das Kollegialitätsprinzip im Rahmen ihrer Tätigkeit sicherzustellen,

c) ernennt, mit Ausnahme des Hohen Vertreters der Union für Außen- und Sicherheitspolitik, die Vizepräsidenten aus dem Kreis der Mitglieder der Kommission.

[2] [1] Ein Mitglied der Kommission legt sein Amt nieder, wenn es vom Präsidenten dazu aufgefordert wird. [2] Der Hohe Vertreter der Union für Außen- und Sicherheitspolitik legt sein Amt nach dem Verfahren des Artikels 18 Absatz 1 nieder, wenn er vom Präsidenten dazu aufgefordert wird.

(7) *[1]* [1] Der Europäische Rat schlägt dem Europäischen Parlament nach entsprechenden Konsultationen mit qualifizierter Mehrheit einen Kandidaten für das Amt des Präsidenten der Kommission vor; dabei berücksichtigt er das Ergebnis der Wahlen zum Europäischen Parlament. [2] Das Europäische Parlament wählt diesen Kandidaten mit der Mehrheit seiner Mitglieder. [3] Erhält dieser Kandidat nicht die Mehrheit, so schlägt der Europäische Rat dem Europäischen Parlament innerhalb eines Monats mit qualifizierter Mehrheit einen neuen Kandidaten vor, für dessen Wahl das Europäische Parlament dasselbe Verfahren anwendet.

[2] [1] Der Rat nimmt, im Einvernehmen mit dem gewählten Präsidenten, die Liste der anderen Persönlichkeiten an, die er als Mitglieder der Kommission vorschlägt. [2] Diese werden auf der Grundlage der Vorschläge der Mitgliedstaaten entsprechend den Kriterien nach Absatz 3 Unterabsatz 2 und Absatz 5 Unterabsatz 2 ausgewählt.

[3] [1] Der Präsident, der Hohe Vertreter der Union für Außen- und Sicherheitspolitik und die übrigen Mitglieder der Kommission stellen sich als Kollegium einem Zustimmungsvotum des Europäischen Parlaments. [2] Auf der Grundlage dieser Zustimmung wird die Kommission vom Europäischen Rat mit qualifizierter Mehrheit ernannt.

(8) [1] Die Kommission ist als Kollegium dem Europäischen Parlament verantwortlich. [2] Das Europäische Parlament kann nach Artikel 234 des Vertrags über die Arbeitsweise der Europäischen Union einen Misstrauensantrag gegen die Kommission annehmen. [3] Wird ein solcher Antrag angenommen, so müssen die Mitglieder der Kommission geschlossen ihr Amt niederlegen, und der Hohe Vertreter der Union für Außen- und Sicherheitspolitik muss sein im Rahmen der Kommission ausgeübtes Amt niederlegen.

Art. 18 [Hoher Vertreter für Außen- und Sicherheitspolitik] (1) [1] Der Europäische Rat ernennt mit qualifizierter Mehrheit und mit Zustimmung des Präsidenten der Kommission den Hohen Vertreter der Union für Außen- und Sicherheitspolitik. [2] Der Europäische Rat kann die Amtszeit des Hohen Vertreters nach dem gleichen Verfahren beenden.

(2) [1] Der Hohe Vertreter leitet die Gemeinsame Außen- und Sicherheitspolitik der Union. [2] Er trägt durch seine Vorschläge zur Festlegung dieser Politik bei und führt sie im Auftrag des Rates durch. [3] Er handelt ebenso im Bereich der Gemeinsamen Sicherheits- und Verteidigungspolitik.

(3) Der Hohe Vertreter führt den Vorsitz im Rat „Auswärtige Angelegenheiten".

(4) [1]Der Hohe Vertreter ist einer der Vizepräsidenten der Kommission. [2]Er sorgt für die Kohärenz des auswärtigen Handelns der Union. [3]Er ist innerhalb der Kommission mit deren Zuständigkeiten im Bereich der Außenbeziehungen und mit der Koordinierung der übrigen Aspekte des auswärtigen Handelns der Union betraut. [4]Bei der Wahrnehmung dieser Zuständigkeiten in der Kommission und ausschließlich im Hinblick auf diese Zuständigkeiten unterliegt der Hohe Vertreter den Verfahren, die für die Arbeitsweise der Kommission gelten, soweit dies mit den Absätzen 2 und 3 vereinbar ist.

Art. 19 [Europäischer Gerichtshof] (1) *[1]* [1]Der Gerichtshof der Europäischen Union umfasst den Gerichtshof, das Gericht und Fachgerichte. [2]Er sichert die Wahrung des Rechts bei der Auslegung und Anwendung der Verträge.

[2] Die Mitgliedstaaten schaffen die erforderlichen Rechtsbehelfe, damit ein wirksamer Rechtsschutz in den vom Unionsrecht erfassten Bereichen gewährleistet ist.

(2) *[1]* [1]Der Gerichtshof besteht aus einem Richter je Mitgliedstaat. [2]Er wird von Generalanwälten unterstützt.

[2] Das Gericht besteht aus mindestens einem Richter je Mitgliedstaat.

[3] [1]Als Richter und Generalanwälte des Gerichtshofs und als Richter des Gerichts sind Persönlichkeiten auszuwählen, die jede Gewähr für Unabhängigkeit bieten und die Voraussetzungen der Artikel 253 und 254 des Vertrags über die Arbeitsweise der Europäischen Union erfüllen. [2]Sie werden von den Regierungen der Mitgliedstaaten im gegenseitigen Einvernehmen für eine Amtszeit von sechs Jahren ernannt. [3]Die Wiederernennung ausscheidender Richter und Generalanwälte ist zulässig.

(3) Der Gerichtshof der Europäischen Union entscheidet nach Maßgabe der Verträge

a) über Klagen eines Mitgliedstaats, eines Organs oder natürlicher oder juristischer Personen;
b) im Wege der Vorabentscheidung auf Antrag der einzelstaatlichen Gerichte über die Auslegung des Unionsrechts oder über die Gültigkeit der Handlungen der Organe;
c) in allen anderen in den Verträgen vorgesehenen Fällen.

5. Vertrag über die Arbeitsweise der Europäischen Union[1) 2) 3)]

In der Fassung der Bekanntmachung vom 9. Mai 2008[4)]
(ABl. C 115 S. 47)

Celex-Nr. 1 1957 E

zuletzt geänd. durch Art. 2 ÄndBeschl. 2012/419/EU v. 11.7.2012 (ABl. L 204 S. 131)

– Auszug –

Präambel

SEINE MAJESTÄT DER KÖNIG DER BELGIER, DER PRÄSIDENT DER BUNDESREPUBLIK DEUTSCHLAND, DER PRÄSIDENT DER FRANZÖSISCHEN REPUBLIK, DER PRÄSIDENT DER ITALIENISCHEN REPUBLIK, IHRE KÖNIGLICHE HOHEIT DIE GROSSHERZOGIN VON LUXEMBURG, IHRE MAJESTÄT DIE KÖNIGIN DER NIEDERLANDE[5)],

IN DEM FESTEN WILLEN, die Grundlagen für einen immer engeren Zusammenschluss der europäischen Völker zu schaffen,

ENTSCHLOSSEN, durch gemeinsames Handeln den wirtschaftlichen und sozialen Fortschritt ihrer Staaten zu sichern, indem sie die Europa trennenden Schranken beseitigen,

IN DEM VORSATZ, die stetige Besserung der Lebens- und Beschäftigungsbedingungen ihrer Völker als wesentliches Ziel anzustreben,

IN DER ERKENNTNIS, dass zur Beseitigung der bestehenden Hindernisse ein einverständliches Vorgehen erforderlich ist, um eine beständige Wirtschafts-

---

1) Vertragsparteien sind Belgien, Bulgarien, Dänemark, Deutschland, Estland, Finnland, Frankreich, Griechenland, Irland, Italien, Kroatien, Lettland, Litauen, Luxemburg, Malta, die Niederlande, Österreich, Polen, Portugal, Rumänien, Schweden, Slowakei, Slowenien, Spanien, Tschechien, Ungarn und Zypern; die EU-Mitgliedschaft des Vereinigten Königreichs Großbritannien und Nordirland endete mit Ablauf des 31.1.2020 (siehe ABl. L 29 vom 31.1.2020, S. 189).

2) Die Artikelfolge und Verweise/Bezugnahmen auf Vorschriften des EUV sind gemäß Art. 5 des Vertrags von Lissabon iVm den Übereinstimmungstabellen zum EUV bzw. AEUV an die neue Nummerierung angepasst worden.

3) Zu den Assoziationsregelungen und sonstigen Vereinbarungen und Vorschriften, die sich auf den EU-Arbeitsweisevertrag beziehen, vgl. den jährlich zum 31.12. abgeschlossenen Fundstellennachweis B der geltenden völkerrechtlichen Vereinbarungen der Bundesrepublik Deutschland unter dem Datum 25.3.1957.

4) Konsolidierte Fassung des Vertrags zur Gründung der Europäischen Gemeinschaft v. 25.3.1957 (BGBl. II S. 766). Die Bundesrepublik Deutschland hat dem Vertrag von Lissabon mit G. v. 8.10.2008 (BGBl. II S. 1038) zugestimmt; Inkrafttreten am 1.12.2009, siehe Bek. v. 13.11.2009 (BGBl. II S. 1223).

5) **Amtl. Anm.:** Seit dem ursprünglichen Vertragsschluss sind Mitgliedstaaten der Europäischen Union geworden: ***[Red. Anm.:** die Republik Kroatien mWv 1.7.2013,]* die Republik Bulgarien, die Tschechische Republik, das Königreich Dänemark, die Republik Estland, die Hellenische Republik, das Königreich Spanien, Irland, die Republik Zypern, die Republik Lettland, die Republik Litauen, die Republik Ungarn, die Republik Malta, die Republik Österreich, die Republik Polen, die Portugiesische Republik, Rumänien, die Republik Slowenien, die Slowakische Republik, die Republik Finnland, das Königreich Schweden *und das Vereinigte Königreich Großbritannien und Nordirland* ***[Red. Anm.:** Die EU-Mitgliedschaft des Vereinigten Königreichs Großbritannien und Nordirland endete mit Ablauf des 31.1.2020 (siehe ABl. L 29 vom 31.1.2020, S. 189).].*

ausweitung, einen ausgewogenen Handelsverkehr und einen redlichen Wettbewerb zu gewährleisten,

IN DEM BESTREBEN, ihre Volkswirtschaften zu einigen und deren harmonische Entwicklung zu fördern, indem sie den Abstand zwischen einzelnen Gebieten und den Rückstand weniger begünstigter Gebiete verringern,

IN DEM WUNSCH, durch eine gemeinsame Handelspolitik zur fortschreitenden Beseitigung der Beschränkungen im zwischenstaatlichen Wirtschaftsverkehr beizutragen,

IN DER ABSICHT, die Verbundenheit Europas mit den überseeischen Ländern zu bekräftigen, und in dem Wunsch, entsprechend den Grundsätzen der Satzung der Vereinten Nationen den Wohlstand der überseeischen Länder zu fördern,

ENTSCHLOSSEN, durch diesen Zusammenschluss ihrer Wirtschaftskräfte Frieden und Freiheit zu wahren und zu festigen, und mit der Aufforderung an die anderen Völker Europas, die sich zu dem gleichen hohen Ziel bekennen, sich diesen Bestrebungen anzuschließen,

ENTSCHLOSSEN, durch umfassenden Zugang zur Bildung und durch ständige Weiterbildung auf einen möglichst hohen Wissensstand ihrer Völker hinzuwirken,

HABEN zu diesem Zweck zu ihren Bevollmächtigten ERNANNT:

(Aufzählung der Bevollmächtigten nicht wiedergegeben)

DIESE SIND nach Austausch ihrer als gut und gehörig befundenen Vollmachten wie folgt übereingekommen:

Erster Teil. Grundsätze

Art. 1 [Regelungsbereich] (1) Dieser Vertrag regelt die Arbeitsweise der Union und legt die Bereiche, die Abgrenzung und die Einzelheiten der Ausübung ihrer Zuständigkeiten fest.

(2) [1]Dieser Vertrag und der Vertrag über die Europäische Union[1)] bilden die Verträge, auf die sich die Union gründet. [2]Diese beiden Verträge, die rechtlich gleichrangig sind, werden als „die Verträge" bezeichnet.

Titel I. Arten und Bereiche der Zuständigkeit der Union

Art. 2 [Arten von Zuständigkeiten] (1) Übertragen die Verträge der Union für einen bestimmten Bereich eine ausschließliche Zuständigkeit, so kann nur die Union gesetzgeberisch tätig werden und verbindliche Rechtsakte erlassen; die Mitgliedstaaten dürfen in einem solchen Fall nur tätig werden, wenn sie von der Union hierzu ermächtigt werden, oder um Rechtsakte der Union durchzuführen.

(2) [1]Übertragen die Verträge der Union für einen bestimmten Bereich eine mit den Mitgliedstaaten geteilte Zuständigkeit, so können die Union und die Mitgliedstaaten in diesem Bereich gesetzgeberisch tätig werden und verbindliche Rechtsakte erlassen. [2]Die Mitgliedstaaten nehmen ihre Zuständigkeit wahr, sofern und soweit die Union ihre Zuständigkeit nicht ausgeübt hat. [3]Die Mit-

---

[1)] Auszugsweise abgedruckt unter Nr. **1**.

gliedstaaten nehmen ihre Zuständigkeit erneut wahr, sofern und soweit die Union entschieden hat, ihre Zuständigkeit nicht mehr auszuüben.

(3) Die Mitgliedstaaten koordinieren ihre Wirtschafts- und Beschäftigungspolitik im Rahmen von Regelungen nach Maßgabe dieses Vertrags, für deren Festlegung die Union zuständig ist.

(4) Die Union ist nach Maßgabe des Vertrags über die Europäische Union[1] dafür zuständig, eine gemeinsame Außen- und Sicherheitspolitik einschließlich der schrittweisen Festlegung einer gemeinsamen Verteidigungspolitik zu erarbeiten und zu verwirklichen.

(5) *[1]* In bestimmten Bereichen ist die Union nach Maßgabe der Verträge dafür zuständig, Maßnahmen zur Unterstützung, Koordinierung oder Ergänzung der Maßnahmen der Mitgliedstaaten durchzuführen, ohne dass dadurch die Zuständigkeit der Union für diese Bereiche an die Stelle der Zuständigkeit der Mitgliedstaaten tritt.

[2] Die verbindlichen Rechtsakte der Union, die aufgrund der diese Bereiche betreffenden Bestimmungen der Verträge erlassen werden, dürfen keine Harmonisierung der Rechtsvorschriften der Mitgliedstaaten beinhalten.

(6) Der Umfang der Zuständigkeiten der Union und die Einzelheiten ihrer Ausübung ergeben sich aus den Bestimmungen der Verträge zu den einzelnen Bereichen.

Art. 4 [Geteilte Zuständigkeiten] (1) Die Union teilt ihre Zuständigkeit mit den Mitgliedstaaten, wenn ihr die Verträge außerhalb der in den Artikeln 3 und 6 genannten Bereiche eine Zuständigkeit übertragen.

(2) Die von der Union mit den Mitgliedstaaten geteilte Zuständigkeit erstreckt sich auf die folgenden Hauptbereiche:

a) Binnenmarkt,
b) Sozialpolitik hinsichtlich der in diesem Vertrag genannten Aspekte,
c) wirtschaftlicher, sozialer und territorialer Zusammenhalt,
d) Landwirtschaft und Fischerei, ausgenommen die Erhaltung der biologischen Meeresschätze,
e) Umwelt,
f) Verbraucherschutz,
g) Verkehr,
h) transeuropäische Netze,
i) Energie,
j) Raum der Freiheit, der Sicherheit und des Rechts,
k) gemeinsame Sicherheitsanliegen im Bereich der öffentlichen Gesundheit hinsichtlich der in diesem Vertrag genannten Aspekte.

(3) In den Bereichen Forschung, technologische Entwicklung und Raumfahrt erstreckt sich die Zuständigkeit der Union darauf, Maßnahmen zu treffen, insbesondere Programme zu erstellen und durchzuführen, ohne dass die Ausübung dieser Zuständigkeit die Mitgliedstaaten hindert, ihre Zuständigkeit auszuüben.

---

[1] Auszugsweise abgedruckt unter Nr. **1**.

(4) In den Bereichen Entwicklungszusammenarbeit und humanitäre Hilfe erstreckt sich die Zuständigkeit der Union darauf, Maßnahmen zu treffen und eine gemeinsame Politik zu verfolgen, ohne dass die Ausübung dieser Zuständigkeit die Mitgliedstaaten hindert, ihre Zuständigkeit auszuüben.

Titel II. Allgemein geltende Bestimmungen

Art. 8 [Gleichstellung; Querschnittsklausel] Bei allen ihren Tätigkeiten wirkt die Union darauf hin, Ungleichheiten zu beseitigen und die Gleichstellung von Männern und Frauen zu fördern.

Art. 9 [Sozialer Schutz; Querschnittsklausel] Bei der Festlegung und Durchführung ihrer Politik und ihrer Maßnahmen trägt die Union den Erfordernissen im Zusammenhang mit der Förderung eines hohen Beschäftigungsniveaus, mit der Gewährleistung eines angemessenen sozialen Schutzes, mit der Bekämpfung der sozialen Ausgrenzung sowie mit einem hohen Niveau der allgemeinen und beruflichen Bildung und des Gesundheitsschutzes Rechnung.

Art. 10 [Bekämpfung von Diskriminierungen; Querschnittsklausel]

Bei der Festlegung und Durchführung ihrer Politik und ihrer Maßnahmen zielt die Union darauf ab, Diskriminierungen aus Gründen des Geschlechts, der Rasse, der ethnischen Herkunft, der Religion oder der Weltanschauung, einer Behinderung, des Alters oder der sexuellen Ausrichtung zu bekämpfen.

Art. 11 [Umweltschutz; Querschnittsklausel] Die Erfordernisse des Umweltschutzes müssen bei der Festlegung und Durchführung der Unionspolitiken und -maßnahmen insbesondere zur Förderung einer nachhaltigen Entwicklung einbezogen werden.

Art. 12 [Verbraucherschutz; Querschnittsklausel] Den Erfordernissen des Verbraucherschutzes wird bei der Festlegung und Durchführung der anderen Unionspolitiken und -maßnahmen Rechnung getragen.

Art. 16 [Datenschutz] (1) Jede Person hat das Recht auf Schutz der sie betreffenden personenbezogenen Daten.

(2) *[1]* [1] Das Europäische Parlament und der Rat erlassen gemäß dem ordentlichen Gesetzgebungsverfahren Vorschriften über den Schutz natürlicher Personen bei der Verarbeitung personenbezogener Daten durch die Organe, Einrichtungen und sonstigen Stellen der Union sowie durch die Mitgliedstaaten im Rahmen der Ausübung von Tätigkeiten, die in den Anwendungsbereich des Unionsrechts fallen, und über den freien Datenverkehr. [2] Die Einhaltung dieser Vorschriften wird von unabhängigen Behörden überwacht.

[2] Die auf der Grundlage dieses Artikels erlassenen Vorschriften lassen die spezifischen Bestimmungen des Artikels 39 des Vertrags über die Europäische Union unberührt.

Art. 17 [Religiöse und weltanschauliche Gemeinschaften] (1) Die Union achtet den Status, den Kirchen und religiöse Vereinigungen oder Gemeinschaften in den Mitgliedstaaten nach deren Rechtsvorschriften genießen, und beeinträchtigt ihn nicht.

(2) Die Union achtet in gleicher Weise den Status, den weltanschauliche Gemeinschaften nach den einzelstaatlichen Rechtsvorschriften genießen.

(3) Die Union pflegt mit diesen Kirchen und Gemeinschaften in Anerkennung ihrer Identität und ihres besonderen Beitrags einen offenen, transparenten und regelmäßigen Dialog.

Zweiter Teil. Nichtdiskriminierung und Unionsbürgerschaft

Art. 18 [Diskriminierungsverbot] *[1]* Unbeschadet besonderer Bestimmungen der Verträge ist in ihrem Anwendungsbereich jede Diskriminierung aus Gründen der Staatsangehörigkeit verboten.

[2] Das Europäische Parlament und der Rat können gemäß dem ordentlichen Gesetzgebungsverfahren Regelungen für das Verbot solcher Diskriminierungen treffen.

Art. 19 [Antidiskriminierungsmaßnahmen] (1) Unbeschadet der sonstigen Bestimmungen der Verträge kann der Rat im Rahmen der durch die Verträge auf die Union übertragenen Zuständigkeiten gemäß einem besonderen Gesetzgebungsverfahren und nach Zustimmung des Europäischen Parlaments einstimmig geeignete Vorkehrungen treffen, um Diskriminierungen aus Gründen des Geschlechts, der Rasse, der ethnischen Herkunft, der Religion oder der Weltanschauung, einer Behinderung, des Alters oder der sexuellen Ausrichtung zu bekämpfen.

(2) Abweichend von Absatz 1 können das Europäische Parlament und der Rat gemäß dem ordentlichen Gesetzgebungsverfahren die Grundprinzipien für Fördermaßnahmen der Union unter Ausschluss jeglicher Harmonisierung der Rechts- und Verwaltungsvorschriften der Mitgliedstaaten zur Unterstützung der Maßnahmen festlegen, die die Mitgliedstaaten treffen, um zur Verwirklichung der in Absatz 1 genannten Ziele beizutragen.

Art. 20 [Unionsbürgerschaft] (1) [1] Es wird eine Unionsbürgerschaft eingeführt. [2] Unionsbürger ist, wer die Staatsangehörigkeit eines Mitgliedstaats besitzt. [3] Die Unionsbürgerschaft tritt zur nationalen Staatsbürgerschaft hinzu, ersetzt sie aber nicht.

(2) [1] Die Unionsbürgerinnen und Unionsbürger haben die in den Verträgen vorgesehenen Rechte und Pflichten. [2] Sie haben unter anderem

a) das Recht, sich im Hoheitsgebiet der Mitgliedstaaten frei zu bewegen und aufzuhalten;
b) in dem Mitgliedstaat, in dem sie ihren Wohnsitz haben, das aktive und passive Wahlrecht bei den Wahlen zum Europäischen Parlament und bei den Kommunalwahlen, wobei für sie dieselben Bedingungen gelten wie für die Angehörigen des betreffenden Mitgliedstaats;
c) im Hoheitsgebiet eines Drittlands, in dem der Mitgliedstaat, dessen Staatsangehörigkeit sie besitzen, nicht vertreten ist, Recht auf Schutz durch die diplomatischen und konsularischen Behörden eines jeden Mitgliedstaats unter denselben Bedingungen wie Staatsangehörige dieses Staates;
d) das Recht, Petitionen an das Europäische Parlament zu richten und sich an den Europäischen Bürgerbeauftragten zu wenden, sowie das Recht, sich in einer der Sprachen der Verträge an die Organe und die beratenden Einrich-

tungen der Union zu wenden und eine Antwort in derselben Sprache zu erhalten.

[3]Diese Rechte werden unter den Bedingungen und innerhalb der Grenzen ausgeübt, die in den Verträgen und durch die in Anwendung der Verträge erlassenen Maßnahmen festgelegt sind.

Art. 21 [Freizügigkeit] (1) Jeder Unionsbürger hat das Recht, sich im Hoheitsgebiet der Mitgliedstaaten vorbehaltlich der in den Verträgen und in den Durchführungsvorschriften vorgesehenen Beschränkungen und Bedingungen frei zu bewegen und aufzuhalten.

(2) Erscheint zur Erreichung dieses Ziels ein Tätigwerden der Union erforderlich und sehen die Verträge hierfür keine Befugnisse vor, so können das Europäische Parlament und der Rat gemäß dem ordentlichen Gesetzgebungsverfahren Vorschriften erlassen, mit denen die Ausübung der Rechte nach Absatz 1 erleichtert wird.

(3) [1]Zu den gleichen wie den in Absatz 1 genannten Zwecken kann der Rat, sofern die Verträge hierfür keine Befugnisse vorsehen, gemäß einem besonderen Gesetzgebungsverfahren Maßnahmen erlassen, die die soziale Sicherheit oder den sozialen Schutz betreffen. [2]Der Rat beschließt einstimmig nach Anhörung des Europäischen Parlaments.

Dritter Teil. Die internen Politiken und Maßnahmen der Union

Titel I. Der Binnenmarkt

Art. 26 [Verwirklichung des Binnenmarkts] (1) Die Union erlässt die erforderlichen Maßnahmen, um nach Maßgabe der einschlägigen Bestimmungen der Verträge den Binnenmarkt zu verwirklichen beziehungsweise dessen Funktionieren zu gewährleisten.

(2) Der Binnenmarkt umfasst einen Raum ohne Binnengrenzen, in dem der freie Verkehr von Waren, Personen, Dienstleistungen und Kapital gemäß den Bestimmungen der Verträge gewährleistet ist.

(3) Der Rat legt auf Vorschlag der Kommission die Leitlinien und Bedingungen fest, die erforderlich sind, um in allen betroffenen Sektoren einen ausgewogenen Fortschritt zu gewährleisten.

Titel IV. Die Freizügigkeit, der freie Dienstleistungs- und Kapitalverkehr

Kapitel 1. Die Arbeitskräfte

Art. 45 [Freizügigkeit der Arbeitnehmer] (1) Innerhalb der Union ist die Freizügigkeit der Arbeitnehmer gewährleistet.

(2) Sie umfasst die Abschaffung jeder auf der Staatsangehörigkeit beruhenden unterschiedlichen Behandlung der Arbeitnehmer der Mitgliedstaaten in Bezug auf Beschäftigung, Entlohnung und sonstige Arbeitsbedingungen.

(3) Sie gibt – vorbehaltlich der aus Gründen der öffentlichen Ordnung, Sicherheit und Gesundheit gerechtfertigten Beschränkungen – den Arbeitnehmern das Recht,

a) sich um tatsächlich angebotene Stellen zu bewerben;

b) sich zu diesem Zweck im Hoheitsgebiet der Mitgliedstaaten frei zu bewegen;
c) sich in einem Mitgliedstaat aufzuhalten, um dort nach den für die Arbeitnehmer dieses Staates geltenden Rechts- und Verwaltungsvorschriften eine Beschäftigung auszuüben;
d) nach Beendigung einer Beschäftigung im Hoheitsgebiet eines Mitgliedstaats unter Bedingungen zu verbleiben, welche die Kommission durch Verordnungen festlegt.

(4) Dieser Artikel findet keine Anwendung auf die Beschäftigung in der öffentlichen Verwaltung.

Art. 46 [Maßnahmen zur Herstellung der Freizügigkeit] Das Europäische Parlament und der Rat treffen gemäß dem ordentlichen Gesetzgebungsverfahren und nach Anhörung des Wirtschafts- und Sozialausschusses durch Richtlinien oder Verordnungen alle erforderlichen Maßnahmen, um die Freizügigkeit der Arbeitnehmer im Sinne des Artikels 45 herzustellen, insbesondere

a) durch Sicherstellung einer engen Zusammenarbeit zwischen den einzelstaatlichen Arbeitsverwaltungen;
b) durch die Beseitigung der Verwaltungsverfahren und -praktiken sowie der für den Zugang zu verfügbaren Arbeitsplätzen vorgeschriebenen Fristen, die sich aus innerstaatlichen Rechtsvorschriften oder vorher zwischen den Mitgliedstaaten geschlossenen Übereinkünften ergeben und deren Beibehaltung die Herstellung der Freizügigkeit der Arbeitnehmer hindert;
c) durch die Beseitigung aller Fristen und sonstigen Beschränkungen, die in innerstaatlichen Rechtsvorschriften oder vorher zwischen den Mitgliedstaaten geschlossenen Übereinkünften vorgesehen sind und die den Arbeitnehmern der anderen Mitgliedstaaten für die freie Wahl des Arbeitsplatzes andere Bedingungen als den inländischen Arbeitnehmern auferlegen;
d) durch die Schaffung geeigneter Verfahren für die Zusammenführung und den Ausgleich von Angebot und Nachfrage auf dem Arbeitsmarkt zu Bedingungen, die eine ernstliche Gefährdung der Lebenshaltung und des Beschäftigungsstands in einzelnen Gebieten und Industrien ausschließen.

Art. 47 [Austausch junger Arbeitskräfte] Die Mitgliedstaaten fördern den Austausch junger Arbeitskräfte im Rahmen eines gemeinsamen Programms.

Art. 48 [Sicherstellung der Ansprüche und Leistungen auf dem Gebiet der sozialen Sicherheit] *[1]* Das Europäische Parlament und der Rat beschließen gemäß dem ordentlichen Gesetzgebungsverfahren die auf dem Gebiet der sozialen Sicherheit für die Herstellung der Freizügigkeit der Arbeitnehmer notwendigen Maßnahmen; zu diesem Zweck führen sie insbesondere ein System ein, das zu- und abwandernden Arbeitnehmern und Selbstständigen sowie deren anspruchsberechtigten Angehörigen Folgendes sichert:

a) die Zusammenrechnung aller nach den verschiedenen innerstaatlichen Rechtsvorschriften berücksichtigten Zeiten für den Erwerb und die Aufrechterhaltung des Leistungsanspruchs sowie für die Berechnung der Leistungen;
b) die Zahlung der Leistungen an Personen, die in den Hoheitsgebieten der Mitgliedstaaten wohnen.

[2] [1] Erklärt ein Mitglied des Rates, dass ein Entwurf eines Gesetzgebungsakts nach Absatz 1 wichtige Aspekte seines Systems der sozialen Sicherheit, insbesondere dessen Geltungsbereich, Kosten oder Finanzstruktur, verletzen oder dessen finanzielles Gleichgewicht beeinträchtigen würde, so kann es beantragen, dass der Europäische Rat befasst wird. [2] In diesem Fall wird das ordentliche Gesetzgebungsverfahren ausgesetzt. [3] Nach einer Aussprache geht der Europäische Rat binnen vier Monaten nach Aussetzung des Verfahrens wie folgt vor:

a) er verweist den Entwurf an den Rat zurück, wodurch die Aussetzung des ordentlichen Gesetzgebungsverfahrens beendet wird, oder
b) er sieht von einem Tätigwerden ab, oder aber er ersucht die Kommission um Vorlage eines neuen Vorschlags; in diesem Fall gilt der ursprünglich vorgeschlagene Rechtsakt als nicht erlassen.

Titel V. Der Raum der Freiheit, der Sicherheit und des Rechts

Kapitel 3. Justizielle Zusammenarbeit in Zivilsachen

Art. 81 [Justizielle Zusammenarbeit in Zivilsachen] (1) [1] Die Union entwickelt eine justizielle Zusammenarbeit in Zivilsachen mit grenzüberschreitendem Bezug, die auf dem Grundsatz der gegenseitigen Anerkennung gerichtlicher und außergerichtlicher Entscheidungen beruht. [2] Diese Zusammenarbeit kann den Erlass von Maßnahmen zur Angleichung der Rechtsvorschriften der Mitgliedstaaten umfassen.

(2) Für die Zwecke des Absatzes 1 erlassen das Europäische Parlament und der Rat, insbesondere wenn dies für das reibungslose Funktionieren des Binnenmarkts erforderlich ist, gemäß dem ordentlichen Gesetzgebungsverfahren Maßnahmen, die Folgendes sicherstellen sollen:

a) die gegenseitige Anerkennung und die Vollstreckung gerichtlicher und außergerichtlicher Entscheidungen zwischen den Mitgliedstaaten;
b) die grenzüberschreitende Zustellung gerichtlicher und außergerichtlicher Schriftstücke;
c) die Vereinbarkeit der in den Mitgliedstaaten geltenden Kollisionsnormen und Vorschriften zur Vermeidung von Kompetenzkonflikten;
d) die Zusammenarbeit bei der Erhebung von Beweismitteln;
e) einen effektiven Zugang zum Recht;
f) die Beseitigung von Hindernissen für die reibungslose Abwicklung von Zivilverfahren, erforderlichenfalls durch Förderung der Vereinbarkeit der in den Mitgliedstaaten geltenden zivilrechtlichen Verfahrensvorschriften;
g) die Entwicklung von alternativen Methoden für die Beilegung von Streitigkeiten;
h) die Förderung der Weiterbildung von Richtern und Justizbediensteten.

(3) *[1]* [1] Abweichend von Absatz 2 werden Maßnahmen zum Familienrecht mit grenzüberschreitendem Bezug vom Rat gemäß einem besonderen Gesetzgebungsverfahren festgelegt. [2] Dieser beschließt einstimmig nach Anhörung des Europäischen Parlaments.

[2] [1] Der Rat kann auf Vorschlag der Kommission einen Beschluss erlassen, durch den die Aspekte des Familienrechts mit grenzüberschreitendem Bezug bestimmt werden, die Gegenstand von Rechtsakten sein können, die gemäß

dem ordentlichen Gesetzgebungsverfahren erlassen werden. [2]Der Rat beschließt einstimmig nach Anhörung des Europäischen Parlaments.

[3] [1]Der in Unterabsatz 2 genannte Vorschlag wird den nationalen Parlamenten übermittelt. [2]Wird dieser Vorschlag innerhalb von sechs Monaten nach der Übermittlung von einem nationalen Parlament abgelehnt, so wird der Beschluss nicht erlassen. [3]Wird der Vorschlag nicht abgelehnt, so kann der Rat den Beschluss erlassen.

Titel X. Sozialpolitik

Art. 151 [Ziele und Mittel abgestimmter und gemeinsamer Sozialpolitik] *[1]* Die Union und die Mitgliedstaaten verfolgen eingedenk der sozialen Grundrechte, wie sie in der am 18. Oktober 1961 in Turin unterzeichneten Europäischen Sozialcharta[1)] und in der Gemeinschaftscharta der sozialen Grundrechte der Arbeitnehmer von 1989[2)] festgelegt sind, folgende Ziele: die Förderung der Beschäftigung, die Verbesserung der Lebens- und Arbeitsbedingungen, um dadurch auf dem Wege des Fortschritts ihre Angleichung zu ermöglichen, einen angemessenen sozialen Schutz, den sozialen Dialog, die Entwicklung des Arbeitskräftepotenzials im Hinblick auf ein dauerhaft hohes Beschäftigungsniveau und die Bekämpfung von Ausgrenzungen.

[2] Zu diesem Zweck führen die Union und die Mitgliedstaaten Maßnahmen durch, die der Vielfalt der einzelstaatlichen Gepflogenheiten, insbesondere in den vertraglichen Beziehungen, sowie der Notwendigkeit, die Wettbewerbsfähigkeit der Wirtschaft der Union zu erhalten, Rechnung tragen.

[3] Sie sind der Auffassung, dass sich eine solche Entwicklung sowohl aus dem eine Abstimmung der Sozialordnungen begünstigenden Wirken des Binnenmarkts als auch aus den in den Verträgen vorgesehenen Verfahren sowie aus der Angleichung ihrer Rechts- und Verwaltungsvorschriften ergeben wird.

Art. 152 [Rolle der Sozialpartner; Sozialer Dialog; Sozialgipfel]

[1] [1]Die Union anerkennt und fördert die Rolle der Sozialpartner auf Ebene der Union unter Berücksichtigung der Unterschiedlichkeit der nationalen Systeme. [2]Sie fördert den sozialen Dialog und achtet dabei die Autonomie der Sozialpartner.

[2] Der Dreigliedrige Sozialgipfel für Wachstum und Beschäftigung trägt zum sozialen Dialog bei.

Art. 153 [Unionskompetenzen] (1) Zur Verwirklichung der Ziele des Artikels 151 unterstützt und ergänzt die Union die Tätigkeit der Mitgliedstaaten auf folgenden Gebieten:

a) Verbesserung insbesondere der Arbeitsumwelt zum Schutz der Gesundheit und der Sicherheit der Arbeitnehmer,
b) Arbeitsbedingungen,
c) soziale Sicherheit und sozialer Schutz der Arbeitnehmer,
d) Schutz der Arbeitnehmer bei Beendigung des Arbeitsvertrags,
e) Unterrichtung und Anhörung der Arbeitnehmer,

[1)] Nr. **20**.
[2)] Nr. **25**.

f) Vertretung und kollektive Wahrnehmung der Arbeitnehmer- und Arbeitgeberinteressen, einschließlich der Mitbestimmung, vorbehaltlich des Absatzes 5,
g) Beschäftigungsbedingungen der Staatsangehörigen dritter Länder, die sich rechtmäßig im Gebiet der Union aufhalten,
h) berufliche Eingliederung der aus dem Arbeitsmarkt ausgegrenzten Personen, unbeschadet des Artikels 166,
i) Chancengleichheit von Männern und Frauen auf dem Arbeitsmarkt und Gleichbehandlung am Arbeitsplatz,
j) Bekämpfung der sozialen Ausgrenzung,
k) Modernisierung der Systeme des sozialen Schutzes, unbeschadet des Buchstabens c.

(2) *[1]* Zu diesem Zweck können das Europäische Parlament und der Rat

a) unter Ausschluss jeglicher Harmonisierung der Rechts- und Verwaltungsvorschriften der Mitgliedstaaten Maßnahmen annehmen, die dazu bestimmt sind, die Zusammenarbeit zwischen den Mitgliedstaaten durch Initiativen zu fördern, die die Verbesserung des Wissensstands, die Entwicklung des Austauschs von Informationen und bewährten Verfahren, die Förderung innovativer Ansätze und die Bewertung von Erfahrungen zum Ziel haben;
b) in den in Absatz 1 Buchstaben a bis i genannten Bereichen unter Berücksichtigung der in den einzelnen Mitgliedstaaten bestehenden Bedingungen und technischen Regelungen durch Richtlinien Mindestvorschriften erlassen, die schrittweise anzuwenden sind. Diese Richtlinien sollen keine verwaltungsmäßigen, finanziellen oder rechtlichen Auflagen vorschreiben, die der Gründung und Entwicklung von kleinen und mittleren Unternehmen entgegenstehen.

[2] Das Europäische Parlament und der Rat beschließen gemäß dem ordentliche Gesetzgebungsverfahren nach Anhörung des Wirtschafts- und Sozialausschusses und des Ausschusses der Regionen.

[3] In den in Absatz 1 Buchstaben c, d, f und g genannten Bereichen beschließt der Rat einstimmig gemäß einem besonderen Gesetzgebungsverfahren nach Anhörung des Europäischen Parlaments und der genannten Ausschüsse.

[4] Der Rat kann einstimmig auf Vorschlag der Kommission nach Anhörung des Europäischen Parlaments beschließen, dass das ordentliche Gesetzgebungsverfahren auf Absatz 1 Buchstaben d, f und g angewandt wird.

(3) *[1]* Ein Mitgliedstaat kann den Sozialpartnern auf deren gemeinsamen Antrag die Durchführung von aufgrund des Absatzes 2 angenommenen Richtlinien oder gegebenenfalls die Durchführung eines nach Artikel 155 erlassenen Beschlusses des Rates übertragen.

[2] In diesem Fall vergewissert sich der Mitgliedstaat, dass die Sozialpartner spätestens zu dem Zeitpunkt, zu dem eine Richtlinie umgesetzt oder ein Beschluss durchgeführt sein muss, im Wege einer Vereinbarung die erforderlichen Vorkehrungen getroffen haben; dabei hat der Mitgliedstaat alle erforderlichen Maßnahmen zu treffen, um jederzeit gewährleisten zu können, dass die durch diese Richtlinie oder diesen Beschluss vorgeschriebenen Ergebnisse erzielt werden.

(4) Die aufgrund dieses Artikels erlassenen Bestimmungen

– berühren nicht die anerkannte Befugnis der Mitgliedstaaten, die Grundprinzipien ihres Systems der sozialen Sicherheit festzulegen, und dürfen das finanzielle Gleichgewicht dieser Systeme nicht erheblich beeinträchtigen;
– hindern die Mitgliedstaaten nicht daran, strengere Schutzmaßnahmen beizubehalten oder zu treffen, die mit den Verträgen vereinbar sind.

(5) Dieser Artikel gilt nicht für das Arbeitsentgelt, das Koalitionsrecht, das Streikrecht sowie das Aussperrungsrecht.

Art. 154 [Anhörung der Sozialpartner] (1) Die Kommission hat die Aufgabe, die Anhörung der Sozialpartner auf Unionsebene zu fördern, und erlässt alle zweckdienlichen Maßnahmen, um den Dialog zwischen den Sozialpartnern zu erleichtern, wobei sie für Ausgewogenheit bei der Unterstützung der Parteien sorgt.

(2) Zu diesem Zweck hört die Kommission vor Unterbreitung von Vorschlägen im Bereich der Sozialpolitik die Sozialpartner zu der Frage, wie eine Unionsaktion gegebenenfalls ausgerichtet werden sollte.

(3) [1] Hält die Kommission nach dieser Anhörung eine Unionsmaßnahme für zweckmäßig, so hört sie die Sozialpartner zum Inhalt des in Aussicht genommenen Vorschlags. [2] Die Sozialpartner übermitteln der Kommission eine Stellungnahme oder gegebenenfalls eine Empfehlung.

(4) [1] Bei den Anhörungen nach den Absätzen 2 und 3 können die Sozialpartner der Kommission mitteilen, dass sie den Prozess nach Artikel 155 in Gang setzen wollen. [2] Die Dauer dieses Prozesses darf höchstens neun Monate betragen, sofern die betroffenen Sozialpartner und die Kommission nicht gemeinsam eine Verlängerung beschließen.

Art. 155 [Dialog zwischen den Sozialpartnern] (1) Der Dialog zwischen den Sozialpartnern auf Unionsebene kann, falls sie es wünschen, zur Herstellung vertraglicher Beziehungen einschließlich des Abschlusses von Vereinbarungen führen.

(2) *[1]* [1] Die Durchführung der auf Unionsebene geschlossenen Vereinbarungen erfolgt entweder nach den jeweiligen Verfahren und Gepflogenheiten der Sozialpartner und der Mitgliedstaaten oder – in den durch Artikel 153 erfassten Bereichen – auf gemeinsamen Antrag der Unterzeichnerparteien durch einen Beschluss des Rates auf Vorschlag der Kommission. [2] Das Europäische Parlament wird unterrichtet.

[2] Der Rat beschließt einstimmig, sofern die betreffende Vereinbarung eine oder mehrere Bestimmungen betreffend einen der Bereiche enthält, für die nach Artikel 153 Absatz 2 Einstimmigkeit erforderlich ist.

Art. 156 [Fördermaßnahmen der Kommission] *[1]* Unbeschadet der sonstigen Bestimmungen der Verträge fördert die Kommission im Hinblick auf die Erreichung der Ziele des Artikels 151 die Zusammenarbeit zwischen den Mitgliedstaaten und erleichtert die Abstimmung ihres Vorgehens in allen unter dieses Kapitel fallenden Bereichen der Sozialpolitik, insbesondere auf dem Gebiet

– der Beschäftigung,
– des Arbeitsrechts und der Arbeitsbedingungen,
– der beruflichen Ausbildung und Fortbildung,

– der sozialen Sicherheit,
– der Verhütung von Berufsunfällen und Berufskrankheiten,
– des Gesundheitsschutzes bei der Arbeit,
– des Koalitionsrechts und der Kollektivverhandlungen zwischen Arbeitgebern und Arbeitnehmern.

[2] [1] Zu diesem Zweck wird die Kommission in enger Verbindung mit den Mitgliedstaaten durch Untersuchungen, Stellungnahmen und die Durchführung von Konsultationen in Bezug auf innerstaatlich oder in den internationalen Organisationen zu behandelnde Fragen tätig, und zwar insbesondere im Wege von Initiativen, die darauf abzielen, Leitlinien und Indikatoren festzulegen, den Austausch bewährter Verfahren durchzuführen und die erforderlichen Elemente für eine regelmäßige Überwachung und Bewertung auszuarbeiten. [2] Das Europäische Parlament wird in vollem Umfang unterrichtet.

[3] Vor Abgabe der in diesem Artikel vorgesehenen Stellungnahmen hört die Kommission den Wirtschafts- und Sozialausschuss.

Art. 157 [Gleichstellung von Mann und Frau im Erwerbsleben]

(1) Jeder Mitgliedstaat stellt die Anwendung des Grundsatzes des gleichen Entgelts für Männer und Frauen bei gleicher oder gleichwertiger Arbeit sicher.

(2) *[1]* Unter „Entgelt“ im Sinne dieses Artikels sind die üblichen Grund- oder Mindestlöhne und -gehälter sowie alle sonstigen Vergütungen zu verstehen, die der Arbeitgeber aufgrund des Dienstverhältnisses dem Arbeitnehmer unmittelbar oder mittelbar in bar oder in Sachleistungen zahlt.

[2] Gleichheit des Arbeitsentgelts ohne Diskriminierung aufgrund des Geschlechts bedeutet,

a) dass das Entgelt für eine gleiche nach Akkord bezahlte Arbeit aufgrund der gleichen Maßeinheit festgesetzt wird,
b) dass für eine nach Zeit bezahlte Arbeit das Entgelt bei gleichem Arbeitsplatz gleich ist.

(3) Das Europäische Parlament und der Rat beschließen gemäß dem ordentlichen Gesetzgebungsverfahren und nach Anhörung des Wirtschafts- und Sozialausschusses Maßnahmen zur Gewährleistung der Anwendung des Grundsatzes der Chancengleichheit und der Gleichbehandlung von Männern und Frauen in Arbeits- und Beschäftigungsfragen, einschließlich des Grundsatzes des gleichen Entgelts bei gleicher oder gleichwertiger Arbeit.

(4) Im Hinblick auf die effektive Gewährleistung der vollen Gleichstellung von Männern und Frauen im Arbeitsleben hindert der Grundsatz der Gleichbehandlung die Mitgliedstaaten nicht daran, zur Erleichterung der Berufstätigkeit des unterrepräsentierten Geschlechts oder zur Verhinderung bzw. zum Ausgleich von Benachteiligungen in der beruflichen Laufbahn spezifische Vergünstigungen beizubehalten oder zu beschließen.

Art. 158 [Bezahlte Freizeit] Die Mitgliedstaaten sind bestrebt, die bestehende Gleichwertigkeit der Ordnungen über die bezahlte Freizeit beizubehalten.

Art. 159 [Bericht zur sozialen und demografischen Lage] [1] Die Kommission erstellt jährlich einen Bericht über den Stand der Verwirklichung der in Artikel 151 genannten Ziele sowie über die demografische Lage in der Union.

[2] Sie übermittelt diesen Bericht dem Europäischen Parlament, dem Rat und dem Wirtschafts- und Sozialausschuss.

Art. 160 [Ausschuss für Sozialschutz] *[1]* [1] Der Rat, der mit einfacher Mehrheit beschließt, setzt nach Anhörung des Europäischen Parlaments einen Ausschuss für Sozialschutz mit beratender Aufgabe ein, um die Zusammenarbeit im Bereich des sozialen Schutzes zwischen den Mitgliedstaaten und mit der Kommission zu fördern. [2] Der Ausschuss hat folgende Aufgaben:
- Er verfolgt die soziale Lage und die Entwicklung der Politiken im Bereich des sozialen Schutzes in den Mitgliedstaaten und der Union;
- er fördert den Austausch von Informationen, Erfahrungen und bewährten Verfahren zwischen den Mitgliedstaaten und mit der Kommission;
- unbeschadet des Artikels 240 arbeitet er auf Ersuchen des Rates oder der Kommission oder von sich aus in seinem Zuständigkeitsbereich Berichte aus, gibt Stellungnahmen ab oder wird auf andere Weise tätig.

[2] Bei der Erfüllung seines Auftrags stellt der Ausschuss geeignete Kontakte zu den Sozialpartnern her.

[3] Jeder Mitgliedstaat und die Kommission ernennen zwei Mitglieder des Ausschusses.

Art. 161 [Jahresbericht der Kommission] *[1]* Der Jahresbericht der Kommission an das Europäische Parlament hat stets ein besonderes Kapitel über die Entwicklung der sozialen Lage in der Union zu enthalten.

[2] Das Europäische Parlament kann die Kommission auffordern, Berichte über besondere, die soziale Lage betreffende Fragen auszuarbeiten.

Sechster Teil. Institutionelle Bestimmungen und Finanzvorschriften

Titel I. Vorschriften über die Organe

Kapitel 1.[1] Die Organe

Abschnitt 5. Der Gerichtshof der Europäischen Union

Art. 251 [Spruchkörper des Gerichtshofs] *[1]* Der Gerichtshof tagt in Kammern oder als Große Kammer entsprechend den hierfür in der Satzung des Gerichtshofs der Europäischen Union[2] vorgesehenen Regeln.

[2] Wenn die Satzung es vorsieht, kann der Gerichtshof auch als Plenum tagen.

Art. 258 [Vertragsverletzungsverfahren] *[1]* Hat nach Auffassung der Kommission ein Mitgliedstaat gegen eine Verpflichtung aus den Verträgen verstoßen, so gibt sie eine mit Gründen versehene Stellungnahme hierzu ab; sie hat dem Staat zuvor Gelegenheit zur Äußerung zu geben.

---

[1] Vgl. zu diesem Kapitel auch die „Erklärung zur Erweiterung der Europäischen Union" (Erklärung Nr. 20) zur Schlussakte v. 16.2.2001 (ABl. C 80 S. 70) der Konferenz von Nizza.
[2] **dtv 5014 Europa-Recht Nr. 27.**

[2] Kommt der Staat dieser Stellungnahme innerhalb der von der Kommission gesetzten Frist nicht nach, so kann die Kommission den Gerichtshof der Europäischen Union anrufen.

Art. 263 [Nichtigkeitsklage] *[1]* [1]Der Gerichtshof der Europäischen Union überwacht die Rechtmäßigkeit der Gesetzgebungsakte sowie der Handlungen des Rates, der Kommission und der Europäischen Zentralbank, soweit es sich nicht um Empfehlungen oder Stellungnahmen handelt, und der Handlungen des Europäischen Parlaments und des Europäischen Rates mit Rechtswirkung gegenüber Dritten. [2]Er überwacht ebenfalls die Rechtmäßigkeit der Handlungen der Einrichtungen oder sonstigen Stellen der Union mit Rechtswirkung gegenüber Dritten.

[2] Zu diesem Zweck ist der Gerichtshof der Europäischen Union für Klagen zuständig, die ein Mitgliedstaat, das Europäische Parlament, der Rat oder die Kommission wegen Unzuständigkeit, Verletzung wesentlicher Formvorschriften, Verletzung der Verträge oder einer bei ihrer Durchführung anzuwendenden Rechtsnorm oder wegen Ermessensmissbrauchs erhebt.

[3] Der Gerichtshof der Europäischen Union ist unter den gleichen Voraussetzungen zuständig für Klagen des Rechnungshofs, der Europäischen Zentralbank und des Ausschusses der Regionen, die auf die Wahrung ihrer Rechte abzielen.

[4] Jede natürliche oder juristische Person kann unter den Bedingungen nach den Absätzen 1 und 2 gegen die an sie gerichteten oder sie unmittelbar und individuell betreffenden Handlungen sowie gegen Rechtsakte mit Verordnungscharakter, die sie unmittelbar betreffen und keine Durchführungsmaßnahmen nach sich ziehen, Klage erheben.

[5] In den Rechtsakten zur Gründung von Einrichtungen und sonstigen Stellen der Union können besondere Bedingungen und Einzelheiten für die Erhebung von Klagen von natürlichen oder juristischen Personen gegen Handlungen dieser Einrichtungen und sonstigen Stellen vorgesehen werden, die eine Rechtswirkung gegenüber diesen Personen haben.

[6] Die in diesem Artikel vorgesehenen Klagen sind binnen zwei Monaten zu erheben; diese Frist läuft je nach Lage des Falles von der Bekanntgabe der betreffenden Handlung, ihrer Mitteilung an den Kläger oder in Ermangelung dessen von dem Zeitpunkt an, zu dem der Kläger von dieser Handlung Kenntnis erlangt hat.

Art. 267 [Vorabentscheidungsverfahren] *[1]* Der Gerichtshof der Europäischen Union entscheidet im Wege der Vorabentscheidung

a) über die Auslegung der Verträge,

b) über die Gültigkeit und die Auslegung der Handlungen der Organe, Einrichtungen oder sonstigen Stellen der Union.

[2] Wird eine derartige Frage einem Gericht eines Mitgliedstaats gestellt und hält dieses Gericht eine Entscheidung darüber zum Erlass seines Urteils für erforderlich, so kann es diese Frage dem Gerichtshof zur Entscheidung vorlegen.

[3] Wird eine derartige Frage in einem schwebenden Verfahren bei einem einzelstaatlichen Gericht gestellt, dessen Entscheidungen selbst nicht mehr mit

Rechtsmitteln des innerstaatlichen Rechts angefochten werden können, so ist dieses Gericht zur Anrufung des Gerichtshofs verpflichtet.

[4] Wird eine derartige Frage in einem schwebenden Verfahren, das eine inhaftierte Person betrifft, bei einem einzelstaatlichen Gericht gestellt, so entscheidet der Gerichtshof innerhalb kürzester Zeit.

Kapitel 2. Rechtsakte der Union, Annahmeverfahren und sonstige Vorschriften

Abschnitt 1. Die Rechtsakte der Union

Art. 288 [Rechtsakte; Katalog] *[1]* Für die Ausübung der Zuständigkeiten der Union nehmen die Organe Verordnungen, Richtlinien, Beschlüsse, Empfehlungen und Stellungnahmen an.

[2] [1] Die Verordnung hat allgemeine Geltung. [2] Sie ist in allen ihren Teilen verbindlich und gilt unmittelbar in jedem Mitgliedstaat.

[3] Die Richtlinie ist für jeden Mitgliedstaat, an den sie gerichtet wird, hinsichtlich des zu erreichenden Ziels verbindlich, überlässt jedoch den innerstaatlichen Stellen die Wahl der Form und der Mittel.

[4] [1] Beschlüsse sind in allen ihren Teilen verbindlich. [2] Sind sie an bestimmte Adressaten gerichtet, so sind sie nur für diese verbindlich.

[5] Die Empfehlungen und Stellungnahmen sind nicht verbindlich.

Art. 289 [Ordentliches und besonderes Gesetzgebungsverfahren; Initiativrecht in besonderen Fällen] (1) [1] Das ordentliche Gesetzgebungsverfahren besteht in der gemeinsamen Annahme einer Verordnung, einer Richtlinie oder eines Beschlusses durch das Europäische Parlament und den Rat auf Vorschlag der Kommission. [2] Dieses Verfahren ist in Artikel 294 festgelegt.

(2) In bestimmten, in den Verträgen vorgesehenen Fällen erfolgt als besonderes Gesetzgebungsverfahren die Annahme einer Verordnung, einer Richtlinie oder eines Beschlusses durch das Europäische Parlament mit Beteiligung des Rates oder durch den Rat mit Beteiligung des Europäischen Parlaments.

(3) Rechtsakte, die gemäß einem Gesetzgebungsverfahren angenommen werden, sind Gesetzgebungsakte.

(4) In bestimmten, in den Verträgen vorgesehenen Fällen können Gesetzgebungsakte auf Initiative einer Gruppe von Mitgliedstaaten oder des Europäischen Parlaments, auf Empfehlung der Europäischen Zentralbank oder auf Antrag des Gerichtshofs oder der Europäischen Investitionsbank erlassen werden.

Abschnitt 2. Annahmeverfahren und sonstige Vorschriften

Art. 294 [Ordentliches Gesetzgebungsverfahren] (1) Wird in den Verträgen hinsichtlich der Annahme eines Rechtsakts auf das ordentliche Gesetzgebungsverfahren Bezug genommen, so gilt das nachstehende Verfahren.

(2) Die Kommission unterbreitet dem Europäischen Parlament und dem Rat einen Vorschlag.

Erste Lesung

(3) Das Europäische Parlament legt seinen Standpunkt in erster Lesung fest und übermittelt ihn dem Rat.

(4) Billigt der Rat den Standpunkt des Europäischen Parlaments, so ist der betreffende Rechtsakt in der Fassung des Standpunkts des Europäischen Parlaments erlassen.

(5) Billigt der Rat den Standpunkt des Europäischen Parlaments nicht, so legt er seinen Standpunkt in erster Lesung fest und übermittelt ihn dem Europäischen Parlament.

(6) [1] Der Rat unterrichtet das Europäische Parlament in allen Einzelheiten über die Gründe, aus denen er seinen Standpunkt in erster Lesung festgelegt hat. [2] Die Kommission unterrichtet das Europäische Parlament in vollem Umfang über ihren Standpunkt.

Zweite Lesung

(7) Hat das Europäische Parlament binnen drei Monaten nach der Übermittlung

a) den Standpunkt des Rates in erster Lesung gebilligt oder sich nicht geäußert, so gilt der betreffende Rechtsakt als in der Fassung des Standpunkts des Rates erlassen;

b) den Standpunkt des Rates in erster Lesung mit der Mehrheit seiner Mitglieder abgelehnt, so gilt der vorgeschlagene Rechtsakt als nicht erlassen;

c) mit der Mehrheit seiner Mitglieder Abänderungen an dem Standpunkt des Rates in erster Lesung vorgeschlagen, so wird die abgeänderte Fassung dem Rat und der Kommission zugeleitet; die Kommission gibt eine Stellungnahme zu diesen Abänderungen ab.

(8) Hat der Rat binnen drei Monaten nach Eingang der Abänderungen des Europäischen Parlaments mit qualifizierter Mehrheit

a) alle diese Abänderungen gebilligt, so gilt der betreffende Rechtsakt als erlassen;

b) nicht alle Abänderungen gebilligt, so beruft der Präsident des Rates im Einvernehmen mit dem Präsidenten des Europäischen Parlaments binnen sechs Wochen den Vermittlungsausschuss ein.

(9) Über Abänderungen, zu denen die Kommission eine ablehnende Stellungnahme abgegeben hat, beschließt der Rat einstimmig.

Vermittlung

(10) Der Vermittlungsausschuss, der aus den Mitgliedern des Rates oder deren Vertretern und ebenso vielen das Europäische Parlament vertretenden Mitgliedern besteht, hat die Aufgabe, mit der qualifizierten Mehrheit der Mitglieder des Rates oder deren Vertretern und der Mehrheit der das Europäische Parlament vertretenden Mitglieder binnen sechs Wochen nach seiner Einberufung eine Einigung auf der Grundlage der Standpunkte des Europäischen Parlaments und des Rates in zweiter Lesung zu erzielen.

(11) Die Kommission nimmt an den Arbeiten des Vermittlungsausschusses teil und ergreift alle erforderlichen Initiativen, um auf eine Annäherung der Standpunkte des Europäischen Parlaments und des Rates hinzuwirken.

(12) Billigt der Vermittlungsausschuss binnen sechs Wochen nach seiner Einberufung keinen gemeinsamen Entwurf, so gilt der vorgeschlagene Rechtsakt als nicht erlassen.

Dritte Lesung

(13) [1] Billigt der Vermittlungsausschuss innerhalb dieser Frist einen gemeinsamen Entwurf, so verfügen das Europäische Parlament und der Rat ab dieser Billigung über eine Frist von sechs Wochen, um den betreffenden Rechtsakt entsprechend diesem Entwurf zu erlassen, wobei im Europäischen Parlament die Mehrheit der abgegebenen Stimmen und im Rat die qualifizierte Mehrheit erforderlich ist. [2] Andernfalls gilt der vorgeschlagene Rechtsakt als nicht erlassen.

(14) Die in diesem Artikel genannten Fristen von drei Monaten beziehungsweise sechs Wochen werden auf Initiative des Europäischen Parlaments oder des Rates um höchstens einen Monat beziehungsweise zwei Wochen verlängert.

Besondere Bestimmungen

(15) *[1]* Wird in den in den Verträgen vorgesehenen Fällen ein Gesetzgebungsakt auf Initiative einer Gruppe von Mitgliedstaaten, auf Empfehlung der Europäischen Zentralbank oder auf Antrag des Gerichtshofs im ordentlichen Gesetzgebungsverfahren erlassen, so finden Absatz 2, Absatz 6 Satz 2 und Absatz 9 keine Anwendung.

[2] [1] In diesen Fällen übermitteln das Europäische Parlament und der Rat der Kommission den Entwurf des Rechtsakts sowie ihre jeweiligen Standpunkte in erster und zweiter Lesung. [2] Das Europäische Parlament oder der Rat kann die Kommission während des gesamten Verfahrens um eine Stellungnahme bitten, die die Kommission auch von sich aus abgeben kann. [3] Sie kann auch nach Maßgabe des Absatzes 11 an dem Vermittlungsausschuss teilnehmen, sofern sie dies für erforderlich hält.

10. Erklärungen zur Schlussakte der Regierungskonferenz, die den am 13. Dezember 2007 unterzeichneten Vertrag von Lissabon angenommen hat

(ABl. C 306 S. 249)

Celex-Nr. 12008E/AFI/DCL

– Auszug –

17. Erklärung zum Vorrang

Die Konferenz weist darauf hin, dass die Verträge und das von der Union auf der Grundlage der Verträge gesetzte Recht im Einklang mit der ständigen Rechtsprechung des Gerichtshofs der Europäischen Union unter den in dieser Rechtsprechung festgelegten Bedingungen Vorrang vor dem Recht der Mitgliedstaaten haben.

Darüber hinaus hat die Konferenz beschlossen, dass das Gutachten des Juristischen Dienstes des Rates zum Vorrang in der Fassung des Dokuments 11197/07 (JUR 260) dieser Schlussakte beigefügt wird:

„Gutachten des Juristischen Dienstes des Rates
vom 22. Juni 2007

Nach der Rechtsprechung des Gerichtshofs ist der Vorrang des EG-Rechts einer der Grundpfeiler des Gemeinschaftsrechts. Dem Gerichtshof zufolge ergibt sich dieser Grundsatz aus der Besonderheit der Europäischen Gemeinschaft. Zum Zeitpunkt des ersten Urteils im Rahmen dieser ständigen Rechtsprechung (Rechtssache 6/64, Costa gegen ENEL, 15. Juli 1964[1]) war dieser Vorrang im Vertrag nicht erwähnt. Dies ist auch heute noch der Fall. Die Tatsache, dass der Grundsatz dieses Vorrangs nicht in den künftigen Vertrag aufgenommen wird, ändert nichts an seiner Existenz und an der bestehenden Rechtsprechung des Gerichtshofs.“

31. Erklärung zu Artikel 156 des Vertrags über die Arbeitsweise der Europäischen Union

Die Konferenz bestätigt, dass die in Artikel 156 aufgeführten Politikbereiche im Wesentlichen in die Zuständigkeit der Mitgliedstaaten fallen. Die auf Unionsebene nach diesem Artikel zu ergreifenden Förder- und Koordinierungsmaßnahmen haben ergänzenden Charakter. Sie dienen der Stärkung der Zusammenarbeit zwischen den Mitgliedstaaten und nicht der Harmonisierung einzelstaatlicher Systeme. Die in den einzelnen Mitgliedstaaten bestehenden Garantien und Gepflogenheiten hinsichtlich der Verantwortung der Sozialpartner bleiben unberührt.

Diese Erklärung berührt nicht die Bestimmungen der Verträge, einschließlich im Sozialbereich, mit denen der Union Zuständigkeiten übertragen werden.

---

[1] **Amtl. Anm.:** *„Aus (...) folgt, dass dem vom Vertrag geschaffenen, somit aus einer autonomen Rechtsquelle fließenden Recht wegen dieser seiner Eigenständigkeit keine wie immer gearteten innerstaatlichen Rechtsvorschriften vorgehen können, wenn ihm nicht sein Charakter als Gemeinschaftsrecht aberkannt und wenn nicht die Rechtsgrundlage der Gemeinschaft selbst in Frage gestellt werden soll.“*

15. Charta der Grundrechte der Europäischen Union[1)]

Vom 12. Dezember 2007[2)]

(ABl. C 303 S. 1)

Celex-Nr. 1 2007 P/TXT

– Auszug –

Titel I. Würde des Menschen

Art. 1 Würde des Menschen. [1]Die Würde des Menschen ist unantastbar. [2]Sie ist zu achten und zu schützen.

Art. 2 Recht auf Leben. (1) Jeder Mensch hat das Recht auf Leben.

(2) Niemand darf zur Todesstrafe verurteilt oder hingerichtet werden.

Art. 3 Recht auf Unversehrtheit. (1) Jeder Mensch hat das Recht auf körperliche und geistige Unversehrtheit.

(2) Im Rahmen der Medizin und der Biologie muss insbesondere Folgendes beachtet werden:

a) die freie Einwilligung des Betroffenen nach vorheriger Aufklärung entsprechend den gesetzlich festgelegten Einzelheiten,

b) das Verbot eugenischer Praktiken, insbesondere derjenigen, welche die Selektion von Menschen zum Ziel haben,

c) das Verbot, den menschlichen Körper und Teile davon als solche zur Erzielung von Gewinnen zu nutzen,

d) das Verbot des reproduktiven Klonens von Menschen.

Art. 4 Verbot der Folter und unmenschlicher oder erniedrigender Strafe oder Behandlung. Niemand darf der Folter oder unmenschlicher oder erniedrigender Strafe oder Behandlung unterworfen werden.

Art. 5 Verbot der Sklaverei und der Zwangsarbeit. (1) Niemand darf in Sklaverei oder Leibeigenschaft gehalten werden.

(2) Niemand darf gezwungen werden, Zwangs- oder Pflichtarbeit zu verrichten.

(3) Menschenhandel ist verboten.

Titel II. Freiheiten

Art. 6 Recht auf Freiheit und Sicherheit. Jeder Mensch hat das Recht auf Freiheit und Sicherheit.

[1)] Die Verweise/Bezugnahmen auf Vorschriften des AEUV (auszugsweise abgedruckt unter Nr. **5**) und/oder EUV (auszugsweise abgedruckt unter Nr. **1**) sind gemäß Art. 5 des Vertrags von Lissabon iVm den Übereinstimmungstabellen an die neue Nummerierung angepasst worden.

[2)] Der hier wiedergegebene Wortlaut übernimmt mit Anpassungen die am 7.12.2000 proklamierte Charta. Inkrafttreten am 1.12.2009, siehe die Bek. v. 13.11.2009 (BGBl. II S. 1223).

Art. 7 Achtung des Privat- und Familienlebens. Jede Person hat das Recht auf Achtung ihres Privat- und Familienlebens, ihrer Wohnung sowie ihrer Kommunikation.

Art. 8 Schutz personenbezogener Daten. (1) Jede Person hat das Recht auf Schutz der sie betreffenden personenbezogenen Daten.

(2) [1] Diese Daten dürfen nur nach Treu und Glauben für festgelegte Zwecke und mit Einwilligung der betroffenen Person oder auf einer sonstigen gesetzlich geregelten legitimen Grundlage verarbeitet werden. [2] Jede Person hat das Recht, Auskunft über die sie betreffenden erhobenen Daten zu erhalten und die Berichtigung der Daten zu erwirken.

(3) Die Einhaltung dieser Vorschriften wird von einer unabhängigen Stelle überwacht.

Art. 9 Recht, eine Ehe einzugehen und eine Familie zu gründen. Das Recht, eine Ehe einzugehen, und das Recht, eine Familie zu gründen, werden nach den einzelstaatlichen Gesetzen gewährleistet, welche die Ausübung dieser Rechte regeln.

Art. 10 Gedanken-, Gewissens- und Religionsfreiheit. (1) [1] Jede Person hat das Recht auf Gedanken-, Gewissens- und Religionsfreiheit. [2] Dieses Recht umfasst die Freiheit, die Religion oder Weltanschauung zu wechseln, und die Freiheit, seine Religion oder Weltanschauung einzeln oder gemeinsam mit anderen öffentlich oder privat durch Gottesdienst, Unterricht, Bräuche und Riten zu bekennen.

(2) Das Recht auf Wehrdienstverweigerung aus Gewissensgründen wird nach den einzelstaatlichen Gesetzen anerkannt, welche die Ausübung dieses Rechts regeln.

Art. 11 Freiheit der Meinungsäußerung und Informationsfreiheit.

(1) [1] Jede Person hat das Recht auf freie Meinungsäußerung. [2] Dieses Recht schließt die Meinungsfreiheit und die Freiheit ein, Informationen und Ideen ohne behördliche Eingriffe und ohne Rücksicht auf Staatsgrenzen zu empfangen und weiterzugeben.

(2) Die Freiheit der Medien und ihre Pluralität werden geachtet.

Art. 12 Versammlungs- und Vereinigungsfreiheit. (1) Jede Person hat das Recht, sich insbesondere im politischen, gewerkschaftlichen und zivilgesellschaftlichen Bereich auf allen Ebenen frei und friedlich mit anderen zu versammeln und frei mit anderen zusammenzuschließen, was das Recht jeder Person umfasst, zum Schutz ihrer Interessen Gewerkschaften zu gründen und Gewerkschaften beizutreten.

(2) Politische Parteien auf der Ebene der Union tragen dazu bei, den politischen Willen der Unionsbürgerinnen und Unionsbürger zum Ausdruck zu bringen.

Art. 13 Freiheit der Kunst und der Wissenschaft. [1] Kunst und Forschung sind frei. [2] Die akademische Freiheit wird geachtet.

Art. 14 Recht auf Bildung. (1) Jede Person hat das Recht auf Bildung sowie auf Zugang zur beruflichen Ausbildung und Weiterbildung.

(2) Dieses Recht umfasst die Möglichkeit, unentgeltlich am Pflichtschulunterricht teilzunehmen.

(3) Die Freiheit zur Gründung von Lehranstalten unter Achtung der demokratischen Grundsätze sowie das Recht der Eltern, die Erziehung und den Unterricht ihrer Kinder entsprechend ihren eigenen religiösen, weltanschaulichen und erzieherischen Überzeugungen sicherzustellen, werden nach den einzelstaatlichen Gesetzen geachtet, welche ihre Ausübung regeln.

Art. 15 Berufsfreiheit und Recht zu arbeiten. (1) Jede Person hat das Recht, zu arbeiten und einen frei gewählten oder angenommenen Beruf auszuüben.

(2) Alle Unionsbürgerinnen und Unionsbürger haben die Freiheit, in jedem Mitgliedstaat Arbeit zu suchen, zu arbeiten, sich niederzulassen oder Dienstleistungen zu erbringen.

(3) Die Staatsangehörigen dritter Länder, die im Hoheitsgebiet der Mitgliedstaaten arbeiten dürfen, haben Anspruch auf Arbeitsbedingungen, die denen der Unionsbürgerinnen und Unionsbürger entsprechen.

Art. 16 Unternehmerische Freiheit. Die unternehmerische Freiheit wird nach dem Unionsrecht und den einzelstaatlichen Rechtsvorschriften und Gepflogenheiten anerkannt.

Art. 17 Eigentumsrecht. (1) [1]Jede Person hat das Recht, ihr rechtmäßig erworbenes Eigentum zu besitzen, zu nutzen, darüber zu verfügen und es zu vererben. [2]Niemandem darf sein Eigentum entzogen werden, es sei denn aus Gründen des öffentlichen Interesses in den Fällen und unter den Bedingungen, die in einem Gesetz vorgesehen sind, sowie gegen eine rechtzeitige angemessene Entschädigung für den Verlust des Eigentums. [3]Die Nutzung des Eigentums kann gesetzlich geregelt werden, soweit dies für das Wohl der Allgemeinheit erforderlich ist.

(2) Geistiges Eigentum wird geschützt.

Titel III. Gleichheit

Art. 20 Gleichheit vor dem Gesetz. Alle Personen sind vor dem Gesetz gleich.

Art. 21 Nichtdiskriminierung. (1) Diskriminierungen insbesondere wegen des Geschlechts, der Rasse, der Hautfarbe, der ethnischen oder sozialen Herkunft, der genetischen Merkmale, der Sprache, der Religion oder der Weltanschauung, der politischen oder sonstigen Anschauung, der Zugehörigkeit zu einer nationalen Minderheit, des Vermögens, der Geburt, einer Behinderung, des Alters oder der sexuellen Ausrichtung sind verboten.

(2) Unbeschadet besonderer Bestimmungen der Verträge ist in ihrem Anwendungsbereich jede Diskriminierung aus Gründen der Staatsangehörigkeit verboten.

Art. 22 Vielfalt der Kulturen, Religionen und Sprachen. Die Union achtet die Vielfalt der Kulturen, Religionen und Sprachen.

Art. 23 Gleichheit von Frauen und Männern. *[1]* Die Gleichheit von Frauen und Männern ist in allen Bereichen, einschließlich der Beschäftigung, der Arbeit und des Arbeitsentgelts, sicherzustellen.

[2] Der Grundsatz der Gleichheit steht der Beibehaltung oder der Einführung spezifischer Vergünstigungen für das unterrepräsentierte Geschlecht nicht entgegen.

Art. 24 Rechte des Kindes. (1) [1] Kinder haben Anspruch auf den Schutz und die Fürsorge, die für ihr Wohlergehen notwendig sind. [2] Sie können ihre Meinung frei äußern. [3] Ihre Meinung wird in den Angelegenheiten, die sie betreffen, in einer ihrem Alter und ihrem Reifegrad entsprechenden Weise berücksichtigt.

(2) Bei allen Kinder betreffenden Maßnahmen öffentlicher Stellen oder privater Einrichtungen muss das Wohl des Kindes eine vorrangige Erwägung sein.

(3) Jedes Kind hat Anspruch auf regelmäßige persönliche Beziehungen und direkte Kontakte zu beiden Elternteilen, es sei denn, dies steht seinem Wohl entgegen.

Art. 25 Rechte älterer Menschen. Die Union anerkennt und achtet das Recht älterer Menschen auf ein würdiges und unabhängiges Leben und auf Teilnahme am sozialen und kulturellen Leben.

Art. 26 Integration von Menschen mit Behinderung. Die Union anerkennt und achtet den Anspruch von Menschen mit Behinderung auf Maßnahmen zur Gewährleistung ihrer Eigenständigkeit, ihrer sozialen und beruflichen Eingliederung und ihrer Teilnahme am Leben der Gemeinschaft.

Titel IV. Solidarität

Art. 27 Recht auf Unterrichtung und Anhörung der Arbeitnehmerinnen und Arbeitnehmer im Unternehmen. Für die Arbeitnehmerinnen und Arbeitnehmer oder ihre Vertreter muss auf den geeigneten Ebenen eine rechtzeitige Unterrichtung und Anhörung in den Fällen und unter den Voraussetzungen gewährleistet sein, die nach dem Unionsrecht und den einzelstaatlichen Rechtsvorschriften und Gepflogenheiten vorgesehen sind.

Art. 28 Recht auf Kollektivverhandlungen und Kollektivmaßnahmen.

Die Arbeitnehmerinnen und Arbeitnehmer sowie die Arbeitgeberinnen und Arbeitgeber oder ihre jeweiligen Organisationen haben nach dem Unionsrecht und den einzelstaatlichen Rechtsvorschriften und Gepflogenheiten das Recht, Tarifverträge auf den geeigneten Ebenen auszuhandeln und zu schließen sowie bei Interessenkonflikten kollektive Maßnahmen zur Verteidigung ihrer Interessen, einschließlich Streiks, zu ergreifen.

Art. 29 Recht auf Zugang zu einem Arbeitsvermittlungsdienst. Jeder Mensch hat das Recht auf Zugang zu einem unentgeltlichen Arbeitsvermittlungsdienst.

Art. 30 Schutz bei ungerechtfertigter Entlassung. Jede Arbeitnehmerin und jeder Arbeitnehmer hat nach dem Unionsrecht und den einzelstaatlichen Rechtsvorschriften und Gepflogenheiten Anspruch auf Schutz vor ungerechtfertigter Entlassung.

Art. 31 Gerechte und angemessene Arbeitsbedingungen. (1) Jede Arbeitnehmerin und jeder Arbeitnehmer hat das Recht auf gesunde, sichere und würdige Arbeitsbedingungen.

(2) Jede Arbeitnehmerin und jeder Arbeitnehmer hat das Recht auf eine Begrenzung der Höchstarbeitszeit, auf tägliche und wöchentliche Ruhezeiten sowie auf bezahlten Jahresurlaub.

Art. 32 Verbot der Kinderarbeit und Schutz der Jugendlichen am Arbeitsplatz. *[1]* [1]Kinderarbeit ist verboten. [2]Unbeschadet günstigerer Vorschriften für Jugendliche und abgesehen von begrenzten Ausnahmen darf das Mindestalter für den Eintritt in das Arbeitsleben das Alter, in dem die Schulpflicht endet, nicht unterschreiten.

[2] Zur Arbeit zugelassene Jugendliche müssen ihrem Alter angepasste Arbeitsbedingungen erhalten und vor wirtschaftlicher Ausbeutung und vor jeder Arbeit geschützt werden, die ihre Sicherheit, ihre Gesundheit, ihre körperliche, geistige, sittliche oder soziale Entwicklung beeinträchtigen oder ihre Erziehung gefährden könnte.

Art. 33 Familien- und Berufsleben. (1) Der rechtliche, wirtschaftliche und soziale Schutz der Familie wird gewährleistet.

(2) Um Familien- und Berufsleben miteinander in Einklang bringen zu können, hat jeder Mensch das Recht auf Schutz vor Entlassung aus einem mit der Mutterschaft zusammenhängenden Grund sowie den Anspruch auf einen bezahlten Mutterschaftsurlaub und auf einen Elternurlaub nach der Geburt oder Adoption eines Kindes.

Art. 34 Soziale Sicherheit und soziale Unterstützung. (1) Die Union anerkennt und achtet das Recht auf Zugang zu den Leistungen der sozialen Sicherheit und zu den sozialen Diensten, die in Fällen wie Mutterschaft, Krankheit, Arbeitsunfall, Pflegebedürftigkeit oder im Alter sowie bei Verlust des Arbeitsplatzes Schutz gewährleisten, nach Maßgabe des Unionsrechts und der einzelstaatlichen Rechtsvorschriften und Gepflogenheiten.

(2) Jeder Mensch, der in der Union seinen rechtmäßigen Wohnsitz hat und seinen Aufenthalt rechtmäßig wechselt, hat Anspruch auf die Leistungen der sozialen Sicherheit und die sozialen Vergünstigungen nach dem Unionsrecht und den einzelstaatlichen Rechtsvorschriften und Gepflogenheiten.

(3) Um die soziale Ausgrenzung und die Armut zu bekämpfen, anerkennt und achtet die Union das Recht auf eine soziale Unterstützung und eine Unterstützung für die Wohnung, die allen, die nicht über ausreichende Mittel verfügen, ein menschenwürdiges Dasein sicherstellen sollen, nach Maßgabe des Unionsrechts und der einzelstaatlichen Rechtsvorschriften und Gepflogenheiten.

Art. 35 Gesundheitsschutz. [1]Jeder Mensch hat das Recht auf Zugang zur Gesundheitsvorsorge und auf ärztliche Versorgung nach Maßgabe der einzelstaatlichen Rechtsvorschriften und Gepflogenheiten. [2]Bei der Festlegung und Durchführung der Politik und Maßnahmen der Union in allen Bereichen wird ein hohes Gesundheitsschutzniveau sichergestellt.

Art. 36 Zugang zu Dienstleistungen von allgemeinem wirtschaftlichen Interesse. Die Union anerkennt und achtet den Zugang zu Dienstleistungen von allgemeinem wirtschaftlichen Interesse, wie er durch die einzelstaatlichen Rechtsvorschriften und Gepflogenheiten im Einklang mit den Verträgen geregelt ist, um den sozialen und territorialen Zusammenhalt der Union zu fördern.

Art. 37 Umweltschutz. Ein hohes Umweltschutzniveau und die Verbesserung der Umweltqualität müssen in die Politik der Union einbezogen und nach dem Grundsatz der nachhaltigen Entwicklung sichergestellt werden.

Art. 38 Verbraucherschutz. Die Politik der Union stellt ein hohes Verbraucherschutzniveau sicher.

Titel V. Bürgerrechte

Art. 45 Freizügigkeit und Aufenthaltsfreiheit. (1) Die Unionsbürgerinnen und Unionsbürger haben das Recht, sich im Hoheitsgebiet der Mitgliedstaaten frei zu bewegen und aufzuhalten.

(2) Staatsangehörigen von Drittländern, die sich rechtmäßig im Hoheitsgebiet eines Mitgliedstaats aufhalten, kann nach Maßgabe der Verträge Freizügigkeit und Aufenthaltsfreiheit gewährt werden.

Titel VI. Justizielle Rechte

Art. 47 Recht auf einen wirksamen Rechtsbehelf und ein unparteiisches Gericht. *[1]* Jede Person, deren durch das Recht der Union garantierte Rechte oder Freiheiten verletzt worden sind, hat das Recht, nach Maßgabe der in diesem Artikel vorgesehenen Bedingungen bei einem Gericht einen wirksamen Rechtsbehelf einzulegen.

[2] [1] Jede Person hat ein Recht darauf, dass ihre Sache von einem unabhängigen, unparteiischen und zuvor durch Gesetz errichteten Gericht in einem fairen Verfahren, öffentlich und innerhalb angemessener Frist verhandelt wird. [2] Jede Person kann sich beraten, verteidigen und vertreten lassen.

[3] Personen, die nicht über ausreichende Mittel verfügen, wird Prozesskostenhilfe bewilligt, soweit diese Hilfe erforderlich ist, um den Zugang zu den Gerichten wirksam zu gewährleisten.

Titel VII. Allgemeine Bestimmungen über die Auslegung und Anwendung der Charta

Art. 51 Anwendungsbereich. (1) [1] Diese Charta gilt für die Organe, Einrichtungen und sonstigen Stellen der Union unter Wahrung des Subsidiaritätsprinzips und für die Mitgliedstaaten ausschließlich bei der Durchführung des Rechts der Union. [2] Dementsprechend achten sie die Rechte, halten sie sich an die Grundsätze und fördern sie deren Anwendung entsprechend ihren jeweiligen Zuständigkeiten und unter Achtung der Grenzen der Zuständigkeiten, die der Union in den Verträgen übertragen werden.

(2) Diese Charta dehnt den Geltungsbereich des Unionsrechts nicht über die Zuständigkeiten der Union hinaus aus und begründet weder neue Zuständigkeiten noch neue Aufgaben für die Union, noch ändert sie die in den Verträgen festgelegten Zuständigkeiten und Aufgaben.

Art. 52 Tragweite und Auslegung der Rechte und Grundsätze. (1) [1]Jede Einschränkung der Ausübung der in dieser Charta anerkannten Rechte und Freiheiten muss gesetzlich vorgesehen sein und den Wesensgehalt dieser Rechte und Freiheiten achten. [2]Unter Wahrung des Grundsatzes der Verhältnismäßigkeit dürfen Einschränkungen nur vorgenommen werden, wenn sie erforderlich sind und den von der Union anerkannten dem Gemeinwohl dienenden Zielsetzungen oder den Erfordernissen des Schutzes der Rechte und Freiheiten anderer tatsächlich entsprechen.

(2) Die Ausübung der durch diese Charta anerkannten Rechte, die in den Verträgen geregelt sind, erfolgt im Rahmen der in den Verträgen festgelegten Bedingungen und Grenzen.

(3) [1]Soweit diese Charta Rechte enthält, die den durch die Europäische Konvention zum Schutz der Menschenrechte und Grundfreiheiten[1)] garantierten Rechten entsprechen, haben sie die gleiche Bedeutung und Tragweite, wie sie ihnen in der genannten Konvention verliehen wird. [2]Diese Bestimmung steht dem nicht entgegen, dass das Recht der Union einen weiter gehenden Schutz gewährt.

(4) Soweit in dieser Charta Grundrechte anerkannt werden, wie sie sich aus den gemeinsamen Verfassungsüberlieferungen der Mitgliedstaaten ergeben, werden sie im Einklang mit diesen Überlieferungen ausgelegt.

(5) [1]Die Bestimmungen dieser Charta, in denen Grundsätze festgelegt sind, können durch Akte der Gesetzgebung und der Ausführung der Organe, Einrichtungen und sonstigen Stellen der Union sowie durch Akte der Mitgliedstaaten zur Durchführung des Rechts der Union in Ausübung ihrer jeweiligen Zuständigkeiten umgesetzt werden. [2]Sie können vor Gericht nur bei der Auslegung dieser Akte und bei Entscheidungen über deren Rechtmäßigkeit herangezogen werden.

(6) Den einzelstaatlichen Rechtsvorschriften und Gepflogenheiten ist, wie es in dieser Charta bestimmt ist, in vollem Umfang Rechnung zu tragen.

(7) Die Erläuterungen, die als Anleitung für die Auslegung dieser Charta verfasst wurden, sind von den Gerichten der Union und der Mitgliedstaaten gebührend zu berücksichtigen.

Art. 53 Schutzniveau. Keine Bestimmung dieser Charta ist als eine Einschränkung oder Verletzung der Menschenrechte und Grundfreiheiten auszulegen, die in dem jeweiligen Anwendungsbereich durch das Recht der Union und das Völkerrecht sowie durch die internationalen Übereinkünfte, bei denen die Union oder alle Mitgliedstaaten Vertragsparteien sind, darunter insbesondere die Europäische Konvention zum Schutz der Menschenrechte und Grundfreiheiten[1)], sowie durch die Verfassungen der Mitgliedstaaten anerkannt werden.

Art. 54 Verbot des Missbrauchs der Rechte. Keine Bestimmung dieser Charta ist so auszulegen, als begründe sie das Recht, eine Tätigkeit auszuüben oder eine Handlung vorzunehmen, die darauf abzielt, die in der Charta anerkannten Rechte und Freiheiten abzuschaffen oder sie stärker einzuschränken, als dies in der Charta vorgesehen ist.

[1)] Nr. **30**.

20. Europäische Sozialcharta[1]

Vom 18. Oktober 1961[2]

(BGBl. 1964 II S. 1262)[3]

SEV 035

zuletzt geänd. durch ÄndBek zur Europäischen Sozialcharta v. 3.9.2001 (BGBl. II S. 970)

DIE UNTERZEICHNERREGIERUNGEN, Mitglieder des Europarats,

IN DER ERWÄGUNG, daß es das Ziel des Europarats ist, eine engere Verbindung zwischen seinen Mitgliedern herzustellen, um die Ideale und Grundsätze, die ihr gemeinsames Erbe sind, zu wahren und zu verwirklichen und ihren wirtschaftlichen und sozialen Fortschritt zu fördern, insbesondere durch die Erhaltung und Weiterentwicklung der Menschenrechte und Grundfreiheiten,

IN DER ERWÄGUNG, daß die Mitgliedstaaten des Europarats in der am 4. November 1950 zu Rom unterzeichneten Europäischen Konvention zum Schutz der Menschenrechte und Grundfreiheiten und in dem am 20. März 1952 zu Paris unterzeichneten Zusatzprotokoll übereingekommen sind, ihren Völkern die darin angeführten bürgerlichen und politischen Rechte und Freiheiten zu sichern,

IN DER ERWÄGUNG, daß die Ausübung sozialer Rechte sichergestellt sein muß, und zwar ohne Diskriminierung aus Gründen der Rasse, der Hautfarbe, des Geschlechts, der Religion, der politischen Meinung, der nationalen Abstammung oder der sozialen Herkunft,

IN DEM ENTSCHLUSS, gemeinsam alle Anstrengungen zu unternehmen, um durch geeignete Einrichtungen und Maßnahmen den Lebensstandard ihrer Bevölkerung in Stadt und Land zu verbessern und ihr soziales Wohl zu fördern,

SIND WIE FOLGT ÜBEREINGEKOMMEN:

Teil I. [Grundsätze]

Die Vertragsparteien sind gewillt, mit allen zweckdienlichen Mitteln staatlicher und zwischenstaatlicher Art eine Politik zu verfolgen, die darauf abzielt, geeignete Voraussetzungen zu schaffen, damit die tatsächliche Ausübung der folgenden Rechte und Grundsätze gewährleistet ist:

1. Jedermann muß die Möglichkeit haben, seinen Lebensunterhalt durch eine frei übernommene Tätigkeit zu verdienen.
2. Alle Arbeitnehmer haben das Recht auf gerechte Arbeitsbedingungen.
3. Alle Arbeitnehmer haben das Recht auf sichere und gesunde Arbeitsbedingungen.
4. Alle Arbeitnehmer haben das Recht auf ein gerechtes Arbeitsentgelt, das ihnen und ihren Familien einen angemessenen Lebensstandard sichert.

---

[1] Siehe hierzu die noch nicht in Kraft getretene Europäische Sozialcharta (revidiert) v. 3.5.1996 (BGBl. 2020 II S. 900, 901).

[2] Die Sozialcharta wurde für die Bundesrepublik Deutschland ratifiziert durch G v. 19.9.1964 (BGBl. II S. 1261) und trat gem Bek. v. 9.8.1965 (BGBl. II S. 1122) am **26.2.1965** in Kraft.

[3] Internationale Quelle: UNTS Bd. 529 S. 89.

5. Alle Arbeitnehmer und Arbeitgeber haben das Recht auf Freiheit zur Vereinigung in nationalen und internationalen Organisationen zum Schutz ihrer wirtschaftlichen und sozialen Interessen.
6. Alle Arbeitnehmer und Arbeitgeber haben das Recht auf Kollektivverhandlungen.
7. Kinder und Jugendliche haben das Recht auf besonderen Schutz gegen körperliche und sittliche Gefahren, denen sie ausgesetzt sind.
8. Arbeitnehmerinnen haben im Falle der Mutterschaft und in anderen geeigneten Fällen das Recht auf besonderen Schutz bei der Arbeit.
9. Jedermann hat das Recht auf geeignete Möglichkeiten der Berufsberatung, die ihm helfen soll, einen Beruf zu wählen, der seiner persönlichen Eignung und seinen Interessen entspricht.
10. Jedermann hat das Recht auf geeignete Möglichkeiten der Berufsausbildung.
11. Jedermann hat das Recht, alle Maßnahmen in Anspruch zu nehmen, die es ihm ermöglichen, sich des besten Gesundheitszustandes zu erfreuen, den er erreichen kann.
12. Alle Arbeitnehmer und ihre Angehörigen haben das Recht auf Soziale Sicherheit.
13. Jedermann hat das Recht auf Fürsorge, wenn er keine ausreichenden Mittel hat.
14. Jedermann hat das Recht, soziale Dienste in Anspruch zu nehmen.
15. Jeder Behinderte hat das Recht auf berufliche Ausbildung sowie auf berufliche und soziale Eingliederung oder Wiedereingliederung ohne Rücksicht auf Ursprung und Art seiner Behinderung.
16. Die Familie als Grundeinheit der Gesellschaft hat das Recht auf angemessenen sozialen, gesetzlichen und wirtschaftlichen Schutz, der ihre volle Entfaltung zu sichern vermag.
17. Mütter und Kinder haben, unabhängig vom Bestehen einer Ehe und von familienrechtlichen Beziehungen, das Recht auf angemessenen sozialen und wirtschaftlichen Schutz.
18. Die Staatsangehörigen einer Vertragspartei haben das Recht, im Hoheitsgebiet jeder anderen Vertragspartei gleichberechtigt mit deren Staatsangehörigen jede Erwerbstätigkeit aufzunehmen, vorbehaltlich von Einschränkungen, die auf triftigen wirtschaftlichen oder sozialen Gründen beruhen.
19. Wanderarbeitnehmer, die Staatsangehörige einer Vertragspartei sind, und ihre Familien haben das Recht auf Schutz und Beistand im Hoheitsgebiet jeder anderen Vertragspartei.

Teil II. [Materielle Vorschriften]

Die Vertragsparteien erachten sich durch die in den folgenden Artikeln und Absätzen festgelegten Verpflichtungen nach Maßgabe des Teils III gebunden

Art. 1 Das Recht auf Arbeit. Um die wirksame Ausübung des Rechtes auf Arbeit zu gewährleisten, verpflichten sich die Vertragsparteien,

1. zwecks Verwirklichung der Vollbeschäftigung die Erreichung und Aufrechterhaltung eines möglichst hohen und stabilen Beschäftigungsstandes zu einer ihrer wichtigsten Zielsetzungen und Aufgaben zu machen;

2. das Recht des Arbeitnehmers wirksam zu schützen, seinen Lebensunterhalt durch eine frei übernommene Tätigkeit zu verdienen;
3. unentgeltliche Arbeitsvermittlungsdienste für alle Arbeitnehmer einzurichten oder aufrecht zu erhalten;
4. eine geeignete Berufsberatung, Berufsausbildung und berufliche Wiedereingliederung sicherzustellen oder zu fördern.

Art. 2 Das Recht auf gerechte Arbeitsbedingungen. Um die wirksame Ausübung des Rechtes auf gerechte Arbeitsbedingungen zu gewährleisten, verpflichten sich die Vertragsparteien,

1. für eine angemessene tägliche und wöchentliche Arbeitszeit zu sorgen und die Arbeitswoche fortschreitend zu verkürzen, soweit die Produktivitätssteigerung und andere mitwirkende Faktoren dies gestatten;
2. bezahlte öffentliche Feiertage vorzusehen;
3. die Gewährung eines bezahlten Jahresurlaubs von mindestens zwei Wochen sicherzustellen;
4. für die Gewährung zusätzlicher bezahlter Urlaubstage oder einer verkürzten Arbeitszeit für Arbeitnehmer zu sorgen, die mit bestimmten gefährlichen oder gesundheitsschädlichen Arbeiten beschäftigt sind;
5. eine wöchentliche Ruhezeit sicherzustellen, die, soweit möglich, mit dem Tag zusammenfällt, der in dem betreffenden Land oder Bezirk durch Herkommen oder Brauch als Ruhetag anerkannt ist.

Art. 3 Das Recht auf sichere und gesunde Arbeitsbedingungen. Um die wirksame Ausübung des Rechtes auf sichere und gesunde Arbeitsbedingungen zu gewährleisten, verpflichten sich die Vertragsparteien,

1. Sicherheits- und Gesundheitsvorschriften zu erlassen;
2. für Kontrollmaßnahmen zur Einhaltung dieser Vorschriften zu sorgen;
3. die Arbeitgeber- und Arbeitnehmerorganisationen in geeigneten Fällen bei Maßnahmen zu Rate zu ziehen, die auf eine Verbesserung der Sicherheit und der Gesundheit bei der Arbeit gerichtet sind.

Art. 4 Das Recht auf ein gerechtes Arbeitsentgelt. [1] Um die wirksame Ausübung des Rechtes auf ein gerechtes Arbeitsentgelt zu gewährleisten, verpflichten sich die Vertragsparteien,

1. das Recht der Arbeitnehmer auf ein Arbeitsentgelt anzuerkennen, welches ausreicht, um ihnen und ihren Familien einen angemessenen Lebensstandard zu sichern;
2. das Recht der Arbeitnehmer auf Zahlung erhöhter Lohnsätze für Überstundenarbeit anzuerkennen, vorbehaltlich von Ausnahmen in bestimmten Fällen;
3. das Recht männlicher und weiblicher Arbeitnehmer auf gleiches Entgelt für gleichwertige Arbeit anzuerkennen;
4. das Recht aller Arbeitnehmer auf eine angemessene Kündigungsfrist im Falle der Beendigung des Arbeitsverhältnisses anzuerkennen;
5. Lohnabzüge nur unter den Bedingungen und in den Grenzen zuzulassen, die in innerstaatlichen Rechtsvorschriften vorgesehen oder durch Gesamtarbeitsvertrag oder Schiedsspruch bestimmt sind.

[2]Die Ausübung dieser Rechte ist durch frei geschlossene Gesamtarbeitsverträge, durch gesetzliche Verfahren der Lohnfestsetzung oder auf jede andere, den Landesverhältnissen entsprechende Weise zu gewährleisten.

Art. 5 Das Vereinigungsrecht. [1]Um die Freiheit der Arbeitnehmer und Arbeitgeber zu gewährleisten oder zu fördern, örtliche, nationale oder internationale Organisationen zum Schutze ihrer wirtschaftlichen und sozialen Interessen zu bilden und diesen Organisationen beizutreten, verpflichten sich die Vertragsparteien, diese Freiheit weder durch das innerstaatliche Recht noch durch dessen Anwendung zu beeinträchtigen. [2]Inwieweit die in diesem Artikel vorgesehenen Garantien auf die Polizei Anwendung finden, bestimmt sich nach innerstaatlichem Recht. [3]Das Prinzip und gegebenenfalls der Umfang der Anwendung dieser Garantien auf die Mitglieder der Streitkräfte bestimmen sich gleichfalls nach innerstaatlichem Recht.

Art. 6 Das Recht auf Kollektivverhandlungen. Um die wirksame Ausübung des Rechtes auf Kollektivverhandlungen zu gewährleisten, verpflichten sich die Vertragsparteien,

1. gemeinsame Beratungen zwischen Arbeitnehmern und Arbeitgebern zu fördern;
2. Verfahren für freiwillige Verhandlungen zwischen Arbeitgebern oder Arbeitgeberorganisationen einerseits und Arbeitnehmerorganisationen andererseits zu fördern, soweit dies notwendig und zweckmäßig ist, mit dem Ziele, die Beschäftigungsbedingungen durch Gesamtarbeitsverträge zu regeln;
3. die Einrichtung und die Benutzung geeigneter Vermittlungs- und freiwilliger Schlichtungsverfahren zur Beilegung von Arbeitsstreitigkeiten zu fördern;

und anerkennen

4. das Recht der Arbeitnehmer und der Arbeitgeber auf kollektive Maßnahmen einschließlich des Streikrechts im Falle von Interessenkonflikten, vorbehaltlich etwaiger Verpflichtungen aus geltenden Gesamtarbeitsverträgen.

Art. 7 Das Recht der Kinder und Jugendlichen auf Schutz. Um die wirksame Ausübung des Rechtes der Kinder und Jugendlichen auf Schutz zu gewährleisten, verpflichten sich die Vertragsparteien,

1. das Mindestalter für die Zulassung zu einer Beschäftigung auf 15 Jahre festzusetzen, vorbehaltlich von Ausnahmen für Kinder, die mit bestimmten leichten Arbeiten beschäftigt werden, welche weder ihre Gesundheit noch ihre Moral noch ihre Erziehung gefährden;
2. ein höheres Mindestalter für die Zulassung zur Beschäftigung in bestimmten Berufen festzusetzen, die als gefährlich oder gesundheitsschädlich gelten;
3. die Beschäftigung Schulpflichtiger mit Arbeiten zu verbieten, die verhindern würden, daß sie aus ihrer Schulausbildung den vollen Nutzen ziehen;
4. die Arbeitszeit von Jugendlichen unter 16 Jahren entsprechend den Erfordernissen ihrer Entwicklung und insbesondere ihrer Berufsausbildung zu begrenzen;
5. das Recht der jugendlichen Arbeitnehmer und Lehrlinge auf ein gerechtes Arbeitsentgelt oder eine angemessene Beihilfe anzuerkennen;

6. vorzusehen, daß die Zeit, die Jugendliche während der normalen Arbeitszeit mit Zustimmung des Arbeitgebers für die Berufsausbildung verwenden, als Teil der täglichen Arbeitszeit gilt;
7. für Arbeitnehmer unter 18 Jahren die Dauer des bezahlten Jahresurlaubs auf mindestens drei Wochen festzusetzen;
8. für Personen unter 18 Jahren Nachtarbeit zu verbieten, mit Ausnahme bestimmter, im innerstaatlichen Recht festgelegter Arbeiten;
9. vorzusehen, daß Arbeitnehmer unter 18 Jahren, die in bestimmten, in dem innerstaatlichen Recht festgelegten Beschäftigungen tätig sind, einer regelmäßigen ärztlichen Überwachung unterliegen;
10. einen besonderen Schutz gegen die körperlichen und sittlichen Gefahren sicherzustellen, denen Kinder und Jugendliche ausgesetzt sind, insbesondere gegen Gefahren, die sich unmittelbar oder mittelbar aus ihrer Arbeit ergeben.

Art. 8[1] Das Recht der Arbeitnehmerinnen auf Schutz. Um die wirksame Ausübung des Rechtes der Arbeitnehmerinnen auf Schutz zu gewährleisten, verpflichten sich die Vertragsparteien,

1. sicherzustellen, daß Frauen vor und nach der Niederkunft eine Arbeitsbefreiung von insgesamt mindestens 12 Wochen erhalten, und zwar entweder in Form eines bezahlten Urlaubs oder durch angemessene Leistungen der Sozialen Sicherheit oder aus sonstigen öffentlichen Mitteln;
2. es als ungesetzlich zu betrachten, daß ein Arbeitgeber einer Frau während ihrer Abwesenheit infolge Mutterschaftsurlaubs oder so kündigt, daß die Kündigungsfrist während einer solchen Abwesenheit abläuft;
3. sicherzustellen, daß Mütter, die ihre Kinder stillen, für diesen Zweck Anspruch auf ausreichende Arbeitsunterbrechungen haben;
4. a) die Nachtarbeit von Arbeitnehmerinnen in gewerblichen Betrieben zu regeln;
   b) jede Beschäftigung von Arbeitnehmerinnen mit Untertagarbeiten in Bergwerken und gegebenenfalls mit allen sonstigen Arbeiten zu untersagen, die infolge ihrer gefährlichen, gesundheitsschädlichen oder beschwerlichen Art für sie ungeeignet sind.

Art. 9 Das Recht auf Berufsberatung. Um die wirksame Ausübung des Rechtes auf Berufsberatung zu gewährleisten, verpflichten sich die Vertragsparteien, einen Dienst einzurichten oder zu fördern – soweit dies notwendig ist –, der allen Personen einschließlich der Behinderten hilft, die Probleme der Berufswahl oder des beruflichen Aufstiegs zu lösen, und zwar unter Berücksichtigung ihrer persönlichen Eigenschaften und deren Beziehung zu den Beschäftigungsmöglichkeiten; diese Hilfe soll sowohl Jugendlichen einschließlich Kindern schulpflichtigen Alters als auch Erwachsenen unentgeltlich zur Verfügung stehen.

Art. 10 Das Recht auf berufliche Ausbildung. Um die wirksame Ausübung des Rechtes auf berufliche Ausbildung zu gewährleisten, verpflichten sich die Vertragsparteien,

---

[1] Siehe hierzu für Österreich: Bekanntmachung zur Europäischen Sozialcharta v. 30.1.2013 (BGBl. II S. 313), einsehbar auf www.conventions.coe.int.

1. die fachliche und berufliche Ausbildung aller Personen, einschließlich der Behinderten, soweit es notwendig ist, zu gewährleisten oder zu fördern, und zwar in Beratung mit Arbeitgeber- und Arbeitnehmerorganisationen, sowie Möglichkeiten für den Zugang zu Technischen Hochschulen und Universitäten nach alleiniger Maßgabe der persönlichen Eignung zu schaffen;
2. ein System der Lehrlingsausbildung und andere Systeme der Ausbildung für junge Menschen beiderlei Geschlechts in ihren verschiedenen Berufstätigkeiten sicherzustellen oder zu fördern;
3. soweit notwendig, folgendes sicherzustellen oder zu fördern:
   a) geeignete und leicht zugängliche Ausbildungsmöglichkeiten für erwachsene Arbeitnehmer,
   b) besondere Möglichkeiten für die berufliche Umschulung erwachsener Arbeitnehmer, die durch den technischen Fortschritt oder neue Entwicklungen auf dem Arbeitsmarkt erforderlich wird;
4. zur vollen Ausnutzung der geschaffenen Möglichkeiten durch geeignete Maßnahmen anzuregen, zum Beispiel dadurch, daß
   a) alle Gebühren und Kosten herabgesetzt oder abgeschafft werden;
   b) in geeigneten Fällen finanzielle Hilfe gewährt wird;
   c) die Zeiten, die der Arbeitnehmer während der Beschäftigung auf Verlangen seines Arbeitgebers für den Besuch von Fortbildungslehrgängen verwendet, auf die normale Arbeitszeit angerechnet werden;
   d) durch geeignete Überwachung die Wirksamkeit des Systems der Lehrlingsausbildung und jedes anderen Ausbildungssystems für jugendliche Arbeitnehmer sowie ganz allgemein deren ausreichender Schutz gewährleistet wird, und zwar in Beratung mit Arbeitgeber- und Arbeitnehmerorganisationen.

Art. 11 Das Recht auf Schutz der Gesundheit. Um die wirksame Ausübung des Rechtes auf Schutz der Gesundheit zu gewährleisten, verpflichten sich die Vertragsparteien, entweder unmittelbar oder in Zusammenarbeit mit öffentlichen oder privaten Organisationen geeignete Maßnahmen zu ergreifen, die u. a. darauf abzielen,

1. soweit wie möglich die Ursachen von Gesundheitsschäden zu beseitigen;
2. Beratungs- und Schulungsmöglichkeiten zu schaffen zur Verbesserung der Gesundheit und zur Entwicklung des persönlichen Verantwortungsbewußtseins in Fragen der Gesundheit;
3. soweit wie möglich epidemischen, endemischen und anderen Krankheiten vorzubeugen.

Art. 12 Das Recht auf Soziale Sicherheit. Um die wirksame Ausübung des Rechtes auf Soziale Sicherheit zu gewährleisten, verpflichten sich die Vertragsparteien,

1. ein System der Sozialen Sicherheit einzuführen oder beizubehalten;
2. das System der Sozialen Sicherheit auf einem befriedigenden Stand zu halten, der zumindest dem entspricht, der für die Ratifikation des Übereinkommens (Nr. 102) der Internationalen Arbeitsorganisation über die Mindestnormen der Sozialen Sicherheit erforderlich ist;

3. sich zu bemühen, das System der Sozialen Sicherheit fortschreitend auf einen höheren Stand zu bringen;
4. durch den Abschluß geeigneter zwei- und mehrseitiger Übereinkünfte oder durch andere Mittel und nach Maßgabe der in diesen Übereinkünften niedergelegten Bedingungen Maßnahmen zu ergreifen, die folgendes gewährleisten:
   a) die Gleichbehandlung der Staatsangehörigen anderer Vertragsparteien mit ihren eigenen Staatsangehörigen hinsichtlich der Ansprüche aus der Sozialen Sicherheit einschließlich der Wahrung der nach den Rechtsvorschriften der Sozialen Sicherheit erwachsenen Leistungsansprüche, gleichviel wo die geschützten Personen innerhalb der Hoheitsgebiete der Vertragsparteien ihren Aufenthalt nehmen;
   b) die Gewährung, die Erhaltung und das Wiederaufleben von Ansprüchen aus der Sozialen Sicherheit, beispielsweise durch die Zusammenrechnung von Versicherungs- und Beschäftigungszeiten, die nach den Rechtsvorschriften jeder der Vertragsparteien zurückgelegt wurden.

Art. 13 Das Recht auf Fürsorge. Um die wirksame Ausübung des Rechtes auf Fürsorge zu gewährleisten, verpflichten sich die Vertragsparteien,

1. sicherzustellen, daß jedem, der nicht über ausreichende Mittel verfügt und sich diese auch nicht selbst oder von anderen, insbesondere durch Leistungen aus einem System der Sozialen Sicherheit verschaffen kann, ausreichende Unterstützung gewährt wird und im Falle der Erkrankung die Betreuung, die seine Lage erfordert;
2. sicherzustellen, daß Personen, die diese Fürsorge in Anspruch nehmen, nicht aus diesem Grunde in ihren politischen oder sozialen Rechten beeinträchtigt werden;
3. dafür zu sorgen, daß jedermann durch zweckentsprechende öffentliche oder private Einrichtungen die zur Verhütung, Behebung oder Milderung einer persönlichen oder familiären Notlage erforderliche Beratung und persönliche Hilfe erhalten kann;
4. die in den Absätzen 1, 2 und 3 genannten Bestimmungen auf die rechtmäßig in ihrem Hoheitsgebiet befindlichen Staatsangehörigen der anderen Vertragsparteien anzuwenden, und zwar auf der Grundlage der Gleichbehandlung und in Übereinstimmung mit den Verpflichtungen, die sie in dem am 11. Dezember 1953 zu Paris unterzeichneten Europäischen Fürsorgeabkommen übernommen haben.

Art. 14 Das Recht auf Inanspruchnahme sozialer Dienste. Um die wirksame Ausübung des Rechtes auf Inanspruchnahme sozialer Dienste zu gewährleisten, verpflichten sich die Vertragsparteien,

1. Dienste zu fördern oder zu schaffen, die unter Anwendung der Methoden der Sozialarbeit zum Wohlbefinden und zur Entfaltung des Einzelnen und der Gruppen innerhalb der Gemeinschaft beitragen, sowie zu ihrer Anpassung an die soziale Umgebung;
2. bei der Bildung und Durchführung dieser Dienste Einzelpersonen und freie oder andere Organisationen zur Beteiligung anzuregen.

Art. 15[1] **Das Recht der körperlich, geistig oder seelisch Behinderten auf berufliche Ausbildung sowie auf berufliche und soziale Eingliederung oder Wiedereingliederung.** Um die wirksame Ausübung des Rechtes der körperlich, geistig oder seelisch Behinderten auf berufliche Ausbildung sowie auf berufliche und soziale Eingliederung oder Wiedereingliederung zu gewährleisten, verpflichten sich die Vertragsparteien,

1. geeignete Maßnahmen zu treffen für die Bereitstellung von Ausbildungsmöglichkeiten, erforderlichenfalls unter Einschluß von öffentlichen oder privaten Sondereinrichtungen;
2. geeignete Maßnahmen zu treffen für die Vermittlung Behinderter auf Arbeitsplätze, namentlich durch besondere Arbeitsvermittlungsdienste, durch Ermöglichung wettbewerbsgeschützter Beschäftigung und durch Maßnahmen, die den Arbeitgebern einen Anreiz zur Einstellung von Behinderten bieten.

Art. 16 Das Recht der Familie auf sozialen, gesetzlichen und wirtschaftlichen Schutz. Um die erforderlichen Voraussetzungen für die Entfaltung der Familie als einer Grundeinheit der Gesellschaft zu schaffen, verpflichten sich die Vertragsparteien, den wirtschaftlichen, gesetzlichen und sozialen Schutz des Familienlebens zu fördern, insbesondere durch Sozial- und Familienleistungen, steuerliche Maßnahmen, Förderung des Baues familiengerechter Wohnungen, Hilfen für junge Eheleute und andere geeignete Mittel jeglicher Art.

Art. 17 Das Recht der Mütter und der Kinder auf sozialen und wirtschaftlichen Schutz. Um die wirksame Ausübung des Rechtes der Mütter und der Kinder auf sozialen und wirtschaftlichen Schutz zu gewährleisten, werden die Vertragsparteien alle hierzu geeigneten und notwendigen Maßnahmen treffen, einschließlich der Schaffung und Unterhaltung geeigneter Einrichtungen und Dienste.

Art. 18 Das Recht auf Ausübung einer Erwerbstätigkeit im Hoheitsgebiet der anderen Vertragsparteien. Um die wirksame Ausübung des Rechtes auf Ausübung einer Erwerbstätigkeit im Hoheitsgebiet jeder anderen Vertragspartei zu gewährleisten, verpflichten sich die Vertragsparteien,

1. bestehende Vorschriften großzügig anzuwenden;
2. bestehende Formvorschriften zu vereinfachen und Verwaltungsgebühren und andere von ausländischen Arbeitnehmern oder ihren Arbeitgebern zu entrichtende Abgaben herabzusetzen oder abzuschaffen;
3. die Vorschriften über die Beschäftigung ausländischer Arbeitnehmer einzeln oder gemeinschaftlich zu liberalisieren;

und anerkennen

4. das Recht ihrer Staatsangehörigen, das Land zu verlassen, um im Hoheitsgebiet anderer Vertragsparteien eine Erwerbstätigkeit auszuüben.

Art. 19 Das Recht der Wanderarbeitnehmer und ihrer Familien auf Schutz und Beistand. Um die wirksame Ausübung des Rechtes der Wanderarbeitnehmer und ihrer Familien auf Schutz und Beistand im Hoheitsgebiet jeder anderen Vertragspartei zu gewährleisten, verpflichten sich die Vertragsparteien,

---

[1] Siehe hierzu für Österreich: Bekanntmachung zur Europäischen Sozialcharta v. 30.1.2013 (BGBl. II S. 313), einsehbar auf www.conventions.coe.int.

1. geeignete Stellen zu unterhalten oder sich zu vergewissern, daß solche Stellen bestehen, die diese Arbeitnehmer unentgeltlich betreuen, insbesondere durch Erteilung genauer Auskünfte sowie im Rahmen des innerstaatlichen Rechts geeignete Maßnahmen gegen irreführende Werbung zur Auswanderung und Einwanderung zu treffen;
2. in den Grenzen ihrer Zuständigkeit geeignete Maßnahmen zur Erleichterung der Abreise, der Reise und der Aufnahme dieser Arbeitnehmer und ihrer Familien zu treffen und ihnen in den Grenzen ihrer Zuständigkeit während der Reise notwendige Gesundheitsdienste, ärztliche Betreuung und gute hygienische Bedingungen zu verschaffen;
3. soweit erforderlich, die Zusammenarbeit zwischen den öffentlichen und privaten sozialen Diensten der Auswanderungs- und der Einwanderungsländer zu fördern;
4. sicherzustellen, daß diese Arbeitnehmer, soweit sie sich rechtmäßig in ihrem Hoheitsgebiet befinden, nicht weniger günstig behandelt werden als ihre eigenen Staatsangehörigen in bezug auf die folgenden Gegenstände, soweit diese durch Rechtsvorschriften geregelt oder der Überwachung durch die Verwaltungsbehörden unterstellt sind:
   a) das Arbeitsentgelt und andere Beschäftigungs- und Arbeitsbedingungen;
   b) den Beitritt zu gewerkschaftlichen Organisationen und den Genuß der durch Gesamtarbeitsverträge gebotenen Vorteile;
   c) die Unterkunft;
5. sicherzustellen, daß diese Arbeitnehmer, soweit sie sich rechtmäßig in ihrem Hoheitsgebiet befinden, nicht weniger günstig behandelt werden als ihre eigenen Staatsangehörigen in bezug auf die Steuern, Abgaben und Beiträge, die für den Arbeitnehmer auf Grund der Beschäftigung zu zahlen sind;
6. soweit möglich, die Zusammenführung eines zur Niederlassung im Hoheitsgebiet berechtigten Wanderarbeitnehmers mit seiner Familie zu erleichtern;
7. sicherzustellen, daß diese Arbeitnehmer, soweit sie sich rechtmäßig in ihrem Hoheitsgebiet befinden, nicht weniger günstig behandelt werden als ihre eigenen Staatsangehörigen in bezug auf die Möglichkeit, hinsichtlich der in diesem Artikel behandelten Angelegenheiten den Rechtsweg zu beschreiten;
8. sicherzustellen, daß diese Arbeitnehmer, soweit sie in ihrem Hoheitsgebiet ihren rechtmäßigen gewöhnlichen Aufenthalt haben, nur ausgewiesen werden können, wenn sie die Sicherheit des Staates gefährden oder gegen die öffentliche Sicherheit und Ordnung oder die Sittlichkeit verstoßen;
9. innerhalb der gesetzlichen Grenzen die Überweisung der Teile des Verdienstes und der Ersparnisse zuzulassen, die diese Arbeitnehmer zu überweisen wünschen;
10. den in diesem Artikel vorgesehenen Schutz und Beistand auf die aus- oder einwandernden selbständig Erwerbstätigen zu erstrecken, soweit solche Maßnahmen auf diesen Personenkreis anwendbar sind.

Teil III. [Verpflichtungen]

Art. 20 Verpflichtungen. (1) Jede der Vertragsparteien verpflichtet sich,

a) Teil I dieser Charta als eine Erklärung der Ziele anzusehen, die sie entsprechend dem einleitenden Absatz jenes Teils mit allen geeigneten Mitteln verfolgen wird;
b) mindestens fünf der folgenden sieben Artikel des Teils II dieser Charta als für sich bindend anzusehen: Artikel 1, 5, 6, 12, 13, 16 und 19;[1)]
c) zusätzlich zu den nach Maßgabe des Buchstabens b ausgewählten Artikeln so viele Artikel oder numerierte Absätze des Teils II der Charta auszuwählen und als für sich bindend anzusehen, daß die Gesamtzahl der Artikel oder numerierten Absätze, durch die sie gebunden ist, mindestens 10 Artikel oder 45 numerierte Absätze beträgt.[1)]

(2) Die nach Maßgabe des Absatzes 1 Buchstaben b und c ausgewählten Artikel oder Absätze sind dem Generalsekretär des Europarats gleichzeitig mit der Hinterlegung der Ratifikations- oder Genehmigungsurkunde durch die betreffende Vertragspartei zu notifizieren.[1)]

(3) [1]Jede Vertragspartei kann zu einem späteren Zeitpunkt durch eine an den Generalsekretär zu richtende Notifikation erklären, daß sie in Teil II der Charta einen anderen Artikel oder numerierten Absatz als für sich bindend ansieht, den sie bisher noch nicht nach Absatz 1 dieses Artikels angenommen hatte. [2]Diese später übernommenen Verpflichtungen gelten als Bestandteil der Ratifikation oder Genehmigung und haben vom dreißigsten Tag nach dem Zeitpunkt der Notifikation an die gleiche Wirkung.

(4) Der Generalsekretär bringt allen Unterzeichnerregierungen und dem Generaldirektor des Internationalen Arbeitsamtes jede Notifikation zur Kenntnis, die er auf Grund dieses Teils der Charta erhält.

(5) Jede Vertragspartei hat ein den innerstaatlichen Verhältnissen entsprechendes System der Arbeitsaufsicht zu unterhalten.

Teil IV. [Durchführungsvorschriften]

Art. 21 Berichte zu den angenommenen Bestimmungen. Die Vertragsparteien übersenden dem Generalsekretär des Europarats alle zwei Jahre in einer von dem Ministerkomitee festzulegenden Form einen Bericht über die Anwendung der von ihnen angenommenen Bestimmungen des Teils II der Charta.

Art. 22 Berichte zu den nicht angenommenen Bestimmungen. [1]Die Vertragsparteien übersenden dem Generalsekretär des Europarats in angemessenen, vom Ministerkomitee zu bestimmenden Zeitabständen Berichte zu den Bestimmungen des Teils II der Charta, die sie weder im Zeitpunkt ihrer Ratifikation oder Genehmigung noch durch spätere Notifikation angenommen haben. [2]Das Ministerkomitee beschließt von Zeit zu Zeit, zu welchen Bestimmungen solche Berichte anzufordern und in welcher Form sie vorzulegen sind.

Art. 23 Zustellung von Abschriften. (1) Jede Vertragspartei übermittelt Abschriften ihrer in den Artikeln 21 und 22 bezeichneten Berichte an diejenigen nationalen Organisationen, die Mitglieder der internationalen Arbeitgeber- und Arbeitnehmerorganisationen sind, welche nach Artikel 27 Abs. 2 eingeladen

[1)] Siehe hierzu die Bek. v. 9.8.1965 (BGBl. II S. 1122), wonach die Bundesrepublik gemäß Art. 20 Abs. 1 (b) die Art. 1, 5, 6, 12, 13, 16, 19, gemäß Art. 20 Abs. 1 (c) die Art. 2, 3, 4 (ohne Abs. 4), 7 (ohne Abs. 1), 8 (ohne Abs. 2 und 4), 9, 10 (ohne Abs. 4), 11, 14, 15, 17, 18 als für sich bindend ansieht.

werden sollen, sich auf den Tagungen des Unterausschusses des Regierungssozialausschusses vertreten zu lassen.

(2) Die Vertragsparteien leiten auf Wunsch der nationalen Organisationen deren Stellungnahmen zu den genannten Berichten dem Generalsekretär zu.

Art. 24 Prüfung der Berichte. Die dem Generalsekretär nach den Artikeln 21 und 22 übersandten Berichte werden von einem Sachverständigenausschuß geprüft, dem auch alle dem Generalsekretär nach Artikel 23 Abs. 2 zugeleiteten Stellungnahmen vorzulegen sind.

Art. 25 Der Sachverständigenausschuß. (1) Der Sachverständigenausschuß besteht aus höchstens fünfzehn[1)] Mitgliedern, die das Ministerkomitee aus einer Liste unabhängiger, von den Vertragsparteien vorgeschlagener Sachverständiger von höchster Integrität und anerkannter Sachkenntnis in internationalen sozialen Fragen ernennt.

(2) [1] Die Mitglieder des Ausschusses werden auf sechs Jahre ernannt. [2] Sie können wiederernannt werden. [3] Für zwei der zuerst ernannten Mitglieder endet jedoch die Amtszeit nach Ablauf von vier Jahren.

(3) Die Mitglieder, deren Amtszeit nach der Anfangsperiode von vier Jahren abläuft, werden von dem Ministerkomitee sofort nach der ersten Ernennung durch das Los bestimmt.

(4) Ein Mitglied des Sachverständigenausschusses, das an Stelle eines Mitgliedes ernannt wird, dessen Amtszeit noch nicht abgelaufen ist, bleibt bis zum Ende der Amtszeit seines Vorgängers im Amt.

Art. 26 Beteiligung der Internationalen Arbeitsorganisation. Die Internationale Arbeitsorganisation ist einzuladen, einen Vertreter namhaft zu machen, der in beratender Eigenschaft an den Verhandlungen des Sachverständigenausschusses teilnimmt.

Art. 27 Unterausschuß des Regierungssozialausschusses. (1) Die Berichte der Vertragsparteien und die Beratungsergebnisse des Sachverständigenausschusses werden einem Unterausschuß des Regierungssozialausschusses des Europarats zur Prüfung vorgelegt.

(2) [1] Dieser Unterausschuß besteht aus je einem Vertreter jeder Vertragspartei. [2] Er lädt höchstens zwei internationale Arbeitgeberorganisationen und höchstens zwei internationale Arbeitnehmerorganisationen, die er bestimmt, ein, sich auf seinen Tagungen durch Beobachter in beratender Eigenschaft vertreten zu lassen. [3] Er kann außerdem in Fragen, wie etwa des Wohlfahrtswesens und des wirtschaftlichen und sozialen Schutzes der Familie, den Rat von höchstens zwei Vertretern internationaler nichtstaatlicher Organisationen in Anspruch nehmen,

---

[1)] Die Beauftragten, in ihrer Zusammensetzung begrenzt auf die Vertreter der Vertragsparteien der Charta oder der Revidierten Charta (Österreich, Belgien, Bulgarien, Tschechische Republik, Dänemark, Estland, Finnland, Frankreich, Deutschland, Griechenland, Ungarn, Island, Irland, Italien, Luxemburg, Malta, Niederlande, Norwegen, Polen, Portugal, Slowakei, Slowenien, Spanien, Schweden, Türkei und das Vereinigte Königreich.), vereinbarten einstimmig, die Anzahl der Mitglieder des Europäischen Ausschusses für Soziale Rechte auf folgende Art und Weise von neun auf fünfzehn zu erhöhen:

a. Schaffung von drei Sitzen für eine Amtszeit, die am 1. August 2001 beginnt und am 31. Dezember 2004 endet,

b. spätere Schaffung von drei Sitzen zu einem Zeitpunkt, der von den Beauftragten unter Berücksichtigung der im Dokument GR-H(2001)9, Ziffer 12, aufgeführten Kriterien festzusetzen ist.

die beratenden Status beim Europarat haben und auf diesen Gebieten besonders sachkundig sind.

(3) Der Unterausschuß legt dem Ministerkomitee einen Bericht mit seinen Beratungsergebnissen vor und fügt diesem den Bericht des Sachverständigenausschusses bei.

Art. 28 Die Beratende Versammlung. [1] Der Generalsekretär des Europarats übermittelt der Beratenden Versammlung die Beratungsergebnisse des Sachverständigenausschusses. [2] Die Beratende Versammlung teilt dem Ministerkomitee ihre Stellungnahme hierzu mit.

Art. 29 Das Ministerkomitee. Das Ministerkomitee kann mit Zweidrittelmehrheit der zur Teilnahme an seinen Sitzungen berechtigten Mitglieder auf Grund des Berichts des Unterausschusses und nach Anhörung der Beratenden Versammlung an jede Vertragspartei alle notwendigen Empfehlungen richten.

Teil V. [Schlußvorschriften]

Art. 30 Notstandsklausel. (1) In Kriegszeiten oder bei einem anderen öffentlichen Notstand, der das Leben der Nation bedroht, kann jede Vertragspartei Maßnahmen treffen, die von ihren Verpflichtungen aus dieser Charta abweichen, soweit es auf Grund der Lage unbedingt erforderlich ist, vorausgesetzt, daß diese Maßnahmen nicht zu ihren anderen völkerrechtlichen Verpflichtungen im Widerspruch stehen.

(2) [1] Jede Vertragspartei, die von diesem Recht der Abweichung Gebrauch gemacht hat, hält den Generalsekretär des Europarats innerhalb einer angemessenen Frist vollständig auf dem laufenden über die getroffenen Maßnahmen und die Gründe hierfür. [2] Sie unterrichtet den Generalsekretär auch von dem Zeitpunkt, zu dem diese Maßnahmen aufgehoben wurden und die von ihr angenommenen Bestimmungen der Charta wieder in vollem Umfang angewandt werden.

(3) Der Generalsekretär setzt die anderen Vertragsparteien und den Generaldirektor des Internationalen Arbeitsamtes von allen nach Absatz 2 bei ihm eingegangenen Mitteilungen in Kenntnis.

Art. 31 Einschränkungen. (1) Die in Teil I niedergelegten Rechte und Grundsätze dürfen nach ihrer Verwirklichung ebenso wie ihre in Teil II vorgesehene wirksame Ausübung anderen als den in diesen Teilen vorgesehenen Einschränkungen oder Begrenzungen nur unterliegen, wenn diese gesetzlich vorgeschrieben und in einer demokratischen Gesellschaft zum Schutze der Rechte und Freiheiten anderer oder zum Schutze der öffentlichen Sicherheit und Ordnung, der Sicherheit des Staates, der Volksgesundheit und der Sittlichkeit notwendig sind.

(2) Von den nach dieser Charta zulässigen Einschränkungen der darin niedergelegten Rechte und Verpflichtungen darf für keinen anderen als den vorgesehenen Zweck Gebrauch gemacht werden.

Art. 32 Verhältnis zwischen der Charta und dem innerstaatlichen Recht sowie internationalen Übereinkünften. Die Bestimmungen dieser Charta lassen geltende oder künftig in Kraft tretende Bestimmungen des innerstaatlichen Rechtes und zwei- oder mehrseitiger Übereinkünfte unberührt, die den geschützten Personen eine günstigere Behandlung einräumen.

Art. 33 Erfüllung durch Gesamtarbeitsverträge. (1) In Mitgliedstaaten, in denen die Bestimmungen des Teils II Artikel 2 Absätze 1 bis 5, Artikel 7 Absätze 4, 6 und 7 und Artikel 10 Absätze 1 bis 4 Angelegenheiten sind, die üblicherweise durch Gesamtarbeitsverträge zwischen Arbeitgebern oder Arbeitgeberorganisationen und Arbeitnehmerorganisationen geregelt oder üblicherweise auf anderem Wege als dem der Gesetzgebung durchgeführt werden, können die Verpflichtungen aus diesen Absätzen übernommen werden und als erfüllt gelten, wenn diese Bestimmungen auf Grund derartiger Gesamtarbeitsverträge oder auf andere Weise auf die überwiegende Mehrheit der betreffenden Arbeitnehmer Anwendung finden.

(2) In Mitgliedstaaten, in denen diese Bestimmungen üblicherweise Gegenstand der Gesetzgebung sind, können die entsprechenden Verpflichtungen gleichfalls übernommen werden und als erfüllt gelten, wenn diese Bestimmungen auf Grund der Gesetze auf die überwiegende Mehrheit der betreffenden Arbeitnehmer Anwendung finden.

Art. 34 Räumlicher Geltungsbereich. (1) [1] Diese Charta gilt für das Mutterland jeder Vertragspartei. [2] Jede Unterzeichnerregierung kann bei der Unterzeichnung oder der Hinterlegung ihrer Ratifikations- oder Genehmigungsurkunde in einer an den Generalsekretär des Europarats gerichteten Erklärung das Hoheitsgebiet bezeichnen, das in diesem Sinne als Mutterland gilt.

(2) [1] Jede Vertragspartei kann bei der Ratifikation oder Genehmigung dieser Charta oder zu einem späteren Zeitpunkt durch eine an den Generalsekretär des Europarats gerichtete Notifikation erklären, daß die Charta ganz oder teilweise auf jedes nicht zum Mutterland gehörende in der Erklärung bezeichnete Hoheitsgebiet anzuwenden ist, dessen internationale Beziehungen sie wahrnimmt oder für das sie international verantwortlich ist. [2] In dieser Erklärung hat sie die Artikel oder Absätze des Teils II der Charta anzugeben, die sie für die in der Erklärung bezeichneten Hoheitsgebiete als bindend anerkennt.

(3) Die Charta findet in jedem in der vorgenannten Erklärung bezeichneten Hoheitsgebiet vom dreißigsten Tage an Anwendung, nachdem die Erklärung dem Generalsekretär notifiziert worden ist.

(4) [1] Jede Vertragspartei kann zu einem späteren Zeitpunkt durch eine an den Generalsekretär des Europarats gerichtete Notifikation erklären, daß sie für ein Hoheitsgebiet, auf welches die Charta nach Absatz 2 Anwendung findet, bestimmte Artikel oder numerierte Absätze als bindend annimmt, die sie für dieses Hoheitsgebiet noch nicht angenommen hatte. [2] Derartige später eingegangene Verpflichtungen gelten als Bestandteil der ursprünglichen Erklärung für das betreffende Hoheitsgebiet und haben vom dreißigsten Tage nach dem Zeitpunkt der Notifizierung an die gleiche Wirkung.

(5) Der Generalsekretär unterrichtet die anderen Unterzeichnerregierungen und den Generaldirektor des Internationalen Arbeitsamtes von jeder Notifikation, die ihm auf Grund dieses Artikels übermittelt wird.

Art. 35 Unterzeichnung, Ratifizierung und Inkrafttreten. (1) [1] Diese Charta liegt für die Mitgliedstaaten des Europarats zur Unterzeichnung auf. [2] Sie bedarf der Ratifikation oder Genehmigung. [3] Die Ratifikations- oder Genehmigungsurkunden sind bei dem Generalsekretär des Europarats zu hinterlegen.

(2) Diese Charta tritt am dreißigsten Tage nach Hinterlegung der fünften Ratifikations- oder Genehmigungsurkunde in Kraft[1]).

(3) Für jeden Unterzeichner, der diese Charta in der Folge ratifiziert, tritt sie am dreißigsten Tag nach Hinterlegung seiner Ratifikations- oder Genehmigungsurkunde in Kraft.

(4) Der Generalsekretär notifiziert allen Mitgliedern des Europarats und dem Generaldirektor des Internationalen Arbeitsamtes das Inkrafttreten der Charta, den Namen der Vertragsparteien, die sie ratifiziert oder genehmigt haben, sowie jede folgende Hinterlegung einer Ratifikations- oder Genehmigungsurkunde.

Art. 36 Änderungen. [1]Jedes Mitglied des Europarats kann in einer an den Generalsekretär des Europarats gerichteten Mitteilung Änderungen dieser Charta vorschlagen. [2]Der Generalsekretär übermittelt den anderen Mitgliedern des Europarats alle Änderungsvorschläge, die dann vom Ministerkomitee geprüft und der Beratenden Versammlung zur Stellungnahme vorgelegt werden. [3]Jede vom Ministerkomitee gebilligte Änderung tritt am dreißigsten Tage nach dem Zeitpunkt in Kraft, in dem alle Vertragsparteien den Generalsekretär von ihrer Annahme der Änderung unterrichtet haben. [4]Der Generalsekretär notifiziert allen Mitgliedern des Europarats und dem Generaldirektor des Internationalen Arbeitsamtes das Inkrafttreten dieser Änderungen.

Art. 37 Kündigung. (1) [1]Eine Vertragspartei kann diese Charta erst nach Ablauf von fünf Jahren, nachdem die Charta für sie in Kraft getreten ist, oder in der Folge jeweils nach Ablauf von zwei Jahren kündigen; in jedem Falle ist die Kündigung sechs Monate vorher dem Generalsekretär des Europarats zu notifizieren; dieser unterrichtet die anderen Vertragsparteien und den Generaldirektor des Internationalen Arbeitsamtes. [2]Die Kündigung berührt nicht die Gültigkeit der Charta für die anderen Vertragsparteien, solange ihre Zahl nicht unter fünf absinkt.

(2) Eine Vertragspartei kann nach Maßgabe des Absatzes 1 jeden von ihr angenommenen Artikel oder Absatz von Teil II der Charta kündigen, vorausgesetzt, daß die Zahl der für sie verbindlichen Artikel oder Absätze niemals unter zehn Artikel oder 45 Absätze absinkt und daß diese Anzahl von Artikeln oder Absätzen weiterhin die Artikel einschließt, welche die Vertragspartei aus den in Artikel 20 Abs. 1 Buchstabe b bezeichneten ausgewählt hat.

(3) Eine Vertragspartei kann diese Charta oder jeden Artikel oder Absatz des Teils II der Charta unter den in Absatz 1 dieses Artikels niedergelegten Voraussetzungen für jedes Hoheitsgebiet kündigen, in dem die Charta auf Grund einer Erklärung nach Artikel 34 Abs. 2 Anwendung findet.

Art. 38 Anhang. Der Anhang dieser Charta ist Bestandteil derselben.

ZU URKUND DESSEN haben die hierzu gehörig befugten Unterzeichneten diese Charta unterschrieben.

GESCHEHEN zu Turin am 18. Oktober 1961 in englischer und französischer Sprache, wobei jeder Wortlaut gleichermaßen verbindlich ist, in einer Urschrift,

---

[1]) Die Sozialcharta ist für die Bundesrepublik Deutschland am **26.2.1965** in Kraft getreten; siehe hierzu die Bek. v. 9.8.1965 (BGBl. II S. 1122).

die im Archiv des Europarats hinterlegt wird. Der Generalsekretär übermittelt jedem Unterzeichner beglaubigte Abschriften.

Anhang. zur Sozialcharta

Persönlicher Geltungsbereich der Sozialcharta

(1) *[1]* Vorbehaltlich des Artikels 12 Abs. 4 und des Artikels 13 Abs. 4 schließt der durch die Artikel 1 bis 17 erfaßte Personenkreis Ausländer nur insoweit ein, als sie Staatsangehörige anderer Vertragsparteien sind und ihren rechtmäßigen gewöhnlichen Aufenthalt im Hoheitsgebiet der betreffenden Vertragspartei haben oder dort ordnungsgemäß beschäftigt sind, mit der Maßgabe, daß die genannten Artikel im Sinne der Artikel 18 und 19 auszulegen sind.

[2] Diese Auslegung hindert eine Vertragspartei nicht, auch anderen Personen entsprechende Rechte zu gewähren.

(2) Jede Vertragspartei wird Flüchtlingen im Sinne des am 28. Juli 1951 zu Genf unterzeichneten Abkommens über die Rechtsstellung der Flüchtlinge, die sich rechtmäßig in ihrem Hoheitsgebiet gewöhnlich aufhalten, eine Behandlung gewähren, die so günstig wie möglich, in keinem Fall aber weniger günstig ist, als in Verpflichtungen der Vertragspartei aus dem oben erwähnten Abkommen oder aus anderen gültigen internationalen Übereinkünften vorgesehen ist, die auf solche Flüchtlinge anwendbar sind.

Teil I
Absatz 18
und
Teil II
Artikel 18 Abs. 1

Es besteht Einverständnis darüber, daß diese Bestimmungen weder die Einreise in die Hoheitsgebiete der Vertragsparteien betreffen noch die Bestimmungen des am 13. Dezember 1955 zu Paris unterzeichneten Europäischen Niederlassungsabkommens berühren.

Teil II
Artikel 1 Abs. 2

Diese Bestimmung ist nicht so auszulegen, als würden durch sie Schutzklauseln oder Schutzmaßnahmen einer Gewerkschaft verboten oder erlaubt.

Artikel 4 Abs. 4

Diese Vorschrift ist dahin zu verstehen, daß sie eine fristlose Entlassung im Falle einer schweren Verfehlung nicht verbietet.

Artikel 4 Abs. 5

Es besteht Einverständnis darüber, daß eine Vertragspartei die in diesem Absatz geforderte Verpflichtung eingehen kann, wenn durch Gesetz, Gesamtarbeitsverträge oder Schiedssprüche Lohnabzüge für die überwiegende Mehrheit der Arbeitnehmer verboten sind und Ausnahmen nur für diejenigen Personen gelten, die in diesen Gesetzen, Verträgen und Schiedssprüchen nicht erfaßt sind.

Artikel 6 Abs. 4

Es besteht Einverständnis darüber, daß jede Vertragspartei für sich die Ausübung des Streikrechts durch Gesetz regeln kann, vorausgesetzt, daß jede weitere Einschränkung dieses Rechtes auf Grund des Artikels 31 gerechtfertigt werden kann.

Artikel 7 Abs. 8

Es besteht Einverständnis darüber, daß eine Vertragspartei die in diesem Absatz vorgesehene Verpflichtung eingehen kann, wenn sie dem Geist dieser Verpflichtung dadurch nachkommt, daß die überwiegende Mehrheit der Personen unter 18 Jahren kraft Gesetzes nicht zur Nachtarbeit herangezogen werden darf.

Artikel 12 Abs. 4

Die Worte „und nach Maßgabe der in diesen Übereinkünften niedergelegten Bedingungen" in der Einleitung zu diesem Absatz sollen unter anderem bedeuten, daß eine Vertragspartei hinsichtlich von Leistungen, die unabhängig von Versicherungsbeiträgen gewährt werden, die Zurücklegung einer vorgeschriebenen Aufenthaltsdauer vor der Gewährung derartiger Leistungen an Staatsangehörige anderer Vertragsparteien verlangen kann.

Artikel 13 Abs. 4

Regierungen, die nicht Vertragsparteien des Europäischen Fürsorgeabkommens sind, können die Sozialcharta hinsichtlich dieses Absatzes ratifizieren, sofern sie den Staatsangehörigen der anderen Vertragsparteien eine Behandlung gewähren, die mit dem genannten Abkommen im Einklang steht.

Artikel 19 Abs. 6

Für die Anwendung dieser Bestimmung ist der Ausdruck „Wanderarbeitnehmer mit seiner Familie" dahin auszulegen, daß er zumindest seine Ehefrau und seine Kinder unter 21 Jahren, für die er unterhaltspflichtig ist, umfaßt.

Teil III

Es besteht Einverständnis darüber, daß die Charta rechtliche Verpflichtungen internationalen Charakters enthält, deren Durchführung ausschließlich der in ihrem Teil IV vorgesehenen Überwachung unterliegt.

Artikel 20 Abs. 1

Es besteht Einverständnis darüber, daß als „numerierte Absätze" auch Artikel anzusehen sind, die aus einem einzigen Absatz bestehen.

Teil V
Artikel 30

Der Ausdruck „in Kriegszeiten oder bei einem anderen öffentlichen Notstand" ist dahin zu verstehen, daß er auch den Zustand einer drohenden Kriegsgefahr umfaßt.

25. Gemeinschaftscharta der Sozialen Grundrechte der Arbeitnehmer[1)]

Vom 9. Dezember 1989
(KOM (89) 248 endg.)

DIE STAATS- UND REGIERUNGSCHEFS DER MITGLIEDSTAATEN DER EUROPÄISCHEN GEMEINSCHAFT HABEN AUF IHRER TAGUNG AM …

IN …

IN ERWÄGUNG NACHSTEHENDER GRÜNDE:

Die Mitgliedstaaten sind sich nach Artikel 136 des EWG-Vertrags über die Notwendigkeit einig, auf eine Verbesserung der Lebens- und Arbeitsbedingungen der Arbeitnehmer hinzuwirken und dadurch auf dem Wege des Fortschritts ihre Angleichung zu ermöglichen.

Der Europäische Rat in Madrid hat auf der Grundlage der Ergebnisse seiner Tagungen in Hannover und Rhodos die Ansicht vertreten, daß den sozialen Fragen im Zuge der Schaffung des europäischen Binnenmarkts die gleiche Bedeutung wie den wirtschaftlichen Fragen beizumessen ist und sie daher in ausgewogener Weise weiterzuentwickeln sind.

Das Europäische Parlament hat dazu am 15.3.1989 und am 14.9.1989 Entschließungen verabschiedet, und der Wirtschafts- und Sozialausschuß hat am 22.2.1989 eine entsprechende Stellungnahme abgegeben.

Die Verwirklichung des Binnenmarkts ist das wirksamste Mittel zur Schaffung von Arbeitsplätzen und zur Gewährleistung eines Höchstmaßes an Wohlstand in der Gemeinschaft; bei der Verwirklichung des Binnenmarkts ist der Förderung und Schaffung neuer Arbeitsplätze erste Priorität einzuräumen; die Gemeinschaft hat sich den Herausforderungen der Zukunft hinsichtlich der wirtschaftlichen Wettbewerbsfähigkeit insbesondere unter Berücksichtigung der regionalen Ungleichgewichte zu stellen.

Der soziale Konsens trägt zur Stärkung der Wettbewerbsfähigkeit der Unternehmen und der gesamten Wirtschaft sowie zur Schaffung von Arbeitsplätzen bei; daher ist er eine wesentliche Voraussetzung für eine kräftige Wirtschaftsentwicklung.

Die Verwirklichung des Binnenmarkts soll die Angleichung der Lebens- und Arbeitsbedingungen auf dem Wege des Fortschritts fördern und den wirtschaftlichen und sozialen Zusammenhalt der Europäischen Gemeinschaft begünstigen, wobei Wettbewerbsverzerrungen zu vermeiden sind.

Die Verwirklichung des Binnenmarkts soll allen Arbeitnehmern der Europäischen Gemeinschaft Verbesserungen im sozialen Bereich vornehmlich hinsichtlich der Freizügigkeit, der Lebens- und Arbeitsbedingungen, des Gesundheitsschutzes und der Sicherheit in der Arbeitsumwelt, des sozialen Schutzes sowie der allgemeinen und beruflichen Bildung bringen.

[1)] Die Verweise/Bezugnahmen auf Vorschriften des EGV sind bereits gemäß Art. 12 des Amsterdamer Vertrags in Verbindung mit der Übereinstimmungstabelle an die neue Nummerierung angepasst worden.

Zur Wahrung der Gleichbehandlung ist gegen Diskriminierungen jeglicher Art, insbesondere aufgrund von Geschlecht, Hautfarbe, Rasse, Meinung oder Glauben, vorzugehen; die soziale Ausgrenzung ist im Geiste der Solidarität zu bekämpfen.

Es ist Sache der Mitgliedstaaten zu gewährleisten, daß Arbeitnehmern aus Drittländern und ihren Familienangehörigen, die sich rechtmäßig in einem Mitgliedstaat der Europäischen Gemeinschaft aufhalten, im Hinblick auf ihre Lebens- und Arbeitsbedingungen eine Behandlung zuteil wird, die derjenigen vergleichbar ist, welche die Arbeitnehmer des betreffenden Mitgliedstaats genießen.

Es erscheint geboten, sich von den Übereinkommen der Internationalen Arbeitsorganisation und der Europäischen Sozialcharta[1] leiten zu lassen.

Der Vertrag in seiner durch die Einheitliche Europäische Akte geänderten Fassung enthält Bestimmungen, die eine Zuständigkeit der Gemeinschaft insbesondere für die Freizügigkeit der Arbeitnehmer (Artikel 7[2] und 39 bis 42), die Niederlassungsfreiheit (Artikel 43 bis 48), soziale Fragen unter den in den Artikel 136 bis 145 vorgesehenen Bedingungen – vor allem Verbesserung der Sicherheit und des Gesundheitsschutzes in der Arbeitsumwelt (Artikel 138), Entwicklung des Dialogs zwischen den Sozialpartnern auf europäischer Ebene (Artikel 139), gleiches Entgelt für Männer und Frauen bei gleicher Arbeit (Artikel 141) –, die allgemeinen Grundsätze für die Durchführung einer gemeinsamen Berufsbildungspolitik (Artikel 151), den wirtschaftlichen und sozialen Zusammenhalt (Artikel 158 bis 162) und generell die Angleichung der Rechtsvorschriften (Artikel 94, 95 und 308) begründen. Die Durchführung der Charta darf nicht zu einer Ausweitung der im Vertrag festgelegten Befugnisse der Gemeinschaft führen.

Diese Charta soll zum einen die Fortschritte festschreiben, die im sozialen Bereich durch das Vorgehen der Mitgliedstaaten, der Sozialpartner und der Gemeinschaft bereits erzielt wurden.

Mit ihr soll zum anderen feierlich bekräftigt werden, daß bei der Durchführung der Einheitlichen Akte die soziale Dimension der Gemeinschaft vollauf berücksichtigt ist und die sozialen Rechte der Erwerbstätigen in der Europäischen Gemeinschaft, insbesondere der Arbeitnehmer und der Selbständigen, daher auf den geeigneten Ebenen weiterzuentwickeln sind.

Gemäß den Schlußfolgerungen der Tagung des Europäischen Rates in Madrid muß die Rolle, die die Gemeinschaftsnormen sowie die einzelstaatlichen Rechtsvorschriften und die vertraglichen Beziehungen zu spielen haben, eindeutig festgelegt werden. Aufgrund des Subsidiaritätsprinzips sind für die Schritte zur Verwirklichung dieser sozialen Rechte die Mitgliedstaaten und ihre Gebietskörperschaften und im Rahmen ihrer Befugnisse die Europäische Gemeinschaft zuständig. Diese Umsetzung kann durch Gesetze oder Tarifverträge erfolgen oder sich nach den Gepflogenheiten auf den verschiedenen Ebenen richten; sie erfordert in zahlreichen Bereichen die aktive Beteiligung der Sozialpartner. Die feierliche Verkündung der sozialen Grundrechte in der Europäischen Gemeinschaft darf bei ihrer Verwirklichung keinen Rückschritt in den Mitgliedstaaten gegenüber der derzeitigen Lage bewirken.

---

[1] Nr. **20**.
[2] Red. Anm.: Artikel 7 gegenstandslos.

DIE FOLGENDE ERKLÄRUNG ANGENOMMEN, DIE DIE "GEMEINSCHAFTSCHARTA DER SOZIALEN GRUNDRECHTE DER ARBEITNEHMER" DARSTELLT:

Titel I. Soziale Grundrechte der Arbeitnehmer

Freizügigkeit

1. Jeder Arbeitnehmer der Europäischen Gemeinschaft hat vorbehaltlich der aus Gründen der öffentlichen Ordnung, Sicherheit und Gesundheit gerechtfertigten Beschränkungen das Recht auf Freizügigkeit im gesamten Gebiet der Gemeinschaft.
2. Das Recht auf Freizügigkeit ermöglicht jedem Arbeitnehmer die Ausübung jedes Berufs oder jeder Beschäftigung in der Gemeinschaft, wobei hinsichtlich des Zugangs zur Beschäftigung, der Arbeitsbedingungen und des sozialen Schutzes des Aufnahmelandes der Grundsatz der Gleichbehandlung gilt.
3. Das Recht auf Freizügigkeit umfaßt ferner
   - die Harmonisierung der Aufenthaltsbedingungen in allen Mitgliedstaaten, insbesondere für die Familienzusammenführung;
   - die Beseitigung von Hindernissen, die sich aus der Nichtanerkennung von Diplomen oder gleichwertigen beruflichen Befähigungsnachweisen ergeben;
   - die Verbesserung der Lebens- und Arbeitsbedingungen der Grenzgänger.

Beschäftigung und Arbeitsentgelt

4. Jeder hat das Recht auf freie Wahl und Ausübung eines Berufs nach den für den jeweiligen Beruf geltenden Vorschriften.
5. Für jede Beschäftigung ist ein gerechtes Entgelt zu zahlen.
   Zu diesem Zweck empfiehlt es sich, daß entsprechend den Gegebenheiten eines jeden Landes
   - den Arbeitnehmern ein gerechtes Arbeitsentgelt garantiert wird, das heißt, ein Arbeitsentgelt, das ausreicht, um ihnen einen angemessenen Lebensstandard zu erlauben;
   - die Arbeitnehmer mit einer anderen Arbeitsregelung als dem unbefristeten Vollzeitvertrag ein gerechtes Bezugsentgelt erhalten;
   - das Entgelt nur gemäß den einzelstaatlichen Vorschriften einbehalten, gepfändet oder abgetreten werden darf; nach diesen Vorschriften sollten dem Arbeitnehmer die erforderlichen Mittel belassen werden, damit er seinen eigenen Lebensunterhalt und den seiner Familie bestreiten kann.
6. Jeder muß die Dienste der Arbeitsämter unentgeltlich in Anspruch nehmen können.

Verbesserung der Lebens- und Arbeitsbedingungen

7. Die Verwirklichung des Binnenmarktes muß zu einer Verbesserung der Lebens- und Arbeitsbedingungen der Arbeitnehmer in der Europäischen Gemeinschaft führen. Dieser Prozeß erfolgt durch eine Angleichung dieser Bedingungen auf dem Wege des Fortschritts und betrifft namentlich die Arbeitszeit und die Arbeitszeitgestaltung sowie andere Arbeitsformen als das unbefristete Arbeitsverhältnis, wie das befristete Arbeitsverhältnis, Teilzeitarbeit, Leiharbeit und Saisonsarbeit.

Diese Verbesserung muß, soweit nötig, dazu führen, daß bestimmte Bereiche des Arbeitsrechts wie die Verfahren bei Massenentlassungen oder bei Konkursen ausgestaltet werden.

8. Jeder Arbeitnehmer der Europäischen Gemeinschaft hat Anspruch auf die wöchentliche Ruhezeit und auf einen bezahlten Jahresurlaub, deren Dauer gemäß den einzelstaatlichen Gepflogenheiten auf dem Wege des Fortschritts in den einzelnen Staaten einander anzunähern ist.

9. Die Arbeitsbedingungen eines jeden abhängig Beschäftigten der Europäischen Gemeinschaft müssen entsprechend den Gegebenheiten der einzelnen Länder durch das Gesetz, durch einen Tarifvertrag oder in einem Beschäftigungsvertrag geregelt sein.

Sozialer Schutz

10. Entsprechend den Gegebenheiten der einzelnen Länder
   - hat jeder Arbeitnehmer der Europäischen Gemeinschaft Anspruch auf einen angemessenen sozialen Schutz und muß unabhängig von seiner Stellung und von der Größe des Unternehmens, in dem er arbeitet, Leistungen der sozialen Sicherheit in ausreichender Höhe erhalten;
   - müssen alle, die vom Arbeitsmarkt ausgeschlossen sind, weil sie keinen Zugang dazu fanden oder sich nicht wieder eingliedern konnten, und die nicht über Mittel für ihren Unterhalt verfügen, ausreichende Leistungen empfangen und Zuwendungen beziehen können, die ihrer persönlichen Lage angemessen sind.

Koalitionsfreiheit und Tarifverhandlungen

11. Die Arbeitgeber und Arbeitnehmer in der Europäischen Gemeinschaft haben das Recht, sich zur Bildung beruflicher oder gewerkschaftlicher Vereinigungen ihrer Wahl frei zusammenzuschließen, um ihre wirtschaftlichen und sozialen Interessen zu vertreten.
    Jedem Arbeitgeber und jedem Arbeitnehmer steht es frei, diesen Organisationen beizutreten oder nicht, ohne daß ihm daraus ein persönlicher oder beruflicher Nachteil erwachsen darf.

12. Die Arbeitgeber und Arbeitgebervereinigungen einerseits und die Arbeitnehmervereinigungen andererseits haben das Recht, unter den Bedingungen der einzelstaatlichen Rechtsvorschriften und Gepflogenheiten Tarifverträge auszuhandeln und zu schließen.
    Der auszubauende europaweite Dialog zwischen den Sozialpartnern kann, falls sie dies als wünschenswert ansehen, zu Vertragsverhältnissen namentlich auf branchenübergreifender und sektorieller Ebene führen.

13. Das Recht, bei Interessenkonflikten Kollektivmaßnahmen zu ergreifen, schließt vorbehaltlich der Verpflichtung aufgrund der einzelstaatlichen Regelungen und der Tarifverträge das Streikrecht ein.
    Um die Beilegung von Arbeitsstreitigkeiten zu erleichtern, ist in Übereinstimmung mit den einzelstaatlichen Gepflogenheiten die Einführung und Anwendung von Vermittlungs-, Schlichtungs- und Schiedsverfahren auf geeigneter Ebene zu erleichtern.

14. Die Rechtsordnung der Mitgliedstaaten bestimmt, unter welchen Bedingungen und inwieweit die Rechte gemäß Artikel 11 bis 13 für die Streitkräfte, die Polizei und den öffentlichen Dienst gelten.

Berufsausbildung

15. Jeder Arbeitnehmer in der Europäischen Gemeinschaft muß Zugang zur Berufsausbildung haben und ihn während seines gesamten Erwerbslebens behalten.
Die Bedingungen für den Zugang zur Berufsausbildung dürfen nicht aufgrund der Staatsangehörigkeit diskriminieren.
Die zuständigen öffentlichen Gebietskörperschaften, die Unternehmen oder die Sozialpartner müßten in ihrem jeweiligen Zuständigkeitsbereich die Voraussetzungen für eine Fort- und Weiterbildung schaffen, die es jedem ermöglichen, sich insbesondere durch einen Bildungsurlaub umzuschulen, sich weiterzubilden und vor allem im Zuge der technischen Entwicklungen neue Kenntnisse zu erwerben.

Gleichbehandlung von Männern und Frauen

16. Die Gleichbehandlung von Männern und Frauen ist zu gewährleisten.
Die Chancengleichheit für Männer und Frauen ist weiter auszubauen.
Zu diesem Zweck sind überall dort, wo dies erforderlich ist, die Maßnahmen zu verstärken, mit denen die Verwirklichung der Gleichheit von Männern und Frauen vor allem im Hinblick auf den Zugang zu Beschäftigung, Arbeitsentgelt, Arbeitsbedingungen, sozialen Schutz, allgemeine und berufliche Bildung sowie beruflichen Aufstieg sichergestellt wird.
Auch sind die Maßnahmen auszubauen, die es Männern und Frauen ermöglichen, ihre beruflichen und familiären Pflichten besser miteinander in Einklang zu bringen.

Unterrichtung, Anhörung und Mitwirkung der Arbeitnehmer

17. Unterrichtung, Anhörung und Mitwirkung der Arbeitnehmer müssen in geeigneter Weise unter Berücksichtigung der in den verschiedenen Mitgliedstaaten herrschenden Gepflogenheiten weiterentwickelt werden.
Dies gilt insbesondere für Unternehmen und Unternehmenszusammenschlüsse mit Betriebsstätten bzw. Unternehmen in mehreren Mitgliedstaaten der Europäischen Gemeinschaft.

18. Unterrichtung, Anhörung und Mitwirkung sind rechtzeitig vor allem in folgenden Fällen vorzusehen:
- bei der Einführung technologischer Veränderungen in den Unternehmen, wenn diese die Arbeitsbedingungen und die Arbeitsorganisation der Arbeitnehmer einschneidend verändern;
- bei der Umstrukturierung oder Verschmelzung von Unternehmen, wenn dadurch die Beschäftigung der Arbeitnehmer berührt wird;
- bei Massenentlassungen;
- im Falle von Arbeitnehmern, insbesondere Grenzgängern, die von den Beschäftigungsmaßnahmen des sie beschäftigenden Unternehmens betroffen sind.

Gesundheitsschutz und Sicherheit in der Arbeitsumwelt

19. Jeder Arbeitnehmer muß in seiner Arbeitsumwelt zufriedenstellende Bedingungen für Gesundheitsschutz und Sicherheit vorfinden. Es sind geeignete Maßnahmen zu ergreifen, um die Harmonisierung der auf diesem Gebiet bestehenden Bedingungen auf dem Wege des Fortschritts weiterzuführen.

Bei den Maßnahmen wird namentlich die Notwendigkeit einer Ausbildung, Unterrichtung, Anhörung und ausgewogenen Mitwirkung der Arbeitnehmer hinsichtlich der Risiken, denen sie unterliegen, und der Maßnahmen, die zur Beseitigung oder Verringerung dieser Risiken getroffen werden, berücksichtigt.
Die Vorschriften über die Verwirklichung des Binnenmarktes haben zu diesem Schutz beizutragen.

Kinder- und Jugendschutz

20. Unbeschadet günstigerer Vorschriften für Jugendliche, vor allem solcher Vorschriften, die ihre berufliche Eingliederung durch Berufsausbildung gewährleisten und abgesehen von auf bestimmte leichte Arbeiten beschränkten Ausnahmen darf das Mindestalter für den Eintritt in das Arbeitsleben das Alter, in dem die Schulpflicht erlischt, nicht unterschreiten und in keinem Fall unter 15 Jahren liegen.
21. Jeder Jugendliche, der eine Beschäftigung ausübt, muß ein angemessenes Arbeitsentgelt gemäß den einzelstaatlichen Gepflogenheiten erhalten.
22. Es sind die notwendigen Maßnahmen zu ergreifen, um die arbeitsrechtlichen Vorschriften für junge Arbeitnehmer so umzugestalten, daß sie den Erfordernissen ihrer persönlichen Entwicklung und ihrem Bedarf an beruflicher Bildung und an Zugang zur Beschäftigung entsprechen.
    Namentlich die Arbeitszeit der Arbeitnehmer unter achtzehn Jahren ist zu begrenzen – ohne daß dieses Gebot durch den Rückgriff auf Überstunden umgangen werden kann – und die Nachtarbeit zu untersagen, wobei für bestimmte durch die einzelstaatlichen Rechtsvorschriften und Regelungen festgelegte berufliche Tätigkeiten Ausnahmen gelten können.
23. Jugendliche müssen nach Ablauf der Schulpflicht die Möglichkeit haben, eine hinreichend lange berufliche Grundausbildung zu erhalten, um sich den Erfordernissen ihres künftigen Erwerbslebens anpassen zu können; für die jungen Arbeitnehmer müßte diese Ausbildung während der Arbeitszeit stattfinden.

Ältere Menschen

Entsprechend den jeweiligen Gegebenheiten der einzelnen Länder

24. muß jeder Arbeitnehmer in der Europäischen Gemeinschaft, wenn er in den Ruhestand geht, über Mittel verfügen können, die ihm einen angemessenen Lebensstandard sichern.
25. muß jeder, der das Rentenalter erreicht hat, aber keinen Rentenanspruch besitzt oder über keine sonstigen ausreichenden Unterhaltsmittel verfügt, ausreichende Zuwendungen, Sozialhilfeleistungen und Sachleistungen bei Krankheit erhalten können, die seinen spezifischen Bedürfnissen angemessen sind.

Behinderte

26. Alle Behinderten müssen unabhängig von der Ursache und Art ihrer Behinderung konkrete ergänzende Maßnahmen, die ihre berufliche und soziale Eingliederung fördern, in Anspruch nehmen können.
    Diese Maßnahmen zur Verbesserung der Lebensbedingungen müssen sich je nach den Fähigkeiten der Betreffenden auf berufliche Bildung, Ergonomie, Zugänglichkeit, Mobilität, Verkehrsmittel und Wohnung erstrecken.

Titel II. Anwendung der Charta

27. Für die Gewährleistung der sozialen Grundrechte dieser Charta und die Durchführung der für den reibungslosen Ablauf des Binnenmarktgeschehens notwendigen Sozialmaßnahmen im Rahmen einer Strategie für den wirtschaftlichen und sozialen Zusammenhalt sind die Mitgliedstaaten entsprechend den einzelstaatlichen Gepflogenheiten, insbesondere von Rechtsvorschriften und Tarifverträgen, zuständig.
28. Der Europäische Rat fordert die Kommission auf, so rasch wie möglich die unter ihre Zuständigkeit im Sinne der Verträge fallenden Vorschläge für Rechtsakte vorzulegen, mit denen die in den Zuständigkeitsbereich der Gemeinschaft gehörenden Rechte im Zuge der Verwirklichung des Binnenmarktes effektiv umgesetzt werden.
29. Die Kommission erstellt im letzten Quartal eines jeden Jahres einen Bericht über die Durchführung der Charta seitens der Mitgliedstaaten und der Europäischen Gemeinschaft.
30. Der Bericht der Kommission wird dem Europäischen Rat, dem Europäischen Parlament und dem Wirtschafts- und Sozialausschuß zugeleitet.

30. Konvention zum Schutz der Menschenrechte und Grundfreiheiten

In der Fassung der Bekanntmachung vom 22. Oktober 2010[1] [2]
(BGBl. II S. 1198)[3]

geänd. durch 15. EMRK-Protokoll[4] v. 24.6.2013 (BGBl. 2014 II S. 1034)

(Übersetzung)

Die Unterzeichnerregierungen, Mitglieder des Europarats –

in Anbetracht der Allgemeinen Erklärung der Menschenrechte, die am 10. Dezember 1948 von der Generalversammlung der Vereinten Nationen verkündet worden ist;

in der Erwägung, dass diese Erklärung bezweckt, die universelle und wirksame Anerkennung und Einhaltung der in ihr aufgeführten Rechte zu gewährleisten;

in der Erwägung, dass es das Ziel des Europarats ist, eine engere Verbindung zwischen seinen Mitgliedern herzustellen, und dass eines der Mittel zur Erreichung dieses Zieles die Wahrung und Fortentwicklung der Menschenrechte und Grundfreiheiten ist;

in Bekräftigung ihres tiefen Glaubens an diese Grundfreiheiten, welche die Grundlage von Gerechtigkeit und Frieden in der Welt bilden und die am besten durch eine wahrhaft demokratische politische Ordnung sowie durch ein gemeinsames Verständnis und eine gemeinsame Achtung der diesen Grundfreiheiten zugrunde liegenden Menschenrechte gesichert werden;

entschlossen, als Regierungen europäischer Staaten, die vom gleichen Geist beseelt sind und ein gemeinsames Erbe an politischen Überlieferungen, Idealen, Achtung der Freiheit und Rechtsstaatlichkeit besitzen, die ersten Schritte auf dem Weg zu einer kollektiven Garantie bestimmter in der Allgemeinen Erklärung aufgeführter Rechte zu unternehmen –

haben Folgendes vereinbart:

Art. 1 Verpflichtung zur Achtung der Menschenrechte. Die Hohen Vertragsparteien sichern allen ihrer Hoheitsgewalt unterstehenden Personen die in Abschnitt I bestimmten Rechte und Freiheiten zu.

---

[1] Neubekanntmachung der Europäischen Menschenrechtskonvention v. 4.11.1950 (BGBl. 1952 II S. 685, ber. S. 953) nach Art. 2 G v. 21.2.2006 (BGBl. II S. 138) in einer sprachlich überarbeiteten deutschen Übersetzung in der ab 1.6.2010 geltenden Fassung.

[2] Vorbehalte und Erklärungen zu dieser Konvention sind in englischer und französischer Sprache auf der Webseite des Europarats unter www.conventions.coe.int einsehbar. Gleiches gilt für die ggf. gemäß Konvention zu benennenden Zentralen Behörden oder Kontaktstellen.

[3] Internationale Quelle: UNTS Bd. 213 S. 221.

[4] Die Bundesrepublik Deutschland hat dem Protokoll Nr. 15 zur Konvention zum Schutz der Menschenrechte und Grundfreiheiten v. 24.6.2013 (BGBl. 2014 II S. 1034, 1035) zugestimmt, vgl. G v. 2.12.2014 (BGBl. II S. 1034). Der Tag des Inkraftretens ist noch im Bundesgesetzblatt bekannt zu geben.

Abschnitt I. Rechte und Freiheiten

Art. 2 Recht auf Leben. (1) [1]Das Recht jedes Menschen auf Leben wird gesetzlich geschützt. [2]Niemand darf absichtlich getötet werden, außer durch Vollstreckung eines Todesurteils, das ein Gericht wegen eines Verbrechens verhängt hat, für das die Todesstrafe gesetzlich vorgesehen ist.

(2) Eine Tötung wird nicht als Verletzung dieses Artikels betrachtet, wenn sie durch eine Gewaltanwendung verursacht wird, die unbedingt erforderlich ist, um

a) jemanden gegen rechtswidrige Gewalt zu verteidigen;
b) jemanden rechtmäßig festzunehmen oder jemanden, dem die Freiheit rechtmäßig entzogen ist, an der Flucht zu hindern;
c) einen Aufruhr oder Aufstand rechtmäßig niederzuschlagen.

Art. 3 Verbot der Folter. Niemand darf der Folter oder unmenschlicher oder erniedrigender Behandlung oder Strafe unterworfen werden.

Art. 4 Verbot der Sklaverei und der Zwangsarbeit. (1) Niemand darf in Sklaverei oder Leibeigenschaft gehalten werden.

(2) Niemand darf gezwungen werden, Zwangs- oder Pflichtarbeit zu verrichten.

(3) Nicht als Zwangs- oder Pflichtarbeit im Sinne dieses Artikels gilt:

a) eine Arbeit, die üblicherweise von einer Person verlangt wird, der unter den Voraussetzungen des Artikels 5 die Freiheit entzogen oder die bedingt entlassen worden ist;
b) eine Dienstleistung militärischer Art oder eine Dienstleistung, die an die Stelle des im Rahmen der Wehrpflicht zu leistenden Dienstes tritt, in Ländern, wo die Dienstverweigerung aus Gewissensgründen anerkannt ist;
c) eine Dienstleistung, die verlangt wird, wenn Notstände oder Katastrophen das Leben oder das Wohl der Gemeinschaft bedrohen;
d) eine Arbeit oder Dienstleistung, die zu den üblichen Bürgerpflichten gehört.

Art. 5 Recht auf Freiheit und Sicherheit. (1) [1]Jede Person hat das Recht auf Freiheit und Sicherheit. [2]Die Freiheit darf nur in den folgenden Fällen und nur auf die gesetzlich vorgeschriebene Weise entzogen werden:

a) rechtmäßige Freiheitsentziehung[1)] nach Verurteilung durch ein zuständiges Gericht;
b) rechtmäßige Festnahme oder Freiheitsentziehung[1)] wegen Nichtbefolgung einer rechtmäßigen gerichtlichen Anordnung oder zur Erzwingung der Erfüllung einer gesetzlichen Verpflichtung;
c) rechtmäßige Festnahme oder Freiheitsentziehung[1)] zur Vorführung vor die zuständige Gerichtsbehörde, wenn hinreichender Verdacht besteht, dass die betreffende Person eine Straftat begangen hat, oder wenn begründeter Anlass zu der Annahme besteht, dass es notwendig ist, sie an der Begehung einer Straftat oder an der Flucht nach Begehung einer solchen zu hindern;

[1)] Österreich und Schweiz: rechtmäßiger Freiheitsentzug.

d) rechtmäßige Freiheitsentziehung[1] bei Minderjährigen zum Zweck überwachter Erziehung oder zur Vorführung vor die zuständige Behörde;
e) rechtmäßige Freiheitsentziehung[1] mit dem Ziel, eine Verbreitung ansteckender Krankheiten zu verhindern, sowie bei psychisch Kranken, Alkohol- oder Rauschgiftsüchtigen und Landstreichern;
f) rechtmäßige Festnahme oder Freiheitsentziehung[1] zur Verhinderung der unerlaubten Einreise sowie bei Personen, gegen die ein Ausweisungs- oder Auslieferungsverfahren im Gange ist.

(2) Jeder festgenommenen Person muss innerhalb möglichst kurzer Frist in einer ihr verständlichen Sprache mitgeteilt werden, welches die Gründe für ihre Festnahme sind und welche Beschuldigungen gegen sie erhoben werden.

(3) [1]Jede Person, die nach Absatz 1 Buchstabe c von Festnahme oder Freiheitsentziehung[2] betroffen ist, muss unverzüglich einem Richter oder einer anderen gesetzlich zur Wahrnehmung richterlicher Aufgaben ermächtigten Person vorgeführt werden; sie hat Anspruch auf ein Urteil innerhalb angemessener Frist oder auf Entlassung während des Verfahrens. [2]Die Entlassung kann von der Leistung einer Sicherheit für das Erscheinen vor Gericht abhängig gemacht werden.

(4) Jede Person, die festgenommen oder der die Freiheit entzogen ist, hat das Recht zu beantragen, dass ein Gericht innerhalb kurzer Frist über die Rechtmäßigkeit der Freiheitsentziehung[3] entscheidet und ihre Entlassung anordnet, wenn die Freiheitsentziehung[4] nicht rechtmäßig ist.

(5) Jede Person, die unter Verletzung dieses Artikels von Festnahme oder Freiheitsentziehung[2] betroffen ist, hat Anspruch auf Schadensersatz.

Art. 6 Recht auf ein faires Verfahren. (1) [1]Jede Person hat ein Recht darauf, dass über Streitigkeiten in Bezug auf ihre zivilrechtlichen Ansprüche und Verpflichtungen oder über eine gegen sie erhobene strafrechtliche Anklage von einem unabhängigen und unparteiischen, auf Gesetz beruhenden Gericht in einem fairen Verfahren, öffentlich und innerhalb angemessener Frist verhandelt wird. [2]Das Urteil muss öffentlich verkündet werden; Presse und Öffentlichkeit können jedoch während des ganzen oder eines Teiles des Verfahrens ausgeschlossen werden, wenn dies im Interesse der Moral, der öffentlichen Ordnung oder der nationalen Sicherheit in einer demokratischen Gesellschaft liegt, wenn die Interessen von Jugendlichen oder der Schutz des Privatlebens der Prozessparteien es verlangen oder – soweit das Gericht es für unbedingt erforderlich hält – wenn unter besonderen Umständen eine öffentliche Verhandlung die Interessen der Rechtspflege beeinträchtigen würde.

(2) Jede Person, die einer Straftat angeklagt ist, gilt bis zum gesetzlichen Beweis ihrer Schuld als unschuldig.

(3) Jede angeklagte Person hat mindestens[5] folgende Rechte:
a) innerhalb möglichst kurzer Frist in einer ihr verständlichen Sprache in allen Einzelheiten über Art und Grund der gegen sie erhobenen Beschuldigung unterrichtet zu werden;

---

[1] Österreich und Schweiz: rechtmäßiger Freiheitsentzug.
[2] Österreich und Schweiz: Freiheitsentzug.
[3] Österreich und Schweiz: des Freiheitsentzuges.
[4] Österreich und Schweiz: der Freiheitsentzug.
[5] Der Wortlaut der englischen Fassung ist: „minimum rights"; in der franz. Sprachfassung heißt es: „notamment".

b) ausreichende Zeit und Gelegenheit zur Vorbereitung ihrer Verteidigung zu haben;
c) sich selbst zu verteidigen, sich durch einen Verteidiger ihrer Wahl verteidigen zu lassen oder, falls ihr die Mittel zur Bezahlung fehlen, unentgeltlich den Beistand eines Verteidigers zu erhalten, wenn dies im Interesse der Rechtspflege erforderlich ist;
d) Fragen an Belastungszeugen zu stellen oder stellen zu lassen und die Ladung und Vernehmung von Entlastungszeugen unter denselben Bedingungen zu erwirken, wie sie für Belastungszeugen gelten;
e) unentgeltliche Unterstützung durch einen Dolmetscher zu erhalten, wenn sie die Verhandlungssprache des Gerichts nicht versteht oder spricht.

Art. 7 Keine Strafe ohne Gesetz. (1) [1] Niemand darf wegen einer Handlung oder Unterlassung verurteilt werden, die zur Zeit ihrer Begehung nach innerstaatlichem oder internationalem Recht nicht strafbar war. [2] Es darf auch keine schwerere als die zur Zeit der Begehung angedrohte Strafe verhängt werden.

(2)[1)] Dieser Artikel schließt nicht aus, dass jemand wegen einer Handlung oder Unterlassung verurteilt oder bestraft wird, die zur Zeit ihrer Begehung nach den von den zivilisierten Völkern anerkannten allgemeinen Rechtsgrundsätzen strafbar war.

Art. 8 Recht auf Achtung des Privat- und Familienlebens. (1) Jede Person hat das Recht auf Achtung ihres Privat- und Familienlebens, ihrer Wohnung und ihrer Korrespondenz.

(2) Eine Behörde darf in die Ausübung dieses Rechts nur eingreifen, soweit der Eingriff gesetzlich vorgesehen und in einer demokratischen Gesellschaft notwendig ist für die nationale oder öffentliche Sicherheit, für das wirtschaftliche Wohl des Landes, zur Aufrechterhaltung der Ordnung, zur Verhütung von Straftaten, zum Schutz der Gesundheit oder der Moral oder zum Schutz der Rechte und Freiheiten anderer.

Art. 9 Gedanken-, Gewissens- und Religionsfreiheit. (1) Jede Person hat das Recht auf Gedanken-, Gewissens- und Religionsfreiheit; dieses Recht umfasst die Freiheit, seine Religion oder Weltanschauung zu wechseln, und die Freiheit, seine Religion oder Weltanschauung einzeln oder gemeinsam mit anderen öffentlich oder privat durch Gottesdienst, Unterricht oder Praktizieren von Bräuchen und Riten zu bekennen.

(2) Die Freiheit, seine Religion oder Weltanschauung zu bekennen, darf nur Einschränkungen unterworfen werden, die gesetzlich vorgesehen und in einer demokratischen Gesellschaft notwendig sind für die öffentliche Sicherheit, zum Schutz der öffentlichen Ordnung, Gesundheit oder Moral oder zum Schutz der Rechte und Freiheiten anderer.

Art. 10 Freiheit der Meinungsäußerung. (1) [1] Jede Person hat das Recht auf freie Meinungsäußerung. [2] Dieses Recht schließt die Meinungsfreiheit und die Freiheit ein, Informationen und Ideen ohne behördliche Eingriffe und ohne

---

[1)] Bezüglich Art. 7 Abs. 2 hat die Bundesregierung mit Zustimmung des Bundestages und des Bundesrates den nach Art. 57 der Konvention zulässigen Vorbehalt gemacht, dass auf jeden Fall die Grenzen von Art. 103 Abs. 2 GG gewahrt werden, siehe hierzu die Bek. v. 15.12.1953 (BGBl. 1954 II S. 14).

Rücksicht auf Staatsgrenzen zu empfangen und weiterzugeben. [3]Dieser Artikel hindert die Staaten nicht, für Hörfunk-[1)], Fernseh- oder Kinounternehmen eine Genehmigung vorzuschreiben.

(2) Die Ausübung dieser Freiheiten ist mit Pflichten und Verantwortung verbunden; sie kann daher Formvorschriften, Bedingungen, Einschränkungen oder Strafdrohungen unterworfen werden, die gesetzlich vorgesehen und in einer demokratischen Gesellschaft notwendig sind für die nationale Sicherheit, die territoriale Unversehrtheit oder die öffentliche Sicherheit, zur Aufrechterhaltung der Ordnung oder zur Verhütung von Straftaten, zum Schutz der Gesundheit oder der Moral, zum Schutz des guten Rufes oder der Rechte anderer, zur Verhinderung der Verbreitung vertraulicher Informationen oder zur Wahrung der Autorität und der Unparteilichkeit der Rechtsprechung.

Art. 11 Versammlungs- und Vereinigungsfreiheit. (1) Jede Person hat das Recht, sich frei und friedlich mit anderen zu versammeln und sich frei mit anderen zusammenzuschließen; dazu gehört auch das Recht, zum Schutz seiner Interessen Gewerkschaften zu gründen und Gewerkschaften beizutreten.

(2) [1]Die Ausübung dieser Rechte darf nur Einschränkungen unterworfen werden, die gesetzlich vorgesehen und in einer demokratischen Gesellschaft notwendig sind für die nationale oder öffentliche Sicherheit, zur Aufrechterhaltung der Ordnung oder zur Verhütung von Straftaten, zum Schutz der Gesundheit oder der Moral oder zum Schutz der Rechte und Freiheiten anderer. [2]Dieser Artikel steht rechtmäßigen Einschränkungen der Ausübung dieser Rechte für Angehörige der Streitkräfte, der Polizei oder der Staatsverwaltung nicht entgegen.

Art. 12 Recht auf Eheschließung. Männer und Frauen im heiratsfähigen Alter haben das Recht, nach den innerstaatlichen Gesetzen, welche die Ausübung dieses Rechts regeln, eine Ehe einzugehen und eine Familie zu gründen.

Art. 13 Recht auf wirksame Beschwerde. Jede Person, die in ihren in dieser Konvention anerkannten Rechten oder Freiheiten verletzt worden ist, hat das Recht, bei einer innerstaatlichen Instanz eine wirksame Beschwerde zu erheben, auch wenn die Verletzung von Personen begangen worden ist, die in amtlicher Eigenschaft gehandelt haben.

Art. 14 Diskriminierungsverbot. Der Genuss der in dieser Konvention anerkannten Rechte und Freiheiten ist ohne Diskriminierung insbesondere wegen des Geschlechts, der Rasse, der Hautfarbe, der Sprache, der Religion, der politischen oder sonstigen Anschauung, der nationalen oder sozialen Herkunft, der Zugehörigkeit zu einer nationalen Minderheit, des Vermögens, der Geburt oder eines sonstigen Status zu gewährleisten.

Art. 15 Abweichen im Notstandsfall. (1) Wird das Leben der Nation durch Krieg oder einen anderen öffentlichen Notstand bedroht, so kann jede Hohe Vertragspartei Maßnahmen treffen, die von den in dieser Konvention vorgesehenen Verpflichtungen abweichen, jedoch nur, soweit es die Lage unbedingt erfordert und wenn die Maßnahmen nicht in Widerspruch zu den sonstigen völkerrechtlichen Verpflichtungen der Vertragspartei stehen.

[1)] Schweiz und Liechtenstein: Radio.

(2) Aufgrund des Absatzes 1 darf von Artikel 2 nur bei Todesfällen infolge rechtmäßiger Kriegshandlungen und von Artikel 3, Artikel 4 Absatz 1 und Artikel 7 in keinem Fall abgewichen werden.

(3) [1] Jede Hohe Vertragspartei, die dieses Recht auf Abweichung ausübt, unterrichtet den Generalsekretär des Europarats umfassend über die getroffenen Maßnahmen und deren Gründe. [2] Sie unterrichtet den Generalsekretär des Europarats auch über den Zeitpunkt, zu dem diese Maßnahmen außer Kraft getreten sind und die Konvention wieder volle Anwendung findet.

Art. 16 Beschränkungen der politischen Tätigkeit ausländischer Personen. Die Artikel 10, 11 und 14 sind nicht so auszulegen, als untersagten sie den Hohen Vertragsparteien, die politische Tätigkeit ausländischer Personen zu beschränken.

Art. 17 Verbot des Missbrauchs der Rechte. Diese Konvention ist nicht so auszulegen, als begründe sie für einen Staat, eine Gruppe oder eine Person das Recht, eine Tätigkeit auszuüben oder eine Handlung vorzunehmen, die darauf abzielt, die in der Konvention festgelegten Rechte und Freiheiten abzuschaffen oder sie stärker einzuschränken, als es in der Konvention vorgesehen ist.

Art. 18 Begrenzung der Rechtseinschränkungen. Die nach dieser Konvention zulässigen Einschränkungen der genannten Rechte und Freiheiten dürfen nur zu den vorgesehenen Zwecken erfolgen.

Abschnitt II. Europäischer Gerichtshof für Menschenrechte

Art. 19 Errichtung des Gerichtshofs. [1] Um die Einhaltung der Verpflichtungen sicherzustellen, welche die Hohen Vertragsparteien in dieser Konvention und den Protokollen dazu übernommen haben, wird ein Europäischer Gerichtshof für Menschenrechte, im Folgenden als „Gerichtshof" bezeichnet, errichtet. [2] Er nimmt seine Aufgaben als ständiger Gerichtshof wahr.

Art. 20 Zahl der Richter. Die Zahl der Richter des Gerichtshofs entspricht derjenigen der Hohen Vertragsparteien.

Art. 21 Voraussetzungen für das Amt. (1) Die Richter müssen hohes sittliches Ansehen genießen und entweder die für die Ausübung hoher richterlicher Ämter erforderlichen Voraussetzungen erfüllen oder Rechtsgelehrte von anerkanntem Ruf sein.

(2) Die Richter gehören dem Gerichtshof in ihrer persönlichen Eigenschaft an.

(3) Während ihrer Amtszeit dürfen die Richter keine Tätigkeit ausüben, die mit ihrer Unabhängigkeit, ihrer Unparteilichkeit oder mit den Erfordernissen der Vollzeitbeschäftigung in diesem Amt unvereinbar ist; alle Fragen, die sich aus der Anwendung dieses Absatzes ergeben, werden vom Gerichtshof entschieden.

Art. 22 Wahl der Richter. Die Richter werden von der Parlamentarischen Versammlung für jede Hohe Vertragspartei mit der Mehrheit der abgegebenen Stimmen aus einer Liste von drei Kandidaten gewählt, die von der Hohen Vertragspartei vorgeschlagen werden.

Art. 23 Amtszeit und Entlassung. (1) [1]Die Richter werden für neun Jahre gewählt. [2]Ihre Wiederwahl ist nicht zulässig.

(2) Die Amtszeit der Richter endet mit Vollendung des 70. Lebensjahrs.

(3) [1]Die Richter bleiben bis zum Amtsantritt ihrer Nachfolger im Amt. [2]Sie bleiben jedoch in den Rechtssachen tätig, mit denen sie bereits befasst sind.

(4) Ein Richter kann nur entlassen werden, wenn die anderen Richter mit Zweidrittelmehrheit entscheiden, dass er die erforderlichen Voraussetzungen nicht mehr erfüllt.

Art. 24 Kanzlei und Berichterstatter. (1) Der Gerichtshof hat eine Kanzlei, deren Aufgaben und Organisation in der Verfahrensordnung des Gerichtshofs festgelegt werden.

(2) [1]Wenn der Gerichtshof in Einzelrichterbesetzung tagt, wird er von Berichterstattern unterstützt, die ihre Aufgaben unter der Aufsicht des Präsidenten des Gerichtshofs ausüben. [2]Sie gehören der Kanzlei des Gerichtshofs an.

Art. 25 Plenum des Gerichtshofs. Das Plenum des Gerichtshofs

a) wählt seinen Präsidenten und einen oder zwei Vizepräsidenten für drei Jahre; ihre Wiederwahl ist zulässig;
b) bildet Kammern für einen bestimmten Zeitraum;
c) wählt die Präsidenten der Kammern des Gerichtshofs; ihre Wiederwahl ist zulässig;
d) beschließt die Verfahrensordnung des Gerichtshofs;
e) wählt den Kanzler und einen oder mehrere stellvertretende Kanzler;
f) stellt Anträge nach Artikel 26 Absatz 2.

Art. 26 Einzelrichterbesetzung, Ausschüsse, Kammern und Große Kammer. (1) [1]Zur Prüfung der Rechtssachen, die bei ihm anhängig gemacht werden, tagt der Gerichtshof in Einzelrichterbesetzung, in Ausschüssen mit drei Richtern, in Kammern mit sieben Richtern und in einer Großen Kammer mit siebzehn Richtern. [2]Die Kammern des Gerichtshofs bilden die Ausschüsse für einen bestimmten Zeitraum.

(2) Auf Antrag des Plenums des Gerichtshofs kann die Anzahl der Richter je Kammer für einen bestimmten Zeitraum durch einstimmigen Beschluss des Ministerkomitees auf fünf herabgesetzt werden.

(3) Ein Richter, der als Einzelrichter tagt, prüft keine Beschwerde gegen die Hohe Vertragspartei, für die er gewählt worden ist.

(4) [1]Der Kammer und der Großen Kammer gehört von Amts wegen der für eine als Partei beteiligte Hohe Vertragspartei gewählte Richter an. [2]Wenn ein solcher nicht vorhanden ist oder er an den Sitzungen nicht teilnehmen kann, nimmt eine Person in der Eigenschaft eines Richters an den Sitzungen teil, die der Präsident des Gerichtshofs aus einer Liste auswählt, welche ihm die betreffende Vertragspartei vorab unterbreitet hat.

(5) [1]Der Großen Kammer gehören ferner der Präsident des Gerichtshofs, die Vizepräsidenten, die Präsidenten der Kammern und andere nach der Verfahrensordnung des Gerichtshofs ausgewählte Richter an. [2]Wird eine Rechtssache nach Artikel 43 an die Große Kammer verwiesen, so dürfen Richter der Kammer, die das Urteil gefällt hat, der Großen Kammer nicht angehören; das gilt nicht für den

Präsidenten der Kammer und den Richter, welcher in der Kammer für die als Partei beteiligte Hohe Vertragspartei mitgewirkt hat.

Art. 27 Befugnisse des Einzelrichters. (1) Ein Einzelrichter kann eine nach Artikel 34 erhobene Beschwerde für unzulässig erklären oder im Register streichen, wenn eine solche Entscheidung ohne weitere Prüfung getroffen werden kann.

(2) Die Entscheidung ist endgültig.

(3) Erklärt der Einzelrichter eine Beschwerde nicht für unzulässig und streicht er sie auch nicht im Register des Gerichtshofs, so übermittelt er sie zur weiteren Prüfung an einen Ausschuss oder eine Kammer.

Art. 28 Befugnisse der Ausschüsse. (1) Ein Ausschuss, der mit einer nach Artikel 34 erhobenen Beschwerde befasst wird, kann diese durch einstimmigen Beschluss

a) für unzulässig erklären oder im Register streichen, wenn eine solche Entscheidung ohne weitere Prüfung getroffen werden kann; oder

b) für zulässig erklären und zugleich ein Urteil über die Begründetheit fällen, sofern die der Rechtssache zugrunde liegende Frage der Auslegung oder Anwendung dieser Konvention oder der Protokolle dazu Gegenstand einer gefestigten Rechtsprechung des Gerichtshofs ist.

(2) Die Entscheidungen und Urteile nach Absatz 1 sind endgültig.

(3) Ist der für die als Partei beteiligte Hohe Vertragspartei gewählte Richter nicht Mitglied des Ausschusses, so kann er von Letzterem jederzeit während des Verfahrens eingeladen werden, den Sitz eines Mitglieds im Ausschuss einzunehmen; der Ausschuss hat dabei alle erheblichen Umstände einschließlich der Frage, ob diese Vertragspartei der Anwendung des Verfahrens nach Absatz 1 Buchstabe b entgegengetreten ist, zu berücksichtigen.

Art. 29 Entscheidungen der Kammern über die Zulässigkeit und Begründetheit. (1) [1] Ergeht weder eine Entscheidung nach Artikel 27 oder 28 noch ein Urteil nach Artikel 28, so entscheidet eine Kammer über die Zulässigkeit und Begründetheit der nach Artikel 34 erhobenen Beschwerden. [2] Die Entscheidung über die Zulässigkeit kann gesondert ergehen.

(2) [1] Eine Kammer entscheidet über die Zulässigkeit und Begründetheit der nach Artikel 33 erhobenen Staatenbeschwerden. [2] Die Entscheidung über die Zulässigkeit ergeht gesondert, sofern der Gerichtshof in Ausnahmefällen nicht anders entscheidet.

Art. 30 Abgabe der Rechtssache an die Große Kammer. Wirft eine bei einer Kammer anhängige Rechtssache eine schwerwiegende Frage der Auslegung dieser Konvention oder der Protokolle dazu auf oder kann die Entscheidung einer ihr vorliegenden Frage zu einer Abweichung von einem früheren Urteil des Gerichtshofs führen, so kann die Kammer diese Sache jederzeit, bevor sie ihr Urteil gefällt hat, an die Große Kammer abgeben, sofern nicht eine Partei widerspricht.

Art. 31 Befugnisse der Großen Kammer. Die Große Kammer

a) entscheidet über nach Artikel 33 oder Artikel 34 erhobene Beschwerden, wenn eine Kammer die Rechtssache nach Artikel 30 an sie abgegeben hat oder wenn die Sache nach Artikel 43 an sie verwiesen worden ist,
b) entscheidet über Fragen, mit denen der Gerichtshof durch das Ministerkomitee nach Artikel 46 Absatz 4 befasst wird, und
c) behandelt Anträge nach Artikel 47 auf Erstattung von Gutachten.

Art. 32 Zuständigkeit des Gerichtshofs. (1) Die Zuständigkeit des Gerichtshofs umfasst alle die Auslegung und Anwendung dieser Konvention und der Protokolle dazu betreffenden Angelegenheiten, mit denen er nach den Artikeln 33, 34, 46 und 47 befasst wird.

(2) Besteht Streit über die Zuständigkeit des Gerichtshofs, so entscheidet der Gerichtshof.

Art. 33 Staatenbeschwerden. Jede Hohe Vertragspartei kann den Gerichtshof wegen jeder behaupteten Verletzung dieser Konvention und der Protokolle dazu durch eine andere Hohe Vertragspartei anrufen.

Art. 34 Individualbeschwerden. [1]Der Gerichtshof kann von jeder natürlichen Person, nichtstaatlichen Organisation oder Personengruppe, die behauptet, durch eine der Hohen Vertragsparteien in einem der in dieser Konvention oder den Protokollen dazu anerkannten Rechte verletzt zu sein, mit einer Beschwerde befasst werden. [2]Die Hohen Vertragsparteien verpflichten sich, die wirksame Ausübung dieses Rechts nicht zu behindern.

Art. 35 Zulässigkeitsvoraussetzungen. (1) Der Gerichtshof kann sich mit einer Angelegenheit erst nach Erschöpfung aller innerstaatlichen Rechtsbehelfe[1)] in Übereinstimmung mit den allgemein anerkannten Grundsätzen des Völkerrechts und nur innerhalb einer Frist von sechs Monaten nach der endgültigen innerstaatlichen Entscheidung befassen.

(2) Der Gerichtshof befasst sich nicht mit einer nach Artikel 34 erhobenen Individualbeschwerde, die
a) anonym ist oder
b) im Wesentlichen mit einer schon vorher vom Gerichtshof geprüften Beschwerde übereinstimmt oder schon einer anderen internationalen Untersuchungs- oder Vergleichsinstanz unterbreitet worden ist und keine neuen Tatsachen enthält.

(3) Der Gerichtshof erklärt eine nach Artikel 34 erhobene Individualbeschwerde für unzulässig,
a) wenn er sie für unvereinbar mit dieser Konvention oder den Protokollen dazu, für offensichtlich unbegründet oder für missbräuchlich hält oder
b) wenn er der Ansicht ist, dass dem Beschwerdeführer kein erheblicher Nachteil entstanden ist, es sei denn, die Achtung der Menschenrechte, wie sie in dieser Konvention und den Protokollen dazu anerkannt sind, erfordert eine Prüfung der Begründetheit der Beschwerde, und vorausgesetzt, es wird aus diesem Grund nicht eine Rechtssache zurückgewiesen, die noch von keinem innerstaatlichen Gericht gebührend geprüft worden ist.

[1)] Vorbehalt Österreichs, „Rechtsmittel" zu setzen.

(4) [1] Der Gerichtshof weist eine Beschwerde zurück, die er nach diesem Artikel für unzulässig hält. [2] Er kann dies in jedem Stadium des Verfahrens tun.

Art. 36 Beteiligung Dritter. (1) In allen bei einer Kammer oder der Großen Kammer anhängigen Rechtssachen ist die Hohe Vertragspartei, deren Staatsangehörigkeit der Beschwerdeführer besitzt, berechtigt, schriftliche Stellungnahmen abzugeben und an den mündlichen Verhandlungen teilzunehmen.

(2) Im Interesse der Rechtspflege kann der Präsident des Gerichtshofs jeder Hohen Vertragspartei, die in dem Verfahren nicht Partei ist, oder jeder betroffenen Person, die nicht Beschwerdeführer ist, Gelegenheit geben, schriftlich Stellung zu nehmen oder an den mündlichen Verhandlungen teilzunehmen.

(3) In allen bei einer Kammer oder der Großen Kammer anhängigen Rechtssachen kann der Kommissar für Menschenrechte des Europarats schriftliche Stellungnahmen abgeben und an den mündlichen Verhandlungen teilnehmen.

Art. 37 Streichung von Beschwerden. (1) [1] Der Gerichtshof kann jederzeit während des Verfahrens entscheiden, eine Beschwerde in seinem Register zu streichen, wenn die Umstände Grund zur Annahme geben, dass

a) der Beschwerdeführer seine Beschwerde nicht weiterzuverfolgen beabsichtigt;
b) die Streitigkeit einer Lösung zugeführt worden ist oder
c) eine weitere Prüfung der Beschwerde aus anderen vom Gerichtshof festgestellten Gründen nicht gerechtfertigt ist.

[2] Der Gerichtshof setzt jedoch die Prüfung der Beschwerde fort, wenn die Achtung der Menschenrechte, wie sie in dieser Konvention und den Protokollen dazu anerkannt sind, dies erfordert.

(2) Der Gerichtshof kann die Wiedereintragung einer Beschwerde in sein Register anordnen, wenn er dies den Umständen nach für gerechtfertigt hält.

Art. 38 Prüfung der Rechtssache. Der Gerichtshof prüft die Rechtssache mit den Vertretern der Parteien und nimmt, falls erforderlich, Ermittlungen vor; die betreffenden Hohen Vertragsparteien haben alle zur wirksamen Durchführung der Ermittlungen erforderlichen Erleichterungen zu gewähren.

Art. 39 Gütliche Einigung. (1) Der Gerichtshof kann sich jederzeit während des Verfahrens zur Verfügung der Parteien halten mit dem Ziel, eine gütliche Einigung auf der Grundlage der Achtung der Menschenrechte, wie sie in dieser Konvention und den Protokollen dazu anerkannt sind, zu erreichen.

(2) Das Verfahren nach Absatz 1 ist vertraulich.

(3) Im Fall einer gütlichen Einigung streicht der Gerichtshof durch eine Entscheidung, die sich auf eine kurze Angabe des Sachverhalts und der erzielten Lösung beschränkt, die Rechtssache in seinem Register.

(4) Diese Entscheidung ist dem Ministerkomitee zuzuleiten; dieses überwacht die Durchführung der gütlichen Einigung, wie sie in der Entscheidung festgehalten wird.

Art. 40 Öffentliche Verhandlung und Akteneinsicht. (1) Die Verhandlung ist öffentlich, soweit nicht der Gerichtshof auf Grund besonderer Umstände anders entscheidet.

(2) Die beim Kanzler verwahrten Schriftstücke sind der Öffentlichkeit zugänglich, soweit nicht der Präsident des Gerichtshofs anders entscheidet.

Art. 41 Gerechte Entschädigung. Stellt der Gerichtshof fest, dass diese Konvention oder die Protokolle dazu verletzt worden sind, und gestattet das innerstaatliche Recht der Hohen Vertragspartei nur eine unvollkommene Wiedergutmachung für die Folgen dieser Verletzung, so spricht der Gerichtshof der verletzten Partei eine gerechte Entschädigung zu, wenn dies notwendig ist.

Art. 42 Urteile der Kammern. Urteile der Kammern werden nach Maßgabe des Artikels 44 Absatz 2 endgültig.

Art. 43 Verweisung an die Große Kammer. (1) Innerhalb von drei Monaten nach dem Datum des Urteils der Kammer kann jede Partei in Ausnahmefällen die Verweisung der Rechtssache an die Große Kammer beantragen.

(2) Ein Ausschuss von fünf Richtern der Großen Kammer nimmt den Antrag an, wenn die Rechtssache eine schwerwiegende Frage der Auslegung oder Anwendung dieser Konvention oder der Protokolle dazu oder eine schwerwiegende Frage von allgemeiner Bedeutung aufwirft.

(3) Nimmt der Ausschuss den Antrag an, so entscheidet die Große Kammer die Sache durch Urteil.

Art. 44 Endgültige Urteile. (1) Das Urteil der Großen Kammer ist endgültig.

(2) Das Urteil einer Kammer wird endgültig,

a) wenn die Parteien erklären, dass sie die Verweisung der Rechtssache an die Große Kammer nicht beantragen werden;
b) drei Monate nach dem Datum des Urteils, wenn nicht die Verweisung der Rechtssache an die Große Kammer beantragt worden ist; oder
c) wenn der Ausschuss der Großen Kammer den Antrag auf Verweisung nach Artikel 43 abgelehnt hat.

(3) Das endgültige Urteil wird veröffentlicht.

Art. 45 Begründung der Urteile und Entscheidungen. (1) Urteile sowie Entscheidungen, mit denen Beschwerden für zulässig oder für unzulässig erklärt werden, werden begründet.

(2) Bringt ein Urteil ganz oder teilweise nicht die übereinstimmende Meinung der Richter zum Ausdruck, so ist jeder Richter berechtigt, seine abweichende Meinung darzulegen.

Art. 46 Verbindlichkeit und Durchführung[1] der Urteile. (1) Die Hohen Vertragsparteien verpflichten sich, in allen Rechtssachen, in denen sie Partei sind, das endgültige Urteil des Gerichtshofs zu befolgen.

(2) Das endgültige Urteil des Gerichtshofs ist dem Ministerkomitee zuzuleiten; dieses überwacht seine Durchführung.

(3) [1] Wird die Überwachung der Durchführung eines endgültigen Urteils nach Auffassung des Ministerkomitees durch eine Frage betreffend die Auslegung dieses Urteils behindert, so kann das Ministerkomitee den Gerichtshof anrufen, damit er über diese Auslegungsfrage entscheidet. [2] Der Beschluss des Ministerko-

[1] Schweiz: Vollzug.

mitees, den Gerichtshof anzurufen, bedarf der Zweidrittelmehrheit der Stimmen der zur Teilnahme an den Sitzungen des Komitees berechtigten Mitglieder.

(4) Weigert sich eine Hohe Vertragspartei nach Auffassung des Ministerkomitees, in einer Rechtssache, in der sie Partei ist, ein endgültiges Urteil des Gerichtshofs zu befolgen, so kann das Ministerkomitee, nachdem es die betreffende Partei gemahnt hat, durch einen mit Zweidrittelmehrheit der Stimmen der zur Teilnahme an den Sitzungen des Komitees berechtigten Mitglieder gefassten Beschluss den Gerichtshof mit der Frage befassen, ob diese Partei ihrer Verpflichtung nach Absatz 1 nachgekommen ist.

(5) [1] Stellt der Gerichtshof eine Verletzung des Absatzes 1 fest, so weist er die Rechtssache zur Prüfung der zu treffenden Maßnahmen an das Ministerkomitee zurück. [2] Stellt der Gerichtshof fest, dass keine Verletzung des Absatzes 1 vorliegt, so weist er die Rechtssache an das Ministerkomitee zurück; dieses beschließt die Einstellung seiner Prüfung.

Art. 47 Gutachten. (1) Der Gerichtshof kann auf Antrag des Ministerkomitees Gutachten über Rechtsfragen erstatten, welche die Auslegung dieser Konvention und der Protokolle dazu betreffen.

(2) Diese Gutachten dürfen keine Fragen zum Gegenstand haben, die sich auf den Inhalt oder das Ausmaß der in Abschnitt I dieser Konvention und in den Protokollen dazu anerkannten Rechte und Freiheiten beziehen, noch andere Fragen, über die der Gerichtshof oder das Ministerkomitee auf Grund eines nach dieser Konvention eingeleiteten Verfahrens zu entscheiden haben könnte.

(3) Der Beschluss des Ministerkomitees, ein Gutachten beim Gerichtshof zu beantragen, bedarf der Mehrheit der Stimmen der zur Teilnahme an den Sitzungen des Komitees berechtigten Mitglieder.

Art. 48 Gutachterliche Zuständigkeit des Gerichtshofs. Der Gerichtshof entscheidet, ob ein vom Ministerkomitee gestellter Antrag auf Erstattung eines Gutachtens in seine Zuständigkeit nach Artikel 47 fällt.

Art. 49 Begründung der Gutachten. (1) Die Gutachten des Gerichtshofs werden begründet.

(2) Bringt das Gutachten ganz oder teilweise nicht die übereinstimmende Meinung der Richter zum Ausdruck, so ist jeder Richter berechtigt, seine abweichende Meinung darzulegen.

(3) Die Gutachten des Gerichtshofs werden dem Ministerkomitee übermittelt.

Art. 50 Kosten des Gerichtshofs. Die Kosten des Gerichtshofs werden vom Europarat getragen.

Art. 51 Vorrechte[1] und Immunitäten der Richter. Die Richter genießen bei der Ausübung ihres Amtes die Vorrechte[1] und Immunitäten, die in Artikel 40 der Satzung des Europarats[2] und den auf Grund jenes Artikels geschlossenen Übereinkünften vorgesehen sind.

---

[1] Österreich und Schweiz: Privilegien.
[2] **dtv 5014 Europa-Recht Nr. 39.**

Abschnitt III. Verschiedene Bestimmungen

Art. 52 Anfragen des Generalsekretärs. Auf Anfrage des Generalsekretärs des Europarats erläutert jede Hohe Vertragspartei, auf welche Weise die wirksame Anwendung aller Bestimmungen dieser Konvention in ihrem innerstaatlichen Recht gewährleistet wird.

Art. 53 Wahrung anerkannter Menschenrechte. Diese Konvention ist nicht so auszulegen, als beschränke oder beeinträchtige sie Menschenrechte und Grundfreiheiten, die in den Gesetzen einer Hohen Vertragspartei oder in einer anderen Übereinkunft, deren Vertragspartei sie ist, anerkannt werden.

Art. 54 Befugnisse des Ministerkomitees. Diese Konvention berührt nicht die dem Ministerkomitee durch die Satzung des Europarats[1)] übertragenen Befugnisse.

Art. 55 Ausschluss anderer Verfahren zur Streitbeilegung. Die Hohen Vertragsparteien kommen überein, dass sie sich vorbehaltlich besonderer Vereinbarungen nicht auf die zwischen ihnen geltenden Verträge, sonstigen Übereinkünfte oder Erklärungen berufen werden, um eine Streitigkeit über die Auslegung oder Anwendung dieser Konvention einem anderen als dem in der Konvention vorgesehenen Beschwerdeverfahren zur Beilegung zu unterstellen.

Art. 56 Räumlicher Geltungsbereich. (1) Jeder Staat kann bei der Ratifikation oder jederzeit danach durch eine an den Generalsekretär des Europarats gerichtete Notifikation erklären, dass diese Konvention vorbehaltlich des Absatzes 4 auf alle oder einzelne Hoheitsgebiete Anwendung findet, für deren internationale Beziehungen er verantwortlich ist.[2)]

(2) Die Konvention findet auf jedes in der Erklärung bezeichnete Hoheitsgebiet ab dem dreißigsten Tag nach Eingang der Notifikation beim Generalsekretär des Europarats Anwendung.

(3) In den genannten Hoheitsgebieten wird diese Konvention unter Berücksichtigung der örtlichen Notwendigkeiten angewendet.

(4) Jeder Staat, der eine Erklärung nach Absatz 1 abgegeben hat, kann jederzeit danach für eines oder mehrere der in der Erklärung bezeichneten Hoheitsgebiete erklären, dass er die Zuständigkeit des Gerichtshofs für die Entgegennahme von Beschwerden von natürlichen Personen, nichtstaatlichen Organisationen oder Personengruppen nach Artikel 34 anerkennt.

Art. 57 Vorbehalte. (1) [1]Jeder Staat kann bei der Unterzeichnung dieser Konvention oder bei der Hinterlegung seiner Ratifikationsurkunde einen Vorbehalt zu einzelnen Bestimmungen der Konvention anbringen, soweit ein zu dieser Zeit in seinem Hoheitsgebiet geltendes Gesetz mit der betreffenden Bestimmung nicht

---

[1)] **dtv 5014 Europa-Recht Nr. 39.**

[2)] Die Konvention findet Anwendung auf folgende Gebiete, für deren internationale Beziehungen Vertragsstaaten verantwortlich sind (vgl. BGBl. 1966 II S. 773; 1970 II S. 1016): Surinam und Niederländische Antillen auf Grund einer Erklärung der niederländischen Regierung mWv 31.12.1955 (unter Ausschluss des Art. 6 Abs. 3 Buchst. c); Grönland auf Grund einer Erklärung der dänischen Regierung mWv 3.9.1953; die sog. abhängigen Gebiete Großbritanniens auf Grund einer Erklärung der britischen Regierung v. 3.4.1984 (BGBl. II S. 564).

übereinstimmt.[1] [2]Vorbehalte allgemeiner Art sind nach diesem Artikel nicht zulässig.

(2) Jeder nach diesem Artikel angebrachte Vorbehalt muss mit einer kurzen Darstellung des betreffenden Gesetzes verbunden sein.

Art. 58 Kündigung. (1) Eine Hohe Vertragspartei kann diese Konvention frühestens fünf Jahre nach dem Tag, an dem sie Vertragspartei geworden ist, unter Einhaltung einer Kündigungsfrist von sechs Monaten durch eine an den Generalsekretär des Europarats gerichtete Notifikation kündigen; dieser unterrichtet die anderen Hohen Vertragsparteien.

(2) Die Kündigung befreit die Hohe Vertragspartei nicht von ihren Verpflichtungen aus dieser Konvention in Bezug auf Handlungen, die sie vor dem Wirksamwerden der Kündigung vorgenommen hat und die möglicherweise eine Verletzung dieser Verpflichtungen darstellen.

(3) Mit derselben Maßgabe scheidet eine Hohe Vertragspartei, deren Mitgliedschaft im Europarat endet, als Vertragspartei dieser Konvention aus.

(4) Die Konvention kann in Bezug auf jedes Hoheitsgebiet, auf das sie durch eine Erklärung nach Artikel 56 anwendbar geworden ist, nach den Absätzen 1 bis 3 gekündigt werden.

Art. 59 Unterzeichnung und Ratifikation. (1) [1]Diese Konvention liegt für die Mitglieder des Europarats zur Unterzeichnung auf. [2]Sie bedarf der Ratifikation. [3]Die Ratifikationsurkunden werden beim Generalsekretär des Europarats hinterlegt.

(2) Die Europäische Union kann dieser Konvention beitreten.

(3) Diese Konvention tritt nach Hinterlegung von zehn Ratifikationsurkunden in Kraft.

(4) Für jeden Unterzeichner, der die Konvention später ratifiziert, tritt sie mit der Hinterlegung seiner Ratifikationsurkunde in Kraft.[2]

(5) [1]Der Generalsekretär des Europarats notifiziert allen Mitgliedern des Europarats das Inkrafttreten der Konvention, die Namen der Hohen Vertragsparteien, die sie ratifiziert haben, und jede spätere Hinterlegung einer Ratifikationsurkunde.

Geschehen zu Rom am 4. November 1950 in englischer und französischer Sprache, wobei jeder Wortlaut gleichermaßen verbindlich[3] ist, in einer Urschrift, die im Archiv des Europarats hinterlegt wird. Der Generalsekretär übermittelt allen Unterzeichnern beglaubigte Abschriften.[4]

---

[1] Zum Vorbehalt der Bundesrepublik Deutschland v. 5.12.1952 siehe Fußnote zu Art. 7 Abs. 2.

[2] Inkrafttreten für die Bundesrepublik Deutschland am 3.9.1953 gem. Bek. v. 15.12.1953 (BGBl. 1954 II S. 14). Zum weiteren Geltungsbereich siehe die Übersicht in der nichtamtlichen Anlage.

[3] Österreich: authentisch.

[4] Die Verkündungsformel ist in der Neubekanntmachung amtlich nicht mehr enthalten.

35. Übereinkommen über die Rechte von Menschen mit Behinderungen

Vom 13. Dezember 2006[1)]
(BGBl. 2008 II S. 1419)
(ABl. 2010 L 23 S. 37)

Präambel

Die Vertragsstaaten dieses Übereinkommens –

a) unter Hinweis auf die in der Charta der Vereinten Nationen verkündeten Grundsätze, denen zufolge die Anerkennung der Würde und des Wertes, die allen Mitgliedern der menschlichen Gesellschaft innewohnen, sowie ihrer gleichen und unveräußerlichen Rechte die Grundlage von Freiheit, Gerechtigkeit und Frieden in der Welt bildet,

b) in der Erkenntnis, dass die Vereinten Nationen in der Allgemeinen Erklärung der Menschenrechte und in den Internationalen Menschenrechtspakten verkündet haben und übereingekommen sind, dass jeder Mensch ohne Unterschied Anspruch auf alle darin aufgeführten Rechte und Freiheiten hat,

c) bekräftigend, dass alle Menschenrechte und Grundfreiheiten allgemein gültig und unteilbar sind, einander bedingen und miteinander verknüpft sind und dass Menschen mit Behinderungen der volle Genuss dieser Rechte und Freiheiten ohne Diskriminierung garantiert werden muss,

d) unter Hinweis auf den Internationalen Pakt über wirtschaftliche, soziale und kulturelle Rechte, den Internationalen Pakt über bürgerliche und politische Rechte, das Internationale Übereinkommen zur Beseitigung jeder Form von Rassendiskriminierung, das Übereinkommen zur Beseitigung jeder Form von Diskriminierung der Frau, das Übereinkommen gegen Folter und andere grausame, unmenschliche oder erniedrigende Behandlung oder Strafe, das Übereinkommen über die Rechte des Kindes und das Internationale Übereinkommen zum Schutz der Rechte aller Wanderarbeitnehmer und ihrer Familienangehörigen,

e) in der Erkenntnis, dass das Verständnis von Behinderung sich ständig weiterentwickelt und dass Behinderung aus der Wechselwirkung zwischen Menschen mit Beeinträchtigungen und einstellungs- und umweltbedingten Barrieren entsteht, die sie an der vollen, wirksamen und gleichberechtigten Teilhabe an der Gesellschaft hindern,

f) in der Erkenntnis, dass die in dem Weltaktionsprogramm für Behinderte und den Rahmenbestimmungen für die Herstellung der Chancengleichheit für Behinderte enthaltenen Grundsätze und Leitlinien einen wichtigen Einfluss auf die Förderung, Ausarbeitung und Bewertung von politischen Konzepten, Plänen, Programmen und Maßnahmen auf einzelstaatlicher, regionaler und internationaler Ebene zur Verbesserung der Chancengleichheit für Menschen mit Behinderungen haben,

---

[1)] Das Übereinkommen wurde für die Bundesrepublik Deutschland ratifiziert durch G v. 21.12. 2008 (BGBl. II S. 1419) und trat gem. Bek. v. 5.6.2009 (BGBl. II S. 812) am **26.3.2009** in Kraft.

g) nachdrücklich darauf hinweisend, wie wichtig es ist, die Behinderungsthematik zu einem festen Bestandteil der einschlägigen Strategien der nachhaltigen Entwicklung zu machen,
h) ebenso in der Erkenntnis, dass jede Diskriminierung aufgrund von Behinderung eine Verletzung der Würde und des Wertes darstellt, die jedem Menschen innewohnen,
i) ferner in der Erkenntnis der Vielfalt der Menschen mit Behinderungen,
j) in Anerkennung der Notwendigkeit, die Menschenrechte aller Menschen mit Behinderungen, einschließlich derjenigen, die intensivere Unterstützung benötigen, zu fördern und zu schützen,
k) besorgt darüber, dass sich Menschen mit Behinderungen trotz dieser verschiedenen Dokumente und Verpflichtungen in allen Teilen der Welt nach wie vor Hindernissen für ihre Teilhabe als gleichberechtigte Mitglieder der Gesellschaft sowie Verletzungen ihrer Menschenrechte gegenübersehen,
l) in Anerkennung der Bedeutung der internationalen Zusammenarbeit für die Verbesserung der Lebensbedingungen der Menschen mit Behinderungen in allen Ländern, insbesondere den Entwicklungsländern,
m) in Anerkennung des wertvollen Beitrags, den Menschen mit Behinderungen zum allgemeinen Wohl und zur Vielfalt ihrer Gemeinschaften leisten und leisten können, und in der Erkenntnis, dass die Förderung des vollen Genusses der Menschenrechte und Grundfreiheiten durch Menschen mit Behinderungen sowie ihrer uneingeschränkten Teilhabe ihr Zugehörigkeitsgefühl verstärken und zu erheblichen Fortschritten in der menschlichen, sozialen und wirtschaftlichen Entwicklung der Gesellschaft und bei der Beseitigung der Armut führen wird,
n) in der Erkenntnis, wie wichtig die individuelle Autonomie und Unabhängigkeit für Menschen mit Behinderungen ist, einschließlich der Freiheit, eigene Entscheidungen zu treffen,
o) in der Erwägung, dass Menschen mit Behinderungen die Möglichkeit haben sollen, aktiv an Entscheidungsprozessen über politische Konzepte und über Programme mitzuwirken, insbesondere wenn diese sie unmittelbar betreffen,
p) besorgt über die schwierigen Bedingungen, denen sich Menschen mit Behinderungen gegenübersehen, die mehrfachen oder verschärften Formen der Diskriminierung aufgrund der Rasse, der Hautfarbe, des Geschlechts, der Sprache, der Religion, der politischen oder sonstigen Anschauung, der nationalen, ethnischen, indigenen oder sozialen Herkunft, des Vermögens, der Geburt, des Alters oder des sonstigen Status ausgesetzt sind,
q) in der Erkenntnis, dass Frauen und Mädchen mit Behinderungen sowohl innerhalb als auch außerhalb ihres häuslichen Umfelds oft in stärkerem Maße durch Gewalt, Verletzung oder Missbrauch, Nichtbeachtung oder Vernachlässigung, Misshandlung oder Ausbeutung gefährdet sind,
r) in der Erkenntnis, dass Kinder mit Behinderungen gleichberechtigt mit anderen Kindern alle Menschenrechte und Grundfreiheiten in vollem Umfang genießen sollen, und unter Hinweis auf die zu diesem Zweck von den Vertragsstaaten des Übereinkommens über die Rechte des Kindes eingegangenen Verpflichtungen,
s) nachdrücklich darauf hinweisend, dass es notwendig ist, bei allen Anstrengungen zur Förderung des vollen Genusses der Menschenrechte und

Grundfreiheiten durch Menschen mit Behinderungen die Geschlechterperspektive einzubeziehen,

t) unter besonderem Hinweis darauf, dass die Mehrzahl der Menschen mit Behinderungen in einem Zustand der Armut lebt, und diesbezüglich in der Erkenntnis, dass die nachteiligen Auswirkungen der Armut auf Menschen mit Behinderungen dringend angegangen werden müssen,

u) in dem Bewusstsein, dass Frieden und Sicherheit auf der Grundlage der uneingeschränkten Achtung der in der Charta der Vereinten Nationen enthaltenen Ziele und Grundsätze sowie der Einhaltung der anwendbaren Übereinkünfte auf dem Gebiet der Menschenrechte unabdingbar sind für den umfassenden Schutz von Menschen mit Behinderungen, insbesondere in bewaffneten Konflikten oder während ausländischer Besetzung,

v) in der Erkenntnis, wie wichtig es ist, dass Menschen mit Behinderungen vollen Zugang zur physischen, sozialen, wirtschaftlichen und kulturellen Umwelt, zu Gesundheit und Bildung sowie zu Information und Kommunikation haben, damit sie alle Menschenrechte und Grundfreiheiten voll genießen können,

w) im Hinblick darauf, dass der Einzelne gegenüber seinen Mitmenschen und der Gemeinschaft, der er angehört, Pflichten hat und gehalten ist, für die Förderung und Achtung der in der Internationalen Menschenrechtscharta anerkannten Rechte einzutreten,

x) in der Überzeugung, dass die Familie die natürliche Kernzelle der Gesellschaft ist und Anspruch auf Schutz durch Gesellschaft und Staat hat und dass Menschen mit Behinderungen und ihre Familienangehörigen den erforderlichen Schutz und die notwendige Unterstützung erhalten sollen, um es den Familien zu ermöglichen, zum vollen und gleichberechtigten Genuss der Rechte der Menschen mit Behinderungen beizutragen,

y) in der Überzeugung, dass ein umfassendes und in sich geschlossenes internationales Übereinkommen zur Förderung und zum Schutz der Rechte und der Würde von Menschen mit Behinderungen sowohl in den Entwicklungsländern als auch in den entwickelten Ländern einen maßgeblichen Beitrag zur Beseitigung der tiefgreifenden sozialen Benachteiligung von Menschen mit Behinderungen leisten und ihre Teilhabe am bürgerlichen, politischen, wirtschaftlichen, sozialen und kulturellen Leben auf der Grundlage der Chancengleichheit fördern wird –

haben Folgendes vereinbart:

Art. 1 Zweck. *[1]* Zweck dieses Übereinkommens ist es, den vollen und gleichberechtigten Genuss aller Menschenrechte und Grundfreiheiten durch alle Menschen mit Behinderungen zu fördern, zu schützen und zu gewährleisten und die Achtung der ihnen innewohnenden Würde zu fördern.

[2] Zu den Menschen mit Behinderungen zählen Menschen, die langfristige körperliche, seelische, geistige oder Sinnesbeeinträchtigungen haben, welche sie in Wechselwirkung mit verschiedenen Barrieren an der vollen, wirksamen und gleichberechtigten Teilhabe an der Gesellschaft hindern können.

Art. 2 Begriffsbestimmungen. Im Sinne dieses Übereinkommens

schließt „Kommunikation" Sprachen, Textdarstellung, Brailleschrift, taktile Kommunikation, Großdruck, leicht zugängliches Multimedia sowie schriftliche, auditive, in einfache Sprache übersetzte, durch Vorleser zugänglich gemachte sowie ergänzende und alternative Formen, Mittel und Formate der Kommunikation, einschließlich leicht zugänglicher Informations- und Kommunikationstechnologie, ein;

schließt „Sprache" gesprochene Sprachen sowie Gebärdensprachen und andere nicht gesprochene Sprachen ein;

bedeutet „Diskriminierung aufgrund von Behinderung" jede Unterscheidung, Ausschließung oder Beschränkung aufgrund von Behinderung, die zum Ziel oder zur Folge hat, dass das auf die Gleichberechtigung mit anderen gegründete Anerkennen, Genießen oder Ausüben aller Menschenrechte und Grundfreiheiten im politischen, wirtschaftlichen, sozialen, kulturellen, bürgerlichen oder jedem anderen Bereich beeinträchtigt oder vereitelt wird. Sie umfasst alle Formen der Diskriminierung, einschließlich der Versagung angemessener Vorkehrungen;

bedeutet „angemessene Vorkehrungen" notwendige und geeignete Änderungen und Anpassungen, die keine unverhältnismäßige oder unbillige Belastung darstellen und die, wenn sie in einem bestimmten Fall erforderlich sind, vorgenommen werden, um zu gewährleisten, dass Menschen mit Behinderungen gleichberechtigt mit anderen alle Menschenrechte und Grundfreiheiten genießen oder ausüben können;

bedeutet „universelles Design" ein Design von Produkten, Umfeldern, Programmen und Dienstleistungen in der Weise, dass sie von allen Menschen möglichst weitgehend ohne eine Anpassung oder ein spezielles Design genutzt werden können. „Universelles Design" schließt Hilfsmittel für bestimmte Gruppen von Menschen mit Behinderungen, soweit sie benötigt werden, nicht aus.

Art. 3 Allgemeine Grundsätze. Die Grundsätze dieses Übereinkommens sind:

a) die Achtung der dem Menschen innewohnenden Würde, seiner individuellen Autonomie, einschließlich der Freiheit, eigene Entscheidungen zu treffen, sowie seiner Unabhängigkeit;
b) die Nichtdiskriminierung;
c) die volle und wirksame Teilhabe an der Gesellschaft und Einbeziehung in die Gesellschaft;
d) die Achtung vor der Unterschiedlichkeit von Menschen mit Behinderungen und die Akzeptanz dieser Menschen als Teil der menschlichen Vielfalt und der Menschheit;
e) die Chancengleichheit;
f) die Zugänglichkeit;
g) die Gleichberechtigung von Mann und Frau;
h) die Achtung vor den sich entwickelnden Fähigkeiten von Kindern mit Behinderungen und die Achtung ihres Rechts auf Wahrung ihrer Identität.

Art. 4 Allgemeine Verpflichtungen. (1) [1] Die Vertragsstaaten verpflichten sich, die volle Verwirklichung aller Menschenrechte und Grundfreiheiten für alle Menschen mit Behinderungen ohne jede Diskriminierung aufgrund von Behinderung zu gewährleisten und zu fördern. [2] Zu diesem Zweck verpflichten sich die Vertragsstaaten,

a) alle geeigneten Gesetzgebungs-, Verwaltungs- und sonstigen Maßnahmen zur Umsetzung der in diesem Übereinkommen anerkannten Rechte zu treffen;

b) alle geeigneten Maßnahmen einschließlich gesetzgeberischer Maßnahmen zur Änderung oder Aufhebung bestehender Gesetze, Verordnungen, Gepflogenheiten und Praktiken zu treffen, die eine Diskriminierung von Menschen mit Behinderungen darstellen;

c) den Schutz und die Förderung der Menschenrechte von Menschen mit Behinderungen in allen politischen Konzepten und allen Programmen zu berücksichtigen;

d) Handlungen oder Praktiken, die mit diesem Übereinkommen unvereinbar sind, zu unterlassen und dafür zu sorgen, dass die staatlichen Behörden und öffentlichen Einrichtungen im Einklang mit diesem Übereinkommen handeln;

e) alle geeigneten Maßnahmen zur Beseitigung der Diskriminierung aufgrund von Behinderung durch Personen, Organisationen oder private Unternehmen zu ergreifen;

f) Forschung und Entwicklung für Güter, Dienstleistungen, Geräte und Einrichtungen in universellem Design, wie in Artikel 2 definiert, die den besonderen Bedürfnissen von Menschen mit Behinderungen mit möglichst geringem Anpassungs- und Kostenaufwand gerecht werden, zu betreiben oder zu fördern, ihre Verfügbarkeit und Nutzung zu fördern und sich bei der Entwicklung von Normen und Richtlinien für universelles Design einzusetzen;

g) Forschung und Entwicklung für neue Technologien, die für Menschen mit Behinderungen geeignet sind, einschließlich Informations- und Kommunikationstechnologien, Mobilitätshilfen, Geräten und unterstützenden Technologien, zu betreiben oder zu fördern sowie ihre Verfügbarkeit und Nutzung zu fördern und dabei Technologien zu erschwinglichen Kosten den Vorrang zu geben;

h) für Menschen mit Behinderungen zugängliche Informationen über Mobilitätshilfen, Geräte und unterstützende Technologien, einschließlich neuer Technologien, sowie andere Formen von Hilfe, Unterstützungsdiensten und Einrichtungen zur Verfügung zu stellen;

i) die Schulung von Fachkräften und anderem mit Menschen mit Behinderungen arbeitendem Personal auf dem Gebiet der in diesem Übereinkommen anerkannten Rechte zu fördern, damit die aufgrund dieser Rechte garantierten Hilfen und Dienste besser geleistet werden können.

(2) Hinsichtlich der wirtschaftlichen, sozialen und kulturellen Rechte verpflichtet sich jeder Vertragsstaat, unter Ausschöpfung seiner verfügbaren Mittel und erforderlichenfalls im Rahmen der internationalen Zusammenarbeit Maßnahmen zu treffen, um nach und nach die volle Verwirklichung dieser Rechte zu erreichen, unbeschadet derjenigen Verpflichtungen aus diesem Übereinkommen, die nach dem Völkerrecht sofort anwendbar sind.

(3) Bei der Ausarbeitung und Umsetzung von Rechtsvorschriften und politischen Konzepten zur Durchführung dieses Übereinkommens und bei anderen Entscheidungsprozessen in Fragen, die Menschen mit Behinderungen betreffen, führen die Vertragsstaaten mit den Menschen mit Behinderungen, ein-

schließlich Kindern mit Behinderungen, über die sie vertretenden Organisationen enge Konsultationen und beziehen sie aktiv ein.

(4) [1] Dieses Übereinkommen lässt zur Verwirklichung der Rechte von Menschen mit Behinderungen besser geeignete Bestimmungen, die im Recht eines Vertragsstaats oder in dem für diesen Staat geltenden Völkerrecht enthalten sind, unberührt. [2] Die in einem Vertragsstaat durch Gesetze, Übereinkommen, Verordnungen oder durch Gewohnheitsrecht anerkannten oder bestehenden Menschenrechte und Grundfreiheiten dürfen nicht unter dem Vorwand beschränkt oder außer Kraft gesetzt werden, dass dieses Übereinkommen derartige Rechte oder Freiheiten nicht oder nur in einem geringeren Ausmaß anerkenne.

(5) Die Bestimmungen dieses Übereinkommens gelten ohne Einschränkung oder Ausnahme für alle Teile eines Bundesstaats.

Art. 5 Gleichberechtigung und Nichtdiskriminierung. (1) Die Vertragsstaaten anerkennen, dass alle Menschen vor dem Gesetz gleich sind, vom Gesetz gleich zu behandeln sind und ohne Diskriminierung Anspruch auf gleichen Schutz durch das Gesetz und gleiche Vorteile durch das Gesetz haben.

(2) Die Vertragsstaaten verbieten jede Diskriminierung aufgrund von Behinderung und garantieren Menschen mit Behinderungen gleichen und wirksamen rechtlichen Schutz vor Diskriminierung, gleichviel aus welchen Gründen.

(3) Zur Förderung der Gleichberechtigung und zur Beseitigung von Diskriminierung unternehmen die Vertragsstaaten alle geeigneten Schritte, um die Bereitstellung angemessener Vorkehrungen zu gewährleisten.

(4) Besondere Maßnahmen, die zur Beschleunigung oder Herbeiführung der tatsächlichen Gleichberechtigung von Menschen mit Behinderungen erforderlich sind, gelten nicht als Diskriminierung im Sinne dieses Übereinkommens.

Art. 6 Frauen mit Behinderungen. (1) Die Vertragsstaaten anerkennen, dass Frauen und Mädchen mit Behinderungen mehrfacher Diskriminierung ausgesetzt sind, und ergreifen in dieser Hinsicht Maßnahmen, um zu gewährleisten, dass sie alle Menschenrechte und Grundfreiheiten voll und gleichberechtigt genießen können.

(2) Die Vertragsstaaten treffen alle geeigneten Maßnahmen zur Sicherung der vollen Entfaltung, der Förderung und der Stärkung der Autonomie der Frauen, um zu garantieren, dass sie die in diesem Übereinkommen genannten Menschenrechte und Grundfreiheiten ausüben und genießen können.

Art. 7 Kinder mit Behinderungen. (1) Die Vertragsstaaten treffen alle erforderlichen Maßnahmen, um zu gewährleisten, dass Kinder mit Behinderungen gleichberechtigt mit anderen Kindern alle Menschenrechte und Grundfreiheiten genießen können.

(2) Bei allen Maßnahmen, die Kinder mit Behinderungen betreffen, ist das Wohl des Kindes ein Gesichtspunkt, der vorrangig zu berücksichtigen ist.

(3) Die Vertragsstaaten gewährleisten, dass Kinder mit Behinderungen das Recht haben, ihre Meinung in allen sie berührenden Angelegenheiten gleichberechtigt mit anderen Kindern frei zu äußern, wobei ihre Meinung angemessen und entsprechend ihrem Alter und ihrer Reife berücksichtigt wird, und

behinderungsgerechte sowie altersgemäße Hilfe zu erhalten, damit sie dieses Recht verwirklichen können.

Art. 8 Bewusstseinsbildung. (1) Die Vertragsstaaten verpflichten sich, sofortige, wirksame und geeignete Maßnahmen zu ergreifen, um

a) in der gesamten Gesellschaft, einschließlich auf der Ebene der Familien, das Bewusstsein für Menschen mit Behinderungen zu schärfen und die Achtung ihrer Rechte und ihrer Würde zu fördern;

b) Klischees, Vorurteile und schädliche Praktiken gegenüber Menschen mit Behinderungen, einschließlich aufgrund des Geschlechts oder des Alters, in allen Lebensbereichen zu bekämpfen;

c) das Bewusstsein für die Fähigkeiten und den Beitrag von Menschen mit Behinderungen zu fördern.

(2) Zu den diesbezüglichen Maßnahmen gehören

a) die Einleitung und dauerhafte Durchführung wirksamer Kampagnen zur Bewusstseinsbildung in der Öffentlichkeit mit dem Ziel,
   i) die Aufgeschlossenheit gegenüber den Rechten von Menschen mit Behinderungen zu erhöhen,
   ii) eine positive Wahrnehmung von Menschen mit Behinderungen und ein größeres gesellschaftliches Bewusstsein ihnen gegenüber zu fördern,
   iii) die Anerkennung der Fertigkeiten, Verdienste und Fähigkeiten von Menschen mit Behinderungen und ihres Beitrags zur Arbeitswelt und zum Arbeitsmarkt zu fördern;

b) die Förderung einer respektvollen Einstellung gegenüber den Rechten von Menschen mit Behinderungen auf allen Ebenen des Bildungssystems, auch bei allen Kindern von früher Kindheit an;

c) die Aufforderung an alle Medienorgane, Menschen mit Behinderungen in einer dem Zweck dieses Übereinkommens entsprechenden Weise darzustellen;

d) die Förderung von Schulungsprogrammen zur Schärfung des Bewusstseins für Menschen mit Behinderungen und für deren Rechte.

Art. 9 Zugänglichkeit. (1) [1] Um Menschen mit Behinderungen eine unabhängige Lebensführung und die volle Teilhabe in allen Lebensbereichen zu ermöglichen, treffen die Vertragsstaaten geeignete Maßnahmen mit dem Ziel, für Menschen mit Behinderungen den gleichberechtigten Zugang zur physischen Umwelt, zu Transportmitteln, Information und Kommunikation, einschließlich Informations- und Kommunikationstechnologien und -systemen, sowie zu anderen Einrichtungen und Diensten, die der Öffentlichkeit in städtischen und ländlichen Gebieten offenstehen oder für sie bereitgestellt werden, zu gewährleisten. [2] Diese Maßnahmen, welche die Feststellung und Beseitigung von Zugangshindernissen und -barrieren einschließen, gelten unter anderem für

a) Gebäude, Straßen, Transportmittel sowie andere Einrichtungen in Gebäuden und im Freien, einschließlich Schulen, Wohnhäusern, medizinischer Einrichtungen und Arbeitsstätten;

b) Informations-, Kommunikations- und andere Dienste, einschließlich elektronischer Dienste und Notdienste.

(2) Die Vertragsstaaten treffen außerdem geeignete Maßnahmen,

a) um Mindeststandards und Leitlinien für die Zugänglichkeit von Einrichtungen und Diensten, die der Öffentlichkeit offenstehen oder für sie bereitgestellt werden, auszuarbeiten und zu erlassen und ihre Anwendung zu überwachen;

b) um sicherzustellen, dass private Rechtsträger, die Einrichtungen und Dienste, die der Öffentlichkeit offenstehen oder für sie bereitgestellt werden, anbieten, alle Aspekte der Zugänglichkeit für Menschen mit Behinderungen berücksichtigen;

c) um betroffenen Kreisen Schulungen zu Fragen der Zugänglichkeit für Menschen mit Behinderungen anzubieten;

d) um in Gebäuden und anderen Einrichtungen, die der Öffentlichkeit offenstehen, Beschilderungen in Brailleschrift und in leicht lesbarer und verständlicher Form anzubringen;

e) um menschliche und tierische Hilfe sowie Mittelspersonen, unter anderem Personen zum Führen und Vorlesen sowie professionelle Gebärdensprachdolmetscher und -dolmetscherinnen, zur Verfügung zu stellen mit dem Ziel, den Zugang zu Gebäuden und anderen Einrichtungen, die der Öffentlichkeit offenstehen, zu erleichtern;

f) um andere geeignete Formen der Hilfe und Unterstützung für Menschen mit Behinderungen zu fördern, damit ihr Zugang zu Informationen gewährleistet wird;

g) um den Zugang von Menschen mit Behinderungen zu den neuen Informations- und Kommunikationstechnologien und -systemen, einschließlich des Internets, zu fördern;

h) um die Gestaltung, die Entwicklung, die Herstellung und den Vertrieb zugänglicher Informations- und Kommunikationstechnologien und -systeme in einem frühen Stadium zu fördern, sodass deren Zugänglichkeit mit möglichst geringem Kostenaufwand erreicht wird.

Art. 10 Recht auf Leben. Die Vertragsstaaten bekräftigen, dass jeder Mensch ein angeborenes Recht auf Leben hat, und treffen alle erforderlichen Maßnahmen, um den wirksamen und gleichberechtigten Genuss dieses Rechts durch Menschen mit Behinderungen zu gewährleisten.

Art. 11 Gefahrensituationen und humanitäre Notlagen. Die Vertragsstaaten ergreifen im Einklang mit ihren Verpflichtungen nach dem Völkerrecht, einschließlich des humanitären Völkerrechts und der internationalen Menschenrechtsnormen, alle erforderlichen Maßnahmen, um in Gefahrensituationen, einschließlich bewaffneter Konflikte, humanitärer Notlagen und Naturkatastrophen, den Schutz und die Sicherheit von Menschen mit Behinderungen zu gewährleisten.

Art. 12 Gleiche Anerkennung vor dem Recht. (1) Die Vertragsstaaten bekräftigen, dass Menschen mit Behinderungen das Recht haben, überall als Rechtssubjekt anerkannt zu werden.

(2) Die Vertragsstaaten anerkennen, dass Menschen mit Behinderungen in allen Lebensbereichen gleichberechtigt mit anderen Rechts- und Handlungsfähigkeit genießen.

(3) Die Vertragsstaaten treffen geeignete Maßnahmen, um Menschen mit Behinderungen Zugang zu der Unterstützung zu verschaffen, die sie bei der Ausübung ihrer Rechts- und Handlungsfähigkeit gegebenenfalls benötigen.

(4) [1]Die Vertragsstaaten stellen sicher, dass zu allen die Ausübung der Rechts- und Handlungsfähigkeit betreffenden Maßnahmen im Einklang mit den internationalen Menschenrechtsnormen geeignete und wirksame Sicherungen vorgesehen werden, um Missbräuche zu verhindern. [2]Diese Sicherungen müssen gewährleisten, dass bei den Maßnahmen betreffend die Ausübung der Rechts- und Handlungsfähigkeit die Rechte, der Wille und die Präferenzen der betreffenden Person geachtet werden, es nicht zu Interessenkonflikten und missbräuchlicher Einflussnahme kommt, dass die Maßnahmen verhältnismäßig und auf die Umstände der Person zugeschnitten sind, dass sie von möglichst kurzer Dauer sind und dass sie einer regelmäßigen Überprüfung durch eine zuständige, unabhängige und unparteiische Behörde oder gerichtliche Stelle unterliegen. [3]Die Sicherungen müssen im Hinblick auf das Ausmaß, in dem diese Maßnahmen die Rechte und Interessen der Person berühren, verhältnismäßig sein.

(5) Vorbehaltlich dieses Artikels treffen die Vertragsstaaten alle geeigneten und wirksamen Maßnahmen, um zu gewährleisten, dass Menschen mit Behinderungen das gleiche Recht wie andere haben, Eigentum zu besitzen oder zu erben, ihre finanziellen Angelegenheiten selbst zu regeln und gleichen Zugang zu Bankdarlehen, Hypotheken und anderen Finanzkrediten zu haben, und gewährleisten, dass Menschen mit Behinderungen nicht willkürlich ihr Eigentum entzogen wird.

Art. 13 Zugang zur Justiz. (1) Die Vertragsstaaten gewährleisten Menschen mit Behinderungen gleichberechtigt mit anderen wirksamen Zugang zur Justiz, unter anderem durch verfahrensbezogene und altersgemäße Vorkehrungen, um ihre wirksame unmittelbare und mittelbare Teilnahme, einschließlich als Zeugen und Zeuginnen, an allen Gerichtsverfahren, auch in der Ermittlungsphase und in anderen Vorverfahrensphasen, zu erleichtern.

(2) Um zur Gewährleistung des wirksamen Zugangs von Menschen mit Behinderungen zur Justiz beizutragen, fördern die Vertragsstaaten geeignete Schulungen für die im Justizwesen tätigen Personen, einschließlich des Personals von Polizei und Strafvollzug.

Art. 14 Freiheit und Sicherheit der Person. (1) Die Vertragsstaaten gewährleisten,

a) dass Menschen mit Behinderungen gleichberechtigt mit anderen das Recht auf persönliche Freiheit und Sicherheit genießen;
b) dass Menschen mit Behinderungen gleichberechtigt mit anderen die Freiheit nicht rechtswidrig oder willkürlich entzogen wird, dass jede Freiheitsentziehung im Einklang mit dem Gesetz erfolgt und dass das Vorliegen einer Behinderung in keinem Fall eine Freiheitsentziehung rechtfertigt.

(2) Die Vertragsstaaten gewährleisten, dass Menschen mit Behinderungen, denen aufgrund eines Verfahrens ihre Freiheit entzogen wird, gleichberechtigten Anspruch auf die in den internationalen Menschenrechtsnormen vorgesehenen Garantien haben und im Einklang mit den Zielen und Grundsätzen dieses Übereinkommens behandelt werden, einschließlich durch die Bereitstellung angemessener Vorkehrungen.

Art. 15 Freiheit von Folter oder grausamer, unmenschlicher oder erniedrigender Behandlung oder Strafe. (1) [1]Niemand darf der Folter oder grausamer, unmenschlicher oder erniedrigender Behandlung oder Strafe unterworfen werden. [2]Insbesondere darf niemand ohne seine freiwillige Zustimmung medizinischen oder wissenschaftlichen Versuchen unterworfen werden.

(2) Die Vertragsstaaten treffen alle wirksamen gesetzgeberischen, verwaltungsmäßigen, gerichtlichen oder sonstigen Maßnahmen, um auf der Grundlage der Gleichberechtigung zu verhindern, dass Menschen mit Behinderungen der Folter oder grausamer, unmenschlicher oder erniedrigender Behandlung oder Strafe unterworfen werden.

Art. 16 Freiheit von Ausbeutung, Gewalt und Missbrauch. (1) Die Vertragsstaaten treffen alle geeigneten Gesetzgebungs-, Verwaltungs-, Sozial-, Bildungs- und sonstigen Maßnahmen, um Menschen mit Behinderungen sowohl innerhalb als auch außerhalb der Wohnung vor jeder Form von Ausbeutung, Gewalt und Missbrauch, einschließlich ihrer geschlechtsspezifischen Aspekte, zu schützen.

(2) [1]Die Vertragsstaaten treffen außerdem alle geeigneten Maßnahmen, um jede Form von Ausbeutung, Gewalt und Missbrauch zu verhindern, indem sie unter anderem geeignete Formen von das Geschlecht und das Alter berücksichtigender Hilfe und Unterstützung für Menschen mit Behinderungen und ihre Familien und Betreuungspersonen gewährleisten, einschließlich durch die Bereitstellung von Informationen und Aufklärung darüber, wie Fälle von Ausbeutung, Gewalt und Missbrauch verhindert, erkannt und angezeigt werden können. [2]Die Vertragsstaaten sorgen dafür, dass Schutzdienste das Alter, das Geschlecht und die Behinderung der betroffenen Personen berücksichtigen.

(3) Zur Verhinderung jeder Form von Ausbeutung, Gewalt und Missbrauch stellen die Vertragsstaaten sicher, dass alle Einrichtungen und Programme, die für Menschen mit Behinderungen bestimmt sind, wirksam von unabhängigen Behörden überwacht werden.

(4) [1]Die Vertragsstaaten treffen alle geeigneten Maßnahmen, um die körperliche, kognitive und psychische Genesung, die Rehabilitation und die soziale Wiedereingliederung von Menschen mit Behinderungen, die Opfer irgendeiner Form von Ausbeutung, Gewalt oder Missbrauch werden, zu fördern, auch durch die Bereitstellung von Schutzeinrichtungen. [2]Genesung und Wiedereingliederung müssen in einer Umgebung stattfinden, die der Gesundheit, dem Wohlergehen, der Selbstachtung, der Würde und der Autonomie des Menschen förderlich ist und geschlechts- und altersspezifischen Bedürfnissen Rechnung trägt.

(5) Die Vertragsstaaten schaffen wirksame Rechtsvorschriften und politische Konzepte, einschließlich solcher, die auf Frauen und Kinder ausgerichtet sind, um sicherzustellen, dass Fälle von Ausbeutung, Gewalt und Missbrauch gegenüber Menschen mit Behinderungen erkannt, untersucht und gegebenenfalls strafrechtlich verfolgt werden.

Art. 17 Schutz der Unversehrtheit der Person. Jeder Mensch mit Behinderungen hat gleichberechtigt mit anderen das Recht auf Achtung seiner körperlichen und seelischen Unversehrtheit.

Art. 18 Freizügigkeit und Staatsangehörigkeit. (1) Die Vertragsstaaten anerkennen das gleiche Recht von Menschen mit Behinderungen auf Freizügigkeit, auf freie Wahl ihres Aufenthaltsorts und auf eine Staatsangehörigkeit, indem sie unter anderem gewährleisten, dass

a) Menschen mit Behinderungen das Recht haben, eine Staatsangehörigkeit zu erwerben und ihre Staatsangehörigkeit zu wechseln, und dass ihnen diese nicht willkürlich oder aufgrund von Behinderung entzogen wird;
b) Menschen mit Behinderungen nicht aufgrund von Behinderung die Möglichkeit versagt wird, Dokumente zum Nachweis ihrer Staatsangehörigkeit oder andere Identitätsdokumente zu erhalten, zu besitzen und zu verwenden oder einschlägige Verfahren wie Einwanderungsverfahren in Anspruch zu nehmen, die gegebenenfalls erforderlich sind, um die Ausübung des Rechts auf Freizügigkeit zu erleichtern;
c) Menschen mit Behinderungen die Freiheit haben, jedes Land einschließlich ihres eigenen zu verlassen;
d) Menschen mit Behinderungen nicht willkürlich oder aufgrund von Behinderung das Recht entzogen wird, in ihr eigenes Land einzureisen.

(2) Kinder mit Behinderungen sind unverzüglich nach ihrer Geburt in ein Register einzutragen und haben das Recht auf einen Namen von Geburt an, das Recht, eine Staatsangehörigkeit zu erwerben, und soweit möglich das Recht, ihre Eltern zu kennen und von ihnen betreut zu werden.

Art. 19 Unabhängige Lebensführung und Einbeziehung in die Gemeinschaft. Die Vertragsstaaten dieses Übereinkommens anerkennen das gleiche Recht aller Menschen mit Behinderungen, mit gleichen Wahlmöglichkeiten wie andere Menschen in der Gemeinschaft zu leben, und treffen wirksame und geeignete Maßnahmen, um Menschen mit Behinderungen den vollen Genuss dieses Rechts und ihre volle Einbeziehung in die Gemeinschaft und Teilhabe an der Gemeinschaft zu erleichtern, indem sie unter anderem gewährleisten, dass

a) Menschen mit Behinderungen gleichberechtigt die Möglichkeit haben, ihren Aufenthaltsort zu wählen und zu entscheiden, wo und mit wem sie leben, und nicht verpflichtet sind, in besonderen Wohnformen zu leben;
b) Menschen mit Behinderungen Zugang zu einer Reihe von gemeindenahen Unterstützungsdiensten zu Hause und in Einrichtungen sowie zu sonstigen gemeindenahen Unterstützungsdiensten haben, einschließlich der persönlichen Assistenz, die zur Unterstützung des Lebens in der Gemeinschaft und der Einbeziehung in die Gemeinschaft sowie zur Verhinderung von Isolation und Absonderung von der Gemeinschaft notwendig ist;
c) gemeindenahe Dienstleistungen und Einrichtungen für die Allgemeinheit Menschen mit Behinderungen auf der Grundlage der Gleichberechtigung zur Verfügung stehen und ihren Bedürfnissen Rechnung tragen.

Art. 20 Persönliche Mobilität. Die Vertragsstaaten treffen wirksame Maßnahmen, um für Menschen mit Behinderungen persönliche Mobilität mit größtmöglicher Unabhängigkeit sicherzustellen, indem sie unter anderem

a) die persönliche Mobilität von Menschen mit Behinderungen in der Art und Weise und zum Zeitpunkt ihrer Wahl und zu erschwinglichen Kosten erleichtern;

b) den Zugang von Menschen mit Behinderungen zu hochwertigen Mobilitätshilfen, Geräten, unterstützenden Technologien und menschlicher und tierischer Hilfe sowie Mittelspersonen erleichtern, auch durch deren Bereitstellung zu erschwinglichen Kosten;
c) Menschen mit Behinderungen und Fachkräften, die mit Menschen mit Behinderungen arbeiten, Schulungen in Mobilitätsfertigkeiten anbieten;
d) Hersteller von Mobilitätshilfen, Geräten und unterstützenden Technologien ermutigen, alle Aspekte der Mobilität für Menschen mit Behinderungen zu berücksichtigen.

Art. 21 Recht der freien Meinungsäußerung, Meinungsfreiheit und Zugang zu Informationen. Die Vertragsstaaten treffen alle geeigneten Maßnahmen, um zu gewährleisten, dass Menschen mit Behinderungen das Recht auf freie Meinungsäußerung und Meinungsfreiheit, einschließlich der Freiheit, Informationen und Gedankengut sich zu beschaffen, zu empfangen und weiterzugeben, gleichberechtigt mit anderen und durch alle von ihnen gewählten Formen der Kommunikation im Sinne des Artikels 2 ausüben können, unter anderem indem sie

a) Menschen mit Behinderungen für die Allgemeinheit bestimmte Informationen rechtzeitig und ohne zusätzliche Kosten in zugänglichen Formaten und Technologien, die für unterschiedliche Arten der Behinderung geeignet sind, zur Verfügung stellen;
b) im Umgang mit Behörden die Verwendung von Gebärdensprachen, Brailleschrift, ergänzenden und alternativen Kommunikationsformen und allen sonstigen selbst gewählten zugänglichen Mitteln, Formen und Formaten der Kommunikation durch Menschen mit Behinderungen akzeptieren und erleichtern;
c) private Rechtsträger, die, einschließlich durch das Internet, Dienste für die Allgemeinheit anbieten, dringend dazu auffordern, Informationen und Dienstleistungen in Formaten zur Verfügung zu stellen, die für Menschen mit Behinderungen zugänglich und nutzbar sind;
d) die Massenmedien, einschließlich der Anbieter von Informationen über das Internet, dazu auffordern, ihre Dienstleistungen für Menschen mit Behinderungen zugänglich zu gestalten;
e) die Verwendung von Gebärdensprachen anerkennen und fördern.

Art. 22 Achtung der Privatsphäre. (1) [1] Menschen mit Behinderungen dürfen unabhängig von ihrem Aufenthaltsort oder der Wohnform, in der sie leben, keinen willkürlichen oder rechtswidrigen Eingriffen in ihr Privatleben, ihre Familie, ihre Wohnung oder ihren Schriftverkehr oder andere Arten der Kommunikation oder rechtswidrigen Beeinträchtigungen ihrer Ehre oder ihres Rufes ausgesetzt werden. [2] Menschen mit Behinderungen haben Anspruch auf rechtlichen Schutz gegen solche Eingriffe oder Beeinträchtigungen.

(2) Die Vertragsstaaten schützen auf der Grundlage der Gleichberechtigung mit anderen die Vertraulichkeit von Informationen über die Person, die Gesundheit und die Rehabilitation von Menschen mit Behinderungen.

Art. 23 Achtung der Wohnung und der Familie. (1) Die Vertragsstaaten treffen wirksame und geeignete Maßnahmen zur Beseitigung der Diskriminierung von Menschen mit Behinderungen auf der Grundlage der Gleichberechtigung mit anderen in allen Fragen, die Ehe, Familie, Elternschaft und Partnerschaften betreffen, um zu gewährleisten, dass

a) das Recht aller Menschen mit Behinderungen im heiratsfähigen Alter, auf der Grundlage des freien und vollen Einverständnisses der künftigen Ehegatten eine Ehe zu schließen und eine Familie zu gründen, anerkannt wird;

b) das Recht von Menschen mit Behinderungen auf freie und verantwortungsbewusste Entscheidung über die Anzahl ihrer Kinder und die Geburtenabstände sowie auf Zugang zu altersgemäßer Information sowie Aufklärung über Fortpflanzung und Familienplanung anerkannt wird und ihnen die notwendigen Mittel zur Ausübung dieser Rechte zur Verfügung gestellt werden;

c) Menschen mit Behinderungen, einschließlich Kindern, gleichberechtigt mit anderen ihre Fruchtbarkeit behalten.

(2) [1] Die Vertragsstaaten gewährleisten die Rechte und Pflichten von Menschen mit Behinderungen in Fragen der Vormundschaft, Pflegschaft, Personen- und Vermögenssorge, Adoption von Kindern oder ähnlichen Rechtsinstituten, soweit das innerstaatliche Recht solche kennt; in allen Fällen ist das Wohl des Kindes ausschlaggebend. [2] Die Vertragsstaaten unterstützen Menschen mit Behinderungen in angemessener Weise bei der Wahrnehmung ihrer elterlichen Verantwortung.

(3) [1] Die Vertragsstaaten gewährleisten, dass Kinder mit Behinderungen gleiche Rechte in Bezug auf das Familienleben haben. [2] Zur Verwirklichung dieser Rechte und mit dem Ziel, das Verbergen, das Aussetzen, die Vernachlässigung und die Absonderung von Kindern mit Behinderungen zu verhindern, verpflichten sich die Vertragsstaaten, Kindern mit Behinderungen und ihren Familien frühzeitig umfassende Informationen, Dienste und Unterstützung zur Verfügung zu stellen.

(4) [1] Die Vertragsstaaten gewährleisten, dass ein Kind nicht gegen den Willen seiner Eltern von diesen getrennt wird, es sei denn, dass die zuständigen Behörden in einer gerichtlich nachprüfbaren Entscheidung nach den anzuwendenden Rechtsvorschriften und Verfahren bestimmen, dass diese Trennung zum Wohl des Kindes notwendig ist. [2] In keinem Fall darf das Kind aufgrund einer Behinderung entweder des Kindes oder eines oder beider Elternteile von den Eltern getrennt werden.

(5) Die Vertragsstaaten verpflichten sich, in Fällen, in denen die nächsten Familienangehörigen nicht in der Lage sind, für ein Kind mit Behinderungen zu sorgen, alle Anstrengungen zu unternehmen, um andere Formen der Betreuung innerhalb der weiteren Familie und, falls dies nicht möglich ist, innerhalb der Gemeinschaft in einem familienähnlichen Umfeld zu gewährleisten.

Art. 24 Bildung. (1) Die Vertragsstaaten anerkennen das Recht von Menschen mit Behinderungen auf Bildung. Um dieses Recht ohne Diskriminierung und auf der Grundlage der Chancengleichheit zu verwirklichen, gewährleisten die Vertragsstaaten ein integratives Bildungssystem auf allen Ebenen und lebenslanges Lernen mit dem Ziel,

a) die menschlichen Möglichkeiten sowie das Bewusstsein der Würde und das Selbstwertgefühl des Menschen voll zur Entfaltung zu bringen und die

Achtung vor den Menschenrechten, den Grundfreiheiten und der menschlichen Vielfalt zu stärken;

b) Menschen mit Behinderungen ihre Persönlichkeit, ihre Begabungen und ihre Kreativität sowie ihre geistigen und körperlichen Fähigkeiten voll zur Entfaltung bringen zu lassen;

c) Menschen mit Behinderungen zur wirklichen Teilhabe an einer freien Gesellschaft zu befähigen.

(2) Bei der Verwirklichung dieses Rechts stellen die Vertragsstaaten sicher, dass

a) Menschen mit Behinderungen nicht aufgrund von Behinderung vom allgemeinen Bildungssystem ausgeschlossen werden und dass Kinder mit Behinderungen nicht aufgrund von Behinderung vom unentgeltlichen und obligatorischen Grundschulunterricht oder vom Besuch weiterführender Schulen ausgeschlossen werden;

b) Menschen mit Behinderungen gleichberechtigt mit anderen in der Gemeinschaft, in der sie leben, Zugang zu einem integrativen, hochwertigen und unentgeltlichen Unterricht an Grundschulen und weiterführenden Schulen haben;

c) angemessene Vorkehrungen für die Bedürfnisse des Einzelnen getroffen werden;

d) Menschen mit Behinderungen innerhalb des allgemeinen Bildungssystems die notwendige Unterstützung geleistet wird, um ihre erfolgreiche Bildung zu erleichtern;

e) in Übereinstimmung mit dem Ziel der vollständigen Integration wirksame individuell angepasste Unterstützungsmaßnahmen in einem Umfeld, das die bestmögliche schulische und soziale Entwicklung gestattet, angeboten werden.

(3) [1] Die Vertragsstaaten ermöglichen Menschen mit Behinderungen, lebenspraktische Fertigkeiten und soziale Kompetenzen zu erwerben, um ihre volle und gleichberechtigte Teilhabe an der Bildung und als Mitglieder der Gemeinschaft zu erleichtern. [2] Zu diesem Zweck ergreifen die Vertragsstaaten geeignete Maßnahmen; unter anderem

a) erleichtern sie das Erlernen von Brailleschrift, alternativer Schrift, ergänzenden und alternativen Formen, Mitteln und Formaten der Kommunikation, den Erwerb von Orientierungs- und Mobilitätsfertigkeiten sowie die Unterstützung durch andere Menschen mit Behinderungen und das Mentoring;

b) erleichtern sie das Erlernen der Gebärdensprache und die Förderung der sprachlichen Identität der Gehörlosen;

c) stellen sie sicher, dass blinden, gehörlosen oder taubblinden Menschen, insbesondere Kindern, Bildung in den Sprachen und Kommunikationsformen und mit den Kommunikationsmitteln, die für den Einzelnen am besten geeignet sind, sowie in einem Umfeld vermittelt wird, das die bestmögliche schulische und soziale Entwicklung gestattet.

(4) [1] Um zur Verwirklichung dieses Rechts beizutragen, treffen die Vertragsstaaten geeignete Maßnahmen zur Einstellung von Lehrkräften, einschließlich solcher mit Behinderungen, die in Gebärdensprache oder Brailleschrift ausgebildet sind, und zur Schulung von Fachkräften sowie Mitarbeitern und Mitarbeiterinnen auf allen Ebenen des Bildungswesens. [2] Diese Schulung schließt

die Schärfung des Bewusstseins für Behinderungen und die Verwendung geeigneter ergänzender und alternativer Formen, Mittel und Formate der Kommunikation sowie pädagogische Verfahren und Materialien zur Unterstützung von Menschen mit Behinderungen ein.

(5) [1] Die Vertragsstaaten stellen sicher, dass Menschen mit Behinderungen ohne Diskriminierung und gleichberechtigt mit anderen Zugang zu allgemeiner Hochschulbildung, Berufsausbildung, Erwachsenenbildung und lebenslangem Lernen haben. [2] Zu diesem Zweck stellen die Vertragsstaaten sicher, dass für Menschen mit Behinderungen angemessene Vorkehrungen getroffen werden.

Art. 25 Gesundheit. [1] Die Vertragsstaaten anerkennen das Recht von Menschen mit Behinderungen auf das erreichbare Höchstmaß an Gesundheit ohne Diskriminierung aufgrund von Behinderung. [2] Die Vertragsstaaten treffen alle geeigneten Maßnahmen, um zu gewährleisten, dass Menschen mit Behinderungen Zugang zu geschlechtsspezifischen Gesundheitsdiensten, einschließlich gesundheitlicher Rehabilitation, haben. [3] Insbesondere

a) stellen die Vertragsparteien Menschen mit Behinderungen eine unentgeltliche oder erschwingliche Gesundheitsversorgung in derselben Bandbreite, von derselben Qualität und auf demselben Standard zur Verfügung wie anderen Menschen, einschließlich sexual- und fortpflanzungsmedizinischer Gesundheitsleistungen und der Gesamtbevölkerung zur Verfügung stehender Programme des öffentlichen Gesundheitswesens;
b) bieten die Vertragsstaaten die Gesundheitsleistungen an, die von Menschen mit Behinderungen speziell wegen ihrer Behinderungen benötigt werden, soweit angebracht, einschließlich Früherkennung und Frühintervention, sowie Leistungen, durch die, auch bei Kindern und älteren Menschen, weitere Behinderungen möglichst gering gehalten oder vermieden werden sollen;
c) bieten die Vertragsstaaten diese Gesundheitsleistungen so gemeindenah wie möglich an, auch in ländlichen Gebieten;
d) erlegen die Vertragsstaaten den Angehörigen der Gesundheitsberufe die Verpflichtung auf, Menschen mit Behinderungen eine Versorgung von gleicher Qualität wie anderen Menschen angedeihen zu lassen, namentlich auf der Grundlage der freien Einwilligung nach vorheriger Aufklärung, indem sie unter anderem durch Schulungen und den Erlass ethischer Normen für die staatliche und private Gesundheitsversorgung das Bewusstsein für die Menschenrechte, die Würde, die Autonomie und die Bedürfnisse von Menschen mit Behinderungen schärfen;
e) verbieten die Vertragsstaaten die Diskriminierung von Menschen mit Behinderungen in der Krankenversicherung und in der Lebensversicherung, soweit eine solche Versicherung nach innerstaatlichem Recht zulässig ist; solche Versicherungen sind zu fairen und angemessenen Bedingungen anzubieten;
f) verhindern die Vertragsstaaten die diskriminierende Vorenthaltung von Gesundheitsversorgung oder -leistungen oder von Nahrungsmitteln und Flüssigkeiten aufgrund von Behinderung.

Art. 26 Habilitation und Rehabilitation. (1) [1] Die Vertragsstaaten treffen wirksame und geeignete Maßnahmen, einschließlich durch die Unterstützung durch andere Menschen mit Behinderungen, um Menschen mit Behinderungen in die Lage zu versetzen, ein Höchstmaß an Unabhängigkeit, umfassende körperliche, geistige, soziale und berufliche Fähigkeiten sowie die volle Einbeziehung in alle Aspekte des Lebens und die volle Teilhabe an allen Aspekten des Lebens zu erreichen und zu bewahren. [2] Zu diesem Zweck organisieren, stärken und erweitern die Vertragsstaaten umfassende Habilitations- und Rehabilitationsdienste und -programme, insbesondere auf dem Gebiet der Gesundheit, der Beschäftigung, der Bildung und der Sozialdienste, und zwar so, dass diese Leistungen und Programme

a) im frühestmöglichen Stadium einsetzen und auf einer multidisziplinären Bewertung der individuellen Bedürfnisse und Stärken beruhen;
b) die Einbeziehung in die Gemeinschaft und die Gesellschaft in allen ihren Aspekten sowie die Teilhabe daran unterstützen, freiwillig sind und Menschen mit Behinderungen so gemeindenah wie möglich zur Verfügung stehen, auch in ländlichen Gebieten.

(2) Die Vertragsstaaten fördern die Entwicklung der Aus- und Fortbildung für Fachkräfte und Mitarbeiter und Mitarbeiterinnen in Habilitations- und Rehabilitationsdiensten.

(3) Die Vertragsstaaten fördern die Verfügbarkeit, die Kenntnis und die Verwendung unterstützender Geräte und Technologien, die für Menschen mit Behinderungen bestimmt sind, für die Zwecke der Habilitation und Rehabilitation.

Art. 27 Arbeit und Beschäftigung. (1) [1] Die Vertragsstaaten anerkennen das gleiche Recht von Menschen mit Behinderungen auf Arbeit; dies beinhaltet das Recht auf die Möglichkeit, den Lebensunterhalt durch Arbeit zu verdienen, die in einem offenen, integrativen und für Menschen mit Behinderungen zugänglichen Arbeitsmarkt und Arbeitsumfeld frei gewählt oder angenommen wird. [2] Die Vertragsstaaten sichern und fördern die Verwirklichung des Rechts auf Arbeit, einschließlich für Menschen, die während der Beschäftigung eine Behinderung erwerben, durch geeignete Schritte, einschließlich des Erlasses von Rechtsvorschriften, um unter anderem

a) Diskriminierung aufgrund von Behinderung in allen Angelegenheiten im Zusammenhang mit einer Beschäftigung gleich welcher Art, einschließlich der Auswahl-, Einstellungs- und Beschäftigungsbedingungen, der Weiterbeschäftigung, des beruflichen Aufstiegs sowie sicherer und gesunder Arbeitsbedingungen, zu verbieten;
b) das gleiche Recht von Menschen mit Behinderungen auf gerechte und günstige Arbeitsbedingungen, einschließlich Chancengleichheit und gleichen Entgelts für gleichwertige Arbeit, auf sichere und gesunde Arbeitsbedingungen, einschließlich Schutz vor Belästigungen, und auf Abhilfe bei Missständen zu schützen;
c) zu gewährleisten, dass Menschen mit Behinderungen ihre Arbeitnehmer- und Gewerkschaftsrechte gleichberechtigt mit anderen ausüben können;
d) Menschen mit Behinderungen wirksamen Zugang zu allgemeinen fachlichen und beruflichen Beratungsprogrammen, Stellenvermittlung sowie Berufsausbildung und Weiterbildung zu ermöglichen;
e) für Menschen mit Behinderungen Beschäftigungsmöglichkeiten und beruflichen Aufstieg auf dem Arbeitsmarkt sowie die Unterstützung bei der Arbeitssuche, beim Erhalt und der Beibehaltung eines Arbeitsplatzes und beim beruflichen Wiedereinstieg zu fördern;

f) Möglichkeiten für Selbständigkeit, Unternehmertum, die Bildung von Genossenschaften und die Gründung eines eigenen Geschäfts zu fördern;
g) Menschen mit Behinderungen im öffentlichen Sektor zu beschäftigen;
h) die Beschäftigung von Menschen mit Behinderungen im privaten Sektor durch geeignete Strategien und Maßnahmen zu fördern, wozu auch Programme für positive Maßnahmen, Anreize und andere Maßnahmen gehören können;
i) sicherzustellen, dass am Arbeitsplatz angemessene Vorkehrungen für Menschen mit Behinderungen getroffen werden;
j) das Sammeln von Arbeitserfahrung auf dem allgemeinen Arbeitsmarkt durch Menschen mit Behinderungen zu fördern;
k) Programme für die berufliche Rehabilitation, den Erhalt des Arbeitsplatzes und den beruflichen Wiedereinstieg von Menschen mit Behinderungen zu fördern.

(2) Die Vertragsstaaten stellen sicher, dass Menschen mit Behinderungen nicht in Sklaverei oder Leibeigenschaft gehalten werden und dass sie gleichberechtigt mit anderen vor Zwangs- oder Pflichtarbeit geschützt werden.

Art. 28 Angemessener Lebensstandard und sozialer Schutz. (1) Die Vertragsstaaten anerkennen das Recht von Menschen mit Behinderungen auf einen angemessenen Lebensstandard für sich selbst und ihre Familien, einschließlich angemessener Ernährung, Bekleidung und Wohnung, sowie auf eine stetige Verbesserung der Lebensbedingungen und unternehmen geeignete Schritte zum Schutz und zur Förderung der Verwirklichung dieses Rechts ohne Diskriminierung aufgrund von Behinderung.

(2) Die Vertragsstaaten anerkennen das Recht von Menschen mit Behinderungen auf sozialen Schutz und den Genuss dieses Rechts ohne Diskriminierung aufgrund von Behinderung und unternehmen geeignete Schritte zum Schutz und zur Förderung der Verwirklichung dieses Rechts, einschließlich Maßnahmen, um
a) Menschen mit Behinderungen gleichberechtigten Zugang zur Versorgung mit sauberem Wasser und den Zugang zu geeigneten und erschwinglichen Dienstleistungen, Geräten und anderen Hilfen für Bedürfnisse im Zusammenhang mit ihrer Behinderung zu sichern;
b) Menschen mit Behinderungen, insbesondere Frauen und Mädchen sowie älteren Menschen mit Behinderungen, den Zugang zu Programmen für sozialen Schutz und Programmen zur Armutsbekämpfung zu sichern;
c) in Armut lebenden Menschen mit Behinderungen und ihren Familien den Zugang zu staatlicher Hilfe bei behinderungsbedingten Aufwendungen, einschließlich ausreichender Schulung, Beratung, finanzieller Unterstützung sowie Kurzzeitbetreuung, zu sichern;
d) Menschen mit Behinderungen den Zugang zu Programmen des sozialen Wohnungsbaus zu sichern;
e) Menschen mit Behinderungen gleichberechtigten Zugang zu Leistungen und Programmen der Altersversorgung zu sichern.

Art. 29 Teilhabe am politischen und öffentlichen Leben. Die Vertragsstaaten garantieren Menschen mit Behinderungen die politischen Rechte sowie die Möglichkeit, diese gleichberechtigt mit anderen zu genießen, und verpflichten sich,

a) sicherzustellen, dass Menschen mit Behinderungen gleichberechtigt mit anderen wirksam und umfassend am politischen und öffentlichen Leben teilhaben können, sei es unmittelbar oder durch frei gewählte Vertreter oder Vertreterinnen, was auch das Recht und die Möglichkeit einschließt, zu wählen und gewählt zu werden; unter anderem
   i) stellen sie sicher, dass die Wahlverfahren, -einrichtungen und -materialien geeignet, zugänglich und leicht zu verstehen und zu handhaben sind;
   ii) schützen sie das Recht von Menschen mit Behinderungen, bei Wahlen und Volksabstimmungen in geheimer Abstimmung ohne Einschüchterung ihre Stimme abzugeben, bei Wahlen zu kandidieren, ein Amt wirksam innezuhaben und alle öffentlichen Aufgaben auf allen Ebenen staatlicher Tätigkeit wahrzunehmen, indem sie gegebenenfalls die Nutzung unterstützender und neuer Technologien erleichtern;
   iii) garantieren sie die freie Willensäußerung von Menschen mit Behinderungen als Wähler und Wählerinnen und erlauben zu diesem Zweck im Bedarfsfall auf Wunsch, dass sie sich bei der Stimmabgabe durch eine Person ihrer Wahl unterstützen lassen;

b) aktiv ein Umfeld zu fördern, in dem Menschen mit Behinderungen ohne Diskriminierung und gleichberechtigt mit anderen wirksam und umfassend an der Gestaltung der öffentlichen Angelegenheiten mitwirken können, und ihre Mitwirkung an den öffentlichen Angelegenheiten zu begünstigen, unter anderem
   i) die Mitarbeit in nichtstaatlichen Organisationen und Vereinigungen, die sich mit dem öffentlichen und politischen Leben ihres Landes befassen, und an den Tätigkeiten und der Verwaltung politischer Parteien;
   ii) die Bildung von Organisationen von Menschen mit Behinderungen, die sie auf internationaler, nationaler, regionaler und lokaler Ebene vertreten, und den Beitritt zu solchen Organisationen.

Art. 30 Teilhabe am kulturellen Leben sowie an Erholung, Freizeit und Sport. (1) Die Vertragsstaaten anerkennen das Recht von Menschen mit Behinderungen, gleichberechtigt mit anderen am kulturellen Leben teilzunehmen, und treffen alle geeigneten Maßnahmen, um sicherzustellen, dass Menschen mit Behinderungen

a) Zugang zu kulturellem Material in zugänglichen Formaten haben;

b) Zugang zu Fernsehprogrammen, Filmen, Theatervorstellungen und anderen kulturellen Aktivitäten in zugänglichen Formaten haben;

c) Zugang zu Orten kultureller Darbietungen oder Dienstleistungen, wie Theatern, Museen, Kinos, Bibliotheken und Tourismusdiensten, sowie, so weit wie möglich, zu Denkmälern und Stätten von nationaler kultureller Bedeutung haben.

(2) Die Vertragsstaaten treffen geeignete Maßnahmen, um Menschen mit Behinderungen die Möglichkeit zu geben, ihr kreatives, künstlerisches und intellektuelles Potenzial zu entfalten und zu nutzen, nicht nur für sich selbst, sondern auch zur Bereicherung der Gesellschaft.

(3) Die Vertragsstaaten unternehmen alle geeigneten Schritte im Einklang mit dem Völkerrecht, um sicherzustellen, dass Gesetze zum Schutz von Rechten des geistigen Eigentums keine ungerechtfertigte oder diskriminierende Barriere für den Zugang von Menschen mit Behinderungen zu kulturellem Material darstellen.

(4) Menschen mit Behinderungen haben gleichberechtigt mit anderen Anspruch auf Anerkennung und Unterstützung ihrer spezifischen kulturellen und sprachlichen Identität, einschließlich der Gebärdensprachen und der Gehörlosenkultur.

(5) Mit dem Ziel, Menschen mit Behinderungen die gleichberechtigte Teilnahme an Erholungs-, Freizeit- und Sportaktivitäten zu ermöglichen, treffen die Vertragsstaaten geeignete Maßnahmen,

a) um Menschen mit Behinderungen zu ermutigen, so umfassend wie möglich an breitensportlichen Aktivitäten auf allen Ebenen teilzunehmen, und ihre Teilnahme zu fördern;

b) um sicherzustellen, dass Menschen mit Behinderungen die Möglichkeit haben, behinderungsspezifische Sport- und Erholungsaktivitäten zu organisieren, zu entwickeln und an solchen teilzunehmen, und zu diesem Zweck die Bereitstellung eines geeigneten Angebots an Anleitung, Training und Ressourcen auf der Grundlage der Gleichberechtigung mit anderen zu fördern;

c) um sicherzustellen, dass Menschen mit Behinderungen Zugang zu Sport-, Erholungs- und Tourismusstätten haben;

d) um sicherzustellen, dass Kinder mit Behinderungen gleichberechtigt mit anderen Kindern an Spiel-, Erholungs-, Freizeit- und Sportaktivitäten teilnehmen können, einschließlich im schulischen Bereich;

e) um sicherzustellen, dass Menschen mit Behinderungen Zugang zu Dienstleistungen der Organisatoren von Erholungs-, Tourismus-, Freizeit- und Sportaktivitäten haben.

Art. 31 Statistik und Datensammlung. (1) [1] Die Vertragsstaaten verpflichten sich zur Sammlung geeigneter Informationen, einschließlich statistischer Angaben und Forschungsdaten, die ihnen ermöglichen, politische Konzepte zur Durchführung dieses Übereinkommens auszuarbeiten und umzusetzen. [2] Das Verfahren zur Sammlung und Aufbewahrung dieser Informationen muss

a) mit den gesetzlichen Schutzvorschriften, einschließlich der Rechtsvorschriften über den Datenschutz, zur Sicherung der Vertraulichkeit und der Achtung der Privatsphäre von Menschen mit Behinderungen im Einklang stehen;

b) mit den international anerkannten Normen zum Schutz der Menschenrechte und Grundfreiheiten und den ethischen Grundsätzen für die Sammlung und Nutzung statistischer Daten im Einklang stehen.

(2) Die im Einklang mit diesem Artikel gesammelten Informationen werden, soweit angebracht, aufgeschlüsselt und dazu verwendet, die Umsetzung der Verpflichtungen aus diesem Übereinkommen durch die Vertragsstaaten zu beurteilen und die Hindernisse, denen sich Menschen mit Behinderungen bei der Ausübung ihrer Rechte gegenübersehen, zu ermitteln und anzugehen.

(3) Die Vertragsstaaten übernehmen die Verantwortung für die Verbreitung dieser Statistiken und sorgen dafür, dass sie für Menschen mit Behinderungen und andere zugänglich sind.

Art. 32 Internationale Zusammenarbeit. (1) [1]Die Vertragsstaaten anerkennen die Bedeutung der internationalen Zusammenarbeit und deren Förderung zur Unterstützung der einzelstaatlichen Anstrengungen für die Verwirklichung des Zwecks und der Ziele dieses Übereinkommens und treffen diesbezüglich geeignete und wirksame Maßnahmen, zwischenstaatlich sowie, soweit angebracht, in Partnerschaft mit den einschlägigen internationalen und regionalen Organisationen und der Zivilgesellschaft, insbesondere Organisationen von Menschen mit Behinderungen. [2]Unter anderem können sie Maßnahmen ergreifen, um

a) sicherzustellen, dass die internationale Zusammenarbeit, einschließlich internationaler Entwicklungsprogramme, Menschen mit Behinderungen einbezieht und für sie zugänglich ist;
b) den Aufbau von Kapazitäten zu erleichtern und zu unterstützen, unter anderem durch den Austausch und die Weitergabe von Informationen, Erfahrungen, Ausbildungsprogrammen und vorbildlichen Praktiken;
c) die Forschungszusammenarbeit und den Zugang zu wissenschaftlichen und technischen Kenntnissen zu erleichtern;
d) soweit angebracht, technische und wirtschaftliche Hilfe zu leisten, unter anderem durch Erleichterung des Zugangs zu zugänglichen und unterstützenden Technologien und ihres Austauschs sowie durch Weitergabe von Technologien.

(2) Dieser Artikel berührt nicht die Pflicht jedes Vertragsstaats, seine Verpflichtungen aus diesem Übereinkommen zu erfüllen.

Art. 33 Innerstaatliche Durchführung und Überwachung. (1) Die Vertragsstaaten bestimmen nach Maßgabe ihrer staatlichen Organisation eine oder mehrere staatliche Anlaufstellen für Angelegenheiten im Zusammenhang mit der Durchführung dieses Übereinkommens und prüfen sorgfältig die Schaffung oder Bestimmung eines staatlichen Koordinierungsmechanismus, der die Durchführung der entsprechenden Maßnahmen in verschiedenen Bereichen und auf verschiedenen Ebenen erleichtern soll.

(2) [1]Die Vertragsstaaten unterhalten, stärken, bestimmen oder schaffen nach Maßgabe ihres Rechts- und Verwaltungssystems auf einzelstaatlicher Ebene für die Förderung, den Schutz und die Überwachung der Durchführung dieses Übereinkommens eine Struktur, die, je nachdem, was angebracht ist, einen oder mehrere unabhängige Mechanismen einschließt. [2]Bei der Bestimmung oder Schaffung eines solchen Mechanismus berücksichtigen die Vertragsstaaten die Grundsätze betreffend die Rechtsstellung und die Arbeitsweise der einzelstaatlichen Institutionen zum Schutz und zur Förderung der Menschenrechte.

(3) Die Zivilgesellschaft, insbesondere Menschen mit Behinderungen und die sie vertretenden Organisationen, wird in den Überwachungsprozess einbezogen und nimmt in vollem Umfang daran teil.

Art. 34 Ausschuss für die Rechte von Menschen mit Behinderungen. (1) Es wird ein Ausschuss für die Rechte von Menschen mit Behinderungen (im Folgenden als „Ausschuss" bezeichnet) eingesetzt, der die nachstehend festgelegten Aufgaben wahrnimmt.

(2) [1] Der Ausschuss besteht zum Zeitpunkt des Inkrafttretens dieses Übereinkommens aus zwölf Sachverständigen. [2] Nach sechzig weiteren Ratifikationen oder Beitritten zu dem Übereinkommen erhöht sich die Zahl der Ausschussmitglieder um sechs auf die Höchstzahl von achtzehn.

(3) [1] Die Ausschussmitglieder sind in persönlicher Eigenschaft tätig und müssen Persönlichkeiten von hohem sittlichen Ansehen und anerkannter Sachkenntnis und Erfahrung auf dem von diesem Übereinkommen erfassten Gebiet sein. [2] Die Vertragsstaaten sind aufgefordert, bei der Benennung ihrer Kandidaten oder Kandidatinnen Artikel 4 Absatz 3 gebührend zu berücksichtigen.

(4) Die Ausschussmitglieder werden von den Vertragsstaaten gewählt, wobei auf eine gerechte geografische Verteilung, die Vertretung der verschiedenen Kulturkreise und der hauptsächlichen Rechtssysteme, die ausgewogene Vertretung der Geschlechter und die Beteiligung von Sachverständigen mit Behinderungen zu achten ist.

(5) [1] Die Ausschussmitglieder werden auf Sitzungen der Konferenz der Vertragsstaaten in geheimer Wahl aus einer Liste von Personen gewählt, die von den Vertragsstaaten aus dem Kreis ihrer Staatsangehörigen benannt worden sind. [2] Auf diesen Sitzungen, die beschlussfähig sind, wenn zwei Drittel der Vertragsstaaten vertreten sind, gelten diejenigen Kandidaten oder Kandidatinnen als in den Ausschuss gewählt, welche die höchste Stimmenzahl und die absolute Stimmenmehrheit der anwesenden und abstimmenden Vertreter beziehungsweise Vertreterinnen der Vertragsstaaten auf sich vereinigen.

(6) [1] Die erste Wahl findet spätestens sechs Monate nach Inkrafttreten dieses Übereinkommens statt. [2] Spätestens vier Monate vor jeder Wahl fordert der Generalsekretär der Vereinten Nationen die Vertragsstaaten schriftlich auf, innerhalb von zwei Monaten ihre Benennungen einzureichen. [3] Der Generalsekretär fertigt sodann eine alphabetische Liste aller auf diese Weise benannten Personen an, unter Angabe der Vertragsstaaten, die sie benannt haben, und übermittelt sie den Vertragsstaaten.

(7) [1] Die Ausschussmitglieder werden für vier Jahre gewählt. [2] Ihre einmalige Wiederwahl ist zulässig. [3] Die Amtszeit von sechs der bei der ersten Wahl gewählten Mitglieder läuft jedoch nach zwei Jahren ab; unmittelbar nach der ersten Wahl werden die Namen dieser sechs Mitglieder von dem oder der Vorsitzenden der in Absatz 5 genannten Sitzung durch das Los bestimmt.

(8) Die Wahl der sechs zusätzlichen Ausschussmitglieder findet bei den ordentlichen Wahlen im Einklang mit den einschlägigen Bestimmungen dieses Artikels statt.

(9) Wenn ein Ausschussmitglied stirbt oder zurücktritt oder erklärt, dass es aus anderen Gründen seine Aufgaben nicht mehr wahrnehmen kann, ernennt der Vertragsstaat, der das Mitglied benannt hat, für die verbleibende Amtszeit eine andere sachverständige Person, die über die Befähigungen verfügt und die Voraussetzungen erfüllt, die in den einschlägigen Bestimmungen dieses Artikels beschrieben sind.

(10) Der Ausschuss gibt sich eine Geschäftsordnung.

(11) Der Generalsekretär der Vereinten Nationen stellt dem Ausschuss das Personal und die Einrichtungen zur Verfügung, die dieser zur wirksamen Wahrnehmung seiner Aufgaben nach diesem Übereinkommen benötigt, und beruft seine erste Sitzung ein.

(12) Die Mitglieder des nach diesem Übereinkommen eingesetzten Ausschusses erhalten mit Zustimmung der Generalversammlung der Vereinten Nationen Bezüge aus Mitteln der Vereinten Nationen zu den von der Generalversammlung unter Berücksichtigung der Bedeutung der Aufgaben des Ausschusses zu beschließenden Bedingungen.

(13) Die Ausschussmitglieder haben Anspruch auf die Erleichterungen, Vorrechte und Immunitäten der Sachverständigen im Auftrag der Vereinten Nationen, die in den einschlägigen Abschnitten des Übereinkommens über die Vorrechte und Immunitäten der Vereinten Nationen vorgesehen sind.

Art. 35 Berichte der Vertragsstaaten. (1) Jeder Vertragsstaat legt dem Ausschuss über den Generalsekretär der Vereinten Nationen innerhalb von zwei Jahren nach Inkrafttreten dieses Übereinkommens für den betreffenden Vertragsstaat einen umfassenden Bericht über die Maßnahmen, die er zur Erfüllung seiner Verpflichtungen aus dem Übereinkommen getroffen hat, und über die dabei erzielten Fortschritte vor.

(2) Danach legen die Vertragsstaaten mindestens alle vier Jahre und darüber hinaus jeweils auf Anforderung des Ausschusses Folgeberichte vor.

(3) Der Ausschuss beschließt gegebenenfalls Leitlinien für den Inhalt der Berichte.

(4) [1] Ein Vertragsstaat, der dem Ausschuss einen ersten umfassenden Bericht vorgelegt hat, braucht in seinen Folgeberichten die früher mitgeteilten Angaben nicht zu wiederholen. [2] Die Vertragsstaaten sind gebeten, ihre Berichte an den Ausschuss in einem offenen und transparenten Verfahren zu erstellen und dabei Artikel 4 Absatz 3 gebührend zu berücksichtigen.

(5) In den Berichten kann auf Faktoren und Schwierigkeiten hingewiesen werden, die das Ausmaß der Erfüllung der Verpflichtungen aus diesem Übereinkommen beeinflussen.

Art. 36 Prüfung der Berichte. (1) [1] Der Ausschuss prüft jeden Bericht; er kann ihn mit den ihm geeignet erscheinenden Vorschlägen und allgemeinen Empfehlungen versehen und leitet diese dem betreffenden Vertragsstaat zu. [2] Dieser kann dem Ausschuss hierauf jede Information übermitteln, die er zu geben wünscht. [3] Der Ausschuss kann die Vertragsstaaten um weitere Angaben über die Durchführung dieses Übereinkommens ersuchen.

(2) [1] Liegt ein Vertragsstaat mit der Vorlage eines Berichts in erheblichem Rückstand, so kann der Ausschuss dem betreffenden Vertragsstaat notifizieren, dass die Durchführung dieses Übereinkommens im betreffenden Vertragsstaat auf der Grundlage der dem Ausschuss zur Verfügung stehenden zuverlässigen Informationen geprüft werden muss, falls der Bericht nicht innerhalb von drei Monaten nach dieser Notifikation vorgelegt wird. [2] Der Ausschuss fordert den betreffenden Vertragsstaat auf, bei dieser Prüfung mitzuwirken. Falls der Vertragsstaat daraufhin den Bericht vorlegt, findet Absatz 1 Anwendung.

(3) Der Generalsekretär der Vereinten Nationen stellt die Berichte allen Vertragsstaaten zur Verfügung.

(4) Die Vertragsstaaten sorgen für eine weite Verbreitung ihrer Berichte im eigenen Land und erleichtern den Zugang zu den Vorschlägen und allgemeinen Empfehlungen zu diesen Berichten.

(5) Der Ausschuss übermittelt, wenn er dies für angebracht hält, den Sonderorganisationen, Fonds und Programmen der Vereinten Nationen und anderen zuständigen Stellen Berichte der Vertragsstaaten, damit ein darin enthaltenes Ersuchen um fachliche Beratung oder Unterstützung oder ein darin enthaltener Hinweis, dass ein diesbezügliches Bedürfnis besteht, aufgegriffen werden kann; etwaige Bemerkungen und Empfehlungen des Ausschusses zu diesen Ersuchen oder Hinweisen werden beigefügt.

Art. 37 Zusammenarbeit zwischen den Vertragsstaaten und dem Ausschuss. (1) Jeder Vertragsstaat arbeitet mit dem Ausschuss zusammen und ist seinen Mitgliedern bei der Erfüllung ihres Mandats behilflich.

(2) In seinen Beziehungen zu den Vertragsstaaten prüft der Ausschuss gebührend Möglichkeiten zur Stärkung der einzelstaatlichen Fähigkeiten zur Durchführung dieses Übereinkommens, einschließlich durch internationale Zusammenarbeit.

Art. 38 Beziehungen des Ausschusses zu anderen Organen. Um die wirksame Durchführung dieses Übereinkommens und die internationale Zusammenarbeit auf dem von dem Übereinkommen erfassten Gebiet zu fördern,

a) haben die Sonderorganisationen und andere Organe der Vereinten Nationen das Recht, bei der Erörterung der Durchführung derjenigen Bestimmungen des Übereinkommens, die in ihren Aufgabenbereich fallen, vertreten zu sein. Der Ausschuss kann, wenn er dies für angebracht hält, Sonderorganisationen und andere zuständige Stellen einladen, sachkundige Stellungnahmen zur Durchführung des Übereinkommens auf Gebieten abzugeben, die in ihren jeweiligen Aufgabenbereich fallen. Der Ausschuss kann Sonderorganisationen und andere Organe der Vereinten Nationen einladen, ihm Berichte über die Durchführung des Übereinkommens auf den Gebieten vorzulegen, die in ihren Tätigkeitsbereich fallen;

b) konsultiert der Ausschuss bei der Wahrnehmung seines Mandats, soweit angebracht, andere einschlägige Organe, die durch internationale Menschenrechtsverträge geschaffen wurden, mit dem Ziel, die Kohärenz ihrer jeweiligen Berichterstattungsleitlinien, Vorschläge und allgemeinen Empfehlungen zu gewährleisten sowie Doppelungen und Überschneidungen bei der Durchführung ihrer Aufgaben zu vermeiden.

Art. 39 Bericht des Ausschusses. [1] Der Ausschuss berichtet der Generalversammlung und dem Wirtschafts- und Sozialrat alle zwei Jahre über seine Tätigkeit und kann aufgrund der Prüfung der von den Vertragsstaaten eingegangenen Berichte und Auskünfte Vorschläge machen und allgemeine Empfehlungen abgeben. [2] Diese werden zusammen mit etwaigen Stellungnahmen der Vertragsstaaten in den Ausschussbericht aufgenommen.

Art. 40 Konferenz der Vertragsstaaten. (1) Die Vertragsstaaten treten regelmäßig in einer Konferenz der Vertragsstaaten zusammen, um jede Angelegenheit im Zusammenhang mit der Durchführung dieses Übereinkommens zu behandeln.

(2) [1] Die Konferenz der Vertragsstaaten wird vom Generalsekretär der Vereinten Nationen spätestens sechs Monate nach Inkrafttreten dieses Übereinkommens einberufen. [2] Die folgenden Treffen werden vom Generalsekretär alle zwei Jahre oder auf Beschluss der Konferenz der Vertragsstaaten einberufen.

Art. 41 Verwahrer. Der Generalsekretär der Vereinten Nationen ist Verwahrer dieses Übereinkommens.

Art. 42 Unterzeichnung. Dieses Übereinkommen liegt für alle Staaten und für Organisationen der regionalen Integration ab dem 30. März 2007 am Sitz der Vereinten Nationen in New York zur Unterzeichnung auf.

Art. 43 Zustimmung, gebunden zu sein. [1] Dieses Übereinkommen bedarf der Ratifikation durch die Unterzeichnerstaaten und der förmlichen Bestätigung durch die unterzeichnenden Organisationen der regionalen Integration. [2] Es steht allen Staaten oder Organisationen der regionalen Integration, die das Übereinkommen nicht unterzeichnet haben, zum Beitritt offen.

Art. 44 Organisationen der regionalen Integration. (1) [1] Der Ausdruck „Organisation der regionalen Integration" bezeichnet eine von souveränen Staaten einer bestimmten Region gebildete Organisation, der ihre Mitgliedstaaten die Zuständigkeit für von diesem Übereinkommen erfasste Angelegenheiten übertragen haben. [2] In ihren Urkunden der förmlichen Bestätigung oder Beitrittsurkunden erklären diese Organisationen den Umfang ihrer Zuständigkeiten in Bezug auf die durch dieses Übereinkommen erfassten Angelegenheiten. [3] Danach teilen sie dem Verwahrer jede erhebliche Änderung des Umfangs ihrer Zuständigkeiten mit.

(2) Bezugnahmen auf „Vertragsstaaten" in diesem Übereinkommen finden auf solche Organisationen im Rahmen ihrer Zuständigkeit Anwendung.

(3) Für die Zwecke des Artikels 45 Absatz 1 und des Artikels 47 Absätze 2 und 3 wird eine von einer Organisation der regionalen Integration hinterlegte Urkunde nicht mitgezählt.

(4) [1] Organisationen der regionalen Integration können in Angelegenheiten ihrer Zuständigkeit ihr Stimmrecht in der Konferenz der Vertragsstaaten mit der Anzahl von Stimmen ausüben, die der Anzahl ihrer Mitgliedstaaten entspricht, die Vertragsparteien dieses Übereinkommens sind. [2] Diese Organisationen üben ihr Stimmrecht nicht aus, wenn einer ihrer Mitgliedstaaten sein Stimmrecht ausübt, und umgekehrt.

Art. 45 Inkrafttreten. (1) Dieses Übereinkommen tritt am dreißigsten Tag nach Hinterlegung der zwanzigsten Ratifikations- oder Beitrittsurkunde in Kraft.

(2) Für jeden Staat und jede Organisation der regionalen Integration, der beziehungsweise die dieses Übereinkommen nach Hinterlegung der zwanzigsten entsprechenden Urkunde ratifiziert, förmlich bestätigt oder ihm beitritt, tritt das Übereinkommen am dreißigsten Tag nach Hinterlegung der eigenen Urkunde in Kraft[1)].

[1)] Für die Bundesrepublik Deutschland in Kraft getreten am 26.3.2009; vgl. hierzu Bek. v. 5.6.2009 (BGBl. II S. 812).

Art. 46 Vorbehalte. (1) Vorbehalte, die mit Ziel und Zweck dieses Übereinkommens unvereinbar sind, sind nicht zulässig.

(2) Vorbehalte können jederzeit zurückgenommen werden.

Art. 47 Änderungen. (1) [1]Jeder Vertragsstaat kann eine Änderung dieses Übereinkommens vorschlagen und beim Generalsekretär der Vereinten Nationen einreichen. [2]Der Generalsekretär übermittelt jeden Änderungsvorschlag den Vertragsstaaten mit der Aufforderung, ihm zu notifizieren, ob sie eine Konferenz der Vertragsstaaten zur Beratung und Entscheidung über den Vorschlag befürworten. [3]Befürwortet innerhalb von vier Monaten nach dem Datum der Übermittlung wenigstens ein Drittel der Vertragsstaaten eine solche Konferenz, so beruft der Generalsekretär die Konferenz unter der Schirmherrschaft der Vereinten Nationen ein. [4]Jede Änderung, die von einer Mehrheit von zwei Dritteln der anwesenden und abstimmenden Vertragsstaaten beschlossen wird, wird vom Generalsekretär der Generalversammlung der Vereinten Nationen zur Genehmigung und danach allen Vertragsstaaten zur Annahme vorgelegt.

(2) [1]Eine nach Absatz 1 beschlossene und genehmigte Änderung tritt am dreißigsten Tag nach dem Zeitpunkt in Kraft, zu dem die Anzahl der hinterlegten Annahmeurkunden zwei Drittel der Anzahl der Vertragsstaaten zum Zeitpunkt der Beschlussfassung über die Änderung erreicht. [2]Danach tritt die Änderung für jeden Vertragsstaat am dreißigsten Tag nach Hinterlegung seiner eigenen Annahmeurkunde in Kraft. [3]Eine Änderung ist nur für die Vertragsstaaten, die sie angenommen haben, verbindlich.

(3) Wenn die Konferenz der Vertragsstaaten dies im Konsens beschließt, tritt eine nach Absatz 1 beschlossene und genehmigte Änderung, die ausschließlich die Artikel 34, 38, 39 und 40 betrifft, für alle Vertragsstaaten am dreißigsten Tag nach dem Zeitpunkt in Kraft, zu dem die Anzahl der hinterlegten Annahmeurkunden zwei Drittel der Anzahl der Vertragsstaaten zum Zeitpunkt der Beschlussfassung über die Änderung erreicht.

Art. 48 Kündigung. [1]Ein Vertragsstaat kann dieses Übereinkommen durch eine an den Generalsekretär der Vereinten Nationen gerichtete schriftliche Notifikation kündigen. [2]Die Kündigung wird ein Jahr nach Eingang der Notifikation beim Generalsekretär wirksam.

Art. 49 Zugängliches Format. Der Wortlaut dieses Übereinkommens wird in zugänglichen Formaten zur Verfügung gestellt.

Art. 50 Verbindliche Wortlaute. Der arabische, der chinesische, der englische, der französische, der russische und der spanische Wortlaut dieses Übereinkommens sind gleichermaßen verbindlich.

Zu Urkund dessen haben die unterzeichneten, von ihren Regierungen hierzu gehörig befugten Bevollmächtigten dieses Übereinkommen unterschrieben.

Fakultativprotokoll zum Übereinkommen über die Rechte von Menschen mit Behinderungen

(hier nicht wiedergegeben)

100. Verordnung (EG) Nr. 2157/2001 des Rates vom 8. Oktober 2001 über das Statut der Europäischen Gesellschaft (SE)

(ABl. L 294 S. 1)

Celex-Nr. 3 2001 R 2157

zuletzt geänd. durch Art. 1 Abs. 1 Buchst. c) ÄndVO (EU) 517/2013 v. 13.5.2013 (ABl. L 158 S. 1)

– Auszug –

DER RAT DER EUROPÄISCHEN UNION –

gestützt auf den Vertrag zur Gründung der Europäischen Gemeinschaft[1], insbesondere auf Artikel 308[2],

auf Vorschlag der Kommission[3],

nach Stellungnahme des Europäischen Parlaments[4],

nach Stellungnahme des Wirtschafts- und Sozialausschusses[5],

in Erwägung nachstehender Gründe:

...

(19) Die Stellung der Arbeitnehmer in der SE wird durch die Richtlinie 2001/86/EG[6] des Rates vom 8. Oktober 2001 zur Ergänzung des Statuts der Europäischen Gesellschaft hinsichtlich der Beteiligung der Arbeitnehmer[7] auf der Grundlage von Artikel 308 des Vertrags[2] geregelt. Diese Bestimmungen stellen somit eine untrennbare Ergänzung der vorliegenden Verordnung dar und müssen zum gleichen Zeitpunkt anwendbar sein.

...

(21) Mit der Richtlinie 2001/86/EG[6] soll ein Recht der Arbeitnehmer auf Beteiligung bei den den Geschäftsverlauf der SE betreffenden Fragen und Entscheidungen gewährleistet werden. Die übrigen arbeits- und sozialrechtlichen Fragen, insbesondere das in den Mitgliedstaaten geltende Recht auf Information und Anhörung der Arbeitnehmer, unterliegen hingegen den einzelstaatlichen Vorschriften, die unter denselben Bedingungen für die Aktiengesellschaften gelten.

...

HAT FOLGENDE VERORDNUNG ERLASSEN:

---

[1] Nunmehr Vertrag über die Arbeitsweise der Europäischen Union (auszugsweise abgedruckt unter Nr. **5**) durch Vertrag von Lissabon v. 13.12.2007 (ABl. C 306 S. 1).

[2] Nunmehr Art. 352 AEUV v. 13.12.2007 (ABl. C 306 S. 1), zuletzt geänd. durch Beschl. v. 11.7. 2012 (ABl. L 204 S. 131) durch Vertrag von Lissabon v. 13.12.2007 (ABl. C 306 S. 1).

[3] **Amtl. Anm.:** ABl. C 263 vom 16.10.1989, S. 41, und ABl. C 176 vom 8.7.1991, S. 1.

[4] **Amtl. Anm.:** Stellungnahme vom 4. September 2001 (noch nicht im Amtsblatt veröffentlicht).

[5] **Amtl. Anm.:** ABl. C 124 vom 21.5.1990, S. 34.

[6] Nr. **265**.

[7] **Amtl. Anm.:** Siehe S. 22 dieses Amtsblatts. *[Red. Anm.: ABl. 2001 Nr. L 294.]*

Titel I. Allgemeine Vorschriften

Art. 1 [Societas Europaea] (1) Handelsgesellschaften können im Gebiet der Gemeinschaft in der Form europäischer Aktiengesellschaften (Societas Europaea, nachfolgend „SE" genannt) unter den Voraussetzungen und in der Weise gegründet werden, die in dieser Verordnung vorgesehen sind.

(2) [1] Die SE ist eine Gesellschaft, deren Kapital in Aktien zerlegt ist. [2] Jeder Aktionär haftet nur bis zur Höhe des von ihm gezeichneten Kapitals.

(3) Die SE besitzt Rechtspersönlichkeit.

(4) Die Beteiligung der Arbeitnehmer in der SE wird durch die Richtlinie 2001/86/EG[1)] geregelt.

Art. 8 [Verlegung des Sitzes der SE] (1) [1] Der Sitz der SE kann gemäß den Absätzen 2 bis 13 in einen anderen Mitgliedstaat verlegt werden. [2] Diese Verlegung führt weder zur Auflösung der SE noch zur Gründung einer neuen juristischen Person.

(2) [1] Ein Verlegungsplan ist von dem Leitungs- oder dem Verwaltungsorgan zu erstellen und unbeschadet etwaiger vom Sitzmitgliedstaat vorgesehener zusätzlicher Offenlegungsformen gemäß Artikel 13 offen zu legen. [2] Dieser Plan enthält die bisherige Firma, den bisherigen Sitz und die bisherige Registriernummer der SE sowie folgende Angaben:

a) den vorgesehenen neuen Sitz der SE,
b) die für die SE vorgesehene Satzung sowie gegebenenfalls die neue Firma,
c) die etwaigen Folgen der Verlegung für die Beteiligung der Arbeitnehmer,
d) den vorgesehenen Zeitplan für die Verlegung,
e) etwaige zum Schutz der Aktionäre und/oder Gläubiger vorgesehene Rechte.

(3) Das Leitungs- oder das Verwaltungsorgan erstellt einen Bericht, in dem die rechtlichen und wirtschaftlichen Aspekte der Verlegung erläutert und begründet und die Auswirkungen der Verlegung für die Aktionäre, die Gläubiger sowie die Arbeitnehmer im Einzelnen dargelegt werden.

(4) Die Aktionäre und die Gläubiger der SE haben vor der Hauptversammlung, die über die Verlegung befinden soll, mindestens einen Monat lang das Recht, am Sitz der SE den Verlegungsplan und den Bericht nach Absatz 3 einzusehen und die unentgeltliche Aushändigung von Abschriften dieser Unterlagen zu verlangen.

(5) Die Mitgliedstaaten können in Bezug auf die in ihrem Hoheitsgebiet eingetragenen SE Vorschriften erlassen, um einen angemessenen Schutz der Minderheitsaktionäre, die sich gegen die Verlegung ausgesprochen haben, zu gewährleisten.

(6) [1] Der Verlegungsbeschluss kann erst zwei Monate nach der Offenlegung des Verlegungsplans gefasst werden. [2] Er muss unter den in Artikel 59 vorgesehenen Bedingungen gefasst werden.

(7) *[1]* Bevor die zuständige Behörde die Bescheinigung gemäß Absatz 8 ausstellt, hat die SE gegenüber der Behörde den Nachweis zu erbringen, dass

---

[1)] Nr. **265**.

die Interessen ihrer Gläubiger und sonstigen Forderungsberechtigten (einschließlich der öffentlich-rechtlichen Körperschaften) in Bezug auf alle vor der Offenlegung des Verlegungsplans entstandenen Verbindlichkeiten im Einklang mit den Anforderungen des Mitgliedstaats, in dem die SE vor der Verlegung ihren Sitz hat, angemessen geschützt sind.

[2] Die einzelnen Mitgliedstaaten können die Anwendung von Unterabsatz 1 auf Verbindlichkeiten ausdehnen, die bis zum Zeitpunkt der Verlegung entstehen (oder entstehen können).

[3] Die Anwendung der einzelstaatlichen Rechtsvorschriften über das Leisten oder Absichern von Zahlungen an öffentlich-rechtliche Körperschaften auf die SE wird von den Unterabsätzen 1 und 2 nicht berührt.

(8) Im Sitzstaat der SE stellt das zuständige Gericht, der Notar oder eine andere zuständige Behörde eine Bescheinigung aus, aus der zweifelsfrei hervorgeht, dass die der Verlegung vorangehenden Rechtshandlungen und Formalitäten durchgeführt wurden.

(9) Die neue Eintragung kann erst vorgenommen werden, wenn die Bescheinigung nach Absatz 8 vorgelegt und die Erfüllung der für die Eintragung in dem neuen Sitzstaat erforderlichen Formalitäten nachgewiesen wurde.

(10) Die Sitzverlegung der SE sowie die sich daraus ergebenden Satzungsänderungen werden zu dem Zeitpunkt wirksam, zu dem die SE gemäß Artikel 12 im Register des neuen Sitzes eingetragen wird.

(11) [1]Das Register des neuen Sitzes meldet dem Register des früheren Sitzes die neue Eintragung der SE, sobald diese vorgenommen worden ist. [2]Die Löschung der früheren Eintragung der SE erfolgt erst nach Eingang dieser Meldung.

(12) Die neue Eintragung und die Löschung der früheren Eintragung werden gemäß Artikel 13 in den betreffenden Mitgliedstaaten offen gelegt.

(13) [1]Mit der Offenlegung der neuen Eintragung der SE ist der neue Sitz Dritten gegenüber wirksam. [2]Jedoch können sich Dritte, solange die Löschung der Eintragung im Register des früheren Sitzes nicht offen gelegt worden ist, weiterhin auf den alten Sitz berufen, es sei denn, die SE beweist, dass den Dritten der neue Sitz bekannt war.

(14) *[1]* [1]Die Rechtsvorschriften eines Mitgliedstaats können bestimmen, dass eine Sitzverlegung, die einen Wechsel des maßgeblichen Rechts zur Folge hätte, im Falle der in dem betreffenden Mitgliedstaat eingetragenen SE nicht wirksam wird, wenn eine zuständige Behörde dieses Staates innerhalb der in Absatz 6 genannten Frist von zwei Monaten dagegen Einspruch erhebt. [2]Dieser Einspruch ist nur aus Gründen des öffentlichen Interesses zulässig.

[2] Untersteht eine SE nach Maßgabe von Gemeinschaftsrichtlinien der Aufsicht einer einzelstaatlichen Finanzaufsichtsbehörde, so gilt das Recht auf Erhebung von Einspruch gegen die Sitzverlegung auch für die genannte Behörde.

[3] Gegen den Einspruch muss ein Rechtsmittel vor einem Gericht eingelegt werden können.

(15) Eine SE kann ihren Sitz nicht verlegen, wenn gegen sie ein Verfahren wegen Auflösung, Liquidation, Zahlungsunfähigkeit oder vorläufiger Zahlungseinstellung oder ein ähnliches Verfahren eröffnet worden ist.

(16) Eine SE, die ihren Sitz in einen anderen Mitgliedstaat verlegt hat, gilt in Bezug auf alle Forderungen, die vor dem Zeitpunkt der Verlegung gemäß

Absatz 10 entstanden sind, als SE mit Sitz in dem Mitgliedstaat, in dem sie vor der Verlegung eingetragen war, auch wenn sie erst nach der Verlegung verklagt wird.

Art. 12 [Eintragung ins Register] (1) Jede SE wird gemäß Artikel 3 der Ersten Richtlinie 68/151/EWG des Rates vom 9. März 1968 zur Koordinierung der Schutzbestimmungen, die in den Mitgliedstaaten den Gesellschaften im Sinne des Artikels 58 Absatz 2 des Vertrages[1)] im Interesse der Gesellschafter sowie Dritter vorgeschrieben sind, um diese Bestimmungen gleichwertig zu gestalten[2)], im Sitzstaat in ein nach dem Recht dieses Staates bestimmtes Register eingetragen.

(2) Eine SE kann erst eingetragen werden, wenn eine Vereinbarung über die Beteiligung der Arbeitnehmer gemäß Artikel 4 der Richtlinie 2001/86/EG[3)] geschlossen worden ist, ein Beschluss nach Artikel 3 Absatz 6 der genannten Richtlinie gefasst worden ist oder die Verhandlungsfrist nach Artikel 5 der genannten Richtlinie abgelaufen ist, ohne dass eine Vereinbarung zustande gekommen ist.

(3) Voraussetzung dafür, dass eine SE in einem Mitgliedstaat, der von der in Artikel 7 Absatz 3 der Richtlinie 2001/86/EG vorgesehenen Möglichkeit Gebrauch gemacht hat, registriert werden kann, ist, dass eine Vereinbarung im Sinne von Artikel 4 der genannten Richtlinie über die Modalitäten der Beteiligung der Arbeitnehmer – einschließlich der Mitbestimmung – geschlossen wurde oder dass für keine der teilnehmenden Gesellschaften vor der Registrierung der SE Mitbestimmungsvorschriften galten.

(4) *[1]* [1] Die Satzung der SE darf zu keinem Zeitpunkt im Widerspruch zu der ausgehandelten Vereinbarung stehen. [2] Steht eine neue gemäß der Richtlinie 2001/86/EG geschlossene Vereinbarung im Widerspruch zur geltenden Satzung, ist diese – soweit erforderlich – zu ändern.

[2] In diesem Fall kann ein Mitgliedstaat vorsehen, dass das Leitungs- oder das Verwaltungsorgan der SE befugt ist, die Satzungsänderung ohne weiteren Beschluss der Hauptversammlung vorzunehmen.

Titel II. Gründung

Abschnitt 2. Gründung einer SE durch Verschmelzung

Art. 20 [Verschmelzungsplan] (1) [1] Die Leitungs- oder die Verwaltungsorgane der sich verschmelzenden Gesellschaften stellen einen Verschmelzungsplan auf. [2] Dieser Verschmelzungsplan enthält

a) die Firma und den Sitz der sich verschmelzenden Gesellschaften sowie die für die SE vorgesehene Firma und ihren geplanten Sitz,

b) das Umtauschverhältnis der Aktien und gegebenenfalls die Höhe der Ausgleichsleistung,

c) die Einzelheiten hinsichtlich der Übertragung der Aktien der SE,

---

[1)] Nunmehr Art. 65 AEUV v. 13.12.2007 (ABl. C 306 S. 1), zuletzt geänd. durch Beschl. v. 11.7. 2012 (ABl. L 204 S. 131) durch Vertrag von Lissabon v. 13.12.2007 (ABl. C 306 S. 1).

[2)] **Amtl. Anm.:** ABl. L 65 vom 14.3.1968, S. 8. Zuletzt geändert durch die Beitrittsakte von 1994.

[3)] Nr. **265**.

d) den Zeitpunkt, von dem an diese Aktien das Recht auf Beteiligung am Gewinn gewähren, sowie alle Besonderheiten in Bezug auf dieses Recht,

e) den Zeitpunkt, von dem an die Handlungen der sich verschmelzenden Gesellschaften unter dem Gesichtspunkt der Rechnungslegung als für Rechnung der SE vorgenommen gelten,

f) die Rechte, welche die SE den mit Sonderrechten ausgestatteten Aktionären der Gründungsgesellschaften und den Inhabern anderer Wertpapiere als Aktien gewährt, oder die für diese Personen vorgeschlagenen Maßnahmen,

g) jeder besondere Vorteil, der den Sachverständigen, die den Verschmelzungsplan prüfen, oder den Mitgliedern der Verwaltungs-, Leitungs-, Aufsichts- oder Kontrollorgane der sich verschmelzenden Gesellschaften gewährt wird,

h) die Satzung der SE,

i) Angaben zu dem Verfahren, nach dem die Vereinbarung über die Beteiligung der Arbeitnehmer gemäß der Richtlinie 2001/86/EG[1)] geschlossen wird.

(2) Die sich verschmelzenden Gesellschaften können dem Verschmelzungsplan weitere Punkte hinzufügen.

Art. 23 [Zustimmung zum Verschmelzungsplan] (1) Die Hauptversammlung jeder der sich verschmelzenden Gesellschaften stimmt dem Verschmelzungsplan zu.

(2) [1] Die Beteiligung der Arbeitnehmer in der SE wird gemäß der Richtlinie 2001/86/EG[1)] festgelegt. [2] Die Hauptversammlung jeder der sich verschmelzenden Gesellschaften kann sich das Recht vorbehalten, die Eintragung der SE davon abhängig zu machen, dass die geschlossene Vereinbarung von ihr ausdrücklich genehmigt wird.

Art. 26 [Kontrolle der Rechtmäßigkeitsprüfung] (1) Die Rechtmäßigkeit der Verschmelzung wird, was den Verfahrensabschnitt der Durchführung der Verschmelzung und der Gründung der SE anbelangt, von dem/der im künftigen Sitzstaat der SE für die Kontrolle dieses Aspekts der Rechtmäßigkeit der Verschmelzung von Aktiengesellschaften zuständigen Gericht, Notar oder sonstigen Behörde kontrolliert.

(2) Hierzu legt jede der sich verschmelzenden Gesellschaften dieser zuständigen Behörde die in Artikel 25 Absatz 2 genannte Bescheinigung binnen sechs Monaten nach ihrer Ausstellung sowie eine Ausfertigung des Verschmelzungsplans, dem sie zugestimmt hat, vor.

(3) Die gemäß Absatz 1 zuständige Behörde kontrolliert insbesondere, ob die sich verschmelzenden Gesellschaften einem gleich lautenden Verschmelzungsplan zugestimmt haben und ob eine Vereinbarung über die Beteiligung der Arbeitnehmer gemäß der Richtlinie 2001/86/EG[1)] geschlossen wurde.

(4) Diese Behörde kontrolliert ferner, ob gemäß Artikel 15 die Gründung der SE den gesetzlichen Anforderungen des Sitzstaates genügt.

Art. 27 [Eintragung gemäß Art. 12] (1) Die Verschmelzung und die gleichzeitige Gründung der SE werden mit der Eintragung der SE gemäß Artikel 12 wirksam.

[1)] Nr. **265**.

(2) Die SE kann erst nach Erfüllung sämtlicher in den Artikeln 25 und 26 vorgesehener Formalitäten eingetragen werden.

Art. 28 [Offenlegung der Verschmelzung] Für jede sich verschmelzende Gesellschaft wird die Durchführung der Verschmelzung nach den in den Rechtsvorschriften des jeweiligen Mitgliedstaats vorgesehenen Verfahren in Übereinstimmung mit Artikel 3 der Richtlinie 68/151/EWG offen gelegt.

Abschnitt 3. Gründung einer Holding-SE

Art. 32 [Gründung einer Holding-SE] (1) *[1]* Eine SE kann gemäß Artikel 2 Absatz 2 gegründet werden.

[2] Die die Gründung einer SE im Sinne des Artikels 2 Absatz 2 anstrebenden Gesellschaften bestehen fort.

(2) [1] Die Leitungs- oder die Verwaltungsorgane der die Gründung anstrebenden Gesellschaften erstellen einen gleich lautenden Gründungsplan für die SE. [2] Dieser Plan enthält einen Bericht, der die Gründung aus rechtlicher und wirtschaftlicher Sicht erläutert und begründet sowie darlegt, welche Auswirkungen der Übergang zur Rechtsform einer SE für die Aktionäre und für die Arbeitnehmer hat. [3] Er enthält ferner die in Artikel 20 Absatz 1 Buchstaben a, b, c, f, g, h und i vorgesehenen Angaben und setzt von jeder die Gründung anstrebenden Gesellschaft den Mindestprozentsatz der Aktien oder sonstigen Anteile fest, der von den Aktionären eingebracht werden muss, damit die SE gegründet werden kann. [4] Dieser Prozentsatz muss mehr als 50 % der durch Aktien verliehenen ständigen Stimmrechte betragen.

(3) Der Gründungsplan ist mindestens einen Monat vor der Hauptversammlung, die über die Gründung zu beschließen hat, für jede der die Gründung anstrebenden Gesellschaften nach den in den Rechtsvorschriften der einzelnen Mitgliedstaaten gemäß Artikel 3 der Richtlinie 68/151/EWG vorgesehenen Verfahren offen zu legen.

(4) [1] Ein oder mehrere von den die Gründung anstrebenden Gesellschaften unabhängige Sachverständige, die von einem Gericht oder einer Verwaltungsbehörde des Mitgliedstaats, dessen Recht die einzelnen Gesellschaften gemäß den nach Maßgabe der Richtlinie 78/855/EWG erlassenen einzelstaatlichen Vorschriften unterliegen, bestellt oder zugelassen sind, prüfen den gemäß Absatz 2 erstellten Gründungsplan und erstellen einen schriftlichen Bericht für die Aktionäre der einzelnen Gesellschaften. [2] Im Einvernehmen zwischen den die Gründung anstrebenden Gesellschaften kann durch einen oder mehrere unabhängige Sachverständige, der/die von einem Gericht oder einer Verwaltungsbehörde des Mitgliedstaats, dessen Recht eine der die Gründung anstrebenden Gesellschaften oder die künftige SE gemäß den nach Maßgabe der Richtlinie 78/855/EWG erlassenen einzelstaatlichen Rechtsvorschriften unterliegt, bestellt oder zugelassen ist/sind, ein schriftlicher Bericht für die Aktionäre aller Gesellschaften erstellt werden.

(5) Der Bericht muss auf besondere Bewertungsschwierigkeiten hinweisen und erklären, ob das Umtauschverhältnis der Aktien oder Anteile angemessen ist, sowie angeben, nach welchen Methoden es bestimmt worden ist und ob diese Methoden im vorliegenden Fall angemessen sind.

(6) *[1]* Die Hauptversammlung jeder der die Gründung anstrebenden Gesellschaften stimmt dem Gründungsplan für die SE zu.

[2] [1] Die Beteiligung der Arbeitnehmer in der SE wird gemäß der Richtlinie 2001/86/EG[1)] festgelegt. [2] Die Hauptversammlung jeder der die Gründung anstrebenden Gesellschaften kann sich das Recht vorbehalten, die Eintragung der SE davon abhängig zu machen, dass die geschlossene Vereinbarung von ihr ausdrücklich genehmigt wird.

(7) Dieser Artikel gilt sinngemäß auch für Gesellschaften mit beschränkter Haftung.

Art. 34 [Interessenschutz bei Gründung] Ein Mitgliedstaat kann für die eine Gründung anstrebenden Gesellschaften Vorschriften zum Schutz der die Gründung ablehnenden Minderheitsgesellschafter, der Gläubiger und der Arbeitnehmer erlassen.

Abschnitt 4. Gründung einer Tochter-SE

Abschnitt 5. Umwandlung einer bestehenden Aktiengesellschaft in eine SE

Art. 37 [Umwandlung einer AG in eine SE] (1) Eine SE kann gemäß Artikel 2 Absatz 4 gegründet werden.

(2) Unbeschadet des Artikels 12 hat die Umwandlung einer Aktiengesellschaft in eine SE weder die Auflösung der Gesellschaft noch die Gründung einer neuen juristischen Person zur Folge.

(3) Der Sitz der Gesellschaft darf anlässlich der Umwandlung nicht gemäß Artikel 8 in einen anderen Mitgliedstaat verlegt werden.

(4) Das Leitungs- oder das Verwaltungsorgan der betreffenden Gesellschaft erstellt einen Umwandlungsplan und einen Bericht, in dem die rechtlichen und wirtschaftlichen Aspekte der Umwandlung erlautert und begründet sowie die Auswirkungen, die der Übergang zur Rechtsform einer SE für die Aktionäre und für die Arbeitnehmer hat, dargelegt werden.

(5) Der Umwandlungsplan ist mindestens einen Monat vor dem Tag der Hauptversammlung, die über die Umwandlung zu beschließen hat, nach den in den Rechtsvorschriften der einzelnen Mitgliedstaaten gemäß Artikel 3 der Richtlinie 68/151/EWG vorgesehenen Verfahren offen zu legen.

(6) Vor der Hauptversammlung nach Absatz 7 ist von einem oder mehreren unabhängigen Sachverständigen, die nach den einzelstaatlichen Durchführungsbestimmungen zu Artikel 10 der Richtlinie 78/855/EWG durch ein Gericht oder eine Verwaltungsbehörde des Mitgliedstaates, dessen Recht die sich in eine SE umwandelnde Aktiengesellschaft unterliegt, bestellt oder zugelassen sind, gemäß der Richtlinie 77/91/EWG[2)] sinngemäß zu bescheinigen, dass die Gesellschaft über Nettovermögenswerte mindestens in Höhe ihres

---

[1)] Nr. **265**.

[2)] **Amtl. Anm.:** Zweite Richtlinie 77/91/EWG des Rates vom 13. Dezember 1976 zur Koordinierung der Schutzbestimmungen, die in den Mitgliedstaaten den Gesellschaften im Sinne des Artikels 58 Absatz 2 des Vertrages *[Red. Anm.: nunmehr Art. 54 AEUV durch Vertrag von Lissabon v. 13.12.2007 (ABl. Nr. C 306 S. 1).]* im Interesse der Gesellschafter sowie Dritter für die Gründung der Aktiengesellschaft sowie für die Erhaltung und Änderung ihres Kapitals vorgeschrieben sind, um diese Bestimmungen gleichwertig zu gestalten (ABl. L 26 vom 31.1.1977, S. 1). Zuletzt geändert durch die Beitrittsakte von 1994.

Kapitals zuzüglich der kraft Gesetzes oder Statut nicht ausschüttungsfähigen Rücklagen verfügt.

(7) [1] Die Hauptversammlung der betreffenden Gesellschaft stimmt dem Umwandlungsplan zu und genehmigt die Satzung der SE. [2] Die Beschlussfassung der Hauptversammlung erfolgt nach Maßgabe der einzelstaatlichen Durchführungsbestimmungen zu Artikel 7 der Richtlinie 78/855/EWG.

(8) Ein Mitgliedstaat kann die Umwandlung davon abhängig machen, dass das Organ der umzuwandelnden Gesellschaft, in dem die Mitbestimmung der Arbeitnehmer vorgesehen ist, der Umwandlung mit qualifizierter Mehrheit oder einstimmig zustimmt.

(9) Die zum Zeitpunkt der Eintragung aufgrund der einzelstaatlichen Rechtsvorschriften und Gepflogenheiten sowie aufgrund individueller Arbeitsverträge oder Arbeitsverhältnisse bestehenden Rechte und Pflichten der umzuwandelnden Gesellschaft hinsichtlich der Beschäftigungsbedingungen gehen mit der Eintragung der SE auf diese über.

Titel III. Aufbau der SE

Abschnitt 1. Dualistisches System

Art. 40 [Aufsichtsorgan] (1) [1] Das Aufsichtsorgan überwacht die Führung der Geschäfte durch das Leitungsorgan. [2] Es ist nicht berechtigt, die Geschäfte der SE selbst zu führen.

(2) [1] Die Mitglieder des Aufsichtsorgans werden von der Hauptversammlung bestellt. [2] Die Mitglieder des ersten Aufsichtsorgans können jedoch durch die Satzung bestellt werden. [3] Artikel 47 Absatz 4 oder eine etwaige nach Maßgabe der Richtlinie 2001/86/EG[1)] geschlossene Vereinbarung über die Mitbestimmung der Arbeitnehmer bleibt hiervon unberührt.

(3) [1] Die Zahl der Mitglieder des Aufsichtsorgans oder die Regeln für ihre Festlegung werden durch die Satzung bestimmt. [2] Die Mitgliedstaaten können jedoch für die in ihrem Hoheitsgebiet eingetragenen SE die Zahl der Mitglieder des Aufsichtsorgans oder deren Höchst- und/oder Mindestzahl festlegen.

Art. 41 [Unterrichtung über Geschäftsgang] (1) Das Leitungsorgan unterrichtet das Aufsichtsorgan mindestens alle drei Monate über den Gang der Geschäfte der SE und deren voraussichtliche Entwicklung.

(2) Neben der regelmäßigen Unterrichtung gemäß Absatz 1 teilt das Leitungsorgan dem Aufsichtsorgan rechtzeitig alle Informationen über Ereignisse mit, die sich auf die Lage der SE spürbar auswirken können.

(3) [1] Das Aufsichtsorgan kann vom Leitungsorgan jegliche Information verlangen, die für die Ausübung der Kontrolle gemäß Artikel 40 Absatz 1 erforderlich ist. [2] Die Mitgliedstaaten können vorsehen, dass jedes Mitglied des Aufsichtsorgans von dieser Möglichkeit Gebrauch machen kann.

(4) Das Aufsichtsorgan kann alle zur Erfüllung seiner Aufgaben erforderlichen Überprüfungen vornehmen oder vornehmen lassen.

[1)] Nr. **265**.

(5) Jedes Mitglied des Aufsichtsorgans kann von allen Informationen, die diesem Organ übermittelt werden, Kenntnis nehmen.

Art. 42 [Vorsitzender des Aufsichtsorgans] [1] Das Aufsichtsorgan wählt aus seiner Mitte einen Vorsitzenden. [2] Wird die Hälfte der Mitglieder des Aufsichtsorgans von den Arbeitnehmern bestellt, so darf nur ein von der Hauptversammlung der Aktionäre bestelltes Mitglied zum Vorsitzenden gewählt werden.

Abschnitt 2. Monistisches System

Art. 43 [Verfassung des Verwaltungsorgans] (1) [1] Das Verwaltungsorgan führt die Geschäfte der SE. [2] Ein Mitgliedstaat kann vorsehen, dass ein oder mehrere Geschäftsführer die laufenden Geschäfte in eigener Verantwortung unter denselben Voraussetzungen, wie sie für Aktiengesellschaften mit Sitz im Hoheitsgebiet des betreffenden Mitgliedstaates gelten, führt bzw. führen.

(2) *[1]* [1] Die Zahl der Mitglieder des Verwaltungsorgans oder die Regeln für ihre Festlegung sind in der Satzung der SE festgelegt. [2] Die Mitgliedstaaten können jedoch eine Mindestzahl und erforderlichenfalls eine Höchstzahl festsetzen.

[2] Ist jedoch die Mitbestimmung der Arbeitnehmer in der SE gemäß der Richtlinie geregelt, so muss das Verwaltungsorgan aus mindestens drei Mitgliedern bestehen.

(3) [1] Das Mitglied/die Mitglieder des Verwaltungsorgans wird/werden von der Hauptversammlung bestellt. [2] Die Mitglieder des ersten Verwaltungsorgans können jedoch durch die Satzung bestellt werden. [3] Artikel 47 Absatz 4 oder eine etwaige nach Maßgabe der Richtlinie 2001/86/EG[1)] geschlossene Vereinbarung über die Mitbestimmung der Arbeitnehmer bleibt hiervon unberührt.

(4) Enthält das Recht eines Mitgliedstaats in Bezug auf Aktiengesellschaften mit Sitz in seinem Hoheitsgebiet keine Vorschriften über ein monistisches System, kann dieser Mitgliedstaat entsprechende Vorschriften in Bezug auf SE erlassen.

Art. 44 [Sitzungstermine; Geschäftsgang] (1) Das Verwaltungsorgan tritt in den durch die Satzung bestimmten Abständen, mindestens jedoch alle drei Monate, zusammen, um über den Gang der Geschäfte der SE und deren voraussichtliche Entwicklung zu beraten.

(2) Jedes Mitglied des Verwaltungsorgans kann von allen Informationen, die diesem Organ übermittelt werden, Kenntnis nehmen.

Art. 45 [Vorsitzender des Verwaltungsorgans] [1] Das Verwaltungsorgan wählt aus seiner Mitte einen Vorsitzenden. [2] Wird die Hälfte der Mitglieder des Verwaltungsorgans von den Arbeitnehmern bestellt, so darf nur ein von der Hauptversammlung der Aktionäre bestelltes Mitglied zum Vorsitzenden gewählt werden.

[1)] Nr. **265**.

Abschnitt 3. Gemeinsame Vorschriften für das monistische und das dualistische System

Art. 50 [Beschlussfähigkeit; Beschlussfassung] (1) Sofern in dieser Verordnung oder der Satzung nichts anderes bestimmt ist, gelten für die Beschlussfähigkeit und die Beschlussfassung der Organe der SE die folgenden internen Regeln:

a) Beschlussfähigkeit: mindestens die Hälfte der Mitglieder muss anwesend oder vertreten sein;

b) Beschlussfassung: mit der Mehrheit der anwesenden oder vertretenen Mitglieder.

(2) [1] Sofern die Satzung keine einschlägige Bestimmung enthält, gibt die Stimme des Vorsitzenden des jeweiligen Organs bei Stimmengleichheit den Ausschlag. [2] Eine anders lautende Satzungsbestimmung ist jedoch nicht möglich, wenn sich das Aufsichtsorgan zur Hälfte aus Arbeitnehmervertretern zusammensetzt.

(3) Ist die Mitbestimmung der Arbeitnehmer gemäß der Richtlinie 2001/86/EG[1)] vorgesehen, so kann ein Mitgliedstaat vorsehen, dass sich abweichend von den Absätzen 1 und 2 Beschlussfähigkeit und Beschlussfassung des Aufsichtsorgans nach den Vorschriften richten, die unter denselben Bedingungen für die Aktiengesellschaften gelten, die dem Recht des betreffenden Mitgliedstaats unterliegen.

Art. 51 [Haftung] Die Mitglieder des Leitungs-, Aufsichts- oder Verwaltungsorgans haften gemäß den im Sitzstaat der SE für Aktiengesellschaften maßgeblichen Rechtsvorschriften für den Schaden, welcher der SE durch eine Verletzung der ihnen bei der Ausübung ihres Amtes obliegenden gesetzlichen, satzungsmäßigen oder sonstigen Pflichten entsteht.

Titel V. Auflösung, Liquidation, Zahlungungsunfähigkeit und Zahlungseinstellung

Art. 66 [Umwandlung in nationale AG] (1) [1] Eine SE kann in eine dem Recht ihres Sitzstaats unterliegende Aktiengesellschaft umgewandelt werden. [2] Ein Umwandlungsbeschluss darf erst zwei Jahre nach Eintragung der SE oder nach Genehmigung der ersten beiden Jahresabschlüsse gefasst werden.

(2) Die Umwandlung einer SE in eine Aktiengesellschaft führt weder zur Auflösung der Gesellschaft noch zur Gründung einer neuen juristischen Person.

(3) Das Leitungs- oder das Verwaltungsorgan der SE erstellt einen Umwandlungsplan sowie einen Bericht, in dem die rechtlichen und wirtschaftlichen Aspekte der Umwandlung erläutert und begründet sowie die Auswirkungen, die der Übergang zur Rechtsform der Aktiengesellschaft für die Aktionäre und die Arbeitnehmer hat, dargelegt werden.

(4) Der Umwandlungsplan ist mindestens einen Monat vor dem Tag der Hauptversammlung, die über die Umwandlung zu beschließen hat, nach den in

---

[1)] Nr. **265**.

den Rechtsvorschriften der einzelnen Mitgliedstaaten gemäß Artikel 3 der Richtlinie 68/151/EWG vorgesehenen Verfahren offen zu legen.

(5) Vor der Hauptversammlung nach Absatz 6 ist von einem oder mehreren unabhängigen Sachverständigen, der/die nach den einzelstaatlichen Durchführungsbestimmungen zu Artikel 10 der Richtlinie 78/855/EWG durch ein Gericht oder eine Verwaltungsbehörde des Mitgliedstaates, dem die sich in eine Aktiengesellschaft umwandelnde SE unterliegt, bestellt oder zugelassen ist/sind, zu bescheinigen, dass die Gesellschaft über Vermögenswerte mindestens in Höhe ihres Kapitals verfügt.

(6) [1] Die Hauptversammlung der SE stimmt dem Umwandlungsplan zu und genehmigt die Satzung der Aktiengesellschaft. [2] Die Beschlussfassung der Hauptversammlung erfolgt nach Maßgabe der einzelstaatlichen Bestimmungen im Einklang mit Artikel 7 der Richtlinie 78/855/EWG.

Titel VI. Ergänzungs- und Übergangsbestimmung

Art. 67 [SE-Währung außerhalb der WWU] (1) [1] Jeder Mitgliedstaat kann, sofern und solange für ihn die dritte Stufe der Wirtschafts- und Währungsunion (WWU) nicht gilt, auf die SE mit Sitz in seinem Hoheitsgebiet in der Frage, auf welche Währung ihr Kapital zu lauten hat, dieselben Bestimmungen anwenden wie auf die Aktiengesellschaften, für die seine Rechtsvorschriften gelten. [2] Die SE kann ihr Kapital auf jeden Fall auch in Euro ausdrücken. [3] In diesem Fall wird für die Umrechnung zwischen Landeswährung und Euro der Satz zugrunde gelegt, der am letzten Tag des Monats vor der Gründung der SE galt.

(2) [1] Sofern und solange für den Sitzstaat der SE die dritte Stufe der WWU nicht gilt, kann die SE jedoch die Jahresabschlüsse und gegebenenfalls die konsolidierten Abschlüsse in Euro erstellen und offen legen. [2] Der Mitgliedstaat kann verlangen, dass die Jahresabschlüsse und gegebenenfalls die konsolidierten Abschlüsse nach denselben Bedingungen, wie sie für die dem Recht dieses Mitgliedstaats unterliegenden Aktiengesellschaften vorgesehen sind, in der Landeswährung erstellt und offen gelegt werden. [3] Dies gilt unbeschadet der der SE zusätzlich eingeräumten Möglichkeit, ihre Jahresabschlüsse und gegebenenfalls ihre konsolidierten Abschlüsse entsprechend der Richtlinie 90/604/EWG[1)] in Euro offen zu legen.

Titel VII. Schlussbestimmungen

Art. 68 [Mitgliedstaatliche Vorkehrungen] (1) Die Mitgliedstaaten treffen alle geeigneten Vorkehrungen, um das Wirksamwerden dieser Verordnung zu gewährleisten.

(2) [1] Jeder Mitgliedstaat benennt die zuständigen Behörden im Sinne der Artikel 8, 25, 26, 54, 55 und 64. [2] Er setzt die Kommission und die anderen Mitgliedstaaten davon in Kenntnis.

[1)] **Amtl. Anm.:** Richtlinie 90/604/EWG des Rates vom 8. November 1990 zur Änderung der Richtlinie 78/660/EWG über den Jahresabschluss und der Richtlinie 83/349/EWG über den konsolidierten Abschluss hinsichtlich der Ausnahme für kleine und mittlere Gesellschaften sowie der Offenlegung von Abschlüssen in Ecu (ABl. L 317 vom 16.11.1990, S. 57).

Art. 69 [Evaluierungsbericht] [1] Spätestens fünf Jahre nach Inkrafttreten dieser Verordnung legt die Kommission dem Rat und dem Europäischen Parlament einen Bericht über die Anwendung der Verordnung sowie gegebenenfalls Vorschläge für Änderungen vor. [2] In dem Bericht wird insbesondere geprüft, ob es zweckmäßig ist,

a) zuzulassen, dass sich die Hauptverwaltung und der Sitz der SE in verschiedenen Mitgliedstaaten befinden,

b) den Begriff der Verschmelzung in Artikel 17 Absatz 2 auszuweiten, um auch andere als die in Artikel 3 Absatz 1 und Artikel 4 Absatz 1 der Richtlinie 78/855/EWG definierten Formen der Verschmelzung zuzulassen,

c) die Gerichtsstandsklausel des Artikels 8 Absatz 16 im Lichte von Bestimmungen, die in das Brüsseler Übereinkommen von 1968 oder in einen Rechtsakt der Mitgliedstaaten oder des Rates zur Ersetzung dieses Übereinkommens aufgenommen wurden, zu überprüfen,

d) vorzusehen, dass ein Mitgliedstaat in den Rechtsvorschriften, die er in Ausübung der durch diese Verordnung übertragenen Befugnisse oder zur Sicherstellung der tatsächlichen Anwendung dieser Verordnung auf eine SE erlässt, Bestimmungen in der Satzung der SE zulassen kann, die von diesen Rechtsvorschriften abweichen oder diese ergänzen, auch wenn derartige Bestimmungen in der Satzung einer Aktiengesellschaft mit Sitz in dem betreffenden Mitgliedstaat nicht zulässig wären.

Art. 70 [Inkrafttreten] Diese Verordnung tritt am 8. Oktober 2004 in Kraft.

105. Verordnung (EG) Nr. 883/2004 des Europäischen Parlaments und des Rates vom 29. April 2004 zur Koordinierung der Systeme der sozialen Sicherheit

(ABl. L 166 S. 1, ber. ABl. L 2004 S. 1 und ABl. 2007 L 204 S. 30)

Celex-Nr. 3 2004 R 0883

zuletzt geänd. durch Art. 45 VO (EU) 2019/1149 v. 20.6.2019 (ABl. L 186 S. 21)

DAS EUROPÄISCHE PARLAMENT UND DER RAT DER EUROPÄISCHEN UNION –

gestützt auf den Vertrag zur Gründung der Europäischen Gemeinschaft, insbesondere auf die Artikel 42 und 308,

auf Vorschlag der Kommission, vorgelegt nach Anhörung der Sozialpartner und der Verwaltungskommission für die soziale Sicherheit der Wanderarbeitnehmer[1],

nach Stellungnahme des Europäischen Wirtschafts- und Sozialausschusses[2],

gemäß dem Verfahren des Artikels 251 des Vertrags[3],

in Erwägung nachstehender Gründe:

(1) Die Vorschriften zur Koordinierung der nationalen Systeme der sozialen Sicherheit sind Teil des freien Personenverkehrs und sollten zur Verbesserung des Lebensstandards und der Arbeitsbedingungen beitragen.

(2) Für die Annahme geeigneter Maßnahmen im Bereich der sozialen Sicherheit für andere Personen als Arbeitnehmer sieht der Vertrag keine anderen Befugnisse als diejenigen des Artikels 308 vor.

(3) Die Verordnung (EWG) Nr. 1408/71 des Rates vom 14. Juni 1971 über die Anwendung der Systeme der sozialen Sicherheit auf Arbeitnehmer und Selbstständige sowie deren Familienangehörige, die innerhalb der Gemeinschaft zu- und abwandern[4], ist mehrfach geändert und aktualisiert worden, um nicht nur den Entwicklungen auf Gemeinschaftsebene – einschließlich der Urteile des Gerichtshofes –, sondern auch den Änderungen der Rechtsvorschriften auf nationaler Ebene Rechnung zu tragen. Diese Faktoren haben dazu beigetragen, dass die gemeinschaftlichen Koordinierungsregeln komplex und umfangreich geworden sind. Zur Erreichung des Ziels des freien Personenverkehrs ist es daher von wesentlicher Bedeutung, diese Vorschriften zu ersetzen und dabei gleichzeitig zu aktualisieren und zu vereinfachen.

(4) Es ist notwendig, die Eigenheiten der nationalen Rechtsvorschriften über soziale Sicherheit zu berücksichtigen und nur eine Koordinierungsregelung vorzusehen.

---

[1] **Amtl. Anm.:** ABl. C 38 vom 12.2.1999, S. 10.

[2] **Amtl. Anm.:** ABl. C 75 vom 15.3.2000, S. 29.

[3] **Amtl. Anm.:** Stellungnahme des Europäischen Parlaments vom 3. September 2003 (noch nicht im Amtsblatt veröffentlicht), Gemeinsamer Standpunkt des Rates vom 26. Januar 2004 (ABl C 79 E vom 30.3.2004, S. 15) und Standpunkt des Europäischen Parlaments vom 20. April 2004 (noch nicht im Amtsblatt veröffentlicht). Beschluss des Rates vom 26. April 2004.

[4] **Amtl. Anm.:** ABl. L 149 vom 5.7.1971, S. 2. Zuletzt geändert durch die Verordnung (EG) Nr. 631/2004 des Europäischen Parlaments und des Rates (ABl. L 187 vom 6.4.2004, S. 1).

(5) Es ist erforderlich, bei dieser Koordinierung innerhalb der Gemeinschaft sicherzustellen, dass die betreffenden Personen nach den verschiedenen nationalen Rechtsvorschriften gleich behandelt werden.

(6) Die enge Beziehung zwischen den Rechtsvorschriften der sozialen Sicherheit und den tarifvertraglichen Vereinbarungen, die diese Rechtsvorschriften ergänzen oder ersetzen und die durch eine behördliche Entscheidung für allgemein verbindlich erklärt oder in ihrem Geltungsbereich erweitert wurden, kann einen Schutz bei der Anwendung dieser Bestimmungen erfordern, der demjenigen vergleichbar ist, der durch diese Verordnung gewährt wird. Als erster Schritt könnten die Erfahrungen der Mitgliedstaaten, die solche Regelungen notifiziert haben, evaluiert werden.

(7) Wegen der großen Unterschiede hinsichtlich des persönlichen Geltungsbereichs der nationalen Rechtsvorschriften ist es vorzuziehen, den Grundsatz festzulegen, dass diese Verordnung auf Staatsangehörige eines Mitgliedstaats, Staatenlose und Flüchtlinge mit Wohnort im Hoheitsgebiet eines Mitgliedstaats, für die die Rechtsvorschriften der sozialen Sicherheit eines oder mehrerer Mitgliedstaaten gelten oder galten, sowie auf ihre Familienangehörigen und Hinterbliebenen Anwendung findet.

(8) Der allgemeine Grundsatz der Gleichbehandlung ist für Arbeitnehmer, die nicht im Beschäftigungsmitgliedstaat wohnen, einschließlich Grenzgängern, von besonderer Bedeutung.

(9) Der Gerichtshof hat mehrfach zur Möglichkeit der Gleichstellung von Leistungen, Einkünften und Sachverhalten Stellung genommen; dieser Grundsatz sollte explizit aufgenommen und ausgeformt werden, wobei Inhalt und Geist der Gerichtsentscheidungen zu beachten sind.

(10) Der Grundsatz, dass bestimmte Sachverhalte oder Ereignisse, die im Hoheitsgebiet eines anderen Mitgliedstaats eingetreten sind, so zu behandeln sind, als ob sie im Hoheitsgebiet des Mitgliedstaats, dessen Rechtsvorschriften Anwendung finden, eingetreten wären, sollte jedoch nicht zu einem Widerspruch mit dem Grundsatz der Zusammenrechnung von Versicherungszeiten, Beschäftigungszeiten, Zeiten einer selbstständigen Erwerbstätigkeit oder Wohnzeiten, die nach den Rechtsvorschriften eines anderen Mitgliedstaats zurückgelegt worden sind, mit Zeiten, die nach den Rechtsvorschriften des zuständigen Mitgliedstaats zurückgelegt worden sind, führen. Zeiten, die nach den Rechtsvorschriften eines anderen Mitgliedstaats zurückgelegt worden sind, sollten deshalb nur durch die Anwendung des Grundsatzes der Zusammenrechnung der Zeiten berücksichtigt werden.

(11) Die Gleichstellung von Sachverhalten oder Ereignissen, die in einem Mitgliedstaat eingetreten sind, kann in keinem Fall bewirken, dass ein anderer Mitgliedstaat zuständig wird oder dessen Rechtsvorschriften anwendbar werden.

(12) Im Lichte der Verhältnismäßigkeit sollte sichergestellt werden, dass der Grundsatz der Gleichstellung von Sachverhalten oder Ereignissen nicht zu sachlich nicht zu rechtfertigenden Ergebnissen oder zum Zusammentreffen von Leistungen gleicher Art für denselben Zeitraum führt.

(13) Die Koordinierungsregeln müssen den Personen, die sich innerhalb der Gemeinschaft bewegen, sowie ihren Angehörigen und Hinterbliebenen

die Wahrung erworbener Ansprüche und Vorteile sowie der Anwartschaften ermöglichen.

(14) Diese Ziele müssen insbesondere durch die Zusammenrechnung aller Zeiten, die nach den verschiedenen nationalen Rechtsvorschriften für die Begründung und Aufrechterhaltung des Leistungsanspruchs und für dessen Berechnung zu berücksichtigen sind, sowie durch die Gewährung von Leistungen an die verschiedenen unter diese Verordnung fallenden Personengruppen, erreicht werden.

(15) Es ist erforderlich, Personen, die sich innerhalb der Gemeinschaft bewegen, dem System der sozialen Sicherheit nur eines Mitgliedstaats zu unterwerfen, um eine Kumulierung anzuwendender nationaler Rechtsvorschriften und die sich daraus möglicherweise ergebenden Komplikationen zu vermeiden.

(16) Innerhalb der Gemeinschaft ist es grundsätzlich nicht gerechtfertigt, Ansprüche der sozialen Sicherheit vom Wohnort der betreffenden Person abhängig zu machen; in besonderen Fällen jedoch – vor allem bei besonderen Leistungen, die an das wirtschaftliche und soziale Umfeld der betreffenden Person gebunden sind – könnte der Wohnort berücksichtigt werden.

(17) Um die Gleichbehandlung aller im Hoheitsgebiet eines Mitgliedstaats erwerbstätigen Personen am besten zu gewährleisten, ist es zweckmäßig, als allgemeine Regel die Anwendung der Rechtsvorschriften des Mitgliedstaats vorzusehen, in dem die betreffende Person eine Beschäftigung oder eine selbstständige Erwerbstätigkeit ausübt.

(17a) Sobald Rechtsvorschriften eines Mitgliedstaats für eine Person nach Titel II dieser Verordnung anwendbar werden, sollten die Voraussetzungen für einen Anschluss und den Anspruch auf Leistungen durch die Rechtsvorschriften des zuständigen Mitgliedstaats geregelt werden, wobei das Gemeinschaftsrecht einzuhalten ist.

(18) Von dieser allgemeinen Regel ist in besonderen Fällen, die andere Zugehörigkeitskriterien rechtfertigen, abzuweichen.

(18a) Der Grundsatz, dass nur die Rechtsvorschriften eines einzigen Mitgliedstaats anzuwenden sind, ist von großer Bedeutung und sollte hervorgehoben werden. Dies sollte jedoch nicht bedeuten, dass allein die Gewährung einer Leistung nach dieser Verordnung, einschließlich der Zahlung von Versicherungsbeiträgen oder der Gewährung eines Versicherungsschutzes für den Begünstigten, die Rechtsvorschriften des Mitgliedstaats, dessen Träger diese Leistung erbracht hat, zu den für diese Person geltenden Rechtsvorschriften macht.

(18b) In Anhang III der Verordnung (EWG) Nr. 3922/91 des Rates vom 16. Dezember 1991 zur Harmonisierung der technischen Vorschriften und der Verwaltungsverfahren in der Zivilluftfahrt[1] ist das Konzept der „Heimatbasis" für Mitglieder von Flug- und Kabinenbesatzungen definiert als der vom Luftfahrtunternehmer gegenüber dem Besatzungsmitglied benannte Ort, wo das Besatzungsmitglied normalerweise eine Dienstzeit oder eine Abfolge von Dienstzeiten beginnt und beendet und wo der Luftfahrtunternehmer normalerweise nicht für die Unterbringung

[1] **Amtl. Anm.:** ABl. L 373 vom 31.12.1991, S. 4

des betreffenden Besatzungsmitglieds verantwortlich ist. Um die Anwendung des Titels II dieser Verordnung auf Mitglieder von Flug- und Kabinenbesatzungen zu erleichtern, ist es gerechtfertigt, das Konzept der „Heimatbasis" als das Kriterium für die Bestimmung der für die Mitglieder von Flug- und Kabinenbesatzungen geltenden Rechtsvorschriften heranzuziehen. Es sollte jedoch für Kontinuität bei den für die Mitglieder von Flug- und Kabinenbesatzungen geltenden Rechtsvorschriften gesorgt werden, und das Prinzip der Heimatbasis sollte nicht zu einem häufigen Wechsel der geltenden Rechtsvorschriften aufgrund der Arbeitsmuster oder des saisonbedingten Bedarfs der Branche führen.

(19) In einigen Fällen können Leistungen bei Mutterschaft und gleichgestellte Leistungen bei Vaterschaft von der Mutter oder dem Vater in Anspruch genommen werden; weil sich für Väter diese Leistungen von Erziehungsleistungen unterscheiden und mit Leistungen bei Mutterschaft im engeren Sinne gleichgesetzt werden können, da sie in den ersten Lebensmonaten eines Neugeborenen gewährt werden, ist es angezeigt, Leistungen bei Mutterschaft und gleichgestellte Leistungen bei Vaterschaft gemeinsam zu regeln.

(20) In Bezug auf Leistungen bei Krankheit, Leistungen bei Mutterschaft und gleichgestellten Leistungen bei Vaterschaft sollte den Versicherten sowie ihren Familienangehörigen, die in einem anderen als dem zuständigen Mitgliedstaat wohnen oder sich dort aufhalten, Schutz gewährt werden.

(21) Die Bestimmungen über Leistungen bei Krankheit, Leistungen bei Mutterschaft und gleichgestellte Leistungen bei Vaterschaft wurden im Lichte der Rechtsprechung des Gerichtshofes erstellt. Die Bestimmungen über die vorherige Genehmigung wurden unter Berücksichtigung der einschlägigen Entscheidungen des Gerichtshofes verbessert.

(22) Die besondere Lage von Rentenantragstellern und Rentenberechtigten sowie ihrer Familienangehörigen erfordert Bestimmungen auf dem Gebiet der Krankenversicherung, die dieser Situation gerecht werden.

(23) In Anbetracht der Unterschiede zwischen den verschiedenen nationalen Systemen ist es angezeigt, dass die Mitgliedstaaten nach Möglichkeit vorsehen, dass Familienangehörigen von Grenzgängern in dem Mitgliedstaat, in dem die Grenzgänger ihre Tätigkeit ausüben, medizinische Behandlung gewährt wird.

(24) Es ist erforderlich, spezifische Bestimmungen vorzusehen, die ein Zusammentreffen von Sachleistungen bei Krankheit mit Geldleistungen bei Krankheit ausschließen, wie sie Gegenstand der Urteile des Gerichtshofes in den Rechtssachen C-215/99 (Jauch) und C-160/96 (Molenaar) waren, sofern diese Leistungen das gleiche Risiko abdecken.

(25) In Bezug auf Leistungen bei Arbeitsunfällen und Berufskrankheiten sollten Regeln erlassen werden, die Personen, die in einem anderen als dem zuständigen Mitgliedstaat wohnen oder sich dort aufhalten, Schutz gewähren.

(26) Für Leistungen bei Invalidität sollten Koordinierungsregeln vorgesehen werden, die die Eigenheiten der nationalen Rechtsvorschriften, insbesondere im Hinblick auf die Anerkennung des Invaliditätszustands und seiner Verschlimmerung, berücksichtigen.

(27) Es ist erforderlich, ein System zur Feststellung der Leistungen bei Alter und an Hinterbliebene für Personen zu erarbeiten, für die die Rechtsvorschriften eines oder mehrerer Mitgliedstaaten galten.

(28) Es ist erforderlich, den Betrag einer Rente festzulegen, die nach der Zusammenrechnungs- und Zeitenverhältnisregelung berechnet und durch das Gemeinschaftsrecht garantiert ist, wenn sich die Anwendung der nationalen Rechtsvorschriften einschließlich ihrer Kürzungs-, Ruhens- und Entziehungsvorschriften als weniger günstig erweist als die genannte Regelung.

(29) Um Wanderarbeitnehmer und ihre Hinterbliebenen gegen eine übermäßig strenge Anwendung der nationalen Kürzungs-, Ruhens- und Entziehungsvorschriften zu schützen, ist es erforderlich, Bestimmungen aufzunehmen, die für die Anwendung dieser Vorschriften strenge Regeln festlegen.

(30) Wie der Gerichtshof stets bekräftigt hat, ist der Rat nicht dafür zuständig, Rechtsvorschriften zu erlassen, mit denen das Zusammentreffen von zwei oder mehr Rentenansprüchen, die in verschiedenen Mitgliedstaaten erworben wurden, dadurch eingeschränkt wird, dass der Betrag einer Rente, deren Anspruch ausschließlich nach nationalen Rechtsvorschriften erworben wurde, gekürzt wird.

(31) Nach Auffassung des Gerichtshofes ist es Sache des nationalen Gesetzgebers, derartige Rechtsvorschriften zu erlassen, wobei der Gemeinschaftsgesetzgeber die Grenzen festlegt, in denen die nationalen Kürzungs-, Ruhens- oder Entziehungsvorschriften anzuwenden sind.

(32) Zur Förderung der Mobilität der Arbeitnehmer ist vor allem ihre Arbeitssuche in den verschiedenen Mitgliedstaaten zu erleichtern; daher ist eine stärkere und wirksamere Koordinierung zwischen den Systemen der Arbeitslosenversicherung und der Arbeitsverwaltung aller Mitgliedstaaten notwendig.

(33) Es ist erforderlich, gesetzliche Vorruhestandsregelungen in den Geltungsbereich dieser Verordnung einzubeziehen und dadurch die Gleichbehandlung und die Möglichkeit des „Exports" von Vorruhestandsleistungen sowie die Feststellung von Familien- und Gesundheitsleistungen für die betreffende Person nach den Bestimmungen dieser Verordnung zu gewährleisten; da es gesetzliche Vorruhestandsregelungen jedoch nur in einer sehr begrenzten Anzahl von Mitgliedstaaten gibt, sollten die Vorschriften über die Zusammenrechnung von Zeiten auf diese Regelungen nicht angewendet werden.

(34) Da die Familienleistungen sehr vielfältig sind und Schutz in Situationen gewähren, die als klassisch beschrieben werden können, sowie in Situationen, die durch ganz spezifische Faktoren gekennzeichnet sind und die Gegenstand der Urteile des Gerichtshofes in den verbundenen Rechtssachen C-245/94 und C-312/94 (Hoever) und (Zachow) und in der Rechtssache C-275/96 (Kuusijärvi) waren, ist es erforderlich, diese Leistungen in ihrer Gesamtheit zu regeln.

(35) Zur Vermeidung ungerechtfertigter Doppelleistungen sind für den Fall des Zusammentreffens von Ansprüchen auf Familienleistungen nach den Rechtsvorschriften des zuständigen Mitgliedstaats mit Ansprüchen auf

Familienleistungen nach den Rechtsvorschriften des Wohnmitgliedstaats der Familienangehörigen Prioritätsregeln vorzusehen.

(36) Unterhaltsvorschüsse sind zurückzuzahlende Vorschüsse, mit denen ein Ausgleich dafür geschaffen werden soll, dass ein Elternteil seiner gesetzlichen Verpflichtung zur Leistung von Unterhalt für sein Kind nicht nachkommt; hierbei handelt es sich um eine familienrechtliche Verpflichtung. Daher sollten diese Vorschüsse nicht als direkte Leistungen aufgrund einer kollektiven Unterstützung zu Gunsten der Familien angesehen werden. Aufgrund dieser Besonderheiten sollten die Koordinierungsregeln nicht für solche Unterhaltsvorschüsse gelten.

(37) Der Gerichtshof hat wiederholt festgestellt, dass Vorschriften, mit denen vom Grundsatz der „Exportierbarkeit" der Leistungen der sozialen Sicherheit abgewichen wird, eng ausgelegt werden müssen. Dies bedeutet, dass sie nur auf Leistungen angewendet werden können, die den genau festgelegten Bedingungen entsprechen. Daraus folgt, dass Titel III Kapitel 9 dieser Verordnung nur auf Leistungen angewendet werden kann, die sowohl besonders als auch beitragsunabhängig sind und in Anhang X dieser Verordnung aufgeführt sind.

(38) Es ist erforderlich, eine Verwaltungskommission einzusetzen, der ein Regierungsvertreter jedes Mitgliedstaats angehört und die insbesondere damit beauftragt ist, alle Verwaltungs- und Auslegungsfragen zu behandeln, die sich aus dieser Verordnung ergeben, und die Zusammenarbeit zwischen den Mitgliedstaaten zu fördern.

(39) Es hat sich herausgestellt, dass die Entwicklung und Benutzung von elektronischen Datenverarbeitungsdiensten für den Informationsaustausch die Einsetzung eines Fachausschusses unter der Verantwortung der Verwaltungskommission mit spezifischen Zuständigkeiten in den Bereichen der Datenverarbeitung erforderlich machen.

(40) Die Benutzung von elektronischen Datenverarbeitungsdiensten für den Datenaustausch zwischen Trägern erfordert Bestimmungen, die gewährleisten, dass elektronisch ausgetauschte oder herausgegebene Dokumente genauso anerkannt werden wie Dokumente in Papierform. Ein solcher Austausch hat unter Beachtung der Gemeinschaftsbestimmungen über den Schutz natürlicher Personen bei der Verarbeitung personenbezogener Daten und den freien Datenverkehr zu erfolgen.

(41) Zur Erleichterung der Anwendung der Koordinierungsregeln ist es erforderlich, besondere Bestimmungen vorzusehen, die den jeweiligen Eigenheiten der nationalen Rechtsvorschriften gerecht werden.

(42) Im Einklang mit dem Verhältnismäßigkeitsprinzip und der Absicht, diese Verordnung auf alle Unionsbürger auszudehnen, und mit dem Ziel, eine Lösung zu erreichen, die allen Zwängen Rechnung trägt, die mit den besonderen Merkmalen von auf dem Wohnortkriterium basierenden Systemen verknüpft sein könnten, wurde eine besondere Ausnahmeregelung in Form eines Eintrags für Dänemark in Anhang XI für zweckdienlich erachtet, die ausschließlich auf Sozialrentenansprüche für die neue Kategorie von nicht erwerbstätigen Personen, auf die diese Verordnung ausgeweitet wurde, beschränkt ist; damit wird den besonderen Merkmalen des dänischen Systems sowie der Tatsache Rechnung getragen, dass diese Renten nach dem geltenden dänischen Recht (Rentengesetz) nach einer Wohnzeit von zehn Jahren „exportiert" werden können.

(43) Im Einklang mit dem Grundsatz der Gleichbehandlung wird eine besondere Ausnahmeregelung in Form eines Eintrags für Finnland in Anhang XI für zweckdienlich erachtet, die auf wohnsitzabhängige staatliche Renten beschränkt ist, um den besonderen Merkmalen der finnischen Rechtsvorschriften über die soziale Sicherheit Rechnung zu tragen; dadurch soll sichergestellt werden, dass die staatliche Rente nicht niedriger sein darf als die staatliche Rente, die sich ergäbe, wenn sämtliche Versicherungszeiten, die in anderen Mitgliedstaaten zurückgelegt wurden, in Finnland zurückgelegt worden wären.

(44) Es ist erforderlich, eine neue Verordnung zu erlassen, um die Verordnung (EWG) Nr. 1408/71 aufzuheben. Dabei muss die Verordnung (EWG) Nr. 1408/71 jedoch im Hinblick auf bestimmte Rechtsakte der Gemeinschaft und Abkommen, bei denen die Gemeinschaft Vertragspartei ist, zur Wahrung der Rechtssicherheit in Kraft bleiben und weiterhin Rechtsgültigkeit besitzen.

(45) Da das Ziel der beabsichtigten Maßnahme, nämlich Koordinierungsmaßnahmen zur Sicherstellung, dass das Recht auf Freizügigkeit wirksam ausgeübt werden kann, auf Ebene der Mitgliedstaaten nicht ausreichend erreicht werden kann und daher wegen des Umfangs und der Wirkungen der Maßnahme besser auf Gemeinschaftsebene zu erreichen ist, kann die Gemeinschaft im Einklang mit dem in Artikel 5 des Vertrags niedergelegten Subsidiaritätsprinzip tätig werden. Entsprechend dem in demselben Artikel genannten Verhältnismäßigkeitsprinzip geht diese Verordnung nicht über das für die Erreichung dieses Ziels erforderliche Maß hinaus –

HABEN FOLGENDE VERORDNUNG ERLASSEN:

Titel I. Allgemeine Bestimmungen

Art. 1 Definitionen. Für die Zwecke dieser Verordnung bezeichnet der Ausdruck:

a) „Beschäftigung" jede Tätigkeit oder gleichgestellte Situation, die für die Zwecke der Rechtsvorschriften der sozialen Sicherheit des Mitgliedstaats, in dem die Tätigkeit ausgeübt wird oder die gleichgestellte Situation vorliegt, als solche gilt;

b) „selbstständige Erwerbstätigkeit" jede Tätigkeit oder gleichgestellte Situation, die für die Zwecke der Rechtsvorschriften der sozialen Sicherheit des Mitgliedstaats, in dem die Tätigkeit ausgeübt wird oder die gleichgestellte Situation vorliegt, als solche gilt;

c) „Versicherter" in Bezug auf die von Titel III Kapitel 1 und 3 erfassten Zweige der sozialen Sicherheit jede Person, die unter Berücksichtigung der Bestimmungen dieser Verordnung die für einen Leistungsanspruch nach den Rechtsvorschriften des gemäß Titel II zuständigen Mitgliedstaats vorgesehenen Voraussetzungen erfüllt;

d) „Beamter" jede Person, die in dem Mitgliedstaat, dem die sie beschäftigende Verwaltungseinheit angehört, als Beamter oder diesem gleichgestellte Person gilt;

e) „Sondersystem für Beamte" jedes System der sozialen Sicherheit, das sich von dem allgemeinen System der sozialen Sicherheit, das auf die Arbeitnehmer des betreffenden Mitgliedstaats anwendbar ist, unterscheidet und das für alle oder bestimmte Gruppen von Beamten unmittelbar gilt;

f) „Grenzgänger" eine Person, die in einem Mitgliedstaat eine Beschäftigung oder eine selbstständige Erwerbstätigkeit ausübt und in einem anderen Mitgliedstaat wohnt, in den sie in der Regel täglich, mindestens jedoch einmal wöchentlich zurückkehrt;

g) „Flüchtling" eine Person im Sinne des Artikels 1 des am 28. Juli 1951 in Genf unterzeichneten Abkommens über die Rechtsstellung der Flüchtlinge;

h) „Staatenloser" eine Person im Sinne des Artikels 1 des am 28. September 1954 in New York unterzeichneten Abkommens über die Rechtsstellung der Staatenlosen;

i) „Familienangehöriger":

1. i) jede Person, die in den Rechtsvorschriften, nach denen die Leistungen gewährt werden, als Familienangehöriger bestimmt oder anerkannt oder als Haushaltsangehöriger bezeichnet wird;

   ii) in Bezug auf Sachleistungen nach Titel III Kapitel 1 über Leistungen bei Krankheit sowie Leistungen bei Mutterschaft und gleichgestellte Leistungen bei Vaterschaft jede Person, die in den Rechtsvorschriften des Mitgliedstaats, in dem sie wohnt, als Familienangehöriger bestimmt oder anerkannt wird oder als Haushaltsangehöriger bezeichnet wird;

2. unterscheiden die gemäß Nummer 1 anzuwendenden Rechtsvorschriften eines Mitgliedstaats die Familienangehörigen nicht von anderen Personen, auf die diese Rechtsvorschriften anwendbar sind, so werden der Ehegatte, die minderjährigen Kinder und die unterhaltsberechtigten volljährigen Kinder als Familienangehörige angesehen;

3. wird nach den gemäß Nummern 1 und 2 anzuwendenden Rechtsvorschriften eine Person nur dann als Familien- oder Haushaltsangehöriger angesehen, wenn sie mit dem Versicherten oder dem Rentner in häuslicher Gemeinschaft lebt, so gilt diese Voraussetzung als erfüllt, wenn der Unterhalt der betreffenden Person überwiegend von dem Versicherten oder dem Rentner bestritten wird;

j) „Wohnort" den Ort des gewöhnlichen Aufenthalts einer Person;

k) „Aufenthalt" den vorübergehenden Aufenthalt;

l) „Rechtsvorschriften" für jeden Mitgliedstaat die Gesetze, Verordnungen, Satzungen und alle anderen Durchführungsvorschriften in Bezug auf die in Artikel 3 Absatz 1 genannten Zweige der sozialen Sicherheit.
Dieser Begriff umfasst keine tarifvertraglichen Vereinbarungen, mit Ausnahme derjenigen, durch die eine Versicherungsverpflichtung, die sich aus den in Unterabsatz 1 genannten Gesetzen oder Verordnungen ergibt, erfüllt wird oder die durch eine behördliche Entscheidung für allgemein verbindlich erklärt oder in ihrem Geltungsbereich erweitert wurden, sofern der betreffende Mitgliedstaat in einer einschlägigen Erklärung den Präsidenten des Europäischen Parlaments und den Präsidenten des Rates der Europäischen Union davon unterrichtet. Diese Erklärung wird im *Amtsblatt der Europäischen Union* veröffentlicht;

m) „zuständige Behörde" in jedem Mitgliedstaat den Minister, die Minister oder eine entsprechende andere Behörde, die im gesamten Gebiet des betreffenden Mitgliedstaates oder einem Teil davon für die Systeme der sozialen Sicherheit zuständig sind;

n) „Verwaltungskommission" die in Artikel 71 genannte Kommission;

na) „Europäische Arbeitsbehörde" die in Artikel 74a genannte, mit der Verordnung (EU) 2019/1149 des Europäischen Parlaments und des Rates[1)] gegründete Einrichtung;

o) „Durchführungsverordnung" die in Artikel 89 genannte Verordnung;

p) „Träger" in jedem Mitgliedstaat die Einrichtung oder Behörde, der die Anwendung aller Rechtsvorschriften oder eines Teils hiervon obliegt;

q) „zuständiger Träger":

   i) den Träger, bei dem die betreffende Person zum Zeitpunkt der Stellung des Antrags auf Leistungen versichert ist,
   oder

   ii) den Träger, gegenüber dem die betreffende Person einen Anspruch auf Leistungen hat oder hätte, wenn sie selbst oder ihr Familienangehöriger bzw. ihre Familienangehörigen in dem Mitgliedstaat wohnen würden, in dem dieser Träger seinen Sitz hat,
   oder

   iii) den von der zuständigen Behörde des betreffenden Mitgliedstaats bezeichneten Träger,
   oder

   iv) bei einem System, das die Verpflichtungen des Arbeitgebers hinsichtlich der in Artikel 3 Absatz 1 genannten Leistungen betrifft, den Arbeitgeber oder den betreffenden Versicherer oder, falls es einen solchen nicht gibt, die von der zuständigen Behörde des betreffenden Mitgliedstaats bezeichnete Einrichtung oder Behörde;

r) „Träger des Wohnorts" und „Träger des Aufenthaltsorts" den Träger, der nach den Rechtsvorschriften, die für diesen Träger gelten, für die Gewährung der Leistungen an dem Ort zuständig ist, an dem die betreffende Person wohnt oder sich aufhält, oder, wenn es einen solchen Träger nicht gibt, den von der zuständigen Behörde des betreffenden Mitgliedstaats bezeichneten Träger;

s) „zuständiger Mitgliedstaat" den Mitgliedstaat, in dem der zuständige Träger seinen Sitz hat;

t) „Versicherungszeiten" die Beitragszeiten, Beschäftigungszeiten oder Zeiten einer selbstständigen Erwerbstätigkeit, die nach den Rechtsvorschriften, nach denen sie zurückgelegt worden sind oder als zurückgelegt gelten, als Versicherungszeiten bestimmt oder anerkannt sind, sowie alle gleichgestellten Zeiten, soweit sie nach diesen Rechtsvorschriften als den Versicherungszeiten gleichwertig anerkannt sind;

u) „Beschäftigungszeiten" oder „Zeiten einer selbstständigen Erwerbstätigkeit" die Zeiten, die nach den Rechtsvorschriften, nach denen sie zurückgelegt worden sind, als solche bestimmt oder anerkannt sind, sowie alle gleichgestellten Zeiten, soweit sie nach diesen Rechtsvorschriften als den Beschäf-

---

[1)] **Amtl. Anm.:** Verordnung (EU) 2019/1149 des Europäischen Parlaments und des Rates vom 20. Juni 2019 zur Errichtung einer Europäischen Arbeitsbehörde und zur Änderung der Verordnungen (EG) Nr. 883/2004, (EU) Nr. 492/2011 und (EU) 2016/589 sowie zur Aufhebung des Beschlusses (EU) 2016/344 (ABl. L 186 vom 11.7.2019, S. 21).

tigungszeiten oder den Zeiten einer selbstständigen Erwerbstätigkeit gleichwertig anerkannt sind;

v) „Wohnzeiten" die Zeiten, die nach den Rechtsvorschriften, nach denen sie zurückgelegt worden sind oder als zurückgelegt gelten, als solche bestimmt oder anerkannt sind;

va) „Sachleistungen"

i) für Titel III Kapitel 1 (Leistungen bei Krankheit sowie Leistungen bei Mutterschaft und gleichgestellte Leistungen bei Vaterschaft) Sachleistungen, die nach den Rechtsvorschriften eines Mitgliedstaats vorgesehen sind und die den Zweck verfolgen, die ärztliche Behandlung und die diese Behandlung ergänzenden Produkte und Dienstleistungen zu erbringen bzw. zur Verfügung zu stellen oder direkt zu bezahlen oder die diesbezüglichen Kosten zu erstatten. Dazu gehören auch Sachleistungen bei Pflegebedürftigkeit;

ii) für Titel III Kapitel 2 (Leistungen bei Arbeitsunfällen und Berufskrankheiten) alle Sachleistungen im Zusammenhang mit Arbeitsunfällen und Berufskrankheiten gemäß der Definition nach Ziffer i, die nach den Arbeitsunfall- und Berufskrankheitenregelungen der Mitgliedstaaten vorgesehen sind.

w) „Renten" nicht nur Renten im engeren Sinn, sondern auch Kapitalabfindungen, die an deren Stelle treten können, und Beitragserstattungen sowie, soweit Titel III nichts anderes bestimmt, Anpassungsbeträge und Zulagen;

x) „Vorruhestandsleistungen" alle anderen Geldleistungen als Leistungen bei Arbeitslosigkeit und vorgezogene Leistungen wegen Alters, die ab einem bestimmten Lebensalter Arbeitnehmern, die ihre berufliche Tätigkeit eingeschränkt oder beendet haben oder ihr vorübergehend nicht mehr nachgehen, bis zu dem Lebensalter gewährt werden, in dem sie Anspruch auf Altersrente oder auf vorzeitiges Altersruhegeld geltend machen können, und deren Bezug nicht davon abhängig ist, dass sie der Arbeitsverwaltung des zuständigen Staates zur Verfügung stehen; eine „vorgezogene Leistung wegen Alters" ist eine Leistung, die vor dem Erreichen des Lebensalters, ab dem üblicherweise Anspruch auf Rente entsteht, gewährt und nach Erreichen dieses Lebensalters weiterhin gewährt oder durch eine andere Leistung bei Alter abgelöst wird;

y) „Sterbegeld" jede einmalige Zahlung im Todesfall, mit Ausnahme der unter Buchstabe w) genannten Kapitalabfindungen;

z) „Familienleistungen" alle Sach- oder Geldleistungen zum Ausgleich von Familienlasten, mit Ausnahme von Unterhaltsvorschüssen und besonderen Geburts- und Adoptionsbeihilfen nach Anhang I.

Art. 2 Persönlicher Geltungsbereich. (1) Diese Verordnung gilt für Staatsangehörige eines Mitgliedstaats, Staatenlose und Flüchtlinge mit Wohnort in einem Mitgliedstaat, für die die Rechtsvorschriften eines oder mehrerer Mitgliedstaaten gelten oder galten, sowie für ihre Familienangehörigen und Hinterbliebenen.

(2) Diese Verordnung gilt auch für Hinterbliebene von Personen, für die die Rechtsvorschriften eines oder mehrerer Mitgliedstaaten galten, und zwar ohne Rücksicht auf die Staatsangehörigkeit dieser Personen, wenn die Hinterbliebe-

nen Staatsangehörige eines Mitgliedstaats sind oder als Staatenlose oder Flüchtlinge in einem Mitgliedstaat wohnen.

Art. 3 Sachlicher Geltungsbereich. (1) Diese Verordnung gilt für alle Rechtsvorschriften, die folgende Zweige der sozialen Sicherheit betreffen:

a) Leistungen bei Krankheit;

b) Leistungen bei Mutterschaft und gleichgestellte Leistungen bei Vaterschaft;

c) Leistungen bei Invalidität;

d) Leistungen bei Alter;

e) Leistungen an Hinterbliebene;

f) Leistungen bei Arbeitsunfällen und Berufskrankheiten;

g) Sterbegeld;

h) Leistungen bei Arbeitslosigkeit;

i) Vorruhestandsleistungen;

j) Familienleistungen.

(2) Sofern in Anhang XI nichts anderes bestimmt ist, gilt diese Verordnung für die allgemeinen und die besonderen, die auf Beiträgen beruhenden und die beitragsfreien Systeme der sozialen Sicherheit sowie für die Systeme betreffend die Verpflichtungen von Arbeitgebern und Reedern.

(3) Diese Verordnung gilt auch für die besonderen beitragsunabhängigen Geldleistungen gemäß Artikel 70.

(4) Die Rechtsvorschriften der Mitgliedstaaten über die Verpflichtungen von Reedern werden jedoch durch Titel III nicht berührt.

(5) Diese Verordnung gilt nicht für

a) soziale und medizinische Fürsorge oder

b) Leistungen, bei denen ein Mitgliedstaat die Haftung für Personenschäden übernimmt und Entschädigung leistet, beispielsweise für Opfer von Krieg und militärischen Aktionen oder der sich daraus ergebenden Folgen, Opfer von Straftaten, Attentaten oder Terrorakten, Opfer von Schäden, die von Bediensteten eines Mitgliedstaats in Ausübung ihrer Pflichten verursacht wurden, oder für Personen, die aus politischen oder religiösen Gründen oder aufgrund ihrer Abstammung Nachteile erlitten haben.

Art. 4 Gleichbehandlung. Sofern in dieser Verordnung nichts anderes bestimmt ist, haben Personen, für die diese Verordnung gilt, die gleichen Rechte und Pflichten aufgrund der Rechtsvorschriften eines Mitgliedstaats wie die Staatsangehörigen dieses Staates.

Art. 5 Gleichstellung von Leistungen, Einkünften, Sachverhalten oder Ereignissen. Sofern in dieser Verordnung nicht anderes bestimmt ist, gilt unter Berücksichtigung der besonderen Durchführungsbestimmungen Folgendes:

a) Hat nach den Rechtsvorschriften des zuständigen Mitgliedstaats der Bezug von Leistungen der sozialen Sicherheit oder sonstiger Einkünfte bestimmte Rechtswirkungen, so sind die entsprechenden Rechtsvorschriften auch bei Bezug von nach den Rechtsvorschriften eines anderen Mitgliedstaats gewährten gleichartigen Leistungen oder bei Bezug von in einem anderen Mitgliedstaat erzielten Einkünften anwendbar.

b) Hat nach den Rechtsvorschriften des zuständigen Mitgliedstaats der Eintritt bestimmter Sachverhalte oder Ereignisse Rechtswirkungen, so berücksichtigt dieser Mitgliedstaat die in einem anderen Mitgliedstaat eingetretenen entsprechenden Sachverhalte oder Ereignisse, als ob sie im eigenen Hoheitsgebiet eingetreten wären.

Art. 6 Zusammenrechnung der Zeiten. Sofern in dieser Verordnung nichts anderes bestimmt ist, berücksichtigt der zuständige Träger eines Mitgliedstaats, dessen Rechtsvorschriften:
– den Erwerb, die Aufrechterhaltung, die Dauer oder das Wiederaufleben des Leistungsanspruchs,
– die Anwendung bestimmter Rechtsvorschriften,
oder
– den Zugang zu bzw. die Befreiung von der Pflichtversicherung, der freiwilligen Versicherung oder der freiwilligen Weiterversicherung,

von der Zurücklegung von Versicherungszeiten, Beschäftigungszeiten, Zeiten einer selbstständigen Erwerbstätigkeit oder Wohnzeiten abhängig machen, soweit erforderlich die nach den Rechtsvorschriften eines anderen Mitgliedstaats zurückgelegten Versicherungszeiten, Beschäftigungszeiten, Zeiten einer selbstständigen Erwerbstätigkeit oder Wohnzeiten, als ob es sich um Zeiten handeln würde, die nach den für diesen Träger geltenden Rechtsvorschriften zurückgelegt worden sind.

Art. 7 Aufhebung der Wohnortklauseln. Sofern in dieser Verordnung nichts anderes bestimmt ist, dürfen Geldleistungen, die nach den Rechtsvorschriften eines oder mehrerer Mitgliedstaaten oder nach dieser Verordnung zu zahlen sind, nicht aufgrund der Tatsache gekürzt, geändert, zum Ruhen gebracht, entzogen oder beschlagnahmt werden, dass der Berechtigte oder seine Familienangehörigen in einem anderen als dem Mitgliedstaat wohnt bzw. wohnen, in dem der zur Zahlung verpflichtete Träger seinen Sitz hat.

Art. 8 Verhältnis zwischen dieser Verordnung und anderen Koordinierungsregelungen. (1) [1] Im Rahmen ihres Geltungsbereichs tritt diese Verordnung an die Stelle aller zwischen den Mitgliedstaaten geltenden Abkommen über soziale Sicherheit. [2] Einzelne Bestimmungen von Abkommen über soziale Sicherheit, die von den Mitgliedstaaten vor dem Beginn der Anwendung dieser Verordnung geschlossen wurden, gelten jedoch fort, sofern sie für die Berechtigten günstiger sind oder sich aus besonderen historischen Umständen ergeben und ihre Geltung zeitlich begrenzt ist. [3] Um weiterhin Anwendung zu finden, müssen diese Bestimmungen in Anhang II aufgeführt sein. [4] Ist es aus objektiven Gründen nicht möglich, einige dieser Bestimmungen auf alle Personen auszudehnen, für die diese Verordnung gilt, so ist dies anzugeben.

(2) Zwei oder mehr Mitgliedstaaten können bei Bedarf nach den Grundsätzen und im Geist dieser Verordnung Abkommen miteinander schließen.

Art. 9 Erklärungen der Mitgliedstaaten zum Geltungsbereich dieser Verordnung. (1) [1] Die Mitgliedstaaten notifizieren der Europäischen Kommission schriftlich die Erklärungen gemäß Artikel 1 Buchstabe l, die Rechtsvorschriften, Systeme und Regelungen im Sinne des Artikels 3, die Abkommen im Sinne des Artikels 8 Absatz 2, die Mindestleistungen im Sinne des Artikels 58 und das Fehlen eines Versicherungssystems im Sinne des Artikels 65a Absatz 1 sowie wesentliche Änderungen. [2] In diesen Notifizierungen ist das Datum anzugeben, ab dem diese Verordnung auf die von den Mitgliedstaaten darin genannten Regelungen Anwendung findet.

(2) Diese Notifizierungen werden der Europäischen Kommission jährlich übermittelt und im erforderlichen Umfang bekannt gemacht.

Art. 10 Verbot des Zusammentreffens von Leistungen. Sofern nichts anderes bestimmt ist, wird aufgrund dieser Verordnung ein Anspruch auf mehrere Leistungen gleicher Art aus derselben Pflichtversicherungszeit weder erworben noch aufrechterhalten.

Titel II. Bestimmung des anwendbaren Rechts

Art. 11 Allgemeine Regelung. (1) [1] Personen, für die diese Verordnung gilt, unterliegen den Rechtsvorschriften nur eines Mitgliedstaats. [2] Welche Rechtsvorschriften dies sind, bestimmt sich nach diesem Titel.

(2) [1] Für die Zwecke dieses Titels wird bei Personen, die aufgrund oder infolge ihrer Beschäftigung oder selbstständigen Erwerbstätigkeit eine Geldleistung beziehen, davon ausgegangen, dass sie diese Beschäftigung oder Tätigkeit ausüben. [2] Dies gilt nicht für Invaliditäts-, Alters- oder Hinterbliebenenrenten oder für Renten bei Arbeitsunfällen oder Berufskrankheiten oder für Geldleistungen bei Krankheit, die eine Behandlung von unbegrenzter Dauer abdecken.

(3) Vorbehaltlich der Artikel 12 bis 16 gilt Folgendes:

a) eine Person, die in einem Mitgliedstaat eine Beschäftigung oder selbstständige Erwerbstätigkeit ausübt, unterliegt den Rechtsvorschriften dieses Mitgliedstaats;

b) ein Beamter unterliegt den Rechtsvorschriften des Mitgliedstaats, dem die ihn beschäftigende Verwaltungseinheit angehört;

c) eine Person, die nach den Rechtsvorschriften des Wohnmitgliedstaats Leistungen bei Arbeitslosigkeit gemäß Artikel 65 erhält, unterliegt den Rechtsvorschriften dieses Mitgliedstaats;

d) eine zum Wehr- oder Zivildienst eines Mitgliedstaats einberufene oder wiedereinberufene Person unterliegt den Rechtsvorschriften dieses Mitgliedstaats;

e) jede andere Person, die nicht unter die Buchstaben a) bis d) fällt, unterliegt unbeschadet anders lautender Bestimmungen dieser Verordnung, nach denen ihr Leistungen aufgrund der Rechtsvorschriften eines oder mehrerer anderer Mitgliedstaaten zustehen, den Rechtsvorschriften des Wohnmitgliedstaats.

(4) [1] Für die Zwecke dieses Titels gilt eine Beschäftigung oder selbstständige Erwerbstätigkeit, die gewöhnlich an Bord eines unter der Flagge eines Mitgliedstaats fahrenden Schiffes auf See ausgeübt wird, als in diesem Mitgliedstaat ausgeübt. [2] Eine Person, die einer Beschäftigung an Bord eines unter der Flagge eines Mitgliedstaats fahrenden Schiffes nachgeht und ihr Entgelt für diese Tätigkeit von einem Unternehmen oder einer Person mit Sitz oder Wohnsitz in einem anderen Mitgliedstaat erhält, unterliegt jedoch den Rechtsvorschriften des letzteren Mitgliedstaats, sofern sie in diesem Staat wohnt. [3] Das Unterneh-

men oder die Person, das bzw. die das Entgelt zahlt, gilt für die Zwecke dieser Rechtsvorschriften als Arbeitgeber.

(5) Eine Tätigkeit, die ein Flug- oder Kabinenbesatzungsmitglied in Form von Leistungen im Zusammenhang mit Fluggästen oder Luftfracht ausübt, gilt als in dem Mitgliedstaat ausgeübte Tätigkeit, in dem sich die „Heimatbasis" im Sinne von Anhang III der Verordnung (EWG) Nr. 3922/91 befindet.

Art. 12 Sonderregelung. (1) Eine Person, die in einem Mitgliedstaat für Rechnung eines Arbeitgebers, der gewöhnlich dort tätig ist, eine Beschäftigung ausübt und die von diesem Arbeitgeber in einen anderen Mitgliedstaat entsandt wird, um dort eine Arbeit für dessen Rechnung auszuführen, unterliegt weiterhin den Rechtsvorschriften des ersten Mitgliedstaats, sofern die voraussichtliche Dauer dieser Arbeit 24 Monate nicht überschreitet und diese Person nicht eine andere entsandte Person ablöst.

(2) Eine Person, die gewöhnlich in einem Mitgliedstaat eine selbstständige Erwerbstätigkeit ausübt und die eine ähnliche Tätigkeit in einem anderen Mitgliedstaat ausübt, unterliegt weiterhin den Rechtsvorschriften des ersten Mitgliedstaats, sofern die voraussichtliche Dauer dieser Tätigkeit vierundzwanzig Monate nicht überschreitet.

Art. 13 Ausübung von Tätigkeiten in zwei oder mehr Mitgliedstaaten.

(1) Eine Person, die gewöhnlich in zwei oder mehr Mitgliedstaaten eine Beschäftigung ausübt, unterliegt:

a) den Rechtsvorschriften des Wohnmitgliedstaats, wenn sie dort einen wesentlichen Teil ihrer Tätigkeit ausübt, oder

b) wenn sie im Wohnmitgliedstaat keinen wesentlichen Teil ihrer Tätigkeit ausübt,

   i) den Rechtsvorschriften des Mitgliedstaats, in dem das Unternehmen oder der Arbeitgeber seinen Sitz oder Wohnsitz hat, sofern sie bei einem Unternehmen bzw. einem Arbeitgeber beschäftigt ist, oder

   ii) den Rechtsvorschriften des Mitgliedstaats, in dem die Unternehmen oder Arbeitgeber ihren Sitz oder Wohnsitz haben, wenn sie bei zwei oder mehr Unternehmen oder Arbeitgebern beschäftigt ist, die ihren Sitz oder Wohnsitz in nur einem Mitgliedstaat haben, oder

   iii) den Rechtsvorschriften des Mitgliedstaats, in dem das Unternehmen oder der Arbeitgeber außerhalb des Wohnmitgliedstaats seinen Sitz oder Wohnsitz hat, sofern sie bei zwei oder mehr Unternehmen oder Arbeitgebern beschäftigt ist, die ihre Sitze oder Wohnsitze in zwei Mitgliedstaaten haben, von denen einer der Wohnmitgliedstaat ist, oder

   iv) den Rechtsvorschriften des Wohnmitgliedstaats, sofern sie bei zwei oder mehr Unternehmen oder Arbeitgebern beschäftigt ist, von denen mindestens zwei ihren Sitz oder Wohnsitz in verschiedenen Mitgliedstaaten außerhalb des Wohnmitgliedstaats haben.

(2) Eine Person, die gewöhnlich in zwei oder mehr Mitgliedstaaten eine selbstständige Erwerbstätigkeit ausübt, unterliegt:

a) den Rechtsvorschriften des Wohnmitgliedstaats, wenn sie dort einen wesentlichen Teil ihrer Tätigkeit ausübt,
oder

b) den Rechtsvorschriften des Mitgliedstaats, in dem sich der Mittelpunkt ihrer Tätigkeiten befindet, wenn sie nicht in einem der Mitgliedstaaten wohnt, in denen sie einen wesentlichen Teil ihrer Tätigkeit ausübt.

(3) Eine Person, die gewöhnlich in verschiedenen Mitgliedstaaten eine Beschäftigung und eine selbstständige Erwerbstätigkeit ausübt, unterliegt den Rechtsvorschriften des Mitgliedstaats, in dem sie eine Beschäftigung ausübt, oder, wenn sie eine solche Beschäftigung in zwei oder mehr Mitgliedstaaten ausübt, den nach Absatz 1 bestimmten Rechtsvorschriften.

(4) Eine Person, die in einem Mitgliedstaat als Beamter beschäftigt ist und die eine Beschäftigung und/oder eine selbstständige Erwerbstätigkeit in einem oder mehreren anderen Mitgliedstaaten ausübt, unterliegt den Rechtsvorschriften des Mitgliedstaats, dem die sie beschäftigende Verwaltungseinheit angehört.

(5) Die in den Absätzen 1 bis 4 genannten Personen werden für die Zwecke der nach diesen Bestimmungen ermittelten Rechtsvorschriften so behandelt, als ob sie ihre gesamte Beschäftigung oder selbstständige Erwerbstätigkeit in dem betreffenden Mitgliedstaat ausüben und dort ihre gesamten Einkünfte erzielen würden.

Art. 14 Freiwillige Versicherung oder freiwillige Weiterversicherung.

(1) Die Artikel 11 bis 13 gelten nicht für die freiwillige Versicherung oder die freiwillige Weiterversicherung, es sei denn, in einem Mitgliedstaat gibt es für einen der in Artikel 3 Absatz 1 genannten Zweige nur ein System der freiwilligen Versicherung.

(2) [1] Unterliegt die betreffende Person nach den Rechtsvorschriften eines Mitgliedstaats der Pflichtversicherung in diesem Mitgliedstaat, so darf sie in einem anderen Mitgliedstaat keiner freiwilligen Versicherung oder freiwilligen Weiterversicherung unterliegen. [2] In allen übrigen Fällen, in denen für einen bestimmten Zweig eine Wahlmöglichkeit zwischen mehreren Systemen der freiwilligen Versicherung oder der freiwilligen Weiterversicherung besteht, tritt die betreffende Person nur dem System bei, für das sie sich entschieden hat.

(3) Für Leistungen bei Invalidität, Alter und an Hinterbliebene kann die betreffende Person jedoch auch dann der freiwilligen Versicherung oder der freiwilligen Weiterversicherung eines Mitgliedstaats beitreten, wenn sie nach den Rechtsvorschriften eines anderen Mitgliedstaats pflichtversichert ist, sofern sie in der Vergangenheit zu einem Zeitpunkt ihrer beruflichen Laufbahn aufgrund oder infolge einer Beschäftigung oder selbstständigen Erwerbstätigkeit den Rechtsvorschriften des ersten Mitgliedstaats unterlag und ein solches Zusammentreffen nach den Rechtsvorschriften des ersten Mitgliedstaats ausdrücklich oder stillschweigend zugelassen ist.

(4) Hängt nach den Rechtsvorschriften eines Mitgliedstaats das Recht auf freiwillige Versicherung oder freiwillige Weiterversicherung davon ab, dass der Berechtigte seinen Wohnort in diesem Mitgliedstaat hat oder dass er zuvor beschäftigt bzw. selbstständig erwerbstätig war, so gilt Artikel 5 Buchstabe b ausschließlich für Personen, die zu irgendeinem Zeitpunkt in der Vergangenheit den Rechtsvorschriften dieses Mitgliedstaats unterlagen, weil sie dort eine Beschäftigung oder eine selbstständige Erwerbstätigkeit ausgeübt haben.

Art. 15 Vertragsbedienstete der Europäischen Gemeinschaften. [1] Die Vertragsbedienstete der Europäischen Gemeinschaften können zwischen der

Anwendung der Rechtsvorschriften des Mitgliedstaats, in dem sie beschäftigt sind, der Rechtsvorschriften des Mitgliedstaats, denen sie zuletzt unterlagen, oder der Rechtsvorschriften des Mitgliedstaats, dessen Staatsangehörigkeit sie besitzen, wählen; ausgenommen hiervon sind die Vorschriften über Familienbeihilfen, die nach den Beschäftigungsbedingungen für diese Vertragsbedienstete gewährt werden. [2]Dieses Wahlrecht kann nur einmal ausgeübt werden und wird mit dem Tag des Dienstantritts wirksam.

Art. 16 Ausnahmen von den Artikeln 11 bis 15. (1) Zwei oder mehr Mitgliedstaaten, die zuständigen Behörden dieser Mitgliedstaaten oder die von diesen Behörden bezeichneten Einrichtungen können im gemeinsamen Einvernehmen Ausnahmen von den Artikeln 11 bis 15 im Interesse bestimmter Personen oder Personengruppen vorsehen.

(2) Wohnt eine Person, die eine Rente oder Renten nach den Rechtsvorschriften eines oder mehrerer Mitgliedstaaten erhält, in einem anderen Mitgliedstaat, so kann sie auf Antrag von der Anwendung der Rechtsvorschriften des letzteren Staates freigestellt werden, sofern sie diesen Rechtsvorschriften nicht aufgrund der Ausübung einer Beschäftigung oder selbstständigen Erwerbstätigkeit unterliegt.

Titel III. Besondere Bestimmungen über die verschiedenen Arten von Leistungen

Kapitel 1. Leistungen bei Krankheit sowie Leistungen bei Mutterschaft und gleichgestellte Leistungen bei Vaterschaft

Abschnitt 1. Versicherte und ihre Familienangehörigen mit Ausnahme von Rentnern und deren Familienangehörigen

Art. 17 Wohnort in einem anderen als dem zuständigen Mitgliedstaat. Ein Versicherter oder seine Familienangehörigen, die in einem anderen als dem zuständigen Mitgliedstaat wohnen, erhalten in dem Wohnmitgliedstaat Sachleistungen, die vom Träger des Wohnorts nach den für ihn geltenden Rechtsvorschriften für Rechnung des zuständigen Trägers erbracht werden, als ob sie nach diesen Rechtsvorschriften versichert wären.

Art. 18 Aufenthalt in dem zuständigen Mitgliedstaat, wenn sich der Wohnort in einem anderen Mitgliedstaat befindet – Besondere Vorschriften für die Familienangehörigen von Grenzgängern. (1) [1]Sofern in Absatz 2 nichts anderes bestimmt ist, haben der in Artikel 17 genannte Versicherte und seine Familienangehörigen auch während des Aufenthalts in dem zuständigen Mitgliedstaat Anspruch auf Sachleistungen. [2]Die Sachleistungen werden vom zuständigen Träger für dessen Rechnung nach den für ihn geltenden Rechtsvorschriften erbracht, als ob die betreffenden Personen in diesem Mitgliedstaat wohnen würden.

(2) *[1]* Die Familienangehörigen von Grenzgängern haben Anspruch auf Sachleistungen während ihres Aufenthalts im zuständigen Mitgliedstaat.

[2] Ist dieser Mitgliedstaat jedoch in Anhang III aufgeführt, haben die Familienangehörigen von Grenzgängern, die im selben Mitgliedstaat wie der Grenzgänger wohnen, im zuständigen Mitgliedstaat nur unter den Voraussetzungen des Artikels 19 Absatz 1 Anspruch auf Sachleistungen.

Art. 19 Aufenthalt außerhalb des zuständigen Mitgliedstaats. (1) [1]Sofern in Absatz 2 nichts anderes bestimmt ist, haben ein Versicherter und seine Familienangehörigen, die sich in einem anderen als dem zuständigen Mitgliedstaat aufhalten, Anspruch auf die Sachleistungen, die sich während ihres Aufenthalts als medizinisch notwendig erweisen, wobei die Art der Leistungen und die voraussichtliche Dauer des Aufenthalts zu berücksichtigen sind. [2]Diese Leistungen werden vom Träger des Aufenthaltsorts nach den für ihn geltenden Rechtsvorschriften für Rechnung des zuständigen Trägers erbracht, als ob die betreffenden Personen nach diesen Rechtsvorschriften versichert wären.

(2) Die Verwaltungskommission erstellt eine Liste der Sachleistungen, für die aus praktischen Gründen eine vorherige Vereinbarung zwischen der betreffenden Person und dem die medizinische Leistung erbringenden Träger erforderlich ist, damit sie während eines Aufenthalts in einem anderen Mitgliedstaat erbracht werden können.

Art. 20 Reisen zur Inanspruchnahme von Sachleistungen. (1) Sofern in dieser Verordnung nichts anderes bestimmt ist, muss ein Versicherter, der sich zur Inanspruchnahme von Sachleistungen in einen anderen Mitgliedstaat begibt, die Genehmigung des zuständigen Trägers einholen.

(2) [1]Ein Versicherter, der vom zuständigen Träger die Genehmigung erhalten hat, sich in einen anderen Mitgliedstaat zu begeben, um eine seinem Zustand angemessene Behandlung zu erhalten, erhält Sachleistungen, die vom Träger des Aufenthaltsorts nach den für ihn geltenden Rechtsvorschriften für Rechnung des zuständigen Trägers erbracht werden, als ob er nach diesen Rechtsvorschriften versichert wäre. [2]Die Genehmigung wird erteilt, wenn die betreffende Behandlung Teil der Leistungen ist, die nach den Rechtsvorschriften des Wohnmitgliedstaats der betreffenden Person vorgesehen sind, und ihr diese Behandlung nicht innerhalb eines in Anbetracht ihres derzeitigen Gesundheitszustands und des voraussichtlichen Verlaufs ihrer Krankheit medizinisch vertretbaren Zeitraums gewährt werden kann.

(3) Die Absätze 1 und 2 gelten für die Familienangehörigen des Versicherten entsprechend.

(4) [1]Wohnen die Familienangehörigen eines Versicherten in einem anderen Mitgliedstaat als der Versicherte selbst und hat sich dieser Mitgliedstaat für die Erstattung in Form von Pauschalbeträgen entschieden, so werden die Sachleistungen nach Absatz 2 für Rechnung des Trägers des Wohnorts der Familienangehörigen erbracht. [2]In diesem Fall gilt für die Zwecke des Absatzes 1 der Träger des Wohnorts der Familienangehörigen als zuständiger Träger.

Art. 21 Geldleistungen. (1) [1]Ein Versicherter und seine Familienangehörigen, die in einem anderen als dem zuständigen Mitgliedstaat wohnen oder sich dort aufhalten, haben Anspruch auf Geldleistungen, die vom zuständigen Träger nach den für ihn geltenden Rechtsvorschriften erbracht werden. [2]Im Einvernehmen zwischen dem zuständigen Träger und dem Träger des Wohn- oder Aufenthaltsorts können diese Leistungen jedoch vom Träger des Wohn- oder Aufenthaltsorts nach den Rechtsvorschriften des zuständigen Mitgliedstaats für Rechnung des zuständigen Trägers erbracht werden.

(2) Der zuständige Träger eines Mitgliedstaats, nach dessen Rechtsvorschriften Geldleistungen anhand eines Durchschnittserwerbseinkommens oder einer durchschnittlichen Beitragsgrundlage zu berechnen sind, ermittelt das Durch-

schnittserwerbseinkommen oder die durchschnittliche Beitragsgrundlage ausschließlich anhand der Erwerbseinkommen oder Beitragsgrundlagen, die für die nach diesen Rechtsvorschriften zurückgelegten Zeiten festgestellt worden sind.

(3) Der zuständige Träger eines Mitgliedstaats, nach dessen Rechtsvorschriften Geldleistungen anhand eines pauschalen Erwerbseinkommens zu berechnen sind, berücksichtigt ausschließlich das pauschale Erwerbseinkommen oder gegebenenfalls den Durchschnitt der pauschalen Erwerbseinkommen für Zeiten, die nach diesen Rechtsvorschriften zurückgelegt worden sind.

(4) Die Absätze 2 und 3 gelten entsprechend, wenn nach den für den zuständigen Träger geltenden Rechtsvorschriften ein bestimmter Bezugszeitraum vorgesehen ist, der in dem betreffenden Fall ganz oder teilweise den Zeiten entspricht, die die betreffende Person nach den Rechtsvorschriften eines oder mehrerer anderer Mitgliedstaaten zurückgelegt hat.

Art. 22 Rentenantragsteller. (1) [1] Ein Versicherter, der bei der Einreichung eines Rentenantrags oder während dessen Bearbeitung nach den Rechtsvorschriften des letzten zuständigen Mitgliedstaats den Anspruch auf Sachleistungen verliert, hat weiterhin Anspruch auf Sachleistungen nach den Rechtsvorschriften des Mitgliedstaats, in dem er wohnt, sofern der Rentenantragsteller die Versicherungsvoraussetzungen nach den Rechtsvorschriften des in Absatz 2 genannten Mitgliedstaats erfüllt. [2] Der Anspruch auf Sachleistungen in dem Wohnmitgliedstaat besteht auch für die Familienangehörigen des Rentenantragstellers.

(2) Die Sachleistungen werden für Rechnung des Trägers des Mitgliedstaats erbracht, der im Falle der Zuerkennung der Rente nach den Artikeln 23 bis 25 zuständig wäre.

Abschnitt 2. Rentner und ihre Familienangehörigen

Art. 23 Sachleistungsanspruch nach den Rechtsvorschriften des Wohnmitgliedstaats. Eine Person, die eine Rente oder Renten nach den Rechtsvorschriften von zwei oder mehr Mitgliedstaaten erhält, wovon einer der Wohnmitgliedstaat ist, und die Anspruch auf Sachleistungen nach den Rechtsvorschriften dieses Mitgliedstaats hat, erhält wie auch ihre Familienangehörigen diese Sachleistungen vom Träger des Wohnorts für dessen Rechnung, als ob sie allein nach den Rechtsvorschriften dieses Mitgliedstaats Anspruch auf Rente hätte.

Art. 24 Nichtvorliegen eines Sachleistungsanspruchs nach den Rechtsvorschriften des Wohnmitgliedstaats. (1) [1] Eine Person, die eine Rente oder Renten nach den Rechtsvorschriften eines oder mehrerer Mitgliedstaaten erhält und die keinen Anspruch auf Sachleistungen nach den Rechtsvorschriften des Wohnmitgliedstaats hat, erhält dennoch Sachleistungen für sich selbst und ihre Familienangehörigen, sofern nach den Rechtsvorschriften des für die Zahlung ihrer Rente zuständigen Mitgliedstaats oder zumindest eines der für die Zahlung ihrer Rente zuständigen Mitgliedstaaten Anspruch auf Sachleistungen bestünde, wenn sie in diesem Mitgliedstaat wohnte. [2] Die Sachleistungen werden vom Träger des Wohnorts für Rechnung des in Absatz 2 genannten Trägers erbracht, als ob die betreffende Person Anspruch auf Rente und Sachleistungen nach den Rechtsvorschriften dieses Mitgliedstaats hätte.

(2) In den in Absatz 1 genannten Fällen werden die Kosten für die Sachleistungen von dem Träger übernommen, der nach folgenden Regeln bestimmt wird:

a) hat der Rentner nur Anspruch auf Sachleistungen nach den Rechtsvorschriften eines einzigen Mitgliedstaats, so übernimmt der zuständige Träger dieses Mitgliedstaats die Kosten;

b) hat der Rentner Anspruch auf Sachleistungen nach den Rechtsvorschriften von zwei oder mehr Mitgliedstaaten, so übernimmt der zuständige Träger des Mitgliedstaats die Kosten, dessen Rechtsvorschriften für die betreffende Person am längsten gegolten haben; sollte die Anwendung dieser Regel dazu führen, dass die Kosten von mehreren Trägern zu übernehmen wären, gehen die Kosten zulasten des Trägers, der für die Anwendung der Rechtsvorschriften zuständig ist, die für den Rentner zuletzt gegolten haben.

Art. 25 Renten nach den Rechtsvorschriften eines oder mehrerer anderer Mitgliedstaaten als dem Wohnmitgliedstaat, wenn ein Sachleistungsanspruch in diesem Mitgliedstaat besteht. Wohnt eine Person, die eine Rente oder Renten nach den Rechtsvorschriften eines oder mehrerer Mitgliedstaaten erhält, in einem Mitgliedstaat, nach dessen Rechtsvorschriften der Anspruch auf Sachleistungen nicht vom Bestehen einer Versicherung, einer Beschäftigung oder einer selbstständigen Erwerbstätigkeit abhängt und von dem sie keine Rente erhält, so werden die Kosten für die Sachleistungen, die ihr oder ihren Familienangehörigen gewährt werden, von dem Träger eines der für die Zahlung ihrer Rente zuständigen Mitgliedstaaten übernommen, der nach Artikel 24 Absatz 2 bestimmt wird, soweit dieser Rentner und seine Familienangehörigen Anspruch auf diese Leistungen hätten, wenn sie in diesem Mitgliedstaat wohnen würden.

Art. 26 Familienangehörige, die in einem anderen Mitgliedstaat als dem Wohnmitgliedstaat des Rentners wohnen. [1] Familienangehörige einer Person, die eine Rente oder Renten nach den Rechtsvorschriften eines oder mehrerer Mitgliedstaaten erhält, haben, wenn sie in einem anderen Mitgliedstaat als der Rentner wohnen, Anspruch auf Sachleistungen vom Träger ihres Wohnorts nach den für ihn geltenden Rechtsvorschriften, sofern der Rentner nach den Rechtsvorschriften eines Mitgliedstaats Anspruch auf Sachleistungen hat. [2] Die Kosten übernimmt der zuständige Träger, der auch die Kosten für die dem Rentner in dessen Wohnmitgliedstaat gewährten Sachleistungen zu tragen hat.

Art. 27 Aufenthalt des Rentners oder seiner Familienangehörigen in einem anderen Mitgliedstaat als ihrem Wohnmitgliedstaat – Aufenthalt im zuständigen Mitgliedstaat – Zulassung zu einer notwendigen Behandlung außerhalb des Wohnmitgliedstaats. (1) Artikel 19 gilt entsprechend für eine Person, die eine Rente oder Renten nach den Rechtsvorschriften eines oder mehrerer Mitgliedstaaten erhält und Anspruch auf Sachleistungen nach den Rechtsvorschriften eines der ihre Rente(n) gewährenden Mitgliedstaaten hat, oder für ihre Familienangehörigen, wenn sie sich in einem anderen Mitgliedstaat als ihrem Wohnmitgliedstaat aufhalten.

(2) Artikel 18 Absatz 1 gilt entsprechend für die in Absatz 1 genannten Personen, wenn sie sich in dem Mitgliedstaat aufhalten, in dem der zuständige

Träger seinen Sitz hat, der die Kosten für die dem Rentner in dessen Wohnmitgliedstaat gewährten Sachleistungen zu tragen hat, und wenn dieser Mitgliedstaat sich dafür entschieden hat und in Anhang IV aufgeführt ist.

(3) Artikel 20 gilt entsprechend für einen Rentner und/oder seine Familienangehörigen, die sich in einem anderen Mitgliedstaat als ihrem Wohnmitgliedstaat aufhalten, um dort die ihrem Zustand angemessene Behandlung zu erhalten.

(4) Sofern in Absatz 5 nichts anderes bestimmt ist, übernimmt der zuständige Träger die Kosten für die Sachleistungen nach den Absätzen 1 bis 3, der auch die Kosten für die dem Rentner in dessen Wohnmitgliedstaat gewährten Sachleistungen zu tragen hat.

(5) [1] Die Kosten für die Sachleistungen nach Absatz 3 werden vom Träger des Wohnortes des Rentners oder seiner Familienangehörigen übernommen, wenn diese Personen in einem Mitgliedstaat wohnen, der sich für die Erstattung in Form von Pauschalbeträgen entschieden hat. [2] In diesen Fällen gilt für die Zwecke des Absatzes 3 der Träger des Wohnorts des Rentners oder seiner Familienangehörigen als zuständiger Träger.

Art. 28 Besondere Vorschriften für Grenzgänger in Rente. (1) *[1]* [1] Ein Grenzgänger, der wegen Alters oder Invalidität Rentner wird, hat bei Krankheit weiterhin Anspruch auf Sachleistungen in dem Mitgliedstaat, in dem er zuletzt eine Beschäftigung oder eine selbstständige Erwerbstätigkeit ausgeübt hat, soweit es um die Fortsetzung einer Behandlung geht, die in diesem Mitgliedstaat begonnen wurde. [2] Als „Fortsetzung einer Behandlung" gilt die fortlaufende Untersuchung, Diagnose und Behandlung einer Krankheit während ihrer gesamten Dauer.

[2] Unterabsatz 1 gilt entsprechend für die Familienangehörigen eines ehemaligen Grenzgängers, es sei denn, der Mitgliedstaat, in dem der Grenzgänger seine Erwerbstätigkeit zuletzt ausübte, ist in Anhang III aufgeführt.

(2) Ein Rentner, der in den letzten fünf Jahren vor dem Zeitpunkt des Anfalls einer Alters- oder Invaliditätsrente mindestens zwei Jahre als Grenzgänger eine Beschäftigung oder eine selbstständige Erwerbstätigkeit ausgeübt hat, hat Anspruch auf Sachleistungen in dem Mitgliedstaat, in dem er als Grenzgänger eine solche Beschäftigung oder Tätigkeit ausgeübt hat, wenn dieser Mitgliedstaat und der Mitgliedstaat, in dem der zuständige Träger seinen Sitz hat, der die Kosten für die dem Rentner in dessen Wohnmitgliedstaat gewährten Sachleistungen zu tragen hat, sich dafür entschieden haben und beide in Anhang V aufgeführt sind.

(3) Absatz 2 gilt entsprechend für die Familienangehörigen eines ehemaligen Grenzgängers oder für seine Hinterbliebenen, wenn sie während der in Absatz 2 genannten Zeiträume Anspruch auf Sachleistungen nach Artikel 18 Absatz 2 hatten, und zwar auch dann, wenn der Grenzgänger vor dem Anfall seiner Rente verstorben ist, sofern er in den letzten fünf Jahren vor seinem Tod mindestens zwei Jahre als Grenzgänger eine Beschäftigung oder eine selbstständige Erwerbstätigkeit ausgeübt hat.

(4) Die Absätze 2 und 3 gelten so lange, bis auf die betreffende Person die Rechtsvorschriften eines Mitgliedstaats aufgrund der Ausübung einer Beschäftigung oder einer selbstständigen Erwerbstätigkeit Anwendung finden.

(5) Die Kosten für die Sachleistungen nach den Absätzen 1 bis 3 übernimmt der zuständige Träger, der auch die Kosten für die dem Rentner oder seinen Hinterbliebenen in ihrem jeweiligen Wohnmitgliedstaat gewährten Sachleistungen zu tragen hat.

Art. 29 Geldleistungen für Rentner. (1) [1] Geldleistungen werden einer Person, die eine Rente oder Renten nach den Rechtsvorschriften eines oder mehrerer Mitgliedstaaten erhält, vom zuständigen Träger des Mitgliedstaats gewährt, in dem der zuständige Träger seinen Sitz hat, der die Kosten für die dem Rentner in dessen Wohnmitgliedstaat gewährten Sachleistungen zu tragen hat. [2] Artikel 21 gilt entsprechend.

(2) Absatz 1 gilt auch für die Familienangehörigen des Rentners.

Art. 30 Beiträge der Rentner. (1) Der Träger eines Mitgliedstaats, der nach den für ihn geltenden Rechtsvorschriften Beiträge zur Deckung der Leistungen bei Krankheit sowie der Leistungen bei Mutterschaft und der gleichgestellten Leistungen bei Vaterschaft einzubehalten hat, kann diese Beiträge, die nach den für ihn geltenden Rechtsvorschriften berechnet werden, nur verlangen und erheben, soweit die Kosten für die Leistungen nach den Artikeln 23 bis 26 von einem Träger in diesem Mitgliedstaat zu übernehmen sind.

(2) Sind in den in Artikel 25 genannten Fällen nach den Rechtsvorschriften des Mitgliedstaats, in dem der betreffende Rentner wohnt, Beiträge zu entrichten oder ähnliche Zahlungen zu leisten, um Anspruch auf Leistungen bei Krankheit sowie auf Leistungen bei Mutterschaft und gleichgestellte Leistungen bei Vaterschaft zu haben, können solche Beiträge nicht eingefordert werden, weil der Rentner dort wohnt.

Abschnitt 3. Gemeinsame Vorschriften

Art. 31 Allgemeine Bestimmung. [1] Die Artikel 23 bis 30 finden keine Anwendung auf einen Rentner oder seine Familienangehörigen, die aufgrund einer Beschäftigung oder einer selbstständigen Erwerbstätigkeit Anspruch auf Leistungen nach den Rechtsvorschriften eines Mitgliedstaats haben. [2] In diesem Fall gelten für die Zwecke dieses Kapitels für die betreffende Person die Artikel 17 bis 21.

Art. 32 Rangfolge der Sachleistungsansprüche – Besondere Vorschrift für den Leistungsanspruch von Familienangehörigen im Wohnmitgliedstaat. (1) [1] Ein eigenständiger Sachleistungsanspruch aufgrund der Rechtsvorschriften eines Mitgliedstaats oder dieses Kapitels hat Vorrang vor einem abgeleiteten Anspruch auf Leistungen für Familienangehörige. [2] Ein abgeleiteter Anspruch auf Sachleistungen hat jedoch Vorrang vor eigenständigen Ansprüchen, wenn der eigenständige Anspruch im Wohnmitgliedstaat unmittelbar und ausschließlich aufgrund des Wohnorts der betreffenden Person in diesem Mitgliedstaat besteht.

(2) Wohnen die Familienangehörigen eines Versicherten in einem Mitgliedstaat, nach dessen Rechtsvorschriften der Anspruch auf Sachleistungen nicht vom Bestehen einer Versicherung, einer Beschäftigung oder einer selbstständigen Erwerbstätigkeit abhängt, so werden die Sachleistungen für Rechnung des zuständigen Trägers in dem Mitgliedstaat erbracht, in dem sie wohnen, sofern der Ehegatte oder die Person, die das Sorgerecht für die Kinder des Versicher-

ten hat, eine Beschäftigung oder eine selbstständige Erwerbstätigkeit in diesem Mitgliedstaat ausübt oder von diesem Mitgliedstaat aufgrund einer Beschäftigung oder einer selbstständigen Erwerbstätigkeit eine Rente erhält.

Art. 33 Sachleistungen von erheblicher Bedeutung. (1) Hat ein Träger eines Mitgliedstaats einem Versicherten oder einem seiner Familienangehörigen vor dessen Versicherung nach den für einen Träger eines anderen Mitgliedstaats geltenden Rechtsvorschriften den Anspruch auf ein Körperersatzstück, ein größeres Hilfsmittel oder andere Sachleistungen von erheblicher Bedeutung zuerkannt, so werden diese Leistungen auch dann für Rechnung des ersten Trägers gewährt, wenn die betreffende Person zum Zeitpunkt der Gewährung dieser Leistungen bereits nach den für den zweiten Träger geltenden Rechtsvorschriften versichert ist.

(2) Die Verwaltungskommission legt die Liste der von Absatz 1 erfassten Leistungen fest.

Art. 34 Zusammentreffen von Leistungen bei Pflegebedürftigkeit.

(1) Kann der Bezieher von Geldleistungen bei Pflegebedürftigkeit, die als Leistungen bei Krankheit gelten und daher von dem für die Gewährung von Geldleistungen zuständigen Mitgliedstaat nach den Artikeln 21 oder 29 erbracht werden, im Rahmen dieses Kapitels gleichzeitig für denselben Zweck vorgesehene Sachleistungen vom Träger des Wohn- oder Aufenthaltsortes in einem anderen Mitgliedstaat in Anspruch nehmen, für die ebenfalls ein Träger des ersten Mitgliedstaats die Kosten nach Artikel 35 zu erstatten hat, so ist das allgemeine Verbot des Zusammentreffens von Leistungen nach Artikel 10 mit der folgenden Einschränkung anwendbar: Beantragt und erhält die betreffende Person die Sachleistung, so wird die Geldleistung um den Betrag der Sachleistung gemindert, der dem zur Kostenerstattung verpflichteten Träger des ersten Mitgliedstaats in Rechnung gestellt wird oder gestellt werden könnte.

(2) Die Verwaltungskommission legt die Liste der von Absatz 1 erfassten Geldleistungen und Sachleistungen fest.

(3) Zwei oder mehr Mitgliedstaaten oder deren zuständige Behörden können andere oder ergänzende Regelungen vereinbaren, die für die betreffenden Personen nicht ungünstiger als die Grundsätze des Absatzes 1 sein dürfen.

Art. 35 Erstattungen zwischen Trägern. (1) Die von dem Träger eines Mitgliedstaats für Rechnung des Trägers eines anderen Mitgliedstaats nach diesem Kapitel gewährten Sachleistungen sind in voller Höhe zu erstatten.

(2) Die Erstattungen nach Absatz 1 werden nach Maßgabe der Durchführungsverordnung festgestellt und vorgenommen, und zwar entweder gegen Nachweis der tatsächlichen Aufwendungen oder auf der Grundlage von Pauschalbeträgen für Mitgliedstaaten, bei deren Rechts- und Verwaltungsstruktur eine Erstattung auf der Grundlage der tatsächlichen Aufwendungen nicht zweckmäßig ist.

(3) Zwei oder mehr Mitgliedstaaten und deren zuständige Behörden können andere Erstattungsverfahren vereinbaren oder auf jegliche Erstattung zwischen den in ihre Zuständigkeit fallenden Trägern verzichten.

Kapitel 2. Leistungen bei Arbeitsunfällen und Berufskrankheiten

Art. 36 Anspruch auf Sach- und Geldleistungen. (1) Unbeschadet der günstigeren Bestimmungen der Absätze 2 und 2a des vorliegenden Artikels gelten Artikel 17, Artikel 18 Absatz 1, Artikel 19 Absatz 1 und Artikel 20 Absatz 1 auch für Leistungen als Folge eines Arbeitsunfalls oder einer Berufskrankheit.

(2) Eine Person, die einen Arbeitsunfall erlitten oder sich eine Berufskrankheit zugezogen hat und in einem anderen als dem zuständigen Mitgliedstaat wohnt oder sich dort aufhält, hat Anspruch auf die besonderen Sachleistungen bei Arbeitsunfällen und Berufskrankheiten, die vom Träger des Wohn- oder Aufenthaltsorts nach den für ihn geltenden Rechtsvorschriften für Rechnung des zuständigen Trägers erbracht werden, als ob die betreffende Person nach diesen Rechtsvorschriften versichert wäre.

(2a) Der zuständige Träger kann die in Artikel 20 Absatz 1 vorgesehene Genehmigung einer Person nicht verweigern, die einen Arbeitsunfall erlitten hat oder die an einer Berufskrankheit leidet und die zu Lasten dieses Trägers leistungsberechtigt geworden ist, wenn ihr die ihrem Zustand angemessene Behandlung im Gebiet ihres Wohnmitgliedstaats nicht innerhalb eines in Anbetracht ihres derzeitigen Gesundheitszustands und des voraussichtlichen Verlaufs der Krankheit medizinisch vertretbaren Zeitraums gewährt werden kann.

(3) Artikel 21 gilt auch für Leistungen nach diesem Kapitel.

Art. 37 Transportkosten. (1) [1]Der zuständige Träger eines Mitgliedstaats, nach dessen Rechtsvorschriften die Übernahme der Kosten für den Transport einer Person, die einen Arbeitsunfall erlitten hat oder an einer Berufskrankheit leidet, bis zu ihrem Wohnort oder bis zum Krankenhaus vorgesehen ist, übernimmt die Kosten für den Transport bis zu dem entsprechenden Ort in einem anderen Mitgliedstaat, in dem die Person wohnt, sofern dieser Träger den Transport unter gebührender Berücksichtigung der hierfür sprechenden Gründe zuvor genehmigt hat. [2]Eine solche Genehmigung ist bei Grenzgängern nicht erforderlich.

(2) Der zuständige Träger eines Mitgliedstaats, nach dessen Rechtsvorschriften bei einem tödlichen Arbeitsunfall die Übernahme der Kosten für die Überführung der Leiche bis zur Begräbnisstätte vorgesehen ist, übernimmt nach den für ihn geltenden Rechtsvorschriften die Kosten der Überführung bis zu dem entsprechenden Ort in einem anderen Mitgliedstaat, in dem die betreffende Person zum Zeitpunkt des Unfalls gewohnt hat.

Art. 38 Leistungen bei Berufskrankheiten, wenn die betreffende Person in mehreren Mitgliedstaaten dem gleichen Risiko ausgesetzt war. Hat eine Person, die sich eine Berufskrankheit zugezogen hat, nach den Rechtsvorschriften von zwei oder mehr Mitgliedstaaten eine Tätigkeit ausgeübt, die ihrer Art nach geeignet ist, eine solche Krankheit zu verursachen, so werden die Leistungen, auf die sie oder ihre Hinterbliebenen Anspruch haben, ausschließlich nach den Rechtsvorschriften des letzten dieser Mitgliedstaaten gewährt, dessen Voraussetzungen erfüllt sind.

Art. 39 Verschlimmerung einer Berufskrankheit. Bei Verschlimmerung einer Berufskrankheit, für die die betreffende Person nach den Rechtsvorschriften eines Mitgliedstaats Leistungen bezogen hat oder bezieht, gilt Folgendes:

a) Hat die betreffende Person während des Bezugs der Leistungen keine Beschäftigung oder selbstständige Erwerbstätigkeit nach den Rechtsvorschriften eines anderen Mitgliedstaats ausgeübt, die geeignet war, eine solche Krankheit zu verursachen oder zu verschlimmern, so übernimmt der zuständige Träger des ersten Mitgliedstaats die Kosten für die Leistungen nach den für ihn geltenden Rechtsvorschriften unter Berücksichtigung der Verschlimmerung der Krankheit.

b) Hat die betreffende Person während des Bezugs der Leistungen eine solche Tätigkeit nach den Rechtsvorschriften eines anderen Mitgliedstaats ausgeübt, so übernimmt der zuständige Träger des ersten Mitgliedstaats die Kosten für die Leistungen nach den für ihn geltenden Rechtsvorschriften ohne Berücksichtigung der Verschlimmerung der Krankheit. Der zuständige Träger des zweiten Mitgliedstaats gewährt der betreffenden Person eine Zulage in Höhe des Unterschiedsbetrags zwischen dem Betrag der nach der Verschlimmerung geschuldeten Leistungen und dem Betrag, den er vor der Verschlimmerung aufgrund der für ihn geltenden Rechtsvorschriften geschuldet hätte, wenn die betreffende Person sich die Krankheit zugezogen hätte, während die Rechtsvorschriften dieses Mitgliedstaats für sie galten.

c) Die in den Rechtsvorschriften eines Mitgliedstaats vorgesehenen Bestimmungen über die Kürzung, das Ruhen oder die Entziehung sind nicht auf die Empfänger von Leistungen anwendbar, die gemäß Buchstabe b) von den Trägern zweier Mitgliedstaaten gewährt werden.

Art. 40 Regeln zur Berücksichtigung von Besonderheiten bestimmter Rechtsvorschriften. (1) Besteht in dem Mitgliedstaat, in dem die betreffende Person wohnt oder sich aufhält, keine Versicherung gegen Arbeitsunfälle oder Berufskrankheiten oder besteht dort zwar eine derartige Versicherung, ist jedoch kein für die Gewährung von Sachleistungen zuständiger Träger vorgesehen, so werden diese Leistungen von dem Träger des Wohn- oder Aufenthaltsorts gewährt, der für die Gewährung von Sachleistungen bei Krankheit zuständig ist.

(2) [1] Besteht in dem zuständigen Mitgliedstaat keine Versicherung gegen Arbeitsunfälle oder Berufskrankheiten, so finden die Bestimmungen dieses Kapitels über Sachleistungen dennoch auf eine Person Anwendung, die bei Krankheit, Mutterschaft oder gleichgestellter Vaterschaft nach den Rechtsvorschriften dieses Mitgliedstaats Anspruch auf diese Leistungen hat, falls die betreffende Person einen Arbeitsunfall erleidet oder an einer Berufskrankheit leidet, während sie in einem anderen Mitgliedstaat wohnt oder sich dort aufhält. [2] Die Kosten werden von dem Träger übernommen, der nach den Rechtsvorschriften des zuständigen Mitgliedstaats für die Sachleistungen zuständig ist.

(3) Artikel 5 gilt für den zuständigen Träger eines Mitgliedstaats in Bezug auf die Gleichstellung von später nach den Rechtsvorschriften eines anderen Mitgliedstaats eingetretenen oder festgestellten Arbeitsunfällen und Berufskrankheiten bei der Bemessung des Grades der Erwerbsminderung, der Begründung des Leistungsbetrags oder der Festsetzung des Leistungsbetrags, sofern:

a) für einen bzw. eine früher nach den für ihn geltenden Rechtsvorschriften eingetretene(n) oder festgestellte(n) Arbeitsunfall oder Berufskrankheit kein Leistungsanspruch bestand,
und

b) für einen bzw. eine später eingetretene(n) oder festgestellte(n) Arbeitsunfall oder Berufskrankheit kein Leistungsanspruch nach den Rechtsvorschriften des anderen Mitgliedstaats, nach denen der Arbeitsunfall oder die Berufskrankheit eingetreten ist oder festgestellt wurde, besteht.

Art. 41 Erstattungen zwischen Trägern. (1) Artikel 35 gilt auch für Leistungen nach diesem Kapitel; die Erstattung erfolgt auf der Grundlage der tatsächlichen Aufwendungen.

(2) Zwei oder mehr Mitgliedstaaten oder ihre zuständigen Behörden können andere Erstattungsverfahren vereinbaren oder auf jegliche Erstattung zwischen den in ihre Zuständigkeit fallenden Trägern verzichten.

Kapitel 3. Sterbegeld

Art. 42 Anspruch auf Sterbegeld, wenn der Tod in einem anderen als dem zuständigen Mitgliedstaat eintritt oder wenn die berechtigte Person in einem anderen als dem zuständigen Mitgliedstaat wohnt.

(1) Tritt der Tod eines Versicherten oder eines seiner Familienangehörigen in einem anderen als dem zuständigen Mitgliedstaat ein, so gilt der Tod als in dem zuständigen Mitgliedstaat eingetreten.

(2) Der zuständige Träger ist zur Gewährung von Sterbegeld nach den für ihn geltenden Rechtsvorschriften auch dann verpflichtet, wenn die berechtigte Person in einem anderen als dem zuständigen Mitgliedstaat wohnt.

(3) Die Absätze 1 und 2 finden auch dann Anwendung, wenn der Tod als Folge eines Arbeitsunfalls oder einer Berufskrankheit eingetreten ist.

Art. 43 Gewährung von Leistungen bei Tod eines Rentners. (1) Bei Tod eines Rentners, der Anspruch auf eine Rente nach den Rechtsvorschriften eines Mitgliedstaats oder auf Renten nach den Rechtsvorschriften von zwei oder mehr Mitgliedstaaten hatte und in einem anderen als dem Mitgliedstaat wohnte, in dem der für die Übernahme der Kosten für die nach den Artikeln 24 und 25 gewährten Sachleistungen zuständige Träger seinen Sitz hat, so wird das Sterbegeld nach den für diesen Träger geltenden Rechtsvorschriften zu seinen Lasten gewährt, als ob der Rentner zum Zeitpunkt seines Todes in dem Mitgliedstaat gewohnt hätte, in dem dieser Träger seinen Sitz hat.

(2) Absatz 1 gilt für die Familienangehörigen eines Rentners entsprechend.

Kapitel 4. Leistungen bei Invalidität

Art. 44 Personen, für die ausschließlich Rechtsvorschriften des Typs A galten. (1) Im Sinne dieses Kapitels bezeichnet der Ausdruck „Rechtsvorschriften des Typs A" alle Rechtsvorschriften, nach denen die Höhe der Leistungen bei Invalidität von der Dauer der Versicherungs- oder Wohnzeiten unabhängig ist und die durch den zuständigen Mitgliedstaat ausdrücklich in Anhang VI aufgenommen wurden, und der Ausdruck „Rechtsvorschriften des Typs B" alle anderen Rechtsvorschriften.

(2) Eine Person, für die nacheinander oder abwechselnd die Rechtsvorschriften von zwei oder mehr Mitgliedstaaten galten und die Versicherungs- oder Wohnzeiten ausschließlich unter Rechtsvorschriften des Typs A zurückgelegt hat, hat Anspruch auf Leistungen – gegebenenfalls unter Berücksichtigung des Artikels 45 – nur gegenüber dem Träger des Mitgliedstaats, dessen Rechtsvor-

schriften bei Eintritt der Arbeitsunfähigkeit mit anschließender Invalidität anzuwenden waren; sie erhält diese Leistungen nach diesen Rechtsvorschriften.

(3) Eine Person, die keinen Leistungsanspruch nach Absatz 2 hat, erhält die Leistungen, auf die sie nach den Rechtsvorschriften eines anderen Mitgliedstaats – gegebenenfalls unter Berücksichtigung des Artikels 45 – noch Anspruch hat.

(4) Sehen die in Absatz 2 oder 3 genannten Rechtsvorschriften bei Zusammentreffen mit anderen Einkünften oder mit Leistungen unterschiedlicher Art im Sinne des Artikels 53 Absatz 2 Bestimmungen über die Kürzung, das Ruhen oder die Entziehung von Leistungen bei Invalidität vor, so gelten die Artikel 53 Absatz 3 und Artikel 55 Absatz 3 entsprechend.

Art. 45 Besondere Vorschriften für die Zusammenrechnung von Zeiten. Der zuständige Träger eines Mitgliedstaats, nach dessen Rechtsvorschriften der Erwerb, die Aufrechterhaltung oder das Wiederaufleben des Leistungsanspruchs davon abhängig ist, dass Versicherungs- oder Wohnzeiten zurückgelegt wurden, wendet, soweit erforderlich, Artikel 51 Absatz 1 entsprechend an.

Art. 46 Personen, für die entweder ausschließlich Rechtsvorschriften des Typs B oder sowohl Rechtsvorschriften des Typs A als auch des Typs B galten. (1) Eine Person, für die nacheinander oder abwechselnd die Rechtsvorschriften von zwei oder mehr Mitgliedstaaten galten, erhält, sofern die Rechtsvorschriften mindestens eines dieser Staaten nicht Rechtsvorschriften des Typs A sind, Leistungen nach Kapitel 5, das unter Berücksichtigung von Absatz 3 entsprechend gilt.

(2) Wird jedoch eine Person, für die ursprünglich Rechtsvorschriften des Typs B galten, im Anschluss an eine Arbeitsunfähigkeit invalide, während für sie Rechtsvorschriften des Typs A gelten, so erhält sie Leistungen nach Artikel 44 unter folgenden Voraussetzungen:

- Sie erfüllt – gegebenenfalls unter Berücksichtigung des Artikels 45 – ausschließlich die in diesen oder anderen Rechtsvorschriften gleicher Art vorgesehenen Voraussetzungen, ohne jedoch Versicherungs- oder Wohnzeiten einzubeziehen, die nach Rechtsvorschriften des Typs B zurückgelegt wurden,
  und
- sie macht keine Ansprüche auf Leistungen bei Alter – unter Berücksichtigung des Artikels 50 Absatz 1 – geltend.

(3) Eine vom Träger eines Mitgliedstaats getroffene Entscheidung über den Grad der Invalidität eines Antragstellers ist für den Träger jedes anderen in Betracht kommenden Mitgliedstaats verbindlich, sofern die in den Rechtsvorschriften dieser Mitgliedstaaten festgelegten Definitionen des Grads der Invalidität in Anhang VII als übereinstimmend anerkannt sind.

Art. 47 Verschlimmerung des Invaliditätszustands. (1) Bei Verschlimmerung des Invaliditätszustands, für den eine Person nach den Rechtsvorschriften eines oder mehrerer Mitgliedstaaten Leistungen erhält, gilt unter Berücksichtigung dieser Verschlimmerung Folgendes:

a) Die Leistungen werden nach Kapitel 5 gewährt, das entsprechend gilt.

b) Unterlag die betreffende Person jedoch zwei oder mehr Rechtsvorschriften des Typs A und waren die Rechtsvorschriften eines anderen Mitgliedstaats seit dem Bezug der Leistungen auf sie nicht anwendbar, so werden die Leistungen nach Artikel 44 Absatz 2 gewährt.

(2) Ist der nach Absatz 1 geschuldete Gesamtbetrag der Leistung oder Leistungen niedriger als der Betrag der Leistung, den die betreffende Person zulasten des zuvor für die Zahlung zuständigen Trägers erhalten hat, so gewährt ihr dieser Träger eine Zulage in Höhe des Unterschiedsbetrags.

(3) Hat die betreffende Person keinen Anspruch auf Leistungen zulasten des Trägers eines anderen Mitgliedstaats, so hat der zuständige Träger des zuvor zuständigen Mitgliedstaats die Leistungen nach den für ihn geltenden Rechtsvorschriften unter Berücksichtigung der Verschlimmerung und gegebenenfalls des Artikel 45 zu gewähren.

Art. 48 Umwandlung von Leistungen bei Invalidität in Leistungen bei Alter. (1) Die Leistungen bei Invalidität werden gegebenenfalls nach Maßgabe der Rechtsvorschriften des Staates oder der Staaten, nach denen sie gewährt worden sind und nach Kapitel 5 in Leistungen bei Alter umgewandelt.

(2) Kann eine Person, die Leistungen bei Invalidität erhält, nach den Rechtsvorschriften eines oder mehrerer anderer Mitgliedstaaten nach Artikel 50 Ansprüche auf Leistungen bei Alter geltend machen, so gewährt jeder nach den Rechtsvorschriften eines Mitgliedstaats zur Gewährung der Leistungen bei Invalidität verpflichtete Träger bis zu dem Zeitpunkt, zu dem für diesen Träger Absatz 1 Anwendung findet, die Leistungen bei Invalidität weiter, auf die nach den für diesen Träger geltenden Rechtsvorschriften Anspruch besteht; andernfalls werden die Leistungen gewährt, solange die betreffende Person die Voraussetzungen für ihren Bezug erfüllt.

(3) *[1]* Werden Leistungen bei Invalidität, die nach den Rechtsvorschriften eines Mitgliedstaats nach Artikel 44 gewährt werden, in Leistungen bei Alter umgewandelt und erfüllt die betreffende Person noch nicht die für den Anspruch auf diese Leistungen nach den Rechtsvorschriften eines oder mehrerer anderer Mitgliedstaaten geltenden Voraussetzungen, so erhält sie von diesem Mitgliedstaat oder diesen Mitgliedstaaten vom Tag der Umwandlung an Leistungen bei Invalidität.

[2] Diese Leistungen werden nach Kapitel 5 gewährt, als ob dieses Kapitel bei Eintritt der Arbeitsunfähigkeit mit nachfolgender Invalidität anwendbar gewesen wäre, und zwar bis die betreffende Person die für den Anspruch auf Leistung bei Alter nach den Rechtsvorschriften des oder der anderen betreffenden Staaten geltenden Voraussetzungen erfüllt, oder, sofern eine solche Umwandlung nicht vorgesehen ist, so lange, wie sie Anspruch auf Leistungen bei Invalidität nach den Rechtsvorschriften des betreffenden Staates oder der betreffenden Staaten hat.

(4) Die nach Artikel 44 gewährten Leistungen bei Invalidität werden nach Kapitel 5 neu berechnet, sobald die berechtigte Person die Voraussetzungen für den Anspruch auf Leistungen bei Invalidität nach den Rechtsvorschriften des Typs B erfüllt oder Leistungen bei Alter nach den Rechtsvorschriften eines anderen Mitgliedstaats erhält.

Art. 49 Besondere Vorschriften für Beamte. Die Artikel 6, 44, 46, 47, 48 und Artikel 60 Absätze 2 und 3 gelten entsprechend für Personen, die von einem Sondersystem für Beamte erfasst sind.

Kapitel 5. Alters- und Hinterbliebenenrenten

Art. 50 Allgemeine Vorschriften. (1) Wird ein Leistungsantrag gestellt, so stellen alle zuständigen Träger die Leistungsansprüche nach den Rechtsvorschriften aller Mitgliedstaaten fest, die für die betreffende Person galten, es sei denn, die betreffende Person beantragt ausdrücklich, die Feststellung der nach den Rechtsvorschriften eines oder mehrerer Mitgliedstaaten erworbenen Ansprüche auf Leistungen bei Alter aufzuschieben.

(2) Erfüllt die betreffende Person zu einem bestimmten Zeitpunkt nicht oder nicht mehr die Voraussetzungen für die Leistungsgewährung nach den Rechtsvorschriften aller Mitgliedstaaten, die für sie galten, so lassen die Träger, nach deren Rechtsvorschriften die Voraussetzungen erfüllt sind, bei der Berechnung nach Artikel 52 Absatz 1 Buchstabe a) oder b) die Zeiten, die nach den Rechtsvorschriften zurückgelegt wurden, deren Voraussetzungen nicht oder nicht mehr erfüllt sind, unberücksichtigt, wenn diese Berücksichtigung zu einem niedrigeren Leistungsbetrag führt.

(3) Hat die betreffende Person ausdrücklich beantragt, die Feststellung von Leistungen bei Alter aufzuschieben, so gilt Absatz 2 entsprechend.

(4) Sobald die Voraussetzungen nach den anderen Rechtsvorschriften erfüllt sind oder die betreffende Person die Feststellung einer nach Absatz 1 aufgeschobenen Leistung bei Alter beantragt, werden die Leistungen von Amts wegen neu berechnet, es sei denn, die Zeiten, die nach den anderen Rechtsvorschriften zurückgelegt wurden, sind bereits nach Absatz 2 oder 3 berücksichtigt worden.

Art. 51 Besondere Vorschriften über die Zusammenrechnung von Zeiten. (1) *[1]* Ist nach den Rechtsvorschriften eines Mitgliedstaats die Gewährung bestimmter Leistungen davon abhängig, dass die Versicherungszeiten nur in einer bestimmten Beschäftigung oder selbstständigen Erwerbstätigkeit oder einem Beruf zurückgelegt wurden, für die ein Sondersystem für beschäftigte oder selbstständig erwerbstätige Personen gilt, so berücksichtigt der zuständige Träger dieses Mitgliedstaats die nach den Rechtsvorschriften eines anderen Mitgliedstaats zurückgelegten Zeiten nur dann, wenn sie in einem entsprechenden System, oder, falls es ein solches nicht gibt, in dem gleichen Beruf oder gegebenenfalls in der gleichen Beschäftigung oder selbstständigen Erwerbstätigkeit zurückgelegt wurden.

[2] Erfüllt die betreffende Person auch unter Berücksichtigung solcher Zeiten nicht die Anspruchsvoraussetzungen für Leistungen im Rahmen eines Sondersystems, so werden diese Zeiten für die Gewährung von Leistungen des allgemeinen Systems oder, falls es ein solches nicht gibt, des Systems für Arbeiter bzw. Angestellte berücksichtigt, sofern die betreffende Person dem einen oder anderen dieser Systeme angeschlossen war.

(2) Die im Rahmen eines Sondersystems eines Mitgliedstaats zurückgelegten Versicherungszeiten werden für die Gewährung von Leistungen des allgemeinen Systems oder, falls es ein solches nicht gibt, des Systems für Arbeiter bzw. Angestellte eines anderen Mitgliedstaats berücksichtigt, sofern die betreffende

Person dem einen oder anderen dieser Systeme angeschlossen war, selbst wenn diese Zeiten bereits in dem letztgenannten Mitgliedstaat im Rahmen eines Sondersystems berücksichtigt wurden.

(3) [1] Machen die Rechtsvorschriften oder ein bestimmtes System eines Mitgliedstaats den Erwerb, die Aufrechterhaltung oder das Wiederaufleben des Leistungsanspruchs davon abhängig, dass die betreffende Person bei Eintritt des Versicherungsfalls versichert ist, gilt diese Voraussetzung als erfüllt, wenn die betreffende Person zuvor nach den Rechtsvorschriften bzw. in dem bestimmten System dieses Mitgliedstaats versichert war und wenn sie beim Eintreten des Versicherungsfalls nach den Rechtsvorschriften eines anderen Mitgliedstaats für denselben Versicherungsfall versichert ist oder wenn ihr in Ermangelung dessen nach den Rechtsvorschriften eines anderen Mitgliedstaats für denselben Versicherungsfall eine Leistung zusteht. [2] Die letztgenannte Voraussetzung gilt jedoch in den in Artikel 57 genannten Fällen als erfüllt.

Art. 52 Feststellung der Leistungen. (1) Der zuständige Träger berechnet den geschuldeten Leistungsbetrag:

a) allein nach den für ihn geltenden Rechtsvorschriften, wenn die Voraussetzungen für den Leistungsanspruch ausschließlich nach nationalem Recht erfüllt wurden (autonome Leistung);
b) indem er einen theoretischen Betrag und im Anschluss daran einen tatsächlichen Betrag (anteilige Leistung) wie folgt berechnet:
   i) Der theoretische Betrag der Leistung entspricht der Leistung, auf die die betreffende Person Anspruch hätte, wenn alle nach den Rechtsvorschriften der anderen Mitgliedstaaten zurückgelegten Versicherungs- und/oder Wohnzeiten nach den für diesen Träger zum Zeitpunkt der Feststellung der Leistung geltenden Rechtsvorschriften zurückgelegt worden wären. Ist nach diesen Rechtsvorschriften die Höhe der Leistung von der Dauer der zurückgelegten Zeiten unabhängig, so gilt dieser Betrag als theoretischer Betrag.
   ii) Der zuständige Träger ermittelt sodann den tatsächlichen Betrag der anteiligen Leistung auf der Grundlage des theoretischen Betrags nach dem Verhältnis zwischen den nach den für ihn geltenden Rechtsvorschriften vor Eintritt des Versicherungsfalls zurückgelegten Zeiten und den gesamten nach den Rechtsvorschriften aller beteiligten Mitgliedstaaten vor Eintritt des Versicherungsfalls zurückgelegten Zeiten.

(2) Der zuständige Träger wendet gegebenenfalls auf den nach Absatz 1 Buchstaben a) und b) berechneten Betrag innerhalb der Grenzen der Artikel 53 bis 55 alle Bestimmungen über die Kürzung, das Ruhen oder die Entziehung nach den für ihn geltenden Rechtsvorschriften an.

(3) Die betreffende Person hat gegenüber dem zuständigen Träger jedes Mitgliedstaats Anspruch auf den höheren der Leistungsbeträge, die nach Absatz 1 Buchstaben a) und b) berechnet wurden.

(4) Führt in einem Mitgliedstaat die Berechnung nach Absatz 1 Buchstabe a immer dazu, dass die autonome Leistung gleich hoch oder höher als die anteilige Leistung ist, die nach Absatz 1 Buchstabe b berechnet wird, verzichtet der zuständige Träger auf die Berechnung der anteiligen Leistung unter der Bedingung, dass

i) dieser Fall in Anhang VIII Teil 1 aufgeführt ist, und

ii) keine Doppelleistungsbestimmungen im Sinne der Artikel 54 und 55 anwendbar sind, es sei denn, die in Artikel 55 Absatz 2 enthaltenen Bedingungen sind erfüllt, und

iii) Artikel 57 in diesem bestimmten Fall nicht auf Zeiten anwendbar ist, die nach den Rechtsvorschriften eines anderen Mitgliedstaats zurückgelegt wurden.

(5) [1] Unbeschadet der Absätze 1, 2 und 3 wird die anteilige Berechnung nicht auf Systeme angewandt, die Leistungen vorsehen, bei denen Zeiträume für die Berechnung keine Rolle spielen, sofern solche Systeme in Anhang VIII Teil 2 aufgeführt sind. [2] In diesen Fällen hat die betroffene Person Anspruch auf die gemäß den Rechtsvorschriften des betreffenden Mitgliedstaats berechnete Leistung.

Art. 53 Doppelleistungsbestimmungen. (1) Jedes Zusammentreffen von Leistungen bei Invalidität, bei Alter oder an Hinterbliebene, die auf der Grundlage der von derselben Person zurückgelegten Versicherungs- und/oder Wohnzeiten berechnet oder gewährt wurden, gilt als Zusammentreffen von Leistungen gleicher Art.

(2) Das Zusammentreffen von Leistungen, die nicht als Leistungen gleicher Art im Sinne des Absatzes 1 angesehen werden können, gilt als Zusammentreffen von Leistungen unterschiedlicher Art.

(3) Für die Zwecke von Doppelleistungsbestimmungen, die in den Rechtsvorschriften eines Mitgliedstaats für den Fall des Zusammentreffens von Leistungen bei Invalidität, bei Alter oder an Hinterbliebene mit Leistungen gleicher Art oder Leistungen unterschiedlicher Art oder mit sonstigen Einkünften festgelegt sind, gilt Folgendes:

a) Der zuständige Träger berücksichtigt die in einem anderen Mitgliedstaat erworbenen Leistungen oder erzielten Einkünfte nur dann, wenn die für ihn geltenden Rechtsvorschriften die Berücksichtigung von im Ausland erworbenen Leistungen oder erzielten Einkünften vorsehen.

b) Der zuständige Träger berücksichtigt nach den in der Durchführungsverordnung festgelegten Bedingungen und Verfahren den von einem anderen Mitgliedstaat zu zahlenden Leistungsbetrag vor Abzug von Steuern, Sozialversicherungsbeiträgen und anderen individuellen Abgaben oder Abzügen, sofern nicht die für ihn geltenden Rechtsvorschriften vorsehen, dass die Doppelleistungsbestimmungen nach den entsprechenden Abzügen anzuwenden sind.

c) Der zuständige Träger berücksichtigt nicht den Betrag der Leistungen, die nach den Rechtsvorschriften eines anderen Mitgliedstaats auf der Grundlage einer freiwilligen Versicherung oder einer freiwilligen Weiterversicherung erworben wurden.

d) Wendet ein einzelner Mitgliedstaat Doppelleistungsbestimmungen an, weil die betreffende Person Leistungen gleicher oder unterschiedlicher Art nach den Rechtsvorschriften anderer Mitgliedstaaten bezieht oder in anderen Mitgliedstaaten Einkünfte erzielt hat, so kann die geschuldete Leistung nur um den Betrag dieser Leistungen oder Einkünfte gekürzt werden.

Art. 54 Zusammentreffen von Leistungen gleicher Art. (1) Treffen Leistungen gleicher Art, die nach den Rechtsvorschriften von zwei oder mehr

Mitgliedstaaten geschuldet werden, zusammen, so gelten die in den Rechtsvorschriften eines Mitgliedstaats vorgesehenen Doppelleistungsbestimmungen nicht für eine anteilige Leistung.

(2) *[1]* Doppelleistungsbestimmungen gelten nur dann für eine autonome Leistung, wenn es sich:

a) um eine Leistung handelt, deren Höhe von der Dauer der zurückgelegten Versicherungs- oder Wohnzeiten unabhängig ist,
oder

b) um eine Leistung handelt, deren Höhe unter Berücksichtigung einer fiktiven Zeit bestimmt wird, die als zwischen dem Eintritt des Versicherungsfalls und einem späteren Zeitpunkt zurückgelegt angesehen wird, und die zusammentrifft:
   i) mit einer Leistung gleicher Art, außer wenn zwei oder mehr Mitgliedstaaten ein Abkommen zur Vermeidung einer mehrfachen Berücksichtigung der gleichen fiktiven Zeit geschlossen haben,
   oder
   ii) mit einer Leistung nach Buchstabe a).

[2] Die unter den Buchstaben a) und b) genannten Leistungen und Abkommen sind in Anhang IX aufgeführt.

Art. 55 Zusammentreffen von Leistungen unterschiedlicher Art.

(1) Erfordert der Bezug von Leistungen unterschiedlicher Art oder von sonstigen Einkünften die Anwendung der in den Rechtsvorschriften der betreffenden Mitgliedstaaten vorgesehenen Doppelleistungsbestimmungen:

a) auf zwei oder mehrere autonome Leistungen, so teilen die zuständigen Träger die Beträge der Leistung oder Leistungen oder sonstigen Einkünfte, die berücksichtigt worden sind, durch die Zahl der Leistungen, auf die diese Bestimmungen anzuwenden sind;
die Anwendung dieses Buchstabens darf jedoch nicht dazu führen, dass der betreffenden Person ihr Status als Rentner für die Zwecke der übrigen Kapitel dieses Titels nach den in der Durchführungsverordnung festgelegten Bedingungen und Verfahren aberkannt wird;

b) auf eine oder mehrere anteilige Leistungen, so berücksichtigen die zuständigen Träger die Leistung oder Leistungen oder sonstigen Einkünfte sowie alle für die Anwendung der Doppelleistungsbestimmungen vorgesehenen Bezugsgrößen nach dem Verhältnis zwischen den Versicherungs- und/oder Wohnzeiten, die für die Berechnung nach Artikel 52 Absatz 1 Buchstabe b) Ziffer ii) berücksichtigt wurden;

c) auf eine oder mehrere autonome Leistungen und eine oder mehrere anteilige Leistungen, so wenden die zuständigen Träger Buchstabe a) auf die autonomen Leistungen und Buchstabe b) auf die anteiligen Leistungen entsprechend an.

(2) Der zuständige Träger nimmt keine für autonome Leistungen vorgesehene Teilung vor, wenn die für ihn geltenden Rechtsvorschriften die Berücksichtigung von Leistungen unterschiedlicher Art und/oder sonstiger Einkünfte und aller übrigen Bezugsgrößen in Höhe eines Teils ihres Betrags entsprechend dem Verhältnis zwischen den nach Artikel 52 Absatz 1 Buchstabe b) Ziffer ii) zu berücksichtigenden Versicherungs- und/oder Wohnzeiten vorsehen.

(3) Die Absätze 1 und 2 gelten entsprechend, wenn nach den Rechtsvorschriften eines oder mehrerer Mitgliedstaaten bei Bezug einer Leistung unterschiedlicher Art nach den Rechtsvorschriften eines anderen Mitgliedstaats oder bei sonstigen Einkünften kein Leistungsanspruch entsteht.

Art. 56 Ergänzende Vorschriften für die Berechnung der Leistungen.

(1) Für die Berechnung des theoretischen Betrags und des anteiligen Betrags nach Artikel 52 Absatz 1 Buchstabe b) gilt Folgendes:

a) Übersteigt die Gesamtdauer der vor Eintritt des Versicherungsfalls nach den Rechtsvorschriften aller beteiligten Mitgliedstaaten zurückgelegten Versicherungs- und/oder Wohnzeiten die in den Rechtsvorschriften eines dieser Mitgliedstaaten für die Gewährung der vollen Leistung vorgeschriebene Höchstdauer, so berücksichtigt der zuständige Träger dieses Mitgliedstaats diese Höchstdauer anstelle der Gesamtdauer der zurückgelegten Zeiten; diese Berechnungsmethode verpflichtet diesen Träger nicht zur Gewährung einer Leistung, deren Betrag die volle nach den für ihn geltenden Rechtsvorschriften vorgesehene Leistung übersteigt. Diese Bestimmung gilt nicht für Leistungen, deren Höhe nicht von der Versicherungsdauer abhängig ist.

b) Das Verfahren zur Berücksichtigung sich überschneidender Zeiten ist in der Durchführungsverordnung geregelt.

c) Erfolgt nach den Rechtsvorschriften eines Mitgliedstaats die Berechnung von Leistungen auf der Grundlage von Einkünften, Beiträgen, Beitragsgrundlagen, Steigerungsbeträgen, Entgelten, anderen Beträgen oder einer Kombination mehrerer von ihnen (durchschnittlich, anteilig, pauschal oder fiktiv), so verfährt der zuständige Träger gegebenenfalls nach den in Anhang XI für den betreffenden Mitgliedstaat genannten Verfahren wie folgt:

   i) Er ermittelt die Berechnungsgrundlage der Leistungen ausschließlich aufgrund der Versicherungszeiten, die nach den für ihn geltenden Rechtsvorschriften zurückgelegt wurden.

   ii) Er zieht zur Berechnung des Betrags aufgrund von Versicherungs- und/oder Wohnzeiten, die nach den Rechtsvorschriften anderer Mitgliedstaaten zurückgelegt wurden, die gleichen Bezugsgrößen heran, die für die Versicherungszeiten festgestellt oder aufgezeichnet wurden, die nach den für ihn geltenden Rechtsvorschriften zurückgelegt wurden.

d) Für den Fall, dass Buchstabe c nicht gilt, da die Leistung nach den Rechtsvorschriften eines Mitgliedstaats nicht aufgrund von Versicherungs- oder Wohnzeiten, sondern aufgrund anderer nicht mit Zeit verknüpfter Faktoren berechnet werden muss, berücksichtigt der zuständige Träger für jede nach den Rechtsvorschriften eines anderen Mitgliedstaats zurückgelegte Versicherungs- oder Wohnzeit den Betrag des angesparten Kapitals, das Kapital, das als angespart gilt, und alle anderen Elemente für die Berechnung nach den von ihm angewandten Rechtsvorschriften, geteilt durch die entsprechenden Zeiteinheiten in dem betreffenden Rentensystem.

(2) Die Rechtsvorschriften eines Mitgliedstaats über die Anpassung der Bezugsgrößen, die für die Berechnung der Leistungen berücksichtigt wurden, gelten gegebenenfalls für die Bezugsgrößen, die der zuständige Träger dieses Mitgliedstaats nach Absatz 1 für Versicherungs- oder Wohnzeiten berücksichtigen muss, die nach den Rechtsvorschriften anderer Mitgliedstaaten zurückgelegt wurden.

Art. 57 Versicherungs- oder Wohnzeiten von weniger als einem Jahr. (1) *[1]* Ungeachtet des Artikels 52 Absatz 1 Buchstabe b) ist der Träger eines Mitgliedstaats nicht verpflichtet, Leistungen für Zeiten zu gewähren, die nach den für ihn geltenden Rechtsvorschriften zurückgelegt wurden und bei Eintritt des Versicherungsfalls zu berücksichtigen sind, wenn:

– die Dauer dieser Zeiten weniger als ein Jahr beträgt,
und

– aufgrund allein dieser Zeiten kein Leistungsanspruch nach diesen Rechtsvorschriften erworben wurde.

[2] Für die Zwecke dieses Artikels bezeichnet der Ausdruck „Zeiten" alle Versicherungszeiten, Beschäftigungszeiten, Zeiten einer selbstständigen Erwerbstätigkeit oder Wohnzeiten, die entweder für den Leistungsanspruch oder unmittelbar für die Leistungshöhe heranzuziehen sind.

(2) Für die Zwecke des Artikels 52 Absatz 1 Buchstabe b) Ziffer i) werden die in Absatz 1 genannten Zeiten vom zuständigen Träger jedes betroffenen Mitgliedstaats berücksichtigt.

(3) Würde die Anwendung des Absatzes 1 zur Befreiung aller Träger der betreffenden Mitgliedstaaten von der Leistungspflicht führen, so werden die Leistungen ausschließlich nach den Rechtsvorschriften des letzten dieser Mitgliedstaaten gewährt, dessen Voraussetzungen erfüllt sind, als ob alle zurückgelegten und nach Artikel 6 und Artikel 51 Absätze 1 und 2 berücksichtigten Versicherungs- und Wohnzeiten nach den Rechtsvorschriften dieses Mitgliedstaats zurückgelegt worden wären.

(4) Dieser Artikel gilt nicht für die in Teil 2 des Anhangs VIII aufgeführten Systeme.

Art. 58 Gewährung einer Zulage. (1) Ein Leistungsempfänger, auf den dieses Kapitel Anwendung findet, darf in dem Wohnmitgliedstaat, nach dessen Rechtsvorschriften ihm eine Leistung zusteht, keinen niedrigeren Leistungsbetrag als die Mindestleistung erhalten, die in diesen Rechtsvorschriften für eine Versicherungs- oder Wohnzeit festgelegt ist, die den Zeiten insgesamt entspricht, die bei der Feststellung der Leistung nach diesem Kapitel berücksichtigt wurden.

(2) Der zuständige Träger dieses Mitgliedstaats zahlt der betreffenden Person während der gesamten Zeit, in der sie in dessen Hoheitsgebiet wohnt, eine Zulage in Höhe des Unterschiedsbetrags zwischen der Summe der nach diesem Kapitel geschuldeten Leistungen und dem Betrag der Mindestleistung.

Art. 59 Neuberechnung und Anpassung der Leistungen. (1) Tritt nach den Rechtsvorschriften eines Mitgliedstaats eine Änderung des Feststellungsverfahrens oder der Berechnungsmethode für die Leistungen ein oder erfährt die persönliche Situation der betreffenden Personen eine erhebliche Veränderung, die nach diesen Rechtsvorschriften zu einer Anpassung des Leistungsbetrags führen würde, so ist eine Neuberechnung nach Artikel 52 vorzunehmen.

(2) Der Prozentsatz oder der Betrag, um den bei einem Anstieg der Lebenshaltungskosten, bei Änderung des Lohnniveaus oder aus anderen Anpassungsgründen die Leistungen des betreffenden Mitgliedstaats geändert werden, gilt

unmittelbar für die nach Artikel 52 festgestellten Leistungen, ohne dass eine Neuberechnung vorzunehmen ist.

Art. 60 Besondere Vorschriften für Beamte. (1) Die Artikel 6, 50, Artikel 51 Absatz 3 und die Artikel 52 bis 59 gelten entsprechend für Personen, die von einem Sondersystem für Beamte erfasst sind.

(2) *[1]* Ist jedoch nach den Rechtsvorschriften eines zuständigen Mitgliedstaats der Erwerb, die Auszahlung, die Aufrechterhaltung oder das Wiederaufleben des Leistungsanspruchs aufgrund eines Sondersystems für Beamte davon abhängig, dass alle Versicherungszeiten in einem oder mehreren Sondersystemen für Beamte in diesem Mitgliedstaat zurückgelegt wurden oder durch die Rechtsvorschriften dieses Mitgliedstaats solchen Zeiten gleichgestellt sind, so berücksichtigt der zuständige Träger dieses Staates nur die Zeiten, die nach den für ihn geltenden Rechtsvorschriften anerkannt werden können.

[2] Erfüllt die betreffende Person auch unter Berücksichtigung solcher Zeiten nicht die Voraussetzungen für den Bezug dieser Leistungen, so werden diese Zeiten für die Feststellung von Leistungen im allgemeinen System oder, falls es ein solches nicht gibt, im System für Arbeiter bzw. Angestellte berücksichtigt.

(3) Werden nach den Rechtsvorschriften eines Mitgliedstaats die Leistungen eines Sondersystems für Beamte auf der Grundlage des bzw. der in einem Bezugszeitraum zuletzt erzielten Entgelts berechnet, so berücksichtigt der zuständige Träger dieses Staates als Berechnungsgrundlage unter entsprechender Anpassung nur das Entgelt, das in dem Zeitraum bzw. den Zeiträumen bezogen wurden, während dessen bzw. deren die betreffende Person diesen Rechtsvorschriften unterlag.

Kapitel 6. Leistungen bei Arbeitslosigkeit

Art. 61 Besondere Vorschriften für die Zusammenrechnung von Versicherungszeiten, Beschäftigungszeiten und Zeiten einer selbstständigen Erwerbstätigkeit. (1) *[1]* Der zuständige Träger eines Mitgliedstaats, nach dessen Rechtsvorschriften der Erwerb, die Aufrechterhaltung, das Wiederaufleben oder die Dauer des Leistungsanspruchs von der Zurücklegung von Versicherungszeiten, Beschäftigungszeiten oder Zeiten einer selbstständigen Erwerbstätigkeit abhängig ist, berücksichtigt, soweit erforderlich, die Versicherungszeiten, Beschäftigungszeiten oder Zeiten einer selbstständigen Erwerbstätigkeit, die nach den Rechtsvorschriften eines anderen Mitgliedstaats zurückgelegt wurden, als ob sie nach den für ihn geltenden Rechtsvorschriften zurückgelegt worden wären.

[2] Ist jedoch nach den anzuwendenden Rechtsvorschriften der Leistungsanspruch von der Zurücklegung von Versicherungszeiten abhängig, so werden die nach den Rechtsvorschriften eines anderen Mitgliedstaats zurückgelegten Beschäftigungszeiten oder Zeiten einer selbstständigen Erwerbstätigkeit nicht berücksichtigt, es sei denn, sie hätten als Versicherungszeiten gegolten, wenn sie nach den anzuwendenden Rechtsvorschriften zurückgelegt worden wären.

(2) Außer in den Fällen des Artikels 65 Absatz 5 Buchstabe a) gilt Absatz 1 des vorliegenden Artikels nur unter der Voraussetzung, dass die betreffende Person unmittelbar zuvor nach den Rechtsvorschriften, nach denen die Leistungen beantragt werden, folgende Zeiten zurückgelegt hat:

– Versicherungszeiten, sofern diese Rechtsvorschriften Versicherungszeiten verlangen,
– Beschäftigungszeiten, sofern diese Rechtsvorschriften Beschäftigungszeiten verlangen,
oder
– Zeiten einer selbstständigen Erwerbstätigkeit, sofern diese Rechtsvorschriften Zeiten einer selbstständigen Erwerbstätigkeit verlangen.

Art. 62 Berechnung der Leistungen. (1) Der zuständige Träger eines Mitgliedstaats, nach dessen Rechtsvorschriften bei der Berechnung der Leistungen die Höhe des früheren Entgelts oder Erwerbseinkommens zugrunde zu legen ist, berücksichtigt ausschließlich das Entgelt oder Erwerbseinkommen, das die betreffende Person während ihrer letzten Beschäftigung oder selbstständigen Erwerbstätigkeit nach diesen Rechtsvorschriften erhalten hat.

(2) Absatz 1 findet auch Anwendung, wenn nach den für den zuständigen Träger geltenden Rechtsvorschriften ein bestimmter Bezugszeitraum für die Ermittlung des als Berechnungsgrundlage für die Leistungen heranzuziehenden Entgelts vorgesehen ist und die betreffende Person während dieses Zeitraums oder eines Teils davon den Rechtsvorschriften eines anderen Mitgliedstaats unterlag.

(3) Abweichend von den Absätzen 1 und 2 berücksichtigt der Träger des Wohnorts im Falle von Arbeitslosen, auf die Artikel 65 Absatz 5 Buchstabe a anzuwenden ist, nach Maßgabe der Durchführungsverordnung das Entgelt oder Erwerbseinkommen, das die betreffende Person in dem Mitgliedstaat erhalten hat, dessen Rechtsvorschriften für sie während ihrer letzten Beschäftigung oder selbstständigen Erwerbstätigkeit galten.

Art. 63 Besondere Bestimmungen für die Aufhebung der Wohnortklauseln. Für die Zwecke dieses Kapitels gilt Artikel 7 nur in den in den Artikeln 64, 65 und 65a vorgesehenen Fällen und Grenzen.

Art. 64 Arbeitslose, die sich in einen anderen Mitgliedstaat begeben.

(1) Eine vollarbeitslose Person, die die Voraussetzungen für einen Leistungsanspruch nach den Rechtsvorschriften des zuständigen Mitgliedstaats erfüllt und sich zur Arbeitsuche in einen anderen Mitgliedstaat begibt, behält den Anspruch auf Geldleistungen bei Arbeitslosigkeit unter folgenden Bedingungen und innerhalb der folgenden Grenzen:

a) vor der Abreise muss der Arbeitslose während mindestens vier Wochen nach Beginn der Arbeitslosigkeit bei der Arbeitsverwaltung des zuständigen Mitgliedstaats als Arbeitsuchender gemeldet gewesen sein und zur Verfügung gestanden haben. Die zuständige Arbeitsverwaltung oder der zuständige Träger kann jedoch die Abreise vor Ablauf dieser Frist genehmigen;

b) der Arbeitslose muss sich bei der Arbeitsverwaltung des Mitgliedstaats, in den er sich begibt, als Arbeitsuchender melden, sich dem dortigen Kontrollverfahren unterwerfen und die Voraussetzungen der Rechtsvorschriften dieses Mitgliedstaats erfüllen. Diese Bedingung gilt für den Zeitraum vor der Meldung als erfüllt, wenn sich die betreffende Person innerhalb von sieben Tagen ab dem Zeitpunkt meldet, ab dem sie der Arbeitsverwaltung des Mitgliedstaats, den sie verlassen hat, nicht mehr zur Verfügung gestanden hat.

In Ausnahmefällen kann diese Frist von der zuständigen Arbeitsverwaltung oder dem zuständigen Träger verlängert werden;

c) der Leistungsanspruch wird während drei Monaten von dem Zeitpunkt an aufrechterhalten, ab dem der Arbeitslose der Arbeitsverwaltung des Mitgliedstaats, den er verlassen hat, nicht mehr zur Verfügung gestanden hat, vorausgesetzt die Gesamtdauer der Leistungsgewährung überschreitet nicht den Gesamtzeitraum, für den nach den Rechtsvorschriften dieses Mitgliedstaats ein Leistungsanspruch besteht; der Zeitraum von drei Monaten kann von der zuständigen Arbeitsverwaltung oder dem zuständigen Träger auf höchstens sechs Monate verlängert werden;

d) die Leistungen werden vom zuständigen Träger nach den für ihn geltenden Rechtsvorschriften und für seine Rechnung gewährt.

(2) [1] Kehrt die betreffende Person bei Ablauf oder vor Ablauf des Zeitraums, für den sie nach Absatz 1 Buchstabe c) einen Leistungsanspruch hat, in den zuständigen Mitgliedstaat zurück, so hat sie weiterhin einen Leistungsanspruch nach den Rechtsvorschriften dieses Mitgliedstaats. [2] Sie verliert jedoch jeden Leistungsanspruch nach den Rechtsvorschriften des zuständigen Mitgliedstaats, wenn sie nicht bei Ablauf oder vor Ablauf dieses Zeitraums dorthin zurückkehrt, es sei denn, diese Rechtsvorschriften sehen eine günstigere Regelung vor. [3] In Ausnahmefällen kann die zuständige Arbeitsverwaltung oder der zuständige Träger der betreffenden Person gestatten, zu einem späteren Zeitpunkt zurückzukehren, ohne dass sie ihren Anspruch verliert.

(3) Der Höchstzeitraum, für den zwischen zwei Beschäftigungszeiten ein Leistungsanspruch nach Absatz 1 aufrechterhalten werden kann, beträgt drei Monate, es sei denn, die Rechtsvorschriften des zuständigen Mitgliedstaats sehen eine günstigere Regelung vor; dieser Zeitraum kann von der zuständigen Arbeitsverwaltung oder dem zuständigen Träger auf höchstens sechs Monate verlängert werden.

(4) Die Einzelheiten des Informationsaustauschs, der Zusammenarbeit und der gegenseitigen Amtshilfe zwischen den Trägern und Arbeitsverwaltungen des zuständigen Mitgliedstaats und des Mitgliedstaats, in den sich die betreffende Person zur Arbeitssuche begibt, werden in der Durchführungsverordnung geregelt.

Art. 65 Arbeitslose, die in einem anderen als dem zuständigen Mitgliedstaat gewohnt haben. (1) [1] Eine Person, die während ihrer letzten Beschäftigung oder selbstständigen Erwerbstätigkeit in einem anderen als dem zuständigen Mitgliedstaat gewohnt hat, muss sich bei Kurzarbeit oder sonstigem vorübergehendem Arbeitsausfall ihrem Arbeitgeber oder der Arbeitsverwaltung des zuständigen Mitgliedstaats zur Verfügung stellen. [2] Sie erhält Leistungen nach den Rechtsvorschriften des zuständigen Mitgliedstaats, als ob sie in diesem Mitgliedstaat wohnen würde. [3] Diese Leistungen werden von dem Träger des zuständigen Mitgliedstaats gewährt.

(2) *[1]* [1] Eine vollarbeitslose Person, die während ihrer letzten Beschäftigung oder selbstständigen Erwerbstätigkeit in einem anderen als dem zuständigen Mitgliedstaat gewohnt hat und weiterhin in diesem Mitgliedstaat wohnt oder in ihn zurückkehrt, muss sich der Arbeitsverwaltung des Wohnmitgliedstaats zur Verfügung stellen. [2] Unbeschadet des Artikels 64 kann sich eine vollarbeitslose Person zusätzlich der Arbeitsverwaltung des Mitgliedstaats zur Verfügung stel-

len, in dem sie zuletzt eine Beschäftigung oder eine selbstständige Erwerbstätigkeit ausgeübt hat.

[2] Ein Arbeitsloser, der kein Grenzgänger ist und nicht in seinen Wohnmitgliedstaat zurückkehrt, muss sich der Arbeitsverwaltung des Mitgliedstaats zur Verfügung stellen, dessen Rechtsvorschriften zuletzt für ihn gegolten haben.

(3) [1] Der in Absatz 2 Satz 1 genannte Arbeitslose muss sich bei der zuständigen Arbeitsverwaltung des Wohnmitgliedstaats als Arbeitsuchender melden, sich dem dortigen Kontrollverfahren unterwerfen und die Voraussetzungen der Rechtsvorschriften dieses Mitgliedstaats erfüllen. [2] Entscheidet er sich dafür, sich auch in dem Mitgliedstaat, in dem er zuletzt eine Beschäftigung oder eine selbstständige Erwerbstätigkeit ausgeübt hat, als Arbeitsuchender zu melden, so muss er den in diesem Mitgliedstaat geltenden Verpflichtungen nachkommen.

(4) Die Durchführung des Absatzes 2 Satz 2 und des Absatzes 3 Satz 2 sowie die Einzelheiten des Informationsaustauschs, der Zusammenarbeit und der gegenseitigen Amtshilfe zwischen den Trägern und Arbeitsverwaltungen des Wohnmitgliedstaats und des Mitgliedstaats, in dem er zuletzt eine Erwerbstätigkeit ausgeübt hat, werden in der Durchführungsverordnung geregelt.

(5)

a) Der in Absatz 2 Sätze 1 und 2 genannte Arbeitslose erhält Leistungen nach den Rechtsvorschriften des Wohnmitgliedstaats, als ob diese Rechtsvorschriften für ihn während seiner letzten Beschäftigung oder selbstständigen Erwerbstätigkeit gegolten hätten. Diese Leistungen werden von dem Träger des Wohnorts gewährt.

b) Jedoch erhält ein Arbeitnehmer, der kein Grenzgänger war und dem zulasten des zuständigen Trägers des Mitgliedstaats, dessen Rechtsvorschriften zuletzt für ihn gegolten haben, Leistungen gewährt wurden, bei seiner Rückkehr in den Wohnmitgliedstaat zunächst Leistungen nach Artikel 64; der Bezug von Leistungen nach Buchstabe a) ist während des Bezugs von Leistungen nach den Rechtsvorschriften, die zuletzt für ihn gegolten haben, ausgesetzt.

(6) [1] Die Leistungen des Trägers des Wohnorts nach Absatz 5 werden zu seinen Lasten erbracht. [2] Vorbehaltlich des Absatzes 7 erstattet der zuständige Träger des Mitgliedstaats, dessen Rechtsvorschriften zuletzt für ihn gegolten haben, dem Träger des Wohnorts den Gesamtbetrag der Leistungen, die dieser Träger während der ersten drei Monate erbracht hat. [3] Der zu erstattende Betrag für diesen Zeitraum darf nicht höher sein als der Betrag, der nach den Rechtsvorschriften des zuständigen Mitgliedstaats bei Arbeitslosigkeit zu zahlen gewesen wäre. [4] In den Fällen des Absatzes 5 Buchstabe b) wird der Zeitraum, während dessen Leistungen nach Artikel 64 erbracht werden, von dem in Satz 2 des vorliegenden Absatzes genannten Zeitraum abgezogen. [5] Die Einzelheiten der Erstattung werden in der Durchführungsverordnung geregelt.

(7) Der Zeitraum, für den nach Absatz 6 eine Erstattung erfolgt, wird jedoch auf fünf Monate ausgedehnt, wenn die betreffende Person in den vorausgegangenen 24 Monaten Beschäftigungszeiten oder Zeiten einer selbstständigen Erwerbstätigkeit von mindestens 12 Monaten in dem Mitgliedstaat zurückgelegt hat, dessen Rechtsvorschriften zuletzt für sie gegolten haben, sofern diese Zeiten einen Anspruch auf Leistungen bei Arbeitslosigkeit begründen würden.

(8) Für die Zwecke der Absätze 6 und 7 können zwei oder mehr Mitgliedstaaten oder ihre zuständigen Behörden andere Erstattungsverfahren verein-

baren oder auf jegliche Erstattung zwischen den in ihre Zuständigkeit fallenden Trägern verzichten.

Art. 65a Besondere Bestimmungen für vollarbeitslose selbständig erwerbstätige Grenzgänger, sofern in dem Wohnmitgliedstaat für selbständig Erwerbstätige kein System der Leistungen bei Arbeitslosigkeit besteht. (1) [1] Abweichend von Artikel 65 hat sich eine vollarbeitslose Person, die als Grenzgänger zuletzt in einem anderen Mitgliedstaat als ihrem Wohnmitgliedstaat Versicherungszeiten als Selbständiger oder Zeiten einer selbständigen Erwerbstätigkeit zurückgelegt hat, die für die Zwecke der Gewährung von Leistungen bei Arbeitslosigkeit anerkannt werden, und deren Wohnmitgliedstaat gemeldet hat, dass für keine Kategorie von Selbständigen ein System der Leistungen bei Arbeitslosigkeit dieses Mitgliedstaats besteht, bei der zuständigen Arbeitsverwaltung in dem Mitgliedstaat, in dem sie zuletzt eine selbständige Erwerbstätigkeit ausgeübt hat, anzumelden und sich zu ihrer Verfügung zu stellen sowie, wenn sie Leistungen beantragt, ununterbrochen die Voraussetzungen der Rechtsvorschriften dieses Mitgliedstaats zu erfüllen. [2] Zusätzlich kann die vollarbeitslose Person sich der Arbeitsverwaltung des Wohnmitgliedstaats zur Verfügung stellen.

(2) Die vollarbeitslose Person nach Absatz 1 erhält Leistungen des Mitgliedstaats, dessen Rechtsvorschriften sie zuletzt unterlag, entsprechend den Rechtsvorschriften, die dieser Mitgliedstaat anwendet.

(3) [1] Sollte die vollarbeitslose Person nach Absatz 1 sich der Arbeitsverwaltung des Mitgliedstaats der letzten Erwerbstätigkeit nicht oder nicht länger zur Verfügung stellen wollen, nachdem sie sich dort gemeldet hat, und in dem Wohnmitgliedstaat nach Arbeit suchen wollen, gilt Artikel 64 mit Ausnahme seines Absatzes 1 Buchstabe a entsprechend. [2] Der zuständige Träger kann den in Artikel 64 Absatz 1 Buchstabe c Satz 1 genannten Zeitraum bis zum Ende des Berechtigungszeitraums verlängern.

Kapitel 7. Vorruhestandsleistungen

Art. 66 Leistungen. Sind nach den anzuwendenden Rechtsvorschriften Ansprüche auf Vorruhestandsleistungen von der Zurücklegung von Versicherungszeiten, Beschäftigungszeiten oder Zeiten einer selbstständigen Erwerbstätigkeit abhängig, so findet Artikel 6 keine Anwendung.

Kapitel 8. Familienleistungen

Art. 67 Familienangehörige, die in einem anderen Mitgliedstaat wohnen. [1] Eine Person hat auch für Familienangehörige, die in einem anderen Mitgliedstaat wohnen, Anspruch auf Familienleistungen nach den Rechtsvorschriften des zuständigen Mitgliedstaats, als ob die Familienangehörigen in diesem Mitgliedstaat wohnen würden. [2] Ein Rentner hat jedoch Anspruch auf Familienleistungen nach den Rechtsvorschriften des für die Rentengewährung zuständigen Mitgliedstaats.

Art. 68 Prioritätsregeln bei Zusammentreffen von Ansprüchen.

(1) Sind für denselben Zeitraum und für dieselben Familienangehörigen Leistungen nach den Rechtsvorschriften mehrerer Mitgliedstaaten zu gewähren, so gelten folgende Prioritätsregeln:

a) Sind Leistungen von mehreren Mitgliedstaaten aus unterschiedlichen Gründen zu gewähren, so gilt folgende Rangfolge: an erster Stelle stehen die durch eine Beschäftigung oder eine selbstständige Erwerbstätigkeit ausgelösten Ansprüche, darauf folgen die durch den Bezug einer Rente ausgelösten Ansprüche und schließlich die durch den Wohnort ausgelösten Ansprüche.

b) Sind Leistungen von mehreren Mitgliedstaaten aus denselben Gründen zu gewähren, so richtet sich die Rangfolge nach den folgenden subsidiären Kriterien:
   i) bei Ansprüchen, die durch eine Beschäftigung oder eine selbstständige Erwerbstätigkeit ausgelöst werden: der Wohnort der Kinder, unter der Voraussetzung, dass dort eine solche Tätigkeit ausgeübt wird, und subsidiär gegebenenfalls die nach den widerstreitenden Rechtsvorschriften zu gewährende höchste Leistung. Im letztgenannten Fall werden die Kosten für die Leistungen nach in der Durchführungsverordnung festgelegten Kriterien aufgeteilt;
   ii) bei Ansprüchen, die durch den Bezug einer Rente ausgelöst werden: der Wohnort der Kinder, unter der Voraussetzung, dass nach diesen Rechtsvorschriften eine Rente geschuldet wird, und subsidiär gegebenenfalls die längste Dauer der nach den widerstreitenden Rechtsvorschriften zurückgelegten Versicherungs- oder Wohnzeiten;
   iii) bei Ansprüchen, die durch den Wohnort ausgelöst werden: der Wohnort der Kinder.

(2) [1] Bei Zusammentreffen von Ansprüchen werden die Familienleistungen nach den Rechtsvorschriften gewährt, die nach Absatz 1 Vorrang haben. [2] Ansprüche auf Familienleistungen nach anderen widerstreitenden Rechtsvorschriften werden bis zur Höhe des nach den vorrangig geltenden Rechtsvorschriften vorgesehenen Betrags ausgesetzt; erforderlichenfalls ist ein Unterschiedsbetrag in Höhe des darüber hinausgehenden Betrags der Leistungen zu gewähren. [3] Ein derartiger Unterschiedsbetrag muss jedoch nicht für Kinder gewährt werden, die in einem anderen Mitgliedstaat wohnen, wenn der entsprechende Leistungsanspruch ausschließlich durch den Wohnort ausgelöst wird.

(3) Wird nach Artikel 67 beim zuständigen Träger eines Mitgliedstaats, dessen Rechtsvorschriften gelten, aber nach den Prioritätsregeln der Absätze 1 und 2 des vorliegenden Artikels nachrangig sind, ein Antrag auf Familienleistungen gestellt, so gilt Folgendes:

a) Dieser Träger leitet den Antrag unverzüglich an den zuständigen Träger des Mitgliedstaats weiter, dessen Rechtsvorschriften vorrangig gelten, teilt dies der betroffenen Person mit und zahlt unbeschadet der Bestimmungen der Durchführungsverordnung über die vorläufige Gewährung von Leistungen erforderlichenfalls den in Absatz 2 genannten Unterschiedsbetrag;

b) der zuständige Träger des Mitgliedstaats, dessen Rechtsvorschriften vorrangig gelten, bearbeitet den Antrag, als ob er direkt bei ihm gestellt worden wäre; der Tag der Einreichung des Antrags beim ersten Träger gilt als der Tag der Einreichung bei dem Träger, der vorrangig zuständig ist.

Art. 68a Gewährung von Leistungen. Verwendet die Person, der die Familienleistungen zu gewähren sind, diese nicht für den Unterhalt der Familienangehörigen, zahlt der zuständige Träger auf Antrag des Trägers im Mitgliedstaat des Wohnorts der Familienangehörigen, des von der zuständigen Behörde im Mitgliedstaat ihres Wohnorts hierfür bezeichneten Trägers oder der von dieser Behörde hierfür bestimmten Stelle die Familienleistungen mit befreiender Wirkung über diesen Träger bzw. über diese Stelle an die natürliche oder juristische Person, die tatsächlich für die Familienangehörigen sorgt.

Art. 69 Ergänzende Bestimmungen. (1) [1] Besteht nach den gemäß den Artikeln 67 und 68 bestimmten Rechtsvorschriften kein Anspruch auf zusätzliche oder besondere Familienleistungen für Waisen, so werden diese Leistungen grundsätzlich in Ergänzung zu den anderen Familienleistungen, auf die nach den genannten Rechtsvorschriften ein Anspruch besteht, nach den Rechtsvorschriften des Mitgliedstaats gewährt, die für den Verstorbenen die längste Zeit gegolten haben, sofern ein Anspruch nach diesen Rechtsvorschriften besteht. [2] Besteht kein Anspruch nach diesen Rechtsvorschriften, so werden die Anspruchsvoraussetzungen nach den Rechtsvorschriften der anderen Mitgliedstaaten in der Reihenfolge der abnehmenden Dauer der nach den Rechtsvorschriften dieser Mitgliedstaaten zurückgelegten Versicherungs- oder Wohnzeiten geprüft und die Leistungen entsprechend gewährt.

(2) Leistungen in Form von Renten oder Rentenzuschüssen werden nach Kapitel 5 berechnet und gewährt.

Kapitel 9. Besondere beitragsunabhängige Geldleistungen

Art. 70 Allgemeine Vorschrift. (1) Dieser Artikel gilt für besondere beitragsunabhängige Geldleistungen, die nach Rechtsvorschriften gewährt werden, die aufgrund ihres persönlichen Geltungsbereichs, ihrer Ziele und/oder ihrer Anspruchsvoraussetzungen sowohl Merkmale der in Artikel 3 Absatz 1 genannten Rechtsvorschriften der sozialen Sicherheit als auch Merkmale der Sozialhilfe aufweisen.

(2) Für die Zwecke dieses Kapitels bezeichnet der Ausdruck „besondere beitragsunabhängige Geldleistungen" die Leistungen:

a) die dazu bestimmt sind:
   i) einen zusätzlichen, ersatzweisen oder ergänzenden Schutz gegen die Risiken zu gewähren, die von den in Artikel 3 Absatz 1 genannten Zweigen der sozialen Sicherheit gedeckt sind, und den betreffenden Personen ein Mindesteinkommen zur Bestreitung des Lebensunterhalts garantieren, das in Beziehung zu dem wirtschaftlichen und sozialen Umfeld in dem betreffenden Mitgliedstaat steht,
   oder
   ii) allein dem besonderen Schutz des Behinderten zu dienen, der eng mit dem sozialen Umfeld dieser Person in dem betreffenden Mitgliedstaat verknüpft ist,

   und

b) deren Finanzierung ausschließlich durch obligatorische Steuern zur Deckung der allgemeinen öffentlichen Ausgaben erfolgt und deren Gewährung und Berechnung nicht von Beiträgen hinsichtlich der Leistungsempfänger abhängen. Jedoch sind Leistungen, die zusätzlich zu einer beitragsabhängigen Leistung gewährt werden, nicht allein aus diesem Grund als beitragsabhängige Leistungen zu betrachten,
   und

c) die in Anhang X aufgeführt sind.

(3) Artikel 7 und die anderen Kapitel dieses Titels gelten nicht für die in Absatz 2 des vorliegenden Artikels genannten Leistungen.

(4) [1]Die in Absatz 2 genannten Leistungen werden ausschließlich in dem Mitgliedstaat, in dem die betreffenden Personen wohnen, und nach dessen Rechtsvorschriften gewährt. [2]Die Leistungen werden vom Träger des Wohnorts und zu seinen Lasten gewährt.

Titel IV. Verwaltungskommission und beratender Ausschuss

Art. 71 Zusammensetzung und Arbeitsweise der Verwaltungskommission. (1) [1]Der bei der Kommission der Europäischen Gemeinschaften eingesetzten Verwaltungskommission für die Koordinierung der Systeme der sozialen Sicherheit (im Folgenden „Verwaltungskommission" genannt) gehört je ein Regierungsvertreter jedes Mitgliedstaats an, der erforderlichenfalls von Fachberatern unterstützt wird. [2]Ein Vertreter der Kommission der Europäischen Gemeinschaften nimmt mit beratender Stimme an den Sitzungen der Verwaltungskommission teil.

(2) *[1]* Die Verwaltungskommission beschließt mit der in den Verträgen festgelegten qualifizierten Mehrheit; dies gilt nicht für die Annahme ihrer Satzung, die von ihren Mitgliedern im gegenseitigen Einvernehmen erstellt wird.

[2] Entscheidungen zu den in Artikel 72 Buchstabe a genannten Auslegungsfragen werden im erforderlichen Umfang bekannt gemacht.

(3) Die Sekretariatsgeschäfte der Verwaltungskommission werden von der Kommission der Europäischen Gemeinschaften wahrgenommen.

Art. 72 Aufgaben der Verwaltungskommission. Die Verwaltungskommission hat folgende Aufgaben:

a) Sie behandelt alle Verwaltungs- und Auslegungsfragen, die sich aus dieser Verordnung oder der Durchführungsverordnung oder in deren Rahmen geschlossenen Abkommen oder getroffenen Vereinbarungen ergeben; jedoch bleibt das Recht der betreffenden Behörden, Träger und Personen, die Verfahren und Gerichte in Anspruch zu nehmen, die nach den Rechtsvorschriften der Mitgliedstaaten, nach dieser Verordnung sowie nach dem Vertrag vorgesehen sind, unberührt.

b) Sie erleichtert die einheitliche Anwendung des Gemeinschaftsrechts, insbesondere, indem sie den Erfahrungsaustausch und die Verbreitung der besten Verwaltungspraxis fördert.

c) Sie fördert und stärkt die Zusammenarbeit zwischen den Mitgliedstaaten und ihren Trägern im Bereich der sozialen Sicherheit, um u.a. spezifische Fragen in Bezug auf bestimmte Personengruppen zu berücksichtigen; sie erleichtert die Durchführung von Maßnahmen der grenzüberschreitenden Zusammenarbeit auf dem Gebiet der Koordinierung der sozialen Sicherheit.

d) Sie fördert den größtmöglichen Einsatz neuer Technologien, um den freien Personenverkehr zu erleichtern, insbesondere durch die Modernisierung der Verfahren für den Informationsaustausch und durch die Anpassung des Informationsflusses zwischen den Trägern zum Zweck des Austauschs mit elektronischen Mitteln unter Berücksichtigung des Entwicklungsstands der Datenverarbeitung in dem jeweiligen Mitgliedstaat; die Verwaltungskommission erlässt die gemeinsamen strukturellen Regeln für die elektronischen Datenverarbeitungsdienste, insbesondere zu Sicherheit und Normenverwendung, und legt die Einzelheiten für den Betrieb des gemeinsamen Teils dieser Dienste fest.

e) Sie nimmt alle anderen Aufgaben wahr, für die sie nach dieser Verordnung, der Durchführungsverordnung und aller in deren Rahmen geschlossenen Abkommen oder getroffenen Vereinbarungen zuständig ist.

f) Sie unterbreitet der Kommission der Europäischen Gemeinschaften geeignete Vorschläge zur Koordinierung der Systeme der sozialen Sicherheit mit dem Ziel, den gemeinschaftlichen Besitzstand durch die Erarbeitung weiterer Verordnungen oder durch andere im Vertrag vorgesehene Instrumente zu verbessern und zu modernisieren.

g) Sie stellt die Unterlagen zusammen, die für die Rechnungslegung der Träger der Mitgliedstaaten über deren Aufwendungen aufgrund dieser Verordnung zu berücksichtigen sind, und stellt auf der Grundlage eines Berichts des in Artikel 74 genannten Rechnungsausschusses die Jahresabrechnung zwischen diesen Trägern auf.

Art. 73 Fachausschuss für Datenverarbeitung. (1) [1] Der Verwaltungskommission ist ein Fachausschuss für Datenverarbeitung (im Folgenden „Fachausschuss“ genannt) angeschlossen. [2] Der Fachausschuss unterbreitet der Verwaltungskommission Vorschläge für die gemeinsamen Architekturregeln zur Verwaltung der elektronischen Datenverarbeitungsdienste, insbesondere zu Sicherheit und Normenverwendung; er erstellt Berichte und gibt eine mit Gründen versehene Stellungnahme ab, bevor die Verwaltungskommission eine Entscheidung nach Artikel 72 Buchstabe d) trifft. [3] Die Zusammensetzung und die Arbeitsweise des Fachausschusses werden von der Verwaltungskommission bestimmt.

(2) Zu diesem Zweck hat der Fachausschuss folgende Aufgaben:

a) Er trägt die einschlägigen fachlichen Unterlagen zusammen und übernimmt die zur Erledigung seiner Aufgaben erforderlichen Untersuchungen und Arbeiten.

b) Er legt der Verwaltungskommission die in Absatz 1 genannten Berichte und mit Gründen versehenen Stellungnahmen vor.

c) Er erledigt alle sonstigen Aufgaben und Untersuchungen zu Fragen, die die Verwaltungskommission an ihn verweist.

d) Er stellt den Betrieb der gemeinschaftlichen Pilotprojekte unter Einsatz elektronischer Datenverarbeitungsdienste und, für den gemeinschaftlichen Teil, der operativen Systeme unter Einsatz elektronischer Datenverarbeitungsdienste sicher.

Art. 74 Rechnungsausschuss. (1) *[1]* [1] Der Verwaltungskommission ist ein Rechnungsausschuss angeschlossen. [2] Seine Zusammensetzung und seine Arbeitsweise werden von der Verwaltungskommission bestimmt.

[2] Der Rechnungsausschuss hat folgende Aufgaben:

a) Er prüft die Methode zur Feststellung und Berechnung der von den Mitgliedstaaten vorgelegten durchschnittlichen jährlichen Kosten.

b) Er trägt die erforderlichen Daten zusammen und führt die Berechnungen aus, die erforderlich sind, um den jährlichen Forderungsstand jedes einzelnen Mitgliedstaats festzustellen.

c) Er erstattet der Verwaltungskommission regelmäßig Bericht über die Ergebnisse der Anwendung dieser Verordnung und der Durchführungsverordnung, insbesondere in finanzieller Hinsicht.

d) Er stellt die für die Beschlussfassung der Verwaltungskommission gemäß Artikel 72 Buchstabe g) erforderlichen Daten und Berichte zur Verfügung.

e) Er unterbreitet der Verwaltungskommission alle geeigneten Vorschläge im Zusammenhang mit den Buchstaben a), b) und c), einschließlich derjenigen, die diese Verordnung betreffen.

f) Er erledigt alle Arbeiten, Untersuchungen und Aufträge zu Fragen, die die Verwaltungskommission an ihn verweist.

Art. 74a Europäische Arbeitsbehörde. (1) [1] Unbeschadet der Aufgaben und Tätigkeiten der Verwaltungskommission unterstützt die Europäische Arbeitsbehörde die Anwendung dieser Verordnung gemäß ihren Aufgaben nach der Verordnung (EU) 2019/1149. [2] Die Verwaltungskommission arbeitet mit der Europäischen Arbeitsbehörde zusammen, um die Tätigkeiten einvernehmlich aufeinander abzustimmen und Überschneidungen zu vermeiden. [3] Dazu schließt sie eine Kooperationsvereinbarung mit der Europäischen Arbeitsbehörde.

(2) Die Verwaltungskommission kann die Europäische Arbeitsbehörde auffordern, gemäß Artikel 13 Absatz 11 Unterabsatz 3 der Verordnung (EU) 2019/1149 Fragen, die in den Bereich der sozialen Sicherheit fallen und Gegenstand eines Mediationsverfahrens sind, an sie zu verweisen.

Art. 75 Beratender Ausschuss für die Koordinierung der Systeme der sozialen Sicherheit. (1) *[1]* Es wird ein Beratender Ausschuss für die Koordinierung der Systeme der sozialen Sicherheit (im Folgenden „Beratender Ausschuss" genannt) eingesetzt, der sich für jeden Mitgliedstaat wie folgt zusammensetzt:

a) ein Vertreter der Regierung,

b) ein Vertreter der Arbeitnehmerverbände,

c) ein Vertreter der Arbeitgeberverbände.

[2] Für jede der oben aufgeführten Kategorien wird für jeden Mitgliedstaat ein stellvertretendes Mitglied ernannt.

[3] [1] Die Mitglieder und stellvertretenden Mitglieder des Beratenden Ausschusses werden vom Rat ernannt. [2] Den Vorsitz im Beratenden Ausschuss führt ein Vertreter der Kommission der Europäischen Gemeinschaften. [3] Der Beratende Ausschuss gibt sich eine Geschäftsordnung.

(2) Der Beratende Ausschuss ist befugt, auf Antrag der Kommission der Europäischen Gemeinschaften, der Verwaltungskommission oder auf eigene Initiative:

a) über allgemeine oder grundsätzliche Fragen und über die Probleme zu beraten, die die Anwendung der gemeinschaftlichen Bestimmungen über die Koordinierung der Systeme der sozialen Sicherheit, insbesondere in Bezug auf bestimmte Personengruppen, aufwirft;

b) Stellungnahmen zu diesen Bereichen für die Verwaltungskommission sowie Vorschläge für eine etwaige Überarbeitung der genannten Bestimmungen zu formulieren.

Titel V. Verschiedene Bestimmungen

Art. 76 Zusammenarbeit. (1) Die zuständigen Behörden der Mitgliedstaaten unterrichten einander über:

a) alle zur Anwendung dieser Verordnung getroffenen Maßnahmen;

b) alle Änderungen ihrer Rechtsvorschriften, die die Anwendung dieser Verordnung berühren können.

(2) [1] Für die Zwecke dieser Verordnung unterstützen sich die Behörden und Träger der Mitgliedstaaten, als handelte es sich um die Anwendung ihrer eigenen Rechtsvorschriften. [2] Die gegenseitige Amtshilfe dieser Behörden und Träger ist grundsätzlich kostenfrei. [3] Die Verwaltungskommission legt jedoch die Art der erstattungsfähigen Ausgaben und die Schwellen für die Erstattung dieser Ausgaben fest.

(3) Die Behörden und Träger der Mitgliedstaaten können für die Zwecke dieser Verordnung miteinander sowie mit den betroffenen Personen oder deren Vertretern unmittelbar in Verbindung treten.

(4) *[1]* Die Träger und Personen, die in den Geltungsbereich dieser Verordnung fallen, sind zur gegenseitigen Information und Zusammenarbeit verpflichtet, um die ordnungsgemäße Anwendung dieser Verordnung zu gewährleisten.

[2] Die Träger beantworten gemäß dem Grundsatz der guten Verwaltungspraxis alle Anfragen binnen einer angemessenen Frist und übermitteln den betroffenen Personen in diesem Zusammenhang alle erforderlichen Angaben, damit diese die ihnen durch diese Verordnung eingeräumten Rechte ausüben können.

[3] Die betroffenen Personen müssen die Träger des zuständigen Mitgliedstaats und des Wohnmitgliedstaats so bald wie möglich über jede Änderung ihrer persönlichen oder familiären Situation unterrichten, die sich auf ihre Leistungsansprüche nach dieser Verordnung auswirkt.

(5) [1] Die Verletzung der Informationspflicht gemäß Absatz 4 Unterabsatz 3 kann angemessene Maßnahmen nach dem nationalen Recht nach sich ziehen. [2] Diese Maßnahmen müssen jedoch denjenigen entsprechen, die für vergleichbare Tatbestände der nationalen Rechtsordnung gelten, und dürfen die Ausübung der den Antragstellern durch diese Verordnung eingeräumten Rechte nicht praktisch unmöglich machen oder übermäßig erschweren.

(6) [1] Werden durch Schwierigkeiten bei der Auslegung oder Anwendung dieser Verordnung die Rechte einer Person im Geltungsbereich der Verordnung in Frage gestellt, so setzt sich der Träger des zuständigen Mitgliedstaats oder des Wohnmitgliedstaats der betreffenden Person mit dem Träger des anderen betroffenen Mitgliedstaats oder den Trägern der anderen betroffenen Mitgliedstaaten in Verbindung. [2] Wird binnen einer angemessenen Frist keine Lösung gefunden, so können die betreffenden Behörden die Verwaltungskommission befassen.

(7) Die Behörden, Träger und Gerichte eines Mitgliedstaats dürfen die bei ihnen eingereichten Anträge oder sonstigen Schriftstücke nicht deshalb zurückweisen, weil sie in einer Amtssprache eines anderen Mitgliedstaats abgefasst sind, die gemäß Artikel 290 des Vertrags als Amtssprache der Organe der Gemeinschaft anerkannt ist.

Art. 77 Schutz personenbezogener Daten. (1) [1] Werden personenbezogene Daten aufgrund dieser Verordnung oder der Durchführungsverordnung von den Behörden oder Trägern eines Mitgliedstaats den Behörden oder Trägern eines anderen Mitgliedstaats übermittelt, so gilt für diese Datenübermittlung das Datenschutzrecht des übermittelnden Mitgliedstaats. [2] Für jede Weitergabe durch die Behörde oder den Träger des Empfängermitgliedstaats sowie für die Speicherung, Veränderung oder Löschung der Daten durch diesen Mitgliedstaat gilt das Datenschutzrecht des Empfängermitgliedstaats.

(2) Die für die Anwendung dieser Verordnung und der Durchführungsverordnung erforderlichen Daten werden durch einen Mitgliedstaat an einen anderen Mitgliedstaat unter Beachtung der Gemeinschaftsbestimmungen über den Schutz natürlicher Personen bei der Verarbeitung personenbezogener Daten und den freien Datenverkehr übermittelt.

Art. 78 Elektronische Datenverarbeitung. (1) [1] Die Mitgliedstaaten verwenden schrittweise die neuen Technologien für den Austausch, den Zugang und die Verarbeitung der für die Anwendung dieser Verordnung und der Durchführungsverordnung erforderlichen Daten. [2] Die Europäische Kommission gewährt bei Aufgaben von gemeinsamem Interesse Unterstützung, sobald die Mitgliedstaaten diese elektronischen Datenverarbeitungsdienste eingerichtet haben.

(2) Jeder Mitgliedstaat betreibt seinen Teil der elektronischen Datenverarbeitungsdienste in eigener Verantwortung unter Beachtung der Gemeinschaftsbestimmungen über den Schutz natürlicher Personen bei der Verarbeitung personenbezogener Daten und den freien Datenverkehr.

(3) [1] Ein von einem Träger nach dieser Verordnung und der Durchführungsverordnung versandtes oder herausgegebenes elektronisches Dokument darf von einer Behörde oder einem Träger eines anderen Mitgliedstaats nicht deshalb abgelehnt werden, weil es elektronisch empfangen wurde, wenn der Empfängerträger zuvor erklärt hat, dass er in der Lage ist, elektronische Dokumente zu empfangen. [2] Bei der Wiedergabe und der Aufzeichnung solcher Dokumente wird davon ausgegangen, dass sie eine korrekte und genaue Wiedergabe des Originaldokuments oder eine Darstellung der Information ist, auf die sich dieses Dokument bezieht, sofern kein gegenteiliger Beweis vorliegt.

(4) [1] Ein elektronisches Dokument wird als gültig angesehen, wenn das EDV-System, in dem dieses Dokument aufgezeichnet wurde, die erforderlichen Sicherheitselemente aufweist, um jede Veränderung, Übermittlung oder jeden unberechtigten Zugang zu dieser Aufzeichnung zu verhindern. [2] Die aufgezeichnete Information muss jederzeit in einer sofort lesbaren Form reproduziert werden können. [3] Wird ein elektronisches Dokument von einem Träger der sozialen Sicherheit an einen anderen Träger übermittelt, so werden geeignete Sicherheitsmaßnahmen gemäß den Gemeinschaftsbestimmungen über den Schutz natürlicher Personen bei der Verarbeitung personenbezogener Daten und den freien Datenverkehr getroffen.

Art. 79 Finanzierung von Maßnahmen im Bereich der sozialen Sicherheit. Im Zusammenhang mit dieser Verordnung und der Durchführungsverordnung kann die Europäische Kommission folgende Tätigkeiten ganz oder teilweise finanzieren:

a) Tätigkeiten, die der Verbesserung des Informationsaustauschs – insbesondere des elektronischen Datenaustauschs – zwischen Behörden und Trägern der sozialen Sicherheit der Mitgliedstaaten dienen,

b) jede andere Tätigkeit, die dazu dient, den Personen, die in den Geltungsbereich dieser Verordnung fallen, und ihren Vertretern auf dem dazu am besten geeigneten Wege Informationen über die sich aus dieser Verordnung ergebenden Rechte und Pflichten zu vermitteln.

Art. 80 Befreiungen. (1) Jede in den Rechtsvorschriften eines Mitgliedstaats vorgesehene Befreiung oder Ermäßigung von Steuern, Stempel-, Gerichts- oder Eintragungsgebühren für Schriftstücke oder Urkunden, die gemäß den Rechtsvorschriften dieses Mitgliedstaats vorzulegen sind, findet auch auf die entsprechenden Schriftstücke und Urkunden Anwendung, die gemäß den Rechtsvorschriften eines anderen Mitgliedstaats oder gemäß dieser Verordnung einzureichen sind.

(2) Urkunden, Dokumente und Schriftstücke jeglicher Art, die in Anwendung dieser Verordnung vorzulegen sind, brauchen nicht durch diplomatische oder konsularische Stellen legalisiert zu werden.

Art. 81 Anträge, Erklärungen oder Rechtsbehelfe. [1] Anträge, Erklärungen oder Rechtsbehelfe, die gemäß den Rechtsvorschriften eines Mitgliedstaats innerhalb einer bestimmten Frist bei einer Behörde, einem Träger oder einem Gericht dieses Mitgliedstaats einzureichen sind, können innerhalb der gleichen Frist bei einer entsprechenden Behörde, einem entsprechenden Träger oder einem entsprechenden Gericht eines anderen Mitgliedstaats eingereicht werden. [2] In diesem Fall übermitteln die in Anspruch genommenen Behörden, Träger oder Gerichte diese Anträge, Erklärungen oder Rechtsbehelfe entweder unmittelbar oder durch Einschaltung der zuständigen Behörden der beteiligten Mitgliedstaaten unverzüglich der zuständigen Behörde, dem zuständigen Träger oder dem zuständigen Gericht des ersten Mitgliedstaats. [3] Der Tag, an dem diese Anträge, Erklärungen oder Rechtsbehelfe bei einer Behörde, einem Träger oder einem Gericht des zweiten Mitgliedstaats eingegangen sind, gilt als Tag des Eingangs bei der zuständigen Behörde, dem zuständigen Träger oder dem zuständigen Gericht.

Art. 82 Ärztliche Gutachten. Die in den Rechtsvorschriften eines Mitgliedstaats vorgesehenen ärztlichen Gutachten können auf Antrag des zuständigen Trägers in einem anderen Mitgliedstaat vom Träger des Wohn- oder Aufenthaltsorts des Antragstellers oder des Leistungsberechtigten unter den in der Durchführungsverordnung festgelegten Bedingungen oder den von den zuständigen Behörden der beteiligten Mitgliedstaaten vereinbarten Bedingungen angefertigt werden.

Art. 83 Anwendung von Rechtsvorschriften. Die besonderen Bestimmungen zur Anwendung der Rechtsvorschriften bestimmter Mitgliedstaaten sind in Anhang XI aufgeführt.

Art. 84 Einziehung von Beiträgen und Rückforderung von Leistungen. (1) Beiträge, die einem Träger eines Mitgliedstaats geschuldet werden, und nichtgeschuldete Leistungen, die von dem Träger eines Mitgliedstaats gewährt wurden, können in einem anderen Mitgliedstaat nach den Verfahren und mit den Sicherungen und Vorrechten eingezogen bzw. zurückgefordert werden, die für die Einziehung der dem entsprechenden Träger des letzteren Mitgliedstaats geschuldeten Beiträge bzw. für die Rückforderung der vom entsprechenden Träger des letzteren Mitgliedstaats nichtgeschuldeten Leistungen gelten.

(2) [1] Vollstreckbare Entscheidungen der Gerichte und Behörden über die Einziehung von Beiträgen, Zinsen und allen sonstigen Kosten oder die Rückforderung nichtgeschuldeter Leistungen gemäß den Rechtsvorschriften eines Mitgliedstaats werden auf Antrag des zuständigen Trägers in einem anderen Mitgliedstaat innerhalb der Grenzen und nach Maßgabe der in diesem Mitgliedstaat für ähnliche Entscheidungen geltenden Rechtsvorschriften und anderen Verfahren anerkannt und vollstreckt. [2] Solche Entscheidungen sind in diesem Mitgliedstaat für vollstreckbar zu erklären, sofern die Rechtsvorschriften und alle anderen Verfahren dieses Mitgliedstaats dies erfordern.

(3) Bei Zwangsvollstreckung, Konkurs oder Vergleich genießen die Forderungen des Trägers eines Mitgliedstaats in einem anderen Mitgliedstaat die gleichen Vorrechte, die die Rechtsvorschriften des letzteren Mitgliedstaats Forderungen gleicher Art einräumen.

(4) Das Verfahren zur Durchführung dieses Artikels, einschließlich der Kostenerstattung, wird durch die Durchführungsverordnung und, soweit erforderlich, durch ergänzende Vereinbarungen zwischen den Mitgliedstaaten geregelt.

Art. 85 Ansprüche der Träger. (1) Werden einer Person nach den Rechtsvorschriften eines Mitgliedstaats Leistungen für einen Schaden gewährt, der sich aus einem in einem anderen Mitgliedstaat eingetretenen Ereignis ergibt, so gilt für etwaige Ansprüche des zur Leistung verpflichteten Trägers gegenüber einem zum Schadenersatz verpflichteten Dritten folgende Regelung:

a) Sind die Ansprüche, die der Leistungsempfänger gegenüber dem Dritten hat, nach den für den zur Leistung verpflichteten Träger geltenden Rechtsvorschriften auf diesen Träger übergegangen, so erkennt jeder Mitgliedstaat diesen Übergang an.
b) Hat der zur Leistung verpflichtete Träger einen unmittelbaren Anspruch gegen den Dritten, so erkennt jeder Mitgliedstaat diesen Anspruch an.

(2) *[1]* Werden einer Person nach den Rechtsvorschriften eines Mitgliedstaats Leistungen für einen Schaden gewährt, der sich aus einem in einem anderen Mitgliedstaat eingetretenen Ereignis ergibt, so gelten für die betreffende Person oder den zuständigen Träger die Bestimmungen dieser Rechtsvorschriften, in denen festgelegt ist, in welchen Fällen die Arbeitgeber oder ihre Arbeitnehmer von der Haftung befreit sind.

[2] Absatz 1 gilt auch für etwaige Ansprüche des zur Leistung verpflichteten Trägers gegenüber Arbeitgebern oder ihren Arbeitnehmern, wenn deren Haftung nicht ausgeschlossen ist.

(3) Haben zwei oder mehr Mitgliedstaaten oder ihre zuständigen Behörden gemäß Artikel 35 Absatz 3 und/oder Artikel 41 Absatz 2 eine Vereinbarung über den Verzicht auf Erstattung zwischen Trägern, die in ihre Zuständigkeit

fallen, geschlossen oder erfolgt die Erstattung unabhängig von dem Betrag der tatsächlich gewährten Leistungen, so gilt für etwaige Ansprüche gegenüber einem für den Schaden haftenden Dritten folgende Regelung:

a) Gewährt der Träger des Wohn- oder Aufenthaltsmitgliedstaats einer Person Leistungen für einen in seinem Hoheitsgebiet erlittenen Schaden, so übt dieser Träger nach den für ihn geltenden Rechtsvorschriften das Recht auf Forderungsübergang oder direktes Vorgehen gegen den schadenersatzpflichtigen Dritten aus.

b) Für die Anwendung von Buchstabe a) gilt

   i) der Leistungsempfänger als beim Träger des Wohn- oder Aufenthaltsorts versichert
   und

   ii) dieser Träger als zur Leistung verpflichteter Träger.

c) Die Absätze 1 und 2 bleiben für alle Leistungen anwendbar, die nicht unter die Verzichtsvereinbarung fallen oder für die keine Erstattung gilt, die unabhängig von dem Betrag der tatsächlich gewährten Leistungen erfolgt.

Art. 86 Bilaterale Vereinbarungen. Bezüglich der Beziehungen zwischen Luxemburg einerseits und Frankreich, Deutschland und Belgien andererseits werden über die Anwendung und die Dauer des in Artikel 65 Absatz 7 genannten Zeitraums bilaterale Vereinbarungen geschlossen.

Titel VI. Übergangs- und Schlussbestimmungen

Art. 87 Übergangsbestimmungen. (1) Diese Verordnung begründet keinen Anspruch für den Zeitraum vor dem Beginn ihrer Anwendung.

(2) Für die Feststellung des Leistungsanspruchs nach dieser Verordnung werden alle Versicherungszeiten sowie gegebenenfalls auch alle Beschäftigungszeiten, Zeiten einer selbstständigen Erwerbstätigkeit oder Wohnzeiten berücksichtigt, die nach den Rechtsvorschriften eines Mitgliedstaats vor dem Beginn der Anwendung dieser Verordnung in dem betreffenden Mitgliedstaat zurückgelegt worden sind.

(3) Vorbehaltlich des Absatzes 1 begründet diese Verordnung einen Leistungsanspruch auch für Ereignisse vor dem Beginn der Anwendung dieser Verordnung in dem betreffenden Mitgliedstaat.

(4) Leistungen jeder Art, die wegen der Staatsangehörigkeit oder des Wohnorts der betreffenden Person nicht festgestellt worden sind oder geruht haben, werden auf Antrag dieser Person ab dem Beginn der Anwendung dieser Verordnung in dem betreffenden Mitgliedstaat gewährt oder wieder gewährt, vorausgesetzt, dass Ansprüche, aufgrund deren früher Leistungen gewährt wurden, nicht durch Kapitalabfindung abgegolten wurden.

(5) Die Ansprüche einer Person, der vor dem Beginn der Anwendung dieser Verordnung in einem Mitgliedstaat eine Rente gewährt wurde, können auf Antrag der betreffenden Person unter Berücksichtigung dieser Verordnung neu festgestellt werden.

(6) Wird ein Antrag nach Absatz 4 oder 5 innerhalb von zwei Jahren nach dem Beginn der Anwendung dieser Verordnung in einem Mitgliedstaat gestellt, so werden die Ansprüche aufgrund dieser Verordnung mit Wirkung von diesem

Zeitpunkt an erworben, ohne dass der betreffenden Person Ausschlussfristen oder Verjährungsfristen eines Mitgliedstaats entgegengehalten werden können.

(7) Wird ein Antrag nach Absatz 4 oder 5 erst nach Ablauf von zwei Jahren nach dem Beginn der Anwendung dieser Verordnung in dem betreffenden Mitgliedstaat gestellt, so werden nicht ausgeschlossene oder verjährte Ansprüche – vorbehaltlich etwaiger günstigerer Rechtsvorschriften eines Mitgliedstaats – vom Tag der Antragstellung an erworben.

(8) [1] Gelten für eine Person infolge dieser Verordnung die Rechtsvorschriften eines anderen Mitgliedstaats als desjenigen, der durch Titel II der Verordnung (EWG) Nr. 1408/71 bestimmt wird, bleiben diese Rechtsvorschriften so lange, wie sich der bis dahin vorherrschende Sachverhalt nicht ändert, und auf jeden Fall für einen Zeitraum von höchstens zehn Jahren ab dem Geltungsbeginn dieser Verordnung anwendbar, es sei denn, die betreffende Person beantragt, den nach dieser Verordnung anzuwendenden Rechtsvorschriften unterstellt zu werden. [2] Der Antrag ist innerhalb von drei Monaten nach dem Geltungsbeginn dieser Verordnung bei dem zuständigen Träger des Mitgliedstaats, dessen Rechtsvorschriften nach dieser Verordnung anzuwenden sind, zu stellen, wenn die betreffende Person den Rechtsvorschriften dieses Mitgliedstaats ab dem Beginn der Anwendung dieser Verordnung unterliegen soll. [3] Wird der Antrag nach Ablauf dieser Frist gestellt, gelten diese Rechtsvorschriften für die betreffende Person ab dem ersten Tag des darauf folgenden Monats.

(9) Artikel 55 dieser Verordnung findet ausschließlich auf Renten Anwendung, für die Artikel 46c der Verordnung (EWG) Nr. 1408/71 bei Beginn der Anwendung dieser Verordnung nicht gilt.

(10) Die Bestimmungen des Artikels 65 Absatz 2 Satz 2 und Absatz 3 Satz 2 gelten in Luxemburg spätestens zwei Jahre nach dem Beginn der Anwendung dieser Verordnung.

(10a) Die auf Estland, Spanien, Italien, Litauen, Ungarn und die Niederlande bezogenen Einträge in Anhang III treten vier Jahre nach dem Geltungsbeginn dieser Verordnung außer Kraft.

(10b) [1] Die Liste in Anhang III wird spätestens bis zum 31. Oktober 2014 auf der Grundlage eines Berichts der Verwaltungskommission überprüft. [2] Dieser Bericht enthält eine Folgenabschätzung sowohl unter absoluten als auch relativen Gesichtspunkten in Bezug auf die Relevanz, die Häufigkeit, den Umfang und die Kosten der Anwendung der Vorschriften des Anhang III. [3] Der Bericht enthält auch mögliche Auswirkungen einer Aufhebung jener Vorschriften für diejenigen Mitgliedstaaten, die nach dem in Absatz 10a genannten Zeitpunkt weiterhin in jenem Anhang aufgeführt sind. [4] Auf der Grundlage dieses Berichts entscheidet die Kommission über die Vorlage eines Vorschlags zur Überarbeitung dieser Liste, grundsätzlich mit dem Ziel, die Liste aufzuheben, es sei denn der Bericht der Verwaltungskommission enthält zwingende Gründe, die dagegen sprechen.

(11) Die Mitgliedstaaten stellen sicher, dass ausreichende Informationen über die mit dieser Verordnung und der Durchführungsverordnung eingeführten Änderungen der Rechte und Pflichten zur Verfügung gestellt werden.

Art. 87a Übergangsvorschrift für die Anwendung der Verordnung (EU) Nr. 465/2012. (1) [1] Gelten für eine Person aufgrund des Inkrafttretens der Verordnung (EU) Nr. 465/2012 nach deren Inkrafttreten die Rechtsvorschriften eines anderen Mitgliedstaats als desjenigen, der durch Titel II dieser Verordnung bestimmt wird, bleiben diese Rechtsvorschriften für einen Übergangszeitraum, der so lange andauert, wie sich der bis dahin vorherrschende Sachverhalt nicht ändert, und in jedem Fall für nicht länger als zehn Jahre ab dem Datum des Inkrafttretens der Verordnung (EU) Nr. 465/2012 anwendbar. [2]Die betreffende Person kann beantragen, dass der Übergangszeitraum auf sie nicht mehr Anwendung findet. [3]Der Antrag ist bei dem von der zuständigen Behörde des Wohnmitgliedstaats bezeichneten Träger zu stellen. [4]Bis zum 29. September 2012 gestellte Anträge gelten ab dem 28. Juni 2012 als wirksam. [5]Nach dem 29. September 2012 gestellte Anträge gelten ab dem ersten Tag des darauf folgenden Monats als wirksam.

(2) [1]Spätestens am 29. Juni 2014 beurteilt die Verwaltungskommission die Umsetzung der Bestimmungen des Artikels 65a dieser Verordnung und legt einen Bericht über deren Anwendung vor. [2]Auf der Grundlage dieses Berichts kann die Kommission gegebenenfalls Vorschläge zur Änderung dieser Bestimmungen vorlegen.

Art. 88 Aktualisierung der Anhänge. Die Anhänge dieser Verordnung werden regelmäßig überarbeitet.

Art. 89 Durchführungsverordnung. Die Durchführung dieser Verordnung wird in einer weiteren Verordnung geregelt.

Art. 90 Aufhebung. (1) *[1]* Die Verordnung (EWG) Nr. 1408/71 wird mit dem Beginn der Anwendung dieser Verordnung aufgehoben.

[2] Die Verordnung (EWG) Nr. 1408/71 bleibt jedoch in Kraft und behält ihre Rechtswirkung für die Zwecke

a) der Verordnung (EG) Nr. 859/2003 des Rates vom 14. Mai 2003 zur Ausdehnung der Bestimmungen der Verordnung (EWG) Nr. 1408/71 und der Verordnung (EWG) Nr. 574/72 auf Drittstaatsangehörige, die ausschließlich aufgrund ihrer Staatsangehörigkeit nicht bereits unter diese Bestimmungen fallen[1)], solange jene Verordnung nicht aufgehoben oder geändert ist;

b) der Verordnung (EWG) Nr. 1661/85 des Rates vom 13. Juni 1985 zur Festlegung der technischen Anpassungen der Gemeinschaftsregelung auf dem Gebiet der sozialen Sicherheit der Wanderarbeitnehmer in Bezug auf Grönland[2)], solange jene Verordnung nicht aufgehoben oder geändert ist;

c) des Abkommens über den Europäischen Wirtschaftsraum[3)] und des Abkommens zwischen der Europäischen Gemeinschaft und ihren Mitgliedstaaten einerseits und der Schweizerischen Eidgenossenschaft andererseits über die Freizügigkeit[4)] sowie anderer Abkommen, die auf die Verordnung (EWG) Nr. 1408/71 Bezug nehmen, solange diese Abkommen nicht infolge der vorliegenden Verordnung geändert worden sind.

[1)] **Amtl. Anm.:** ABl. L 124 vom 20.5.2003, S. 1.

[2)] **Amtl. Anm.:** ABl. L 160 vom 20.6.1985, S. 7.

[3)] **Amtl. Anm.:** ABl. L 1 vom 3.1.1994, S. 1.

[4)] **Amtl. Anm.:** ABl. L 114 vom 30.4.2002, S. 6. Zuletzt geändert durch den Beschluss Nr. 2/2003 des Gemischten Ausschusses EU-Schweiz (ABl. L 187 vom 26.7.2003, S. 55).

(2) Bezugnahmen auf die Verordnung (EWG) Nr. 1408/71 in der Richtlinie 98/49/EG des Rates vom 29. Juni 1998 zur Wahrung ergänzender Rentenansprüche von Arbeitnehmern und Selbstständigen, die innerhalb der Europäischen Gemeinschaft zu- und abwandern[1], gelten als Bezugnahmen auf die vorliegende Verordnung.

Art. 91 Inkrafttreten. *[1]* Diese Verordnung tritt am zwanzigsten Tag nach ihrer Veröffentlichung[2] im Amtsblatt der Europäischen Union in Kraft.

[2] Sie gilt ab dem Tag des Inkrafttretens der Durchführungsverordnung.

Diese Verordnung ist in allen ihren Teilen verbindlich und gilt unmittelbar in jedem Mitgliedstaat.

Anhänge. *(hier nicht wiedergegeben)*

---

[1] **Amtl. Anm.:** ABl. L 209 vom 25.7.1998, S. 46.
[2] Veröffentlicht am 30.4.2004.

110. Verordnung (EG) Nr. 561/2006 des Europäischen Parlaments und des Rates vom 15. März 2006 zur Harmonisierung bestimmter Sozialvorschriften im Straßenverkehr und zur Änderung der Verordnungen (EWG) Nr. 3821/85 und (EG) Nr. 2135/98 des Rates sowie zur Aufhebung der Verordnung (EWG) Nr. 3820/85 des Rates[1) 2)]

(Text von Bedeutung für den EWR)

(ABl. L 102 S. 1, ber. ABl. 2009 L 70 S. 19, ABl. 2015 L 101 S. 62, ABl. 2016 L 195 S. 83)

Celex-Nr. 3 2006 R 0561

zuletzt geänd. durch Art. 1 VO (EU) 2020/1054 v. 15.7.2020 (ABl. L 249 S. 1)

DER RAT DER EUROPÄISCHEN GEMEINSCHAFTEN –

gestützt auf den Vertrag zur Gründung der Europäischen Gemeinschaft[3)], insbesondere auf Artikel 71[4)],

auf Vorschlag der Kommission[5)],

nach Stellungnahme des Europäischen Wirtschafts- und Sozialausschusses[6)],

nach Anhörung des Ausschusses der Regionen,

gemäß dem Verfahren des Artikels 251 des Vertrags[7) 8)], im Hinblick auf den vom Vermittlungsausschuss am 8. Dezember 2005 gebilligten Gemeinsamen Entwurf,

in Erwägung nachstehender Gründe:

(1) Durch die Verordnung (EWG) Nr. 3820/85 des Rates vom 20. Dezember 1985 über die Harmonisierung bestimmter Sozialvorschriften im Straßenverkehr[9)] sollten die Wettbewerbsbedingungen zwischen Binnenverkehrsträgern, insbesondere im Straßenverkehrsgewerbe, harmonisiert und die

---

[1)] Inkrafttreten dieser VO am 11.4.2007 mit Ausnahme des Art. 10 Abs. 5, der bereits am 1.5.2006 in Kraft getreten ist, vgl. Art. 29.

[2)] Zur Fortgeltung des Art. 5 der Verordnung (EWG) Nr. 3820/85 v. 20.12.1985 (ABl. L 370 S. 1), aufgeh. durch VO v. 15.3.2006 (ABl. L 102 S. 1) siehe die Übergangsvorschriften in Art. 28 Abs. 2.

[3)] Nunmehr Vertrag über die Arbeitsweise der Europäischen Union (auszugsweise abgedruckt unter Nr. **5**) durch Vertrag von Lissabon v. 13.12.2007 (ABl. C 306 S. 1).

[4)] Nunmehr Art. 91 AEUV v. 13.12.2007 (ABl. C 306 S. 1), zuletzt geänd. durch Beschl. v. 11.7. 2012 (ABl. L 204 S. 131) durch Vertrag von Lissabon v. 13.12.2007 (ABl. C 306 S. 1).

[5)] **Amtl. Anm.:** ABl. C 51 E vom 26.2.2002, S. 234.

[6)] **Amtl. Anm.:** ABl. C 221 vom 17.9.2002, S. 19.

[7)] Nunmehr Art. 294 AEUV v. 13.12.2007 (ABl. C 306 S. 1), zuletzt geänd. durch Beschl. v. 11.7. 2012 (ABl. L 204 S. 131) durch Vertrag von Lissabon v. 13.12.2007 (ABl. C 306 S. 1).

[8)] **Amtl. Anm.:** Stellungnahme des Europäischen Parlaments vom 14. Januar 2003 (ABl. C 38 E vom 12.2.2004, S. 152), Gemeinsamer Standpunkt des Rates vom 9. Dezember 2004 (ABl. C 63 E vom 15.3.2005, S. 11) und Standpunkt des Europäischen Parlaments vom 13. April 2005 (ABl. C 33 E vom 9.2.2006, S. 425). Legislative Entschließung des Europäischen Parlaments vom 2. Februar 2006 und Beschluss des Rates vom 2. Februar 2006.

[9)] **Amtl. Anm.:** ABl. L 370 vom 31.12.1985, S. 1. Geändert durch die Richtlinie 2003/59/EG des Europäischen Parlaments und des Rates (ABl. L 226 vom 10.9.2003, S. 4).

Arbeitsbedingungen und die Sicherheit im Straßenverkehr verbessert werden. Die in diesen Bereichen erzielten Fortschritte sollten gewahrt und ausgebaut werden.

(2) Nach der Richtlinie 2002/15/EG[1] des Europäischen Parlaments und des Rates vom 11. März 2002 zur Regelung der Arbeitszeit von Personen, die Fahrtätigkeiten im Bereich des Straßentransports ausüben[2], sind die Mitgliedstaaten verpflichtet, Maßnahmen zur Beschränkung der wöchentlichen Höchstarbeitszeit des Fahrpersonals zu erlassen.

(3) Es hat sich als schwierig erwiesen, gewisse Bestimmungen der Verordnung (EWG) Nr. 3820/85 über Lenkzeiten, Fahrtunterbrechungen und Ruhezeiten von Fahrern im nationalen und grenzüberschreitenden Straßenverkehr innerhalb der Gemeinschaft in allen Mitgliedstaaten einheitlich auszulegen, anzuwenden, durchzusetzen und zu überwachen, weil die Bestimmungen zu allgemein gehalten sind.

(4) Eine wirksame und einheitliche Durchführung dieser Bestimmungen ist wünschenswert, damit ihre Ziele erreicht werden und ihre Anwendung nicht in Misskredit gerät. Daher sind klarere und einfachere Vorschriften nötig, die sowohl vom Straßenverkehrsgewerbe als auch den Vollzugsbehörden leichter zu verstehen, auszulegen und anzuwenden sind.

(5) Durch die in dieser Verordnung vorgesehenen Maßnahmen in Bezug auf die Arbeitsbedingungen sollte das Recht der Sozialpartner, im Zuge von Tarifverhandlungen oder in anderer Weise günstigere Bedingungen für die Arbeitnehmer festzulegen, nicht beeinträchtigt werden.

(6) Es ist wünschenswert, den Geltungsbereich dieser Verordnung klar zu bestimmen, indem die Hauptarten der von ihr erfassten Fahrzeuge aufgeführt werden.

(7) Diese Verordnung sollte für Beförderungen im Straßenverkehr, die entweder ausschließlich innerhalb der Gemeinschaft oder aber zwischen der Gemeinschaft, der Schweiz und den Vertragsstaaten des Abkommens über den Europäischen Wirtschaftsraum getätigt werden, gelten.

(8) Das Europäische Übereinkommen über die Arbeit des im internationalen Straßenverkehr beschäftigten Fahrpersonals (im Folgenden „AETR" genannt) vom 1. Juli 1970 in seiner geänderten Fassung sollte weiterhin Anwendung finden auf die Beförderung von Gütern und Personen im Straßenverkehr mit Fahrzeugen, die in einem Mitgliedstaat oder einem Staat, der Vertragspartei des AETR ist, zugelassen sind, und zwar für die gesamte Strecke von Fahrten zwischen der Gemeinschaft und einem Drittstaat außer der Schweiz und der Vertragsstaaten des Abkommens über den Europäischen Wirtschaftsraum oder durch einen solchen Staat hindurch. Es ist unabdingbar, dass das AETR so schnell wie möglich, im Idealfall innerhalb von zwei Jahren nach Inkrafttreten dieser Verordnung, geändert wird, um dessen Bestimmungen an diese Verordnung anzupassen.

(9) Bei Beförderungen im Straßenverkehr mit Fahrzeugen, die in einem Drittstaat zugelassen sind, der nicht Vertragspartei des AETR ist, sollte das AETR für den Teil der Fahrstrecke gelten, der innerhalb der Gemeinschaft oder innerhalb von Staaten liegt, die Vertragsparteien des AETR sind.

---

[1] Nr. **275**.

[2] **Amtl. Anm.:** ABl. L 80 vom 23.3.2002, S. 35.

(10) Da der Gegenstand des AETR in den Geltungsbereich dieser Verordnung fällt, ist die Gemeinschaft für die Aushandlung und den Abschluss dieses Übereinkommens zuständig.

(11) Erfordert eine Änderung der innergemeinschaftlichen Regeln auf dem betreffenden Gebiet eine entsprechende Änderung des AETR, so sollten die Mitgliedstaaten gemeinsam handeln, um eine solche Änderung des AETR nach dem darin vorgesehenen Verfahren so schnell wie möglich zu erreichen.

(12) Das Verzeichnis der Ausnahmen sollte aktualisiert werden, um den Entwicklungen im Kraftverkehrssektor im Laufe der letzten neunzehn Jahre Rechnung zu tragen.

(13) Alle wesentlichen Begriffe sollten umfassend definiert werden, um die Auslegung zu erleichtern und eine einheitliche Anwendung dieser Verordnung zu gewährleisten. Daneben muss eine einheitliche Auslegung und Anwendung dieser Verordnung seitens der einzelstaatlichen Kontrollbehörden angestrebt werden. Die Definition des Begriffs „Woche" in dieser Verordnung sollte Fahrer nicht daran hindern, ihre Arbeitswoche an jedem beliebigen Tag der Woche aufzunehmen.

(14) Um eine wirksame Durchsetzung zu gewährleisten, ist es von wesentlicher Bedeutung, dass die zuständigen Behörden bei Straßenkontrollen nach einer Übergangszeit in der Lage sein sollten, die ordnungsgemäße Einhaltung der Lenk- und Ruhezeiten des laufenden Tages und der vorausgehenden 28 Tage zu kontrollieren.

(15) Die grundlegenden Vorschriften über die Lenkzeiten müssen klarer und einfacher werden, um eine wirksame und einheitliche Durchsetzung mit Hilfe des digitalen Fahrtenschreibers nach der Verordnung (EWG) Nr. 3821/85 des Rates vom 20. Dezember 1985 über das Kontrollgerät im Straßenverkehr[1] und der vorliegenden Verordnung zu ermöglichen. Außerdem sollten sich die Vollzugsbehörden der Mitgliedstaaten in einem Ständigen Ausschuss um Einvernehmen über die Durchführung dieser Verordnung bemühen.

(16) Nach den Vorschriften der Verordnung (EWG) Nr. 3820/85 war es möglich, die täglichen Lenkzeiten und Fahrtunterbrechungen so zu planen, dass Fahrer zu lange ohne eine vollständige Fahrtunterbrechung fahren konnten, was zu Beeinträchtigungen der Straßenverkehrssicherheit und schlechteren Arbeitsbedingungen für die Fahrer geführt hat. Es ist daher angebracht, sicherzustellen, dass aufgeteilte Fahrtunterbrechungen so angeordnet werden, dass Missbrauch verhindert wird.

(17) Mit dieser Verordnung sollen die sozialen Bedingungen für die von ihr erfassten Arbeitnehmer sowie die allgemeine Straßenverkehrssicherheit verbessert werden. Dazu dienen insbesondere die Bestimmungen über die maximale Lenkzeit pro Tag, pro Woche und pro Zeitraum von zwei aufeinander folgenden Wochen, die Bestimmung über die Verpflichtung der Fahrer, mindestens einmal in jedem Zeitraum von zwei aufeinander folgenden Wochen eine regelmäßige wöchentliche Ruhezeit zu nehmen, und die Bestimmungen, wonach eine tägliche Ruhezeit unter keinen Umständen einen ununterbrochenen Zeitraum von neun Stunden unter-

---

[1] **Amtl. Anm.:** ABl. L 370 vom 31.12.1985, S. 8. Zuletzt geändert durch die Verordnung (EG) Nr. 432/2004 der Kommission (ABl. L 71 vom 10.3.2004, S. 3).

schreiten sollte. Da diese Bestimmungen angemessene Ruhepausen garantieren, ist unter Berücksichtigung der Erfahrungen mit der praktischen Durchführung in den vergangenen Jahren ein Ausgleichssystem für reduzierte tägliche Ruhezeiten nicht mehr notwendig.

(18) Viele Beförderungen im innergemeinschaftlichen Straßenverkehr enthalten Streckenabschnitte, die mit Fähren oder auf der Schiene zurückgelegt werden. Für solche Beförderungen sollten deshalb klare und sachgemäße Bestimmungen über die täglichen Ruhezeiten und Fahrtunterbrechungen festgelegt werden.

(19) Angesichts der Zunahme des grenzüberschreitenden Güter- und Personenverkehrs ist es im Interesse der Straßenverkehrssicherheit und einer besseren Durchsetzung von Straßenkontrollen und Kontrollen auf dem Betriebsgelände von Unternehmen wünschenswert, dass auch die in anderen Mitgliedstaaten oder Drittstaaten angefallenen Lenkzeiten, Ruhezeiten und Fahrtunterbrechungen kontrolliert werden und festgestellt wird, ob die entsprechenden Vorschriften in vollem Umfang und ordnungsgemäß eingehalten wurden.

(20) Die Haftung von Verkehrsunternehmen sollte zumindest für Verkehrsunternehmen gelten, die juristische oder natürliche Personen sind, ohne jedoch die Verfolgung natürlicher Personen auszuschließen, die Verstöße gegen diese Verordnung begehen, dazu anstiften oder Beihilfe leisten.

(21) Fahrer, die für mehrere Verkehrsunternehmen tätig sind, müssen jedes dieser Unternehmen angemessen informieren, damit diese ihren Pflichten aus dieser Verordnung nachkommen können.

(22) Zur Förderung des sozialen Fortschritts und zur Verbesserung der Straßenverkehrssicherheit sollte jeder Mitgliedstaat das Recht behalten, bestimmte zweckmäßige Maßnahmen zu treffen.

(23) Nationale Abweichungen sollten die Änderungen im Kraftverkehrssektor widerspiegeln und sich auf jene Elemente beschränken, die derzeit keinem Wettbewerbsdruck unterliegen.

(24) Die Mitgliedstaaten sollten Vorschriften für Fahrzeuge erlassen, die zur Personenbeförderung im Linienverkehr dienen, wenn die Strecke nicht mehr als 50 km beträgt. Diese Vorschriften sollten einen angemessenen Schutz in Form von erlaubten Lenkzeiten und vorgeschriebenen Fahrtunterbrechungen und Ruhezeiten bieten.

(25) Im Interesse einer wirksamen Durchsetzung dieser Verordnung ist es wünschenswert, dass alle inländischen und grenzüberschreitenden Personenlinienverkehrsdienste unter Einsatz eines Standardkontrollgeräts kontrolliert werden.

(26) Die Mitgliedstaaten sollten Sanktionen festlegen, die bei Verstößen gegen diese Verordnung zu verhängen sind, und deren Durchsetzung gewährleisten. Diese Sanktionen müssen wirksam, verhältnismäßig, abschreckend und nicht diskriminierend sein. Die Möglichkeit, ein Fahrzeug bei einem schweren Verstoß stillzulegen, sollte in das gemeinsame Spektrum möglicher Maßnahmen der Mitgliedstaaten aufgenommen werden. Die in dieser Verordnung enthaltenen Bestimmungen über Sanktionen oder Verfahren sollten nationale Beweislastregeln unberührt lassen.

(27) Im Interesse einer klaren und wirksamen Durchsetzung dieser Verordnung sind einheitliche Bestimmungen über die Haftung von Verkehrsunterneh-

men und Fahrern bei Verstößen gegen diese Verordnung wünschenswert. Diese Haftung kann in den Mitgliedstaaten gegebenenfalls strafrechtliche, zivilrechtliche oder verwaltungsrechtliche Sanktionen zur Folge haben.

(28) Da das Ziel dieser Verordnung, nämlich die Festlegung eindeutiger gemeinsamer Vorschriften über Lenk- und Ruhezeiten, auf Ebene der Mitgliedstaaten nicht ausreichend erreicht werden kann und daher wegen der Notwendigkeit koordinierter Maßnahmen besser auf Gemeinschaftsebene zu erreichen ist, kann die Gemeinschaft im Einklang mit dem in Artikel 5 des Vertrags[1)] niedergelegten Subsidiaritätsprinzip tätig werden. Entsprechend dem in demselben Artikel genannten Verhältnismäßigkeitsprinzip geht diese Verordnung nicht über das für die Erreichung dieses Ziels erforderliche Maß hinaus.

(29) Die zur Durchführung dieser Verordnung erforderlichen Maßnahmen sollten gemäß dem Beschluss 1999/468/EG des Rates vom 28. Juni 1999 zur Festlegung der Modalitäten für die Ausübung der der Kommission übertragenen Durchführungsbefugnisse[2)] erlassen werden.

(30) Da die Bestimmungen zum Mindestalter der Fahrer in der Richtlinie 2003/59/EG[3)] geregelt worden sind und bis 2009 umgesetzt werden müssen, braucht diese Verordnung lediglich Übergangsbestimmungen für das Mindestalter des Fahrpersonals zu enthalten.

(31) Die Verordnung (EWG) Nr. 3821/85 sollte geändert werden, um die besonderen Verpflichtungen der Verkehrsunternehmen und der Fahrer klar herauszustellen sowie um die Rechtssicherheit zu fördern und die Durchsetzung der maximalen Lenk- und Ruhezeiten durch Straßenkontrollen zu erleichtern.

(32) Die Verordnung (EWG) Nr. 3821/85 sollte auch geändert werden, um die Rechtssicherheit hinsichtlich der neuen Termine für die Einführung digitaler Fahrtenschreiber und für die Verfügbarkeit von Fahrerkarten zu fördern.

(33) Mit der Einführung des Aufzeichnungsgeräts gemäß Verordnung (EG) Nr. 2135/98 und somit der elektronischen Aufzeichnung der Tätigkeiten des Fahrers auf seiner Fahrerkarte über einen Zeitraum von 28 Tagen und des Fahrzeugs über einen Zeitraum von 365 Tagen wird in Zukunft eine schnellere und umfassendere Kontrolle auf der Straße ermöglicht.

(34) Die Richtlinie 88/599/EWG[4)] schreibt für Kontrollen auf der Straße lediglich die Kontrolle der täglichen Lenkzeiten, der täglichen Ruhezeit sowie der Fahrtunterbrechungen vor. Mit der Einführung eines digitalen Aufzeichnungsgeräts werden die Daten des Fahrers und des Fahrzeuges

---

[1)] Nunmehr Art. 5 EUV (Nr. **1**) durch Vertrag von Lissabon v. 13.12.2007 (ABl. C 306 S. 1).

[2)] **Amtl. Anm.:** ABl. L 184 vom 17.7.1999, S. 23.

[3)] **Amtl. Anm.:** Richtlinie 2003/59/EG des Europäischen Parlaments und des Rates vom 15. Juli 2003 über die Grundqualifikation und Weiterbildung der Fahrer bestimmter Kraftfahrzeuge für den Güter- oder Personenkraftverkehr und zur Änderung der Verordnung (EWG) Nr. 3820/85 und der Richtlinie 91/439/EWG des Rates sowie zur Aufhebung der Richtlinie 76/914/EWG des Rates (ABl. L 226 vom 10.9.2003, S. 4). Geändert durch die Richtlinie 2004/66/EG des Rates (ABl. L 168 vom 1.5.2004, S. 35).

[4)] **Amtl. Anm.:** Richtlinie 88/599/EWG des Rates vom 23. November 1988 über einheitliche Verfahren zur Anwendung der Verordnung (EWG) Nr. 3820/85 über die Harmonisierung bestimmter Sozialvorschriften im Straßenverkehr und der Verordnung (EWG) Nr. 3821/85 über das Kontrollgerät im Straßenverkehr (ABl. L 325 vom 29.11.1988, S. 55).

elektronisch gespeichert und erlauben eine elektronische Auswertung der Daten vor Ort. Dies sollte mit der Zeit eine einfache Kontrolle der regelmäßigen und reduzierten täglichen Ruhezeiten und der regelmäßigen und reduzierten wöchentlichen Ruhezeiten sowie der Ausgleichsruhepausen ermöglichen.

(35) Die Erfahrung zeigt, dass eine Einhaltung der Bestimmungen dieser Verordnung und insbesondere der vorgeschriebenen maximalen Lenkzeit über einen Zeitraum von zwei Wochen nur durchgesetzt werden kann, wenn wirksame und effektive Kontrollen des gesamten Zeitraums durchgeführt werden.

(36) Die Anwendung der gesetzlichen Vorschriften betreffend digitale Tachografen sollte im Einklang mit dieser Verordnung erfolgen, um eine optimale Wirksamkeit bei der Überwachung und Durchsetzung bestimmter Sozialvorschriften im Straßenverkehr zu erreichen.

(37) Aus Gründen der Klarheit und Rationalisierung sollte die Verordnung (EWG) Nr. 3820/85 aufgehoben und durch diese Verordnung ersetzt werden –

HABEN FOLGENDE VERORDNUNG ERLASSEN:

Kapitel I. Einleitende Bestimmungen

Art. 1 [Einleitende Bestimmungen] [1]Durch diese Verordnung werden Vorschriften zu den Lenkzeiten, Fahrtunterbrechungen und Ruhezeiten für Kraftfahrer im Straßengüter- und -personenverkehr festgelegt, um die Bedingungen für den Wettbewerb zwischen Landverkehrsträgern, insbesondere im Straßenverkehrsgewerbe, anzugleichen und die Arbeitsbedingungen sowie die Straßenverkehrssicherheit zu verbessern. [2]Ziel dieser Verordnung ist es ferner, zu einer besseren Kontrolle und Durchsetzung durch die Mitgliedstaaten sowie zu einer besseren Arbeitspraxis innerhalb des Straßenverkehrsgewerbes beizutragen.

Art. 2 [Sachlicher und räumlicher Geltungsbereich] (1) Diese Verordnung gilt für folgende Beförderungen im Straßenverkehr:

a) Güterbeförderung mit Fahrzeugen, deren zulässige Höchstmasse einschließlich Anhänger oder Sattelanhänger 3,5 t übersteigt, oder

aa) ab dem 1. Juli 2026 bei grenzüberschreitenden Güterbeförderungen oder bei Kabotagebeförderungen mit Fahrzeugen, deren zulässige Höchstmasse einschließlich Anhänger oder Sattelanhänger 2,5 Tonnen übersteigt, oder

b) Personenbeförderung mit Fahrzeugen, die für die Beförderung von mehr als neun Personen einschließlich des Fahrers konstruiert oder dauerhaft angepasst und zu diesem Zweck bestimmt sind.

(2) Diese Verordnung gilt unabhängig vom Land der Zulassung des Fahrzeugs für Beförderungen im Straßenverkehr

a) ausschließlich innerhalb der Gemeinschaft oder

b) zwischen der Gemeinschaft, der Schweiz und den Vertragsstaaten des Abkommens über den Europäischen Wirtschaftsraum.

(3) *[1]* Das AETR gilt anstelle dieser Verordnung für grenzüberschreitende Beförderungen im Straßenverkehr, die teilweise außerhalb der in Absatz 2 genannten Gebiete erfolgen,

a) im Falle von Fahrzeugen, die in der Gemeinschaft oder in Staaten, die Vertragsparteien des AETR sind, zugelassen sind, für die gesamte Fahrstrecke;

b) im Falle von Fahrzeugen, die in einem Drittstaat, der nicht Vertragspartei des AETR ist, zugelassen sind, nur für den Teil der Fahrstrecke, der im Gebiet der Gemeinschaft oder von Staaten liegt, die Vertragsparteien des AETR sind.

[2] Die Bestimmungen des AETR sollten an die Bestimmungen dieser Verordnung angepasst werden, damit die wesentlichen Bestimmungen dieser Verordnung über das AETR auf solche Fahrzeuge für den auf Gemeinschaftsgebiet liegenden Fahrtabschnitt angewendet werden können.

Art. 3 [Ausnahmen vom Geltungsbereich] Diese Verordnung gilt nicht für Beförderungen im Straßenverkehr mit folgenden Fahrzeugen:

a) Fahrzeuge, die zur Personenbeförderung im Linienverkehr verwendet werden, wenn die Linienstrecke nicht mehr als 50 km beträgt;

aa) Fahrzeuge oder Fahrzeugkombinationen mit einer zulässigen Höchstmasse von nicht mehr als 7,5 Tonnen, die

i) zur Beförderung von Material, Ausrüstungen oder Maschinen benutzt werden, die der Fahrer zur Ausübung seines Berufes benötigt, oder

ii) zur Auslieferung von handwerklich hergestellten Gütern,

ausschließlich in einem Umkreis von 100 km vom Standort des Unternehmens, und unter der Bedingung, dass das Lenken des Fahrzeugs für den Fahrer nicht die Haupttätigkeit darstellt und dass die Beförderung nicht gewerblich erfolgt;

b) Fahrzeuge mit einer zulässigen Höchstgeschwindigkeit von nicht mehr als 40 km/h;

c) Fahrzeuge, die Eigentum der Streitkräfte, des Katastrophenschutzes, der Feuerwehr oder der für die Aufrechterhaltung der öffentlichen Ordnung zuständigen Kräfte sind oder von ihnen ohne Fahrer angemietet werden, sofern die Beförderung aufgrund der diesen Diensten zugewiesenen Aufgaben stattfindet und ihrer Aufsicht unterliegt;

d) Fahrzeuge – einschließlich Fahrzeuge, die für nichtgewerbliche Transporte für humanitäre Hilfe verwendet werden –, die in Notfällen oder bei Rettungsmaßnahmen verwendet werden;

e) Spezialfahrzeuge für medizinische Zwecke;

f) spezielle Pannenhilfefahrzeuge, die innerhalb eines Umkreises von 100 km um ihren Standort eingesetzt werden;

g) Fahrzeuge, mit denen zum Zweck der technischen Entwicklung oder im Rahmen von Reparatur- oder Wartungsarbeiten Probefahrten auf der Straße durchgeführt werden, sowie neue oder umgebaute Fahrzeuge, die noch nicht in Betrieb genommen worden sind;

h) Fahrzeuge oder Fahrzeugkombinationen mit einer zulässigen Höchstmasse von nicht mehr als 7,5 t, die zur nichtgewerblichen Güterbeförderung verwendet werden;

ha) Fahrzeuge mit einer zulässigen Höchstmasse einschließlich Anhänger oder Sattelanhänger von mehr als 2,5 aber nicht mehr als 3,5 Tonnen, die für die Güterbeförderung eingesetzt werden, wenn die Beförderung nicht als gewerbliche Beförderung, sondern durch das Unternehmen oder den Fahrer im Werkverkehr erfolgt und das Fahren nicht die Haupttätigkeit der Person darstellt, die das Fahrzeug führt;

i) Nutzfahrzeuge, die nach den Rechtsvorschriften des Mitgliedstaats, in dem sie verwendet werden, als historisch eingestuft werden und die zur nichtgewerblichen Güter- oder Personenbeförderung verwendet werden.

Art. 4 [Begriffsbestimmungen] Im Sinne dieser Verordnung bezeichnet der Ausdruck

a) „Beförderung im Straßenverkehr" jede ganz oder teilweise auf einer öffentlichen Straße durchgeführte Fahrt eines zur Personen- oder Güterbeförderung verwendeten leeren oder beladenen Fahrzeugs;

b) „Fahrzeug" ein Kraftfahrzeug, eine Zugmaschine, einen Anhänger oder Sattelanhänger oder eine Kombination dieser Fahrzeuge gemäß den nachstehenden Definitionen:
   - „Kraftfahrzeug": jedes auf der Straße verkehrende Fahrzeug mit Eigenantrieb, das normalerweise zur Personen- oder Güterbeförderung verwendet wird, mit Ausnahme von dauerhaft auf Schienen verkehrenden Fahrzeugen;
   - „Zugmaschine": jedes auf der Straße verkehrende Fahrzeug mit Eigenantrieb, das speziell dafür ausgelegt ist, Anhänger, Sattelanhänger, Geräte oder Maschinen zu ziehen, zu schieben oder zu bewegen, mit Ausnahme von dauerhaft auf Schienen verkehrenden Fahrzeugen;
   - „Anhänger": jedes Fahrzeug, das dazu bestimmt ist, an ein Kraftfahrzeug oder eine Zugmaschine angehängt zu werden;
   - „Sattelanhänger": ein Anhänger ohne Vorderachse, der so angehängt wird, dass ein beträchtlicher Teil seines Eigengewichts und des Gewichts seiner Ladung von der Zugmaschine oder vom Kraftfahrzeug getragen wird;

c) „Fahrer" jede Person, die das Fahrzeug, sei es auch nur kurze Zeit, selbst lenkt oder sich in einem Fahrzeug befindet, um es – als Bestandteil seiner Pflichten – gegebenenfalls lenken zu können;

d) „Fahrtunterbrechung" jeden Zeitraum, in dem der Fahrer keine Fahrtätigkeit ausüben und keine anderen Arbeiten ausführen darf und der ausschließlich zur Erholung genutzt wird;

e) „andere Arbeiten" alle in Artikel 3 Buchstabe a der Richtlinie 2002/15/EG[1] als „Arbeitszeit" definierten Tätigkeiten mit Ausnahme der Fahrtätigkeit sowie jegliche Arbeit für denselben oder einen anderen Arbeitgeber, sei es inner- oder außerhalb des Verkehrssektors;

f) „Ruhepause" jeden ununterbrochenen Zeitraum, in dem ein Fahrer frei über seine Zeit verfügen kann;

g) „tägliche Ruhezeit" den täglichen Zeitraum, in dem ein Fahrer frei über seine Zeit verfügen kann und der eine „regelmäßige tägliche Ruhezeit" und eine „reduzierte tägliche Ruhezeit" umfasst;

---

[1] Nr. **275**.

- „regelmäßige tägliche Ruhezeit" eine Ruhepause von mindestens 11 Stunden. Diese regelmäßige tägliche Ruhezeit kann auch in zwei Teilen genommen werden, wobei der erste Teil einen ununterbrochenen Zeitraum von mindestens 3 Stunden und der zweite Teil einen ununterbrochenen Zeitraum von mindestens 9 Stunden umfassen muss;
- „reduzierte tägliche Ruhezeit" eine Ruhepause von mindestens 9 Stunden, aber weniger als 11 Stunden;

h) „wöchentliche Ruhezeit" den wöchentlichen Zeitraum, in dem ein Fahrer frei über seine Zeit verfügen kann und der eine „regelmäßige wöchentliche Ruhezeit" und eine „reduzierte wöchentliche Ruhezeit" umfasst;
- „regelmäßige wöchentliche Ruhezeit" eine Ruhepause von mindestens 45 Stunden;
- „reduzierte wöchentliche Ruhezeit" eine Ruhepause von weniger als 45 Stunden, die vorbehaltlich der Bedingungen des Artikels 8 Absatz 6 auf eine Mindestzeit von 24 aufeinander folgenden Stunden reduziert werden kann;

i) „Woche" den Zeitraum zwischen Montag 00.00 Uhr und Sonntag 24.00 Uhr;

j) „Lenkzeit" die Dauer der Lenktätigkeit, aufgezeichnet entweder:
- vollautomatisch oder halbautomatisch durch Kontrollgeräte im Sinne der Anhänge I und I B der Verordnung (EWG) Nr. 3821/85, oder
- von Hand gemäß den Anforderungen des Artikels 16 Absatz 2 der Verordnung (EWG) Nr. 3821/85;

k) „tägliche Lenkzeit" die summierte Gesamtlenkzeit zwischen dem Ende einer täglichen Ruhezeit und dem Beginn der darauf folgenden täglichen Ruhezeit oder zwischen einer täglichen und einer wöchentlichen Ruhezeit;

l) „wöchentliche Lenkzeit" die summierte Gesamtlenkzeit innerhalb einer Woche;

m) „zulässige Höchstmasse" die höchstzulässige Masse eines fahrbereiten Fahrzeugs einschließlich Nutzlast;

n) „Personenlinienverkehr" inländische und grenzüberschreitende Verkehrsdienste im Sinne des Artikels 2 der Verordnung (EWG) Nr. 684/92 des Rates vom 16. März 1992 zur Einführung gemeinsamer Regeln für den grenzüberschreitenden Personenverkehr mit Kraftomnibussen[1)];

o) „Mehrfahrerbetrieb" den Fall, in dem während der Lenkdauer zwischen zwei aufeinander folgenden täglichen Ruhezeiten oder zwischen einer täglichen und einer wöchentlichen Ruhezeit mindestens zwei Fahrer auf dem Fahrzeug zum Lenken eingesetzt sind. Während der ersten Stunde des Mehrfahrerbetriebs ist die Anwesenheit eines anderen Fahrers oder anderer Fahrer fakultativ, während der restlichen Zeit jedoch obligatorisch;

p) „Verkehrsunternehmen" jede natürliche oder juristische Person und jede Vereinigung oder Gruppe von Personen ohne Rechtspersönlichkeit mit oder ohne Erwerbszweck sowie jede eigene Rechtspersönlichkeit besitzende oder einer Behörde mit Rechtspersönlichkeit unterstehende offizielle Stelle, die Beförderungen im Straßenverkehr gewerblich oder im Werkverkehr vornimmt;

[1)] **Amtl. Anm.:** ABl. L 74 vom 20.3.1992, S. 1. Zuletzt geändert durch die Beitrittsakte von 2003.

q) „Lenkdauer“ die Gesamtlenkzeit zwischen dem Zeitpunkt, zu dem ein Fahrer nach einer Ruhezeit oder einer Fahrtunterbrechung beginnt, ein Fahrzeug zu lenken, und dem Zeitpunkt, zu dem er eine Ruhezeit oder Fahrtunterbrechung einlegt. Die Lenkdauer kann ununterbrochen oder unterbrochen sein;

r) „nichtgewerbliche Beförderung“ jede Beförderung im Straßenverkehr, außer Beförderungen auf eigene oder fremde Rechnung die weder direkt noch indirekt entlohnt wird und durch die weder direkt noch indirekt ein Einkommen für den Fahrer des Fahrzeugs oder für Dritte erzielt wird und die nicht im Zusammenhang mit einer beruflichen oder gewerblichen Tätigkeit steht.

Kapitel II. Fahrpersonal, Lenkzeiten, Fahrtunterbrechungen und Ruhezeiten

Art. 5 [Anforderungen an das Fahrpersonal] (1) Das Mindestalter für Schaffner beträgt 18 Jahre.

(2) [1] Das Mindestalter für Beifahrer beträgt 18 Jahre. [2] Die Mitgliedstaaten können jedoch das Mindestalter für Beifahrer unter folgenden Bedingungen auf 16 Jahre herabsetzen:

a) Die Beförderung im Straßenverkehr erfolgt innerhalb eines Mitgliedstaats in einem Umkreis von 50 km vom Standort des Fahrzeugs, einschließlich des Verwaltungsgebiets von Gemeinden, deren Zentrum innerhalb dieses Umkreises liegt,

b) die Herabsetzung erfolgt zum Zwecke der Berufsausbildung und

c) die von den arbeitsrechtlichen Bestimmungen des jeweiligen Mitgliedstaates vorgegebenen Grenzen werden eingehalten.

Art. 6 [Lenkzeiten] (1) *[1]* Die tägliche Lenkzeit darf 9 Stunden nicht überschreiten.

[2] Die tägliche Lenkzeit darf jedoch höchstens zweimal in der Woche auf höchstens 10 Stunden verlängert werden.

(2) Die wöchentliche Lenkzeit darf 56 Stunden nicht überschreiten und nicht dazu führen, dass die in der Richtlinie 2002/15/EG[1)] festgelegte wöchentliche Höchstarbeitszeit überschritten wird.

(3) Die summierte Gesamtlenkzeit während zweier aufeinander folgender Wochen darf 90 Stunden nicht überschreiten.

(4) Die tägliche und die wöchentliche Lenkzeit umfassen alle Lenkzeiten im Gebiet der Gemeinschaft oder im Hoheitsgebiet von Drittstaaten.

(5) [1] Der Fahrer muss die Zeiten im Sinne des Artikels 4 Buchstabe e sowie alle Lenkzeiten in einem Fahrzeug, das für gewerbliche Zwecke außerhalb des Anwendungsbereichs der vorliegenden Verordnung verwendet wird, als andere Arbeiten festhalten; ferner muss er gemäß Artikel 34 Absatz 5 Buchstabe b Ziffer iii der Verordnung (EU) Nr. 165/2014 die Bereitschaftszeiten im Sinne des Artikels 3 Buchstabe b der Richtlinie 2002/15/EG des Europäischen

---

[1)] Nr. **275**.

Parlaments und des Rates[1]) festhalten. [2]Diese Zeiten sind entweder handschriftlich auf einem Schaublatt oder einem Ausdruck einzutragen oder manuell in den Fahrtenschreiber einzugeben.

Art. 7 [Unterbrechung] *[1]* Nach einer Lenkdauer von viereinhalb Stunden hat ein Fahrer eine ununterbrochene Fahrtunterbrechung von wenigstens 45 Minuten einzulegen, sofern er keine Ruhezeit einlegt.

[2] Diese Unterbrechung kann durch eine Unterbrechung von mindestens 15 Minuten, gefolgt von einer Unterbrechung von mindestens 30 Minuten, ersetzt werden, die in die Lenkzeit so einzufügen sind, dass die Bestimmungen des Absatzes 1 eingehalten werden.

[3] Ein im Mehrfahrerbetrieb eingesetzter Fahrer kann eine Fahrtunterbrechung von 45 Minuten in einem Fahrzeug einlegen, das von einem anderen Fahrer gelenkt wird, sofern der Fahrer, der die Fahrtunterbrechung einlegt, den das Fahrzeug lenkenden Fahrer dabei nicht unterstützt.

Art. 8 [Ruhezeit] (1) Der Fahrer muss tägliche und wöchentliche Ruhezeiten einhalten.

(2) *[1]* Innerhalb von 24 Stunden nach dem Ende der vorangegangenen täglichen oder wöchentlichen Ruhezeit muss der Fahrer eine neue tägliche Ruhezeit genommen haben.

[2] Beträgt der Teil der täglichen Ruhezeit, die in den 24-Stunden-Zeitraum fällt, mindestens 9 Stunden, jedoch weniger als 11 Stunden, so ist die fragliche tägliche Ruhezeit als reduzierte tägliche Ruhezeit anzusehen.

(3) Eine tägliche Ruhezeit kann verlängert werden, so dass sich eine regelmäßige wöchentliche Ruhezeit oder eine reduzierte wöchentliche Ruhezeit ergibt.

(4) Der Fahrer darf zwischen zwei wöchentlichen Ruhezeiten höchstens drei reduzierte tägliche Ruhezeiten einlegen.

(5) Abweichend von Absatz 2 muss ein im Mehrfahrerbetrieb eingesetzter Fahrer innerhalb von 30 Stunden nach dem Ende einer täglichen oder wöchentlichen Ruhezeit eine neue tägliche Ruhezeit von mindestens 9 Stunden genommen haben.

(6) *[1]* In zwei jeweils aufeinander folgenden Wochen hat der Fahrer mindestens folgende Ruhezeiten einzuhalten:

a) zwei regelmäßige wöchentliche Ruhezeiten oder
b) eine regelmäßige wöchentliche Ruhezeit und eine reduzierte wöchentliche Ruhezeit von mindestens 24 Stunden.

[2] Eine wöchentliche Ruhezeit beginnt spätestens am Ende von sechs 24-Stunden-Zeiträumen nach dem Ende der vorangegangenen wöchentlichen Ruhezeit.

[3] Abweichend von Unterabsatz 1 kann ein im grenzüberschreitenden Güterverkehr tätiger Fahrer außerhalb des Mitgliedstaats der Niederlassung zwei

---

[1]) **Amtl. Anm.:** Verordnung (EU) Nr. 165/2014 des Europäischen Parlaments und des Rates vom 4. Februar 2014 über Fahrtenschreiber im Straßenverkehr, zur Aufhebung der Verordnung (EWG) Nr. 3821/85 des Rates über das Kontrollgerät im Straßenverkehr und zur Änderung der Verordnung (EG) Nr. 561/2006 des Europäischen Parlaments und des Rates zur Harmonisierung bestimmter Sozialvorschriften im Straßenverkehr (ABl. L 60 vom 28.2.2014, S. 1).

aufeinanderfolgende reduzierte wöchentliche Ruhezeiten einlegen, sofern der Fahrer in vier jeweils aufeinanderfolgenden Wochen mindesten vier wöchentliche Ruhezeiten einlegt, von denen mindestens zwei regelmäßige wöchentliche Ruhezeiten sein müssen.

[4] Für die Zwecke dieses Absatzes gilt ein Fahrer als im grenzüberschreitenden Verkehr tätig, wenn der Fahrer die zwei aufeinanderfolgenden reduzierten wöchentlichen Ruhezeiten außerhalb des Mitgliedstaats der Niederlassung des Arbeitgebers und des Landes des Wohnsitzes des Fahrers beginnt.

(6a) [1]Abweichend von Absatz 6 darf ein Fahrer, der für einen einzelnen Gelegenheitsdienst im grenzüberschreitenden Personenverkehr im Sinne der Verordnung (EG) Nr. 1073/2009 des Europäischen Parlaments und des Rates vom 21. Oktober 2009 über gemeinsame Regeln für den Zugang zum Markt des grenzüberschreitenden Personenkraftverkehrs[1)] eingesetzt wird, die wöchentliche Ruhezeit auf bis zu 12 aufeinander folgende 24-Stunden-Zeiträume nach einer vorhergehenden regelmäßigen wöchentlichen Ruhezeit unter folgenden Voraussetzungen verschieben:

a) der Dienst dauert mindestens 24 aufeinander folgende Stunden in einem anderen Mitgliedstaat oder unter diese Verordnung fallenden Drittstaat als demjenigen, in dem jeweils der Dienst begonnen wurde;
b) nach der Inanspruchnahme der Ausnahmeregelung nimmt der Fahrer
   i) entweder zwei regelmäßige wöchentliche Ruhezeiten oder
   ii) eine regelmäßige wöchentliche Ruhezeit und eine reduzierte wöchentliche Ruhezeit von mindestens 24 Stunden. Dabei wird jedoch die Reduzierung durch eine gleichwertige Ruhepause ausgeglichen, die ohne Unterbrechung vor dem Ende der dritten Woche nach dem Ende des Ausnahmezeitraums genommen werden muss;
c) ab dem 1. Januar 2014 ist das Fahrzeug mit einem Kontrollgerät entsprechend den Anforderungen des Anhangs IB der Verordnung (EWG) Nr. 3821/85 ausgestattet und
d) ab dem 1. Januar 2014, sofern das Fahrzeug bei Fahrten während des Zeitraums von 22.00 Uhr bis 6.00 Uhr mit mehreren Fahrern besetzt ist oder die Lenkdauer nach Artikel 7 auf drei Stunden vermindert wird.

[2]Die Kommission überwacht die Inanspruchnahme dieser Ausnahmeregelung genau, um die Aufrechterhaltung der Sicherheit im Straßenverkehr unter sehr strengen Voraussetzungen sicherzustellen, insbesondere indem sie darauf achtet, dass die summierte Gesamtlenkzeit während des unter die Ausnahmeregelung fallenden Zeitraums nicht zu lang ist. [3]Bis zum 4. Dezember 2012 erstellt die Kommission einen Bericht, in dem sie die Folgen der Ausnahmeregelung in Bezug auf die Sicherheit im Straßenverkehr sowie soziale Aspekte bewertet. [4]Wenn sie es für sinnvoll erachtet, schlägt die Kommission diesbezügliche Änderungen der vorliegenden Verordnung vor.

(6b) *[1]* Jede Reduzierung der wöchentlichen Ruhezeit ist durch eine gleichwertige Ruhepause auszugleichen, die ohne Unterbrechung vor dem Ende der dritten Woche nach der betreffenden Woche zu nehmen ist.

[2] Wurden zwei reduzierte wöchentliche Ruhezeiten gemäß Absatz 6 Unterabsatz 3 nacheinander eingelegt, ist die nächste Ruhezeit – als Ausgleich für

---

[1)] **Amtl. Anm.:** ABl. L 300 vom 14.11.2009, S. 88.

diese zwei reduzierten wöchentlichen Ruhezeiten – vor der darauffolgenden wöchentlichen Ruhezeit einzulegen.

(7) Jede Ruhepause, die als Ausgleich für eine reduzierte wöchentliche Ruhezeit eingelegt wird, ist an eine andere Ruhezeit von mindestens 9 Stunden anzuhängen.

(8) *[1]* [1] Die regelmäßigen wöchentlichen Ruhezeiten und jede wöchentliche Ruhezeit von mehr als 45 Stunden, die als Ausgleich für die vorherige verkürzte wöchentliche Ruhezeit eingelegt wird, dürfen nicht in einem Fahrzeug verbracht werden. [2] Sie sind in einer geeigneten geschlechtergerechten Unterkunft mit angemessenen Schlafgelegenheiten und sanitären Einrichtungen zu verbringen.

[2] Alle Kosten für die Unterbringung außerhalb des Fahrzeugs werden vom Arbeitgeber getragen.

(8a) *[1]* Verkehrsunternehmen planen die Arbeit der Fahrer so, dass jeder Fahrer in der Lage ist, innerhalb jedes Zeitraums von vier aufeinanderfolgenden Wochen zu der im Mitgliedstaat der Niederlassung des Arbeitgebers gelegenen Betriebsstätte des Arbeitgebers, der der Fahrer normalerweise zugeordnet ist und an der er seine wöchentliche Ruhezeit beginnt, oder zu seinem Wohnsitz zurückzukehren, um dort mindestens eine regelmäßige wöchentliche Ruhezeit oder eine wöchentliche Ruhezeit von mehr als 45 Stunden als Ausgleich für eine reduzierte wöchentliche Ruhezeit zu verbringen.

[2] Hat der Fahrer jedoch zwei aufeinanderfolgende reduzierte wöchentliche Ruhezeiten gemäß Absatz 6 eingelegt, muss das Verkehrsunternehmen die Arbeit des Fahrers so planen, dass dieser in der Lage ist, bereits vor Beginn der regelmäßigen wöchentlichen Ruhezeit von mehr als 45 Stunden, die als Ausgleich eingelegt wird, zurückzukehren.

[3] Das Unternehmen dokumentiert, wie es diese Verpflichtung erfüllt, und es bewahrt die betreffenden Unterlagen in seinen Geschäftsräumen auf, damit sie auf Verlangen der Kontrollbehörden vorgelegt werden können.

(9) Eine wöchentliche Ruhezeit, die in zwei Wochen fällt, kann für eine der beiden Wochen gezählt werden, nicht aber für beide.

(10) Die Kommission prüft spätestens am 21. August 2022, ob geeignetere Vorschriften für Fahrer erlassen werden können, die für Gelegenheitsdienste im Personenverkehr im Sinne von Artikel 2 Nummer 4 der Verordnung (EG) Nr. 1073/2009 eingesetzt werden, und teilt das Ergebnis dem Parlament und dem Rat mit.

Art. 8a [Zertifizierte Parkflächen] (1) *[1]* [1] Die Kommission stellt sicher, dass Kraftfahrer im Straßengüter- und -personenverkehr leichten Zugang zu Informationen über sichere und gesicherte Parkflächen haben. [2] Die Kommission veröffentlicht eine Liste aller zertifizierten Parkflächen, damit den Fahrern Folgendes in angemessener Form geboten wird:

– Erkennen und Verhindern von unberechtigtem Eindringen,
– Beleuchtung und Sichtverhältnisse,
– Kontaktstelle und Verfahren für Notfälle,
– geschlechtergerechte sanitäre Einrichtungen,
– Möglichkeiten zum Kauf von Lebensmitteln und Getränken,
– Kommunikationsverbindungen,

– Stromversorgung.

[2] Die Liste dieser Parkflächen wird auf einer einheitlichen amtlichen Internetseite veröffentlicht und regelmäßig aktualisiert.

(2) Die Kommission erlässt delegierte Rechtsakte gemäß Artikel 23a, um Normen festzulegen, mit denen das Dienstleistungs- und Sicherheitsniveau der in Absatz 1 genannten Flächen und die Verfahren für die Zertifizierung von Parkflächen detaillierter vorgegeben werden.

(3) *[1]* An allen zertifizierten Parkflächen kann darauf hingewiesen werden, dass sie gemäß den Normen und Verfahren der Union zertifiziert sind.

[2] Gemäß Artikel 39 Absatz 2 Buchstabe c der Verordnung (EU) Nr. 1315/2013 des Europäischen Parlaments und des Rates[1)] sind die Mitgliedstaaten gehalten, die Schaffung von Parkflächen für gewerbliche Straßennutzer zu fördern.

(4) [1] Die Kommission legt dem Europäischen Parlament und dem Rat bis zum 31. Dezember 2024 einen Bericht über die Verfügbarkeit geeigneter Ruheeinrichtungen für Fahrer und über die Verfügbarkeit gesicherter Parkeinrichtungen sowie über den Ausbau sicherer und gesicherter Parkflächen, die gemäß den delegierten Rechtsakten zertifiziert sind, vor. [2] Dieser Bericht kann eine Liste mit Maßnahmen zur Erhöhung der Zahl und der Qualität sicherer und gesicherter Parkflächen enthalten.

Art. 9 [Ausnahmen von der Ruhezeit] (1) *[1]* [1] Legt ein Fahrer, der ein Fahrzeug begleitet, das auf einem Fährschiff oder mit der Eisenbahn befördert wird, eine regelmäßige tägliche Ruhezeit oder eine reduzierte wöchentliche Ruhezeit ein, so darf diese Ruhezeit abweichend von Artikel 8 nicht mehr als zwei Mal durch andere Tätigkeiten unterbrochen werden, deren Gesamtdauer eine Stunde nicht überschreiten darf. [2] Während dieser regelmäßigen täglichen Ruhezeit oder reduzierten wöchentlichen Ruhezeit muss dem Fahrer eine Schlafkabine, eine Schlafkoje oder ein Liegeplatz zur Verfügung stehen.

[2] In Bezug auf regelmäßige wöchentliche Ruhezeiten gilt diese Ausnahme für Fähr- oder Zugreisen nur, wenn

a) die geplante Reisedauer 8 Stunden oder mehr beträgt und

b) der Fahrer Zugang zu einer Schlafkabine auf der Fähre oder im Zug hat.

(2) Die von einem Fahrer verbrachte Zeit, um zu einem in den Geltungsbereich dieser Verordnung fallenden Fahrzeug, das sich nicht am Wohnsitz des Fahrers oder der Betriebstätte des Arbeitgebers befindet, der der Fahrer normalerweise zugeordnet ist, anzureisen oder von diesem zurückzureisen, ist nur dann als Ruhepause oder Fahrtunterbrechung anzusehen, wenn sich der Fahrer in einem Zug oder auf einem Fährschiff befindet und Zugang zu einer Schlafkabine, einer Koje oder einem Liegewagen hat.

(3) Die von einem Fahrer verbrachte Zeit, um mit einem nicht in den Geltungsbereich dieser Richtlinie fallenden Fahrzeug zu einem in den Geltungsbereich dieser Verordnung fallenden Fahrzeug, das sich nicht am Wohnsitz des Fahrers oder der Betriebsstätte des Arbeitgebers, dem der Fahrer normaler-

---

[1)] **Amtl. Anm.:** Verordnung (EU) Nr. 1315/2013 des Europäischen Parlaments und des Rates vom 11. Dezember 2013 über Leitlinien der Union für den Aufbau eines transeuropäischen Verkehrsnetzes und zur Aufhebung des Beschlusses Nr. 661/2010/EU (ABl. L 348 vom 20.12.2013, S. 1).

weise zugeordnet ist, befindet, anzureisen oder von diesem zurückzureisen, ist als andere Arbeiten anzusehen.

Art. 9a [Bericht über die Nutzung autonomer Fahrsysteme] [1] Die Kommission erstellt bis zum 31. Dezember 2025 einen Bericht über die Nutzung autonomer Fahrsysteme in den Mitgliedstaaten und legt ihn dem Europäischen Parlament und dem Rat vor. [2] In dem Bericht geht sie insbesondere auf die möglichen Auswirkungen dieser Systeme auf die Vorschriften über Lenk- und Ruhezeiten ein. [3] Diesem Bericht ist gegebenenfalls ein Gesetzgebungsvorschlag zur Änderung dieser Verordnung beizufügen.

Kapitel III. Haftung von Verkehrsunternehmen

Art. 10[1)] [Haftung von Verkehrsunternehmen] (1) Verkehrsunternehmen dürfen beschäftigten oder ihnen zur Verfügung gestellten Fahrern keine Zahlungen in Abhängigkeit von der zurückgelegten Strecke, der Schnelligkeit der Auslieferung und/oder der Menge der beförderten Güter leisten, auch nicht in Form von Prämien oder Lohnzuschlägen, falls diese Zahlungen geeignet sind, die Sicherheit im Straßenverkehr zu gefährden, und/oder zu Verstößen gegen diese Verordnung verleiten.

(2) [1] Das Verkehrsunternehmen organisiert die Arbeit der in Absatz 1 genannten Fahrer so, dass diese die Bestimmungen der Verordnung (EWG) Nr. 3821/85 sowie des Kapitels II der vorliegenden Verordnung einhalten können. [2] Das Verkehrsunternehmen hat den Fahrer ordnungsgemäß anzuweisen und regelmäßig zu überprüfen, dass die Verordnung (EWG) Nr. 3821/85 und Kapitel II der vorliegenden Verordnung eingehalten werden.

(3) *[1]* Das Verkehrsunternehmen haftet für Verstöße von Fahrern des Unternehmens, selbst wenn der Verstoß im Hoheitsgebiet eines anderen Mitgliedstaates oder eines Drittstaates begangen wurde.

[2] [1] Unbeschadet des Rechts der Mitgliedstaaten, Verkehrsunternehmen uneingeschränkt haftbar zu machen, können die Mitgliedstaaten diese Haftung von einem Verstoß des Unternehmens gegen die Absätze 1 und 2 abhängig machen. [2] Die Mitgliedstaaten können alle Beweise prüfen, die belegen, dass das Verkehrsunternehmen billigerweise nicht für den begangenen Verstoß haftbar gemacht werden kann.

(4) Unternehmen, Verlader, Spediteure, Reiseveranstalter, Hauptauftragnehmer, Unterauftragnehmer und Fahrervermittlungsagenturen stellen sicher, dass die vertraglich vereinbarten Beförderungszeitpläne nicht gegen diese Verordnung verstoßen.

(5)

a) Ein Verkehrsunternehmen, das Fahrzeuge einsetzt, die unter die vorliegende Verordnung fallen und die mit einem Kontrollgerät ausgestattet sind, das dem Anhang I B der Verordnung (EWG) Nr. 3821/85 entspricht, stellt Folgendes sicher:
   i) Alle Daten werden von dem Bordgerät und der Fahrerkarte so regelmäßig heruntergeladen, wie es der Mitgliedstaat vorschreibt; diese relevanten Daten werden in kürzeren Abständen heruntergeladen, damit sicher-

---

[1)] Art. 10 Abs. 5 ist bereits am 1.5.2006 in Kraft getreten; vgl. Art. 29.

gestellt ist, dass alle von dem Unternehmen oder für das Unternehmen durchgeführten Tätigkeiten heruntergeladen werden;

ii) alle sowohl vom Bordgerät als auch von der Fahrerkarte heruntergeladenen Daten werden nach ihrer Aufzeichnung mindestens zwölf Monate lang aufbewahrt und müssen für einen Kontrollbeamten auf Verlangen entweder direkt oder zur Fernabfrage von den Geschäftsräumen des Unternehmens zugänglich sein.

b) Im Sinne dieses Absatzes wird der Ausdruck „heruntergeladen" entsprechend der Begriffsbestimmung in Anhang I B Kapitel I Buchstabe s der Verordnung (EWG) Nr. 3821/85 ausgelegt.

c) Die Kommission entscheidet nach dem in Artikel 24 Absatz 2 genannten Verfahren über den Höchstzeitraum für das Herunterladen der relevanten Daten gemäß Buchstabe a Ziffer i.

Kapitel IV. Ausnahmen

Art. 11 [Ausnahmen von der Ruhezeit] [1]Ein Mitgliedstaat kann für Beförderungen im Straßenverkehr, die vollständig in seinem Hoheitsgebiet durchgeführt werden, längere Mindestfahrtunterbrechungen und Ruhezeiten oder kürzere Höchstlenkzeiten als nach den Artikeln 6 bis 9 festlegen. [2]In einem solchen Fall muss der Mitgliedstaat die relevanten kollektiven oder anderen Vereinbarungen zwischen den Sozialpartnern berücksichtigen. [3]Für Fahrer im grenzüberschreitenden Verkehr gilt jedoch weiterhin diese Verordnung.

Art. 12 [Sicherer Halteplatz] *[1]* [1]Sofern die Sicherheit im Straßenverkehr nicht gefährdet wird, kann der Fahrer von den Artikeln 6 bis 9 abweichen, um einen geeigneten Halteplatz zu erreichen, soweit dies erforderlich ist, um die Sicherheit von Personen, des Fahrzeugs oder seiner Ladung zu gewährleisten. [2]Der Fahrer hat Art und Grund dieser Abweichung spätestens bei Erreichen des geeigneten Halteplatzes handschriftlich auf dem Schaublatt des Kontrollgeräts oder einem Ausdruck aus dem Kontrollgerät oder im Arbeitszeitplan zu vermerken.

[2] Sofern die Sicherheit im Straßenverkehr nicht gefährdet wird, kann der Fahrer unter außergewöhnlichen Umständen auch von Artikel 6 Absätze 1 und 2 und von Artikel 8 Absatz 2 abweichen, indem er die tägliche und die wöchentliche Lenkzeit um bis zu eine Stunde überschreitet, um die Betriebsstätte des Arbeitgebers oder den Wohnsitz des Fahrers zu erreichen, um eine wöchentliche Ruhezeit einzulegen.

[3] Unter den gleichen Bedingungen kann der Fahrer die tägliche und die wöchentliche Lenkzeit um bis zu zwei Stunden überschreiten, sofern eine ununterbrochene Fahrtunterbrechung von 30 Minuten eingelegt wurde, die der zusätzlichen Lenkzeit zur Erreichung der Betriebsstätte des Arbeitgebers oder des Wohnsitzes des Fahrers, um dort eine regelmäßige wöchentliche Ruhezeit einzulegen, unmittelbar vorausgeht.

[4] Der Fahrer hat Art und Grund dieser Abweichung spätestens bei Erreichen des Bestimmungsorts oder des geeigneten Halteplatzes handschriftlich auf dem Schaublatt des Kontrollgeräts, einem Ausdruck aus dem Kontrollgerät oder im Arbeitszeitplan zu vermerken.

[5] Jede Lenkzeitverlängerung wird durch eine gleichwertige Ruhepause ausgeglichen, die zusammen mit einer beliebigen Ruhezeit ohne Unterbrechung bis zum Ende der dritten Woche nach der betreffenden Woche genommen werden muss.

Art. 13 [Individuelle Bedingungen] (1) Sofern die Verwirklichung der in Artikel 1 genannten Ziele nicht beeinträchtigt wird, kann jeder Mitgliedstaat für sein Hoheitsgebiet oder mit Zustimmung der betreffenden Mitgliedstaaten für das Hoheitsgebiet eines anderen Mitgliedstaats Abweichungen von den Artikeln 5 bis 9 zulassen und solche Abweichungen für die Beförderung mit folgenden Fahrzeugen an individuelle Bedingungen knüpfen:

a) Fahrzeuge, die Eigentum von Behörden sind oder von diesen ohne Fahrer angemietet sind, um Beförderungen im Straßenverkehr durchzuführen, die nicht im Wettbewerb mit privatwirtschaftlichen Verkehrsunternehmen stehen;

b) Fahrzeuge, die von Landwirtschafts-, Gartenbau-, Forstwirtschafts- oder Fischereiunternehmen zur Güterbeförderung im Rahmen ihrer eigenen unternehmerischen Tätigkeit in einem Umkreis von bis zu 100 km vom Standort des Unternehmens benutzt oder ohne Fahrer angemietet werden;

c) land- und forstwirtschaftliche Zugmaschinen, die für land- oder forstwirtschaftliche Tätigkeiten eingesetzt werden, und zwar in einem Umkreis von bis zu 100 km vom Standort des Unternehmens, das das Fahrzeug besitzt, anmietet oder least;

d) Fahrzeuge oder Fahrzeugkombinationen mit einer zulässigen Höchstmasse von nicht mehr als 7,5 t, die von Universaldienstanbietern im Sinne des Artikels 2 Absatz 13 der Richtlinie 97/67/EG des Europäischen Parlaments und des Rates vom 15. Dezember 1997 über gemeinsame Vorschriften für die Entwicklung des Binnenmarktes der Postdienste der Gemeinschaft und die Verbesserung der Dienstequalität[1] zum Zweck der Zustellung von Sendungen im Rahmen des Universaldienstes benutzt werden.
Diese Fahrzeuge dürfen nur in einem Umkreis von 100 km vom Standort des Unternehmens und unter der Bedingung benutzt werden, dass das Lenken des Fahrzeugs für den Fahrer nicht die Haupttätigkeit darstellt;

e) Fahrzeuge, die ausschließlich auf Inseln oder vom Rest des Hoheitsgebiets isolierten Binnengebieten mit einer Fläche von nicht mehr als 2 300 km^2 verkehren, die mit den übrigen Teilen des Hoheitsgebiets nicht durch eine Brücke, eine Furt oder einen Tunnel, die von Kraftfahrzeugen benutzt werden können, verbunden sind und auch nicht an einen anderen Mitgliedstaat angrenzen;

f) Fahrzeuge, die im Umkreis von 100 km vom Standort des Unternehmens zur Güterbeförderung mit Druckerdgas-, Flüssiggas- oder Elektroantrieb benutzt werden und deren zulässige Höchstmasse einschließlich Anhänger oder Sattelanhänger 7,5 t nicht übersteigt;

g) Fahrzeuge, die zum Fahrschulunterricht und zur Fahrprüfung zwecks Erlangung des Führerscheins oder eines beruflichen Befähigungsnachweises dienen, sofern diese Fahrzeuge nicht für die gewerbliche Personen- oder Güterbeförderung benutzt werden;

---

[1] **Amtl. Anm.:** ABl. L 15 vom 21.1.1998, S. 14.

h) Fahrzeuge, die in Verbindung mit Kanalisation, Hochwasserschutz, Wasser-, Gas- und Elektrizitätsversorgung, Straßenunterhaltung und -kontrolle, Hausmüllabfuhr, Telegramm- und Telefondienstleistungen, Rundfunk und Fernsehen sowie zur Erfassung von Radio- bzw. Fernsehsendern oder -geräten eingesetzt werden;

i) Fahrzeuge mit 10 bis 17 Sitzen, die ausschließlich zur nichtgewerblichen Personenbeförderung verwendet werden;

j) Spezialfahrzeuge, die Ausrüstungen des Zirkus- oder Schaustellergewerbes transportieren;

k) speziell ausgerüstete Projektfahrzeuge für mobile Projekte, die hauptsächlich im Stand zu Lehrzwecken dienen;

l) Fahrzeuge, die zum Abholen von Milch bei landwirtschaftlichen Betrieben und/oder zur Rückgabe von Milchbehältern oder von Milcherzeugnissen für Futterzwecke an diese Betriebe verwendet werden;

m) Spezialfahrzeuge für Geld- und/oder Werttransporte;

n) Fahrzeuge, die zur Beförderung von tierischen Abfällen oder von nicht für den menschlichen Verzehr bestimmten Tierkörpern verwendet werden;

o) Fahrzeuge, die ausschließlich auf Straßen in Güterverteilzentren wie Häfen, Umschlaganlagen des Kombinierten Verkehrs und Eisenbahnterminals benutzt werden;

p) Fahrzeuge, die innerhalb eines Umkreises von bis zu 100 km für die Beförderung lebender Tiere von den landwirtschaftlichen Betrieben zu den lokalen Märkten und umgekehrt oder von den Märkten zu den lokalen Schlachthäusern verwendet werden;

q) Fahrzeuge oder Fahrzeugkombinationen zur Beförderung von Baumaschinen für ein Bauunternehmen, die in einem Umkreis von höchstens 100 km vom Standort des Unternehmens benutzt werden, vorausgesetzt dass das Lenken der Fahrzeuge für den Fahrer nicht die Haupttätigkeit darstellt;

r) Fahrzeuge, die für die Lieferung von Transportbeton verwendet werden.

(2) Die Mitgliedstaaten teilen der Kommission die Ausnahmen mit, die sie nach Absatz 1 gewähren, und die Kommission unterrichtet die übrigen Mitgliedstaaten hiervon.

(3) *[1]* Sofern die Verwirklichung der in Artikel 1 genannten Ziele nicht beeinträchtigt wird und ein angemessener Schutz der Fahrer sichergestellt ist, kann ein Mitgliedstaat mit Genehmigung der Kommission in seinem Hoheitsgebiet in geringem Umfang Ausnahmen von dieser Verordnung für Fahrzeuge, die in zuvor festgelegten Gebieten mit einer Bevölkerungsdichte von weniger als 5 Personen pro Quadratkilometer eingesetzt werden, in folgenden Fällen zulassen:

– Bei inländischen Personenlinienverkehrsdiensten, sofern ihr Fahrplan von den Behörden bestätigt wurde (in diesem Fall dürfen nur Ausnahmen in Bezug auf Fahrtunterbrechungen zugelassen werden) und

– im inländischen Werkverkehr oder gewerblich durchgeführten Güterkraftverkehr, soweit sich diese Tätigkeiten nicht auf den Binnenmarkt auswirken und für den Erhalt bestimmter Wirtschaftszweige in dem betroffenen Gebiet notwendig sind und die Ausnahmebestimmungen dieser Verordnung einen Umkreis von höchstens 100 km vorschreiben.

[2] [1] Eine Beförderung im Straßenverkehr nach dieser Ausnahme kann eine Fahrt zu einem Gebiet mit einer Bevölkerungsdichte von 5 Personen pro Quadratmeter oder mehr nur einschließen, wenn damit eine Fahrt beendet oder begonnen wird. [2] Solche Maßnahmen müssen ihrer Art und ihrem Umfang nach verhältnismäßig sein.

Art. 14 [Mitteilung der Kommission] (1) Sofern die Verwirklichung der in Artikel 1 genannten Ziele nicht beeinträchtigt wird, können die Mitgliedstaaten nach Genehmigung durch die Kommission Ausnahmen von den Artikeln 6 bis 9 für unter außergewöhnlichen Umständen durchgeführte Beförderungen zulassen.

(2) [1] Die Mitgliedstaaten können in dringenden Fällen, die mit außergewöhnlichen Umständen einhergehen, eine vorübergehende Ausnahme für einen Zeitraum von höchstens 30 Tagen zulassen, die hinreichend zu begründen und der Kommission sofort mitzuteilen ist. [2] Die Kommission veröffentlicht diese Informationen unverzüglich auf einer öffentlichen Internetseite.

(3) Die Kommission teilt den übrigen Mitgliedstaaten alle nach diesem Artikel gewährten Ausnahmen mit.

Art. 15 [Nationale Vorschriften] [1] Die Mitgliedstaaten stellen sicher, dass Fahrer der in Artikel 3 Buchstabe a genannten Fahrzeuge unter nationale Vorschriften fallen, die einen angemessenen Schutz bei den erlaubten Lenkzeiten sowie den vorgeschriebenen Fahrtunterbrechungen und Ruhezeiten bieten. [2] Die Mitgliedstaaten teilen der Kommission die für diese Fahrer geltenden einschlägigen nationalen Vorschriften mit.

Kapitel V. Überwachung und Sanktionen

Art. 16 [Fahrzeuge ohne Kontrollgerät] (1) Verfügt ein Fahrzeug nicht über ein mit der Verordnung (EWG) Nr. 3821/85 übereinstimmendes Kontrollgerät, so gelten die Absätze 2 und 3 des vorliegenden Artikels für:

a) nationale Personenlinienverkehrsdienste und
b) grenzüberschreitende Personenlinienverkehrsdienste, deren Endpunkte in der Luftlinie höchstens 50 km von einer Grenze zwischen zwei Mitgliedstaaten entfernt sind und deren Fahrstrecke höchstens 100 km beträgt.

(2) *[1]* Das Verkehrsunternehmen erstellt einen Fahrplan und einen Arbeitszeitplan, in dem für jeden Fahrer der Name, der Standort und der im Voraus festgelegte Zeitplan für die verschiedenen Zeiträume der Lenktätigkeit, der anderen Arbeiten und der Fahrtunterbrechungen sowie die Bereitschaftszeiten angegeben werden.

[2] Jeder Fahrer, der in einem Dienst im Sinne des Absatzes 1 eingesetzt ist, muss einen Auszug aus dem Arbeitszeitplan und eine Ausfertigung des Linienfahrplans mit sich führen.

(3) Der Arbeitszeitplan muss

[Buchst. a bis 30.12.2024:]

a) alle in Absatz 2 aufgeführten Angaben mindestens für den Zeitraum der vorangegangenen 28 Tage enthalten; diese Angaben sind in regelmäßigen Abständen von höchstens einem Monat zu aktualisieren;

[Buchst. a ab 31.12.2024:]

a) alle in Absatz 2 aufgeführten Angaben mindestens für den Zeitraum des Tages der Kontrolle und der vorausgehenden 56 Tage enthalten; diese Angaben sind in regelmäßigen Abständen von höchstens einem Monat zu aktualisieren;

b) die Unterschrift des Leiters des Verkehrsunternehmens oder seines Beauftragten tragen;

c) vom Verkehrsunternehmen nach Ablauf des Geltungszeitraums ein Jahr lang aufbewahrt werden. Das Verkehrsunternehmen händigt den betreffenden Fahrern auf Verlangen einen Auszug aus dem Arbeitszeitplan aus; und

d) auf Verlangen einem dazu befugten Kontrollbeamten vorgelegt und ausgehändigt werden.

Art. 17 [Bericht der Kommission] (1) Die Mitgliedstaaten übermitteln der Kommission unter Verwendung des in der Entscheidung 93/173/EWG[1)] vorgesehenen Berichtsmusters[2)] die notwendigen Informationen, damit diese alle zwei Jahre einen Bericht über die Durchführung der vorliegenden Verordnung und der Verordnung (EWG) Nr. 3821/85 und über die Entwicklungen auf dem betreffenden Gebiet erstellen kann.

(2) Diese Angaben müssen bei der Kommission spätestens am 30. September des Jahres nach Ende des betreffenden Zweijahreszeitraums mitgeteilt werden.

(3) In dem Bericht wird zugleich angegeben, inwieweit von den Ausnahmeregelungen gemäß Artikel 13 Gebrauch gemacht wird.

(4) Die Kommission leitet den Bericht innerhalb von 13 Monaten nach Ende des betreffenden Zweijahreszeitraums dem Europäischen Parlament und dem Rat zu.

Art. 18 [Maßnahmen] Die Mitgliedstaaten ergreifen die zur Durchführung dieser Verordnung erforderlichen Maßnahmen.

Art. 19 [Sanktionen] (1) [1]Die Mitgliedstaaten erlassen Vorschriften über Sanktionen für Verstöße gegen die vorliegende Verordnung und die Verordnung (EU) Nr. 165/2014 und treffen alle erforderlichen Maßnahmen, um deren Anwendung zu gewährleisten. [2]Diese Sanktionen müssen wirksam und verhältnismäßig zum Schweregrad der Verstöße gemäß Anhang III der Richtlinie 2006/22/EG des Europäischen Parlaments und des Rates[3)], sowie abschreckend und nicht-diskriminierend sein. [3]Kein Verstoß gegen die vorliegende Verordnung oder gegen die Verordnung (EU) Nr. 165/2014 darf mehrmals Gegenstand von Sanktionen oder Verfahren sein. [4]Die Mitgliedstaaten teilen der Kommission diese Maßnahmen und Regeln sowie das Verfahren und die Kriterien, die auf einzelstaatlicher Ebene zur Bewertung der Verhältnismäßigkeit herangezogen wurden, mit. [5]Die Mitgliedstaaten teilen etwaige spätere Änderungen daran, die Auswirkungen darauf haben, unverzüglich mit. [6]Die

---

[1)] **Amtl. Anm.:** ABl. L 72 vom 25.3.1993, S. 33.

[2)] Siehe hierzu den Durchführungsbeschluss (EU) 2017/1013 zum Berichtsmuster für Straßenverkehr-Sozialkontrollen v. 30.3.2017 (ABl. L 153 S. 28).

[3)] **Amtl. Anm.:** Richtlinie 2006/22/EG des Europäischen Parlaments und des Rates vom 15. März 2006 über Mindestbedingungen für die Durchführung der Verordnungen (EG) Nr. 561/2006 und (EU) Nr. 165/2014 und der Richtlinie 2002/15/EG über Sozialvorschriften für Tätigkeiten im Kraftverkehr sowie zur Aufhebung der Richtlinie 88/599/EWG des Rates (ABl. L 102 vom 11.4.2006, S. 35).

Kommission informiert die Mitgliedstaaten über diese Regeln und Maßnahmen sowie über etwaige Änderungen. [7] Die Kommission stellt sicher, dass diese Informationen in allen Amtssprachen der Union auf einer eigens hierfür eingerichteten öffentlichen Internetseite veröffentlicht werden, die detaillierte Informationen über die in den Mitgliedstaaten geltenden Sanktionen enthält.

(2) *[1]* Ein Mitgliedstaat ermächtigt die zuständigen Behörden, gegen ein Unternehmen und/oder einen Fahrer bei einem in seinem Hoheitsgebiet festgestellten Verstoß gegen diese Verordnung eine Sanktion zu verhängen, sofern hierfür noch keine Sanktion verhängt wurde, und zwar selbst dann, wenn der Verstoß im Hoheitsgebiet eines anderen Mitgliedstaats oder eines Drittstaats begangen wurde.

[2] Dabei gilt folgende Ausnahmeregelung: Wird ein Verstoß festgestellt,

- der nicht im Hoheitsgebiet des betreffenden Mitgliedstaats begangen wurde und
- der von einem Unternehmen, das seinen Sitz in einem anderen Mitgliedstaat oder einem Drittstaat hat, oder von einem Fahrer, der seinen Arbeitsplatz in einem anderen Mitgliedstaat oder einem Drittstaat hat, begangen wurde,

so kann ein Mitgliedstaat bis zum 1. Januar 2009, anstatt eine Sanktion zu verhängen, der zuständigen Behörde des Mitgliedstaats oder des Drittstaats, in dem das Unternehmen seinen Sitz oder der Fahrer seinen Arbeitsplatz hat, den Verstoß melden.

(3) Leitet ein Mitgliedstaat in Bezug auf einen bestimmten Verstoß ein Verfahren ein oder verhängt er eine Sanktion, so muss er dem Fahrer gegenüber angemessene schriftliche Belege beibringen.

(4) Die Mitgliedstaaten stellen sicher, dass ein System verhältnismäßiger Sanktionen, die finanzielle Sanktionen umfassen können, für den Fall besteht, dass Unternehmen oder mit ihnen verbundene Verlader, Spediteure, Reiseveranstalter, Hauptauftragnehmer, Unterauftragnehmer und Fahrervermittlungsagenturen gegen die vorliegende Verordnung oder die Verordnung (EWG) Nr. 3821/85 verstoßen.

Art. 20 [Belege; Aufbewahrung] (1) Der Fahrer muss alle von einem Mitgliedstaat zu Sanktionen oder zur Einleitung von Verfahren beigebrachten Belege so lange aufbewahren, bis derselbe Verstoß gegen diese Verordnung nicht mehr in ein zweites Verfahren oder eine zweite Sanktion gemäß dieser Verordnung münden kann.

(2) Der Fahrer hat die in Absatz 1 genannten Belege auf Verlangen vorzuweisen.

(3) Ein Fahrer, der bei mehreren Verkehrsunternehmen beschäftigt ist oder mehreren Verkehrsunternehmen zur Verfügung steht, verschafft jedem Unternehmen ausreichende Informationen, um diesem die Einhaltung der Bestimmungen des Kapitels II zu ermöglichen.

Art. 21 [Stillegung von Fahrzeugen] [1] In Fällen, in denen ein Mitgliedstaat der Auffassung ist, dass ein Verstoß gegen diese Verordnung vorliegt, der die Straßenverkehrssicherheit eindeutig gefährden könnte, ermächtigt er die betreffende zuständige Behörde, das betreffende Fahrzeug so lange stillzulegen, bis die Ursache des Verstoßes behoben ist. [2] Die Mitgliedstaaten können dem Fahrer auferlegen, eine tägliche Ruhezeit einzulegen. [3] Die Mitgliedstaaten können ferner gegebenenfalls die Zulassung eines Unternehmens entziehen, aussetzen oder einschränken, falls es seinen Sitz in diesem Mitgliedstaat hat, oder sie können die Fahrerlaubnis eines Fahrers entziehen, aussetzen oder einschränken. [4]Die Kommission entwickelt nach dem in Artikel 24 Absatz 2 genannten Verfahren Leitlinien, um eine harmonisierte Anwendung dieses Artikels zu erreichen.

Art. 22 [Gegenseitiger Beistand der Mitgliedstaaten] (1) Die Mitgliedstaaten arbeiten eng miteinander zusammen und leisten einander ohne unangemessene Verzögerung Amtshilfe, um die einheitliche Anwendung dieser Verordnung und ihre wirksame Durchsetzung gemäß den Anforderungen des Artikels 8 der Richtlinie 2006/22/EG zu erleichtern.

(2) Die zuständigen Behörden der Mitgliedstaaten tauschen regelmäßig alle verfügbaren Informationen aus über

a) die von Gebietsfremden begangenen Verstöße gegen die Bestimmungen des Kapitels II und die gegen diese Verstöße verhängten Sanktionen;
b) die von einem Mitgliedstaat verhängten Sanktionen für Verstöße, die seine Gebietsansässigen in anderen Mitgliedstaaten begangen haben;
c) sonstige spezielle Informationen, darunter die Risikoeinstufung des Unternehmens, die sich auf die Einhaltung dieser Verordnung auswirken können.

(3) Die Mitgliedstaaten übermitteln der Kommission regelmäßig relevante Informationen über die nationale Auslegung und Anwendung dieser Verordnung; die Kommission stellt diese Informationen den anderen Mitgliedstaaten in elektronischer Form zur Verfügung.

(3a) Für die Zwecke des Informationsaustauschs im Rahmen dieser Verordnung nutzen die Mitgliedstaaten die gemäß Artikel 7 der Richtlinie 2006/22/EG benannten Stellen für die innergemeinschaftliche Verbindung.

(3b) Verwaltungszusammenarbeit und gegenseitige Amtshilfe erfolgen unentgeltlich.

(4) Die Kommission unterstützt durch den in Artikel 24 Absatz 1 genannten Ausschuss den Dialog zwischen den Mitgliedstaaten über die einzelstaatliche Auslegung und Anwendung dieser Verordnung.

Art. 23 [Drittländer] Die Gemeinschaft wird mit Drittländern die Verhandlungen aufnehmen, die zur Durchführung dieser Verordnung gegebenenfalls erforderlich sind.

Art. 23a [Befugnis zum Erlass delegierter Rechtsakte] (1) Die Befugnis zum Erlass delegierter Rechtsakte wird der Kommission unter den in diesem Artikel festgelegten Bedingungen übertragen.

(2) *[1]* Die Befugnis zum Erlass delegierter Rechtsakte gemäß Artikel 8a wird der Kommission für einen Zeitraum von fünf Jahren ab dem 20. August 2020 übertragen.

[2] [1]Die Kommission erstellt spätestens neun Monate vor Ablauf des Zeitraums von fünf Jahren einen Bericht über die Befugnisübertragung. [2]Die Befugnisübertragung verlängert sich stillschweigend um Zeiträume gleicher Länge, es sei denn, das Europäische Parlament oder der Rat widersprechen einer solchen Verlängerung spätestens drei Monate vor Ablauf des jeweiligen Zeitraums.

(3) [1]Die Befugnisübertragung gemäß Artikel 8a kann vom Europäischen Parlament oder vom Rat jederzeit widerrufen werden. [2]Der Beschluss über den Widerruf beendet die Übertragung der in diesem Beschluss angegebenen Befugnis. [3]Er wird am Tag nach seiner Veröffentlichung im *Amtsblatt der Europäischen Union* oder zu einem im Beschluss über den Widerruf angegebenen späteren Zeitpunkt wirksam. [4]Die Gültigkeit von delegierten Rechtsakten, die bereits in Kraft sind, wird von dem Beschluss über den Widerruf nicht berührt.

(4) Vor dem Erlass eines delegierten Rechtsakts konsultiert die Kommission die von den einzelnen Mitgliedstaaten benannten Sachverständigen im Einklang mit den in der Interinstitutionellen Vereinbarung vom 13. April 2016 über bessere Rechtsetzung[1)] enthaltenen Grundsätzen.

(5) Sobald die Kommission einen delegierten Rechtsakt erlässt, übermittelt sie ihn gleichzeitig dem Europäischen Parlament und dem Rat.

(6) [1]Ein delegierter Rechtsakt, der gemäß Artikel 8a erlassen wurde, tritt nur in Kraft, wenn weder das Europäische Parlament noch der Rat innerhalb einer Frist von zwei Monaten nach Übermittlung dieses Rechtsakts an das Europäische Parlament und den Rat Einwände erhoben haben oder wenn vor Ablauf dieser Frist sowohl das Europäische Parlament als auch der Rat der Kommission mitgeteilt haben, dass sie keine Einwände erheben werden. [2]Auf Initiative des Europäischen Parlaments oder des Rates wird diese Frist um zwei Monate verlängert.

Art. 24 [Ausschuss] (1) Die Kommission wird von dem durch Artikel 18 Absatz 1 der Verordnung (EWG) Nr. 3821/85 eingesetzten Ausschuss unterstützt.

(2) Wird auf diesen Absatz Bezug genommen, so gilt Artikel 4 der Verordnung (EU) Nr. 182/2011 des Europäischen Parlaments und des Rates[2)].

(2a) Wird auf diesen Absatz Bezug genommen, so gilt Artikel 5 der Verordnung (EU) Nr. 182/2011.

(3) Der Ausschuss gibt sich eine Geschäftsordnung.

Art. 25 [Prüfung von Einzelfällen] (1) Auf Antrag eines Mitgliedstaates oder von sich aus

a) prüft die Kommission die Fälle, in denen die Bestimmungen dieser Verordnung, insbesondere bezüglich der Lenkzeiten, Fahrtunterbrechungen und Ruhezeiten, unterschiedlich angewandt und durchgesetzt werden;

b) klärt die Kommission die Bestimmungen dieser Verordnung, um einen gemeinsamen Ansatz sicherzustellen.

(2) *[1]* In den in Absatz 1 Buchstabe b genannten Fällen erlässt die Kommission Durchführungsrechtsakte zur Festlegung gemeinsamer Ansätze.

[2] Diese Durchführungsrechtsakte werden nach dem in Artikel 24 Absatz 2a genannten Prüfverfahren erlassen.

---

1) **Amtl. Anm.:** ABl. L 123 vom 12.5.2016, S. 1.

2) **Amtl. Anm.:** Verordnung (EU) Nr. 182/2011 des Europäischen Parlaments und des Rates vom 16. Februar 2011 zur Festlegung der allgemeinen Regeln und Grundsätze, nach denen die Mitgliedstaaten die Wahrnehmung der Durchführungsbefugnisse durch die Kommission kontrollieren (ABl. L 55 vom 28.2.2011, S. 13).

Kapitel VI. Schlussbestimmungen

Art. 26, 27 *(nicht wiedergegebene Änderungsvorschriften)*

Art. 28 [Übergangsvorschriften] *[1]* Die Verordnung (EWG) Nr. 3820/85 wird aufgehoben und durch die vorliegende Verordnung ersetzt.

[2] Artikel 5 Absätze 1, 2 und 4 der Verordnung (EWG) Nr. 3820/85 gelten jedoch bis zu den in Artikel 15 Absatz 1 der Richtlinie 2003/59/EG genannten Terminen.

Art. 29 [Inkrafttreten] Diese Verordnung tritt am 11. April 2007 in Kraft, ausgenommen Artikel 10 Absatz 5, Artikel 26 Absätze 3 und 4 und Artikel 27, die am 1. Mai 2006 in Kraft treten.

115. Verordnung (EG) Nr. 864/2007 des Europäischen Parlaments und des Rates vom 11. Juli 2007 über das auf außervertragliche Schuldverhältnisse anzuwendende Recht („Rom II“)

(ABl. L 199 S. 40, ber. 2012 L 310 S. 52)

Celex-Nr. 3 2007 R 0864

– Auszug –

Kapitel II. Unerlaubte Handlungen

Art. 9 Arbeitskampfmaßnahmen. Unbeschadet des Artikels 4 Absatz 2 ist auf außervertragliche Schuldverhältnisse in Bezug auf die Haftung einer Person in ihrer Eigenschaft als Arbeitnehmer oder Arbeitgeber oder der Organisationen, die deren berufliche Interessen vertreten, für Schäden, die aus bevorstehenden oder durchgeführten Arbeitskampfmaßnahmen entstanden sind, das Recht des Staates anzuwenden, in dem die Arbeitskampfmaßnahme erfolgen soll oder erfolgt ist.

120. Verordnung (EG) Nr. 593/2008 des Europäischen Parlaments und des Rates vom 17. Juni 2008 über das auf vertragliche Schuldverhältnisse anzuwendende Recht (Rom I)

(ABl. L 177 S. 6, ber. 2009 L 309 S. 87)

Celex-Nr. 3 2008 R 0593

– Auszug –

Kapitel II. Einheitliche Kollisionsnormen

Art. 3 Freie Rechtswahl. (1) [1]Der Vertrag unterliegt dem von den Parteien gewählten Recht. [2]Die Rechtswahl muss ausdrücklich erfolgen oder sich eindeutig aus den Bestimmungen des Vertrags oder aus den Umständen des Falles ergeben. [3]Die Parteien können die Rechtswahl für ihren ganzen Vertrag oder nur für einen Teil desselben treffen.

(2) [1]Die Parteien können jederzeit vereinbaren, dass der Vertrag nach einem anderen Recht zu beurteilen ist als dem, das zuvor entweder aufgrund einer früheren Rechtswahl nach diesem Artikel oder aufgrund anderer Vorschriften dieser Verordnung für ihn maßgebend war. [2]Die Formgültigkeit des Vertrags im Sinne des Artikels 11 und Rechte Dritter werden durch eine nach Vertragsschluss erfolgende Änderung der Bestimmung des anzuwendenden Rechts nicht berührt.

(3) Sind alle anderen Elemente des Sachverhalts zum Zeitpunkt der Rechtswahl in einem anderen als demjenigen Staat belegen, dessen Recht gewählt wurde, so berührt die Rechtswahl der Parteien nicht die Anwendung derjenigen Bestimmungen des Rechts dieses anderen Staates, von denen nicht durch Vereinbarung abgewichen werden kann.

(4) Sind alle anderen Elemente des Sachverhalts zum Zeitpunkt der Rechtswahl in einem oder mehreren Mitgliedstaaten belegen, so berührt die Wahl des Rechts eines Drittstaats durch die Parteien nicht die Anwendung der Bestimmungen des Gemeinschaftsrechts – gegebenenfalls in der von dem Mitgliedstaat des angerufenen Gerichts umgesetzten Form –, von denen nicht durch Vereinbarung abgewichen werden kann.

(5) Auf das Zustandekommen und die Wirksamkeit der Einigung der Parteien über das anzuwendende Recht finden die Artikel 10, 11 und 13 Anwendung.

Art. 8 Individualarbeitsverträge. (1) [1]Individualarbeitsverträge unterliegen dem von den Parteien nach Artikel 3 gewählten Recht. [2]Die Rechtswahl der Parteien darf jedoch nicht dazu führen, dass dem Arbeitnehmer der Schutz entzogen wird, der ihm durch Bestimmungen gewährt wird, von denen nach dem Recht, das nach den Absätzen 2, 3 und 4 des vorliegenden Artikels mangels einer Rechtswahl anzuwenden wäre, nicht durch Vereinbarung abgewichen werden darf.

(2) [1]Soweit das auf den Arbeitsvertrag anzuwendende Recht nicht durch Rechtswahl bestimmt ist, unterliegt der Arbeitsvertrag dem Recht des Staates,

in dem oder andernfalls von dem aus der Arbeitnehmer in Erfüllung des Vertrags gewöhnlich seine Arbeit verrichtet. [2]Der Staat, in dem die Arbeit gewöhnlich verrichtet wird, wechselt nicht, wenn der Arbeitnehmer seine Arbeit vorübergehend in einem anderen Staat verrichtet.

(3) Kann das anzuwendende Recht nicht nach Absatz 2 bestimmt werden, so unterliegt der Vertrag dem Recht des Staates, in dem sich die Niederlassung befindet, die den Arbeitnehmer eingestellt hat.

(4) Ergibt sich aus der Gesamtheit der Umstände, dass der Vertrag eine engere Verbindung zu einem anderen als dem in Absatz 2 oder 3 bezeichneten Staat aufweist, ist das Recht dieses anderen Staates anzuwenden.

Art. 9 Eingriffsnormen. (1) Eine Eingriffsnorm ist eine zwingende Vorschrift, deren Einhaltung von einem Staat als so entscheidend für die Wahrung seines öffentlichen Interesses, insbesondere seiner politischen, sozialen oder wirtschaftlichen Organisation, angesehen wird, dass sie ungeachtet des nach Maßgabe dieser Verordnung auf den Vertrag anzuwendenden Rechts auf alle Sachverhalte anzuwenden ist, die in ihren Anwendungsbereich fallen.

(2) Diese Verordnung berührt nicht die Anwendung der Eingriffsnormen des Rechts des angerufenen Gerichts.

(3) [1]Den Eingriffsnormen des Staates, in dem die durch den Vertrag begründeten Verpflichtungen erfüllt werden sollen oder erfüllt worden sind, kann Wirkung verliehen werden, soweit diese Eingriffsnormen die Erfüllung des Vertrags unrechtmäßig werden lassen. [2]Bei der Entscheidung, ob diesen Eingriffsnormen Wirkung zu verleihen ist, werden Art und Zweck dieser Normen sowie die Folgen berücksichtigt, die sich aus ihrer Anwendung oder Nichtanwendung ergeben würden.

125. Verordnung (EG) Nr. 987/2009 des Europäischen Parlaments und des Rates vom 16. September 2009 zur Festlegung der Modalitäten für die Durchführung der Verordnung (EG) Nr. 883/2004 über die Koordinierung der Systeme der sozialen Sicherheit

(Text von Bedeutung für den EWR und die Schweiz)

(ABl. L 284 S. 1, ber. ABl. 2018 L 54 S. 18)

Celex-Nr. 3 2009 R 0987

zuletzt geänd. durch Art. 2 ÄndVO (EU) 2017/492 v. 21.3.2017 (ABl. L 76 S. 13)

DAS EUROPÄISCHE PARLAMENT UND DER RAT DER EUROPÄISCHEN UNION –

gestützt auf den Vertrag zur Gründung der Europäischen Gemeinschaft, insbesondere auf die Artikel 42 und 308,

gestützt auf die Verordnung (EG) Nr. 883/2004[1)] des Europäischen Parlaments und des Rates vom 29. April 2004 zur Koordinierung der Systeme der sozialen Sicherheit[2)], insbesondere auf den Artikel 89,

auf Vorschlag der Kommission,

nach Stellungnahme des Europäischen Wirtschafts- und Sozialausschusses[3)],

gemäß dem Verfahren des Artikels 251 des Vertrags[4)],

in Erwägung nachstehender Gründe:

(1) Die Verordnung (EG) Nr. 883/2004[1)] modernisiert die Regeln für die Koordinierung der mitgliedstaatlichen Systeme der sozialen Sicherheit, legt dabei die Durchführungsmaßnahmen und -verfahren fest und achtet auf deren Vereinfachung, die allen Beteiligten zugute kommen soll. Hierfür müssen die Durchführungsbestimmungen erlassen werden.

(2) Die Organisation einer wirksameren und engeren Zusammenarbeit zwischen den Trägern der sozialen Sicherheit ist maßgeblich, damit die Personen im Geltungsbereich der Verordnung (EG) Nr. 883/2004[1)] ihre Rechte so rasch und so gut wie möglich in Anspruch nehmen können.

(3) Der Einsatz elektronischer Mittel eignet sich für den schnellen und zuverlässigen Datenaustausch zwischen den Trägern der Mitgliedstaaten. Die elektronische Verarbeitung von Daten soll zur Beschleunigung der Verfahren für die betroffenen Personen beitragen. Dabei sollten diese Personen die vollen Garantien der Gemeinschaftsbestimmungen zum Schutz natürlicher Personen bei der Verarbeitung personenbezogener Daten und zum freien Datenverkehr genießen.

[1)] Nr. **105**.

[2)] **Amtl. Anm.:** ABl. L 166 vom 30.4.2004, S. 1.

[3)] **Amtl. Anm.:** ABl. C 324 vom 30.12.2006, S. 59.

[4)] **Amtl. Anm.:** Stellungnahme des Europäischen Parlaments vom 9. Juli 2008 (noch nicht im Amtsblatt veröffentlicht), Gemeinsamer Standpunkt des Rates vom 17. Dezember 2008 (ABl. C 38 E vom 17.2.2009, S. 26) und Standpunkt des Europäischen Parlaments vom 22. April 2009. Beschluss des Rates vom 27. Juli 2009.

(4) Die Bereitstellung der Kontaktadressen der Stellen in den Mitgliedstaaten, die an der Durchführung der Verordnung (EG) Nr. 883/2004[1] beteiligt sind, auch der elektronischen Adressen, in einer Form, die ihre Aktualisierung in Realzeit ermöglicht, soll den Austausch zwischen den Trägern der sozialen Sicherheit erleichtern. Dieses Konzept, bei dem die Sachdienlichkeit der rein faktischen Informationen und deren direkte Verfügbarkeit für die Bürger im Vordergrund stehen, ist eine wichtige Vereinfachung, die durch diese Verordnung herbeigeführt werden sollte.

(5) Einen möglichst reibungslosen Ablauf und die effiziente Handhabung der komplexen Verfahren zur Umsetzung der Vorschriften zur Koordinierung der Systeme der sozialen Sicherheit zu erreichen, erfordert einen Mechanismus, der eine sofortige Aktualisierung des Anhangs 4 ermöglicht. Die Vorbereitung und Anwendung von diesbezüglichen Bestimmungen verlangen eine enge Zusammenarbeit zwischen den Mitgliedstaaten und der Kommission, und ihre Umsetzung sollte im Hinblick auf die Folgen, die Verzögerungen sowohl für die Bürger als auch für die Verwaltungsbehörden haben, rasch erfolgen. Die Kommission sollte daher die Befugnis erhalten, eine Datenbank einzurichten und zu verwalten, und gewährleisten, dass diese zumindest ab dem Zeitpunkt des Inkrafttretens dieser Verordnung betriebsbereit ist. Die Kommission sollte insbesondere die notwendigen Schritte unternehmen, die in Anhang 4 aufgeführten Informationen in diese Datenbank aufzunehmen.

(6) Die Stärkung einiger Verfahren sollte den Anwendern der Verordnung (EG) Nr. 883/2004[1] mehr Rechtssicherheit und Transparenz bringen. Gemeinsame Fristsetzungen für die Erledigung bestimmter Verpflichtungen oder für bestimmte Verwaltungsabläufe sollten dabei zur Klärung und Strukturierung der Beziehungen zwischen den Versicherten und den Trägern beitragen.

(7) Die Personen, für die diese Verordnung gilt, sollten vom zuständigen Träger eine fristgerechte Antwort auf ihre Ersuchen erhalten. Die Antwort sollte in den Mitgliedstaaten, in deren Sozialgesetzgebung Fristen bestehen, spätestens innerhalb dieser Fristen erfolgen. Es wäre wünschenswert, dass diejenigen Mitgliedstaaten, in deren Sozialgesetzgebung keine solchen Fristen bestehen, den Erlass entsprechender Bestimmungen in Erwägung ziehen und sie erforderlichenfalls den betroffenen Personen zugänglich machen.

(8) Mitgliedstaaten, zuständige Behörden und Träger der sozialen Sicherheit sollten die Möglichkeit haben, sich auf vereinfachte Verfahren und Verwaltungsvereinbarungen zu einigen, die sie für wirksamer und innerhalb ihrer jeweiligen Systeme der sozialen Sicherheit für geeigneter halten. Solche Vereinbarungen sollten die Rechte der Personen im Geltungsbereich der Verordnung (EG) Nr. 883/2004[1] allerdings nicht beeinträchtigen.

(9) Wegen der dem Bereich der sozialen Sicherheit eigenen Komplexität werden allen Trägern der Mitgliedstaaten besondere Anstrengungen abverlangt, um die Benachteiligung der betroffenen Personen zu vermeiden, die ihren Antrag oder bestimmte Informationen möglicherweise nicht bei dem Träger eingereicht haben, der nach den Verfahren und Regeln der Ver-

---

[1] Nr. **105**.

ordnung (EG) Nr. 883/2004[1] und der vorliegenden Verordnung zur Bearbeitung dieses Antrags befugt ist.

(10) Zur Ermittlung des zuständigen Trägers – d.h. die für diesen Träger geltenden Rechtsvorschriften sind anwendbar oder ihm obliegt die Gewährung bestimmter Leistungen – muss die objektive Situation des Versicherten oder seiner Familienangehörigen von den Trägern eines oder mehrerer Mitgliedstaaten geprüft werden. Um den Schutz der betreffenden Person während dieses erforderlichen Informationsaustauschs unter den Trägern zu gewährleisten, ist ihr vorläufiger Anschluss an ein System der sozialen Sicherheit vorzusehen.

(11) Die Mitgliedstaaten sollten bei der Feststellung des Wohnorts von Personen, für die diese Verordnung und die Verordnung (EG) Nr. 883/2004[1] gelten, zusammenarbeiten und bei Beanstandungen alle einschlägigen Kriterien berücksichtigen, um das Problem zu lösen. Letztere dürfen die in den entsprechenden Artikeln dieser Verordnung genannten Kriterien umfassen.

(12) Viele Maßnahmen und Verfahren dieser Verordnung stellen auf mehr Klarheit für die Kriterien ab, die von den Trägern der Mitgliedstaaten im Rahmen der Verordnung (EG) Nr. 883/2004[1] anzuwenden sind. Solche Maßnahmen und Verfahren ergeben sich aus der Rechtsprechung des Gerichtshofs der Europäischen Gemeinschaften, aus den Beschlüssen der Verwaltungskommission und aus über dreißig Jahren Praxis in der Koordinierung der Systeme der sozialen Sicherheit im Rahmen der im Vertrag verankerten Grundfreiheiten.

(13) Diese Verordnung enthält Maßnahmen und Verfahren, um die Mobilität von Arbeitnehmern und Arbeitslosen zu fördern. Von Vollarbeitslosigkeit betroffene Grenzgänger können sich dem Arbeitsamt sowohl in ihrem Wohnsitzland als auch in dem Mitgliedstaat, in dem sie zuletzt beschäftigt waren, zur Verfügung stellen. Sie sollten jedoch einzig und allein Anspruch auf Leistungen ihres Wohnmitgliedstaats haben.

(14) Bestimmte Regeln und Verfahren sind für die Bestimmung der anwendbaren Rechtsvorschriften für die Anrechnung der Zeiten, die ein Versicherter in verschiedenen Mitgliedstaaten der Kindererziehung gewidmet hat, erforderlich.

(15) Manche Verfahren sollten noch der Forderung nach einer ausgewogenen Lastenverteilung unter den Mitgliedstaaten genügen. Speziell im Zweig Krankheit sollten diese Verfahren einerseits der Situation der Mitgliedstaaten Rechnung tragen, die die Versicherten aufnehmen und diesen ihr Gesundheitssystem zur Verfügung stellen, und andererseits der Situation der Mitgliedstaaten, deren Träger für die Kosten der Sachleistungen aufkommen, die von ihren Versicherten in einem anderen als ihrem Wohnmitgliedstaat in Anspruch genommen werden.

(16) Im besonderen Rahmen der Verordnung (EG) Nr. 883/2004[1] müssen die Bedingungen für die Übernahme der Sachleistungskosten bei „geplanten Behandlungen" – Behandlungen, die eine Person in einem anderen als dem Versicherungs- oder Wohnmitgliedstaat vornehmen lässt – geklärt werden. Die Pflichten des Versicherten bei Beantragung einer vorherigen

---

[1] Nr. **105**.

Genehmigung sollten präzisiert werden, ebenso die Verpflichtungen der Träger gegenüber den Patienten in Bezug auf die Genehmigungsbedingungen. Auch die Auswirkungen auf die Kostenübernahme bei Sachleistungen, die aufgrund einer Genehmigung in einem anderen Mitgliedstaat in Anspruch genommen wurden, sind genau festzulegen.

(17) Diese Verordnung und namentlich die Bestimmungen über den Aufenthalt außerhalb des zuständigen Mitgliedstaats und über geplante Behandlungen sollten der Anwendung günstigerer innerstaatlicher Vorschriften insbesondere hinsichtlich der Rückerstattung von in einem anderen Mitgliedstaat entstandenen Kosten nicht entgegenstehen.

(18) Verbindlichere Verfahren zur Verkürzung der Erstattungsfristen für diese Forderungen unter den Trägern der Mitgliedstaaten erscheinen wesentlich, um das Vertrauen in den Austausch zu erhalten und der von den Systemen der sozialen Sicherheit geforderten Wirtschaftlichkeit der Haushaltsführung zu genügen. Daher sollten die Verfahren für die Behandlung der Forderungen im Zusammenhang mit Leistungen bei Krankheit und Arbeitslosigkeit gestärkt werden.

(19) Die Verfahren zwischen den Trägern für eine gegenseitige Unterstützung bei der Beitreibung von Forderungen der sozialen Sicherheit sollten verstärkt werden, damit eine wirksamere Beitreibung und ein reibungsloses Funktionieren der Koordinierungsregeln gewährleistet wird. Eine wirksame Beitreibung ist auch ein Mittel zur Verhütung und Bekämpfung von Missbrauch und Betrug sowie eine Möglichkeit, die Nachhaltigkeit der Systeme der sozialen Sicherheit sicherzustellen. Dazu ist es erforderlich, neue Verfahren auf der Grundlage einer Reihe geltender Bestimmungen der Richtlinie 2008/55/EG des Rates vom 26. Mai 2008 über die gegenseitige Unterstützung bei der Beitreibung von Forderungen in Bezug auf bestimmte Abgaben, Zölle, Steuern und sonstige Maßnahmen[1)] anzunehmen. Diese neuen Beitreibungsverfahren sollten nach fünf Jahren auf Grundlage der gemachten Erfahrungen überprüft und erforderlichenfalls angepasst werden, insbesondere um sicherzustellen, dass sie uneingeschränkt durchführbar sind.

(20) Für die Zwecke von Vorschriften über die Rückforderung gezahlter, aber nicht geschuldeter Leistungen, die Einziehung vorläufiger Zahlungen und Beiträge, den Ausgleich und die Unterstützung bei der Beitreibung beschränkt sich die Zuständigkeit des ersuchten Mitgliedstaats auf Rechtsbehelfe in Bezug auf Vollstreckungsmaßnahmen. Für alle anderen Rechtsbehelfe ist der ersuchende Mitgliedstaat zuständig.

(21) Die in dem ersuchten Mitgliedstaat ergriffenen Vollstreckungsmaßnahmen bringen nicht mit sich, dass dieser Mitgliedstaat die Begründetheit der Forderung oder deren Grundlage anerkennt.

(22) Die Information der betroffenen Personen über ihre Rechte und Pflichten ist für ein Vertrauensverhältnis zu den zuständigen Behörden und Trägern der Mitgliedstaaten wesentlich. Diese Information sollte Anleitungen in Bezug auf Verwaltungsverfahren beinhalten. Zu den betroffenen Personen können je nach Situation die Versicherten, ihre Familienangehörigen und/oder ihre Hinterbliebenen oder sonstige Personen zählen.

[1)] **Amtl. Anm.:** ABl. L 150 vom 10.6.2008, S. 28.

(23) Da das Ziel dieser Verordnung, nämlich die Verabschiedung von Koordinierungsmaßnahmen, damit das Recht auf Freizügigkeit wirksam ausgeübt werden kann, auf der Ebene der Mitgliedstaaten nicht ausreichend verwirklicht werden kann und daher wegen seines Umfangs und seiner Wirkungen besser auf Gemeinschaftsebene zu verwirklichen ist, kann die Gemeinschaft im Einklang mit dem in Artikel 5 des Vertrags niedergelegten Subsidiaritätsprinzip tätig werden. Entsprechend dem in demselben Artikel genannten Grundsatz der Verhältnismäßigkeit geht diese Verordnung nicht über das zur Erreichung dieses Ziels erforderliche Maß hinaus.

(24) Diese Verordnung sollte die Verordnung (EWG) Nr. 574/72 des Rates vom 21. März 1972 über die Durchführung der Verordnung (EWG) Nr. 1408/71 zur Anwendung der Systeme der sozialen Sicherheit auf Arbeitnehmer und deren Familien, die innerhalb der Gemeinschaft zu- und abwandern[1], ersetzen –

HABEN FOLGENDE VERORDNUNG ERLASSEN:

Titel I. Allgemeine Vorschriften

Kapitel I. Begriffsbestimmungen

Art. 1 Begriffsbestimmungen. (1) Im Sinne dieser Verordnung

a) bezeichnet der Ausdruck „Grundverordnung" die Verordnung (EG) Nr. 883/2004[2];

b) bezeichnet der Ausdruck „Durchführungsverordnung" die vorliegende Verordnung; und

c) gelten die Begriffsbestimmungen der Grundverordnung.

(2) Neben den Begriffsbestimmungen des Absatzes 1 bezeichnet der Ausdruck

a) „Zugangsstelle" eine Stelle, die Folgendes bietet:
   i) eine elektronische Kontaktstelle;
   ii) die automatische Weiterleitung auf der Grundlage der Adresse; und
   iii) die intelligente Weiterleitung von Daten, gestützt auf eine Software, die eine automatische Prüfung und Weiterleitung von Daten (z.B. eine Anwendung künstlicher Intelligenz) und/oder menschliches Eingreifen gestattet;

b) „Verbindungsstelle" eine von der zuständigen Behörde eines Mitgliedstaats für einen oder mehrere der in Artikel 3 der Grundverordnung genannten Zweige der sozialen Sicherheit bezeichnete Stelle, die Anfragen und Amtshilfeersuchen für die Zwecke der Anwendung der Grundverordnung und der Durchführungsverordnung beantwortet und die die ihr nach Titel IV der Durchführungsverordnung zugewiesenen Aufgaben zu erfüllen hat;

c) „Dokument" eine von der Art des Datenträgers unabhängige Gesamtheit von Daten, die dergestalt strukturiert sind, dass sie elektronisch ausgetauscht werden können und deren Mitteilung für die Anwendung der Grundverordnung und der Durchführungsverordnung erforderlich ist;

---

[1] **Amtl. Anm.:** ABl. L 74 vom 27.3.1972, S. 1.
[2] Nr. **105**.

d) „strukturiertes elektronisches Dokument" ein strukturiertes Dokument in einem Format, das für den elektronischen Austausch von Informationen zwischen den Mitgliedstaaten konzipiert wurde;

e) „elektronische Übermittlung" die Übermittlung von Daten mittels Geräten für die elektronische Verarbeitung (einschließlich digitaler Kompression) von Daten über Draht, über Funk, auf optischem oder elektromagnetischem Wege;

f) „Rechnungsausschuss" den in Artikel 74 der Grundverordnung genannten Ausschuss.

Kapitel II. Vorschriften über die Zusammenarbeit und den Datenaustausch

Art. 2 Umfang und Modalitäten des Datenaustauschs zwischen den Trägern. (1) Im Sinne der Durchführungsverordnung beruht der Austausch zwischen den Behörden und Trägern der Mitgliedstaaten und den Personen, die der Grundverordnung[1)] unterliegen, auf den Grundsätzen öffentlicher Dienstleistungen, Effizienz, aktiver Unterstützung, rascher Bereitstellung und Zugänglichkeit, einschließlich der elektronischen Zugänglichkeit, insbesondere für Menschen mit Behinderungen und für ältere Menschen.

(2) [1] Die Träger stellen unverzüglich all jene Daten, die zur Begründung und Feststellung der Rechte und Pflichten der Personen, für die die Grundverordnung gilt, benötigt werden, zur Verfügung oder tauschen diese ohne Verzug aus. [2] Diese Daten werden zwischen den Mitgliedstaaten entweder unmittelbar von den Trägern selbst oder mittelbar über die Verbindungsstellen übermittelt.

(3) [1] Hat eine Person irrtümlich einem Träger im Hoheitsgebiet eines anderen Mitgliedstaats als dem Mitgliedstaat, in dem sich der in der Durchführungsverordnung bezeichnete Träger befindet, Informationen, Dokumente oder Anträge eingereicht, so hat dieser Träger die betreffenden Informationen, Dokumente oder Anträge ohne Verzug an den nach der Durchführungsverordnung bezeichneten Träger weiterzuleiten und dabei das Datum anzugeben, an dem sie ursprünglich eingereicht wurden. [2] Dieses Datum ist für den letztgenannten Träger maßgeblich. [3] Die Träger eines Mitgliedstaats können jedoch weder haftbar gemacht werden noch kann ihre Untätigkeit, die auf die verspätete Übermittlung der Informationen, Dokumente oder Anträge von Trägern anderer Mitgliedstaaten zurückzuführen ist, als Entscheidung betrachtet werden.

(4) Werden die Daten mittelbar über die Verbindungsstelle des Empfängermitgliedstaats übermittelt, so beginnen die Fristen für die Beantwortung eines Antrags an dem Tag, an dem diese Verbindungsstelle den Antrag erhalten hat, so als hätte der Träger dieses Mitgliedstaats ihn bereits erhalten.

Art. 3 Umfang und Modalitäten des Datenaustauschs zwischen den betroffenen Personen und den Trägern. (1) [1] Die Mitgliedstaaten stellen sicher, dass den betroffenen Personen die erforderlichen Informationen zur Verfügung gestellt werden, damit sie von der Änderung der Rechtslage aufgrund der Grundverordnung[1)] und der Durchführungsverordnung Kenntnis

---

[1)] Nr. **105**.

erhalten und ihre Ansprüche geltend machen können. [2] Sie stellen auch benutzerfreundliche Serviceleistungen zur Verfügung.

(2) Personen, für die die Grundverordnung gilt, haben dem maßgeblichen Träger die Informationen, Dokumente oder Belege zu übermitteln, die für die Feststellung ihrer Situation oder der Situation ihrer Familie sowie ihrer Rechte und Pflichten, für die Aufrechterhaltung derselben oder für die Bestimmung der anzuwendenden Rechtsvorschriften und ihrer Pflichten nach diesen Rechtsvorschriften erforderlich sind.

(3) Bei der Erhebung, Übermittlung oder Verarbeitung personenbezogener Daten nach ihren Rechtsvorschriften zur Durchführung der Grundverordnung gewährleisten die Mitgliedstaaten, dass die betreffenden Personen in der Lage sind, ihre Rechte in Bezug auf den Schutz personenbezogener Daten unter Beachtung der Gemeinschaftsbestimmungen über den Schutz natürlicher Personen bei der Verarbeitung personenbezogener Daten und zum freien Datenverkehr umfassend wahrzunehmen.

(4) *[1]* Soweit es für die Anwendung der Grundverordnung und der Durchführungsverordnung erforderlich ist, übermitteln die maßgeblichen Träger unverzüglich und in jedem Fall innerhalb der in der Sozialgesetzgebung des jeweiligen Mitgliedstaats vorgeschriebenen Fristen den betroffenen Personen die Informationen und stellen ihnen die Dokumente aus.

[2] [1] Der entsprechende Träger hat dem Antragsteller, der seinen Wohnort oder Aufenthalt in einem anderen Mitgliedstaat hat, seine Entscheidung unmittelbar oder über die Verbindungsstelle des Wohn- oder Aufenthaltsmitgliedstaats mitzuteilen. [2] Lehnt er die Leistungen ab, muss er die Gründe für die Ablehnung sowie die Rechtsbehelfe und Rechtsbehelfsfristen angeben. [3] Eine Kopie dieser Entscheidung wird den anderen beteiligten Trägern übermittelt.

Art. 4 Format und Verfahren des Datenaustauschs. (1) Die Verwaltungskommission legt die Struktur, den Inhalt, das Format und die Verfahren im Einzelnen für den Austausch von Dokumenten und strukturierten elektronischen Dokumenten fest.

(2) Die Datenübermittlung zwischen den Trägern oder Verbindungsstellen erfolgt elektronisch entweder unmittelbar oder mittelbar über die Zugangsstellen in einem gemeinsamen sicheren Rahmen, in dem die Vertraulichkeit und der Schutz der ausgetauschten Daten gewährleistet werden kann.

(3) [1] Bei der Kommunikation mit den betroffenen Personen wenden die maßgeblichen Träger die für den Einzelfall geeigneten Verfahren an und verwenden so weit wie möglich vorzugsweise elektronische Mittel. [2] Die Verwaltungskommission legt die praktischen Modalitäten für die Übermittlung von Informationen, Dokumenten oder Entscheidungen an die betreffende Person durch elektronische Mittel fest.

Art. 5 Rechtswirkung der in einem anderen Mitgliedstaat ausgestellten Dokumente und Belege. (1) Vom Träger eines Mitgliedstaats ausgestellte Dokumente, in denen der Status einer Person für die Zwecke der Anwendung der Grundverordnung[1)] und der Durchführungsverordnung bescheinigt wird, sowie Belege, auf deren Grundlage die Dokumente ausgestellt wurden, sind für die Träger der anderen Mitgliedstaaten so lange verbindlich, wie sie nicht von

[1)] Nr. **105**.

dem Mitgliedstaat, in dem sie ausgestellt wurden, widerrufen oder für ungültig erklärt werden.

(2) [1] Bei Zweifeln an der Gültigkeit eines Dokuments oder der Richtigkeit des Sachverhalts, der den im Dokument enthaltenen Angaben zugrunde liegt, wendet sich der Träger des Mitgliedstaats, der das Dokument erhält, an den Träger, der das Dokument ausgestellt hat, und ersucht diesen um die notwendige Klarstellung oder gegebenenfalls um den Widerruf dieses Dokuments. [2] Der Träger, der das Dokument ausgestellt hat, überprüft die Gründe für die Ausstellung und widerruft das Dokument gegebenenfalls.

(3) Bei Zweifeln an den Angaben der betreffenden Personen, der Gültigkeit eines Dokuments oder der Belege oder der Richtigkeit des Sachverhalts, der den darin enthaltenen Angaben zugrunde liegt, nimmt der Träger des Aufenthalts- oder Wohnorts, soweit dies möglich ist, nach Absatz 2 auf Verlangen des zuständigen Trägers die nötige Überprüfung dieser Angaben oder dieses Dokuments vor.

(4) [1] Erzielen die betreffenden Träger keine Einigung, so können die zuständigen Behörden frühestens einen Monat nach dem Zeitpunkt, zu dem der Träger, der das Dokument erhalten hat, sein Ersuchen vorgebracht hat, die Verwaltungskommission anrufen. [2] Die Verwaltungskommission bemüht sich binnen sechs Monaten nach ihrer Befassung um eine Annäherung der unterschiedlichen Standpunkte.

Art. 6 Vorläufige Anwendung der Rechtsvorschriften eines Mitgliedstaats und vorläufige Gewährung von Leistungen. (1) Besteht zwischen den Trägern oder Behörden zweier oder mehrerer Mitgliedstaaten eine Meinungsverschiedenheit darüber, welche Rechtsvorschriften anzuwenden sind, so unterliegt die betreffende Person vorläufig den Rechtsvorschriften eines dieser Mitgliedstaaten, sofern in der Durchführungsverordnung nichts anderes bestimmt ist, wobei die Rangfolge wie folgt festgelegt wird:

a) den Rechtsvorschriften des Mitgliedstaats, in dem die Person ihrer Beschäftigung oder selbständigen Erwerbstätigkeit tatsächlich nachgeht, wenn die Beschäftigung oder selbständige Erwerbstätigkeit in nur einem Mitgliedstaat ausgeübt wird;

b) den Rechtsvorschriften des Wohnmitgliedstaats, sofern die betreffende Person einer Beschäftigung oder selbständigen Erwerbstätigkeit in zwei oder mehr Mitgliedstaaten nachgeht und einen Teil ihrer Tätigkeit(en) in dem Wohnmitgliedstaat ausübt, oder sofern die betreffende Person weder beschäftigt ist noch eine selbständige Erwerbstätigkeit ausübt;

c) in allen anderen Fällen den Rechtsvorschriften des Mitgliedstaats, deren Anwendung zuerst beantragt wurde, wenn die Person eine Erwerbstätigkeit oder mehrere Erwerbstätigkeiten in zwei oder mehr Mitgliedstaaten ausübt.

(2) Besteht zwischen den Trägern oder Behörden zweier oder mehrerer Mitgliedstaaten eine Meinungsverschiedenheit darüber, welcher Träger die Geld- oder Sachleistungen zu gewähren hat, so erhält die betreffende Person, die Anspruch auf diese Leistungen hätte, wenn es diese Meinungsverschiedenheit nicht gäbe, vorläufig Leistungen nach den vom Träger des Wohnorts anzuwendenden Rechtsvorschriften oder – falls die betreffende Person nicht im Hoheitsgebiet eines der betreffenden Mitgliedstaaten wohnt – Leistungen

nach den Rechtsvorschriften, die der Träger anwendet, bei dem der Antrag zuerst gestellt wurde.

(3) [1] Erzielen die betreffenden Träger oder Behörden keine Einigung, so können die zuständigen Behörden frühestens einen Monat nach dem Tag, an dem die Meinungsverschiedenheit im Sinne von Absatz 1 oder Absatz 2 aufgetreten ist, die Verwaltungskommission anrufen. [2] Die Verwaltungskommission bemüht sich nach ihrer Befassung binnen sechs Monaten um eine Annäherung der Standpunkte.

(4) Steht entweder fest, dass nicht die Rechtsvorschriften des Mitgliedstaats anzuwenden sind, die für die betreffende Person vorläufig angewendet worden sind, oder dass der Träger, der die Leistungen vorläufig gewährt hat, nicht der zuständige Träger ist, so gilt der als zuständig ermittelte Träger rückwirkend als zuständig, als hätte die Meinungsverschiedenheit nicht bestanden, und zwar spätestens entweder ab dem Tag der vorläufigen Anwendung oder ab der ersten vorläufigen Gewährung der betreffenden Leistungen.

(5) *[1]* Falls erforderlich, regeln der als zuständig ermittelte Träger und der Träger, der die Geldleistungen vorläufig gezahlt oder Beiträge vorläufig erhalten hat, die finanzielle Situation der betreffenden Person in Bezug auf vorläufig gezahlte Beiträge und Geldleistungen gegebenenfalls nach Maßgabe von Titel IV Kapitel III der Durchführungsverordnung.

[2] Sachleistungen, die von einem Träger nach Absatz 2 vorläufig gewährt wurden, werden von dem zuständigen Träger nach Titel IV der Durchführungsverordnung erstattet.

Art. 7 Vorläufige Berechnung von Leistungen und Beiträgen. (1) Steht einer Person nach der Grundverordnung[1)] ein Leistungsanspruch zu oder hat sie einen Beitrag zu zahlen, und liegen dem zuständigen Träger nicht alle Angaben über die Situation in einem anderen Mitgliedstaat vor, die zur Berechnung des endgültigen Betrags der Leistung oder des Beitrags erforderlich sind, so gewährt dieser Träger auf Antrag der betreffenden Person die Leistung oder berechnet den Beitrag vorläufig, wenn eine solche Berechnung auf der Grundlage der dem Träger vorliegenden Angaben möglich ist, sofern die Durchführungsverordnung nichts anderes bestimmt.

(2) Sobald dem betreffenden Träger alle erforderlichen Belege oder Dokumente vorliegen, ist eine Neuberechnung der Leistung oder des Beitrags vorzunehmen.

Kapitel III. Sonstige allgemeine Vorschriften zur Durchführung der Grundverordnung

Art. 8 Verwaltungsvereinbarungen zwischen zwei oder mehreren Mitgliedstaaten. (1) Die Vorschriften der Durchführungsverordnung treten an die Stelle der Bestimmungen der Vereinbarungen zur Durchführung der in Artikel 8 Absatz 1 der Grundverordnung[1)] genannten Abkommen; ausgenommen sind die Bestimmungen betreffend die Vereinbarungen zu den in Anhang II der Grundverordnung genannten Abkommen, sofern die Bestimmungen dieser Vereinbarungen in Anhang 1 der Durchführungsverordnung aufgeführt sind.

[1)] Nr. **105**.

(2) Mitgliedstaaten können bei Bedarf untereinander Vereinbarungen zur Anwendung der in Artikel 8 Absatz 2 der Grundverordnung genannten Abkommen schließen, sofern durch diese Vereinbarungen die Ansprüche und die Verpflichtungen der betreffenden Personen nicht beeinträchtigt werden und die Vereinbarungen in Anhang 1 der Durchführungsverordnung aufgeführt sind.

Art. 9 Sonstige Verfahren zwischen den Behörden und Trägern.

(1) Zwei oder mehrere Mitgliedstaaten oder deren zuständige Behörden können andere Verfahren als die in der Durchführungsverordnung vorgesehenen vereinbaren, sofern durch diese Verfahren die Ansprüche oder Verpflichtungen der betreffenden Personen nicht beeinträchtigt werden.

(2) Die entsprechenden Vereinbarungen werden der Verwaltungskommission zur Kenntnis gebracht und sind in Anhang 1 der Durchführungsverordnung aufgeführt.

(3) Bestimmungen in Durchführungsvereinbarungen, die zwischen zwei oder mehr Mitgliedstaaten zu demselben Zweck geschlossen worden sind, oder die den in Absatz 2 genannten Vereinbarungen entsprechen, die am Tag vor Inkrafttreten der Durchführungsverordnung in Kraft sind und in Anhang 5 der Verordnung (EWG) Nr. 574/72 aufgeführt sind, gelten auch weiterhin in den Beziehungen zwischen den betreffenden Mitgliedstaaten, sofern sie auch in Anhang 1 der Durchführungsverordnung enthalten sind.

Art. 10 Verbot des Zusammentreffens von Leistungen. Ungeachtet anderer Bestimmungen der Grundverordnung[1] werden in Fällen, in denen die nach den Rechtsvorschriften von zwei oder mehr Mitgliedstaaten geschuldeten Leistungen gegenseitig gekürzt, zum Ruhen gebracht oder entzogen werden können, jene Beträge, die bei strenger Anwendung der in den Rechtsvorschriften der betreffenden Mitgliedstaaten vorgesehenen Kürzungs-, Ruhens- oder Entziehungsbestimmungen nicht ausgezahlt würden, durch die Zahl der zu kürzenden, zum Ruhen zu bringenden oder zu entziehenden Leistungen geteilt.

Art. 11 Bestimmung des Wohnortes. (1) Besteht eine Meinungsverschiedenheit zwischen den Trägern von zwei oder mehreren Mitgliedstaaten über die Feststellung des Wohnortes einer Person, für die die Grundverordnung[1] gilt, so ermitteln diese Träger im gegenseitigen Einvernehmen den Mittelpunkt der Interessen dieser Person und stützen sich dabei auf eine Gesamtbewertung aller vorliegenden Angaben zu den einschlägigen Fakten, wozu gegebenenfalls die Folgenden gehören können:

a) Dauer und Kontinuität des Aufenthalts im Hoheitsgebiet des betreffenden Mitgliedstaats;

b) die Situation der Person, einschließlich

   i) der Art und der spezifischen Merkmale jeglicher ausgeübten Tätigkeit, insbesondere des Ortes, an dem eine solche Tätigkeit in der Regel ausgeübt wird, der Dauerhaftigkeit der Tätigkeit und der Dauer jedes Arbeitsvertrags,

   ii) ihrer familiären Verhältnisse und familiären Bindungen,

---

[1] Nr. **105**.

iii) der Ausübung einer nicht bezahlten Tätigkeit,
iv) im Falle von Studierenden ihrer Einkommensquelle,
v) ihrer Wohnsituation, insbesondere deren dauerhafter Charakter,
vi) des Mitgliedstaats, der als der steuerliche Wohnsitz der Person gilt.

(2) Können die betreffenden Träger nach Berücksichtigung der auf die maßgebenden Fakten gestützten verschiedenen Kriterien nach Absatz 1 keine Einigung erzielen, gilt der Wille der Person, wie er sich aus diesen Fakten und Umständen erkennen lässt, unter Einbeziehung insbesondere der Gründe, die die Person zu einem Wohnortwechsel veranlasst haben, bei der Bestimmung des tatsächlichen Wohnortes dieser Person als ausschlaggebend.

Art. 12 Zusammenrechnung von Zeiten. (1) Bei der Anwendung von Artikel 6 der Grundverordnung[1)] wendet sich der zuständige Träger an die Träger der Mitgliedstaaten, deren Rechtsvorschriften für die betroffene Person ebenfalls gegolten haben, um sämtliche Zeiten zu bestimmen, die der Versicherte nach deren Rechtsvorschriften zurückgelegt hat.

(2) Die nach den Rechtsvorschriften eines Mitgliedstaats jeweils zurückgelegten Versicherungszeiten, Beschäftigungszeiten, Zeiten einer selbständigen Erwerbstätigkeit oder Wohnzeiten sind, soweit erforderlich, bei der Anwendung von Artikel 6 der Grundverordnung zu denjenigen Zeiten hinzuzurechnen, die nach den Rechtsvorschriften anderer Mitgliedstaaten zurückgelegt wurden, sofern sich diese Zeiten nicht überschneiden.

(3) Fällt eine nach den Rechtsvorschriften eines Mitgliedstaats auf Grund einer Pflichtversicherung zurückgelegte Versicherungs- oder Wohnzeit mit einer Zeit der freiwilligen Versicherung oder freiwilligen Weiterversicherung zusammen, die nach den Rechtsvorschriften eines anderen Mitgliedstaats zurückgelegt wurde, so wird nur die im Rahmen einer Pflichtversicherung zurückgelegte Zeit berücksichtigt.

(4) Fällt eine nach den Rechtsvorschriften eines Mitgliedstaats zurückgelegte Versicherungs- oder Wohnzeit, die keine gleichgestellte Zeit ist, mit einer gleichgestellten Zeit zusammen, die nach den Rechtsvorschriften eines anderen Mitgliedstaats zurückgelegt wurde, so wird nur die Zeit berücksichtigt, die keine gleichgestellte Zeit ist.

(5) [1]Jede Zeit, die nach den Rechtsvorschriften von zwei oder mehr Mitgliedstaaten als gleichgestellte Zeit gilt, wird nur von dem Träger des Mitgliedstaats berücksichtigt, nach dessen Rechtsvorschriften die betreffende Person vor dieser Zeit zuletzt pflichtversichert war. [2]Ist die betreffende Person vor dieser Zeit nicht nach den Rechtsvorschriften eines Mitgliedstaats pflichtversichert gewesen, so wird die Zeit von dem Träger des Mitgliedstaats berücksichtigt, nach dessen Rechtsvorschriften sie nach der betreffenden Zeit erstmals pflichtversichert war.

(6) Lässt sich der Zeitraum, in dem bestimmte Versicherungs- oder Wohnzeiten nach den Rechtsvorschriften eines Mitgliedstaats zurückgelegt worden sind, nicht genau ermitteln, so wird unterstellt, dass diese Zeiten sich nicht mit Versicherungs- oder Wohnzeiten überschneiden, die nach den Rechtsvorschriften eines anderen Mitgliedstaats zurückgelegt worden sind; sie werden bei der

---

[1)] Nr. **105**.

Zusammenrechnung, sofern für die betreffende Person vorteilhaft, berücksichtigt, soweit sie für diesen Zweck in Betracht gezogen werden können.

Art. 13 Regeln für die Umrechnung von Zeiten. (1) Sind Zeiten, die nach den Rechtsvorschriften eines Mitgliedstaats zurückgelegt worden sind, in Einheiten ausgedrückt, die von den Einheiten abweichen, die in den Rechtsvorschriften eines anderen Mitgliedstaats vorgesehen sind, so werden sie für die Zusammenrechnung nach Artikel 6 der Grundverordnung[1] wie folgt umgerechnet:

a) Die Zeit, die als Grundlage für die Umrechnung zu verwenden ist, ist die Zeit, die vom Träger des Mitgliedstaats mitgeteilt wird, nach dessen Rechtsvorschriften die Zeit zurückgelegt wurde.

b) Im Falle von Systemen, in denen die Zeiten in Tagen ausgedrückt werden, erfolgt die Umrechnung von Tagen in andere Einheiten und umgekehrt sowie die Umrechung zwischen verschiedenen Systemen, denen Tage zugrunde liegen, nach der folgenden Tabelle:

System auf der Grundlage von	1 Tag entspricht	1 Woche entspricht	1 Monat entspricht	1 Vierteljahr entspricht	Höchstzahl von Tagen in einem Kalenderjahr
5 Tagen	9 Stunden	5 Tagen	22 Tagen	66 Tagen	264 Tage
6 Tagen	8 Stunden	6 Tagen	26 Tagen	78 Tagen	312 Tage
7 Tagen	6 Stunden	7 Tagen	30 Tagen	90 Tagen	360 Tage

c) Im Falle von Systemen, in denen die Zeiten in anderen Einheiten als Tagen ausgedrückt werden,
   i) entsprechen drei Monate oder dreizehn Wochen einem Vierteljahr und umgekehrt;
   ii) entspricht ein Jahr vier Vierteljahren, 12 Monaten oder 52 Wochen und umgekehrt;
   iii) für die Umrechnung von Wochen in Monate und umgekehrt werden die Wochen und Monate im Einklang mit den Umrechnungsregeln für die Systeme auf der Grundlage von sechs Tagen in der Tabelle in Buchstabe b in Tage umgerechnet.

d) Im Falle von Zeiten, die in Bruchzahlen ausgedrückt werden, werden diese Zahlen in die nächstkleinere ganze Einheit umgerechnet; dabei werden die unter den Buchstaben b und c aufgeführten Regeln angewandt. Dezimalzahlen von Jahren werden in Monate umgerechnet, es sei denn, das System beruht auf Vierteljahren.

e) Führt die Umrechnung nach diesem Absatz zu einem Bruchteil einer Einheit, so wird die nächsthöhere ganze Einheit als Ergebnis der Umrechnung nach diesem Absatz genommen.

(2) *[1]* Die Anwendung von Absatz 1 darf nicht dazu führen, dass mit der Gesamtsumme der in einem Kalenderjahr zurückgelegten Zeiten eine Gesamtzahl über der Anzahl von Tagen, die in der letzten Spalte der Tabelle in Absatz 1

[1] Nr. **105**.

Buchstabe b genannt wird, oder über 52 Wochen oder 12 Monaten oder vier Vierteljahren erreicht wird.

[2] Entsprechen die umzurechnenden Zeiten der maximalen Jahresmenge von Zeiten nach den Rechtsvorschriften des Mitgliedstaats, in dem sie zurückgelegt wurden, so darf die Anwendung von Absatz 1 nicht innerhalb eines Kalenderjahres zu Zeiten führen, die kürzer sind als die mögliche maximale Jahresmenge von Zeiten nach den betreffenden Rechtsvorschriften.

(3) Die Umrechnung erfolgt entweder in einem einzigen Rechenschritt für alle Zeiten, die als Ganzes mitgeteilt wurden, oder für jedes einzelne Jahr, wenn die Zeiten nach Jahren mitgeteilt wurden.

(4) Teilt ein Träger Zeiten in Tagen ausgedrückt mit, so gibt er zugleich an, ob das von ihm verwaltete System auf fünf Tagen, sechs Tagen oder sieben Tagen beruht.

Titel II. Bestimmung der anwendbaren Rechtsvorschriften

Art. 14 Nähere Vorschriften zu den Artikeln 12 und 13 der Grundverordnung. (1) Bei der Anwendung von Artikel 12 Absatz 1 der Grundverordnung[1] umfassen die Worte „eine Person, die in einem Mitgliedstaat für Rechnung eines Arbeitgebers, der gewöhnlich dort tätig ist, eine Beschäftigung ausübt und die von diesem Arbeitgeber in einen anderen Mitgliedstaat entsandt wird" auch eine Person, die im Hinblick auf die Entsendung in einen anderen Mitgliedstaat eingestellt wird, vorausgesetzt die betreffende Person unterliegt unmittelbar vor Beginn ihrer Beschäftigung bereits den Rechtsvorschriften des Mitgliedstaats, in dem das Unternehmen, bei dem sie eingestellt wird, seinen Sitz hat.

(2) Bei der Anwendung von Artikel 12 Absatz 1 der Grundverordnung beziehen sich die Worte „der gewöhnlich dort tätig ist" auf einen Arbeitgeber, der gewöhnlich andere nennenswerte Tätigkeiten als reine interne Verwaltungstätigkeiten auf dem Hoheitsgebiet des Mitgliedstaats, in dem das Unternehmen niedergelassen ist, ausübt, unter Berücksichtigung aller Kriterien, die die Tätigkeit des betreffenden Unternehmens kennzeichnen; die maßgebenden Kriterien müssen auf die Besonderheiten eines jeden Arbeitgebers und die Eigenart der ausgeübten Tätigkeiten abgestimmt sein.

(3) [1]Bei der Anwendung von Artikel 12 Absatz 2 der Grundverordnung beziehen sich die Worte „eine Person, die gewöhnlich in einem Mitgliedstaat eine selbständige Erwerbstätigkeit ausübt" auf eine Person, die üblicherweise nennenswerte Tätigkeiten auf dem Hoheitsgebiet des Mitgliedstaats ausübt, in dem sie ansässig ist. [2]Insbesondere muss die Person ihre Tätigkeit bereits einige Zeit vor dem Zeitpunkt, ab dem sie die Bestimmungen des genannten Artikels in Anspruch nehmen will, ausgeübt haben und muss während jeder Zeit ihrer vorübergehenden Tätigkeit in einem anderen Mitgliedstaat in dem Mitgliedstaat, in dem sie ansässig ist, den für die Ausübung ihrer Tätigkeit erforderlichen Anforderungen weiterhin genügen, um die Tätigkeit bei ihrer Rückkehr fortsetzen zu können.

(4) Bei der Anwendung von Artikel 12 Absatz 2 der Grundverordnung kommt es für die Feststellung, ob die Erwerbstätigkeit, die ein Selbständiger in

---

[1] Nr. **105**.

einem anderen Mitgliedstaat ausübt, eine „ähnliche" Tätigkeit wie die gewöhnlich ausgeübte selbständige Erwerbstätigkeit ist, auf die tatsächliche Eigenart der Tätigkeit und nicht darauf an, ob dieser andere Mitgliedstaat diese Tätigkeit als Beschäftigung oder selbständige Erwerbstätigkeit qualifiziert.

(5) Bei der Anwendung von Artikel 13 Absatz 1 der Grundverordnung beziehen sich die Worte „eine Person, die gewöhnlich in zwei oder mehr Mitgliedstaaten eine Beschäftigung ausübt" auf eine Person, die gleichzeitig oder abwechselnd für dasselbe Unternehmen oder denselben Arbeitgeber oder für verschiedene Unternehmen oder Arbeitgeber eine oder mehrere gesonderte Tätigkeiten in zwei oder mehr Mitgliedstaaten ausübt.

(5a) *[1]* Für die Zwecke der Anwendung des Titels II der Grundverordnung beziehen sich die Worte „Sitz oder Wohnsitz" auf den satzungsmäßigen Sitz oder die Niederlassung, an dem/der die wesentlichen Entscheidungen des Unternehmens getroffen und die Handlungen zu dessen zentraler Verwaltung vorgenommen werden.

[2] Für die Zwecke der Anwendung des Artikels 13 Absatz 1 der Grundverordnung unterliegen Mitglieder von Flug- oder Kabinenbesatzungen, die gewöhnlich Leistungen im Zusammenhang mit Fluggästen oder Luftfracht in zwei oder mehr Mitgliedstaaten erbringen, den Rechtsvorschriften des Mitgliedstaats, in dem sich ihre Heimatbasis gemäß der Definition in Anhang III der Verordnung (EWG) Nr. 3922/91 des Rates vom 16. Dezember 1991 zur Harmonisierung der technischen Vorschriften und der Verwaltungsverfahren in der Zivilluftfahrt[1)] befindet.

(5b) [1] Für die Bestimmung der anzuwendenden Rechtsvorschriften nach Artikel 13 der Grundverordnung werden marginale Tätigkeiten nicht berücksichtigt. [2] Artikel 16 der Durchführungsverordnung[2)] gilt für alle Fälle gemäß diesem Artikel.

(6) Bei der Anwendung von Artikel 13 Absatz 2 der Grundverordnung beziehen sich die Worte „eine Person, die gewöhnlich in zwei oder mehr Mitgliedstaaten eine selbständige Erwerbstätigkeit ausübt" insbesondere auf eine Person, die gleichzeitig oder abwechselnd eine oder mehrere gesonderte selbständige Tätigkeiten in zwei oder mehr Mitgliedstaaten ausübt, und zwar unabhängig von der Eigenart dieser Tätigkeiten.

(7) [1] Um die Tätigkeiten nach den Absätzen 5 und 6 von den in Artikel 12 Absätze 1 und 2 der Grundverordnung beschriebenen Situationen zu unterscheiden, ist die Dauer der Tätigkeit in einem oder weiteren Mitgliedstaaten (ob dauerhaft, kurzfristiger oder vorübergehender Art) entscheidend. [2] Zu diesem Zweck erfolgt eine Gesamtbewertung aller maßgebenden Fakten, einschließlich insbesondere, wenn es sich um einen Arbeitnehmer handelt, des Arbeitsortes, wie er im Arbeitsvertrag definiert ist.

(8) *[1]* Bei der Anwendung von Artikel 13 Absätze 1 und 2 der Grundverordnung bedeutet die Ausübung „eines wesentlichen Teils der Beschäftigung oder selbständigen Erwerbstätigkeit" in einem Mitgliedstaat, dass der Arbeitnehmer oder Selbständige dort einen quantitativ erheblichen Teil seiner Tätigkeit ausübt, was aber nicht notwendigerweise der größte Teil seiner Tätigkeit sein muss.

---

1) **Amtl. Anm.:** ABl. L 373 vom 31.12.1991, S. 4.
2) Nr. **125**.

[2] Um festzustellen, ob ein wesentlicher Teil der Tätigkeit in einem Mitgliedstaat ausgeübt wird, werden folgende Orientierungskriterien herangezogen:

a) im Falle einer Beschäftigung die Arbeitszeit und/oder das Arbeitsentgelt und

b) im Falle einer selbständigen Erwerbstätigkeit der Umsatz, die Arbeitszeit, die Anzahl der erbrachten Dienstleistungen und/oder das Einkommen.

[3] Wird im Rahmen einer Gesamtbewertung bei den genannten Kriterien ein Anteil von weniger als 25 % erreicht, so ist dies ein Anzeichen dafür, dass ein wesentlicher Teil der Tätigkeit nicht in dem entsprechenden Mitgliedstaat ausgeübt wird.

(9) Bei der Anwendung von Artikel 13 Absatz 2 Buchstabe b der Grundverordnung wird bei Selbständigen der „Mittelpunkt ihrer Tätigkeiten" anhand sämtlicher Merkmale bestimmt, die ihre berufliche Tätigkeit kennzeichnen; hierzu gehören namentlich der Ort, an dem sich die feste und ständige Niederlassung befindet, von dem aus die betreffende Person ihre Tätigkeiten ausübt, die gewöhnliche Art oder die Dauer der ausgeübten Tätigkeiten, die Anzahl der erbrachten Dienstleistungen sowie der sich aus sämtlichen Umständen ergebende Wille der betreffenden Person.

(10) Für die Festlegung der anzuwendenden Rechtsvorschriften nach den Absätzen 8 und 9 berücksichtigen die betroffenen Träger die für die folgenden 12 Kalendermonate angenommene Situation.

(11) Für eine Person, die ihre Beschäftigung in zwei oder mehreren Mitgliedstaaten für einen Arbeitgeber ausübt, der seinen Sitz außerhalb des Hoheitsgebiets der Union hat, gelten die Rechtsvorschriften des Wohnmitgliedstaats, wenn diese Person in einem Mitgliedstaat wohnt, in dem sie keine wesentliche Tätigkeit ausübt.

Art. 15 Verfahren bei der Anwendung von Artikel 11 Absatz 3 Buchstaben b und d, Artikel 11 Absatz 4 und Artikel 12 der Grundverordnung (über die Unterrichtung der betroffenen Träger) (1) [1] Sofern nicht in Artikel 16 der Durchführungsverordnung etwas anderes bestimmt ist, unterrichtet der Arbeitgeber einer Person, die ihre Tätigkeit in einem anderen als dem nach Titel II der Grundverordnung[1)] zuständigen Mitgliedstaat ausübt, oder die betreffende Person selbst, wenn diese keine Beschäftigung als Arbeitnehmer ausübt, den zuständigen Träger des Mitgliedstaats, dessen Rechtsvorschriften die Person unterliegt, darüber; diese Unterrichtung erfolgt im Voraus, wann immer dies möglich ist. [2] Dieser Träger stellt der betreffenden Person die Bescheinigung nach Artikel 19 Absatz 2 der Durchführungsverordnung aus und macht dem von der zuständigen Behörde des Mitgliedstaats, in dem die Tätigkeit ausgeübt wird, bezeichneten Träger unverzüglich Informationen über die Rechtsvorschriften zugänglich, denen diese Person nach Artikel 11 Absatz 3 Buchstabe b oder Artikel 12 der Grundverordnung unterliegt.

(2) Absatz 1 gilt entsprechend für Personen, die Artikel 11 Absatz 3 Buchstabe d der Grundverordnung unterliegen.

(3) [1] Ein Arbeitgeber im Sinne des Artikels 11 Absatz 4 der Grundverordnung, der einen Arbeitnehmer an Bord eines unter der Flagge eines anderen Mitgliedstaats fahrenden Schiffes hat, unterrichtet den zuständigen Träger des

---

[1)] Nr. **105**.

Mitgliedstaats, dessen Rechtsvorschriften die Person unterliegt, darüber; diese Unterrichtung erfolgt im Voraus, wann immer dies möglich ist. [2] Dieser Träger macht dem Träger, der von der zuständigen Behörde des Mitgliedstaats bezeichnet wurde, unter dessen Flagge das Schiff fährt, auf dem der Arbeitnehmer die Tätigkeit ausübt, unverzüglich Informationen über die Rechtsvorschriften zugänglich, denen der Arbeitnehmer nach Artikel 11 Absatz 4 der Grundverordnung unterliegt.

Art. 16 Verfahren bei der Anwendung von Artikel 13 der Grundverordnung. (1) Eine Person, die in zwei oder mehreren Mitgliedstaaten eine Tätigkeit ausübt, teilt dies dem von der zuständigen Behörde ihres Wohnmitgliedstaats bezeichneten Träger mit.

(2) [1] Der bezeichnete Träger des Wohnorts legt unter Berücksichtigung von Artikel 13 der Grundverordnung[1)] und von Artikel 14 der Durchführungsverordnung unverzüglich fest, welchen Rechtsvorschriften die betreffende Person unterliegt. [2] Diese erste Festlegung erfolgt vorläufig. [3] Der Träger unterrichtet die bezeichneten Träger jedes Mitgliedstaats, in dem die Person eine Tätigkeit ausübt, über seine vorläufige Festlegung.

(3) Die vorläufige Festlegung der anzuwendenden Rechtsvorschriften nach Absatz 2 erhält binnen zwei Monaten, nachdem die von den zuständigen Behörden des betreffenden Mitgliedstaats bezeichneten Träger davon in Kenntnis gesetzt wurden, endgültigen Charakter, es sei denn, die anzuwendenden Rechtsvorschriften wurden bereits auf der Grundlage von Absatz 4 endgültig festgelegt, oder mindestens einer der betreffenden Träger setzt den von der zuständigen Behörde des Wohnmitgliedstaats bezeichneten Träger vor Ablauf dieser zweimonatigen Frist davon in Kenntnis, dass er die Festlegung noch nicht akzeptieren kann oder diesbezüglich eine andere Auffassung vertritt.

(4) *[1]* Ist aufgrund bestehender Unsicherheit bezüglich der Bestimmung der anzuwendenden Rechtsvorschriften eine Kontaktaufnahme zwischen den Trägern oder Behörden zweier oder mehrerer Mitgliedstaaten erforderlich, so werden auf Ersuchen eines oder mehrerer der von den zuständigen Behörden der betreffenden Mitgliedstaaten bezeichneten Träger oder auf Ersuchen der zuständigen Behörden selbst die geltenden Rechtsvorschriften unter Berücksichtigung von Artikel 13 der Grundverordnung und der einschlägigen Bestimmungen von Artikel 14 der Durchführungsverordnung einvernehmlich festgelegt.

[2] Sind die betreffenden Träger oder zuständigen Behörden unterschiedlicher Auffassung, so bemühen diese sich nach den vorstehenden Bedingungen um Einigung; es gilt Artikel 6 der Durchführungsverordnung.

(5) Der zuständige Träger des Mitgliedstaats, dessen Rechtsvorschriften entweder vorläufig oder endgültig als anwendbar bestimmt werden, teilt dies unverzüglich der betreffenden Person mit.

(6) Unterlässt eine Person die Mitteilung nach Absatz 1, so erfolgt die Anwendung dieses Artikels auf Initiative des Trägers, der von der zuständigen Behörde des Wohnmitgliedstaats bezeichnet wurde, sobald er – möglicherweise durch einen anderen betroffenen Träger – über die Situation der Person unterrichtet wurde.

[1)] Nr. **105**.

Art. 17 Verfahren bei der Anwendung von Artikel 15 der Grundverordnung. [1] Vertragsbedienstete der Europäischen Gemeinschaften üben ihr Wahlrecht nach Artikel 15 der Grundverordnung[1)] zum Zeitpunkt des Abschlusses des Anstellungsvertrags aus. [2] Die zum Abschluss des Vertrags bevollmächtigte Behörde unterrichtet den von dem Mitgliedstaat, für dessen Rechtsvorschriften der Vertragsbedienstete der Europäischen Gemeinschaften sich entschieden hat, bezeichneten Träger.

Art. 18 Verfahren zur Durchführung von Artikel 16 der Grundverordnung. Ein Antrag des Arbeitgebers oder der betreffenden Person auf Ausnahme von den Artikeln 11 bis 15 der Grundverordnung[1)] ist bei der zuständigen Behörde oder der Stelle zu stellen, die von der zuständigen Behörde des Mitgliedstaats, dessen Rechtsvorschriften der Arbeitnehmer oder die betreffende Person zu unterliegen wünscht, bezeichnet wurde; solche Anträge sind, wann immer dies möglich ist, im Voraus zu stellen.

Art. 19 Unterrichtung der betreffenden Personen und der Arbeitgeber. (1) [1] Der zuständige Träger des Mitgliedstaats, dessen Rechtsvorschriften nach Titel II der Grundverordnung[1)] anzuwenden sind, unterrichtet die betreffende Person sowie gegebenenfalls deren Arbeitgeber über die Pflichten, die in diesen Rechtsvorschriften festgelegt sind. [2] Er gewährt ihnen die erforderliche Unterstützung bei der Einhaltung der Formvorschriften aufgrund dieser Rechtsvorschriften.

(2) Auf Antrag der betreffenden Person oder ihres Arbeitgebers bescheinigt der zuständige Träger des Mitgliedstaats, dessen Rechtsvorschriften nach Titel II der Grundverordnung anzuwenden sind, dass und gegebenenfalls wie lange und unter welchen Umständen diese Rechtsvorschriften anzuwenden sind.

Art. 20 Zusammenarbeit zwischen den Trägern. (1) Die maßgeblichen Träger erteilen dem zuständigen Träger des Mitgliedstaats, dessen Rechtsvorschriften nach Titel II der Grundverordnung[1)] für eine Person gelten, alle Auskünfte, die notwendig sind für die Festsetzung des Zeitpunkts, ab dem diese Rechtsvorschriften anzuwenden sind, und der Beiträge, welche die betreffende Person und ihr bzw. ihre Arbeitgeber nach diesen Rechtsvorschriften zu leisten haben.

(2) Der zuständige Träger des Mitgliedstaats, dessen Rechtsvorschriften nach Titel II der Grundverordnung auf eine Person anzuwenden sind, macht Informationen über den Zeitpunkt, ab dem diese Rechtsvorschriften anzuwenden sind, dem Träger zugänglich, der von der zuständigen Behörde des Mitgliedstaats, dessen Rechtsvorschriften diese Person zuletzt unterlag, bezeichnet wurde.

Art. 21 Pflichten des Arbeitgebers. (1) Hat ein Arbeitgeber seinen eingetragenen Sitz oder seine Niederlassung außerhalb des zuständigen Mitgliedstaats, so hat er den Pflichten nachzukommen, die die auf seine Arbeitnehmer anzuwendenden Rechtsvorschriften vorsehen, namentlich der Pflicht zur Zahlung der nach diesen Rechtsvorschriften vorgeschriebenen Beiträge, als hätte

---

[1)] Nr. **105**.

der Arbeitgeber seinen eingetragenen Sitz oder seine Niederlassung in dem zuständigen Mitgliedstaat.

(2) [1] Ein Arbeitgeber, der keine Niederlassung in dem Mitgliedstaat hat, dessen Rechtsvorschriften auf den Arbeitnehmer anzuwenden sind, kann mit dem Arbeitnehmer vereinbaren, dass dieser die Pflichten des Arbeitgebers zur Zahlung der Beiträge wahrnimmt, ohne dass die daneben fortbestehenden Pflichten des Arbeitgebers berührt würden. [2] Der Arbeitgeber übermittelt eine solche Vereinbarung dem zuständigen Träger dieses Mitgliedstaats.

Titel III. Besondere Vorschriften über die verschiedenen Arten von Leistungen

Kapitel I. Leistungen bei Krankheit sowie Leistungen bei Mutterschaft und gleichgestellte Leistungen bei Vaterschaft

Art. 22 Allgemeine Durchführungsvorschriften. (1) Die zuständigen Behörden oder Träger tragen dafür Sorge, dass den Versicherten alle erforderlichen Informationen über die Verfahren und Voraussetzungen für die Gewährung von Sachleistungen zur Verfügung gestellt werden, wenn sie diese Leistungen im Hoheitsgebiet eines anderen Mitgliedstaats als dem des zuständigen Trägers erhalten.

(2) Ungeachtet des Artikels 5 Buchstabe a der Grundverordnung[1)] hat ein Mitgliedstaat die Kosten von Leistungen nach Artikel 22 der Grundverordnung nur dann zu tragen, wenn der Versicherte entweder nach den Rechtsvorschriften dieses Mitgliedstaats einen Antrag auf Rente gestellt hat oder nach den Artikeln 23 bis 30 der Grundverordnung eine Rente nach den Rechtsvorschriften dieses Mitgliedstaats bezieht.

Art. 23 Regelung bei einem oder mehreren Systemen im Wohn- oder Aufenthaltsmitgliedstaat. Sehen die Rechtsvorschriften des Wohn- oder Aufenthaltsmitgliedstaats mehr als ein Versicherungssystem für den Fall der Krankheit, Mutterschaft oder Vaterschaft für eine oder mehrere Kategorien von Versicherten vor, so finden für Artikel 17, Artikel 19 Absatz 1 und die Artikel 20, 22, 24 und 26 der Grundverordnung[1)] die Vorschriften über das allgemeine System für Arbeitnehmer Anwendung.

Art. 24 Wohnort in einem anderen als dem zuständigen Mitgliedstaat.

(1) [1] Bei der Anwendung von Artikel 17 der Grundverordnung[1)] müssen sich der Versicherte und/oder seine Familienangehörigen beim Träger ihres Wohnorts eintragen lassen. [2] Ihr Sachleistungsanspruch im Wohnmitgliedstaat wird durch ein Dokument bescheinigt, das vom zuständigen Träger auf Antrag des Versicherten oder auf Antrag des Trägers des Wohnorts ausgestellt wird.

(2) *[1]* Das in Absatz 1 genannte Dokument gilt solange, bis der zuständige Träger den Träger des Wohnorts über seinen Widerruf informiert.

[2] Der Träger des Wohnorts benachrichtigt den zuständigen Träger von jeder Eintragung nach Absatz 1 und von jeder Änderung oder Streichung dieser Eintragung.

[1)] Nr. **105**.

(3) Für die in den Artikeln 22, 24, 25 und 26 der Grundverordnung genannten Personen gilt der vorliegende Artikel entsprechend.

Art. 25 Aufenthalt in einem anderen als dem zuständigen Mitgliedstaat

A. Verfahren und Umfang des Anspruchs

(1) [1] Bei der Anwendung von Artikel 19 der Grundverordnung[1)] legt der Versicherte dem Erbringer von Gesundheitsleistungen im Aufenthaltsmitgliedstaat ein von dem zuständigen Träger ausgestelltes Dokument vor, das seinen Sachleistungsanspruch bescheinigt. [2] Verfügt der Versicherte nicht über ein solches Dokument, so fordert der Träger des Aufenthaltsorts auf Antrag oder falls andernfalls erforderlich das Dokument beim zuständigen Träger an.

(2) Dieses Dokument bescheinigt, dass der Versicherte unter den Voraussetzungen des Artikel 19 der Grundverordnung zu denselben Bedingungen wie nach den Rechtsvorschriften des Aufenthaltsmitgliedstaats versicherte Personen Anspruch auf Sachleistungen hat.

(3) Sachleistungen im Sinne von Artikel 19 Absatz 1 der Grundverordnung sind diejenigen, die im Aufenthaltsmitgliedstaat nach dessen Rechtsvorschriften erbracht werden und sich als medizinisch notwendig erweisen, damit der Versicherte nicht vorzeitig in den zuständigen Mitgliedstaat zurückkehren muss, um die erforderlichen medizinischen Leistungen zu erhalten.

B. Verfahren und Modalitäten der Übernahme und/oder Erstattung von Sachleistungen

(4) [1] Hat der Versicherte die Kosten aller oder eines Teils der im Rahmen von Artikel 19 der Grundverordnung erbrachten Sachleistungen selbst getragen und ermöglichen die vom Träger des Aufenthaltsorts angewandten Rechtsvorschriften, dass diese Kosten dem Versicherten erstattet werden, so kann er die Erstattung beim Träger des Aufenthaltsorts beantragen. [2] In diesem Fall erstattet ihm dieser direkt den diesen Leistungen entsprechenden Betrag innerhalb der Grenzen und Bedingungen der nach seinen Rechtsvorschriften geltenden Erstattungssätze.

(5) *[1]* Wurde die Erstattung dieser Kosten nicht unmittelbar beim Träger des Aufenthaltsorts beantragt, so werden sie der betreffenden Person vom zuständigen Träger nach den für den Träger des Aufenthaltsorts geltenden Erstattungssätzen oder den Beträgen erstattet, die dem Träger des Aufenthaltsortes im Fall der Anwendung von Artikel 62 der Durchführungsverordnung in dem betreffenden Fall erstattet worden wären.

[2] Der Träger des Aufenthaltsorts erteilt dem zuständigen Träger auf dessen Ersuchen die erforderlichen Auskünfte über diese Erstattungssätze oder Beträge.

(6) Abweichend von Absatz 5 kann der zuständige Träger die entstandenen Kosten innerhalb der Grenzen und nach Maßgabe der in seinen Rechtvorschriften niedergelegten Erstattungssätze erstatten, sofern sich der Versicherte mit der Anwendung dieser Bestimmung einverstanden erklärt hat.

(7) Sehen die Rechtsvorschriften des Aufenthaltsmitgliedstaats in dem betreffenden Fall keine Erstattung nach den Absätzen 4 und 5 vor, so kann der

---

1) Nr. **105**.

zuständige Träger die Kosten innerhalb der Grenzen und nach Maßgabe der in seinen Rechtvorschriften festgelegten Erstattungssätze erstatten, ohne dass das Einverständnis des Versicherten erforderlich wäre.

(8) Die Erstattung an den Versicherten überschreitet in keinem Fall den Betrag der ihm tatsächlich entstandenen Kosten.

(9) Im Fall erheblicher Ausgaben kann der zuständige Träger dem Versicherten einen angemessenen Vorschuss zahlen, nachdem dieser den Erstattungsantrag bei ihm eingereicht hat.

C. Familienangehörige

(10) Die Absätze 1 bis 9 gelten entsprechend für die Familienangehörigen des Versicherten.

Art. 26 Geplante Behandlungen

A. Genehmigungsverfahren

(1) [1] Bei der Anwendung von Artikel 20 Absatz 1 der Grundverordnung[1)] legt der Versicherte dem Träger des Aufenthaltsorts ein vom zuständigen Träger ausgestelltes Dokument vor. [2] Für die Zwecke des vorliegenden Artikels bezeichnet der Ausdruck „zuständiger Träger" den Träger, der die Kosten der geplanten Behandlung zu tragen hat; in den Fällen nach Artikel 20 Absatz 4 und Artikel 27 Absatz 5 der Grundverordnung, in denen die im Wohnmitgliedstaat erbrachten Sachleistungen auf der Grundlage von Pauschalbeträgen erstattet werden, bezeichnet der Ausdruck „zuständiger Träger" den Träger des Wohnorts.

(2) *[1]* Wohnt der Versicherte nicht in dem zuständigen Mitgliedstaat, so muss er die Genehmigung beim Träger des Wohnorts beantragen, der den Antrag unverzüglich an den zuständigen Träger weiterleitet.

[2] In diesem Fall bescheinigt der Träger des Wohnorts, ob die Bedingungen des Artikels 20 Absatz 2 Satz 2 der Grundverordnung in dem Wohnmitgliedstaat erfüllt sind.

[3] Der zuständige Träger kann die beantragte Genehmigung nur verweigern, wenn nach Einschätzung des Trägers des Wohnorts die Bedingungen des Artikels 20 Absatz 2 Satz 2 der Grundverordnung in dem Wohnmitgliedstaat des Versicherten nicht erfüllt sind oder wenn die gleiche Behandlung im zuständigen Mitgliedstaat selbst innerhalb eines in Anbetracht des derzeitigen Gesundheitszustands und des voraussichtlichen Verlaufs der Krankheit der betroffenen Person medizinisch vertretbaren Zeitraums gewährt werden kann.

[4] Der zuständige Träger teilt dem Träger des Wohnortes seine Entscheidung mit.

[5] Geht innerhalb der nach innerstaatlichem Recht des betreffenden Mitgliedstaats geltenden Fristen keine Antwort ein, so gilt die Genehmigung als durch den zuständigen Träger erteilt.

(3) *[1]* Benötigt eine versicherte Person, die nicht in dem zuständigen Mitgliedstaat wohnt, eine dringende und lebensnotwendige Behandlung und darf die Genehmigung nach Artikel 20 Absatz 2 Satz 2 der Grundverordnung nicht verweigert werden, so erteilt der Träger des Wohnorts die Genehmigung für

---

1) Nr. **105**.

Rechnung des zuständigen Trägers und unterrichtet den zuständigen Träger unverzüglich hiervon.

[2] Der zuständige Träger akzeptiert die Befunde und therapeutischen Entscheidungen der von dem Träger des Wohnorts, der die Genehmigung erteilt, autorisierten Ärzte in Bezug auf die Erforderlichkeit einer dringenden lebensnotwendigen Behandlung.

(4) Der zuständige Träger behält das Recht, den Versicherten jederzeit im Verlauf des Genehmigungsverfahrens von einem Arzt seiner Wahl im Aufenthalts- oder Wohnmitgliedstaat untersuchen *lassen*[1)].

(5) Unbeschadet einer etwaigen Entscheidung über eine Genehmigung unterrichtet der Träger des Aufenthaltsorts den zuständigen Träger, wenn eine Ergänzung der durch die vorhandene Genehmigung abgedeckten Behandlung aus medizinischen Gründen angezeigt erscheint.

B. Übernahme der dem Versicherten entstandenen Kosten von Sachleistungen

(6) Unbeschadet der Bestimmungen von Absatz 7 gilt Artikel 25 Absätze 4 und 5 der Durchführungsverordnung entsprechend.

(7) [1] Hat der Versicherte einen Teil oder die gesamten Kosten der genehmigten ärztlichen Behandlung tatsächlich selbst getragen und sind die vom zuständigen Träger dem Träger des Aufenthaltsorts oder nach Absatz 6 dem Versicherten zu erstattenden Kosten (tatsächliche Kosten) geringer als die Kosten, die er für die gleiche Behandlung im zuständigen Mitgliedstaat hätte übernehmen müssen (angenommene Kosten), so erstattet der zuständige Träger auf Antrag die dem Versicherten entstandenen Behandlungskosten bis zur Höhe des Betrags, um den die angenommenen Kosten die tatsächlichen Kosten überschreiten. [2] Der Erstattungsbetrag darf jedoch die dem Versicherten tatsächlich entstandenen Kosten nicht überschreiten; der Betrag, den der Versicherte bei einer Behandlung im zuständigen Mitgliedstaat selbst hätte bezahlen müssen, kann dabei berücksichtigt werden.

C. Übernahme der Reise- und Aufenthaltskosten bei geplanten Behandlungen

(8) Wenn die nationalen Rechtsvorschriften des zuständigen Trägers die Erstattung der mit der Behandlung des Versicherten untrennbar verbundenen Reise- und Aufenthaltskosten vorsehen, so übernimmt dieser Träger diese Kosten der betreffenden Person und erforderlichenfalls diejenigen einer Begleitperson, sofern eine entsprechende Genehmigung für eine Behandlung in einem anderen Mitgliedstaat erteilt wird.

D. Familienangehörige

(9) Die Absätze 1 bis 8 gelten entsprechend für die Familienangehörigen des Versicherten.

Art. 27 Geldleistungen wegen Arbeitsunfähigkeit bei Aufenthalt oder Wohnort in einem anderen als dem zuständigen Mitgliedstaat

A. Verfahrensvorschriften für den Versicherten

(1) Verlangen die Rechtsvorschriften des zuständigen Mitgliedstaats vom Versicherten die Vorlage einer Bescheinigung für den Bezug von Geldleistun-

---

[1)] Richtig wohl: „zu lassen“.

gen bei Arbeitsunfähigkeit nach Artikel 21 Absatz 1 der Grundverordnung[1)], so lässt sich der Versicherte eine Arbeitsunfähigkeitsbescheinigung, in der auch die voraussichtliche Dauer der Arbeitsunfähigkeit anzugeben ist, von dem Arzt ausstellen, der in seinem Wohnmitgliedstaat seinen Gesundheitszustand festgestellt hat.

(2) Der Versicherte übermittelt die Bescheinigung innerhalb der in den Rechtsvorschriften des zuständigen Mitgliedstaats festgesetzten Frist dem zuständigen Träger.

(3) [1] Stellen die behandelnden Ärzte des Wohnmitgliedstaats keine Arbeitsunfähigkeitsbescheinigungen aus, und werden diese nach den Rechtsvorschriften des zuständigen Mitgliedstaats verlangt, so wendet sich die betreffende Person unmittelbar an den Träger des Wohnorts. [2] Dieser veranlasst sofort die ärztliche Beurteilung der Arbeitsunfähigkeit der betreffenden Person und die Ausstellung der in Absatz 1 genannten Bescheinigung. [3] Die Bescheinigung muss dem zuständigen Träger unverzüglich übermittelt werden.

(4) [1] Die Übermittlung des in den Absätzen 1, 2 und 3 genannten Dokuments enthebt den Versicherten nicht der Pflichten, die ihn aufgrund der geltenden Rechtsvorschriften insbesondere seinem Arbeitgeber gegenüber treffen. [2] Der Arbeitgeber und/oder der zuständige Träger kann den Arbeitnehmer gegebenenfalls zur Teilnahme an Tätigkeiten auffordern, die die Wiederaufnahme der Arbeit durch den Versicherten fördern und unterstützen sollen.

B. Verfahrensvorschriften für den Träger des Wohnmitgliedstaats

(5) [1] Auf Verlangen des zuständigen Trägers führt der Träger des Wohnorts die erforderlichen verwaltungsmäßigen Kontrollen oder eine ärztliche Kontrolluntersuchung der betreffenden Person nach den von diesem letztgenannten Träger angewandten Rechtsvorschriften durch. [2] Den Bericht des Arztes, der die Kontrolluntersuchung durchgeführt hat, betreffend insbesondere die Angaben zur voraussichtlichen Dauer der Arbeitsunfähigkeit, übermittelt der Träger des Wohnorts unverzüglich dem zuständigen Träger.

C. Verfahrensvorschriften für den zuständigen Träger

(6) Dem zuständigen Träger steht es frei, den Versicherten durch einen Arzt seiner Wahl untersuchen zu lassen.

(7) Unbeschadet des Artikels 21 Absatz 1 Satz 2 der Grundverordnung zahlt der zuständige Träger die Geldleistungen unmittelbar an die betreffende Person und unterrichtet erforderlichenfalls den Träger des Wohnorts hiervon.

(8) Bei der Anwendung von Artikel 21 Absatz 1 der Grundverordnung besitzen die auf dem ärztlichen Befund des untersuchenden Arztes oder Trägers beruhenden Angaben in einer in einem anderen Mitgliedstaat ausgestellten Bescheinigung über die Arbeitsunfähigkeit eines Versicherten die gleiche Rechtsgültigkeit wie eine im zuständigen Mitgliedstaat ausgestellte Bescheinigung.

(9) Versagt der zuständige Träger die Geldleistungen, so teilt er dem Versicherten seine Entscheidung mit und unterrichtet gleichzeitig den Träger des Wohnorts.

[1)] Nr. **105**.

D. Verfahren bei Aufenthalt in einem anderen als dem zuständigen Mitgliedstaat

(10) Die Absätze 1 bis 9 gelten entsprechend, wenn sich der Versicherte in einem anderen als dem zuständigen Mitgliedstaat aufhält.

Art. 28 Geldleistungen bei Pflegebedürftigkeit bei Aufenthalt oder Wohnort in einem anderen als dem zuständigen Mitgliedstaat

A. Verfahrensvorschriften für den Versicherten

(1) [1] Für den Bezug von Geldleistungen bei Pflegebedürftigkeit nach Artikel 21 Absatz 1 der Grundverordnung[1)] wendet sich der Versicherte an den zuständigen Träger. [2] Der zuständige Träger unterrichtet erforderlichenfalls den Träger des Wohnorts.

B. Verfahrensvorschriften für den Träger des Wohnorts

(2) [1] Auf Verlangen des zuständigen Trägers untersucht der Träger des Wohnorts den Zustand des Versicherten im Hinblick auf seine Pflegebedürftigkeit. [2] Der zuständige Träger übermittelt dem Träger des Wohnorts alle erforderlichen Informationen für eine solche Untersuchung.

C. Verfahrensvorschriften für den zuständigen Träger

(3) Um den Grad der Pflegebedürftigkeit zu bestimmen, kann der zuständige Träger den Versicherten von einem Arzt oder einem anderen Experten seiner Wahl untersuchen lassen.

(4) Artikel 27 Absatz 7 der Durchführungsverordnung gilt entsprechend.

D. Verfahren bei Aufenthalt in einem anderen als dem zuständigen Mitgliedstaat

(5) Die Absätze 1 bis 4 gelten entsprechend, wenn sich der Versicherte in einem anderen als dem zuständigen Mitgliedstaat aufhält.

E. Familienangehörige

(6) Die Absätze 1 bis 5 gelten entsprechend für die Familienangehörigen des Versicherten.

Art. 29 Anwendung von Artikel 28 der Grundverordnung. Ist der Mitgliedstaat, in dem der ehemalige Grenzgänger zuletzt eine Erwerbstätigkeit ausgeübt hat, nicht mehr der zuständige Mitgliedstaat und begibt sich der ehemalige Grenzgänger oder ein Familienangehöriger dorthin, um Sachleistungen nach Artikel 28 der Grundverordnung[1)] zu erlangen, so legt er dem Träger des Aufenthaltsorts ein vom zuständigen Träger ausgestelltes Dokument vor.

Art. 30 Beiträge der Rentner. Erhält eine Person Renten aus mehr als einem Mitgliedstaat, so darf der auf alle gezahlten Renten erhobene Betrag an Beiträgen keinesfalls den Betrag übersteigen, der bei einer Person erhoben wird, die denselben Betrag an Renten in dem zuständigen Mitgliedstaat erhält.

Art. 31 Anwendung von Artikel 34 der Grundverordnung

A. Verfahrensvorschriften für den zuständigen Träger

(1) [1] Der zuständige Träger informiert die betreffende Person über die Regelung des Artikels 34 der Grundverordnung[1)] betreffend das Verbot des Zu-

---

[1)] Nr. **105**.

sammentreffens von Leistungen. [2]Bei der Anwendung solcher Vorschriften muss gewährleistet sein, dass eine Person, die nicht im zuständigen Mitgliedstaat wohnt, Anspruch auf Leistungen in zumindest dem Gesamtumfang oder -wert hat, den sie beanspruchen könnte, wenn sie in diesem Mitgliedstaat wohnen würde.

(2) Der zuständige Träger informiert ferner den Träger des Wohn- oder Aufenthaltsortes über die Zahlung der Geldleistungen bei Pflegebedürftigkeit, wenn die von dem letztgenannten Träger angewendeten Rechtsvorschriften Sachleistungen bei Pflegebedürftigkeit, die in der Liste nach Artikel 34 Absatz 2 der Grundverordnung aufgeführt sind, vorsehen.

B. Verfahrensvorschriften für den Träger des Wohn- oder Aufenthaltsortes

(3) Nachdem der Träger des Wohn- oder Aufenthaltsorts die Informationen gemäß Absatz 2 erhalten hat, unterrichtet er unverzüglich den zuständigen Träger über jegliche Sachleistungen bei Pflegebedürftigkeit, die er der betreffenden Person für denselben Zweck nach seinen Rechtsvorschriften gewährt, sowie über den hierfür geltenden Erstattungssatz.

(4) Die Verwaltungskommission trifft gegebenenfalls Maßnahmen zur Durchführung dieses Artikels.

Art. 32 Besondere Durchführungsvorschriften. (1) Werden Einzelpersonen oder Personengruppen auf Antrag von der Krankenversicherungspflicht freigestellt und sind diese Personen damit nicht durch ein Krankenversicherungssystem abgedeckt, auf das die Grundverordnung[1)] Anwendung findet, so kann der Träger eines anderen Mitgliedstaats nicht allein aufgrund dieser Freistellung zur Übernahme der Kosten der diesen Personen oder ihren Familienangehörigen gewährten Sach- oder Geldleistungen nach Titel III Kapitel I der Grundverordnung verpflichtet werden.

(2) *[1]* Für die Mitgliedstaaten nach Anhang 2 gelten die Vorschriften des Titel III Kapitel I der Grundverordnung, die sich auf Sachleistungen beziehen, für Personen, die ausschließlich aufgrund eines Sondersystems für Beamte Anspruch auf Sachleistungen haben, nur in dem dort genannten Umfang.

[2] Der Träger eines anderen Mitgliedstaats darf nicht allein aus diesen Gründen zur Übernahme der Kosten der diesen Personen oder ihren Familienangehörigen gewährten Sach- oder Geldleistungen verpflichtet werden.

(3) Wohnen die in den Absätzen 1 und 2 genannten Personen und ihre Familienangehörigen in einem Mitgliedstaat, in welchem Sachleistungsansprüche nicht von Versicherungsbedingungen oder von der Ausübung einer Beschäftigung oder selbständigen Erwerbstätigkeit abhängen, so sind sie verpflichtet, die Kosten der ihnen in ihrem Wohnstaat gewährten Sachleistungen in voller Höhe zu tragen.

Kapitel II. Leistungen bei Arbeitsunfällen und Berufskrankheiten

Art. 33 Anspruch auf Sach- und Geldleistungen bei Wohnort oder Aufenthalt in einem anderen Mitgliedstaat als dem zuständigen Mitgliedstaat. (1) Die in den Artikeln 24 bis 27 der Durchführungsverordnung

---

1) Nr. **105**.

vorgesehenen Verfahren gelten bei der Anwendung von Artikel 36 der Grundverordnung[1)] entsprechend.

(2) Gewährt ein Träger des Aufenthalts- oder Wohnmitgliedstaats besondere Sachleistungen als Folge eines Arbeitsunfalls oder einer Berufskrankheit nach den innerstaatlichen Rechtsvorschriften dieses Mitgliedstaats, so teilt er dies unverzüglich dem zuständigen Träger mit.

Art. 34 Verfahren bei Arbeitsunfällen oder Berufskrankheiten, die in einem anderen Mitgliedstaat als dem zuständigen Mitgliedstaat eintreten. (1) [1] Ein Arbeitsunfall, der in einem anderen Mitgliedstaat als dem zuständigen Mitgliedstaat eintritt, oder eine Berufskrankheit, die dort erstmals ärztlich festgestellt wird, ist nach den Rechtsvorschriften des zuständigen Mitgliedstaats zu melden oder anzuzeigen, wenn die Meldung oder Anzeige nach den einzelstaatlichen Rechtsvorschriften vorgesehen ist; etwaige andere gesetzliche Bestimmungen, die im Gebiet des Mitgliedstaats gelten, in dem der Arbeitsunfall eintrat oder die Berufskrankheit erstmals ärztlich festgestellt wurde, und die in einem solchen Fall weiterhin anzuwenden sind, werden hierdurch nicht berührt. [2] Die Meldung oder Anzeige ist an den zuständigen Träger zu richten.

(2) Der Träger des Mitgliedstaats, in dessen Hoheitsgebiet der Arbeitsunfall eingetreten ist oder die Berufskrankheit erstmals ärztlich festgestellt wurde, übermittelt dem zuständigen Träger die im Hoheitsgebiet dieses Mitgliedstaats ausgestellten ärztlichen Bescheinigungen.

(3) [1] Sind bei einem Unfall auf dem Weg zu oder von der Arbeit im Hoheitsgebiet eines anderen Mitgliedstaats als des zuständigen Mitgliedstaats Nachforschungen im Hoheitsgebiet des erstgenannten Mitgliedstaats erforderlich, um einen Anspruch auf entsprechende Leistungen festzustellen, so kann der zuständige Träger zu diesem Zweck eine Person benennen, wovon er die Behörden des betreffenden Mitgliedstaats unterrichtet. [2] Die Träger arbeiten zusammen, um alle einschlägigen Informationen zu bewerten und in die Protokolle und alle sonstigen Unterlagen über den Unfall Einsicht zu nehmen.

(4) [1] Nach Beendigung der Behandlung wird auf Anfrage des zuständigen Trägers ein ausführlicher Bericht mit den ärztlichen Bescheinigungen über die Dauerfolgen des Unfalls oder der Krankheit, insbesondere über den derzeitigen Zustand der verletzten Person sowie über die Heilung oder die Konsolidierung der Schäden, übersandt. [2] Die Honorare hierfür werden vom Träger des Wohn- oder Aufenthaltsorts nach dem Tarif dieses Trägers zu Lasten des zuständigen Trägers gezahlt.

(5) Auf Ersuchen des Trägers des Wohn- oder Aufenthaltsorts unterrichtet der zuständige Träger diesen gegebenenfalls von der Entscheidung, in der der Tag der Heilung oder der Konsolidierung der Schäden festgelegt wird, sowie gegebenenfalls von der Entscheidung über die Gewährung einer Rente.

Art. 35 Streitigkeiten hinsichtlich des beruflichen Charakters eines Unfalls oder einer Krankheit. (1) Bestreitet der zuständige Träger nach Artikel 36 Absatz 2 der Grundverordnung[1)], dass die Rechtsvorschriften über Arbeitsunfälle oder Berufskrankheiten anzuwenden sind, so teilt er dies unverzüglich dem Träger des Wohn- oder Aufenthaltsorts mit, der die Sachleistungen

---

[1)] Nr. **105**.

gewährt hat; diese Sachleistungen gelten sodann als Leistungen der Krankenversicherung.

(2) *[1]* Ist zu dieser Frage eine endgültige Entscheidung ergangen, so teilt der zuständige Träger dies unverzüglich dem Träger des Wohn- oder Aufenthaltsorts mit, der die Sachleistungen gewährt hat.

[2] Wird kein Arbeitsunfall bzw. keine Berufskrankheit festgestellt, so werden die Sachleistungen weiterhin als Leistungen der Krankenversicherung gewährt, sofern die betreffende Person Anspruch darauf hat.

[3] Wird ein Arbeitsunfall oder eine Berufskrankheit festgestellt, so gelten die der betreffenden Person gewährten Sachleistungen der Krankenversicherung als Leistungen aufgrund eines Arbeitsunfalls oder einer Berufskrankheit ab dem Tag, an dem der Arbeitsunfall eingetreten ist oder die Berufskrankheit erstmals ärztlich festgestellt wurde.

(3) Artikel 6 Absatz 5 Unterabsatz 2 der Durchführungsverordnung gilt entsprechend.

Art. 36 Verfahren bei einer in mehr als einem Mitgliedstaat ausgeübten Tätigkeit, die eine Berufskrankheit verursachen kann. (1) *[1]* Im Fall des Artikels 38 der Grundverordnung[1] wird die Meldung oder Anzeige der Berufskrankheit dem für Berufskrankheiten zuständigen Träger des Mitgliedstaats übermittelt, nach dessen Rechtsvorschriften der Betroffene zuletzt eine Tätigkeit ausgeübt hat, die die betreffende Krankheit verursachen kann.

[2] Stellt der Träger, an den die Meldung oder Anzeige übermittelt wurde, fest, dass zuletzt nach den Rechtsvorschriften eines anderen Mitgliedstaats eine Tätigkeit ausgeübt worden ist, die die betreffende Berufskrankheit verursachen kann, so übermittelt er die Meldung oder Anzeige und alle beigefügten Unterlagen dem entsprechenden Träger dieses Mitgliedstaats.

(2) Stellt der Träger des Mitgliedstaats, nach dessen Rechtsvorschriften der Betroffene zuletzt eine Tätigkeit ausgeübt hat, die die betreffende Berufskrankheit verursachen kann, fest, dass der Betroffene oder seine Hinterbliebenen die Voraussetzungen dieser Rechtsvorschriften nicht erfüllen, z.B. weil der Betroffene in diesem Mitgliedstaat nie eine Tätigkeit ausgeübt hat, die die Berufskrankheit verursacht hat, oder weil dieser Mitgliedstaat nicht anerkennt, dass es sich um eine Berufskrankheit handelt, so übermittelt dieser Träger die Meldung oder Anzeige und alle beigefügten Unterlagen, einschließlich der ärztlichen Feststellungen und Gutachten, die der erste Träger veranlasst hat, unverzüglich dem Träger des Mitgliedstaats, nach dessen Rechtsvorschriften der Betroffene zuvor eine Tätigkeit ausgeübt hat, die die betreffende Berufskrankheit verursachen kann.

(3) Gegebenenfalls wiederholen die Träger das in Absatz 2 beschriebene Verfahren für die Vergangenheit, bis dies zu dem entsprechenden Träger des Mitgliedstaats zurückführt, nach dessen Rechtsvorschriften der Betroffene zuerst eine Tätigkeit ausgeübt hat, die die betreffende Berufskrankheit verursachen kann.

---

[1] Nr. **105**.

Art. 37 Informationsaustausch zwischen Trägern und Zahlung von Vorschüssen bei Einlegung eines Rechtsbehelfs gegen eine ablehnende Entscheidung. (1) Im Fall eines Rechtsbehelfs gegen eine ablehnende Entscheidung des Trägers eines Mitgliedstaats, nach dessen Rechtsvorschriften der Betroffene eine Tätigkeit ausgeübt hat, die die betreffende Berufskrankheit verursachen kann, hat dieser Träger den Träger, dem die Meldung oder Anzeige nach dem Verfahren des Artikels 36 Absatz 2 der Durchführungsverordnung übermittelt wurde, hiervon zu unterrichten und ihn später, wenn eine endgültige Entscheidung ergangen ist, entsprechend zu informieren.

(2) [1] Besteht ein Leistungsanspruch nach den Rechtsvorschriften, die der Träger, dem die Meldung oder Anzeige übermittelt wurde, anwendet, so zahlt dieser Träger Vorschüsse, deren Höhe gegebenenfalls nach Anhörung des Trägers, gegen dessen Entscheidung der Rechtsbehelf eingelegt wurde, festgelegt wird, wobei darauf zu achten ist, dass zu viel gezahlte Beträge vermieden werden. [2] Der letztgenannte Träger erstattet die gezahlten Vorschüsse, wenn er aufgrund der Entscheidung über den Rechtsbehelf die Leistungen zu gewähren hat. [3] Die Vorschüsse werden dann nach dem Verfahren der Artikel 72 und 73 der Durchführungsverordnung von den Leistungen einbehalten, auf die die betreffende Person Anspruch hat.

(3) Artikel 6 Absatz 5 Unterabsatz 2 der Durchführungsverordnung gilt entsprechend.

Art. 38 Verschlimmerung einer Berufskrankheit. [1] In den in Artikel 39 der Grundverordnung[1)] genannten Fällen hat der Antragsteller dem Träger des Mitgliedstaats, bei dem er Leistungsansprüche geltend macht, Informationen über die früher wegen der betreffenden Berufskrankheit gewährten Leistungen zu erteilen. [2] Dieser Träger kann bei jedem Träger, der früher zuständig gewesen ist, die Informationen einholen, die er für erforderlich hält.

Art. 39 Bemessung des Grades der Erwerbsminderung im Fall früherer oder späterer Arbeitsunfälle oder Berufskrankheiten. Wurde eine früher oder später eingetretene Erwerbsminderung durch einen Unfall verursacht, der eintrat, als für die betreffende Person die Rechtsvorschriften eines Mitgliedstaats galten, die nicht nach dem Ursprung der Erwerbsminderung unterscheiden, so hat der zuständige Träger oder die von der zuständigen Behörde des betreffenden Mitgliedstaats bezeichnete Stelle:

a) auf Verlangen des zuständigen Trägers eines anderen Mitgliedstaats Angaben über den Grad der früher oder später eingetretenen Erwerbsminderung zu machen sowie nach Möglichkeit Auskünfte zu erteilen, anhand deren festgestellt werden kann, ob die Erwerbsminderung Folge eines Arbeitsunfalls im Sinne der vom Träger des anderen Mitgliedstaats anzuwendenden Rechtsvorschriften ist;

b) für die Begründung des Anspruchs und die Festsetzung des Leistungsbetrags nach den von ihm anzuwendenden Rechtsvorschriften den durch diese früheren oder späteren Fälle verursachten Grad der Erwerbsminderung zu berücksichtigen.

[1)] Nr. **105**.

Art. 40 Einreichung und Bearbeitung von Anträgen auf Renten oder Zulagen zu Renten. *[1]* Betroffene oder deren Hinterbliebene haben für den Bezug einer Rente oder einer Zulage zu einer Rente nach den Rechtsvorschriften eines anderen Mitgliedstaats als dem, in dem sie wohnen, gegebenenfalls einen Antrag entweder beim zuständigen Träger zu stellen oder beim Träger des Wohnorts, der ihn sodann an den zuständigen Träger weiterleitet.

[2] Der Antrag muss die Informationen enthalten, die nach den vom zuständigen Träger anzuwendenden Rechtsvorschriften erforderlich sind.

Art. 41 Besondere Durchführungsvorschriften. (1) Im Hinblick auf die in Anhang 2 genannten Mitgliedstaaten gelten die Vorschriften des Titels III Kapitel 2 der Grundverordnung[1)], die sich auf Sachleistungen beziehen, für Personen, die ausschließlich aufgrund eines Sondersystems für Beamte Anspruch auf Sachleistungen haben, nur in dem dort genannten Umfang.

(2) Artikel 32 Absatz 2 Unterabsatz 2 und Artikel 32 Absatz 3 der Durchführungsverordnung gilt entsprechend.

Kapitel III. Sterbegeld

Art. 42 Antrag auf Sterbegeld. *[1]* Bei der Anwendung von Artikel 42 und 43 der Grundverordnung[1)] ist der Antrag auf Sterbegeld entweder beim zuständigen Träger zu stellen oder beim Träger des Wohnorts des Antragstellers, der ihn an den zuständigen Träger weiterleitet.

[2] Der Antrag muss die Informationen enthalten, die gemäß den vom zuständigen Träger anzuwendenden Rechtsvorschriften erforderlich sind.

Kapitel IV. Leistungen bei Invalidität, Alters- und Hinterbliebenenrenten

Art. 43 Ergänzende Vorschriften für die Berechnung der Leistungen.

(1) Für die Berechnung des theoretischen und des tatsächlichen Leistungsbetrags nach Artikel 52 Absatz 1 Buchstabe b der Grundverordnung[1)] gilt Artikel 12 Absätze 3, 4, 5 und 6 der Durchführungsverordnung.

(2) [1] Wenn Zeiten der freiwilligen Versicherung oder freiwilligen Weiterversicherung nach Artikel 12 Absatz 3 der Durchführungsverordnung nicht berücksichtigt worden sind, berechnet der Träger des Mitgliedstaats, nach dessen Rechtsvorschriften diese Zeiten zurückgelegt worden sind, den diesen Zeiten entsprechenden Betrag nach den von ihm anzuwendenden Rechtsvorschriften. [2] Der nach Artikel 52 Absatz 1 Buchstabe b der Grundverordnung berechnete tatsächliche Leistungsbetrag wird um den Betrag erhöht, der den Zeiten der freiwilligen Versicherung oder freiwilligen Weiterversicherung entspricht.

(3) *[1]* Der Träger eines jeden Mitgliedstaats berechnet nach den von ihm anzuwendenden Rechtsvorschriften den Betrag, der für Zeiten der freiwilligen Versicherung oder freiwilligen Weiterversicherung zu entrichten ist und nach Artikel 53 Absatz 3 Buchstabe c der Grundverordnung nicht den Kürzungs-, Ruhens- oder Entziehungsbestimmungen eines anderen Mitgliedstaats unterliegt.

---

1) Nr. **105**.

[2] [1] Ist es dem zuständigen Träger aufgrund der von ihm anzuwendenden Rechtsvorschriften nicht möglich, diesen Betrag direkt zu bestimmen, weil die betreffenden Rechtsvorschriften den Versicherungszeiten unterschiedliche Werte zuordnen, so kann ein fiktiver Betrag festgelegt werden. [2] Die Verwaltungskommission legt die Verfahren im Einzelnen für die Bestimmung dieses fiktiven Betrags fest.

Art. 44 Berücksichtigung von Kindererziehungszeiten. (1) Im Sinne dieses Artikels bezeichnet der Ausdruck „Kindererziehungszeit" jeden Zeitraum, der im Rahmen des Rentenrechts eines Mitgliedstaats ausdrücklich aus dem Grund angerechnet wird oder Anrecht auf eine Zulage zu einer Rente gibt, dass eine Person ein Kind aufgezogen hat, unabhängig davon, nach welcher Methode diese Zeiträume berechnet werden und unabhängig davon, ob sie während der Erziehungszeit anfallen oder rückwirkend anerkannt werden.

(2) Wird nach den Rechtsvorschriften des gemäß Titel II der Grundverordnung[1)] zuständigen Mitgliedstaats keine Kindererziehungszeit berücksichtigt, so bleibt der Träger des Mitgliedstaats, dessen Rechtsvorschriften nach Titel II der Grundverordnung auf die betreffende Person anwendbar waren, weil diese Person zu dem Zeitpunkt, zu dem die Berücksichtigung der Kindererziehungszeit für das betreffende Kind nach diesen Rechtsvorschriften begann, eine Beschäftigung oder eine selbständige Erwerbstätigkeit ausgeübt hat, zuständig für die Berücksichtigung dieser Zeit als Kindererziehungszeit nach seinen eigenen Rechtsvorschriften, so als hätte diese Kindererziehung in seinem eigenen Hoheitsgebiet stattgefunden.

(3) Absatz 2 findet keine Anwendung, wenn für die betreffende Person die Rechtsvorschriften eines anderen Mitgliedstaats aufgrund der Ausübung einer Beschäftigung oder einer selbständigen Erwerbstätigkeit anwendbar sind oder anwendbar werden.

Art. 45 Beantragung von Leistungen

A. Beantragung von Leistungen aufgrund von Rechtsvorschriften des Typs A nach Artikel 44 Absatz 2 der Grundverordnung

(1) Der Antragsteller stellt für den Bezug von Leistungen aufgrund von Rechtsvorschriften des Typs A nach Artikel 44 Absatz 2 der Grundverordnung[1)] einen Antrag beim Träger des Mitgliedstaats, dessen Rechtsvorschriften bei Eintritt der Arbeitsunfähigkeit mit anschließender Invalidität oder bei der Verschlimmerung des Invaliditätszustands für ihn galten, oder bei dem Träger seines Wohnorts, der den Antrag an den erstgenannten Träger weiterleitet.

(2) Wurden Geldleistungen bei Krankheit gewährt, so gilt der Tag, an dem der Zeitraum endet, für den diese Leistungen gewährt wurden, gegebenenfalls als Tag der Stellung des Rentenantrags.

(3) [1] In dem in Artikel 47 Absatz 1 der Grundverordnung genannten Fall teilt der Träger, bei dem die betreffende Person zuletzt versichert war, dem ursprünglich leistungspflichtigen Träger mit, in welcher Höhe und ab wann die Leistungen nach den von ihm anzuwendenden Rechtsvorschriften geschuldet werden. [2] Von diesem Zeitpunkt an entfallen die vor der Verschlimmerung des

---

[1)] Nr. **105**.

Invaliditätszustands geschuldeten Leistungen oder werden bis auf die Zulage nach Artikel 47 Absatz 2 der Grundverordnung gekürzt.

B. Beantragung von Leistungen in sonstigen Fällen

(4) [1] In anderen als den in Absatz 1 genannten Fällen stellt der Antragsteller einen entsprechenden Antrag beim Träger seines Wohnorts oder beim Träger des Mitgliedstaats, dessen Rechtsvorschriften zuletzt für ihn galten. [2] Galten für die betreffende Person zu keinem Zeitpunkt die Rechtsvorschriften, die der Träger ihres Wohnorts anwendet, so leitet dieser Träger den Antrag an den Träger des Mitgliedstaats weiter, dessen Rechtsvorschriften zuletzt für sie galten.

(5) Der Zeitpunkt der Antragstellung ist für alle beteiligten Träger verbindlich.

(6) In Abweichung von Absatz 5 gilt Folgendes: Gibt der Antragsteller trotz Aufforderung nicht an, dass er in anderen Mitgliedstaaten beschäftigt war oder gewohnt hat, so gilt der Zeitpunkt, zu dem er seinen Antrag vervollständigt oder zu dem er einen neuen Antrag bezüglich seiner fehlenden Beschäftigungszeiten und/oder Wohnzeiten in einem Mitgliedstaat einreicht, für den Träger, der die betreffenden Rechtsvorschriften anwendet, als Zeitpunkt der Antragstellung, sofern diese Rechtsvorschriften keine günstigeren Bestimmungen enthalten.

Art. 46 Angaben und Unterlagen zu Leistungsanträgen. (1) [1] Der Antrag ist gemäß den Rechtsvorschriften, die der in Artikel 45 Absatz 1 oder 4 der Durchführungsverordnung genannte Träger anwendet, und unter Beifügung der in diesen Rechtsvorschriften geforderten Nachweise zu stellen. [2] Der Antragsteller hat insbesondere alle verfügbaren einschlägigen Informationen und Nachweise über Zeiten einer Versicherung (Träger, Versicherungsnummern), einer Beschäftigung (Arbeitgeber) oder einer selbständigen Erwerbstätigkeit (Art und Ort der Tätigkeit) und eines Wohnorts (Adressen) einzureichen, die gegebenenfalls nach anderen Rechtsvorschriften zurückgelegt wurden, sowie die Dauer dieser Zeiten anzugeben.

(2) [1] Beantragt der Antragsteller nach Artikel 50 Absatz 1 der Grundverordnung[1)], dass die Feststellung der nach den Rechtsvorschriften eines oder mehrerer Mitgliedstaaten erworbenen Altersrenten aufgeschoben wird, so hat er dies in seinem Antrag zu erklären und anzugeben, nach welchen Rechtsvorschriften er den Aufschub beantragt. [2] Um dem Antragsteller die Ausübung dieses Rechts zu ermöglichen, teilen die beteiligten Träger ihm auf Verlangen alle ihnen vorliegenden Informationen mit, damit er die Folgen von gleichzeitigen oder nachfolgenden Feststellungen der ihm zustehenden Leistungen abschätzen kann.

(3) Zieht der Antragsteller einen Antrag auf Leistungen zurück, die nach den Rechtsvorschriften eines einzelnen Mitgliedstaats vorgesehen sind, so gilt diese Rücknahme nicht als gleichzeitige Rücknahme von Anträgen auf Leistungen nach den Rechtsvorschriften anderer Mitgliedstaaten.

[1)] Nr. **105**.

Art. 47 Bearbeitung der Anträge durch die beteiligten Träger

A. Kontakt-Träger

(1) *[1]* [1]Der Träger, an den der Leistungsantrag nach Artikel 45 Absatz 1 oder 4 der Durchführungsverordnung gerichtet oder weitergeleitet wird, wird nachstehend als „Kontakt-Träger" bezeichnet. [2]Der Träger des Wohnorts wird nicht als Kontakt-Träger bezeichnet, wenn für die betreffende Person zu keinem Zeitpunkt die von diesem Träger angewandten Rechtsvorschriften galten.

[2] Zusätzlich zur Bearbeitung des Leistungsantrags nach den von ihm angewandten Rechtsvorschriften fördert dieser Träger in seiner Eigenschaft als Kontakt-Träger den Austausch von Daten, die Mitteilung von Entscheidungen und die für die Bearbeitung des Antrags durch die beteiligten Träger erforderlichen Vorgänge und übermittelt dem Antragsteller auf Verlangen alle die Gemeinschaftsaspekte der Bearbeitung betreffenden Angaben und hält ihn über den Stand der Bearbeitung seines Antrags auf dem Laufenden.

B. Bearbeitung von Anträgen auf Leistungen aufgrund von Rechtsvorschriften des Typs A nach Artikel 44 der Grundverordnung

(2) In dem in Artikel 44 Absatz 3 der Grundverordnung[1)] genannten Fall übermittelt der Kontakt-Träger sämtliche den Antragsteller betreffenden Dokumente an den Träger, bei dem dieser zuvor versichert war, der seinerseits den Antrag bearbeitet.

(3) Die Artikel 48 bis 52 der Durchführungsverordnung gelten nicht für die Bearbeitung von Anträgen nach Artikel 44 der Grundverordnung.

C. Bearbeitung sonstiger Leistungsanträge

(4) [1]In anderen als den in Absatz 2 genannten Fällen übermittelt der Kontakt-Träger die Leistungsanträge und alle ihm vorliegenden Dokumente sowie gegebenenfalls die vom Antragsteller vorgelegten einschlägigen Dokumente unverzüglich allen beteiligten Trägern, damit diese gleichzeitig mit der Bearbeitung dieses Antrags beginnen können. [2]Der Kontakt-Träger teilt den anderen Trägern die Versicherungs- oder Wohnzeiten mit, die nach den von ihm anzuwendenden Rechtsvorschriften zurückgelegt worden sind. [3]Er gibt ferner an, welche Dokumente zu einem späteren Zeitpunkt einzureichen sind, und ergänzt den Antrag so bald wie möglich.

(5) Jeder beteiligte Träger teilt dem Kontakt-Träger und den anderen beteiligten Trägern so bald wie möglich die Versicherungs- oder Wohnzeiten mit, die nach den von ihm anzuwendenden Rechtsvorschriften zurückgelegt worden sind.

(6) Jeder beteiligte Träger berechnet den Leistungsbetrag nach Artikel 52 der Grundverordnung und teilt dem Kontakt-Träger und den anderen betroffenen Trägern seine Entscheidung, den Leistungsbetrag und alle nach den Artikeln 53 bis 55 der Grundverordnung erforderlichen Angaben mit.

(7) Stellt ein Träger auf der Grundlage der Angaben nach den Absätzen 4 und 5 fest, dass Artikel 46 Absatz 2 oder Artikel 57 Absatz 2 oder 3 der Grundverordnung anzuwenden ist, so unterrichtet er hiervon den Kontakt-Träger und die anderen betroffenen Träger.

[1)] Nr. **105**.

Art. 48 Mitteilung der Entscheidungen an den Antragsteller. (1) [1]Jeder Träger teilt dem Antragsteller die von ihm nach den von ihm anzuwendenden Rechtsvorschriften getroffene Entscheidung mit. [2]In jeder Entscheidung werden die zur Verfügung stehenden Rechtsbehelfe und Rechtsbehelfsfristen angegeben. [3]Sobald der Kontakt-Träger über alle Entscheidungen jedes Trägers unterrichtet worden ist, übermittelt er dem Antragsteller und den anderen betroffenen Trägern eine Zusammenfassung dieser Entscheidungen. [4]Die Verwaltungskommission erstellt das Muster für die Zusammenfassung. [5]Die Zusammenfassung wird dem Antragsteller in der Sprache des Trägers oder – auf Verlangen des Antragstellers – in der von ihm gewählten Sprache übermittelt, sofern diese als Amtssprache der Organe der Gemeinschaft gemäß Artikel 290 des Vertrags anerkannt ist.

(2) [1]Stellt sich für den Antragsteller nach Empfang der Zusammenfassung heraus, dass seine Rechte durch das Zusammenwirken der Entscheidungen von zwei oder mehr Trägern möglicherweise beeinträchtigt worden sind, so hat er Anspruch auf eine Überprüfung der Entscheidungen durch die beteiligten Träger innerhalb der in den einschlägigen einzelstaatlichen Rechtsvorschriften vorgesehenen Fristen. [2]Die Fristen beginnen am Tag des Empfangs der Zusammenfassung. [3]Der Antragsteller wird schriftlich über das Ergebnis der Überprüfung unterrichtet.

Art. 49 Bemessung des Grades der Invalidität. (1) *[1]* [1]Findet Artikel 46 Absatz 3 der Grundverordnung[1)] Anwendung, so ist allein der Kontakt-Träger befugt, eine Entscheidung über die Invalidität des Antragstellers zu treffen, sofern die von diesem Träger angewandten Rechtsvorschriften in Anhang VII der Grundverordnung enthalten sind, oder, wenn dies nicht der Fall ist, der Träger, dessen Rechtsvorschriften in Anhang VII der Grundverordnung enthalten sind und denen der Antragsteller zuletzt unterlag. [2]Er trifft diese Entscheidung, sobald für ihn erkennbar ist, dass die Anspruchsvoraussetzungen nach den von ihm anzuwendenden Rechtsvorschriften, gegebenenfalls unter Berücksichtigung der Artikel 6 und 51 der Grundverordnung, erfüllt sind. [3]Er teilt diese Entscheidung den anderen beteiligten Trägern unverzüglich mit.

[2] [1]Sind unter Berücksichtigung der Artikel 6 und 51 der Grundverordnung bestimmte, nicht den Grad der Invalidität betreffende Voraussetzungen, die nach den anzuwendenden Rechtsvorschriften für den Anspruch bestehen, nicht erfüllt, so teilt der Kontakt-Träger dies dem zuständigen Träger des Mitgliedstaats, dessen Rechtsvorschriften für den Antragsteller zuletzt galten, unverzüglich mit. [2]Der letztgenannte Träger ist befugt, die Entscheidung über den Grad der Invalidität des Antragstellers zu treffen, wenn die Voraussetzungen für den Anspruch nach den von ihm anzuwendenden Rechtsvorschriften erfüllt sind. [3]Er teilt diese Entscheidung den anderen beteiligten Trägern unverzüglich mit.

[3] Zur Bestimmung der Anspruchsvoraussetzungen ist gegebenenfalls unter den gleichen Bedingungen bis zu dem für Invalidität zuständigen Träger des Mitgliedstaats zurückzugehen, dessen Rechtsvorschriften für den Antragsteller zuerst galten.

(2) [1]Für den Fall, dass Artikel 46 Absatz 3 der Grundverordnung für die Feststellung des Grades der Invalidität nicht anwendbar ist, kann jeder Träger

---

1) Nr. **105**.

entsprechend seinen Rechtsvorschriften den Antragsteller von einem Arzt oder einem anderen Experten seiner Wahl untersuchen lassen. [2]Der Träger eines Mitgliedstaats berücksichtigt jedoch die von den Trägern aller anderen Mitgliedstaaten erhaltenen ärztlichen Unterlagen und Berichte sowie die verwaltungsmäßigen Auskünfte ebenso, als wären sie in seinem eigenen Mitgliedstaat erstellt worden.

Art. 50 Vorläufige Zahlungen und Vorschüsse. (1) [1]Stellt ein Träger bei der Bearbeitung eines Leistungsantrags fest, dass der Antragsteller nach den von ihm anzuwendenden Rechtsvorschriften Anspruch auf eine autonome Leistung nach Artikel 52 Absatz 1 Buchstabe a der Grundverordnung[1)] hat, so zahlt er diese Leistung ungeachtet des Artikels 7 der Durchführungsverordnung unverzüglich aus. [2]Diese Zahlung ist als vorläufige Zahlung anzusehen, wenn sich das Ergebnis der Bearbeitung des Antrags auf den gewährten Betrag auswirken könnte.

(2) Geht aus den verfügbaren Angaben hervor, dass der Antragsteller Anspruch auf eine Zahlung eines Trägers nach Artikel 52 Absatz 1 Buchstabe b der Grundverordnung hat, so zahlt dieser Träger ihm einen Vorschuss, dessen Höhe weitestgehend dem Betrag entspricht, der aufgrund des Artikels 52 Absatz 1 Buchstabe b der Grundverordnung wahrscheinlich festgestellt wird.

(3) Jeder nach Absatz 1 oder 2 zur Zahlung der vorläufigen Leistungen oder eines Vorschusses verpflichtete Träger unterrichtet hiervon unverzüglich den Antragsteller, wobei er diesen ausdrücklich auf den vorläufigen Charakter dieser Maßnahme und auf alle verfügbaren Rechtsbehelfe nach seinen Rechtsvorschriften aufmerksam macht.

Art. 51 Neuberechnung der Leistungen. (1) Bei einer Neuberechnung der Leistungen nach Artikel 48 Absätze 3 und 4, Artikel 50 Absatz 4 und Artikel 59 Absatz 1 der Grundverordnung[1)] gilt Artikel 50 der Durchführungsverordnung entsprechend.

(2) Bei Neuberechnung, Entzug oder Ruhen der Leistung informiert der Träger, der die entsprechende Entscheidung getroffen hat, unverzüglich die betreffende Person und unterrichtet jeden Träger, dem gegenüber die betreffende Person einen Anspruch hat.

Art. 52 Maßnahmen zur beschleunigten Berechnung der Rente.

(1) Um die Bearbeitung von Anträgen und die Zahlung von Leistungen zu erleichtern und zu beschleunigen, müssen die Träger, deren Rechtsvorschriften eine Person unterlegen hat,

a) die Elemente zur Identifizierung von Personen, die von einer anwendbaren einzelstaatlichen Rechtsordnung zu einer anderen wechseln, mit den Trägern anderer Mitgliedstaaten austauschen oder diesen zur Verfügung stellen und gemeinsam dafür Sorge tragen, dass diese Identifizierungselemente aufbewahrt werden und miteinander übereinstimmen, oder – in Ermangelung dessen – den betreffenden Personen die Mittel für einen direkten Zugang zu ihren Identifizierungselementen zur Verfügung stellen;

b) rechtzeitig vor Eintreten des Mindestalters für den Beginn eines Rentenanspruchs oder vor einem durch nationale Rechtsvorschriften festzulegenden

---

1) Nr. **105**.

Alter Informationen (zurückgelegte Zeiten oder sonstige wichtige Elemente) über die Rentenansprüche von Personen, die von einer anwendbaren Rechtsordnung zu einer anderen gewechselt haben, mit der betreffenden Person und den Trägern anderer Mitgliedstaaten austauschen oder diesen zur Verfügung stellen oder - in Ermangelung dessen - diesen Personen mitteilen, wie sie sich über ihre künftigen Leistungsansprüche informieren können, oder ihnen entsprechende Mittel zur Verfügung stellen.

(2) [1] Für die Anwendung von Absatz 1 bestimmt die Verwaltungskommission die Informationen, die auszutauschen oder zur Verfügung zu stellen sind, und legt die geeigneten Verfahren und Mechanismen fest; dabei berücksichtigt sie die Merkmale, die administrative und technische Organisation und die technischen Mittel, die den einzelstaatlichen Rentensystemen zur Verfügung stehen. [2] Die Verwaltungskommission gewährleistet die Umsetzung dieser Rentensysteme, indem sie eine Überwachung der ergriffenen Maßnahmen und ihrer Anwendung organisiert.

(3) Für die Anwendung des Absatzes 1 sollte der Träger im ersten Mitgliedstaat, in dem einer Person eine Persönliche Identifikationsnummer (PIN) für Verwaltungszwecke der sozialen Sicherheit zugewiesen wird, die in diesem Artikel genannten Informationen erhalten.

Art. 53 Koordinierungsmaßnahmen in den Mitgliedstaaten. (1) Unbeschadet des Artikels 51 der Grundverordnung[1)] gilt Folgendes: Enthalten die nationalen Rechtsvorschriften Regeln zur Bestimmung des zuständigen Trägers oder des anzuwendenden Systems oder zur Zuordnung von Versicherungszeiten zu einem spezifischen System, so sind bei der Anwendung dieser Regeln nur die nach den Rechtsvorschriften dieses Mitgliedstaats zurückgelegten Versicherungszeiten zu berücksichtigen.

(2) Enthalten die nationalen Rechtsvorschriften Regeln für die Koordinierung der Sondersysteme für Beamte und des allgemeinen Systems für Arbeitnehmer, so werden diese Regeln von den Bestimmungen der Grundverordnung und der Durchführungsverordnung nicht berührt.

Kapitel V. Leistungen bei Arbeitslosigkeit

Art. 54 Zusammenrechnung der Zeiten und Berechnung der Leistungen. (1) [1] Artikel 12 Absatz 1 der Durchführungsverordnung gilt entsprechend für Artikel 61 der Grundverordnung[1)]. [2] Unbeschadet der daneben fortbestehenden Pflichten der beteiligten Träger kann die betroffene Person dem zuständigen Träger ein Dokument vorlegen, das von dem Träger des Mitgliedstaats ausgestellt wurde, dessen Rechtsvorschriften die betroffene Person während ihrer letzten Beschäftigung oder selbständigen Erwerbstätigkeit unterlag, und in dem die Zeiten bescheinigt sind, die nach diesen Rechtsvorschriften zurückgelegt wurden.

(2) Bei der Anwendung von Artikel 62 Absatz 3 der Grundverordnung übermittelt der zuständige Träger des Mitgliedstaats, dessen Rechtsvorschriften die betreffende Person während ihrer letzten Beschäftigung oder selbständigen Erwerbstätigkeit unterlag, dem Träger des Wohnorts auf dessen Antrag hin unverzüglich alle Angaben, die für die Berechnung der Leistungen bei Arbeits-

---

[1)] Nr. **105**.

losigkeit, die in dem Mitgliedstaat erlangt werden können, in dem er seinen Sitz hat, erforderlich sind, insbesondere die Höhe des erzielten Entgelts oder Erwerbseinkommens.

(3) [1] Bei der Anwendung von Artikel 62 der Grundverordnung berücksichtigt der zuständige Träger eines Mitgliedstaats, nach dessen Rechtsvorschriften sich die Höhe der Leistungen nach der Zahl der Familienangehörigen richtet, ungeachtet des Artikels 63 der genannten Verordnung auch die Familienangehörigen des Betroffenen, die im Hoheitsgebiet eines anderen Mitgliedstaats wohnen, als ob sie im Hoheitsgebiet des zuständigen Staates wohnten. [2] Dies gilt jedoch nicht, wenn in dem Mitgliedstaat, in dem die Familienangehörigen wohnen, eine andere Person Anspruch auf Leistungen bei Arbeitslosigkeit hat, bei deren Berechnung die Familienangehörigen berücksichtigt werden.

Art. 55 Bedingungen und Grenzen für die Aufrechterhaltung des Leistungsanspruchs eines Arbeitslosen, der sich in einen anderen Mitgliedstaat begibt. (1) *[1]* Der Anspruch nach Artikel 64 oder Artikel 65a der Grundverordnung[1)] besteht nur, wenn der Arbeitslose, der sich in einen anderen Mitgliedstaat begibt, vor seiner Abreise den zuständigen Träger informiert und bei diesem eine Bescheinigung beantragt, dass er unter den Bedingungen des Artikels 64 Absatz 1 Buchstabe b der Grundverordnung weiterhin Anspruch auf Leistungen hat.

[2] Dieser Träger informiert ihn über die ihm obliegenden Pflichten und übermittelt ihm das genannte Dokument, aus dem sich insbesondere Folgendes ergibt:

a) der Tag, von dem an der Arbeitslose der Arbeitsverwaltung des zuständigen Staates nicht mehr zur Verfügung stand;
b) die Frist, die nach Artikel 64 Absatz 1 Buchstabe b der Grundverordnung für die Eintragung als Arbeitsuchender in dem Mitgliedstaat, in den der Arbeitslose sich begeben hat, eingeräumt wird;
c) die Höchstdauer für die Aufrechterhaltung des Leistungsanspruchs nach Artikel 64 Absatz 1 Buchstabe c der Grundverordnung;
d) die Umstände, die sich auf den Leistungsanspruch auswirken können.

(2) [1] Der Arbeitslose meldet sich nach Artikel 64 Absatz 1 Buchstabe b der Grundverordnung bei der Arbeitsverwaltung des Mitgliedstaats, in den er sich begibt, als Arbeitsuchender und legt dem Träger dieses Mitgliedstaats das in Absatz 1 genannte Dokument vor. [2] Hat er den zuständigen Träger nach Absatz 1 informiert, aber nicht dieses Dokument vorgelegt, so fordert der Träger des Mitgliedstaats, in den sich der Arbeitslose begeben hat, die erforderlichen Angaben beim zuständigen Träger an.

(3) Die Arbeitsverwaltung des Mitgliedstaats, in den sich der Arbeitslose zur Arbeitsuche begeben hat, unterrichtet diesen von seinen Pflichten.

(4) *[1]* Der Träger des Mitgliedstaats, in den der Arbeitslose sich begeben hat, sendet dem zuständigen Träger unverzüglich ein Dokument zu, das den Zeitpunkt der Anmeldung des Arbeitslosen bei der Arbeitsverwaltung und seine neue Anschrift enthält.

[1)] Nr. **105**.

[2] Falls während des Zeitraums, in dem der Arbeitslose den Anspruch auf Leistungen behält, Umstände eintreten, die sich auf den Leistungsanspruch auswirken könnten, so sendet der Träger des Mitgliedstaats, in den sich der Arbeitslose begeben hat, dem zuständigen Träger und der betroffenen Person unverzüglich ein Dokument mit den maßgeblichen Informationen zu.

[3] Auf Ersuchen des zuständigen Trägers übermittelt der Träger des Mitgliedstaats, in den der Arbeitslose sich begeben hat, jeden Monat die maßgeblichen Informationen über die Entwicklung der Situation des Arbeitslosen, insbesondere, ob dieser weiterhin bei der Arbeitsverwaltung gemeldet ist und ob er sich den vorgesehenen Kontrollverfahren unterzieht.

(5) [1] Der Träger des Mitgliedstaats, in den der Arbeitslose sich begeben hat, führt die Kontrolle durch oder lässt sie durchführen wie bei einem Arbeitslosen, der Leistungen nach den von ihm anzuwendenden Rechtsvorschriften bezieht. [2] Gegebenenfalls unterrichtet er sofort den zuständigen Träger, falls einer der in Absatz 1 Buchstabe d genannten Umstände eintritt.

(6) Die zuständigen Behörden oder Träger von zwei oder mehr Mitgliedstaaten können sich hinsichtlich der Entwicklung der Situation des Arbeitslosen auf spezielle Verfahren und Fristen sowie auf weitere Maßnahmen verständigen, um die Arbeitssuche von Arbeitslosen zu erleichtern, die sich nach Artikel 64 der Grundverordnung in einen dieser Mitgliedstaaten begeben.

(7) Die Absätze 2 bis 6 gelten entsprechend für die unter Artikel 65a Absatz 3 der Grundverordnung fallenden Sachverhalte.

Art. 56 Arbeitslose, die in einem anderen als dem zuständigen Mitgliedstaat gewohnt haben. (1) *[1]* Beschließt ein Arbeitsloser, sich nach Artikel 65 Absatz 2 oder Artikel 65a Absatz 1 der Grundverordnung[1)] auch der Arbeitsverwaltung in dem Mitgliedstaat zur Verfügung zu stellen, der keine Leistung gewährt, indem er sich dort als Arbeitsuchender meldet, so teilt er dies dem Träger und der Arbeitsverwaltung des leistungsgewährenden Mitgliedstaats mit.

[2] Auf Ersuchen der Arbeitsverwaltung des Mitgliedstaats, der keine Leistung gewährt, übermittelt die Arbeitsverwaltung des leistungsgewährenden Mitgliedstaats dieser die maßgeblichen Informationen zur Meldung und zur Arbeitsuche des Arbeitslosen.

(2) *[1]* Sehen die geltenden Rechtsvorschriften in den betreffenden Mitgliedstaaten vor, dass der Arbeitslose bestimmte Pflichten erfüllt und/oder bestimmte Schritte zur Arbeitsuche unternimmt, so haben die Pflichten des Arbeitslosen in dem Mitgliedstaat, der die Leistungen gewährt, und/oder seine dort zur Arbeitsuche zu unternehmenden Schritte Vorrang.

[2] Falls ein Arbeitsloser in dem Mitgliedstaat, der ihm keine Leistungen gewährt, nicht allen Pflichten nachkommt und/oder dort nicht alle Schritte zur Arbeitsuche unternimmt, so hat dies keine Auswirkungen auf die Leistungen, die in dem anderen Mitgliedstaat gewährt werden

(3) Bei der Anwendung von Artikel 65 Absatz 5 Buchstabe b der Grundverordnung teilt der Träger des Mitgliedstaats, dessen Rechtsvorschriften zuletzt für den Arbeitslosen galten, dem Träger des Wohnorts auf dessen Ersuchen hin

---

1) Nr. **105**.

mit, ob der Arbeitslose einen Leistungsanspruch nach Artikel 64 der Grundverordnung hat.

Art. 57 Vorschriften für die Anwendung der Artikel 61, 62, 64 und 65 der Grundverordnung auf von einem Sondersystem für Beamte erfasste Personen. (1) Die Artikel 54 und 55 der Durchführungsverordnung gelten entsprechend für Personen, die von einem Arbeitslosensondersystem für Beamte erfasst sind.

(2) [1] Artikel 56 der Durchführungsverordnung gilt nicht für die von einem Arbeitslosensondersystem für Beamte erfassten Personen. [2] Von einem Arbeitslosensondersystem für Beamte erfasste Arbeitslose, die teil- oder vollarbeitslos sind und während ihrer letzten Beschäftigung im Hoheitsgebiet eines anderen Mitgliedstaats als dem zuständigen Staat wohnten, erhalten Leistungen aus dem Arbeitslosensondersystem für Beamte nach den Rechtsvorschriften des zuständigen Mitgliedstaats, als wohnten sie im Hoheitsgebiet des zuständigen Mitgliedstaats. [3] Diese Leistungen werden vom zuständigen Träger erbracht und gehen zu seinen Lasten.

Kapitel VI. Familienleistungen

Art. 58 Prioritätsregeln bei Zusammentreffen von Ansprüchen. [1] Ermöglicht der Wohnort der Kinder bei Anwendung des Artikels 68 Absatz 1 Buchstabe b Ziffern i und ii der Grundverordnung[1)] keine Bestimmung der Rangfolge, so berechnet jeder betroffene Mitgliedstaat den Leistungsbetrag unter Einschluss der Kinder, die nicht in seinem Hoheitsgebiet wohnen. [2] Im Falle der Anwendung von Artikel 68 Absatz 1 Buchstabe b Ziffer i zahlt der zuständige Träger des Mitgliedstaats, dessen Rechtsvorschriften den höheren Leistungsbetrag vorsehen, diesen ganzen Betrag aus. [3] Der zuständige Träger des anderen Mitgliedstaats erstattet ihm die Hälfte dieses Betrags, wobei der nach den Rechtsvorschriften des letzteren Mitgliedstaats vorgesehene Leistungssatz die obere Grenze bildet.

Art. 59 Regelungen für den Fall, in dem sich die anzuwendenden Rechtsvorschriften und/oder die Zuständigkeit für die Gewährung von Familienleistungen ändern. (1) Ändern sich zwischen den Mitgliedstaaten während eines Kalendermonats die Rechtsvorschriften und/oder die Zuständigkeit für die Gewährung von Familienleistungen, so setzt der Träger, der die Familienleistungen nach den Rechtsvorschriften gezahlt hat, nach denen die Leistungen zu Beginn dieses Monats gewährt wurden, unabhängig von den in den Rechtsvorschriften dieser Mitgliedstaaten für die Gewährung von Familienleistungen vorgesehenen Zahlungsfristen die Zahlungen bis zum Ende des laufenden Monats fort.

(2) [1] Er unterrichtet den Träger des anderen betroffenen Mitgliedstaats oder die anderen betroffenen Mitgliedstaaten von dem Zeitpunkt, zu dem er die Zahlung dieser Familienleistungen einstellt. [2] Ab diesem Zeitpunkt übernehmen der andere betroffene Mitgliedstaat oder die anderen betroffenen Mitgliedstaaten die Zahlung der Leistungen.

---

1) Nr. **105**.

Art. 60 Verfahren bei der Anwendung von Artikel 67 und 68 der Grundverordnung. (1) [1]Die Familienleistungen werden bei dem zuständigen Träger beantragt. [2]Bei der Anwendung von Artikel 67 und 68 der Grundverordnung[1)] ist, insbesondere was das Recht einer Person zur Erhebung eines Leistungsanspruchs anbelangt, die Situation der gesamten Familie in einer Weise zu berücksichtigen, als würden alle beteiligten Personen unter die Rechtsvorschriften des betreffenden Mitgliedstaats fallen und dort wohnen. [3]Nimmt eine Person, die berechtigt ist, Anspruch auf die Leistungen zu erheben, dieses Recht nicht wahr, berücksichtigt der zuständige Träger des Mitgliedstaats, dessen Rechtsvorschriften anzuwenden sind, einen Antrag auf Familienleistungen, der von dem anderen Elternteil, einer als Elternteil behandelten Person oder von der Person oder Institution, die als Vormund des Kindes oder der Kinder handelt, gestellt wird.

(2) *[1]* Der nach Absatz 1 in Anspruch genommene Träger prüft den Antrag anhand der detaillierten Angaben des Antragstellers und berücksichtigt dabei die gesamten tatsächlichen und rechtlichen Umstände, die die familiäre Situation des Antragstellers ausmachen.

[2] Kommt dieser Träger zu dem Schluss, dass seine Rechtsvorschriften nach Artikel 68 Absätze 1 und 2 der Grundverordnung prioritär anzuwenden sind, so zahlt er die Familienleistungen nach den von ihm angewandten Rechtsvorschriften.

[3] Ist dieser Träger der Meinung, dass aufgrund der Rechtsvorschriften eines anderen Mitgliedstaats ein Anspruch auf einen Unterschiedsbetrag nach Artikel 68 Absatz 2 der Grundverordnung bestehen könnte, so übermittelt er den Antrag unverzüglich dem zuständigen Träger des anderen Mitgliedstaats und informiert die betreffende Person; außerdem unterrichtet er den Träger des anderen Mitgliedstaats darüber, wie er über den Antrag entschieden hat und in welcher Höhe Familienleistungen gezahlt wurden.

(3) *[1]* [1]Kommt der Träger, bei dem der Antrag gestellt wurde, zu dem Schluss, dass seine Rechtsvorschriften zwar anwendbar, aber nach Artikel 68 Absätze 1 und 2 der Grundverordnung nicht prioritär anwendbar sind, so trifft er unverzüglich eine vorläufige Entscheidung über die anzuwendenden Prioritätsregeln, leitet den Antrag nach Artikel 68 Absatz 3 der Grundverordnung an den Träger des anderen Mitgliedstaats weiter und informiert auch den Antragsteller darüber. [2]Dieser Träger nimmt innerhalb einer Frist von zwei Monaten zu der vorläufigen Entscheidung Stellung.

[2] Falls der Träger, an den der Antrag weitergeleitet wurde, nicht innerhalb von zwei Monaten nach Eingang des Antrags Stellung nimmt, wird die oben genannte vorläufige Entscheidung anwendbar und zahlt dieser Träger die in seinen Rechtsvorschriften vorgesehenen Leistungen und informiert den Träger, an den der Antrag gerichtet war, über die Höhe der gezahlten Leistungen.

(4) [1]Sind sich die betreffenden Träger nicht einig, welche Rechtsvorschriften prioritär anwendbar sind, so gilt Artikel 6 Absätze 2 bis 5 der Durchführungsverordnung. [2]Zu diesem Zweck ist der in Artikel 6 Absatz 2 der Durchführungsverordnung genannte Träger des Wohnorts der Träger des Wohnorts des Kindes oder der Kinder.

[1)] Nr. **105**.

(5) Der Träger, der eine vorläufige Leistungszahlung vorgenommen hat, die höher ist als der letztlich zu seinen Lasten gehende Betrag, kann den zu viel gezahlten Betrag nach dem Verfahren des Artikels 73 der Durchführungsverordnung vom vorrangig zuständigen Träger zurückfordern.

Art. 61 Verfahren bei der Anwendung von Artikel 69 der Grundverordnung. [1] Bei der Anwendung von Artikel 69 der Grundverordnung[1)] erstellt die Verwaltungskommission eine Liste der zusätzlichen oder besonderen Familienleistungen für Waisen, die unter den genannten Artikel fallen. [2] Falls die von dem prioritär zuständigen Träger anzuwendenden Rechtsvorschriften nicht vorsehen, solche zusätzlichen oder besonderen Familienleistungen für Waisen zu zahlen, leitet er Anträge auf Familienleistungen mit allen entsprechenden Unterlagen und Angaben unverzüglich an den Träger des Mitgliedstaats weiter, dessen Rechtsvorschriften die längste Zeit für den Betroffenen gegolten haben und solche zusätzlichen oder besonderen Familienleistungen für Waisen vorsehen. [3] In einigen Fällen ist nach dem gleichen Verfahren gegebenenfalls bis zu dem Träger des Mitgliedstaats zurückzugehen, nach dessen Rechtsvorschriften die betreffende Person die kürzeste ihrer Versicherungs- oder Wohnzeiten zurückgelegt hat.

Titel IV. Finanzvorschriften

Kapitel I. Kostenerstattung für Leistungen bei der Anwendung von Artikel 35 und Artikel 41 der Grundverordnung

Abschnitt 1. Erstattung auf der Grundlage tatsächlicher Aufwendungen

Art. 62 Grundsätze. (1) Bei der Anwendung von Artikel 35 und 41 der Grundverordnung[1)] erstattet der zuständige Träger dem Träger, der die Sachleistungen gewährt hat, diese in Höhe der tatsächlichen Ausgaben, die sich aus der Rechnungsführung dieses Trägers ergeben, außer bei Anwendung des Artikels 63 der Durchführungsverordnung.

(2) [1] Geht der tatsächliche Betrag der in Absatz 1 genannten Ausgaben für Sachleistungen nicht oder teilweise nicht aus der Rechnungsführung des Trägers, der sie gewährt hat, hervor, so wird der zu erstattende Betrag auf der Grundlage aller geeigneten Bezugsgrößen, die den verfügbaren Daten entnommen werden, pauschal berechnet. [2] Die Verwaltungskommission beurteilt die Grundlagen für die Berechnung der Pauschalbeträge und stellt deren Höhe fest.

(3) Für die Erstattung können keine höheren Sätze berücksichtigt werden als diejenigen, die für Sachleistungen an Versicherte maßgeblich sind, die den Rechtsvorschriften unterliegen, die für den Träger, der die in Absatz 1 genannten Sachleistungen gewährt hat, gelten.

Abschnitt 2. Erstattung auf der Grundlage von Pauschalbeträgen

Art. 63 Bestimmung der betroffenen Mitgliedstaaten. (1) Die unter Artikel 35 Absatz 2 der Grundverordnung[1)] fallenden Mitgliedstaaten, deren Rechts- und Verwaltungsstruktur eine Erstattung auf der Grundlage der tatsächlichen Aufwendungen nicht zweckmäßig macht, sind in Anhang 3 der Durchführungsverordnung aufgeführt.

[1)] Nr. **105**.

(2) [1] Für die in Anhang 3 der Durchführungsverordnung aufgeführten Mitgliedstaaten wird der Betrag der Sachleistungen,

a) die nach Artikel 17 der Grundverordnung Familienangehörigen gewährt wurden, die in einem anderen Mitgliedstaat als der Versicherte wohnen, und

b) die nach Artikel 24 Absatz 1 und den Artikeln 25 und 26 der Grundverordnung Rentnern und ihren Familienangehörigen gewährt wurden,

den Trägern, die diese Sachleistungen gewährt haben, von den zuständigen Trägern auf der Grundlage eines Pauschalbetrags, dessen Höhe für jedes Kalenderjahr ermittelt wird, erstattet. [2] Die Höhe dieses Pauschalbetrags muss den tatsächlichen Ausgaben möglichst nahe kommen.

Art. 64 Methode zur Berechnung der monatlichen Pauschalbeträge und des gesamten Pauschalbetrags. (1) [1] Für jeden forderungsberechtigten Mitgliedstaat wird der monatliche Pauschalbetrag pro Person (F_i) für ein Kalenderjahr ermittelt, indem man entsprechend der folgenden Formel die Jahresdurchschnittskosten pro Person (Y_i) nach Altersklasse (i) durch 12 teilt und das Ergebnis um einen Faktor (X) kürzt:

$$F_i = Y_i * 1/12 * (1-X)$$

[2] Dabei steht

- der Index (i = 1, 2 oder 3) für die drei bei der Berechnung des Pauschalbetrags berücksichtigten Altersklassen:
  i = 1: Personen unter 20 Jahren,
  i = 2: Personen von 20 bis 64 Jahren,
  i = 3: Personen ab 65 Jahren,
- Y_i für die Jahresdurchschnittskosten pro Person der Altersklasse i nach Absatz 2,
- der Koeffizient X (0,20 oder 0,15) für die Kürzung nach Absatz 3.

(2) [1] Die Jahresdurchschnittskosten pro Person (Y_i) der Altersklasse i werden ermittelt, indem man die Jahresausgaben für sämtliche Sachleistungen, die von Trägern des forderungsberechtigten Mitgliedstaats allen seinen Rechtsvorschriften unterliegenden und in seinem Hoheitsgebiet wohnenden Personen der betreffenden Altersklasse gewährt wurden, durch die durchschnittliche Zahl der betroffenen Personen dieser Altersklasse in dem betreffenden Kalenderjahr teilt. [2] Die Berechnung beruht auf den Aufwendungen im Rahmen der Systeme nach Artikel 23 der Durchführungsverordnung.

(3) [1] Die auf den monatlichen Pauschalbetrag anzuwendende Kürzung beträgt grundsätzlich 20 % (X = 0,20). [2] Ist der zuständige Mitgliedstaat nicht in Anhang IV der Grundverordnung aufgeführt, so beträgt sie für Rentner und ihre Familienangehörigen 15 % (X = 0,15).

(4) *[1]* Für jeden leistungspflichtigen Mitgliedstaat wird der gesamte Pauschalbetrag für ein Kalenderjahr ermittelt, indem man den festgelegten monatlichen Pauschalbetrag pro Person für jede Altersklasse i mit der Zahl der Monate multipliziert, die die betreffenden Personen der jeweiligen Altersgruppe in dem forderungsberechtigten Mitgliedstaat zurückgelegt haben, und die Ergebnisse addiert.

[2] [1] Die Zahl der von den betreffenden Personen in dem forderungsberechtigten Mitgliedstaat zurückgelegten Monate entspricht der Summe der Kalendermonate in einem Kalenderjahr, in denen die betreffenden Personen auf-

grund ihres Wohnorts im Hoheitsgebiet des forderungsberechtigten Mitgliedstaats in eben diesem Hoheitsgebiet für Rechnung des leistungspflichtigen Mitgliedstaats für Sachleistungen in Betracht kamen. [2]Diese Monate werden mit Hilfe eines Verzeichnisses ermittelt, das der Träger des Wohnorts zu diesem Zweck anhand von Nachweisen, die der zuständige Träger zur Verfügung stellt, über die Ansprüche der betreffenden Personen führt.

(5) [1]Die Verwaltungskommission legt spätestens bis zum 1. Mai 2015 einen gesonderten Bericht über die Anwendung dieses Artikels und insbesondere über die Kürzungen nach Absatz 3 vor. [2]Auf der Grundlage dieses Berichts kann die Verwaltungskommission einen Vorschlag mit Änderungen vorlegen, die sich gegebenenfalls als notwendig erweisen, um sicherzustellen, dass die Berechnung der Pauschalbeträge den tatsächlichen Aufwendungen so nahe wie möglich kommt und dass die Kürzungen nach Absatz 3 für die Mitgliedstaaten nicht zu unausgewogenen Zahlungen oder zu Doppelzahlungen führen.

(6) Die Verwaltungskommission bestimmt die Verfahren und Modalitäten, nach denen die in den Absätzen 1 bis 5 genannten Berechnungsfaktoren für die Pauschalbeträge festgelegt werden.

(7) Ungeachtet der Absätze 1 bis 4 können die Mitgliedstaaten für die Berechnung des Pauschalbetrags bis 1. Mai 2015 weiterhin Artikel 94 und 95 der Verordnung (EWG) Nr. 574/72 anwenden, unter der Voraussetzung, dass auch die Kürzung nach Absatz 3 angewandt wird.

Art. 65 Mitteilung der Jahresdurchschnittskosten. (1) [1]Für ein bestimmtes Jahr wird die Höhe der Jahresdurchschnittskosten pro Person in den einzelnen Altersklassen spätestens bis zum Ende des zweiten Jahres, das auf dieses Jahr folgt, dem Rechnungsausschuss mitgeteilt. [2]Erfolgt die Mitteilung nicht bis zu diesem Zeitpunkt, so werden die Jahresdurchschnittskosten pro Person, die die Verwaltungskommission zuletzt für ein Jahr davor festgelegt hat, zugrunde gelegt.

(2) Die nach Absatz 1 festgelegten Jahresdurchschnittskosten werden jährlich im *Amtsblatt der Europäischen Union* veröffentlicht.

Abschnitt 3. Gemeinsame Vorschriften

Art. 66 Erstattungsverfahren zwischen Trägern. (1) [1]Die Erstattungen zwischen den betroffenen Mitgliedstaaten werden so rasch wie möglich vorgenommen. [2]Der betreffende Träger ist verpflichtet, die Forderungen vor Ablauf der in diesem Abschnitt genannten Fristen zu erstatten, sobald er dazu in der Lage ist. [3]Eine Beanstandung einer einzelnen Forderung verhindert nicht die Erstattung einer anderen Forderung oder anderer Forderungen.

(2) [1]Erstattungen zwischen den Trägern der Mitgliedstaaten nach den Artikeln 35 und 41 der Grundverordnung[1)] werden über die Verbindungsstelle abgewickelt. [2]Erstattungen nach den Artikeln 35 und 41 der Grundverordnung können jeweils über eine gesonderte Verbindungsstelle abgewickelt werden.

Art. 67 Fristen für die Einreichung und Zahlung der Forderungen.

(1) Forderungen auf der Grundlage von tatsächlichen Aufwendungen werden bei der Verbindungsstelle des leistungspflichtigen Mitgliedstaats binnen

---

[1)] Nr. **105**.

zwölf Monaten nach Ablauf des Kalenderhalbjahres eingereicht, in dem die Forderungen in die Rechnungsführung des forderungsberechtigten Trägers aufgenommen wurden.

(2) [1] Forderungen auf der Grundlage von Pauschalbeträgen für ein Kalenderjahr werden bei der Verbindungsstelle des leistungspflichtigen Mitgliedstaats binnen zwölf Monaten nach dem Monat eingereicht, in dem die Durchschnittskosten des betreffenden Jahres im *Amtsblatt der Europäischen Union* veröffentlicht wurden. [2] Die in Artikel 64 Absatz 4 der Durchführungsverordnung genannten Verzeichnisse werden bis zum Ende des Jahres, das dem Bezugsjahr folgt, vorgelegt.

(3) In dem in Artikel 6 Absatz 5 Unterabsatz 2 der Durchführungsverordnung genannten Fall beginnt die Frist nach den Absätzen 1 und 2 des vorliegenden Artikels erst mit dem Zeitpunkt der Ermittlung des zuständigen Trägers zu laufen.

(4) Forderungen, die nach Ablauf der in den Absätzen 1 und 2 genannten Fristen eingereicht werden, bleiben unberücksichtigt.

(5) [1] Die Forderungen werden binnen 18 Monaten nach Ablauf des Monats, in dem sie bei der Verbindungsstelle des leistungspflichtigen Mitgliedstaats eingereicht wurden, an die in Artikel 66 der Durchführungsverordnung genannte Verbindungsstelle des forderungsberechtigten Mitgliedstaats gezahlt. [2] Dies gilt nicht für Forderungen, die innerhalb dieses Zeitraums aus einem berechtigten Grund vom leistungspflichtigen Träger zurückgewiesen wurden.

(6) Beanstandungen einer Forderung müssen binnen 36 Monaten nach Ablauf des Monats geklärt sein, in dem die Forderung eingereicht wurde.

(7) Der Rechnungsausschuss erleichtert den Abschluss der Rechnungsführung in Fällen, in denen eine Einigung nicht innerhalb des in Absatz 6 genannten Zeitraums erzielt werden kann, und nimmt auf begründeten Antrag einer der Parteien innerhalb von sechs Monaten, gerechnet ab dem Monat, in dem er mit der Angelegenheit befasst worden ist, zu Beanstandungen Stellung.

Art. 68 Verzugszinsen und Anzahlungen. (1) [1] Nach Ablauf der Frist von 18 Monaten nach Artikel 67 Absatz 5 der Durchführungsverordnung kann der forderungsberechtigte Träger Zinsen auf ausstehende Forderungen erheben, es sei denn, der leistungspflichtige Träger hat innerhalb von sechs Monaten nach Ablauf des Monats, in dem die Forderung eingereicht wurde, eine Anzahlung in Höhe von mindestens 90 % der gesamten nach Artikel 67 Absätze 1 oder 2 der Durchführungsverordnung eingereichten Forderung geleistet. [2] Für die Teile der Forderung, die nicht durch die Anzahlung abgedeckt sind, können Zinsen erst nach Ablauf der Frist von 36 Monaten nach Artikel 67 Absatz 6 der Durchführungsverordnung erhoben werden.

(2) [1] Die Zinsen werden zu dem Referenzzinssatz berechnet, den die Europäische Zentralbank bei ihren Hauptrefinanzierungsgeschäften zugrunde legt. [2] Maßgeblich ist der Referenzzinssatz, der am ersten Tag des Monats gilt, in dem die Zahlung fällig ist.

(3) [1] Keine Verbindungsstelle ist verpflichtet, Anzahlungen nach Absatz 1 anzunehmen. [2] Lehnt eine Verbindungsstelle jedoch ein entsprechendes Angebot ab, so ist der forderungsberechtigte Träger nicht mehr berechtigt, andere Verzugszinsen als nach Absatz 1 Satz 2 auf die betreffenden Forderungen zu erheben.

Art. 69 Jahresabschlussbericht. (1) [1]Auf der Grundlage des Berichts des Rechnungsausschusses erstellt die Verwaltungskommission nach Artikel 72 Buchstabe g der Grundverordnung[1)] für jedes Kalenderjahr eine Übersicht über die Forderungen. [2]Zu diesem Zweck teilen die Verbindungsstellen dem Rechnungsausschuss unter Einhaltung der von diesem festgelegten Fristen und Modalitäten einerseits die Höhe der eingereichten, beglichenen oder beanstandeten Forderungen (Gläubigerposition) und andererseits die Höhe der eingegangenen, beglichenen oder beanstandeten Forderungen (Schuldnerposition) mit.

(2) Die Verwaltungskommission kann alle zweckdienlichen Prüfungen zur Kontrolle der statistischen Angaben und Rechnungsführungsdaten, auf deren Grundlage die Jahresübersicht über die Forderungen nach Absatz 1 erstellt wurde, vornehmen, insbesondere um sich zu vergewissern, dass diese Daten mit den in diesem Titel festgesetzten Regeln übereinstimmen.

Kapitel II. Erstattung der Leistungen bei Arbeitslosigkeit nach Artikel 65 der Grundverordnung

Art. 70 Erstattung der Leistungen bei Arbeitslosigkeit. *[1]* [1]Falls keine Vereinbarung nach Artikel 65 Absatz 8 der Grundverordnung[1)] getroffen wurde, beantragt der Träger des Wohnorts die Erstattung von Leistungen bei Arbeitslosigkeit nach Artikel 65 Absätze 6 und 7 der Grundverordnung von dem Träger des Mitgliedstaats, dessen Rechtsvorschriften zuletzt für den Leistungsberechtigten gegolten haben. [2]Die Antragstellung erfolgt binnen sechs Monaten nach Ende des Kalenderhalbjahrs, in dem die letzte Zahlung von Leistungen bei Arbeitslosigkeit, deren Erstattung beantragt wird, geleistet wurde. [3]Aus dem Antrag gehen die Höhe der Leistungen, die nach Artikel 65 Absätze 6 oder 7 der Grundverordnung drei oder fünf Monate lang gezahlt wurden, die Zeit der Leistungszahlung und die Angaben zur Person des Arbeitslosen hervor. [4]Die Forderungen werden über die Verbindungsstellen der betroffenen Mitgliedstaaten eingereicht und bezahlt.

[2] Es ist nicht erforderlich, Anträge, die nach der in Absatz 1 genannten Frist eingereicht werden, zu berücksichtigen.

[3] Artikel 66 Absatz 1 und Artikel 67 Absätze 5 bis 7 der Durchführungsverordnung gelten entsprechend.

[4] [1]Nach Ablauf der in Artikel 67 Absatz 5 der Durchführungsverordnung genannten Achtzehnmonatsfrist kann der forderungsberechtigte Träger Zinsen auf die nicht beglichenen Forderungen erheben. [2]Die Zinsen werden nach Artikel 68 Absatz 2 der Durchführungsverordnung berechnet.

[5] [1]Als Höchstbetrag der Erstattung nach Artikel 65 Absatz 6 Satz 3 der Grundverordnung gilt in jedem Einzelfall der Leistungsbetrag, auf den eine betroffene Person nach den Rechtsvorschriften des Mitgliedstaats, die zuletzt für sie gegolten haben, Anspruch hätte, sofern sie bei der Arbeitsverwaltung dieses Mitgliedstaats gemeldet wäre. [2]In den Beziehungen zwischen den in Anhang 5 der Durchführungsverordnung aufgelisteten Mitgliedstaaten bestimmen jedoch die zuständigen Träger eines dieser Mitgliedstaaten, dessen Rechtsvorschriften zuletzt für die betroffene Person gegolten haben, in jedem Einzelfall den Höchstbetrag auf der Grundlage des Durchschnittsbetrags der Leistun-

---

[1)] Nr. **105**.

gen bei Arbeitslosigkeit, die nach den Rechtsvorschriften dieses Mitgliedstaats im vorangegangenen Kalenderjahr zu zahlen waren.

Kapitel III. Rückforderung gezahlter, aber nicht geschuldeter Leistungen, Einziehung vorläufiger Zahlungen und Beiträge, Ausgleich und Unterstützung bei der Beitreibung

Abschnitt 1. Grundsätze

Art. 71 Gemeinsame Bestimmungen. [1] Zur Durchführung des Artikels 84 der Grundverordnung[1)] und in dem darin abgesteckten Rahmen wird die Beitreibung von Forderungen soweit möglich auf dem Wege des Ausgleichs nach den Artikeln 72 bis 74 der Durchführungsverordnung vorgenommen, entweder zwischen den betreffenden Trägern oder Mitgliedstaaten oder gegenüber der betreffenden natürlichen oder juristischen Person. [2] Kann eine Forderung im Wege dieses Ausgleichs ganz oder teilweise nicht beigetrieben werden, so wird der noch geschuldete Betrag nach den Artikeln 75 bis 85 der Durchführungsverordnung beigetrieben.

Abschnitt 2. Ausgleich

Art. 72 Nicht geschuldete Leistungen. (1) [1] Hat der Träger eines Mitgliedstaats einer Person nicht geschuldete Leistungen ausgezahlt, so kann dieser Träger unter den Bedingungen und in den Grenzen der von ihm anzuwendenden Rechtsvorschriften den Träger jedes anderen Mitgliedstaats, der gegenüber der betreffenden Person zu Leistungen verpflichtet ist, um Einbehaltung des nicht geschuldeten Betrags von nachzuzahlenden Beträgen oder laufenden Zahlungen, die der betreffenden Person geschuldet sind, ersuchen, und zwar ungeachtet des Zweigs der sozialen Sicherheit, in dem die Leistung gezahlt wird. [2] Der Träger des letztgenannten Mitgliedstaats behält den entsprechenden Betrag unter den Bedingungen und in den Grenzen ein, die nach den von ihm anzuwendenden Rechtsvorschriften für einen solchen Ausgleich vorgesehen sind, als ob es sich um von ihm selbst zu viel gezahlte Beträge handelte; den einbehaltenen Betrag überweist er dem Träger, der die nicht geschuldeten Leistungen ausgezahlt hat.

(2) [1] Abweichend von Absatz 1 gilt Folgendes: Hat der Träger eines Mitgliedstaats bei der Feststellung oder Neufeststellung von Invaliditätsleistungen, Alters- und Hinterbliebenenrenten in Anwendung des Titels III Kapitel 4 und 5 der Grundverordnung[1)] einer Person Leistungen in nicht geschuldeter Höhe ausgezahlt, so kann dieser Träger vom Träger jedes anderen Mitgliedstaats, der gegenüber der betreffenden Person zu entsprechenden Leistungen verpflichtet ist, verlangen, den zuviel gezahlten Betrag von den nachzuzahlenden Beträgen einzubehalten, die der betreffenden Person zu zahlen sind. [2] Nachdem der letztgenannte Träger den Träger, der den nicht geschuldeten Betrag gezahlt hat, über diese nachzuzahlenden Beträge unterrichtet hat, muss der Träger, der den nicht geschuldeten Betrag gezahlt hat, die Summe des nicht geschuldeten Betrags innerhalb von zwei Monaten mitteilen. [3] Erhält der Träger, der die nachzuzahlenden Beträge zu zahlen hat, diese Mitteilung innerhalb der Frist, so überweist er den einbehaltenen Betrag an den Träger, der den nicht geschuldeten Betrag ausgezahlt hat. [4] Ist die Frist abgelaufen, so muss der

---

[1)] Nr. **105**.

genannte Träger der betreffenden Person die nachzuzahlenden Beträge unverzüglich auszahlen.

(3) *[1]* Hat eine Person während eines Zeitraums, in dem sie nach den Rechtsvorschriften eines Mitgliedstaats Anspruch auf Leistungen hatte, in einem anderen Mitgliedstaat Sozialhilfe bezogen, so kann die Stelle, die Sozialhilfe gewährt hat, falls sie einen gesetzlich zulässigen Regressanspruch auf der betreffenden Person geschuldete Leistungen hat, vom Träger jedes anderen Mitgliedstaats, der gegenüber der betreffenden Person zu Leistungen verpflichtet ist, verlangen, dass er den für Sozialhilfe verauslagten Betrag von den Beträgen einbehält, die dieser Mitgliedstaat der betreffenden Person zahlt.

[2] Diese Bestimmung gilt entsprechend, wenn ein Familienangehöriger einer betroffenen Person während eines Zeitraums, in dem die versicherte Person für diesen Familienangehörigen nach den Rechtsvorschriften eines anderen Mitgliedstaats Anspruch auf Leistungen hatte, im Gebiet eines Mitgliedstaats Sozialhilfe bezogen hat.

[3] Der Träger eines Mitgliedstaats, der einen nicht geschuldeten Betrag als Sozialhilfe ausgezahlt hat, übermittelt dem Träger des anderen Mitgliedstaats eine Abrechnung über den geschuldeten Betrag; dieser behält den entsprechenden Betrag unter den Bedingungen und in den Grenzen ein, die nach den von ihm anzuwendenden Rechtsvorschriften für einen solchen Ausgleich vorgesehen sind; den einbehaltenen Betrag überweist er unverzüglich dem Träger, der den nicht geschuldeten Betrag ausgezahlt hat.

Art. 73 Vorläufig gezahlte Geldleistungen oder Beiträge. (1) *[1]* Bei der Anwendung von Artikel 6 der Durchführungsverordnung erstellt der Träger, der die Geldleistungen vorläufig gezahlt hat, spätestens drei Monate nach Bestimmung der anzuwendenden Rechtsvorschriften oder Ermittlung des für die Zahlung der Leistungen verantwortlichen Trägers eine Abrechnung über den vorläufig gezahlten Betrag und übermittelt diese dem als zuständig ermittelten Träger.

[2] Der für die Zahlung der Leistungen als zuständig ermittelte Träger behält im Hinblick auf diese vorläufige Zahlung den geschuldeten Betrag von den nachzuzahlenden Beträgen der entsprechenden Leistungen, die er der betreffenden Person schuldet, ein und überweist den einbehaltenen Betrag unverzüglich dem Träger, der die Geldleistungen vorläufig gezahlt hat.

[3] Geht der Betrag der vorläufig gezahlten Leistungen über den nachzuzahlenden Betrag hinaus, oder sind keine nachzuzahlenden Beträge vorhanden, so behält der als zuständig ermittelte Träger diesen Betrag unter den Bedingungen und in den Grenzen, die nach den von ihm anzuwendenden Rechtsvorschriften für einen solchen Ausgleich vorgesehen sind, von laufenden Zahlungen ein und überweist den einbehaltenen Betrag unverzüglich dem Träger, der die Geldleistungen vorläufig gezahlt hat.

(2) *[1]* Der Träger, der von einer juristischen und/oder natürlichen Person vorläufig Beiträge erhalten hat, erstattet die entsprechenden Beträge erst dann der Person, die diese Beiträge gezahlt hat, wenn er bei dem als zuständig ermittelten Träger angefragt hat, welche Summen diesem nach Artikel 6 Absatz 4 der Durchführungsverordnung zustehen.

[2] [1] Auf Antrag des als zuständig ermittelten Trägers, der spätestens drei Monate nach Bestimmung der anzuwendenden Rechtsvorschriften gestellt

werden muss, überweist der Träger, der Beiträge vorläufig erhalten hat, diese dem als zuständig ermittelten Träger zur Bereinigung der Situation hinsichtlich der Beiträge, die die juristische und/oder natürliche Person diesem Träger schuldet. [2]Die überwiesenen Beiträge gelten rückwirkend als an den als zuständig ermittelten Träger gezahlt.

[3] Übersteigt der Betrag der vorläufig gezahlten Beiträge den Betrag, den die juristische und/oder natürliche Person dem als zuständig ermittelten Träger schuldet, so erstattet der Träger, der die Beiträge vorläufig erhalten hat, den überschüssigen Betrag an die betreffende juristische und/oder natürliche Person.

Art. 74 Mit dem Ausgleich verbundene Kosten. Erfolgt die Einziehung auf dem Wege des Ausgleichs nach den Artikeln 72 und 73 der Durchführungsverordnung, fallen keinerlei Kosten an.

Abschnitt 3. Beitreibung

Art. 75 Begriffsbestimmungen und gemeinsame Bestimmungen.

(1) In diesem Abschnitt bezeichnet der Ausdruck

- „Forderungen" alle Forderungen im Zusammenhang mit Beiträgen oder zu Unrecht gezahlten oder erbrachten Leistungen,
  einschließlich Zinsen, Geldbußen, Verwaltungsstrafen und alle anderen Gebühren und Kosten, die nach den Rechtsvorschriften des Mitgliedstaats, der die Forderung geltend macht, mit der Forderung verbunden sind;
- „ersuchende Partei" in Bezug auf jeden Mitgliedstaat jeden Träger, der ein Ersuchen um Auskunft, Zustellung oder Beitreibung bezüglich einer Forderung im Sinne der vorstehenden Definition einreicht;
- „ersuchte Partei" in Bezug auf jeden Mitgliedstaat jeden Träger, bei dem ein Ersuchen um Auskunft, Zustellung oder Beitreibung eingereicht werden kann.

(2) Ersuchen und alle damit zusammenhängenden Mitteilungen zwischen den Mitgliedstaaten werden grundsätzlich über bezeichnete Träger übermittelt.

(3) Praktische Durchführungsmaßnahmen, einschließlich u.a. der Maßnahmen in Bezug auf Artikel 4 der Durchführungsverordnung und in Bezug auf die Festlegung einer Mindestschwelle für Beträge, für die ein Beitreibungsersuchen gestellt werden kann, werden von der Verwaltungskommission getroffen.

Art. 76 Auskunftsverlangen. (1) *[1]* Auf Antrag der ersuchenden Partei erteilt die ersuchte Partei dieser alle Auskünfte, die ihr bei der Beitreibung einer Forderung von Nutzen sind.

[2] Zur Beschaffung dieser Auskünfte übt die ersuchte Partei die Befugnisse aus, die ihr nach den Rechts- und Verwaltungsvorschriften für die Beitreibung entsprechender Forderungen zustehen, die in ihrem eigenen Mitgliedstaat entstanden sind.

(2) Das Auskunftsersuchen enthält den Namen, die letzte bekannte Anschrift und alle sonstigen relevanten Angaben für die Identifizierung der betreffenden juristischen oder natürlichen Person, auf die sich die zu erteilenden Auskünfte beziehen, sowie Angaben über Art und Höhe der dem Ersuchen zugrunde liegenden Forderung.

(3) Die ersuchte Partei ist nicht gehalten, Auskünfte zu übermitteln,

a) die sie sich für die Beitreibung derartiger, in ihrem eigenen Mitgliedstaat entstandener Forderungen nicht beschaffen könnte,

b) mit denen ein Handels-, Gewerbe- oder Berufsgeheimnis preisgegeben würde und

c) deren Mitteilung die Sicherheit oder die öffentliche Ordnung des betreffenden Mitgliedstaats verletzen würde.

(4) Die ersuchte Partei teilt der ersuchenden Partei mit, aus welchen Gründen dem Auskunftsersuchen nicht stattgegeben werden kann.

Art. 77 Zustellung. (1) Auf Antrag der ersuchenden Partei nimmt die ersuchte Partei nach Maßgabe der Rechtsvorschriften für die Zustellung entsprechender Schriftstücke oder Entscheidungen in ihrem eigenen Mitgliedstaat die Zustellung aller mit einer Forderung und/oder mit deren Beitreibung zusammenhängenden und von dem Mitgliedstaat der ersuchenden Partei ausgehenden Verfügungen und Entscheidungen, einschließlich der gerichtlichen, an den Empfänger vor.

(2) Das Zustellungsersuchen enthält den Namen, die Anschrift und alle sonstigen für die Identifizierung des betreffenden Empfängers relevanten Angaben, die der ersuchenden Stelle normalerweise zugänglich sind, Angaben über Art und Gegenstand der zuzustellenden Verfügung oder Entscheidung und erforderlichenfalls den Namen, die Anschrift und alle sonstigen der ersuchenden Stelle normalerweise zugänglichen für die Identifizierung relevanten Angaben zum Schuldner und zu der Forderung, auf die sich die Verfügung oder Entscheidung bezieht, sowie alle sonstigen sachdienlichen Angaben.

(3) Die ersuchte Partei teilt der ersuchenden Partei unverzüglich mit, was aufgrund dieses Zustellungsersuchens veranlasst worden ist und insbesondere, an welchem Tag dem Empfänger die Entscheidung oder Verfügung übermittelt worden ist.

Art. 78 Beitreibungsersuchen. (1) Dem Ersuchen um Beitreibung einer Forderung, das die ersuchende Partei an die ersuchte Partei richtet, sind eine amtliche Ausfertigung oder eine beglaubigte Kopie des in dem Mitgliedstaat, in dem die ersuchende Partei ihren Sitz hat, ausgestellten Vollstreckungstitels und gegebenenfalls das Original oder eine beglaubigte Kopie etwaiger für die Beitreibung sonst erforderlicher Dokumente beizufügen.

(2) Die ersuchende Partei kann ein Beitreibungsersuchen nur dann stellen,

a) wenn die Forderung und/oder der Vollstreckungstitel in ihrem Mitgliedstaat nicht angefochten wurden, außer für den Fall, dass Artikel 81 Absatz 2 Unterabsatz 2 der Durchführungsverordnung angewandt wird;

b) wenn sie in ihrem Mitgliedstaat bereits geeignete Beitreibungsverfahren durchgeführt hat, wie sie aufgrund des in Absatz 1 genannten Titels durchgeführt werden können, und die getroffenen Maßnahmen nicht zur vollständigen Befriedigung der Forderung führen werden;

c) wenn die Verjährungsfrist nach innerstaatlichem Recht noch nicht abgelaufen ist.

(3) Das Beitreibungsersuchen enthält:

a) Namen, Anschrift und sonstige sachdienliche Angaben zur Identifizierung der betreffenden natürlichen oder juristischen Person bzw. des Dritten, in dessen Besitz sich ihre Vermögenswerte befinden;
b) Namen, Anschrift und sonstige sachdienliche Angaben zur Identifizierung der ersuchenden Partei;
c) eine Bezugnahme auf den im Mitgliedstaat der ersuchenden Partei ausgestellten Vollstreckungstitel;
d) Art und Höhe der Forderung, einschließlich der Hauptforderung, Zinsen, Geldbußen, Verwaltungsstrafen und alle anderen Gebühren und Kosten in den Währungen des Mitgliedstaats der ersuchenden und der ersuchten Partei;
e) Datum des Tages, an dem die ersuchende Partei bzw. die ersuchte Partei den Vollstreckungstitel dem Empfänger zugestellt haben;
f) Datum des Tages, ab dem und Frist während der die Beitreibung nach dem Recht des Mitgliedstaats der ersuchenden Partei ausgeführt werden kann;
g) alle sonstigen sachdienlichen Informationen.

(4) Das Beitreibungsersuchen muss ferner eine Erklärung der ersuchenden Partei enthalten, in der diese bestätigt, dass die in Absatz 2 genannten Voraussetzungen erfüllt sind.

(5) Die ersuchende Partei übermittelt der ersuchten Partei alle maßgebenden Informationen in der Sache, die dem Beitreibungsersuchen zugrunde liegt, sobald diese zu ihrer Kenntnis gelangen.

Art. 79 Vollstreckungstitel. (1) Nach Artikel 84 Absatz 2 der Grundverordnung[1)] wird der Vollstreckungstitel für die Beitreibung der Forderung unmittelbar anerkannt und automatisch wie ein Titel für die Vollstreckung einer Forderung des Mitgliedstaats der ersuchten Partei behandelt.

(2) *[1]* Ungeachtet des Absatzes 1 kann der Vollstreckungstitel gegebenenfalls nach dem Recht des Mitgliedstaats der ersuchten Partei als Titel angenommen oder anerkannt oder durch einen Titel ergänzt oder ersetzt werden, der die Vollstreckung im Hoheitsgebiet dieses Mitgliedstaats ermöglicht.

[2] [1] Die Mitgliedstaaten bemühen sich, die Annahme, Anerkennung, Ergänzung bzw. Ersetzung des Titels binnen drei Monaten nach Eingang des Beitreibungsersuchens abzuschließen, außer in den Fällen, in denen Unterabsatz 3 dieses Absatzes Anwendung findet. [2] Mitgliedstaaten können die Durchführung dieser Handlungen nicht verweigern, wenn der Titel ordnungsgemäß abgefasst ist. [3] Überschreitet die ersuchte Partei die Dreimonatsfrist, teilt sie der ersuchenden Partei die Gründe dieser Überschreitung mit.

[3] Entsteht im Zusammenhang mit einer dieser Forderungen und/oder dem von der ersuchenden Partei ausgestellten Vollstreckungstitel wegen einer dieser Handlungen eine Streitigkeit, so findet Artikel 81 der Durchführungsverordnung Anwendung.

Art. 80 Zahlungsmodalitäten und -fristen. (1) [1] Die Beitreibung erfolgt in der Währung des Mitgliedstaats der ersuchten Partei. [2] Die ersuchte Partei überweist den gesamten von ihr beigetriebenen Betrag der Forderung an die ersuchende Partei.

---

1) Nr. **105**.

(2) *[1]* [1]Sofern dies nach dem Recht und der Verwaltungspraxis ihres Mitgliedstaats zulässig ist, kann die ersuchte Partei dem Schuldner nach Konsultation der ersuchenden Partei eine Zahlungsfrist oder Ratenzahlung einräumen. [2]Die von der ersuchten Partei angesichts dieser Zahlungsfrist berechneten Zinsen werden ebenfalls an die ersuchende Partei überwiesen.

[2] Ab dem Zeitpunkt der unmittelbaren Anerkennung des Vollstreckungstitels nach Artikel 79 Absatz 1 der Durchführungsverordnung oder der Bestätigung, Ergänzung oder Ersetzung des Vollstreckungstitels nach Artikel 79 Absatz 2 der Durchführungsverordnung werden nach den Rechts- und Verwaltungsvorschriften und der Verwaltungspraxis des Mitgliedstaats der ersuchten Partei Verzugszinsen berechnet und an die ersuchende Partei überwiesen.

Art. 81 Anfechtung der Forderung oder des Vollstreckungstitels und Anfechtung der Vollstreckungsmaßnahmen. (1) [1]Wird im Verlauf der Beitreibung die Forderung oder der im Mitgliedstaat der ersuchenden Partei ausgestellte Vollstreckungstitel von einem Betroffenen angefochten, so wird der Rechtsbehelf von diesem bei den zuständigen Behörden des Mitgliedstaats der ersuchenden Partei nach dem in diesem Mitgliedstaat geltenden Recht eingelegt. [2]Über die Einleitung dieses Verfahrens hat die ersuchende Partei der ersuchten Partei unverzüglich Mitteilung zu machen. [3]Ferner kann der Betroffene die ersuchte Partei über die Einleitung dieses Verfahrens informieren.

(2) *[1]* [1]Sobald die ersuchte Partei die Mitteilung oder Information nach Absatz 1 seitens der ersuchenden Partei oder des Betroffenen erhalten hat, setzt sie das Vollstreckungsverfahren in der Erwartung einer Entscheidung der zuständigen Behörde aus, es sei denn, die ersuchende Partei wünscht ein anderes Vorgehen in Übereinstimmung mit Unterabsatz 2 dieses Absatzes. [2]Sofern sie dies für notwendig erachtet, kann die ersuchte Partei unbeschadet des Artikels 84 der Durchführungsverordnung Sicherungsmaßnahmen treffen, um die Beitreibung sicherzustellen, soweit die Rechts- und Verwaltungsvorschriften ihres Mitgliedstaats dies für derartige Forderungen zulassen.

[2] [1]Ungeachtet des Unterabsatzes 1 kann die ersuchende Partei nach den Rechts- und Verwaltungsvorschriften und der Verwaltungspraxis ihres Mitgliedstaats die ersuchte Partei um Beitreibung einer angefochtenen Forderung ersuchen, sofern dies nach den Rechts- und Verwaltungsvorschriften und der Verwaltungspraxis des Mitgliedstaats der ersuchten Partei zulässig ist. [2]Wird der Anfechtung später stattgegeben, haftet die ersuchende Partei für die Erstattung bereits beigetriebener Beträge samt etwaiger geschuldeter Entschädigungsleistungen nach dem Recht des Mitgliedstaats der ersuchten Partei.

(3) Betrifft die Anfechtung die Vollstreckungsmaßnahmen im Mitgliedstaat der ersuchten Partei, so ist sie nach den dort geltenden Rechts- und Verwaltungsvorschriften bei der zuständigen Behörde dieses Mitgliedstaats einzulegen.

(4) Wenn die zuständige Behörde, bei der der Rechtsbehelf nach Absatz 1 eingelegt wurde, ein ordentliches Gericht oder ein Verwaltungsgericht ist, so gilt die Entscheidung dieses Gerichts, sofern sie zugunsten der ersuchenden Partei ausfällt und die Beitreibung der Forderung in dem Mitgliedstaat, in dem die ersuchende Partei ihren Sitz hat, ermöglicht, als „Vollstreckungstitel" im Sinne der Artikel 78 und 79 der Durchführungsverordnung, und die Beitreibung der Forderung wird aufgrund dieser Entscheidung vorgenommen.

Art. 82 Grenzen der Unterstützung. (1) Die ersuchte Partei ist nicht verpflichtet,

a) die in den Artikeln 78 bis 81 der Durchführungsverordnung vorgesehene Unterstützung zu gewähren, wenn die Beitreibung der Forderung wegen der Situation des Schuldners zu ernsten wirtschaftlichen oder sozialen Schwierigkeiten im Mitgliedstaat der ersuchten Partei führen würde, sofern dies nach den geltenden Rechts- und Verwaltungsvorschriften des Mitgliedstaats der ersuchten Partei oder der dort üblichen Verwaltungspraxis für gleichartige inländische Forderungen zulässig ist;

b) die in den Artikeln 76 bis 81 der Durchführungsverordnung vorgesehene Unterstützung zu gewähren, wenn sich das erste Ersuchen nach den Artikeln 76 bis 78 der Durchführungsverordnung auf mehr als fünf Jahre alte Forderungen bezieht, das heißt, wenn zwischen der Ausstellung des Vollstreckungstitels nach den geltenden Rechts- und Verwaltungsvorschriften des Mitgliedstaats der ersuchenden Partei und der dort üblichen Verwaltungspraxis und dem Datum des Ersuchens mehr als fünf Jahre vergangen sind. Bei einer etwaigen Anfechtung der Forderung oder des Titels beginnt die Frist jedoch erst ab dem Zeitpunkt, zu dem der Mitgliedstaat der ersuchenden Partei feststellt, dass die Forderung oder der Vollstreckungstitel unanfechtbar geworden sind.

(2) Die ersuchte Partei teilt der ersuchenden Partei mit, aus welchen Gründen dem Unterstützungsersuchen nicht stattgegeben werden kann.

Art. 83 Verjährungsfrist. (1) *[1]* Verjährungsfragen werden wie folgt geregelt:

a) nach dem geltenden Recht des Mitgliedstaats der ersuchenden Partei, soweit es die Forderung und oder den Vollstreckungstitel betrifft, und

b) nach dem geltenden Recht des Mitgliedstaats der ersuchten Partei, soweit es Vollstreckungsmaßnahmen im ersuchten Mitgliedstaat betrifft.

[2] Die Verjährungsfristen nach dem im Mitgliedstaat der ersuchten Partei geltenden Recht beginnen ab dem Zeitpunkt der unmittelbaren Anerkennung oder ab dem Zeitpunkt der Zustimmung, Anerkennung, Ergänzung oder Ersetzung nach Artikel 79 der Durchführungsverordnung.

(2) Die von der ersuchten Partei auf Grund des Unterstützungsersuchens durchgeführten Beitreibungsmaßnahmen, die im Falle der Durchführung durch die ersuchende Partei eine Aussetzung oder eine Unterbrechung der Verjährung nach dem geltenden Recht des Mitgliedstaats der ersuchenden Partei bewirkt hätten, gelten insoweit als von diesem letztgenannten Staat vorgenommen.

Art. 84 Vorsorgemaßnahmen. *[1]* Auf einen mit Gründen versehenen Antrag der ersuchenden Partei trifft die ersuchte Partei die erforderlichen Sicherungsmaßnahmen, um die Beitreibung einer Forderung zu gewährleisten, sofern dies nach dem Recht des Mitgliedstaats der ersuchten Partei zulässig ist.

[2] Für die Durchführung des Absatzes 1 gelten die Bestimmungen und Verfahren der Artikel 78, 79, 81 und 82 der Durchführungsverordnung entsprechend.

Art. 85 Beitreibungskosten. (1) Die ersuchte Partei zieht bei der natürlichen oder juristischen Person sämtliche Kosten ein, die ihr im Zusammenhang mit der Beitreibung entstehen; sie verfährt dabei nach den für vergleichbare Forderungen geltenden Rechts- und Verwaltungsvorschriften des Mitgliedstaats der ersuchten Partei.

(2) [1] Die im Rahmen dieses Abschnitts geleistete Amtshilfe wird in der Regel unentgeltlich gewährt. [2] Bereitet die Beitreibung jedoch besondere Probleme oder führt sie zu sehr hohen Kosten, so können die ersuchende und die ersuchte Partei im Einzelfall spezielle Erstattungsmodalitäten vereinbaren.

(3) Der Mitgliedstaat der ersuchenden Partei bleibt gegenüber dem Mitgliedstaat der ersuchten Partei für jegliche Kosten und Verluste haftbar, die durch Maßnahmen entstehen, die hinsichtlich der Begründetheit der Forderung oder der Gültigkeit des von der ersuchenden Partei ausgestellten Titels als nicht gerechtfertigt befunden werden.

Art. 86 Überprüfungsklausel. (1) *[1]* Spätestens bis zum vierten vollen Kalenderjahr nach dem Inkrafttreten der Durchführungsverordnung legt die Verwaltungskommission einen vergleichenden Bericht über die in Artikel 67 Absätze 2, 5 und 6 der Durchführungsverordnung genannten Fristen vor.

[2] Auf der Grundlage dieses Berichts kann die Kommission gegebenenfalls Vorschläge zur Überprüfung dieser Fristen mit dem Ziel vorlegen, diese Fristen wesentlich zu verkürzen.

(2) Spätestens bis zu dem in Absatz 1 genannten Zeitpunkt bewertet die Verwaltungskommission auch die in Artikel 13 vorgesehenen Regeln für die Umrechnung von Zeiten im Hinblick auf eine Vereinfachung dieser Regeln, falls dies möglich ist.

(3) *[1]* Spätestens bis zum 1. Mai 2015 legt die Verwaltungskommission einen Sonderbericht zur Bewertung der Anwendung des Titels IV Kapitel I und Kapitel III der Durchführungsverordnung insbesondere hinsichtlich der Verfahren und Fristen nach Artikel 67 Absätze 2, 5 und 6 der Durchführungsverordnung und der Beitreibungsverfahren nach den Artikeln 75 bis 85 der Durchführungsverordnung vor.

[2] Im Lichte dieses Berichts kann die Europäische Kommission erforderlichenfalls geeignete Vorschläge für eine effizientere und ausgewogene Gestaltung dieser Verfahren unterbreiten.

Titel V. Sonstige Vorschriften, Übergangs- und Schlussbestimmungen

Art. 87 Ärztliche Gutachten und verwaltungsmäßige Kontrollen.

(1) *[1]* Unbeschadet sonstiger Vorschriften gilt Folgendes: Hält sich ein Antragsteller oder ein Leistungsempfänger oder ein Familienangehöriger vorübergehend im Hoheitsgebiet eines anderen als des Mitgliedstaats auf, in dem sich der leistungspflichtige Träger befindet, oder wohnt er dort, so wird eine ärztliche Untersuchung auf Ersuchen dieses Trägers durch den Träger des Aufenthalts- oder Wohnorts des Berechtigten entsprechend dem von diesem Träger anzuwendenden gesetzlich vorgeschriebenen Verfahren vorgenommen.

[2] Der leistungspflichtige Träger teilt dem Träger des Aufenthalts- oder Wohnorts mit, welche besonderen Voraussetzungen erforderlichenfalls zu erfüllen und welche Aspekte in dem ärztlichen Gutachten zu berücksichtigen sind.

(2) *[1]* [1] Der Träger des Aufenthalts- oder Wohnorts erstattet dem leistungspflichtigen Träger, der um das ärztliche Gutachten ersucht hat, Bericht. [2] Der leistungspflichtige Träger ist an die Feststellungen des Trägers des Aufenthalts- oder Wohnorts gebunden.

[2] [1] Dem leistungspflichtigen Träger steht es frei, den Leistungsberechtigten durch einen Arzt seiner Wahl untersuchen zu lassen. [2] Allerdings kann der Berechtigte nur dann aufgefordert werden, sich in den Mitgliedstaat des leistungspflichtigen Trägers zu begeben, wenn er reisen kann, ohne dass dies seine Gesundheit gefährdet, und wenn die damit verbundenen Reise- und Aufenthaltskosten von dem leistungspflichtigen Träger übernommen werden.

(3) *[1]* Hält sich ein Antragsteller oder Leistungsempfänger oder ein Familienangehöriger im Hoheitsgebiet eines anderen als des Mitgliedstaats auf, in dem sich der leistungspflichtige Träger befindet, oder wohnt er dort, so wird die verwaltungsmäßige Kontrolle auf Ersuchen dieses Trägers vom Träger des Aufenthalts- oder Wohnorts des Berechtigten durchgeführt.

[2] Absatz 2 gilt auch in diesem Fall.

(4) Die Absätze 2 und 3 finden auch Anwendung, um den Grad der Pflegebedürftigkeit des Antragstellers oder des Empfängers der in Artikel 34 der Grundverordnung[1)] genannten Leistungen bei Pflegebedürftigkeit festzustellen oder zu kontrollieren.

(5) Die zuständigen Behörden bzw. zuständigen Träger von zwei oder mehr Mitgliedstaaten können spezifische Vorschriften und Verfahren vereinbaren, um die Voraussetzungen für eine teilweise oder vollständige Wiederaufnahme der Arbeit durch Antragsteller und Leistungsempfänger und ihre Teilnahme an Systemen oder Programmen, die im Aufenthalts- oder Wohnmitgliedstaat zu diesem Zweck zur Verfügung stehen, zu verbessern.

(6) In Abweichung vom Grundsatz der kostenfreien gegenseitigen Amtshilfe nach Artikel 76 Absatz 2 der Grundverordnung werden die Kosten, die im Zusammenhang mit den in den Absätzen 1 bis 5 aufgeführten Kontrollen tatsächlich entstanden sind, dem Träger, der mit der Durchführung der Kontrolle beauftragt wurde, vom leistungspflichtigen Träger, der diese Kontrollen angefordert hatte, erstattet.

Art. 88 Mitteilungen. (1) Die Mitgliedstaaten teilen der Europäischen Kommission die Kontaktadressen der in Artikel 1 Buchstaben m, q und r der Grundverordnung[1)] und in Artikel 1 Absatz 2 Buchstaben a und b der Durchführungsverordnung genannten Stellen und der nach der Durchführungsverordnung bezeichneten Träger mit.

(2) Die Stellen nach Absatz 1 müssen über eine elektronische Identität in Form eines Identifizierungscodes und über eine elektronische Anschrift verfügen.

(3) Die Verwaltungskommission legt Aufbau, Inhalt und Verfahren im Einzelnen einschließlich des gemeinsamen Formats und des Musters für die Mitteilung der Kontaktadressen nach Absatz 1 fest.

[1)] Nr. **105**.

(4) [1] In Anhang 4 der Durchführungsverordnung ist die öffentlich zugängliche Datenbank bezeichnet, in der die Informationen nach Absatz 1 zusammengestellt sind. [2] Diese Datenbank wird von der Europäischen Kommission aufgebaut und verwaltet. [3] Die Mitgliedstaaten sind jedoch dafür verantwortlich, ihre eigenen nationalen Kontaktadressen in diese Datenbank einzugeben. [4] Darüber hinaus sorgen die Mitgliedstaaten für die Richtigkeit der Eingabedaten der nach Absatz 1 erforderlichen nationalen Kontaktadressen.

(5) Die Mitgliedstaaten gewährleisten die ständige Aktualisierung der Informationen nach Absatz 1.

Art. 89 Informationen. (1) [1] Die Verwaltungskommission stellt die erforderlichen Informationen bereit, damit die betreffenden Personen von ihren Rechten und den bei deren Geltendmachung zu beachtenden Formvorschriften Kenntnis nehmen können. [2] Die Informationen werden nach Möglichkeit auf elektronischem Wege verbreitet und zu diesem Zweck auf allgemein zugänglichen Internetseiten zur Verfügung gestellt. [3] Die Verwaltungskommission stellt sicher, dass die Informationen regelmäßig aktualisiert werden, und überwacht die Qualität der für die Kunden erbrachten Dienstleistungen.

(2) Der in Artikel 75 der Grundverordnung[1)] genannte Beratende Ausschuss kann zur Verbesserung der Informationen und ihrer Verbreitung Stellungnahmen und Empfehlungen abgeben.

(3) Die zuständigen Behörden stellen sicher, dass ihre Träger über sämtliche Rechts- und Verwaltungsvorschriften der Gemeinschaft, einschließlich der Beschlüsse der Verwaltungskommission, informiert sind und diese in den Bereichen, die unter die Grundverordnung und die Durchführungsverordnung fallen, unter Beachtung der dort festgelegten Bedingungen anwenden.

Art. 90 Währungsumrechnung. [1] Bei der Anwendung der Grundverordnung und der Durchführungsverordnung gilt als Wechselkurs zweier Währungen der von der Europäischen Zentralbank veröffentlichte Referenzwechselkurs. [2] Die Verwaltungskommission bestimmt den Bezugszeitpunkt für die Festlegung des Wechselkurses.

Art. 91 Statistiken. [1] Die zuständigen Behörden erstellen Statistiken zur Durchführung der Grundverordnung und der Durchführungsverordnung und übermitteln sie dem Sekretariat der Verwaltungskommission. [2] Der Plan und die Methode für die Erhebung und Zusammenstellung dieser Daten werden von der Verwaltungskommission festgelegt. [3] Die Europäische Kommission sorgt für die Verbreitung dieser Informationen.

Art. 92 Änderung der Anhänge. Die Anhänge 1, 2, 3, 4 und 5 der Durchführungsverordnung sowie die Anhänge VI, VII, VIII und IX der Grundverordnung[1)] können auf Antrag der Verwaltungskommission durch eine Verordnung der Kommission geändert werden.

Art. 93 Übergangsbestimmungen. Artikel 87 der Grundverordnung[1)] gilt für die Sachverhalte im Anwendungsbereich der Durchführungsverordnung.

[1)] Nr. **105**.

Art. 94 Übergangsvorschriften für Renten. (1) *[1]* Ist der Versicherungsfall vor dem Datum des Inkrafttretens der Durchführungsverordnung im Hoheitsgebiet des betreffenden Mitgliedstaats eingetreten, ohne dass vor diesem Zeitpunkt für den Rentenantrag eine Feststellung erfolgt ist, und sind aufgrund dieses Versicherungsfalls Leistungen für eine Zeitspanne vor diesem Zeitpunkt zu gewähren, so hat dieser Antrag eine doppelte Feststellung zur Folge, und zwar

a) für die Zeit vor dem Datum des Inkrafttretens der Durchführungsverordnung im Hoheitsgebiet des betreffenden Mitgliedstaats nach der Verordnung (EWG) Nr. 1408/71 beziehungsweise nach Vereinbarungen zwischen den betreffenden Mitgliedstaaten sowie
b) für die Zeit ab dem Datum des Inkrafttretens der Durchführungsverordnung im Hoheitsgebiet des betreffenden Mitgliedstaats nach der Grundverordnung[1)].

[2] Ergibt sich jedoch bei der Berechnung nach Buchstabe a ein höherer Betrag als bei der Berechnung nach Buchstabe b, so erhält die betreffende Person weiterhin den Betrag, der sich bei der Berechnung nach Buchstabe a ergibt.

(2) Wird ab dem Datum des Inkrafttretens der Durchführungsverordnung im Hoheitsgebiet des betreffenden Mitgliedstaats ein Antrag auf Leistungen bei Invalidität, bei Alter oder an Hinterbliebene bei einem Träger eines Mitgliedstaats gestellt, so werden die Leistungen, die vor diesem Zeitpunkt für denselben Versicherungsfall durch den oder die Träger eines oder mehrerer anderer Mitgliedstaaten festgestellt wurden, von Amts wegen nach der Verordnung neu festgestellt; die Neufeststellung darf nicht zu einem geringeren Leistungsbetrag führen.

Art. 95 Übergangszeit für den elektronischen Datenaustausch.

(1) *[1]* Jedem Mitgliedstaat kann eine Übergangszeit für den elektronischen Datenaustausch nach Artikel 4 Absatz 2 der Durchführungsverordnung eingeräumt werden.

[2] Diese Übergangszeiten enden spätestens 24 Monate nach dem Datum des Inkrafttretens der Durchführungsverordnung.

[3] Verspätet sich jedoch die Bereitstellung der erforderlichen gemeinschaftlichen Infrastruktur (Elektronischer Austausch von Information der sozialen Sicherheit – EESSI) bezogen auf das Inkrafttreten der Durchführungsverordnung wesentlich, so kann die Verwaltungskommission eine angemessene Verlängerung der Übergangszeiten beschließen.

(2) Die praktischen Verfahren für erforderliche Übergangszeiten nach Absatz 1 werden von der Verwaltungskommission so festgelegt, dass der für die Anwendung der Grundverordnung[1)] und der Durchführungsverordnung erforderliche Datenaustausch sichergestellt ist.

Art. 96 Aufhebung. (1) *[1]* Die Verordnung (EWG) Nr. 574/72 wird mit Wirkung vom 1. Mai 2010 aufgehoben.

[2] Die Verordnung (EWG) Nr. 574/72 bleibt jedoch in Kraft und behält ihre Rechtswirkung für die Zwecke

---

1) Nr. **105**.

a) der Verordnung (EG) Nr. 859/2003 des Rates vom 14. Mai 2003 zur Ausdehnung der Bestimmungen der Verordnung (EWG) Nr. 1408/71 und der Verordnung (EWG) Nr. 574/72 auf Drittstaatsangehörige, die ausschließlich aufgrund ihrer Staatsangehörigkeit nicht bereits unter diese Bestimmungen fallen[1], solange die genannte Verordnung nicht aufgehoben oder geändert ist;

b) der Verordnung (EWG) Nr. 1661/85 des Rates vom 13. Juni 1985 zur Festlegung der technischen Anpassungen der Gemeinschaftsregelung auf dem Gebiet der sozialen Sicherheit der Wanderarbeitnehmer in Bezug auf Grönland[2], solange die genannte Verordnung nicht aufgehoben oder geändert ist;

c) des Abkommens über den Europäischen Wirtschaftsraum[3], des Abkommens zwischen der Europäischen Gemeinschaft und ihren Mitgliedstaaten einerseits und der Schweizerischen Eidgenossenschaft andererseits über die Freizügigkeit[4] sowie anderer Abkommen, die eine Verweisung auf die Verordnung (EWG) Nr. 574/72 enthalten, solange die genannten Abkommen nicht infolge der Durchführungsverordnung geändert worden sind.

(2) In der Richtlinie 98/49/EG des Rates vom 29. Juni 1998 zur Wahrung ergänzender Rentenansprüche von Arbeitnehmern und Selbständigen, die innerhalb der Europäischen Gemeinschaft zu- und abwandern[5], und generell in allen anderen Rechtsakten der Gemeinschaft gelten Verweisungen auf die Verordnung (EWG) Nr. 574/72 als Verweisungen auf die Durchführungsverordnung.

Art. 97 Veröffentlichung und Inkrafttreten. [1] Diese Verordnung wird im *Amtsblatt der Europäischen Union* veröffentlicht. [2] Sie tritt am 1. Mai 2010 in Kraft.

Diese Verordnung ist in allen ihren Teilen verbindlich und gilt unmittelbar in jedem Mitgliedstaat.

Anhänge. *(hier nicht wiedergegeben)*

---

[1] **Amtl. Anm.:** ABl. L 124 vom 20.5.2003, S. 1.
[2] **Amtl. Anm.:** ABl. L 160 vom 20.6.1985, S. 7.
[3] **Amtl. Anm.:** ABl. L 1 vom 3.1.1994, S. 1.
[4] **Amtl. Anm.:** ABl. L 114 vom 30.4.2002, S. 6.
[5] **Amtl. Anm.:** ABl. L 209 vom 25.7.1998, S. 46.

130. Verordnung (EU) Nr. 492/2011 des Europäischen Parlaments und des Rates vom 5. April 2011 über die Freizügigkeit der Arbeitnehmer innerhalb der Union

(kodifizierter Text)
(Text von Bedeutung für den EWR)

(ABl. L 141 S. 1)

Celex-Nr. 3 2011 R 0492

zuletzt geänd. durch Art. 46 VO (EU) 2019/1149[1] v. 20.6.2019 (ABl. L 186 S. 21)

DAS EUROPÄISCHE PARLAMENT UND DER RAT DER EUROPÄISCHEN UNION –

gestützt auf den Vertrag über die Arbeitsweise der Europäischen Union, insbesondere auf Artikel 46,

auf Vorschlag der Europäischen Kommission,

nach Zuleitung des Entwurfs des Gesetzgebungsakts an die nationalen Parlamente,

nach Stellungnahme des Europäischen Wirtschafts- und Sozialausschusses[2],

gemäß dem ordentlichen Gesetzgebungsverfahren[3],

in Erwägung nachstehender Gründe:

(1) Die Verordnung (EWG) Nr. 1612/68 des Rates vom 15. Oktober 1968 über die Freizügigkeit der Arbeitnehmer innerhalb der Gemeinschaft[4] wurde mehrfach und erheblich geändert[5]. Aus Gründen der Klarheit und der Übersichtlichkeit empfiehlt es sich, die genannte Verordnung zu kodifizieren.

(2) Die Freizügigkeit der Arbeitnehmer muss innerhalb der Union gewährleistet sein. Dies schließt die Abschaffung jeder auf der Staatsangehörigkeit beruhenden unterschiedlichen Behandlung der Arbeitnehmer der Mitgliedstaaten in Bezug auf Beschäftigung, Entlohnung und sonstige Arbeitsbedingungen ein sowie das Recht für diese Arbeitnehmer, sich vorbehaltlich der aus Gründen der öffentlichen Ordnung, Sicherheit und Gesundheit gerechtfertigten Beschränkungen innerhalb der Union zur Ausübung einer Beschäftigung im Lohn- oder Gehaltsverhältnis frei zu bewegen.

(3) Es sollten Bestimmungen festgelegt werden, mit denen die in den Artikeln 45 und 46 des Vertrags über die Arbeitsweise der Europäischen Union[6] auf dem Gebiet der Freizügigkeit festgelegten Ziele erreicht werden können.

---

[1] Die Art. 29–34 werden gemäß Art. 46 Nr. 1 iVm Art. 44 Abs. 1 der VO (EU) 2019/1149 mit Tätigkeitsbeginn der Europäischen Arbeitsmarktbehörde (ELA) aus Art. 1 Abs. 1 der VO (EU) 2019/1149 mit Ablauf des 16.10.2019 aufgehoben.

[2] **Amtl. Anm.:** ABl. C 44 vom 11.2.2011, S. 170.

[3] **Amtl. Anm.:** Standpunkt des Europäischen Parlaments vom 7. September 2010 (noch nicht im Amtsblatt veröffentlicht) und Beschluss des Rates vom 21. März 2011.

[4] **Amtl. Anm.:** ABl. L 257 vom 19.10.1968, S. 2.

[5] **Amtl. Anm.:** Siehe Anhang I.

[6] Nr. **5**.

(4) Die Freizügigkeit ist ein Grundrecht der Arbeitnehmer und ihrer Familien. Die Mobilität der Arbeitskräfte innerhalb der Union soll für den Arbeitnehmer eines der Mittel sein, die ihm die Möglichkeit einer Verbesserung der Lebens- und Arbeitsbedingungen garantieren und damit auch seinen sozialen Aufstieg erleichtern, wobei gleichzeitig der Bedarf der Wirtschaft der Mitgliedstaaten befriedigt wird. Allen Arbeitnehmern der Mitgliedstaaten sollte das Recht zuerkannt werden, eine von ihnen gewählte Tätigkeit innerhalb der Union auszuüben.

(5) Dieses Recht sollte gleichermaßen Dauerarbeitnehmern, Saisonarbeitern, Grenzarbeitnehmern oder Arbeitnehmern zustehen, die ihre Tätigkeit im Zusammenhang mit einer Dienstleistung ausüben.

(6) Damit das Recht auf Freizügigkeit nach objektiven Maßstäben in Freiheit und Menschenwürde wahrgenommen werden kann, muss sich die Gleichbehandlung tatsächlich und rechtlich auf alles erstrecken, was mit der eigentlichen Ausübung einer Tätigkeit im Lohn- oder Gehaltsverhältnis und mit der Beschaffung einer Wohnung im Zusammenhang steht; ferner müssen alle Hindernisse beseitigt werden, die sich der Mobilität der Arbeitnehmer entgegenstellen, insbesondere in Bezug auf die Bedingungen für die Integration der Familie des Arbeitnehmers im Aufnahmeland.

(7) Das Prinzip der Gleichbehandlung aller Arbeitnehmer der Union schließt ein, dass sämtlichen Staatsangehörigen der Mitgliedstaaten der gleiche Vorrang beim Zugang zu einer Beschäftigung zuerkannt wird wie den inländischen Arbeitnehmern.

(8) Die Zusammenführungs- und Ausgleichsverfahren und zwar insbesondere durch das Mittel der unmittelbaren Zusammenarbeit zwischen den zentralen Dienststellen wie auch den regionalen Dienststellen der Arbeitsverwaltungen sowie durch eine koordinierte Information gewährleisten ganz allgemein eine bessere Transparenz des Arbeitsmarktes. Die wanderungswilligen Arbeitnehmer sollten regelmäßig über die Lebens- und Arbeitsbedingungen unterrichtet werden.

(9) Zwischen der Freizügigkeit der Arbeitnehmer, der Beschäftigung und der Berufsausbildung, insbesondere soweit diese zum Ziel hat, die Arbeitnehmer in die Lage zu versetzen, sich auf konkrete Stellenangebote hin zu bewerben, die in anderen Gebieten der Union veröffentlicht worden sind, besteht ein enger Zusammenhang. Infolgedessen ist es notwendig, die Probleme, die sich in dieser Hinsicht stellen, nicht mehr getrennt, sondern in ihrer wechselseitigen Abhängigkeit zu prüfen und hierbei zugleich die Arbeitsmarktprobleme auf regionaler Ebene zu berücksichtigen. Es ist daher erforderlich, dass sich die Mitgliedstaaten bemühen, ihre Beschäftigungspolitik zu koordinieren –

HABEN FOLGENDE VERORDNUNG ERLASSEN:

Kapitel I. Die Beschäftigung, die Gleichbehandlung und die Familienangehörigen der Arbeitnehmer

Abschnitt 1. Zugang zur Beschäftigung

Art. 1 [Aufnahme einer Tätigkeit] (1) Jeder Staatsangehörige eines Mitgliedstaats ist ungeachtet seines Wohnorts berechtigt, eine Tätigkeit im Lohn- oder Gehaltsverhältnis im Hoheitsgebiet eines anderen Mitgliedstaats nach den für die Arbeitnehmer dieses Staates geltenden Rechts- und Verwaltungsvorschriften aufzunehmen und auszuüben.

(2) Er hat insbesondere im Hoheitsgebiet eines anderen Mitgliedstaats mit dem gleichen Vorrang Anspruch auf Zugang zu den verfügbaren Stellen wie die Staatsangehörigen dieses Staates.

Art. 2 [Stellenangebote, Arbeitsgesuche, Arbeitsverträge] Jeder Staatsangehörige eines Mitgliedstaats und jeder Arbeitgeber, der eine Tätigkeit im Hoheitsgebiet eines Mitgliedstaats ausübt, können nach den geltenden Rechts- und Verwaltungsvorschriften ihre Stellenangebote und Arbeitsgesuche austauschen sowie Arbeitsverträge schließen und erfüllen, ohne dass sich Diskriminierungen daraus ergeben dürfen.

Art. 3 [Verbot diskriminierender Vorschriften] (1) *[1]* Die folgenden Rechts- und Verwaltungsvorschriften oder Verwaltungspraktiken eines Mitgliedstaats finden im Rahmen dieser Verordnung keine Anwendung:

a) Vorschriften, die das Stellenangebot und das Arbeitsgesuch, den Zugang zur Beschäftigung und deren Ausübung durch Ausländer einschränken oder von Bedingungen abhängig machen, die für Inländer nicht gelten; oder

b) Vorschriften, die, ohne auf die Staatsangehörigkeit abzustellen, ausschließlich oder hauptsächlich bezwecken oder bewirken, dass Angehörige der übrigen Mitgliedstaaten von der angebotenen Stelle ferngehalten werden.

[2] Unterabsatz 1 gilt nicht für Bedingungen, welche die in Anbetracht der Besonderheit der zu vergebenden Stelle erforderlichen Sprachkenntnisse betreffen.

(2) Zu den in Absatz 1 Unterabsatz 1 genannten Vorschriften oder Praktiken gehören insbesondere solche, die in einem Mitgliedstaat

a) ein besonderes Verfahren für die Anwerbung ausländischer Arbeitnehmer zwingend vorschreiben;

b) die Veröffentlichung eines Stellenangebots durch die Presse oder durch irgendwelche anderen Wege einschränken oder von anderen als den Bedingungen abhängig machen, die für den Arbeitgeber, der seine Tätigkeit im Hoheitsgebiet dieses Staates ausübt, gelten;

c) den Zugang zur Beschäftigung von Bedingungen abhängig machen, die sich auf die Einschreibung beim Arbeitsamt beziehen, oder die namentliche Anwerbung eines Arbeitnehmers hindern, soweit dadurch Personen betroffen sind, die nicht im Hoheitsgebiet dieses Mitgliedstaats wohnen.

Art. 4 [Zahlen- und anteilsmäßige Beschränkung] (1) Rechts- und Verwaltungsvorschriften der Mitgliedstaaten, durch welche die Beschäftigung von ausländischen Arbeitnehmern zahlen- oder anteilmäßig nach Unternehmen, Wirtschaftszweigen, Gebieten oder im gesamten Hoheitsgebiet beschränkt wird, finden auf Staatsangehörige der übrigen Mitgliedstaaten keine Anwendung.

(2) Wenn in einem Mitgliedstaat für Unternehmen vorgesehene Vergünstigungen von der Beschäftigung eines bestimmten Hundertsatzes von inländischen Arbeitnehmern abhängig gemacht werden, werden Staatsangehörige der anderen Mitgliedstaaten vorbehaltlich der Richtlinie 2005/36/EG des Europäi-

schen Parlaments und des Rates vom 7. September 2005 über die Anerkennung von Berufsqualifikationen[1)] als inländische Arbeitnehmer gezählt.

Art. 5 [Unterstützung durch die Arbeitsämter] Ein Staatsangehöriger eines Mitgliedstaats, der im Hoheitsgebiet eines anderen Mitgliedstaats eine Beschäftigung sucht, erhält dort die gleiche Hilfe, wie sie die Arbeitsämter dieses Staates den eigenen Staatsangehörigen gewähren, die eine Beschäftigung suchen.

Art. 6 [Analoge Maßstäbe] (1) Wird ein Staatsangehöriger eines Mitgliedstaats in einem anderen Mitgliedstaat eingestellt oder für eine Beschäftigung angeworben, so darf bei ihm hinsichtlich des Gesundheitszustands, des Berufes oder sonstiger Anforderungen aufgrund der Staatsangehörigkeit kein anderer Maßstab angelegt werden als bei den Arbeitnehmern, die Staatsangehörige des anderen Mitgliedstaats sind und die gleiche Beschäftigung ausüben wollen.

(2) Besitzt ein Staatsangehöriger eines Mitgliedstaats ein auf seinen Namen lautendes Stellenangebot eines Arbeitgebers aus einem anderen Mitgliedstaat als dem Staat, dessen Staatsangehöriger er ist, so darf er auf seine beruflichen Fähigkeiten hin geprüft werden, wenn der Arbeitgeber eine solche Prüfung bei Abgabe seines Stellenangebots ausdrücklich verlangt.

Abschnitt 2. Ausübung der Beschäftigung und Gleichbehandlung

Art. 7 [Arbeitsrechtliche Gleichstellung] (1) Ein Arbeitnehmer, der Staatsangehöriger eines Mitgliedstaats ist, darf aufgrund seiner Staatsangehörigkeit im Hoheitsgebiet der anderen Mitgliedstaaten hinsichtlich der Beschäftigungs- und Arbeitsbedingungen, insbesondere im Hinblick auf Entlohnung, Kündigung und, falls er arbeitslos geworden ist, im Hinblick auf berufliche Wiedereingliederung oder Wiedereinstellung, nicht anders behandelt werden als die inländischen Arbeitnehmer.

(2) Er genießt dort die gleichen sozialen und steuerlichen Vergünstigungen wie die inländischen Arbeitnehmer.

(3) Er kann mit dem gleichen Recht und unter den gleichen Bedingungen wie die inländischen Arbeitnehmer Berufsschulen und Umschulungszentren in Anspruch nehmen.

(4) Alle Bestimmungen in Tarif- oder Einzelarbeitsverträgen oder sonstigen Kollektivvereinbarungen betreffend Zugang zur Beschäftigung, Entlohnung und sonstige Arbeits- und Kündigungsbedingungen sind von Rechts wegen nichtig, soweit sie für Arbeitnehmer, die Staatsangehörige anderer Mitgliedstaaten sind, diskriminierende Bedingungen vorsehen oder zulassen.

Art. 8 [Mitbestimmung] *[1]* [1] Ein Arbeitnehmer, der die Staatsangehörigkeit eines Mitgliedstaats besitzt und im Hoheitsgebiet eines anderen Mitgliedstaats beschäftigt ist, hat Anspruch auf gleiche Behandlung hinsichtlich der Zugehörigkeit zu Gewerkschaften und der Ausübung gewerkschaftlicher Rechte, einschließlich des Wahlrechts sowie des Zugangs zur Verwaltung oder Leitung von Gewerkschaften. [2] Er kann von der Teilnahme an der Verwaltung von Körperschaften des öffentlichen Rechts und der Ausübung eines öffent-

---

1) **Amtl. Anm.:** ABl. L 255 vom 30.9.2005, S. 22.

lich-rechtlichen Amtes ausgeschlossen werden. [3] Er hat ferner das Recht auf Wählbarkeit zu den Organen der Arbeitnehmervertretungen in den Betrieben.

[2] Absatz 1 berührt nicht die Rechts- und Verwaltungsvorschriften, durch die in einigen Mitgliedstaaten weitergehende Rechte an Arbeitnehmer aus anderen Mitgliedstaaten eingeräumt werden.

Art. 9 [Wohnrecht] (1) Arbeitnehmer, die die Staatsangehörigkeit eines Mitgliedstaats besitzen und im Hoheitsgebiet eines anderen Mitgliedstaats beschäftigt sind, genießen hinsichtlich einer Wohnung, einschließlich der Erlangung des Eigentums an der von ihnen benötigten Wohnung, alle Rechte und Vergünstigungen wie inländische Arbeitnehmer.

(2) *[1]* Die Arbeitnehmer gemäß Absatz 1 können sich mit dem gleichen Recht wie die inländischen Arbeitnehmer in dem Gebiet, in dem sie beschäftigt sind, in die Listen der Wohnungssuchenden einschreiben, wo solche geführt werden, und so die gleichen Vergünstigungen und den gleichen Rang erlangen.

[2] Ihre im Herkunftsland verbliebene Familie wird zu diesem Zweck als in diesem Gebiet wohnend betrachtet, soweit auch für inländische Arbeitnehmer eine entsprechende Vermutung gilt.

Abschnitt 3. Familienangehörige der Arbeitnehmer

Art. 10 [Unterricht für Angehörige] *[1]* Die Kinder eines Staatsangehörigen eines Mitgliedstaats, der im Hoheitsgebiet eines anderen Mitgliedstaats beschäftigt ist oder beschäftigt gewesen ist, können, wenn sie im Hoheitsgebiet dieses Mitgliedstaats wohnen, unter den gleichen Bedingungen wie die Staatsangehörigen dieses Mitgliedstaats am allgemeinen Unterricht sowie an der Lehrlings- und Berufsausbildung teilnehmen.

[2] Die Mitgliedstaaten fördern die Bemühungen, durch die diesen Kindern ermöglicht werden soll, unter den besten Voraussetzungen am Unterricht teilzunehmen.

Kapitel II. Zusammenführung und Ausgleich von Stellenangeboten und Arbeitsgesuchen

Art. 11–20 *(aufgehoben)*

Kapitel III. Organe zur Herbeiführung einer engen Zusammenarbeit zwischen den Mitgliedstaaten auf dem Gebiet der Freizügigkeit und der Beschäftigung der Arbeitnehmer

Abschnitt 1. Der Beratende Ausschuss

Art. 21 [Allgemeine Aufgabe] Der Beratende Ausschuss ist beauftragt, die Kommission bei der Prüfung der Fragen zu unterstützen, die sich aus der Anwendung des Vertrags über die Arbeitsweise der Europäischen Union und der zu seiner Durchführung getroffenen Maßnahmen auf dem Gebiet der Freizügigkeit und der Beschäftigung der Arbeitnehmer ergeben.

Art. 22 [Untersuchung und Stellungnahmen] Der Beratende Ausschuss ist insbesondere beauftragt,

a) die Probleme der Freizügigkeit und der Beschäftigung im Rahmen der einzelstaatlichen Arbeitsmarktpolitik im Hinblick auf eine Koordinierung der Beschäftigungspolitik der Mitgliedstaaten auf Unionsebene zu prüfen, die zu einem weiteren Ausbau der Volkswirtschaften sowie zu einer ausgeglicheneren Arbeitsmarktlage beitragen soll;

b) allgemein die Auswirkungen der Durchführung dieser Verordnung und etwaiger ergänzender Bestimmungen zu untersuchen;

c) der Kommission gegebenenfalls mit Gründen versehene Vorschläge zur Änderung dieser Verordnung vorzulegen;

d) auf Ersuchen der Kommission oder von sich aus mit Gründen versehene Stellungnahmen zu allgemeinen oder grundsätzlichen Fragen abzugeben, insbesondere zum Informationsaustausch betreffend die Entwicklung auf dem Arbeitsmarkt, zur Zu- und Abwanderung von Arbeitnehmern zwischen den Mitgliedstaaten, zu den Programmen oder Maßnahmen, die geeignet sind, die Berufsberatung und die Berufsausbildung im Interesse einer größeren Freizügigkeit und besserer Beschäftigungsmöglichkeiten zu fördern, sowie zu jeder Form der Betreuung der Arbeitnehmer und ihrer Familienangehörigen, einschließlich der sozialen Betreuung und der Unterbringung der Arbeitnehmer.

Art. 23 [Zusammensetzung; Amtszeit] (1) Der Beratende Ausschuss besteht aus sechs Mitgliedern je Mitgliedstaat, und zwar zwei Regierungsvertretern, zwei Vertretern der Arbeitnehmerverbände und zwei Vertretern der Arbeitgeberverbände.

(2) Für jede der in Absatz 1 bezeichneten Gruppen wird ein Stellvertreter je Mitgliedstaat ernannt.

(3) *[1]* [1] Die Amtszeit der Mitglieder und der Stellvertreter beträgt zwei Jahre. [2] Ihre Wiederernennung ist zulässig.

[2] Nach Ablauf der Amtszeit bleiben die Mitglieder und die Stellvertreter im Amt, bis ihre Ersetzung oder ihre Wiederernennung vollzogen ist.

Art. 24 [Ernennung der Mitglieder; Veröffentlichung] *[1]* Die Mitglieder des Beratenden Ausschusses und ihre Stellvertreter werden vom Rat ernannt, der sich bei der Auswahl der Vertreter der Arbeitnehmer- und Arbeitgeberverbände um eine angemessene Vertretung der verschiedenen in Betracht kommenden Wirtschaftsbereiche bemüht.

[2] Die Liste der Mitglieder und der Stellvertreter wird vom Rat im *Amtsblatt der Europäischen Union* zur Unterrichtung veröffentlicht.

Art. 25 [Vorsitz und Sekretariat] *[1]* [1] Den Vorsitz im Beratenden Ausschuss führt ein Mitglied der Kommission oder dessen Vertreter. [2] Der Vorsitz nimmt an der Abstimmung nicht teil. [3] Der Ausschuss tritt mindestens zweimal im Jahr zusammen. [4] Er wird von seinem Vorsitz auf eigene Veranlassung oder auf Antrag von mindestens einem Drittel der Mitglieder einberufen.

[2] Die Sekretariatsgeschäfte werden von den Dienststellen der Kommission wahrgenommen.

Art. 26 [Beobachter, Sachverständige, Fachberater] (1) [1] Der Vorsitz kann Personen oder Vertreter von Einrichtungen, die über umfassende Erfahrungen auf dem Gebiet der Beschäftigung und dem Gebiet der Zu- und

Abwanderung von Arbeitnehmern verfügen, als Beobachter oder Sachverständige zu den Sitzungen einladen. [2] Er kann Fachberater hinzuziehen.

(2) Die mit der Verordnung (EU) 2019/1149 des Europäischen Parlaments und des Rates[(*)] eingerichtete Europäische Arbeitsbehörde nimmt als Beobachterin an den Sitzungen des Beratenden Ausschusses teil und stellt bei Bedarf technischen Input und technisches Fachwissen bereit.

Art. 27 [Beschlussfassung] (1) Der Beratende Ausschuss ist beschlussfähig, wenn zwei Drittel seiner Mitglieder anwesend sind.

(2) Die Stellungnahmen sind mit Gründen zu versehen; sie werden mit der absoluten Mehrheit der gültig abgegebenen Stimmen beschlossen; ihnen ist eine Darstellung der Auffassungen der Minderheit beizufügen, wenn diese es beantragt.

Art. 28 [Geschäftsordnung] [1] Der Beratende Ausschuss legt seine Arbeitsmethoden in einer Geschäftsordnung fest, die in Kraft tritt, wenn der Rat sie nach Stellungnahme der Kommission genehmigt hat. [2] Die vom Beratenden Ausschuss eventuell beschlossenen Änderungen treten nach dem gleichen Verfahren in Kraft.

Abschnitt 2. Der Fachausschuss

Art. 29–34 *(aufgehoben)*

Kapitel IV. Schlussbestimmungen

Art. 35 [Weitergeltende Geschäftsordnungen] Die am 8. November 1968 geltende Geschäftsordnung des Beratenden Ausschusses wird weiter angewandt.

Art. 36 [Prioritäre Geltung der Verträge und früherer Abkommen]

(1) *[1]* Diese Verordnung berührt nicht die Bestimmungen des Vertrags zur Gründung der Europäischen Atomgemeinschaft über den Zugang zu qualifizierten Beschäftigungen auf dem Gebiet der Kernenergie und die Vorschriften zur Durchführung dieses Vertrags.

[2] Diese Verordnung gilt jedoch für die in Unterabsatz 1 genannte Gruppe von Arbeitnehmern sowie ihre Familienangehörigen, soweit deren Rechtsstellung in dem in Unterabsatz 1 genannten Vertrag oder den in Unterabsatz 1 genannten Vorschriften nicht geregelt ist.

(2) Diese Verordnung berührt nicht die gemäß Artikel 48 des Vertrags über die Arbeitsweise der Europäischen Union[1)] erlassenen Bestimmungen.

(3) *[1]* Diese Verordnung berührt nicht jene Verpflichtungen der Mitgliedstaaten, die sich aus besonderen Beziehungen zu einzelnen außereuropäischen Ländern oder Gebieten oder aus künftigen Abkommen mit diesen Ländern oder Gebieten aufgrund institutioneller Bindungen herleiten, die am 8. November 1968 bestanden haben oder die sich aus den am 8. November 1968

[(*)] **Amtl. Anm.:** Verordnung (EU) 2019/1149 des Europäischen Parlaments und des Rates vom 20. Juni 2019 zur Errichtung einer Europäischen Arbeitsbehörde und zur Änderung der Verordnungen (EG) Nr. 883/2004, (EU) Nr. 492/2011 und (EU) 2016/589 sowie zur Aufhebung des Beschlusses (EU) 2016/344 (ABl. L 186 vom 11.7.2019, S. 21).

[1)] Nr. **5**.

bestehenden Abkommen mit einzelnen außereuropäischen Ländern oder Gebieten aufgrund institutioneller Bindungen herleiten.

[2] Die Arbeitnehmer dieser Länder und Gebiete, die entsprechend der vorliegenden Vorschrift eine Tätigkeit im Lohn- oder Gehaltsverhältnis im Hoheitsgebiet eines der betreffenden Mitgliedstaaten ausüben, können sich im Hoheitsgebiet anderer Mitgliedstaaten nicht auf diese Verordnung berufen.

Art. 37 [Unterrichtung über Abkommen, Übereinkommen und Vereinbarungen] Die Mitgliedstaaten übermitteln der Kommission zur Unterrichtung den Wortlaut der zwischen ihnen auf dem Gebiet der Beschäftigung geschlossenen Abkommen, Übereinkommen oder Vereinbarungen, und zwar in der Zeit von der Unterzeichnung bis zum Inkrafttreten dieser Abkommen, Übereinkommen oder Vereinbarungen.

Art. 38 *(aufgehoben)*

Art. 39 [Verwaltungsausgaben] Die Verwaltungsausgaben des Beratenden Ausschusses werden im Gesamthaushaltsplan der Europäischen Union im Einzelplan der Kommission aufgeführt.

Art. 40 [Geltungsbereich] Diese Verordnung gilt für die Mitgliedstaaten und für deren Staatsangehörige, unbeschadet der Artikel 2 und 3.

Art. 41 [Aufhebung] *[1]* Die Verordnung (EWG) Nr. 1612/68 wird aufgehoben.

[2] Bezugnahmen auf die aufgehobene Verordnung gelten als Bezugnahmen auf die vorliegende Verordnung und sind nach Maßgabe der Entsprechungstabelle in Anhang II zu lesen.

Art. 42 [Inkrafttreten] Diese Verordnung tritt am zwanzigsten Tag nach ihrer Veröffentlichung[1] im *Amtsblatt der Europäischen Union* in Kraft.

Diese Verordnung ist in allen ihren Teilen verbindlich und gilt unmittelbar in jedem Mitgliedstaat.

Anhänge. *(hier nicht wiedergegeben)*

---

[1] Veröffentlicht am 27.5.2011.

135. Verordnung (EU) Nr. 1215/2012 des Europäischen Parlaments und des Rates vom 12. Dezember 2012 über die gerichtliche Zuständigkeit und die Anerkennung und Vollstreckung von Entscheidungen in Zivil- und Handelssachen

(Neufassung)

(ABl. L 351 S. 1, ber. 2016 L 264 S. 43)

Celex-Nr. 3 2012 R 1215

zuletzt geänd. durch Art. 1 ÄndVO (EU) 2015/281 v. 26.11.2014 (ABl. 2015 L 54 S. 1)

DAS EUROPÄISCHE PARLAMENT UND DER RAT DER EUROPÄISCHEN UNION –

gestützt auf den Vertrag über die Arbeitsweise der Europäischen Union, insbesondere auf Artikel 67 Absatz 4 und Artikel 81 Absatz 2 Buchstaben a, c und e,

auf Vorschlag der Europäischen Kommission,

nach Zuleitung des Entwurfs des Gesetzgebungsakts an die nationalen Parlamente,

nach Stellungnahme des Europäischen Wirtschafts- und Sozialausschusses[1],

gemäß dem ordentlichen Gesetzgebungsverfahren[2],

in Erwägung nachstehender Gründe:

(1) Am 21. April 2009 hat die Kommission einen Bericht über die Anwendung der Verordnung (EG) Nr. 44/2001 des Rates vom 22. Dezember 2000 über die gerichtliche Zuständigkeit und die Anerkennung und Vollstreckung von Entscheidungen in Zivil- und Handelssachen[3] angenommen. Dem Bericht zufolge herrscht allgemein Zufriedenheit mit der Funktionsweise der genannten Verordnung, doch könnten die Anwendung bestimmter Vorschriften, der freie Verkehr gerichtlicher Entscheidungen sowie der Zugang zum Recht noch weiter verbessert werden. Da einige weitere Änderungen erfolgen sollen, sollte die genannte Verordnung aus Gründen der Klarheit neu gefasst werden.

(2) Der Europäische Rat hat auf seiner Tagung vom 10./11. Dezember 2009 in Brüssel ein neues mehrjähriges Programm mit dem Titel „Das Stockholmer Programm – Ein offenes und sicheres Europa im Dienste und zum Schutz der Bürger“[4] angenommen. Im Stockholmer Programm vertritt der Europäische Rat die Auffassung, dass der Prozess der Abschaffung aller zwischengeschalteten Maßnahmen (Exequaturverfahren) während des von dem Programm abgedeckten Zeitraums fortgeführt werden sollte. Gleichzeitig sollte die Abschaffung der Exequaturverfahren von einer Reihe von Schutzvorkehrungen begleitet werden.

---

[1] **Amtl. Anm.:** ABl. C 218 vom 23.7.2011, S. 78.

[2] **Amtl. Anm.:** Standpunkt des Europäischen Parlaments vom 20. November 2012 (noch nicht im Amtsblatt veröffentlicht) und Beschluss des Rates vom 6. Dezember 2012.

[3] **Amtl. Anm.:** ABl. L 12 vom 16.1.2001, S. 1.

[4] **Amtl. Anm.:** ABl. C 115 vom 4.5.2010, S. 1.

(3) Die Union hat sich zum Ziel gesetzt, einen Raum der Freiheit, der Sicherheit und des Rechts zu erhalten und weiterzuentwickeln, indem unter anderem der Zugang zum Recht, insbesondere durch den Grundsatz der gegenseitigen Anerkennung gerichtlicher und außergerichtlicher Entscheidungen in Zivilsachen, erleichtert wird. Zum schrittweisen Aufbau eines solchen Raums hat die Union im Bereich der justiziellen Zusammenarbeit in Zivilsachen, die einen grenzüberschreitenden Bezug aufweisen, Maßnahmen zu erlassen, insbesondere wenn dies für das reibungslose Funktionieren des Binnenmarkts erforderlich ist.

(4) Die Unterschiede zwischen bestimmten einzelstaatlichen Vorschriften über die gerichtliche Zuständigkeit und die Anerkennung von Entscheidungen erschweren das reibungslose Funktionieren des Binnenmarkts. Es ist daher unerlässlich, Bestimmungen zu erlassen, um die Vorschriften über die internationale Zuständigkeit in Zivil- und Handelssachen zu vereinheitlichen und eine rasche und unkomplizierte Anerkennung und Vollstreckung von Entscheidungen zu gewährleisten, die in einem Mitgliedstaat ergangen sind.

(5) Diese Bestimmungen fallen in den Bereich der justiziellen Zusammenarbeit in Zivilsachen im Sinne von Artikel 81 des Vertrags über die Arbeitsweise der Europäischen Union (AEUV)[1].

(6) Um den angestrebten freien Verkehr der Entscheidungen in Zivil- und Handelssachen zu verwirklichen, ist es erforderlich und angemessen, dass die Vorschriften über die gerichtliche Zuständigkeit und die Anerkennung und Vollstreckung von Entscheidungen im Wege eines Unionsrechtsakts festgelegt werden, der verbindlich und unmittelbar anwendbar ist.

(7) Am 27. September 1968 schlossen die seinerzeitigen Mitgliedstaaten der Europäischen Gemeinschaften auf der Grundlage von Artikel 220 vierter Gedankenstrich des Vertrags zur Gründung der Europäischen Wirtschaftsgemeinschaft das Übereinkommen von Brüssel über die gerichtliche Zuständigkeit und die Vollstreckung gerichtlicher Entscheidungen in Zivil- und Handelssachen, dessen Fassung danach durch die Übereinkommen über den Beitritt neuer Mitgliedstaaten zu diesem Übereinkommen[2] geändert wurde („Brüsseler Übereinkommen von 1968"). Am 16. September 1988 schlossen die seinerzeitigen Mitgliedstaaten der Europäischen Gemeinschaften und bestimmte EFTA-Staaten das Übereinkommen von Lugano über die gerichtliche Zuständigkeit und die Vollstreckung gerichtlicher Entscheidungen in Zivil- und Handelssachen[3] („Übereinkommen von Lugano von 1988"), das ein Parallelübereinkommen zu dem Brüsseler Übereinkommen von 1968 darstellt. Am 1. Februar 2000 wurde das Übereinkommen von Lugano von 1988 auf Polen anwendbar.

(8) Am 22. Dezember 2000 nahm der Rat die Verordnung (EG) Nr. 44/2001 an, die das Brüsseler Übereinkommen von 1968 im Verhältnis der Mitgliedstaaten zueinander mit Ausnahme Dänemarks hinsichtlich der Hoheitsgebiete der Mitgliedstaaten ersetzt, die in den Anwendungsbereich des

---

[1] Nr. **5**.

[2] **Amtl. Anm.:** ABl. L 299 vom 31.12.1972, S. 32; ABl. L 304 vom 30.10.1978, S. 1; ABl. L 388 vom 31.12.1982, S. 1; ABl. L 285 vom 3.10.1989, S. 1; ABl. C 15 vom 15.1.1997, S. 1. Siehe konsolidierte Fassung in ABl. C 27 vom 26.1.1998, S. 1.

[3] **Amtl. Anm.:** ABl. L 319 vom 25.11.1988, S. 9.

AEUV fallen. Mit dem Beschluss 2006/325/EG des Rates[1] schloss die Gemeinschaft mit Dänemark ein Abkommen über die Anwendung der Bestimmungen der Verordnung (EG) Nr. 44/2001 in Dänemark. Das Übereinkommen von Lugano von 1988 wurde durch das am 30. Oktober 2007 von der Gemeinschaft, Dänemark, Island, Norwegen und der Schweiz in Lugano unterzeichnete Übereinkommen über die gerichtliche Zuständigkeit und die Anerkennung und Vollstreckung von Entscheidungen in Zivil- und Handelssachen[2] („Übereinkommen von Lugano von 2007") geändert.

(9) Das Brüsseler Übereinkommen von 1968 gilt weiter hinsichtlich der Hoheitsgebiete der Mitgliedstaaten, die in seinen territorialen Anwendungsbereich fallen und die aufgrund der Anwendung von Artikel 355 AEUV von der vorliegenden Verordnung ausgeschlossen sind.

(10) Der sachliche Anwendungsbereich dieser Verordnung sollte sich, von einigen genau festgelegten Rechtsgebieten abgesehen, auf den wesentlichen Teil des Zivil- und Handelsrechts erstrecken; aufgrund der Annahme der Verordnung (EG) Nr. 4/2009 des Rates vom 18. Dezember 2008 über die Zuständigkeit, das anwendbare Recht, die Anerkennung und Vollstreckung von Entscheidungen und die Zusammenarbeit in Unterhaltssachen[3] sollten insbesondere die Unterhaltspflichten vom Anwendungsbereich dieser Verordnung ausgenommen werden.

(11) Für die Zwecke dieser Verordnung sollten zu den Gerichten der Mitgliedstaaten auch gemeinsame Gerichte mehrerer Mitgliedstaaten gehören, wie der Benelux-Gerichtshof, wenn er seine Zuständigkeit in Angelegenheiten ausübt, die in den Anwendungsbereich dieser Verordnung fallen. Daher sollten Entscheidungen dieser Gerichte gemäß dieser Verordnung anerkannt und vollstreckt werden.

(12) Diese Verordnung sollte nicht für die Schiedsgerichtsbarkeit gelten. Sie sollte die Gerichte eines Mitgliedstaats nicht daran hindern, die Parteien gemäß dem einzelstaatlichen Recht an die Schiedsgerichtsbarkeit zu verweisen, das Verfahren auszusetzen oder einzustellen oder zu prüfen, ob die Schiedsvereinbarung hinfällig, unwirksam oder nicht erfüllbar ist, wenn sie wegen eines Streitgegenstands angerufen werden, hinsichtlich dessen die Parteien eine Schiedsvereinbarung getroffen haben.
Entscheidet ein Gericht eines Mitgliedstaats, ob eine Schiedsvereinbarung hinfällig, unwirksam oder nicht erfüllbar ist, so sollte diese Entscheidung ungeachtet dessen, ob das Gericht darüber in der Hauptsache oder als Vorfrage entschieden hat, nicht den Vorschriften dieser Verordnung über die Anerkennung und Vollstreckung unterliegen.
Hat hingegen ein nach dieser Verordnung oder nach einzelstaatlichem Recht zuständiges Gericht eines Mitgliedstaats festgestellt, dass eine Schiedsvereinbarung hinfällig, unwirksam oder nicht erfüllbar ist, so sollte die Entscheidung des Gerichts in der Hauptsache dennoch gemäß dieser Verordnung anerkannt oder vollstreckt werden können. Hiervon unberührt bleiben sollte die Zuständigkeit der Gerichte der Mitgliedstaaten, über die Anerkennung und Vollstreckung von Schiedssprüchen im Ein-

[1] **Amtl. Anm.:** ABl. L 120 vom 5.5.2006, S. 22.
[2] **Amtl. Anm.:** ABl. L 147 vom 10.6.2009, S. 5.
[3] **Amtl. Anm.:** ABl. L 7 vom 10.1.2009, S. 1.

klang mit dem am 10. Juni 1958 in New York unterzeichneten Übereinkommen über die Anerkennung und Vollstreckung ausländischer Schiedssprüche („Übereinkommen von New York von 1958") zu entscheiden, das Vorrang vor dieser Verordnung hat.

Diese Verordnung sollte nicht für Klagen oder Nebenverfahren insbesondere im Zusammenhang mit der Bildung eines Schiedsgerichts, den Befugnissen von Schiedsrichtern, der Durchführung eines Schiedsverfahrens oder sonstigen Aspekten eines solchen Verfahrens oder für eine Klage oder eine Entscheidung in Bezug auf die Aufhebung, die Überprüfung, die Anfechtung, die Anerkennung oder die Vollstreckung eines Schiedsspruchs gelten.

(13) Zwischen den Verfahren, die unter diese Verordnung fallen, und dem Hoheitsgebiet der Mitgliedstaaten muss ein Anknüpfungspunkt bestehen. Gemeinsame Zuständigkeitsvorschriften sollten demnach grundsätzlich dann Anwendung finden, wenn der Beklagte seinen Wohnsitz in einem Mitgliedstaat hat.

(14) Beklagte ohne Wohnsitz in einem Mitgliedstaat sollten im Allgemeinen den einzelstaatlichen Zuständigkeitsvorschriften unterliegen, die im Hoheitsgebiet des Mitgliedstaats gelten, in dem sich das angerufene Gericht befindet. Allerdings sollten einige Zuständigkeitsvorschriften in dieser Verordnung unabhängig vom Wohnsitz des Beklagten gelten, um den Schutz der Verbraucher und der Arbeitnehmer zu gewährleisten, um die Zuständigkeit der Gerichte der Mitgliedstaaten in Fällen zu schützen, in denen sie ausschließlich zuständig sind, und um die Parteiautonomie zu achten.

(15) Die Zuständigkeitsvorschriften sollten in hohem Maße vorhersehbar sein und sich grundsätzlich nach dem Wohnsitz des Beklagten richten. Diese Zuständigkeit sollte stets gegeben sein außer in einigen genau festgelegten Fällen, in denen aufgrund des Streitgegenstands oder der Vertragsfreiheit der Parteien ein anderes Anknüpfungskriterium gerechtfertigt ist. Der Sitz juristischer Personen muss in der Verordnung selbst definiert sein, um die Transparenz der gemeinsamen Vorschriften zu stärken und Kompetenzkonflikte zu vermeiden.

(16) Der Gerichtsstand des Wohnsitzes des Beklagten sollte durch alternative Gerichtsstände ergänzt werden, die entweder aufgrund der engen Verbindung zwischen Gericht und Rechtsstreit oder im Interesse einer geordneten Rechtspflege zuzulassen sind. Das Erfordernis der engen Verbindung soll Rechtssicherheit schaffen und verhindern, dass die Gegenpartei vor einem Gericht eines Mitgliedstaats verklagt werden kann, mit dem sie vernünftigerweise nicht rechnen konnte. Dies ist besonders wichtig bei Rechtsstreitigkeiten, die außervertragliche Schuldverhältnisse infolge der Verletzung der Privatsphäre oder der Persönlichkeitsrechte einschließlich Verleumdung betreffen.

(17) Der Eigentümer eines Kulturguts im Sinne des Artikels 1 Nummer 1 der Richtlinie 93/7/EWG des Rates vom 15. März 1993 über die Rückgabe von unrechtmäßig aus dem Hoheitsgebiet eines Mitgliedstaats verbrachten Kulturgütern[1)] sollte eine auf Eigentum gestützte Zivilklage gemäß dieser Verordnung zur Wiedererlangung dieses Gutes vor dem Gericht des Ortes, an dem sich das Kulturgut zum Zeitpunkt der Anrufung des Gerichts

[1)] **Amtl. Anm.:** ABl. L 74 vom 27.3.1993, S. 74.

befindet, erheben können. Solche Klagen sollten nach der Richtlinie 93/7/EWG eingeleitete Verfahren unberührt lassen.

(18) Bei Versicherungs-, Verbraucher- und Arbeitsverträgen sollte die schwächere Partei durch Zuständigkeitsvorschriften geschützt werden, die für sie günstiger sind als die allgemeine Regelung.

(19) Vorbehaltlich der in dieser Verordnung festgelegten ausschließlichen Zuständigkeiten sollte die Vertragsfreiheit der Parteien hinsichtlich der Wahl des Gerichtsstands, außer bei Versicherungs-, Verbraucher- und Arbeitsverträgen, wo nur eine begrenztere Vertragsfreiheit zulässig ist, gewahrt werden.

(20) Stellt sich die Frage, ob eine Gerichtsstandsvereinbarung zugunsten eines Gerichts oder der Gerichte eines Mitgliedstaats materiell nichtig ist, so sollte sie nach dem Recht einschließlich des Kollisionsrechts des Mitgliedstaats des Gerichts oder der Gerichte entschieden werden, die in der Vereinbarung bezeichnet sind.

(21) Im Interesse einer abgestimmten Rechtspflege müssen Parallelverfahren so weit wie möglich vermieden werden, damit nicht in verschiedenen Mitgliedstaaten miteinander unvereinbare Entscheidungen ergehen. Es sollte eine klare und wirksame Regelung zur Klärung von Fragen der Rechtshängigkeit und der im Zusammenhang stehenden Verfahren sowie zur Verhinderung von Problemen vorgesehen werden, die sich aus der einzelstaatlich unterschiedlichen Festlegung des Zeitpunkts ergeben, von dem an ein Verfahren als rechtshängig gilt. Für die Zwecke dieser Verordnung sollte dieser Zeitpunkt autonom festgelegt werden.

(22) Um allerdings die Wirksamkeit von ausschließlichen Gerichtsstandsvereinbarungen zu verbessern und missbräuchliche Prozesstaktiken zu vermeiden, ist es erforderlich, eine Ausnahme von der allgemeinen Rechtshängigkeitsregel vorzusehen, um eine befriedigende Regelung in einem Sonderfall zu erreichen, in dem es zu Parallelverfahren kommen kann. Dabei handelt es sich um den Fall, dass ein Verfahren bei einem Gericht, das nicht in einer ausschließlichen Gerichtsstandsvereinbarung vereinbart wurde, anhängig gemacht wird und später das vereinbarte Gericht wegen desselben Anspruchs zwischen denselben Parteien angerufen wird. In einem solchen Fall muss das zuerst angerufene Gericht das Verfahren aussetzen, sobald das vereinbarte Gericht angerufen wurde, und zwar so lange, bis das letztere Gericht erklärt, dass es gemäß der ausschließlichen Gerichtsstandsvereinbarung nicht zuständig ist. Hierdurch soll in einem solchen Fall sichergestellt werden, dass das vereinbarte Gericht vorrangig über die Gültigkeit der Vereinbarung und darüber entscheidet, inwieweit die Vereinbarung auf den bei ihm anhängigen Rechtsstreit Anwendung findet. Das vereinbarte Gericht sollte das Verfahren unabhängig davon fortsetzen können, ob das nicht vereinbarte Gericht bereits entschieden hat, das Verfahren auszusetzen.
Diese Ausnahmeregelung sollte nicht für Fälle gelten, in denen die Parteien widersprüchliche ausschließliche Gerichtsstandsvereinbarungen geschlossen haben oder in denen ein in einer ausschließlichen Gerichtsstandsvereinbarung vereinbartes Gericht zuerst angerufen wurde. In solchen Fällen sollte die allgemeine Rechtshängigkeitsregel dieser Verordnung Anwendung finden.

(23) Diese Verordnung sollte eine flexible Regelung enthalten, die es den Gerichten der Mitgliedstaaten ermöglicht, vor den Gerichten von Drittstaaten anhängige Verfahren zu berücksichtigen, wobei insbesondere die Frage, ob eine in einem Drittstaat ergangene Entscheidung in dem betreffenden Mitgliedstaat nach dem Recht dieses Mitgliedstaats anerkannt und vollstreckt werden kann, sowie die geordnete Rechtspflege zu berücksichtigen sind.

(24) Bei der Berücksichtigung der geordneten Rechtspflege sollte das Gericht des betreffenden Mitgliedstaats alle Umstände des bei ihm anhängigen Falles prüfen. Hierzu können Verbindungen des Streitgegenstands und der Parteien zu dem betreffenden Drittstaat zählen wie auch die Frage, wie weit das Verfahren im Drittstaat zu dem Zeitpunkt, an dem ein Verfahren vor dem Gericht des Mitgliedstaats eingeleitet wird, bereits fortgeschritten ist, sowie die Frage, ob zu erwarten ist, dass das Gericht des Drittstaats innerhalb einer angemessenen Frist eine Entscheidung erlassen wird.
Dabei kann auch die Frage geprüft werden, ob das Gericht des Drittstaats unter Umständen, unter denen ein Gericht eines Mitgliedstaats ausschließlich zuständig wäre, im betreffenden Fall ausschließlich zuständig ist.

(25) Unter den Begriff einstweilige Maßnahmen einschließlich Sicherungsmaßnahmen sollten zum Beispiel Anordnungen zur Beweiserhebung oder Beweissicherung im Sinne der Artikel 6 und 7 der Richtlinie 2004/48/EG des Europäischen Parlaments und des Rates vom 29. April 2004 zur Durchsetzung der Rechte des geistigen Eigentums[1] fallen. Nicht mit eingeschlossen sein sollten Maßnahmen, die nicht auf Sicherung gerichtet sind, wie Anordnungen zur Zeugenvernehmung. Die Anwendung der Verordnung (EG) Nr. 1206/2001 des Rates vom 28. Mai 2001 über die Zusammenarbeit zwischen den Gerichten der Mitgliedstaaten auf dem Gebiet der Beweisaufnahme in Zivil- oder Handelssachen[2] sollte hiervon unberührt bleiben.

(26) Das gegenseitige Vertrauen in die Rechtspflege innerhalb der Union rechtfertigt den Grundsatz, dass eine in einem Mitgliedstaat ergangene Entscheidung in allen Mitgliedstaaten anerkannt wird, ohne dass es hierfür eines besonderen Verfahrens bedarf. Außerdem rechtfertigt die angestrebte Reduzierung des Zeit- und Kostenaufwands bei grenzüberschreitenden Rechtsstreitigkeiten die Abschaffung der Vollstreckbarerklärung, die der Vollstreckung im ersuchten Mitgliedstaat bisher vorausgehen musste. Eine von den Gerichten eines Mitgliedstaats erlassene Entscheidung sollte daher so behandelt werden, als sei sie im ersuchten Mitgliedstaat ergangen.

(27) Für die Zwecke des freien Verkehrs von gerichtlichen Entscheidungen sollte eine in einem Mitgliedstaat ergangene Entscheidung in einem anderen Mitgliedstaat selbst dann anerkannt und vollstreckt werden, wenn sie gegen eine Person ohne Wohnsitz in einem Mitgliedstaat ergangen ist.

(28) Enthält eine Entscheidung eine Maßnahme oder Anordnung, die im Recht des ersuchten Mitgliedstaats nicht bekannt ist, so wird diese Maßnahme oder Anordnung, einschließlich des in ihr bezeichneten Rechts, soweit möglich an eine Maßnahme oder Anordnung angepasst, mit der nach dem Recht dieses Mitgliedstaats vergleichbare Wirkungen verbunden

---

[1] **Amtl. Anm.:** ABl. L 157 vom 30.4.2004, S. 45.
[2] **Amtl. Anm.:** ABl. L 174 vom 27.6.2001, S. 1.

sind und die ähnliche Ziele verfolgt. Wie und durch wen diese Anpassung zu erfolgen hat, sollte durch die einzelnen Mitgliedstaaten bestimmt werden.

(29) Die unmittelbare Vollstreckung ohne Vollstreckbarerklärung einer in einem anderen Mitgliedstaat ergangenen Entscheidung im ersuchten Mitgliedstaat sollte nicht die Achtung der Verteidigungsrechte beeinträchtigen. Deshalb sollte der Schuldner die Versagung der Anerkennung oder der Vollstreckung einer Entscheidung beantragen können, wenn er der Auffassung ist, dass einer der Gründe für die Versagung der Anerkennung vorliegt. Hierzu sollte der Grund gehören, dass ihm nicht die Gelegenheit gegeben wurde, seine Verteidigung vorzubereiten, wenn die Entscheidung in einer Zivilklage innerhalb eines Strafverfahrens in Abwesenheit ergangen ist. Auch sollten hierzu die Gründe gehören, die auf der Grundlage eines Abkommens zwischen dem ersuchten Mitgliedstaat und einem Drittstaat geltend gemacht werden könnten, das nach Artikel 59 des Brüsseler Übereinkommens von 1968 geschlossen wurde.

(30) Eine Partei, die die Vollstreckung einer in einem anderen Mitgliedstaat ergangenen Entscheidung anficht, sollte so weit wie möglich im Einklang mit dem Rechtssystem des ersuchten Mitgliedstaats in der Lage sein, im selben Verfahren außer den in dieser Verordnung genannten Versagungsgründen auch die im einzelstaatlichen Recht vorgesehenen Versagungsgründe innerhalb der nach diesem Recht vorgeschriebenen Fristen geltend zu machen. Allerdings sollte die Anerkennung einer Entscheidung nur versagt werden, wenn mindestens einer der in dieser Verordnung genannten Versagungsgründe gegeben ist.

(31) Solange ein Verfahren zur Anfechtung der Vollstreckung einer Entscheidung anhängig ist, sollten die Gerichte des ersuchten Mitgliedstaats während des gesamten Verfahrens aufgrund einer solchen Anfechtung, einschließlich dagegen gerichteter Rechtsbehelfe, den Fortgang der Vollstreckung unter der Voraussetzung zulassen können, dass die Vollstreckung einer Beschränkung unterliegt oder eine Sicherheit geleistet wird.

(32) Um den Schuldner über die Vollstreckung einer in einem anderen Mitgliedstaat ergangenen Entscheidung zu unterrichten, sollte die gemäß dieser Verordnung ausgestellte Bescheinigung – erforderlichenfalls zusammen mit der Entscheidung – dem Schuldner innerhalb einer angemessenen Frist vor der ersten Vollstreckungsmaßnahme zugestellt werden. In diesem Zusammenhang sollte als erste Vollstreckungsmaßnahme die erste Vollstreckungsmaßnahme nach einer solchen Zustellung gelten.

(33) Werden einstweilige Maßnahmen, einschließlich Sicherungsmaßnahmen, von einem Gericht angeordnet, das in der Hauptsache zuständig ist, so sollte ihr freier Verkehr nach dieser Verordnung gewährleistet sein. Allerdings sollten einstweilige Maßnahmen, einschließlich Sicherungsmaßnahmen, die angeordnet wurden, ohne dass der Beklagte vorgeladen wurde, nicht gemäß dieser Verordnung anerkannt und vollstreckt werden, es sei denn, die die Maßnahme enthaltende Entscheidung ist dem Beklagten vor der Vollstreckung zugestellt worden. Dies sollte die Anerkennung und Vollstreckung solcher Maßnahmen gemäß einzelstaatlichem Recht nicht ausschließen. Werden einstweilige Maßnahmen, einschließlich Sicherungsmaßnahmen, von einem Gericht eines Mitgliedstaats angeordnet, das für die Entscheidung in der Hauptsache nicht zuständig ist, sollte die Wirkung

dieser Maßnahmen auf das Hoheitsgebiet des betreffenden Mitgliedstaats gemäß dieser Verordnung beschränkt werden.

(34) Um die Kontinuität zwischen dem Brüsseler Übereinkommen von 1968, der Verordnung (EG) Nr. 44/2001 und dieser Verordnung zu wahren, sollten Übergangsvorschriften vorgesehen werden. Dies gilt auch für die Auslegung des Brüsseler Übereinkommens von 1968 und der es ersetzenden Verordnungen durch den Gerichtshof der Europäischen Union.

(35) Um die internationalen Verpflichtungen, die die Mitgliedstaaten eingegangen sind, zu wahren, darf sich diese Verordnung nicht auf von den Mitgliedstaaten geschlossene Übereinkommen in besonderen Rechtsgebieten auswirken.

(36) Unbeschadet der Pflichten der Mitgliedstaaten nach den Verträgen sollte diese Verordnung nicht die Anwendung der bilateralen Übereinkünfte und Vereinbarungen berühren, die vor dem Inkrafttreten der Verordnung (EG) Nr. 44/2001 zwischen einem Drittstaat und einem Mitgliedstaat geschlossen wurden und in dieser Verordnung geregelte Angelegenheiten betreffen.

(37) Um sicherzustellen, dass die im Zusammenhang mit der Anerkennung oder Vollstreckung von Entscheidungen, öffentlichen Urkunden und gerichtlichen Vergleichen nach dieser Verordnung zu verwendenden Bescheinigungen stets auf dem neuesten Stand sind, sollte der Kommission die Befugnis übertragen werden, gemäß Artikel 290 AEUV Rechtsakte hinsichtlich Änderungen der Anhänge I und II dieser Verordnung zu erlassen. Es ist besonders wichtig, dass die Kommission bei ihren vorbereitenden Arbeiten angemessene Konsultationen auch auf Expertenebene durchführt. Bei der Vorbereitung und Ausarbeitung delegierter Rechtsakte sollte die Kommission dafür sorgen, dass die einschlägigen Dokumente dem Europäischen Parlament und dem Rat gleichzeitig, rechtzeitig und auf angemessene Weise übermittelt werden.

(38) Diese Verordnung steht im Einklang mit den Grundrechten und Grundsätzen, die mit der Charta der Grundrechte der Europäischen Union[1] anerkannt wurden, insbesondere mit dem in Artikel 47 der Charta[1] verbürgten Recht auf einen wirksamen Rechtsbehelf und ein unparteiisches Gericht.

(39) Da das Ziel dieser Verordnung auf der Ebene der Mitgliedstaaten nicht hinreichend verwirklicht werden kann und besser auf Unionsebene zu erreichen ist, kann die Union im Einklang mit dem Subsidiaritätsprinzip nach Artikel 5 des Vertrags über die Europäische Union (EUV)[2] tätig werden. In Übereinstimmung mit dem in demselben Artikel genannten Grundsatz der Verhältnismäßigkeit geht diese Verordnung nicht über das zur Erreichung dieses Ziels erforderliche Maß hinaus.

(40) Das Vereinigte Königreich und Irland[3] haben sich gemäß Artikel 3 des dem EUV und dem seinerzeitigen Vertrag zur Gründung der Europäischen Gemeinschaft beigefügten Protokolls über die Position des Vereinigten Königreichs und Irlands an der Annahme und Anwendung der Verordnung

[1] Nr. **15**.
[2] Nr. **1**.
[3] Seit dem 1.2.2020 ist das Vereinigte Königreich aus der Europäischen Union ausgetreten und ist seitdem ein Drittland (Nicht-EU-Land).

(EG) Nr. 44/2001 beteiligt. Gemäß Artikel 3 des dem EUV und dem AEUV beigefügten Protokolls Nr. 21 über die Position des Vereinigten Königreichs und Irlands hinsichtlich des Raums der Freiheit, der Sicherheit und des Rechts haben das Vereinigte Königreich und Irland[1] mitgeteilt, dass sie sich an der Annahme und Anwendung dieser Verordnung beteiligen möchten.

(41) Gemäß den Artikeln 1 und 2 des dem EUV und dem AEUV beigefügten Protokolls Nr. 22 über die Position Dänemarks beteiligt sich Dänemark nicht an der Annahme dieser Verordnung und ist weder durch diese Verordnung gebunden noch zu ihrer Anwendung verpflichtet; dabei steht es Dänemark jedoch gemäß Artikel 3 des Abkommens vom 19. Oktober 2005 zwischen der Europäischen Gemeinschaft und dem Königreich Dänemark über die gerichtliche Zuständigkeit und die Anerkennung und Vollstreckung von Entscheidungen in Zivil- und Handelssachen[2] frei, die Änderungen der Verordnung (EG) Nr. 44/2001 anzuwenden –

HABEN FOLGENDE VERORDNUNG ERLASSEN:

Kapitel I. Anwendungsbereich und Begriffsbestimmungen

Art. 1 [Anwendungsbereich] (1) [1] Diese Verordnung ist in Zivil- und Handelssachen anzuwenden, ohne dass es auf die Art der Gerichtsbarkeit ankommt. [2] Sie gilt insbesondere nicht für Steuer- und Zollsachen sowie verwaltungsrechtliche Angelegenheiten oder die Haftung des Staates für Handlungen oder Unterlassungen im Rahmen der Ausübung hoheitlicher Rechte *(acta iure imperii)*.

(2) Sie ist nicht anzuwenden auf:

a) den Personenstand, die Rechts- und Handlungsfähigkeit sowie die gesetzliche Vertretung von natürlichen Personen, die ehelichen Güterstände oder Güterstände aufgrund von Verhältnissen, die nach dem auf diese Verhältnisse anzuwendenden Recht mit der Ehe vergleichbare Wirkungen entfalten,
b) Konkurse, Vergleiche und ähnliche Verfahren,
c) die soziale Sicherheit,
d) die Schiedsgerichtsbarkeit,
e) Unterhaltspflichten, die auf einem Familien-, Verwandtschafts- oder eherechtlichen Verhältnis oder auf Schwägerschaft beruhen,
f) das Gebiet des Testaments- und Erbrechts, einschließlich Unterhaltspflichten, die mit dem Tod entstehen.

Art. 2 [Begriffsbestimmungen] Für die Zwecke dieser Verordnung bezeichnet der Ausdruck

a) „Entscheidung" jede von einem Gericht eines Mitgliedstaats erlassene Entscheidung ohne Rücksicht auf ihre Bezeichnung wie Urteil, Beschluss, Zahlungsbefehl oder Vollstreckungsbescheid, einschließlich des Kostenfestsetzungsbeschlusses eines Gerichtsbediensteten.

---

[1] Seit dem 1.2.2020 ist das Vereinigte Königreich aus der Europäischen Union ausgetreten und ist seitdem ein Drittland (Nicht-EU-Land).

[2] **Amtl. Anm.:** ABl. L 299 vom 16.11.2005, S. 62.

Für die Zwecke von Kapitel III umfasst der Ausdruck „Entscheidung" auch einstweilige Maßnahmen einschließlich Sicherungsmaßnahmen, die von einem nach dieser Verordnung in der Hauptsache zuständigen Gericht angeordnet wurden. Hierzu gehören keine einstweiligen Maßnahmen einschließlich Sicherungsmaßnahmen, die von einem solchen Gericht angeordnet wurden, ohne dass der Beklagte vorgeladen wurde, es sei denn, die Entscheidung, welche die Maßnahme enthält, wird ihm vor der Vollstreckung zugestellt;

b) „gerichtlicher Vergleich" einen Vergleich, der von einem Gericht eines Mitgliedstaats gebilligt oder vor einem Gericht eines Mitgliedstaats im Laufe eines Verfahrens geschlossen worden ist;

c) „öffentliche Urkunde" ein Schriftstück, das als öffentliche Urkunde im Ursprungsmitgliedstaat förmlich errichtet oder eingetragen worden ist und dessen Beweiskraft

   i) sich auf die Unterschrift und den Inhalt der öffentlichen Urkunde bezieht und

   ii) durch eine Behörde oder eine andere hierzu ermächtigte Stelle festgestellt worden ist;

d) „Ursprungsmitgliedstaat" den Mitgliedstaat, in dem die Entscheidung ergangen, der gerichtliche Vergleich gebilligt oder geschlossen oder die öffentliche Urkunde förmlich errichtet oder eingetragen worden ist;

e) „ersuchter Mitgliedstaat" den Mitgliedstaat, in dem die Anerkennung der Entscheidung geltend gemacht oder die Vollstreckung der Entscheidung, des gerichtlichen Vergleichs oder der öffentlichen Urkunde beantragt wird;

f) „Ursprungsgericht" das Gericht, das die Entscheidung erlassen hat, deren Anerkennung geltend gemacht oder deren Vollstreckung beantragt wird.

Art. 3 [Begriff „Gericht"] Für die Zwecke dieser Verordnung umfasst der Begriff „Gericht" die folgenden Behörden, soweit und sofern sie für eine in den Anwendungsbereich dieser Verordnung fallende Angelegenheit zuständig sind:

a) in Ungarn, bei summarischen Mahnverfahren (fizetési meghagyásos eljárás), den Notar (közjegyző),

b) in Schweden, bei summarischen Mahnverfahren (betalningsföreläggande) und Beistandsverfahren (handräckning), das Amt für Beitreibung (Kronofogdemyndigheten).

Kapitel II. Zuständigkeit

Abschnitt 1. Allgemeine Bestimmungen

Art. 4 [Allgemeiner internationaler Gerichtsstand] (1) Vorbehaltlich der Vorschriften dieser Verordnung sind Personen, die ihren Wohnsitz im Hoheitsgebiet eines Mitgliedstaats haben, ohne Rücksicht auf ihre Staatsangehörigkeit vor den Gerichten dieses Mitgliedstaats zu verklagen.

(2) Auf Personen, die nicht dem Mitgliedstaat, in dem sie ihren Wohnsitz haben, angehören, sind die für Staatsangehörige dieses Mitgliedstaats maßgebenden Zuständigkeitsvorschriften anzuwenden.

Art. 5 [Keine exorbitanten Gerichtsstände] (1) Personen, die ihren Wohnsitz im Hoheitsgebiet eines Mitgliedstaats haben, können vor den Gerichten eines anderen Mitgliedstaats nur gemäß den Vorschriften der Abschnitte 2 bis 7 dieses Kapitels verklagt werden.

(2) Gegen die in Absatz 1 genannten Personen können insbesondere nicht die innerstaatlichen Zuständigkeitsvorschriften, welche die Mitgliedstaaten der Kommission gemäß Artikel 76 Absatz 1 Buchstabe a notifizieren, geltend gemacht werden.

Art. 6 [Beklagte ohne Wohnsitz im Hoheitsgebiet eines Mitgliedstaates] (1) Hat der Beklagte keinen Wohnsitz im Hoheitsgebiet eines Mitgliedstaats, so bestimmt sich vorbehaltlich des Artikels 18 Absatz 1, des Artikels 21 Absatz 2 und der Artikel 24 und 25 die Zuständigkeit der Gerichte eines jeden Mitgliedstaats nach dessen eigenem Recht.

(2) Gegenüber einem Beklagten, der keinen Wohnsitz im Hoheitsgebiet eines Mitgliedstaats hat, kann sich unabhängig von ihrer Staatsangehörigkeit jede Person, die ihren Wohnsitz im Hoheitsgebiet eines Mitgliedstaats hat, in diesem Mitgliedstaat auf die dort geltenden Zuständigkeitsvorschriften, insbesondere auf diejenigen, welche die Mitgliedstaaten der Kommission gemäß Artikel 76 Absatz 1 Buchstabe a notifizieren, wie ein Staatsangehöriger dieses Mitgliedstaats berufen.

Abschnitt 2. Besondere Zuständigkeiten

Art. 7 [Besondere Gerichtsstände] Eine Person, die ihren Wohnsitz im Hoheitsgebiet eines Mitgliedstaats hat, kann in einem anderen Mitgliedstaat verklagt werden:

1. a) wenn ein Vertrag oder Ansprüche aus einem Vertrag den Gegenstand des Verfahrens bilden, vor dem Gericht des Ortes, an dem die Verpflichtung erfüllt worden ist oder zu erfüllen wäre;
   b) im Sinne dieser Vorschrift – und sofern nichts anderes vereinbart worden ist – ist der Erfüllungsort der Verpflichtung
      – für den Verkauf beweglicher Sachen der Ort in einem Mitgliedstaat, an dem sie nach dem Vertrag geliefert worden sind oder hätten geliefert werden müssen;
      – für die Erbringung von Dienstleistungen der Ort in einem Mitgliedstaat, an dem sie nach dem Vertrag erbracht worden sind oder hätten erbracht werden müssen;
   c) ist Buchstabe b nicht anwendbar, so gilt Buchstabe a;
2. wenn eine unerlaubte Handlung oder eine Handlung, die einer unerlaubten Handlung gleichgestellt ist, oder wenn Ansprüche aus einer solchen Handlung den Gegenstand des Verfahrens bilden, vor dem Gericht des Ortes, an dem das schädigende Ereignis eingetreten ist oder einzutreten droht;
3. wenn es sich um eine Klage auf Schadenersatz oder auf Wiederherstellung des früheren Zustands handelt, die auf eine mit Strafe bedrohte Handlung gestützt wird, vor dem Strafgericht, bei dem die öffentliche Klage erhoben ist, soweit dieses Gericht nach seinem Recht über zivilrechtliche Ansprüche erkennen kann;
4. wenn es sich um einen auf Eigentum gestützten zivilrechtlichen Anspruch zur Wiedererlangung eines Kulturguts im Sinne des Artikels 1 Nummer 1

der Richtlinie 93/7/EWG handelt, der von der Person geltend gemacht wurde, die das Recht auf Wiedererlangung eines solchen Gutes für sich in Anspruch nimmt, vor dem Gericht des Ortes, an dem sich das Kulturgut zum Zeitpunkt der Anrufung des Gerichts befindet;

5. wenn es sich um Streitigkeiten aus dem Betrieb einer Zweigniederlassung, einer Agentur oder einer sonstigen Niederlassung handelt, vor dem Gericht des Ortes, an dem sich diese befindet;
6. wenn es sich um eine Klage gegen einen Begründer, Trustee oder Begünstigten eines Trust handelt, der aufgrund eines Gesetzes oder durch schriftlich vorgenommenes oder schriftlich bestätigtes Rechtsgeschäft errichtet worden ist, vor den Gerichten des Mitgliedstaats, in dessen Hoheitsgebiet der Trust seinen Sitz hat;
7. wenn es sich um eine Streitigkeit wegen der Zahlung von Berge- und Hilfslohn handelt, der für Bergungs- oder Hilfeleistungsarbeiten gefordert wird, die zugunsten einer Ladung oder einer Frachtforderung erbracht worden sind, vor dem Gericht, in dessen Zuständigkeitsbereich diese Ladung oder die entsprechende Frachtforderung
   a) mit Arrest belegt worden ist, um die Zahlung zu gewährleisten, oder
   b) mit Arrest hätte belegt werden können, jedoch dafür eine Bürgschaft oder eine andere Sicherheit geleistet worden ist;

   diese Vorschrift ist nur anzuwenden, wenn behauptet wird, dass der Beklagte Rechte an der Ladung oder an der Frachtforderung hat oder zur Zeit der Bergungs- oder Hilfeleistungsarbeiten hatte.

Art. 8 [Gerichtsstand des Sachzusammenhangs] Eine Person, die ihren Wohnsitz im Hoheitsgebiet eines Mitgliedstaats hat, kann auch verklagt werden:

1. wenn mehrere Personen zusammen verklagt werden, vor dem Gericht des Ortes, an dem einer der Beklagten seinen Wohnsitz hat, sofern zwischen den Klagen eine so enge Beziehung gegeben ist, dass eine gemeinsame Verhandlung und Entscheidung geboten erscheint, um zu vermeiden, dass in getrennten Verfahren widersprechende Entscheidungen ergehen könnten;
2. wenn es sich um eine Klage auf Gewährleistung oder um eine Interventionsklage handelt, vor dem Gericht des Hauptprozesses, es sei denn, dass die Klage nur erhoben worden ist, um diese Person dem für sie zuständigen Gericht zu entziehen;
3. wenn es sich um eine Widerklage handelt, die auf denselben Vertrag oder Sachverhalt wie die Klage selbst gestützt wird, vor dem Gericht, bei dem die Klage selbst anhängig ist;
4. wenn ein Vertrag oder Ansprüche aus einem Vertrag den Gegenstand des Verfahrens bilden und die Klage mit einer Klage wegen dinglicher Rechte an unbeweglichen Sachen gegen denselben Beklagten verbunden werden kann, vor dem Gericht des Mitgliedstaats, in dessen Hoheitsgebiet die unbewegliche Sache belegen ist.

Art. 9 [Besonderer Gerichtsstand in Seehaftungssachen] Ist ein Gericht eines Mitgliedstaats nach dieser Verordnung zur Entscheidung in Verfahren wegen einer Haftpflicht aufgrund der Verwendung oder des Betriebs eines Schiffes zuständig, so entscheidet dieses oder ein anderes an seiner Stelle durch das Recht dieses Mitgliedstaats bestimmtes Gericht auch über Klagen auf Beschränkung dieser Haftung.

Abschnitt 3. Zuständigkeit für Versicherungssachen

Art. 10 [Zuständigkeit] Für Klagen in Versicherungssachen bestimmt sich die Zuständigkeit unbeschadet des Artikels 6 und des Artikels 7 Nummer 5 nach diesem Abschnitt.

Art. 11 [Gerichtsstände für Klagen gegen den Versicherer] (1) Ein Versicherer, der seinen Wohnsitz im Hoheitsgebiet eines Mitgliedstaats hat, kann verklagt werden:

a) vor den Gerichten des Mitgliedstaats, in dem er seinen Wohnsitz hat,

b) in einem anderen Mitgliedstaat bei Klagen des Versicherungsnehmers, des Versicherten oder des Begünstigten vor dem Gericht des Ortes, an dem der Kläger seinen Wohnsitz hat, oder

c) falls es sich um einen Mitversicherer handelt, vor dem Gericht eines Mitgliedstaats, bei dem der federführende Versicherer verklagt wird.

(2) Hat der Versicherer im Hoheitsgebiet eines Mitgliedstaats keinen Wohnsitz, besitzt er aber in einem Mitgliedstaat eine Zweigniederlassung, Agentur oder sonstige Niederlassung, so wird er für Streitigkeiten aus ihrem Betrieb so behandelt, wie wenn er seinen Wohnsitz im Hoheitsgebiet dieses Mitgliedstaats hätte.

Art. 12 [Gerichtsstand am Ort des schädigenden Ereignisses] [1]Bei der Haftpflichtversicherung oder bei der Versicherung von unbeweglichen Sachen kann der Versicherer außerdem vor dem Gericht des Ortes, an dem das schädigende Ereignis eingetreten ist, verklagt werden. [2]Das Gleiche gilt, wenn sowohl bewegliche als auch unbewegliche Sachen in ein und demselben Versicherungsvertrag versichert und von demselben Schadensfall betroffen sind.

Art. 13 [Gerichtsstand bei Haftpflichtklagen] (1) Bei der Haftpflichtversicherung kann der Versicherer auch vor das Gericht, bei dem die Klage des Geschädigten gegen den Versicherten anhängig ist, geladen werden, sofern dies nach dem Recht des angerufenen Gerichts zulässig ist.

(2) Auf eine Klage, die der Geschädigte unmittelbar gegen den Versicherer erhebt, sind die Artikel 10, 11 und 12, anzuwenden, sofern eine solche unmittelbare Klage zulässig ist.

(3) Sieht das für die unmittelbare Klage maßgebliche Recht die Streitverkündung gegen den Versicherungsnehmer oder den Versicherten vor, so ist dasselbe Gericht auch für diese Personen zuständig.

Art. 14 [Gerichtsstand für Klage des Versicherers; Widerklage]

(1) Vorbehaltlich der Bestimmungen des Artikels 13 Absatz 3 kann der Versicherer nur vor den Gerichten des Mitgliedstaats klagen, in dessen Hoheitsgebiet der Beklagte seinen Wohnsitz hat, ohne Rücksicht darauf, ob dieser Versicherungsnehmer, Versicherter oder Begünstigter ist.

(2) Die Vorschriften dieses Abschnitts lassen das Recht unberührt, eine Widerklage vor dem Gericht zu erheben, bei dem die Klage selbst gemäß den Bestimmungen dieses Abschnitts anhängig ist.

Art. 15 [Zulässige Gerichtsstandsvereinbarung] Von den Vorschriften dieses Abschnitts kann im Wege der Vereinbarung nur abgewichen werden,

1. wenn die Vereinbarung nach der Entstehung der Streitigkeit getroffen wird,
2. wenn sie dem Versicherungsnehmer, Versicherten oder Begünstigten die Befugnis einräumt, andere als die in diesem Abschnitt angeführten Gerichte anzurufen,
3. wenn sie zwischen einem Versicherungsnehmer und einem Versicherer, die zum Zeitpunkt des Vertragsabschlusses ihren Wohnsitz oder gewöhnlichen Aufenthalt in demselben Mitgliedstaat haben, getroffen ist, um die Zuständigkeit der Gerichte dieses Mitgliedstaats auch für den Fall zu begründen, dass das schädigende Ereignis im Ausland eintritt, es sei denn, dass eine solche Vereinbarung nach dem Recht dieses Mitgliedstaats nicht zulässig ist,
4. wenn sie von einem Versicherungsnehmer geschlossen ist, der seinen Wohnsitz nicht in einem Mitgliedstaat hat, ausgenommen soweit sie eine Versicherung, zu deren Abschluss eine gesetzliche Verpflichtung besteht, oder die Versicherung von unbeweglichen Sachen in einem Mitgliedstaat betrifft, oder
5. wenn sie einen Versicherungsvertrag betrifft, soweit dieser eines oder mehrere der in Artikel 16 aufgeführten Risiken deckt.

Art. 16 [Abweichende Risiken] Die in Artikel 15 Nummer 5 erwähnten Risiken sind die folgenden:

1. sämtliche Schäden
   a) an Seeschiffen, Anlagen vor der Küste und auf hoher See oder Luftfahrzeugen aus Gefahren, die mit ihrer Verwendung zu gewerblichen Zwecken verbunden sind,
   b) an Transportgütern, ausgenommen Reisegepäck der Passagiere, wenn diese Güter ausschließlich oder zum Teil mit diesen Schiffen oder Luftfahrzeugen befördert werden;
2. Haftpflicht aller Art mit Ausnahme der Haftung für Personenschäden an Passagieren oder Schäden an deren Reisegepäck,
   a) aus der Verwendung oder dem Betrieb von Seeschiffen, Anlagen oder Luftfahrzeugen gemäß Nummer 1 Buchstabe a, es sei denn, dass – was die letztgenannten betrifft – nach den Rechtsvorschriften des Mitgliedstaats, in dem das Luftfahrzeug eingetragen ist, Gerichtsstandsvereinbarungen für die Versicherung solcher Risiken untersagt sind,
   b) für Schäden, die durch Transportgüter während einer Beförderung im Sinne von Nummer 1 Buchstabe b verursacht werden;
3. finanzielle Verluste im Zusammenhang mit der Verwendung oder dem Betrieb von Seeschiffen, Anlagen oder Luftfahrzeugen gemäß Nummer 1 Buchstabe a, insbesondere Fracht- oder Charterverlust;
4. irgendein zusätzliches Risiko, das mit einem der unter den Nummern 1 bis 3 genannten Risiken in Zusammenhang steht;
5. unbeschadet der Nummern 1 bis 4 alle „Großrisiken“ entsprechend der Begriffsbestimmung in der Richtlinie 2009/138/EG des Europäischen Parlaments und des Rates vom 25. November 2009 betreffend die Aufnahme

und Ausübung der Versicherungs- und der Rückversicherungstätigkeit (Solvabilität II)[1].

Abschnitt 4. Zuständigkeit bei Verbrauchersachen

Art. 17 [Begriff der Verbrauchersache] (1) Bilden ein Vertrag oder Ansprüche aus einem Vertrag, den eine Person, der Verbraucher, zu einem Zweck geschlossen hat, der nicht der beruflichen oder gewerblichen Tätigkeit dieser Person zugerechnet werden kann, den Gegenstand des Verfahrens, so bestimmt sich die Zuständigkeit unbeschadet des Artikels 6 und des Artikels 7 Nummer 5 nach diesem Abschnitt,

a) wenn es sich um den Kauf beweglicher Sachen auf Teilzahlung handelt,

b) wenn es sich um ein in Raten zurückzuzahlendes Darlehen oder ein anderes Kreditgeschäft handelt, das zur Finanzierung eines Kaufs derartiger Sachen bestimmt ist, oder

c) in allen anderen Fällen, wenn der andere Vertragspartner in dem Mitgliedstaat, in dessen Hoheitsgebiet der Verbraucher seinen Wohnsitz hat, eine berufliche oder gewerbliche Tätigkeit ausübt oder eine solche auf irgendeinem Wege auf diesen Mitgliedstaat oder auf mehrere Staaten, einschließlich dieses Mitgliedstaats, ausrichtet und der Vertrag in den Bereich dieser Tätigkeit fällt.

(2) Hat der Vertragspartner des Verbrauchers im Hoheitsgebiet eines Mitgliedstaats keinen Wohnsitz, besitzt er aber in einem Mitgliedstaat eine Zweigniederlassung, Agentur oder sonstige Niederlassung, so wird er für Streitigkeiten aus ihrem Betrieb so behandelt, wie wenn er seinen Wohnsitz im Hoheitsgebiet dieses Mitgliedstaats hätte.

(3) Dieser Abschnitt ist nicht auf Beförderungsverträge mit Ausnahme von Reiseverträgen, die für einen Pauschalpreis kombinierte Beförderungs- und Unterbringungsleistungen vorsehen, anzuwenden.

Art. 18 [Gerichtsstände für Klagen des Verbrauchers und seines Vertragspartners] (1) Die Klage eines Verbrauchers gegen den anderen Vertragspartner kann entweder vor den Gerichten des Mitgliedstaats erhoben werden, in dessen Hoheitsgebiet dieser Vertragspartner seinen Wohnsitz hat, oder ohne Rücksicht auf den Wohnsitz des anderen Vertragspartners vor dem Gericht des Ortes, an dem der Verbraucher seinen Wohnsitz hat.

(2) Die Klage des anderen Vertragspartners gegen den Verbraucher kann nur vor den Gerichten des Mitgliedstaats erhoben werden, in dessen Hoheitsgebiet der Verbraucher seinen Wohnsitz hat.

(3) Die Vorschriften dieses Artikels lassen das Recht unberührt, eine Widerklage vor dem Gericht zu erheben, bei dem die Klage selbst gemäß den Bestimmungen dieses Abschnitts anhängig ist.

Art. 19 [Zulässige Gerichtsstandsvereinbarungen] Von den Vorschriften dieses Abschnitts kann im Wege der Vereinbarung nur abgewichen werden,

1. wenn die Vereinbarung nach der Entstehung der Streitigkeit getroffen wird,

---

[1] **Amtl. Anm.:** ABl. L 335 vom 17.12.2009, S. 1.

2. wenn sie dem Verbraucher die Befugnis einräumt, andere als die in diesem Abschnitt angeführten Gerichte anzurufen, oder
3. wenn sie zwischen einem Verbraucher und seinem Vertragspartner, die zum Zeitpunkt des Vertragsabschlusses ihren Wohnsitz oder gewöhnlichen Aufenthalt in demselben Mitgliedstaat haben, getroffen ist und die Zuständigkeit der Gerichte dieses Mitgliedstaats begründet, es sei denn, dass eine solche Vereinbarung nach dem Recht dieses Mitgliedstaats nicht zulässig ist.

Abschnitt 5. Zuständigkeit für individuelle Arbeitsverträge

Art. 20 [Anwendungsbereich] (1) Bilden ein individueller Arbeitsvertrag oder Ansprüche aus einem individuellen Arbeitsvertrag den Gegenstand des Verfahrens, so bestimmt sich die Zuständigkeit unbeschadet des Artikels 6, des Artikels 7 Nummer 5 und, wenn die Klage gegen den Arbeitgeber erhoben wurde, des Artikels 8 Nummer 1 nach diesem Abschnitt.

(2) Hat der Arbeitgeber, mit dem der Arbeitnehmer einen individuellen Arbeitsvertrag geschlossen hat, im Hoheitsgebiet eines Mitgliedstaats keinen Wohnsitz, besitzt er aber in einem Mitgliedstaat eine Zweigniederlassung, Agentur oder sonstige Niederlassung, so wird er für Streitigkeiten aus ihrem Betrieb so behandelt, wie wenn er seinen Wohnsitz im Hoheitsgebiet dieses Mitgliedstaats hätte.

Art. 21 [Gerichtsstände für Klagen gegen Arbeitgeber] (1) Ein Arbeitgeber, der seinen Wohnsitz im Hoheitsgebiet eines Mitgliedstaats hat, kann verklagt werden:

a) vor den Gerichten des Mitgliedstaats, in dem er seinen Wohnsitz hat, oder
b) in einem anderen Mitgliedstaat
   i) vor dem Gericht des Ortes, an dem oder von dem aus der Arbeitnehmer gewöhnlich seine Arbeit verrichtet oder zuletzt gewöhnlich verrichtet hat, oder
   ii) wenn der Arbeitnehmer seine Arbeit gewöhnlich nicht in ein und demselben Staat verrichtet oder verrichtet hat, vor dem Gericht des Ortes, an dem sich die Niederlassung, die den Arbeitnehmer eingestellt hat, befindet oder befand.

(2) Ein Arbeitgeber, der seinen Wohnsitz nicht im Hoheitsgebiet eines Mitgliedstaats hat, kann vor dem Gericht eines Mitgliedstaats gemäß Absatz 1 Buchstabe b verklagt werden.

Art. 22 [Gerichtsstände für Klagen gegen Arbeitnehmer; Widerklage]

(1) Die Klage des Arbeitgebers kann nur vor den Gerichten des Mitgliedstaats erhoben werden, in dessen Hoheitsgebiet der Arbeitnehmer seinen Wohnsitz hat.

(2) Die Vorschriften dieses Abschnitts lassen das Recht unberührt, eine Widerklage vor dem Gericht zu erheben, bei dem die Klage selbst gemäß den Bestimmungen dieses Abschnitts anhängig ist.

Art. 23 [Zulässige Gerichtsstandsvereinbarungen] Von den Vorschriften dieses Abschnitts kann im Wege der Vereinbarung nur abgewichen werden,

1. wenn die Vereinbarung nach der Entstehung der Streitigkeit getroffen wird oder
2. wenn sie dem Arbeitnehmer die Befugnis einräumt, andere als die in diesem Abschnitt angeführten Gerichte anzurufen.

Abschnitt 6. Ausschließliche Zuständigkeiten

Art. 24 [Ausschließliche Gerichtszuständigkeiten] Ohne Rücksicht auf den Wohnsitz der Parteien sind folgende Gerichte eines Mitgliedstaats ausschließlich zuständig:

1. für Verfahren, welche dingliche Rechte an unbeweglichen Sachen sowie die Miete oder Pacht von unbeweglichen Sachen zum Gegenstand haben, die Gerichte des Mitgliedstaats, in dem die unbewegliche Sache belegen ist.
   Jedoch sind für Verfahren betreffend die Miete oder Pacht unbeweglicher Sachen zum vorübergehenden privaten Gebrauch für höchstens sechs aufeinander folgende Monate auch die Gerichte des Mitgliedstaats zuständig, in dem der Beklagte seinen Wohnsitz hat, sofern es sich bei dem Mieter oder Pächter um eine natürliche Person handelt und der Eigentümer sowie der Mieter oder Pächter ihren Wohnsitz in demselben Mitgliedstaat haben;
2. für Verfahren, welche die Gültigkeit, die Nichtigkeit oder die Auflösung einer Gesellschaft oder juristischen Person oder die Gültigkeit der Beschlüsse ihrer Organe zum Gegenstand haben, die Gerichte des Mitgliedstaats, in dessen Hoheitsgebiet die Gesellschaft oder juristische Person ihren Sitz hat. Bei der Entscheidung darüber, wo der Sitz sich befindet, wendet das Gericht die Vorschriften seines Internationalen Privatrechts an;
3. für Verfahren, welche die Gültigkeit von Eintragungen in öffentliche Register zum Gegenstand haben, die Gerichte des Mitgliedstaats, in dessen Hoheitsgebiet die Register geführt werden;
4. für Verfahren, welche die Eintragung oder die Gültigkeit von Patenten, Marken, Mustern und Modellen sowie ähnlicher Rechte, die einer Hinterlegung oder Registrierung bedürfen, zum Gegenstand haben, unabhängig davon, ob die Frage im Wege der Klage oder der Einrede aufgeworfen wird, die Gerichte des Mitgliedstaats, in dessen Hoheitsgebiet die Hinterlegung oder Registrierung beantragt oder vorgenommen worden ist oder aufgrund eines Unionsrechtsakts oder eines zwischenstaatlichen Übereinkommens als vorgenommen gilt.
   Unbeschadet der Zuständigkeit des Europäischen Patentamts nach dem am 5. Oktober 1973 in München unterzeichneten Übereinkommen über die Erteilung europäischer Patente sind die Gerichte eines jeden Mitgliedstaats für alle Verfahren ausschließlich zuständig, welche die Erteilung oder die Gültigkeit eines europäischen Patents zum Gegenstand haben, das für diesen Mitgliedstaat erteilt wurde;
5. für Verfahren, welche die Zwangsvollstreckung aus Entscheidungen zum Gegenstand haben, die Gerichte des Mitgliedstaats, in dessen Hoheitsgebiet die Zwangsvollstreckung durchgeführt werden soll oder durchgeführt worden ist.

Abschnitt 7. Vereinbarung über die Zuständigkeit

Art. 25 [Zulässigkeit und Form von Gerichtsstandsvereinbarungen]

(1) [1] Haben die Parteien unabhängig von ihrem Wohnsitz vereinbart, dass ein Gericht oder die Gerichte eines Mitgliedstaats über eine bereits entstandene Rechtsstreitigkeit oder über eine künftige aus einem bestimmten Rechtsverhältnis entspringende Rechtsstreitigkeit entscheiden sollen, so sind dieses Gericht oder die Gerichte dieses Mitgliedstaats zuständig, es sei denn, die Vereinbarung ist nach dem Recht dieses Mitgliedstaats materiell ungültig. [2] Dieses Gericht oder die Gerichte dieses Mitgliedstaats sind ausschließlich zuständig, sofern die Parteien nichts anderes vereinbart haben. [3] Die Gerichtsstandsvereinbarung muss geschlossen werden:

a) schriftlich oder mündlich mit schriftlicher Bestätigung,
b) in einer Form, welche den Gepflogenheiten entspricht, die zwischen den Parteien entstanden sind, oder
c) im internationalen Handel in einer Form, die einem Handelsbrauch entspricht, den die Parteien kannten oder kennen mussten und den Parteien von Verträgen dieser Art in dem betreffenden Geschäftszweig allgemein kennen und regelmäßig beachten.

(2) Elektronische Übermittlungen, die eine dauerhafte Aufzeichnung der Vereinbarung ermöglichen, sind der Schriftform gleichgestellt.

(3) Ist in schriftlich niedergelegten Trust-Bedingungen bestimmt, dass über Klagen gegen einen Begründer, Trustee oder Begünstigten eines Trust ein Gericht oder die Gerichte eines Mitgliedstaats entscheiden sollen, so ist dieses Gericht oder sind diese Gerichte ausschließlich zuständig, wenn es sich um Beziehungen zwischen diesen Personen oder ihre Rechte oder Pflichten im Rahmen des Trust handelt.

(4) Gerichtsstandsvereinbarungen und entsprechende Bestimmungen in Trust-Bedingungen haben keine rechtliche Wirkung, wenn sie den Vorschriften der Artikel 15, 19 oder 23 zuwiderlaufen oder wenn die Gerichte, deren Zuständigkeit abbedungen wird, aufgrund des Artikels 24 ausschließlich zuständig sind.

(5) *[1]* Eine Gerichtsstandsvereinbarung, die Teil eines Vertrags ist, ist als eine von den übrigen Vertragsbestimmungen unabhängige Vereinbarung zu behandeln.

[2] Die Gültigkeit der Gerichtsstandsvereinbarung kann nicht allein mit der Begründung in Frage gestellt werden, dass der Vertrag nicht gültig ist.

Art. 26 [Zuständigkeit infolge rügeloser Einlassung] (1) [1] Sofern das Gericht eines Mitgliedstaats nicht bereits nach anderen Vorschriften dieser Verordnung zuständig ist, wird es zuständig, wenn sich der Beklagte vor ihm auf das Verfahren einlässt. [2] Dies gilt nicht, wenn der Beklagte sich einlässt, um den Mangel der Zuständigkeit geltend zu machen oder wenn ein anderes Gericht aufgrund des Artikels 24 ausschließlich zuständig ist.

(2) In Streitigkeiten nach den Abschnitten 3, 4 oder 5, in denen der Beklagte Versicherungsnehmer, Versicherter, Begünstigter eines Versicherungsvertrags, Geschädigter, Verbraucher oder Arbeitnehmer ist, stellt das Gericht, bevor es sich nach Absatz 1 für zuständig erklärt, sicher, dass der Beklagte über sein

Recht, die Unzuständigkeit des Gerichts geltend zu machen, und über die Folgen der Einlassung oder Nichteinlassung auf das Verfahren belehrt wird.

Abschnitt 8. Prüfung der Zuständigkeit und der Zulässigkeit des Verfahrens

Art. 27 [Erklärung der Unzuständigkeit in Fällen des Art. 24] Das Gericht eines Mitgliedstaats hat sich von Amts wegen für unzuständig zu erklären, wenn es wegen einer Streitigkeit angerufen wird, für die das Gericht eines anderen Mitgliedstaats aufgrund des Artikels 24 ausschließlich zuständig ist.

Art. 28 [Erklärung der Unzuständigkeit von Amts wegen in sonstigen Fällen] (1) Lässt sich der Beklagte, der seinen Wohnsitz im Hoheitsgebiet eines Mitgliedstaats hat und der vor dem Gericht eines anderen Mitgliedstaats verklagt wird, auf das Verfahren nicht ein, so hat sich das Gericht von Amts wegen für unzuständig zu erklären, wenn seine Zuständigkeit nicht nach dieser Verordnung begründet ist.

(2) Das Gericht hat das Verfahren so lange auszusetzen, bis festgestellt ist, dass es dem Beklagten möglich war, das verfahrenseinleitende Schriftstück oder ein gleichwertiges Schriftstück so rechtzeitig zu empfangen, dass er sich verteidigen konnte oder dass alle hierzu erforderlichen Maßnahmen getroffen worden sind.

(3) An die Stelle von Absatz 2 tritt Artikel 19 der Verordnung (EG) Nr. 1393/2007 des Europäischen Parlaments und des Rates vom 13. November 2007 über die Zustellung gerichtlicher und außergerichtlicher Schriftstücke in Zivil- oder Handelssachen in den Mitgliedstaaten (Zustellung von Schriftstücken)[1], wenn das verfahrenseinleitende Schriftstück oder ein gleichwertiges Schriftstück nach der genannten Verordnung von einem Mitgliedstaat in einen anderen zu übermitteln war.

(4) Ist die Verordnung (EG) Nr. 1393/2007 nicht anwendbar, so gilt Artikel 15 des Haager Übereinkommens vom 15. November 1965 über die Zustellung gerichtlicher und außergerichtlicher Schriftstücke im Ausland in Zivil- und Handelssachen, wenn das verfahrenseinleitende Schriftstück oder ein gleichwertiges Schriftstück nach dem genannten Übereinkommen im Ausland zu übermitteln war.

Abschnitt 9. Anhängigkeit und im Zusammenhang stehende Verfahren

Art. 29 [Konkurrierende Rechtshängigkeit] (1) Werden bei Gerichten verschiedener Mitgliedstaaten Klagen wegen desselben Anspruchs zwischen denselben Parteien anhängig gemacht, so setzt das später angerufene Gericht unbeschadet des Artikels 31 Absatz 2 das Verfahren von Amts wegen aus, bis die Zuständigkeit des zuerst angerufenen Gerichts feststeht.

(2) In den in Absatz 1 genannten Fällen teilt das angerufene Gericht auf Antrag eines anderen angerufenen Gerichts diesem unverzüglich mit, wann es gemäß Artikel 32 angerufen wurde.

(3) Sobald die Zuständigkeit des zuerst angerufenen Gerichts feststeht, erklärt sich das später angerufene Gericht zugunsten dieses Gerichts für unzuständig.

---

[1] **Amtl. Anm.:** ABl. L 324 vom 10.12.2007, S. 79.

Art. 30 [Im Zusammenhang stehende Verfahren] (1) Sind bei Gerichten verschiedener Mitgliedstaaten Verfahren, die im Zusammenhang stehen, anhängig, so kann jedes später angerufene Gericht das Verfahren aussetzen.

(2) Ist das beim zuerst angerufenen Gericht anhängige Verfahren in erster Instanz anhängig, so kann sich jedes später angerufene Gericht auf Antrag einer Partei auch für unzuständig erklären, wenn das zuerst angerufene Gericht für die betreffenden Verfahren zuständig ist und die Verbindung der Verfahren nach seinem Recht zulässig ist.

(3) Verfahren stehen im Sinne dieses Artikels im Zusammenhang, wenn zwischen ihnen eine so enge Beziehung gegeben ist, dass eine gemeinsame Verhandlung und Entscheidung geboten erscheint, um zu vermeiden, dass in getrennten Verfahren widersprechende Entscheidungen ergehen könnten.

Art. 31 [Priorität bei ausschließlicher Zuständigkeit] (1) Ist für die Verfahren die ausschließliche Zuständigkeit mehrerer Gerichte gegeben, so hat sich das zuletzt angerufene Gericht zugunsten des zuerst angerufenen Gerichts für unzuständig zu erklären.

(2) Wird ein Gericht eines Mitgliedstaats angerufen, das gemäß einer Vereinbarung nach Artikel 25 ausschließlich zuständig ist, so setzt das Gericht des anderen Mitgliedstaats unbeschadet des Artikels 26 das Verfahren so lange aus, bis das auf der Grundlage der Vereinbarung angerufene Gericht erklärt hat, dass es gemäß der Vereinbarung nicht zuständig ist.

(3) Sobald das in der Vereinbarung bezeichnete Gericht die Zuständigkeit gemäß der Vereinbarung festgestellt hat, erklären sich die Gerichte des anderen Mitgliedstaats zugunsten dieses Gerichts für unzuständig.

(4) Die Absätze 2 und 3 gelten nicht für Streitigkeiten, die in den Abschnitten 3, 4 oder 5 genannt werden, wenn der Kläger Versicherungsnehmer, Versicherter, Begünstigter des Versicherungsvertrags, Geschädigter, Verbraucher oder Arbeitnehmer ist und die Vereinbarung nach einer in den genannten Abschnitten enthaltenen Bestimmung nicht gültig ist.

Art. 32 [Anrufung eines Gerichts] (1) *[1]* Für die Zwecke dieses Abschnitts gilt ein Gericht als angerufen:

a) zu dem Zeitpunkt, zu dem das verfahrenseinleitende Schriftstück oder ein gleichwertiges Schriftstück bei Gericht eingereicht worden ist, vorausgesetzt, dass der Kläger es in der Folge nicht versäumt hat, die ihm obliegenden Maßnahmen zu treffen, um die Zustellung des Schriftstücks an den Beklagten zu bewirken, oder

b) falls die Zustellung an den Beklagten vor Einreichung des Schriftstücks bei Gericht zu bewirken ist, zu dem Zeitpunkt, zu dem die für die Zustellung verantwortliche Stelle das Schriftstück erhalten hat, vorausgesetzt, dass der Kläger es in der Folge nicht versäumt hat, die ihm obliegenden Maßnahmen zu treffen, um das Schriftstück bei Gericht einzureichen.

[2] Die für die Zustellung verantwortliche Stelle im Sinne von Buchstabe b ist die Stelle, die die zuzustellenden Schriftstücke zuerst erhält.

(2) Das Gericht oder die für die Zustellung verantwortliche Stelle gemäß Absatz 1 vermerkt das Datum der Einreichung des verfahrenseinleitenden Schriftstücks oder gleichwertigen Schriftstücks beziehungsweise das Datum des Eingangs der zuzustellenden Schriftstücke.

Art. 33 [Aussetzung/Einstellung eines Verfahrens wegen desselben Anspruchs] (1) Beruht die Zuständigkeit auf Artikel 4 oder auf den Artikeln 7, 8 oder 9 und ist bei Anrufung eines Gerichts eines Mitgliedstaats wegen desselben Anspruchs zwischen denselben Parteien ein Verfahren vor dem Gericht eines Drittstaats anhängig, so kann das Gericht des Mitgliedstaats das Verfahren aussetzen, wenn

a) zu erwarten ist, dass das Gericht des Drittstaats eine Entscheidung erlassen wird, die in dem betreffenden Mitgliedstaat anerkannt und gegebenenfalls vollstreckt werden kann, und
b) das Gericht des Mitgliedstaats davon überzeugt ist, dass eine Aussetzung des Verfahrens im Interesse einer geordneten Rechtspflege erforderlich ist.

(2) Das Gericht des Mitgliedstaats kann das Verfahren jederzeit fortsetzen, wenn

a) das Verfahren vor dem Gericht des Drittstaats ebenfalls ausgesetzt oder eingestellt wurde,
b) das Gericht des Mitgliedstaats es für unwahrscheinlich hält, dass das vor dem Gericht des Drittstaats anhängige Verfahren innerhalb einer angemessenen Frist abgeschlossen wird, oder
c) die Fortsetzung des Verfahrens im Interesse einer geordneten Rechtspflege erforderlich ist.

(3) Das Gericht des Mitgliedstaats stellt das Verfahren ein, wenn das vor dem Gericht des Drittstaats anhängige Verfahren abgeschlossen ist und eine Entscheidung ergangen ist, die in diesem Mitgliedstaat anerkannt und gegebenenfalls vollstreckt werden kann.

(4) Das Gericht des Mitgliedstaats wendet diesen Artikel auf Antrag einer der Parteien oder, wenn dies nach einzelstaatlichem Recht möglich ist, von Amts wegen an.

Art. 34 [Aussetzung/Einstellung bei in Zusammenhang stehenden Verfahren] (1) Beruht die Zuständigkeit auf Artikel 4 oder auf den Artikeln 7, 8 oder 9 und ist bei Anrufung eines Gerichts eines Mitgliedstaats vor einem Gericht eines Drittstaats ein Verfahren anhängig, das mit dem Verfahren vor dem Gericht des Mitgliedstaats in Zusammenhang steht, so kann das Gericht des Mitgliedstaats das Verfahren aussetzen, wenn

a) eine gemeinsame Verhandlung und Entscheidung der in Zusammenhang stehenden Verfahren geboten erscheint, um zu vermeiden, dass in getrennten Verfahren widersprechende Entscheidungen ergehen könnten,
b) zu erwarten ist, dass das Gericht des Drittstaats eine Entscheidung erlassen wird, die in dem betreffenden Mitgliedstaat anerkannt und gegebenenfalls vollstreckt werden kann, und
c) das Gericht des Mitgliedstaats davon überzeugt ist, dass die Aussetzung im Interesse einer geordneten Rechtspflege erforderlich ist.

(2) Das Gericht des Mitgliedstaats kann das Verfahren jederzeit fortsetzen, wenn

a) das Gericht des Mitgliedstaats es für wahrscheinlich hält, dass die Gefahr widersprechender Entscheidungen nicht mehr besteht,

b) das Verfahren vor dem Gericht des Drittstaats ebenfalls ausgesetzt oder eingestellt wurde,
c) das Gericht des Mitgliedstaats es für unwahrscheinlich hält, dass das vor dem Gericht des Drittstaats anhängige Verfahren innerhalb einer angemessenen Frist abgeschlossen wird, oder
d) die Fortsetzung des Verfahrens im Interesse einer geordneten Rechtspflege erforderlich ist.

(3) Das Gericht des Mitgliedstaats kann das Verfahren einstellen, wenn das vor dem Gericht des Drittstaats anhängige Verfahren abgeschlossen ist und eine Entscheidung ergangen ist, die in diesem Mitgliedstaat anerkannt und gegebenenfalls vollstreckt werden kann.

(4) Das Gericht des Mitgliedstaats wendet diesen Artikel auf Antrag einer der Parteien oder, wenn dies nach einzelstaatlichem Recht möglich ist, von Amts wegen an.

Abschnitt 10. Einstweilige Maßnahmen einschließlich Sicherungsmaßnahmen

Art. 35 [Einstweilige Maßnahmen] Die im Recht eines Mitgliedstaats vorgesehenen einstweiligen Maßnahmen einschließlich Sicherungsmaßnahmen können bei den Gerichten dieses Mitgliedstaats auch dann beantragt werden, wenn für die Entscheidung in der Hauptsache das Gericht eines anderen Mitgliedstaats zuständig ist.

Kapitel III. Anerkennung und Vollstreckung

Abschnitt 1. Anerkennung

Art. 36 [Anerkennung einer Entscheidung] (1) Die in einem Mitgliedstaat ergangenen Entscheidungen werden in den anderen Mitgliedstaaten anerkannt, ohne dass es hierfür eines besonderen Verfahrens bedarf.

(2) Jeder Berechtigte kann gemäß dem Verfahren nach Abschnitt 3 Unterabschnitt 2 die Feststellung beantragen, dass keiner der in Artikel 45 genannten Gründe für eine Versagung der Anerkennung gegeben ist.

(3) Wird die Anerkennung in einem Rechtsstreit vor dem Gericht eines Mitgliedstaats, dessen Entscheidung von der Versagung der Anerkennung abhängt, verlangt, so kann dieses Gericht über die Anerkennung entscheiden.

Art. 37 [Vorlegung der Entscheidung und der Bescheinigung]

(1) Eine Partei, die in einem Mitgliedstaat eine in einem anderen Mitgliedstaat ergangene Entscheidung geltend machen will, hat Folgendes vorzulegen:

a) eine Ausfertigung der Entscheidung, die die für ihre Beweiskraft erforderlichen Voraussetzungen erfüllt, und
b) die nach Artikel 53 ausgestellte Bescheinigung.

(2) [1] Das Gericht oder die Behörde, bei dem oder der eine in einem anderen Mitgliedstaat ergangene Entscheidung geltend gemacht wird, kann die Partei, die sie geltend macht, gegebenenfalls auffordern, eine Übersetzung oder eine Transliteration des Inhalts der in Absatz 1 Buchstabe b genannten Bescheinigung nach Artikel 57 zur Verfügung zu stellen. [2] Kann das Gericht oder die Behörde das Verfahren ohne eine Übersetzung der eigentlichen Entscheidung

nicht fortsetzen, so kann es oder sie die Partei auffordern, eine Übersetzung der Entscheidung statt der Übersetzung des Inhalts der Bescheinigung zur Verfügung zu stellen.

Art. 38 [Aussetzung des Verfahrens] Das Gericht oder die Behörde, bei dem bzw. der eine in einem anderen Mitgliedstaat ergangene Entscheidung geltend gemacht wird, kann das Verfahren ganz oder teilweise aussetzen, wenn

a) die Entscheidung im Ursprungsmitgliedstaat angefochten wird oder

b) die Feststellung, dass keiner der in Artikel 45 genannten Gründe für eine Versagung der Anerkennung gegeben ist, oder die Feststellung, dass die Anerkennung aus einem dieser Gründe zu versagen ist, beantragt worden ist.

Abschnitt 2. Vollstreckung

Art. 39 [Vollstreckbarkeit] Eine in einem Mitgliedstaat ergangene Entscheidung, die in diesem Mitgliedstaat vollstreckbar ist, ist in den anderen Mitgliedstaaten vollstreckbar, ohne dass es einer Vollstreckbarerklärung bedarf.

Art. 40 [Sicherungsmaßnahmen] Eine vollstreckbare Entscheidung umfasst von Rechts wegen die Befugnis, jede Sicherungsmaßnahme zu veranlassen, die im Recht des ersuchten Mitgliedstaats vorgesehen ist.

Art. 41 [Recht des ersuchten Mitgliedstaats] (1) [1] Vorbehaltlich der Bestimmungen dieses Abschnitts gilt für das Verfahren zur Vollstreckung der in einem anderen Mitgliedstaat ergangenen Entscheidungen das Recht des ersuchten Mitgliedstaats. [2] Eine in einem Mitgliedstaat ergangene Entscheidung, die im ersuchten Mitgliedstaat vollstreckbar ist, wird dort unter den gleichen Bedingungen vollstreckt wie eine im ersuchten Mitgliedstaat ergangene Entscheidung.

(2) Ungeachtet des Absatzes 1 gelten die im Recht des ersuchten Mitgliedstaats für die Verweigerung oder Aussetzung der Vollstreckung vorgesehenen Gründe, soweit sie nicht mit den in Artikel 45 aufgeführten Gründen unvereinbar sind.

(3) [1] Von der Partei, die die Vollstreckung einer in einem anderen Mitgliedstaat ergangenen Entscheidung beantragt, kann nicht verlangt werden, dass sie im ersuchten Mitgliedstaat über eine Postanschrift verfügt. [2] Es kann von ihr auch nicht verlangt werden, dass sie im ersuchten Mitgliedstaat über einen bevollmächtigten Vertreter verfügt, es sei denn, ein solcher Vertreter ist ungeachtet der Staatsangehörigkeit oder des Wohnsitzes der Parteien vorgeschrieben.

Art. 42 [Vorlegung der Entscheidung und der Bescheinigung]

(1) Soll in einem Mitgliedstaat eine in einem anderen Mitgliedstaat ergangene Entscheidung vollstreckt werden, hat der Antragsteller der zuständigen Vollstreckungsbehörde Folgendes vorzulegen:

a) eine Ausfertigung der Entscheidung, die die für ihre Beweiskraft erforderlichen Voraussetzungen erfüllt, und

b) die nach Artikel 53 ausgestellte Bescheinigung, mit der bestätigt wird, dass die Entscheidung vollstreckbar ist, und die einen Auszug aus der Entscheidung sowie gegebenenfalls relevante Angaben zu den erstattungsfähigen Kosten des Verfahrens und der Berechnung der Zinsen enthält.

(2) Soll in einem Mitgliedstaat eine in einem anderen Mitgliedstaat ergangene Entscheidung vollstreckt werden, mit der eine einstweilige Maßnahme einschließlich einer Sicherungsmaßnahme angeordnet wird, hat der Antragsteller der zuständigen Vollstreckungsbehörde Folgendes vorzulegen:

a) eine Ausfertigung der Entscheidung, die die für ihre Beweiskraft erforderlichen Voraussetzungen erfüllt,
b) die nach Artikel 53 ausgestellte Bescheinigung, die eine Beschreibung der Maßnahme enthält und mit der bestätigt wird, dass
   i) das Gericht in der Hauptsache zuständig ist,
   ii) die Entscheidung im Ursprungsmitgliedstaat vollstreckbar ist, und
c) wenn die Maßnahme ohne Vorladung des Beklagten angeordnet wurde, den Nachweis der Zustellung der Entscheidung.

(3) Die zuständige Vollstreckungsbehörde kann gegebenenfalls vom Antragsteller gemäß Artikel 57 eine Übersetzung oder Transliteration des Inhalts der Bescheinigung verlangen.

(4) Die zuständige Vollstreckungsbehörde darf vom Antragsteller eine Übersetzung der Entscheidung nur verlangen, wenn sie das Verfahren ohne eine solche Übersetzung nicht fortsetzen kann.

Art. 43 [Zustellung der Bescheinigung; Übersetzung] (1) [1] Soll eine in einem anderen Mitgliedstaat ergangene Entscheidung vollstreckt werden, so wird die gemäß Artikel 53 ausgestellte Bescheinigung dem Schuldner vor der ersten Vollstreckungsmaßnahme zugestellt. [2] Der Bescheinigung wird die Entscheidung beigefügt, sofern sie dem Schuldner noch nicht zugestellt wurde.

(2) *[1]* Hat der Schuldner seinen Wohnsitz in einem anderen Mitgliedstaat als dem Ursprungsmitgliedstaat, so kann er eine Übersetzung der Entscheidung verlangen, um ihre Vollstreckung anfechten zu können, wenn die Entscheidung nicht in einer der folgenden Sprachen abgefasst ist oder ihr keine Übersetzung in einer der folgenden Sprachen beigefügt ist:

a) einer Sprache, die er versteht, oder
b) der Amtssprache des Mitgliedstaats, in dem er seinen Wohnsitz hat, oder, wenn es in diesem Mitgliedstaat mehrere Amtssprachen gibt, in der Amtssprache oder einer der Amtssprachen des Ortes, an dem er seinen Wohnsitz hat.

[2] Wird die Übersetzung der Entscheidung gemäß Unterabsatz 1 verlangt, so darf die Zwangsvollstreckung nicht über Sicherungsmaßnahmen hinausgehen, solange der Schuldner die Übersetzung nicht erhalten hat.

[3] Dieser Absatz gilt nicht, wenn die Entscheidung dem Schuldner bereits in einer der in Unterabsatz 1 genannten Sprachen oder zusammen mit einer Übersetzung in eine dieser Sprachen zugestellt worden ist.

(3) Dieser Artikel gilt nicht für die Vollstreckung einer in einer Entscheidung enthaltenen Sicherungsmaßnahme oder wenn der Antragsteller Sicherungsmaßnahmen gemäß Artikel 40 erwirkt.

Art. 44 [Antrag auf Versagung der Vollstreckung] (1) Wurde eine Versagung der Vollstreckung einer Entscheidung gemäß Abschnitt 3 Unterabschnitt 2 beantragt, so kann das Gericht im ersuchten Mitgliedstaat auf Antrag des Schuldners

a) das Vollstreckungsverfahren auf Sicherungsmaßnahmen beschränken,

b) die Vollstreckung von der Leistung einer vom Gericht zu bestimmenden Sicherheit abhängig machen oder

c) das Vollstreckungsverfahren insgesamt oder teilweise aussetzen.

(2) Die zuständige Behörde des ersuchten Mitgliedstaats setzt das Vollstreckungsverfahren auf Antrag des Schuldners aus, wenn die Vollstreckbarkeit der Entscheidung im Ursprungsmitgliedstaat ausgesetzt ist.

Abschnitt 3. Versagung der Anerkennung und Vollstreckung

Unterabschnitt 1. Versagung der Anerkennung

Art. 45 [Antrag auf Versagung der Anerkennung] (1) Die Anerkennung einer Entscheidung wird auf Antrag eines Berechtigten versagt, wenn

a) die Anerkennung der öffentlichen Ordnung (ordre public) des ersuchten Mitgliedstaats offensichtlich widersprechen würde;

b) dem Beklagten, der sich auf das Verfahren nicht eingelassen hat, das verfahrenseinleitende Schriftstück oder ein gleichwertiges Schriftstück nicht so rechtzeitig und in einer Weise zugestellt worden ist, dass er sich verteidigen konnte, es sei denn, der Beklagte hat gegen die Entscheidung keinen Rechtsbehelf eingelegt, obwohl er die Möglichkeit dazu hatte;

c) die Entscheidung mit einer Entscheidung unvereinbar ist, die zwischen denselben Parteien im ersuchten Mitgliedstaat ergangen ist;

d) die Entscheidung mit einer früheren Entscheidung unvereinbar ist, die in einem anderen Mitgliedstaat oder in einem Drittstaat in einem Rechtsstreit wegen desselben Anspruchs zwischen denselben Parteien ergangen ist, sofern die frühere Entscheidung die notwendigen Voraussetzungen für ihre Anerkennung im ersuchten Mitgliedstaat erfüllt, oder

e) die Entscheidung unvereinbar ist

   i) mit Kapitel II Abschnitte 3, 4 oder 5, sofern der Beklagte Versicherungsnehmer, Versicherter, Begünstigter des Versicherungsvertrags, Geschädigter, Verbraucher oder Arbeitnehmer ist, oder

   ii) mit Kapitel II Abschnitt 6.

(2) Das mit dem Antrag befasste Gericht ist bei der Prüfung, ob eine der in Absatz 1 Buchstabe e angeführten Zuständigkeiten gegeben ist, an die tatsächlichen Feststellungen gebunden, aufgrund deren das Ursprungsgericht seine Zuständigkeit angenommen hat.

(3) [1] Die Zuständigkeit des Ursprungsgerichts darf, unbeschadet des Absatzes 1 Buchstabe e, nicht nachgeprüft werden. [2] Die Vorschriften über die Zuständigkeit gehören nicht zur öffentlichen Ordnung (ordre public) im Sinne des Absatzes 1 Buchstabe a.

(4) Der Antrag auf Versagung der Anerkennung ist gemäß den Verfahren des Unterabschnitts 2 und gegebenenfalls des Abschnitts 4 zu stellen.

Unterabschnitt 2. Versagung der Vollstreckung

Art. 46 [Versagung] Die Vollstreckung einer Entscheidung wird auf Antrag des Schuldners versagt, wenn festgestellt wird, dass einer der in Artikel 45 genannten Gründe gegeben ist.

Art. 47 [Gerichtliche Zuständigkeit; angewendetes Recht] (1) Der Antrag auf Versagung der Vollstreckung ist an das Gericht zu richten, das der Kommission von dem betreffenden Mitgliedstaat gemäß Artikel 75 Buchstabe a mitgeteilt wurde.

(2) Für das Verfahren zur Versagung der Vollstreckung ist, soweit es nicht durch diese Verordnung geregelt ist, das Recht des ersuchten Mitgliedstaats maßgebend.

(3) *[1]* Der Antragsteller legt dem Gericht eine Ausfertigung der Entscheidung und gegebenenfalls eine Übersetzung oder Transliteration der Entscheidung vor.

[2] [1] Das Gericht kann auf die Vorlage der in Unterabsatz 1 genannten Schriftstücke verzichten, wenn ihm die Schriftstücke bereits vorliegen oder wenn es das Gericht für unzumutbar hält, vom Antragsteller die Vorlage der Schriftstücke zu verlangen. [2] Im letztgenannten Fall kann das Gericht von der anderen Partei verlangen, diese Schriftstücke vorzulegen.

(4) [1] Von der Partei, die die Versagung der Vollstreckung einer in einem anderen Mitgliedstaat ergangenen Entscheidung beantragt, kann nicht verlangt werden, dass sie im ersuchten Mitgliedstaat über eine Postanschrift verfügt. [2] Es kann von ihr auch nicht verlangt werden, dass sie im ersuchten Mitgliedstaat über einen bevollmächtigten Vertreter verfügt, es sei denn, ein solcher Vertreter ist ungeachtet der Staatsangehörigkeit oder des Wohnsitzes der Parteien vorgeschrieben.

Art. 48 [Unverzügliche Entscheidung] Das Gericht entscheidet unverzüglich über den Antrag auf Versagung der Vollstreckung.

Art. 49 [Rechtsbehelf] (1) Gegen die Entscheidung über den Antrag auf Versagung der Vollstreckung kann jede Partei einen Rechtsbehelf einlegen.

(2) Der Rechtsbehelf ist bei dem Gericht einzulegen, das der Kommission von dem betreffenden Mitgliedstaat gemäß Artikel 75 Buchstabe b mitgeteilt wurde.

Art. 50 [Weiterer Rechtsbehelf] Gegen die Entscheidung, die über den Rechtsbehelf ergangen ist, kann nur ein Rechtsbehelf eingelegt werden, wenn der betreffende Mitgliedstaat der Kommission gemäß Artikel 75 Buchstabe c mitgeteilt hat, bei welchen Gerichten ein weiterer Rechtsbehelf einzulegen ist.

Art. 51 [Aussetzung des Verfahrens] (1) [1] Das mit einem Antrag auf Verweigerung der Vollstreckung befasste Gericht oder das nach Artikel 49 oder Artikel 50 mit einem Rechtsbehelf befasste Gericht kann das Verfahren aussetzen, wenn gegen die Entscheidung im Ursprungsmitgliedstaat ein ordentlicher Rechtsbehelf eingelegt wurde oder die Frist für einen solchen Rechtsbehelf noch nicht verstrichen ist. [2] Im letztgenannten Fall kann das Gericht eine Frist bestimmen, innerhalb derer der Rechtsbehelf einzulegen ist.

(2) Ist die Entscheidung in Irland, Zypern oder im Vereinigten Königreich[1] ergangen, so gilt jeder im Ursprungsmitgliedstaat statthafte Rechtsbehelf als ordentlicher Rechtsbehelf im Sinne des Absatzes 1.

Abschnitt 4. Gemeinsame Vorschriften

Art. 52 [Keine Nachprüfung in der Sache selbst] Eine in einem Mitgliedstaat ergangene Entscheidung darf im ersuchten Mitgliedstaat keinesfalls in der Sache selbst nachgeprüft werden.

Art. 53 [Ausstellung der Bescheinigung] Das Ursprungsgericht stellt auf Antrag eines Berechtigten die Bescheinigung unter Verwendung des Formblatts in Anhang I aus.

Art. 54 [Anpassung; Übersetzung] (1) *[1]* Enthält eine Entscheidung eine Maßnahme oder Anordnung, die im Recht des ersuchten Mitgliedstaats nicht bekannt ist, so ist diese Maßnahme oder Anordnung soweit möglich an eine im Recht dieses Mitgliedstaats bekannte Maßnahme oder Anordnung anzupassen, mit der vergleichbare Wirkungen verbunden sind und die ähnliche Ziele und Interessen verfolgt.

[2] Eine solche Anpassung darf nicht dazu führen, dass Wirkungen entstehen, die über die im Recht des Ursprungsmitgliedstaats vorgesehenen Wirkungen hinausgehen.

(2) Jede Partei kann die Anpassung der Maßnahme oder Anordnung vor einem Gericht anfechten.

(3) Die Partei, die die Entscheidung geltend macht oder deren Vollstreckung beantragt, kann erforderlichenfalls aufgefordert werden, eine Übersetzung oder Transliteration der Entscheidung zur Verfügung zu stellen.

Art. 55 [Zwangsgeld] In einem Mitgliedstaat ergangene Entscheidungen, die auf Zahlung eines Zwangsgelds lauten, sind im ersuchten Mitgliedstaat nur vollstreckbar, wenn die Höhe des Zwangsgelds durch das Ursprungsgericht endgültig festgesetzt ist.

Art. 56 [Keine Sicherheitsleistung wegen Ausländereigenschaft] Der Partei, die in einem Mitgliedstaat eine in einem anderen Mitgliedstaat ergangene Entscheidung vollstrecken will, darf wegen ihrer Eigenschaft als Ausländer oder wegen Fehlens eines Wohnsitzes oder Aufenthalts im ersuchten Mitgliedstaat eine Sicherheitsleistung oder Hinterlegung, unter welcher Bezeichnung es auch sei, nicht auferlegt werden.

Art. 57 [Übersetzung/Transliteration] (1) Ist nach dieser Verordnung eine Übersetzung oder Transliteration erforderlich, so erfolgt die Übersetzung oder Transliteration in die Amtssprache des betreffenden Mitgliedstaats oder, wenn es in diesem Mitgliedstaat mehrere Amtssprachen gibt, nach Maßgabe des Rechts dieses Mitgliedstaats in die oder in eine der Verfahrenssprachen des Ortes, an dem eine in einem anderen Mitgliedstaat ergangene Entscheidung geltend gemacht oder ein Antrag gestellt wird.

---

[1] Seit dem 1.2.2020 ist das Vereinigte Königreich aus der Europäischen Union ausgetreten und ist seitdem ein Drittland (Nicht-EU-Land).

(2) Bei den in den Artikeln 53 und 60 genannten Formblättern kann eine Übersetzung oder Transliteration auch in eine oder mehrere andere Amtssprachen der Organe der Union erfolgen, die der betreffende Mitgliedstaat für diese Formblätter zugelassen hat.

(3) Eine Übersetzung aufgrund dieser Verordnung ist von einer Person zu erstellen, die zur Anfertigung von Übersetzungen in einem der Mitgliedstaaten befugt ist.

Kapitel IV. Öffentliche Urkunden und gerichtliche Vergleiche

Art. 58 [Öffentliche Urkunden] (1) *[1]* [1] Öffentliche Urkunden, die im Ursprungsmitgliedstaat vollstreckbar sind, sind in den anderen Mitgliedstaaten vollstreckbar, ohne dass es einer Vollstreckbarerklärung bedarf. [2] Die Zwangsvollstreckung aus der öffentlichen Urkunde kann nur versagt werden, wenn sie der öffentlichen Ordnung (ordre public) des ersuchten Mitgliedstaats offensichtlich widersprechen würde.

[2] Die Vorschriften des Kapitels III Abschnitt 2, des Abschnitts 3 Unterabschnitt 2 und des Abschnitts 4 sind auf öffentlichen Urkunden sinngemäß anzuwenden.

(2) Die vorgelegte öffentliche Urkunde muss die Voraussetzungen für ihre Beweiskraft erfüllen, die im Ursprungsmitgliedstaat erforderlich sind.

Art. 59 [Gerichtliche Vergleiche] Gerichtliche Vergleiche, die im Ursprungsmitgliedstaat vollstreckbar sind, werden in den anderen Mitgliedstaaten unter denselben Bedingungen wie öffentliche Urkunden vollstreckt.

Art. 60 [Bescheinigung über eine öffentliche Urkunde] Die zuständige Behörde oder das Gericht des Ursprungsmitgliedstaats stellt auf Antrag eines Berechtigten die Bescheinigung mit einer Zusammenfassung der in der öffentlichen Urkunde beurkundeten vollstreckbaren Verpflichtung oder der in dem gerichtlichen Vergleich beurkundeten Parteivereinbarung unter Verwendung des Formblatts in Anhang II aus.

Kapitel V. Allgemeine Vorschriften

Art. 61 [Anerkennung von Urkunden] Im Rahmen dieser Verordnung bedarf es hinsichtlich Urkunden, die in einem Mitgliedstaat ausgestellt werden, weder der Legalisation noch einer ähnlichen Förmlichkeit.

Art. 62 [Bestimmung des Wohnsitzes] (1) Ist zu entscheiden, ob eine Partei im Hoheitsgebiet des Mitgliedstaats, dessen Gerichte angerufen sind, einen Wohnsitz hat, so wendet das Gericht sein Recht an.

(2) Hat eine Partei keinen Wohnsitz in dem Mitgliedstaat, dessen Gerichte angerufen sind, so wendet das Gericht, wenn es zu entscheiden hat, ob die Partei einen Wohnsitz in einem anderen Mitgliedstaat hat, das Recht dieses Mitgliedstaats an.

Art. 63 [Bestimmung des Gesellschaftssitzes] (1) Gesellschaften und juristische Personen haben für die Anwendung dieser Verordnung ihren Wohnsitz an dem Ort, an dem sich

a) ihr satzungsmäßiger Sitz,
b) ihre Hauptverwaltung oder
c) ihre Hauptniederlassung befindet.

(2) Im Falle Irlands, Zyperns und des Vereinigten Königreichs[1] ist unter dem Ausdruck „satzungsmäßiger Sitz" das *registered office* oder, wenn ein solches nirgendwo besteht, der *place of incorporation* (Ort der Erlangung der Rechtsfähigkeit) oder, wenn ein solcher nirgendwo besteht, der Ort, nach dessen Recht die *formation* (Gründung) erfolgt ist, zu verstehen.

(3) Um zu bestimmen, ob ein Trust seinen Sitz in dem Mitgliedstaat hat, bei dessen Gerichten die Klage anhängig ist, wendet das Gericht sein Internationales Privatrecht an.

Art. 64 [Besonderheiten von Adhäsionsverfahren] [1]Unbeschadet günstigerer innerstaatlicher Vorschriften können Personen, die ihren Wohnsitz im Hoheitsgebiet eines Mitgliedstaats haben und die vor den Strafgerichten eines anderen Mitgliedstaats, dessen Staatsangehörigkeit sie nicht besitzen, wegen einer fahrlässig begangenen Straftat verfolgt werden, sich von hierzu befugten Personen vertreten lassen, selbst wenn sie persönlich nicht erscheinen. [2]Das Gericht kann jedoch das persönliche Erscheinen anordnen; wird diese Anordnung nicht befolgt, so braucht die Entscheidung, die über den Anspruch aus einem Rechtsverhältnis des Zivilrechts ergangen ist, ohne dass sich der Angeklagte verteidigen konnte, in den anderen Mitgliedstaaten weder anerkannt noch vollstreckt zu werden.

Art. 65 [Streitverkündung statt Regressklage] (1) [1]Die in Artikel 8 Nummer 2 und Artikel 13 für eine Gewährleistungs- oder Interventionsklage vorgesehene Zuständigkeit kann in den Mitgliedstaaten, die in der von der Kommission nach Artikel 76 Absatz 1 Buchstabe b und Artikel 76 Absatz 2 festgelegten Liste aufgeführt sind, nur geltend gemacht werden, soweit das einzelstaatliche Recht dies zulässt. [2]Eine Person, die ihren Wohnsitz in einem anderen Mitgliedstaat hat, kann aufgefordert werden, nach den Vorschriften über die Streitverkündung gemäß der genannten Liste einem Verfahren vor einem Gericht dieser Mitgliedstaaten beizutreten.

(2) [1]Entscheidungen, die in einem Mitgliedstaat aufgrund des Artikels 8 Nummer 2 oder des Artikels 13 ergangen sind, werden nach Kapitel III in allen anderen Mitgliedstaaten anerkannt und vollstreckt. [2]Die Wirkungen, welche die Entscheidungen, die in den in der Liste nach Absatz 1 aufgeführten Mitgliedstaaten ergangen sind, gemäß dem Recht dieser Mitgliedstaaten infolge der Anwendung von Absatz 1 gegenüber Dritten haben, werden in *den allen*[2] Mitgliedstaaten anerkannt.

(3) Die in der Liste nach Absatz 1 aufgeführten Mitgliedstaaten übermitteln im Rahmen des durch die Entscheidung 2001/470/EG des Rates[3] errichteten Europäischen Justiziellen Netzes für Zivil- und Handelssachen („Europäisches Justizielles Netz") Informationen darüber, wie nach Maßgabe ihres innerstaatli-

---

[1] Seit dem 1.2.2020 ist das Vereinigte Königreich aus der Europäischen Union ausgetreten und ist seitdem ein Drittland (Nicht-EU-Land).

[2] Amtliche Formulierung.

[3] **Amtl. Anm.:** ABl. L 174 vom 27.6.2001, S. 25.

chen Rechts die in Absatz 2 Satz 2 genannten Wirkungen der Entscheidungen bestimmt werden können.

Kapitel VI. Übergangsvorschriften

Art. 66 [Übergangsvorschriften] (1) Diese Verordnung ist nur auf Verfahren, öffentliche Urkunden oder gerichtliche Vergleiche anzuwenden, die am 10. Januar 2015 oder danach eingeleitet, förmlich errichtet oder eingetragen bzw. gebilligt oder geschlossen worden sind.

(2) Ungeachtet des Artikels 80 gilt die Verordnung (EG) Nr. 44/2001 weiterhin für Entscheidungen, die in vor dem 10. Januar 2015 eingeleiteten gerichtlichen Verfahren ergangen sind, für vor diesem Zeitpunkt förmlich errichtete oder eingetragene öffentliche Urkunden sowie für vor diesem Zeitpunkt gebilligte oder geschlossene gerichtliche Vergleiche, sofern sie in den Anwendungsbereich der genannten Verordnung fallen.

Kapitel VII. Verhältnis zu anderen Rechtsinstrumenten

Art. 67 [Rechtsakte für besondere Rechtsgebiete] Diese Verordnung berührt nicht die Anwendung der Bestimmungen, die für besondere Rechtsgebiete die gerichtliche Zuständigkeit oder die Anerkennung und Vollstreckung von Entscheidungen regeln und in Unionsrechtsakten oder in dem in Ausführung dieser Rechtsakte harmonisierten einzelstaatlichen Recht enthalten sind.

Art. 68 [Verhältnis zu EuGVÜ] (1) Diese Verordnung tritt im Verhältnis zwischen den Mitgliedstaaten an die Stelle des Brüsseler Übereinkommens von 1968, außer hinsichtlich der Hoheitsgebiete der Mitgliedstaaten, die in den territorialen Anwendungsbereich des genannten Übereinkommens fallen und aufgrund der Anwendung von Artikel 355 AEUV von dieser Verordnung ausgeschlossen sind.

(2) Soweit diese Verordnung die Bestimmungen des Brüsseler Übereinkommens von 1968 zwischen den Mitgliedstaaten ersetzt, gelten Verweise auf dieses Übereinkommen als Verweise auf die vorliegende Verordnung.

Art. 69 [Ersetzung von Übereinkünften] [1] Diese Verordnung ersetzt unbeschadet der Artikel 70 und 71 im Verhältnis zwischen den Mitgliedstaaten die Übereinkünfte, die sich auf dieselben Rechtsgebiete erstrecken wie diese Verordnung. [2] Ersetzt werden insbesondere die Übereinkünfte, die in der von der Kommission nach Artikel 76 Absatz 1 Buchstabe c und Artikel 76 Absatz 2 festgelegten Liste aufgeführt sind.

Art. 70 [Fortgeltung außerhalb des Anwendungsbereichs der EuGVVO] (1) Die in Artikel 69 genannten Übereinkünfte behalten ihre Wirksamkeit für die Rechtsgebiete, auf die diese Verordnung nicht anzuwenden ist.

(2) Sie bleiben auch weiterhin für die Entscheidungen, öffentlichen Urkunden und gerichtlichen Vergleiche wirksam, die vor dem Inkrafttreten der Verordnung (EG) Nr. 44/2001 ergangen, förmlich errichtet oder eingetragen bzw. gebilligt oder geschlossen worden sind.

Art. 71 [Fortgeltung von Übereinkünften für besondere Rechtsgebiete] (1) Diese Verordnung lässt Übereinkünfte unberührt, denen die Mitgliedstaaten angehören und die für besondere Rechtsgebiete die gerichtliche Zuständigkeit, die Anerkennung oder die Vollstreckung von Entscheidungen regeln.

(2) *[1]* Um eine einheitliche Auslegung des Absatzes 1 zu sichern, wird er in folgender Weise angewandt:

a) Diese Verordnung schließt nicht aus, dass ein Gericht eines Mitgliedstaats, der Vertragspartei einer Übereinkunft über ein besonderes Rechtsgebiet ist, seine Zuständigkeit auf eine solche Übereinkunft stützt, und zwar auch dann, wenn der Beklagte seinen Wohnsitz im Hoheitsgebiet eines Mitgliedstaats hat, der nicht Vertragspartei einer solchen Übereinkunft ist. In jedem Fall wendet dieses Gericht Artikel 28 dieser Verordnung an.

b) Entscheidungen, die in einem Mitgliedstaat von einem Gericht erlassen worden sind, das seine Zuständigkeit auf eine Übereinkunft über ein besonderes Rechtsgebiet gestützt hat, werden in den anderen Mitgliedstaaten nach dieser Verordnung anerkannt und vollstreckt.

[2] [1] Sind der Ursprungsmitgliedstaat und der ersuchte Mitgliedstaat Vertragsparteien einer Übereinkunft über ein besonderes Rechtsgebiet, welche die Voraussetzungen für die Anerkennung und Vollstreckung von Entscheidungen regelt, so gelten diese Voraussetzungen. [2] In jedem Fall können die Bestimmungen dieser Verordnung über die Anerkennung und Vollstreckung von Entscheidungen angewandt werden.

Art. 71a [Gemeinsames Gericht] (1) Für die Zwecke dieser Verordnung gilt ein gemeinsames Gericht mehrerer Mitgliedstaaten gemäß Absatz 2 („gemeinsames Gericht“) als ein Gericht eines Mitgliedstaats, wenn das gemeinsame Gericht gemäß der zu seiner Errichtung geschlossenen Übereinkunft eine gerichtliche Zuständigkeit in Angelegenheiten ausübt, die in den Anwendungsbereich dieser Verordnung fallen.

(2) Jedes der folgenden Gerichte ist für die Zwecke dieser Verordnung ein gemeinsames Gericht:

a) das mit dem am 19. Februar 2013 unterzeichneten Übereinkommen zur Schaffung eines Einheitlichen Patentgerichts („EPG-Übereinkommen“) errichtete Einheitliche Patentgericht und

b) der mit dem Vertrag vom 31. März 1965 über die Gründung und die Satzung des Benelux-Gerichtshofs (im Folgenden „Benelux-Gerichtshof-Vertrag“) errichtete Benelux-Gerichtshof.

Art. 71b [Zuständigkeit eines gemeinsamen Gerichts] Die Zuständigkeit eines gemeinsamen Gerichts wird wie folgt bestimmt:

1. Ein gemeinsames Gericht ist zuständig, wenn die Gerichte eines Mitgliedstaats, der Partei der Übereinkunft zur Errichtung des gemeinsamen Gerichts ist, nach Maßgabe dieser Verordnung in einem unter die betreffende Übereinkunft fallenden Rechtsgebiet zuständig wären.
2. In Fällen, in denen der Beklagte seinen Wohnsitz nicht in einem Mitgliedstaat hat und diese Verordnung die ihn betreffende gerichtliche Zuständigkeit nicht anderweitig begründet, findet Kapitel II, soweit einschlägig, ungeachtet des Wohnsitzes des Beklagten Anwendung.

Einstweilige Maßnahmen einschließlich Sicherungsmaßnahmen können bei einem gemeinsamen Gericht auch dann beantragt werden, wenn für die Entscheidung in der Hauptsache die Gerichte eines Drittstaats zuständig sind.

3. Ist ein gemeinsames Gericht hinsichtlich eines Beklagten nach Nummer 2 in einem Rechtsstreit über eine Verletzung eines Europäischen Patents, die zu einem Schaden innerhalb der Union geführt hat, zuständig, kann dieses Gericht seine Zuständigkeit auch hinsichtlich eines aufgrund einer solchen Verletzung außerhalb der Union entstandenen Schadens ausüben.
Diese Zuständigkeit kann nur begründet werden, wenn dem Beklagten gehörendes Vermögen in einem Mitgliedstaat belegen ist, der Vertragspartei der Übereinkunft zur Errichtung des gemeinsamen Gerichts ist und der Rechtsstreit einen hinreichenden Bezug zu einem solchen Mitgliedstaat aufweist.

Art. 71c [Konkurrierende Rechtshängigkeit] (1) Die Artikel 29 bis 32 finden Anwendung, wenn ein gemeinsames Gericht und ein Gericht eines Mitgliedstaats, der nicht Vertragspartei der Übereinkunft zur Errichtung des gemeinsamen Gerichts ist, angerufen werden.

(2) Die Artikel 29 bis 32 finden Anwendung, wenn während des Übergangszeitraums gemäß Artikel 83 des EPG-Übereinkommens das Einheitliche Patentgericht und ein Gericht eines Mitgliedstaats angerufen werden, der Vertragspartei des EPG-Übereinkommens ist.

Art. 71d [Anerkennung und Vollstreckung] *[1]* Diese Verordnung findet Anwendung auf die Anerkennung und Vollstreckung von

a) Entscheidungen eines gemeinsamen Gerichts, die in einem Mitgliedstaat, der nicht Vertragspartei der Übereinkunft zur Errichtung des gemeinsamen Gerichts ist, anerkannt und vollstreckt werden müssen, und

b) Entscheidungen der Gerichte eines Mitgliedstaats, der nicht Vertragspartei der Übereinkunft zur Errichtung des gemeinsamen Gerichts ist, die in einem Mitgliedstaat, der Vertragspartei dieser Übereinkunft ist, anerkannt und vollstreckt werden müssen.

[2] Wird die Anerkennung und Vollstreckung einer Entscheidung eines gemeinsamen Gerichts jedoch in einem Mitgliedstaat beantragt, der Vertragspartei der Übereinkunft zur Errichtung des gemeinsamen Gerichts ist, gelten anstelle dieser Verordnung alle die Anerkennung und Vollstreckung betreffenden Bestimmungen der Übereinkunft.

Art. 72 [Fortgelten von Vereinbarungen nach Art. 59 des Brüsseler Übereinkommens] Diese Verordnung lässt Vereinbarungen unberührt, durch die sich die Mitgliedstaaten vor Inkrafttreten der Verordnung (EG) Nr. 44/2001 nach Artikel 59 des Brüsseler Übereinkommens von 1968 verpflichtet haben, Entscheidungen der Gerichte eines anderen Vertragsstaats des genannten Übereinkommens gegen Beklagte, die ihren Wohnsitz oder gewöhnlichen Aufenthalt im Hoheitsgebiet eines Drittstaats haben, nicht anzuerkennen, wenn die Entscheidungen in den Fällen des Artikels 4 des genannten Übereinkommens nur in einem der in Artikel 3 Absatz 2 des genannten Übereinkommens angeführten Gerichtsstände ergehen können.

Art. 73 [Unberührte Übereinkommen] (1) Diese Verordnung lässt die Anwendung des Übereinkommens von Lugano von 2007 unberührt.

(2) Diese Verordnung lässt die Anwendung des Übereinkommens von New York von 1958 unberührt.

(3) Diese Verordnung lässt die Anwendung der bilateralen Übereinkünfte und Vereinbarungen zwischen einem Drittstaat und einem Mitgliedstaat unberührt, die vor dem Inkrafttreten der Verordnung (EG) Nr. 44/2001 geschlossen wurden und in dieser Verordnung geregelte Angelegenheiten betreffen.

Kapitel VIII. Schlussvorschriften

Art. 74 [Übermittlung einzelstaatlicher Vollstreckungsvorschriften und -verfahren] *[1]* Die Mitgliedstaaten übermitteln im Rahmen des Europäischen Justiziellen Netzes für Zivil- und Handelssachen eine Beschreibung der einzelstaatlichen Vollstreckungsvorschriften und -verfahren, einschließlich Angaben über die Vollstreckungsbehörden, sowie Informationen über alle Vollstreckungsbeschränkungen, insbesondere über Schuldnerschutzvorschriften und Verjährungsfristen, im Hinblick auf die Bereitstellung dieser Informationen für die Öffentlichkeit.

[2] Die Mitgliedstaaten halten diese Informationen stets auf dem neuesten Stand.

Art. 75[1)] [Mitteilung der zuständigen Gerichte] *[1]* Die Mitgliedstaaten teilen der Kommission bis zum 10. Januar 2014 mit,

a) an welches Gericht der Antrag auf Versagung der Vollstreckung gemäß Artikel 47 Absatz 1 zu richten ist;

b) bei welchen Gerichten der Rechtsbehelf gegen die Entscheidung über den Antrag auf Versagung der Vollstreckung gemäß Artikel 49 Absatz 2 einzulegen ist;

c) bei welchen Gerichten ein weiterer Rechtsbehelf gemäß Artikel 50 einzulegen ist und

d) welche Sprachen für die Übersetzung der Formblätter nach Artikel 57 Absatz 2 zugelassen sind.

[2] Die Angaben werden von der Kommission in geeigneter Weise, insbesondere über das Europäische Justizielle Netz für Zivil- und Handelssachen, der Öffentlichkeit zur Verfügung gestellt.

Art. 76[1)] [Notifizierung] (1) Die Mitgliedstaaten notifizieren der Kommission

a) die Zuständigkeitsvorschriften nach Artikel 5 Absatz 2 und Artikel 6 Absatz 2,

b) die Regeln für die Streitverkündung nach Artikel 65 und

c) die Übereinkünfte nach Artikel 69.

(2) Die Kommission legt anhand der in Absatz 1 genannten Notifizierungen der Mitgliedstaaten die jeweiligen Listen fest.

[1)] Beachte zum Inkrafttreten Art. 81 Abs. 2.

(3) [1] Die Mitgliedstaaten notifizieren der Kommission alle späteren Änderungen, die an diesen Listen vorgenommen werden müssen. [2] Die Kommission passt diese Listen entsprechend an.

(4) Die Kommission veröffentlicht die Listen und alle späteren Änderungen dieser Listen im *Amtsblatt der Europäischen Union.*[1)]

(5) Die Kommission stellt der Öffentlichkeit alle nach den Absätzen 1 und 3 notifizierten Informationen auf andere geeignete Weise, insbesondere über das Europäische Justizielle Netz, zur Verfügung.

Art. 77 [Änderungen] Der Kommission wird die Befugnis übertragen, gemäß Artikel 78 in Bezug auf die Änderung der Anhänge I und II delegierte Rechtsakte zu erlassen.

Art. 78 [Erlass delegierter Rechtsakte] (1) Die der Kommission übertragene Befugnis zum Erlass delegierter Rechtsakte unterliegt den Bedingungen dieses Artikels.

(2) Die Befugnis zum Erlass delegierter Rechtsakte gemäß Artikel 77 wird der Kommission auf unbestimmte Zeit ab dem 9. Januar 2013 übertragen.

(3) [1] Die Befugnisübertragung gemäß Artikel 77 kann vom Europäischen Parlament oder vom Rat jederzeit widerrufen werden. [2] Der Beschluss über den Widerruf beendet die Übertragung der darin genannten Befugnisse. [3] Der Beschluss tritt am Tag nach Veröffentlichung des Beschlusses im *Amtsblatt der Europäischen Union* oder zu einem späteren, in dem Beschluss festgelegten Zeitpunkt in Kraft. [4] Er berührt nicht die Gültigkeit bereits in Kraft getretener delegierter Rechtsakte.

(4) Sobald die Kommission einen delegierten Rechtsakt erlässt, übermittelt sie ihn gleichzeitig dem Europäischen Parlament und dem Rat.

(5) [1] Ein gemäß Artikel 77 erlassener delegierter Rechtsakt tritt nur in Kraft, wenn weder das Europäische Parlament noch der Rat innerhalb einer Frist von zwei Monaten nach Übermittlung dieses Rechtsakts an das Europäische Parlament und den Rat Einwände erhoben hat oder wenn vor Ablauf dieser Frist sowohl das Europäische Parlament als auch der Rat der Kommission mitgeteilt haben, dass sie keine Einwände zu erheben beabsichtigen. [2] Diese Frist wird auf Initiative des Europäischen Parlaments oder des Rates um zwei Monate verlängert.

Art. 79 [Bericht] [1] Die Kommission legt dem Europäischen Parlament, dem Rat und dem Europäischen Wirtschafts- und Sozialausschuss bis zum 11. Januar 2022 einen Bericht über die Anwendung dieser Verordnung vor. [2] Dieser Bericht enthält auch eine Bewertung der Frage, ob die Zuständigkeitsvorschriften weiter ausgedehnt werden sollten auf Beklagte, die ihren Wohnsitz nicht in einem Mitgliedstaat haben, wobei der Funktionsweise dieser Verordnung und möglichen Entwicklungen auf internationaler Ebene Rechnung zu tragen ist. [3] Dem Bericht wird gegebenenfalls ein Vorschlag zur Änderung dieser Verordnung beigefügt.

Art. 80 [Aufhebung] [1] Die Verordnung (EG) Nr. 44/2001 wird durch diese Verordnung aufgehoben. [2] Bezugnahmen auf die aufgehobene Verordnung gel-

---

[1)] Siehe hierzu ua die Notifizierung 2015/C 4/02 v. 9.1.2015 (ABl. C 4 S. 2).

ten als Bezugnahmen auf die vorliegende Verordnung und sind nach Maßgabe der Entsprechungstabelle in Anhang III zu lesen.

Art. 81 [Inkrafttreten] *[1]* Diese Verordnung tritt am zwanzigsten Tag nach ihrer Veröffentlichung[1] im *Amtsblatt der Europäischen Union* in Kraft.

[2] Sie gilt ab dem 10. Januar 2015, mit Ausnahme der Artikel 75 und 76, die ab dem 10. Januar 2014 gelten.

Diese Verordnung ist in allen ihren Teilen verbindlich und gilt gemäß den Verträgen unmittelbar in den Mitgliedstaaten.

Anhänge. *(hier nicht wiedergegeben)*

---

[1] Veröffentlicht am 20.12.2012.

140. Verordnung (EU) 2015/848 des Europäischen Parlaments und des Rates vom 20. Mai 2015 über Insolvenzverfahren[1)]

(Neufassung)

(ABl. L 141 S. 19, ber. 2016 L 349 S. 6)

Celex-Nr. 3 2015 R 0848

zuletzt geänd. durch Art. 1 ÄndVO (EU) 2018/946 v. 4.7.2018 (ABl. L 171 S. 1)

– Auszug –

Kapitel I. Allgemeine Bestimmungen

Art. 1 Anwendungsbereich. (1) *[1]* Diese Verordnung gilt für öffentliche Gesamtverfahren einschließlich vorläufiger Verfahren, die auf der Grundlage gesetzlicher Regelungen zur Insolvenz stattfinden und in denen zu Zwecken der Rettung, Schuldenanpassung, Reorganisation oder Liquidation

a) dem Schuldner die Verfügungsgewalt über sein Vermögen ganz oder teilweise entzogen und ein Verwalter bestellt wird,

b) das Vermögen und die Geschäfte des Schuldners der Kontrolle oder Aufsicht durch ein Gericht unterstellt werden oder

c) die vorübergehende Aussetzung von Einzelvollstreckungsverfahren von einem Gericht oder kraft Gesetzes gewährt wird, um Verhandlungen zwischen dem Schuldner und seinen Gläubigern zu ermöglichen, sofern das Verfahren, in dem die Aussetzung gewährt wird, geeignete Maßnahmen zum Schutz der Gesamtheit der Gläubiger vorsieht und in dem Fall, dass keine Einigung erzielt wird, einem der in den Buchstaben a oder b genannten Verfahren vorgeschaltet ist.

[2] Kann ein in diesem Absatz genanntes Verfahren in Situationen eingeleitet werden, in denen lediglich die Wahrscheinlichkeit einer Insolvenz besteht, ist der Zweck des Verfahrens die Vermeidung der Insolvenz des Schuldners oder der Einstellung seiner Geschäftstätigkeit.

[3] Die Verfahren, auf die in diesem Absatz Bezug genommen wird, sind in Anhang A aufgeführt.

(2) Diese Verordnung gilt nicht für Verfahren nach Absatz 1 in Bezug auf

a) Versicherungsunternehmen,

b) Kreditinstitute,

c) Wertpapierfirmen und andere Firmen, Einrichtungen und Unternehmen, soweit sie unter die Richtlinie 2001/24/EG fallen, oder

d) Organismen für gemeinsame Anlagen.

Art. 2 Begriffsbestimmungen. Für die Zwecke dieser Verordnung bezeichnet der Ausdruck

---

[1)] Siehe hierzu VO (EU) 2017/1105 zur Festlegung der Formulare gem. Insolvenz-VO v. 12.6.2017 (ABl. L 160 S. 1).

1. „Gesamtverfahren" ein Verfahren, an dem alle oder ein wesentlicher Teil der Gläubiger des Schuldners beteiligt sind, vorausgesetzt, dass im letzteren Fall das Verfahren nicht die Forderungen der Gläubiger berührt, die nicht daran beteiligt sind;
2. „Organismen für gemeinsame Anlagen" Organismen für gemeinsame Anlagen in Wertpapieren (OGAW) im Sinne der Richtlinie 2009/65/EG des Europäischen Parlaments und des Rates[1] und alternative Investmentfonds (AIF) im Sinne der Richtlinie 2011/61/EU des Europäischen Parlaments und des Rates[2];
3. „Schuldner in Eigenverwaltung" einen Schuldner, über dessen Vermögen ein Insolvenzverfahren eröffnet wurde, das nicht zwingend mit der Bestellung eines Verwalters oder der vollständigen Übertragung der Rechte und Pflichten zur Verwaltung des Vermögens des Schuldners auf einen Verwalter verbunden ist, und bei dem der Schuldner daher ganz oder zumindest teilweise die Kontrolle über sein Vermögen und seine Geschäfte behält;
4. „Insolvenzverfahren" ein in Anhang A aufgeführtes Verfahren;
5. „Verwalter" jede Person oder Stelle, deren Aufgabe es ist, auch vorläufig
   i) die in Insolvenzverfahren angemeldeten Forderungen zu prüfen und zuzulassen;
   ii) die Gesamtinteressen der Gläubiger zu vertreten;
   iii) die Insolvenzmasse entweder vollständig oder teilweise zu verwalten;
   iv) die Insolvenzmasse im Sinne der Ziffer iii zu verwerten oder
   v) die Geschäftstätigkeit des Schuldners zu überwachen.

   Die in Unterabsatz 1 genannten Personen und Stellen sind in Anhang B aufgeführt;
6. „Gericht"
   i) in Artikel 1 Absatz 1 Buchstaben b und c, Artikel 4 Absatz 2, Artikel 5, Artikel 6, Artikel 21 Absatz 3, Artikel 24 Absatz 2 Buchstabe j, Artikel 36, Artikel 39 und Artikel 61 bis Artikel 77 das Justizorgan eines Mitgliedstaats;
   ii) in allen anderen Artikeln das Justizorgan oder jede sonstige zuständige Stelle eines Mitgliedstaats, die befugt ist, ein Insolvenzverfahren zu eröffnen, die Eröffnung eines solchen Verfahrens zu bestätigen oder im Rahmen dieses Verfahrens Entscheidungen zu treffen;
7. „Entscheidung zur Eröffnung eines Insolvenzverfahrens"
   i) die Entscheidung eines Gerichts zur Eröffnung eines Insolvenzverfahrens oder zur Bestätigung der Eröffnung eines solchen Verfahrens und
   ii) die Entscheidung eines Gerichts zur Bestellung eines Verwalters;
8. „Zeitpunkt der Verfahrenseröffnung" den Zeitpunkt, zu dem die Entscheidung zur Eröffnung des Insolvenzverfahrens wirksam wird, unabhängig davon, ob die Entscheidung endgültig ist oder nicht;

---

[1] **Amtl. Anm.:** Richtlinie 2009/65/EG des Europäischen Parlaments und des Rates vom 13. Juli 2009 zur Koordinierung der Rechts- und Verwaltungsvorschriften betreffend bestimmte Organismen für gemeinsame Anlagen in Wertpapieren (OGAW) (ABl. L 302 vom 17.11.2009, S. 32).

[2] **Amtl. Anm.:** Richtlinie 2011/61/EU des Europäischen Parlaments und des Rates vom 8. Juni 2011 über die Verwalter alternativer Investmentfonds und zur Änderung der Richtlinien 2003/41/EG und 2009/65/EG und der Verordnungen (EG) Nr. 1060/2009 und (EU) Nr. 1095/2010 (ABl. L 174 vom 1.7.2011, S. 1).

9. „Mitgliedstaat, in dem sich ein Vermögensgegenstand befindet", im Fall von
   i) Namensaktien, soweit sie nicht von Ziffer ii erfasst sind, den Mitgliedstaat, in dessen Hoheitsgebiet die Gesellschaft, die die Aktien ausgegeben hat, ihren Sitz hat;
   ii) Finanzinstrumenten, bei denen die Rechtsinhaberschaft durch Eintrag in ein Register oder Buchung auf ein Konto, das von einem oder für einen Intermediär geführt wird, nachgewiesen wird („im Effektengiro übertragbare Wertpapiere"), den Mitgliedstaat, in dem das betreffende Register oder Konto geführt wird;
   iii) Guthaben auf Konten bei einem Kreditinstitut den Mitgliedstaat, der in der internationalen Kontonummer (IBAN) angegeben ist, oder im Fall von Guthaben auf Konten bei einem Kreditinstitut ohne IBAN den Mitgliedstaat, in dem das Kreditinstitut, bei dem das Konto geführt wird, seine Hauptverwaltung hat, oder, sofern das Konto bei einer Zweigniederlassung, Agentur oder sonstigen Niederlassung geführt wird, den Mitgliedstaat, in dem sich die Zweigniederlassung, Agentur oder sonstige Niederlassung befindet;
   iv) Gegenständen oder Rechten, bei denen das Eigentum oder die Rechtsinhaberschaft in anderen als den unter Ziffer i genannten öffentlichen Registern eingetragen ist, den Mitgliedstaat, unter dessen Aufsicht das Register geführt wird;
   v) Europäischen Patenten den Mitgliedstaat, für den das Europäische Patent erteilt wurde;
   vi) Urheberrechten und verwandten Schutzrechten den Mitgliedstaat, in dessen Hoheitsgebiet der Eigentümer solcher Rechte seinen gewöhnlichen Aufenthalt oder Sitz hat;
   vii) anderen als den unter den Ziffern i bis iv genannten körperlichen Gegenständen den Mitgliedstaat, in dessen Hoheitsgebiet sich der Gegenstand befindet;
   viii) anderen Forderungen gegen Dritte als solchen, die sich auf Vermögenswerte gemäß Ziffer iii beziehen, den Mitgliedstaat, in dessen Hoheitsgebiet der zur Leistung verpflichtete Dritte den Mittelpunkt seiner hauptsächlichen Interessen im Sinne des Artikels 3 Absatz 1 hat;
10. „Niederlassung" jeden Tätigkeitsort, an dem der Schuldner einer wirtschaftlichen Aktivität von nicht vorübergehender Art nachgeht oder in den drei Monaten vor dem Antrag auf Eröffnung des Hauptinsolvenzverfahrens nachgegangen ist, die den Einsatz von Personal und Vermögenswerten voraussetzt;
11. „lokaler Gläubiger" den Gläubiger, dessen Forderungen gegen den Schuldner aus oder in Zusammenhang mit dem Betrieb einer Niederlassung in einem anderen Mitgliedstaat als dem Mitgliedstaat entstanden sind, in dem sich der Mittelpunkt der hauptsächlichen Interessen des Schuldners befindet;
12. „ausländischer Gläubiger" den Gläubiger, der seinen gewöhnlichen Aufenthalt, Wohnsitz oder Sitz in einem anderen Mitgliedstaat als dem Mitgliedstaat der Verfahrenseröffnung hat, einschließlich der Steuerbehörden und der Sozialversicherungsträger der Mitgliedstaaten;

13. „Unternehmensgruppe“ ein Mutterunternehmen und alle seine Tochterunternehmen;
14. „Mutterunternehmen“ ein Unternehmen, das ein oder mehrere Tochterunternehmen entweder unmittelbar oder mittelbar kontrolliert. Ein Unternehmen, das einen konsolidierten Abschluss gemäß der Richtlinie 2013/34/EU des Europäischen Parlaments und des Rates[1] erstellt, wird als Mutterunternehmen angesehen.

Art. 3 Internationale Zuständigkeit. (1) *[1]* [1] Für die Eröffnung des Insolvenzverfahrens sind die Gerichte des Mitgliedstaats zuständig, in dessen Hoheitsgebiet der Schuldner den Mittelpunkt seiner hauptsächlichen Interessen hat (im Folgenden „Hauptinsolvenzverfahren“). [2] Mittelpunkt der hauptsächlichen Interessen ist der Ort, an dem der Schuldner gewöhnlich der Verwaltung seiner Interessen nachgeht und der für Dritte feststellbar ist.

[2] [1] Bei Gesellschaften oder juristischen Personen wird bis zum Beweis des Gegenteils vermutet, dass der Mittelpunkt ihrer hauptsächlichen Interessen der Ort ihres Sitzes ist. [2] Diese Annahme gilt nur, wenn der Sitz nicht in einem Zeitraum von drei Monaten vor dem Antrag auf Eröffnung des Insolvenzverfahrens in einen anderen Mitgliedstaat verlegt wurde.

[3] [1] Bei einer natürlichen Person, die eine selbständige gewerbliche oder freiberufliche Tätigkeit ausübt, wird bis zum Beweis des Gegenteils vermutet, dass der Mittelpunkt ihrer hauptsächlichen Interessen ihre Hauptniederlassung ist. [2] Diese Annahme gilt nur, wenn die Hauptniederlassung der natürlichen Person nicht in einem Zeitraum von drei Monaten vor dem Antrag auf Eröffnung des Insolvenzverfahrens in einen anderen Mitgliedstaat verlegt wurde.

[4] [1] Bei allen anderen natürlichen Personen wird bis zum Beweis des Gegenteils vermutet, dass der Mittelpunkt ihrer hauptsächlichen Interessen der Ort ihres gewöhnlichen Aufenthalts ist. [2] Diese Annahme gilt nur, wenn der gewöhnliche Aufenthalt nicht in einem Zeitraum von sechs Monaten vor dem Antrag auf Eröffnung des Insolvenzverfahrens in einen anderen Mitgliedstaat verlegt wurde.

(2) [1] Hat der Schuldner den Mittelpunkt seiner hauptsächlichen Interessen im Hoheitsgebiet eines Mitgliedstaats, so sind die Gerichte eines anderen Mitgliedstaats nur dann zur Eröffnung eines Insolvenzverfahrens befugt, wenn der Schuldner eine Niederlassung im Hoheitsgebiet dieses anderen Mitgliedstaats hat. [2] Die Wirkungen dieses Verfahrens sind auf das im Hoheitsgebiet dieses letzteren Mitgliedstaats befindliche Vermögen des Schuldners beschränkt.

(3) Wird ein Insolvenzverfahren nach Absatz 1 eröffnet, so ist jedes zu einem späteren Zeitpunkt nach Absatz 2 eröffnete Insolvenzverfahren ein Sekundärinsolvenzverfahren.

(4) [1] Vor der Eröffnung eines Insolvenzverfahrens nach Absatz 1 kann ein Partikularverfahren nach Absatz 2 nur eröffnet werden, falls:

---

[1] **Amtl. Anm.:** Richtlinie 2013/34/EU des Europäischen Parlaments und des Rates vom 26. Juni 2013 über den Jahresabschluss, den konsolidierten Abschluss und damit verbundene Berichte von Unternehmen bestimmter Rechtsformen und zur Änderung der Richtlinie 2006/43/EG des Europäischen Parlaments und des Rates und zur Aufhebung der Richtlinien 78/660/EWG und 83/349/EWG des Rates (ABl. L 182 vom 29.6.2013, S. 19).

a) die Eröffnung eines Insolvenzverfahrens nach Absatz 1 angesichts der Bedingungen, die das Recht des Mitgliedstaats vorschreibt, in dessen Hoheitsgebiet der Schuldner den Mittelpunkt seiner hauptsächlichen Interessen hat, nicht möglich ist oder
b) die Eröffnung des Partikularverfahrens von
   i) einem Gläubiger beantragt wird, dessen Forderung sich aus dem Betrieb einer Niederlassung ergibt oder damit im Zusammenhang steht, die sich im Hoheitsgebiet des Mitgliedstaats befindet, in dem die Eröffnung des Partikularverfahrens beantragt wird, oder
   ii) einer Behörde beantragt wird, die nach dem Recht des Mitgliedstaats, in dessen Hoheitsgebiet sich die Niederlassung befindet, das Recht hat, die Eröffnung von Insolvenzverfahren zu beantragen.

[2] Nach der Eröffnung des Hauptinsolvenzverfahrens wird das Partikularverfahren zum Sekundärinsolvenzverfahren.

Art. 7 Anwendbares Recht. (1) Soweit diese Verordnung nichts anderes bestimmt, gilt für das Insolvenzverfahren und seine Wirkungen das Insolvenzrecht des Mitgliedstaats, in dessen Hoheitsgebiet das Verfahren eröffnet wird (im Folgenden „Staat der Verfahrenseröffnung").

(2) [1] Das Recht des Staates der Verfahrenseröffnung regelt, unter welchen Voraussetzungen das Insolvenzverfahren eröffnet wird und wie es durchzuführen und zu beenden ist. [2] Es regelt insbesondere:

a) bei welcher Art von Schuldnern ein Insolvenzverfahren zulässig ist;
b) welche Vermögenswerte zur Insolvenzmasse gehören und wie die nach der Verfahrenseröffnung vom Schuldner erworbenen Vermögenswerte zu behandeln sind;
c) die jeweiligen Befugnisse des Schuldners und des Verwalters;
d) die Voraussetzungen für die Wirksamkeit einer Aufrechnung;
e) wie sich das Insolvenzverfahren auf laufende Verträge des Schuldners auswirkt;
f) wie sich die Eröffnung eines Insolvenzverfahrens auf Rechtsverfolgungsmaßnahmen einzelner Gläubiger auswirkt; ausgenommen sind die Wirkungen auf anhängige Rechtsstreitigkeiten;
g) welche Forderungen als Insolvenzforderungen anzumelden sind und wie Forderungen zu behandeln sind, die nach der Eröffnung des Insolvenzverfahrens entstehen;
h) die Anmeldung, die Prüfung und die Feststellung der Forderungen;
i) die Verteilung des Erlöses aus der Verwertung des Vermögens, den Rang der Forderungen und die Rechte der Gläubiger, die nach der Eröffnung des Insolvenzverfahrens aufgrund eines dinglichen Rechts oder infolge einer Aufrechnung teilweise befriedigt wurden;
j) die Voraussetzungen und die Wirkungen der Beendigung des Insolvenzverfahrens, insbesondere durch Vergleich;
k) die Rechte der Gläubiger nach der Beendigung des Insolvenzverfahrens;
l) wer die Kosten des Insolvenzverfahrens einschließlich der Auslagen zu tragen hat;
m) welche Rechtshandlungen nichtig, anfechtbar oder relativ unwirksam sind, weil sie die Gesamtheit der Gläubiger benachteiligen.

Art. 13 Arbeitsvertrag. (1) Für die Wirkungen des Insolvenzverfahrens auf einen Arbeitsvertrag und auf das Arbeitsverhältnis gilt ausschließlich das Recht des Mitgliedstaats, das auf den Arbeitsvertrag anzuwenden ist.

(2) *[1]* Die Zuständigkeit für die Zustimmung zu einer Beendigung oder Änderung von Verträgen nach diesem Artikel verbleibt bei den Gerichten des Mitgliedstaats, in dem ein Sekundärinsolvenzverfahren eröffnet werden kann, auch wenn in dem betreffenden Mitgliedstaat kein Insolvenzverfahren eröffnet worden ist.

[2] Unterabsatz 1 gilt auch für eine Behörde, die nach nationalem Recht für die Zustimmung zu einer Beendigung oder Änderung von Verträgen nach diesem Artikel zuständig ist.

Kapitel II. Anerkennung der Insolvenzverfahren

Art. 33 Öffentliche Ordnung. Jeder Mitgliedstaat kann sich weigern, ein in einem anderen Mitgliedstaat eröffnetes Insolvenzverfahren anzuerkennen oder eine in einem solchen Verfahren ergangene Entscheidung zu vollstrecken, soweit diese Anerkennung oder Vollstreckung zu einem Ergebnis führt, das offensichtlich mit seiner öffentlichen Ordnung, insbesondere mit den Grundprinzipien oder den verfassungsmäßig garantierten Rechten und Freiheiten des Einzelnen, unvereinbar ist.

Kapitel III. Sekundärinsolvenzverfahren

Art. 34 Verfahrenseröffnung. [1] Ist durch ein Gericht eines Mitgliedstaats ein Hauptinsolvenzverfahren eröffnet worden, das in einem anderen Mitgliedstaat anerkannt worden ist, kann ein nach Artikel 3 Absatz 2 zuständiges Gericht dieses anderen Mitgliedstaats nach Maßgabe der Vorschriften dieses Kapitels ein Sekundärinsolvenzverfahren eröffnen. [2] War es für das Hauptinsolvenzverfahren erforderlich, dass der Schuldner insolvent ist, so wird die Insolvenz des Schuldners in dem Mitgliedstaat, in dem ein Sekundärinsolvenzverfahren eröffnet werden kann, nicht erneut geprüft. [3] Die Wirkungen des Sekundärinsolvenzverfahrens sind auf das Vermögen des Schuldners beschränkt, das im Hoheitsgebiet des Mitgliedstaats belegen ist, in dem dieses Verfahren eröffnet wurde.

Art. 35 Anwendbares Recht. Soweit diese Verordnung nichts anderes bestimmt, finden auf das Sekundärinsolvenzverfahren die Rechtsvorschriften des Mitgliedstaats Anwendung, in dessen Hoheitsgebiet das Sekundärinsolvenzverfahren eröffnet worden ist.

145. Verordnung (EU) 2016/679 des Europäischen Parlaments und des Rates vom 27. April 2016 zum Schutz natürlicher Personen bei der Verarbeitung personenbezogener Daten, zum freien Datenverkehr und zur Aufhebung der Richtlinie 95/46/EG (Datenschutz-Grundverordnung)

(Text von Bedeutung für den EWR)

(ABl. L 119 S. 1, ber. L 314 S. 72, 2018 L 127 S. 2 und 2021 L 74 S. 35)

Celex-Nr. 3 2016 R 0679

– Auszug –

DAS EUROPÄISCHE PARLAMENT UND DER RAT DER EUROPÄISCHEN UNION –

gestützt auf den Vertrag über die Arbeitsweise der Europäischen Union, insbesondere auf Artikel 16,

auf Vorschlag der Europäischen Kommission,

nach Zuleitung des Entwurfs des Gesetzgebungsakts an die nationalen Parlamente,

nach Stellungnahme des Europäischen Wirtschafts- und Sozialausschusses[1],

nach Stellungnahme des Ausschusses der Regionen[2],

gemäß dem ordentlichen Gesetzgebungsverfahren[3],

in Erwägung nachstehender Gründe:

...

(43) Um sicherzustellen, dass die Einwilligung freiwillig erfolgt ist, sollte diese in besonderen Fällen, wenn zwischen der betroffenen Person und dem Verantwortlichen ein klares Ungleichgewicht besteht, insbesondere wenn es sich bei dem Verantwortlichen um eine Behörde handelt, und es deshalb in Anbetracht aller Umstände in dem speziellen Fall unwahrscheinlich ist, dass die Einwilligung freiwillig gegeben wurde, keine gültige Rechtsgrundlage liefern. Die Einwilligung gilt nicht als freiwillig erteilt, wenn zu verschiedenen Verarbeitungsvorgängen von personenbezogenen Daten nicht gesondert eine Einwilligung erteilt werden kann, obwohl dies im Einzelfall angebracht ist, oder wenn die Erfüllung eines Vertrags, einschließlich der Erbringung einer Dienstleistung, von der Einwilligung abhängig ist, obwohl diese Einwilligung für die Erfüllung nicht erforderlich ist.

...

---

[1] **Amtl. Anm.:** ABl. C 229 vom 31.7.2012, S. 90.

[2] **Amtl. Anm.:** ABl. C 391 vom 18.12.2012, S. 127.

[3] **Amtl. Anm.:** Standpunkt des Europäischen Parlaments vom 12. März 2014 (noch nicht im Amtsblatt veröffentlicht) und Standpunkt des Rates in erster Lesung vom 8. April 2016 (noch nicht im Amtsblatt veröffentlicht). Standpunkt des Europäischen Parlaments vom 14. April 2016.

(48) Verantwortliche, die Teil einer Unternehmensgruppe oder einer Gruppe von Einrichtungen sind, die einer zentralen Stelle zugeordnet sind können ein berechtigtes Interesse haben, personenbezogene Daten innerhalb der Unternehmensgruppe für interne Verwaltungszwecke, einschließlich der Verarbeitung personenbezogener Daten von Kunden und Beschäftigten, zu übermitteln. Die Grundprinzipien für die Übermittlung personenbezogener Daten innerhalb von Unternehmensgruppen an ein Unternehmen in einem Drittland bleiben unberührt.

…

(155) Im Recht der Mitgliedstaaten oder in Kollektivvereinbarungen (einschließlich „Betriebsvereinbarungen") können spezifische Vorschriften für die Verarbeitung personenbezogener Beschäftigtendaten im Beschäftigungskontext vorgesehen werden, und zwar insbesondere Vorschriften über die Bedingungen, unter denen personenbezogene Daten im Beschäftigungskontext auf der Grundlage der Einwilligung des Beschäftigten verarbeitet werden dürfen, über die Verarbeitung dieser Daten für Zwecke der Einstellung, der Erfüllung des Arbeitsvertrags einschließlich der Erfüllung von durch Rechtsvorschriften oder durch Kollektivvereinbarungen festgelegten Pflichten, des Managements, der Planung und der Organisation der Arbeit, der Gleichheit und Diversität am Arbeitsplatz, der Gesundheit und Sicherheit am Arbeitsplatz sowie für Zwecke der Inanspruchnahme der mit der Beschäftigung zusammenhängenden individuellen oder kollektiven Rechte und Leistungen und für Zwecke der Beendigung des Beschäftigungsverhältnisses.

…

HABEN FOLGENDE VERORDNUNG ERLASSEN:

Kapitel II. Grundsätze

Art. 6 Rechtmäßigkeit der Verarbeitung. (1) *[1]* Die Verarbeitung ist nur rechtmäßig, wenn mindestens eine der nachstehenden Bedingungen erfüllt ist:

a)–e) …

f) die Verarbeitung ist zur Wahrung der berechtigten Interessen des Verantwortlichen oder eines Dritten erforderlich, sofern nicht die Interessen oder Grundrechte und Grundfreiheiten der betroffenen Person, die den Schutz personenbezogener Daten erfordern, überwiegen, insbesondere dann, wenn es sich bei der betroffenen Person um ein Kind handelt.

[2] Unterabsatz 1 Buchstabe f gilt nicht für die von Behörden in Erfüllung ihrer Aufgaben vorgenommene Verarbeitung.

(2)–(4) …

Art. 7 Bedingungen für die Einwilligung. (1) Beruht die Verarbeitung auf einer Einwilligung, muss der Verantwortliche nachweisen können, dass die betroffene Person in die Verarbeitung ihrer personenbezogenen Daten eingewilligt hat.

(2) [1] Erfolgt die Einwilligung der betroffenen Person durch eine schriftliche Erklärung, die noch andere Sachverhalte betrifft, so muss das Ersuchen um Einwilligung in verständlicher und leicht zugänglicher Form in einer klaren und einfachen Sprache so erfolgen, dass es von den anderen Sachverhalten klar

zu unterscheiden ist. [2]Teile der Erklärung sind dann nicht verbindlich, wenn sie einen Verstoß gegen diese Verordnung darstellen.

(3) [1]Die betroffene Person hat das Recht, ihre Einwilligung jederzeit zu widerrufen. [2]Durch den Widerruf der Einwilligung wird die Rechtmäßigkeit der aufgrund der Einwilligung bis zum Widerruf erfolgten Verarbeitung nicht berührt. [3]Die betroffene Person wird vor Abgabe der Einwilligung hiervon in Kenntnis gesetzt. [4]Der Widerruf der Einwilligung muss so einfach wie die Erteilung der Einwilligung sein.

(4) Bei der Beurteilung, ob die Einwilligung freiwillig erteilt wurde, muss dem Umstand in größtmöglichem Umfang Rechnung getragen werden, ob unter anderem die Erfüllung eines Vertrags, einschließlich der Erbringung einer Dienstleistung, von der Einwilligung zu einer Verarbeitung von personenbezogenen Daten abhängig ist, die für die Erfüllung des Vertrags nicht erforderlich sind.

Kapitel IV. Verantwortlicher und Auftragsverarbeiter

Abschnitt 4. Datenschutzbeauftragter

Art. 37 Benennung eines Datenschutzbeauftragten. (1) Der Verantwortliche und der Auftragsverarbeiter benennen auf jeden Fall einen Datenschutzbeauftragten, wenn

a) die Verarbeitung von einer Behörde oder öffentlichen Stelle durchgeführt wird, mit Ausnahme von Gerichten, soweit sie im Rahmen ihrer justiziellen Tätigkeit handeln,

b) die Kerntätigkeit des Verantwortlichen oder des Auftragsverarbeiters in der Durchführung von Verarbeitungsvorgängen besteht, welche aufgrund ihrer Art, ihres Umfangs und/oder ihrer Zwecke eine umfangreiche regelmäßige und systematische Überwachung von betroffenen Personen erforderlich machen, oder

c) die Kerntätigkeit des Verantwortlichen oder des Auftragsverarbeiters in der umfangreichen Verarbeitung besonderer Kategorien von Daten gemäß Artikel 9 oder von personenbezogenen Daten über strafrechtliche Verurteilungen und Straftaten gemäß Artikel 10 besteht.

(2) Eine Unternehmensgruppe darf einen gemeinsamen Datenschutzbeauftragten ernennen, sofern von jeder Niederlassung aus der Datenschutzbeauftragte leicht erreicht werden kann.

(3) Falls es sich bei dem Verantwortlichen oder dem Auftragsverarbeiter um eine Behörde oder öffentliche Stelle handelt, kann für mehrere solcher Behörden oder Stellen unter Berücksichtigung ihrer Organisationsstruktur und ihrer Größe ein gemeinsamer Datenschutzbeauftragter benannt werden.

(4) [1]In anderen als den in Absatz 1 genannten Fällen können der Verantwortliche oder der Auftragsverarbeiter oder Verbände und andere Vereinigungen, die Kategorien von Verantwortlichen oder Auftragsverarbeitern vertreten, einen Datenschutzbeauftragten benennen; falls dies nach dem Recht der Union oder der Mitgliedstaaten vorgeschrieben ist, müssen sie einen solchen benennen. [2]Der Datenschutzbeauftragte kann für derartige Verbände und andere Vereinigungen, die Verantwortliche oder Auftragsverarbeiter vertreten, handeln.

(5) Der Datenschutzbeauftragte wird auf der Grundlage seiner beruflichen Qualifikation und insbesondere des Fachwissens benannt, das er auf dem Gebiet des Datenschutzrechts und der Datenschutzpraxis besitzt, sowie auf der Grundlage seiner Fähigkeit zur Erfüllung der in Artikel 39 genannten Aufgaben.

(6) Der Datenschutzbeauftragte kann Beschäftigter des Verantwortlichen oder des Auftragsverarbeiters sein oder seine Aufgaben auf der Grundlage eines Dienstleistungsvertrags erfüllen.

(7) Der Verantwortliche oder der Auftragsverarbeiter veröffentlicht die Kontaktdaten des Datenschutzbeauftragten und teilt diese Daten der Aufsichtsbehörde mit.

Art. 38 Stellung des Datenschutzbeauftragten. (1) Der Verantwortliche und der Auftragsverarbeiter stellen sicher, dass der Datenschutzbeauftragte ordnungsgemäß und frühzeitig in alle mit dem Schutz personenbezogener Daten zusammenhängenden Fragen eingebunden wird.

(2) Der Verantwortliche und der Auftragsverarbeiter unterstützen den Datenschutzbeauftragten bei der Erfüllung seiner Aufgaben gemäß Artikel 39, indem sie die für die Erfüllung dieser Aufgaben erforderlichen Ressourcen und den Zugang zu personenbezogenen Daten und Verarbeitungsvorgängen sowie die zur Erhaltung seines Fachwissens erforderlichen Ressourcen zur Verfügung stellen.

(3) [1] Der Verantwortliche und der Auftragsverarbeiter stellen sicher, dass der Datenschutzbeauftragte bei der Erfüllung seiner Aufgaben keine Anweisungen bezüglich der Ausübung dieser Aufgaben erhält. [2] Der Datenschutzbeauftragte darf von dem Verantwortlichen oder dem Auftragsverarbeiter wegen der Erfüllung seiner Aufgaben nicht abberufen oder benachteiligt werden. [3] Der Datenschutzbeauftragte berichtet unmittelbar der höchsten Managementebene des Verantwortlichen oder des Auftragsverarbeiters.

(4) Betroffene Personen können den Datenschutzbeauftragten zu allen mit der Verarbeitung ihrer personenbezogenen Daten und mit der Wahrnehmung ihrer Rechte gemäß dieser Verordnung im Zusammenhang stehenden Fragen zu Rate ziehen.

(5) Der Datenschutzbeauftragte ist nach dem Recht der Union oder der Mitgliedstaaten bei der Erfüllung seiner Aufgaben an die Wahrung der Geheimhaltung oder der Vertraulichkeit gebunden.

(6) [1] Der Datenschutzbeauftragte kann andere Aufgaben und Pflichten wahrnehmen. [2] Der Verantwortliche oder der Auftragsverarbeiter stellt sicher, dass derartige Aufgaben und Pflichten nicht zu einem Interessenkonflikt führen.

Art. 39 Aufgaben des Datenschutzbeauftragten. (1) Dem Datenschutzbeauftragten obliegen zumindest folgende Aufgaben:

a) Unterrichtung und Beratung des Verantwortlichen oder des Auftragsverarbeiters und der Beschäftigten, die Verarbeitungen durchführen, hinsichtlich ihrer Pflichten nach dieser Verordnung sowie nach sonstigen Datenschutzvorschriften der Union bzw. der Mitgliedstaaten;

b) Überwachung der Einhaltung dieser Verordnung, anderer Datenschutzvorschriften der Union bzw. der Mitgliedstaaten sowie der Strategien des Verantwortlichen oder des Auftragsverarbeiters für den Schutz personenbezogener Daten einschließlich der Zuweisung von Zuständigkeiten, der Sensibilisierung und Schulung der an den Verarbeitungsvorgängen beteiligten Mitarbeiter und der diesbezüglichen Überprüfungen;

c) Beratung – auf Anfrage – im Zusammenhang mit der Datenschutz-Folgenabschätzung und Überwachung ihrer Durchführung gemäß Artikel 35;

d) Zusammenarbeit mit der Aufsichtsbehörde;

e) Tätigkeit als Anlaufstelle für die Aufsichtsbehörde in mit der Verarbeitung zusammenhängenden Fragen, einschließlich der vorherigen Konsultation gemäß Artikel 36, und gegebenenfalls Beratung zu allen sonstigen Fragen.

(2) Der Datenschutzbeauftragte trägt bei der Erfüllung seiner Aufgaben dem mit den Verarbeitungsvorgängen verbundenen Risiko gebührend Rechnung, wobei er die Art, den Umfang, die Umstände und die Zwecke der Verarbeitung berücksichtigt.

Kapitel IX. Vorschriften für besondere Verarbeitungssituationen

Art. 88 Datenverarbeitung im Beschäftigungskontext. (1) Die Mitgliedstaaten können durch Rechtsvorschriften oder durch Kollektivvereinbarungen spezifischere Vorschriften zur Gewährleistung des Schutzes der Rechte und Freiheiten hinsichtlich der Verarbeitung personenbezogener Beschäftigtendaten im Beschäftigungskontext, insbesondere für Zwecke der Einstellung, der Erfüllung des Arbeitsvertrags einschließlich der Erfüllung von durch Rechtsvorschriften oder durch Kollektivvereinbarungen festgelegten Pflichten, des Managements, der Planung und der Organisation der Arbeit, der Gleichheit und Diversität am Arbeitsplatz, der Gesundheit und Sicherheit am Arbeitsplatz, des Schutzes des Eigentums der Arbeitgeber oder der Kunden sowie für Zwecke der Inanspruchnahme der mit der Beschäftigung zusammenhängenden individuellen oder kollektiven Rechte und Leistungen und für Zwecke der Beendigung des Beschäftigungsverhältnisses vorsehen.

(2) Diese Vorschriften umfassen geeignete und besondere Maßnahmen zur Wahrung der menschlichen Würde, der berechtigten Interessen und der Grundrechte der betroffenen Person, insbesondere im Hinblick auf die Transparenz der Verarbeitung, die Übermittlung personenbezogener Daten innerhalb einer Unternehmensgruppe oder einer Gruppe von Unternehmen, die eine gemeinsame Wirtschaftstätigkeit ausüben, und die Überwachungssysteme am Arbeitsplatz.

(3) Jeder Mitgliedstaat teilt der Kommission bis zum 25. Mai 2018 die Rechtsvorschriften, die er aufgrund von Absatz 1 erlässt, sowie unverzüglich alle späteren Änderungen dieser Vorschriften mit.

Teil III. Richtlinien

200. Richtlinie 89/391/EWG des Rates vom 12. Juni 1989 über die Durchführung von Maßnahmen zur Verbesserung der Sicherheit und des Gesundheitsschutzes der Arbeitnehmer bei der Arbeit[1)]

(ABl. L 183 S. 1)

Celex-Nr. 3 1989 L 0391

zuletzt geänd. durch Anh. Nr. 2.1. ÄndVO (EG) 1137/2008 v. 22.10.2008 (ABl. L 311 S. 1)

DER RAT DER EUROPÄISCHEN GEMEINSCHAFTEN –

gestützt auf den Vertrag zur Gründung der Europäischen Wirtschaftsgemeinschaft[2)], insbesondere auf Artikel 118a[3)],

auf Vorschlag der Kommission[4)], erstellt nach Anhörung des Beratenden Ausschusses für Sicherheit, Arbeitshygiene und Gesundheitsschutz am Arbeitsplatz,

in Zusammenarbeit mit dem Europäischen Parlament[5)],

nach Stellungnahme des Wirtschafts- und Sozialausschusses[6)],

in Erwägung nachstehender Gründe:

Artikel 118a des Vertrages[3)] sieht vor, daß der Rat durch Richtlinien Mindestvorschriften festlegt, die die Verbesserung insbesondere der Arbeitsumwelt fördern, um die Sicherheit und die Gesundheit der Arbeitnehmer verstärkt zu schützen.

Durch diese Richtlinie kann keine mögliche Einschränkung des bereits in den einzelnen Mitgliedstaaten erzielten Schutzes gerechtfertigt werden; die Mitgliedstaaten haben sich gemäß dem Vertrag verpflichtet, die bestehenden Bedingungen in diesem Bereich zu verbessern und sich eine Harmonisierung bei gleichzeitigem Fortschritt zum Ziel gesetzt.

Es ist erwiesen, daß Arbeitnehmer an ihrem Arbeitsplatz und während ihres gesamten Arbeitslebens gefährlichen Umgebungsfaktoren ausgesetzt sein können.

Gemäß Artikel 118a des Vertrages[3)] wird in den Richtlinien auf verwaltungsmäßige, finanzielle oder rechtliche Auflagen, die der Gründung und Entwicklung von Klein- und Mittelbetrieben entgegenstehen könnten, verzichtet.

Die Mitteilung der Kommission über ihr Aktionsprogramm für Sicherheit, Arbeitshygiene und Gesundheitsschutz am Arbeitsplatz[7)] sieht die Verabschie-

---

1) Die Verweise/Bezugnahmen auf Vorschriften des EGV sind bereits gemäß Art. 5 des Vertrags von Lissabon iVm der Übereinstimmungstabelle an die neue Nummerierung angepasst worden.

2) Nunmehr Vertrag über die Arbeitsweise der Europäischen Union (auszugsweise abgedruckt unter Nr. **5**) durch Vertrag von Lissabon v. 13.12.2007 (ABl. C 306 S. 1).

3) Nunmehr Art. 154 AEUV (Nr. **5**) durch Vertrag von Lissabon v. 13.12.2007 (ABl. C 306 S. 1).

4) **Amtl. Anm.:** ABl. Nr. C 141 vom 30.5.1988, S. 1.

5) **Amtl. Anm.:** ABl. Nr. C 326 vom 19.12.1988, S. 102, und ABl. Nr. C 158 vom 26.6.1989.

6) **Amtl. Anm.:** ABl. Nr. C 175 vom 4.7.1988, S. 22.

7) **Amtl. Anm.:** ABl. Nr. C 28 vom 3.2.1988, S. 3.

dung von Richtlinien vor, die die Sicherheit und den Gesundheitsschutz der Arbeitnehmer gewährleisten sollen.

In seiner Entschließung vom 21. Dezember 1987 in bezug auf Sicherheit, Arbeitshygiene und Gesundheitsschutz am Arbeitsplatz[1] nimmt der Rat die Absicht der Kommission zur Kenntnis, ihm binnen kurzem eine Richtlinie über die Organisation der Sicherheit und des Gesundheitsschutzes der Arbeitnehmer am Arbeitsplatz vorzulegen.

Im Februar 1988 hat das Europäische Parlament im Anschluß an die Aussprache über den Binnenmarkt und den Arbeitsschutz vier Entschließungen angenommen. In diesen Entschließungen fordert das Parlament die Kommission insbesondere auf, eine Rahmenrichtlinie auszuarbeiten, die als Grundlage für Einzelrichtlinien dienen kann, die alle Risiken betreffend den Bereich Sicherheit und Gesundheitsschutz am Arbeitsplatz abdecken.

Es ist Aufgabe der Mitgliedstaaten, in ihrem Gebiet die Sicherheit und den Gesundheitsschutz von Arbeitnehmern zu verbessern. Maßnahmen betreffend Sicherheit und Gesundheitsschutz der Arbeitnehmer am Arbeitsplatz tragen in manchen Fällen auch zum Schutz der Gesundheit und gegebenenfalls zur Sicherheit der in ihrem Haushalt lebenden Personen bei.

Die Rechtsvorschriften der Mitgliedstaaten auf dem Gebiet der Sicherheit und des Gesundheitsschutzes am Arbeitsplatz sind sehr unterschiedlich und sollten verbessert werden. Die einschlägigen einzelstaatlichen Bestimmungen, die weitgehend durch technische Vorschriften bzw. freiwillig eingeführte Normen ergänzt werden, können zu einem unterschiedlichen Grad der Sicherheit und des Gesundheitsschutzes führen und eine Konkurrenz entstehen lassen, die zu Lasten der Sicherheit und des Gesundheitsschutzes geht.

Es sind nach wie vor zu viele Arbeitsunfälle und berufsbedingte Erkrankungen zu beklagen. Für die Sicherheit und den Gesundheitsschutz der Arbeitnehmer müssen daher unverzüglich vorbeugende Maßnahmen ergriffen bzw. bestehende Maßnahmen verbessert werden, um einen wirksameren Schutz sicherzustellen.

Um einen besseren Schutz zu gewährleisten, ist es erforderlich, daß die Arbeitnehmer bzw. ihre Vertreter über die Gefahren für ihre Sicherheit und Gesundheit und die erforderlichen Maßnahmen zur Verringerung oder Ausschaltung dieser Gefahren informiert werden. Es ist ferner unerläßlich, daß sie in die Lage versetzt werden, durch eine angemessene Mitwirkung entsprechend den nationalen Rechtsvorschriften bzw. Praktiken zu überprüfen und zu gewährleisten, daß die erforderlichen Schutzmaßnahmen getroffen werden.

Es ist erforderlich, die Unterrichtung, den Dialog und die ausgewogene Zusammenarbeit im Bereich der Sicherheit und des Gesundheitsschutzes am Arbeitsplatz zwischen den Arbeitgebern und den Arbeitnehmern bzw. ihren Vertretern durch geeignete Verfahren und Instrumente entsprechend den nationalen Rechtsvorschriften bzw. Praktiken auszuweiten.

Die Verbesserung von Sicherheit, Arbeitshygiene und Gesundheitsschutz der Arbeitnehmer am Arbeitsplatz stellen Zielsetzungen dar, die keinen rein wirtschaftlichen Überlegungen untergeordnet werden dürfen.

---

[1] **Amtl. Anm.:** ABl. Nr. C 28 vom 3.2.1988, S. 1.

Die Arbeitgeber sind verpflichtet, sich unter Berücksichtigung der in ihrem Unternehmen bestehenden Risiken über den neuesten Stand der Technik und der wissenschaftlichen Erkenntnisse auf dem Gebiet der Gestaltung von Arbeitsplätzen zu informieren und diese Kenntnisse an die Arbeitnehmervertreter, die im Rahmen dieser Richtlinie Mitbestimmungsrechte ausüben, weiterzugeben, um eine bessere Sicherheit und einen besseren Gesundheitsschutz der Arbeitnehmer gewährleisten zu können.

Die Bestimmungen dieser Richtlinie gelten für alle Gefahren, unter anderem diejenigen, die sich aus der Verwendung der in der Richtlinie 80/1107/ EWG[1)], zuletzt geändert durch die Richtlinie 88/642/EWG[2)], genannten chemischen, physikalischen und biologischen Arbeitsstoffe bei der Arbeit ergeben, und zwar unbeschadet bereits geltender oder künftiger strengerer gemeinschaftlicher Bestimmungen.

Der durch den Beschluß 74/325/EWG[3)] eingesetzte Beratende Ausschuß für Sicherheit, Arbeitshygiene und Gesundheitsschutz am Arbeitsplatz wird im Hinblick auf die Ausarbeitung von Vorschlägen auf diesem Gebiet von der Kommission gehört.

Es ist angebracht, einen Ausschuß einzusetzen, dessen Mitglieder von den Mitgliedstaaten benannt werden und dessen Aufgabe es ist, die Kommission bei den in der Richtlinie vorgesehenen technischen Anpassungen zu unterstützen –

HAT FOLGENDE RICHTLINIE ERLASSEN:

Abschnitt I. Allgemeine Bestimmungen

Art. 1 Ziel der Richtlinie. (1) Ziel dieser Richtlinie ist die Durchführung von Maßnahmen zur Verbesserung der Sicherheit und des Gesundheitsschutzes der Arbeitnehmer am Arbeitsplatz.

(2) Sie enthält zu diesem Zweck allgemeine Grundsätze für die Verhütung berufsbedingter Gefahren, für die Sicherheit und den Gesundheitsschutz, die Ausschaltung von Risiko- und Unfallfaktoren, die Information, die Anhörung, die ausgewogene Beteiligung nach den nationalen Rechtsvorschriften bzw. Praktiken, die Unterweisung der Arbeitnehmer und ihrer Vertreter sowie allgemeine Regeln für die Durchführung dieser Grundsätze.

(3) Diese Richtlinie berührt nicht bereits geltende oder künftige nationale und gemeinschaftliche Bestimmungen, die für die Sicherheit und den Gesundheitsschutz der Arbeitnehmer am Arbeitsplatz günstiger sind.

Art. 2 Anwendungsbereich. (1) Diese Richtlinie findet Anwendung auf alle privaten oder öffentlichen Tätigkeitsbereiche (gewerbliche, landwirtschaftliche, kaufmännische, verwaltungsmäßige sowie dienstleistungs- oder ausbildungsbezogene, kulturelle und Freizeittätigkeiten usw.).

(2) *[1]* Diese Richtlinie findet keine Anwendung, soweit dem Besonderheiten bestimmter spezifischer Tätigkeiten im öffentlichen Dienst, z.B. bei den

---

1) **Amtl. Anm.:** ABl. Nr. L 327 vom 3.12.1980, S. 8.
2) **Amtl. Anm.:** ABl. Nr. L 356 vom 24.12.1988, S. 74.
3) **Amtl. Anm.:** ABl. Nr. L 185 vom 9.7.1974, S. 15.

Streitkräften oder der Polizei, oder bestimmter spezifischer Tätigkeiten bei den Katastrophenschutzdiensten zwingend entgegenstehen.

[2] In diesen Fällen ist dafür Sorge zu tragen, daß unter Berücksichtigung der Ziele dieser Richtlinie eine größtmögliche Sicherheit und ein größtmöglicher Gesundheitsschutz der Arbeitnehmer gewährleistet ist.

Art. 3 Definitionen. Für die Zwecke dieser Richtlinie gilt als:

a) Arbeitnehmer: jede Person, die von einem Arbeitgeber beschäftigt wird, einschließlich Praktikanten und Lehrlingen, jedoch mit Ausnahme von Hausangestellten;

b) Arbeitgeber: jede natürliche oder juristische Person, die als Vertragspartei des Beschäftigungsverhältnisses mit dem Arbeitnehmer die Verantwortung für das Unternehmen bzw. den Betrieb trägt;

c) Arbeitnehmervertreter mit einer besonderen Funktion bei der Sicherheit und beim Gesundheitsschutz der Arbeitnehmer: jede Person, die gemäß den nationalen Rechtsvorschriften bzw. Praktiken gewählt, ausgewählt oder benannt wurde, um die Arbeitnehmer in Fragen der Sicherheit und des Gesundheitsschutzes der Arbeitnehmer bei der Arbeit zu vertreten;

d) Gefahrenverhütung: sämtliche Bestimmungen oder Maßnahmen, die in einem Unternehmen auf allen Tätigkeitsstufen zur Vermeidung oder Verringerung berufsbedingter Gefahren eingeleitet oder vorgesehen werden.

Art. 4 [Kontrolle und Überwachung] (1) Die Mitgliedstaaten treffen die erforderlichen Vorkehrungen, um zu gewährleisten, daß die Arbeitgeber, die Arbeitnehmer und die Arbeitnehmervertreter den für die Anwendung dieser Richtlinie erforderlichen Rechtsvorschriften unterliegen.

(2) Die Mitgliedstaaten tragen insbesondere für eine angemessene Kontrolle und Überwachung Sorge.

Abschnitt II. Pflichten des Arbeitgebers

Art. 5 Allgemeine Vorschrift. (1) Der Arbeitgeber ist verpflichtet, für die Sicherheit und den Gesundheitsschutz der Arbeitnehmer in bezug auf alle Aspekte, die die Arbeit betreffen, zu sorgen.

(2) Zieht ein Arbeitgeber in Anwendung von Artikel 7 Absatz 3 außerbetriebliche Fachleute (Personen oder Dienste) hinzu, so enthebt ihn dies nicht seiner diesbezüglichen Verantwortung.

(3) Die Pflichten der Arbeitnehmer in Fragen der Sicherheit und des Gesundheitsschutzes am Arbeitsplatz berühren nicht den Grundsatz der Verantwortung des Arbeitgebers.

(4) *[1]* Diese Richtlinie steht nicht der Befugnis der Mitgliedstaaten entgegen, den Ausschluß oder die Einschränkung der Verantwortung des Arbeitgebers bei Vorkommnissen vorzusehen, die auf nicht von diesem zu vertretende anormale und unvorhersehbare Umstände oder auf außergewöhnliche Ereignisse zurückzuführen sind, deren Folgen trotz aller Sorgfalt nicht hätten vermieden werden können.

[2] Die Mitgliedstaaten sind nicht verpflichtet, von der in Unterabsatz 1 genannten Möglichkeit Gebrauch zu machen.

Art. 6 Allgemeine Pflichten des Arbeitgebers. (1) *[1]* Im Rahmen seiner Verpflichtungen trifft der Arbeitgeber die für die Sicherheit und den Gesundheitsschutz der Arbeitnehmer erforderlichen Maßnahmen, einschließlich der Maßnahmen zur Verhütung berufsbedingter Gefahren, zur Information und zur Unterweisung sowie der Bereitstellung einer geeigneten Organisation und der erforderlichen Mittel.

[2] Der Arbeitgeber muß darauf achten, daß diese Maßnahmen entsprechend den sich ändernden Gegebenheiten angepaßt werden, und er muß eine Verbesserung der bestehenden Arbeitsbedingungen anstreben.

(2) Der Arbeitgeber setzt die Maßnahmen nach Absatz 1 Unterabsatz 1 ausgehend von folgenden allgemeinen Grundsätzen der Gefahrenverhütung um:

a) Vermeidung von Risiken;

b) Abschätzung nichtvermeidbarer Risiken;

c) Gefahrenbekämpfung an der Quelle;

d) Berücksichtigung des Faktors „Mensch" bei der Arbeit, insbesondere bei der Gestaltung von Arbeitsplätzen sowie bei der Auswahl von Arbeitsmitteln und Arbeits- und Fertigungsverfahren, vor allem im Hinblick auf eine Erleichterung bei eintöniger Arbeit und bei maschinenbestimmtem Arbeitsrhythmus sowie auf eine Abschwächung ihrer gesundheitsschädigenden Auswirkungen;

e) Berücksichtigung des Stands der Technik;

f) Ausschaltung oder Verringerung von Gefahrenmomenten;

g) Planung der Gefahrenverhütung mit dem Ziel einer kohärenten Verknüpfung von Technik, Arbeitsorganisation, Arbeitsbedingungen, sozialen Beziehungen und Einfluß der Umwelt auf den Arbeitsplatz;

h) Vorrang des kollektiven Gefahrenschutzes vor individuellem Gefahrenschutz;

i) Erteilung geeigneter Anweisungen an die Arbeitnehmer.

(3) Unbeschadet der anderen Bestimmungen dieser Richtlinie hat der Arbeitgeber je nach Art der Tätigkeiten des Unternehmens bzw. Betriebs folgende Verpflichtungen:

a) Beurteilung von Gefahren für Sicherheit und Gesundheit der Arbeitnehmer, unter anderem bei der Auswahl von Arbeitsmitteln, chemischen Stoffen oder Zubereitungen und bei der Gestaltung der Arbeitsplätze.
Die vom Arbeitgeber aufgrund dieser Beurteilung getroffenen Maßnahmen zur Gefahrenverhütung sowie die von ihm angewendeten Arbeits- und Produktionsverfahren müssen erforderlichenfalls
   - einen höheren Grad an Sicherheit und einen besseren Gesundheitsschutz der Arbeitnehmer gewährleisten;
   - in alle Tätigkeiten des Unternehmens bzw. des Betriebes und auf allen Führungsebenen einbezogen werden;

b) bei Übertragung von Aufgaben an einen Arbeitnehmer Berücksichtigung der Eignung dieses Arbeitnehmers in bezug auf Sicherheit und Gesundheit;

c) bei der Planung und Einführung neuer Technologien sind die Arbeitnehmer bzw. ihre Vertreter zu den Auswirkungen zu hören, die die Auswahl der Arbeitsmittel, die Gestaltung der Arbeitsbedingungen und die Einwirkung der Umwelt auf den Arbeitsplatz für die Sicherheit und Gesundheit der Arbeitnehmer haben;

d) es ist durch geeignete Maßnahmen dafür zu sorgen, daß nur die Arbeitnehmer, die ausreichende Anweisungen erhalten haben, Zugang zu den Bereichen mit ernsten und spezifischen Gefahren haben.

(4) Unbeschadet der übrigen Bestimmungen dieser Richtlinie müssen die Arbeitgeber für den Fall, daß an einem Arbeitsplatz Arbeitnehmer mehrerer Unternehmen anwesend sind, bei der Durchführung der Sicherheits-, Hygiene- und Gesundheitsschutzbestimmungen zusammenarbeiten, je nach Art der Tätigkeiten beim Gefahrenschutz und bei der Verhütung berufsbedingter Gefahren ihre Tätigkeiten koordinieren und sich gegenseitig sowie ihre jeweiligen Arbeitnehmer bzw. deren Vertreter über diese Gefahren informieren.

(5) Die Kosten für die Sicherheits-, Hygiene- und Gesundheitsschutzmaßnahmen dürfen auf keinen Fall zu Lasten der Arbeitnehmer gehen.

Art. 7 Mit Schutzmaßnahmen und Maßnahmen zur Gefahrenverhütung beauftragte Dienste. (1) Unbeschadet seiner Pflichten nach den Artikeln 5 und 6 benennt der Arbeitgeber einen oder mehrere Arbeitnehmer, die er mit Schutzmaßnahmen und Maßnahmen zur Verhütung berufsbedingter Gefahren im Unternehmen bzw. im Betrieb beauftragt.

(2) *[1]* Den benannten Arbeitnehmern dürfen durch ihre Schutztätigkeiten und ihre Tätigkeiten zur Verhütung berufsbedingter Gefahren keine Nachteile entstehen.

[2] Die benannten Arbeitnehmer müssen, um den sich aus dieser Richtlinie ergebenden Verpflichtungen nachkommen zu können, über die entsprechende Zeit verfügen.

(3) Reichen die Möglichkeiten im Unternehmen bzw. im Betrieb nicht aus, um die Organisation dieser Schutzmaßnahmen und Maßnahmen zur Gefahrenverhütung durchzuführen, so muß der Arbeitgeber außerbetriebliche Fachleute (Personen oder Dienste) hinzuziehen.

(4) Zieht der Arbeitgeber außerbetriebliche Fachleute hinzu, so hat er die betreffenden Personen oder Dienste über diejenigen Faktoren zu unterrichten, von denen bekannt ist oder vermutet wird, daß sie Auswirkungen auf die Sicherheit und die Gesundheit der Arbeitnehmer haben, und ihnen Zugang zu den in Artikel 10 Absatz 2 genannten Informationen zu verschaffen.

(5) In allen Fällen gilt:

- die benannten Arbeitnehmer müssen über die erforderlichen Fähigkeiten und Mittel verfügen,
- die hinzugezogenen außerbetrieblichen Personen oder Dienste müssen über die erforderliche Eignung sowie die erforderlichen personellen und berufsspezifischen Mittel verfügen und
- die benannten Arbeitnehmer und die hinzugezogenen außerbetrieblichen Personen oder Dienste müssen über eine ausreichende Personalausstattung verfügen,

so daß sie die Schutzmaßnahmen und Maßnahmen zur Gefahrenverhütung übernehmen können, wobei die Größe des Unternehmens bzw. des Betriebs und/oder der Grad der Gefahren, denen die Arbeitnehmer ausgesetzt sind, sowie deren Lokalisierung innerhalb des gesamten Unternehmens bzw. des Betriebs zu berücksichtigen sind.

(6) *[1]* Der Schutz und die Verhütung von Gefahren für die Sicherheit und die Gesundheit, die Gegenstand dieses Artikels sind, werden von einem oder mehreren Arbeitnehmern bzw. von einem einzigen oder von verschiedenen Diensten gewährleistet, der/die zu dem Unternehmen bzw. Betrieb gehört/gehören oder von außen hinzugezogen wird/werden.

[2] Der oder die Arbeitnehmer bzw. der Dienst oder die Dienste müssen erforderlichenfalls zusammenarbeiten.

(7) Die Mitgliedstaaten können unter Berücksichtigung der Art der Tätigkeiten und der Größe der Unternehmen die Unternehmenssparten festlegen, in denen der Arbeitgeber die in Absatz 1 genannten Aufgaben selbst übernehmen kann, sofern er die erforderlichen Fähigkeiten besitzt.

(8) *[1]* Die Mitgliedstaaten legen fest, welche Fähigkeiten und Eignungen im Sinne von Absatz 5 erforderlich sind.

[2] Sie können festlegen, welche Personalausstattung im Sinne von Absatz 5 ausreichend ist.

Art. 8 Erste Hilfe, Brandbekämpfung, Evakuierung der Arbeitnehmer, ernste und unmittelbare Gefahren. (1) Der Arbeitgeber muß

- die der Art der Tätigkeiten und der Größe des Unternehmens bzw. Betriebs angepaßten Maßnahmen treffen, die zur Ersten Hilfe, Brandbekämpfung und Evakuierung der Arbeitnehmer erforderlich sind, wobei der Anwesenheit anderer Personen Rechnung zu tragen ist, und
- die erforderlichen Verbindungen zu außerbetrieblichen Stellen, insbesondere im Bereich der Ersten Hilfe, der medizinischen Notversorgung, der Bergung und der Brandbekämpfung organisieren.

(2) *[1]* In Anwendung von Absatz 1 muß der Arbeitgeber insbesondere diejenigen Arbeitnehmer benennen, die für Erste Hilfe, Brandbekämpfung und Evakuierung der Arbeitnehmer zuständig sind.

[2] Diese Arbeitnehmer müssen, unter Berücksichtigung der Größe bzw. der in diesem Unternehmen bzw. Betrieb bestehenden spezifischen Gefahren, entsprechend ausgebildet und zahlenmäßig stark genug sein sowie über die erforderliche Ausrüstung verfügen.

(3) Der Arbeitgeber

a) muß alle Arbeitnehmer, die einer ernsten und unmittelbaren Gefahr ausgesetzt sind oder sein können, möglichst frühzeitig über diese Gefahr und die getroffenen oder zu treffenden Schutzmaßnahmen unterrichten;
b) muß Maßnahmen treffen und Anweisungen erteilen, um den Arbeitnehmern bei ernster, unmittelbarer und nicht vermeidbarer Gefahr zu ermöglichen, ihre Tätigkeit einzustellen bzw. sich durch sofortiges Verlassen des Arbeitsplatzes in Sicherheit zu bringen;
c) darf außer in begründeten Ausnahmefällen die Arbeitnehmer nicht auffordern, ihre Tätigkeit in einer Arbeitssituation wieder aufzunehmen, in der eine ernste und unmittelbare Gefahr fortbesteht.

(4) Einem Arbeitnehmer, der bei ernster, unmittelbarer und nicht vermeidbarer Gefahr seinen Arbeitsplatz bzw. einen gefährlichen Bereich verläßt, dürfen dadurch keine Nachteile entstehen, und er muß gegen alle nachteiligen und

ungerechtfertigten Folgen entsprechend den einzelstaatlichen Rechtsvorschriften bzw. Praktiken geschützt werden.

(5) *[1]* Der Arbeitgeber trägt dafür Sorge, daß jeder Arbeitnehmer, wenn er den zuständigen Vorgesetzten nicht erreichen kann, in der Lage ist, bei ernster und unmittelbarer Gefahr für die eigene Sicherheit bzw. die Sicherheit anderer Personen unter Berücksichtigung seiner Kenntnisse und technischen Mittel die geeigneten Maßnahmen zu treffen, um die Folgen einer solchen Gefahr zu vermeiden.

[2] Aus seinem Handeln dürfen ihm keine Nachteile entstehen, es sei denn, er hat unüberlegt oder grob fahrlässig gehandelt.

Art. 9 Sonstige Pflichten des Arbeitgebers. (1) Der Arbeitgeber muß

a) über eine Evaluierung der am Arbeitsplatz bestehenden Gefahren für die Sicherheit und die Gesundheit auch hinsichtlich der besonders gefährdeten Arbeitnehmergruppen verfügen;

b) die durchzuführenden Schutzmaßnahmen und, falls notwendig, die zu verwendenden Schutzmittel festlegen;

c) eine Liste der Arbeitsunfälle, die einen Arbeitsunfall von mehr als drei Arbeitstagen für den Arbeitnehmer zur Folge hatten, führen;

d) für die zuständige Behörde im Einklang mit den nationalen Rechtsvorschriften bzw. Praktiken Berichte über die Arbeitsunfälle ausarbeiten, die die bei ihm beschäftigten Arbeitnehmer erlitten haben.

(2) Die Mitgliedstaaten legen unter Berücksichtigung der Art der Tätigkeiten und der Größe der Unternehmen die Pflichten der verschiedenen Unternehmenskategorien betreffend die Erstellung der in Absatz 1 Buchstaben a) und b) vorgesehenen Dokumente und bei der Erstellung der in Absatz 1 Buchstaben c) und d) genannten Dokumente fest.

Art. 10 Unterrichtung der Arbeitnehmer. (1) Der Arbeitgeber trifft die geeigneten Maßnahmen, damit die Arbeitnehmer bzw. deren Vertreter im Unternehmen bzw. Betrieb gemäß den nationalen Rechtsvorschriften bzw. Praktiken, die insbesondere der Unternehmens- bzw. der Betriebsgröße Rechnung tragen können, alle erforderlichen Informationen erhalten über:

a) die Gefahren für Sicherheit und Gesundheit sowie die Schutzmaßnahmen und Maßnahmen zur Gefahrenverhütung im Unternehmen bzw. im Betrieb im allgemeinen und für die einzelnen Arten von Arbeitsplätzen bzw. Aufgabenbereichen;

b) die in Anwendung von Artikel 8 Absatz 2 ergriffenen Maßnahmen.

(2) Der Arbeitgeber trifft die geeigneten Maßnahmen, damit die Arbeitgeber der Arbeitnehmer der in seinem Unternehmen oder Betrieb hinzugezogenen außerbetrieblichen Unternehmen bzw. Betriebe gemäß den nationalen Rechtsvorschriften bzw. Praktiken angemessene Informationen über die in Absatz 1 Buchstaben a) und b) genannten Punkte erhalten, die für die betreffenden Arbeitnehmer bestimmt sind.

(3) Der Arbeitgeber trifft die geeigneten Maßnahmen, damit die Arbeitnehmer mit einer besonderen Funktion bei der Sicherheit und beim Gesundheitsschutz der Arbeitnehmer oder die Arbeitnehmervertreter mit einer besonderen Funktion bei der Sicherheit und beim Gesundheitsschutz der Arbeitnehmer zur

Ausübung ihrer jeweiligen Tätigkeiten gemäß den nationalen Rechtsvorschriften bzw. Praktiken Zugang haben.

a) zu der in Artikel 9 Absatz 1 Buchstaben a) und b) vorgesehenen Evaluierung der Gefahren und zu der Aufstellung der zu ergreifenden Schutzmaßnahmen;

b) zu der Liste und den Berichten gemäß Artikel 9 Absatz 1 Buchstaben c) und d);

c) zu den Informationen, die sich aus den Schutzmaßnahmen und Maßnahmen zur Gefahrenverhütung ergeben, sowie zu Informationen der für Sicherheit und Gesundheitsschutz zuständigen Behörden und Organe.

Art. 11 Anhörung und Beteiligung der Arbeitnehmer. (1) *[1]* Die Arbeitgeber hören die Arbeitnehmer bzw. deren Vertreter an und ermöglichen deren Beteiligung bei allen Fragen betreffend die Sicherheit und die Gesundheit am Arbeitsplatz.

[2] Dies beinhaltet:

– die Anhörung der Arbeitnehmer;

– das Recht der Arbeitnehmer bzw. ihrer Vertreter, Vorschläge zu unterbreiten;

– die ausgewogene Beteiligung nach den nationalen Rechtsvorschriften bzw. Praktiken.

(2) Die Arbeitnehmer bzw. die Arbeitnehmervertreter mit einer besonderen Funktion bei der Sicherheit und beim Gesundheitsschutz der Arbeitnehmer werden in ausgewogener Weise nach den nationalen Rechtsvorschriften bzw. Praktiken beteiligt oder werden im voraus vom Arbeitgeber gehört:

a) zu jeder Aktion, die wesentliche Auswirkungen auf Sicherheit und Gesundheit haben kann;

b) zu der Benennung der Arbeitnehmer gemäß Artikel 7 Absatz 1 und Artikel 8 Absatz 2 sowie zu den Maßnahmen gemäß Artikel 7 Absatz 1;

c) zu den Informationen gemäß Artikel 9 Absatz 1 und Artikel 10;

d) zur etwaigen Hinzuziehung außerbetrieblicher Fachleute (Personen oder Dienste) gemäß Artikel 7 Absatz 3;

e) zur Planung und Organisation der in Artikel 12 vorgesehenen Unterweisung.

(3) Die Arbeitnehmervertreter mit einer besonderen Funktion bei der Sicherheit und beim Gesundheitsschutz der Arbeitnehmer haben das Recht, den Arbeitgeber um geeignete Maßnahmen zu ersuchen und ihm diesbezüglich Vorschläge zu unterbreiten, um so jeder Gefahr für die Arbeitnehmer vorzubeugen und/oder die Gefahrenquellen auszuschalten.

(4) Den in Absatz 2 genannten Arbeitnehmern und den in den Absätzen 2 und 3 genannten Arbeitnehmervertretern dürfen aufgrund ihrer in den Absätzen 2 und 3 genannten jeweiligen Tätigkeit keinerlei Nachteile entstehen.

(5) Der Arbeitgeber ist verpflichtet, den Arbeitnehmervertretern mit einer besonderen Funktion bei der Sicherheit und beim Gesundheitsschutz der Arbeitnehmer eine ausreichende Arbeitsbefreiung ohne Lohnausfall zu gewähren und ihnen die erforderlichen Mittel zur Verfügung zu stellen, um ihnen die Wahrnehmung der sich aus dieser Richtlinie ergebenden Rechte und Aufgaben zu ermöglichen.

(6) *[1]* Die Arbeitnehmer bzw. ihre Vertreter haben das Recht, sich gemäß den nationalen Rechtsvorschriften bzw. Praktiken an die für die Sicherheit und den Gesundheitsschutz am Arbeitsplatz zuständige Behörde zu wenden, wenn sie der Auffassung sind, daß die vom Arbeitgeber getroffenen Maßnahmen und bereitgestellten Mittel nicht ausreichen, um die Sicherheit und den Gesundheitsschutz am Arbeitsplatz sicherzustellen.

[2] Die Vertreter der Arbeitnehmer müssen die Möglichkeit haben, bei Besuchen und Kontrollen der zuständigen Behörde ihre Bemerkungen vorzubringen.

Art. 12 Unterweisung der Arbeitnehmer. (1) *[1]* Der Arbeitgeber muß dafür sorgen, daß jeder Arbeitnehmer zum Zeitpunkt

– seiner Einstellung,
– einer Versetzung oder einer Veränderung seines Aufgabenbereichs,
– der Einführung oder Änderung von Arbeitsmitteln,
– der Einführung einer neuen Technologie,

eine ausreichende und angemessene Unterweisung über Sicherheit und Gesundheitsschutz, insbesondere in Form von Informationen und Anweisungen, erhält, die eigens auf seinen Arbeitsplatz oder seinen Aufgabenbereich ausgerichtet ist.

[2] Diese Unterweisung muß

– an die Entwicklung der Gefahrensmomente und an die Entstehung neuer Gefahren angepaßt sein und
– erforderlichenfalls regelmäßig wiederholt werden.

(2) Der Arbeitgeber muß sich vergewissern, daß Arbeitnehmer außerbetrieblicher Firmen, die in seinem Unternehmen bzw. Betrieb zum Einsatz kommen, angemessene Anweisungen hinsichtlich der Sicherheits- und Gesundheitsrisiken während ihrer Tätigkeit in seinem Unternehmen oder Betrieb erhalten haben.

(3) Die Arbeitnehmervertreter mit einer besonderen Funktion bei der Sicherheit und beim Gesundheitsschutz der Arbeitnehmer haben Anspruch auf eine angemessene Unterweisung.

(4) *[1]* Die in den Absätzen 1 und 3 vorgesehene Unterweisung darf nicht zu Lasten der Arbeitnehmer oder ihrer Vertreter gehen.

[2] Die in Absatz 1 vorgesehene Unterweisung muß während der Arbeitszeit erfolgen.

[3] Die in Absatz 3 vorgesehene Unterweisung muß während der Arbeitszeit oder entsprechend den nationalen Praktiken entweder innerhalb oder außerhalb des Unternehmens bzw. Betriebs erfolgen.

Abschnitt III. Pflichten des Arbeitnehmers

Art. 13 [Pflichten des Arbeitnehmers] (1) Jeder Arbeitnehmer ist verpflichtet, nach seinen Möglichkeiten für seine eigene Sicherheit und Gesundheit sowie für die Sicherheit und die Gesundheit derjenigen Personen Sorge zu tragen, die von seinen Handlungen oder Unterlassungen bei der Arbeit betroffen sind, und zwar gemäß seiner Unterweisung und den Anweisungen des Arbeitgebers.

(2) Zur Verwirklichung dieser Ziele ist jeder Arbeitnehmer insbesondere verpflichtet, gemäß seiner Unterweisung und den Anweisungen des Arbeitgebers

a) Maschinen, Geräte, Werkzeuge, gefährliche Stoffe, Transportmittel und sonstige Mittel ordnungsgemäß zu benutzen;

b) die ihm zur Verfügung gestellte persönliche Schutzausrüstung ordnungsgemäß zu benutzen und sie nach Benutzung an dem dafür vorgesehenen Platz zu lagern;

c) Schutzvorrichtungen insbesondere an Maschinen, Geräten, Werkzeugen, Anlagen und Gebäuden nicht außer Betrieb zu setzen, willkürlich zu verändern oder umzustellen und diese Schutzvorrichtungen ordnungsgemäß zu benutzen;

d) dem Arbeitgeber bzw. den Arbeitnehmern mit einer besonderen Funktion bei der Sicherheit und beim Gesundheitsschutz der Arbeitnehmer jede von ihm festgestellte ernste und unmittelbare Gefahr für die Sicherheit und Gesundheit sowie jeden an den Schutzsystemen festgestellten Defekt unverzüglich zu melden;

e) gemeinsam mit dem Arbeitgeber bzw. den Arbeitnehmern mit einer besonderen Funktion bei der Sicherheit und beim Gesundheitsschutz der Arbeitnehmer gemäß den nationalen Praktiken so lange wie nötig darauf hinzuwirken, daß die Ausführung aller Aufgaben und die Einhaltung aller Auflagen, die von der zuständigen Behörde für die Sicherheit und den Gesundheitsschutz der Arbeitnehmer am Arbeitsplatz vorgeschrieben sind, ermöglicht werden;

f) gemeinsam mit dem Arbeitgeber bzw. den Arbeitnehmern mit einer besonderen Funktion bei der Sicherheit und beim Gesundheitsschutz der Arbeitnehmer gemäß den nationalen Praktiken so lange wie nötig darauf hinzuwirken, daß der Arbeitgeber gewährleisten kann, daß das Arbeitsumfeld und die Arbeitsbedingungen sicher sind und keine Gefahren für die Sicherheit und die Gesundheit innerhalb des Tätigkeitsbereichs der Arbeitnehmer aufweisen.

Abschnitt IV. Sonstige Bestimmungen

Art. 14 Präventivmedizinische Überwachung. (1) Zur Gewährleistung einer geeigneten Überwachung der Gesundheit der Arbeitnehmer je nach den Gefahren für ihre Sicherheit und Gesundheit am Arbeitsplatz werden Maßnahmen im Einklang mit den nationalen Rechtsvorschriften bzw. Praktiken getroffen.

(2) Die in Absatz 1 genannten Maßnahmen sind so konzipiert, daß jeder Arbeitnehmer sich auf Wunsch einer regelmäßigen präventivmedizinischen Überwachung unterziehen kann.

(3) Die präventivmedizinische Überwachung kann Bestandteil eines nationalen Gesundheitsfürsorgesystems sein.

Art. 15 Risikogruppen. Besonders gefährdete Risikogruppen müssen gegen die speziell sie bedrohenden Gefahren geschützt werden.

Art. 16 Einzelrichtlinien – Änderungen; Allgemeiner Geltungsbereich dieser Richtlinie. (1) Der Rat erläßt auf der Grundlage eines auf Artikel 118a des Vertrages[1)] beruhenden Vorschlags der Kommission Einzelrichtlinien, unter anderem für die im Anhang aufgeführten Bereiche.

(2) Diese Richtlinie und – unbeschadet des Verfahrens nach Artikel 17 für technische Anpassungen – die Einzelrichtlinien können nach dem Verfahren des Artikel 118a des Vertrages[1)] geändert werden.

(3) Die Bestimmungen dieser Richtlinie gelten uneingeschränkt für alle Bereiche, die unter die Einzelrichtlinien fallen; gegebenenfalls bestehende strengere bzw. spezifische Bestimmungen in diesen Einzelrichtlinien bleiben unberührt.

Art. 17 Ausschussverfahren. (1) *[1]* Bei rein technischen Anpassungen in den in Artikel 16 Absatz 1 genannten Einzelrichtlinien zur Berücksichtigung

a) der im Hinblick auf die technische Harmonisierung und Normung angenommenen Richtlinien,

b) des technischen Fortschritts, der Entwicklung der internationalen Vorschriften oder Spezifikationen und des Wissensstands

wird die Kommission von einem Ausschuss unterstützt.

[2] [1] Diese Maßnahmen zur Änderung nicht wesentlicher Bestimmungen der Einzelrichtlinien werden nach dem in Absatz 2 genannten Regelungsverfahren mit Kontrolle erlassen. [2] Aus Gründen äußerster Dringlichkeit kann die Kommission auf das in Absatz 3 genannte Dringlichkeitsverfahren zurückgreifen.

(2) Wird auf diesen Absatz Bezug genommen, so gelten Artikel 5a Absätze 1 bis 4 und Artikel 7 des Beschlusses 1999/468/EG unter Beachtung von dessen Artikel 8.

(3) Wird auf diesen Absatz Bezug genommen, so gelten Artikel 5a Absätze 1, 2, 4 und 6 sowie Artikel 7 des Beschlusses 1999/468/EG unter Beachtung von dessen Artikel 8.

Art. 17a Durchführungsberichte. (1) [1] Alle fünf Jahre legen die Mitgliedstaaten der Kommission einen Gesamtbericht über die praktische Durchführung dieser Richtlinie sowie ihrer Einzelrichtlinien im Sinne von Artikel 16 Absatz 1 vor, wobei auf die Standpunkte der Sozialpartner einzugehen ist. [2] Der Bericht enthält eine Beurteilung der diversen Punkte, die mit der praktischen Durchführung der verschiedenen Richtlinien zusammenhängen, und liefert nach dem Geschlecht aufgeschlüsselte Daten, sofern dies möglich und sinnvoll ist.

(2) *[1]* Die Struktur des Berichts wird zusammen mit einem Fragebogen mit näheren Angaben zu dessen Inhalt von der Kommission in Zusammenarbeit mit dem Beratenden Ausschuss für Sicherheit und Gesundheit am Arbeitsplatz festgelegt.

[2] Der Bericht umfasst einen allgemeinen Teil, in dem die Bestimmungen der derzeitigen Richtlinie behandelt werden, die die gemeinsamen Grundsätze und Punkte betreffen, die für alle in Absatz 1 erwähnten Richtlinien gelten.

[1)] Nunmehr Art. 154 AEUV (Nr. **5**) durch Vertrag von Lissabon v. 13.12.2007 (ABl. C 306 S. 1).

[3] Der allgemeine Teil wird durch spezielle Kapitel über die Durchführung der besonderen Aspekte der einzelnen Richtlinien unter Einbeziehung etwa vorhandener spezieller Indikatoren ergänzt.

(3) [1] Die Kommission übermittelt den Mitgliedstaaten die Berichtsstruktur zusammen mit dem genannten Fragebogen mindestens sechs Monate vor Ende des Berichtszeitraums. [2] Der Bericht ist bei der Kommission innerhalb von zwölf Monaten nach Ablauf des von ihm erfassten Fünfjahreszeitraums einzureichen.

(4) [1] Auf der Grundlage dieser Berichte nimmt die Kommission eine Gesamtbewertung der Durchführung der betreffenden Richtlinien vor, insbesondere hinsichtlich ihrer Relevanz sowie der in den einschlägigen Bereichen erfolgten Forschungsarbeiten und gewonnenen neuen wissenschaftlichen Erkenntnisse. [2] Die Kommission erstattet dem Europäischen Parlament, dem Rat, dem Europäischen Wirtschafts- und Sozialausschuss sowie dem Beratenden Ausschuss für Sicherheit und Gesundheit am Arbeitsplatz innerhalb von 36 Monaten nach Ablauf des Fünfjahreszeitraums Bericht über die Ergebnisse dieser Bewertung und, falls erforderlich, über etwaige Initiativen zur Verbesserung des Funktionierens des rechtlichen Rahmens.

(5) Der erste Bericht umfasst den Zeitraum 2007–2012.

Art. 18 Schlußbestimmungen. (1) *[1]* Die Mitgliedstaaten erlassen die erforderlichen Rechts- und Verwaltungsvorschriften, um dieser Richtlinie spätestens am 31. Dezember 1992 nachzukommen.

[2] Sie setzen die Kommission unverzüglich davon in Kenntnis.

(2) Die Mitgliedstaaten teilen der Kommission den Wortlaut der einzelstaatlichen Rechtsvorschriften mit, die auf dem unter diese Richtlinie fallenden Gebiet bereits erlassen worden sind oder von ihnen erlassen werden.

Art. 19 [Adressaten] Diese Richtlinie ist an die Mitgliedstaaten gerichtet.

Anhang.
Liste der von Artikel 16 Absatz 1 erfaßten Bereiche

- Arbeitsstätten
- Arbeitsmittel
- Persönliche Schutzausrüstungen
- Arbeiten mit Bildschirmgeräten
- Handhabung schwerer Lasten, die Gefährdungen der Lendenwirbelsäule mit sich bringen
- Baustellen und Wanderbaustellen
- Fischerei und Landwirtschaft

205. Richtlinie 89/654/EWG des Rates vom 30. November 1989 über Mindestvorschriften für Sicherheit und Gesundheitsschutz in Arbeitsstätten (Erste Einzelrichtlinie im Sinne des Artikels 16 Absatz 1 der Richtlinie 89/391/EWG[1])[2]

(ABl. L 393 S. 1)

Celex-Nr. 3 1989 L 0654

zuletzt geänd. durch Art. 1 VO (EU) 2019/1243 v. 20.6.2019 (ABl. L 198 S. 241)

DER RAT DER EUROPÄISCHEN GEMEINSCHAFTEN –

gestützt auf den Vertrag zur Gründung der Europäischen Wirtschaftsgemeinschaft, insbesondere auf Artikel 138,

auf Vorschlag der Kommission[3], die den Beratenden Ausschuß für Sicherheit, Arbeitshygiene und Gesundheitsschutz am Arbeitsplatz gehört hat,

in Zusammenarbeit mit dem Europäischen Parlament[4],

nach Stellungnahme des Wirtschafts- und Sozialausschusses[5],

in Erwägung nachstehender Gründe:

In Artikel 138 des Vertrages ist vorgesehen, daß der Rat durch Richtlinien Mindestvorschriften festlegt, die die Verbesserung insbesondere der Arbeitsumwelt fördern, um die Sicherheit und die Gesundheit der Arbeitnehmer verstärkt zu schützen.

Nach demselben Artikel sollen diese Richtlinien keine verwaltungsmäßigen, finanziellen oder rechtlichen Auflagen vorschreiben, die der Gründung und Entwicklung von Klein- und Mittelbetrieben entgegenstehen.

Die Mitteilung der Kommission über ihr Aktionsprogramm für Sicherheit, Arbeitshygiene und Gesundheitsschutz am Arbeitsplatz[6] sieht die Verabschiedung einer Richtlinie vor, die die Sicherheit und den Gesundheitsschutz der Arbeitnehmer in Arbeitsstätten gewährleisten soll.

In seiner Entschließung vom 21. Dezember 1987 in bezug auf Sicherheit, Arbeitshygiene und Gesundheitsschutz am Arbeitsplatz[7] hat der Rat die Absicht der Kommission zur Kenntnis genommen, ihm binnen kurzem Mindestvorschriften über die Arbeitsstätten vorzulegen.

---

[1] Nr. **200**.

[2] Die Verweise/Bezugnahmen auf Vorschriften des EGV sind bereits gemäß Art. 12 des Amsterdamer Vertrags in Verbindung mit der Übereinstimmungstabelle an die neue Nummerierung angepasst worden.

[3] **Amtl. Anm.:** ABl. Nr. C 141 vom 30. 5. 1988, S. 6,

ABl. Nr. C 115 vom 8. 5. 1989, S. 34, und

ABl. Nr. C 284 vom 10. 11. 1989, S. 8.

[4] **Amtl. Anm.:** ABl. Nr. C 326 vom 19. 12. 1988, S. 123, und

ABl. Nr. C 256 vom 9. 10. 1988, S. 51.

[5] **Amtl. Anm.:** ABl. Nr. C 175 vom 4. 7. 1988, S. 28.

[6] **Amtl. Anm.:** ABl. Nr. C 28 vom 3. 2. 1988, S. 3.

[7] **Amtl. Anm.:** ABl. Nr. C 28 vom 3. 2. 1988, S. 1

Die Einhaltung von Mindestvorschriften zur Verbesserung der Sicherheit und des Gesundheitsschutzes in Arbeitsstätten ist eine unabdingbare Voraussetzung für die Gewährleistung der Sicherheit und des Gesundheitsschutzes der Arbeitnehmer.

Die vorliegende Richtlinie ist eine Einzelrichtlinie im Sinne von Artikel 16 Absatz 1 der Richtlinie 89/391/EWG[1] des Rates vom 12. Juni 1989 über die Durchführung von Maßnahmen zur Verbesserung der Sicherheit und des Gesundheitsschutzes der Arbeitnehmer bei der Arbeit[2]. Die Bestimmungen der genannten Richtlinie finden daher unbeschadet strengerer oder spezifischer Bestimmungen der vorliegenden Richtlinie im Bereich der Arbeitsstätten in vollem Umfang Anwendung.

Die vorliegende Richtlinie stellt einen konkreten Beitrag zur Ausgestaltung der sozialen Dimension des Binnenmarktes dar.

Nach dem Beschluß 74/325/EWG[3], zuletzt geändert durch die Beitrittsakte von 1985, wird der Beratende Ausschuß für Sicherheit, Arbeitshygiene und Gesundheitsschutz am Arbeitsplatz im Hinblick auf die Ausarbeitung von Vorschlägen auf diesem Gebiet von der Kommission gehört –

HAT FOLGENDE RICHTLINIE ERLASSEN:

Abschnitt I. Allgemeine Bestimmungen

Art. 1 Ziel der Richtlinie. (1) Diese Richtlinie ist die erste Einzelrichtlinie im Sinne des Artikels 16 Absatz 1 der Richtlinie 89/391/EWG[1]; sie legt Mindestvorschriften in bezug auf Sicherheit und Gesundheitsschutz in Arbeitsstätten im Sinne des Artikels 2 fest.

(2) Die vorliegende Richtlinie gilt nicht für

a) Transportmittel, die außerhalb des Unternehmens und/oder des Betriebs genutzt werden, sowie für Arbeitsstätten in Transportmitteln,

b) Baustellen und Wanderbaustellen,

c) die mineralgewinnende Industrie,

d) Fischereifahrzeuge,

e) Felder, Wälder und sonstige Flächen, die zu einem land- oder forstwirtschaftlichen Betrieb gehören, aber auerhalb seiner bebauten Fläche liegen.

(3) Die Richtlinie 89/391/EWG findet unbeschadet strengerer oder spezifischer Bestimmungen der vorliegenden Richtlinie auf den gesamten in Absatz 1 genannten Bereich in vollem Umfang Anwendung.

Art. 2 Definition. Im Sinne dieser Richtlinie gelten als Arbeitsstätten die Orte in den Gebäuden des Unternehmens und/oder Betriebs, die zur Nutzung für Arbeitsplätze vorgesehen sind, einschließlich jedes Orts auf dem Gelände des Unternehmens und/oder Betriebs, zu dem Arbeitnehmer im Rahmen ihrer Arbeit Zugang haben.

---

[1] Nr. **200**.
[2] **Amtl. Anm.:** ABl. Nr. L 183 vom 29. 6. 1989, S. 1.
[3] **Amtl. Anm.:** ABl. Nr. L 185 vom 9. 7. 1974, S. 15.

Abschnitt II. Pflichten des Arbeitgebers

Art. 3 Erstmals genutzte Arbeitsstätten. Arbeitsstätten, die erstmalig nach dem 31. Dezember 1992 genutzt werden, müssen den in Anhang I aufgeführten Mindestvorschriften in bezug auf Sicherheit und Gesundheitsschutz entsprechen.

Art. 4 Bereits genutzte Arbeitsstätten. *[1]* Arbeitsstätten, die bereits vor dem 1. Januar 1993 genutzt wurden, müssen spätestens drei Jahre nach diesem Zeitpunkt den in Anhang II aufgeführten Mindestvorschriften in bezug auf Sicherheit und Gesundheitsschutz entsprechen.

[2] Im Falle der Portugiesischen Republik jedoch müssen die vor dem 1. Januar 1993 bereits genutzten Arbeitsstätten vier Jahre nach diesem Zeitpunkt den Mindestvorschriften für Sicherheit und Gesundheitsschutz nach Anhang II genügen.

Art. 5 Änderungen der Arbeitsstätten. Werden an Arbeitsstätten nach dem 31. Dezember 1992 Änderungen, Erweiterungen und/oder Umgestaltungen vorgenommen, so hat der Arbeitgeber die erforderlichen Maßnahmen zu treffen, damit diese Änderungen, Erweiterungen und/oder Umgestaltungen mit den entsprechenden Mindestvorschriften des Anhangs I übereinstimmen.

Art. 6 Allgemeine Verpflichtungen. Zur Gewährleistung der Sicherheit und zum Schutz der Gesundheit der Arbeitnehmer hat der Arbeitgeber dafür Sorge zu tragen, daß

- die Verkehrswege zu Notausgängen und Fluchtwegen sowie die Notausgänge und Fluchtwege selbst freigehalten werden, damit sie jederzeit benutzt werden können,
- die Arbeitsstätten sowie Anlagen und Einrichtungen, insbesondere die in den Anhängen I und II erwähnten instandgehalten werden und festgestellte Mängel, die sich auf die Sicherheit und die Gesundheit der Arbeitnehmer negativ auswirken könnten, möglichst umgehend beseitigt werden,
- die Arbeitsstätten sowie Anlagen und Einrichtungen, insbesondere die in Anhang I Nummer 6 und Anhang II Nummer 6 erwähnten, zur Gewährleistung angemessener Hygienebedingungen regelmäßig gereinigt werden,
- die Sicherheitseinrichtungen und -vorrichtungen zur Verhütung oder Beseitigung von Gefahren, insbesondere die in den Anhängen I und II erwähnten, regelmäßig gewartet und auf ihre Funktionsfähigkeit geprüft werden.

Art. 7 Unterrichtung der Arbeitnehmer. Unbeschadet des Artikels 10 der Richtlinie 89/391/EWG[1)] werden die Arbeitnehmer und/oder die Arbeitnehmervertreter über alle Maßnahmen unterrichtet, die hinsichtlich von Sicherheit und Gesundheitsschutz in Arbeitsstätten getroffen werden müssen.

Art. 8 Anhörung und Beteiligung der Arbeitnehmer. Gemäß Artikel 11 der Richtlinie 89/391/EWG[1)] hören die Arbeitgeber die Arbeitnehmer bzw. deren Vertreter in den unter die vorliegende Richtlinie – einschließlich ihrer Anhänge – fallenden Bereichen an und ermöglichen deren Beteiligung.

[1)] Nr. **200**.

Abschnitt III. Sonstige Bestimmungen

Art. 9 Änderungen der Anhänge. *[1]* Der Kommission wird die Befugnis übertragen, gemäß Artikel 9a delegierte Rechtsakte zur Vornahme rein technischer Änderungen der Anhänge zu erlassen, um die technische Harmonisierung und Normung der Planung, Herstellung oder Konstruktion von Teilbereichen der Arbeitsstätten, den technischen Fortschritt sowie die Entwicklung der internationalen Regelungen oder Spezifikationen und der Kenntnisse auf dem Gebiet der Arbeitsstätten zu berücksichtigen.

[2] Ist in hinreichend begründeten Ausnahmefällen, in denen eine akute, unmittelbare und schwerwiegende Gefahr für die körperliche Gesundheit und Sicherheit von Arbeitnehmern oder anderen Personen gegeben ist, aus Gründen äußerster Dringlichkeit sehr kurzfristiges Handeln erforderlich, so findet das Verfahren gemäß Artikel 9b auf delegierte Rechtsakte, die gemäß dem vorliegenden Artikel erlassen werden, Anwendung.

Art. 9a Ausübung der Befugnisübertragung. (1) Die Befugnis zum Erlass delegierter Rechtsakte wird der Kommission unter den in diesem Artikel festgelegten Bedingungen übertragen.

(2) [1] Die Befugnis zum Erlass delegierter Rechtsakte gemäß Artikel 9 wird der Kommission für einen Zeitraum von fünf Jahren ab dem 26. Juli 2019 übertragen. [2] Die Kommission erstellt spätestens neun Monate vor Ablauf des Zeitraums von fünf Jahren einen Bericht über die Befugnisübertragung. [3] Die Befugnisübertragung verlängert sich stillschweigend um Zeiträume gleicher Länge, es sei denn, das Europäische Parlament oder der Rat widersprechen einer solchen Verlängerung spätestens drei Monate vor Ablauf des jeweiligen Zeitraums.

(3) [1] Die Befugnisübertragung gemäß Artikel 9 kann vom Europäischen Parlament oder vom Rat jederzeit widerrufen werden. [2] Der Beschluss über den Widerruf beendet die Übertragung der in diesem Beschluss angegebenen Befugnis. [3] Er wird am Tag nach seiner Veröffentlichung im *Amtsblatt der Europäischen Union* oder zu einem im Beschluss über den Widerruf angegebenen späteren Zeitpunkt wirksam. [4] Die Gültigkeit von delegierten Rechtsakten, die bereits in Kraft sind, wird von dem Beschluss über den Widerruf nicht berührt.

(4) Vor dem Erlass eines delegierten Rechtsakts konsultiert die Kommission die von den einzelnen Mitgliedstaaten benannten Sachverständigen im Einklang mit den in der Interinstitutionellen Vereinbarung vom 13. April 2016 über bessere Rechtsetzung[1)] enthaltenen Grundsätzen.

(5) Sobald die Kommission einen delegierten Rechtsakt erlässt, übermittelt sie ihn gleichzeitig dem Europäischen Parlament und dem Rat.

(6) [1] Ein delegierter Rechtsakt, der gemäß Artikel 9 erlassen wurde, tritt nur in Kraft, wenn weder das Europäische Parlament noch der Rat innerhalb einer Frist von zwei Monaten nach Übermittlung dieses Rechtsakts an das Europäische Parlament und den Rat Einwände erhoben haben oder wenn vor Ablauf dieser Frist das Europäische Parlament und der Rat beide der Kommission mitgeteilt haben, dass sie keine Einwände erheben werden. [2] Auf Initiative des

---

[1)] **Amtl. Anm.:** ABl. L 123 vom 12.5.2016, S. 1.

Europäischen Parlaments oder des Rates wird diese Frist um zwei Monate verlängert.

Art. 9b Dringlichkeitsverfahren. (1) [1] Delegierte Rechtsakte, die nach diesem Artikel erlassen werden, treten umgehend in Kraft und sind anwendbar, solange keine Einwände gemäß Absatz 2 erhoben werden. [2] Bei der Übermittlung eines delegierten Rechtsakts an das Europäische Parlament und den Rat werden die Gründe für die Anwendung des Dringlichkeitsverfahrens angegeben.

(2) [1] Das Europäische Parlament oder der Rat können gemäß dem Verfahren des Artikels 9a Absatz 6 Einwände gegen einen delegierten Rechtsakt erheben. [2] In diesem Fall hebt die Kommission den Rechtsakt umgehend nach der Übermittlung des Beschlusses des Europäischen Parlaments oder des Rates, Einwände zu erheben, auf.

Art. 10 Schlußbestimmungen. (1) *[1]* [1] Die Mitgliedstaaten erlassen die erforderlichen Rechts- und Verwaltungsvorschriften, um dieser Richtlinie spätestens am 31. Dezember 1992 nachzukommen. [2] Sie setzen die Kommission unverzüglich davon in Kenntnis.

[2] Die Griechische Republik muß dieser Richtlinie jedoch erst am 31. Dezember 1994 nachkommen.

(2) Die Mitgliedstaaten teilen der Kommission den Wortlaut der innerstaatlichen Rechtsvorschriften mit, die sie auf dem unter diese Richtlinie fallenden Gebiet erlassen oder bereits erlassen haben.

Art. 11 [Adressaten] Diese Richtlinie ist an die Mitgliedstaaten gerichtet.

Anhang I. Mindestvorschriften für Sicherheit und Gesundheitsschutz in erstmals genutzten Arbeitsstätten nach Artikel 3 der Richtlinie

1. Vorbemerkung

Die Anforderungen dieses Anhangs gelten in allen Fällen, in denen die Eigenschaften der Arbeitsstätte oder der Tätigkeit, die Umstände oder eine Gefahr dies erfordern.

2. Stabilität und Festigkeit

Gebäude für Arbeitsstätten müssen eine der Nutzungsart entsprechende Konstruktion und Festigkeit aufweisen.

3. Elektrische Anlagen

Elektrische Anlagen müssen so konzipiert und installiert sein, daß von ihnen keine Brand- oder Explosionsgefahr ausgeht und daß Personen vor Unfallgefahren bei direktem oder indirektem Kontakt angemessen geschützt sind.

Bei der Konzeption und der Ausführung sowie der Wahl des Materials und der Schutzvorrichtungen sind die Spannung, die äußeren Einwirkungsbedingungen und die Fachkenntnisse der Personen zu berücksichtigen, die zu Teilen der Anlage Zugang haben.

4. Fluchtwege und Notausgänge

4.1. Fluchtwege und Notausgänge müssen frei von Hindernissen bleiben und auf möglichst kurzem Weg ins Freie oder in einen sicheren Bereich führen.

4.2. Alle Arbeitsplätze müssen bei Gefahr von den Arbeitnehmern schnell und in größter Sicherheit verlassen werden können.

4.3. Anzahl, Anordnung und Abmessungen der Fluchtwege und Notausgänge richten sich nach der Nutzung, der Einrichtung und den Abmessungen der Arbeitsstätten sowie der höchstmöglichen Anzahl der dort anwesenden Personen.

4.4. Türen von Notausgängen müssen sich nach außen öffnen.

Türen von Notausgängen dürfen nicht so verschlossen werden, daß sie nicht leicht und unmittelbar von jeder Person geöffnet werden können, die sie im Notfall benutzen müßte.

Schiebe- und Drehtüren sind als Nottüren nicht zulässig.

4.5. Fluchtwege und Notausgänge als solche sind gemäß den innerstaatlichen Bestimmungen zur Umsetzung der Richtlinie 77/576/EWG[1] zu kennzeichnen.

Diese Kennzeichnung muß an geeigneten Stellen angebracht und dauerhaft sein.

4.6. Notausgänge dürfen nicht mittels eines Schlüssels verschlossen werden.

Fluchtwege und Notausgänge sowie die dorthin führenden Durchgänge und Türen dürfen nicht durch Gegenstände versperrt werden, so daß sie jederzeit ungehindert benutzt werden können.

4.7. Fluchtwege und Notausgänge, bei denen eine Beleuchtung notwendig ist, müssen für den Fall, daß die Beleuchtung ausfällt, über eine ausreichende Sicherheitsbeleuchtung verfügen.

5. Brandmeldung und -bekämpfung

5.1. In den Arbeitsstätten müssen je nach Abmessungen und Nutzung der Gebäude, nach vorhandenen Einrichtungen, nach physikalischen und chemischen Eigenschaften der vorhandenen Stoffe und nach der grösstmöglichen Zahl anwesender Personen Feuerlöscheinrichtungen und erforderlichenfalls Brandmelder und Alarmanlagen vorhanden sein.

5.2. Nichtselbsttätige Feuerlöscheinrichtungen müssen leicht zu erreichen und zu handhaben sein.

Sie sind gemäß den innerstaatlichen Bestimmungen zur Umsetzung der Richtlinie 77/576/EWG zu kennzeichnen.

Diese Kennzeichnung muß an geeigneten Stellen angebracht und dauerhaft sein.

---

[1] **Amtl. Anm.:** ABl. L 229 vom 7. 9. 1977, S. 12.

6. Lüftung umschlossener Arbeitsräume

6.1. In umschlossenen Arbeitsräumen muß unter Berücksichtigung der Arbeitsverfahren und der körperlichen Beanspruchung der Arbeitnehmer ausreichend gesundheitlich zuträgliche Atemluft vorhanden sein.

Bei Verwendung einer lüftungstechnischen Anlage muß diese jederzeit funktionsfähig sein.

Eine etwaige Störung muß durch eine Warneinrichtung angezeigt werden, wenn dies mit Rücksicht auf die Gesundheit der Arbeitnehmer erforderlich ist.

6.2. Werden Klimaanlagen oder mechanische Belüftungseinrichtungen verwendet, so ist sicherzustellen, daß die Arbeitnehmer keinem störenden Luftzug ausgesetzt sind.

Ablagerungen und Verunreinigungen, die zu einer unmittelbaren Gesundheitsgefährdung der Arbeitnehmer durch Verschmutzung der Raumluft führen könnten, müssen rasch beseitigt werden.

7. Raumtemperatur

7.1. In den Arbeitsräumen muß während der Arbeitszeit unter Berücksichtigung der angewandten Arbeitsmethoden und der körperlichen Beanspruchung der Arbeitnehmer eine Raumtemperatur herrschen, die dem menschlichen Organismus angemessen ist.

7.2. In Pausen-, Bereitschafts-, Sanitär-, Kantinen- und Sanitätsräumen muß die Temperatur dem spezifischen Nutzungszweck der Räume entsprechen.

7.3. Fenster, Oberlichter und Glaswände müssen je nach Art der Arbeit und der Arbeitsstätte eine Abschirmung der Arbeitsstätten gegen übermässige Sonneneinstrahlung ermöglichen.

8. Natürliche und künstliche Beleuchtung der Räume

8.1. Die Arbeitsstätten müssen möglichst ausreichend Tageslicht erhalten und mit Einrichtungen für eine der Sicherheit und dem Gesundheitsschutz der Arbeitnehmer angemessene künstliche Beleuchtung ausgestattet sein.

8.2. Die Beleuchtung der Arbeitsräume und Verbindungswege muß so angebracht sein, daß aus der Art der Beleuchtung keine Unfallgefahr für die Arbeitnehmer entsteht.

8.3. Arbeitsstätten, in denen die Arbeitnehmer bei Ausfall der künstlichen Beleuchtung in besonderem Maße Gefahren ausgesetzt sind, müssen eine ausreichende Sicherheitsbeleuchtung haben.

9. Fußböden, Wände, Decken und Dächer der Räume

9.1. Die Fußböden der Räume dürfen keine Unebenheiten, Löcher oder gefährlichen Neigungen aufweisen; sie müssen befestigt, trittsicher und rutschfest sein.

Wo sich ein Arbeitsplatz befindet, müssen die Arbeitsstätten je nach Art des Unternehmens und der körperlichen Tätigkeit des Arbeitnehmers eine ausreichende Wärmeisolierung aufweisen.

9.2. Die Oberfläche der Fußböden, Decken und Wände muß so beschaffen sein, daß sie sich den hygienischen Erfordernissen entsprechend reinigen und erneuern läßt.

9.3. Durchsichtige oder lichtdurchlässige Wände, insbesondere Ganzglaswände, in Räumen oder im Bereich von Arbeitsplätzen und Verkehrswegen müssen deutlich gekennzeichnet sein und aus Sicherheitswerkstoff bestehen oder so gegen die Arbeitsplätze und Verkehrswege abgeschirmt sein, daß die Arbeitnehmer nicht mit den Wänden in Berührung kommen und beim Zersplittern der Wände nicht verletzt werden können.

9.4. Der Zugang zu Dächern aus Werkstoffen, die keinen ausreichenden Belastungswiderstand bieten, ist nur zulässig, wenn Ausrüstungen zur Verfügung gestellt werden, die eine sichere Ausführung der Arbeit ermöglichen.

10. Fenster und Oberlichter der Räume

10.1. Fenster, Oberlichter und Lüftungsvorrichtungen müssen sich von den Arbeitnehmern sicher öffnen, schließen, verstellen und festlegen lassen. Sie dürfen nicht so angeordnet sein, daß sie in geöffnetem Zustand eine Gefahr für die Arbeitnehmer darstellen.

10.2. Fenster und Oberlichter müssen in Verbindung mit der Einrichtung konzipiert oder mit Vorrichtungen versehen sein, die es ermöglichen, sie ohne Gefährdung der die Reinigung durchführenden Arbeitnehmer sowie der in den Gebäuden und um die Gebäude herum anwesenden Arbeitnehmer zu reinigen.

11. Türen und Tore

11.1. Die Lage, die Anzahl, die bei der Ausführung verwendeten Werkstoffe und die Abmessung der Türen und Tore müssen sich nach der Art und Nutzung der Räume oder Bereiche richten.

11.2. Durchsichtige Türen müssen in Augenhöhe gekennzeichnet sein.

11.3. Schwingtüren und -tore müssen durchsichtig sein oder Sichtfenster haben.

11.4. Bestehen durchsichtige oder lichtdurchlässige Flächen von Türen und Toren nicht aus Sicherheitsmaterial und ist zu befürchten, daß sich Arbeitnehmer beim Zersplittern der Flächen verletzen können, so sind diese Flächen gegen Eindrücken zu schützen.

11.5. Schiebetüren müssen gegen Ausheben und Herausfallen gesichert sein.

11.6. Türen und Tore, die sich nach oben öffnen, müssen gegen Herabfallen gesichert sein.

11.7. Türen im Verlauf von Fluchtwegen müssen angemessen gekennzeichnet sein.

Sie müssen sich jederzeit von innen ohne besondere Hilfsmittel öffnen lassen.

Solange sich Arbeitnehmer in der Arbeitsstätte befinden, müssen die Türen sich öffnen lassen.

11.8. In unmittelbare Nähe von Toren, die vorwiegend für den Fahrzeugverkehr bestimmt sind, müssen gut sichtbar gekennzeichnete und stets zugängliche Türen für den Fußgängerverkehr vorhanden sein, es sei denn, der Durchgang ist für Fußgänger ungefährlich.

11.9. Kraftbetätigte Türen und Tore müssen ohne Gefährdung der Arbeitnehmer bewegt werden können. Sie müssen mit gut erkennbaren und leicht zugänglichen Notabschalteinrichtungen ausgestattet und auch von Hand zu öffnen sein, sofern sie sich bei Stromausfall nicht automatisch öffnen.

12. Verkehrswege – Gefahrenbereiche

12.1. Verkehrswege, einschließlich Treppen, fest angebrachten Steigleitern und Laderampen, müssen so angelegt und bemessen sein, daß sie je nach ihrem Bestimmungszweck leicht und sicher begangen oder befahren werden können und in der Nähe beschäftigte Arbeitnehmer nicht gefährdet werden.

12.2. Die Bemessung der Verkehrswege, die dem Personen- und/oder Güterverkehr dienen, muß sich nach der Zahl der möglichen Benutzer und der Art des Betriebs richten.

Werden Beförderungsmittel auf Verkehrswegen verwendet, so muß für Fußgänger ein ausreichender Sicherheitsabstand gewahrt werden.

12.3. Verkehrswege für Fahrzeuge müssen an Türen, Toren, Fußgängerwegen, Durchgängen und Treppenaustritten in ausreichendem Abstand vorbeiführen.

12.4. Soweit aufgrund der Nutzung und Einrichtung der Räume zum Schutz der Arbeitnehmer erforderlich, müssen die Begrenzungen der Verkehrswege gekennzeichnet sein.

12.5. Befinden sich in den Arbeitsstätten durch die Art der Arbeit bedingte Gefahrenbereiche, in denen Sturzgefahr für die Arbeitnehmer oder die Gefahr des Herabfallens von Gegenständen besteht, so müssen diese Bereiche nach Möglichkeit mit Vorrichtungen ausgestattet sein, die unbefugte Arbeitnehmer am Betreten dieser Bereiche hindern. Zum Schutz der Arbeitnehmer, die zum Betreten der Gefahrenbereiche befugt sind, sind entsprechende Vorkehrungen zu treffen. Die Gefahrenbereiche müssen gut sichtbar gekennzeichnet sein.

13. Besondere Anforderungen an Rolltreppen und Rollsteige

Rolltreppen und Rollsteige müssen sicher funktionieren.

Sie müssen mit den notwendigen Sicherheitsvorrichtungen ausgestattet sein.

Sie müssen durch gut erkennbare und leicht zugängliche Notabschalteinrichtungen stillgelegt werden können.

14. Laderampen

14.1. Laderampen sind den Abmessungen der transportierten Lasten entsprechend auszulegen.

14.2. Laderampen müssen mindestens einen Abgang haben.

Soweit es betriebstechnisch möglich ist, müssen Laderampen, die eine bestimmte Länge überschreiten, in jedem Endbereich einen Abgang haben.

14.3. Bei Laderampen müssen die Arbeitnehmer nach Möglichkeit gegen Abstürzen gesichert sein.

15. Raumabmessungen und Luftraum der Räume, Bewegungsfläche am Arbeitsplatz

15.1. Arbeitsräume müssen eine ausreichende Grundfläche und Höhe sowie einen ausreichenden Luftraum aufweisen, so daß die Arbeitnehmer ohne Beeinträchtigung ihrer Sicherheit, ihrer Gesundheit oder ihres Wohlbefindens ihre Arbeit verrichten können.

15.2. Die freie unverstellte Fläche am Arbeitsplatz muß so bemessen sein, daß sich die Arbeitnehmer bei ihrer Tätigkeit ungehindert bewegen können.

Kann dieser Anforderung aus arbeitsplatztechnischen Gründen nicht entsprochen werden, muß dem Arbeitnehmer in der Nähe des Arbeitsplatzes eine andere ausreichend große Bewegungsfläche zur Verfügung stehen.

16. Pausenräume

16.1. Den Arbeitnehmern ist ein leicht erreichbarer Pausenraum zur Verfügung zu stellen, wenn Sicherheits- oder Gesundheitsgründe, insbesondere wegen der Art der ausgeübten Tätigkeit oder der eine bestimmte Obergrenze übersteigenden Anzahl der im Betrieb beschäftigten Personen, dies erfordern.

Dies gilt nicht, wenn die Arbeitnehmer in Büroräumen oder vergleichbaren Arbeitsräumen beschäftigt sind und dort gleichwertige Voraussetzungen für eine Erholung während der Pausen gegeben sind.

16.2. Pausenräume müssen ausreichend bemessen und der Zahl der Arbeitnehmer entsprechend mit Tischen und Sitzgelegenheiten mit Rückenlehne ausgestattet sein.

16.3. In den Pausenräumen sind angemessene Maßnahmen zum Schutz der Nichtraucher vor Belästigung durch Tabakrauch zu treffen.

16.4. Fallen in der Arbeitszeit regelmäßig und häufig Arbeitsbereitschaftszeiten und sind keine Pausenräume vorhanden, so sind andere Räume zur Verfügung zu stellen, in denen sich die Arbeitnehmer während der Dauer der Arbeitsbereitschaft aufhalten können, wenn Gesundheits- oder Sicherheitsgründe dies erfordern.

In diesen Räumen sind angemessene Maßnahmen zum Schutz der Nichtraucher vor Belästigung durch Tabakrauch vorzusehen.

17. Schwangere Frauen und stillende Mütter

Schwangere Frauen und stillende Mütter müssen sich unter geeigneten Bedingungen hinlegen und ausruhen können.

18. Sanitärräume

18.1. Umkleideräume, Kleiderschränke

18.1.1.

Den Arbeitnehmern sind geeignete Umkleideräume zur Verfügung zu stellen, wenn sie bei ihrer Tätigkeit besondere Arbeitskleidung tragen müssen und es ihnen aus gesundheitlichen oder sittlichen Gründen nicht zuzumuten ist, sich in einem anderen Raum umzukleiden.

Die Umkleideräume müssen leicht zugänglich, von ausreichender Größe und mit Sitzgelegenheiten ausgestattet sein.

18.1.2.

Die Umkleideräume müssen mit abschließbaren Einrichtungen ausgestattet sein, in denen jeder Arbeitnehmer seine Kleidung während der Arbeitszeit aufbewahren kann.

Kleiderschränke für Arbeitskleidung sind von Kleiderschränken für Privatkleidung zu trennen, wenn die Umstände dies erfordern (z.B. Umgang mit gefährlichen Stoffen, Feuchtigkeit, Schmutz).

18.1.3.

Für Frauen und Männer sind getrennte Umkleideräume oder aber eine getrennte Benutzung dieser Räume vorzusehen.

18.1.4.

Wenn Umkleideräume nach Ziffer 18.1.1 nicht erforderlich sind, muß für jeden Arbeitnehmer eine Kleiderablage vorhanden sein.

18.2. Duschen, Waschgelegenheiten

18.2.1.

Den Arbeitnehmern sind in ausreichender Zahl geeignete Duschen zur Verfügung zu stellen, wenn es die Art der Tätigkeit oder gesundheitliche Gründe erfordern.

Für Frauen und Männer sind getrennte Duschräume oder eine getrennte Benutzung der Duschräume vorzusehen.

18.2.2.

Die Duschräume müssen ausreichend bemessen sein, damit jeder Arbeitnehmer sich den hygienischen Erfordernissen entsprechend ungehindert reinigen kann.

Die Duschen müssen fließendes kaltes und warmes Wasser haben.

18.2.3.

Wenn Duschen nach Ziffer 18.2.1 erster Unterabsatz nicht erforderlich sind, müssen ausreichende und angemessene Waschgelegenheiten mit fließendem Wasser (erforderlichenfalls mit warmem Wasser) in der Nähe des Arbeitsplatzes und der Umkleideräume vorhanden sein.

Für Frauen und Männer sind getrennte Waschgelegenheiten oder eine getrennte Benutzung der Waschgelegenheiten vorzusehen, wenn dies aus sittlichen Gründen notwendig ist.

18.2.4.

Duschen oder Waschgelegenheiten und Umkleideräume, die voneinander getrennt sind, müssen untereinander leicht erreichbar sein.

18.3. Toiletten und Handwaschbecken

Den Arbeitnehmern sind in der Nähe der Arbeitsplätze, der Pausenräume, der Umkleideräume und der Duschen bzw. Waschgelegenheiten spezielle Räume mit einer ausreichenden Zahl von Toiletten und Handwaschbecken zur Verfügung zu stellen.

Für Frauen und Männer sind getrennte Toiletten oder eine getrennte Benutzung der Toiletten vorzusehen.

19. Räume für die Erste Hilfe

19.1. Wenn die Größe der Räumlichkeiten, die Art der dort ausgeübten Tätigkeit und die Unfallhäufigkeit es erfordert, sind ein oder mehrere Räume für die Erste Hilfe vorzusehen.

19.2. Die Räume für die Erste Hilfe müssen mit den erforderlichen Erste-Hilfe-Einrichtungen und -Materialien ausgestattet und leicht für Personen mit Krankentragen zugänglich sein.

Sie sind entsprechend den einzelstaatlichen Rechtsvorschriften zur Umsetzung der Richtlinie 77/576/EWG zu kennzeichnen.

19.3. Eine Erste-Hilfe-Ausstattung muß ferner überall dort aufbewahrt werden, wo die Arbeitsbedingungen dies erforderlich machen.

Die Aufbewahrungsstellen müssen als solche gekennzeichnet und gut erreichbar sein.

20. Behinderte Arbeitnehmer

Die Arbeitsstätten sind gegebenenfalls behindertengerecht zu gestalten.

Dies gilt insbesondere für Türen, Verbindungswege, Treppen, Duschen, Waschgelegenheiten und Toiletten, die von Behinderten benutzt werden, sowie für Arbeitsplätze, an denen Behinderte unmittelbar tätig sind.

21. Arbeitsstätten im Freien (besondere Bestimmungen)

21.1. Arbeitsplätze, Verkehrswege und sonstige Stellen oder Einrichtungen im Freien, die von den Arbeitnehmern während ihrer Tätigkeit benutzt oder betreten werden müssen, sind so zu gestalten, daß sie sicher begangen und befahren werden können.

Die Ziffern 12, 13 und 14 gelten ebenfalls für Hauptverkehrswege auf dem Betriebsgelände (Verkehrswege zu ortsgebundenen Arbeitsplätzen), für Verkehrswege, die der regelmäßigen Wartung und Überwachung der Betriebseinrichtungen dienen, sowie für Laderampen.

Die in Ziffer 12 vorgesehenen Bestimmungen gelten für Arbeitsstätten im Freien entsprechend.

21.2. Arbeitsstätten im Freien müssen künstlich beleuchtet werden, wenn das Tageslicht nicht ausreicht.

21.3. Werden die Arbeitnehmer auf Arbeitsplätzen im Freien beschäftigt, so sind die Arbeitsplätze nach Möglichkeit so einzurichten, daß die Arbeitnehmer

a) gegen Witterungseinflüsse und gegebenenfalls gegen das Herabfallen von Gegenständen geschützt sind,

b) weder Geräuschen mit einem für die Gesundheit unzuträglichen Lärmpegel noch schädlichen Wirkungen von außen (z.B. Gasen, Dämpfen, Staub) ausgesetzt sind,

c) bei Gefahr rasch ihren Arbeitsplatz verlassen können bzw ihnen rasch Hilfe geleistet werden kann,

d) nicht ausgleiten oder abstürzen können.

Anhang II. Mindestvorschriften für Sicherheit und Gesundheitsschutz in bereits genutzten Arbeitsstätten nach Artikel 4 der Richtlinie

1. Vorbemerkung

Die Anforderungen dieses Anhangs gelten in allen Fällen, in denen die Eigenschaften der Arbeitstätte oder der Tätigkeit, die Umstände oder eine Gefahr dies erfordern.

2. Stabilität und Festigkeit

Gebäude für Arbeitsstätten müssen eine der Nutzungsart entsprechende Konstruktion und Festigkeit aufweisen.

3. Elektrische Anlagen

Von elektrischen Anlagen darf keine Brand- oder Explosionsgefahr ausgehen; Personen müssen angemessen vor Unfallgefahren bei direktem oder indirektem Kontakt geschützt sein.

Bei der elektrischen Anlage und den Schutzvorrichtungen sind die Spannung, die äußeren Einwirkungsbedingungen und die Fachkenntnisse der Personen zu berücksichtigen, die zu Teilen der Anlage Zugang haben.

4. Fluchtwege und Notausgänge

4.1. Fluchtwege und Notausgänge müssen frei von Hindernissen bleiben und auf möglichst kurzem Weg ins Freie oder in einen sicheren Bereich führen.

4.2. Alle Arbeitsplätze müssen bei Gefahr von den Arbeitnehmern schnell und in größter Sicherheit verlassen werden können.

4.3. Fluchtwege und Notausgänge müssen in ausreichender Anzahl vorhanden sein.

4.4. Türen von Notausgängen müssen sich nach außen öffnen.

Türen von Notausgängen dürfen nicht so verschlossen werden, daß sie nicht leicht und unmittelbar von jeder Person geöffnet werden können, die sie im Notfall benutzen müßte.

Schiebe- und Drehtüren sind als Nottüren nicht zulässig.

4.5. Fluchtwege und Notausgänge als solche sind gemäß den innerstaatlichen Bestimmungen zur Umsetzung der Richtlinie 77/576/EWG zu kennzeichnen.

Diese Kennzeichnung muß an geeigneten Stellen angebracht und dauerhaft sein.

4.6. Notausgänge dürfen nicht mittels eines Schlüssels verschlossen werden.

Fluchtwege und Notausgänge sowie die dorthin führenden Durchgänge und Türen dürfen nicht durch Gegenstände versperrt werden, so daß sie jederzeit ungehindert benutzt werden können.

4.7. Fluchtwege und Notausgänge, bei denen eine Beleuchtung notwendig ist, müssen für den Fall, daß die Beleuchtung ausfällt, über eine ausreichende Sicherheitsbeleuchtung verfügen.

5. Brandmeldung und -bekämpfung

5.1. In den Arbeitsstätten müssen je nach Abmessungen und Nutzung der Gebäude, nach vorhandenen Einrichtungen, nach physikalischen und chemischen Eigenschaften der vorhandenen Stoffe und nach der größtmöglichen Zahl anwesender Personen Feuerlöscheinrichtungen und erforderlichenfalls Brandmelder und Alarmanlagen vorhanden sein.

5.2. Nichtselbständige Feuerlöscheinrichtungen müssen leicht zu erreichen und zu handhaben sein.

Sie sind gemäß den innerstaatlichen Bestimmungen zur Umsetzung der Richtlinie 77/576/EWG zu kennzeichnen.

Diese Kennzeichnung muß an geeigneten Stellen angebracht und dauerhaft sein.

6. Lüftung umschlossener Arbeitsräume

In umschlossenen Arbeitsräumen muß unter Berücksichtigung der Arbeitsverfahren und der körperlichen Beanspruchung der Arbeitnehmer ausreichend gesundheitlich zuträgliche Atemluft vorhanden sein. Bei Verwendung einer lüftungstechnischen Anlage muß diese jederzeit funktionsfähig sein. Eine ewaige Störung muß durch eine Warneinrichtung angezeigt werden, wenn dies mit Rücksicht auf die Gesundheit der Arbeiter erforderlich ist.

7. Raumtemperatur

7.1. In den Arbeitsräumen muß während der Arbeitszeit unter Berücksichtigung der angewandten Arbeitsmethoden und der körperlichen Beanspruchung der Arbeitnehmer eine Raumtemperatur herrschen, die dem menschlichen Organismus angemessen ist.

7.2. In Pausen-, Bereitschafts-, Sanitär-, Kantinen- und Sanitätsräumen muß die Temperatur dem spezifischen Nutzungszweck der Räume entsprechen.

8. Natürliche und künstliche Beleuchtung der Räume

8.1. Die Arbeitsstätten müssen möglichst ausreichend Tageslicht erhalten und mit Einrichtungen für eine der Sicherheit und dem Gesundheitsschutz der Arbeitnehmer angemessene künstliche Beleuchtung ausgestattet sein.

8.2. Arbeitsstätten, in denen die Arbeitnehmer bei Ausfall der künstlichen Beleuchtung in besonderem Maße Gefahren ausgesetzt sind, müssen eine ausreichende Sicherheitsbeleuchtung haben.

9. Türen und Tore

9.1. Durchsichtige Türen müssen in Augenhöhe gekennzeichnet sein.

9.2. Schwingtüren und -tore müssen durchsichtig sein oder Sichtfenster haben.

10. Gefahrenbereiche

Befinden sich in den Arbeitsstätten durch die Art der Arbeit bedingte Gefahrenbereiche, in denen Sturzgefahr für die Arbeitnehmer oder die Gefahr des Herabfallens von Gegenständen besteht, so müssen diese Bereiche nach Möglichkeit mit Vorrichtungen ausgestattet sein, die unbefugte Arbeitnehmer am Betreten dieser Bereiche hindern.

Zum Schutz der Arbeitnehmer, die zum Betreten der Gefahrenbereiche befugt sind, sind entsprechende Vorkehrungen zu treffen.

Die Gefahrenbereiche müssen gut sichtbar gekennzeichnet sein.

11. Pausenräume und Pausenbereiche

11.1. Den Arbeitnehmern ist ein leicht erreichbarer Pausenraum oder entsprechender Pausenbereich zur Verfügung zu stellen, wenn Sicherheits- oder Gesundheitsgründe, insbesondere wegen der Art der ausgeübten Tätigkeit oder der eine bestimmte Obergrenze übersteigenden Anzahl der im Betrieb beschäftigten Personen, dies erfordern.

Dies gilt nicht, wenn die Arbeitnehmer in Büroräumen oder vergleichbaren Arbeitsräumen beschäftigt sind und dort gleichwertige Voraussetzungen für eine Erholung während der Pausen gegeben sind.

11.2. Pausenräume und Pausenbereiche müssen mit Tischen und Sitzgelegenheiten mit Rückenlehne ausgestattet sein.

11.3. In den Pausenräumen und Pausenbereichen sind angemessene Maßnahmen zum Schutz der Nichtraucher vor Belästigungen durch Tabakrauch zu treffen.

12. Schwangere Frauen und stillende Mütter

Schwangere Frauen und stillende Mütter müssen sich unter geeigneten Bedingungen hinlegen und ausruhen können.

13. Sanitärräume

13.1. Umkleideräume, Kleiderschränke

13.1.1.

Den Arbeitnehmern sind geeignete Umkleideräume zur Verfügung zu stellen, wenn sie bei ihrer Tätigkeit besondere Arbeitskleidung tragen müssen und es ihnen aus gesundheitlichen oder sittlichen Gründen nicht zuzumuten ist, sich in einem anderen Raum umzukleiden.

Die Umkleideräume müssen leicht zugänglich und von ausreichender Größe sein.

13.1.2.

Diese Umkleideräume müssen mit abschließbaren Einrichtungen ausgestattet sein, in denen jeder Arbeitnehmer seine Kleidung während der Arbeitszeit aufbewahren kann.

Kleiderschränke für Arbeitskleidung sind von Kleiderschränken für Privatkleidung zu trennen, wenn die Umstände dies erfordern (z.B. Umgang mit gefährlichen Stoffen, Feuchtigkeit, Schmutz).

13.1.3.

Für Frauen und Männer sind getrennte Umkleideräume oder aber eine getrennte Benutzung dieser Räume vorzusehen.

13.2. Duschen, Toiletten und Handwaschbecken

13.2.1.

Die Arbeitsplätze sind so einzurichten, daß den Arbeitnehmern in der Nähe des Arbeitsplatzes folgendes zur Verfügung steht:

- Duschen, wenn die Art ihrer Tätigkeit dies erfordert;
- besondere Räume, die mit Toiletten und Handwaschbecken in ausreichender Zahl ausgestattet sind.

13.2.2.

Die Duschen und Waschgelegenheiten müssen fließendes Wasser (erforderlichenfalls warmes Wasser) haben.

13.2.3.

Für Frauen und Männer sind getrennte Duschen oder aber eine getrennte Benutzung dieser Duschen vorzusehen.

Für Frauen und Männer sind getrennte Toiletten oder aber eine getrennte Benutzung der Toiletten vorzusehen.

14. Mittel für die Erste Hilfe

Die Arbeitsstätten müssen mit Mitteln für die Erste Hilfe ausgestattet sein.

Diese Erste-Hilfe-Mittel müssen entsprechend gekennzeichnet und leicht zugänglich sein.

15. Behinderte Arbeitnehmer

Die Arbeitsstätten sind gegebenenfalls behindertengerecht zu gestalten.

Dies gilt insbesondere für Türen, Verbindungswege, Treppen, Duschen, Waschgelegeneheiten und Toiletten, die von Behinderten benutzt werden sowie für Arbeitsplätze, an denen behinderte Arbeitnehmer unmittelbar tätig sind.

16. Verkehr von Fußgängern und Fahrzeugen

Arbeitsplätze in geschlossenen Räumen und im Freien sind so zu gestalten, daß sie sicher begangen und befahren werden können.

17. Arbeitsstätten im Freien (besondere Bestimmungen)

Werden die Arbeitnehmer auf Arbeitsplätzen im Freien beschäftigt, so sind die Arbeitsplätze nach Möglichkeit so einzurichten, daß die Arbeitnehmer

a) gegen Witterungseinflüsse und gegebenenfalls gegen das Herabfallen von Gegenständen geschützt sind,

b) weder Geräuschen mit einem für die Gesundheit unzuträglichen Lärmpegel noch schädlichen Wirkungen von außen (z.B. Gasen, Dämpfen, Staub) ausgesetzt sind,

c) bei Gefahr rasch ihren Arbeitsplatz verlassen können bzw. ihnen rasch Hilfe geleistet werden kann,

d) nicht ausgleiten oder abstürzen können.

210. Richtlinie 91/383/EWG des Rates vom 25. Juni 1991 zur Ergänzung der Maßnahmen zur Verbesserung der Sicherheit und des Gesundheitsschutzes von Arbeitnehmern mit befristetem Arbeitsverhältnis oder Leiharbeitsverhältnis

(ABl. L 206 S. 19)

Celex-Nr. 3 1991 L 0383

geänd. durch Art. 2 Abs. 2, Art. 3 Nr. 7 ÄndRL 2007/30/EG v. 20.6.2007 (ABl. L 165 S. 21)

DER RAT DER EUROPÄISCHEN GEMEINSCHAFTEN –

gestützt auf den Vertrag zur Gründung der Europäischen Wirtschaftsgemeinschaft[1],

insbesondere auf Artikel 118a[2],

auf Vorschlag der Kommission[3],

in Zusammenarbeit mit dem Europäischen Parlament[4],

nach Stellungnahme des Wirtschafts- und Sozialausschusses[5],

in Erwägung nachstehender Gründe:

Artikel 118a des Vertrages[2] sieht vor, daß der Rat durch Richtlinien Mindestvorschriften festlegt, die die Verbesserung insbesondere der Arbeitsumwelt fördern, um die Sicherheit und die Gesundheit der Arbeitnehmer verstärkt zu schützen.

Gemäß diesem Artikel sollen diese Richtlinien keine verwaltungsmäßigen, finanziellen oder rechtlichen Auflagen vorschreiben, die der Gründung und Entwicklung von Klein- und Mittelbetrieben entgegenstehen.

Arbeitsformen wie befristete Arbeit oder Leiharbeit haben erheblich zugenommen.

Untersuchungen haben gezeigt, daß Arbeitnehmer mit befristetem Arbeitsverhältnis oder Leiharbeitsverhältnis in einigen Bereichen generell in höherem Maße als andere Beschäftigte der Gefahr von Arbeitsunfällen und Berufskrankheiten ausgesetzt sind.

Diese in einigen Bereichen gegebene zusätzliche Gefährdung hängt zum Teil mit bestimmten besonderen Formen der Einbeziehung in den Betrieb zusammen. Diese Gefährdung kann durch eine angemessene Unterrichtung und Unterweisung zu Beginn des Arbeitsverhältnisses verringert werden.

Die Richtlinien auf dem Gebiet der Sicherheit und des Gesundheitsschutzes am Arbeitsplatz, insbesondere die Richtlinie 89/391/EWG[6] des Rates vom 12. Juni 1989 über die Durchführung von Maßnahmen zur Verbesserung der

---

[1] Nunmehr Vertrag über die Arbeitsweise der Europäischen Union (auszugsweise abgedruckt unter Nr. **5**) durch Vertrag von Lissabon v. 13.12.2007 (ABl. C 306 S. 1).

[2] Nunmehr Art. 154 AEUV (Nr. **5**) durch Vertrag von Lissabon v. 13.12.2007 (ABl. C 306 S. 1).

[3] **Amtl. Anm.:** ABl. Nr. C 224 vom 8.9.1990, S. 4.

[4] **Amtl. Anm.:** Stellungnahme vom 20. November 1990 (noch nicht im Amtsblatt veröffentlicht) und ABl. Nr. C 158 vom 17.6.1991.

[5] **Amtl. Anm.:** ABl. Nr. C 332 vom 31.12.1990, S. 167.

[6] Nr. **200**.

Sicherheit und des Gesundheitsschutzes der Arbeitnehmer bei der Arbeit[1], enthalten Vorschriften, die auf die Verbesserung der Sicherheit und des Gesundheitsschutzes der Arbeitnehmer im allgemeinen abzielen.

Die besondere Lage der Arbeitnehmer mit befristetem Arbeitsverhältnis oder Leiharbeitsverhältnis und die besonderen Risiken, denen sie in einigen Bereichen ausgesetzt sind, erfordern besondere ergänzende Vorschriften, insbesondere über die Unterrichtung, die Unterweisung und die ärztliche Überwachung der betreffenden Arbeitnehmer.

Diese Richtlinie soll einen konkreten Beitrag zur Verwirklichung der sozialen Dimension des Binnenmarktes

leisten –

HAT FOLGENDE RICHTLINIE ERLASSEN:

Abschnitt I. Anwendungsbereich und Zweck

Art. 1 Anwendungsbereich. Diese Richtlinie gilt für

1. Arbeitsverhältnisse auf der Grundlage eines befristeten Arbeitsvertrags, der unmittelbar zwischen Arbeitgeber und Arbeitnehmer geschlossen und in dem das Vertragsende nach objektiven Bedingungen festgelegt wird, etwa: Erreichen eines bestimmten Datums, Abschluß eines bestimmten Arbeitsauftrags oder Eintritt eines bestimmten Ereignisses;
2. Leiharbeitsverhältnisse zwischen einem Leiharbeitsunternehmen als Arbeitgeber einerseits und einem Arbeitnehmer andererseits, wobei letzterer zur Verfügung gestellt wird, um für und unter der Kontrolle eines entleihenden Unternehmens und/oder einer entleihenden Einrichtung zu arbeiten.

Art. 2 Zweck. (1) Ziel dieser Richtlinie ist es sicherzustellen, daß Arbeitnehmer mit einem Arbeitsverhältnis im Sinne des Artikels 1 im Hinblick auf Sicherheit und Gesundheitsschutz am Arbeitsplatz das gleiche Schutzniveau wie die anderen Arbeitnehmer des entleihenden Unternehmens und/oder der entleihenden Einrichtung genießen.

(2) Das Bestehen eines Arbeitsverhältnisses im Sinne des Artikels 1 darf in bezug auf die Arbeitsbedingungen nicht zu einer Ungleichbehandlung führen, soweit es sich um die Sicherheit und den Gesundheitsschutz am Arbeitsplatz und insbesondere um die Inanspruchnahme individueller Schutzeinrichtungen handelt.

(3) Die Bestimmungen der Richtlinie 89/391/EWG[2] sowie die Einzelrichtlinien im Sinne des Artikels 16 Absatz 1 der Richtlinie 89/391/EWG finden unbeschadet strengerer und/oder spezifischerer Vorschriften der vorliegenden Richtlinie auf Arbeitnehmer mit einem Arbeitsverhältnis im Sinne des Artikels 1 voll Anwendung.

---

[1] **Amtl. Anm.:** ABl. Nr. L 183 vom 29.6.1989, S. 1.
[2] Nr. **200**.

Abschnitt II. Allgemeine Bestimmungen

Art. 3 Unterrichtung der Arbeitnehmer. Die Mitgliedstaaten treffen unbeschadet des Artikels 10 der Richtlinie 89/391/EWG[1] die erforderlichen Vorkehrungen, damit

1. jeder Arbeitnehmer mit einem Arbeitsverhältnis im Sinne des Artikels 1, bevor er eine Tätigkeit aufnimmt, vom entleihenden Unternehmen und/oder der entleihenden Einrichtung über die Risiken, denen er ausgesetzt sein könnte, unterrichtet wird;
2. diese Unterrichtung über folgendes Aufschluß gibt:
   - insbesondere die Notwendigkeit besonderer Qualifikationen bzw. beruflicher Fähigkeiten oder einer besonderen ärztlichen Überwachung, wie sie in der nationalen Gesetzgebung definiert ist, und
   - etwaige erhöhte spezifische Risiken des zu besetzenden Arbeitsplatzes, wie sie in der nationalen Gesetzgebung definiert sind.

Art. 4 Unterweisung der Arbeitnehmer. Die Mitgliedstaaten treffen unbeschadet des Artikels 12 der Richtlinie 89/391/EWG[1] die erforderlichen Vorkehrungen, damit der Arbeitnehmer in den in Artikel 3 genannten Fällen unter Berücksichtigung seiner Qualifikation und seiner Erfahrung eine ausreichende und den besonderen Merkmalen des Arbeitsplatzes entsprechende Unterweisung erhält.

Art. 5 Einsatz und ärztliche Überwachung der Arbeitnehmer.

(1) Die Mitgliedstaaten können verbieten, daß Arbeitnehmer mit einem Arbeitsverhältnis im Sinne des Artikels 1 für bestimmte mit besonderen Risiken für die Sicherheit oder die Gesundheit dieser Arbeitnehmer verbundene Arbeiten, wie sie in den einzelstaatlichen Rechtsvorschriften festgelegt sind, und insbesondere für bestimmte Arbeiten, für die in den einzelstaatlichen Rechtsvorschriften eine besondere ärztliche Überwachung vorgesehen ist, eingesetzt werden.

(2) Machen die Mitgliedstaaten von der in Absatz 1 genannten Möglichkeit nicht Gebrauch, so treffen sie unbeschadet des Artikels 14 der Richtlinie 89/391/EWG[1] die erforderlichen Vorkehrungen, damit Arbeitnehmern mit einem Arbeitsverhältnis im Sinne des Artikels 1, die für Arbeiten eingesetzt werden, für die in den einzelstaatlichen Rechtsvorschriften eine besondere ärztliche Überwachung vorgesehen ist, eine angemessene besondere ärztliche Überwachung zugute kommt.

(3) Die Mitgliedstaaten können vorsehen, daß die in Absatz 2 vorgesehene angemessene besondere ärztliche Überwachung auch nach Beendigung des Arbeitsverhältnisses fortgesetzt wird.

Art. 6 Mit Schutzmaßnahmen und Maßnahmen zur Gefahrenverhütung beauftragte Dienste. Die Mitgliedstaaten treffen die erforderlichen Vorkehrungen, damit die Arbeitnehmer, Dienste oder Personen, die nach Artikel 7 der Richtlinie 89/391/EWG[1] mit Schutzmaßnahmen und Maßnahmen zur Verhütung berufsbedingter Gefahren beauftragt werden, über den

---

[1] Nr. **200**.

Einsatz von Arbeitnehmern mit einem Arbeitsverhältnis im Sinne des Artikels 1 unterrichtet werden, soweit dies erforderlich ist, damit die beauftragten Arbeitnehmer, Dienste oder Personen die Schutz- und Verhütungsmaßnahmen für alle Arbeitnehmer des Unternehmens und/oder der Einrichtung in angemessener Weise durchführen können.

Abschnitt III. Besondere Bestimmungen

Art. 7 Leiharbeitsverhältnisse: Unterrichtung. Unbeschadet des Artikels 3 treffen die Mitgliedstaaten die erforderlichen Vorkehrungen, damit

1. das entleihende Unternehmen und/oder die entleihende Einrichtung dem Leiharbeitsunternehmen vor der Überlassung des Arbeitnehmers mit einem Arbeitsverhältnis im Sinne des Artikels 1 Nummer 2 insbesondere die erforderliche berufliche Qualifikation und die besonderen Merkmale des zu besetzenden Arbeitsplatzes angibt;
2. das Leiharbeitsunternehmen diese Angaben den betreffenden Arbeitnehmern vollständig zur Kenntnis bringt. Die Mitgliedstaaten können vorsehen, daß die nach Absatz 1 Nummer 1 von dem entleihenden Unternehmen und/oder der entleihenden Einrichtung dem Leiharbeitsunternehmen zu machenden Angaben in einen Vertrag über die Arbeitnehmerüberlassung aufzunehmen sind.

Art. 8 Leiharbeitsverhältnisse: Verantwortung. Die Mitgliedstaaten treffen die erforderlichen Vorkehrungen, damit

1. unbeschadet der durch die einzelstaatlichen Rechtsvorschriften festgelegten Verantwortung des Leiharbeitsunternehmens das entleihende Unternehmen und/oder die entleihende Einrichtung während der Dauer des Arbeitsauftrags für die Bedingungen der Arbeitsausführung verantwortlich ist;
2. für die Anwendung der Nummer 1 die Bedingungen für die Arbeitsausführung ausschließlich diejenigen umfassen, die mit der Sicherheit, der Hygiene und dem Gesundheitsschutz am Arbeitsplatz zusammenhängen.

Abschnitt IV. Verschiedene Bestimmungen

Art. 9 Günstigere Bestimmungen. Diese Richtlinie berührt in keiner Weise bestehende oder künftige einzelstaatliche oder gemeinschaftliche Rechtsvorschriften, die den Arbeitnehmern mit einem Arbeitsverhältnis im Sinne des Artikels 1 günstigere Bedingungen in bezug auf die Sicherheit und den Gesundheitsschutz am Arbeitsplatz bieten.

Art. 10 Schlußbestimmungen. (1) [1] Die Mitgliedstaaten erlassen die erforderlichen Rechts- und Verwaltungsvorschriften, um dieser Richtlinie bis spätestens 31. Dezember 1992 nachzukommen. [2] Sie setzen die Kommission unverzüglich davon in Kenntnis.

[1] Wenn die Mitgliedstaaten Vorschriften nach Unterabsatz 1 erlassen, nehmen sie in diesen selbst oder durch einen Hinweis bei der amtlichen Veröffentlichung auf diese Richtlinie Bezug. [2] Sie regeln die Einzelheiten der Bezugnahme.

(2) Die Mitgliedstaaten teilen der Kommission den Wortlaut der einzelstaatlichen Rechtsvorschriften mit, die auf dem unter diese Richtlinie fallenden Gebiet erlassen worden sind oder von ihnen erlassen werden.

Art. 10a Durchführungsbericht. Alle fünf Jahre legen die Mitgliedstaaten der Kommission einen Bericht über die praktische Durchführung dieser Richtlinie vor, und zwar in der Form eines gesonderten Kapitels des in Artikel 17a Absätze 1, 2 und 3 der Richtlinie 89/391/EWG[1)] vorgesehenen Gesamtberichts, der als Grundlage für die Bewertung dient, die von der Kommission gemäß Artikel 17a Absatz 4 jener Richtlinie durchzuführen ist.

Art. 11 [Adressaten] Diese Richtlinie ist an die Mitgliedstaaten gerichtet.

[1)] Nr. **200**.

215. Richtlinie 91/533/EWG des Rates vom 14. Oktober 1991 über die Pflicht des Arbeitgebers zur Unterrichtung des Arbeitnehmers über die für seinen Arbeitsvertrag oder sein Arbeitsverhältnis geltenden Bedingungen[1) 2)]

(ABl. L 288 S. 32)

Celex-Nr. 3 1991 L 0533

geänd. durch Art. 24 RL (EU) 2019/1152[3)] v. 20.6.2019 (ABl. L 186 S. 105)

DER RAT DER EUROPÄISCHEN GEMEINSCHAFTEN –

gestützt auf den Vertrag zur Gründung der Europäischen Wirtschaftsgemeinschaft, insbesondere auf Artikel 94,

auf Vorschlag der Kommission[4)],

nach Stellungnahme des Europäischen Parlaments[5)],

nach Stellungnahme des Wirtschafts- und Sozialausschusses[6)],

in Erwägung nachstehender Gründe:

Die Entwicklung neuer Arbeitsformen in den Mitgliedstaaten hat zu einer Vielfalt der Arten von Arbeitsverhältnissen geführt.

Angesichts dieser Entwicklung haben sich einige Mitgliedstaaten veranlasst gesehen, Maßnahmen vorzusehen, um die Arbeitsverhältnisse bestimmten Formerfordernissen zu unterziehen. Diese Maßnahmen zielen darauf ab, die Arbeitnehmer besser vor etwaiger Unkenntnis ihrer Rechte zu schützen und den Arbeitsmarkt transparenter zu gestalten.

Die einschlägigen Rechtsvorschriften der Mitgliedstaaten weichen in wesentlichen Punkten wie etwa der Pflicht zur schriftlichen Unterrichtung des Arbeitnehmers über die wesentlichen Bedingungen seines Arbeitsvertrags oder Arbeitsverhältnisses erheblich voneinander ab.

Die Unterschiede in den Rechtsvorschriften der Mitgliedstaaten können sich unmittelbar auf das Funktionieren des Gemeinsamen Marktes auswirken.

Nach Artikel 136 des Vertrages sind sich die Mitgliedstaaten über die Notwendigkeit einig, auf eine Verbesserung der Lebens- und Arbeitsbedingungen der Arbeitskräfte hinzuwirken und dadurch auf dem Wege des Fortschritts deren Angleichung zu ermöglichen.

Die auf der Tagung des Europäischen Rates in Straßburg am 9. Dezember 1989 von den Staats- und Regierungschefs von elf Mitgliedstaaten angenommene Gemeinschaftscharta der sozialen Grundrechte der Arbeitnehmer[7)] bestimmt unter Nummer 9 folgendes:

---

1) **Aufgehoben mit Ablauf des 31.7.2022** durch Art. 24 Nachweis-RL 2020 (Nr. **340**) v. 20.6. 2019 (ABl. L 186 S. 105).

2) Die Verweise/Bezugnahmen auf Vorschriften des EGV sind bereits gemäß Art. 12 des Amsterdamer Vertrags in Verbindung mit der Übereinstimmungstabelle an die neue Nummerierung angepasst worden.

3) Nr. **340**.

4) **Amtl. Anm.:** ABl. Nr. C 24 vom 31.1.1991, S. 3

5) **Amtl. Anm.:** ABl. Nr. C 240 vom 16.9.1991, S. 21.

6) **Amtl. Anm.:** ABl. Nr. C 159 vom 17.6.1991, S. 32.

7) Nr. **25**.

„Die Arbeitsbedingungen eines jeden abhängig Beschäftigten der Europäischen Gemeinschaft müssen entsprechend den Gegebenheiten der einzelnen Länder durch das Gesetz, durch einen Tarifvertrag oder in einem Beschäftigungsvertrag geregelt sein."

Auf Gemeinschaftsebene muß allgemein zur Pflicht gemacht werden, daß jeder Arbeitnehmer über ein Schriftstück mit Angaben über die wesentlichen Bedingungen seines Arbeitsvertrags oder Arbeitsverhältnisses verfügt.

Da es zweckmässig ist, für das Arbeitsverhältnis eine gewisse Flexibilität zu wahren, sollte vorgesehen werden, daß die Mitgliedstaaten bestimmte, begrenzte Fälle von Arbeitsverhältnissen von dieser Richtlinie ausnehmen können.

Der Pflicht zur Unterrichtung kann durch Aushändigung eines schriftlichen Arbeitsvertrags, eines Anstellungsschreibens, eines oder mehrerer sonstiger Schriftstücke oder, falls dies unterbleibt, einer vom Arbeitgeber unterzeichneten schriftlichen Erklärung genügt werden.

Bei Entsendung ins Ausland muß sichergestellt sein, daß der Arbeitnehmer über die wesentlichen Bedingungen seines Arbeitsvertrags oder Arbeitsverhältnisses hinaus zuvor zusätzliche Angaben über die Bedingungen seiner Entsendung erhält.

Um das Interesse der Arbeitnehmer an der Aushändigung einer schriftlichen Unterrichtung zu schützen, muß ihnen jede Änderung der wesentlichen Bedingungen des Arbeitsvertrags oder Arbeitsverhältnisses schriftlich zur Kenntnis gebracht werden.

Es ist erforderlich, daß die Mitgliedstaaten den Arbeitnehmern die Möglichkeit bieten, ihre Rechte aus dieser Richtlinie geltend zu machen.

Die Mitgliedstaaten haben die Rechts- und Verwaltungsvorschriften zu erlassen, die erforderlich sind, um dieser Richtlinie nachzukommen, oder sie haben sich zu vergewissern, daß die Sozialpartner im Vereinbarungswege die erforderlichen Maßnahmen einführen, wobei die Mitgliedstaaten alle erforderlichen Vorkehrungen treffen müssen, um jederzeit gewährleisten zu können, daß die in der Richtlinie vorgeschriebenen Ergebnisse erzielt werden –

HAT FOLGENDE RICHTLINIE ERLASSEN:

Art. 1 Geltungsbereich. (1) Diese Richtlinie gilt für jeden Arbeitnehmer, der einen Arbeitsvertrag oder ein Arbeitsverhältnis hat, der/das in dem in einem Mitgliedstaat geltenden Recht definiert ist und/oder dem in einem Mitgliedstaat geltenden Recht unterliegt.

(2) Die Mitgliedstaaten können vorsehen, daß diese Richtlinie keine Anwendung findet für Arbeitnehmer mit einem Arbeitsvertrag oder Arbeitsverhältnis,

a) – dessen Gesamtdauer höchstens einen Monat beträgt und/oder
– dessen Wochenarbeitszeit höchstens 8 Stunden beträgt
oder

b) der/das eine Gelegenheitsarbeit und/oder eine Tätigkeit besonderer Art betrifft, sofern objektive Gründe in diesen Fällen die Nichtanwendung rechtfertigen.

Art. 2 Informationspflicht. (1) Der Arbeitgeber ist verpflichtet, den unter diese Richtlinie fallenden Arbeitnehmer (im folgenden „Arbeitnehmer" genannt) über die wesentlichen Punkte des Arbeitsvertrags oder des Arbeitsverhältnisses in Kenntnis zu setzen.

(2) Die Unterrichtung nach Absatz 1 betrifft mindestens folgende Angaben:

a) Personalien der Parteien;

b) Arbeitsplatz oder, wenn es sich nicht um einen festen oder vorherrschenden Arbeitsplatz handelt, Hinweis darauf, daß der Arbeitnehmer grundsätzlich an verschiedenen Orten beschäftigt wird, sowie Sitz oder gegebenenfalls Wohnsitz des Arbeitgebers;

c) i) die dem Arbeitnehmer bei der Einstellung zugewiesene Amtsbezeichnung, sein Dienstgrad und Art oder Kategorie seiner Stelle oder

ii) kurze Charakterisierung oder Beschreibung der Arbeit;

d) Zeitpunkt des Beginns des Arbeitsvertrags oder Arbeitsverhältnisses;

e) ist der Arbeitsvertrag oder das Arbeitsverhältnis befristet: vorhersehbare Dauer des Arbeitsvertrags oder des Arbeitsverhältnisses;

f) die Dauer des Jahresurlaubs, auf den der Arbeitnehmer Anspruch hat, oder, falls dies zum Zeitpunkt der Unterrichtung nicht angegeben werden kann, die Modalitäten der Gewährung und der Festlegung des Jahresurlaubs;

g) Länge der bei der Kündigung des Arbeitsvertrages oder des Arbeitsverhältnisses vom Arbeitgeber und vom Arbeitnehmer einzuhaltenden Kündigungsfristen oder, falls dies zum Zeitpunkt der Unterrichtung nicht angegeben werden kann, Modalitäten der Festsetzung der Kündigungsfristen;

h) anfänglicher Grundbetrag, die anderen Bestandteile sowie Periodizität der Auszahlung des Arbeitsentgelts, auf das der Arbeitnehmer Anspruch hat;

i) normale Tages- oder Wochenarbeitszeit des Arbeitnehmers;

j) gegebenenfalls:

i) Angabe der Tarifverträge und/oder der kollektiven Vereinbarungen, in denen die Arbeitsbedingungen des Arbeitnehmers geregelt sind, oder

ii) bei ausserhalb des Unternehmens durch einzelne paritätische Organe oder Institutionen abgeschlossenen Tarifverträgen Angabe des zuständigen Organs oder der zuständigen paritätischen Institution, in dessen/deren Rahmen sie abgeschlossen wurden.

(3) Die Unterrichtung über die Angaben nach Absatz 2 Buchstaben f), g), h) und i) kann gegebenenfalls durch einen Hinweis auf die Rechts- und Verwaltungsvorschriften bzw. die Satzungs- oder Tarifvertragsbestimmungen erfolgen, die für die entsprechenden Bereiche gelten.

Art. 3 Informationsmöglichkeiten. (1) Die Unterrichtung über die Angaben nach Artikel 2 Absatz 2 kann dadurch erfolgen, daß dem Arbeitnehmer spätestens zwei Monate nach Aufnahme der Arbeit folgende Schriftstücke ausgehändigt werden:

a) ein schriftlicher Arbeitsvertrag und/oder

b) ein Anstellungsschreiben und/oder

c) ein anderes oder mehrere andere Schriftstücke, wenn eines dieser Dokumente mindestens alle Angaben nach Artikel 2 Absatz 2 Buchstaben a), b), c), d), h) und i) enthält.

(2) *[1]* Wird dem Arbeitnehmer keines der Dokumente nach Absatz 1 innerhalb der dort vorgesehenen Frist ausgehändigt, so ist der Arbeitgeber verpflich-

tet, ihm spätestens zwei Monate nach Aufnahme der Arbeit eine vom Arbeitgeber unterzeichnete schriftliche Erklärung auszuhändigen, die zumindest die Angaben nach Artikel 2 Absatz 2 enthält.

[2] Enthalten die Dokumente nach Absatz 1 nur einen Teil der erforderlichen Angaben, so erstreckt sich die in Unterabsatz 1 dieses Absatzes vorgesehene schriftliche Erklärung auf den restlichen Teil der Angaben.

(3) Endet der Arbeitsvertrag oder das Arbeitsverhältnis vor Ablauf der Frist von zwei Monaten nach Aufnahme der Arbeit, so muß die Unterrichtung des Arbeitnehmers nach Artikel 2 und diesem Artikel spätestens bis zum Ablauf dieser Frist erfolgen.

Art. 4 Im Ausland tätiger Arbeitnehmer. (1) Muß der Arbeitnehmer seine Arbeit in einem oder mehreren anderen Ländern als dem Mitgliedstaat ausüben, dessen Rechtsvorschriften und/oder Praxis der Arbeitsvertrag oder das Arbeitsverhältnis unterliegt, so müssen das oder die in Artikel 3 genannten Dokumente vor der Abreise des Arbeitnehmers in dessen Besitz sein und wenigstens folgende zusätzliche Angaben enthalten:

a) Dauer der im Ausland ausgeübten Arbeit,
b) Währung, in der das Arbeitsentgelt ausgezahlt wird,
c) gegebenenfalls die mit dem Auslandsaufenthalt verbundenen Vorteile in Geld und in Naturalien,
d) gegebenenfalls die Bedingungen für die Rückführung des Arbeitnehmers.

(2) Die Unterrichtung über die Angaben nach Absatz 1 Buchstaben b) und c) kann gegebenenfalls durch einen Hinweis auf die Rechts- und Verwaltungsvorschriften bzw. die Satzungs- oder Tarifvertragsbestimmungen erfolgen, die für die entsprechenden Bereiche gelten.

(3) Die Absätze 1 und 2 finden keine Anwendung, wenn die Dauer der Arbeit ausserhalb des Landes, dessen Rechtsvorschriften und/oder Praxis der Arbeitsvertrag oder das Arbeitsverhältnis unterliegt, einen Monat oder weniger beträgt.

Art. 5 Änderung der Angaben über den Arbeitsvertrag oder das Arbeitsverhältnis. (1) Jede Änderung der Angaben nach Artikel 2 Absatz 2 und Artikel 4 Absatz 1 muß Gegenstand eines Schriftstücks sein, das der Arbeitgeber dem Arbeitnehmer umgehend, jedoch spätestens einen Monat nach dem Wirksamwerden der betreffenden Änderung aushändigen muß.

(2) Das Schriftstück nach Absatz 1 ist nicht erforderlich im Fall einer Änderung der Rechts- und Verwaltungsvorschriften bzw. der Satzungs- oder Tarifvertragsbestimmungen, auf die die Dokumente nach Artikel 3, die gegebenenfalls gemäß Artikel 4 Absatz 1 ergänzt worden sind, Bezug nehmen.

Art. 6 Bestimmungen über die Form des Arbeitsvertrags oder Arbeitsverhältnisses, über die Regelung für deren Nachweis und über Verfahrensregeln. Diese Richtlinie berührt nicht die einzelstaatlichen Rechtsvorschriften und/oder einschlägigen einzelstaatlichen Praktiken für

– die Form des Arbeitsvertrags oder Arbeitsverhältnisses,
– die Regelung für den Nachweis über das Vorhandensein und den Inhalt des Arbeitsvertrags oder des Arbeitsverhältnisses,
– einschlägige Verfahrensregeln.

Art. 7 Günstigere Vorschriften. Das Recht der Mitgliedstaaten, für die Arbeitnehmer günstigere Rechts- oder Verwaltungsvorschriften anzuwenden oder zu erlassen oder die Anwendung von für die Arbeitnehmer günstigeren tarifvertraglichen Bestimmungen zu fördern oder zu ermöglichen, bleibt von dieser Richtlinie unberührt.

Art. 8 Verteidigung der Rechte. (1) Die Mitgliedstaaten erlassen die innerstaatlichen Vorschriften, die notwendig sind, damit jeder Arbeitnehmer, der sich durch die Nichterfüllung der Verpflichtungen aus dieser Richtlinie für beschwert hält, nach etwaiger Befassung anderer zuständiger Stellen seine Rechte gerichtlich geltend machen kann.

(2) *[1]* Die Mitgliedstaaten können vorsehen, daß eine gerichtliche Geltendmachung nach Absatz 1 nur zulässig ist, wenn eine Mahnung des Arbeitnehmers an den Arbeitgeber vorliegt, die innerhalb von 15 Tagen ohne Antwort geblieben ist.

[2] Die vorherige Mahnung darf nicht in den Fällen des Artikels 4 verlangt werden, und zwar weder für Arbeitnehmer mit einem befristeten Arbeitsvertrag oder Arbeitsverhältnis noch für Arbeitnehmer, deren Arbeitsverhältnis keiner tarifvertraglichen Regelung unterliegt.

Art. 9 Schlußbestimmungen. (1) *[1]* Die Mitgliedstaaten erlassen die erforderlichen Rechts- und Verwaltungsvorschriften, um dieser Richtlinie spätestens am 30. Juni 1993 nachzukommen, oder vergewissern sich spätestens zu diesem Zeitpunkt, daß die Sozialpartner im Vereinbarungswege die erforderlichen Maßnahmen einführen, wobei die Mitgliedstaaten alle erforderlichen Vorkehrungen treffen, um jederzeit gewährleisten zu können, daß die in der Richtlinie vorgeschriebenen Ergebnisse erzielt werden.

[2] Sie setzen die Kommission unverzüglich davon in Kenntnis.

(2) Die Mitgliedstaaten treffen die erforderlichen Vorkehrungen, um sicherzustellen, daß der Arbeitgeber im Fall eines Arbeitsverhältnisses, das bei Inkrafttreten der von ihnen erlassenen Bestimmungen bereits besteht, dem Arbeitnehmer auf dessen Antrag innerhalb von zwei Monaten nach Eingang dieses Antrags das oder die Dokumente nach Artikel 3, gegebenenfalls ergänzt gemäß Artikel 4 Absatz 1, aushändigt.

(3) [1] Wenn die Mitgliedstaaten Vorschriften nach Absatz 1 erlassen, nehmen sie in den Vorschriften selbst oder durch einen Hinweis bei der amtlichen Veröffentlichung auf diese Richtlinie Bezug. [2] Die Mitgliedstaaten regeln die Einzelheiten der Bezugnahme.

(4) Die Mitgliedstaaten setzen die Kommission unverzüglich von den gemäß dieser Richtlinie erlassenen Vorschriften in Kenntnis.

Art. 10 [Adressaten] Diese Richtlinie ist an die Mitgliedstaaten gerichtet.

220. Richtlinie 92/85/EWG des Rates vom 19. Oktober 1992 über die Durchführung von Maßnahmen zur Verbesserung der Sicherheit und des Gesundheitsschutzes von schwangeren Arbeitnehmerinnen, Wöchnerinnen und stillenden Arbeitnehmerinnen am Arbeitsplatz

Vom 19. Oktober 1992

(ABl. L 348 S. 1)

Celex-Nr. 3 1992 L 0085

zuletzt geänd. durch Art. 1 VO (EU) 2019/1243 v. 20.6.2019 (ABl. L 198 S. 241)

DER RAT DER EUROPÄISCHEN GEMEINSCHAFTEN –

gestützt auf den Vertrag zur Gründung der Europäischen Wirtschaftsgemeinschaft[1], insbesondere auf Artikel 118a[2],

auf Vorschlag der Kommission, erstellt nach Anhörung des Beratenden Ausschusses für Sicherheit, Arbeitshygiene und Gesundheitsschutz am Arbeitsplatz[3],

in Zusammenarbeit mit dem Europäischen Parlament[4],

nach Stellungnahme des Wirtschafts- und Sozialausschusses [5],

in Erwägung nachstehender Gründe:

Artikel 118a des Vertrages[2] sieht vor, daß der Rat durch Richtlinien Mindestvorschriften erlässt, um die Verbesserung insbesondere der Arbeitsumwelt zu fördern und so die Sicherheit und die Gesundheit der Arbeitnehmer zu schützen.

Diese Richtlinie ermöglicht keine Einschränkung des bereits in den einzelnen Mitgliedstaaten erzielten Schutzes; die Mitgliedstaaten haben sich gemäß dem Vertrag verpflichtet, die bestehenden Bedingungen in diesem Bereich zu verbessern, und sich eine Harmonisierung bei gleichzeitigem Fortschritt zum Ziel gesetzt.

Gemäß dem Artikel 118a des Vertrages[2] wird in diesen Richtlinien auf verwaltungsmäßige, finanzielle oder rechtliche Auflagen verzichtet, die der Gründung und Entwicklung von Klein- und Mittelbetrieben entgegenstehen.

Gemäß dem Beschluß 74/325/EWG[6], zuletzt geändert durch die Beitrittsakte von 1985, wird der Beratende Ausschuß für Sicherheit, Arbeitshygiene und Gesundheitsschutz am Arbeitsplatz im Hinblick auf die Ausarbeitung von Vorschlägen auf diesem Gebiet von der Kommission gehört.

---

[1] Nunmehr Vertrag über die Arbeitsweise der Europäischen Union (auszugsweise abgedruckt unter Nr. **5**) durch Vertrag von Lissabon v. 13.12.2007 (ABl. C 306 S. 1).

[2] Nunmehr Art. 154 AEUV (Nr. **5**) durch Vertrag von Lissabon v. 13.12.2007 (ABl. C 306 S. 1).

[3] **Amtl. Anm.:** ABl. Nr. C 281 vom 9.11.1990, S. 3, und ABl. Nr. C 25 vom 1.2.1991, S. 9.

[4] **Amtl. Anm.:** ABl. Nr. C 19 vom 28.1.1991, S. 177, und ABl. Nr. C 150 vom 15.6.1992, S. 99.

[5] **Amtl. Anm.:** ABl. Nr. C 41 vom 18.2.1991, S. 29.

[6] **Amtl. Anm.:** ABl. Nr. L 185 vom 9.7.1974, S. 15.

In der vom Europäischen Rat am 9. Dezember 1989 in Straßburg verabschiedeten Gemeinschaftscharta der sozialen Grundrechte der Arbeitnehmer[1] heißt es insbesondere in Absatz 19:

„Jeder Arbeitnehmer muß in seiner Arbeitsumwelt zufriedenstellende Bedingungen für Gesundheitsschutz und Sicherheit vorfinden. Es sind geeignete Maßnahmen zu ergreifen, um die Harmonisierung der auf diesem Gebiet bestehenden Bedingungen auf dem Weg des Fortschritts weiterzuführen."

Die Kommission hat sich im Rahmen ihres Aktionsprogramms zur Anwendung der Gemeinschaftscharta der sozialen Grundrechte der Arbeitnehmer unter anderem den Erlaß einer Richtlinie über den Schutz von Schwangeren am Arbeitsplatz durch den Rat zum Ziel gesetzt.

Gemäß Artikel 15 der Richtlinie 89/391/EWG[2] des Rates vom 12. Juni 1989 über die Durchführung von Maßnahmen zur Verbesserung der Sicherheit und des Gesundheitsschutzes der Arbeitnehmer bei der Arbeit[3] müssen besonders gefährdete Risikogruppen gegen die speziell sie bedrohenden Gefahren geschützt werden.

Da schwangere Arbeitnehmerinnen, Wöchnerinnen und stillende Arbeitnehmerinnen in vielerlei Hinsicht als eine Gruppe mit besonderen Risiken betrachtet werden müssen, sind Maßnahmen für ihre Sicherheit und ihren Gesundheitsschutz zu treffen.

Der Schutz der Sicherheit und der Gesundheit von schwangeren Arbeitnehmerinnen, Wöchnerinnen und stillenden Arbeitnehmerinnen darf Frauen auf dem Arbeitsmarkt nicht benachteiligen; er darf ferner nicht die Richtlinien zur Gleichbehandlung von Männern und Frauen beeinträchtigen.

Bei bestimmten Tätigkeiten kann ein besonderes Risiko einer Exposition der schwangeren Arbeitnehmerin, der Wöchnerin oder der stillenden Arbeitnehmerin gegenüber gefährlichen Agenzien, Verfahren oder Arbeitsbedingungen bestehen; diese Risiken müssen beurteilt und die Ergebnisse dieser Beurteilung den Arbeitnehmerinnen und/oder ihren Vertretern mitgeteilt werden.

Für den Fall, daß das Ergebnis dieser Beurteilung ein Risiko für die Sicherheit und die Gesundheit der Arbeitnehmerin ergibt, ist eine Regelung zum Schutz der Arbeitnehmerin vorzusehen.

Schwangere Arbeitnehmerinnen und stillende Arbeitnehmerinnen dürfen keine Tätigkeiten ausüben, bei denen die Beurteilung ergeben hat, daß das Risiko einer die Sicherheit oder Gesundheit gefährdenden Exposition gegenüber bestimmten besonders gefährlichen Agenzien oder Arbeitsbedingungen besteht.

Es sind Bestimmungen vorzusehen, nach denen schwangere Arbeitnehmerinnen, Wöchnerinnen oder stillende Arbeitnehmerinnen nicht verpflichtet werden, Nachtarbeit zu verrichten, wenn dies aus Gründen ihrer Sicherheit und Gesundheit erforderlich ist.

Die Empfindlichkeit der schwangeren Arbeitnehmerin, der Wöchnerin oder der stillenden Arbeitnehmerin machen einen Anspruch auf Mutterschaftsurlaub von mindestens 14 Wochen ohne Unterbrechung erforderlich, die sich auf die Zeit vor und/oder nach der Entbindung aufteilen; ferner muß ein Mutter-

---

[1] Nr. **25**.
[2] Nr. **200**.
[3] **Amtl. Anm.:** ABl. Nr. L 183 vom 29.6.1989, S. 1.

schaftsurlaub von mindestens zwei Wochen obligatorisch gemacht werden, der auf die Zeit vor und/oder nach der Entbindung aufzuteilen ist.

Die Gefahr, aus Gründen entlassen zu werden, die mit ihrem Zustand in Verbindung stehen, kann sich schädlich auf die physische und psychische Verfassung von schwangeren Arbeitnehmerinnen, Wöchnerinnen oder stillenden Arbeitnehmerinnen auswirken; daher ist es erforderlich, ihre Kündigung zu verbieten.

Die arbeitsorganisatorischen Maßnahmen zum Schutz der Gesundheit der schwangeren Arbeitnehmerinnen, der Wöchnerinnen oder der stillenden Arbeitnehmerinnen hätten keine praktische Wirksamkeit, wenn nicht gleichzeitig die mit dem Arbeitsvertrag verbundenen Rechte, einschließlich der Fortzahlung eines Arbeitsentgelts und/oder des Anspruchs auf eine angemessene Sozialleistung, gewährleistet wären.

Desgleichen hätten die Bestimmungen über den Mutterschaftsurlaub keine praktische Wirksamkeit, wenn nicht gleichzeitig die mit dem Arbeitsvertrag verbundenen Rechte und die Fortzahlung eines Arbeitsentgelts und/oder der Anspruch auf eine angemessene Sozialleistung gewährleistet wären.

Der Begriff der angemessenen Sozialleistung beim Mutterschaftsurlaub ist als ein technischer Bezugspunkt zur Festlegung des Mindestschutzstandards anzusehen; er darf keinesfalls als eine Gleichstellung von Schwangerschaft und Krankheit ausgelegt werden –

HAT FOLGENDE RICHTLINIE ERLASSEN:

Abschnitt I. Ziel und Definitionen

Art. 1 Ziel. (1) Ziel dieser Richtlinie, die die zehnte Einzelrichtlinie im Sinne von Artikel 16 Absatz 1 der Richtlinie 89/391/EWG[1)] darstellt, ist die Durchführung von Maßnahmen zur Verbesserung der Sicherheit und des Gesundheitsschutzes von schwangeren Arbeitnehmerinnen, Wöchnerinnen und stillenden Arbeitnehmerinnen am Arbeitsplatz.

(2) Die Bestimmungen der Richtlinie 89/391/EWG mit Ausnahme von Artikel 2 Absatz 2 gelten unbeschadet strengerer und/oder spezifischer Bestimmungen dieser Richtlinie uneingeschränkt für den gesamten Bereich im Sinne von Absatz 1.

(3) Aus dieser Richtlinie läßt sich bei ihrer Umsetzung keine Rechtfertigung für einen Abbau des der schwangeren Arbeitnehmerin, der Wöchnerin oder der stillenden Arbeitnehmerin gewährten Schutzes im Vergleich mit der Lage ableiten, die in den einzelnen Mitgliedstaaten zum Zeitpunkt des Erlasses dieser Richtlinie besteht.

Art. 2 Definitionen. Im Sinne dieser Richtlinie gilt als

a) „schwangere Arbeitnehmerin“ jede schwangere Arbeitnehmerin, die den Arbeitgeber gemäß den einzelstaatlichen Rechtsvorschriften und/oder Gepflogenheiten von ihrer Schwangerschaft unterrichtet;
b) „Wöchnerin“ jede Arbeitnehmerin kurz nach einer Entbindung im Sinne der einzelstaatlichen Rechtsvorschriften und/oder Gepflogenheiten, die den

---

[1)] Nr. **200**.

Arbeitgeber gemäß diesen Rechtsvorschriften und/oder Gepflogenheiten von ihrer Entbindung unterrichtet;

c) „stillende Arbeitnehmerin" jede stillende Arbeitnehmerin im Sinne der einzelstaatlichen Rechtsvorschriften und/oder Gepflogenheiten, die den Arbeitgeber gemäß diesen Rechtsvorschriften und/oder Gepflogenheiten darüber unterrichtet, daß sie stillt.

Abschnitt II. Allgemeine Bestimmungen

Art. 3 Leitlinien. (1) *[1]* Die Kommission erstellt im Benehmen mit den Mitgliedstaaten und mit Unterstützung des Beratenden Ausschusses für Sicherheit, Arbeitshygiene und Gesundheitsschutz am Arbeitsplatz Leitlinien für die Beurteilung der chemischen, physikalischen und biologischen Agenzien sowie der industriellen Verfahren, die als Gefahrenquelle für Gesundheit und Sicherheit der Arbeitnehmerinnen im Sinne des Artikels 2 gelten.

[2] Die in Unterabsatz 1 genannten Leitlinien erstrecken sich auch auf die Bewegungen und Körperhaltungen, die geistige und körperliche Ermüdung und die sonstigen, mit der Tätigkeit der Arbeitnehmerinnen im Sinne des Artikels 2 verbundenen körperlichen und geistigen Belastungen.

(2) *[1]* Die in Absatz 1 genannten Leitlinien sollen als Leitfaden für die in Artikel 4 Absatz 1 vorgesehene Beurteilung dienen.

[2] Zu diesem Zweck bringen die Mitgliedstaaten diese Leitlinien den Arbeitgebern und den Arbeitnehmerinnen und/oder ihren Vertretern in dem betreffenden Mitgliedstaat zur Kenntnis.

Art. 4 Beurteilung und Unterrichtung. (1) Für jede Tätigkeit, bei der ein besonderes Risiko einer Exposition gegenüber den in der nicht erschöpfenden Liste in Anhang I genannten Agenzien, Verfahren und Arbeitsbedingungen besteht, sind in dem betreffenden Unternehmen und/oder Betrieb vom Arbeitgeber selbst oder durch die in Artikel 7 der Richtlinie 89/391/EWG[1)] genannten Dienste für die Gefahrenverhütung Art, Ausmaß und Dauer der Exposition der Arbeitnehmerinnen im Sinne des Artikels 2 zu beurteilen, damit

– alle Risiken für Sicherheit und Gesundheit sowie alle Auswirkungen auf Schwangerschaft oder Stillzeit der Arbeitnehmerinnen im Sinne des Artikels 2 abgeschätzt und
– die zu ergreifenden Maßnahmen bestimmt werden können.

(2) Unbeschadet des Artikels 10 der Richtlinie 89/391/EWG werden in dem betreffenden Unternehmen und/oder Betrieb die Arbeitnehmerinnen im Sinne des Artikels 2 sowie diejenigen Arbeitnehmerinnen, die sich in einer der in Artikel 2 genannten Situationen befinden könnten, und/oder ihre Vertreter über die Ergebnisse der Beurteilung nach Absatz 1 und über die in bezug auf Sicherheit und Gesundheitsschutz am Arbeitsplatz zu ergreifenden Maßnahmen unterrichtet.

Art. 5 Konsequenzen aus der Beurteilung. (1) Ergibt die Beurteilung nach Artikel 4 Absatz 1 das Vorhandensein einer Gefährdung für Sicherheit oder Gesundheit sowie eine mögliche Auswirkung auf Schwangerschaft oder

---

1) Nr. **200**.

Stillzeit einer Arbeitnehmerin im Sinne des Artikels 2, so trifft der Arbeitgeber unbeschadet des Artikels 6 der Richtlinie 89/391/EWG[1] die erforderlichen Maßnahmen, um durch eine einstweilige Umgestaltung der Arbeitsbedingungen und/oder der Arbeitszeiten der betreffenden Arbeitnehmerin auszuschließen, daß die Arbeitnehmerin dieser Gefährdung ausgesetzt ist.

(2) Ist die Umgestaltung der Arbeitsbedingungen und/oder der Arbeitszeiten technisch und/oder sachlich nicht möglich oder aus gebührend nachgewiesenen Gründen nicht zumutbar, so trifft der Arbeitgeber die erforderlichen Maßnahmen für einen Arbeitsplatzwechsel der betreffenden Arbeitnehmerin.

(3) Ist der Arbeitsplatzwechsel technisch und/oder sachlich nicht möglich oder aus gebührend nachgewiesenen Gründen nicht zumutbar, so wird die betreffende Arbeitnehmerin während des gesamten zum Schutz ihrer Sicherheit und Gesundheit erforderlichen Zeitraums entsprechend den einzelstaatlichen Rechtsvorschriften und/oder Gepflogenheiten beurlaubt.

(4) Die Bestimmungen dieses Artikels gelten sinngemäß für den Fall, daß eine Arbeitnehmerin, die eine nach Artikel 6 verbotene Tätigkeit ausübt, schwanger wird oder stillt und ihren Arbeitgeber davon unterrichtet.

Art. 6 Verbot der Exposition. Neben den allgemeinen Vorschriften zum Schutz der Arbeitnehmer und insbesondere den Vorschriften über die Grenzwerte berufsbedingter Expositionen gilt folgendes:

1. Schwangere Arbeitnehmerinnen im Sinne des Artikels 2 Buchstabe a) dürfen in keinem Fall zu Tätigkeiten verpflichtet werden, bei denen die Beurteilung ergeben hat, daß das Risiko einer die Sicherheit oder Gesundheit gefährdenden Exposition gegenüber den in Anhang II Abschnitt A aufgeführten Agenzien und Arbeitsbedingungen besteht.
2. Stillende Arbeitnehmerinnen im Sinne des Artikels 2 Buchstabe c) dürfen in keinem Fall zu Tätigkeiten verpflichtet werden, bei denen die Beurteilung ergeben hat, daß das Risiko einer die Sicherheit oder Gesundheit gefährdenden Exposition gegenüber den in Anhang II Abschnitt B aufgeführten Agenzien und Arbeitsbedingungen besteht.

Art. 7 Nachtarbeit. (1) Die Mitgliedstaaten treffen die erforderlichen Maßnahmen, damit Arbeitnehmerinnen im Sinne des Artikels 2 während ihrer Schwangerschaft und während eines von der für die Sicherheit und den Gesundheitsschutz zuständigen einzelstaatlichen Behörde festzulegenden Zeitraums nach der Entbindung nicht zu Nachtarbeit verpflichtet werden, vorbehaltlich eines nach den von den Mitgliedstaaten zu bestimmenden Einzelheiten vorzulegenden ärztlichen Attestes, in dem die entsprechende Notwendigkeit im Hinblick auf die Sicherheit und den Gesundheitsschutz der Arbeitnehmerin bestätigt wird.

(2) Die in Absatz 1 genannten Maßnahmen müssen entsprechend den einzelstaatlichen Rechtsvorschriften und/oder Gepflogenheiten folgendes ermöglichen:

a) die Umsetzung an einen Arbeitsplatz mit Tagarbeit oder

[1] Nr. **200**.

b) die Beurlaubung oder die Verlängerung des Mutterschaftsurlaubs, sofern eine solche Umsetzung technisch oder sachlich nicht möglich oder aus gebührend nachgewiesenen Gründen nicht zumutbar ist.

Art. 8 Mutterschaftsurlaub. (1) Die Mitgliedstaaten treffen die erforderlichen Maßnahmen, um sicherzustellen, daß den Arbeitnehmerinnen im Sinne des Artikels 2 ein Mutterschaftsurlaub von mindestens 14 Wochen ohne Unterbrechung gewährt wird, die sich entsprechend den einzelstaatlichen Rechtsvorschriften und/oder Gepflogenheiten auf die Zeit vor und/oder nach der Entbindung aufteilen.

(2) Der Mutterschaftsurlaub gemäß Absatz 1 muß einen obligatorischen Mutterschaftsurlaub von mindestens zwei Wochen umfassen, die sich entsprechend den einzelstaatlichen Rechtsvorschriften und/oder Gepflogenheiten auf die Zeit vor und/oder nach der Entbindung aufteilen.

Art. 9 Freistellung von der Arbeit für Vorsorgeuntersuchungen. Die Mitgliedstaaten treffen die erforderlichen Maßnahmen, damit schwangeren Arbeitnehmerinnen im Sinne des Artikels 2 Buchstabe a) entsprechend den einzelstaatlichen Rechtsvorschriften und/oder Gepflogenheiten eine Freistellung von der Arbeit gewährt wird, die es ihnen erlaubt, die Vorsorgeuntersuchungen während der Schwangerschaft ohne Lohn- bzw. Gehaltseinbußen wahrzunehmen, wenn diese Untersuchungen während der Arbeitszeit stattfinden müssen.

Art. 10 Verbot der Kündigung. Um den Arbeitnehmerinnen im Sinne des Artikels 2 die Ausübung der in diesem Artikel anerkannten Rechte in bezug auf ihre Sicherheit und ihren Gesundheitsschutz zu gewährleisten, wird folgendes vorgesehen:

1. Die Mitgliedstaaten treffen die erforderlichen Maßnahmen, um die Kündigung der Arbeitnehmerinnen im Sinne des Artikels 2 während der Zeit vom Beginn der Schwangerschaft bis zum Ende des Mutterschaftsurlaubs nach Artikel 8 Absatz 1 zu verbieten; davon ausgenommen sind die nicht mit ihrem Zustand in Zusammenhang stehenden Ausnahmefälle, die entsprechend den einzelstaatlichen Rechtsvorschriften und/oder Gepflogenheiten zulässig sind, wobei gegebenenfalls die zuständige Behörde ihre Zustimmung erteilen muß.
2. Wird einer Arbeitnehmerin im Sinne des Artikels 2 während der in Nummer 1 genannten Zeit gekündigt, so muß der Arbeitgeber schriftlich berechtigte Kündigungsgründe anführen.
3. Die Mitgliedstaaten treffen die erforderlichen Maßnahmen, um Arbeitnehmerinnen im Sinne des Artikels 2 vor den Folgen einer nach Nummer 1 widerrechtlichen Kündigung zu schützen.

Art. 11 Mit dem Arbeitsvertrag verbundene Rechte. *[1]* Um den Arbeitnehmerinnen im Sinne des Artikels 2 die Ausübung der in diesem Artikel anerkannten Rechte in bezug auf ihre Sicherheit und ihren Gesundheitsschutz zu gewährleisten, wird folgendes vorgesehen:

1. In den in den Artikeln 5, 6 und 7 genannten Fällen müssen die mit dem Arbeitsvertrag verbundenen Rechte der Arbeitnehmerinnen im Sinne des Artikels 2, einschließlich der Fortzahlung eines Arbeitsentgelts und/oder des

Anspruchs auf eine angemessene Sozialleistung, entsprechend den einzelstaatlichen Rechtsvorschriften und/oder Gepflogenheiten gewährleistet sein.

2. In dem in Artikel 8 genannten Fall müssen gewährleistet sein:
   a) die mit dem Arbeitsvertrag der Arbeitnehmerinnen im Sinne des Artikels 2 verbundenen anderen Rechte als die unter dem nachstehenden Buchstaben b) genannten;
   b) die Fortzahlung eines Arbeitsentgelts und/oder der Anspruch auf eine angemessene Sozialleistung für die Arbeitnehmerinnen im Sinne des Artikels 2.
3. Die Sozialleistung nach Nummer 2 Buchstabe b) gilt als angemessen, wenn sie mindestens den Bezügen entspricht, die die betreffende Arbeitnehmerin im Falle einer Unterbrechung ihrer Erwerbstätigkeit aus gesundheitlichen Gründen erhalten würde, wobei es gegebenenfalls eine von den einzelstaatlichen Gesetzgebern festgelegte Obergrenze gibt.
4. Es steht den Mitgliedstaaten frei, den Anspruch auf die Fortzahlung des Arbeitsentgelts oder die in Nummer 1 und Nummer 2 Buchstabe b) genannte Sozialleistung davon abhängig zu machen, daß die betreffende Arbeitnehmerin die in den einzelstaatlichen Rechtsvorschriften vorgesehenen Bedingungen für das Entstehen eines Anspruchs auf diese Leistungen erfüllt.

[2] Nach diesen Bedingungen darf keinesfalls vorgesehen sein, daß dem voraussichtlichen Zeitpunkt der Entbindung eine Erwerbstätigkeit von mehr als zwölf Monaten unmittelbar vorangegangen sein muß.

Art. 12 Rechtsschutz. Die Mitgliedstaaten erlassen die innerstaatlichen Vorschriften, die notwendig sind, damit jede Arbeitnehmerin, die sich durch die Nichterfüllung der Verpflichtungen aus dieser Richtlinie für beschwert hält, ihre Rechte gerichtlich und/oder entsprechend den innerstaatlichen Rechtsvorschriften und/oder Gebräuchen durch Befassung anderer zuständiger Stellen geltend machen kann.

Art. 13 Änderungen des Anhangs I. *[1]* Der Kommission wird die Befugnis übertragen, gemäß Artikel 13a delegierte Rechtsakte zur Vornahme rein technischer Änderungen des Anhangs I zu erlassen, um den technischen Fortschritt, die Entwicklung der internationalen Vorschriften oder Spezifikationen und den Wissensstand zu berücksichtigen.

[2] Ist in hinreichend begründeten Ausnahmefällen, in denen eine akute, unmittelbare und schwerwiegende Gefahr für die körperliche Gesundheit und Sicherheit von Arbeitnehmern oder anderen Personen gegeben ist, aus Gründen äußerster Dringlichkeit sehr kurzfristiges Handeln erforderlich, so findet das Verfahren gemäß Artikel 13b auf delegierte Rechtsakte, die gemäß dem vorliegenden Artikel erlassen werden, Anwendung.

Art. 13a Ausübung der Befugnisübertragung. (1) Die Befugnis zum Erlass delegierter Rechtsakte wird der Kommission unter den in diesem Artikel festgelegten Bedingungen übertragen.

(2) [1] Die Befugnis zum Erlass delegierter Rechtsakte gemäß Artikel 13 wird der Kommission für einen Zeitraum von fünf Jahren ab dem 26. Juli 2019 übertragen. [2] Die Kommission erstellt spätestens neun Monate vor Ablauf des Zeitraums von fünf Jahren einen Bericht über die Befugnisübertragung. [3] Die Befugnisübertragung verlängert sich stillschweigend um Zeiträume gleicher

Länge, es sei denn, das Europäische Parlament oder der Rat widersprechen einer solchen Verlängerung spätestens drei Monate vor Ablauf des jeweiligen Zeitraums.

(3) [1] Die Befugnisübertragung gemäß Artikel 13 kann vom Europäischen Parlament oder vom Rat jederzeit widerrufen werden. [2] Der Beschluss über den Widerruf beendet die Übertragung der in diesem Beschluss angegebenen Befugnis. [3] Er wird am Tag nach seiner Veröffentlichung im *Amtsblatt der Europäischen Union* oder zu einem im Beschluss über den Widerruf angegebenen späteren Zeitpunkt wirksam. [4] Die Gültigkeit von delegierten Rechtsakten, die bereits in Kraft sind, wird von dem Beschluss über den Widerruf nicht berührt.

(4) Vor dem Erlass eines delegierten Rechtsakts konsultiert die Kommission die von den einzelnen Mitgliedstaaten benannten Sachverständigen im Einklang mit den in der Interinstitutionellen Vereinbarung vom 13. April 2016 über bessere Rechtsetzung[1)] enthaltenen Grundsätzen.

(5) Sobald die Kommission einen delegierten Rechtsakt erlässt, übermittelt sie ihn gleichzeitig dem Europäischen Parlament und dem Rat.

(6) [1] Ein delegierter Rechtsakt, der gemäß Artikel 13 erlassen wurde, tritt nur in Kraft, wenn weder das Europäische Parlament noch der Rat innerhalb einer Frist von zwei Monaten nach Übermittlung dieses Rechtsakts an das Europäische Parlament und den Rat Einwände erhoben haben oder wenn vor Ablauf dieser Frist das Europäische Parlament und der Rat beide der Kommission mitgeteilt haben, dass sie keine Einwände erheben werden. [2] Auf Initiative des Europäischen Parlaments oder des Rates wird diese Frist um zwei Monate verlängert.

Art. 13b Dringlichkeitsverfahren. (1) [1] Delegierte Rechtsakte, die nach diesem Artikel erlassen werden, treten umgehend in Kraft und sind anwendbar, solange keine Einwände gemäß Absatz 2 erhoben werden. [2] Bei der Übermittlung eines delegierten Rechtsakts an das Europäische Parlament und den Rat werden die Gründe für die Anwendung des Dringlichkeitsverfahrens angegeben.

(2) [1] Das Europäische Parlament oder der Rat können gemäß dem Verfahren des Artikels 13a Absatz 6 Einwände gegen einen delegierten Rechtsakt erheben. [2] In diesem Fall hebt die Kommission den Rechtsakt umgehend nach der Übermittlung des Beschlusses des Europäischen Parlaments oder des Rates, Einwände zu erheben, auf.

Art. 14 Schlußbestimmungen. (1) [1] Die Mitgliedstaaten erlassen die erforderlichen Rechts- und Verwaltungsvorschriften, um dieser Richtlinie spätestens zwei Jahre nach ihrem Erlaß nachzukommen, bzw. vergewissern sich, daß die Sozialpartner bis spätestens zwei Jahre nach dem Erlaß dieser Richtlinie die notwendigen Vorschriften durch Vereinbarungen einführen, wobei die Mitgliedstaaten die notwendigen Vorkehrungen zu treffen haben, um jederzeit in der Lage zu sein, die dieser Richtlinie entsprechenden Ergebnisse zu gewährleisten. [2] Sie setzen die Kommission unverzüglich davon in Kenntnis.

(2) [1] Wenn die Mitgliedstaaten die Vorschriften nach Absatz 1 erlassen, nehmen sie in den Vorschriften selbst oder durch einen Hinweis bei der amtlichen

---

[1)] **Amtl. Anm.:** ABl. L 123 vom 12.5.2016, S. 1.

Veröffentlichung auf diese Richtlinie Bezug. [2]Die Mitgliedstaaten regeln die Einzelheiten der Bezugnahme.

(3) Die Mitgliedstaaten teilen der Kommission den Wortlaut der wesentlichen einzelstaatlichen Rechtsvorschriften mit, die auf dem unter diese Richtlinie fallenden Gebiet bereits erlassen worden sind oder von ihnen erlassen werden.

Art. 15 [Adressaten] Diese Richtlinie ist an die Mitgliedstaaten gerichtet.

Anhänge. *(hier nicht wiedergegeben)*

225. Richtlinie 94/33/EG des Rates vom 22. Juni 1994 über den Jugendarbeitsschutz

(ABl. L 216 S. 12)

Celex-Nr. 3 1994 L 0033

zuletzt geänd. durch Art. 1 VO (EU) 2019/1243 v. 20.6.2019 (ABl. L 198 S. 241)

DER RAT DER EUROPÄISCHEN UNION –

gestützt auf den Vertrag zur Gründung der Europäischen Gemeinschaft[1], insbesondere auf Artikel 118a[2],

auf Vorschlag der Kommission[3],

nach Stellungnahme des Wirtschafts- und Sozialausschusses[4],

gemäß dem Verfahren des Artikels 189c des Vertrags[5] [6],

in Erwägung nachstehender Gründe:

Artikel 118a des Vertrags[2] bestimmt, daß der Rat durch Richtlinien Mindestvorschriften zur Verbesserung insbesondere der Arbeitsumwelt erläßt, um einen besseren Schutz der Sicherheit und Gesundheit der Arbeitnehmer zu gewährleisten.

Nach demselben Artikel sollen diese Richtlinien keine verwaltungsmäßigen, finanziellen oder rechtlichen Aufgaben vorschreiben, die der Gründung und Entwicklung von Klein- und Mittelbetrieben entgegenstehen.

In der Gemeinschaftscharta der sozialen Grundrechte der Arbeitnehmer[7], die von den Staats- und Regierungschefs von elf Mitgliedstaaten auf der Tagung des Europäischen Rates in Straßburg am 9. Dezember 1989 verabschiedet wurde, heißt es unter den Punkten 20 und 22:

„20. Unbeschadet günstigerer Vorschriften für Jugendliche, vor allem solcher Vorschriften, die ihre berufliche Eingliederung durch Berufsausbildung gewährleisten, und abgesehen von auf bestimmte leichte Arbeiten beschränkten Ausnahmen darf das Mindestalter für den Eintritt in das Arbeitsleben das Alter, in dem die Schulpflicht erlischt, nicht unterschreiten und in keinem Fall unter 15 Jahren liegen.

22. Es sind die notwendigen Maßnahmen zu ergreifen, um die arbeitsrechtlichen Vorschriften für junge Arbeitnehmer so umzugestalten, daß sie den Erfordernissen ihrer persönlichen Entwicklung und ihrem Bedarf an beruflicher Bildung und an Zugang zur Beschäftigung entsprechen.

---

[1] Nunmehr Vertrag über die Arbeitsweise der Europäischen Union (auszugsweise abgedruckt unter Nr. **5**) durch Vertrag von Lissabon v. 13.12.2007 (ABl. C 306 S. 1).

[2] Nunmehr Art. 154 AEUV (Nr. **5**) durch Vertrag von Lissabon v. 13.12.2007 (ABl. C 306 S. 1).

[3] **Amtl. Anm.:** ABl. Nr. C 84 vom 4.4.1992, S. 7.

[4] **Amtl. Anm.:** ABl. Nr. C 313 vom 30.11.1992, S. 70.

[5] Aufgehoben durch Vertrag von Lissabon v. 13.12.2007 (ABl. C 306 S. 1).

[6] **Amtl. Anm.:** Stellungnahme des Europäischen Parlaments vom 17. Dezember 1992 (ABl. Nr. C 21 vom 25.1.1993, S. 167). Gemeinsame Stellungnahme des Rates vom 23. November 1993 (noch nicht im Amtsblatt veröffentlicht) und Beschluß des Europäischen Parlaments vom 9. März 1994 (ABl. Nr. C 91 vom 28.3.1994, S. 89).

[7] Nr. **25**.

Namentlich die Arbeitszeit der Arbeitnehmer unter achtzehn Jahren ist zu begrenzen – ohne daß dieses Gebot durch den Rückgriff auf Überstunden umgangen werden kann – und die Nachtarbeit zu untersagen, wobei für bestimmte durch die einzelstaatlichen Rechtsvorschriften und Regelungen festgelegte berufliche Tätigkeiten Ausnahmen gelten können."

Es ist den Grundsätzen der Internationalen Arbeitsorganisation hinsichtlich des Jugendarbeitsschutzes Rechnung zu tragen, einschließlich der Regeln über das Mindestalter für den Zugang zur Beschäftigung oder zur Arbeit.

In seiner Entschließung über die Kinderarbeit[1] hat das Europäische Parlament die Aspekte der Arbeit Jugendlicher zusammengefaßt und insbesondere die Auswirkungen dieser Arbeit auf die Gesundheit, die Sicherheit sowie die körperliche und geistige Entwicklung der jungen Menschen hervorgehoben; es hat die Notwendigkeit unterstrichen, eine Richtlinie zu erlassen, die die einschlägigen nationalen Rechtsvorschriften vereinheitlicht.

Gemäß Artikel 15 der Richtlinie 89/391/EWG[2] des Rates vom 12. Juni 1989 über die Durchführung von Maßnahmen zur Verbesserung der Sicherheit und des Gesundheitsschutzes der Arbeitnehmer bei der Arbeit[3] müssen besonders gefährdete Risikogruppen gegen die speziell sie bedrohenden Gefahren geschützt werden.

Da Kinder und Jugendliche als Gruppen mit besonderen Risiken betrachtet werden müssen, sind Maßnahmen für ihre Sicherheit und ihren Gesundheitsschutz zu treffen.

Die Gefährdungen für Kinder machen es erforderlich, daß die Mitgliedstaaten Kinderarbeit verbieten und dafür Sorge tragen, daß das Mindestalter für den Zugang zur Beschäftigung oder Arbeit nicht unter dem Alter, mit dem gemäß den einzelstaatlichen Rechtsvorschriften die Vollzeitschulpflicht endet, und in keinem Fall unter 15 Jahren liegt. Ausnahmen von dem Verbot der Kinderarbeit können nur in einzelnen Fällen und unter den in dieser Richtlinie genannten Bedingungen zugelassen werden. Sie dürfen sich auf keinen Fall auf den Schulbesuch und den Nutzen des Unterrichts nachteilig auswirken.

Die besonderen Merkmale des Übergangs von der Kindheit zum Erwachsenenalter machen eine strenge Regelung und einen strengen Schutz der Arbeit von Jugendlichen erforderlich.

Die Arbeitgeber müssen gewährleisten, daß die Arbeitsbedingungen dem Alter des jungen Menschen angepaßt sind.

Die Arbeitgeber müssen die für die Sicherheit und den Gesundheitsschutz der jungen Menschen erforderlichen Maßnahmen aufgrund einer Beurteilung der für die jungen Menschen mit ihrer Arbeit verbundenen Gefährdungen treffen.

Die Mitgliedstaaten müssen die jungen Menschen vor den spezifischen Gefahren schützen, die aus der mangelnden Erfahrung, dem fehlenden Bewusstsein für tatsächliche oder potentielle Gefahren und der noch nicht abgeschlossenen Entwicklung des jungen Menschen herrühren.

Die Mitgliedstaaten müssen zu diesem Zweck eine Beschäftigung junger Menschen mit den in der vorliegenden Richtlinie genannten Arbeiten verbieten.

---

[1] **Amtl. Anm.:** ABl. Nr. C 190 vom 20.7.1987, S. 44.
[2] Nr. **200**.
[3] **Amtl. Anm.:** ABl. Nr. L 183 vom 29.6.1989, S. 1.

Mit dem Erlaß von eindeutigen Mindestvorschriften für die Arbeitszeitgestaltung können die Arbeitsbedingungen der jungen Menschen verbessert werden.

Die Höchstdauer der Arbeitszeit der jungen Menschen muß strikt begrenzt werden, und Nachtarbeit muß für junge Menschen verboten werden, ausgenommen in bestimmten, durch einzelstaatliche Rechtsvorschriften festzulegenden Tätigkeitsbereichen.

Die Mitgliedstaaten müssen geeignete Maßnahmen treffen, damit bei Jugendlichen, die noch in schulischer Ausbildung stehen, die Arbeitszeit sich nicht nachteilig auf die Fähigkeit auswirkt, dem Unterricht mit Nutzen zu folgen.

Die Zeit, die die jungen Menschen, die im Rahmen eines dualen Systems der theoretischen und/oder praktischen Berufsausbildung oder eines Betriebspraktikums arbeiten, für die Ausbildung aufwenden, muß als Teil der Arbeitszeit gelten.

Um die Sicherheit und Gesundheit der jungen Menschen zu gewährleisten, müssen ihnen Mindestruhezeiten – je Tag, Woche und Jahr – sowie angemessene Ruhepausen zugestanden werden.

Bei der wöchentlichen Ruhezeit muß der Unterschiedlichkeit der kulturellen, ethnischen, religiösen und anderen Faktoren in den Mitgliedstaaten hinreichend Rechnung getragen werden. Insbesondere fällt es in den Zuständigkeitsbereich eines jeden Mitgliedstaats, letztlich darüber zu befinden, ob und in welchem Masse der Sonntag in die wöchentliche Ruhezeit einzubeziehen ist.

Eine angemessene Arbeitserfahrung kann dazu beitragen, die jungen Menschen auf das berufliche und gesellschaftliche Leben von Erwachsenen vorzubereiten, vorausgesetzt, es wird dafür Sorge getragen, daß nachteilige Auswirkungen auf ihre Sicherheit, Gesundheit und Entwicklung vermieden werden.

Wenn Ausnahmen von den in dieser Richtlinie vorgesehenen Verboten und Einschränkungen für bestimmte Beschäftigungen oder besondere Situationen unumgänglich erscheinen, darf ihre Anwendung nicht die Grundsätze des festgelegten Schutzsystems beeinträchtigen.

Diese Richtlinie stellt ein konkretes Element im Rahmen der Verwirklichung der sozialen Dimension des Binnenmarktes dar.

Das von dieser Richtlinie vorgesehene Schutzsystem erfordert für seine konkrete Anwendung, daß die Mitgliedstaaten ein System von Maßnahmen einführen, die wirksam und angemessen sind.

Die Durchführung einiger Bestimmungen dieser Richtlinie stellt einen Mitgliedstaat in bezug auf sein System des Schutzes Jugendlicher bei der Arbeit vor besondere Schwierigkeiten. Diesem Mitgliedstaat sollte deshalb gestattet werden, die betreffenden Bestimmungen während eines angemessenen Zeitraums noch nicht anzuwenden –

HAT FOLGENDE RICHTLINIE ERLASSEN:

Abschnitt I

Art. 1 Gegenstand. (1) *[1]* Die Mitgliedstaaten treffen die erforderlichen Maßnahmen, um die Kinderarbeit zu verbieten.

[2] Sie tragen unter den in dieser Richtlinie vorgesehenen Bedingungen dafür Sorge, daß das Mindestalter für den Zugang zur Beschäftigung oder Arbeit nicht unter dem Alter, mit dem gemäß den einzelstaatlichen Rechtsvorschriften die Vollzeitschulpflicht endet und in keinem Fall unter 15 Jahren liegt.

(2) Die Mitgliedstaaten tragen dafür Sorge, daß die Arbeit Jugendlicher unter den in dieser Richtlinie vorgesehenen Bedingungen streng geregelt und geschützt wird.

(3) *[1]* Die Mitgliedstaaten tragen allgemein dafür Sorge, daß der Arbeitgeber gewährleistet, daß die Arbeitsbedingungen dem Alter der jungen Menschen angepaßt sind.

[2] Sie tragen dafür Sorge, daß junge Menschen vor wirtschaftlicher Ausbeutung sowie vor Arbeiten geschützt werden, die ihrer Sicherheit, ihrer Gesundheit oder ihrer physischen, psychischen, moralischen oder sozialen Entwicklung schaden oder ihre Gesamtbildung beeinträchtigen könnten.

Art. 2 Geltungsbereich. (1) Diese Richtlinie gilt für Personen unter 18 Jahren, die einen Arbeitsvertrag haben oder in einem Arbeitsverhältnis stehen, der bzw. das durch das in einem Mitgliedstaat geltende Recht definiert ist und/oder dem in einem Mitgliedstaat geltenden Recht unterliegt.

(2) Die Mitgliedstaaten können durch Rechtsvorschrift vorsehen, daß diese Richtlinie im Rahmen von ihnen durch Rechtsvorschrift festgesetzter Grenzen und Bedingungen keine Anwendung findet auf gelegentliche oder kurzfristige

a) Hausarbeiten in einem Privathaushalt oder
b) Arbeiten in Familienbetrieben, sofern diese Arbeiten als für junge Menschen weder schädlich noch nachteilig noch gefährlich anzusehen sind.

Art. 3 Begriffsbestimmungen. In dieser Richtlinie bezeichnet der Ausdruck

a) „junger Mensch" jede Person unter 18 Jahren im Sinne des Artikels 2 Absatz 1;
b) „Kind" jeden jungen Menschen, der noch nicht 15 Jahre alt ist oder gemäß den einzelstaatlichen Rechtsvorschriften noch der Vollzeitschulpflicht unterliegt;
c) „Jugendlicher" jeden jungen Menschen, der mindestens 15, aber noch nicht 18 Jahre alt ist und gemäß den einzelstaatlichen Rechtsvorschriften nicht mehr der Vollzeitschulpflicht unterliegt;
d) „leichte Arbeit" jede Arbeit, die aufgrund ihrer Beschaffenheit und der besonderen Bedingungen, unter denen sie ausgeführt wird, sich
   i) weder auf die Sicherheit, die Gesundheit oder die Entwicklung der Kinder
   ii) noch auf ihren Schulbesuch, ihre Beteiligung an Programmen zur Berufsberatung oder -ausbildung, die von der zuständigen Stelle anerkannt sind, oder ihre Fähigkeit, dem Unterricht mit Nutzen zu folgen,

   nachteilig auswirkt;
e) „Arbeitszeit" jegliche Zeitspanne, während der der junge Mensch gemäß den einzelstaatlichen Rechtsvorschriften und/oder Gepflogenheiten arbeitet, dem Arbeitgeber zur Verfügung steht und seine Tätigkeit ausübt oder Aufgaben wahrnimmt;
f) „Ruhezeit" jegliche Zeitspanne außerhalb der Arbeitszeit.

Art. 4 Verbot der Kinderarbeit. (1) Die Mitgliedstaaten treffen die erforderlichen Maßnahmen für ein Verbot der Kinderarbeit.

(2) Die Mitgliedstaaten können unter Berücksichtigung der Ziele des Artikels 1 durch Rechtsvorschrift vorsehen, daß das Verbot der Kinderarbeit nicht gilt für

a) Kinder, die unter Artikel 5 fallende Tätigkeiten ausüben;

b) Kinder, die mindestens 14 Jahre alt sind und im Rahmen eines Systems der dualen Ausbildung oder eines Betriebspraktikums arbeiten, sofern diese Arbeit unter den von der zuständigen Behörde vorgeschriebenen Bedingungen ausgeübt wird;

c) Kinder, die mindestens 14 Jahre alt sind und leichte Arbeiten mit Ausnahme der unter Artikel 5 fallenden leichten Arbeiten verrichten; leichte Arbeiten mit Ausnahme der unter Artikel 5 fallenden leichten Arbeiten dürfen jedoch nach Maßgabe der einzelstaatlichen Rechtsvorschriften in bestimmten Kategorien von Arbeiten für eine begrenzte Zahl von Stunden auch von Kindern ab 13 Jahren verrichtet werden.

(3) Die Mitgliedstaaten, die von der in Absatz 2 Buchstabe c) genannten Möglichkeit Gebrauch machen, legen die Arbeitsbedingungen für leichte Arbeiten nach Maßgabe dieser Richtlinie fest.

Art. 5 Kulturelle und ähnliche Aktivitäten. (1) Die Einstellung von Kindern im Hinblick auf ihre Mitwirkung bei kulturellen, künstlerischen, sportlichen oder Werbetätigkeiten bedarf der vorherigen Genehmigung im Einzelfall durch die zuständige Stelle.

(2) Die Mitgliedstaaten regeln durch Rechtsvorschrift die Arbeitsbedingungen der Kinder in den in Absatz 1 genannten Fällen sowie die Modalitäten des Verfahrens der vorherigen Genehmigung mit der Maßgabe, daß sich diese Tätigkeiten

i) weder auf die Sicherheit, die Gesundheit oder die Entwicklung der Kinder

ii) noch auf ihren Schulbesuch, auf ihre Beteiligung an Programmen zur Berufsberatung oder -ausbildung, die von der zuständigen Stelle anerkannt sind, oder ihre Fähigkeit, dem Unterricht mit Nutzen zu folgen,

nachteilig auswirken dürfen.

(3) Abweichend von dem in Absatz 1 vorgesehenen Verfahren können die Mitgliedstaaten durch Rechtsvorschrift vorsehen, daß Kinder, die mindestens 13 Jahre alt sind, im Hinblick auf ihre Mitwirkung bei kulturellen, künstlerischen, sportlichen oder Werbetätigkeiten unter von den Mitgliedstaaten festgesetzten Bedingungen beschäftigt werden dürfen.

(4) Mitgliedstaaten können Regelungen beibehalten, nach denen Modell-Agenturen einer besonderen Genehmigung für die Beschäftigung von Kindern bedürfen.

Abschnitt II

Art. 6 Allgemeine Pflichten des Arbeitgebers. (1) Unbeschadet des Artikels 4 Absatz 1 trifft der Arbeitgeber unter besonderer Berücksichtigung der in Artikel 7 Absatz 1 genannten spezifischen Gefahren die für die Sicherheit und den Gesundheitsschutz der jungen Menschen erforderlichen Maßnahmen.

(2) *[1]* Der Arbeitgeber trifft die Maßnahmen gemäß Absatz 1 aufgrund einer Beurteilung der für die jungen Menschen mit ihrer Beschäftigung verbundenen Gefährdungen.

[2] Die Beurteilung erfolgt vor Beginn der Beschäftigung des jungen Menschen und bei jeder bedeutenden Änderung der Arbeitsbedingungen; sie bezieht sich insbesondere auf folgende Punkte:

a) Einrichtung und Gestaltung der Arbeitsstätte und des Arbeitsplatzes;
b) Art, Grad und Dauer der physikalischen, chemischen und biologischen Einwirkungen;
c) Gestaltung, Auswahl und Einsatz von Arbeitsmitteln, insbesondere von Arbeitsstoffen, Maschinen, Geräten und Anlagen sowie den Umgang damit;
d) Gestaltung von Arbeitsverfahren und Arbeitsabläufen und deren Zusammenwirken (Arbeitsorganisation);
e) Stand von Ausbildung und Unterweisung der jungen Menschen.

[3] Wenn diese Beurteilung ergibt, daß eine Gefahr für die Sicherheit, die körperliche oder geistige Gesundheit oder die Entwicklung der jungen Menschen besteht, so ist sicherzustellen, daß unbeschadet der Richtlinie 89/391/EWG[1)] in regelmäßigen Zeitabständen kostenlos eine angemessene Bewertung und Überwachung des Gesundheitszustands der jungen Menschen erfolgt.

[4] Die kostenlose Gesundheitsbewertung und -überwachung kann Bestandteil eines nationalen Gesundheitssystems sein.

(3) *[1]* Der Arbeitgeber unterrichtet die jungen Menschen über mögliche Gefahren sowie über alle zu ihrer Sicherheit und ihrem Gesundheitsschutz getroffenen Maßnahmen.

[2] Der Arbeitgeber unterrichtet ferner die gesetzlichen Vertreter der Kinder über mögliche Gefahren sowie über alle zu ihrer Sicherheit und ihrem Gesundheitsschutz getroffenen Maßnahmen.

(4) Der Arbeitgeber beteiligt die mit Schutzmaßnahmen und Maßnahmen zur Gefahrenverhütung beauftragten Dienste im Sinne des Artikels 7 der Richtlinie 89/391/EWG an der Planung, Durchführung und Überwachung der für die Sicherheit und den Gesundheitsschutz bei der Beschäftigung junger Menschen geltenden Vorschriften.

Art. 7 Gefährdungen für junge Menschen – Beschäftigungsverbote.

(1) Die Mitgliedstaaten tragen dafür Sorge, daß junge Menschen vor den spezifischen Gefahren für die Sicherheit, die Gesundheit und die Entwicklung geschützt werden, die aus der mangelnden Erfahrung, dem fehlenden Bewußtsein für tatsächliche oder potentielle Gefahren und der noch nicht abgeschlossenen Entwicklung des jungen Menschen herrühren.

(2) *[1]* Unbeschadet des Artikels 4 Absatz 1 verbieten die Mitgliedstaaten zu diesem Zweck eine Beschäftigung junger Menschen mit

a) Arbeiten, die objektiv ihre physische oder psychische Leistungsfähigkeit übersteigen;
b) Arbeiten, die eine schädliche Einwirkung von giftigen, krebserregenden, erbgutverändernden, fruchtschädigenden oder in sonstiger Weise den Menschen chronisch schädigenden Gefahrstoffen mit sich bringen;
c) Arbeiten, die eine schädliche Einwirkung von Strahlen mit sich bringen;
d) Arbeiten, die mit Unfallgefahren verbunden sind, von denen anzunehmen ist, daß junge Menschen sie wegen mangelnden Sicherheitsbewußtseins oder wegen mangelnder Erfahrung oder Ausbildung nicht erkennen oder nicht abwenden können; oder

---

[1)] Nr. **200**.

e) Arbeiten, bei denen die Gesundheit durch extreme Kälte oder Hitze oder durch Lärm oder Erschütterungen gefährdet wird.

[2] Zu den Arbeiten, die spezifische Gefahren für junge Menschen im Sinne des Absatzes 1 mit sich bringen, gehören insbesondere

– Arbeiten unter schädlicher Einwirkung der in Abschnitt I des Anhangs aufgeführten physikalischen, chemischen und biologischen Agenzien und
– Verfahren und Arbeiten, die in Abschnitt II des Anhangs aufgeführt sind.

(3) Die Mitgliedstaaten können durch Rechtsvorschrift für Jugendliche Abweichungen von Absatz 2 zulassen, soweit sie für die Berufsausbildung der Jugendlichen unbedingt erforderlich sind und die Sicherheit und der Gesundheitsschutz der Jugendlichen dadurch sichergestellt sind, daß die Arbeiten unter der Aufsicht einer gemäß Artikel 7 der Richtlinie 89/391/EWG[1] hierfür zuständigen Person ausgeführt werden und daß der in derselben Richtlinie vorgesehene Schutz gewährleistet ist.

Abschnitt III

Art. 8 Arbeitszeit. (1) Die Mitgliedstaaten, die von Artikel 4 Absatz 2 Buchstabe b) oder c) Gebrauch machen, treffen die erforderlichen Maßnahmen, um die Arbeitszeit von Kindern wie folgt zu begrenzen:

a) auf 8 Stunden pro Tag und auf 40 Stunden pro Woche für Kinder, die im Rahmen eines Systems der dualen Ausbildung oder eines Betriebspraktikums arbeiten;
b) auf 2 Stunden pro Schultag und auf 12 Stunden pro Woche bei Arbeiten, die während der Schulzeit außerhalb der Unterrichtsstunden verrichtet werden, sofern die einzelstaatlichen Rechtsvorschriften und/oder Praktiken dies nicht verbieten;
die Tagesarbeitszeit darf in keinem Fall 7 Stunden überschreiten; diese Höchstdauer kann für Kinder, die mindestens 15 Jahre alt sind, auf 8 Stunden heraufgesetzt werden;
c) auf 7 Stunden pro Tag und auf 35 Stunden pro Woche bei Arbeiten während der unterrichtsfreien Zeit, wenn diese mindestens eine Woche beträgt; diese Begrenzungen können für Kinder, die mindestens 15 Jahre alt sind, auf 8 Stunden pro Tag und 40 Stunden pro Woche heraufgesetzt werden;
d) auf 7 Stunden pro Tag und auf 35 Stunden pro Woche bei leichten Arbeiten, die von Kindern ausgeführt werden, die gemäß den einzelstaatlichen Rechtsvorschriften nicht mehr der Vollzeitschulpflicht unterliegen.

(2) Die Mitgliedstaaten treffen die erforderlichen Maßnahmen, um die Arbeitszeit von Jugendlichen auf 8 Stunden pro Tag und auf 40 Stunden pro Woche zu begrenzen.

(3) Die Zeit, die ein junger Mensch, der im Rahmen eines dualen Systems der theoretischen und/oder praktischen Berufsausbildung oder eines Betriebspraktikums arbeitet, für die Ausbildung aufwendet, gilt als Teil der Arbeitszeit.

(4) Ist ein junger Mensch bei mehreren Arbeitgebern beschäftigt, so sind die geleisteten Arbeitstage und Arbeitsstunden zusammenzurechnen.

---

[1] Nr. **200**.

(5) *[1]* Die Mitgliedstaaten können durch Rechtsvorschrift vorsehen, daß in Ausnahmefällen oder in Fällen, in denen dies durch objektive Gründe gerechtfertigt ist, von Absatz 1 Buchstabe a) bzw. Absatz 2 abgewichen werden kann.

[2] Die Mitgliedstaaten legen die Bedingungen, Einschränkungen und sonstigen Einzelheiten für die Durchführung der Abweichungen durch Rechtsvorschrift fest.

Art. 9 Nachtarbeit. (1)

a) Die Mitgliedstaaten, die von Artikel 4 Absatz 2 Buchstabe b) oder c) Gebrauch machen, treffen die erforderlichen Maßnahmen, um Kinderarbeit zwischen 20.00 Uhr und 6.00 Uhr zu verbieten.

b) Die Mitgliedstaaten treffen die erforderlichen Maßnahmen, um die Arbeit von Jugendlichen zwischen 22.00 Uhr und 6.00 Uhr oder zwischen 23.00 Uhr und 7.00 Uhr zu verbieten.

(2)

[1]

a) Die Mitgliedstaaten können durch Rechtsvorschrift in besonderen Tätigkeitsberichen die Arbeit von Jugendlichen während des Nachtarbeitsverbots nach Absatz 1 Buchstabe b) zulassen.
In diesem Fall treffen die Mitgliedstaaten geeignete Maßnahmen für die Beaufsichtigung des Jugendlichen durch einen Erwachsenen in den Fällen, in denen eine solche Beaufsichtigung zum Schutz des Jugendlichen erforderlich ist.

b) Für den Fall, daß Buchstabe a) angewendet wird, bleibt eine Arbeit zwischen Mitternacht und 4.00 Uhr verboten.

[2] Die Mitgliedstaaten können jedoch durch Rechtsvorschrift in den nachstehend aufgeführten Fällen die Arbeit von Jugendlichen während des Nachtarbeitsverbots zulassen, sofern dies durch objektive Gründe gerechtfertigt ist, den Jugendlichen angemessene Ausgleichsruhezeiten gewährt werden und die Ziele des Artikels 1 nicht in Frage gestellt werden:

- Beschäftigung in der Schiffahrt oder in der Fischerei;
- Beschäftigung in den Streitkräften oder in der Polizei;
- Beschäftigung in Krankenhäusern oder ähnlichen Einrichtungen;
- kulturelle, künstlerische, sportliche oder Werbetätigkeiten.

(3) Vor einer Einteilung zur Nachtarbeit und anschließend in regelmäßigen Abständen muß den Jugendlichen eine kostenlose Bewertung ihres Gesundheitszustands und ihrer Fähigkeiten gewährt werden, es sei denn, die Arbeit während des Nachtarbeitsverbots wird nur ausnahmsweise verrichtet.

Art. 10 Ruhezeiten. (1)

a) Die Mitgliedstaaten, die von Artikel 4 Absatz 2 Buchstabe b) oder c) Gebrauch machen, treffen die erforderlichen Maßnahmen, damit Kinder während jedes Zeitraums von 24 Stunden eine Ruhezeit von mindestens 14 aufeinanderfolgenden Stunden erhalten.

b) Die Mitgliedstaaten treffen die erforderlichen Maßnahmen, damit Jugendliche während jedes Zeitraums von 24 Stunden eine Ruhezeit von mindestens 12 aufeinanderfolgenden Stunden erhalten.

(2) *[1]* Die Mitgliedstaaten treffen die erforderlichen Maßnahmen, damit

– Kinder, auf die Artikel 4 Absatz 2 Buchstabe b) oder c) angewendet wird, und

– Jugendliche

während jedes Zeitraums von 7 Tagen mindestens 2 Ruhetage, die nach Möglichkeit aufeinanderfolgen, erhalten.

[2] Die Mindestruhezeit kann verkürzt werden, sofern technische oder organisatorische Gründe dies rechtfertigen; sie darf in keinem Fall weniger als 36 aufeinanderfolgende Stunden betragen.

[3] Die in den Unterabsätzen 1 und 2 genannte Mindestruhezeit umfaßt im Prinzip den Sonntag.

(3) Die Mitgliedstaaten können durch Rechtsvorschrift vorsehen, daß die in den Absätzen 1 und 2 genannten Mindestruhezeiten bei Tätigkeiten mit über den Tag verteilten oder kurzen Arbeitszeiten unterbrochen werden können.

(4) Die Mitgliedstaaten können durch Rechtsvorschrift in den nachstehend aufgeführten Fällen für Jugendliche Abweichungen von Absatz 1 Buchstabe b) und Absatz 2 zulassen, sofern dies durch objektive Gründe gerechtfertigt ist, den Jugendlichen angemessene Ausgleichsruhezeiten gewährt werden und die Ziele des Artikels 1 nicht in Frage gestellt werden:

a) Beschäftigung in der Schiffahrt oder in der Fischerei;

b) Beschäftigung in den Streitkräften oder in der Polizei;

c) Beschäftigung in Krankenhäusern oder ähnlichen Einrichtungen;

d) Beschäftigung in der Landwirtschaft;

e) Beschäftigung im Fremdenverkehr oder im Hotel- und Gaststättengewerbe;

f) Beschäftigung, bei der die Arbeitszeiten über den Tag verteilt sind.

Art. 11 Jahresruhezeit. Die Mitgliedstaaten, die von der Möglichkeit des Artikels 4 Absatz 2 Buchstabe b) oder c) Gebrauch machen, tragen dafür Sorge, daß bei Kindern, die aufgrund der einzelstaatlichen Rechtsvorschriften der Vollzeitschulpflicht unterliegen, die Schulferien im Rahmen des Möglichen einen arbeitsfreien Zeitraum umfassen.

Art. 12 Pausen. Die Mitgliedstaaten treffen die erforderlichen Maßnahmen, damit junge Menschen eine nach Möglichkeit zusammenhängende Ruhepause von mindestens 30 Minuten erhalten, wenn die tägliche Arbeitszeit mehr als viereinhalb Stunden beträgt.

Art. 13 Jugendarbeit in Fällen höherer Gewalt. Die Mitgliedstaaten können durch Rechtsvorschrift für Arbeiten, die unter den in Artikel 5 Absatz 4 der Richtlinie 89/391/EWG[1] genannten Bedingungen ausgeführt werden, Ausnahmen von Artikel 8 Absatz 2, Artikel 9 Absatz 1 Buchstabe b), Artikel 10 Absatz 1 Buchstabe b) sowie, im Fall von Jugendlichen, von Artikel 12 zulassen, sofern diese Arbeiten vorübergehend sind und keinen Aufschub dulden, keine erwachsenen Arbeitnehmer zur Verfügung stehen und den betroffenen Jugendlichen binnen drei Wochen entsprechende Ausgleichsruhezeiten gewährt werden.

---

[1] Nr. **200**.

Abschnitt IV

Art. 14 Maßnahmen. Jeder Mitgliedstaat legt die erforderlichen Maßnahmen fest, die bei einem Verstoß gegen die zur Durchführung dieser Richtlinie erlassenen Bestimmungen zu ergreifen sind; diese Maßnahmen müssen wirksam und angemessen sein.

Art. 15 Änderungen des Anhangs. Der Kommission wird die Befugnis übertragen, gemäß Artikel 15a delegierte Rechtsakte zur Vornahme rein technischer Änderungen des Anhangs zu erlassen, um den technischen Fortschritt, die Entwicklung der internationalen Regelungen oder Spezifikationen und die Fortschritte beim Kenntnisstand auf dem Gebiet des Jugendarbeitsschutzes zu berücksichtigen.

Art. 15a Ausübung der Befugnisübertragung. (1) Die Befugnis zum Erlass delegierter Rechtsakte wird der Kommission unter den in diesem Artikel festgelegten Bedingungen übertragen.

(2) [1] Die Befugnis zum Erlass delegierter Rechtsakte gemäß Artikel 15 wird der Kommission für einen Zeitraum von fünf Jahren ab dem 26. Juli 2019 übertragen. [2] Die Kommission erstellt spätestens neun Monate vor Ablauf des Zeitraums von fünf Jahren einen Bericht über die Befugnisübertragung. [3] Die Befugnisübertragung verlängert sich stillschweigend um Zeiträume gleicher Länge, es sei denn, das Europäische Parlament oder der Rat widersprechen einer solchen Verlängerung spätestens drei Monate vor Ablauf des jeweiligen Zeitraums.

(3) [1] Die Befugnisübertragung gemäß Artikel 15 kann vom Europäischen Parlament oder vom Rat jederzeit widerrufen werden. [2] Der Beschluss über den Widerruf beendet die Übertragung der in diesem Beschluss angegebenen Befugnis. [3] Er wird am Tag nach seiner Veröffentlichung im *Amtsblatt der Europäischen Union* oder zu einem im Beschluss über den Widerruf angegebenen späteren Zeitpunkt wirksam. [4] Die Gültigkeit von delegierten Rechtsakten, die bereits in Kraft sind, wird von dem Beschluss über den Widerruf nicht berührt.

(4) Vor dem Erlass eines delegierten Rechtsakts konsultiert die Kommission die von den einzelnen Mitgliedstaaten benannten Sachverständigen im Einklang mit den in der Interinstitutionellen Vereinbarung vom 13. April 2016 über bessere Rechtsetzung[1)] enthaltenen Grundsätzen.

(5) Sobald die Kommission einen delegierten Rechtsakt erlässt, übermittelt sie ihn gleichzeitig dem Europäischen Parlament und dem Rat.

(6) [1] Ein delegierter Rechtsakt, der gemäß Artikel 15 erlassen wurde, tritt nur in Kraft, wenn weder das Europäische Parlament noch der Rat innerhalb einer Frist von zwei Monaten nach Übermittlung dieses Rechtsakts an das Europäische Parlament und den Rat Einwände erhoben haben oder wenn vor Ablauf dieser Frist das Europäische Parlament und der Rat beide der Kommission mitgeteilt haben, dass sie keine Einwände erheben werden. [2] Auf Initiative des Europäischen Parlaments oder des Rates wird diese Frist um zwei Monate verlängert.

Art. 16 Nichtrückschrittsklausel. Unbeschadet des Rechts der Mitgliedstaaten, aufgrund der Entwicklung der Lage unterschiedliche Vorschriften im Bereich

[1)] **Amtl. Anm.:** ABl. L 123 vom 12.5.2016, S. 1.

des Jugendschutzes zu erlassen, sofern die in dieser Richtlinie vorgesehenen Mindestanforderungen eingehalten werden, darf die Umsetzung dieser Richtlinie keinen Rückschritt gegenüber dem in jedem Mitgliedstaat bestehenden allgemeinen Jugendschutzniveau bedeuten.

Art. 17 Schlußbestimmungen. (1)

a) Die Mitgliedstaaten erlassen die erforderlichen Rechts- und Verwaltungsvorschriften, um dieser Richtlinie spätestens am 22. Juni 1996 nachzukommen, bzw. vergewissern sich spätestens zu jenem Zeitpunkt, daß die Sozialpartner die notwendigen Vorschriften durch Vereinbarungen einführen, wobei die Mitgliedstaaten die notwendigen Maßnahmen zu treffen haben, um die dieser Richtlinie entsprechenden Ergebnisse jederzeit gewährleisten zu können.

b) Während eines Zeitraums von vier Jahren ab dem unter Buchstabe a) genannten Zeitpunkt kann das Vereinigte Königreich die Durchführung von Artikel 8 Absatz 1 Buchstabe b) Unterabsatz 1 hinsichtlich der Höchstdauer der Wochenarbeitszeit sowie von Artikel 8 Absatz 2 und von Artikel 9 Absatz 1 Buchstabe b) und Absatz 2 hinausschieben.
Die Kommission legt einen Bericht über die Auswirkungen dieser Bestimmung vor.
Der Rat entscheidet nach den im Vertrag vorgesehenen Bedingungen, ob der obengenannte Zeitraum verlängert wird.

c) Die Mitgliedstaaten setzen die Kommission unverzüglich davon in Kenntnis.

(2) [1] Wenn die Mitgliedstaaten Vorschriften nach Absatz 1 erlassen, nehmen sie in den Vorschriften selbst oder durch einen Hinweis bei der amtlichen Veröffentlichung auf diese Richtlinie Bezug. [2] Die Mitgliedstaaten regeln die Einzelheiten der Bezugnahme.

(3) Die Mitgliedstaaten teilen der Kommission den Wortlaut der wichtigsten innerstaatlichen Rechtsvorschriften mit, die sie in dem unter diese Richtlinie fallenden Bereich erlassen bzw. bereits erlassen haben.

Art. 17a Durchführungebricht. Alle fünf Jahre legen die Mitgliedstaaten der Kommission einen Bericht über die praktische Durchführung dieser Richtlinie vor, und zwar in der Form eines gesonderten Kapitels des in Artikel 17a Absätze 1, 2 und 3 der Richtlinie 89/391/EWG[1)] vorgesehenen Gesamtberichts, der als Grundlage für die Bewertung dient, die von der Kommission gemäß Artikel 17a Absatz 4 jener Richtlinie durchzuführen ist.

Art. 18 [Adressaten] Diese Richtlinie ist an die Mitgliedstaaten gerichtet.

Anhang. *(hier nicht wiedergegeben)*

[1)] Nr. **200**.

230. Richtlinie 96/71/EG des Europäischen Parlaments und des Rates vom 16. Dezember 1996 über die Entsendung von Arbeitnehmern im Rahmen der Erbringung von Dienstleistungen[1] [2] [3]

(ABl. 1997 L 18 S. 1)

Celex-Nr. 3 1996 L 0071

geänd. durch Art. 1 ÄndRL (EU) 2018/957 v. 28.6.2018 (ABl. L 173 S. 16, ber. 2019 L 91 S. 77)

DAS EUROPÄISCHE PARLAMENT UND DER RAT DER EUROPÄISCHEN UNION –

gestützt auf den Vertrag zur Gründung der Europäischen Gemeinschaft, insbesondere auf Artikel 47 Absatz 2 und Artikel 55,

auf Vorschlag der Kommission[4],

nach Stellungnahme des Wirtschafts- und Sozialausschusses[5],

gemäß dem Verfahren des Artikels 251 des Vertrags[6],

in Erwägung nachstehender Gründe:

(1) Die Beseitigung der Hindernisse für den freien Personen- und Dienstleistungsverkehr zwischen den Mitgliedstaaten gehört gemäß Artikel 3 Buchstabe c) des Vertrages zu den Zielen der Gemeinschaft.

(2) Für die Erbringung von Dienstleistungen sind nach dem Vertrag seit Ende der Übergangszeit Einschränkungen aufgrund der Staatsangehörigkeit oder einer Wohnsitzvoraussetzung unzulässig.

(3) Die Verwirklichung des Binnenmarktes bietet einen dynamischen Rahmen für die länderübergreifende Erbringung von Dienstleistungen. Das veranlaßt eine wachsende Zahl von Unternehmen, Arbeitnehmer für eine zeitlich begrenzte Arbeitsleistung in das Hoheitsgebiet eines Mitgliedstaats zu entsenden, der nicht der Staat ist, in dem sie normalerweise beschäftigt werden.

(4) Die Erbringung von Dienstleistungen kann entweder als Ausführung eines Auftrags durch ein Unternehmen, in seinem Namen und unter seiner Leitung im Rahmen eines Vertrags zwischen diesem Unternehmen und dem Leistungsempfänger oder in Form des Zurverfügungstellens von Arbeitnehmern für ein Unternehmen im Rahmen eines öffentlichen oder privaten Auftrags erfolgen.

---

[1] Die Verweise/Bezugnahmen auf Vorschriften des EGV sind bereits gemäß Art. 12 des Amsterdamer Vertrags in Verbindung mit der Übereinstimmungstabelle an die neue Nummerierung angepasst worden.

[2] Übergangsvorschriften bzgl. des EU-Beitritts Bulgariens und Rumäniens siehe EU-Beitrittsakte 2005 v. 25.4.2005 (ABl. L 157 S. 203, ber. ABl. 2011 L 347 S. 62).

[3] Siehe hierzu ua:

RL 2014/67/EU zur Durchsetzung der RL 96/71/EG v. 15.5.2014 (ABl. L 159 S. 11).

[4] **Amtl. Anm.:** ABl. Nr. C 225 vom 30.8.1991, S. 6, und ABl. Nr. C 187 vom 9.7.1993, S. 5.

[5] **Amtl. Anm.:** ABl. Nr. C 49 vom 24.2.1992, S. 41.

[6] **Amtl. Anm.:** Stellungnahme des Europäischen Parlaments vom 10. Februar 1993 (ABl. Nr. C 72 vom 13.3.1993, S. 78), gemeinsamer Standpunkt des Rates vom 3. Juni 1996 (ABl. Nr. C 220 vom 29.7.1996, S. 1) und Beschluß des Europäischen Parlaments vom 18. September 1996 (ABl. Nr. C 320 vom 28.10.1996, S. 73). Beschluß des Rates vom 24. September 1996.

(5) Voraussetzung für eine solche Förderung des länderübergreifenden Dienstleistungsverkehrs sind ein fairer Wettbewerb sowie Maßnahmen, die die Wahrung der Rechte der Arbeitnehmer garantieren.

(6) Mit der Transnationalisierung der Arbeitsverhältnisse entstehen Probleme hinsichtlich des auf ein Arbeitsverhältnis anwendbaren Rechts. Es liegt im Interesse der betroffenen Parteien, die für das geplante Arbeitsverhältnis geltenden Arbeits- und Beschäftigungsbedingungen festzulegen.

(7) Das Übereinkommen von Rom vom 19. Juni 1980 über das auf vertragliche Schuldverhältnisse anzuwendende Recht[1)], das von zwölf Mitgliedstaaten unterzeichnet wurde, ist am 1. April 1991 in der Mehrheit der Mitgliedstaaten in Kraft getreten.

(8) In Artikel 3 dieses Übereinkommens wird als allgemeine Regel die freie Rechtswahl der Parteien festgelegt. Mangels einer Rechtswahl ist nach Artikel 6 Absatz 2 auf den Arbeitsvertrag das Recht des Staates anzuwenden, in dem der Arbeitnehmer in Erfüllung des Vertrages gewöhnlich seine Arbeit verrichtet, selbst wenn er vorübergehend in einen anderen Staat entsandt ist, oder das Recht des Staates, in dem sich die Niederlassung befindet, die den Arbeitnehmer eingestellt hat, sofern dieser seine Arbeit gewöhnlich nicht in ein und demselben Staat verrichtet, es sei denn, daß sich aus der Gesamtheit der Umstände ergibt, daß der Arbeitsvertrag engere Verbindungen zu einem anderen Staat aufweist; in diesem Fall ist das Recht dieses anderen Staates anzuwenden.

(9) Nach Artikel 6 Absatz 1 dieses Übereinkommens darf die Rechtswahl der Parteien nicht dazu führen, daß dem Arbeitnehmer der Schutz entzogen wird, der ihm durch die zwingenden Bestimmungen des Rechts gewährt wird, das nach Absatz 2 mangels einer Rechtswahl anzuwenden wäre.

(10) Nach Artikel 7 dieses Übereinkommens kann – zusammen mit dem für anwendbar erklärten Recht – den zwingenden Bestimmungen des Rechts eines anderen Staates, insbesondere des Mitgliedstaats, in dessen Hoheitsgebiet der Arbeitnehmer vorübergehend entsandt wird, Wirkung verliehen werden.

(11) Nach dem in Artikel 20 dieses Übereinkommens anerkannten Grundsatz des Vorrangs des Gemeinschaftsrechts berührt das Übereinkommen nicht die Anwendung der Kollisionsnormen für vertragliche Schuldverhältnisse auf besonderen Gebieten, die in Rechtsakten der Organe der Europäischen Gemeinschaften oder in dem in Ausführung dieser Akte harmonisierten innerstaatlichen Recht enthalten sind oder enthalten sein werden.

(12) Das Gemeinschaftsrecht hindert die Mitgliedstaaten nicht daran, ihre Gesetze oder die von den Sozialpartnern abgeschlossenen Tarifverträge auf sämtliche Personen anzuwenden, die – auch nur vorübergehend – in ihrem Hoheitsgebiet beschäftigt werden, selbst wenn ihr Arbeitgeber in einem anderen Mitgliedstaat ansässig ist. Das Gemeinschaftsrecht verbietet es den Mitgliedstaaten nicht, die Einhaltung dieser Bestimmungen mit angemessenen Mitteln sicherzustellen.

(13) Die Gesetze der Mitgliedstaaten müssen koordiniert werden, um einen Kern zwingender Bestimmungen über ein Mindestmaß an Schutz festzulegen, das im Gastland von Arbeitgebern zu gewährleisten ist, die Ar-

---

[1)] **Amtl. Anm.:** ABl. Nr. L 266 vom 9.10.1980, S. 1.

beitnehmer für eine zeitlich begrenzte Arbeitsleistung in das Hoheitsgebiet eines Mitgliedstaats entsenden, in dem eine Dienstleistung zu erbringen ist. Eine solche Koordinierung kann nur durch Rechtsvorschriften der Gemeinschaft erfolgen.

(14) Ein „harter Kern" klar definierter Schutzbestimmungen ist vom Dienstleistungserbringer unabhängig von der Dauer der Entsendung des Arbeitnehmers einzuhalten.

(15) In bestimmten Einzelfällen von Montage- und/oder Einbauarbeiten sind die Bestimmungen über die Mindestlohnsätze und den bezahlten Mindestjahresurlaub nicht anzuwenden.

(16) Die Anwendung der Bestimmungen über die Mindestlohnsätze und den bezahlten Mindestjahresurlaub bedarf außerdem einer gewissen Flexibilität. Beträgt die Dauer der Entsendung nicht mehr als einen Monat, so können die Mitgliedstaaten unter bestimmten Bedingungen von den Bestimmungen über die Mindestlohnsätze abweichen oder die Möglichkeit von Abweichungen im Rahmen von Tarifverträgen vorsehen. Ist der Umfang der zu verrichtenden Arbeiten gering, so können die Mitgliedstaaten von den Bestimmungen über die Mindestlohnsätze und den bezahlten Mindestjahresurlaub abweichen.

(17) Die im Gastland geltenden zwingenden Bestimmungen über ein Mindestmaß an Schutz dürfen jedoch nicht der Anwendung von Arbeitsbedingungen, die für die Arbeitnehmer günstiger sind, entgegenstehen.

(18) Es sollte der Grundsatz eingehalten werden, daß außerhalb der Gemeinschaft ansässige Unternehmen nicht besser gestellt werden dürfen als Unternehmen, die im Hoheitsgebiet eines Mitgliedstaats ansässig sind.

(19) Unbeschadet anderer Gemeinschaftsbestimmungen beinhaltet diese Richtlinie weder die Verpflichtung zur rechtlichen Anerkennung der Existenz von Leiharbeitsunternehmen, noch hindert sie die Mitgliedstaaten, ihre Rechtsvorschriften über das Zurverfügungstellen von Arbeitskräften und über Leiharbeitsunternehmen auf Unternehmen anzuwenden, die nicht in ihrem Hoheitsgebiet niedergelassen, dort aber im Rahmen der Erbringung von Dienstleistungen tätig sind.

(20) Diese Richtlinien berührt weder die von der Gemeinschaft mit Drittländern geschlossenen Übereinkünfte noch die Rechtsvorschriften der Mitgliedstaaten, die den Zugang von Dienstleistungserbringern aus Drittländern zu ihrem Hoheitsgebiet betreffen. Ebenso bleiben die einzelstaatlichen Rechtsvorschriften, die die Einreise und den Aufenthalt von Arbeitnehmern aus Drittländern sowie deren Zugang zur Beschäftigung regeln, von dieser Richtlinie unberührt.

(21) Welche Bestimmungen im Bereich der Sozialversicherungsleistungen und -beiträge anzuwenden sind, ist in der Verordnung (EWG) Nr. 1408/71 des Rates vom 14. Juni 1971 zur Anwendung der Systeme der sozialen Sicherheit auf Arbeitnehmer und deren Familien, die innerhalb der Gemeinschaft zu- und abwandern[1], geregelt.

(22) Diese Richtlinie berührt nicht das Recht der Mitgliedstaaten über kollektive Maßnahmen zur Verteidigung beruflicher Interessen.

---

[1] **Amtl. Anm.:** ABl. Nr. L 149 vom 5.7.1971, S. 2. Verordnung zuletzt geändert durch die Verordnung (EG) Nr. 3096/95 (ABl. Nr. L 335 vom 30.12.1995, S. 10).

(23) Die zuständigen Stellen in den Mitgliedstaaten müssen bei der Anwendung dieser Richtlinie zusammenarbeiten. Die Mitgliedstaaten haben geeignete Maßnahmen für den Fall der Nichteinhaltung dieser Richtlinie vorzusehen.

(24) Es muß sichergestellt werden, daß diese Richtlinie ordnungsgemäß angewandt wird. Hierzu ist eine enge Zusammenarbeit zwischen der Kommission und den Mitgliedstaaten vorzusehen.

(25) Spätestens fünf Jahre nach Annahme dieser Richtlinie hat die Kommission die Anwendung dieser Richtlinie zu überprüfen und, falls erforderlich, Änderungsvorschläge zu unterbreiten –

HABEN FOLGENDE RICHTLINIE ERLASSEN:

Art. 1 Gegenstand und Anwendungsbereich. (1) Diese Richtlinie gilt für Unternehmen mit Sitz in einem Mitgliedstaat, die im Rahmen der länderübergreifenden Erbringung von Dienstleistungen Arbeitnehmer gemäß Absatz 3 in das Hoheitsgebiet eines Mitgliedstaats entsenden.

(-1) Mit dieser Richtlinie wird der Schutz entsandter Arbeitnehmer während ihrer Entsendung im Verhältnis zur Dienstleistungsfreiheit sichergestellt, indem zwingende Vorschriften in Bezug auf die Arbeitsbedingungen und den Schutz der Gesundheit und Sicherheit der Arbeitnehmer festgelegt werden, die eingehalten werden müssen.

(-1a) [1] Diese Richtlinie berührt in keiner Weise die Ausübung der in den Mitgliedstaaten und auf Unionsebene anerkannten Grundrechte, einschließlich des Rechts oder der Freiheit zum Streik oder zur Durchführung anderer Maßnahmen, die im Rahmen der jeweiligen Systeme der Mitgliedstaaten im Bereich der Arbeitsbeziehungen nach ihren nationalen Rechtsvorschriften und/ oder ihren nationalen Gepflogenheiten vorgesehen sind. [2] Sie berührt auch nicht das Recht, im Einklang mit den nationalen Rechtsvorschriften und/oder nationalen Gepflogenheiten Tarifverträge auszuhandeln, abzuschließen und durchzusetzen oder kollektive Maßnahmen zu ergreifen.

(2) Diese Richtlinie gilt nicht für Schiffsbesatzungen von Unternehmen der Handelsmarine.

(3) *[1]* Diese Richtlinie findet Anwendung, soweit die in Absatz 1 genannten Unternehmen eine der folgenden länderübergreifenden Maßnahmen treffen:

a) einen Arbeitnehmer in ihrem Namen und unter ihrer Leitung in das Hoheitsgebiet eines Mitgliedstaats im Rahmen eines Vertrags entsenden, der zwischen dem entsendenden Unternehmen und dem in diesem Mitgliedstaat tätigen Dienstleistungsempfänger geschlossen wurde, sofern für die Dauer der Entsendung ein Arbeitsverhältnis zwischen dem entsendenden Unternehmen und dem Arbeitnehmer besteht, oder

b) einen Arbeitnehmer in eine Niederlassung oder ein der Unternehmensgruppe angehörendes Unternehmen im Hoheitsgebiet eines Mitgliedstaats entsenden, sofern für die Dauer der Entsendung ein Arbeitsverhältnis zwischen dem entsendenden Unternehmen und dem Arbeitnehmer besteht, oder

c) als Leiharbeitsunternehmen oder als einen Arbeitnehmer überlassendes Unternehmen einen Arbeitnehmer einem entleihenden Unternehmen überlassen, das seinen Sitz im Hoheitsgebiet eines Mitgliedstaats hat oder dort seine Tätigkeit ausübt, sofern für die Dauer der Entsendung ein Arbeitsverhältnis zwischen dem Leiharbeitsunternehmen oder dem einen Arbeitnehmer zur Verfügung stellenden Unternehmen und dem Arbeitnehmer besteht.

[2] [1] Muss ein Arbeitnehmer, der von einem Leiharbeitsunternehmen oder einem Arbeitnehmer überlassenden Unternehmen einem entleihenden Unternehmen gemäß Buchstabe c überlassen wird, Arbeit im Rahmen der länderübergreifenden Erbringung von Dienstleistungen im Sinne von Buchstabe a, b oder c im Hoheitsgebiet eines anderen Mitgliedstaats als demjenigen verrichten, in dem der Arbeitnehmer normalerweise entweder für das Leiharbeitsunternehmen oder das Arbeitnehmer zur Verfügung stellende Unternehmen oder das entleihende Unternehmen arbeitet, so gilt der Arbeitnehmer als von dem Leiharbeitsunternehmen oder dem Arbeitnehmer zur Verfügung stellenden Unternehmen, mit dem der Arbeitnehmer in einem Arbeitsverhältnis steht, in das Hoheitsgebiet dieses Mitgliedstaats entsandt. [2] Das Leiharbeitsunternehmen oder das einen Arbeitnehmer zur Verfügung stellende Unternehmen ist als ein Unternehmen im Sinne von Absatz 1 zu betrachten und hält die entsprechenden Bestimmungen dieser Richtlinie und der Richtlinie 2014/67/EU des Europäischen Parlaments und des Rates[1)] uneingeschränkt ein.

[3] Das entleihende Unternehmen unterrichtet das Leiharbeitsunternehmen oder das einen Arbeitnehmer überlassende Unternehmen, das den Arbeitnehmer überlassen hat, rechtzeitig vor Beginn der Arbeit nach Unterabsatz 2.

(4) Unternehmen mit Sitz in einem Nichtmitgliedstaat darf keine günstigere Behandlung zuteil werden als Unternehmen mit Sitz in einem Mitgliedstaat.

Art. 2 Begriffsbestimmung. (1) Im Sinne dieser Richtlinie gilt als entsandter Arbeitnehmer jeder Arbeitnehmer, der während eines begrenzten Zeitraums seine Arbeitsleistung im Hoheitsgebiet eines anderen Mitgliedstaats als demjenigen erbringt, in dessen Hoheitsgebiet er normalerweise arbeitet.

(2) Für die Zwecke dieser Richtlinie wird der Begriff des Arbeitnehmers in dem Sinne verwendet, in dem er im Recht des Mitgliedstaats, in dessen Hoheitsgebiet der Arbeitnehmer entsandt wird, gebraucht wird.

Art. 3 Arbeits- und Beschäftigungsbedingungen. (1) *[1]* Die Mitgliedstaaten sorgen dafür, dass unabhängig von dem auf das jeweilige Arbeitsverhältnis anwendbaren Recht die in Artikel 1 Absatz 1 genannten Unternehmen den in ihr Hoheitsgebiet entsandten Arbeitnehmern bezüglich der nachstehenden Aspekte auf der Grundlage der Gleichbehandlung die Arbeits- und Beschäftigungsbedingungen garantieren, die in dem Mitgliedstaat, in dessen Hoheitsgebiet die Arbeitsleistung erbracht wird, festgelegt sind,

- durch Rechts- oder Verwaltungsvorschriften und/oder
- durch für allgemein verbindlich erklärte Tarifverträge oder Schiedssprüche oder durch Tarifverträge oder Schiedssprüche, die anderweitig nach Absatz 8 Anwendung finden:

a) Höchstarbeitszeiten und Mindestruhezeiten;

b) bezahlter Mindestjahresurlaub;

[1)] **Amtl. Anm.:** Richtlinie 2014/67/EU des Europäischen Parlaments und des Rates vom 15. Mai 2014 zur Durchsetzung der Richtlinie 96/71/EG über die Entsendung von Arbeitnehmern im Rahmen der Erbringung von Dienstleistungen und zur Änderung der Verordnung (EU) Nr. 1024/2012 über die Verwaltungszusammenarbeit mit Hilfe des Binnenmarkt-Informationssystems („IMI-Verordnung“) (ABl. L 159 vom 28.5.2014, S. 11).

c) Entlohnung, einschließlich der Überstundensätze; dies gilt nicht für die zusätzlichen betrieblichen Altersversorgungssysteme;
d) Bedingungen für die Überlassung von Arbeitskräften, insbesondere durch Leiharbeitsunternehmen;
e) Sicherheit, Gesundheitsschutz und Hygiene am Arbeitsplatz;
f) Schutzmaßnahmen im Zusammenhang mit den Arbeits- und Beschäftigungsbedingungen von Schwangeren und Wöchnerinnen, Kindern und Jugendlichen;
g) Gleichbehandlung von Männern und Frauen sowie andere Nichtdiskriminierungsbestimmungen;
h) Bedingungen für die Unterkünfte von Arbeitnehmern, wenn sie vom Arbeitgeber für Arbeitnehmer, die von ihrem regelmäßigen Arbeitsplatz entfernt sind, zur Verfügung gestellt werden;
i) Zulagen oder Kostenerstattungen zur Deckung von Reise-, Unterbringungs- und Verpflegungskosten für Arbeitnehmer, die aus beruflichen Gründen nicht zu Hause wohnen.

[2] Buchstabe i gilt ausschließlich für die Reise-, Unterbringungs- und Verpflegungskosten, die entsandten Arbeitnehmern entstehen, wenn sie zu und von ihrem regelmäßigen Arbeitsplatz in dem Mitgliedstaat, in dessen Hoheitsgebiet sie entsandt wurden, reisen müssen oder von ihrem Arbeitgeber vorübergehend von diesem regelmäßigen Arbeitsplatz an einen anderen Arbeitsplatz gesandt werden.

[3] Für die Zwecke dieser Richtlinie bestimmt sich der Begriff „Entlohnung" nach den nationalen Rechtsvorschriften und/oder nationalen Gepflogenheiten des Mitgliedstaats, in dessen Hoheitsgebiet der Arbeitnehmer entsandt ist, und umfasst alle die Entlohnung ausmachenden Bestandteile, die gemäß nationalen Rechts- oder Verwaltungsvorschriften oder durch in diesem Mitgliedstaat für allgemeinverbindlich erklärte Tarifverträge oder Schiedssprüche oder durch Tarifverträge oder Schiedssprüche, die nach Absatz 8 anderweitig Anwendung finden, zwingend verbindlich gemacht worden sind.

[4] Unbeschadet des Artikels 5 der Richtlinie 2014/67/EU veröffentlichen die Mitgliedstaaten die Informationen über die Arbeits- und Beschäftigungsbedingungen nach den nationalen Rechtsvorschriften und/oder nationalen Gepflogenheiten unverzüglich und in transparenter Weise auf der einzigen offiziellen nationalen Website nach dem genannten Artikel, einschließlich der die Entlohnung ausmachenden Bestandteile gemäß Unterabsatz 3 des vorliegenden Absatzes und alle Arbeits- und Beschäftigungsbedingungen gemäß Absatz 1a des vorliegenden Artikels.

[5] [1] Die Mitgliedstaaten sorgen dafür, dass die auf der einzigen offiziellen nationalen Website bereitgestellten Informationen korrekt und aktuell sind. [2] Die Kommission veröffentlicht auf ihrer Website die Adressen der einzigen offiziellen nationalen Websites.

[6] Ist den Informationen auf der einzigen offiziellen nationalen Website entgegen den Bestimmungen des Artikels 5 der Richtlinie 2014/67/EU nicht zu entnehmen, welche Arbeits- und Beschäftigungsbedingungen anzuwenden sind, so wird dieser Umstand gemäß den nationalen Rechtsvorschriften und/oder den nationalen Gepflogenheiten bei der Festlegung der Sanktionen im Falle von Verstößen gegen die gemäß dieser Richtlinie erlassenen nationalen

Vorschriften so weit berücksichtigt, wie es für die Gewährleistung ihrer Verhältnismäßigkeit erforderlich ist.

(1a) *[1]* In Fällen, in denen die tatsächliche Entsendungsdauer mehr als 12 Monate beträgt, sorgen die Mitgliedstaaten dafür, dass unabhängig von dem auf das jeweilige Arbeitsverhältnis anwendbaren Recht die in Artikel 1 Absatz 1 genannten Unternehmen den in ihr Hoheitsgebiet entsandten Arbeitnehmern auf der Grundlage der Gleichbehandlung zusätzlich zu den Arbeits- und Beschäftigungsbedingungen gemäß Absatz 1 des vorliegenden Artikels sämtliche anwendbaren Arbeits- und Beschäftigungsbedingungen garantieren, die in dem Mitgliedstaat, in dessen Hoheitsgebiet die Arbeitsleistung erbracht wird, festgelegt sind

- durch Rechts- oder Verwaltungsvorschriften und/oder
- durch für allgemein verbindlich erklärte Tarifverträge oder Schiedssprüche, oder durch Tarifverträge oder Schiedssprüche, die anderweitig nach Absatz 8 anderweitig Anwendung finden.

[2] Unterabsatz 1 des vorliegenden Absatzes findet keine Anwendung auf folgende Aspekte:

a) Verfahren, Formalitäten und Bedingungen für den Abschluss und die Beendigung des Arbeitsvertrags, einschließlich Wettbewerbsverboten;
b) zusätzliche betriebliche Altersversorgungssysteme.

[3] Legt der Dienstleistungserbringer eine mit einer Begründung versehene Mitteilung vor, so verlängert der Mitgliedstaat, in dem die Dienstleistung erbracht wird, den in Unterabsatz 1 genannten Zeitraum auf 18 Monate.

[4] Ersetzt ein in Artikel 1 Absatz 1 genanntes Unternehmen einen entsandten Arbeitnehmer durch einen anderen entsandten Arbeitnehmer, der die gleiche Tätigkeit am gleichen Ort ausführt, so gilt als Entsendungsdauer für die Zwecke dieses Absatzes die Gesamtdauer der Entsendezeiten der betreffenden einzelnen entsandten Arbeitnehmer.

[5] Der in Unterabsatz 4 dieses Absatzes genannte Begriff „gleiche Tätigkeit am gleichen Ort" wird unter anderem unter Berücksichtigung der Art der zu erbringenden Dienstleistung oder der durchzuführenden Arbeit und der Anschrift(en) des Arbeitsplatzes bestimmt.

(1b) *[1]* Die Mitgliedstaaten bestimmen, dass die in Artikel 1 Absatz 3 Buchstabe c genannten Unternehmen den entsandten Arbeitnehmern die Arbeits- und Beschäftigungsbedingungen garantieren, die nach Artikel 5 der Richtlinie 2008/104/EG des Europäischen Parlaments und des Rates[1)] für Leiharbeitnehmer gelten, die von im Mitgliedstaat der Leistungserbringung niedergelassenen Leiharbeitsunternehmen zur Verfügung gestellt werden.

[2] Das entleihende Unternehmen unterrichtet die in Artikel 1 Absatz 3 Buchstabe c genannten Unternehmen über die Arbeits- und Beschäftigungsbedingungen, die in diesem Unternehmen für die Arbeitsbedingungen und die Entlohnung gelten, soweit sie von Unterabsatz 1 des vorliegenden Absatzes erfasst sind.

(2) *[1]* Absatz 1 Unterabsatz 1 Buchstaben b) und c) gilt nicht für Erstmontage- und/oder Einbauarbeiten, die Bestandteil eines Liefervertrags sind, für die

---

[1)] **Amtl. Anm.:** Richtlinie 2008/104/EG des Europäischen Parlaments und des Rates vom 19. November 2008 über Leiharbeit (ABl. L 327 vom 5.12.2008, S. 9).

Inbetriebnahme der gelieferten Güter unerläßlich sind und von Facharbeitern und/oder angelernten Arbeitern des Lieferunternehmens ausgeführt werden, wenn die Dauer der Entsendung acht Tage nicht übersteigt.

[2] Dies gilt nicht für die im Anhang aufgeführten Bauarbeiten.

(3) Die Mitgliedstaaten können gemäß ihren üblichen Verfahren und Praktiken nach Konsultation der Sozialpartner beschließen, Absatz 1 Unterabsatz 1 Buchstabe c) in den in Artikel 1 Absatz 3 Buchstaben a) und b) genannten Fällen nicht anzuwenden, wenn die Dauer der Entsendung einen Monat nicht übersteigt.

(4) Die Mitgliedstaaten können gemäß ihren Rechtsvorschriften und/oder Praktiken vorsehen, daß durch Tarifverträge im Sinne des Absatzes 8 für einen oder mehrere Tätigkeitsbereiche in den in Artikel 1 Absatz 3 Buchstaben a) und b) genannten Fällen von Absatz 1 Unterabsatz 1 Buchstabe c) sowie von dem Beschluß eines Mitgliedstaats nach Absatz 3 abgewichen werden kann, wenn die Dauer der Entsendung einen Monat nicht übersteigt.

(5) *[1]* Die Mitgliedstaaten können in den in Artikel 1 Absatz 3 Buchstaben a) und b) genannten Fällen eine Ausnahme von Absatz 1 Unterabsatz 1 Buchstaben b) und c) vorsehen, wenn der Umfang der zu verrichtenden Arbeiten gering ist.

[2] Die Mitgliedstaaten, die von der in Unterabsatz 1 gebotenen Möglichkeit Gebrauch machen, legen die Modalitäten fest, denen die zu verrichtenden Arbeiten entsprechen müssen, um als Arbeiten von geringem Umfang zu gelten.

(6) *[1]* Die Dauer der Entsendung berechnet sich unter Zugrundelegung eines Bezugszeitraums von einem Jahr ab Beginn der Entsendung.

[2] Bei der Berechnung der Entsendungsdauer wird die Dauer einer gegebenenfalls im Rahmen einer Entsendung von einem zu ersetzenden Arbeitnehmer bereits zurückgelegten Entsendungsdauer berücksichtigt.

(7) *[1]* Die Absätze 1 bis 6 stehen der Anwendung von für die Arbeitnehmer günstigeren Beschäftigungs- und Arbeitsbedingungen nicht entgegen.

[2] [1] Die Entsendungszulagen gelten als Bestandteil der Entlohnung, sofern sie nicht als Erstattung von infolge der Entsendung tatsächlich entstandenen Kosten wie z.B. Reise-, Unterbringungs- und Verpflegungskosten gezahlt werden. [2] Der Arbeitgeber erstattet dem entsandten Arbeitnehmer unbeschadet des Absatzes 1 Unterabsatz 1 Buchstabe i diese Kosten im Einklang mit den auf das Arbeitsverhältnis des entsandten Arbeitnehmers anwendbaren nationalen Rechtsvorschriften und/oder nationalen Gepflogenheiten.

[3] Legen die für das Arbeitsverhältnis geltenden Arbeits- und Beschäftigungsbedingungen nicht fest, ob und wenn ja welche Bestandteile einer Entsendungszulage als Erstattung von infolge der Entsendung tatsächlich entstandenen Kosten gezahlt werden oder welche Teil der Entlohnung sind, so ist davon auszugehen, dass die gesamte Zulage als Erstattung von infolge der Entsendung entstandenen Kosten gezahlt wird.

(8) *[1]* Unter „für allgemein verbindlich erklärten Tarifverträgen oder Schiedssprüchen" sind Tarifverträge oder Schiedssprüche zu verstehen, die von allen in den jeweiligen geographischen Bereich fallenden und die betreffende Tätigkeit oder das betreffende Gewerbe ausübenden Unternehmen einzuhalten sind.

[2] Mangels eines Systems zur Allgemeinverbindlicherklärung von Tarifverträgen oder Schiedssprüchen im Sinne des Unterabsatzes 1 oder zusätzlich zu einem solchen System können die Mitgliedstaaten auch beschließen, Folgendes zugrunde zu legen:

- die Tarifverträge oder Schiedssprüche, die für alle in den jeweiligen geographischen Bereich fallenden und die betreffende Tätigkeit oder das betreffende Gewerbe ausübenden gleichartigen Unternehmen allgemein wirksam sind, und/oder
- die Tarifverträge, die von den auf nationaler Ebene repräsentativsten Organisationen der Tarifvertragsparteien geschlossen werden und innerhalb des gesamten nationalen Hoheitsgebiets zur Anwendung kommen,

sofern deren Anwendung auf in Artikel 1 Absatz 1 genannte Unternehmen eine Gleichbehandlung dieser Unternehmen in Bezug auf die in Absatz 1 Unterabsatz 1 des vorliegenden Artikels genannten Aspekte und gegebenenfalls bezüglich der den entsandten Arbeitnehmern nach Absatz 1a des vorliegenden Artikels zu garantierenden Arbeits- und Beschäftigungsbedingungen mit den im vorliegenden Unterabsatz genannten anderen Unternehmen, die sich in einer vergleichbaren Lage befinden, gewährleistet.

[3] Gleichbehandlung im Sinne dieses Artikels liegt vor, wenn nationale Unternehmen in einer vergleichbaren Lage:

- am betreffenden Ort oder in der betreffenden Sparte hinsichtlich der Aspekte des Absatzes 1 Unterabsatz 1 des vorliegenden Artikels denselben Anforderungen unterworfen sind, wie die Unternehmen im Sinne des Absatzes 1 Absatz 1 und gegebenenfalls den entsandten Arbeitnehmern zu garantierenden Arbeits- und Beschäftigungsbedingungen nach Absatz 1a des vorliegenden Artikels, und
- wenn sie dieselben Anforderungen mit derselben Wirkung erfüllen müssen.

(9) Die Mitgliedstaaten können bestimmen, dass die in Artikel 1 Absatz 1 genannten Unternehmen den Arbeitnehmern im Sinne von Artikel 1 Absatz 3 Buchstabe c zusätzlich zu den in Absatz 1b des vorliegenden Artikels genannten Arbeits- und Beschäftigungsbedingungen andere Arbeits- und Beschäftigungsbedingungen garantieren, die für Leiharbeitnehmer in dem Mitgliedstaat gelten, in dem die Arbeitsleistung erbracht wird.

(10) Diese Richtlinie berührt nicht das Recht der Mitgliedstaaten, unter Einhaltung der Verträge auf inländische Unternehmen und Unternehmen aus anderen Mitgliedstaaten in gleicher Weise Arbeits- und Beschäftigungsbedingungen für andere als die in Absatz 1 Unterabsatz 1 aufgeführten Aspekte, soweit es sich um Vorschriften im Bereich der öffentlichen Ordnung handelt, anzuwenden.

Art. 4 Zusammenarbeit im Informationsbereich. (1) Zur Durchführung dieser Richtlinie benennen die Mitgliedstaaten gemäß ihren Rechtsvorschriften und/oder Praktiken ein oder mehrere Verbindungsbüros oder eine oder mehrere zuständige einzelstaatliche Stellen.

(2) *[1]* [1]Die Mitgliedstaaten sehen die Zusammenarbeit der zuständigen Behörden oder Stellen, einschließlich der öffentlichen Behörden, vor, die entsprechend den einzelstaatlichen Rechtsvorschriften für die Überwachung der in Artikel 3 aufgeführten Arbeits- und Beschäftigungsbedingungen, auch auf Unionsebene, zuständig sind. [2]Diese Zusammenarbeit besteht insbesondere

darin, begründete Anfragen dieser Behörden oder Stellen zu beantworten, die das länderübergreifende Zurverfügungstellen von Arbeitnehmern betreffen, und gegen offenkundige Verstöße oder mögliche Fälle unzulässiger Tätigkeiten, wie länderübergreifende Fälle von nicht angemeldeter Erwerbstätigkeit und Scheinselbstständigkeit im Zusammenhang mit der Entsendung von Arbeitnehmern, vorzugehen. [3] Verfügt die zuständige Behörde oder Stelle in dem Mitgliedstaat, aus dem der Arbeitnehmer entsandt wird, nicht über die Informationen, um die die zuständige Behörde oder Stelle des Mitgliedstaats, in dessen Hoheitsgebiet der Arbeitnehmer entsandt wird, ersucht hat, so bemüht sie sich, diese Informationen von anderen Behörden oder Stellen in diesem Mitgliedstaat zu erlangen. [4] Bei anhaltenden Verzögerungen bei der Bereitstellung dieser Informationen an den Mitgliedstaat, in dessen Hoheitsgebiet der Arbeitnehmer entsandt wird, wird die Kommission unterrichtet, die geeignete Maßnahmen ergreift.

[2] Die Kommission und die in Unterabsatz 1 bezeichneten Behörden arbeiten eng zusammen, um etwaige Schwierigkeiten bei der Anwendung des Artikels 3 Absatz 10 zu prüfen.

[3] Die gegenseitige Amtshilfe erfolgt unentgeltlich.

(3) Jeder Mitgliedstaat ergreift die geeigneten Maßnahmen, damit die Informationen über die nach Artikel 3 maßgeblichen Arbeits- und Beschäftigungsbedingungen allgemein zugänglich sind.

(4) Jeder Mitgliedstaat nennt den anderen Mitgliedstaaten und der Kommission die in Absatz 1 bezeichneten Verbindungsbüros und/oder zuständigen Stellen.

Art. 5 Überwachung, Kontrolle und Durchsetzung. *[1]* Der Mitgliedstaat, in dessen Hoheitsgebiet der Arbeitnehmer entsandt wird, und der Mitgliedstaat, aus dem der Arbeitnehmer entsandt wird, sind für die Überwachung, Kontrolle und Durchsetzung der in dieser Richtlinie und der Richtlinie 2014/67/EU festgelegten Verpflichtungen verantwortlich und ergreifen geeignete Maßnahmen für den Fall der Nichteinhaltung dieser Richtlinie.

[2] Die Mitgliedstaaten erlassen Vorschriften über Sanktionen, die bei Verstößen gegen die gemäß dieser Richtlinie erlassenen nationalen Vorschriften zu verhängen sind, und treffen alle für die Anwendung der Sanktionen erforderlichen Maßnahmen. Die vorgesehenen Sanktionen müssen wirksam, verhältnismäßig und abschreckend sein.

[3] Die Mitgliedstaaten stellen insbesondere sicher, dass den Arbeitnehmern und/oder den Arbeitnehmervertretern für die Durchsetzung der sich aus dieser Richtlinie ergebenden Verpflichtungen geeignete Verfahren zur Verfügung stehen.

[4] In dem Fall, dass nach einer von einem Mitgliedstaat gemäß Artikel 4 der Richtlinie 2014/67/EU durchgeführten Gesamtbeurteilung festgestellt wird, dass ein Unternehmen fälschlicherweise oder in betrügerischer Absicht den Eindruck erweckt hat, dass die Situation eines Arbeitnehmers in den Anwendungsbereich dieser Richtlinie fällt, stellt dieser Mitgliedstaat sicher, dass der Arbeitnehmer in den Genuss des entsprechenden Rechts und der entsprechenden Gepflogenheiten kommt.

[5] Die Mitgliedstaaten sorgen dafür, dass dieser Artikel nicht dazu führt, dass für den betreffenden Arbeitnehmer ungünstigere Bedingungen gelten als für entsandte Arbeitnehmer.

Art. 6 Gerichtliche Zuständigkeit. Zur Durchsetzung des Rechts auf die in Artikel 3 gewährleisteten Arbeits- und Beschäftigungsbedingungen kann eine Klage in dem Mitgliedstaat erhoben werden, in dessen Hoheitsgebiet der Arbeitnehmer entsandt ist oder war; dies berührt nicht die Möglichkeit, gegebenenfalls gemäß den geltenden internationalen Übereinkommen über die gerichtliche Zuständigkeit in einem anderen Staat Klage zu erheben.

Art. 7 Durchführung. *[1]* [1] Die Mitgliedstaaten erlassen die Rechts- und Verwaltungsvorschriften, die erforderlich sind, um dieser Richtlinie spätestens ab dem 16. Dezember 1999 nachzukommen. [2] Sie setzen die Kommission hiervon unverzüglich in Kenntnis.

[2] [1] Wenn die Mitgliedstaaten diese Vorschriften erlassen, nehmen sie in den Vorschriften selbst oder durch einen Hinweis bei der amtlichen Veröffentlichung auf diese Richtlinie Bezug. [2] Die Mitgliedstaaten regeln die Einzelheiten dieser Bezugnahme.

Art. 8 Überprüfung durch die Kommission. Spätestens zum 16. Dezember 2001 überprüft die Kommission die Anwendung dieser Richtlinie, um dem Rat erforderlichenfalls entsprechende Änderungen vorzuschlagen.

Art. 9 [Adressaten] Diese Richtlinie ist an die Mitgliedstaaten gerichtet.

Anhang

Die in Artikel 3 Absatz 2 genannten Tätigkeiten umfassen alle Bauarbeiten, die der Errichtung, der Instandsetzung, der Instandhaltung, dem Umbau oder dem Abriss von Bauwerken dienen, insbesondere

1. Aushub
2. Erdarbeiten
3. Bauarbeiten im engeren Sinne
4. Errichtung und Abbau von Fertigbauelementen
5. Einrichtung oder Ausstattung
6. Umbau
7. Renovierung
8. Reparatur
9. Abbauarbeiten
10. Abbrucharbeiten
11. Wartung
12. Instandhaltung (Maler- und Reinigungsarbeiten)
13. Sanierung.

235. Richtlinie 97/81/EG des Rates vom 15. Dezember 1997 zu der von UNICE, CEEP und EGB geschlossenen Rahmenvereinbarung über Teilzeitarbeiter[1) 2)]

(ABl. 1998 L 14 S. 9, ber. ABl. L 128 S. 71)

Celex-Nr. 3 1997 L 0081

geänd. durch RL 98/23/EG v. 7.4.1998 (ABl. L 131 S. 10)

DER RAT DER EUROPÄISCHEN UNION –

gestützt auf das Abkommen über die Sozialpolitik[3)], das dem Protokoll (Nr. 14) über die Sozialpolitik[3)] im Anhang zum Vertrag zur Gründung der Europäischen Gemeinschaft beigefügt ist, insbesondere auf Artikel 4 Absatz 2,

auf Vorschlag der Kommission,

in Erwägung nachstehender Gründe:

(1) Auf der Grundlage des Protokolls (Nr. 14) über die Sozialpolitik[3)] haben die Mitgliedstaaten mit Ausnahme des Vereinigten Königreichs Großbritannien und Nordirland (im folgenden als „Mitgliedstaaten" bezeichnet) in dem Wunsch, auf dem von der Sozialcharta[4)] von 1989 vorgezeichneten Weg weiterzugehen, ein Abkommen über die Sozialpolitik geschlossen.

(2) Die Sozialpartner können entsprechend Artikel 4 Absatz 2 des Abkommens über die Sozialpolitik[3)] gemeinsam beantragen, daß die auf Gemeinschaftsebene geschlossenen Vereinbarungen durch einen Beschluß des Rates auf Vorschlag der Kommission durchgeführt werden.

(3) Nummer 7 der Gemeinschaftscharta der sozialen Grundrechte der Arbeitnehmer[5)] sieht unter anderem folgendes vor: „Die Verwirklichung des Binnenmarktes muß zu einer Verbesserung der Lebens- und Arbeitsbedingungen der Arbeitnehmer in der Europäischen Gemeinschaft führen. Dieser Prozeß erfolgt durch eine Angleichung dieser Bedingungen auf dem Wege des Fortschritts und betrifft namentlich andere Arbeitsformen als das unbefristete Arbeitsverhältnis, wie das befristete Arbeitsverhältnis, Teilzeitarbeit, Leiharbeit und Saisonarbeit".

(4) Der Rat hat weder zu dem Vorschlag für eine Richtlinie über bestimmte Arbeitsverhältnisse im Hinblick auf Wettbewerbsverzerrungen[6)] in der geänderten Fassung[7)] noch zu dem Vorschlag für eine Richtlinie über bestimmte Arbeitsverhältnisse hinsichtlich der Arbeitsbedingungen[8)] einen Beschluß gefaßt.

[1)] Die Verweise/Bezugnahmen auf Vorschriften des EUV/EGV sind bereits gemäß Art. 12 des Amsterdamer Vertrags in Verbindung mit den Übereinstimmungstabellen zum EUV/EGV an die neue Nummerierung angepasst worden.

[2)] Diese RL findet gemäß Art. 1 der RL 98/23/EG im Vereinigten Königreich Großbritannien und Nordirland Anwendung.

[3)] Außer Kraft mWv 1.5.1999 durch Art. 2 Nr. 58 des Vertrags von Amsterdam v. 2.10.1997 (ABl. C 340 S. 1).

[4)] Nr. **20**.

[5)] Nr. **25**.

[6)] **Amtl. Anm.:** ABl. C 224 vom 8.9.1990, S. 6.

[7)] **Amtl. Anm.:** ABl. C 305 vom 5.12.1990, S. 8.

[8)] **Amtl. Anm.:** ABl. C 224 vom 8.9.1990, S. 4.

(5) Entsprechend den Schlußfolgerungen des Europäischen Rates von Essen sind Maßnahmen zur Förderung der Beschäftigung und Chancengleichheit zwischen Frauen und Männern sowie Maßnahmen zur Steigerung der Beschäftigungsintensität des Wachstums, insbesondere durch eine flexiblere Organisation der Arbeit, die sowohl den Wünschen der Arbeitnehmer als auch den Erfordernissen des Wettbewerbs gerecht wird, erforderlich.

(6) Die Kommission hat nach Artikel 3 Absatz 2 des Abkommens über die Sozialpolitik[1] die Sozialpartner zu der Frage gehört, wie eine Gemeinschaftsaktion zur Flexibilisierung der Arbeitszeit und zur Absicherung der Arbeitnehmer gegebenenfalls ausgerichtet werden sollte.

(7) Die Kommission, die nach dieser Anhörung eine Gemeinschaftsaktion für zweckmäßig hielt, hat die Sozialpartner nach Artikel 3 Absatz 3 des Abkommens erneut zum Inhalt des in Aussicht genommenen Vorschlags gehört.

(8) Die europäischen Sozialpartner (Union der Industrie- und Arbeitgeberverbände Europas (UNICE), Europäischer Zentralverband der öffentlichen Wirtschaft (CEEP) und Europäischer Gewerkschaftsbund (EGB)) haben der Kommission in einem gemeinsamen Schreiben vom 19. Juni 1996 mitgeteilt, daß sie das Verfahren nach Artikel 4 des Abkommens über die Sozialpolitik[1] in Gang setzen wollen. Sie haben die Kommission in einem gemeinsamen Schreiben vom 12. März 1997 um eine zusätzliche Frist von drei Monaten gebeten. Die Kommission hat ihnen diese Frist eingeräumt.

(9) Die genannten Sozialpartner haben am 6. Juni 1997 eine Rahmenvereinbarung über Teilzeitarbeit geschlossen und der Kommission nachArtikel 4 Absatz 2 des Abkommens ihren gemeinsamen Antrag auf Durchführung dieser Rahmenvereinbarung übermittelt.

(10) Der Rat hat in seiner Entschließung vom 6. Dezember 1994 zu bestimmten Perspektiven einer Sozialpolitik der Europäischen Union: ein Beitrag zur wirtschaftlichen und sozialen Konvergenz in der Union[2] die Sozialpartner ersucht, die Möglichkeiten zum Abschluß von Vereinbarungen wahrzunehmen, weil sie in der Regel näher an den sozialen Problemen und der sozialen Wirklichkeit sind.

(11) Die Unterzeichnerparteien wollten eine Rahmenvereinbarung über Teilzeitarbeit schließen, in der die allgemeinen Grundsätze und Mindestvorschriften für die Teilzeitarbeit niedergelegt sind. Sie haben ihren Willen bekundet, einen allgemeinen Rahmen für die Beseitigung der Diskriminierungen von Teilzeitbeschäftigten zu schaffen und einen Beitrag zur Entwicklung der Teilzeitarbeitsmöglichkeiten auf einer für Arbeitgeber und Arbeitnehmer akzeptablen Grundlage zu leisten.

(12) Die Sozialpartner wollten der Teilzeitarbeit besondere Beachtung schenken, haben aber auch erklärt, daß sie in Erwägung ziehen wollten, ob ähnliche Vereinbarungen für andere Arbeitsformen erforderlich sind.

(13) In den Schlußfolgerungen des Rates von Amsterdam haben die Staats- und Regierungschefs der Mitgliedstaaten der Europäischen Union die Vereinbarung der Sozialpartner über Teilzeitarbeit nachdrücklich begrüßt.

---

[1] Außer Kraft mWv 1.5.1999 durch Art. 2 Nr. 58 des Vertrags von Amsterdam v. 2.10.1997 (ABl. C 340 S. 1).

[2] **Amtl. Anm.:** ABl. C 368 vom 23.12.1994, S. 6.

(14) Der geeignete Rechtsakt zur Durchführung der Rahmenvereinbarung ist eine Richtlinie im Sinne von Artikel 249 des Vertrags. Diese ist für die Mitgliedstaaten hinsichtlich des zu erreichenden Ziels verbindlich, überläßt jedoch den einzelstaatlichen Stellen die Wahl der Form und der Mittel.

(15) Entsprechend den in Artikel 5 des Vertrags genannten Grundsätzen der Subsidiarität und der Verhältnismäßigkeit können die Ziele dieser Richtlinie auf Ebene der Mitgliedstaaten nicht ausreichend erreicht werden, so daß sie besser auf Gemeinschaftsebene verwirklicht werden können. Die Richtlinie geht nicht über das für die Erreichung dieser Ziele Erforderliche hinaus.

(16) Bezüglich der in der Rahmenvereinbarung verwendeten, jedoch nicht genauer definierten Begriffe überläßt es die Richtlinie – wie andere im Sozialbereich erlassene Richtlinien, in denen ähnliche Begriffe vorkommen – den Mitgliedstaaten, diese Begriffe entsprechend ihrem nationalen Recht und/oder ihrer nationalen Praxis zu definieren, vorausgesetzt, diese Definitionen entsprechen inhaltlich dem Rahmenabkommen.

(17) Die Kommission hat ihren Richtlinienvorschlag entsprechend ihrer Mitteilung vom 14. Dezember 1993 über die Anwendung des Protokolls (Nr. 14) über die Sozialpolitik[1] und ihrer Mitteilung vom 18. September 1996 zur Entwicklung des sozialen Dialogs auf Gemeinschaftsebene unter Berücksichtigung des Vertretungsanspruchs der Vertragsparteien, ihres Mandats und der Rechtmäßigkeit der Bestimmungen der Rahmenvereinbarung ausgearbeitet.

(18) Die Kommission hat ihren Richtlinienvorschlag unter Berücksichtigung des Artikels 2 Absatz 2 des Abkommens über die Sozialpolitik ausgearbeitet, wonach die Richtlinien im Bereich der Sozialpolitik „keine verwaltungsmäßigen, finanziellen oder rechtlichen Auflagen vorschreiben (sollen), die der Gründung oder Entwicklung von kleinen und mittleren Unternehmen entgegenstehen".

(19) Im Einklang mit ihrer Mitteilung vom 14. Dezember 1993 über die Anwendung des Protokolls (Nr. 14) über die Sozialpolitik[1] hat die Kommission das Europäische Parlament unterrichtet und ihm ihren Richtlinienvorschlag mit der Rahmenvereinbarung übermittelt.

(20) Die Kommission hat außerdem den Wirtschafts- und Sozialausschuß unterrichtet.

(21) Nach Paragraph 6 Absatz 1 der Rahmenvereinbarung dürfen die Mitgliedstaaten und/oder die Sozialpartner günstigere Bestimmungen beibehalten oder einführen.

(22) Nach Paragraph 6 Absatz 2 des Rahmenabkommens darf die Durchführung dieser Richtlinie nicht als Rechtfertigung für eine Verschlechterung der derzeit in den einzelnen Mitgliedstaaten bestehenden Situation dienen.

(23) Die Gemeinschaftscharta der sozialen Grundrechte der Arbeitnehmer[2] betont die Notwendigkeit, gegen Diskriminierungen jeglicher Art, insbesondere aufgrund von Geschlecht, Hautfarbe, Rasse, Meinung oder Glauben vorzugehen.

---

[1] Außer Kraft mWv 1.5.1999 durch Art. 2 Nr. 58 des Vertrags von Amsterdam v. 2.10.1997 (ABl. C 340 S. 1).

[2] Nr. **25**.

(24) Nach Artikel 6 Absatz 2 des Vertrags über die Europäische Union achtet die Union die Grundrechte, wie sie in der Europäischen Konvention zum Schutze der Menschenrechte und Grundfreiheiten[1] gewährleistet sind und wie sie sich aus den gemeinsamen Verfassungsüberlieferungen der Mitgliedstaaten als allgemeine Grundsätze des Gemeinschaftsrechts ergeben.

(25) Die Mitgliedstaaten können den Sozialpartnern auf deren gemeinsamen Antrag die Durchführung dieser Richtlinie übertragen, sofern sie alle erforderlichen Maßnahmen treffen, um jederzeit gewährleisten zu können, daß die durch die Richtlinie vorgeschriebenen Ergebnisse erzielt werden.

(26) Die Durchführung der Rahmenvereinbarung trägt zur Verwirklichung der in Artikel 1 des Abkommens über die Sozialpolitik[2] genannten Ziele bei –

HAT FOLGENDE RICHTLINIE ERLASSEN

Art. 1 [Rahmenvereinbarung über Teilzeitarbeit] Mit dieser Richtlinie soll die am 6. Juni 1997 zwischen den europäischen Sozialpartnern (UNICE, CEEP, EGB) geschlossene Rahmenvereinbarung über Teilzeitarbeit, die im Anhang enthalten ist, durchgeführt werden.

Art. 2 [Umsetzungsvorschriften] (1) *[1]* Die Mitgliedstaaten setzen die Rechts- und Verwaltungsvorschriften, die erforderlich sind, um dieser Richtlinie nachzukommen, bis zum 20. Januar 2000 in Kraft oder vergewissern sich spätestens zu diesem Zeitpunkt, daß die Sozialpartner im Wege einer Vereinbarung die erforderlichen Vorkehrungen getroffen haben; dabei haben die Mitgliedstaaten alle notwendigen Maßnahmen zu treffen, um jederzeit gewährleisten zu können, daß die durch diese Richtlinie vorgeschriebenen Ergebnisse erzielt werden. Sie setzen die Kommission unverzüglich davon in Kenntnis.

[2] Den Mitgliedstaaten kann bei besonderen Schwierigkeiten oder im Falle einer Durchführung mittels eines Tarifvertrags eine zusätzliche Frist von höchstens einem Jahr gewährt werden.

[3] Sie setzen die Kommission umgehend von diesen Gegebenheiten in Kenntnis.

[4] [1] Wenn die Mitgliedstaaten die Vorschriften nach Unterabsatz 1 erlassen, nehmen sie in den Vorschriften selbst oder bei der amtlichen Veröffentlichung auf diese Richtlinie Bezug. [2] Die Mitgliedstaaten regeln die Einzelheiten der Bezugnahme.

(1a) Für das Vereinigte Königreich Großbritannien und Nordirland gilt anstelle des in Absatz 1 genannten Zeitpunkts des 20. Januar 2000 der 7. April 2000.

(2) Die Mitgliedstaaten teilen der Kommission die wichtigsten innerstaatlichen Rechtsvorschriften mit, die sie im Anwendungsbereich dieser Richtlinie erlassen haben oder erlassen.

Art. 3 [Inkrafttreten] Diese Richtlinie tritt am Tag ihrer Veröffentlichung[3] im *Amtsblatt der Europäischen Gemeinschaften* in Kraft.

---

[1] Nr. **30**.
[2] Außer Kraft mWv 1.5.1999 durch Art. 2 Nr. 58 des Vertrags von Amsterdam v. 2.10.1997 (ABl. C 340 S. 1).
[3] Veröffentlicht am 20.1.1998.

Art. 4 [Adressaten] Diese Richtlinie ist an die Mitgliedstaaten gerichtet.

Anhang. Union der Europäischen Industrie- und Arbeitgeberverbände Europäischer Gewerkschaftsbund Europäischer Zentralverband der öffentlichen Wirtschaft Rahmenvereinbarung über Teilzeitarbeit

Präambel

Die vorliegende Rahmenvereinbarung ist ein Beitrag zur allgemeinen europäischen Beschäftigungsstrategie. Die Teilzeitarbeit hat in den letzten Jahren einen erheblichen Einfluß auf die Beschäftigungslage gehabt. Aus diesem Grunde haben die Unterzeichner dieser Vereinbarung dieser Form der Arbeit vorrangige Beachtung eingeräumt. Die Parteien beabsichtigen, die Notwendigkeit ähnlicher Abkommen für andere flexible Arbeitsformen in Erwägung zu ziehen.

Diese Vereinbarung legt in Anerkennung der Vielfalt der Verhältnisse in den Mitgliedstaaten und in der Erkenntnis, daß die Teilzeitarbeit ein Merkmal der Beschäftigung in bestimmten Branchen und Tätigkeiten ist, die allgemeinen Grundsätze und Mindestvorschriften für die Teilzeitarbeit nieder. Sie macht den Willen der Sozialpartner deutlich, einen allgemeinen Rahmen für die Beseitigung von Diskriminierungen von Teilzeitbeschäftigten zu schaffen und einen Beitrag zur Entwicklung der Teilzeitarbeitsmöglichkeiten auf einer für Arbeitgeber und Arbeitnehmer akzeptablen Grundlage zu leisten.

Die Vereinbarung erstreckt sich auf die Beschäftigungsbedingungen von Teilzeitbeschäftigten und erkennt an, daß Fragen der gesetzlichen Regelung der sozialen Sicherheit der Entscheidung der Mitgliedstaaten unterliegen. Die Unterzeichnerparteien haben im Sinne des Grundsatzes der Nichtdiskriminierung von der Erklärung zur Beschäftigung des Europäischen Rates von Dublin im Dezember 1996 Kenntnis genommen, in welcher der Rat unter anderem betont, daß die Systeme der sozialen Sicherheit beschäftigungsfreundlicher gestaltet werden sollten, indem „Systeme der sozialen Sicherheit entwickelt werden, die sich an neue Arbeitsstrukturen anpassen lassen und die jedem, der im Rahmen solcher Strukturen arbeitet, auch einen angemessenen sozialen Schutz bieten." Die Unterzeichnerparteien sind der Ansicht, daß diese Erklärung in die Praxis umgesetzt werden sollte.

EGB, UNICE und CEEP ersuchen die Kommission, diese Rahmenvereinbarung dem Rat vorzulegen, damit deren Vorschriften in den Mitgliedstaaten, die das Abkommen über die Sozialpolitik, das dem Protokoll (Nr. 14) über die Sozialpolitik[1] im Anhang zum Vertrag zur Gründung der Europäischen Gemeinschaft beigefügt ist, unterzeichnet haben, durch Ratsbeschluß verbindlich gemacht werden.

Die Unterzeichnerparteien ersuchen die Kommission, die Mitgliedstaaten in ihrem Vorschlag zur Umsetzung dieser Vereinbarung aufzufordern, die erforderlichen Rechts- und Verwaltungsvorschriften zu erlassen, um dem Ratsbeschluß innerhalb einer Frist von zwei Jahren nach seiner Verabschiedung

[1] Außer Kraft mWv 1.5.1999 durch Art. 2 Nr. 58 des Vertrags von Amsterdam v. 2.10.1997 (ABl. C 340 S. 1).

nachzukommen, oder sich zu vergewissern[1], daß die Sozialpartner im Wege einer Vereinbarung die erforderlichen Maßnahmen vor Ablauf dieser Frist ergreifen. Den Mitgliedstaaten kann bei besonderen Schwierigkeiten oder im Fall einer Durchführung im Wege eines Tarifvertrags höchstens ein zusätzliches Jahr gewährt werden, um dieser Bestimmung nachzukommen.

Unbeschadet der jeweiligen Rolle der einzelstaatlichen Gerichte und des Gerichtshofs bitten die Unterzeichnerparteien darum, daß jede Frage im Hinblick auf die Auslegung dieser Vereinbarung auf europäischer Ebene über die Kommission zunächst an sie weitergeleitet wird, damit sie eine Stellungnahme abgeben können.

Allgemeine Erwägungen

1. Gestützt auf das Abkommen über die Sozialpolitik[2] im Anhang zum Protokoll (Nr. 14) über die Sozialpolitik[2], das dem Vertrag zur Gründung der Europäischen Gemeinschaft beigefügt ist, insbesondere auf Artikel 3 Absatz 4 und Artikel 4 Absatz 2,

in Erwägung nachstehender Gründe:

2. Gemäß Artikel 4 Absatz 2 des Abkommens über die Sozialpolitik[2] erfolgt die Durchführung der auf Gemeinschaftsebene geschlossenen Vereinbarungen auf gemeinsamen Antrag der Unterzeichnerparteien durch einen Beschluß des Rates auf Vorschlag der Kommission.
3. Die Kommission kündigte in ihrem zweiten Konsultationspapier über die Flexibilität der Arbeitszeit und die Absicherung der Arbeitnehmer an, eine gesetzlich bindende Gemeinschaftsmaßnahme vorschlagen zu wollen.
4. Die Schlußfolgerungen des Europäischen Rates von Essen betonen nachdrücklich die Notwendigkeit von Maßnahmen zur Förderung der Beschäftigung und Chancengleichheit zwischen Frauen und Männern und fordern Maßnahmen zur „Steigerung der Beschäftigungsintensität des Wachstums, insbesondere durch eine flexiblere Organisation der Arbeit, die sowohl den Wünschen der Arbeitnehmer als auch den Erfordernissen des Wettbewerbs gerecht wird".
5. Die Unterzeichnerparteien messen denjenigen Maßnahmen Bedeutung zu, die den Zugang zur Teilzeitarbeit für Frauen und Männer erleichtern, und zwar im Hinblick auf die Vorbereitung des Ruhestands, die Vereinbarkeit von Beruf und Familienleben sowie die Nutzung von allgemeinen und beruflichen Bildungsmöglichkeiten zur Verbesserung ihrer Fertigkeiten und ihres beruflichen Fortkommens, im beiderseitigen Interesse der Arbeitgeber und der Arbeitnehmer und auf eine Weise, die die Entwicklung der Unternehmen begünstigt.
6. Diese Vereinbarung überläßt es den Mitgliedstaaten und den Sozialpartnern, die Anwendungsmodalitäten dieser allgemeinen Grundsätze, Mindestvorschriften und Bestimmungen zu definieren, um so der jeweiligen Situation der einzelnen Mitgliedstaaten Rechnung zu tragen.

---

[1] **Amtl. Anm.:** Im Sinne von Artikel 2 Absatz 4 des Abkommens über die Sozialpolitik im Anhang zum Vertrag zur Gründung der Europäischen Gemeinschaft. ***Red. Anm.: Außer Kraft mWv 1.5.1999 durch Art. 2 Nr. 58 des Vertrags von Amsterdam.***

[2] Außer Kraft mWv 1.5.1999 durch Art. 2 Nr. 58 des Vertrags von Amsterdam v. 2.10.1997 (ABl. C 340 S. 1).

7. Diese Vereinbarung berücksichtigt die Notwendigkeit, die sozialpolitischen Anforderungen zu verbessern, die Wettbewerbsfähigkeit der Wirtschaft der Gemeinschaft zu stärken, und zu vermeiden, daß verwaltungstechnische, finanzielle und rechtliche Zwänge auferlegt werden, die die Gründung und Entwicklung von kleinen und mittleren Unternehmen hemmen könnten.
8. Die Sozialpartner sind am besten in der Lage, Lösungen zu finden, die den Bedürfnissen der Arbeitgeber und der Arbeitnehmer gerecht werden; daher ist ihnen eine besondere Rolle bei der Umsetzung und Anwendung dieser Vereinbarung einzuräumen –

Die Unterzeichnerparteien haben folgende Vereinbarung geschlossen:

Paragraph 1 Ziel. Diese Rahmenvereinbarung soll

a) die Beseitigung von Diskriminierungen von Teilzeitbeschäftigten sicherstellen und die Qualität der Teilzeitarbeit verbessern;
b) die Entwicklung der Teilzeitarbeit auf freiwilliger Basis fördern und zu einer flexiblen Organisation der Arbeitszeit beitragen, die den Bedürfnissen der Arbeitgeber und der Arbeitnehmer Rechnung trägt.

Paragraph 2 Anwendungsbereich.

1. Die vorliegende Vereinbarung gilt für Teilzeitbeschäftigte, die nach den Rechtsvorschriften, Tarifverträgen oder Gepflogenheiten in dem jeweiligen Mitgliedstaat einen Arbeitsvertrag haben oder in einem Arbeitsverhältnis stehen.
2. Nach Anhörung der Sozialpartner gemäß den einzelstaatlichen Rechtsvorschriften, den Tarifverträgen oder Gepflogenheiten können die Mitgliedstaaten und/oder die Sozialpartner auf der entsprechenden Ebene in Übereinstimmung mit den einzelstaatlichen Praktiken im Bereich der Arbeitsbeziehungen aus sachlichen Gründen Teilzeitbeschäftigte, die nur gelegentlich arbeiten, ganz oder teilweise ausschließen. Dieser Ausschluß sollte regelmäßig daraufhin überprüft werden, ob die sachlichen Gründe, auf denen er beruht, weiter vorliegen.

Paragraph 3 Begriffsbestimmungen. *[1]* Im Sinne dieser Vereinbarung ist

1. „Teilzeitbeschäftigter" ein Arbeitnehmer, dessen normale, auf Wochenbasis oder als Durchschnitt eines bis zu einem Jahr reichenden Beschäftigungszeitraumes berechnete Arbeitszeit unter der eines vergleichbaren Vollzeitbeschäftigten liegt;
2. „vergleichbarer Vollzeitbeschäftigter" ein Vollzeitbeschäftigter desselben Betriebs mit derselben Art von Arbeitsvertrag oder Beschäftigungsverhältnis, der in der gleichen oder einer ähnlichen Arbeit/ Beschäftigung tätig ist, wobei auch die Betriebszugehörigkeitsdauer und die Qualifikationen/Fertigkeiten sowie andere Erwägungen heranzuziehen sind.

[2] Ist in demselben Betrieb kein vergleichbarer Vollzeitbeschäftigter vorhanden, so erfolgt der Vergleich anhand des anwendbaren Tarifvertrages oder, in Ermangelung eines solchen, gemäß den gesetzlichen oder tarifvertraglichen Bestimmungen oder den nationalen Gepflogenheiten.

Paragraph 4 Grundsatz der Nichtdiskriminierung.

1. Teilzeitbeschäftigte dürfen in ihren Beschäftigungsbedingungen nur deswegen, weil sie teilzeitbeschäftigt sind, gegenüber vergleichbaren Vollzeitbeschäftigten nicht schlechter behandelt werden, es sei denn, die unterschiedliche Behandlung ist aus sachlichen Gründen gerechtfertigt.
2. Es gilt, wo dies angemessen ist, der Pro-rata-temporis-Grundsatz.
3. Die Anwendungsmodalitäten dieser Vorschrift werden von den Mitgliedstaaten und/oder den Sozialpartnern unter Berücksichtigung der Rechtsvorschriften der Gemeinschaft und der einzelstaatlichen gesetzlichen und tarifvertraglichen Bestimmungen und Gepflogenheiten festgelegt.
4. Wenn dies aus sachlichen Gründen gerechtfertigt ist, können die Mitgliedstaaten nach Anhörung der Sozialpartner gemäß den einzelstaatlichen Rechtsvorschriften, Tarifverträgen oder Gepflogenheiten und/oder die Sozialpartner gegebenenfalls den Zugang zu besondereren Beschäftigungsbedingungen von einer bestimmten Betriebszugehörigkeitsdauer, der Arbeitszeit oder Lohn- und Gehaltsbedingungen abhängig machen. Die Zugangskriterien von Teilzeitbeschäftigten zu besonderen Beschäftigungsbedingungen sollten regelmäßig unter Berücksichtigung des in Paragraph 4 Nummer 1 genannten Grundsatzes der Nichtdiskriminierung überprüft werden.

Paragraph 5 Teilzeitarbeitsmöglichkeiten.

1. Im Rahmen des Paragraphen 1 dieser Vereinbarung und im Einklang mit dem Grundsatz der Nichtdiskriminierung von Teilzeit- und Vollzeitbeschäftigten,
   a) sollten die Mitgliedstaaten nach Anhörung der Sozialpartner gemäß den einzelstaatlichen Rechtsvorschriften oder Gepflogenheiten Hindernisse rechtlicher oder verwaltungstechnischer Natur, die die Teilzeitarbeitsmöglichkeiten beschränken können, identifizieren und prüfen und sie gegebenenfalls beseitigen;
   b) sollten die Sozialpartner innerhalb ihres Zuständigkeitsbereiches durch tarifvertraglich vorgesehene Verfahren Hindernisse, die die Teilzeitarbeitsmöglichkeiten beschränken können, identifizieren und prüfen und sie gegebenenfalls beseitigen.
2. Die Weigerung eines Arbeitnehmers, von einem Vollzeitarbeitsverhältnis in ein Teilzeitarbeitsverhältnis oder umgekehrt überzuwechseln, sollte, unbeschadet der Möglichkeit, gemäß den gesetzlichen und tarifvertraglichen Bestimmungen und den nationalen Gepflogenheiten aus anderen Gründen, wie etwa wegen betrieblicher Notwendigkeit, Kündigungen auszusprechen, als solche keinen gültigen Kündigungsgrund darstellen.
3. Die Arbeitgeber sollten, soweit dies möglich ist,
   a) Anträge von Vollzeitbeschäftigten auf Wechsel in ein im Betrieb zur Verfügung stehendes Teilzeitarbeitsverhältnis berücksichtigen;
   b) Anträge von Teilzeitbeschäftigung auf Wechsel in ein Vollzeitarbeitsverhältnis oder auf Erhöhung ihrer Arbeitszeit, wenn sich diese Möglichkeit ergibt, berücksichtigen;

c) bemüht sein, zur Erleichterung des Wechsels von einem Vollzeit- in ein Teilzeitarbeitsverhältnis und umgekehrt rechtzeitig Informationen über Teilzeit- oder Vollzeitarbeitsplätze, die im Betrieb zur Verfügung stehen, bereitzustellen;

d) Maßnahmen, die den Zugang zur Teilzeitarbeit auf allen Ebenen des Unternehmens einschließlich qualifizierten und leitenden Stellungen erleichtern, und in geeigneten Fällen auch Maßnahmen, die den Zugang von Teilzeitbeschäftigten zur beruflichen Bildung erleichtern, zur Förderung des beruflichen Fortkommens und der beruflichen Mobilität in Erwägung ziehen;

e) bemüht sein, den bestehenden Arbeitnehmervertretungsgremien geeignete Informationen über die Teilzeitarbeit in dem Unternehmen zur Verfügung zu stellen.

Paragraph 6 Umsetzungsbestimmungen.

1. Die Mitgliedstaaten und/oder die Sozialpartner können günstigere Bestimmungen beibehalten oder einführen, als sie in dieser Vereinbarung vorgesehen sind.
2. Die Umsetzung dieser Vereinbarung rechtfertigt nicht eine Verringerung des allgemeinen Schutzniveaus der Arbeitnehmer in dem unter diese Vereinbarung fallenden Bereich; dies berührt nicht das Recht der Mitgliedstaaten und/oder der Sozialpartner, bei Veränderungen der Umstände unterschiedliche Rechts- und Verwaltungsvorschriften oder tarifvertragliche Regelungen zu entwickeln, und steht der Anwendung von Paragraph 5.1 nicht entgegen, sofern der in Paragraph 4.1 festgelegte Grundsatz der Nichtdiskriminierung eingehalten wird.
3. Diese Vereinbarung beeinträchtigt nicht das Recht der Sozialpartner auf der entsprechenden Ebene, einschließlich der europäischen Ebene, Übereinkünfte zur Anpassung und/oder Ergänzung dieser Vereinbarung zu schließen, um besonderen Bedürfnissen der betroffenen Sozialpartner Rechnung zu tragen.
4. Diese Vereinbarung gilt unbeschadet spezifischer Gemeinschaftsbestimmungen, insbesondere der Gemeinschaftsbestimmungen zur Gleichbehandlung und Chancengleichheit von Männern und Frauen.
5. Die Vermeidung und Behebung von Streitfällen aufgrund der Anwendung dieser Vereinbarung erfolgt gemäß den einzelstaatlichen Rechtsvorschriften, Tarifverträgen oder Gepflogenheiten.
6. Die Unterzeichnerparteien überprüfen die Anwendung dieser Vereinbarung fünf Jahre nach Erlaß des Ratsbeschlusses, wenn eine von ihnen einen entsprechenden Antrag stellt.

240. Richtlinie 98/59/EG des Rates vom 20. Juli 1998 zur Angleichung der Rechtsvorschriften der Mitgliedstaaten über Massenentlassungen[1)] [2)]

(ABl.L 225 S. 16)

Celex-Nr. 3 1998 L 0059

geänd. durch Art. 4 ÄndRL (EU) 2015/1794 v. 6.10.2015 (ABl. L 263 S. 1)

DER RAT DER EUROPÄISCHEN UNION –

gestützt auf den Vertrag zur Gründung der Europäischen Gemeinschaft, insbesondere auf Artikel 94,

auf Vorschlag der Kommission,

nach Stellungnahme des Europäischen Parlaments,

nach Stellungnahme des Wirtschafts- und Sozialausschusses[3)],

in Erwägung nachstehender Gründe:

(1) Aus Gründen der Übersichtlichkeit und der Klarheit empfiehlt es sich, die Richtlinie75/129/EWG des Rates vom 17. Februar 1975 zur Angleichung der Rechtsvorschriften der Mitgliedstaaten über Massenentlassungen[4)] zu kodifizieren.

(2) Unter Berücksichtigung der Notwendigkeit einer ausgewogenen wirtschaftlichen und sozialen Entwicklung in der Gemeinschaft ist es wichtig, den Schutz der Arbeitnehmer bei Massenentlassungen zu verstärken.

(3) Trotz einer konvergierenden Entwicklung bestehen weiterhin Unterschiede zwischen den in den Mitgliedstaaten geltenden Bestimmungen hinsichtlich der Voraussetzungen und des Verfahrens für Massenentlassungen sowie hinsichtlich der Maßnahmen, die die Folgen dieser Entlassungen für die Arbeitnehmer mildern könnten.

(4) Diese Unterschiede können sich auf das Funktionieren des Binnenmarktes unmittelbar auswirken.

(5) Die Entschließung des Rates vom 21. Januar 1974 über ein sozialpolitisches Aktionsprogramm[5)] hat eine Richtlinie über die Angleichung der Rechtsvorschriften der Mitgliedstaaten über Massenentlassungen vorgesehen.

(6) Die auf der Tagung des Europäischen Rates in Straßburg am 9. Dezember 1989 von den Staats- und Regierungschefs von elf Mitgliedstaaten angenommene Gemeinschaftscharta der sozialen Grundrechte der Arbeitnehmer sieht unter Nummer 7 Unterabsatz 1 erster Satz und Unterabsatz 2, unter Nummer 17 Unterabsatz 1 und unter Nummer 18 dritter Gedankenstrich folgendes vor:

---

1) Zur Umsetzung siehe §§ 17–22 KSchG **(dtv 5006 Arbeitsgesetze Nr. 20)**.

2) Die Verweise/Bezugnahmen auf Vorschriften des EGV sind bereits gemäß Art. 12 des Amsterdamer Vertrags in Verbindung mit der Übereinstimmungstabelle an die neue Nummerierung angepasst worden.

3) **Amtl. Anm.:** ABl. C 158 vom 26 5. 1997, S. 11.

4) **Amtl. Anm.:** ABl. L 48 vom 22.2.1975, S. 29. Richtlinie zuletzt geändert durch die Richtlinie 92/56/EWG (ABl. L 245 vom 26.8.1992, S. 3).

5) **Amtl. Anm.:** ABl. C 13 vom 12.2.1974, S. 1.

„7. Die Verwirklichung des Binnenmarktes muß zu einer Verbesserung der Lebens- und Arbeitsbedingungen der Arbeitnehmer in der Europäischen Gemeinschaft führen [...].
Diese Verbesserung muß, soweit nötig, dazu führen, daß bestimmte Bereiche des Arbeitsrechts, wie die Verfahren bei Massenentlassungen oder bei Konkursen, ausgestaltet werden.
[...]

17. Unterrichtung, Anhörung und Mitwirkung der Arbeitnehmer müssen in geeigneter Weise, unter Berücksichtigung der in den verschiedenen Mitgliedstaaten herrschenden Gepflogenheiten, weiterentwickelt werden.
[...]

18. Unterrichtung, Anhörung und Mitwirkung sind rechtzeitig vor allem in folgenden Fällen vorzusehen:
[– ...]
[– ...]
– bei Massenentlassungen;
[– ...];".

(7) Daher muß auf diese Angleichung auf dem Wege des Fortschritts im Sinne des Artikel 136 EG-Vertrag hingewirkt werden.

(8) Es empfiehlt sich, im Hinblick auf die Berechnung der Zahl der Entlassungen gemäß der Definition der Massenentlassungen im Sinne dieser Richtlinie den Entlassungen andere Arten einer Beendigung des Arbeitsverhältnisses, die auf Veranlassung des Arbeitgebers erfolgt, gleichzustellen, sofern die Zahl der Entlassungen mindestens fünf beträgt.

(9) Es sollte vorgesehen werden, daß diese Richtlinie grundsätzlich auch für Massenentlassungen gilt, die aufgrund einer auf einer gerichtlichen Entscheidung beruhenden Einstellung der Tätigkeit eines Betriebs erfolgen.

(10) Die Mitgliedstaaten sollten vorsehen können, daß die Arbeitnehmervertreter angesichts der fachlichen Komplexität der Themen, die gegebenenfalls Gegenstand der Information und Konsultation sind, Sachverständige hinzuziehen können.

(11) Es sollte sichergestellt werden, daß die Informations-, Konsultations- und Meldepflichten des Arbeitgebers unabhängig davon gelten, ob die Entscheidung über die Massenentlassungen von dem Arbeitgeber oder von einem den Arbeitgeber beherrschenden Unternehmen getroffen wird.

(12) Die Mitgliedstaaten sollten dafür Sorge tragen, daß den Arbeitnehmervertretern und/oder den Arbeitnehmern administrative und/oder gerichtliche Verfahren zur Durchsetzung der Verpflichtungen gemäß dieser Richtlinie zur Verfügung stehen.

(13) Diese Richtlinie soll die Verpflichtungen der Mitgliedstaaten in bezug auf die in Anhang I Teil B angeführten Richtlinien und deren Umsetzungsfristen unberührt lassen –

HAT FOLGENDE RICHTLINIE ERLASSEN:

Teil I. Begriffsbestimmungen und Anwendungsbereich

Art. 1 [Begriffsbestimmungen; Ausnahmen vom Anwendungsbereich]

(1) *[1]* Für die Durchführung dieser Richtlinie gelten folgende Begriffsbestimmungen:

a) „Massenentlassungen"sind Entlassungen, die ein Arbeitgeber aus einem oder mehreren Gründen, die nicht in der Person der Arbeitnehmer liegen, vornimmt und bei denen – nach Wahl der Mitgliedstaaten – die Zahl der Entlassungen
   i) entweder innerhalb eines Zeitraums von 30 Tagen
      – mindestens 10 in Betrieben mit in der Regel mehr als 20 und weniger als 100 Arbeitnehmern,
      – mindestens 10 v.H. der Arbeitnehmer in Betrieben mit in der Regel mindestens 100 und weniger als 300 Arbeitnehmern,
      – mindestens 30 in Betrieben mit in der Regel mindestens 300 Arbeitnehmern,
   ii) oder innerhalb eines Zeitraums von 90 Tagen mindestens 20, und zwar unabhängig davon, wie viele Arbeitnehmer in der Regel in dem betreffenden Betrieb beschäftigt sind,

   beträgt;

b) „Arbeitnehmervertreter" sind die Arbeitnehmervertreter nach den Rechtsvorschriften oder der Praxis der Mitgliedstaaten.

[2] Für die Berechnung der Zahl der Entlassungen gemäß Absatz 1 Buchstabe a) werden diesen Entlassungen Beendigungen des Arbeitsvertrags gleichgestellt, die auf Veranlassung des Arbeitgebers und aus einem oder mehreren Gründen, die nicht in der Person der Arbeitnehmer liegen, erfolgen, sofern die Zahl der Entlassungen mindestens fünf beträgt.

(2) Diese Richtlinie findet keine Anwendung auf

a) Massenentlassungen im Rahmen von Arbeitsverträgen, die für eine bestimmte Zeit oder Tätigkeit geschlossen werden, es sei denn, daß diese Entlassungen vor Ablauf oder Erfüllung dieser Verträge erfolgen;

b) Arbeitnehmer öffentlicher Verwaltungen oder von Einrichtungen des öffentlichen Rechts (oder in Mitgliedstaaten, die diesen Begriff nicht kennen, von gleichwertigen Stellen);

Teil II. Information und Konsultation

Art. 2 [Unterrichtungs- und Beratungsrecht der Arbeitnehmervertreter] (1) Beabsichtigt ein Arbeitgeber, Massenentlassungen vorzunehmen, so hat er die Arbeitnehmervertreter rechtzeitig zu konsultieren, um zu einer Einigung zu gelangen.

(2) *[1]* Diese Konsultationen erstrecken sich zumindest auf die Möglichkeit, Massenentlassungen zu vermeiden oder zu beschränken, sowie auf die Möglichkeit, ihre Folgen durch soziale Begleitmaßnahmen, die insbesondere Hilfen für eine anderweitige Verwendung oder Umschulung der entlassenen Arbeitnehmer zum Ziel haben, zu mildern.

[2] Die Mitgliedstaaten können vorsehen, daß die Arbeitnehmervertreter gemäß den innerstaatlichen Rechtsvorschriften und/oder Praktiken Sachverständige hinzuziehen können.

(3) *[1]* Damit die Arbeitnehmervertreter konstruktive Vorschläge unterbreiten können, hat der Arbeitgeber ihnen rechtzeitig im Verlauf der Konsultationen

a) die zweckdienlichen Auskünfte zu erteilen und

b) in jedem Fall schriftlich folgendes mitzuteilen:

i) die Gründe der geplanten Entlassung;

ii) die Zahl und die Kategorien der zu entlassenden Arbeitnehmer;

iii) die Zahl und die Kategorien der in der Regel beschäftigten Arbeitnehmer;

iv) den Zeitraum, in dem die Entlassungen vorgenommen werden sollen;

v) die vorgesehenen Kriterien für die Auswahl der zu entlassenden Arbeitnehmer, soweit die innerstaatlichen Rechtsvorschriften und/oder Praktiken dem Arbeitgeber die Zuständigkeit dafür zuerkennen;

vi) die vorgesehene Methode für die Berechnung etwaiger Abfindungen, soweit sie sich nicht aus den innerstaatlichen Rechtsvorschriften und/ oder Praktiken ergeben.

[2] Der Arbeitgeber hat der zuständigen Behörde eine Abschrift zumindest der in Unterabsatz 1 Buchstabe b) Ziffern i) bis v) genannten Bestandteile der schriftlichen Mitteilung zu übermitteln.

(4) *[1]* Die Verpflichtungen gemäß den Absätzen 1, 2 und 3 gelten unabhängig davon, ob die Entscheidung über die Massenentlassungen von dem Arbeitgeber oder von einem den Arbeitgeber beherrschenden Unternehmen getroffen wurde.

[2] Hinsichtlich angeblicher Verstöße gegen die in dieser Richtlinie enthaltenen Informations-, Konsultations- und Meldepflichten findet der Einwand des Arbeitgebers, das für die Massenentlassungen verantwortliche Unternehmen habe ihm die notwendigen Informationen nicht übermittelt, keine Berücksichtigung.

Teil III. Massenentlassungsverfahren

Art. 3[1)] [Anzeigepflicht] (1) *[1]* Der Arbeitgeber hat der zuständigen Behörde alle beabsichtigten Massenentlassungen schriftlich anzuzeigen.

[2] Die Mitgliedstaaten können jedoch vorsehen, daß im Fall einer geplanten Massenentlassung, die aufgrund einer gerichtlichen Entscheidung über die Einstellung der Tätigkeit des Betriebs erfolgt, der Arbeitgeber diese der zuständigen Behörde nur auf deren Verlangen schriftlich anzuzeigen hat.

[3] Betrifft eine geplante Massenentlassung die Besatzungsmitglieder eines Seeschiffs, so unterrichtet der Arbeitgeber die zuständige Behörde des Staates, unter dessen Flagge das Schiff fährt.

[4] Die Anzeige muß alle zweckdienlichen Angaben über die beabsichtigte Massenentlassung und die Konsultationen der Arbeitnehmervertreter gemäß

[1)] Vgl. § 17 KSchG **(dtv 5006 Arbeitsgesetze Nr. 20)**.

Artikel 2 enthalten, insbesondere die Gründe der Entlassung, die Zahl der zu entlassenden Arbeitnehmer, die Zahl der in der Regel beschäftigten Arbeitnehmer und den Zeitraum, in dem die Entlassungen vorgenommen werden sollen.

(2) *[1]* Der Arbeitgeber hat den Arbeitnehmervertretern eine Abschrift der in Absatz 1 genannten Anzeige zu übermitteln.

[2] Die Arbeitnehmervertreter können etwaige Bemerkungen an die zuständige Behörde richten.

Art. 4[1)] **[Entlassungssperre]** (1) *[1]* Die der zuständigen Behörde angezeigten beabsichtigten Massenentlassungen werden frühestens 30 Tage nach Eingang der in Artikel 3 Absatz 1 genannten Anzeige wirksam; die im Fall der Einzelkündigung für die Kündigungsfrist geltenden Bestimmungen bleiben unberührt.

[2] Die Mitgliedstaaten können der zuständigen Behörde jedoch die Möglichkeit einräumen, die Frist des Unterabsatzes 1 zu verkürzen.

(2) Die Frist des Absatzes 1 muß von der zuständigen Behörde dazu benutzt werden, nach Lösungen für die durch die beabsichtigten Massenentlassungen aufgeworfenen Probleme zu suchen.

(3) *[1]* Soweit die ursprüngliche Frist des Absatzes 1 weniger als 60 Tage beträgt, können die Mitgliedstaaten der zuständigen Behörde die Möglichkeit einräumen, die ursprüngliche Frist auf 60 Tage, vom Zugang der Anzeige an gerechnet, zu verlängern, wenn die Gefahr besteht, daß die durch die beabsichtigten Massenentlassungen aufgeworfenen Probleme innerhalb der ursprünglichen Frist nicht gelöst werden können.

[2] Die Mitgliedstaaten können der zuständigen Behörde weitergehende Verlängerungsmöglichkeiten einräumen.

[3] Die Verlängerung ist dem Arbeitgeber vor Ablauf der ursprünglichen Frist des Absatzes 1 mitzuteilen und zu begründen.

(4) Die Mitgliedstaaten können davon absehen, diesen Artikel im Fall von Massenentlassungen infolge einer Einstellung der Tätigkeit des Betriebs anzuwenden, wenn diese Einstellung aufgrund einer gerichtlichen Entscheidung erfolgt.

Teil IV. Schlußbestimmungen

Art. 5 [Günstigkeitsklausel] Diese Richtlinie läßt die Möglichkeit der Mitgliedstaaten unberührt, für die Arbeitnehmer günstigere Rechts- oder Verwaltungsvorschriften anzuwenden oder zu erlassen oder für die Arbeitnehmer günstigere tarifvertragliche Vereinbarungen zuzulassen oder zu fördern.

Art. 6 [Durchsetzungsmöglichkeiten] Die Mitgliedstaaten sorgen dafür, daß den Arbeitnehmervertretern und/oder den Arbeitnehmern administrative und/oder gerichtliche Verfahren zur Durchsetzung der Verpflichtungen gemäß dieser Richtlinie zur Verfügung stehen.

Art. 7 [Mitteilung von Rechts- und Verwaltungsvorschriften] Die Mitgliedstaaten teilen der Kommission den Wortlaut der wichtigsten Rechts- und

---

[1)] Vgl. § 18 KSchG **(dtv 5006 Arbeitsgesetze Nr. 20)**.

Verwaltungsvorschriften mit, die sie im Anwendungsbereich dieser Richtlinie erlassen oder bereits erlassen haben.[1]

Art. 8 [Aufhebung anderer Richtlinien] (1) Die in Anhang I Teil A aufgeführten Richtlinien werden aufgehoben; dies berührt nicht die Verpflichtungen der Mitgliedstaaten hinsichtlich der in Anhang I Teil B aufgeführten Umsetzungsfristen.

(2) Bezugnahmen auf die aufgehobenen Richtlinien gelten als Bezugnahmen auf die vorliegende Richtlinie und sind nach Maßgabe der Entsprechungstabelle in Anhang II zu lesen.

Art. 9 [Inkrafttreten] Diese Richtlinie tritt am zwanzigsten Tag nach ihrer Veröffentlichung[2] im *Amtsblatt der Europäischen Gemeinschaften* in Kraft.

Art. 10 [Adressaten] Diese Richtlinie ist an die Mitgliedstaaten gerichtet.

Anhänge. *(hier nicht wiedergegeben)*

---

[1] Zur Umsetzung siehe §§ 17–22 KSchG **(dtv 5006 Arbeitsgesetze Nr. 20)**.
[2] Veröffentlicht am 12.8.1998.

245. Richtlinie 1999/70/EG des Rates vom 28. Juni 1999 zu der EGB-UNICE-CEEP-Rahmenvereinbarung über befristete Arbeitsverträge[1)]

(ABl. L 175 S. 43)

Celex-Nr. 3 1999 L 0070

geänd. durch Art. 1 ÄndB 2007/882/EG v. 20.12.2007 (ABl. L 346 S. 19)

DER RAT DER EUROPÄISCHEN UNION –

gestützt auf den Vertrag zur Gründung der Europäischen Gemeinschaft, insbesondere auf Artikel 139 Absatz 2,

auf Vorschlag der Kommission,

in Erwägung nachstehender Gründe:

(1) Durch das Inkrafttreten des Vertrags von Amsterdam wurden die Vorschriften des Abkommens über die Sozialpolitik[2)], das dem Protokoll über die Sozialpolitik[2)] beigefügt war, welches dem Vertrag zur Gründung der Europäischen Gemeinschaft beigefügt war, in die Artikel 136 bis 139 des Vertrages zur Gründung der Europäischen Gemeinschaft übernommen.

(2) Die Sozialpartner können nach Artikel 139 Absatz 2 des Vertrags gemeinsam beantragen, daß die auf Gemeinschaftsebene geschlossenen Vereinbarungen durch einen Beschluß des Rates auf Vorschlag der Kommission durchgeführt werden.

(3) Nummer 7 der Gemeinschaftscharta der sozialen Grundrechte der Arbeitnehmer[3)] sieht unter anderem folgendes vor: „Die Verwirklichung des Binnenmarktes muß zu einer Verbesserung der Lebens- und Arbeitsbedingungen der Arbeitnehmer in der Europäischen Gemeinschaft führen. Dieser Prozeß erfolgt durch eine Angleichung dieser Bedingungen auf dem Wege des Fortschritts und betrifft namentlich andere Arbeitsformen als das unbefristete Arbeitsverhältnis, wie das befristete Arbeitsverhältnis, Teilzeitarbeit, Leiharbeit und Saisonarbeit".

(4) Der Rat hat weder zu dem Vorschlag für eine Richtlinie über bestimmte Arbeitsverhältnisse im Hinblick auf Wettbewerbsverzerrungen[4)] noch zu dem Vorschlag für eine Richtlinie über bestimmte Arbeitsverhältnisse hinsichtlich der Arbeitsbedingungen[5)] einen Beschluß gefaßt.

(5) Entsprechend den Schlußfolgerungen des Europäischen Rates von Essen sind Maßnahmen „zur Steigerung der Beschäftigungsintensität des Wachstums, insbesondere durch eine flexiblere Organisation der Arbeit, die sowohl den Wünschen der Arbeitnehmer als auch den Erfordernissen des Wettbewerbs gerecht wird," erforderlich.

(6) In der Entschließung des Rates vom 9. Februar 1999 zu den beschäftigungspolitischen Leitlinien für 1999 werden die Sozialpartner aufgefordert,

---

[1)] **Amtl. Anm.:** Text von Bedeutung für den EWR.

[2)] Außer Kraft mWv 1.5.1999 durch Art. 2 Nr. 58 des Vertrags von Amsterdam v. 2.10.1997 (ABl. C 340 S. 1).

[3)] Nr. **25**.

[4)] **Amtl. Anm.:** ABl. C 224 vom 8.9.1990, S. 6 und ABl. C 305 vom 5.12.1990, S. 8.

[5)] **Amtl. Anm.:** ABl. C 224 vom 8.9.1990, S. 4.

auf allen geeigneten Ebenen Vereinbarungen zur Modernisierung der Arbeitsorganisation, darunter auch anpassungsfähige Arbeitsregelungen, auszuhandeln, um die Unternehmen produktiv und wettbewerbsfähig zu machen und ein ausgewogenes Verhältnis zwischen Anpassungsfähigkeit und Sicherheit zu erreichen.

(7) Die Kommission hat nach Artikel 3 Absatz 2 des Abkommens über die Sozialpolitik[1] die Sozialpartner zu der Frage gehört, wie eine Gemeinschaftsaktion zur Flexibilisierung der Arbeitszeit und Absicherung der Arbeitnehmer gegebenenfalls ausgerichtet werden sollte.

(8) Die Kommission, die nach dieser Anhörung eine Gemeinschaftsaktion für zweckmäßig hielt, hat die Sozialpartner nach Artikel 3 Absatz 3 des genannten Abkommens erneut zum Inhalt des in Aussicht genommenen Vorschlags gehört.

(9) Die allgemeinen branchenübergreifenden Organisationen, d.h. die Union der Industrie- und Arbeitgeberverbände Europas (UNICE), der Europäische Zentralverband der öffentlichen Wirtschaft (CEEP) und der Europäische Gewerkschaftsbund (EGB) haben der Kommission in einem gemeinsamen Schreiben vom 23. März 1998 mitgeteilt, daß sie das Verfahren nach Artikel 4 des genannten Abkommens in Gang setzen wollen. Sie haben die Kommission in einem gemeinsamen Schreiben um eine zusätzliche Frist von drei Monaten gebeten. Die Kommission kam dieser Bitte nach und verlängerte den Verhandlungszeitraum bis zum 30. März 1999.

(10) Die genannten branchenübergreifenden Organisationen schlossen am 18. März 1999 eine Rahmenvereinbarung über befristete Arbeitsverträge und übermittelten der Kommission nach Artikel 4 Absatz 2 des Abkommens über die Sozialpolitik[1] ihren gemeinsamen Antrag auf Durchführung dieser Rahmenvereinbarung durch einen Beschluß des Rates auf Vorschlag der Kommission.

(11) Der Rat hat in seiner Entschließung vom 6. Dezember 1994 „Bestimmte Perspektiven einer Sozialpolitik der Europäischen Union: ein Beitrag zur wirtschaftlichen und sozialen Konvergenz in der Union"[2] die Sozialpartner ersucht, die Möglichkeiten zum Abschluß von Vereinbarungen wahrzunehmen, weil sie in der Regel näher an den sozialen Problemen und der sozialen Wirklichkeit sind.

(12) In der Präambel zu der am 6. Juni 1997 geschlossenen Rahmenvereinbarung über Teilzeitarbeit kündigten die Unterzeichnerparteien ihre Absicht an, zu prüfen, ob ähnliche Vereinbarungen für andere flexible Arbeitsformen erforderlich sind.

(13) Die Sozialpartner wollten den befristeten Arbeitsverträgen besondere Beachtung schenken, erklärten jedoch auch, daß sie in Erwägung ziehen wollten, ob eine ähnliche Vereinbarung über Leiharbeit erforderlich ist.

(14) Die Unterzeichnerparteien wollten eine Rahmenvereinbarung über befristete Arbeitsverträge schließen, welche die allgemeinen Grundsätze und Mindestvorschriften für befristete Arbeitsverträge und Beschäftigungsverhältnisse niederlegt. Sie haben ihren Willen bekundet, durch Anwendung des Grundsatzes der Nichtdiskriminierung die Qualität befristeter Arbeits-

---

[1] Außer Kraft mWv 1.5.1999 durch Art. 2 Nr. 58 des Vertrags von Amsterdam v. 2.10.1997 (ABl. C 340 S. 1).

[2] **Amtl. Anm.:** ABl. C 368 vom 23.12.1994, S. 6.

verhältnisse zu verbessern und einen Rahmen zu schaffen, der den Mißbrauch durch aufeinanderfolgende befristete Arbeitsverträge oder Beschäftigungsverhältnisse verhindert.

(15) Der geeignete Rechtsakt zur Durchführung der Rahmenvereinbarung ist eine Richtlinie im Sinne von Artikel 249 des Vertrags. Sie ist für die Mitgliedstaaten hinsichtlich des zu erreichenden Zieles verbindlich, überläßt diesen jedoch die Wahl der Form und der Mittel.

(16) Entsprechend den in Artikel 5 des Vertrags genannten Grundsätzen der Subsidiarität und der Verhältnismäßigkeit können die Ziele dieser Richtlinie auf Ebene der Mitgliedstaaten nicht ausreichend erreicht werden, so daß sie besser auf Gemeinschaftsebene verwirklicht werden können. Die Richtlinie geht nicht über das für die Erreichung dieser Ziele Erforderliche hinaus.

(17) Bezüglich der in der Rahmenvereinbarung verwendeten, jedoch nicht genau definierten Begriffe überläßt es diese Richtlinie – wie andere im Sozialbereich erlassene Richtlinien, in denen ähnliche Begriffe vorkommen – den Mitgliedstaaten, diese Begriffe entsprechend ihrem nationalen Recht und/oder ihrer nationalen Praxis zu definieren, vorausgesetzt, diese Definitionen entsprechen inhaltlich der Rahmenvereinbarung.

(18) Die Kommission hat ihren Richtlinienvorschlag entsprechend ihrer Mitteilung vom 14. Dezember 1993 über die Anwendung des Protokolls über die Sozialpolitik[1)] und ihrer Mitteilung vom 20. Mai 1998 zur Entwicklung des sozialen Dialogs auf Gemeinschaftsebene unter Berücksichtigung des Vertretungsanspruchs der Unterzeichnerparteien, ihres Mandats und der Rechtmäßigkeit der Bestimmungen der Rahmenvereinbarung ausgearbeitet. Die Unterzeichnerparteien verfügen über einen ausreichenden kumulativen Vertretungsanspruch.

(19) Entsprechend ihrer Mitteilung über die Anwendung des Protokolls über die Sozialpolitik[1)] hat die Kommission das Europäische Parlament und den Wirtschafts- und Sozialausschuß unterrichtet und ihnen den Wortlaut der Rahmenvereinbarung sowie ihren mit einer Begründung versehenen Vorschlag für eine Richtlinie übermittelt.

(20) Das Europäische Parlament hat am 6. Mai 1999 eine Entschließung zu der Rahmenvereinbarung der Sozialpartner angenommen.

(21) Die Durchführung der Rahmenvereinbarung trägt zur Verwirklichung der in Artikel 136 des Vertrags genannten Ziele bei –

HAT FOLGENDE RICHTLINIE ERLASSEN:

Art. 1 [Rahmenvereinbarung-Durchführung] Mit dieser Richtlinie soll die zwischen den allgemeinen branchenübergreifenden Organisationen (EGB, UNICE und CEEP) geschlossene Rahmenvereinbarung vom 18. März 1999 über befristete Arbeitsverträge, die im Anhang enthalten ist, durchgeführt werden.

Art. 2 [Umsetzungsvorschriften] *[1]* Die Mitgliedstaaten setzen die Rechts- und Verwaltungsvorschriften in Kraft, die erforderlich sind, um dieser Richtlinie spätestens am 10. Juli 2001 nachzukommen, oder vergewissern sich

---

1) Außer Kraft mWv 1.5.1999 durch Art. 2 Nr. 58 des Vertrags von Amsterdam v. 2.10.1997 (ABl. C 340 S. 1).

spätestens zu diesem Zeitpunkt, daß die Sozialpartner im Wege einer Vereinbarung die erforderlichen Vorkehrungen getroffen haben; dabei haben die Mitgliedstaaten alle notwendigen Maßnahmen zu treffen, um jederzeit gewährleisten zu können, daß die durch die Richtlinie vorgeschriebenen Ergebnisse erzielt werden. Sie setzen die Kommission unverzüglich davon in Kenntnis.

[2] [1] Sofern notwendig kann den Mitgliedstaaten bei besonderen Schwierigkeiten oder im Falle einer Durchführung mittels eines Tarifvertrags nach Konsultation der Sozialpartner eine zusätzliche Frist von höchstens einem Jahr gewährt werden. [2] Sie setzen die Kommission umgehend von diesen Gegebenheiten in Kenntnis.

[3] [1] Wenn die Mitgliedstaaten die Vorschriften nach Absatz 1 erlassen, nehmen sie in diesen Vorschriften selbst oder bei deren amtlicher Veröffentlichung auf diese Richtlinie Bezug. [2] Die Mitgliedstaaten regeln die Einzelheiten der Bezugnahme.

Art. 3 [Inkrafttreten] Diese Richtlinie tritt am Tag ihrer Veröffentlichung[1)] im *Amtsblatt der Europäischen Gemeinschaften* in Kraft.

Art. 4 [Adressaten] Diese Richtlinie ist an die Mitgliedstaaten gerichtet.

Anhang

EGB-UNICE-CEEP
Rahmenvereinbarung über befristete Arbeitsverträge

Präambel

Die vorliegende Rahmenvereinbarung ist ein Beispiel für die Rolle, die Sozialpartner im Rahmen der 1997 auf der Sondertagung in Luxemburg vereinbarten europäischen Beschäftigungsstrategie spielen können, und nach der Rahmenvereinbarung über Teilzeitarbeit ein weiterer Beitrag auf dem Weg zu einem besseren Gleichgewicht zwischen „Flexibilität der Arbeitszeit und Sicherheit der Arbeitnehmer".

Die Unterzeichnerparteien dieser Vereinbarung erkennen an, daß unbefristete Verträge die übliche Form des Beschäftigungsverhältnisses zwischen Arbeitgebern und Arbeitnehmern darstellen und weiter darstellen werden. Sie erkennen auch an, daß befristete Beschäftigungsverträge unter bestimmten Umständen den Bedürfnissen von Arbeitgebern und Arbeitnehmern entsprechen.

Die Vereinbarung legt die allgemeinen Grundsätze und Mindestvorschriften für befristete Arbeitsverträge in der Erkenntnis nieder, daß bei ihrer genauen Anwendung die besonderen Gegebenheiten der jeweiligen nationalen, sektoralen und saisonalen Situation berücksichtigt werden müssen. Sie macht den Willen der Sozialpartner deutlich, einen allgemeinen Rahmen zu schaffen, der durch den Schutz vor Diskriminierung die Gleichbehandlung von Arbeitnehmern in befristeten Arbeitsverhältnissen sichert und die Inanspruchnahme befristeter Arbeitsverträge auf einer für Arbeitgeber und Arbeitnehmer akzeptablen Grundlage ermöglicht.

Die Vereinbarung gilt für Arbeitnehmer in befristeten Arbeitsverhältnissen mit Ausnahme derer, die einem Unternehmen von einer Leiharbeitsagentur zur

---

1) Veröffentlicht am 10.7.1999.

Verfügung gestellt werden. Es ist die Absicht der Parteien, den Abschluß einer ähnlichen Vereinbarung über Leiharbeit in Erwägung zu ziehen.

Die Vereinbarung erstreckt sich auf die Beschäftigungsbedingungen von Arbeitnehmern in befristeten Arbeitsverhältnissen und erkennt an, daß Fragen der gesetzlichen Regelung der sozialen Sicherheit der Entscheidung der Mitgliedstaaten unterliegen. Die Sozialpartner nehmen in diesem Sinne von der Erklärung zur Beschäftigung des Europäischen Rates von Dublin aus dem Jahre 1996 Kenntnis, in der unter anderem betont wird, daß die Systeme der sozialen Sicherheit beschäftigungsfreundlicher gestaltet werden sollten, indem Systeme der sozialen Sicherheit entwickelt werden, die sich an neue Arbeitsstrukturen anpassen lassen und die jedem, der im Rahmen solcher Strukturen arbeitet, auch einen angemessenen sozialen Schutz bieten. Die Unterzeichnerparteien wiederholen ihre bereits 1997 in der Rahmenvereinbarung über Teilzeitarbeit geäußerte Ansicht, daß die Mitgliedstaaten die Erklärung unverzüglich umsetzen sollten.

Außerdem wird anerkannt, daß Innovationen in den betrieblichen Sozialschutzsystemen erforderlich sind, um sie an die Bedingungen von heute anzupassen und insbesondere die Übertragbarkeit von Ansprüchen zu ermöglichen.

EGB, UNICE und CEEP ersuchen die Kommission, diese Rahmenvereinbarung dem Rat vorzulegen, damit deren Vorschriften in den Mitgliedstaaten, die das Abkommen über die Sozialpolitik[1], das dem Protokoll (Nr. 14) über die Sozialpolitik[1] im Anhang zum Vertrag zur Gründung der Europäischen Union beigefügt ist, unterzeichnet haben, durch Ratsbeschluß verbindlich werden.

Die Unterzeichnerparteien ersuchen die Kommission, die Mitgliedstaaten in ihrem Vorschlag zur Umsetzung dieser Vereinbarung aufzufordern, die erforderlichen Rechts- und Verwaltungsvorschriften zu erlassen, um dem Ratsbeschluß innerhalb einer Frist von zwei Jahren nach seiner Verabschiedung nachzukommen, oder sich zu vergewissern[2], daß die Sozialpartner die notwendigen Maßnahmen vor Ablauf dieser Frist im Wege einer Vereinbarung ergreifen. Bei besonderen Schwierigkeiten oder einer Umsetzung mittels eines Tarifvertrags haben die Mitgliedstaaten nach Konsultation der Sozialpartner gegebenenfalls zusätzlich bis zu einem Jahr Zeit, dieser Bestimmung nachzukommen.

Die Unterzeichnerparteien bitten darum, daß die Sozialpartner vor jeder Maßnahme, die Rechts- und Verwaltungsvorschriften der Mitgliedstaaten zur Erfüllung dieser Vereinbarung betrifft, konsultiert werden.

Unbeschadet der jeweiligen Rolle der einzelstaatlichen Gerichte und des Gerichtshofs bitten die Unterzeichnerparteien darum, daß jede Frage im Hinblick auf die Auslegung dieser Vereinbarung auf europäischer Ebene über die Kommission zunächst an sie weitergeleitet wird, damit sie eine Stellungnahme abgeben können.

---

[1] Außer Kraft mWv 1.5.1999 durch Art. 2 Nr. 58 des Vertrags von Amsterdam v. 2.10.1997 (ABl. C 340 S. 1).

[2] **Amtl. Anm.:** Im Sinne von Artikel 2 Absatz 4 des Abkommens über die Sozialpolitik, das dem Protokoll (Nr. 14) über die Sozialpolitik im Anhang zum Vertrag zur Gründung der Europäischen Gemeinschaft beigefügt ist.

Allgemeine Erwägungen

1. Gestützt auf das Abkommen über die Sozialpolitik[1], das dem Protokoll (Nr. 14) über die Sozialpolitik[1] im Anhang zum Vertrag zur Gründung der Europäischen Gemeinschaft beigefügt ist, insbesondere auf Artikel 3 Absatz 4 und Artikel 4 Absatz 2,

in Erwägung nachstehender Gründe:

2. Gemäß Artikel 4 Absatz 2 des Abkommens über die Sozialpolitik[1] erfolgt die Durchführung der auf Gemeinschaftsebene geschlossenen Vereinbarungen auf gemeinsamen Antrag der Unterzeichnerparteien durch einen Beschluß des Rates auf Vorschlag der Kommission.
3. Die Kommission kündigte in ihrem zweiten Konsultationspapier über die Flexibilität der Arbeitszeit und Arbeitnehmersicherheit an, eine gesetzlich bindende Gemeinschaftsmaßnahme vorschlagen zu wollen.
4. Das Europäische Parlament forderte die Kommission in seiner Stellungnahme zum Vorschlag für eine Richtlinie über Teilzeitarbeit auf, unverzüglich Vorschläge für Richtlinien über andere Formen der flexiblen Arbeit wie befristete Arbeitsverträge und Leiharbeit zu unterbreiten.
5. In den Schlußfolgerungen des außerordentlichen Gipfeltreffens über Beschäftigungsfragen in Luxemburg ersuchte der Europäische Rat die Sozialpartner, „Vereinbarungen zur Modernisierung der Arbeitsorganisation, darunter flexible Arbeitsregelungen, auszuhandeln, um die Unternehmen produktiv und wettbewerbsfähig zu machen und ein ausgewogenes Verhältnis zwischen Flexibilität und Sicherheit zu erreichen".
6. Unbefristete Arbeitsverträge sind die übliche Form des Beschäftigungsverhältnisses. Sie tragen zur Lebensqualität der betreffenden Arbeitnehmer und zur Verbesserung ihrer Leistungsfähigkeit bei.
7. Die aus objektiven Gründen erfolgende Inanspruchnahme befristeter Arbeitsverträge hilft Mißbrauch zu vermeiden.
8. Befristete Arbeitsverträge sind für die Beschäftigung in bestimmten Branchen, Berufen und Tätigkeiten charakteristisch und können den Bedürfnissen der Arbeitgeber und der Arbeitnehmer entsprechen.
9. Da mehr als die Hälfte der Arbeitnehmer in befristeten Arbeitsverhältnissen in der Europäischen Union Frauen sind, kann diese Vereinbarung zur Verbesserung der Chancengleichheit zwischen Frauen und Männern beitragen.
10. Diese Vereinbarung überläßt es den Mitgliedstaaten und den Sozialpartnern, die Anwendungsmodalitäten ihrer allgemeinen Grundsätze, Mindestvorschriften und Bestimmungen zu definieren, um so der jeweiligen Situation der einzelnen Mitgliedstaaten und den Umständen bestimmter Branchen und Berufe einschließlich saisonaler Tätigkeiten Rechnung zu tragen.
11. Diese Vereinbarung berücksichtigt die Notwendigkeit, die sozialpolitischen Rahmenbedingungen zu verbessern, die Wettbewerbsfähigkeit der Wirtschaft der Gemeinschaft zu fördern und verwaltungstechnische, finanzielle oder rechtliche Zwänge zu vermeiden, die die Gründung und Entwicklung von kleinen und mittleren Unternehmen behindern könnten.

---

[1] Außer Kraft mWv 1.5.1999 durch Art. 2 Nr. 58 des Vertrags von Amsterdam v. 2.10.1997 (ABl. C 340 S. 1).

12. Die Sozialpartner sind am besten in der Lage, Lösungen zu finden, die den Bedürfnissen der Arbeitgeber und der Arbeitnehmer gerecht werden. Daher ist ihnen eine besondere Rolle bei der Umsetzung und Anwendung dieser Vereinbarung einzuräumen –

HABEN DIE UNTERZEICHNERPARTEIEN FOLGENDES VEREINBART:

Paragraph 1: Gegenstand. Diese Rahmenvereinbarung soll:

a) durch Anwendung des Grundsatzes der Nichtdiskriminierung die Qualität befristeter Arbeitsverhältnisse verbessern;
b) einen Rahmen schaffen, der den Mißbrauch durch aufeinanderfolgende befristete Arbeitsverträge oder -verhältnisse verhindert.

Paragraph 2: Anwendungsbereich.

1. Diese Vereinbarung gilt für befristet beschäftigte Arbeitnehmer mit einem Arbeitsvertrag oder -verhältnis gemäß der gesetzlich, tarifvertraglich oder nach den Gepflogenheiten in jedem Mitgliedstaat geltenden Definition.
2. Die Mitgliedstaaten, nach Anhörung der Sozialpartner, und/oder die Sozialpartner können vorsehen, daß diese Vereinbarung nicht gilt für:
   a) Berufsausbildungsverhältnisse und Auszubildendensysteme/Lehrlingsausbildungssysteme;
   b) Arbeitsverträge und -verhältnisse, die im Rahmen eines besonderen öffentlichen oder von der öffentlichen Hand unterstützten beruflichen Ausbildungs-, Eingliederungs- oder Umschulungsprogramms abgeschlossen wurden.

Paragraph 3: Definitionen. *[1]* Im Sinne dieser Vereinbarung ist:

1. „befristet beschäftigter Arbeitnehmer" eine Person mit einem direkt zwischen dem Arbeitgeber und dem Arbeitnehmer geschlossenen Arbeitsvertrag oder -verhältnis, dessen Ende durch objektive Bedingungen wie das Erreichen eines bestimmten Datums, die Erfüllung einer bestimmten Aufgabe oder das Eintreten eines bestimmten Ereignisses bestimmt wird.
2. „vergleichbarer Dauerbeschäftigter" ein Arbeitnehmer desselben Betriebs mit einem unbefristeten Arbeitsvertrag oder -verhältnis, der in der gleichen oder einer ähnlichen Arbeit/Beschäftigung tätig ist, wobei auch die Qualifikationen/Fertigkeiten angemessen zu berücksichtigen sind.

[2] Ist in demselben Betrieb kein vergleichbarer Dauerbeschäftigter vorhanden, erfolgt der Vergleich anhand des anwendbaren Tarifvertrags oder in Ermangelung eines solchen gemäß den einzelstaatlichen gesetzlichen oder tarifvertraglichen Bestimmungen oder Gepflogenheiten.

Paragraph 4: Grundsatz der Nichtdiskriminierung.

1. Befristet beschäftige Arbeitnehmer dürfen in ihren Beschäftigungsbedingungen nur deswegen, weil für sie ein befristeter Arbeitsvertrag oder ein befristetes Arbeitsverhältnis gilt, gegenüber vergleichbaren Dauerbeschäftigten nicht schlechter behandelt werden, es sei denn, die unterschiedliche Behandlung ist aus sachlichen Gründen gerechtfertigt.
2. Es gilt, wo dies angemessen ist, der Pro-rata-temporis-Grundsatz.

3. Die Anwendungsmodalitäten dieser Bestimmung werden von den Mitgliedstaaten nach Anhörung der Sozialpartner und/oder von den Sozialpartnern unter Berücksichtigung der Rechtsvorschriften der Gemeinschaft und der einzelstaatlichen gesetzlichen und tarifvertraglichen Bestimmungen und Gepflogenheiten festgelegt.
4. In Bezug auf bestimmte Beschäftigungsbedingungen gelten für befristet beschäftige Arbeitnehmer dieselben Betriebszugehörigkeitszeiten wie für Dauerbeschäftigte, es sei denn, unterschiedliche Betriebszugehörigkeitszeiten sind aus sachlichen Gründen gerechtfertigt.

Paragraph 5: Maßnahmen zur Vermeidung von Mißbrauch.

1. Um Mißbrauch durch aufeinanderfolgende befristete Arbeitsverträge oder -verhältnisse zu vermeiden, ergreifen die Mitgliedstaaten nach der gesetzlich oder tarifvertraglich vorgeschriebenen oder in dem Mitgliedstaat üblichen Anhörung der Sozialpartner und/oder die Sozialpartner, wenn keine gleichwertigen gesetzlichen Maßnahmen zur Mißbrauchsverhinderung bestehen, unter Berücksichtigung der Anforderungen bestimmter Branchen und/oder Arbeitnehmerkategorien eine oder mehrere der folgenden Maßnahmen:
   a) sachliche Gründe, die die Verlängerung solcher Verträge oder Verhältnisse rechtfertigen;
   b) die insgesamt maximal zulässige Dauer aufeinanderfolgender Arbeitsverträge oder -verhältnisse;
   c) die zulässige Zahl der Verlängerungen solcher Verträge oder Verhältnisse.
2. Die Mitgliedstaaten, nach Anhörung der Sozialpartner, und/oder die Sozialpartner legen gegebenenfalls fest, unter welchen Bedingungen befristete Arbeitsverträge oder Beschäftigungsverhältnisse:
   a) als „aufeinanderfolgend" zu betrachten sind;
   b) als unbefristete Verträge oder Verhältnisse zu gelten haben.

Paragraph 6: Information und Beschäftigungsmöglichkeiten.

1. Die Arbeitgeber informieren die befristet beschäftigten Arbeitnehmer über Stellen, die im Unternehmen oder Betrieb frei werden, damit diese die gleichen Chancen auf einen sicheren unbefristeten Arbeitsplatz haben wie andere Arbeitnehmer. Diese Information kann durch allgemeine Bekanntgabe an geeigneter Stelle im Unternehmen oder Betrieb erfolgen.
2. Die Arbeitgeber erleichtern den befristet beschäftigten Arbeitnehmern, soweit dies möglich ist, den Zugang zu angemessenen Aus- und Weiterbildungsmöglichkeiten, die die Verbesserung ihrer Fertigkeiten, ihr berufliches Fortkommen und ihre berufliche Mobilität fördern.

Paragraph 7: Information und Konsultation.

1. Befristet beschäftigte Arbeitnehmer werden entsprechend den nationalen Rechtvorschriften bei der Berechnung der Schwellenwerte für die Einrichtung von Arbeitnehmervertretungen in den Unternehmen berücksichtigt, die nach den Rechtsvorschriften der Gemeinschaft und der Mitgliedstaaten vorgesehen sind.
2. Die Anwendungsmodalitäten des Paragraphs 7 Nummer 1 werden von den Mitgliedstaaten nach Anhörung der Sozialpartner und/oder von den Sozial-

partnern unter Berücksichtigung der einzelstaatlichen gesetzlichen und tarifvertraglichen Bestimmungen und Gepflogenheiten und im Einklang mit Paragraph 4 Nummer 1 festgelegt.

3. Die Arbeitgeber ziehen, soweit dies möglich ist, eine angemessene Information der vorhandenen Arbeitnehmervertretungsgremien über befristete Arbeitsverhältnisse im Unternehmen in Erwägung.

Paragraph 8: Umsetzungsbestimmungen.

1. Die Mitgliedstaaten und/oder die Sozialpartner können günstigere Bestimmungen für Arbeitnehmer beibehalten oder einführen, als sie in dieser Vereinbarung vorgesehen sind.
2. Diese Vereinbarung gilt unbeschadet spezifischerer Gemeinschaftsbestimmungen, insbesondere der Gemeinschaftsbestimmungen zur Gleichbehandlung und Chancengleichheit von Männern und Frauen.
3. Die Umsetzung dieser Vereinbarung darf nicht als Rechtfertigung für die Senkung des allgemeinen Niveaus des Arbeitnehmerschutzes in dem von dieser Vereinbarung erfaßten Bereich dienen.
4. Diese Vereinbarung beeinträchtigt nicht das Recht der Sozialpartner, auf der geeigneten, einschließlich der europäischen Ebene, Vereinbarungen zu schließen, die die Bestimmungen dieser Vereinbarung unter Berücksichtigung der besonderen Bedürfnisse der betroffenen Sozialpartner anpassen und/oder ergänzen.
5. Die Vermeidung und Behandlung von Streitfällen und Beschwerden, die sich aus der Anwendung dieser Vereinbarung ergeben, erfolgen im Einklang mit den einzelstaatlichen gesetzlichen und tarifvertraglichen Bestimmungen und Gepflogenheiten.
6. Falls eine der Unterzeichnerparteien dies beantragt, nehmen diese fünf Jahre nach dem Datum des Ratsbeschlusses eine Überprüfung der Anwendung dieser Vereinbarung vor.

250. Richtlinie 2000/43/EG des Rates vom 29. Juni 2000 zur Anwendung des Gleichbehandlungsgrundsatzes ohne Unterschied der Rasse oder der ethnischen Herkunft

(ABl. L 180 S. 22)

Celex-Nr. 3 2000 L 0043

DER RAT DER EUROPÄISCHEN UNION –

gestützt auf den Vertrag zur Gründung der Europäischen Gemeinschaft[1)], insbesondere auf Artikel 13[2)],

auf Vorschlag der Kommission[3)],

nach Stellungnahme des Europäischen Parlaments[4)],

nach Stellungnahme des Wirtschafts- und Sozialausschusses[5)],

nach Stellungnahme des Ausschusses der Regionen[6)],

in Erwägung nachstehender Gründe:

(1) Der Vertrag über die Europäische Union markiert den Beginn einer neuen Etappe im Prozeß des immer engeren Zusammenwachsens der Völker Europas.

(2) Nach Artikel 6 des Vertrags über die Europäische Union[7)] beruht die Europäische Union auf den Grundsätzen der Freiheit, der Demokratie, der Achtung der Menschenrechte und Grundfreiheiten sowie der Rechtsstaatlichkeit; diese Grundsätze sind den Mitgliedstaaten gemeinsam. Nach Artikel 6 EU-Vertrag[7)] sollte die Union ferner die Grundrechte, wie sie in der Europäischen Konvention zum Schutze der Menschenrechte und Grundfreiheiten[8)] gewährleistet sind und wie sie sich aus den gemeinsamen Verfassungsüberlieferungen als allgemeine Grundsätze des Gemeinschaftsrechts ergeben, achten.

(3) Die Gleichheit vor dem Gesetz und der Schutz aller Menschen vor Diskriminierung ist ein allgemeines Menschenrecht. Dieses Recht wurde in der Allgemeinen Erklärung der Menschenrechte, im VN-Übereinkommen über die Beseitigung aller Formen der Diskriminierung von Frauen, im Internationalen Übereinkommen zur Beseitigung jeder Form von Rassendiskriminierung, im Internationalen Pakt der VN über bürgerliche und politische Rechte sowie im Internationalen Pakt der VN über wirtschaftliche, soziale und kulturelle Rechte und in der Europäischen Konvention zum Schutz der Menschenrechte und der Grundfreiheiten[8)] anerkannt, die von allen Mitgliedstaaten unterzeichnet wurden.

---

1) Nunmehr Vertrag über die Arbeitsweise der Europäischen Union (auszugsweise abgedruckt unter Nr. **5**) durch Vertrag von Lissabon v. 13.12.2007 (ABl. C 306 S. 1).

2) Nunmehr Art. 19 AEUV (Nr. **5**) durch Vertrag von Lissabon v. 13.12.2007 (ABl. C 306 S. 1).

3) **Amtl. Anm.:** Noch nicht im Amtsblatt veröffentlicht.

4) **Amtl. Anm.:** Stellungnahme vom 18. Mai 2000 (noch nicht im Amtsblatt veröffentlicht).

5) **Amtl. Anm.:** Stellungnahme vom 12. April 2000 (noch nicht im Amtsblatt veröffentlicht).

6) **Amtl. Anm.:** Stellungnahme vom 31. Mai 2000 (noch nicht im Amtsblatt veröffentlicht).

7) Nr. **1**.

8) Nr. **30**.

(4) Es ist wichtig, daß diese Grundrechte und Grundfreiheiten, einschließlich der Vereinigungsfreiheit, geachtet werden. Ferner ist es wichtig, daß im Zusammenhang mit dem Zugang zu und der Versorgung mit Gütern und Dienstleistungen der Schutz der Privatsphäre und des Familienlebens sowie der in diesem Kontext getätigten Geschäfte gewahrt bleibt.

(5) Das Europäische Parlament hat eine Reihe von Entschließungen zur Bekämpfung des Rassismus in der Europäischen Union angenommen.

(6) Die Europäische Union weist Theorien, mit denen versucht wird, die Existenz verschiedener menschlicher Rassen zu belegen, zurück. Die Verwendung des Begriffs „Rasse" in dieser Richtlinie impliziert nicht die Akzeptanz solcher Theorien.

(7) Auf seiner Tagung in Tampere vom 15. und 16. Oktober 1999 ersuchte der Europäische Rat die Kommission, so bald wie möglich Vorschläge zur Durchführung des Artikels 13 EG-Vertrag[1] im Hinblick auf die Bekämpfung von Rassismus und Fremdenfeindlichkeit vorzulegen.

(8) In den vom Europäischen Rat auf seiner Tagung vom 10. und 11. Dezember 1999 in Helsinki vereinbarten beschäftigungspolitischen Leitlinien für das Jahr 2000 wird die Notwendigkeit unterstrichen, günstigere Bedingungen für die Entstehung eines Arbeitsmarktes zu schaffen, der soziale Integration fördert; dies soll durch ein Bündel aufeinander abgestimmter Maßnahmen geschehen, die darauf abstellen, Diskriminierungen bestimmter gesellschaftlicher Gruppen, wie ethnischer Minderheiten, zu bekämpfen.

(9) Diskriminierungen aus Gründen der Rasse oder der ethnischen Herkunft können die Verwirklichung der im EG-Vertrag[2] festgelegten Ziele unterminieren, insbesondere die Erreichung eines hohen Beschäftigungsniveaus und eines hohen Maßes an sozialem Schutz, die Hebung des Lebensstandards und der Lebensqualität, den wirtschaftlichen und sozialen Zusammenhalt sowie die Solidarität. Ferner kann das Ziel der Weiterentwicklung der Europäischen Union zu einem Raum der Freiheit, der Sicherheit und des Rechts beeinträchtigt werden.

(10) Die Kommission legte im Dezember 1995 eine Mitteilung über Rassismus, Fremdenfeindlichkeit und Antisemitismus vor.

(11) Der Rat hat am 15. Juli 1996 die Gemeinsame Maßnahme 96/443/JI zur Bekämpfung von Rassismus und Fremdenfeindlichkeit[3] angenommen, mit der sich die Mitgliedstaaten verpflichten, eine wirksame justitielle Zusammenarbeit bei Vergehen, die auf rassistischen oder fremdenfeindlichen Verhaltensweisen beruhen, zu gewährleisten.

(12) Um die Entwicklung demokratischer und toleranter Gesellschaften zu gewährleisten, die allen Menschen – ohne Unterschied der Rasse oder der ethnischen Herkunft – eine Teilhabe ermöglichen, sollten spezifische Maßnahmen zur Bekämpfung von Diskriminierungen aus Gründen der Rasse oder der ethnischen Herkunft über die Gewährleistung des Zugangs zu unselbständiger und selbständiger Erwerbstätigkeit hinausgehen und auch Aspekte wie Bildung, Sozialschutz, einschließlich sozialer Sicherheit und

---

[1] Nunmehr Art. 19 AEUV (Nr. **5**) durch Vertrag von Lissabon v. 13.12.2007 (ABl. C 306 S. 1).

[2] Nunmehr Vertrag über die Arbeitsweise der Europäischen Union (auszugsweise abgedruckt unter Nr. **5**) durch Vertrag von Lissabon v. 13.12.2007 (ABl. C 306 S. 1).

[3] **Amtl. Anm.:** ABl. L 185 vom 24.7.1996, S. 5.

der Gesundheitsdienste, soziale Vergünstigungen, Zugang zu und Versorgung mit Gütern und Dienstleistungen, mit abdecken.

(13) Daher sollte jede unmittelbare oder mittelbare Diskriminierung aus Gründen der Rasse oder der ethnischen Herkunft in den von der Richtlinie abgedeckten Bereichen gemeinschaftsweit untersagt werden. Dieses Diskriminierungsverbot sollte auch hinsichtlich Drittstaatsangehörigen angewandt werden, betrifft jedoch keine Ungleichbehandlungen aufgrund der Staatsangehörigkeit und läßt die Vorschriften über die Einreise und den Aufenthalt von Drittstaatsangehörigen und ihren Zugang zu Beschäftigung und Beruf unberührt.

(14) Bei der Anwendung des Grundsatzes der Gleichbehandlung ohne Ansehen der Rasse oder der ethnischen Herkunft sollte die Gemeinschaft im Einklang mit Artikel 3 Absatz 2 EG-Vertrag[1)] bemüht sein, Ungleichheiten zu beseitigen und die Gleichstellung von Männern und Frauen zu fördern, zumal Frauen häufig Opfer mehrfacher Diskriminierungen sind.

(15) Die Beurteilung von Tatbeständen, die auf eine unmittelbare oder mittelbare Diskriminierung schließen lassen, obliegt den einzelstaatlichen gerichtlichen Instanzen oder anderen zuständigen Stellen nach den nationalen Rechtsvorschriften oder Gepflogenheiten. In diesen einzelstaatlichen Vorschriften kann insbesondere vorgesehen sein, daß mittelbare Diskriminierung mit allen Mitteln, einschließlich statistischer Beweise, festzustellen ist.

(16) Es ist wichtig, alle natürlichen Personen gegen Diskriminierung aus Gründen der Rasse oder der ethnischen Herkunft zu schützen. Die Mitgliedstaaten sollten auch, soweit es angemessen ist und im Einklang mit ihren nationalen Gepflogenheiten und Verfahren steht, den Schutz juristischer Personen vorsehen, wenn diese aufgrund der Rasse oder der ethnischen Herkunft ihrer Mitglieder Diskriminierungen erleiden.

(17) Das Diskriminierungsverbot sollte nicht der Beibehaltung oder dem Erlaß von Maßnahmen entgegenstehen, mit denen bezweckt wird, Benachteiligungen von Angehörigen einer bestimmten Rasse oder ethnischen Gruppe zu verhindern oder auszugleichen, und diese Maßnahmen können Organisation von Personen einer bestimmten Rasse oder ethnischen Herkunft gestatten, wenn deren Zweck hauptsächlich darin besteht, für die besonderen Bedürfnisse dieser Personen einzutreten.

(18) Unter sehr begrenzten Bedingungen kann eine unterschiedliche Behandlung gerechtfertigt sein, wenn ein Merkmal, das mit der Rasse oder ethnischen Herkunft zusammenhängt, eine wesentliche und entscheidende berufliche Anforderung darstellt, sofern es sich um einen legitimen Zweck und eine angemessene Anforderung handelt. Diese Bedingungen sollten in die Informationen aufgenommen werden, die die Mitgliedstaaten der Kommission übermitteln.

(19) Opfer von Diskriminierungen aus Gründen der Rasse oder der ethnischen Herkunft sollten über einen angemessenen Rechtsschutz verfügen. Um einen effektiveren Schutz zu gewährleisten, sollte auch die Möglichkeit bestehen, daß sich Verbände oder andere juristische Personen unbeschadet der nationalen Verfahrensordnung bezüglich der Vertretung und Verteidi-

---

[1)] Nunmehr Art. 8 AEUV (Nr. **5**) durch Vertrag von Lissabon v. 13.12.2007 (ABl. C 306 S. 1).

gung vor Gericht bei einem entsprechenden Beschluß der Mitgliedstaaten im Namen eines Opfers oder zu seiner Unterstützung an einem Verfahren beteiligen.

(20) Voraussetzungen für eine effektive Anwendung des Gleichheitsgrundsatzes sind ein angemessener Schutz vor Viktimisierung.

(21) Eine Änderung der Regeln für die Beweislastverteilung ist geboten, wenn ein glaubhafter Anschein einer Diskriminierung besteht. Zur wirksamen Anwendung des Gleichbehandlungsgrundsatzes ist eine Verlagerung der Beweislast auf die beklagte Partei erforderlich, wenn eine solche Diskriminierung nachgewiesen ist.

(22) Die Mitgliedstaaten können davon absehen, die Regeln für die Beweislastverteilung auf Verfahren anzuwenden, in denen die Ermittlung des Sachverhalts dem Gericht oder der zuständigen Stelle obliegt. Dies betrifft Verfahren, in denen die klagende Partei den Beweis des Sachverhalts, dessen Ermittlung dem Gericht oder der zuständigen Stelle obliegt, nicht anzutreten braucht.

(23) Die Mitgliedstaaten sollten den Dialog zwischen den Sozialpartnern und mit Nichtregierungsorganisationen fördern, mit dem Ziel, gegen die verschiedenen Formen von Diskriminierung anzugehen und diese zu bekämpfen.

(24) Der Schutz vor Diskriminierung aus Gründen der Rasse oder der ethnischen Herkunft würde verstärkt, wenn es in jedem Mitgliedstaat eine Stelle bzw. Stellen gäbe, die für die Analyse der mit Diskriminierungen verbundenen Probleme, die Prüfung möglicher Lösungen und die Bereitstellung konkreter Hilfsangebote an die Opfer zuständig wäre.

(25) In dieser Richtlinie werden Mindestanforderungen festgelegt; den Mitgliedstaaten steht es somit frei, günstigere Vorschriften beizubehalten oder einzuführen. Die Umsetzung der Richtlinie darf nicht als Rechtfertigung für eine Absenkung des in den Mitgliedstaaten bereits bestehenden Schutzniveaus benutzt werden.

(26) Die Mitgliedstaaten sollten wirksame, verhältnismäßige und abschreckende Sanktionen für den Fall vorsehen, daß gegen die aus der Richtlinie erwachsenden Verpflichtungen verstoßen wird.

(27) Die Mitgliedstaaten können den Sozialpartnern auf deren gemeinsamen Antrag die Durchführung der Bestimmungen dieser Richtlinie übertragen, die in den Anwendungsbereich von Tarifverträgen fallen, sofern sie alle erforderlichen Maßnahmen treffen, um jederzeit gewährleisten zu können, daß die durch diese Richtlinie vorgeschriebenen Ergebnisse erzielt werden.

(28) Entsprechend dem in Artikel 5 EG-Vertrag[1)] niedergelegten Subsidiaritäts- und Verhältnismäßigkeitsprinzip kann das Ziel dieser Richtlinie, nämlich ein einheitliches, hohes Niveau des Schutzes vor Diskriminierungen in allen Mitgliedstaaten zu gewährleisten, auf der Ebene der Mitgliedstaaten nicht ausreichend erreicht werden; es kann daher wegen des Umfangs und der Wirkung der vorgeschlagenen Maßnahme besser auf Gemeinschaftsebene verwirklicht werden. Diese Richtlinie geht nicht über das für die Erreichung dieser Ziele erforderliche Maß hinaus –

[1)] Nunmehr Art. 5 EUV (Nr. **1**) durch Vertrag von Lissabon v. 13.12.2007 (ABl. C 306 S. 1).

HAT FOLGENDE RICHTLINIE ERLASSEN:

Kapitel I. Allgemeine Bestimmungen

Art. 1 Zweck. Zweck dieser Richtlinie ist die Schaffung eines Rahmens zur Bekämpfung der Diskriminierung aufgrund der Rasse oder der ethnischen Herkunft im Hinblick auf die Verwirklichung des Grundsatzes der Gleichbehandlung in den Mitgliedstaaten.

Art. 2 Der Begriff „Diskriminierung". (1) Im Sinne dieser Richtlinie bedeutet „Gleichbehandlungsgrundsatz", daß es keine unmittelbare oder mittelbare Diskriminierung aus Gründen der Rasse oder der ethnischen Herkunft geben darf.

(2) Im Sinne von Absatz 1

a) liegt eine unmittelbare Diskriminierung vor, wenn eine Person aufgrund ihrer Rasse oder ethnischen Herkunft in einer vergleichbaren Situation eine weniger günstige Behandlung als eine andere Person erfährt, erfahren hat oder erfahren würde;
b) liegt eine mittelbare Diskriminierung vor, wenn dem Anschein nach neutrale Vorschriften, Kriterien oder Verfahren Personen, die einer Rasse oder ethnischen Gruppe angehören, in besonderer Weise benachteiligen können, es sei denn, die betreffenden Vorschriften, Kriterien oder Verfahren sind durch ein rechtmäßiges Ziel sachlich gerechtfertigt, und die Mittel sind zur Erreichung dieses Ziels angemessen und erforderlich.

(3) [1] Unerwünschte Verhaltensweisen, die im Zusammenhang mit der Rasse oder der ethnischen Herkunft einer Person stehen und bezwecken oder bewirken, daß die Würde der betreffenden Person verletzt und ein von Einschüchterungen, Anfeindungen, Erniedrigungen, Entwürdigungen oder Beleidigungen gekennzeichnetes Umfeld geschaffen wird, sind Belästigungen, die als Diskriminierung im Sinne von Absatz 1 gelten. [2] In diesem Zusammenhang können die Mitgliedstaaten den Begriff „Belästigung" im Einklang mit den einzelstaatlichen Rechtsvorschriften und Gepflogenheiten definieren.

(4) Die Anweisung zur Diskriminierung einer Person aus Gründen der Rasse oder der ethnischen Herkunft gilt als Diskriminierung im Sinne von Absatz 1.

Art. 3 Geltungsbereich. (1) Im Rahmen der auf die Gemeinschaft übertragenen Zuständigkeiten gilt diese Richtlinie für alle Personen in öffentlichen und privaten Bereichen, einschließlich öffentlicher Stellen, in bezug auf:

a) die Bedingungen – einschließlich Auswahlkriterien und Einstellungsbedingungen – für den Zugang zu unselbständiger und selbständiger Erwerbstätigkeit, unabhängig von Tätigkeitsfeld und beruflicher Position, sowie für den beruflichen Aufstieg;
b) den Zugang zu allen Formen und allen Ebenen der Berufsberatung, der Berufsausbildung, der beruflichen Weiterbildung und der Umschulung einschließlich der praktischen Berufserfahrung;
c) die Beschäftigungs- und Arbeitsbedingungen, einschließlich Entlassungsbedingungen und Arbeitsentgelt;
d) die Mitgliedschaft und Mitwirkung in einer Arbeitnehmer- oder Arbeitgeberorganisation oder einer Organisation, deren Mitglieder einer bestimm-

ten Berufsgruppe angehören, einschließlich der Inanspruchnahme der Leistungen solcher Organisationen;

e) den Sozialschutz, einschließlich der sozialen Sicherheit und der Gesundheitsdienste;

f) die sozialen Vergünstigungen;

g) die Bildung;

h) den Zugang zu und die Versorgung mit Gütern und Dienstleistungen, die der Öffentlichkeit zur Verfügung stehen, einschließlich von Wohnraum.

(2) Diese Richtlinie betrifft nicht unterschiedliche Behandlungen aus Gründen der Staatsangehörigkeit und berührt nicht die Vorschriften und Bedingungen für die Einreise von Staatsangehörigen dritter Staaten oder staatenlosen Personen in das Hoheitsgebiet der Mitgliedstaaten oder deren Aufenthalt in diesem Hoheitsgebiet sowie eine Behandlung, die sich aus der Rechtsstellung von Staatsangehörigen dritter Staaten oder staatenlosen Personen ergibt.

Art. 4 Wesentliche und entscheidende berufliche Anforderungen.

Ungeachtet des Artikels 2 Absätze 1 und 2 können die Mitgliedstaaten vorsehen, daß eine Ungleichbehandlung aufgrund eines mit der Rasse oder der ethnischen Herkunft zusammenhängenden Merkmals keine Diskriminierung darstellt, wenn das betreffende Merkmal aufgrund der Art einer bestimmten beruflichen Tätigkeit oder der Rahmenbedingungen ihrer Ausübung eine wesentliche und entscheidende berufliche Voraussetzung darstellt und sofern es sich um einen rechtmäßigen Zweck und eine angemessene Anforderung handelt.

Art. 5 Positive Maßnahmen. Der Gleichbehandlungsgrundsatz hindert die Mitgliedstaaten nicht daran, zur Gewährleistung der vollen Gleichstellung in der Praxis spezifische Maßnahmen, mit denen Benachteiligungen aufgrund der Rasse oder ethnischen Herkunft verhindert oder ausgeglichen werden, beizubehalten oder zu beschließen.

Art. 6 Mindestanforderungen. (1) Es bleibt den Mitgliedstaaten unbenommen, Vorschriften einzuführen oder beizubehalten, die im Hinblick auf die Wahrung des Gleichbehandlungsgrundsatzes günstiger als die in dieser Richtlinie vorgesehenen Vorschriften sind.

(2) Die Umsetzung dieser Richtlinie darf keinesfalls als Rechtfertigung für eine Absenkung des von den Mitgliedstaaten bereits garantierten Schutzniveaus in bezug auf Diskriminierungen in den von der Richtlinie abgedeckten Bereichen benutzt werden.

Kapitel II. Rechtsbehelfe und Rechtsdurchsetzung

Art. 7 Rechtsschutz. (1) Die Mitgliedstaaten stellen sicher, daß alle Personen, die sich durch die Nichtanwendung des Gleichbehandlungsgrundsatzes in ihren Rechten für verletzt halten, ihre Ansprüche aus dieser Richtlinie auf dem Gerichts- und/oder Verwaltungsweg sowie, wenn die Mitgliedstaaten es für angezeigt halten, in Schlichtungsverfahren geltend machen können, selbst wenn das Verhältnis, während dessen die Diskriminierung vorgekommen sein soll, bereits beendet ist.

(2) Die Mitgliedstaaten stellen sicher, daß Verbände, Organisationen oder andere juristische Personen, die gemäß den in ihrem einzelstaatlichen Recht festgelegten Kriterien ein rechtmäßiges Interesse daran haben, für die Einhaltung der Bestimmungen dieser Richtlinie zu sorgen, sich entweder im Namen der beschwerten Person oder zu deren Unterstützung und mit deren Einwilligung an den in dieser Richtlinie zur Durchsetzung der Ansprüche vorgesehenen Gerichts- und/oder Verwaltungsverfahren beteiligen können.

(3) Die Absätze 1 und 2 lassen einzelstaatliche Regelungen über Fristen für die Rechtsverfolgung betreffend den Gleichbehandlungsgrundsatz unberührt.

Art. 8 Beweislast. (1) Die Mitgliedstaaten ergreifen im Einklang mit ihrem nationalen Gerichtswesen die erforderlichen Maßnahmen, um zu gewährleisten, daß immer dann, wenn Personen, die sich durch die Nichtanwendung des Gleichbehandlungsgrundsatzes für verletzt halten und bei einem Gericht oder einer anderen zuständigen Stelle Tatsachen glaubhaft machen, die das Vorliegen einer unmittelbaren oder mittelbaren Diskriminierung vermuten lassen, es dem Beklagten obliegt zu beweisen, daß keine Verletzung des Gleichbehandlungsgrundsatzes vorgelegen hat.

(2) Absatz 1 läßt das Recht der Mitgliedstaaten, eine für den Kläger günstigere Beweislastregelung vorzusehen, unberührt.

(3) Absatz 1 gilt nicht für Strafverfahren.

(4) Die Absätze 1, 2 und 3 gelten auch für Verfahren gemäß Artikel 7 Absatz 2.

(5) Die Mitgliedstaaten können davon absehen, Absatz 1 auf Verfahren anzuwenden, in denen die Ermittlung des Sachverhalts dem Gericht oder der zuständigen Stelle obliegt.

Art. 9 Viktimisierung. Die Mitgliedstaaten treffen im Rahmen ihrer nationalen Rechtsordnung die erforderlichen Maßnahmen, um den einzelnen vor Benachteiligungen zu schützen, die als Reaktion auf eine Beschwerde oder auf die Einleitung eines Verfahrens zur Durchsetzung des Gleichbehandlungsgrundsatzes erfolgen.

Art. 10 Unterrichtung. Die Mitgliedstaaten tragen dafür Sorge, daß die gemäß dieser Richtlinie getroffenen Maßnahmen sowie die bereits geltenden einschlägigen Vorschriften allen Betroffenen in geeigneter Form in ihrem Hoheitsgebiet bekanntgemacht werden.

Art. 11 Sozialer Dialog. (1) Die Mitgliedstaaten treffen im Einklang mit den nationalen Gepflogenheiten und Verfahren geeignete Maßnahmen zur Förderung des sozialen Dialogs zwischen Arbeitgebern und Arbeitnehmern, mit dem Ziel, die Verwirklichung des Gleichbehandlungsgrundsatzes durch Überwachung der betrieblichen Praxis, durch Tarifverträge, Verhaltenskodizes, Forschungsarbeiten oder durch einen Austausch von Erfahrungen und bewährten Lösungen voranzubringen.

(2) [1] Soweit vereinbar mit den nationalen Gepflogenheiten und Verfahren, fordern die Mitgliedstaaten Arbeitgeber und Arbeitnehmer ohne Eingriff in deren Autonomie auf, auf geeigneter Ebene Antidiskriminierungsvereinbarungen zu schließen, die die in Artikel 3 genannten Bereiche betreffen, soweit diese in den Verantwortungsbereich der Tarifparteien fallen. [2] Die Vereinbarun-

gen müssen den in dieser Richtlinie festgelegten Mindestanforderungen sowie den einschlägigen nationalen Durchführungsbestimmungen entsprechen.

Art. 12 Dialog mit Nichtregierungsorganisationen. Die Mitgliedstaaten fördern den Dialog mit geeigneten Nichtregierungsorganisationen, die gemäß ihren nationalen Rechtsvorschriften und Gepflogenheiten ein rechtmäßiges Interesse daran haben, sich an der Bekämpfung von Diskriminierung aus Gründen der Rasse oder der ethnischen Herkunft zu beteiligen, um den Grundsatz der Gleichbehandlung zu fördern.

Kapitel III. Mit der Förderung der Gleichbehandlung befasste Stellen

Art. 13 [Zuständige Stellen] (1) [1]Jeder Mitgliedstaat bezeichnet eine oder mehrere Stellen, deren Aufgabe darin besteht, die Verwirklichung des Grundsatzes der Gleichbehandlung aller Personen ohne Diskriminierung aufgrund der Rasse oder der ethnischen Herkunft zu fördern. [2]Diese Stellen können Teil einer Einrichtung sein, die auf nationaler Ebene für den Schutz der Menschenrechte oder der Rechte des einzelnen zuständig ist.

(2) Die Mitgliedstaaten stellen sicher, daß es zu den Zuständigkeiten dieser Stellen gehört,

- unbeschadet der Rechte der Opfer und der Verbände, der Organisationen oder anderer juristischer Personen nach Artikel 7 Absatz 2 die Opfer von Diskriminierungen auf unabhängige Weise dabei zu unterstützen, ihrer Beschwerde wegen Diskriminierung nachzugehen;
- unabhängige Untersuchungen zum Thema der Diskriminierung durchzuführen;
- unabhängige Berichte zu veröffentlichen und Empfehlungen zu allen Aspekten vorzulegen, die mit diesen Diskriminierungen in Zusammenhang stehen.

Kapitel IV. Schlussbestimmungen

Art. 14 Einhaltung. Die Mitgliedstaaten treffen die erforderlichen Maßnahmen, um sicherzustellen,

a) daß sämtliche Rechts- und Verwaltungsvorschriften, die dem Gleichbehandlungsgrundsatz zuwiderlaufen, aufgehoben werden;
b) daß sämtliche mit dem Gleichbehandlungsgrundsatz nicht zu vereinbarenden Bestimmungen in Einzel- oder Kollektivverträgen oder -vereinbarungen, Betriebsordnungen, Statuten von Vereinigungen mit oder ohne Erwerbszweck sowie Statuten der freien Berufe und der Arbeitnehmer- und Arbeitgeberorganisationen für nichtig erklärt werden oder erklärt werden können oder geändert werden.

Art. 15 Sanktionen. [1]Die Mitgliedstaaten legen die Sanktionen fest, die bei einem Verstoß gegen die einzelstaatlichen Vorschriften zur Anwendung dieser Richtlinie zu verhängen sind, und treffen alle geeigneten Maßnahmen, um deren Durchsetzung zu gewährleisten. [2]Die Sanktionen, die auch Schadenersatzleistungen an die Opfer umfassen können, müssen wirksam, verhältnismäßig und abschreckend sein. [3]Die Mitgliedstaaten teilen der Kommission diese Bestimmungen bis zum 19. Juli 2003 mit und melden alle sie betreffenden Änderungen unverzüglich.

Art. 16 Umsetzung. *[1]* [1]Die Mitgliedstaaten erlassen die erforderlichen Rechts- und Verwaltungsvorschriften, um dieser Richtlinie bis zum 19. Juli 2003 nachzukommen, oder können den Sozialpartnern auf deren gemeinsamen Antrag die Durchführung der Bestimmungen dieser Richtlinie übertragen, die in den Anwendungsbereich von Tarifverträgen fallen. [2]In diesem Fall gewährleisten die Mitgliedstaaten, daß die Sozialpartner bis zum 19. Juli 2003 im Wege einer Vereinbarung die erforderlichen Maßnahmen getroffen haben; dabei haben die Mitgliedstaaten alle erforderlichen Maßnahmen zu treffen, um jederzeit gewährleisten zu können, daß die durch diese Richtlinie vorgeschriebenen Ergebnisse erzielt werden. [3]Sie setzen die Kommission unverzüglich davon in Kenntnis.

[2] [1]Wenn die Mitgliedstaaten derartige Vorschriften erlassen, nehmen sie in den Vorschriften selbst oder durch einen Hinweis bei der amtlichen Veröffentlichung auf diese Richtlinie Bezug. [2]Die Mitgliedstaaten regeln die Einzelheiten der Bezugnahme.

Art. 17 Bericht. (1) Bis zum 19. Juli 2005 und in der Folge alle fünf Jahre übermitteln die Mitgliedstaaten der Kommission sämtliche Informationen, die diese für die Erstellung eines dem Europäischen Parlament und dem Rat vorzulegenden Berichts über die Anwendung dieser Richtlinie benötigt.

(2) [1]Die Kommission berücksichtigt in ihrem Bericht in angemessener Weise die Ansichten der Europäischen Stelle zur Beobachtung von Rassismus und Fremdenfeindlichkeit sowie die Standpunkte der Sozialpartner und der einschlägigen Nichtregierungsorganisationen. [2]Im Einklang mit dem Grundsatz der Berücksichtigung geschlechterspezifischer Fragen wird ferner in dem Bericht die Auswirkung der Maßnahmen auf Frauen und Männer bewertet. [3]Unter Berücksichtigung der übermittelten Informationen enthält der Bericht gegebenenfalls auch Vorschläge für eine Änderung und Aktualisierung dieser Richtlinie.

Art. 18 Inkrafttreten. Diese Richtlinie tritt am Tag ihrer Veröffentlichung[1)] im *Amtsblatt der Europäischen Gemeinschaften* in Kraft.

Art. 19 Adressaten. Diese Richtlinie ist an die Mitgliedstaaten gerichtet.

[1)] Veröffentlicht am 19.7.2000.

255. Richtlinie 2000/78/EG des Rates vom 27. November 2000 zur Festlegung eines allgemeinen Rahmens für die Verwirklichung der Gleichbehandlung in Beschäftigung und Beruf

(ABl. L 303 S. 16)

Celex-Nr. 3 2000 L 0078

DER RAT DER EUROPÄISCHEN UNION –

gestützt auf den Vertrag zur Gründung der Europäischen Gemeinschaft[1], insbesondere auf Artikel 13[2],

auf Vorschlag der Kommission[3],

nach Stellungnahme des Europäischen Parlaments[4],

nach Stellungnahme des Wirtschafts- und Sozialausschusses[5],

nach Stellungnahme des Ausschusses der Regionen[6],

in Erwägung nachstehender Gründe:

(1) Nach Artikel 6 Absatz 2 des Vertrags über die Europäische Union[7] beruht die Europäische Union auf den Grundsätzen der Freiheit, der Demokratie, der Achtung der Menschenrechte und Grundfreiheiten sowie der Rechtsstaatlichkeit; diese Grundsätze sind allen Mitgliedstaaten gemeinsam. Die Union achtet die Grundrechte, wie sie in der Europäischen Konvention zum Schutze der Menschenrechte und Grundfreiheiten gewährleistet sind und wie sie sich aus den gemeinsamen Verfassungsüberlieferungen der Mitgliedstaaten als allgemeine Grundsätze des Gemeinschaftsrechts ergeben.

(2) Der Grundsatz der Gleichbehandlung von Männern und Frauen wurde in zahlreichen Rechtsakten der Gemeinschaft fest verankert, insbesondere in der Richtlinie 76/207/EWG des Rates vom 9. Februar 1976 zur Verwirklichung des Grundsatzes der Gleichbehandlung von Männern und Frauen hinsichtlich des Zugangs zur Beschäftigung, zur Berufsbildung und zum beruflichen Aufstieg sowie in Bezug auf die Arbeitsbedingungen[8].

(3) Bei der Anwendung des Grundsatzes der Gleichbehandlung ist die Gemeinschaft gemäß Artikel 3 Absatz 2 des EG-Vertrags[9] bemüht, Ungleichheiten zu beseitigen und die Gleichstellung von Männern und Frauen zu fördern, zumal Frauen häufig Opfer mehrfacher Diskriminierung sind.

(4) Die Gleichheit aller Menschen vor dem Gesetz und der Schutz vor Diskriminierung ist ein allgemeines Menschenrecht; dieses Recht wurde in

---

[1] Nunmehr Vertrag über die Arbeitsweise der Europäischen Union (auszugsweise abgedruckt unter Nr. **5**) durch Vertrag von Lissabon v. 13.12.2007 (ABl. C 306 S. 1).

[2] Nunmehr Art. 19 AEUV (Nr. **5**) durch Vertrag von Lissabon v. 13.12.2007 (ABl. C 306 S. 1).

[3] **Amtl. Anm.:** ABl. C 177 E vom 27.6.2000, S. 42.

[4] **Amtl. Anm.:** Stellungnahme vom 12. Oktober 2000 (noch nicht im Amtsblatt veröffentlicht).

[5] **Amtl. Anm.:** ABl. C 204 vom 18.7.2000, S. 82.

[6] **Amtl. Anm.:** ABl. C 226 vom 8.8.2000, S. 1.

[7] Nr. **1**.

[8] **Amtl. Anm.:** ABl. L 39 vom 14.2.1976, S. 40.

[9] Nunmehr Art. 8 AEUV (Nr. **5**) durch Vertrag von Lissabon v. 13.12.2007 (ABl. C 306 S. 1).

der Allgemeinen Erklärung der Menschenrechte, im VN-Übereinkommen zur Beseitigung aller Formen der Diskriminierung von Frauen, im Internationalen Pakt der VN über bürgerliche und politische Rechte, im Internationalen Pakt der VN über wirtschaftliche, soziale und kulturelle Rechte sowie in der Europäischen Konvention zum Schutze der Menschenrechte und Grundfreiheiten[1] anerkannt, die von allen Mitgliedstaaten unterzeichnet wurden. Das Übereinkommen 111 der Internationalen Arbeitsorganisation untersagt Diskriminierungen in Beschäftigung und Beruf.

(5) Es ist wichtig, dass diese Grundrechte und Grundfreiheiten geachtet werden. Diese Richtlinie berührt nicht die Vereinigungsfreiheit, was das Recht jeder Person umfasst, zum Schutze ihrer Interessen Gewerkschaften zu gründen und Gewerkschaften beizutreten.

(6) In der Gemeinschaftscharta der sozialen Grundrechte[2] der Arbeitnehmer wird anerkannt, wie wichtig die Bekämpfung jeder Art von Diskriminierung und geeignete Maßnahmen zur sozialen und wirtschaftlichen Eingliederung älterer Menschen und von Menschen mit Behinderung sind.

(7) Der EG-Vertrag[3] nennt als eines der Ziele der Gemeinschaft die Förderung der Koordinierung der Beschäftigungspolitiken der Mitgliedstaaten. Zu diesem Zweck wurde in den EG-Vertrag[3] ein neues Beschäftigungskapitel eingefügt, das die Grundlage bildet für die Entwicklung einer koordinierten Beschäftigungsstrategie und für die Förderung der Qualifizierung, Ausbildung und Anpassungsfähigkeit der Arbeitnehmer.

(8) In den vom Europäischen Rat auf seiner Tagung am 10. und 11. Dezember 1999 in Helsinki vereinbarten beschäftigungspolitischen Leitlinien für 2000 wird die Notwendigkeit unterstrichen, einen Arbeitsmarkt zu schaffen, der die soziale Eingliederung fördert, indem ein ganzes Bündel aufeinander abgestimmter Maßnahmen getroffen wird, die darauf abstellen, die Diskriminierung von benachteiligten Gruppen, wie den Menschen mit Behinderung, zu bekämpfen. Ferner wird betont, dass der Unterstützung älterer Arbeitnehmer mit dem Ziel der Erhöhung ihres Anteils an der Erwerbsbevölkerung besondere Aufmerksamkeit gebührt.

(9) Beschäftigung und Beruf sind Bereiche, die für die Gewährleistung gleicher Chancen für alle und für eine volle Teilhabe der Bürger am wirtschaftlichen, kulturellen und sozialen Leben sowie für die individuelle Entfaltung von entscheidender Bedeutung sind.

(10) Der Rat hat am 29. Juni 2000 die Richtlinie 2000/43/EG[4] [5] zur Anwendung des Gleichbehandlungsgrundsatzes ohne Unterschied der Rasse oder der ethnischen Herkunft angenommen, die bereits einen Schutz vor solchen Diskriminierungen in Beschäftigung und Beruf gewährleistet.

(11) Diskriminierungen wegen der Religion oder der Weltanschauung, einer Behinderung, des Alters oder der sexuellen Ausrichtung können die Verwirklichung der im EG-Vertrag[3] festgelegten Ziele unterminieren, insbesondere die Erreichung eines hohen Beschäftigungsniveaus und eines

---

[1] Nr. **30**.
[2] Nr. **25**.
[3] Nunmehr Vertrag über die Arbeitsweise der Europäischen Union (auszugsweise abgedruckt unter Nr. **5**) durch Vertrag von Lissabon v. 13.12.2007 (ABl. C 306 S. 1).
[4] Nr. **250**.
[5] **Amtl. Anm.:** ABl. L 180 vom 19.7.2000, S. 22.

hohen Maßes an sozialem Schutz, die Hebung des Lebensstandards und der Lebensqualität, den wirtschaftlichen und sozialen Zusammenhalt, die Solidarität sowie die Freizügigkeit.

(12) Daher sollte jede unmittelbare oder mittelbare Diskriminierung wegen der Religion oder der Weltanschauung, einer Behinderung, des Alters oder der sexuellen Ausrichtung in den von der Richtlinie abgedeckten Bereichen gemeinschaftsweit untersagt werden. Dieses Diskriminierungsverbot sollte auch für Staatsangehörige dritter Länder gelten, betrifft jedoch nicht die Ungleichbehandlungen aus Gründen der Staatsangehörigkeit und lässt die Vorschriften über die Einreise und den Aufenthalt von Staatsangehörigen dritter Länder und ihren Zugang zu Beschäftigung und Beruf unberührt.

(13) Diese Richtlinie findet weder Anwendung auf die Sozialversicherungs- und Sozialschutzsysteme, deren Leistungen nicht einem Arbeitsentgelt in dem Sinne gleichgestellt werden, der diesem Begriff für die Anwendung des Artikels 141 des EG-Vertrags[1)] gegeben wurde, noch auf Vergütungen jeder Art seitens des Staates, die den Zugang zu einer Beschäftigung oder die Aufrechterhaltung eines Beschäftigungsverhältnisses zum Ziel haben.

(14) Diese Richtlinie berührt nicht die einzelstaatlichen Bestimmungen über die Festsetzung der Altersgrenzen für den Eintritt in den Ruhestand.

(15) Die Beurteilung von Tatbeständen, die auf eine unmittelbare oder mittelbare Diskriminierung schließen lassen, obliegt den einzelstaatlichen gerichtlichen Instanzen oder anderen zuständigen Stellen nach den einzelstaatlichen Rechtsvorschriften oder Gepflogenheiten; in diesen einzelstaatlichen Vorschriften kann insbesondere vorgesehen sein, dass mittelbare Diskriminierung mit allen Mitteln, einschließlich statistischer Beweise, festzustellen ist.

(16) Maßnahmen, die darauf abstellen, den Bedürfnissen von Menschen mit Behinderung am Arbeitsplatz Rechnung zu tragen, spielen eine wichtige Rolle bei der Bekämpfung von Diskriminierungen wegen einer Behinderung.

(17) Mit dieser Richtlinie wird unbeschadet der Verpflichtung, für Menschen mit Behinderung angemessene Vorkehrungen zu treffen, nicht die Einstellung, der berufliche Aufstieg, die Weiterbeschäftigung oder die Teilnahme an Aus- und Weiterbildungsmaßnahmen einer Person vorgeschrieben, wenn diese Person für die Erfüllung der wesentlichen Funktionen des Arbeitsplatzes oder zur Absolvierung einer bestimmten Ausbildung nicht kompetent, fähig oder verfügbar ist.

(18) Insbesondere darf mit dieser Richtlinie den Streitkräften sowie der Polizei, den Haftanstalten oder den Notfalldiensten unter Berücksichtigung des rechtmäßigen Ziels, die Einsatzbereitschaft dieser Dienste zu wahren, nicht zur Auflage gemacht werden, Personen einzustellen oder weiter zu beschäftigen, die nicht den jeweiligen Anforderungen entsprechen, um sämtliche Aufgaben zu erfüllen, die ihnen übertragen werden können.

(19) Ferner können die Mitgliedstaaten zur Sicherung der Schlagkraft ihrer Streitkräfte sich dafür entscheiden, dass die eine Behinderung und das Alter betreffenden Bestimmungen dieser Richtlinie auf alle Streitkräfte oder

---

1) Nunmehr Art. 157 AEUV (Nr. **5**) durch Vertrag von Lissabon v. 13.12.2007 (ABl. C 306 S. 1).

einen Teil ihrer Streitkräfte keine Anwendung finden. Die Mitgliedstaaten, die eine derartige Entscheidung treffen, müssen den Anwendungsbereich dieser Ausnahmeregelung festlegen.

(20) Es sollten geeignete Maßnahmen vorgesehen werden, d.h. wirksame und praktikable Maßnahmen, um den Arbeitsplatz der Behinderung entsprechend einzurichten, z.B. durch eine entsprechende Gestaltung der Räumlichkeiten oder eine Anpassung des Arbeitsgeräts, des Arbeitsrhythmus, der Aufgabenverteilung oder des Angebots an Ausbildungs- und Einarbeitungsmaßnahmen.

(21) Bei der Prüfung der Frage, ob diese Maßnahmen zu übermäßigen Belastungen führen, sollten insbesondere der mit ihnen verbundene finanzielle und sonstige Aufwand sowie die Größe, die finanziellen Ressourcen und der Gesamtumsatz der Organisation oder des Unternehmens und die Verfügbarkeit von öffentlichen Mitteln oder anderen Unterstützungsmöglichkeiten berücksichtigt werden.

(22) Diese Richtlinie lässt die einzelstaatlichen Rechtsvorschriften über den Familienstand und davon abhängige Leistungen unberührt.

(23) Unter sehr begrenzten Bedingungen kann eine unterschiedliche Behandlung gerechtfertigt sein, wenn ein Merkmal, das mit der Religion oder Weltanschauung, einer Behinderung, dem Alter oder der sexuellen Ausrichtung zusammenhängt, eine wesentliche und entscheidende berufliche Anforderung darstellt, sofern es sich um einen rechtmäßigen Zweck und eine angemessene Anforderung handelt. Diese Bedingungen sollten in die Informationen aufgenommen werden, die die Mitgliedstaaten der Kommission übermitteln.

(24) Die Europäische Union hat in ihrer der Schlussakte zum Vertrag von Amsterdam beigefügten Erklärung Nr. 11 zum Status der Kirchen und weltanschaulichen Gemeinschaften ausdrücklich anerkannt, dass sie den Status, den Kirchen und religiöse Vereinigungen oder Gemeinschaften in den Mitgliedstaaten nach deren Rechtsvorschriften genießen, achtet und ihn nicht beeinträchtigt und dass dies in gleicher Weise für den Status von weltanschaulichen Gemeinschaften gilt. Die Mitgliedstaaten können in dieser Hinsicht spezifische Bestimmungen über die wesentlichen, rechtmäßigen und gerechtfertigten beruflichen Anforderungen beibehalten oder vorsehen, die Voraussetzung für die Ausübung einer diesbezüglichen beruflichen Tätigkeit sein können.

(25) Das Verbot der Diskriminierung wegen des Alters stellt ein wesentliches Element zur Erreichung der Ziele der beschäftigungspolitischen Leitlinien und zur Förderung der Vielfalt im Bereich der Beschäftigung dar. Ungleichbehandlungen wegen des Alters können unter bestimmten Umständen jedoch gerechtfertigt sein und erfordern daher besondere Bestimmungen, die je nach der Situation der Mitgliedstaaten unterschiedlich sein können. Es ist daher unbedingt zu unterscheiden zwischen einer Ungleichbehandlung, die insbesondere durch rechtmäßige Ziele im Bereich der Beschäftigungspolitik, des Arbeitsmarktes und der beruflichen Bildung gerechtfertigt ist, und einer Diskriminierung, die zu verbieten ist.

(26) Das Diskriminierungsverbot sollte nicht der Beibehaltung oder dem Erlass von Maßnahmen entgegenstehen, mit denen bezweckt wird, Benachteiligungen von Personen mit einer bestimmten Religion oder Weltanschauung, einer bestimmten Behinderung, einem bestimmten Alter oder einer

bestimmten sexuellen Ausrichtung zu verhindern oder auszugleichen, und diese Maßnahmen können die Einrichtung und Beibehaltung von Organisationen von Personen mit einer bestimmten Religion oder Weltanschauung, einer bestimmten Behinderung, einem bestimmten Alter oder einer bestimmten sexuellen Ausrichtung zulassen, wenn deren Zweck hauptsächlich darin besteht, die besonderen Bedürfnisse dieser Personen zu fördern.

(27) Der Rat hat in seiner Empfehlung 86/379/EWG vom 24. Juli 1986[1] zur Beschäftigung von Behinderten in der Gemeinschaft einen Orientierungsrahmen festgelegt, der Beispiele für positive Aktionen für die Beschäftigung und Berufsbildung von Menschen mit Behinderung anführt; in seiner Entschließung vom 17. Juni 1999 betreffend gleiche Beschäftigungschancen für behinderte Menschen[2] hat er bekräftigt, dass es wichtig ist, insbesondere der Einstellung, der Aufrechterhaltung des Beschäftigungsverhältnisses sowie der beruflichen Bildung und dem lebensbegleitenden Lernen von Menschen mit Behinderung besondere Aufmerksamkeit zu widmen.

(28) In dieser Richtlinie werden Mindestanforderungen festgelegt; es steht den Mitgliedstaaten somit frei, günstigere Vorschriften einzuführen oder beizubehalten. Die Umsetzung dieser Richtlinie darf nicht eine Absenkung des in den Mitgliedstaaten bereits bestehenden Schutzniveaus rechtfertigen.

(29) Opfer von Diskriminierungen wegen der Religion oder Weltanschauung, einer Behinderung, des Alters oder der sexuellen Ausrichtung sollten über einen angemessenen Rechtsschutz verfügen. Um einen effektiveren Schutz zu gewährleisten, sollte auch die Möglichkeit bestehen, dass sich Verbände oder andere juristische Personen unbeschadet der nationalen Verfahrensordnung bezüglich der Vertretung und Verteidigung vor Gericht bei einem entsprechenden Beschluss der Mitgliedstaaten im Namen eines Opfers oder zu seiner Unterstützung an einem Verfahren beteiligen.

(30) Die effektive Anwendung des Gleichheitsgrundsatzes erfordert einen angemessenen Schutz vor Viktimisierung.

(31) Eine Änderung der Regeln für die Beweislast ist geboten, wenn ein glaubhafter Anschein einer Diskriminierung besteht. Zur wirksamen Anwendung des Gleichbehandlungsgrundsatzes ist eine Verlagerung der Beweislast auf die beklagte Partei erforderlich, wenn eine solche Diskriminierung nachgewiesen ist. Allerdings obliegt es dem Beklagten nicht, nachzuweisen, dass der Kläger einer bestimmten Religion angehört, eine bestimmte Weltanschauung hat, eine bestimmte Behinderung aufweist, ein bestimmtes Alter oder eine bestimmte sexuelle Ausrichtung hat.

(32) Die Mitgliedstaaten können davon absehen, die Regeln für die Beweislastverteilung auf Verfahren anzuwenden, in denen die Ermittlung des Sachverhalts dem Gericht oder der zuständigen Stelle obliegt. Dies betrifft Verfahren, in denen die klagende Partei den Beweis des Sachverhalts, dessen Ermittlung dem Gericht oder der zuständigen Stelle obliegt, nicht anzutreten braucht.

---

[1] **Amtl. Anm.:** ABl. L 225 vom 12.8.1986, S. 43.
[2] **Amtl. Anm.:** ABl. C 186 vom 2.7.1999, S. 3.

(33) Die Mitgliedstaaten sollten den Dialog zwischen den Sozialpartnern und im Rahmen der einzelstaatlichen Gepflogenheiten mit Nichtregierungsorganisationen mit dem Ziel fördern, gegen die verschiedenen Formen von Diskriminierung am Arbeitsplatz anzugehen und diese zu bekämpfen.

(34) In Anbetracht der Notwendigkeit, den Frieden und die Aussöhnung zwischen den wichtigsten Gemeinschaften in Nordirland zu fördern, sollten in diese Richtlinie besondere Bestimmungen aufgenommen werden.

(35) Die Mitgliedstaaten sollten wirksame, verhältnismäßige und abschreckende Sanktionen für den Fall vorsehen, dass gegen die aus dieser Richtlinie erwachsenden Verpflichtungen verstoßen wird.

(36) Die Mitgliedstaaten können den Sozialpartnern auf deren gemeinsamen Antrag die Durchführung der Bestimmungen dieser Richtlinie übertragen, die in den Anwendungsbereich von Tarifverträgen fallen, sofern sie alle erforderlichen Maßnahmen treffen, um jederzeit gewährleisten zu können, dass die durch diese Richtlinie vorgeschriebenen Ergebnisse erzielt werden.

(37) Im Einklang mit dem Subsidiaritätsprinzip nach Artikel 5 des EG-Vertrags[1)] kann das Ziel dieser Richtlinie, nämlich die Schaffung gleicher Ausgangsbedingungen in der Gemeinschaft bezüglich der Gleichbehandlung in Beschäftigung und Beruf, auf der Ebene der Mitgliedstaaten nicht ausreichend erreicht werden und kann daher wegen des Umfangs und der Wirkung der Maßnahme besser auf Gemeinschaftsebene verwirklicht werden. Im Einklang mit dem Verhältnismäßigkeitsprinzip nach jenem Artikel geht diese Richtlinie nicht über das für die Erreichung dieses Ziels erforderliche Maß hinaus –

HAT FOLGENDE RICHTLINIE ERLASSEN:

Kapitel I. Allgemeine Bestimmungen

Art. 1 Zweck. Zweck dieser Richtlinie ist die Schaffung eines allgemeinen Rahmens zur Bekämpfung der Diskriminierung wegen der Religion oder der Weltanschauung, einer Behinderung, des Alters oder der sexuellen Ausrichtung in Beschäftigung und Beruf im Hinblick auf die Verwirklichung des Grundsatzes der Gleichbehandlung in den Mitgliedstaaten.

Art. 2 Der Begriff „Diskriminierung". (1) Im Sinne dieser Richtlinie bedeutet „Gleichbehandlungsgrundsatz", dass es keine unmittelbare oder mittelbare Diskriminierung wegen eines der in Artikel 1 genannten Gründe geben darf.

(2) Im Sinne des Absatzes 1

a) liegt eine unmittelbare Diskriminierung vor, wenn eine Person wegen eines der in Artikel 1 genannten Gründe in einer vergleichbaren Situation eine weniger günstige Behandlung erfährt, als eine andere Person erfährt, erfahren hat oder erfahren würde;

b) liegt eine mittelbare Diskriminierung vor, wenn dem Anschein nach neutrale Vorschriften, Kriterien oder Verfahren Personen mit einer bestimmten Religion oder Weltanschauung, einer bestimmten Behinderung, eines bestimm-

[1)] Nunmehr Art. 5 EUV (Nr. **1**) durch Vertrag von Lissabon v. 13.12.2007 (ABl. C 306 S. 1).

ten Alters oder mit einer bestimmten sexuellen Ausrichtung gegenüber anderen Personen in besonderer Weise benachteiligen können, es sei denn:

i) diese Vorschriften, Kriterien oder Verfahren sind durch ein rechtmäßiges Ziel sachlich gerechtfertigt, und die Mittel sind zur Erreichung dieses Ziels angemessen und erforderlich, oder

ii) der Arbeitgeber oder jede Person oder Organisation, auf die diese Richtlinie Anwendung findet, ist im Falle von Personen mit einer bestimmten Behinderung aufgrund des einzelstaatlichen Rechts verpflichtet, geeignete Maßnahmen entsprechend den in Artikel 5 enthaltenen Grundsätzen vorzusehen, um die sich durch diese Vorschrift, dieses Kriterium oder dieses Verfahren ergebenden Nachteile zu beseitigen.

(3) [1] Unerwünschte Verhaltensweisen, die mit einem der Gründe nach Artikel 1 in Zusammenhang stehen und bezwecken oder bewirken, dass die Würde der betreffenden Person verletzt und ein von Einschüchterungen, Anfeindungen, Erniedrigungen, Entwürdigungen oder Beleidigungen gekennzeichnetes Umfeld geschaffen wird, sind Belästigungen, die als Diskriminierung im Sinne von Absatz 1 gelten. [2] In diesem Zusammenhang können die Mitgliedstaaten den Begriff „Belästigung" im Einklang mit den einzelstaatlichen Rechtsvorschriften und Gepflogenheiten definieren.

(4) Die Anweisung zur Diskriminierung einer Person wegen eines der Gründe nach Artikel 1 gilt als Diskriminierung im Sinne des Absatzes 1.

(5) Diese Richtlinie berührt nicht die im einzelstaatlichen Recht vorgesehenen Maßnahmen, die in einer demokratischen Gesellschaft für die Gewährleistung der öffentlichen Sicherheit, die Verteidigung der Ordnung und die Verhütung von Straftaten, zum Schutz der Gesundheit und zum Schutz der Rechte und Freiheiten anderer notwendig sind.

Art. 3 Geltungsbereich. (1) Im Rahmen der auf die Gemeinschaft übertragenen Zuständigkeiten gilt diese Richtlinie für alle Personen in öffentlichen und privaten Bereichen, einschließlich öffentlicher Stellen, in Bezug auf

a) die Bedingungen – einschließlich Auswahlkriterien und Einstellungsbedingungen – für den Zugang zu unselbständiger und selbständiger Erwerbstätigkeit, unabhängig von Tätigkeitsfeld und beruflicher Position, einschließlich des beruflichen Aufstiegs;

b) den Zugang zu allen Formen und allen Ebenen der Berufsberatung, der Berufsausbildung, der beruflichen Weiterbildung und der Umschulung, einschließlich der praktischen Berufserfahrung;

c) die Beschäftigungs- und Arbeitsbedingungen, einschließlich der Entlassungsbedingungen und des Arbeitsentgelts;

d) die Mitgliedschaft und Mitwirkung in einer Arbeitnehmer- oder Arbeitgeberorganisation oder einer Organisation, deren Mitglieder einer bestimmten Berufsgruppe angehören, einschließlich der Inanspruchnahme der Leistungen solcher Organisationen.

(2) Diese Richtlinie betrifft nicht unterschiedliche Behandlungen aus Gründen der Staatsangehörigkeit und berührt nicht die Vorschriften und Bedingungen für die Einreise von Staatsangehörigen dritter Länder oder staatenlosen Personen in das Hoheitsgebiet der Mitgliedstaaten oder deren Aufenthalt in diesem Hoheitsgebiet sowie eine Behandlung, die sich aus der Rechtsstellung von Staatsangehörigen dritter Länder oder staatenlosen Personen ergibt.

(3) Diese Richtlinie gilt nicht für Leistungen jeder Art seitens der staatlichen Systeme oder der damit gleichgestellten Systeme einschließlich der staatlichen Systeme der sozialen Sicherheit oder des sozialen Schutzes.

(4) Die Mitgliedstaaten können vorsehen, dass diese Richtlinie hinsichtlich von Diskriminierungen wegen einer Behinderung und des Alters nicht für die Streitkräfte gilt.

Art. 4 Berufliche Anforderungen. (1) Ungeachtet des Artikels 2 Absätze 1 und 2 können die Mitgliedstaaten vorsehen, dass eine Ungleichbehandlung wegen eines Merkmals, das im Zusammenhang mit einem der in Artikel 1 genannten Diskriminierungsgründe steht, keine Diskriminierung darstellt, wenn das betreffende Merkmal aufgrund der Art einer bestimmten beruflichen Tätigkeit oder der Bedingungen ihrer Ausübung eine wesentliche und entscheidende berufliche Anforderung darstellt, sofern es sich um einen rechtmäßigen Zweck und eine angemessene Anforderung handelt.

(2) *[1]* [1] Die Mitgliedstaaten können in Bezug auf berufliche Tätigkeiten innerhalb von Kirchen und anderen öffentlichen oder privaten Organisationen, deren Ethos auf religiösen Grundsätzen oder Weltanschauungen beruht, Bestimmungen in ihren zum Zeitpunkt der Annahme dieser Richtlinie geltenden Rechtsvorschriften beibehalten oder in künftigen Rechtsvorschriften Bestimmungen vorsehen, die zum Zeitpunkt der Annahme dieser Richtlinie bestehende einzelstaatliche Gepflogenheiten widerspiegeln und wonach eine Ungleichbehandlung wegen der Religion oder Weltanschauung einer Person keine Diskriminierung darstellt, wenn die Religion oder die Weltanschauung dieser Person nach der Art dieser Tätigkeiten oder der Umstände ihrer Ausübung eine wesentliche, rechtmäßige und gerechtfertigte berufliche Anforderung angesichts des Ethos der Organisation darstellt. [2] Eine solche Ungleichbehandlung muss die verfassungsrechtlichen Bestimmungen und Grundsätze der Mitgliedstaaten sowie die allgemeinen Grundsätze des Gemeinschaftsrechts beachten und rechtfertigt keine Diskriminierung aus einem anderen Grund.

[2] Sofern die Bestimmungen dieser Richtlinie im übrigen eingehalten werden, können die Kirchen und anderen öffentlichen oder privaten Organisationen, deren Ethos auf religiösen Grundsätzen oder Weltanschauungen beruht, im Einklang mit den einzelstaatlichen verfassungsrechtlichen Bestimmungen und Rechtsvorschriften von den für sie arbeitenden Personen verlangen, dass sie sich loyal und aufrichtig im Sinne des Ethos der Organisation verhalten.

Art. 5 Angemessene Vorkehrungen für Menschen mit Behinderung. [1] Um die Anwendung des Gleichbehandlungsgrundsatzes auf Menschen mit Behinderung zu gewährleisten, sind angemessene Vorkehrungen zu treffen. [2] Das bedeutet, dass der Arbeitgeber die geeigneten und im konkreten Fall erforderlichen Maßnahmen ergreift, um den Menschen mit Behinderung den Zugang zur Beschäftigung, die Ausübung eines Berufes, den beruflichen Aufstieg und die Teilnahme an Aus- und Weiterbildungsmaßnahmen zu ermöglichen, es sei denn, diese Maßnahmen würden den Arbeitgeber unverhältnismäßig belasten. [3] Diese Belastung ist nicht unverhältnismäßig, wenn sie durch geltende Maßnahmen im Rahmen der Behindertenpolitik des Mitgliedstaates ausreichend kompensiert wird.

Art. 6 Gerechtfertigte Ungleichbehandlung wegen des Alters.

(1) *[1]* Ungeachtet des Artikels 2 Absatz 2 können die Mitgliedstaaten vorsehen, dass Ungleichbehandlungen wegen des Alters keine Diskriminierung darstellen, sofern sie objektiv und angemessen sind und im Rahmen des nationalen Rechts durch ein legitimes Ziel, worunter insbesondere rechtmäßige Ziele aus den Bereichen Beschäftigungspolitik, Arbeitsmarkt und berufliche Bildung zu verstehen sind, gerechtfertigt sind und die Mittel zur Erreichung dieses Ziels angemessen und erforderlich sind.

[2] Derartige Ungleichbehandlungen können insbesondere Folgendes einschließen:

a) die Festlegung besonderer Bedingungen für den Zugang zur Beschäftigung und zur beruflichen Bildung sowie besonderer Beschäftigungs- und Arbeitsbedingungen, einschließlich der Bedingungen für Entlassung und Entlohnung, um die berufliche Eingliederung von Jugendlichen, älteren Arbeitnehmern und Personen mit Fürsorgepflichten zu fördern oder ihren Schutz sicherzustellen;

b) die Festlegung von Mindestanforderungen an das Alter, die Berufserfahrung oder das Dienstalter für den Zugang zur Beschäftigung oder für bestimmte mit der Beschäftigung verbundene Vorteile;

c) die Festsetzung eines Höchstalters für die Einstellung aufgrund der spezifischen Ausbildungsanforderungen eines bestimmten Arbeitsplatzes oder aufgrund der Notwendigkeit einer angemessenen Beschäftigungszeit vor dem Eintritt in den Ruhestand.

(2) Ungeachtet des Artikels 2 Absatz 2 können die Mitgliedstaaten vorsehen, dass bei den betrieblichen Systemen der sozialen Sicherheit die Festsetzung von Altersgrenzen als Voraussetzung für die Mitgliedschaft oder den Bezug von Altersrente oder von Leistungen bei Invalidität einschließlich der Festsetzung unterschiedlicher Altersgrenzen im Rahmen dieser Systeme für bestimmte Beschäftigte oder Gruppen bzw. Kategorien von Beschäftigten und die Verwendung im Rahmen dieser Systeme von Alterskriterien für versicherungsmathematische Berechnungen keine Diskriminierung wegen des Alters darstellt, solange dies nicht zu Diskriminierungen wegen des Geschlechts führt.

Art. 7 Positive und spezifische Maßnahmen. (1) Der Gleichbehandlungsgrundsatz hindert die Mitgliedstaaten nicht daran, zur Gewährleistung der völligen Gleichstellung im Berufsleben spezifische Maßnahmen beizubehalten oder einzuführen, mit denen Benachteiligungen wegen eines in Artikel 1 genannten Diskriminierungsgrunds verhindert oder ausgeglichen werden.

(2) Im Falle von Menschen mit Behinderung steht der Gleichbehandlungsgrundsatz weder dem Recht der Mitgliedstaaten entgegen, Bestimmungen zum Schutz der Gesundheit und der Sicherheit am Arbeitsplatz beizubehalten oder zu erlassen, noch steht er Maßnahmen entgegen, mit denen Bestimmungen oder Vorkehrungen eingeführt oder beibehalten werden sollen, die einer Eingliederung von Menschen mit Behinderung in die Arbeitswelt dienen oder diese Eingliederung fördern.

Art. 8 Mindestanforderungen. (1) Die Mitgliedstaaten können Vorschriften einführen oder beibehalten, die im Hinblick auf die Wahrung des Gleichbehandlungsgrundsatzes günstiger als die in dieser Richtlinie vorgesehenen Vorschriften sind.

(2) Die Umsetzung dieser Richtlinie darf keinesfalls als Rechtfertigung für eine Absenkung des von den Mitgliedstaaten bereits garantierten allgemeinen Schutzniveaus in Bezug auf Diskriminierungen in den von der Richtlinie abgedeckten Bereichen benutzt werden.

Kapitel II. Rechtsbehelfe und Rechtsdurchsetzung

Art. 9 Rechtsschutz. (1) Die Mitgliedstaaten stellen sicher, dass alle Personen, die sich durch die Nichtanwendung des Gleichbehandlungsgrundsatzes in ihren Rechten für verletzt halten, ihre Ansprüche aus dieser Richtlinie auf dem Gerichts- und/oder Verwaltungsweg sowie, wenn die Mitgliedstaaten es für angezeigt halten, in Schlichtungsverfahren geltend machen können, selbst wenn das Verhältnis, während dessen die Diskriminierung vorgekommen sein soll, bereits beendet ist.

(2) Die Mitgliedstaaten stellen sicher, dass Verbände, Organisationen oder andere juristische Personen, die gemäß den in ihrem einzelstaatlichen Recht festgelegten Kriterien ein rechtmäßiges Interesse daran haben, für die Einhaltung der Bestimmungen dieser Richtlinie zu sorgen, sich entweder im Namen der beschwerten Person oder zu deren Unterstützung und mit deren Einwilligung an den in dieser Richtlinie zur Durchsetzung der Ansprüche vorgesehenen Gerichts- und/oder Verwaltungsverfahren beteiligen können.

(3) Die Absätze 1 und 2 lassen einzelstaatliche Regelungen über Fristen für die Rechtsverfolgung betreffend den Gleichbehandlungsgrundsatz unberührt.

Art. 10 Beweislast. (1) Die Mitgliedstaaten ergreifen im Einklang mit ihrem nationalen Gerichtswesen die erforderlichen Maßnahmen, um zu gewährleisten, dass immer dann, wenn Personen, die sich durch die Nichtanwendung des Gleichbehandlungsgrundsatzes für verletzt halten und bei einem Gericht oder einer anderen zuständigen Stelle Tatsachen glaubhaft machen, die das Vorliegen einer unmittelbaren oder mittelbaren Diskriminierung vermuten lassen, es dem Beklagten obliegt zu beweisen, dass keine Verletzung des Gleichbehandlungsgrundsatzes vorgelegen hat.

(2) Absatz 1 lässt das Recht der Mitgliedstaaten, eine für den Kläger günstigere Beweislastregelung vorzusehen, unberührt.

(3) Absatz 1 gilt nicht für Strafverfahren.

(4) Die Absätze 1, 2 und 3 gelten auch für Verfahren gemäß Artikel 9 Absatz 2.

(5) Die Mitgliedstaaten können davon absehen, Absatz 1 auf Verfahren anzuwenden, in denen die Ermittlung des Sachverhalts dem Gericht oder der zuständigen Stelle obliegt.

Art. 11 Viktimisierung. Die Mitgliedstaaten treffen im Rahmen ihrer nationalen Rechtsordnung die erforderlichen Maßnahmen, um die Arbeitnehmer vor Entlassung oder anderen Benachteiligungen durch den Arbeitgeber zu schützen, die als Reaktion auf eine Beschwerde innerhalb des betreffenden Unternehmens oder auf die Einleitung eines Verfahrens zur Durchsetzung des Gleichbehandlungsgrundsatzes erfolgen.

Art. 12 Unterrichtung. Die Mitgliedstaaten tragen dafür Sorge, dass die gemäß dieser Richtlinie getroffenen Maßnahmen sowie die bereits geltenden einschlägigen Vorschriften allen Betroffenen in geeigneter Form, zum Beispiel am Arbeitsplatz, in ihrem Hoheitsgebiet bekannt gemacht werden.

Art. 13 Sozialer Dialog. (1) Die Mitgliedstaaten treffen im Einklang mit den einzelstaatlichen Gepflogenheiten und Verfahren geeignete Maßnahmen zur Förderung des sozialen Dialogs zwischen Arbeitgebern und Arbeitnehmern mit dem Ziel, die Verwirklichung des Gleichbehandlungsgrundsatzes durch Überwachung der betrieblichen Praxis, durch Tarifverträge, Verhaltenskodizes, Forschungsarbeiten oder durch einen Austausch von Erfahrungen und bewährten Verfahren, voranzubringen.

(2) [1]Soweit vereinbar mit den einzelstaatlichen Gepflogenheiten und Verfahren, fordern die Mitgliedstaaten Arbeitgeber und Arbeitnehmer ohne Eingriff in deren Autonomie auf, auf geeigneter Ebene Antidiskriminierungsvereinbarungen zu schließen, die die in Artikel 3 genannten Bereiche betreffen, soweit diese in den Verantwortungsbereich der Tarifparteien fallen. [2]Die Vereinbarungen müssen den in dieser Richtlinie sowie den in den einschlägigen nationalen Durchführungsbestimmungen festgelegten Mindestanforderungen entsprechen.

Art. 14 Dialog mit Nichtregierungsorganisationen. Die Mitgliedstaaten fördern den Dialog mit den jeweiligen Nichtregierungsorganisationen, die gemäß den einzelstaatlichen Rechtsvorschriften und Gepflogenheiten ein rechtmäßiges Interesse daran haben, sich an der Bekämpfung von Diskriminierung wegen eines der in Artikel 1 genannten Gründe zu beteiligen, um die Einhaltung des Grundsatzes der Gleichbehandlung zu fördern.

Kapitel III. Besondere Bestimmungen

Art. 15 Nordirland. (1) Angesichts des Problems, dass eine der wichtigsten Religionsgemeinschaften Nordirlands im dortigen Polizeidienst unterrepräsentiert ist, gilt die unterschiedliche Behandlung bei der Einstellung der Bediensteten dieses Dienstes – auch von Hilfspersonal – nicht als Diskriminierung, sofern diese unterschiedliche Behandlung gemäß den einzelstaatlichen Rechtsvorschriften ausdrücklich gestattet ist.

(2) Um eine Ausgewogenheit der Beschäftigungsmöglichkeiten für Lehrkräfte in Nordirland zu gewährleisten und zugleich einen Beitrag zur Überwindung der historischen Gegensätze zwischen den wichtigsten Religionsgemeinschaften Nordirlands zu leisten, finden die Bestimmungen dieser Richtlinie über Religion oder Weltanschauung keine Anwendung auf die Einstellung von Lehrkräften in Schulen Nordirlands, sofern dies gemäß den einzelstaatlichen Rechtsvorschriften ausdrücklich gestattet ist.

Kapitel IV. Schlussbestimmungen

Art. 16 Einhaltung. Die Mitgliedstaaten treffen die erforderlichen Maßnahmen, um sicherzustellen, dass

a) die Rechts- und Verwaltungsvorschriften, die dem Gleichbehandlungsgrundsatz zuwiderlaufen, aufgehoben werden;

b) die mit dem Gleichbehandlungsgrundsatz nicht zu vereinbarenden Bestimmungen in Arbeits- und Tarifverträgen, Betriebsordnungen und Statuten der freien Berufe und der Arbeitgeber- und Arbeitnehmerorganisationen für nichtig erklärt werden oder erklärt werden können oder geändert werden.

Art. 17 Sanktionen. [1] Die Mitgliedstaaten legen die Sanktionen fest, die bei einem Verstoß gegen die einzelstaatlichen Vorschriften zur Anwendung dieser Richtlinie zu verhängen sind, und treffen alle erforderlichen Maßnahmen, um deren Durchführung zu gewährleisten. [2] Die Sanktionen, die auch Schadenersatzleistungen an die Opfer umfassen können, müssen wirksam, verhältnismäßig und abschreckend sein. [3] Die Mitgliedstaaten teilen diese Bestimmungen der Kommission spätestens am 2. Dezember 2003 mit und melden alle sie betreffenden späteren Änderungen unverzüglich.

Art. 18 Umsetzung der Richtlinie. *[1]* [1] Die Mitgliedstaaten erlassen die erforderlichen Rechts- und Verwaltungsvorschriften, um dieser Richtlinie spätestens zum 2. Dezember 2003 nachzukommen, oder können den Sozialpartnern auf deren gemeinsamen Antrag die Durchführung der Bestimmungen dieser Richtlinie übertragen, die in den Anwendungsbereich von Tarifverträgen fallen. [2] In diesem Fall gewährleisten die Mitgliedstaaten, dass die Sozialpartner spätestens zum 2. Dezember 2003 im Weg einer Vereinbarung die erforderlichen Maßnahmen getroffen haben; dabei haben die Mitgliedstaaten alle erforderlichen Maßnahmen zu treffen, um jederzeit gewährleisten zu können, dass die durch diese Richtlinie vorgeschriebenen Ergebnisse erzielt werden. [3] Sie setzen die Kommission unverzüglich davon in Kenntnis.

[2] [1] Um besonderen Bedingungen Rechnung zu tragen, können die Mitgliedstaaten erforderlichenfalls eine Zusatzfrist von drei Jahren ab dem 2. Dezember 2003, d.h. insgesamt sechs Jahre, in Anspruch nehmen, um die Bestimmungen dieser Richtlinie über die Diskriminierung wegen des Alters und einer Behinderung umzusetzen. [2] In diesem Fall setzen sie die Kommission unverzüglich davon in Kenntnis. [3] Ein Mitgliedstaat, der die Inanspruchnahme dieser Zusatzfrist beschließt, erstattet der Kommission jährlich Bericht über die von ihm ergriffenen Maßnahmen zur Bekämpfung der Diskriminierung wegen des Alters und einer Behinderung und über die Fortschritte, die bei der Umsetzung der Richtlinie erzielt werden konnten. [4] Die Kommission erstattet dem Rat jährlich Bericht.

[3] [1] Wenn die Mitgliedstaaten derartige Vorschriften erlassen, nehmen sie in den Vorschriften selbst oder durch einen Hinweis bei der amtlichen Veröffentlichung auf diese Richtlinie Bezug. [2] Die Mitgliedstaaten regeln die Einzelheiten der Bezugnahme.

Art. 19 Bericht. (1) Bis zum 2. Dezember 2005 und in der Folge alle fünf Jahre übermitteln die Mitgliedstaaten der Kommission sämtliche Informationen, die diese für die Erstellung eines dem Europäischen Parlament und dem Rat vorzulegenden Berichts über die Anwendung dieser Richtlinie benötigt.

(2) [1] Die Kommission berücksichtigt in ihrem Bericht in angemessener Weise die Standpunkte der Sozialpartner und der einschlägigen Nichtregierungsorganisationen. [2] Im Einklang mit dem Grundsatz der systematischen Berücksichtigung geschlechterspezifischer Fragen wird ferner in dem Bericht die Auswirkung der Maßnahmen auf Frauen und Männer bewertet. [3] Unter Berücksichti-

gung der übermittelten Informationen enthält der Bericht erforderlichenfalls auch Vorschläge für eine Änderung und Aktualisierung dieser Richtlinie.

Art. 20 Inkrafttreten. Diese Richtlinie tritt am Tag ihrer Veröffentlichung[1] im *Amtsblatt der Europäischen Gemeinschaften* in Kraft.

Art. 21 Adressaten. Diese Richtlinie ist an die Mitgliedstaaten gerichtet.

[1] Veröffentlicht am 2.12.2000.

260. Richtlinie 2001/23/EG des Rates vom 12. März 2001 zur Angleichung der Rechtsvorschriften der Mitgliedstaaten über die Wahrung von Ansprüchen beim Übergang von Unternehmen, Betrieben oder Unternehmens- und Betriebsteilen[1]

(ABl. L 82 S. 16)

Celex-Nr. 3 2001 L 0023

geänd. durch Art. 5 ÄndRL (EU) 2015/1794 v. 6.10.2015 (ABl. L 263 S. 1)

DER RAT DER EUROPÄISCHEN UNION –

gestützt auf den Vertrag zur Gründung der Europäischen Gemeinschaft[2], insbesondere auf Artikel 94[3],

auf Vorschlag der Kommission,

nach Stellungnahme des Europäischen Parlaments[4],

nach Anhörung des Wirtschafts- und Sozialausschusses[5],

in Erwägung nachstehender Gründe:

(1) Die RL 77/187/EWG des Rates vom 14. Februar 1977 zur Angleichung der Rechtsvorschriften der Mitgliedstaaten über die Wahrung von Ansprüchen der Arbeitnehmer beim Übergang von Unternehmen, Betrieben oder Unternehmens- oder Betriebsteilen[6] wurde erheblich geändert[7]. Aus Gründen der Klarheit und Wirtschaftlichkeit empfiehlt es sich daher, die genannte Richtlinie zu kodifizieren.

(2) Die wirtschaftliche Entwicklung führt auf einzelstaatlicher und gemeinschaftlicher Ebene zu Änderungen in den Unternehmensstrukturen, die sich unter anderem aus dem Übergang von Unternehmen, Betrieben oder Unternehmens- oder Betriebsteilen auf einen anderen Inhaber durch vertragliche Übertragung oder durch Verschmelzung ergeben.

(3) Es sind Bestimmungen notwendig, die die Arbeitnehmer bei einem Inhaberwechsel schützen und insbesondere die Wahrung ihrer Ansprüche gewährleisten.

(4) Zwischen den Mitgliedstaaten bestehen in Bezug auf den Umfang des Arbeitnehmerschutzes auf diesem Gebiet weiterhin Unterschiede, die verringert werden sollten.

(5) In der am 9. Dezember 1989 verabschiedeten Gemeinschaftscharta der sozialen Grundrechte der Arbeitnehmer (Sozialcharta)[8] wird unter Nummer 7, Nummer 17 und Nummer 18 insbesondere folgendes festgestellt:

---

[1] Diese RL ersetzt die RL 77/187/EWG v. 14.2.1977 (ABl. L 61 S. 26), aufgeh. durch RL v. 12.3. 2001 (ABl. L 82 S. 16), vgl. Art. 12 und Anh. I und II.

[2] Nunmehr Vertrag über die Arbeitsweise der Europäischen Union durch Vertrag von Lissabon v. 13.12.2007 (ABl. C 306 S. 1).

[3] Nunmehr Art. 115 AEUV durch Vertrag von Lissabon v. 13.12.2007 (ABl. C 306 S. 1).

[4] **Amtl. Anm.:** Stellungnahme vom 25. Oktober 2000 (noch nicht im Amtsblatt veröffentlicht).

[5] **Amtl. Anm.:** ABl. C 367 vom 20.12.2000, S. 21.

[6] **Amtl. Anm.:** ABl. L 61 vom 5.3.1977, S. 26.

[7] **Amtl. Anm.:** Siehe Anhang I Teil A.

[8] Nr. **25**.

„Die Verwirklichung des Binnenmarktes muss zu einer Verbesserung der Lebens- und Arbeitsbedingungen der Arbeitnehmer in der Europäischen Gemeinschaft führen. Diese Verbesserung muss, soweit nötig, dazu führen, dass bestimmte Bereiche des Arbeitsrechts, wie die Verfahren bei Massenentlassungen oder bei Konkursen, ausgestaltet werden. Unterrichtung, Anhörung und Mitwirkung der Arbeitnehmer müssen in geeigneter Weise, unter Berücksichtigung der in den verschiedenen Mitgliedstaaten herrschenden Gepflogenheiten, weiterentwickelt werden. Unterrichtung, Anhörung und Mitwirkung sind rechtzeitig vorzusehen, vor allem bei der Umstrukturierung oder Verschmelzung von Unternehmen, wenn dadurch die Beschäftigung der Arbeitnehmer berührt wird."

(6) Im Jahre 1977 hat der Rat die Richtlinie 77/187/EWG erlassen, um auf eine Harmonisierung der einschlägigen nationalen Rechtsvorschriften hinsichtlich der Wahrung der Ansprüche und Rechte der Arbeitnehmer hinzuwirken; Veräußerer und Erwerber werden aufgefordert, die Vertreter der Arbeitnehmer rechtzeitig zu unterrichten und anzuhören.

(7) Die Richtlinie 77/187/EWG wurde nachfolgend geändert unter Berücksichtigung der Auswirkungen des Binnenmarktes, der Tendenzen in der Gesetzgebung der Mitgliedstaaten hinsichtlich der Sanierung von Unternehmen in wirtschaftlichen Schwierigkeiten, der Rechtsprechung des Gerichtshofs der Europäischen Gemeinschaften, der Richtlinie 75/129/EWG des Rates vom 17. Februar 1975 zur Angleichung der Rechtsvorschriften der Mitgliedstaaten über Massenentlassungen[1)] sowie der bereits in den meisten Mitgliedstaaten geltenden gesetzlichen Normen.

(8) Aus Gründen der Rechtssicherheit und Transparenz war es erforderlich, den juristischen Begriff des Übergangs unter Berücksichtigung der Rechtsprechung des Gerichtshofs zu klären. Durch diese Klärung wurde der Anwendungsbereich der Richtlinie 77/187/EWG gemäß der Auslegung durch den Gerichtshof nicht geändert.

(9) In der Sozialcharta wird die Bedeutung des Kampfes gegen alle Formen der Diskriminierung, insbesondere aufgrund von Geschlecht, Hautfarbe, Rasse, Meinung oder Glauben, gewürdigt.

(10) Diese Richtlinie sollte die Pflichten der Mitgliedstaaten hinsichtlich der Umsetzungsfristen der in Anhang I Teil B angegebenen Richtlinien unberührt lassen –

HAT FOLGENDE RICHTLINIE ERLASSEN:

Kapitel I. Anwendungsbereich und Definitionen

Art. 1 [Sachlicher Anwendungsbereich]

1.a) Diese Richtlinie ist auf den Übergang von Unternehmen, Betrieben oder Unternehmens- bzw. Betriebsteilen auf einen anderen Inhaber durch vertragliche Übertragung oder durch Verschmelzung anwendbar.

b) Vorbehaltlich Buchstabe a) und der nachstehenden Bestimmungen dieses Artikels gilt als Übergang im Sinne dieser Richtlinie der Übergang einer ihre Identität bewahrenden wirtschaftlichen Einheit im Sinne einer organi-

---

[1)] **Amtl. Anm.:** ABl. L 48 vom 22.2.1975, S. 29. Richtlinie ersetzt durch die Richtlinie 98/59/EG (ABl. L 225 vom 12.8.1998, S. 16).

sierten Zusammenfassung von Ressourcen zur Verfolgung einer wirtschaftlichen Haupt- oder Nebentätigkeit.

c) Diese Richtlinie gilt für öffentliche und private Unternehmen, die eine wirtschaftliche Tätigkeit ausüben, unabhängig davon, ob sie Erwerbszwecke verfolgen oder nicht. Bei der Übertragung von Aufgaben im Zuge einer Umstrukturierung von Verwaltungsbehörden oder bei der Übertragung von Verwaltungsaufgaben von einer Behörde auf eine andere handelt es sich nicht um einen Übergang im Sinne dieser Richtlinie.

2. Diese Richtlinie ist anwendbar, wenn und soweit sich das Unternehmen, der Betrieb oder der Unternehmens- bzw. Betriebsteil, das bzw. der übergeht, innerhalb des räumlichen Geltungsbereichs des Vertrages befindet.

3. *[1]* Diese Richtlinie gilt für den Übergang eines Seeschiffs, das Teil des Übergangs eines Unternehmens, Betriebs oder Unternehmens- bzw. Betriebsteils im Sinne der Absätze 1 und 2 ist, sofern der Erwerber sich im räumlichen Geltungsbereich des Vertrags befindet oder das übertragene Unternehmen, der übertragene Betrieb oder Unternehmens- bzw. Betriebsteil dort verbleibt.

[2] Diese Richtlinie gilt nicht, wenn es sich bei dem Gegenstand des Übergangs ausschließlich um eines oder mehrere Seeschiffe handelt.

Art. 2 [Begriffsbestimmungen] 1. Im Sinne dieser Richtlinie gelten folgende Begriffsbestimmungen:

a) „Veräußerer" ist jede natürliche oder juristische Person, die aufgrund eines Übergangs im Sinne von Artikel 1 Absatz 1 als Inhaber aus dem Unternehmen, dem Betrieb oder dem Unternehmens- bzw. Betriebsteil ausscheidet.

b) „Erwerber" ist jede natürliche oder juristische Person, die aufgrund eines Übergangs im Sinne von Artikel 1 Absatz 1 als Inhaber in das Unternehmen, den Betrieb oder den Unternehmens- bzw. Betriebsteil eintritt.

c) „Vertreter der Arbeitnehmer" oder ein entsprechender Ausdruck bezeichnet die Vertreter der Arbeitnehmer nach den Rechtsvorschriften oder der Praxis der Mitgliedstaaten.

d) „Arbeitnehmer" ist jede Person, die in dem betreffenden Mitgliedstaat aufgrund des einzelstaatlichen Arbeitsrechts geschützt ist.

2. *[1]* Diese Richtlinie lässt das einzelstaatliche Recht in Bezug auf die Begriffsbestimmung des Arbeitsvertrags oder des Arbeitsverhältnisses unberührt.

[2] Die Mitgliedstaaten können jedoch vom Anwendungsbereich der Richtlinie Arbeitsverträge und Arbeitsverhältnisse nicht allein deshalb ausschließen, weil

a) nur eine bestimmte Anzahl von Arbeitsstunden geleistet wird oder zu leisten ist,

b) es sich um Arbeitsverhältnisse aufgrund eines befristeten Arbeitsvertrags im Sinne von Artikel 1 Nummer 1 der Richtlinie 91/383/EWG[1] des Rates vom 25. Juni 1991 zur Ergänzung der Maßnahmen zur Verbesserung der Sicherheit und des Gesundheitsschutzes von Arbeitnehmern mit befristetem Arbeitsverhältnis oder Leiharbeitsverhältnis[2] handelt,

---

[1] Nr. **210**.

[2] **Amtl. Anm.:** ABl. L 206 vom 29.7.1991, S. 19.

c) es sich um Leiharbeitsverhältnisse im Sinne von Artikel 1 Nummer 2 der Richtlinie 91/383/EWG und bei dem übertragenen Unternehmen oder dem übertragenen Betrieb oder Unternehmens- bzw. Betriebsteil als Verleihunternehmen oder Teil eines Verleihunternehmens um den Arbeitgeber handelt.

Kapitel II. Wahrung der Ansprüche und Rechte der Arbeitnehmer

Art. 3 [Rechte und Pflichten bei Betriebsübergang] 1. *[1]* Die Rechte und Pflichten des Veräußerers aus einem zum Zeitpunkt des Übergangs bestehenden Arbeitsvertrag oder Arbeitsverhältnis gehen aufgrund des Übergangs auf den Erwerber über.

[2] Die Mitgliedstaaten können vorsehen, dass der Veräußerer und der Erwerber nach dem Zeitpunkt des Übergangs gesamtschuldnerisch für die Verpflichtungen haften, die vor dem Zeitpunkt des Übergangs durch einen Arbeitsvertrag oder ein Arbeitsverhältnis entstanden sind, der bzw. das zum Zeitpunkt des Übergangs bestand.

2. [1]Die Mitgliedstaaten können geeignete Maßnahmen ergreifen, um zu gewährleisten, dass der Veräußerer den Erwerber über alle Rechte und Pflichten unterrichtet, die nach diesem Artikel auf den Erwerber übergehen, soweit diese dem Veräußerer zum Zeitpunkt des Übergangs bekannt waren oder bekannt sein mussten. [2]Unterlässt der Veräußerer diese Unterrichtung des Erwerbers, so berührt diese Unterlassung weder den Übergang solcher Rechte und Pflichten noch die Ansprüche von Arbeitnehmern gegenüber dem Erwerber und/oder Veräußerer in Bezug auf diese Rechte und Pflichten.

3. *[1]* Nach dem Übergang erhält der Erwerber die in einem Kollektivvertrag vereinbarten Arbeitsbedingungen bis zur Kündigung oder zum Ablauf des Kollektivvertrags bzw. bis zum Inkrafttreten oder bis zur Anwendung eines anderen Kollektivvertrags in dem gleichen Maße aufrecht, wie sie in dem Kollektivvertrag für den Veräußerer vorgesehen waren.

[2] Die Mitgliedstaaten können den Zeitraum der Aufrechterhaltung der Arbeitsbedingungen begrenzen, allerdings darf dieser nicht weniger als ein Jahr betragen.

4.

a) Sofern die Mitgliedstaaten nicht anderes vorsehen, gelten die Absätze 1 und 3 nicht für die Rechte der Arbeitnehmer auf Leistungen bei Alter, Invalidität oder für Hinterbliebene aus betrieblichen oder überbetrieblichen Zusatzversorgungseinrichtungen außerhalb der gesetzlichen Systeme der sozialen Sicherheit der Mitgliedstaaten.

b) Die Mitgliedstaaten treffen auch dann, wenn sie gemäß Buchstabe a) nicht vorsehen, dass die Absätze 1 und 3 für die unter Buchstabe a) genannten Rechte gelten, die notwendigen Maßnahmen zum Schutz der Interessen der Arbeitnehmer sowie der Personen, die zum Zeitpunkt des Übergangs bereits aus dem Betrieb des Veräußerers ausgeschieden sind, hinsichtlich ihrer Rechte oder Anwartschaftsrechte auf Leistungen bei Alter, einschließlich Leistungen für Hinterbliebene, aus den unter Buchstabe a) genannten Zusatzversorgungseinrichtungen.

Art. 4 [Verbot der Kündigung] 1. *[1]* [1]Der Übergang eines Unternehmens, Betriebs oder Unternehmens- bzw. Betriebsteils stellt als solcher für den Veräußerer oder den Erwerber keinen Grund zur Kündigung dar. [2]Diese Bestimmung steht etwaigen Kündigungen aus wirtschaftlichen, technischen oder organisatorischen Gründen, die Änderungen im Bereich der Beschäftigung mit sich bringen, nicht entgegen.

[2] Die Mitgliedstaaten können vorsehen, dass Unterabsatz 1 auf einige abgegrenzte Gruppen von Arbeitnehmern, auf die sich die Rechtsvorschriften oder die Praxis der Mitgliedstaaten auf dem Gebiet des Kündigungsschutzes nicht erstrecken, keine Anwendung findet.

2. Kommt es zu einer Beendigung des Arbeitsvertrags oder Arbeitsverhältnisses, weil der Übergang eine wesentliche Änderung der Arbeitsbedingungen zum Nachteil des Arbeitnehmers zur Folge hat, so ist davon auszugehen, dass die Beendigung des Arbeitsvertrags oder Arbeitsverhältnisses durch den Arbeitgeber erfolgt ist.

Art. 5 [Insolventer Veräußerer] 1. Sofern die Mitgliedstaaten nichts anderes vorsehen, gelten die Artikel 3 und 4 nicht für Übergänge von Unternehmen, Betrieben oder Unternehmens- bzw. Betriebsteilen, bei denen gegen den Veräußerer unter der Aufsicht einer zuständigen öffentlichen Stelle (worunter auch ein von einer zuständigen Behörde ermächtigter Insolvenzverwalter verstanden werden kann) ein Konkursverfahren oder ein entsprechendes Verfahren mit dem Ziel der Auflösung des Vermögens des Veräußerers eröffnet wurde.

2. Wenn die Artikel 3 und 4 für einen Übergang während eines Insolvenzverfahrens gegen den Veräußerer (unabhängig davon, ob dieses Verfahren zur Auflösung seines Vermögens eingeleitet wurde) gelten und dieses Verfahren unter der Aufsicht einer zuständigen öffentlichen Stelle (worunter auch ein nach dem innerstaatlichen Recht bestimmter Insolvenzverwalter verstanden werden kann) steht, kann ein Mitgliedstaat vorsehen, dass

a) ungeachtet des Artikels 3 Absatz 1 die vor dem Übergang bzw. vor der Eröffnung des Insolvenzverfahrens fälligen Verbindlichkeiten des Veräußerers aufgrund von Arbeitsverträgen oder Arbeitsverhältnissen nicht auf den Erwerber übergehen, sofern dieses Verfahren nach dem Recht des betreffenden Mitgliedstaats einen Schutz gewährt, der dem von der Richtlinie 80/987/EWG des Rates vom 20. Oktober 1980 zur Angleichung der Rechtsvorschriften der Mitgliedstaaten über den Schutz der Arbeitnehmer bei Zahlungsunfähigkeit des Arbeitgebers[1)] vorgesehenen Schutz zumindest gleichwertig ist, und/oder

b) der Erwerber, der Veräußerer oder die seine Befugnisse ausübenden Personen auf der einen Seite und die Vertreter der Arbeitnehmer auf der anderen Seite Änderungen der Arbeitsbedingungen der Arbeitnehmer, insoweit das geltende Recht oder die geltende Praxis dies zulassen, vereinbaren können, die den Fortbestand des Unternehmens, Betriebs oder Unternehmens- bzw. Betriebsteils sichern und dadurch der Erhaltung von Arbeitsplätzen dienen.

3. *[1]* Die Mitgliedstaaten können Absatz 2 Buchstabe b) auf Übergänge anwenden, bei denen sich der Veräußerer nach dem einzelstaatlichen Recht in

---

[1)] **Amtl. Anm.:** ABl. L 283 vom 20.10.1980, S. 23. Richtlinie zuletzt geändert durch die Beitrittsakte von 1994.

einer schwierigen wirtschaftlichen Lage befindet, sofern das Bestehen einer solchen Notlage von einer zuständigen öffentlichen Stelle bescheinigt wird und die Möglichkeit einer gerichtlichen Aufsicht gegeben ist, falls das innerstaatliche Recht solche Bestimmungen am 17. Juli 1998 bereits enthielt.

[2] Die Kommission legt vor dem 17. Juli 2003 einen Bericht über die Auswirkungen dieser Bestimmung vor und unterbreitet dem Rat erforderlichenfalls entsprechende Vorschläge.

4. Die Mitgliedstaaten treffen die erforderlichen Maßnahmen, damit Insolvenzverfahren nicht in missbräuchlicher Weise in Anspruch genommen werden, um den Arbeitnehmern die in dieser Richtlinie vorgesehenen Rechte vorzuenthalten.

Art. 6 [Einfluss auf die Arbeitnehmervertretung] 1. *[1]* Sofern das Unternehmen, der Betrieb oder der Unternehmens- bzw. Betriebsteil seine Selbständigkeit behält, bleiben die Rechtsstellung und die Funktion der Vertreter oder der Vertretung der vom Übergang betroffenen Arbeitnehmer unter den gleichen Bedingungen erhalten, wie sie vor dem Zeitpunkt des Übergangs aufgrund von Rechts- und Verwaltungsvorschriften oder aufgrund einer Vereinbarung bestanden haben, sofern die Bedingungen für die Bildung der Arbeitnehmervertretung erfüllt sind.

[2] Unterabsatz 1 findet keine Anwendung, wenn gemäß den Rechts- und Verwaltungsvorschriften oder der Praxis der Mitgliedstaaten oder durch Vereinbarung mit den Vertretern der betroffenen Arbeitnehmer die Bedingungen für die Neubestellung der Vertreter der Arbeitnehmer oder die Neubildung der Vertretung der Arbeitnehmer erfüllt sind.

[3] Wurde gegen den Veräußerer unter der Aufsicht einer zuständigen öffentlichen Stelle (worunter auch ein von einer zuständigen Behörde ermächtigter Insolvenzverwalter verstanden werden kann) ein Konkursverfahren oder ein entsprechendes Insolvenzverfahren mit dem Ziel der Auflösung des Vermögens des Veräußerers eröffnet, können die Mitgliedstaaten die erforderlichen Maßnahmen ergreifen, um sicherzustellen, dass die vom Übergang betroffenen Arbeitnehmer bis zur Neuwahl oder Benennung von Arbeitnehmervertretern angemessen vertreten sind.

[4] Behält das Unternehmen, der Betrieb oder der Unternehmens- bzw. Betriebsteil seine Selbständigkeit nicht, so treffen die Mitgliedstaaten die erforderlichen Maßnahmen, damit die vom Übergang betroffenen Arbeitnehmer, die vor dem Übergang vertreten wurden, während des Zeitraums, der für die Neubildung oder Neubenennung der Arbeitnehmervertretung erforderlich ist, im Einklang mit dem Recht oder der Praxis der Mitgliedstaaten weiterhin angemessen vertreten werden.

2. Erlischt das Mandat der Vertreter der vom Übergang betroffenen Arbeitnehmer aufgrund des Übergangs, so gelten für diese Vertreter weiterhin die nach den Rechts- und Verwaltungsvorschriften oder der Praxis der Mitgliedstaaten vorgesehenen Schutzmaßnahmen.

Kapitel III. Information und Konsultation

Art. 7 [Unterrichtungs- und Beratungsrechte der Arbeitnehmervertreter] 1. *[1]* Der Veräußerer und der Erwerber sind verpflichtet, die Vertreter ihrer jeweiligen von einem Übergang betroffenen Arbeitnehmer über Folgendes zu informieren:

– den Zeitpunkt bzw. den geplanten Zeitpunkt des Übergangs,
– den Grund für den Übergang,
– die rechtlichen, wirtschaftlichen und sozialen Folgen des Übergangs für die Arbeitnehmer,
– die hinsichtlich der Arbeitnehmer in Aussicht genommenen Maßnahmen.

[2] Der Veräußerer ist verpflichtet, den Vertretern seiner Arbeitnehmer diese Informationen rechtzeitig vor dem Vollzug des Übergangs zu übermitteln.

[3] Der Erwerber ist verpflichtet, den Vertretern seiner Arbeitnehmer diese Informationen rechtzeitig zu übermitteln, auf jeden Fall aber bevor diese Arbeitnehmer von dem Übergang hinsichtlich ihrer Beschäftigungs- und Arbeitsbedingungen unmittelbar betroffen werden.

2. Zieht der Veräußerer bzw. der Erwerber Maßnahmen hinsichtlich seiner Arbeitnehmer in Betracht, so ist er verpflichtet, die Vertreter seiner Arbeitnehmer rechtzeitig zu diesen Maßnahmen zu konsultieren, um eine Übereinkunft anzustreben.

3. *[1]* Die Mitgliedstaaten, deren Rechts- und Verwaltungsvorschriften vorsehen, dass die Vertreter der Arbeitnehmer eine Schiedsstelle anrufen können, um eine Entscheidung über hinsichtlich der Arbeitnehmer zu treffende Maßnahmen zu erhalten, können die Verpflichtungen gemäß den Absätzen 1 und 2 auf den Fall beschränken, in dem der vollzogene Übergang eine Betriebsänderung hervorruft, die wesentliche Nachteile für einen erheblichen Teil der Arbeitnehmer zur Folge haben kann.

[2] Die Information und die Konsultation müssen sich zumindest auf die hinsichtlich der Arbeitnehmer in Aussicht genommenen Maßnahmen erstrecken.

[3] Die Information und die Konsultation müssen rechtzeitig vor dem Vollzug der in Unterabsatz 1 genannten Betriebsänderung erfolgen.

4. *[1]* Die in diesem Artikel vorgesehenen Verpflichtungen gelten unabhängig davon, ob die zum Übergang führende Entscheidung vom Arbeitgeber oder von einem den Arbeitgeber beherrschendes Unternehmen getroffen wird.

[2] Hinsichtlich angeblicher Verstöße gegen die in dieser Richtlinie vorgesehenen Informations- und Konsultationspflichten findet der Einwand, der Verstoß gehe darauf zurück, dass die Information von einem den Arbeitgeber beherrschenden Unternehmen nicht übermittelt worden sei, keine Berücksichtigung.

5. Die Mitgliedstaaten können die in den Absätzen 1, 2 und 3 vorgesehenen Verpflichtungen auf Unternehmen oder Betriebe beschränken, die hinsichtlich der Zahl der beschäftigten Arbeitnehmer die Voraussetzungen für die Wahl oder Bestellung eines Kollegiums als Arbeitnehmervertretung erfüllen.

6. Die Mitgliedstaaten sehen vor, dass die betreffenden Arbeitnehmer für den Fall, dass es unabhängig von ihrem Willen in einem Unternehmen oder in einem Betrieb keine Vertreter der Arbeitnehmer gibt, vorher zu informieren sind über

– den Zeitpunkt bzw. den geplanten Zeitpunkt des Übergangs,
– den Grund für den Übergang,

– die rechtlichen, wirtschaftlichen und sozialen Folgen des Übergangs für die Arbeitnehmer,
– die hinsichtlich der Arbeitnehmer in Aussicht genommenen Maßnahmen.

Kapitel IV. Schlussbestimmungen

Art. 8 [Zulassung günstigerer Regelungen] Diese Richtlinie schränkt die Möglichkeit der Mitgliedstaaten nicht ein, für die Arbeitnehmer günstigere Rechts- oder Verwaltungsvorschriften anzuwenden oder zu erlassen oder für die Arbeitnehmer günstigere Kollektivverträge und andere zwischen den Sozialpartnern abgeschlossene Vereinbarungen, die für die Arbeitnehmer günstiger sind, zu fördern oder zuzulassen.

Art. 9 [Rechtsweg] Die Mitgliedstaaten nehmen in ihre innerstaatlichen Rechtssysteme die erforderlichen Bestimmungen auf, um allen Arbeitnehmern und Vertretern der Arbeitnehmer, die ihrer Ansicht nach durch die Nichtbeachtung der sich aus dieser Richtlinie ergebenden Verpflichtungen benachteiligt sind, die Möglichkeit zu geben, ihre Forderungen durch Gerichtsverfahren einzuklagen, nachdem sie gegebenenfalls andere zuständige Stellen damit befasst haben.

Art. 10 [Kommissionsbericht] [1] Die Kommission unterbreitet dem Rat vor dem 17. Juli 2006 einen Bericht, in dem die Auswirkungen der Bestimmungen dieser Richtlinie untersucht werden. [2] Sie legt gegebenenfalls die erforderlichen Änderungsvorschläge vor.

Art. 11 [Mitteilungen] Die Mitgliedstaaten teilen der Kommission den Wortlaut der Rechts- und Verwaltungsvorschriften mit, die sie auf dem unter diese Richtlinie fallenden Gebiet erlassen.

Art. 12 [Aufhebung anderer Vorschriften] *[1]* Die Richtlinie 77/187/EWG, geändert durch die in Anhang I Teil A aufgeführte Richtlinie, wird unbeschadet der Pflichten der Mitgliedstaaten hinsichtlich der in Anhang I Teil B genannten Fristen für ihre Umsetzung aufgehoben.

[2] Verweisungen auf die aufgehobene Richtlinie gelten als Verweisungen auf die vorliegende Richtlinie und sind nach der Übereinstimmungstabelle in Anhang II zu lesen.

Art. 13 [Inkrafttreten] Diese Richtlinie tritt am zwanzigsten Tag nach ihrer Veröffentlichung[1] im *Amtsblatt der Europäischen Gemeinschaften* in Kraft.

Art. 14 [Adressaten] Diese Richtlinie ist an alle Mitgliedstaaten gerichtet.

Anhänge.[2] *(hier nicht wiedergegeben)*

---

[1] Veröffentlicht am 22.3.2001.

[2] Anhänge (Aufhebungen, Umsetzungsfristen und Übereinstimmungstabelle) siehe die 7. Auflage dieser Textausgabe.

265. Richtlinie 2001/86/EG des Rates vom 8. Oktober 2001 zur Ergänzung des Statuts der Europäischen Gesellschaft hinsichtlich der Beteiligung der Arbeitnehmer

(ABl. L 294 S. 22)

Celex-Nr. 3 2001 L 0086

DER RAT DER EUROPÄISCHEN UNION –

gestützt auf den Vertrag zur Gründung der Europäischen Gemeinschaft[1], insbesondere auf Artikel 308[2],

auf der Grundlage des geänderten Vorschlags der Kommission[3],

nach Stellungnahme des Europäischen Parlaments[4],

nach Stellungnahme des Wirtschafts- und Sozialausschusses[5],

in Erwägung nachstehender Gründe:

(1) Zur Erreichung der Ziele des Vertrags wird mit der Verordnung (EG) Nr. 2157/2001 des Rates[6] das Statut der Europäischen Gesellschaft (SE) festgelegt.

(2) Mit jener Verordnung soll ein einheitlicher rechtlicher Rahmen geschaffen werden, innerhalb dessen Gesellschaften aus verschiedenen Mitgliedstaaten in der Lage sein sollten, die Neuorganisation ihres Geschäftsbetriebs gemeinschaftsweit zu planen und durchzuführen.

(3) Um die Ziele der Gemeinschaft im sozialen Bereich zu fördern, müssen besondere Bestimmungen – insbesondere auf dem Gebiet der Beteiligung der Arbeitnehmer – festgelegt werden, mit denen gewährleistet werden soll, dass die Gründung einer SE nicht zur Beseitigung oder zur Einschränkung der Gepflogenheiten der Arbeitnehmerbeteiligung führt, die in den an der Gründung einer SE beteiligten Gesellschaften herrschen. Dieses Ziel sollte durch die Einführung von Regeln in diesen Bereich verfolgt werden, mit denen die Bestimmungen der Verordnung ergänzt werden.

(4) Da die Ziele der vorgeschlagenen Maßnahme – wie oben ausgeführt – nicht hinreichend von den Mitgliedstaaten erreicht werden können, weil es darum geht, eine Reihe von für die SE geltenden Regeln für die Beteiligung der Arbeitnehmer zu erlassen, und da die Ziele daher wegen des Umfangs und der Wirkungen der vorgeschlagenen Maßnahme besser auf Gemeinschaftsebene erreicht werden können, kann die Gemeinschaft im Einklang mit dem Subsidiaritätsprinzip nach Artikel 5 des Vertrags[7]

---

[1] Nunmehr Vertrag über die Arbeitsweise der Europäischen Union (auszugsweise abgedruckt unter Nr. **5**) durch Vertrag von Lissabon v. 13.12.2007 (ABl. C 306 S. 1).

[2] Nunmehr Art. 352 AEUV v. 13.12.2007 (ABl. C 306 S. 1), zuletzt geänd. durch Beschl. v. 11.7. 2012 (ABl. L 204 S. 131) durch Vertrag von Lissabon v. 13.12.2007 (ABl. C 306 S. 1).

[3] **Amtl. Anm.:** ABl. C 138 vom 29.5.1991, S. 8.

[4] **Amtl. Anm.:** ABl. C 342 vom 20.12.1993, S. 15.

[5] **Amtl. Anm.:** ABl. C 124 vom 21.5.1990, S. 34.

[6] **Amtl. Anm.:** Siehe Seite 1 dieses Amtsblatts. *[Red. Anm.: ABl. 2001 Nr. L 294.]*

[7] Nunmehr Art. 5 EUV (Nr. **1**) durch Vertrag von Lissabon v. 13.12.2007 (ABl. C 306 S. 1).

Maßnahmen ergreifen. Im Einklang mit dem Verhältnismäßigkeitsprinzip nach jenem Artikel geht diese Richtlinie nicht über das für die Erreichung dieser Ziele erforderliche Maß hinaus.

(5) Angesichts der in den Mitgliedstaaten bestehenden Vielfalt an Regelungen und Gepflogenheiten für die Beteiligung der Arbeitnehmervertreter an der Beschlussfassung in Gesellschaften ist es nicht ratsam, ein auf die SE anwendbares einheitliches europäisches Modell der Arbeitnehmerbeteiligung vorzusehen.

(6) In allen Fällen der Gründung einer SE sollten jedoch Unterrichtungs- und Anhörungsverfahren auf grenzüberschreitender Ebene gewährleistet sein.

(7) Sofern und soweit es in einer oder in mehreren der an der Gründung einer SE beteiligten Gesellschaften Mitbestimmungsrechte gibt, sollten sie durch Übertragung an die SE nach deren Gründung erhalten bleiben, es sei denn, dass die Parteien etwas anderes beschließen.

(8) Die konkreten Verfahren der grenzüberschreitenden Unterrichtung und Anhörung der Arbeitnehmer sowie gegebenenfalls der Mitbestimmung, die für die einzelnen SE gelten, sollten vorrangig durch eine Vereinbarung zwischen den betroffenen Parteien oder – in Ermangelung einer derartigen Vereinbarung – durch die Anwendung einer Reihe von subsidiären Regeln festgelegt werden.

(9) Angesicht der unterschiedlichen Gegebenheiten bei den nationalen Systemen der Mitbestimmung sollte den Mitgliedstaaten die Anwendung der Auffangregelungen für die Mitbestimmung im Falle einer Fusion freigestellt werden. In diesem Fall ist die Beibehaltung der bestehenden Mitbestimmungssysteme und -praktiken, die gegebenenfalls auf der Ebene der teilnehmenden Gesellschaften bestehen, durch eine Anpassung der Vorschriften für die Registrierung zu gewährleisten.

(10) Die Abstimmungsregeln in dem besonderen Gremium, das die Arbeitnehmer zu Verhandlungszwecken vertritt, sollten – insbesondere wenn Vereinbarungen getroffen werden, die ein geringeres Maß an Mitbestimmung vorsehen, als es in einer oder mehreren der sich beteiligenden Gesellschaften gegeben ist – in einem angemessenen Verhältnis zur Gefahr der Beseitigung oder der Einschränkung der bestehenden Mitbestimmungssysteme und -praktiken stehen. Wenn eine SE im Wege der Umwandlung oder Verschmelzung gegründet wird, ist diese Gefahr größer, als wenn die Gründung im Wege der Errichtung einer Holdinggesellschaft oder einer gemeinsamen Tochtergesellschaft erfolgt.

(11) Führen die Verhandlungen zwischen den Vertretern der Arbeitnehmer und dem jeweils zuständigen Organ der beteiligten Gesellschaften nicht zu einer Vereinbarung, so sollten für die SE von ihrer Gründung an bestimmte Standardanforderungen gelten. Diese Standardanforderungen sollten eine effiziente Praxis der grenzüberschreitenden Unterrichtung und Anhörung der Arbeitnehmer sowie deren Mitbestimmung in dem einschlägigen Organ der SE gewährleisten, sofern und soweit es eine derartige Mitbestimmung vor der Errichtung der SE in einer der beteiligten Gesellschaften gegeben hat.

(12) Es sollte vorgesehen werden, dass die Vertreter der Arbeitnehmer, die im Rahmen der Richtlinie handeln, bei der Wahrnehmung ihrer Aufgaben einen ähnlichen Schutz und ähnliche Garantien genießen, wie sie die

Vertreter der Arbeitnehmer nach den Rechtsvorschriften und/oder den Gepflogenheiten des Landes ihrer Beschäftigung haben. Sie sollten keiner Diskriminierung infolge der rechtmäßigen Ausübung ihrer Tätigkeit unterliegen und einen angemessenen Schutz vor Kündigung und anderen Sanktionen genießen.

(13) Die Vertraulichkeit sensibler Informationen sollte auch nach Ablauf der Amtszeit der Arbeitnehmervertreter gewährleistet sein; dem zuständigen Organ der SE sollte es gestattet werden, Informationen zurückzuhalten, die im Falle einer Bekanntgabe an die Öffentlichkeit den Betrieb der SE ernsthaft stören würden.

(14) Unterliegen eine SE sowie ihre Tochtergesellschaften und Niederlassungen der Richtlinie 94/45/EG des Rates vom 22. September 1994 über die Einsetzung eines Europäischen Betriebsrats oder die Schaffung eines Verfahrens zur Unterrichtung und Anhörung der Arbeitnehmer in gemeinschaftsweit operierenden Unternehmen und Unternehmensgruppen[1], so sollten die Bestimmungen jener Richtlinie und die Bestimmungen zu ihrer Umsetzung in einzelstaatliches Recht weder auf die SE noch auf ihre Tochtergesellschaften und Niederlassungen anwendbar sein, es sei denn, das besondere Verhandlungsgremium beschließt, keine Verhandlungen aufzunehmen oder bereits eröffnete Verhandlungen zu beenden.

(15) Die Regeln dieser Richtlinie sollten andere bestehende Beteiligungsrechte nicht berühren und haben nicht notwendigerweise Auswirkungen auf andere bestehende Vertretungsstrukturen aufgrund gemeinschaftlicher oder einzelstaatlicher Rechtsvorschriften oder Gepflogenheiten.

(16) Die Mitgliedstaaten sollten geeignete Maßnahmen für den Fall vorsehen, dass die in dieser Richtlinie festgelegten Pflichten nicht eingehalten werden.

(17) Der Vertrag enthält Befugnisse für die Annahme dieser Richtlinie nur in Artikel 308[2].

(18) Die Sicherung erworbener Rechte der Arbeitnehmer über ihre Beteiligung an Unternehmensentscheidungen ist fundamentaler Grundsatz und erklärtes Ziel dieser Richtlinie. Die vor der Gründung von SE bestehenden Rechte der Arbeitnehmer sollten deshalb Ausgangspunkt auch für die Gestaltung ihrer Beteiligungsrechte in der SE (Vorher-Nachher-Prinzip) sein. Dieser Ansatz sollte folgerichtig nicht nur für die Neugründung einer SE, sondern auch für strukturelle Veränderungen einer bereits gegründeten SE und für die von den strukturellen Änderungsprozessen betroffenen Gesellschaften gelten.

(19) Die Mitgliedstaaten sollten vorsehen können, dass Vertreter von Gewerkschaften Mitglied eines besonderen Verhandlungsgremiums sein können, unabhängig davon, ob sie Arbeitnehmer einer an der Gründung einer SE beteiligten Gesellschaft sind oder nicht. In diesem Zusammenhang sollten die Mitgliedstaaten dieses Recht insbesondere in den Fällen vorsehen können, in denen Gewerkschaftsvertreter nach ihrem einzelstaatlichen

[1] **Amtl. Anm.:** ABl. L 254 vom 30.9.1994, S. 64. Zuletzt geändert durch die Richtlinie 97/74/EG (ABl. L 10 vom 16.1.1998, S. 22).

[2] Nunmehr Art. 352 EUV v. 13.12.2007 (ABl. C 306 S. 1, ber. ABl. 2008 C 111 S. 56, ABl. 2009 C 290 S. 1, ABl. 2011 C 378 S. 3), zuletzt geänd. durch Akte v. 9.12.2011 (ABl. 2012 L 112 S. 21) durch Vertrag von Lissabon v. 13.12.2007 (ABl. C 306 S. 1).

Recht stimmberechtigte Mitglieder des Aufsichts- oder des Leitungsorgans sein dürfen.

(20) In mehreren Mitgliedstaaten werden die Beteiligung der Arbeitnehmer sowie andere Bereiche der Arbeitgeber/Arbeitnehmer-Beziehungen sowohl durch einzelstaatliche Rechtsvorschriften als auch durch Gepflogenheiten geregelt, wobei die Gepflogenheiten im vorliegenden Zusammenhang in der Weise zu verstehen sind, dass sie auch Tarifverträge auf verschiedenen Ebenen – national, sektoral oder unternehmensbezogen – umfassen –

HAT FOLGENDE RICHTLINIE ERLASSEN:

Teil I. Allgemeine Bestimmungen

Art. 1 Gegenstand. (1) Diese Richtlinie regelt die Beteiligung der Arbeitnehmer in der Europäischen Aktiengesellschaft (Societas Europaea, nachfolgend „SE" genannt), die Gegenstand der Verordnung (EG) Nr. 2157/2001 ist.

(2) Zu diesem Zweck wird in jeder SE gemäß dem Verhandlungsverfahren nach den Artikeln 3 bis 6 oder unter den in Artikel 7 genannten Umständen gemäß dem Anhang eine Vereinbarung über die Beteiligung der Arbeitnehmer getroffen.

Art. 2 Begriffsbestimmungen. Für die Zwecke dieser Richtlinie bezeichnet der Ausdruck

a) „SE" eine nach der Verordnung (EG) Nr. 2157/2001 gegründete Gesellschaft,

b) „beteiligte Gesellschaften" die Gesellschaften, die unmittelbar an der Gründung einer SE beteiligt sind,

c) „Tochtergesellschaft" einer Gesellschaft ein Unternehmen, auf das die betreffende Gesellschaft einen beherrschenden Einfluss im Sinne des Artikels 3 Absätze 2 bis 7 der Richtlinie 94/45/EG ausübt,

d) „betroffene Tochtergesellschaft oder betroffener Betrieb" eine Tochtergesellschaft oder einen Betrieb einer beteiligten Gesellschaft, die/der bei der Gründung der SE zu einer Tochtergesellschaft oder einem Betrieb der SE werden soll,

e) „Arbeitnehmervertreter" die nach den Rechtsvorschriften und/oder den Gepflogenheiten der einzelnen Mitgliedstaaten vorgesehenen Vertreter der Arbeitnehmer,

f) „Vertretungsorgan" das Organ zur Vertretung der Arbeitnehmer, das durch die Vereinbarung nach Artikel 4 oder entsprechend dem Anhang eingesetzt wird, um die Unterrichtung und Anhörung der Arbeitnehmer der SE und ihrer Tochtergesellschaften und Betriebe in der Gemeinschaft vorzunehmen und gegebenenfalls Mitbestimmungsrechte in Bezug auf die SE wahrzunehmen,

g) „besonderes Verhandlungsgremium" das gemäß Artikel 3 eingesetzte Gremium, das die Aufgabe hat, mit dem jeweils zuständigen Organ der beteiligten Gesellschaften die Vereinbarung über die Beteiligung der Arbeitnehmer in der SE auszuhandeln,

h) „Beteiligung der Arbeitnehmer" jedes Verfahren – einschließlich der Unterrichtung, der Anhörung und der Mitbestimmung –, durch das die Vertreter der Arbeitnehmer auf die Beschlussfassung innerhalb der Gesellschaft Einfluss nehmen können,

i) „Unterrichtung" die Unterrichtung des Organs zur Vertretung der Arbeitnehmer und/oder der Arbeitnehmervertreter durch das zuständige Organ der SE über Angelegenheiten, die die SE selbst oder eine ihrer Tochtergesellschaften oder einen ihrer Betriebe in einem anderen Mitgliedstaat betreffen oder die über die Befugnisse der Entscheidungsorgane auf der Ebene des einzelnen Mitgliedstaats hinausgehen, wobei Zeitpunkt, Form und Inhalt der Unterrichtung den Arbeitnehmervertretern eine eingehende Prüfung der möglichen Auswirkungen und gegebenenfalls die Vorbereitung von Anhörungen mit dem zuständigen Organ der SE ermöglichen müssen,

j) „Anhörung" die Einrichtung eines Dialogs und eines Meinungsaustauschs zwischen dem Organ zur Vertretung der Arbeitnehmer und/oder den Arbeitnehmervertretern und dem zuständigen Organ der SE, wobei Zeitpunkt, Form und Inhalt der Anhörung den Arbeitnehmervertretern auf der Grundlage der erfolgten Unterrichtung eine Stellungnahme zu den geplanten Maßnahmen des zuständigen Organs ermöglichen müssen, die im Rahmen des Entscheidungsprozesses innerhalb der SE berücksichtigt werden kann,

k) „Mitbestimmung" die Einflussnahme des Organs zur Vertretung der Arbeitnehmer und/oder der Arbeitnehmervertreter auf die Angelegenheiten einer Gesellschaft durch
   - die Wahrnehmung des Rechts, einen Teil der Mitglieder des Aufsichts- oder des Verwaltungsorgans der Gesellschaft zu wählen oder zu bestellen, oder
   - die Wahrnehmung des Rechts, die Bestellung eines Teils der oder aller Mitglieder des Aufsichts- oder des Verwaltungsorgans der Gesellschaft zu empfehlen und/oder abzulehnen.

Teil II. Verhandlungsverfahren

Art. 3 Einsetzung eines besonderen Verhandlungsgremiums. (1) Wenn die Leitungs- oder die Verwaltungsorgane der beteiligten Gesellschaften die Gründung einer SE planen, leiten sie nach der Offenlegung des Verschmelzungsplans oder des Gründungsplans für eine Holdinggesellschaft oder nach der Vereinbarung eines Plans zur Gründung einer Tochtergesellschaft oder zur Umwandlung in eine SE so rasch wie möglich die erforderlichen Schritte – zu denen auch die Unterrichtung über die Identität der beteiligten Gesellschaften und der betroffenen Tochtergesellschaften oder betroffenen Betriebe sowie die Zahl ihrer Beschäftigten gehört – für die Aufnahme von Verhandlungen mit den Arbeitnehmervertretern der Gesellschaften über die Vereinbarung über die Beteiligung der Arbeitnehmer in der SE ein.

(2) Zu diesem Zweck wird ein besonderes Verhandlungsgremium als Vertretung der Arbeitnehmer der beteiligten Gesellschaften sowie der betroffenen Tochtergesellschaften oder betroffenen Betriebe gemäß folgenden Vorschriften eingesetzt:

a) Bei der Wahl oder der Bestellung der Mitglieder des besonderen Verhandlungsgremiums ist Folgendes sicherzustellen:
   i) die Vertretung durch gewählte oder bestellte Mitglieder entsprechend der Zahl der in jedem Mitgliedstaat beschäftigten Arbeitnehmer der beteilig-

ten Gesellschaften und der betroffenen Tochtergesellschaften oder betroffenen Betriebe in der Form, dass pro Mitgliedstaat für jeden Anteil der in diesem Mitgliedstaat beschäftigten Arbeitnehmer, der 10 % der Gesamtzahl der in allen Mitgliedstaaten beschäftigten Arbeitnehmer der beteiligten Gesellschaften und der betroffenen Tochtergesellschaften oder betroffenen Betriebe entspricht, oder für einen Bruchteil dieser Tranche Anspruch auf einen Sitz besteht;

ii) im Falle einer durch Verschmelzung gegründeten SE die Vertretung jedes Mitgliedstaats durch so viele weitere Mitglieder, wie erforderlich sind, um zu gewährleisten, dass jede beteiligte Gesellschaft, die eingetragen ist und Arbeitnehmer in dem betreffenden Mitgliedstaat beschäftigt und die als Folge der geplanten Eintragung der SE als eigene Rechtspersönlichkeit erlöschen wird, in dem besonderen Verhandlungsgremium durch mindestens ein Mitglied vertreten ist, sofern

- die Zahl dieser zusätzlichen Mitglieder 20 % der sich aus der Anwendung von Ziffer i ergebenden Mitgliederzahl nicht überschreitet und
- die Zusammensetzung des besonderen Verhandlungsgremiums nicht zu einer Doppelvertretung der betroffenen Arbeitnehmer führt.

Übersteigt die Zahl dieser Gesellschaften die Zahl der gemäß Unterabsatz 1 verfügbaren zusätzlichen Mitglieder, so werden diese zusätzlichen Mitglieder Gesellschaften in verschiedenen Mitgliedstaaten in absteigender Reihenfolge der Zahl der bei ihnen beschäftigten Arbeitnehmer zugeteilt.

b) Die Mitgliedstaaten legen das Verfahren für die Wahl oder die Bestellung der Mitglieder des besonderen Verhandlungsgremiums fest, die in ihrem Hoheitsgebiet zu wählen oder zu bestellen sind. Sie ergreifen die erforderlichen Maßnahmen, um sicherzustellen, dass nach Möglichkeit jede beteiligte Gesellschaft, die in dem jeweiligen Mitgliedstaat Arbeitnehmer beschäftigt, durch mindestens ein Mitglied in dem Gremium vertreten ist. Die Gesamtzahl der Mitglieder darf durch diese Maßnahmen nicht erhöht werden.

Die Mitgliedstaaten können vorsehen, dass diesem Gremium Gewerkschaftsvertreter auch dann angehören können, wenn sie nicht Arbeitnehmer einer beteiligten Gesellschaft oder einer betroffenen Tochtergesellschaft oder eines betroffenen Betriebs sind.

Unbeschadet der einzelstaatlichen Rechtsvorschriften und/oder Gepflogenheiten betreffend Schwellen für die Einrichtung eines Vertretungsorgans sehen die Mitgliedstaaten vor, dass die Arbeitnehmer der Unternehmen oder Betriebe, in denen unabhängig vom Willen der Arbeitnehmer keine Arbeitnehmervertreter vorhanden sind, selbst Mitglieder für das besondere Verhandlungsgremium wählen oder bestellen dürfen.

(3) *[1]* Das besondere Verhandlungsgremium und das jeweils zuständige Organ der beteiligten Gesellschaften legen in einer schriftlichen Vereinbarung die Beteiligung der Arbeitnehmer in der SE fest.

[2] Zu diesem Zweck unterrichtet das jeweils zuständige Organ der beteiligten Gesellschaften das besondere Verhandlungsgremium über das Vorhaben der Gründung einer SE und den Verlauf des Verfahrens bis zu deren Eintragung.

(4) *[1]* [1]Das besondere Verhandlungsgremium beschließt vorbehaltlich des Absatzes 6 mit der absoluten Mehrheit seiner Mitglieder, sofern diese Mehrheit auch die absolute Mehrheit der Arbeitnehmer vertritt. [2]Jedes Mitglied hat eine

Stimme. [3] Hätten jedoch die Verhandlungen eine Minderung der Mitbestimmungsrechte zur Folge, so ist für einen Beschluss zur Billigung einer solchen Vereinbarung eine Mehrheit von zwei Dritteln der Stimmen der Mitglieder des besonderen Verhandlungsgremiums, die mindestens zwei Drittel der Arbeitnehmer vertreten, erforderlich, mit der Maßgabe, dass diese Mitglieder Arbeitnehmer in mindestens zwei Mitgliedstaaten vertreten müssen, und zwar

– im Falle einer SE, die durch Verschmelzung gegründet werden soll, sofern sich die Mitbestimmung auf mindestens 25 % der Gesamtzahl der Arbeitnehmer der beteiligten Gesellschaften erstreckt, oder
– im Falle einer SE, die als Holdinggesellschaft oder als Tochtergesellschaft gegründet werden soll, sofern sich die Mitbestimmung auf mindestens 50 % der Gesamtzahl der Arbeitnehmer der beteiligten Gesellschaften erstreckt.

[2] Minderung der Mitbestimmungsrechte bedeutet, dass der Anteil der Mitglieder der Organe der SE im Sinne des Artikels 2 Buchstabe k geringer ist als der höchste in den beteiligten Gesellschaften geltende Anteil.

(5) [1] Das besondere Verhandlungsgremium kann bei den Verhandlungen Sachverständige seiner Wahl, zu denen auch Vertreter der einschlägigen Gewerkschaftsorganisationen auf Gemeinschaftsebene zählen können, hinzuziehen, um sich von ihnen bei seiner Arbeit unterstützen zu lassen. [2] Diese Sachverständigen können, wenn das besondere Verhandlungsgremium dies wünscht, den Verhandlungen in beratender Funktion beiwohnen, um gegebenenfalls die Kohärenz und Stimmigkeit auf Gemeinschaftsebene zu fördern. [3] Das besondere Verhandlungsgremium kann beschließen, die Vertreter geeigneter außenstehender Organisationen, zu denen auch Gewerkschaftsvertreter zählen können, vom Beginn der Verhandlungen zu unterrichten.

(6) *[1]* [1] Das besondere Verhandlungsgremium kann mit der nachstehend festgelegten Mehrheit beschließen, keine Verhandlungen aufzunehmen oder bereits aufgenommene Verhandlungen abzubrechen und die Vorschriften für die Unterrichtung und Anhörung der Arbeitnehmer zur Anwendung gelangen zu lassen, die in den Mitgliedstaaten gelten, in denen die SE Arbeitnehmer beschäftigt. [2] Ein solcher Beschluss beendet das Verfahren zum Abschluss der Vereinbarung gemäß Artikel 4. [3] Ist ein solcher Beschluss gefasst worden, findet keine der Bestimmungen des Anhang Anwendung.

[2] Für den Beschluss, die Verhandlungen nicht aufzunehmen oder sie abzubrechen, ist eine Mehrheit von zwei Dritteln der Stimmen der Mitglieder, die mindestens zwei Drittel der Arbeitnehmer vertreten, erforderlich, mit der Maßgabe, dass diese Mitglieder Arbeitnehmer in mindestens zwei Mitgliedstaaten vertreten müssen.

[3] Im Fall einer durch Umwandlung gegründeten SE findet dieser Absatz keine Anwendung, wenn in der umzuwandelnden Gesellschaft Mitbestimmung besteht.

[4] [1] Das besondere Verhandlungsgremium wird auf schriftlichen Antrag von mindestens 10 % der Arbeitnehmer der SE, ihrer Tochtergesellschaften und ihrer Betriebe oder von deren Vertretern frühestens zwei Jahre nach dem vorgenannten Beschluss wieder einberufen, sofern die Parteien nicht eine frühere Wiederaufnahme der Verhandlungen vereinbaren. [2] Wenn das besondere Verhandlungsgremium die Wiederaufnahme der Verhandlungen mit der Geschäftsleitung beschließt, in diesen Verhandlungen jedoch keine Einigung erzielt wird, findet keine der Bestimmungen des Anhang Anwendung.

(7) *[1]* Die Kosten, die im Zusammenhang mit der Tätigkeit des besonderen Verhandlungsgremiums und generell mit den Verhandlungen entstehen, werden von den beteiligten Gesellschaften getragen, damit das besondere Verhandlungsgremium seine Aufgaben in angemessener Weise erfüllen kann.

[2] [1] Im Einklang mit diesem Grundsatz können die Mitgliedstaaten Regeln für die Finanzierung der Arbeit des besonderen Verhandlungsgremiums festlegen. [2] Sie können insbesondere die Übernahme der Kosten auf die Kosten für einen Sachverständigen begrenzen.

Art. 4 Inhalt der Vereinbarung. (1) Das jeweils zuständige Organ der beteiligten Gesellschaften und das besondere Verhandlungsgremium verhandeln mit dem Willen zur Verständigung, um zu einer Vereinbarung über die Beteiligung der Arbeitnehmer innerhalb der SE zu gelangen.

(2) Unbeschadet der Autonomie der Parteien und vorbehaltlich des Absatzes 4 wird in der schriftlichen Vereinbarung nach Absatz 1 zwischen dem jeweils zuständigen Organ der beteiligten Gesellschaften und dem besonderen Verhandlungsgremium Folgendes festgelegt:

a) der Geltungsbereich der Vereinbarung,

b) die Zusammensetzung des Vertretungsorgans als Verhandlungspartner des zuständigen Organs der SE im Rahmen der Vereinbarung über die Unterrichtung und Anhörung der Arbeitnehmer der SE und ihrer Tochtergesellschaften und Betriebe sowie die Anzahl seiner Mitglieder und die Sitzverteilung,

c) die Befugnisse und das Verfahren zur Unterrichtung und Anhörung des Vertretungsorgans,

d) die Häufigkeit der Sitzungen des Vertretungsorgans,

e) die für das Vertretungsorgan bereitzustellenden finanziellen und materiellen Mittel,

f) die Durchführungsmodalitäten des Verfahrens oder der Verfahren zur Unterrichtung und Anhörung für den Fall, dass die Parteien im Laufe der Verhandlungen beschließen, eines oder mehrere solcher Verfahren zu schaffen, anstatt ein Vertretungsorgan einzusetzen,

g) der Inhalt einer Vereinbarung über die Mitbestimmung für den Fall, dass die Parteien im Laufe der Verhandlungen beschließen, eine solche Vereinbarung einzuführen, einschließlich (gegebenenfalls) der Zahl der Mitglieder des Verwaltungs- oder des Aufsichtsorgans der SE, welche die Arbeitnehmer wählen oder bestellen können oder deren Bestellung sie empfehlen oder ablehnen können, der Verfahren, nach denen die Arbeitnehmer diese Mitglieder wählen oder bestellen oder deren Bestellung empfehlen oder ablehnen können, und der Rechte dieser Mitglieder,

h) der Zeitpunkt des Inkrafttretens der Vereinbarung und ihre Laufzeit, die Fälle, in denen die Vereinbarung neu ausgehandelt werden sollte, und das bei ihrer Neuaushandlung anzuwendende Verfahren.

(3) Sofern in der Vereinbarung nichts anderes bestimmt ist, gilt die Auffangregelung des Anhang nicht für diese Vereinbarung.

(4) Unbeschadet des Artikels 13 Absatz 3 Buchstabe a muss in der Vereinbarung im Falle einer durch Umwandlung gegründeten SE in Bezug auf alle Komponenten der Arbeitnehmerbeteiligung zumindest das gleiche Ausmaß

gewährleistet werden, das in der Gesellschaft besteht, die in eine SE umgewandelt werden soll.

Art. 5 Dauer der Verhandlungen. (1) Die Verhandlungen beginnen mit der Einsetzung des besonderen Verhandlungsgremiums und können bis zu sechs Monate andauern.

(2) Die Parteien können einvernehmlich beschließen, die Verhandlungen über den in Absatz 1 genannten Zeitraum hinaus bis zu insgesamt einem Jahr ab der Einsetzung des besonderen Verhandlungsgremiums fortzusetzen.

Art. 6 Für das Verhandlungsverfahren maßgebliches Recht. Sofern in dieser Richtlinie nichts anderes vorgesehen ist, ist für das Verhandlungsverfahren gemäß den Artikeln 3 bis 5 das Recht des Mitgliedstaates maßgeblich, in dem die SE ihren Sitz haben wird.

Art. 7 Auffangregelung. (1) *[1]* Zur Verwirklichung des in Artikel 1 festgelegten Ziels führen die Mitgliedstaaten unbeschadet des nachstehenden Absatzes 3 eine Auffangregelung zur Beteiligung der Arbeitnehmer ein, die den im Anhang niedergelegten Bestimmungen genügen muss.

[2] Die Auffangregelung, die in den Rechtsvorschriften des Mitgliedstaats festgelegt ist, in dem die SE ihren Sitz haben soll, findet ab dem Zeitpunkt der Eintragung der SE Anwendung, wenn

a) die Parteien dies vereinbaren oder

b) bis zum Ende des in Artikel 5 genannten Zeitraums keine Vereinbarung zustande gekommen ist und
   - das zuständige Organ jeder der beteiligten Gesellschaften der Anwendung der Auffangregelung auf die SE und damit der Fortsetzung des Verfahrens zur Eintragung der SE zugestimmt hat und
   - das besondere Verhandlungsgremium keinen Beschluss gemäß Artikel 3 Absatz 6 gefasst hat.

(2) Ferner findet die Auffangregelung, die in den Rechtsvorschriften des Mitgliedstaats festgelegt ist, in dem die SE eingetragen wird, gemäß Teil 3 des Anhang nur Anwendung, wenn

a) im Falle einer durch Umwandlung gegründeten SE die Bestimmungen eines Mitgliedstaats über die Mitbestimmung der Arbeitnehmer im Verwaltungs- oder Aufsichtsorgan für eine in eine SE umgewandelte Aktiengesellschaft galten;

b) im Falle einer durch Verschmelzung gegründeten SE
   - vor der Eintragung der SE in einer oder mehreren der beteiligten Gesellschaften eine oder mehrere Formen der Mitbestimmung bestanden und sich auf mindestens 25 % der Gesamtzahl der Arbeitnehmer aller beteiligten Gesellschaften erstreckten oder
   - vor der Eintragung der SE in einer oder mehreren der beteiligten Gesellschaften eine oder mehrere Formen der Mitbestimmung bestanden und sich auf weniger als 25 % der Gesamtzahl der Arbeitnehmer aller beteiligten Gesellschaften erstreckten und das besondere Verhandlungsgremium einen entsprechenden Beschluss fasst;

c) im Falle einer durch Errichtung einer Holdinggesellschaft oder einer Tochtergesellschaft gegründeten SE

– vor der Eintragung der SE in einer oder mehreren der beteiligten Gesellschaften eine oder mehrere Formen der Mitbestimmung bestanden und sich auf mindestens 50 % der Gesamtzahl der Arbeitnehmer aller beteiligten Gesellschaften erstreckten oder
– vor der Eintragung der SE in einer oder mehreren der beteiligten Gesellschaften eine oder mehrere Formen der Mitbestimmung bestanden und sich auf weniger als 50 % der Gesamtzahl der Arbeitnehmer aller beteiligten Gesellschaften erstreckten und das besondere Verhandlungsgremium einen entsprechenden Beschluss fasst.

Bestanden mehr als eine Mitbestimmungsform in den verschiedenen beteiligten Gesellschaften, so entscheidet das besondere Verhandlungsgremium, welche von ihnen in der SE eingeführt wird. Die Mitgliedstaaten können Regeln festlegen, die anzuwenden sind, wenn kein einschlägiger Beschluss für eine in ihrem Hoheitsgebiet eingetragene SE gefasst worden ist. Das besondere Verhandlungsgremium unterrichtet das jeweils zuständige Organ der beteiligten Gesellschaften über die Beschlüsse, die es gemäß diesem Absatz gefasst hat.

(3) Die Mitgliedstaaten können vorsehen, dass die Auffangregelung in Teil 3 des Anhangs in dem in Absatz 2 Buchstabe b vorgesehenen Fall nicht Anwendung findet.

Teil III. Sonstige Bestimmungen

Art. 8 Verschwiegenheit und Geheimhaltung. (1) *[1]* Die Mitgliedstaaten sehen vor, dass den Mitgliedern des besonderen Verhandlungsgremiums und des Vertretungsorgans sowie den sie unterstützenden Sachverständigen nicht gestattet wird, ihnen als vertraulich mitgeteilte Informationen an Dritte weiterzugeben.

[2] Das Gleiche gilt für die Arbeitnehmervertreter im Rahmen eines Verfahrens zur Unterrichtung und Anhörung.

[3] Diese Verpflichtung besteht unabhängig von dem Aufenthaltsort der betreffenden Personen und auch nach Ablauf ihres Mandats weiter.

(2) *[1]* Jeder Mitgliedstaat sieht vor, dass das Aufsichts- oder das Verwaltungsorgan einer SE oder einer beteiligten Gesellschaft mit Sitz in seinem Hoheitsgebiet in besonderen Fällen und unter den Bedingungen und Beschränkungen des einzelstaatlichen Rechts Informationen nicht weiterleiten muss, wenn deren Bekanntwerden bei Zugrundelegung objektiver Kriterien den Geschäftsbetrieb der SE (oder gegebenenfalls der beteiligten Gesellschaft) oder ihrer Tochtergesellschaften und Betriebe erheblich beeinträchtigen oder ihnen schaden würde.

[2] Jeder Mitgliedstaat kann eine solche Freistellung von einer vorherigen behördlichen oder gerichtlichen Genehmigung abhängig machen.

(3) Jeder Mitgliedstaat kann für eine SE mit Sitz in seinem Hoheitsgebiet, die in Bezug auf Berichterstattung und Meinungsäußerung unmittelbar und überwiegend eine bestimmte weltanschauliche Tendenz verfolgt, besondere Bestimmungen vorsehen, falls das innerstaatliche Recht solche Bestimmungen zum Zeitpunkt der Annahme dieser Richtlinie bereits enthält.

(4) *[1]* Bei der Anwendung der Absätze 1, 2 und 3 sehen die Mitgliedstaaten Verfahren vor, nach denen die Arbeitnehmervertreter auf dem Verwaltungsweg

oder vor Gericht Rechtsbehelfe einlegen können, wenn das Aufsichts- oder das Verwaltungsorgan der SE oder der beteiligten Gesellschaft Vertraulichkeit verlangt oder die Informationen verweigert.

[2] Diese Verfahren können Regelungen zur Wahrung der Vertraulichkeit der betreffenden Informationen einschließen.

Art. 9 Arbeitsweise des Vertretungsorgans und Funktionsweise des Verfahrens zur Unterrichtung und Anhörung der Arbeitnehmer.

[1] Das zuständige Organ der SE und das Vertretungsorgan arbeiten mit dem Willen zur Verständigung unter Beachtung ihrer jeweiligen Rechte und Pflichten zusammen.

[2] Das Gleiche gilt für die Zusammenarbeit zwischen dem Aufsichts- oder dem Verwaltungsorgan der SE und den Arbeitnehmervertretern im Rahmen eines Verfahrens zur Unterrichtung und Anhörung der Arbeitnehmer.

Art. 10 Schutz der Arbeitnehmervertreter. *[1]* Die Mitglieder des besonderen Verhandlungsgremiums, die Mitglieder des Vertretungsorgans, Arbeitnehmervertreter, die bei einem Verfahren zur Unterrichtung und Anhörung mitwirken, und Arbeitnehmervertreter im Aufsichts- oder im Verwaltungsorgan der SE, die Beschäftigte der SE, ihrer Tochtergesellschaften oder Betriebe oder einer der beteiligten Gesellschaften sind, genießen bei der Wahrnehmung ihrer Aufgaben den gleichen Schutz und gleichartige Sicherheiten wie die Arbeitnehmervertreter nach den innerstaatlichen Rechtsvorschriften und/oder Gepflogenheiten des Landes, in dem sie beschäftigt sind.

[2] Dies gilt insbesondere für die Teilnahme an den Sitzungen des besonderen Verhandlungsgremiums oder des Vertretungsorgans an allen sonstigen Sitzungen, die im Rahmen der Vereinbarung nach Artikel 4 Absatz 2 Buchstabe f stattfinden, und an den Sitzungen des Verwaltungs- oder des Aufsichtsorgans sowie für die Lohn- und Gehaltsfortzahlung an die Mitglieder, die Beschäftigte einer der beteiligten Gesellschaften oder der SE oder ihrer Tochtergesellschaften oder Betriebe sind, für die Dauer ihrer zur Wahrnehmung ihrer Aufgaben erforderlichen Abwesenheit.

Art. 11 Verfahrensmissbrauch. Die Mitgliedstaaten treffen im Einklang mit den gemeinschaftlichen Rechtsvorschriften geeignete Maßnahmen, um zu verhindern, dass eine SE dazu missbraucht wird, Arbeitnehmern Beteiligungsrechte zu entziehen oder vorzuenthalten.

Art. 12 Einhaltung der Richtlinie. (1) Jeder Mitgliedstaat trägt dafür Sorge, dass die Leitung der Betriebe einer SE und die Aufsichts- oder die Verwaltungsorgane der Tochtergesellschaften und der beteiligten Gesellschaften, die sich in seinem Hoheitsgebiet befinden, und ihre Arbeitnehmervertreter oder gegebenenfalls ihre Arbeitnehmer den Verpflichtungen dieser Richtlinie nachkommen, unabhängig davon, ob die SE ihren Sitz in seinem Hoheitsgebiet hat oder nicht.

(2) Die Mitgliedstaaten sehen geeignete Maßnahmen für den Fall der Nichteinhaltung dieser Richtlinie vor; sie sorgen insbesondere dafür, dass Verwaltungs- oder Gerichtsverfahren bestehen, mit denen die Erfüllung der sich aus dieser Richtlinie ergebenden Verpflichtungen durchgesetzt werden kann.

Art. 13 Verhältnis dieser Richtlinie zu anderen Bestimmungen.

(1) *[1]* SE und Tochtergesellschaften einer SE, die gemeinschaftsweit operierende Unternehmen oder herrschende Unternehmen in einer gemeinschaftsweit operierenden Unternehmensgruppe im Sinne der Richtlinie 94/45/EG oder im Sinne der Richtlinie 97/74/EG[1)] zur Ausdehnung der genannten Richtlinie auf das Vereinigte Königreich sind, unterliegen nicht den genannten Richtlinien und den Bestimmungen zu deren Umsetzung in einzelstaatliches Recht.

[2] Beschließt das besondere Verhandlungsgremium jedoch gemäß Artikel 3 Absatz 6, keine Verhandlungen aufzunehmen oder bereits aufgenommene Verhandlungen abzubrechen, so gelangen die Richtlinie 94/45/EG oder die Richtlinie 97/74/EG und die Bestimmungen zu ihrer Umsetzung in einzelstaatliches Recht zur Anwendung.

(2) Einzelstaatliche Rechtsvorschriften und/oder Gepflogenheiten in Bezug auf die Mitbestimmung der Arbeitnehmer in den Gesellschaftsorganen, die nicht zur Umsetzung dieser Richtlinie dienen, finden keine Anwendung auf gemäß der Verordnung (EG) Nr. 2157/2001 gegründete und von dieser Richtlinie erfasste Gesellschaften.

(3) Diese Richtlinie berührt nicht

a) die den Arbeitnehmern nach einzelstaatlichen Rechtsvorschriften und/oder Gepflogenheiten zustehenden Beteiligungsrechte, die für die Arbeitnehmer der SE und ihrer Tochtergesellschaften und Betriebe gelten, mit Ausnahme der Mitbestimmung in den Organen der SE,

b) die nach einzelstaatlichen Rechtsvorschriften und/oder Gepflogenheiten geltenden Bestimmungen über die Mitbestimmung in den Gesellschaftsorganen, die auf die Tochtergesellschaften der SE Anwendung finden.

(4) Zur Wahrung der in Absatz 3 genannten Rechte können die Mitgliedstaaten durch geeignete Maßnahmen sicherstellen, dass die Strukturen der Arbeitnehmervertretung in den beteiligten Gesellschaften, die als eigenständige juristische Personen erlöschen, nach der Eintragung der SE fortbestehen.

Art. 14 Schlussbestimmungen. (1) [1] Die Mitgliedstaaten erlassen die erforderlichen Rechts- und Verwaltungsvorschriften, um dieser Richtlinie spätestens am 8. Oktober 2004 nachzukommen, oder stellen spätestens zu diesem Zeitpunkt sicher, dass die Sozialpartner die erforderlichen Bestimmungen durch Vereinbarungen einführen; die Mitgliedstaaten treffen alle erforderlichen Vorkehrungen, um jederzeit gewährleisten zu können, dass die durch diese Richtlinie vorgeschriebenen Ergebnisse erzielt werden. [2] Sie setzen die Kommission unverzüglich davon in Kenntnis.

(2) [1] Wenn die Mitgliedstaaten diese Vorschriften erlassen, nehmen sie in den Vorschriften selbst oder durch einen Hinweis bei der amtlichen Veröffentlichung auf diese Richtlinie Bezug. [2] Die Mitgliedstaaten regeln die Einzelheiten der Bezugnahme.

Art. 15 Überprüfung durch die Kommission. Die Kommission überprüft spätestens zum 8. Oktober 2007 im Benehmen mit den Mitgliedstaaten und

---

1) **Amtl. Anm.:** ABl. L 10 vom 16.1.1998, S. 22.

den Sozialpartnern auf Gemeinschaftsebene die Anwendung dieser Richtlinie, um dem Rat gegebenenfalls erforderliche Änderungen vorzuschlagen.

Art. 16 Inkrafttreten. Diese Richtlinie tritt am Tag ihrer Veröffentlichung[1] im *Amtsblatt der Europäischen Gemeinschaften* in Kraft.

Art. 17 Adressaten. Diese Richtlinie ist an die Mitgliedstaaten gerichtet.

Anhang. *(hier nicht wiedergegeben)*

[1] Veröffentlicht am 10.11.2001.

270. Richtlinie 2002/14/EG des Europäischen Parlaments und des Rates vom 11. März 2002 zur Festlegung eines allgemeinen Rahmens für die Unterrichtung und Anhörung der Arbeitnehmer in der Europäischen Gemeinschaft

(ABl. L 80 S. 29)

Celex-Nr. 3 2002 L 0014

geänd. durch Art. 3 ÄndRL (EU) 2015/1794 v. 6.10.2015 (ABl. L 263 S. 1)

DAS EUROPÄISCHE PARLAMENT UND DER RAT DER EUROPÄISCHEN UNION –

gestützt auf den Vertrag zur Gründung der Europäischen Gemeinschaft, insbesondere auf Artikel 137 Absatz 2,

auf Vorschlag der Kommission[1)],

nach Stellungnahme des Wirtschafts- und Sozialausschusses[2)],

nach Stellungnahme des Ausschusses der Regionen[3)],

gemäß dem Verfahren des Artikels 251 des Vertrags[4)], aufgrund des vom Vermittlungsausschuss am 23. Januar 2002 gebilligten gemeinsamen Entwurfs,

in Erwägung nachstehender Gründe:

(1) Gemäß Artikel 136 des Vertrags ist es ein besonderes Ziel der Gemeinschaft und der Mitgliedstaaten, den sozialen Dialog zwischen den Sozialpartnern zu fördern.

(2) Nach Nummer 17 der Gemeinschaftscharta der sozialen Grundrechte der Arbeitnehmer[5)] müssen unter anderem „Unterrichtung, Anhörung und Mitwirkung der Arbeitnehmer … in geeigneter Weise, unter Berücksichtigung der in den verschiedenen Mitgliedstaaten herrschenden Gepflogenheiten, weiterentwickelt werden".

(3) Die Kommission hat die Sozialpartner auf Gemeinschaftsebene zu der Frage gehört, wie eine Gemeinschaftsaktion in den Bereichen Unterrichtung und Anhörung der Arbeitnehmer in den Unternehmen der Gemeinschaft gegebenenfalls ausgerichtet werden sollte.

(4) Die Kommission hielt nach dieser Anhörung eine Gemeinschaftsmaßnahme für zweckmäßig und hat die Sozialpartner erneut gehört, diesmal zum Inhalt des in Aussicht genommenen Vorschlags. Die Sozialpartner haben der Kommission ihre Stellungnahmen übermittelt.

[1)] **Amtl. Anm.:** ABl. C 2 vom 5.1.1999, S. 3.
[2)] **Amtl. Anm.:** ABl. C 258 vom 10.9.1999, S. 24.
[3)] **Amtl. Anm.:** ABl. C 144 vom 16.5.2001, S. 58.
[4)] **Amtl. Anm.:** Stellungnahme des Europäischen Parlaments vom 14. April 1999 (ABl. C 219 vom 30.7.1999, S. 223), bestätigt am 16. September 1999 (ABl. C 54 vom 25.2.2000, S. 55), Gemeinsamer Standpunkt des Rates vom 27. Juli 2001 (ABl. C 307 vom 31.10.2001, S. 16) und Beschluss des Europäischen Parlaments vom 23. Oktober 2001 (noch nicht im Amtsblatt veröffentlicht). Beschluss des Europäischen Parlaments vom 5. Februar 2002 und Beschluss des Rates vom 18. Februar 2002.
[5)] Nr. **25**.

(5) Nach Abschluss der zweiten Anhörungsphase haben die Sozialpartner der Kommission nicht mitgeteilt, dass sie den Prozess in Gang setzen wollen, der zum Abschluss einer Vereinbarung führen kann.

(6) Der auf Gemeinschaftsebene wie auch auf nationaler Ebene bestehende rechtliche Rahmen, durch den eine Einbeziehung der Arbeitnehmer in die Unternehmensabläufe und in Entscheidungen, die die Beschäftigten betreffen, sichergestellt werden soll, konnte nicht immer verhindern, dass Arbeitnehmer betreffende schwerwiegende Entscheidungen getroffen und bekannt gemacht wurden, ohne dass zuvor angemessene Informations- und Anhörungsverfahren durchgeführt worden wären.

(7) Die Stärkung des Dialogs und die Schaffung eines Klimas des Vertrauens im Unternehmen sind notwendig, um Risiken frühzeitig zu erkennen, bei gleichzeitiger Absicherung der Arbeitnehmer die Arbeitsorganisation flexibler zu gestalten und den Zugang der Arbeitnehmer zur Fortbildung im Unternehmen zu fördern, die Arbeitnehmer für die Notwendigkeit von Anpassungen zu sensibilisieren, die Bereitschaft der Arbeitnehmer zur Teilnahme an Maßnahmen und Aktionen zur Verbesserung ihrer Beschäftigungsfähigkeit zu erhöhen, die Arbeitnehmer stärker in die Unternehmensabläufe und in die Gestaltung der Zukunft des Unternehmens einzubeziehen und dessen Wettbewerbsfähigkeit zu steigern.

(8) Es ist insbesondere notwendig, die Unterrichtung und Anhörung zu Beschäftigungssituation und wahrscheinlicher Beschäftigungsentwicklung im Unternehmen und – für den Fall, dass die vom Arbeitgeber vorgenommene Bewertung auf eine potentielle Bedrohung der Beschäftigung im Unternehmen schließen lässt – zu etwaigen geplanten antizipativen Maßnahmen, insbesondere in den Bereichen Ausbildung und Qualifizierung der Arbeitnehmer, zu fördern und zu intensivieren, um so mögliche negative Auswirkungen zu vermeiden oder ihre Konsequenzen abzumildern und die Beschäftigungsfähigkeit und Anpassungsfähigkeit der möglicherweise betroffenen Arbeitnehmer zu verbessern.

(9) Eine rechtzeitige Unterrichtung und Anhörung der Arbeitnehmer ist eine Vorbedingung für die erfolgreiche Bewältigung der Umstrukturierungsprozesse und für eine erfolgreiche Anpassung der Unternehmen an die im Zuge der Globalisierung der Wirtschaft – insbesondere durch die Entstehung neuer Formen der Arbeitsorganisation – geschaffenen neuen Bedingungen.

(10) Die Gemeinschaft hat eine Beschäftigungsstrategie entwickelt, die sie nun umsetzt und in deren Mittelpunkt die Begriffe „Antizipation", „Prävention" und „Beschäftigungsfähigkeit" stehen, wobei diese zentralen Konzepte in sämtliche staatlichen Maßnahmen integriert werden sollen, mit denen positive Beschäftigungseffekte erzielt werden können, einschließlich der Maßnahmen einzelner Unternehmen; dies soll durch einen Ausbau des sozialen Dialogs geschehen, damit bei der Förderung des Wandels das übergeordnete Ziel der Beschäftigungssicherung im Auge behalten wird.

(11) Die weitere Entwicklung des Binnenmarktes muss sich harmonisch vollziehen, unter Wahrung der grundlegenden Werte, auf denen unsere Gesellschaften basieren, und in einer Art und Weise, die sicherstellt, dass die wirtschaftliche Entwicklung allen Bürgern gleichermaßen zugute kommt.

(12) Der Eintritt in die dritte Phase der Wirtschafts- und Währungsunion hat europaweit eine Verstärkung und Beschleunigung des Wettbewerbsdrucks

bewirkt. Dies macht weitergehende begleitende Maßnahmen auf einzelstaatlicher Ebene erforderlich.

(13) Der auf Gemeinschaftsebene und auf nationaler Ebene bestehende Rechtsrahmen für Unterrichtung und Anhörung der Arbeitnehmer ist häufig allzu sehr darauf ausgerichtet, Wandlungsprozesse im Nachhinein zu verarbeiten, vernachlässigt dabei die wirtschaftlichen Implikationen von Entscheidungen und stellt nicht wirklich auf eine „Antizipation" der Beschäftigungsentwicklung im Unternehmen oder auf eine „Prävention" von Risiken ab.

(14) Die Gesamtheit der politischen, wirtschaftlichen, sozialen und rechtlichen Entwicklungen macht eine Anpassung des bestehenden Rechtsrahmens erforderlich, der das rechtliche und praktische Instrumentarium zur Wahrnehmung des Rechtes auf Unterrichtung und Anhörung vorsieht.

(15) Von dieser Richtlinie unberührt bleiben nationale Regelungen, wonach die konkrete Wahrnehmung dieses Rechts eine kollektive Willensbekundung vonseiten der Rechtsinhaber erfordert.

(16) Von dieser Richtlinie unberührt bleiben Regelungen, die Bestimmungen über die direkte Mitwirkung der Arbeitnehmer enthalten, solange diese sich in jedem Fall dafür entscheiden können, das Recht auf Unterrichtung und Anhörung über ihre Vertreter wahrzunehmen.

(17) Da die oben dargelegten Ziele der in Betracht gezogenen Maßnahmen auf der Ebene der Mitgliedstaaten nicht ausreichend erreicht werden können, weil es das Ziel ist, einen Rahmen für die Unterrichtung und Anhörung der Arbeitnehmer zu schaffen, der dem oben beschriebenen neuen europäischen Kontext gerecht wird, und da die Ziele daher wegen des Umfangs und der Wirkungen der geplanten Maßnahmen besser auf Gemeinschaftsebene verwirklicht werden können, kann die Gemeinschaft im Einklang mit dem in Artikel 5 des Vertrags niedergelegten Subsidiaritätsprinzip Maßnahmen ergreifen. Im Einklang mit dem in demselben Artikel genannten Verhältnismäßigkeitsprinzip geht diese Richtlinie nicht über das für die Erreichung dieser Ziele erforderliche Maß hinaus.

(18) Dieser allgemeine Rahmen zielt auf die Festlegung von Mindestvorschriften ab, die überall in der Gemeinschaft Anwendung finden, und er darf die Mitgliedstaaten nicht daran hindern, für die Arbeitnehmer günstigere Vorschriften vorzusehen.

(19) Dieser allgemeine Rahmen muss ferner auf administrative, finanzielle und rechtliche Auflagen verzichten, die die Gründung und Entwicklung kleiner und mittlerer Unternehmen behindern könnten. Daher erscheint es sinnvoll, den Anwendungsbereich dieser Richtlinie je nach Wahl der Mitgliedstaaten auf Unternehmen mit mindestens 50 Beschäftigten oder auf Betriebe mit mindestens 20 Beschäftigten zu beschränken.

(20) Dies gilt unter Berücksichtigung und unbeschadet anderer nationaler Maßnahmen und Praktiken zur Förderung des sozialen Dialogs in Unternehmen, die nicht unter diese Richtlinie fallen, und in öffentlichen Verwaltungen.

(21) Übergangsweise sollten jedoch Mitgliedstaaten, in denen keine gesetzliche Regelung über die Unterrichtung und Anhörung von Arbeitnehmern oder Arbeitnehmervertretungen besteht, die Möglichkeit haben, den An-

wendungsbereich dieser Richtlinie im Hinblick auf die Anzahl der Arbeitnehmer weitergehend zu beschränken.

(22) Der gemeinschaftliche Rahmen für die Unterrichtung und Anhörung der Arbeitnehmer sollte die Belastung der Unternehmen oder Betriebe auf ein Mindestmaß begrenzen, zugleich aber auch die wirksame Ausübung der eingeräumten Rechte gewährleisten.

(23) Das mit der Richtlinie verfolgte Ziel soll durch Festlegung eines allgemeinen Rahmens erreicht werden, der die Grundsätze, Begriffe und Modalitäten der Unterrichtung und Anhörung definiert. Es obliegt den Mitgliedstaaten, diesen Rahmen auszufüllen, an die jeweiligen einzelstaatlichen Gegebenheiten anzupassen und dabei gegebenenfalls den Sozialpartnern eine maßgebliche Rolle zuzuweisen, die es diesen ermöglicht, ohne jeden Zwang auf dem Wege einer Vereinbarung Modalitäten für die Unterrichtung und Anhörung festzulegen, die ihren Bedürfnissen und ihren Wünschen am besten gerecht werden.

(24) Es empfiehlt sich, gewisse Besonderheiten, die in den Rechtsvorschriften einiger Mitgliedstaaten im Bereich der Unterrichtung und Anhörung der Arbeitnehmer bestehen, unberührt zu lassen; gedacht ist hier an spezielle Regelungen für Unternehmen oder Betriebe, die politischen, koalitionspolitischen, konfessionellen, karitativen, erzieherischen, wissenschaftlichen oder künstlerischen Bestimmungen oder Zwecken der Berichterstattung oder Meinungsäußerung dienen.

(25) Die Unternehmen oder Betriebe sollten vor der Verbreitung bestimmter besonders sensibler Informationen geschützt werden.

(26) Unternehmer sollten das Recht haben, auf eine Unterrichtung und Anhörung zu verzichten, wenn dies dem Unternehmen oder Betrieb schwerwiegenden Schaden zufügen würde oder wenn sie unverzüglich einer Anordnung nachkommen müssen, die von einer Kontroll- oder Aufsichtsbehörde an sie gerichtet wurde.

(27) Unterrichtung und Anhörung bringen Rechte und Pflichten für die Sozialpartner auf Unternehmens- oder Betriebsebene mit sich.

(28) Im Falle eines Verstoßes gegen die aus dieser Richtlinie folgenden Verpflichtungen müssen administrative oder rechtliche Verfahren sowie Sanktionen, die im Verhältnis zur Schwere des Vergehens wirksam, angemessen und abschreckend sind, angewandt werden.

(29) Von dieser Richtlinie unberührt bleiben sollten die spezifischeren Bestimmungen der Richtlinie 98/59/EG des Rates vom 20. Juli 1998 zur Angleichung der Rechtsvorschriften der Mitgliedstaaten über Massenentlassungen[1] und der Richtlinie 2001/23/EG des Rates vom 12. März 2001 zur Angleichung der Rechtsvorschriften der Mitgliedstaaten über die Wahrung von Ansprüchen der Arbeitnehmer beim Übergang von Unternehmen, Betrieben oder Unternehmens- oder Betriebsteilen[2].

(30) Sonstige Unterrichtungs- und Anhörungsrechte einschließlich derjenigen, die sich aus der Richtlinie 94/45/EG des Rates vom 22. September 1994 über die Einsetzung eines Europäischen Betriebsrats oder die Schaffung eines Verfahrens zur Unterrichtung und Anhörung der Arbeitnehmer in

---

[1] **Amtl. Anm.:** ABl. L 225 vom 12.8.1998, S. 16.
[2] **Amtl. Anm.:** ABl. L 82 vom 22.3.2001, S. 16.

gemeinschaftsweit operierenden Unternehmen und Unternehmensgruppen[1] ergeben, sollten von der vorliegenden Richtlinie unberührt bleiben.

(31) Die Durchführung dieser Richtlinie sollte nicht als Rechtfertigung für eine Beeinträchtigung des allgemeinen Niveaus des Arbeitnehmerschutzes in dem von ihr abgedeckten Bereich benutzt werden –

HABEN FOLGENDE RICHTLINIE ERLASSEN:

Art. 1 Gegenstand und Grundsätze. (1) Ziel dieser Richtlinie ist die Festlegung eines allgemeinen Rahmens mit Mindestvorschriften für das Recht auf Unterrichtung und Anhörung der Arbeitnehmer von in der Gemeinschaft ansässigen Unternehmen oder Betrieben.

(2) Die Modalitäten der Unterrichtung und Anhörung werden gemäß den einzelstaatlichen Rechtsvorschriften und den in den einzelnen Mitgliedstaaten geltenden Praktiken im Bereich der Arbeitsbeziehungen so gestaltet und angewandt, dass ihre Wirksamkeit gewährleistet ist.

(3) Die Modalitäten der Unterrichtung und Anhörung werden vom Arbeitgeber und von den Arbeitnehmervertretern im Geiste der Zusammenarbeit und unter gebührender Beachtung ihrer jeweiligen Rechte und gegenseitigen Verpflichtungen festgelegt bzw. durchgeführt, wobei sowohl den Interessen des Unternehmens oder Betriebs als auch den Interessen der Arbeitnehmer Rechnung zu tragen ist.

Art. 2 Begriffsbestimmungen. Im Sinne dieser Richtlinie bezeichnet der Ausdruck

a) „Unternehmen" ein öffentliches oder privates Unternehmen, das eine wirtschaftliche Tätigkeit ausübt, unabhängig davon, ob es einen Erwerbszweck verfolgt oder nicht, und das im Hoheitsgebiet der Mitgliedstaaten ansässig ist;

b) „Betrieb" eine gemäß den einzelstaatlichen Rechtsvorschriften und Gepflogenheiten definierte Unternehmenseinheit, die im Hoheitsgebiet eines Mitgliedstaats ansässig ist und in der kontinuierlich unter Einsatz personeller und materieller Ressourcen eine wirtschaftliche Tätigkeit ausgeübt wird;

c) „Arbeitgeber" die natürliche oder juristische Person, die entsprechend den einzelstaatlichen Rechtsvorschriften und Gepflogenheiten Partei der Arbeitsverträge oder Arbeitsverhältnisse mit den Arbeitnehmern ist;

d) „Arbeitnehmer" eine Person, die in dem betreffenden Mitgliedstaat als Arbeitnehmer aufgrund des einzelstaatlichen Arbeitsrechts und entsprechend den einzelstaatlichen Gepflogenheiten geschützt ist;

e) „Arbeitnehmervertreter" die nach den einzelstaatlichen Rechtsvorschriften und/oder Gepflogenheiten vorgesehenen Vertreter der Arbeitnehmer;

f) „Unterrichtung" die Übermittlung von Informationen durch den Arbeitgeber an die Arbeitnehmervertreter, um ihnen Gelegenheit zur Kenntnisnahme und Prüfung der behandelten Frage zu geben;

g) „Anhörung" die Durchführung eines Meinungsaustauschs und eines Dialogs zwischen Arbeitnehmervertretern und Arbeitgeber.

---

[1] **Amtl. Anm.:** ABl. L 254 vom 30.9.1994, S. 64. Richtlinie geändert durch die Richtlinie 97/74/EG (ABl. L 10 vom 16.1.1998, S. 22).

Art. 3 Anwendungsbereich. (1) *[1]* Diese Richtlinie gilt je nach Entscheidung der Mitgliedstaaten:

a) für Unternehmen mit mindestens 50 Arbeitnehmern in einem Mitgliedstaat oder

b) für Betriebe mit mindestens 20 Arbeitnehmern in einem Mitgliedstaat.

[2] Die Mitgliedstaaten bestimmen, nach welcher Methode die Schwellenwerte für die Beschäftigtenzahl errechnet werden.

(2) Die Mitgliedstaaten können – unter Einhaltung der in dieser Richtlinie festgelegten Grundsätze und Ziele – spezifische Bestimmungen für Unternehmen oder Betriebe vorsehen, die unmittelbar und überwiegend politischen, koalitionspolitischen, konfessionellen, karitativen, erzieherischen, wissenschaftlichen oder künstlerischen Bestimmungen oder Zwecken der Berichterstattung oder Meinungsäußerung dienen, falls das innerstaatliche Recht Bestimmungen dieser Art zum Zeitpunkt des Inkrafttretens dieser Richtlinie bereits enthält.

Art. 4 Modalitäten der Unterrichtung und Anhörung. (1) Im Einklang mit den in Artikel 1 dargelegten Grundsätzen und unbeschadet etwaiger geltender einzelstaatlicher Bestimmungen und/oder Gepflogenheiten, die für die Arbeitnehmer günstiger sind, bestimmen die Mitgliedstaaten entsprechend diesem Artikel im Einzelnen, wie das Recht auf Unterrichtung und Anhörung auf der geeigneten Ebene wahrgenommen wird.

(2) Unterrichtung und Anhörung umfassen

a) die Unterrichtung über die jüngste Entwicklung und die wahrscheinliche Weiterentwicklung der Tätigkeit und der wirtschaftlichen Situation des Unternehmens oder des Betriebs;

b) die Unterrichtung und Anhörung zu Beschäftigungssituation, Beschäftigungsstruktur und wahrscheinlicher Beschäftigungsentwicklung im Unternehmen oder Betrieb sowie zu gegebenenfalls geplanten antizipativen Maßnahmen, insbesondere bei einer Bedrohung für die Beschäftigung;

c) die Unterrichtung und Anhörung zu Entscheidungen, die wesentliche Veränderungen der Arbeitsorganisation oder der Arbeitsverträge mit sich bringen können, einschließlich solcher, die Gegenstand der in Artikel 9 Absatz 1 genannten Gemeinschaftsbestimmungen sind.

(3) Die Unterrichtung erfolgt zu einem Zeitpunkt, in einer Weise und in einer inhaltlichen Ausgestaltung, die dem Zweck angemessen sind und es insbesondere den Arbeitnehmervertretern ermöglichen, die Informationen angemessen zu prüfen und gegebenenfalls die Anhörung vorzubereiten.

(4) Die Anhörung erfolgt

a) zu einem Zeitpunkt, in einer Weise und in einer inhaltlichen Ausgestaltung, die dem Zweck angemessen sind;

b) auf der je nach behandeltem Thema relevanten Leitungs- und Vertretungsebene;

c) auf der Grundlage der vom Arbeitgeber gemäß Artikel 2 Buchstabe f) zu liefernden Informationen und der Stellungnahme, zu der die Arbeitnehmervertreter berechtigt sind;

d) in einer Weise, die es den Arbeitnehmervertretern gestattet, mit dem Arbeitgeber zusammenzukommen und eine mit Gründen versehene Antwort auf ihre etwaige Stellungnahme zu erhalten;

e) mit dem Ziel, eine Vereinbarung über die in Absatz 2 Buchstabe c) genannten Entscheidungen, die unter die Leitungsbefugnis des Arbeitgebers fallen, zu erreichen.

Art. 5 Unterrichtung und Anhörung auf der Grundlage einer Vereinbarung. [1]Die Mitgliedstaaten können es den Sozialpartnern auf geeigneter Ebene, einschließlich Unternehmens- oder Betriebsebene, überlassen, nach freiem Ermessen und zu jedem beliebigen Zeitpunkt im Wege einer ausgehandelten Vereinbarung die Modalitäten für die Unterrichtung und Anhörung der Arbeitnehmer festzulegen. [2]Diese Vereinbarungen und zu dem in Artikel 11 festgelegten Zeitpunkt bestehende Vereinbarungen sowie nachfolgende Verlängerungen derartiger Vereinbarungen können unter Wahrung der in Artikel 1 genannten Grundsätze und unter von den Mitgliedstaaten festzulegenden Bedingungen und Beschränkungen Bestimmungen vorsehen, die von den in Artikel 4 vorgesehenen Bestimmungen abweichen.

Art. 6 Vertrauliche Informationen. (1) [1]Die Mitgliedstaaten sehen vor, dass es gemäß den in den einzelstaatlichen Rechtsvorschriften festgelegten Bedingungen und Beschränkungen den Arbeitnehmervertretern und den etwaigen sie unterstützenden Sachverständigen nicht gestattet ist, ihnen im berechtigten Interesse der Unternehmen oder Betriebe ausdrücklich als vertraulich mitgeteilte Informationen an Arbeitnehmer oder Dritte weiterzugeben. [2]Diese Verpflichtung besteht unabhängig von ihrem Aufenthaltsort und auch noch nach Ablauf ihres Mandats. [3]Ein Mitgliedstaat kann es Arbeitnehmervertretern oder sie unterstützenden Personen jedoch gestatten, vertrauliche Informationen an Arbeitnehmer und Dritte weiterzugeben, die zur Vertraulichkeit verpflichtet sind.

(2) Die Mitgliedstaaten sehen vor, dass der Arbeitgeber in besonderen Fällen und unter Beachtung der in den einzelstaatlichen Rechtsvorschriften festgelegten Bedingungen und Beschränkungen nicht verpflichtet ist, eine Unterrichtung vorzunehmen oder eine Anhörung durchzuführen, wenn diese Unterrichtung oder Anhörung nach objektiven Kriterien die Tätigkeit des Unternehmens oder Betriebs erheblich beeinträchtigen oder dem Unternehmen oder Betrieb schaden könnte.

(3) [1]Unbeschadet bestehender einzelstaatlicher Verfahren sehen die Mitgliedstaaten Rechtsbehelfsverfahren auf dem Verwaltungsweg oder vor Gericht vor, falls gemäß den Absätzen 1 und 2 der Arbeitgeber Vertraulichkeit verlangt oder die Informationen verweigert. [2]Sie können ferner Verfahren vorsehen, die dazu bestimmt sind, die Vertraulichkeit der betreffenden Informationen zu wahren.

Art. 7 Schutz der Arbeitnehmervertreter. Die Mitgliedstaaten tragen dafür Sorge, dass die Arbeitnehmervertreter bei der Ausübung ihrer Funktion einen ausreichenden Schutz und ausreichende Sicherheiten genießen, die es ihnen ermöglichen, die ihnen übertragenen Aufgaben in angemessener Weise wahrzunehmen.

Art. 8 Durchsetzung der Rechte. (1) [1]Für den Fall der Nichteinhaltung dieser Richtlinie durch den Arbeitgeber oder durch die Arbeitnehmervertreter sehen die Mitgliedstaaten geeignete Maßnahmen vor. [2]Sie sorgen insbesondere dafür, dass es geeignete Verwaltungs- und Gerichtsverfahren gibt, mit deren

Hilfe die Erfüllung der sich aus dieser Richtlinie ergebenden Verpflichtungen durchgesetzt werden kann.

(2) Die Mitgliedstaaten sehen angemessene Sanktionen vor, die im Falle eines Verstoßes gegen diese Richtlinie durch den Arbeitgeber oder durch die Arbeitnehmervertreter Anwendung finden; die Sanktionen müssen wirksam, angemessen und abschreckend sein.

Art. 9 Zusammenhang zwischen dieser Richtlinie und anderen gemeinschaftlichen und einzelstaatlichen Bestimmungen. (1) Diese Richtlinie lässt die in Artikel 2 der Richtlinie 98/59/EG und in Artikel 7 der Richtlinie 2001/23/EG vorgesehenen spezifischen Informations- und Konsultationsverfahren unberührt.

(2) Diese Richtlinie lässt die gemäß den Richtlinien 94/45/EG und 97/74/EG erlassenen Vorschriften unberührt.

(3) Diese Richtlinie lässt andere im einzelstaatlichen Recht vorgesehene Unterrichtungs-, Anhörungs- und Mitbestimmungsrechte unberührt.

(4) Die Durchführung dieser Richtlinie darf nicht als Rechtfertigung für Rückschritte hinter den bereits in den einzelnen Mitgliedstaaten erreichten Stand des allgemeinen Niveaus des Arbeitnehmerschutzes in den von ihr abgedeckten Bereichen benutzt werden.

Art. 10 Übergangsbestimmungen. Ungeachtet des Artikels 3 kann ein Mitgliedstaat, in dem zum Zeitpunkt des Inkrafttretens dieser Richtlinie weder eine allgemeine und unbefristete gesetzliche Regelung über die Unterrichtung und Anhörung von Arbeitnehmern noch eine allgemeine und unbefristete gesetzliche Regelung über die Arbeitnehmervertretung am Arbeitsplatz besteht, die es den Arbeitnehmern gestattet, sich für diesen Zweck vertreten zu lassen, die Anwendung der einzelstaatlichen Bestimmungen zur Umsetzung dieser Richtlinie

a) bis zum 23. März 2007 auf Unternehmen mit mindestens 150 Arbeitnehmern oder Betriebe mit mindestens 100 Arbeitnehmern beschränken und
b) während des Jahres nach dem in Buchstabe a) genannten Zeitpunkt auf Unternehmen mit mindestens 100 Arbeitnehmern oder Betriebe mit mindestens 50 Arbeitnehmern beschränken.

Art. 11 Umsetzung. (1) [1]Die Mitgliedstaaten erlassen die erforderlichen Rechts- und Verwaltungsvorschriften, um dieser Richtlinie spätestens zum 23. März 2005 nachzukommen, oder stellen sicher, dass die Sozialpartner bis zu diesem Zeitpunkt mittels Vereinbarungen die erforderlichen Bestimmungen einführen; dabei haben die Mitgliedstaaten alle notwendigen Maßnahmen zu treffen, um jederzeit gewährleisten zu können, dass die in dieser Richtlinie vorgeschriebenen Ergebnisse erreicht werden. [2]Sie setzen die Kommission unverzüglich davon in Kenntnis.

(2) [1]Wenn die Mitgliedstaaten derartige Vorschriften erlassen, nehmen sie in den Vorschriften selbst oder durch einen Hinweis bei der amtlichen Veröffentlichung auf diese Richtlinie Bezug. [2]Die Mitgliedstaaten regeln die Einzelheiten der Bezugnahme.

Art. 12 Überprüfung durch die Kommission. Spätestens am 23. März 2007 überprüft die Kommission im Benehmen mit den Mitgliedstaaten und den Sozialpartnern auf Gemeinschaftsebene die Anwendung dieser Richtlinie, um erforderlichenfalls entsprechende Änderungen vorzuschlagen.

Art. 13 Inkrafttreten. Diese Richtlinie tritt am Tag ihrer Veröffentlichung[1] im *Amtsblatt der Europäischen Gemeinschaften* in Kraft.

Art. 14 Adressaten. Diese Richtlinie ist an alle Mitgliedstaaten gerichtet.

[1] Veröffentlicht am 23 3. 2002.

275. Richtlinie 2002/15/EG des Europäischen Parlaments und des Rates vom 11. März 2002 zur Regelung der Arbeitszeit von Personen, die Fahrtätigkeiten im Bereich des Straßentransports ausüben

(ABl. L 80 S. 35)

Celex-Nr. 3 2002 L 0015

DAS EUROPÄISCHE PARLAMENT UND DER RAT DER EUROPÄISCHEN UNION –

gestützt auf den Vertrag zur Gründung der Europäischen Gemeinschaft, insbesondere auf Artikel 71 und Artikel 137 Absatz 2,

auf Vorschlag der Kommission[1],

nach Stellungnahme des Wirtschafts- und Sozialausschusses[2],

nach Anhörung des Ausschusses der Regionen,

gemäß dem Verfahren des Artikels 251 des Vertrags[3], aufgrund des vom Vermittlungsausschuss am 16. Januar 2002 gebilligten gemeinsamen Entwurfs,

in Erwägung nachstehender Gründe:

(1) Durch die Verordnung (EWG) Nr. 3820/85 des Rates vom 20. Dezember 1985 über die Harmonisierung bestimmter Sozialvorschriften im Straßenverkehr[4] wurden gemeinsame Regeln für die Lenk- und Ruhezeiten von Fahrern festgelegt. Andere Aspekte der Arbeitszeit im Straßenverkehr werden von der genannten Verordnung nicht erfasst.

(2) Die Richtlinie 93/104/EG des Rates vom 23. November 1993 über bestimmte Aspekte der Arbeitszeitgestaltung[5] ermöglicht die Annahme spezifischerer Vorschriften für die Arbeitszeitgestaltung. Angesichts ihres sektorspezifischen Charakters haben die Bestimmungen der vorliegenden Richtlinie nach Artikel 14 der Richtlinie 93/104/EG Vorrang vor jener Richtlinie.

(3) Trotz intensiver Verhandlungen zwischen den Sozialpartnern konnte keine Einigung hinsichtlich des im Straßenverkehr tätigen Fahrpersonals erzielt werden.

(4) Daher muss eine Reihe spezifischerer Vorschriften zur Arbeitszeit im Straßenverkehr erstellt werden, die darauf abzielen, die Straßenverkehrssicherheit sowie den Schutz von Sicherheit und Gesundheit der betreffenden Personen zu gewährleisten.

---

[1] **Amtl. Anm.:** ABl. C 43 vom 17.2.1999, S. 4.

[2] **Amtl. Anm.:** ABl. C 138 vom 18.5.1999, S. 33.

[3] **Amtl. Anm.:** Stellungnahme des Europäischen Parlaments vom 14. April 1999 (ABl. C 219 vom 30.7.1999, S. 235), bestätigt am 6. Mai 1999 (ABl. C 279 vom 1.10.1999, S. 270), Gemeinsamer Standpunkt des Rates vom 23. März 2001 (ABl. C 142 vom 15.5.2001, S. 24) und Beschluss des Europäischen Parlaments vom 14. Juni 2001 (noch nicht im Amtsblatt veröffentlicht). Beschluss des Europäischen Parlaments vom 5. Februar 2002 und Beschluss des Rates vom 18. Februar 2002.

[4] **Amtl. Anm.:** ABl. L 370 vom 31.12.1985, S. 1.

[5] **Amtl. Anm.:** ABl. L 307 vom 13.12.1993, S. 18. Richtlinie zuletzt geändert durch die Richtlinie 2000/34/EG des Europäischen Parlaments und des Rates (ABl. L 195 vom 1.8.2000, S. 41).

(5) Da die Ziele der in Betracht gezogenen Maßnahmen auf Ebene der Mitgliedstaaten nicht ausreichend erreicht werden können und daher wegen ihres Umfangs oder ihrer Wirkungen besser auf Gemeinschaftsebene erreicht werden können, kann die Gemeinschaft im Einklang mit dem in Artikel 5 des Vertrags niedergelegten Subsidiaritätsprinzip tätig werden. Im Einklang mit dem in demselben Artikel niedergelegten Verhältnismäßigkeitsprinzip geht diese Richtlinie nicht über das zur Erreichung dieser Ziele notwendige Maß hinaus.

(6) Der Anwendungsbereich dieser Richtlinie erfasst ausschließlich das von einem Verkehrsunternehmen mit Sitz in einem Mitgliedstaat beschäftigte Fahrpersonal, das Straßenverkehrstätigkeiten im Sinne der Verordnung (EWG) Nr. 3820/85 oder ansonsten des Europäischen Übereinkommens über die Arbeit des im internationalen Straßenverkehr beschäftigten Fahrpersonals (AETR) nachgeht.

(7) Es ist klarzustellen, dass Fahrpersonal, das vom Anwendungsbereich der vorliegenden Richtlinie ausgeschlossen ist, mit Ausnahme der selbständigen Kraftfahrer, den Mindestschutz genießt, der in der Richtlinie 93/104/EG vorgesehen ist. Dieser Mindestschutz umfasst die bestehenden Bestimmungen über ausreichende Ruhezeiten, die durchschnittliche wöchentliche Höchstarbeitszeit, den Jahresurlaub und bestimmte grundlegende Vorschriften für Nachtarbeit, insbesondere Untersuchungen des Gesundheitszustandes.

(8) Da selbständige Kraftfahrer vom Anwendungsbereich der Verordnung (EWG) Nr. 3820/85 erfasst, vom Anwendungsbereich der Richtlinie 93/104/EG jedoch ausgenommen sind, sollten diese Kraftfahrer gemäß den Bestimmungen von Artikel 2 Absatz 1 vom Anwendungsbereich der vorliegenden Richtlinie vorläufig ausgenommen werden.

(9) Die Begriffsbestimmungen dieser Richtlinie dürfen andere gemeinschaftsrechtliche Regelungen der Arbeitszeit nicht präjudizieren.

(10) Zur Verbesserung der Sicherheit im Straßenverkehr, zur Vermeidung von Wettbewerbsverzerrungen und zur Gewährleistung der Sicherheit und Gesundheit des unter diese Richtlinie fallenden Fahrpersonals sollten diese Personen genau wissen, welche Zeiten für Tätigkeiten im Straßenverkehr als Arbeitszeiten gelten und welche Zeiten hiervon ausgenommen sind und als Pausen, als Ruhezeiten oder als Bereitschaftszeiten gelten. Diesem Personenkreis sollten tägliche und wöchentliche Mindestruhezeiten sowie angemessene Ruhepausen gewährt werden. Ferner muss eine Höchstgrenze für die wöchentliche Arbeitszeit festgelegt werden.

(11) Untersuchungen zeigen, dass der menschliche Organismus während der Nacht besonders empfindlich auf Störungen in seiner Umgebung und auf bestimmte belastende Formen der Arbeitsorganisation reagiert und dass über lange Zeit währende Nachtarbeit für die Gesundheit der Arbeitnehmer nachteilig sein und ihre Sicherheit sowie die Straßenverkehrssicherheit ganz allgemein gefährden kann.

(12) Infolgedessen müssen die Zeiten, in denen Nachtarbeit geleistet wird, eingeschränkt werden, und es ist dafür zu sorgen, dass Berufskraftfahrer, die Nachtarbeit leisten, einen angemessenen Ausgleich für ihre Tätigkeit erhalten und in ihren beruflichen Weiterbildungsmöglichkeiten nicht benachteiligt werden.

(13) Die Arbeitgeber sollten Aufzeichnungen über Überschreitungen der durchschnittlichen wöchentlichen Höchstarbeitszeit für Fahrpersonal führen.

(14) Die Bestimmungen der Verordnung (EWG) Nr. 3820/85 in Bezug auf die Lenkzeiten im innerstaatlichen und grenzüberschreitenden Personenverkehr, mit Ausnahme des Linienverkehrs, sollten weiterhin gelten.

(15) Die Kommission sollte die Umsetzung dieser Richtlinie überwachen, die Entwicklungen auf diesem Gebiet in den Mitgliedstaaten verfolgen und dem Europäischen Parlament, dem Rat, dem Wirtschafts- und Sozialausschuss und dem Ausschuss der Regionen einen Bericht über die Anwendung der Vorschriften sowie über die Auswirkungen der Bestimmungen zur Nachtarbeit vorlegen.

(16) Die Mitgliedstaaten oder, je nach Lage des Falls, die Sozialpartner müssen die Möglichkeit haben, Ausnahmen von einzelnen Bestimmungen dieser Richtlinie zu beschließen. Im Falle einer Ausnahme sollten jedoch den betroffenen Arbeitnehmern in der Regel Ausgleichsruhezeiten gewährt werden –

HABEN FOLGENDE RICHTLINIE ERLASSEN:

Art. 1 Zweck. Zweck dieser Richtlinie ist es, Mindestvorschriften für die Gestaltung der Arbeitszeit festzulegen, um die Sicherheit und die Gesundheit der Personen, die Fahrtätigkeiten im Bereich des Straßentransports ausüben, verstärkt zu schützen, die Sicherheit im Straßenverkehr zu erhöhen und die Wettbewerbsbedingungen einander stärker anzugleichen.

Art. 2 Anwendungsbereich. (1) *[1]* Diese Richtlinie gilt für das Fahrpersonal von Unternehmen mit Sitz in einem Mitgliedstaat, das im Straßenverkehr im Sinne der Verordnung (EWG) Nr. 3820/85 oder ansonsten des AETR-Übereinkommens tätig ist.

[2] Unbeschadet der Bestimmungen im folgenden Unterabsatz findet die vorliegende Richtlinie auf die selbständigen Kraftfahrer ab dem 23. März 2009 Anwendung.

[3] [1] Spätestens 2 Jahre vor diesem Datum legt die Kommission dem Europäischen Parlament und dem Rat einen Bericht vor. [2] Dieser Bericht untersucht die Auswirkungen des Ausschlusses selbständiger Kraftfahrer vom Geltungsbereich der Richtlinie auf die Straßenverkehrssicherheit, die Wettbewerbsbedingungen und die Berufsstruktur sowie soziale Aspekte. [3] Die Bedingungen in jedem einzelnen Mitgliedstaat mit Blick auf die Struktur des Transportgewerbes und Arbeitsbedingungen der im Straßentransport Tätigen werden berücksichtigt. [4] Auf der Grundlage dieses Berichts legt die Kommission einen Vorschlag mit dem Ziel vor, um gegebenenfalls entweder

– die Bedingungen für die Einbeziehung selbständiger Kraftfahrer in den Geltungsbereich dieser Richtlinie mit Blick auf bestimmte selbständige Kraftfahrer festzulegen, die nicht im Straßenverkehr in anderen Mitgliedstaaten tätig sind und die aus objektiven Gründen lokalen Beschränkungen unterliegen, beispielsweise Standort in Randlage, große Inlandsentfernungen und ein besonders starker Wettbewerb, oder
– die selbständigen Kraftfahrer nicht in den Anwendungsbereich dieser Richtlinie aufzunehmen.

(2) Für das Fahrpersonal, das vom Anwendungsbereich dieser Richtlinie ausgeschlossen ist, gilt die Richtlinie 93/104/EG.

(3) Soweit diese Richtlinie spezifischere Vorschriften für das Fahrpersonal im Straßenverkehr enthält, hat sie gemäß Artikel 14 der Richtlinie 93/104/EG Vorrang vor den einschlägigen Bestimmungen jener Richtlinie.

(4) Diese Richtlinie ergänzt die Bestimmungen der Verordnung (EWG) Nr. 3820/85 und erforderlichenfalls des AETR-Übereinkommens, die Vorrang vor den Bestimmungen dieser Richtlinie haben.

Art. 3 Begriffsbestimmungen. Für die Zwecke dieser Richtlinie bezeichnet der Ausdruck

a) „Arbeitszeit“ ist

1. bei Fahrpersonal: die Zeitspanne zwischen Arbeitsbeginn und Arbeitsende, während der der Beschäftigte an seinem Arbeitsplatz ist, dem Arbeitgeber zur Verfügung steht, und während der er seine Funktion oder Tätigkeit ausübt, d.h.
   - die Zeit sämtlicher Tätigkeiten im Straßenverkehr. Diese Tätigkeiten umfassen insbesondere Folgendes:
     i) Fahren,
     ii) Be- und Entladen,
     iii) Hilfe beim Ein- und Aussteigen der Fahrgäste,
     iv) Reinigung und technische Wartung,
     v) alle anderen Arbeiten, die dazu dienen, die Sicherheit des Fahrzeugs, der Ladung und der Fahrgäste zu gewährleisten bzw. die gesetzlichen oder behördlichen Formalitäten die einen direkten Zusammenhang mit der gerade ausgeführten spezifischen Transporttätigkeit aufweisen, zu erledigen; hierzu gehören auch: Überwachen des Beladens/Entladens, Erledigung von Formalitäten im Zusammenhang mit Polizei, Zoll, Einwanderungsbehörden usw.;
   - die Zeiten, während deren das Fahrpersonal nicht frei über seine Zeit verfügen kann und sich an seinem Arbeitsplatz bereithalten muss, seine normale Arbeit aufzunehmen, wobei es bestimmte mit dem Dienst verbundene Aufgaben ausführt, insbesondere während der Zeit des Wartens auf das Be- und Entladen, wenn deren voraussichtliche Dauer nicht im Voraus bekannt ist, d.h. entweder vor der Abfahrt bzw. unmittelbar vor dem tatsächlichen Beginn des betreffenden Zeitraums oder gemäß den allgemeinen zwischen den Sozialpartnern ausgehandelten und/oder durch die Rechtsvorschriften der Mitgliedstaaten festgelegten Bedingungen.
2. bei selbständigen Kraftfahrern gilt die gleiche Definition: Zeitspanne zwischen Arbeitsbeginn und Arbeitsende, in der sich der selbständige Kraftfahrer an seinem Arbeitsplatz befindet, dem Kunden zur Verfügung steht, und während deren er seine Funktionen oder Tätigkeiten ausübt; dies umfasst nicht allgemeine administrative Tätigkeiten, die keinen direkten Zusammenhang mit der gerade ausgeführten spezifischen Transporttätigkeit aufweisen.

Nicht zur Arbeitszeit gerechnet werden die Ruhepausen gemäß Artikel 5, die Ruhezeiten gemäß Artikel 6 sowie unbeschadet der Rechtsvorschriften der Mitgliedstaaten oder der Vereinbarungen der Sozialpartner, nach denen derartige Zeiten ausgeglichen oder begrenzt werden, die Bereitschaftszeit gemäß Buchstabe b) des vorliegenden Artikels.

b) „Bereitschaftszeit“
   - andere Zeiten als Ruhepausen und Ruhezeiten, in denen das Fahrpersonal nicht verpflichtet ist, an seinem Arbeitsplatz zu bleiben, in denen es sich jedoch in Bereitschaft halten muss, um etwaigen Anweisungen zur Aufnahme oder Wiederaufnahme der Fahrtätigkeit oder zur Ausführung anderer Arbeiten Folge zu leisten. Als Bereitschaftszeit gelten insbesondere die Zeiten, in denen das Fahrpersonal ein Fahrzeug während der Beförderung auf einer Fähre oder mit einem Zug begleitet sowie Wartezeiten an den Grenzen und infolge von Fahrverboten.
   Diese Zeiten und ihre voraussichtliche Dauer müssen dem Fahrpersonal im Voraus bekannt sein, d.h. entweder vor der Abfahrt bzw. unmittelbar vor dem tatsächlichen Beginn des betreffenden Zeitraums oder gemäß den allgemeinen zwischen den Sozialpartnern ausgehandelten und/oder durch die Rechtsvorschriften der Mitgliedstaaten festgelegten Bedingungen;
   - für Fahrpersonal, das sich beim Fahren abwechselt, die Zeit, die während der Fahrt neben dem Fahrer oder in einer Schlafkabine verbracht wird;

c) „Arbeitsplatz“
   - den Standort der Hauptniederlassung des Unternehmens, für das die Personen, die Fahrtätigkeiten im Bereich des Straßentransports ausüben, tätig sind, und seine verschiedenen Zweigniederlassungen, ob sie nun mit seinem Geschäftssitz oder seiner Hauptniederlassung zusammenfallen oder nicht;
   - das Fahrzeug, das die Personen, die Fahrtätigkeiten im Bereich des Straßentransports ausüben, bei ihrer Tätigkeit benutzen und
   - jeden anderen Ort, an dem die mit der Beförderung verbundenen Tätigkeiten ausgeführt werden;

d) „Fahrpersonal“ alle Arbeitnehmer, einschließlich Praktikanten und Auszubildende, die im Dienst eines Unternehmens, das auf Rechnung Dritter oder auf eigene Rechnung Fahrgäste oder Waren im Straßenverkehr befördert, eine Fahrtätigkeit ausüben;

e) „selbständiger Kraftfahrer“ alle Personen, deren berufliche Tätigkeit hauptsächlich darin besteht, mit Gemeinschaftslizenz oder einer anderen berufsspezifischen Beförderungsermächtigung gewerblich im Sinne des Gemeinschaftsrechts, Fahrgäste oder Waren im Straßenverkehr zu befördern, die befugt sind, auf eigene Rechnung zu arbeiten, und die nicht durch einen Arbeitsvertrag oder ein anderes arbeitsrechtliches Abhängigkeitsverhältnis an einen Arbeitgeber gebunden sind, die über den erforderlichen freien Gestaltungsspielraum für die Ausübung der betreffenden Tätigkeit verfügen, deren Einkünfte direkt von den erzielten Gewinnen abhängen und die die Freiheit haben, als Einzelne oder durch eine Zusammenarbeit zwischen selbständigen Kraftfahrern Geschäftsbeziehungen zu mehreren Kunden zu unterhalten.
   Für die Zwecke dieser Richtlinie unterliegen Fahrer, die diese Kriterien nicht erfüllen, den gleichen Verpflichtungen, und genießen die gleichen Rechte, wie sie diese Richtlinie für Fahrpersonal vorsieht.

f) „Personen, die Fahrtätigkeiten im Bereich des Straßentransports ausüben Fahrpersonal“ oder selbständige Kraftfahrer;

g) „Woche“ den Zeitraum von Montag 00.00 Uhr bis Sonntag 24.00 Uhr;

h) „Nachtzeit" jede in den einzelstaatlichen Rechtsvorschriften festgelegte Zeitspanne von mindestens vier Stunden in der Zeit zwischen 00.00 Uhr und 7.00 Uhr;

i) „Nachtarbeit" jede Arbeit, die während der Nachtzeit ausgeführt wird.

Art. 4 Wöchentliche Höchstarbeitszeit. Die Mitgliedstaaten treffen die erforderlichen Maßnahmen, damit Folgendes gewährleistet ist:

a) Die durchschnittliche wöchentliche Arbeitszeit darf 48 Stunden nicht überschreiten. Die wöchentliche Höchstarbeitszeit kann bis zu 60 Stunden betragen, sofern der Wochendurchschnitt in einem Zeitraum von vier Monaten 48 Stunden nicht übersteigt. Artikel 6 Absatz 1 Unterabsätze 4 und 5 der Verordnung (EWG) Nr. 3820/85 oder erforderlichenfalls Artikel 6 Absatz 1 Unterabsatz 4 des AETR-Übereinkommens haben Vorrang vor den Bestimmungen dieser Richtlinie, sofern die betroffenen Fahrer eine durchschnittliche Arbeitszeit von 48 Stunden pro Woche in einem Zeitraum von vier Monaten nicht überschreiten.

b) Die Arbeitszeiten bei verschiedenen Arbeitgebern werden zusammengerechnet. Der Arbeitgeber fordert das Fahrpersonal schriftlich auf, ihm eine Aufstellung der bei einem anderen Arbeitgeber geleisteten Arbeitszeit vorzulegen. Das Fahrpersonal legt diese Angaben schriftlich vor.

Art. 5 Ruhepausen. (1) [1]Unbeschadet des Schutzes, der durch die Verordnung (EWG) Nr. 3820/85 oder ansonsten durch das AETR-Übereinkommen gewährleistet wird, treffen die Mitgliedstaaten die erforderlichen Maßnahmen, damit Personen, die Fahrtätigkeiten im Bereich des Straßentransports ausüben, unbeschadet der Bestimmungen von Artikel 2 Absatz 1 auf keinen Fall länger als sechs Stunden hintereinander ohne Ruhepausen arbeiten. [2]Die Arbeit ist durch eine Ruhepause von mindestens 30 Minuten bei einer Gesamtarbeitszeit von sechs bis neun Stunden und von mindestens 45 Minuten bei einer Gesamtarbeitszeit von mehr als neun Stunden zu unterbrechen.

(2) Die Ruhepausen können in Pausen von einer Mindestdauer von je 15 Minuten aufgeteilt werden.

Art. 6 Ruhezeit. Für die Zwecke dieser Richtlinie unterliegen Auszubildende und Praktikanten in Bezug auf die Ruhezeit denselben Bestimmungen wie das übrige Fahrpersonal gemäß der Verordnung (EWG) Nr. 3820/85 oder ansonsten dem AETR-Übereinkommen.

Art. 7 Nachtarbeit. (1) Die Mitgliedstaaten treffen die erforderlichen Maßnahmen, damit Folgendes gewährleistet ist:

- Wenn Nachtarbeit geleistet wird, darf die tägliche Arbeitszeit in einem Zeitraum von jeweils 24 Stunden zehn Stunden nicht überschreiten.
- Es erfolgt ein Ausgleich für Nachtarbeit nach den einzelstaatlichen Rechtsvorschriften, Tarifverträgen, Vereinbarungen zwischen den Sozialpartnern und/oder einzelstaatlichen Gepflogenheiten, sofern dieser Ausgleich die Sicherheit im Straßenverkehr nicht gefährdet.

(2) [1]Die Kommission beurteilt bis zum 23. März 2007 im Rahmen des von ihr nach Artikel 13 Absatz 2 zu erstellenden Berichts die Auswirkungen der in

Absatz 1 des vorliegenden Artikels vorgesehenen Bestimmungen. ²Die Kommission fügt diesem Bericht gegebenenfalls entsprechende Vorschläge bei.

(3) Die Bestimmungen über die Ausbildung der Berufskraftfahrer, einschließlich solcher, die Nachtarbeit leisten, werden Gegenstand eines Richtlinienvorschlags der Kommission sein, in dem die allgemeinen Grundsätze dieser Ausbildung festgelegt werden.

Art. 8 Abweichende Regelungen. (1) Von Artikel 4 und 7 abweichende Regelungen können aus objektiven oder technischen Gründen oder aus Gründen im Zusammenhang mit der Arbeitsorganisation durch Tarifverträge, Vereinbarungen zwischen den Sozialpartnern, oder wenn dies nicht möglich ist, durch Rechts- oder Verwaltungsvorschriften getroffen werden, sofern die Vertreter der betroffenen Arbeitgeber und Arbeitnehmer konsultiert und Anstrengungen zur Förderung aller einschlägigen Formen des sozialen Dialogs unternommen werden.

(2) Die Möglichkeit, eine von Artikel 4 abweichende Regelung zu treffen, darf nicht dazu führen, dass für die Berechnung des Durchschnitts der wöchentlichen Höchstarbeitszeit von 48 Stunden ein Bezugszeitraum von mehr als sechs Monaten festgelegt wird.

Art. 9 Informationspflicht und Aufzeichnungen. Die Mitgliedstaaten tragen dafür Sorge, dass

a) das Fahrpersonal unbeschadet der Bestimmungen der Richtlinie 91/533/EWG[1] des Rates vom 14. Oktober 1991 über die Pflicht des Arbeitgebers zur Unterrichtung des Arbeitnehmers über die für seinen Arbeitsvertrag oder sein Arbeitsverhältnis geltenden Bedingungen[2] über die maßgeblichen einzelstaatlichen Rechtsvorschriften, die Betriebsordnung und die Vereinbarungen zwischen den Sozialpartnern, insbesondere die Tarifverträge und die etwaigen Betriebsvereinbarungen, die aufgrund dieser Richtlinie festgelegt werden, unterrichtet wird;

b) über die Arbeitszeit von Personen, die Fahrtätigkeiten im Bereich des Straßentransports ausüben, unbeschadet der Bestimmungen von Artikel 2 Absatz 1 Buch geführt wird. Die Aufzeichnungen sind mindestens zwei Jahre nach Ablauf des betreffenden Zeitraums aufzubewahren. Die Arbeitgeber sind für die Aufzeichnung der Arbeitszeit des Fahrpersonals verantwortlich. Der Arbeitgeber ist gehalten, dem Fahrpersonal auf Anfrage eine Kopie der Aufzeichnung der geleisteten Stunden auszuhändigen.

Art. 10 Günstigere Vorschriften. ¹Diese Richtlinie berührt nicht die Befugnis der Mitgliedstaaten, die Sicherheit und die Gesundheit von Personen, die Fahrtätigkeiten im Bereich des Straßentransports ausüben, besser schützende Rechts- oder Verwaltungsvorschriften anzuwenden oder einzuführen, oder die Anwendung von Tarifverträgen oder sonstigen Vereinbarungen zwischen den Sozialpartnern, die die Sicherheit und die Gesundheit des Fahrpersonals besser schützen, zu fördern oder zu gestatten. ²Die Umsetzung dieser Richtlinie darf nicht als Begründung dafür herangezogen werden, das generelle Schutzniveau der Arbeitnehmer gemäß Artikel 2 Absatz 1 zu senken.

---

[1] Nr. **215**.

[2] **Amtl. Anm.:** ABl. L 288 vom 18.10.1991, S. 32.

Art. 11 Sanktionen. [1] Die Mitgliedstaaten legen für Verstöße gegen die gemäß dieser Richtlinie erlassenen innerstaatlichen Rechtsvorschriften Sanktionen fest und ergreifen alle notwendigen Maßnahmen, um die Anwendung dieser Sanktionen zu gewährleisten. [2] Die Sanktionen müssen wirksam, verhältnismäßig und abschreckend sein.

Art. 12 Verhandlungen mit Drittländern. Im Hinblick auf die Anwendung einer dieser Richtlinie inhaltlich gleichwertigen Regelung auf Fahrpersonal von Unternehmen mit Sitz in einem Drittland wird die Gemeinschaft nach dem Inkrafttreten dieser Richtlinie Verhandlungen mit den betreffenden Drittländern aufnehmen.

Art. 13 Bericht. (1) [1] Die Mitgliedstaaten erstatten der Kommission alle zwei Jahre über die Durchführung dieser Richtlinie Bericht und teilen hierbei die Standpunkte der Sozialpartner mit. [2] Der Bericht muss spätestens am 30. September nach Ablauf des betreffenden Zweijahreszeitraums bei der Kommission eingehen. [3] Der Zweijahreszeitraum entspricht dem in Artikel 16 Absatz 2 der Verordnung (EWG) Nr. 3820/85 genannten Zeitraum.

(2) [1] Die Kommission erstellt alle zwei Jahre einen Bericht über die Durchführung dieser Richtlinie durch die Mitgliedstaaten und die Entwicklung auf dem betreffenden Gebiet. [2] Die Kommission legt diesen Bericht dem Europäischen Parlament, dem Rat, dem Wirtschafts- und Sozialausschuss und dem Ausschuss der Regionen vor.

Art. 14 Schlussbestimmungen. (1) *[1]* Die Mitgliedstaaten erlassen die erforderlichen Rechts- und Verwaltungsvorschriften, um dieser Richtlinie bis zum 23. März 2005 nachzukommen, oder sorgen dafür, dass die Sozialpartner bis zu diesem Zeitpunkt im Wege einer Vereinbarung die erforderlichen Vorkehrungen getroffen haben; dabei haben die Mitgliedstaaten alles zu unternehmen, damit sie jederzeit gewährleisten können, dass die durch diese Richtlinie vorgeschriebenen Ergebnisse erreicht werden.

[2] [1] Wenn die Mitgliedstaaten die Vorschriften nach Unterabsatz 1 erlassen, nehmen sie in diesen Vorschriften selbst oder durch einen Hinweis bei der amtlichen Veröffentlichung auf diese Richtlinie Bezug. [2] Die Mitgliedstaaten regeln die Einzelheiten dieser Bezugnahme.

(2) Die Mitgliedstaaten teilen der Kommission den Wortlaut der innerstaatlichen Rechtsvorschriften mit, die sie auf dem unter diese Richtlinie fallenden Gebiet bereits erlassen haben oder noch erlassen.

(3) Die Mitgliedstaaten sorgen dafür, dass die Frachtführer, Verlader, Spediteure, Hauptauftragsunternehmer, Subunternehmer und Unternehmen, die Fahrpersonal beschäftigen, die entsprechenden Vorschriften dieser Richtlinie einhalten.

Art. 15 Inkrafttreten. Diese Richtlinie tritt am Tag ihrer Veröffentlichung[1)] im *Amtsblatt der Europäischen Gemeinschaften* in Kraft.

Art. 16 Adressaten. Diese Richtlinie ist an alle Mitgliedstaaten gerichtet.

[1)] Veröffentlicht am 23.3.2002.

280. Richtlinie 2003/72/EG des Rates vom 22. Juli 2003 zur Ergänzung des Statuts der Europäischen Genossenschaft hinsichtlich der Beteiligung der Arbeitnehmer

(ABl. L 207 S. 25, ber. 2012 S. 12)

Celex-Nr. 3 2003 L 0072

DER RAT DER EUROPÄISCHEN UNION –

gestützt auf den Vertrag zur Gründung der Europäischen Gemeinschaft, insbesondere auf Artikel 308,

auf Vorschlag der Kommission[1)],

nach Stellungnahme des Europäischen Parlaments[2)],

nach Stellungnahme des Europäischen Wirtschafts- und Sozialausschusses[3)],

in Erwägung nachstehender Gründe:

(1) Zur Erreichung der Ziele des Vertrags wird mit der Verordnung (EG) Nr. 1435/2003 des Rates[4)] das Statut der Europäischen Genossenschaft (SCE) festgelegt.

(2) Mit jener Verordnung soll ein einheitlicher rechtlicher Rahmen geschaffen werden, innerhalb dessen Genossenschaften und andere Rechtspersönlichkeiten und natürliche Personen aus verschiedenen Mitgliedstaaten in der Lage sein sollten, die Neuorganisation ihres Geschäftsbetriebs als Genossenschaft gemeinschaftsweit zu planen und durchzuführen.

(3) Um die Ziele der Gemeinschaft im sozialen Bereich zu fördern, müssen besondere Bestimmungen – insbesondere auf dem Gebiet der Beteiligung der Arbeitnehmer – festgelegt werden, mit denen gewährleistet werden soll, dass die Gründung einer SCE nicht zur Beseitigung oder zur Einschränkung der Gepflogenheiten der Arbeitnehmerbeteiligung führt, die in den an der Gründung einer SCE beteiligten Rechtspersönlichkeiten herrschen. Dieses Ziel sollte durch die Einführung von Regeln in diesen Bereich verfolgt werden, mit denen die Bestimmungen der Verordnung Nr. 1435/2003 ergänzt werden.

(4) Da die vorstehend genannten Ziele der vorgeschlagenen Maßnahme von den Mitgliedstaaten nicht ausreichend erreicht werden können, da es sich darum handelt, eine Reihe von für die SCE geltenden Regeln für die Beteiligung der Arbeitnehmer zu erlassen, und diese Ziele wegen des Umfangs und der Wirkungen der vorgeschlagenen Maßnahme besser auf Gemeinschaftsebene zu erreichen sind, kann die Gemeinschaft im Einklang mit dem Subsidiaritätsprinzip nach Artikel 5 des Vertrags tätig werden. Entsprechend dem in demselben Artikel genannten Verhältnismäßigkeitsprinzip geht diese Richtlinie nicht über das für die Erreichung dieser Ziele erforderliche Maß hinaus.

---

1) **Amtl. Anm.:** ABl. C 236 vom 31.8.1993, S. 36.
2) **Amtl. Anm.:** ABl. C 42 vom 15.2.1993, S. 75.
3) **Amtl. Anm.:** ABl. C 223 vom 31.8.1992, S. 42.
4) **Amtl. Anm.:** Siehe Seite 1 dieses Amtsblatts. ***Anm. Red.: ABl. 2003 Nr. L 207***

(5) Angesichts der in den Mitgliedstaaten bestehenden Vielfalt an Regelungen und Gepflogenheiten für die Beteiligung der Arbeitnehmervertreter an der Beschlussfassung in Genossenschaften ist es nicht ratsam, ein auf die SCE anwendbares einheitliches europäisches Modell der Arbeitnehmerbeteiligung vorzusehen.

(6) In allen Fällen der Gründung einer SCE sollten Unterrichtungs- und Anhörungsverfahren auf grenzüberschreitender Ebene gewährleistet sein; bei völlig neugegründeten SCE, bei denen dies wegen ihrer Größe – gemessen an der Zahl der Beschäftigten – gerechtfertigt ist, wären die erforderlichen Anpassungen vorzunehmen.

(7) Sofern es in einer oder in mehreren der an der Gründung einer SCE beteiligten Rechtspersönlichkeiten Mitbestimmungsrechte gibt, sollten sie grundsätzlich durch Übertragung an die SCE nach deren Gründung erhalten bleiben, es sei denn, dass die Parteien etwas anderes beschließen.

(8) Die konkreten Verfahren der grenzüberschreitenden Unterrichtung und Anhörung der Arbeitnehmer sowie gegebenenfalls der Mitbestimmung, die für eine SCE gelten, sollten vorrangig durch eine Vereinbarung zwischen den betroffenen Parteien oder – in Ermangelung einer derartigen Vereinbarung – durch die Anwendung einer Reihe von subsidiären Regeln festgelegt werden.

(9) Angesichts der Unterschiede in den nationalen Systemen der Mitbestimmung sollte den Mitgliedstaaten die Anwendung der Auffangregelungen für die Mitbestimmung im Fall einer Fusion freigestellt werden. In diesem Fall ist die Beibehaltung der bestehenden Mitbestimmungssysteme und -praktiken, die gegebenenfalls auf der Ebene der beteiligten Rechtspersönlichkeiten bestehen, durch eine Anpassung der Vorschriften für die Registrierung zu gewährleisten.

(10) Die Abstimmungsregeln in dem besonderen Gremium, das die Arbeitnehmer zu Verhandlungszwecken vertritt, sollten – insbesondere wenn Vereinbarungen getroffen werden, die ein geringeres Maß an Mitbestimmung vorsehen, als es in einer oder mehreren der sich beteiligenden Rechtspersönlichkeiten gegeben ist – in einem angemessenen Verhältnis zur Gefahr der Beseitigung oder der Einschränkung der bestehenden Mitbestimmungssysteme und Praktiken stehen. Wenn eine SCE im Wege der Umwandlung oder Verschmelzung gegründet wird, ist diese Gefahr größer, als wenn es sich um eine völlige Neugründung handelt.

(11) Führen die Verhandlungen zwischen den Vertretern der Arbeitnehmer und dem jeweils zuständigen Organ der beteiligten Rechtspersönlichkeiten nicht zu einer Vereinbarung, so sollten für die SCE von ihrer Gründung an eine bestimmte Auffangregelung gelten. Diese Auffangregelung sollte eine effiziente Praxis der grenzüberschreitenden Unterrichtung und Anhörung der Arbeitnehmer sowie deren Mitbestimmung in dem einschlägigen Organ der SCE gewährleisten, sofern es eine derartige Mitbestimmung vor der Errichtung der SCE in einer der beteiligten Rechtspersönlichkeiten gegeben hat.

(12) Ist es wegen der – gemessen an der Zahl der Beschäftigten – geringen Größe der an der Neugründung einer SCE beteiligten Rechtspersönlichkeiten nicht gerechtfertigt, die vorgenannten Verfahren anzuwenden, sollte die SCE den nationalen Vorschriften für die Arbeitnehmerbeteiligung des Mitgliedstaats, in dem sie ihren Sitz nimmt, oder der Mitgliedstaaten, in

denen sie Tochtergesellschaften oder Niederlassungen besitzt, unterliegen. Des ungeachtet sollten bereits bestehende SCE verpflichtet sein, diese Verfahren durchzuführen, wenn eine erhebliche Anzahl von Arbeitnehmern dies verlangt.

(13) Für die stimmberechtigte Teilnahme der Arbeitnehmer an der Generalversammlung sollten besondere Bestimmungen gelten, soweit dies nach einzelstaatlichem Recht zulässig ist. Die Anwendung dieser Bestimmungen schließt die Anwendung anderer, in dieser Richtlinie vorgesehener Beteiligungsformen nicht aus.

(14) Die Mitgliedstaaten sollten durch entsprechende Bestimmungen sicherstellen, dass die Vereinbarungen über die Beteiligung der Arbeitnehmer im Fall struktureller Veränderungen nach der Gründung einer SCE gegebenenfalls neu ausgehandelt werden können.

(15) Es sollte vorgesehen werden, dass die Vertreter der Arbeitnehmer, die im Rahmen dieser Richtlinie handeln, bei der Wahrnehmung ihrer Aufgaben denselben Schutz und ähnliche Garantien genießen, wie sie die Vertreter der Arbeitnehmer nach den Rechtsvorschriften und/oder den Gepflogenheiten des Landes ihrer Beschäftigung haben. Sie sollten weder Diskriminierung noch Belästigung infolge der rechtmäßigen Ausübung ihrer Tätigkeit erfahren und einen angemessenen Schutz vor Kündigung und anderen Sanktionen genießen.

(16) Die Vertraulichkeit sensibler Informationen sollte auch nach Ablauf der Amtszeit der Arbeitnehmervertreter gewährleistet sein; dem zuständigen Organ der SCE sollte es gestattet werden, Informationen zurückzuhalten, die im Fall einer Bekanntgabe an die Öffentlichkeit den Betrieb der SCE ernsthaft stören würden.

(17) Unterliegen eine SCE sowie ihre Tochtergesellschaften und Niederlassungen der Richtlinie 94/45/EG des Rates vom 22. September 1994 über die Einsetzung eines Europäischen Betriebsrats oder die Schaffung eines Verfahrens zur Unterrichtung und Anhörung der Arbeitnehmer in gemeinschaftsweit operierenden Unternehmen und Unternehmensgruppen[1)], so sollten die Bestimmungen jener Richtlinie und die Bestimmungen zu ihrer Umsetzung in einzelstaatliches Recht weder auf die SCE noch auf seine Tochtergesellschaften und Niederlassungen anwendbar sein, es sei denn, das besondere Verhandlungsgremium beschließt, keine Verhandlungen aufzunehmen oder bereits eröffnete Verhandlungen zu beenden.

(18) Die Regeln dieser Richtlinie sollten andere bestehende Beteiligungsrechte nicht berühren und haben nicht notwendigerweise Auswirkungen auf andere bestehende Vertretungsstrukturen aufgrund gemeinschaftlicher oder einzelstaatlicher Rechtsvorschriften oder Gepflogenheiten.

(19) Die Mitgliedstaaten sollten geeignete Maßnahmen für den Fall vorsehen, dass die in dieser Richtlinie festgelegten Pflichten nicht eingehalten werden.

(20) Der Vertrag enthält Befugnisse für die Annahme dieser Richtlinie nur in Artikel 308.

[1)] **Amtl. Anm.:** ABl. L 254 vom 30.9.1994, S. 64. Zuletzt geändert durch die Richtlinie 97/74/EG (ABl. L 10 vom 16.1.1998, S. 22).

(21) Die Sicherung erworbener Rechte der Arbeitnehmer bei der Beteiligung an Unternehmensentscheidungen ist fundamentaler Grundsatz und erklärtes Ziel dieser Richtlinie. Die vor der Gründung einer SCE bestehenden Rechte der Arbeitnehmer sollten deshalb Ausgangspunkt auch für die Gestaltung ihrer Beteiligungsrechte in der SCE (Vorher-Nachher-Prinzip) sein. Dieser Ansatz sollte folgerichtig nicht nur für die Neugründung einer SCE, sondern auch für strukturelle Veränderungen in einer bereits gegründeten SCE und für die von den strukturellen Änderungsprozessen betroffenen Rechtspersönlichkeiten gelten. Bei der Verlegung des Sitzes einer SCE von einem Mitgliedstaat in einen anderen sollte daher weiterhin mindestens das gleiche Maß an Rechten der Arbeitnehmer auf Beteiligung gelten. Wird der Schwellenwert hinsichtlich der Beteiligung der Arbeitnehmer nach der Eintragung einer SCE erreicht oder überschritten, so sollten diese Rechte in der gleichen Weise gelten, wie sie gegolten hätten, wenn dieser Schwellenwert schon vor der Eintragung erreicht oder überschritten worden wäre.

(22) Die Mitgliedstaaten sollten vorsehen können, dass Vertreter von Gewerkschaften Mitglied eines besonderen Verhandlungsgremiums sein können, unabhängig davon, ob sie Arbeitnehmer einer an der Gründung einer SCE beteiligten Körperschaft sind oder nicht. In diesem Zusammenhang sollten die Mitgliedstaaten dieses Recht insbesondere in den Fällen vorsehen können, in denen Gewerkschaftsvertreter nach ihrem einzelstaatlichen Recht stimmberechtigte Mitglieder des Aufsichts- oder des Leitungsorgans sein dürfen.

(23) In mehreren Mitgliedstaaten werden die Beteiligung der Arbeitnehmer sowie andere Bereiche der Arbeitgeber/Arbeitnehmer-Beziehungen sowohl durch einzelstaatliche Rechtsvorschriften als auch durch Gepflogenheiten geregelt, wobei die Gepflogenheiten im vorliegenden Zusammenhang in der Weise zu verstehen sind, dass sie auch Tarifverträge auf verschiedenen Ebenen – national, sektoral oder unternehmensbezogen – umfassen –

HAT FOLGENDE RICHTLINIE ERLASSEN:

Teil I. Allgemeine Bestimmungen

Art. 1 Gegenstand. (1) Diese Richtlinie regelt die Beteiligung der Arbeitnehmer in der Europäischen Genossenschaft (nachstehend „SCE" genannt), die Gegenstand der Verordnung (EG) Nr. 1435/2003 ist.

(2) Zu diesem Zweck wird in jeder SCE gemäß dem Verhandlungsverfahren nach den Artikeln 3 bis 6 oder unter den in den Artikeln 7 und 8 genannten Umständen gemäß dem Anhang eine Vereinbarung über die Beteiligung der Arbeitnehmer getroffen.

Art. 2 Begriffsbestimmungen. Für die Zwecke dieser Richtlinie bezeichnet der Ausdruck

a) „SCE" eine nach der Verordnung (EG) Nr. 1435/2003 gegründete Genossenschaft,

b) „beteiligte juristische Personen" Gesellschaften im Sinne von Artikel 48 Absatz 2 des Vertrags einschließlich Genossenschaften sowie nach dem Recht eines Mitgliedstaats errichtete und diesem Recht unterliegende juristische Personen, die unmittelbar an der Gründung einer SCE beteiligt sind,

c) „Tochtergesellschaft" einer beteiligten juristischen Person oder einer SCE ein Unternehmen, auf das die betreffende juristische Person oder die betreffende SCE einen beherrschenden Einfluss im Sinne des Artikels 3 Absätze 2 bis 7 der Richtlinie 94/45/EG ausübt,

d) „betroffene Tochtergesellschaft oder betroffener Betrieb" eine Tochtergesellschaft oder einen Betrieb einer beteiligten juristischen Person, die/der bei der Gründung der SCE zu einer Tochtergesellschaft oder einem Betrieb der SCE werden soll,

e) „Arbeitnehmervertreter" die nach den Rechtsvorschriften und/oder den Gepflogenheiten der einzelnen Mitgliedstaaten vorgesehenen Vertreter der Arbeitnehmer,

f) „Vertretungsorgan" das Organ zur Vertretung der Arbeitnehmer, das durch die Vereinbarung nach Artikel 4 oder entsprechend dem Anhang eingesetzt wird, um die Unterrichtung und Anhörung der Arbeitnehmer der SCE und ihrer Tochtergesellschaften und Betriebe in der Gemeinschaft vorzunehmen und gegebenenfalls Mitbestimmungsrechte in Bezug auf die SCE wahrzunehmen,

g) „besonderes Verhandlungsgremium" das gemäß Artikel 3 eingesetzte Gremium, das die Aufgabe hat, mit dem jeweils zuständigen Organ der beteiligten juristischen Personen die Vereinbarung über die Beteiligung der Arbeitnehmer in der SCE auszuhandeln,

h) „Beteiligung der Arbeitnehmer" jedes Verfahren – einschließlich der Unterrichtung, der Anhörung und der Mitbestimmung –, durch das die Vertreter der Arbeitnehmer auf die Beschlussfassung innerhalb eines Unternehmens Einfluss nehmen können,

i) „Unterrichtung" die Unterrichtung des Organs zur Vertretung der Arbeitnehmer und/oder der Arbeitnehmervertreter durch das zuständige Organ der SCE über Angelegenheiten, die die SCE selbst oder eine ihrer Tochtergesellschaften oder Betriebe in einem anderen Mitgliedstaat betreffen oder die über die Befugnisse der Entscheidungsorgane auf der Ebene des einzelnen Mitgliedstaats hinausgehen, wobei Zeitpunkt, Form und Inhalt der Unterrichtung den Arbeitnehmervertretern eine eingehende Prüfung der möglichen Auswirkungen und gegebenenfalls die Vorbereitung von Anhörungen mit dem zuständigen Organ der SCE ermöglichen müssen,

j) „Anhörung" die Einrichtung eines Dialogs und eines Meinungsaustauschs zwischen dem Organ zur Vertretung der Arbeitnehmer und/oder den Arbeitnehmervertretern und dem zuständigen Organ der SCE, wobei Zeitpunkt, Form und Inhalt der Anhörung den Arbeitnehmervertretern auf der Grundlage der Unterrichtung eine Stellungnahme zu den geplanten Maßnahmen des zuständigen Organs ermöglichen müssen, die im Rahmen des Entscheidungsprozesses innerhalb der SCE berücksichtigt werden kann,

k) „Mitbestimmung" die Einflussnahme des Organs zur Vertretung der Arbeitnehmer und/oder der Arbeitnehmervertreter auf die Angelegenheiten einer juristischen Person durch

- die Wahrnehmung des Rechts, einen Teil der Mitglieder des Aufsichts- oder des Verwaltungsorgans der juristischen Person zu wählen oder zu bestellen oder

– die Wahrnehmung des Rechts, die Bestellung eines Teils der Mitglieder oder aller Mitglieder des Aufsichts- oder des Verwaltungsorgans der juristischen Person zu empfehlen und/oder abzulehnen.

Teil II. Verhandlungsverfahren im Fall einer SCE, die von mindestens zwei juristischen Personen sowie im Wege der Umwandlung gegründet wird

Art. 3 Einsetzung eines besonderen Verhandlungsgremiums. (1) Wenn die Leitungs- oder die Verwaltungsorgane der beteiligten juristischen Personen die Gründung einer SCE planen, so leiten sie so rasch wie möglich die erforderlichen Schritte – zu denen auch die Unterrichtung über die Identität der beteiligten juristischen Personen und der Tochtergesellschaften oder Betriebe sowie die Zahl ihrer Beschäftigten gehört – für die Aufnahme von Verhandlungen mit den Arbeitnehmervertretern der juristischen Personen über die Vereinbarung über die Beteiligung der Arbeitnehmer in der SCE ein.

(2) Zu diesem Zweck wird ein besonderes Verhandlungsgremium als Vertretung der Arbeitnehmer der beteiligten juristischen Personen sowie der betroffenen Tochtergesellschaften oder betroffenen Betriebe gemäß folgenden Vorschriften eingesetzt:

a) Bei der Wahl oder der Bestellung der Mitglieder des besonderen Verhandlungsgremiums ist Folgendes sicherzustellen:
   i) die Vertretung durch gewählte oder bestellte Mitglieder entsprechend der Zahl der in jedem Mitgliedstaat beschäftigten Arbeitnehmer der beteiligten juristischen Personen und der betroffenen Tochtergesellschaften oder betroffenen Betriebe in der Form, dass pro Mitgliedstaat für jeden Anteil der in diesem Mitgliedstaat beschäftigten Arbeitnehmer, der 10% der Gesamtzahl der in allen Mitgliedstaaten beschäftigten Arbeitnehmer entspricht, oder für einen Bruchteil dieser Tranche Anspruch auf einen Sitz besteht;
   ii) im Fall einer durch Verschmelzung gegründeten SCE die Vertretung jedes Mitgliedstaats durch so viele weitere Mitglieder, wie erforderlich sind, um zu gewährleisten, dass jede beteiligte Genossenschaft, die eingetragen ist und Arbeitnehmer in dem betreffenden Mitgliedstaat beschäftigt und der als Folge der geplanten Eintragung der SCE als eigene Rechtspersönlichkeit erlöschen wird, in dem besonderen Verhandlungsgremium durch mindestens ein Mitglied vertreten ist, sofern
      – die Zahl dieser zusätzlichen Mitglieder 20% der sich aus der Anwendung von Ziffer i) ergebenden Mitgliederzahl nicht überschreitet und
      – die Zusammensetzung des besonderen Verhandlungsgremiums nicht zu einer Doppelvertretung der betroffenen Arbeitnehmer führt.

   Übersteigt die Zahl dieser Genossenschaften die Zahl der gemäß Unterabsatz 1 verfügbaren zusätzlichen Sitze, so werden diese zusätzlichen Sitze Genossenschaften in verschiedenen Mitgliedstaaten in absteigender Reihenfolge der Zahl der bei ihnen beschäftigten Arbeitnehmer zugeteilt.

b) Die Mitgliedstaaten legen das Verfahren für die Wahl oder die Bestellung der Mitglieder des besonderen Verhandlungsgremiums fest, die in ihrem Hoheitsgebiet zu wählen oder zu bestellen sind. Sie ergreifen die erforderlichen Maßnahmen, um sicherzustellen, dass nach Möglichkeit jede beteiligte juris-

tische Person, die in dem jeweiligen Mitgliedstaat Arbeitnehmer beschäftigt, durch mindestens ein Mitglied in dem Gremium vertreten ist. Die Gesamtzahl der Mitglieder darf durch diese Maßnahmen nicht erhöht werden. Die Verfahren zur Benennung, Bestellung oder Wahl der Arbeitnehmervertreter sollten möglichst eine ausgewogene Vertretung von Frauen und Männern fördern.
Die Mitgliedstaaten können vorsehen, dass diesem Gremium Gewerkschaftsvertreter auch dann angehören können, wenn sie nicht Arbeitnehmer einer beteiligten juristischen Person oder einer betroffenen Tochtergesellschaft oder eines betroffenen Betriebs sind.
Unbeschadet der einzelstaatlichen Rechtsvorschriften und/oder Gepflogenheiten betreffend Schwellen für die Einrichtung eines Vertretungsorgans sehen die Mitgliedstaaten vor, dass die Arbeitnehmer der Unternehmen oder Betriebe, in denen unabhängig vom Willen der Arbeitnehmer keine Arbeitnehmervertreter vorhanden sind, selbst Mitglieder für das besondere Verhandlungsgremium wählen oder bestellen dürfen.

(3) *[1]* Das besondere Verhandlungsgremium und das jeweils zuständige Organ der beteiligten juristischen Personen legen in einer schriftlichen Vereinbarung die Beteiligung der Arbeitnehmer in der SCE fest.

[2] Zu diesem Zweck unterrichtet das jeweils zuständige Organ der beteiligten juristischen Personen das besondere Verhandlungsgremium über das Vorhaben der Gründung einer SCE und den Verlauf des Verfahrens bis zu dessen Eintragung.

(4) [1]Das besondere Verhandlungsgremium beschließt vorbehaltlich des Absatzes 6 mit der absoluten Mehrheit seiner Mitglieder, sofern diese Mehrheit auch die absolute Mehrheit der Arbeitnehmer vertritt. [2]Jedes Mitglied hat eine Stimme. [3]Hätten jedoch die Verhandlungen eine Minderung der Mitbestimmungsrechte zur Folge, so ist für einen Beschluss zur Billigung einer solchen Vereinbarung eine Mehrheit von zwei Dritteln der Stimmen der Mitglieder des besonderen Verhandlungsgremiums, die mindestens zwei Drittel der Arbeitnehmer vertreten, erforderlich, mit der Maßgabe, dass diese Mitglieder Arbeitnehmer in mindestens zwei Mitgliedstaaten vertreten müssen, und zwar

– im Fall einer SCE, die durch Verschmelzung gegründet werden soll, sofern sich die Mitbestimmung auf mindestens 25 % der Gesamtzahl der Arbeitnehmer der beteiligten Verbände erstreckt, oder
– im Fall einer SCE, die auf andere Weise gegründet werden soll, sofern sich die Mitbestimmung auf mindestens 50 % der Gesamtzahl der Arbeitnehmer der beteiligten juristischen Personen erstreckt.

[4]Minderung der Mitbestimmungsrechte bedeutet, dass der Anteil der Mitglieder der Organe der SCE im Sinne des Artikels 2 Buchstabe k) geringer ist als der höchste in den beteiligten juristischen Personen geltende Anteil.

(5) [1]Das besondere Verhandlungsgremium kann bei den Verhandlungen Sachverständige seiner Wahl, zu denen auch Vertreter der einschlägigen Gewerkschaftsorganisationen auf Gemeinschaftsebene zählen können, hinzuziehen, um sich von ihnen bei seiner Arbeit unterstützen zu lassen. [2]Diese Sachverständigen können, wenn das besondere Verhandlungsgremium dies wünscht, den Verhandlungen in beratender Funktion beiwohnen, um gegebenenfalls die Kohärenz und Stimmigkeit auf Gemeinschaftsebene zu fördern. [3]Das besondere Verhandlungsgremium kann beschließen, die Vertreter geeigneter außen-

stehender Organisationen, zu denen auch Gewerkschaftsvertreter zählen können, vom Beginn der Verhandlungen zu unterrichten.

(6) *[1]* [1] Das besondere Verhandlungsgremium kann mit der in Unterabsatz 2 festgelegten Mehrheit beschließen, keine Verhandlungen aufzunehmen oder bereits aufgenommene Verhandlungen abzubrechen und die Vorschriften für die Unterrichtung und Anhörung der Arbeitnehmer zur Anwendung gelangen zu lassen, die in den Mitgliedstaaten gelten, in denen die SCE Arbeitnehmer beschäftigt. [2] Ein solcher Beschluss beendet das Verfahren zum Abschluss der Vereinbarung gemäß Artikel 4. [3] Ist ein solcher Beschluss gefasst worden, findet keine der Bestimmungen des Anhangs Anwendung.

[2] Für den Beschluss, die Verhandlungen nicht aufzunehmen oder sie abzubrechen, ist eine Mehrheit von zwei Dritteln der Stimmen der Mitglieder, die mindestens zwei Drittel der Arbeitnehmer vertreten, erforderlich, mit der Maßgabe, dass diese Mitglieder Arbeitnehmer in mindestens zwei Mitgliedstaaten vertreten müssen.

[3] Im Fall einer durch Umwandlung gegründeten SCE findet dieser Absatz keine Anwendung, wenn in der umzuwandelnden Genossenschaft Mitbestimmung besteht.

[4] [1] Das besondere Verhandlungsgremium wird auf schriftlichen Antrag von mindestens 10 % der Arbeitnehmer der SCE, ihrer Tochtergesellschaften und Betriebe oder von deren Vertretern frühestens zwei Jahre nach dem vorgenannten Beschluss wieder einberufen, sofern die Parteien nicht eine frühere Wiederaufnahme der Verhandlungen vereinbaren. [2] Wenn das besondere Verhandlungsgremium die Wiederaufnahme der Verhandlungen mit der Geschäftsleitung beschließt, in diesen Verhandlungen jedoch keine Einigung erzielt wird, findet keine der Bestimmungen des Anhangs Anwendung.

(7) *[1]* Die Kosten, die im Zusammenhang mit der Tätigkeit des besonderen Verhandlungsgremiums und generell mit den Verhandlungen entstehen, werden von den beteiligten juristischen Personen getragen, damit das besondere Verhandlungsgremium seine Aufgaben in angemessener Weise erfüllen kann.

[2] [1] Im Einklang mit diesem Grundsatz können die Mitgliedstaaten Regeln für die Finanzierung der Arbeit des besonderen Verhandlungsgremiums festlegen. [2] Sie können insbesondere die Übernahme der Kosten auf die Kosten für einen Sachverständigen begrenzen.

Art. 4 Inhalt der Vereinbarung. (1) Das jeweils zuständige Organ der beteiligten juristischen Personen und das besondere Verhandlungsgremium verhandeln mit dem Willen zur Verständigung, um zu einer Vereinbarung über die Beteiligung der Arbeitnehmer in der SCE zu gelangen.

(2) Unbeschadet der Autonomie der Parteien und vorbehaltlich des Absatzes 4 wird in der Vereinbarung nach Absatz 1 zwischen dem jeweils zuständigen Organ der beteiligten juristischen Personen und dem besonderen Verhandlungsgremium Folgendes festgelegt:

a) der Geltungsbereich der Vereinbarung,

b) die Zusammensetzung des Vertretungsorgans als Verhandlungspartner des zuständigen Organs der SCE im Rahmen der Vereinbarung über die Unterrichtung und Anhörung der Arbeitnehmer der SCE und ihrer Tochtergesellschaften und Betriebe sowie die Anzahl seiner Mitglieder und die Sitzverteilung,

c) die Befugnisse und das Verfahren zur Unterrichtung und Anhörung des Vertretungsorgans,
d) die Häufigkeit der Sitzungen des Vertretungsorgans,
e) die für das Vertretungsorgan bereitzustellenden finanziellen und materiellen Mittel,
f) die Durchführungsmodalitäten des Verfahrens oder der Verfahren zur Unterrichtung und Anhörung für den Fall, dass die Parteien im Laufe der Verhandlungen beschließen, eines oder mehrere solcher Verfahren zu schaffen, anstatt ein Vertretungsorgan einzusetzen,
g) der Inhalt einer Vereinbarung über die Mitbestimmung für den Fall, dass die Parteien im Laufe der Verhandlungen beschließen, eine solche Vereinbarung einzuführen, einschließlich (gegebenenfalls) der Zahl der Mitglieder des Verwaltungs- oder des Aufsichtsorgans der SCE, welche die Arbeitnehmer wählen oder bestellen können oder deren Bestellung sie empfehlen oder ablehnen können, der Verfahren, nach denen die Arbeitnehmer diese Mitglieder wählen oder bestellen oder deren Bestellung empfehlen oder ablehnen können, und der Rechte dieser Mitglieder,
h) der Zeitpunkt des Inkrafttretens der Vereinbarung und ihre Laufzeit, die Fälle, in denen die Vereinbarung neu ausgehandelt werden sollte, und das bei ihrer Neuaushandlung anzuwendende Verfahren, gegebenenfalls auch für den Fall struktureller Veränderungen in der SCE, ihren Tochtergesellschaften oder Betrieben, die nach Gründung der SCE eintreten.

(3) Sofern in der Vereinbarung nichts anderes bestimmt ist, gilt die Auffangregelung des Anhangs nicht für diese Vereinbarung.

(4) Unbeschadet des Artikels 15 Absatz 3 Buchstabe a) muss in der Vereinbarung im Fall einer durch Umwandlung gegründeten SCE in Bezug auf alle Komponenten der Arbeitnehmerbeteiligung zumindest das gleiche Ausmaß gewährleistet werden, das in der Genossenschaft besteht, die in eine SCE umgewandelt werden soll.

(5) In der Vereinbarung kann geregelt werden, wie die Arbeitnehmer ihr Recht auf stimmberechtigte Teilnahme an der Generalversammlung oder den Sektor- oder Sektionsversammlungen im Einklang mit Artikel 9 dieser Richtlinie und Artikel 59 Absatz 4 der Verordnung (EG) Nr. 1435/2003 wahrnehmen können.

Art. 5 Dauer der Verhandlungen. (1) Die Verhandlungen beginnen mit der Einsetzung des besonderen Verhandlungsgremiums und können bis zu sechs Monate andauern.

(2) Die Parteien können einvernehmlich beschließen, die Verhandlungen über den in Absatz 1 genannten Zeitraum hinaus bis zu insgesamt einem Jahr ab der Einsetzung des besonderen Verhandlungsgremiums fortzusetzen.

Art. 6 Für das Verhandlungsverfahren maßgebliches Recht. Sofern in dieser Richtlinie nichts anderes vorgesehen ist, ist für das Verhandlungsverfahren gemäß den Artikeln 3, 4 und 5 das Recht des Mitgliedstaats maßgeblich, in dem die SCE ihren Sitz haben wird.

Art. 7 Auffangregelung. (1) *[1]* Zur Verwirklichung des in Artikel 1 festgelegten Ziels führen die Mitgliedstaaten eine Auffangregelung zur Beteiligung der Arbeitnehmer ein, die den im Anhang niedergelegten Bestimmungen genügen muss.

[2] Die Auffangregelung, die in den Rechtsvorschriften des Mitgliedstaats festgelegt ist, in dem die SCE ihren Sitz haben soll, findet ab dem Zeitpunkt der Eintragung der SCE Anwendung, wenn

a) die Parteien dies vereinbaren oder

b) bis zum Ende des in Artikel 5 genannten Zeitraums keine Vereinbarung zustande gekommen ist und
   - das zuständige Organ jeder der beteiligten juristischen Personen der Anwendung der Auffangregelung auf die SCE und damit der Fortsetzung des Verfahrens zur Eintragung der SCE zugestimmt hat und
   - das besondere Verhandlungsgremium keinen Beschluss gemäß Artikel 3 Absatz 6 gefasst hat.

(2) Ferner findet die Auffangregelung, die in den Rechtsvorschriften des Mitgliedstaats festgelegt ist, in dem die SCE eingetragen wird, gemäß Teil 3 des Anhangs nur Anwendung, wenn

a) im Fall einer durch Umwandlung gegründeten SCE die Bestimmungen eines Mitgliedstaats über die Mitbestimmung der Arbeitnehmer im Verwaltungs- oder Aufsichtsorgan für eine in eine SCE umgewandelte Genossenschaft galten;

b) im Fall einer durch Verschmelzung gegründeten SCE:
   - vor der Eintragung der SCE in einer oder mehreren der beteiligten Genossenschaften eine oder mehrere Formen der Mitbestimmung bestanden und sich auf mindestens 25 % der Gesamtzahl der bei ihnen beschäftigten Arbeitnehmer erstreckten oder
   - vor der Eintragung der SCE in einer oder mehreren der beteiligten Genossenschaften eine oder mehrere Formen der Mitbestimmung bestanden und sich auf weniger als 25 % der Gesamtzahl der bei ihnen beschäftigten Arbeitnehmer erstreckten und das besondere Verhandlungsgremium einen entsprechenden Beschluss fasst;

c) im Fall einer auf andere Weise gegründeten SCE:
   - vor der Eintragung der SCE in einer oder mehreren der beteiligten juristischen Personen eine oder mehrere Formen der Mitbestimmung bestanden und sich auf mindestens 50 % der Gesamtzahl der bei ihnen beschäftigten Arbeitnehmer erstreckten oder
   - vor der Eintragung der SCE in einer oder mehreren der beteiligten juristischen Personen eine oder mehrere Formen der Mitbestimmung bestanden und sich auf weniger als 50 % der Gesamtzahl der bei ihnen beschäftigten Arbeitnehmer erstreckten und das besondere Verhandlungsgremium einen entsprechenden Beschluss fasst.

Bestand mehr als eine Mitbestimmungsform in den verschiedenen beteiligten juristischen Personen, so entscheidet das besondere Verhandlungsgremium, welche von ihnen in der SCE eingeführt wird. Die Mitgliedstaaten können Regeln festlegen, die anzuwenden sind, wenn kein einschlägiger Beschluss für eine in ihrem Hoheitsgebiet eingetragene SCE gefasst worden ist. Das besondere Verhandlungsgremium unterrichtet das jeweils zuständige Organ der beteiligten juristischen Personen über die Beschlüsse, die es gemäß diesem Absatz gefasst hat.

(3) Die Mitgliedstaaten können vorsehen, dass die Auffangregelung in Teil 3 des Anhangs in dem in Absatz 2 Buchstabe b) vorgesehenen Fall keine Anwendung findet.

Teil III. Regelung im Fall einer SCE , die ausschließlich von natürlichen Personen oder von nur einer einzigen juristischen Person zusammen mit natürlichen Personen gegründet wird

Art. 8 [Gründung durch natürliche Personen] (1) Im Fall einer SCE, die ausschließlich von natürlichen Personen oder von nur einer einzigen juristischen Person sowie natürlichen Personen gegründet wird, die in mindestens zwei Mitgliedstaaten insgesamt mindestens 50 Arbeitnehmer beschäftigen, finden die Artikel 3 bis 7 Anwendung.

(2) [1] Im Fall einer SCE, die ausschließlich von natürlichen Personen oder von nur einer einzigen juristischen Person sowie natürlichen Personen gegründet wird, die insgesamt weniger als 50 Arbeitnehmer oder in nur einem Mitgliedstaat 50 oder mehr Arbeitnehmer beschäftigen, ist die Beteiligung der Arbeitnehmer wie folgt geregelt:

- In der SCE selbst finden die für andere Rechtspersönlichkeiten desselben Typs geltenden Bestimmungen des Mitgliedstaats, in dem sich der Sitz der SCE befindet, Anwendung;
- in ihren Tochtergesellschaften und Betrieben finden die für andere Rechtspersönlichkeiten desselben Typs geltenden Bestimmungen des Mitgliedstaats, in dem sich diese befinden, Anwendung.

[2] Wird der Sitz einer SCE, in der Vorschriften über die Mitbestimmung bestehen, von einem Mitgliedstaat in einen anderen verlegt, so ist den Arbeitnehmern weiterhin zumindest dasselbe Niveau an Mitbestimmungsrechten zu gewährleisten.

(3) [1] Stellen nach der Eintragung einer SCE nach Absatz 2 mindestens ein Drittel der Gesamtzahl der Arbeitnehmer der SCE und ihrer Tochtergesellschaften und Betriebe in mindestens zwei verschiedenen Mitgliedstaaten einen entsprechenden Antrag oder wird die Gesamtzahl von 50 Arbeitnehmern in mindestens zwei Mitgliedstaaten erreicht oder überschritten, so finden die Bestimmungen der Artikel 3 bis 7 entsprechend Anwendung. [2] In diesem Fall werden die Worte „beteiligte juristische Personen" und „betroffene Tochtergesellschaft oder betroffener Betrieb" durch die Worte „SCE" bzw. „Tochtergesellschaften und Betriebe der SCE" ersetzt.

Teil IV. Stimmberechtigte Teilnahme an der Generalversammlung oder an der Sektor- oder Sektionsversammlung

Art. 9 [Teilnahmevoraussetzungen] Vorbehaltlich der Beschränkungen nach Artikel 59 Absatz 4 der Verordnung (EG) Nr. 1435/2003 haben die Arbeitnehmer der SCE und/oder ihre Vertreter das Recht, an der Generalversammlung bzw., sofern diese existieren, an der Sektor- oder Sektionsversammlung, unter folgenden Voraussetzungen stimmberechtigt teilzunehmen:

1. wenn die Parteien dies in der Vereinbarung gemäß Artikel 4 festlegen oder

2. wenn eine Genossenschaft, in der diese Regelung galt, sich in eine SCE umwandelt oder
3. wenn im Fall einer auf andere Weise als durch Umwandlung gegründeten SCE in einer der beteiligten Genossenschaften diese Regelung galt und:
   i) die Parteien innerhalb der durch Artikel 5 gesetzten Frist keine Vereinbarung gemäß Artikel 4 schließen,
   ii) Artikel 7 Absatz 1 Buchstabe b) und Teil 3 des Anhangs Anwendung finden und
   iii) die beteiligte Genossenschaft, in der diese Regelung gilt, in Bezug auf die Mitbestimmung im Sinne von Artikel 2 Buchstabe k), die in den betroffenen beteiligten Genossenschaften vor der Eintragung der SCE in Kraft war, den höchsten Grad an Mitbestimmung aufweist.

Teil V. Sonstige Bestimmungen

Art. 10 Verschwiegenheit und Geheimhaltung. (1) *[1]* Die Mitgliedstaaten sehen vor, dass den Mitgliedern des besonderen Verhandlungsgremiums und des Vertretungsorgans sowie den sie unterstützenden Sachverständigen nicht gestattet wird, ihnen als vertraulich mitgeteilte Informationen an Dritte weiterzugeben.

[2] Das Gleiche gilt für die Arbeitnehmervertreter im Rahmen eines Verfahrens zur Unterrichtung und Anhörung.

[3] Diese Verpflichtung besteht unabhängig von dem Aufenthaltsort der betreffenden Personen und gilt auch nach Ablauf ihres Mandats weiter.

(2) *[1]* Jeder Mitgliedstaat sieht vor, dass das Aufsichts- oder das Verwaltungsorgan einer SCE oder einer beteiligten juristischen Person mit Sitz in seinem Hoheitsgebiet in besonderen Fällen und unter den Bedingungen und Beschränkungen des einzelstaatlichen Rechts Informationen nicht weiterleiten muss, wenn deren Bekanntwerden bei Zugrundelegung objektiver Kriterien den Geschäftsbetrieb der SCE (oder gegebenenfalls einer beteiligten juristischen Person) oder ihrer Tochtergesellschaften und Betriebe erheblich beeinträchtigen oder ihnen schaden würde.

[2] Jeder Mitgliedstaat kann eine solche Freistellung von einer vorherigen behördlichen oder gerichtlichen Genehmigung abhängig machen.

(3) Jeder Mitgliedstaat kann für eine SCE mit Sitz in seinem Hoheitsgebiet, die in Bezug auf Berichterstattung und Meinungsäußerung unmittelbar und überwiegend eine bestimmte weltanschauliche Tendenz verfolgt, besondere Bestimmungen vorsehen, falls das innerstaatliche Recht solche Bestimmungen zum Zeitpunkt der Annahme dieser Richtlinie bereits enthält.

(4) *[1]* Bei der Anwendung der Absätze 1, 2 und 3 sehen die Mitgliedstaaten Verfahren vor, nach denen die Arbeitnehmervertreter auf dem Verwaltungsweg oder vor Gericht Rechtsbehelfe einlegen können, wenn das Aufsichts- oder das Verwaltungsorgan der SCE oder der beteiligten juristischen Person Vertraulichkeit verlangt oder die Informationen verweigert.

[2] Diese Verfahren können Regelungen zur Wahrung der Vertraulichkeit der betreffenden Informationen einschließen.

Art. 11 Arbeitsweise des Vertretungsorgans und Funktionsweise des Verfahrens zur Unterrichtung und Anhörung der Arbeitnehmer.

[1] Das zuständige Organ der SCE und das Vertretungsorgan arbeiten mit dem Willen zur Verständigung unter Beachtung ihrer jeweiligen Rechte und Pflichten zusammen.

[2] Das Gleiche gilt für die Zusammenarbeit zwischen dem Aufsichts- oder dem Verwaltungsorgan der SCE und den Arbeitnehmervertretern im Rahmen eines Verfahrens zur Unterrichtung und Anhörung der Arbeitnehmer.

Art. 12 Schutz der Arbeitnehmervertreter. *[1]* Die Mitglieder des besonderen Verhandlungsgremiums, die Mitglieder des Vertretungsorgans, Arbeitnehmervertreter, die bei einem Verfahren zur Unterrichtung und Anhörung mitwirken, und Arbeitnehmervertreter im Aufsichts- oder im Verwaltungsorgan der SCE, die Beschäftigte der SCE, ihrer Tochtergesellschaften oder Betriebe oder einer der beteiligten juristischen Personen sind, genießen bei der Wahrnehmung ihrer Aufgaben den gleichen Schutz und gleichartige Sicherheiten wie die Arbeitnehmervertreter nach den innerstaatlichen Rechtsvorschriften und/oder Gepflogenheiten des Landes, in dem sie beschäftigt sind.

[2] Dies gilt insbesondere für die Teilnahme an den Sitzungen des besonderen Verhandlungsgremiums oder des Vertretungsorgans, an allen sonstigen Sitzungen, die im Rahmen der Vereinbarung nach Artikel 4 Absatz 2 Buchstabe f) stattfinden, und an den Sitzungen des Verwaltungs- oder des Aufsichtsorgans sowie für die Lohn- und Gehaltsfortzahlung an die Mitglieder, die Beschäftigte einer der beteiligten juristischen Personen oder der SCE oder ihrer Tochtergesellschaften oder Betriebe sind, für die Dauer ihrer zur Wahrnehmung ihrer Aufgaben erforderlichen Abwesenheit.

Art. 13 Verfahrensmissbrauch. Die Mitgliedstaaten treffen im Einklang mit den gemeinschaftlichen Rechtsvorschriften geeignete Maßnahmen, um zu verhindern, dass eine SCE dazu missbraucht wird, Arbeitnehmern Beteiligungsrechte zu entziehen oder vorzuenthalten.

Art. 14 Einhaltung dieser Richtlinie. (1) Jeder Mitgliedstaat trägt dafür Sorge, dass die Leitung der Betriebe einer SCE und die Aufsichts- oder die Verwaltungsorgane der Tochtergesellschaften und der beteiligten juristischen Personen, die sich in seinem Hoheitsgebiet befinden, und ihre Arbeitnehmervertreter oder gegebenenfalls ihre Arbeitnehmer den Verpflichtungen dieser Richtlinie nachkommen, unabhängig davon, ob die SCE ihren Sitz in seinem Hoheitsgebiet hat.

(2) Die Mitgliedstaaten sehen geeignete Maßnahmen für den Fall der Nichteinhaltung dieser Richtlinie vor; sie sorgen insbesondere dafür, dass Verwaltungs- oder Gerichtsverfahren bestehen, mit denen die Erfüllung der sich aus dieser Richtlinie ergebenden Verpflichtungen durchgesetzt werden kann.

Art. 15 Verhältnis dieser Richtlinie zu anderen Bestimmungen.

(1) *[1]* SCE und Tochtergesellschaften einer SCE, die gemeinschaftsweit operierende Unternehmen oder herrschende Unternehmen in einer gemeinschaftsweit operierenden Unternehmensgruppe im Sinne der Richtlinie 94/45/EG oder im Sinne der Richtlinie 97/74/EG des Rates vom 15. Dezember

1997 zur Ausdehnung der genannten Richtlinie auf das Vereinigte Königreich[1] sind, unterliegen nicht den genannten Richtlinien und den Bestimmungen zu deren Umsetzung in einzelstaatliches Recht.

[2] Beschließt das besondere Verhandlungsgremium jedoch gemäß Artikel 3 Absatz 6, keine Verhandlungen aufzunehmen oder bereits aufgenommene Verhandlungen abzubrechen, so gelangen die Richtlinie 94/45/EG oder die Richtlinie 97/74/EG und die Bestimmungen zu ihrer Umsetzung in einzelstaatliches Recht zur Anwendung.

(2) Einzelstaatliche Rechtsvorschriften und/oder Gepflogenheiten in Bezug auf die Mitbestimmung der Arbeitnehmer in den Gesellschaftsorganen, die nicht zur Umsetzung dieser Richtlinie dienen, finden keine Anwendung auf SCE, die unter die Artikel 3 bis 7 fallen.

(3) Diese Richtlinie berührt nicht

a) die den Arbeitnehmern nach einzelstaatlichen Rechtsvorschriften und/oder Gepflogenheiten zustehenden Beteiligungsrechte, die für die Arbeitnehmer der SCE und ihrer Tochtergesellschaften und Betriebe gelten, mit Ausnahme der Mitbestimmung in den Gremien der SCE,

b) die nach einzelstaatlichen Rechtsvorschriften und/oder Gepflogenheiten geltenden Bestimmungen über die Mitbestimmung in den Gesellschaftsorganen, die auf die Tochtergesellschaften der SCE oder auf SCE Anwendung finden, die nicht unter die Artikel 3 bis 7 fallen.

(4) Zur Wahrung der in Absatz 3 genannten Rechte können die Mitgliedstaaten durch geeignete Maßnahmen sicherstellen, dass die Strukturen der Arbeitnehmervertretung in den beteiligten juristischen Personen, die als eigenständige juristische Personen erlöschen, nach der Eintragung der SCE fortbestehen.

Art. 16 Schlussbestimmungen. (1) [1]Die Mitgliedstaaten erlassen die erforderlichen Rechts- und Verwaltungsvorschriften, um dieser Richtlinie spätestens am 18. August 2006 nachzukommen, oder stellen spätestens zu diesem Zeitpunkt sicher, dass die Sozialpartner die erforderlichen Bestimmungen durch Vereinbarungen einführen; die Mitgliedstaaten treffen alle erforderlichen Vorkehrungen, um jederzeit gewährleisten zu können, dass die durch diese Richtlinie vorgeschriebenen Ergebnisse erzielt werden. [2]Sie setzen die Kommission unverzüglich davon in Kenntnis.

(2) [1]Wenn die Mitgliedstaaten diese Vorschriften erlassen, nehmen sie in den Vorschriften selbst oder durch einen Hinweis bei der amtlichen Veröffentlichung auf diese Richtlinie Bezug. [2]Die Mitgliedstaaten regeln die Einzelheiten der Bezugnahme.

Art. 17 Überprüfung durch die Kommission. Die Kommission überprüft spätestens zum 18. August 2009 im Benehmen mit den Mitgliedstaaten und den Sozialpartnern auf Gemeinschaftsebene die Anwendung dieser Richtlinie, um dem Rat gegebenenfalls erforderliche Änderungen vorzuschlagen.

Art. 18 Inkrafttreten. Diese Richtlinie tritt am Tag ihrer Veröffentlichung[2] im *Amtsblatt der Europäischen Union* in Kraft.

---

[1] **Amtl. Anm.:** ABl. L 10 vom 16.1.1998, S. 22.
[2] Veröffentlicht am 18.8.2003.

Art. 19 Adressaten. Diese Richtlinie ist an die Mitgliedstaaten gerichtet.

Anhang. Auffangregelung *(nach den Artikeln 7 und 8)*

Teil 1: Zusammensetzung des Organs zur Vertretung der Arbeitnehmer

Zur Verwirklichung des Ziels nach Artikel 1 wird in den in Artikel 7 genannten Fällen ein Vertretungsorgan gemäß folgenden Regeln eingesetzt:

a) Das Vertretungsorgan setzt sich aus Arbeitnehmern der SCE und ihrer Tochtergesellschaften und Betriebe zusammen, die von den Arbeitnehmervertretern aus ihrer Mitte oder, in Ermangelung solcher Vertreter, von der Gesamtheit der Arbeitnehmer gewählt oder bestellt werden.

b) Die Mitglieder des Vertretungsorgans werden gemäß den einzelstaatlichen Rechtsvorschriften und/oder Gepflogenheiten gewählt oder bestellt.
Die Mitgliedstaaten sorgen durch entsprechende Vorschriften dafür, dass Änderungen innerhalb der SCE und ihrer Tochtergesellschaften und Betriebe durch Anpassung der Zahl der Mitglieder des Vertretungsorgans und der Zuteilung der Sitze in diesem Organ Rechnung getragen wird. Die Verfahren zur Benennung, Bestellung oder Wahl der Arbeitnehmervertreter sollten möglichst eine ausgewogene Vertretung von Frauen und Männern fördern.

c) Sofern die Zahl der Mitglieder des Vertretungsorgans es rechtfertigt, wählt das Vertretungsorgan aus seiner Mitte einen engeren Ausschuss mit höchstens drei Mitgliedern.

d) Das Vertretungsorgan gibt sich eine Geschäftsordnung.

e) Die Mitglieder des Vertretungsorgans werden entsprechend der Zahl der in jedem Mitgliedstaat beschäftigten Arbeitnehmer der SCE und ihrer Tochtergesellschaften oder Betriebe gewählt oder bestellt, so dass pro Mitgliedstaat für jeden Anteil der in diesem Mitgliedstaat beschäftigten Arbeitnehmer, der 10 % der Gesamtzahl der in allen Mitgliedstaaten bei ihnen beschäftigten Arbeitnehmer entspricht, oder für einen Bruchteil dieser Tranche Anspruch auf einen Sitz besteht.

f) Die Zusammensetzung des Vertretungsorgans wird dem zuständigen Organ der SCE mitgeteilt.

g) Spätestens vier Jahre nach seiner Einsetzung prüft das Vertretungsorgan, ob die Vereinbarung nach den Artikeln 4 und 7 ausgehandelt werden oder die in Übereinstimmung mit diesem Anhang angenommene Auffangregelung weiterhin gelten soll.
Wird der Beschluss gefasst, eine Vereinbarung gemäß Artikel 4 auszuhandeln, so gelten Artikel 3 Absätze 4 bis 7 und die Artikel 4, 5 und 6 sinngemäß, wobei der Ausdruck „besonderes Verhandlungsgremium" durch das Wort „Vertretungsorgan" ersetzt wird. Wenn am Ende des für die Verhandlungen vorgesehenen Zeitraums keine Vereinbarung zustande gekommen ist, findet die Regelung, die ursprünglich gemäß der Auffangregelung angenommen worden war, weiterhin Anwendung.

Teil 2: Auffangregelung für die Unterrichtung und Anhörung

Für die Zuständigkeiten und Befugnisse des Vertretungsorgans in einer SCE gelten folgende Regeln:

a) Die Zuständigkeiten des Vertretungsorgans beschränken sich auf die Angelegenheiten, die die SCE selbst oder eine ihrer Tochtergesellschaften oder einen ihrer Betriebe in einem anderen Mitgliedstaat betreffen oder über die Befugnisse der Entscheidungsorgane auf der Ebene des einzelnen Mitgliedstaats hinausgehen.

b) Unbeschadet etwaiger Zusammenkünfte gemäß Buchstabe c) hat das Vertretungsorgan das Recht, auf der Grundlage regelmäßig von dem zuständigen Organ erstellter Berichte über die Entwicklung der Geschäftslage und die Perspektiven der SCE unterrichtet und dazu gehört zu werden und zu diesem Zweck mindestens einmal jährlich mit dem zuständigen Organ der SCE zusammenzutreten. Die örtlichen Geschäftsleitungen werden hiervon in Kenntnis gesetzt.

   Das zuständige Organ der SCE übermittelt dem Vertretungsorgan die Tagesordnung aller Sitzungen des Verwaltungsorgans oder gegebenenfalls des Leitungs- und des Aufsichtsorgans sowie Kopien aller Unterlagen, die der Versammlung der Mitglieder unterbreitet werden.

   Die Sitzung bezieht sich insbesondere auf die Struktur der SCE, ihre wirtschaftliche und finanzielle Situation, die voraussichtliche Entwicklung der Geschäfts-, Produktions- und Absatzlage, auf Initiativen im Hinblick auf die soziale Verantwortung der Unternehmen, auf die Beschäftigungslage und deren voraussichtliche Entwicklung, auf die Investitionen, auf grundlegende Änderungen der Organisation, auf die Einführung neuer Arbeits- oder Fertigungsverfahren, auf Verlagerungen der Produktion, auf Fusionen, Verkleinerungen oder Schließungen von Unternehmen, Betrieben oder wichtigen Teilen derselben und auf Massenentlassungen.

c) Treten außergewöhnliche Umstände ein, die erhebliche Auswirkungen auf die Interessen der Arbeitnehmer haben, insbesondere bei Verlegungen, Verlagerungen, Betriebs- oder Unternehmensschließungen oder Massenentlassungen, so hat das Vertretungsorgan das Recht, darüber unterrichtet zu werden. Das Vertretungsorgan oder – wenn das Vertretungsorgan dies, insbesondere bei Dringlichkeit, beschließt – der engere Ausschuss hat das Recht, auf Antrag mit dem zuständigen Organ der SCE oder den Vertretern einer geeigneteren mit eigenen Entscheidungsbefugnissen ausgestatteten Leitungsebene innerhalb der SCE zusammenzutreffen, um über Maßnahmen, die erhebliche Auswirkungen auf die Interessen der Arbeitnehmer haben, unterrichtet und dazu gehört zu werden.

   Wenn das zuständige Organ beschließt, nicht im Einklang mit der von dem Vertretungsorgan abgegebenen Stellungnahme zu handeln, hat das Vertretungsorgan das Recht, ein weiteres Mal mit dem zuständigen Organ der SCE zusammenzutreffen, um eine Einigung herbeizuführen.

   Findet eine Sitzung mit dem engeren Ausschuss statt, so haben auch die Mitglieder des Vertretungsorgans, die von diesen Maßnahmen unmittelbar betroffene Arbeitnehmer vertreten, das Recht, daran teilzunehmen.

   Die vorstehend genannten Sitzungen lassen die Vorrechte des zuständigen Organs unberührt.

d) Die Mitgliedstaaten können Regeln für den Vorsitz in den Sitzungen zur Unterrichtung und Anhörung festlegen.

Vor Sitzungen mit dem zuständigen Organ der SCE ist das Vertretungsorgan oder der engere Ausschuss – gegebenenfalls in der gemäß Buchstabe c) Absatz 3 erweiterten Zusammensetzung – berechtigt, in Abwesenheit der Vertreter des zuständigen Organs zu tagen.

e) Unbeschadet des Artikels 10 unterrichten die Mitglieder des Vertretungsorgans die Arbeitnehmervertreter der SCE und ihrer Tochtergesellschaften und Betriebe über den Inhalt und die Ergebnisse der Unterrichtungs- und Anhörungsverfahren.

f) Das Vertretungsorgan oder der engere Ausschuss können sich durch Sachverständige ihrer Wahl unterstützen lassen.

g) Sofern dies zur Erfüllung ihrer Aufgaben erforderlich ist, haben die Mitglieder des Vertretungsorgans Anspruch auf bezahlte Freistellung für Fortbildungsmaßnahmen.

h) Die Ausgaben des Vertretungsorgans gehen zulasten der SCE, die die Mitglieder dieses Organs mit den erforderlichen finanziellen und materiellen Mitteln ausstattet, damit diese ihre Aufgaben in angemessener Weise wahrnehmen können.
Insbesondere trägt die SCE die Kosten der Veranstaltung der Sitzungen einschließlich der Dolmetschkosten sowie die Aufenthalts- und Reisekosten für die Mitglieder des Vertretungsorgans und des engeren Ausschusses, soweit nichts anderes vereinbart wurde.
Die Mitgliedstaaten können im Einklang mit diesen Grundsätzen Regeln für die Finanzierung der Arbeit des Vertretungsorgans festlegen. Sie können insbesondere die Übernahme der Kosten auf die Kosten für einen Sachverständigen begrenzen.

Teil 3: Auffangregelung für die Mitbestimmung

Für die Mitbestimmung der Arbeitnehmer in der SCE gelten folgende Bestimmungen:

a) Fanden im Fall einer durch Umwandlung gegründeten SCE Vorschriften eines Mitgliedstaats über die Mitbestimmung der Arbeitnehmer im Verwaltungs- oder im Aufsichtsorgan vor der Eintragung Anwendung, so finden alle Komponenten der Mitbestimmung der Arbeitnehmer weiterhin auf die SCE Anwendung. Buchstabe b) gilt diesbezüglich sinngemäß.

b) In den Fällen der Gründung einer SCE haben die Arbeitnehmer der SCE, ihrer Tochtergesellschaften und Betriebe und/oder ihr Vertretungsorgan das Recht, einen Teil der Mitglieder des Verwaltungs- oder des Aufsichtsorgans der SCE zu wählen oder zu bestellen oder deren Bestellung zu empfehlen oder abzulehnen, wobei die Zahl dieser Mitglieder sich nach dem höchsten maßgeblichen Anteil in den beteiligten Gesellschaften vor der Eintragung der SCE bemisst.

c) Bestanden in keiner der beteiligten juristischen Personen vor der Eintragung der SCE Vorschriften über die Mitbestimmung, so ist die SCE nicht verpflichtet, eine Vereinbarung über die Mitbestimmung der Arbeitnehmer einzuführen.

d) Das Vertretungsorgan entscheidet über die Verteilung der Sitze im Verwaltungs- oder im Aufsichtsorgan auf die Mitglieder, die Arbeitnehmer aus verschiedenen Mitgliedstaaten vertreten oder über die Art und Weise, in der die Arbeitnehmer der SCE Mitglieder dieser Organe empfehlen oder ablehnen können, entsprechend den jeweiligen Anteilen der in den einzelnen Mitgliedstaaten beschäftigten Arbeitnehmer der SCE. Bleiben Arbeitnehmer aus einem oder mehreren Mitgliedstaaten bei der anteilmäßigen Verteilung unberücksichtigt, so bestellt das Vertretungsorgan eines der Mitglieder aus einem dieser Mitgliedstaaten, und zwar vorzugsweise – sofern angemessen – aus dem Mitgliedstaat, in dem die SCE ihren Sitz haben wird. Jeder Mitgliedstaat hat das Recht, die Verteilung der ihm im Verwaltungs- oder im Aufsichtsorgan zugewiesenen Sitze festzulegen.

e) Alle von dem Vertretungsorgan oder gegebenenfalls den Arbeitnehmern gewählten, bestellten oder empfohlenen Mitglieder des Verwaltungsorgans oder gegebenenfalls des Aufsichtsorgans der SCE sind vollberechtigte Mitglieder des jeweiligen Organs mit denselben Rechten (einschließlich des Stimmrechts) und denselben Pflichten wie die Mitglieder, die die Mitglieder der Genossenschaft vertreten.

285. Richtlinie 2003/88/EG des Europäischen Parlaments und des Rates vom 4. November 2003 über bestimmte Aspekte der Arbeitszeitgestaltung

(ABl. L 299 S. 9)

Celex-Nr. 3 2003 L 0088

DAS EUROPÄISCHE PARLAMENT UND DER RAT DER EUROPÄISCHEN UNION –

gestützt auf den Vertrag zur Gründung der Europäischen Gemeinschaft, insbesondere auf Artikel 137 Absatz 2,

auf Vorschlag der Kommission,

nach Stellungnahme des Europäischen Wirtschafts- und Sozialausschusses[1)],

nach Anhörung des Ausschusses der Regionen,

gemäß dem Verfahren des Artikels 251 des Vertrags[2)],

in Erwägung nachstehender Gründe:

(1) Die Richtlinie 93/104/EG des Rates vom 23. November 1993 über bestimmte Aspekte der Arbeitszeitgestaltung[3)], die Mindestvorschriften für Sicherheit und Gesundheitsschutz bei der Arbeitszeitgestaltung im Hinblick auf tägliche Ruhezeiten, Ruhepausen, wöchentliche Ruhezeiten, wöchentliche Höchstarbeitszeit, Jahresurlaub sowie Aspekte der Nacht- und der Schichtarbeit und des Arbeitsrhythmus enthält, ist in wesentlichen Punkten geändert worden. Aus Gründen der Übersichtlichkeit und Klarheit empfiehlt es sich deshalb, die genannten Bestimmungen zu kodifizieren.

(2) Nach Artikel 137 des Vertrags unterstützt und ergänzt die Gemeinschaft die Tätigkeit der Mitgliedstaaten, um die Arbeitsumwelt zum Schutz der Sicherheit und der Gesundheit der Arbeitnehmer zu verbessern. Richtlinien, die auf der Grundlage dieses Artikels angenommen werden, sollten keine verwaltungsmäßigen, finanziellen oder rechtlichen Auflagen vorschreiben, die der Gründung und Entwicklung von kleinen und mittleren Unternehmen entgegenstehen.

(3) Die Bestimmungen der Richtlinie 89/391/EWG[4)] des Rates vom 12. Juni 1989 über die Durchführung von Maßnahmen zur Verbesserung der Sicherheit und des Gesundheitsschutzes der Arbeitnehmer bei der Arbeit[5)] bleiben auf die durch die vorliegende Richtlinie geregelte Materie – unbeschadet der darin enthaltenen strengeren und/oder spezifischen Vorschriften – in vollem Umfang anwendbar.

[1)] **Amtl. Anm.:** ABl. C 61 vom 14.3.2003, S. 123.

[2)] **Amtl. Anm.:** Stellungnahme des Europäischen Parlaments vom 17. Dezember 2002 (noch nicht im Amtsblatt veröffentlicht) und Beschluss des Rates vom 22. September 2003.

[3)] **Amtl. Anm.:** ABl. L 307 vom 13.12.1993, S. 18. Geändert durch die Richtlinie 2000/34/EG des Europäischen Parlaments und des Rates (ABl. L 195 vom 1.8.2000, S. 41).

[4)] Nr. **200**.

[5)] **Amtl. Anm.:** ABl. L 183 vom 29.6.1989, S. 1.

(4) Die Verbesserung von Sicherheit, Arbeitshygiene und Gesundheitsschutz der Arbeitnehmer bei der Arbeit stellen Zielsetzungen dar, die keinen rein wirtschaftlichen Überlegungen untergeordnet werden dürfen.

(5) Alle Arbeitnehmer sollten angemessene Ruhezeiten erhalten. Der Begriff „Ruhezeit" muss in Zeiteinheiten ausgedrückt werden, d.h. in Tagen, Stunden und/oder Teilen davon. Arbeitnehmern in der Gemeinschaft müssen Mindestruhezeiten – je Tag, Woche und Jahr – sowie angemessene Ruhepausen zugestanden werden. In diesem Zusammenhang muss auch eine wöchentliche Höchstarbeitszeit festgelegt werden.

(6) Hinsichtlich der Arbeitszeitgestaltung ist den Grundsätzen der Internationalen Arbeitsorganisation Rechnung zu tragen; dies betrifft auch die für Nachtarbeit geltenden Grundsätze.

(7) Untersuchungen zeigen, dass der menschliche Organismus während der Nacht besonders empfindlich auf Umweltstörungen und auf bestimmte belastende Formen der Arbeitsorganisation reagiert und dass lange Nachtarbeitszeiträume für die Gesundheit der Arbeitnehmer nachteilig sind und ihre Sicherheit bei der Arbeit beeinträchtigen können.

(8) Infolgedessen ist die Dauer der Nachtarbeit, auch in Bezug auf die Mehrarbeit, einzuschränken und vorzusehen, dass der Arbeitgeber im Fall regelmäßiger Inanspruchnahme von Nachtarbeitern die zuständigen Behörden auf Ersuchen davon in Kenntnis setzt.

(9) Nachtarbeiter haben vor Aufnahme der Arbeit – und danach regelmäßig – Anspruch auf eine unentgeltliche Untersuchung ihres Gesundheitszustands und müssen, wenn sie gesundheitliche Schwierigkeiten haben, soweit jeweils möglich auf eine für sie geeignete Arbeitsstelle mit Tagarbeit versetzt werden.

(10) In Anbetracht der besonderen Lage von Nacht- und Schichtarbeitern müssen deren Sicherheit und Gesundheit in einem Maß geschützt werden, das der Art ihrer Arbeit entspricht, und die Schutz- und Vorsorgeleistungen oder -mittel müssen effizient organisiert und eingesetzt werden.

(11) Die Arbeitsbedingungen können die Sicherheit und Gesundheit der Arbeitnehmer beeinträchtigen. Die Gestaltung der Arbeit nach einem bestimmten Rhythmus muss dem allgemeinen Grundsatz Rechnung tragen, dass die Arbeitsgestaltung dem Menschen angepasst sein muss.

(12) Eine europäische Vereinbarung über die Regelung der Arbeitszeit von Seeleuten ist gemäß Artikel 139 Absatz 2 des Vertrags durch die Richtlinie 1999/63/EG des Rates vom 21. Juni 1999 zu der vom Verband der Reeder in der Europäischen Gemeinschaft (European Community Shipowners' Association ECSA) und dem Verband der Verkehrsgewerkschaften in der Europäischen Union (Federation of Transport Workers' Unions in the European Union FST) getroffenen Vereinbarung über die Regelung der Arbeitszeit von Seeleuten[1] durchgeführt worden. Daher sollten die Bestimmungen dieser Richtlinie nicht für Seeleute gelten.

(13) Im Fall jener „am Ertrag beteiligten Fischer", die in einem Arbeitsverhältnis stehen, ist es Aufgabe der Mitgliedstaaten, gemäß dieser Richtlinie die Bedingungen für das Recht auf und die Gewährung von Jahresurlaub einschließlich der Regelungen für die Bezahlung festzulegen.

---

[1] **Amtl. Anm.:** ABl. L 167 vom 2.7.1999, S. 33.

(14) Die spezifischen Vorschriften anderer gemeinschaftlicher Rechtsakte über zum Beispiel Ruhezeiten, Arbeitszeit, Jahresurlaub und Nachtarbeit bestimmter Gruppen von Arbeitnehmern sollten Vorrang vor den Bestimmungen dieser Richtlinie haben.

(15) In Anbetracht der Fragen, die sich aufgrund der Arbeitszeitgestaltung im Unternehmen stellen können, ist eine gewisse Flexibilität bei der Anwendung einzelner Bestimmungen dieser Richtlinie vorzusehen, wobei jedoch die Grundsätze des Schutzes der Sicherheit und der Gesundheit der Arbeitnehmer zu beachten sind.

(16) Je nach Lage des Falles sollten die Mitgliedstaaten oder die Sozialpartner die Möglichkeit haben, von einzelnen Bestimmungen dieser Richtlinie abzuweichen. Im Fall einer Abweichung müssen jedoch den betroffenen Arbeitnehmern in der Regel gleichwertige Ausgleichsruhezeiten gewährt werden.

(17) Diese Richtlinie sollte die Pflichten der Mitgliedstaaten hinsichtlich der in Anhang I Teil B aufgeführten Richtlinien und deren Umsetzungsfristen unberührt lassen –

HABEN FOLGENDE RICHTLINIE ERLASSEN:

Kapitel 1. Anwendungsbereich und Begriffsbestimmungen

Art. 1 Gegenstand und Anwendungsbereich. (1) Diese Richtlinie enthält Mindestvorschriften für Sicherheit und Gesundheitsschutz bei der Arbeitszeitgestaltung.

(2) Gegenstand dieser Richtlinie sind

a) die täglichen und wöchentlichen Mindestruhezeiten, der Mindestjahresurlaub, die Ruhepausen und die wöchentliche Höchstarbeitszeit sowie

b) bestimmte Aspekte der Nacht- und der Schichtarbeit sowie des Arbeitsrhythmus.

(3) *[1]* Diese Richtlinie gilt unbeschadet ihrer Artikel 14, 17, 18 und 19 für alle privaten oder öffentlichen Tätigkeitsbereiche im Sinne des Artikels 2 der Richtlinie 89/391/EWG[1].

[2] Diese Richtlinie gilt unbeschadet des Artikels 2 Nummer 8 nicht für Seeleute gemäß der Definition in der Richtlinie 1999/63/EG.

(4) Die Bestimmungen der Richtlinie 89/391/EWG finden unbeschadet strengerer und/oder spezifischer Vorschriften in der vorliegenden Richtlinie auf die in Absatz 2 genannten Bereiche voll Anwendung.

Art. 2 Begriffsbestimmungen. Im Sinne dieser Richtlinie sind:

1. Arbeitszeit: jede Zeitspanne, während der ein Arbeitnehmer gemäß den einzelstaatlichen Rechtsvorschriften und/oder Gepflogenheiten arbeitet, dem Arbeitgeber zur Verfügung steht und seine Tätigkeit ausübt oder Aufgaben wahrnimmt;
2. Ruhezeit: jede Zeitspanne außerhalb der Arbeitszeit;

---

[1] Nr. **200**.

3. Nachtzeit: jede, in den einzelstaatlichen Rechtsvorschriften festgelegte Zeitspanne von mindestens sieben Stunden, welche auf jeden Fall die Zeitspanne zwischen 24 Uhr und 5 Uhr umfasst;
4. Nachtarbeiter:
   a) einerseits: jeder Arbeitnehmer, der während der Nachtzeit normalerweise mindestens drei Stunden seiner täglichen Arbeitszeit verrichtet;
   b) andererseits: jeder Arbeitnehmer, der während der Nachtzeit gegebenenfalls einen bestimmten Teil seiner jährlichen Arbeitszeit verrichtet, der nach Wahl des jeweiligen Mitgliedstaats festgelegt wird:
      i) nach Anhörung der Sozialpartner in den einzelstaatlichen Rechtsvorschriften oder
      ii) in Tarifverträgen oder Vereinbarungen zwischen den Sozialpartnern auf nationaler oder regionaler Ebene;
5. Schichtarbeit: jede Form der Arbeitsgestaltung kontinuierlicher oder nicht kontinuierlicher Art mit Belegschaften, bei der Arbeitnehmer nach einem bestimmten Zeitplan, auch im Rotationsturnus, sukzessive an den gleichen Arbeitsstellen eingesetzt werden, so dass sie ihre Arbeit innerhalb eines Tages oder Wochen umfassenden Zeitraums zu unterschiedlichen Zeiten verrichten müssen;
6. Schichtarbeiter: jeder in einem Schichtarbeitsplan eingesetzte Arbeitnehmer;
7. mobiler Arbeitnehmer: jeder Arbeitnehmer, der als Mitglied des fahrenden oder fliegenden Personals im Dienst eines Unternehmens beschäftigt ist, das Personen oder Güter im Straßen- oder Luftverkehr oder in der Binnenschifffahrt befördert;
8. Tätigkeiten auf Offshore-Anlagen: Tätigkeiten, die größtenteils auf oder von einer Offshore-Plattform (einschließlich Bohrplattformen) aus direkt oder indirekt im Zusammenhang mit der Exploration, Erschließung oder wirtschaftlichen Nutzung mineralischer Ressourcen einschließlich Kohlenwasserstoffe durchgeführt werden, sowie Tauchen im Zusammenhang mit derartigen Tätigkeiten, entweder von einer Offshore-Anlage oder von einem Schiff aus;
9. ausreichende Ruhezeiten: die Arbeitnehmer müssen über regelmäßige und ausreichend lange und kontinuierliche Ruhezeiten verfügen, deren Dauer in Zeiteinheiten angegeben wird, damit sichergestellt ist, dass sie nicht wegen Übermüdung oder wegen eines unregelmäßigen Arbeitsrhythmus sich selbst, ihre Kollegen oder sonstige Personen verletzen und weder kurzfristig noch langfristig ihre Gesundheit schädigen.

Kapitel 2. Mindestruhezeiten – Sonstige Aspekte der Arbeitszeitgestaltung

Art. 3 Tägliche Ruhezeit. Die Mitgliedstaaten treffen die erforderlichen Maßnahmen, damit jedem Arbeitnehmer pro 24-Stunden-Zeitraum eine Mindestruhezeit von elf zusammenhängenden Stunden gewährt wird.

Art. 4 Ruhepause. Die Mitgliedstaaten treffen die erforderlichen Maßnahmen, damit jedem Arbeitnehmer bei einer täglichen Arbeitszeit von mehr als sechs Stunden eine Ruhepause gewährt wird; die Einzelheiten, insbesondere Dauer und Voraussetzung für die Gewährung dieser Ruhepause, werden in

Tarifverträgen oder Vereinbarungen zwischen den Sozialpartnern oder in Ermangelung solcher Übereinkünfte in den innerstaatlichen Rechtsvorschriften festgelegt.

Art. 5 Wöchentliche Ruhezeit. *[1]* Die Mitgliedstaaten treffen die erforderlichen Maßnahmen, damit jedem Arbeitnehmer pro Siebentageszeitraum eine kontinuierliche Mindestruhezeit von 24 Stunden zuzüglich der täglichen Ruhezeit von elf Stunden gemäß Artikel 3 gewährt wird.

[2] Wenn objektive, technische oder arbeitsorganisatorische Umstände dies rechtfertigen, kann eine Mindestruhezeit von 24 Stunden gewählt werden.

Art. 6 Wöchentliche Höchstarbeitszeit. Die Mitgliedstaaten treffen die erforderlichen Maßnahmen, damit nach Maßgabe der Erfordernisse der Sicherheit und des Gesundheitsschutzes der Arbeitnehmer:

a) die wöchentliche Arbeitszeit durch innerstaatliche Rechts- und Verwaltungsvorschriften oder in Tarifverträgen oder Vereinbarungen zwischen den Sozialpartnern festgelegt wird;

b) die durchschnittliche Arbeitszeit pro Siebentageszeitraum 48 Stunden einschließlich der Überstunden nicht überschreitet.

Art. 7 Jahresurlaub. (1) Die Mitgliedstaaten treffen die erforderlichen Maßnahmen, damit jeder Arbeitnehmer einen bezahlten Mindestjahresurlaub von vier Wochen nach Maßgabe der Bedingungen für die Inanspruchnahme und die Gewährung erhält, die in den einzelstaatlichen Rechtsvorschriften und/oder nach den einzelstaatlichen Gepflogenheiten vorgesehen sind.

(2) Der bezahlte Mindestjahresurlaub darf außer bei Beendigung des Arbeitsverhältnisses nicht durch eine finanzielle Vergütung ersetzt werden.

Kapitel 3. Nachtarbeit – Schichtarbeit – Arbeitsrhythmus

Art. 8 Dauer der Nachtarbeit. [1] Die Mitgliedstaaten treffen die erforderlichen Maßnahmen, damit:

a) die normale Arbeitszeit für Nachtarbeiter im Durchschnitt acht Stunden pro 24-Stunden-Zeitraum nicht überschreitet;

b) Nachtarbeiter, deren Arbeit mit besonderen Gefahren oder einer erheblichen körperlichen oder geistigen Anspannung verbunden ist, in einem 24-Stunden-Zeitraum, während dessen sie Nachtarbeit verrichten, nicht mehr als acht Stunden arbeiten.

[2] Zum Zweck von Buchstabe b) wird im Rahmen von einzelstaatlichen Rechtsvorschriften und/oder Gepflogenheiten oder von Tarifverträgen oder Vereinbarungen zwischen den Sozialpartnern festgelegt, welche Arbeit unter Berücksichtigung der Auswirkungen der Nachtarbeit und der ihr eigenen Risiken mit besonderen Gefahren oder einer erheblichen körperlichen und geistigen Anspannung verbunden ist.

Art. 9 Untersuchung des Gesundheitszustands von Nachtarbeitern und Versetzung auf Arbeitsstellen mit Tagarbeit. (1) Die Mitgliedstaaten treffen die erforderlichen Maßnahmen, damit:

a) der Gesundheitszustand der Nachtarbeiter vor Aufnahme der Arbeit und danach regelmäßig unentgeltlich untersucht wird;
b) Nachtarbeiter mit gesundheitlichen Schwierigkeiten, die nachweislich damit verbunden sind, dass sie Nachtarbeit leisten, soweit jeweils möglich auf eine Arbeitsstelle mit Tagarbeit versetzt werden, für die sie geeignet sind.

(2) Die unentgeltliche Untersuchung des Gesundheitszustands gemäß Absatz 1 Buchstabe a) unterliegt der ärztlichen Schweigepflicht.

(3) Die unentgeltliche Untersuchung des Gesundheitszustands gemäß Absatz 1 Buchstabe a) kann im Rahmen des öffentlichen Gesundheitswesens durchgeführt werden.

Art. 10 Garantien für Arbeit während der Nachtzeit. Die Mitgliedstaaten können die Arbeit bestimmter Gruppen von Nachtarbeitern, die im Zusammenhang mit der Arbeit während der Nachtzeit einem Sicherheits- oder Gesundheitsrisiko ausgesetzt sind, nach Maßgabe der einzelstaatlichen Rechtsvorschriften und/oder Gepflogenheiten von bestimmten Garantien abhängig machen.

Art. 11 Unterrichtung bei regelmäßiger Inanspruchnahme von Nachtarbeitern. Die Mitgliedstaaten treffen die erforderlichen Maßnahmen, damit der Arbeitgeber bei regelmäßiger Inanspruchnahme von Nachtarbeitern die zuständigen Behörden auf Ersuchen davon in Kenntnis setzt.

Art. 12 Sicherheits- und Gesundheitsschutz. Die Mitgliedstaaten treffen die erforderlichen Maßnahmen, damit:
a) Nacht- und Schichtarbeitern hinsichtlich Sicherheit und Gesundheit in einem Maß Schutz zuteil wird, das der Art ihrer Arbeit Rechnung trägt;
b) die zur Sicherheit und zum Schutz der Gesundheit von Nacht- und Schichtarbeitern gebotenen Schutz- und Vorsorgeleistungen oder -mittel denen für die übrigen Arbeitnehmer entsprechen und jederzeit vorhanden sind.

Art. 13 Arbeitsrhythmus. Die Mitgliedstaaten treffen die erforderlichen Maßnahmen, damit ein Arbeitgeber, der beabsichtigt, die Arbeit nach einem bestimmten Rhythmus zu gestalten, dem allgemeinen Grundsatz Rechnung trägt, dass die Arbeitsgestaltung dem Menschen angepasst sein muss, insbesondere im Hinblick auf die Verringerung der eintönigen Arbeit und des maschinenbestimmten Arbeitsrhythmus, nach Maßgabe der Art der Tätigkeit und der Erfordernisse der Sicherheit und des Gesundheitsschutzes, insbesondere was die Pausen während der Arbeitszeit betrifft.

Kapitel 4. Sonstige Bestimmungen

Art. 14 Spezifischere Gemeinschaftsvorschriften. Die Bestimmungen dieser Richtlinie gelten nicht, soweit andere Gemeinschaftsinstrumente spezifischere Vorschriften über die Arbeitszeitgestaltung für bestimmte Beschäftigungen oder berufliche Tätigkeiten enthalten.

Art. 15 Günstigere Vorschriften. Das Recht der Mitgliedstaaten, für die Sicherheit und den Gesundheitsschutz der Arbeitnehmer günstigere Rechts- und Verwaltungsvorschriften anzuwenden oder zu erlassen oder die Anwendung von für die Sicherheit und den Gesundheitsschutz der Arbeitnehmer günstigeren Tarifverträgen oder Vereinbarungen zwischen den Sozialpartnern zu fördern oder zu gestatten, bleibt unberührt.

Art. 16 Bezugszeiträume. Die Mitgliedstaaten können für die Anwendung der folgenden Artikel einen Bezugszeitraum vorsehen, und zwar

a) für Artikel 5 (wöchentliche Ruhezeit) einen Bezugszeitraum bis zu 14 Tagen;

b) für Artikel 6 (wöchentliche Höchstarbeitszeit) einen Bezugszeitraum bis zu vier Monaten.
Die nach Artikel 7 gewährten Zeiten des bezahlten Jahresurlaubs sowie die Krankheitszeiten bleiben bei der Berechnung des Durchschnitts unberücksichtigt oder sind neutral;

c) für Artikel 8 (Dauer der Nachtarbeit) einen Bezugszeitraum, der nach Anhörung der Sozialpartner oder in Tarifverträgen oder Vereinbarungen zwischen den Sozialpartnern auf nationaler oder regionaler Ebene festgelegt wird.
Fällt die aufgrund von Artikel 5 verlangte wöchentliche Mindestruhezeit von 24 Stunden in den Bezugszeitraum, so bleibt sie bei der Berechnung des Durchschnitts unberücksichtigt.

Kapitel 5. Abweichungen und Ausnahmen

Art. 17 Abweichungen. (1) Unter Beachtung der allgemeinen Grundsätze des Schutzes der Sicherheit und der Gesundheit der Arbeitnehmer können die Mitgliedstaaten von den Artikeln 3 bis 6, 8 und 16 abweichen, wenn die Arbeitszeit wegen der besonderen Merkmale der ausgeübten Tätigkeit nicht gemessen und/oder nicht im Voraus festgelegt wird oder von den Arbeitnehmern selbst festgelegt werden kann, und zwar insbesondere in Bezug auf nachstehende Arbeitnehmer:

a) leitende Angestellte oder sonstige Personen mit selbstständiger Entscheidungsbefugnis;

b) Arbeitskräfte, die Familienangehörige sind;

c) Arbeitnehmer, die im liturgischen Bereich von Kirchen oder Religionsgemeinschaften beschäftigt sind.

(2) Sofern die betroffenen Arbeitnehmer gleichwertige Ausgleichsruhezeiten oder in Ausnahmefällen, in denen die Gewährung solcher gleichwertigen Ausgleichsruhezeiten aus objektiven Gründen nicht möglich ist, einen angemessenen Schutz erhalten, kann im Wege von Rechts- und Verwaltungsvorschriften oder im Wege von Tarifverträgen oder Vereinbarungen zwischen den Sozialpartnern gemäß den Absätzen 3, 4 und 5 abgewichen werden.

(3) Gemäß Absatz 2 dieses Artikels sind Abweichungen von den Artikeln 3, 4, 5, 8 und 16 zulässig:

a) bei Tätigkeiten, die durch eine Entfernung zwischen dem Arbeitsplatz und dem Wohnsitz des Arbeitnehmers – einschließlich Tätigkeiten auf Offshore-Anlagen – oder durch eine Entfernung zwischen verschiedenen Arbeitsplätzen des Arbeitnehmers gekennzeichnet sind;

b) für den Wach- und Schließdienst sowie die Dienstbereitschaft, die durch die Notwendigkeit gekennzeichnet sind, den Schutz von Sachen und Personen zu gewährleisten, und zwar insbesondere in Bezug auf Wachpersonal oder Hausmeister oder Wach- und Schließunternehmen;

c) bei Tätigkeiten, die dadurch gekennzeichnet sind, dass die Kontinuität des Dienstes oder der Produktion gewährleistet sein muss, und zwar insbesondere bei

i) Aufnahme-, Behandlungs- und/oder Pflegediensten von Krankenhäusern oder ähnlichen Einrichtungen, einschließlich der Tätigkeiten von Ärzten in der Ausbildung, Heimen sowie Gefängnissen,

ii) Hafen- und Flughafenpersonal,

iii) Presse-, Rundfunk-, Fernsehdiensten oder kinematografischer Produktion, Post oder Telekommunikation, Ambulanz-, Feuerwehr- oder Katastrophenschutzdiensten,

iv) Gas-, Wasser- oder Stromversorgungsbetrieben, Hausmüllabfuhr oder Verbrennungsanlagen,

v) Industriezweigen, in denen der Arbeitsprozess aus technischen Gründen nicht unterbrochen werden kann,

vi) Forschungs- und Entwicklungstätigkeiten,

vii) landwirtschaftlichen Tätigkeiten,

viii) Arbeitnehmern, die im regelmäßigen innerstädtischen Personenverkehr beschäftigt sind;

d) im Fall eines vorhersehbaren übermäßigen Arbeitsanfalls, insbesondere

i) in der Landwirtschaft,

ii) im Fremdenverkehr,

iii) im Postdienst;

e) im Fall von Eisenbahnpersonal

i) bei nichtständigen Tätigkeiten,

ii) bei Beschäftigten, die ihre Arbeitszeit in Zügen verbringen, oder

iii) bei Tätigkeiten, die an Fahrpläne gebunden sind und die die Kontinuität und Zuverlässigkeit des Verkehrsablaufs sicherstellen;

f) unter den in Artikel 5 Absatz 4 der Richtlinie 89/391/EWG[1)] aufgeführten Bedingungen;

g) im Fall eines Unfalls oder der Gefahr eines unmittelbar bevorstehenden Unfalls.

(4) Gemäß Absatz 2 dieses Artikels sind Abweichungen von den Artikeln 3 und 5 zulässig:

a) wenn bei Schichtarbeit der Arbeitnehmer die Gruppe wechselt und zwischen dem Ende der Arbeit in einer Schichtgruppe und dem Beginn der Arbeit in der nächsten nicht in den Genuss der täglichen und/oder wöchentlichen Ruhezeit kommen kann;

b) bei Tätigkeiten, bei denen die Arbeitszeiten über den Tag verteilt sind, insbesondere im Fall von Reinigungspersonal.

[1)] Nr. **200**.

(5) *[1]* Gemäß Absatz 2 dieses Artikels sind Abweichungen von Artikel 6 und von Artikel 16 Buchstabe b) bei Ärzten in der Ausbildung nach Maßgabe der Unterabsätze 2 bis 7 dieses Absatzes zulässig.

[2] In Unterabsatz 1 genannte Abweichungen von Artikel 6 sind für eine Übergangszeit von fünf Jahren ab dem 1. August 2004 zulässig.

[3] [1] Die Mitgliedstaaten verfügen erforderlichenfalls über einen zusätzlichen Zeitraum von höchstens zwei Jahren, um den Schwierigkeiten bei der Einhaltung der Arbeitszeitvorschriften im Zusammenhang mit ihren Zuständigkeiten für die Organisation und Bereitstellung von Gesundheitsdiensten und medizinischer Versorgung Rechnung zu tragen. [2] Spätestens sechs Monate vor dem Ende der Übergangszeit unterrichtet der betreffende Mitgliedstaat die Kommission hierüber unter Angabe der Gründe, so dass die Kommission nach entsprechenden Konsultationen innerhalb von drei Monaten nach dieser Unterrichtung eine Stellungnahme abgeben kann. [3] Falls der Mitgliedstaat der Stellungnahme der Kommission nicht folgt, rechtfertigt er seine Entscheidung. [4] Die Unterrichtung und die Rechtfertigung des Mitgliedstaats sowie die Stellungnahme der Kommission werden im *Amtsblatt der Europäischen Union* veröffentlicht und dem Europäischen Parlament übermittelt.

[4] [1] Die Mitgliedstaaten verfügen erforderlichenfalls über einen zusätzlichen Zeitraum von höchstens einem Jahr, um den besonderen Schwierigkeiten bei der Wahrnehmung der in Unterabsatz 3 genannten Zuständigkeiten Rechnung zu tragen. [2] Sie haben das Verfahren des Unterabsatzes 3 einzuhalten.

[5] Die Mitgliedstaaten stellen sicher, dass die Zahl der Wochenarbeitsstunden keinesfalls einen Durchschnitt von 58 während der ersten drei Jahre der Übergangszeit, von 56 während der folgenden zwei Jahre und von 52 während des gegebenenfalls verbleibenden Zeitraums übersteigt.

[6] [1] Der Arbeitgeber konsultiert rechtzeitig die Arbeitnehmervertreter, um – soweit möglich – eine Vereinbarung über die Regelungen zu erreichen, die während der Übergangszeit anzuwenden sind. [2] Innerhalb der in Unterabsatz 5 festgelegten Grenzen kann eine derartige Vereinbarung sich auf Folgendes erstrecken:

a) die durchschnittliche Zahl der Wochenarbeitsstunden während der Übergangszeit und
b) Maßnahmen, die zur Verringerung der Wochenarbeitszeit auf einen Durchschnitt von 48 Stunden bis zum Ende der Übergangszeit zu treffen sind.

[3] In Unterabsatz 1 genannte Abweichungen von Artikel 16 Buchstabe b) sind zulässig, vorausgesetzt, dass der Bezugszeitraum während des in Unterabsatz 5 festgelegten ersten Teils der Übergangszeit zwölf Monate und danach sechs Monate nicht übersteigt.

Art. 18 Abweichungen im Wege von Tarifverträgen. *[1]* Von den Artikeln 3, 4, 5, 8 und 16 kann abgewichen werden im Wege von Tarifverträgen oder Vereinbarungen zwischen den Sozialpartnern auf nationaler oder regionaler Ebene oder, bei zwischen den Sozialpartnern getroffenen Abmachungen, im Wege von Tarifverträgen oder Vereinbarungen zwischen Sozialpartnern auf niedrigerer Ebene.

[2] Mitgliedstaaten, in denen es keine rechtliche Regelung gibt, wonach über die in dieser Richtlinie geregelten Fragen zwischen den Sozialpartnern auf nationaler oder regionaler Ebene Tarifverträge oder Vereinbarungen geschlos-

sen werden können, oder Mitgliedstaaten, in denen es einen entsprechenden rechtlichen Rahmen gibt und innerhalb dessen Grenzen, können im Einklang mit den einzelstaatlichen Rechtsvorschriften und/oder Gepflogenheiten Abweichungen von den Artikeln 3, 4, 5, 8 und 16 durch Tarifverträge oder Vereinbarungen zwischen den Sozialpartnern auf geeigneter kollektiver Ebene zulassen.

[3] Die Abweichungen gemäß den Unterabsätzen 1 und 2 sind nur unter der Voraussetzung zulässig, dass die betroffenen Arbeitnehmer gleichwertige Ausgleichsruhezeiten oder in Ausnahmefällen, in denen die Gewährung solcher Ausgleichsruhezeiten aus objektiven Gründen nicht möglich ist, einen angemessenen Schutz erhalten.

[4] Die Mitgliedstaaten können Vorschriften vorsehen

a) für die Anwendung dieses Artikels durch die Sozialpartner und

b) für die Erstreckung der Bestimmungen von gemäß diesem Artikel geschlossenen Tarifverträgen oder Vereinbarungen auf andere Arbeitnehmer gemäß den einzelstaatlichen Rechtsvorschriften und/oder Gepflogenheiten.

Art. 19 Grenzen der Abweichungen von Bezugszeiträumen. *[1]* Die in Artikel 17 Absatz 3 und in Artikel 18 vorgesehene Möglichkeit der Abweichung von Artikel 16 Buchstabe b) darf nicht die Festlegung eines Bezugszeitraums zur Folge haben, der länger ist als sechs Monate.

[2] Den Mitgliedstaaten ist es jedoch mit der Maßgabe, dass sie dabei die allgemeinen Grundsätze der Sicherheit und des Gesundheitsschutzes der Arbeitnehmer wahren, freigestellt zuzulassen, dass in den Tarifverträgen oder Vereinbarungen zwischen Sozialpartnern aus objektiven, technischen oder arbeitsorganisatorischen Gründen längere Bezugszeiträume festgelegt werden, die auf keinen Fall zwölf Monate überschreiten dürfen.

[3] Der Rat überprüft vor dem 23. November 2003 anhand eines Vorschlags der Kommission, dem ein Evaluierungsbericht beigefügt ist, die Bestimmungen dieses Absatzes und befindet über das weitere Vorgehen.

Art. 20 Mobile Arbeitnehmer und Tätigkeiten auf Offshore-Anlagen.

(1) *[1]* Die Artikel 3, 4, 5 und 8 gelten nicht für mobile Arbeitnehmer.

[2] Die Mitgliedstaaten treffen jedoch die erforderlichen Maßnahmen, um zu gewährleisten, dass die mobilen Arbeitnehmer – außer unter den in Artikel 17 Absatz 3 Buchstaben f) und g) vorgesehenen Bedingungen – Anspruch auf ausreichende Ruhezeiten haben.

(2) Vorbehaltlich der Einhaltung der allgemeinen Grundsätze der Sicherheit und des Gesundheitsschutzes der Arbeitnehmer und sofern die betreffenden Sozialpartner konsultiert wurden und Anstrengungen zur Förderung aller einschlägigen Formen des sozialen Dialogs – einschließlich der Konzertierung, falls die Parteien dies wünschen – unternommen wurden, können die Mitgliedstaaten aus objektiven, technischen oder arbeitsorganisatorischen Gründen den in Artikel 16 Buchstabe b) genannten Bezugszeitraum für Arbeitnehmer, die hauptsächlich Tätigkeiten auf Offshore-Anlagen ausüben, auf zwölf Monate ausdehnen.

(3) Die Kommission überprüft bis zum 1. August 2005 nach Konsultation der Mitgliedstaaten sowie der Arbeitgeber und Arbeitnehmer auf europäischer Ebene die Durchführung der Bestimmungen für Arbeitnehmer auf Offshore-

Anlagen unter dem Gesichtspunkt der Gesundheit und Sicherheit, um, falls erforderlich, geeignete Änderungen vorzuschlagen.

Art. 21 Arbeitnehmer an Bord von seegehenden Fischereifahrzeugen.

(1) *[1]* Die Artikel 3 bis 6 und 8 gelten nicht für Arbeitnehmer an Bord von seegehenden Fischereifahrzeugen, die unter der Flagge eines Mitgliedstaats fahren.

[2] Die Mitgliedstaaten treffen jedoch die erforderlichen Maßnahmen, um zu gewährleisten, dass jeder Arbeitnehmer an Bord von seegehenden Fischereifahrzeugen, die unter der Flagge eines Mitgliedstaats fahren, Anspruch auf eine ausreichende Ruhezeit hat, und um die Wochenarbeitszeit auf 48 Stunden im Durchschnitt während eines Bezugszeitraums von höchstens zwölf Monaten zu begrenzen.

(2) *[1]* Innerhalb der in Absatz 1 Unterabsatz 2 sowie den Absätzen 3 und 4 angegebenen Grenzen treffen die Mitgliedstaaten die erforderlichen Maßnahmen, um zu gewährleisten, dass unter Berücksichtigung der Notwendigkeit der Sicherheit und des Gesundheitsschutzes der betroffenen Arbeitnehmer

a) die Arbeitsstunden auf eine Höchstarbeitszeit beschränkt werden, die in einem gegebenen Zeitraum nicht überschritten werden darf, oder

b) eine Mindestruhezeit in einem gegebenen Zeitraum gewährleistet ist.

[2] Die Höchstarbeits- oder Mindestruhezeit wird durch Rechts- und Verwaltungsvorschriften, durch Tarifverträge oder durch Vereinbarungen zwischen den Sozialpartnern festgelegt.

(3) Für die Arbeits- oder Ruhezeiten gelten folgende Beschränkungen:

a) die Höchstarbeitszeit darf nicht überschreiten:

   i) 14 Stunden in jedem Zeitraum von 24 Stunden und

   ii) 72 Stunden in jedem Zeitraum von sieben Tagen,

   oder

b) die Mindestruhezeit darf nicht unterschreiten:

   i) zehn Stunden in jedem Zeitraum von 24 Stunden und

   ii) 77 Stunden in jedem Zeitraum von sieben Tagen.

(4) Die Ruhezeit kann in höchstens zwei Zeiträume aufgeteilt werden, von denen einer eine Mindestdauer von sechs Stunden haben muss; der Zeitraum zwischen zwei aufeinander folgenden Ruhezeiten darf 14 Stunden nicht überschreiten.

(5) [1] In Übereinstimmung mit den allgemeinen Grundsätzen für die Sicherheit und den Gesundheitsschutz der Arbeitnehmer und aus objektiven, technischen oder arbeitsorganisatorischen Gründen können die Mitgliedstaaten, auch bei der Festlegung von Bezugszeiträumen, Ausnahmen von den in Absatz 1 Unterabsatz 2 sowie den Absätzen 3 und 4 festgelegten Beschränkungen gestatten. [2] Diese Ausnahmen haben so weit wie möglich den festgelegten Normen zu folgen, können aber häufigeren oder längeren Urlaubszeiten oder der Gewährung von Ausgleichsurlaub für die Arbeitnehmer Rechnung tragen. [3] Diese Ausnahmen können festgelegt werden

a) durch Rechts- oder Verwaltungsvorschriften, vorausgesetzt, dass – soweit dies möglich ist – die Vertreter der betroffenen Arbeitgeber und Arbeitnehmer konsultiert und Anstrengungen zur Förderung aller einschlägigen Formen des sozialen Dialogs unternommen werden, oder

b) durch Tarifverträge oder Vereinbarungen zwischen den Sozialpartnern.

(6) Der Kapitän eines seegehenden Fischereifahrzeugs hat das Recht, von Arbeitnehmern an Bord die Ableistung jeglicher Anzahl von Arbeitsstunden zu verlangen, wenn diese Arbeit für die unmittelbare Sicherheit des Schiffes, von Personen an Bord oder der Ladung oder zum Zweck der Hilfeleistung für andere Schiffe oder Personen in Seenot erforderlich ist.

(7) Die Mitgliedstaaten können vorsehen, dass Arbeitnehmer an Bord von seegehenden Fischereifahrzeugen, bei denen einzelstaatliches Recht oder einzelstaatliche Praxis während eines bestimmten, einen Monat überschreitenden Zeitraums des Kalenderjahres den Betrieb nicht erlauben, ihren Jahresurlaub gemäß Artikel 7 während dieses Zeitraums nehmen.

Art. 22 Sonstige Bestimmungen. (1) [1] Es ist einem Mitgliedstaat freigestellt, Artikel 6 nicht anzuwenden, wenn er die allgemeinen Grundsätze der Sicherheit und des Gesundheitsschutzes der Arbeitnehmer einhält und mit den erforderlichen Maßnahmen dafür sorgt, dass

a) kein Arbeitgeber von einem Arbeitnehmer verlangt, im Durchschnitt des in Artikel 16 Buchstabe b) genannten Bezugszeitraums mehr als 48 Stunden innerhalb eines Siebentagezeitraums zu arbeiten, es sei denn der Arbeitnehmer hat sich hierzu bereit erklärt;

b) keinem Arbeitnehmer Nachteile daraus entstehen, dass er nicht bereit ist, eine solche Arbeit zu leisten;

c) der Arbeitgeber aktuelle Listen über alle Arbeitnehmer führt, die eine solche Arbeit leisten;

d) die Listen den zuständigen Behörden zur Verfügung gestellt werden, die aus Gründen der Sicherheit und/oder des Schutzes der Gesundheit der Arbeitnehmer die Möglichkeit zur Überschreitung der wöchentlichen Höchstarbeitszeit unterbinden oder einschränken können;

e) der Arbeitgeber die zuständigen Behörden auf Ersuchen darüber unterrichtet, welche Arbeitnehmer sich dazu bereit erklärt haben, im Durchschnitt des in Artikel 16 Buchstabe b) genannten Bezugszeitraums mehr als 48 Stunden innerhalb eines Siebentagezeitraums zu arbeiten.

[2] Vor dem 23. November 2003 überprüft der Rat anhand eines Vorschlags der Kommission, dem ein Evaluierungsbericht beigefügt ist, die Bestimmungen dieses Absatzes und befindet über das weitere Vorgehen.

(2) Für die Anwendung des Artikels 7 ist es den Mitgliedstaaten freigestellt, eine Übergangszeit von höchstens drei Jahren ab dem 23. November 1996 in Anspruch zu nehmen, unter der Bedingung, dass während dieser Übergangszeit

a) jeder Arbeitnehmer einen bezahlten Mindestjahresurlaub von drei Wochen nach Maßgabe der in den einzelstaatlichen Rechtsvorschriften und/oder nach den einzelstaatlichen Gepflogenheiten vorgesehenen Bedingungen für dessen Inanspruchnahme und Gewährung erhält und

b) der bezahlte Jahresurlaub von drei Wochen außer im Fall der Beendigung des Arbeitsverhältnisses nicht durch eine finanzielle Vergütung ersetzt wird.

(3) Sofern die Mitgliedstaaten von den in diesem Artikel genannten Möglichkeiten Gebrauch machen, setzen sie die Kommission unverzüglich davon in Kenntnis.

Kapitel 6. Schlussbestimmungen

Art. 23 Niveau des Arbeitnehmerschutzes. Unbeschadet des Rechts der Mitgliedstaaten, je nach der Entwicklung der Lage im Bereich der Arbeitszeit unterschiedliche Rechts- und Verwaltungsvorschriften sowie Vertragsvorschriften zu entwickeln, sofern die Mindestvorschriften dieser Richtlinie eingehalten werden, stellt die Durchführung dieser Richtlinie keine wirksame Rechtfertigung für eine Zurücknahme des allgemeinen Arbeitnehmerschutzes dar.

Art. 24 Berichtswesen. (1) Die Mitgliedstaaten teilen der Kommission den Wortlaut der innerstaatlichen Rechtsvorschriften mit, die sie auf dem unter diese Richtlinie fallenden Gebiet erlassen oder bereits erlassen haben.

(2) *[1]* Die Mitgliedstaaten erstatten der Kommission alle fünf Jahre Bericht über die Anwendung der Bestimmungen dieser Richtlinie in der Praxis und geben dabei die Standpunkte der Sozialpartner an.

[2] Die Kommission unterrichtet darüber das Europäische Parlament, den Rat, den Europäischen Wirtschafts- und Sozialausschuss sowie den Beratenden Ausschuss für Sicherheit, Arbeitshygiene und Gesundheitsschutz am Arbeitsplatz.

(3) Die Kommission legt dem Europäischen Parlament, dem Rat und dem Europäischen Wirtschafts- und Sozialausschuss nach dem 23. November 1996 alle fünf Jahre einen Bericht über die Anwendung dieser Richtlinie unter Berücksichtigung der Artikel 22 und 23 und der Absätze 1 und 2 dieses Artikels vor.

Art. 25 Überprüfung der Durchführung der Bestimmungen für Arbeitnehmer an Bord von seegehenden Fischereifahrzeugen. Die Kommission überprüft bis zum 1. August 2009 nach Konsultation der Mitgliedstaaten und der Sozialpartner auf europäischer Ebene die Durchführung der Bestimmungen für Arbeitnehmer an Bord von seegehenden Fischereifahrzeugen und untersucht insbesondere, ob diese Bestimmungen vor allem in Bezug auf Gesundheit und Sicherheit nach wie vor angemessen sind, um, falls erforderlich, geeignete Änderungen vorzuschlagen.

Art. 26 Überprüfung des Durchführungsstands der Bestimmungen für Arbeitnehmer, die im regelmäßigen innerstädtischen Personenverkehr beschäftigt sind. Die Kommission überprüft bis zum 1. August 2005 nach Konsultation der Mitgliedstaaten sowie der Arbeitgeber und Arbeitnehmer auf europäischer Ebene den Stand der Durchführung der Bestimmungen für Arbeitnehmer, die im regelmäßigen innerstädtischen Personenverkehr beschäftigt sind, um, falls erforderlich, im Hinblick auf die Gewährleistung eines kohärenten und angemessenen Ansatzes für diesen Sektor geeignete Änderungen vorzuschlagen.

Art. 27 Aufhebung. (1) Die Richtlinie 93/104/EG in der Fassung der in Anhang I Teil A genannten Richtlinie wird unbeschadet der Pflichten der

Mitgliedstaaten hinsichtlich der in Anhang I Teil B genannten Umsetzungsfristen aufgehoben.

(2) Bezugnahmen auf die aufgehobene Richtlinie gelten als Bezugnahmen auf die vorliegende Richtlinie und sind nach Maßgabe der Entsprechungstabelle in Anhang II zu lesen.

Art. 28 Inkrafttreten. Diese Richtlinie tritt am 2. August 2004 in Kraft.

Art. 29 Adressaten. Diese Richtlinie ist an alle Mitgliedstaaten gerichtet.

Anhänge.[1] *(hier nicht wiedergegeben)*

---

[1] Anhänge (Nachfolgeregelungen, Umsetzungsfristen und Entsprechungstabelle) siehe die 7. Auflage dieser Textausgabe.

290. Richtlinie 2006/54/EG des Europäischen Parlaments und des Rates vom 5. Juli 2006 zur Verwirklichung des Grundsatzes der Chancengleichheit und Gleichbehandlung von Männern und Frauen in Arbeits- und Beschäftigungsfragen (Neufassung)

(ABl. L 204 S. 23)

Celex-Nr. 3 2006 L 0054

DAS EUROPÄISCHE PARLAMENT UND DER RAT DER EUROPÄISCHEN UNION –

gestützt auf den Vertrag zur Gründung der Europäischen Gemeinschaft[1], insbesondere auf Artikel 141 Absatz 3[2],

auf Vorschlag der Kommission,

nach Stellungnahme des Europäischen Wirtschafts- und Sozialausschusses[3],

gemäß dem Verfahren des Artikels 251 des Vertrags[4] [5],

in Erwägung nachstehender Gründe:

(1) Die Richtlinie 76/207/EWG des Rates vom 9. Februar 1976 zur Verwirklichung des Grundsatzes der Gleichbehandlung von Männern und Frauen hinsichtlich des Zugangs zur Beschäftigung, zur Berufsbildung und zum beruflichen Aufstieg sowie in Bezug auf die Arbeitsbedingungen[6] und die Richtlinie 86/378/EWG des Rates vom 24. Juli 1986 zur Verwirklichung des Grundsatzes der Gleichbehandlung von Männern und Frauen bei den betrieblichen Systemen der sozialen Sicherheit[7] wurden erheblich geändert[8]. Die Richtlinie 75/117/EWG des Rates vom 10. Februar 1975 zur Angleichung der Rechtsvorschriften der Mitgliedstaaten über die Anwendung des Grundsatzes des gleichen Entgelts für Männer und Frauen[9] und die Richtlinie 97/80/EG des Rates vom 15. Dezember 1997 über die Beweislast bei Diskriminierung aufgrund des Geschlechts[10] enthalten ebenfalls Bestimmungen, deren Ziel die Verwirklichung des Grundsatzes der Gleichbehandlung von Männern und Frauen ist. Anlässlich neuerlicher Änderungen der genannten Richtlinien empfiehlt sich aus Gründen der

---

[1] Nunmehr Vertrag über die Arbeitsweise der Europäischen Union durch Vertrag von Lissabon v. 13.12.2007 (ABl. C 306 S. 1).

[2] Nunmehr Art. 157 AEUV durch Vertrag von Lissabon v. 13.12.2007 (ABl. C 306 S. 1).

[3] **Amtl. Anm.:** ABl. C 157 vom 28.6.2005, S. 83.

[4] Nunmehr Art. 294 AEUV durch Vertrag von Lissabon v. 13.12.2007 (ABl. C 306 S. 1).

[5] **Amtl. Anm.:** Stellungnahme des Europäischen Parlaments vom 6. Juli 2005 (noch nicht im Amtsblatt veröffentlicht), Gemeinsamer Standpunkt des Rates vom 10. März 2006 (ABl. C 126 E vom 30.5.2006, S. 33) und Standpunkt des Europäischen Parlaments vom 1. Juni 2006 (noch nicht im Amtsblatt veröffentlicht).

[6] **Amtl. Anm.:** ABl. L 39 vom 14.2.1976, S. 40. Geändert durch die Richtlinie 2002/73/EG des Europäischen Parlaments und des Rates (ABl. L 269 vom 5.10.2002, S. 15).

[7] **Amtl. Anm.:** ABl. L 225 vom 12.8.1986, S. 40. Geändert durch die Richtlinie 96/97/EG (ABl. L 46 vom 17.2.1997, S. 20).

[8] **Amtl. Anm.:** Siehe Anhang I Teil A.

[9] **Amtl. Anm.:** ABl. L 45 vom 19.2.1975, S. 19.

[10] **Amtl. Anm.:** ABl. L 14 vom 20.1.1998, S. 6. Geändert durch die Richtlinie 98/52/EG (ABl. L 205 vom 22.7.1998, S. 66).

Klarheit eine Neufassung sowie die Zusammenfassung der wichtigsten Bestimmungen auf diesem Gebiet mit verschiedenen Entwicklungen aufgrund der Rechtsprechung des Gerichtshofs der Europäischen Gemeinschaften (im Folgenden „Gerichtshof") in einem einzigen Text.

(2) Die Gleichstellung von Männern und Frauen stellt nach Artikel 2[1] und Artikel 3 Absatz 2 des Vertrags[2] sowie nach der Rechtsprechung des Gerichtshofs ein grundlegendes Prinzip dar. In diesen Vertragsbestimmungen wird die Gleichstellung von Männern und Frauen als Aufgabe und Ziel der Gemeinschaft bezeichnet, und es wird eine positive Verpflichtung begründet, sie bei allen Tätigkeiten der Gemeinschaft zu fördern.

(3) Der Gerichtshof hat festgestellt, dass die Tragweite des Grundsatzes der Gleichbehandlung von Männern und Frauen nicht auf das Verbot der Diskriminierung aufgrund des natürlichen Geschlechts einer Person beschränkt werden kann. Angesichts seiner Zielsetzung und der Art der Rechte, die damit geschützt werden sollen, gilt er auch für Diskriminierungen aufgrund einer Geschlechtsumwandlung.

(4) Artikel 141 Absatz 3 des Vertrags[3] bietet nunmehr eine spezifische Rechtsgrundlage für den Erlass von Gemeinschaftsmaßnahmen zur Sicherstellung des Grundsatzes der Chancengleichheit und der Gleichbehandlung in Arbeits- und Beschäftigungsfragen, einschließlich des gleichen Entgelts für gleiche oder gleichwertige Arbeit.

(5) Die Artikel 21 und 23 der Charta der Grundrechte der Europäischen Union verbieten ebenfalls jegliche Diskriminierung aufgrund des Geschlechts und verankern das Recht auf Gleichbehandlung von Männern und Frauen in allen Bereichen, einschließlich Beschäftigung, Arbeit und Entgelt.

(6) Die Belästigung einer Person und die sexuelle Belästigung stellen einen Verstoß gegen den Grundsatz der Gleichbehandlung von Männern und Frauen dar und sind somit als Diskriminierung aufgrund des Geschlechts im Sinne dieser Richtlinie anzusehen. Diese Formen der Diskriminierung kommen nicht nur am Arbeitsplatz vor, sondern auch im Zusammenhang mit dem Zugang zur Beschäftigung, zur Berufsbildung und zum beruflichen Aufstieg. Diese Formen der Diskriminierung sollten daher verboten werden, und es sollten wirksame, verhältnismäßige und abschreckende Sanktionen vorgesehen werden.

(7) In diesem Zusammenhang sollten die Arbeitgeber und die für Berufsbildung zuständigen Personen ersucht werden, Maßnahmen zu ergreifen, um im Einklang mit den innerstaatlichen Rechtsvorschriften und Gepflogenheiten gegen alle Formen der Diskriminierung aufgrund des Geschlechts vorzugehen und insbesondere präventive Maßnahmen zur Bekämpfung der Belästigung und der sexuellen Belästigung am Arbeitsplatz ebenso wie beim Zugang zur Beschäftigung, zur Berufsbildung und zum beruflichen Aufstieg zu treffen.

(8) Der Grundsatz des gleichen Entgelts für gleiche oder gleichwertige Arbeit, gemäß Artikel 141 des Vertrags[3], der vom Gerichtshof in ständiger Recht-

[1] Aufgehoben, im Wesentlichen ersetzt durch Art. 3 EUV durch Vertrag von Lissabon v. 13.12. 2007 (ABl. C 306 S. 1).

[2] Nunmehr Art. 8 EUV durch Vertrag von Lissabon v. 13.12.2007 (ABl. C 306 S. 1).

[3] Nunmehr Art. 157 AEUV durch Vertrag von Lissabon v. 13.12.2007 (ABl. C 306 S. 1).

sprechung bestätigt wurde, ist ein wichtiger Aspekt des Grundsatzes der Gleichbehandlung von Männern und Frauen und ein wesentlicher und unverzichtbarer Bestandteil sowohl des gemeinschaftlichen Besitzstands als auch der Rechtsprechung des Gerichtshofs im Bereich der Diskriminierung aufgrund des Geschlechts. Daher sollten weitere Bestimmungen zu seiner Verwirklichung festgelegt werden.

(9) Um festzustellen, ob Arbeitnehmer eine gleiche oder gleichwertige Arbeit verrichten, sollte gemäß der ständigen Rechtsprechung des Gerichtshofs geprüft werden, ob sich diese Arbeitnehmer in Bezug auf verschiedene Faktoren, zu denen unter anderem die Art der Arbeit und der Ausbildung und die Arbeitsbedingungen gehören, in einer vergleichbaren Lage befinden.

(10) Der Gerichtshof hat festgestellt, dass der Grundsatz des gleichen Entgelts unter bestimmten Umständen nicht nur für Situationen gilt, in denen Männer und Frauen für denselben Arbeitgeber arbeiten.

(11) Die Mitgliedstaaten sollten weiterhin gemeinsam mit den Sozialpartnern dem Problem des anhaltenden geschlechtsspezifischen Lohngefälles und der nach wie vor ausgeprägten Geschlechtertrennung auf dem Arbeitsmarkt beispielsweise durch flexible Arbeitszeitregelungen entgegenwirken, die es sowohl Männern als auch Frauen ermöglichen, Familie und Beruf besser miteinander in Einklang zu bringen. Dies könnte auch angemessene Regelungen für den Elternurlaub, die von beiden Elternteilen in Anspruch genommen werden könnten, sowie die Bereitstellung zugänglicher und erschwinglicher Einrichtungen für die Kinderbetreuung und die Betreuung pflegebedürftiger Personen einschließen.

(12) Es sollten spezifische Maßnahmen erlassen werden, um die Verwirklichung des Grundsatzes der Gleichbehandlung in den betrieblichen Systemen der sozialen Sicherheit zu gewährleisten und seinen Geltungsbereich klarer zu definieren.

(13) Mit seinem Urteil vom 17. Mai 1990 in der Rechtssache C-262/88[1] befand der Gerichtshof, dass alle Formen von Betriebsrenten Bestandteil des Entgelts im Sinne von Artikel 141 des Vertrags[2] sind.

(14) Auch wenn sich der Begriff des Entgelts im Sinne des Artikels 141 des Vertrags[2] nicht auf Sozialversicherungsleistungen erstreckt, steht nunmehr fest, dass ein Rentensystem für Beschäftigte im öffentlichen Dienst unter den Grundsatz des gleichen Entgelts fällt, wenn die aus einem solchen System zu zahlenden Leistungen dem Arbeitnehmer aufgrund seines Beschäftigungsverhältnisses mit dem öffentlichen Arbeitgeber gezahlt werden, ungeachtet der Tatsache, dass ein solches System Teil eines allgemeinen, durch Gesetz geregelten Systems ist. Nach den Urteilen des Gerichtshofs vom 28. August 1984 in der Rechtssache C-7/93[3] und vom 12. August in der Rechtssache C-351/00[4] ist diese Bedingung erfüllt, wenn das Rentensystem eine bestimmte Gruppe von Arbeitnehmern betrifft und die Leis-

---

[1] **Amtl. Anm.:** Rechtssache C-262/88: Barber gegen Guardian Royal Exchange Assurance Group, Slg. 1990, I-1889.

[2] Nunmehr Art. 157 AEUV durch Vertrag von Lissabon v. 13.12.2007 (ABl. C 306 S. 1).

[3] **Amtl. Anm.:** Rechtssache C-7/93: Bestuur van het Algemeen Burgerlijk Pensioensfonds gegen G. A. Beune, Slg. 1994, I-4471.

[4] **Amtl. Anm.:** Rechtssache C-351/00: Pirkko Niemi, Slg. 2002, I-7007.

tungen unmittelbar von der abgeleisteten Dienstzeit abhängig sind und ihre Höhe aufgrund der letzten Bezüge des Beamten berechnet wird. Um der Klarheit willen ist es daher angebracht, entsprechende spezifische Bestimmungen zu erlassen.

(15) Der Gerichtshof hat bestätigt, dass, auch wenn die Beiträge männlicher und weiblicher Arbeitnehmer zu einem Rentensystem mit Leistungszusage unter Artikel 141 des Vertrags[1)] fallen, Ungleichheiten bei den im Rahmen von durch Kapitalansammlung finanzierten Systemen mit Leistungszusage gezahlten Arbeitgeberbeiträgen, die sich aus der Verwendung je nach Geschlecht unterschiedlicher versicherungsmathematischer Faktoren ergeben, nicht im Lichte dieser Bestimmung beurteilt werden können.

(16) Beispielsweise ist bei durch Kapitalansammlung finanzierten Systemen mit Leistungszusage hinsichtlich einiger Punkte, wie der Umwandlung eines Teils der regelmäßigen Rentenzahlungen in Kapital, der Übertragung der Rentenansprüche, der Hinterbliebenenrente, die an einen Anspruchsberechtigten auszuzahlen ist, der im Gegenzug auf einen Teil der jährlichen Rentenbezüge verzichtet oder einer gekürzten Rente, wenn der Arbeitnehmer sich für den vorgezogenen Ruhestand entscheidet, eine Ungleichbehandlung gestattet, wenn die Ungleichheit der Beträge darauf zurückzuführen ist, dass bei der Durchführung der Finanzierung des Systems je nach Geschlecht unterschiedliche versicherungstechnische Berechnungsfaktoren angewendet worden sind.

(17) Es steht fest, dass Leistungen, die aufgrund eines betrieblichen Systems der sozialen Sicherheit zu zahlen sind, nicht als Entgelt gelten, insofern sie auf Beschäftigungszeiten vor dem 17. Mai 1990 zurückgeführt werden können, außer im Fall von Arbeitnehmern oder ihren anspruchsberechtigten Angehörigen, die vor diesem Zeitpunkt eine Klage bei Gericht oder ein gleichwertiges Verfahren nach geltendem einzelstaatlichen Recht angestrengt haben. Es ist daher notwendig, die Anwendung des Grundsatzes der Gleichbehandlung entsprechend einzuschränken.

(18) Nach der ständigen Rechtsprechung des Gerichtshofs hat das Barber-Protokoll[2)] keine Auswirkung auf den Anspruch auf Anschluss an ein Betriebsrentensystem, und die zeitliche Beschränkung der Wirkungen des Urteils in der Rechtssache C-262/88 gilt nicht für den Anspruch auf Anschluss an ein Betriebsrentensystem. Der Gerichtshof hat auch für Recht erkannt, dass Arbeitnehmern, die ihren Anspruch auf Anschluss an ein Betriebsrentensystem geltend machen, die einzelstaatlichen Vorschriften über die Fristen für die Rechtsverfolgung entgegengehalten werden können, sofern sie für derartige Klagen nicht ungünstiger sind als für gleichartige Klagen, die das innerstaatliche Recht betreffen, und sofern sie die Ausübung der durch das Gemeinschaftsrecht gewährten Rechte nicht praktisch unmöglich machen. Der Gerichtshof hat zudem dargelegt, dass ein Arbeitnehmer, der Anspruch auf den rückwirkenden Anschluss an ein Betriebsrentensystem hat, sich der Zahlung der Beiträge für den betreffenden Anschlusszeitraum nicht entziehen kann.

---

1) Nunmehr Art. 157 AEUV durch Vertrag von Lissabon v. 13.12.2007 (ABl. C 306 S. 1).

2) **Amtl. Anm.:** Protokoll Nr. 17 zu Artikel 141 des Vertrags zur Gründung der Europäischen Gemeinschaft (1992) [**Red. Anm.:** Nunmehr Art. 157 AEUV *[Nr. 5]*].

(19) Die Sicherstellung des gleichen Zugangs zur Beschäftigung und zur entsprechenden Berufsbildung ist grundlegend für die Anwendung des Grundsatzes der Gleichbehandlung von Männern und Frauen in Arbeits- und Beschäftigungsfragen. Jede Einschränkung dieses Grundsatzes sollte daher auf diejenigen beruflichen Tätigkeiten beschränkt bleiben, die aufgrund ihrer Art oder der Bedingungen ihrer Ausübung die Beschäftigung einer Person eines bestimmten Geschlechts erfordern, sofern damit ein legitimes Ziel verfolgt und dem Grundsatz der Verhältnismäßigkeit entsprochen wird.

(20) Diese Richtlinie berührt nicht die Vereinigungsfreiheit, einschließlich des Rechts jeder Person, zum Schutz ihrer Interessen Gewerkschaften zu gründen und Gewerkschaften beizutreten. Maßnahmen im Sinne von Artikel 141 Absatz 4 des Vertrags[1)] können die Mitgliedschaft in oder die Fortsetzung der Tätigkeit von Organisationen oder Gewerkschaften einschließen, deren Hauptziel es ist, dem Grundsatz der Gleichbehandlung von Männern und Frauen in der Praxis Geltung zu verschaffen.

(21) Das Diskriminierungsverbot sollte nicht der Beibehaltung oder dem Erlass von Maßnahmen entgegenstehen, mit denen bezweckt wird, Benachteiligungen von Personen eines Geschlechts zu verhindern oder auszugleichen. Diese Maßnahmen lassen die Einrichtung und Beibehaltung von Organisationen von Personen desselben Geschlechts zu, wenn deren Hauptzweck darin besteht, die besonderen Bedürfnisse dieser Personen zu berücksichtigen und die Gleichstellung von Männern und Frauen zu fördern.

(22) In Übereinstimmung mit Artikel 141 Absatz 4 des Vertrags[1)] hindert der Grundsatz der Gleichbehandlung die Mitgliedstaaten im Hinblick auf die effektive Gewährleistung der vollen Gleichstellung von Männern und Frauen im Arbeitsleben nicht daran, zur Erleichterung der Berufstätigkeit des unterrepräsentierten Geschlechts oder zur Verhinderung bzw. zum Ausgleich von Benachteiligungen in der beruflichen Laufbahn spezifische Vergünstigungen beizubehalten oder zu beschließen. Angesichts der derzeitigen Lage und in Kenntnis der Erklärung Nr. 28 zum Vertrag von Amsterdam sollten die Mitgliedstaaten in erster Linie darauf hinwirken, die Lage der Frauen im Arbeitsleben zu verbessern.

(23) Aus der Rechtsprechung des Gerichtshofs ergibt sich klar, dass die Schlechterstellung einer Frau im Zusammenhang mit Schwangerschaft oder Mutterschaft eine unmittelbare Diskriminierung aufgrund des Geschlechts darstellt. Eine solche Behandlung sollte daher von der vorliegenden Richtlinie ausdrücklich erfasst werden.

(24) Der Gerichtshof hat in ständiger Rechtsprechung anerkannt, dass der Schutz der körperlichen Verfassung der Frau während und nach einer Schwangerschaft sowie Maßnahmen zum Mutterschutz legitime Mittel zur Erreichung einer nennenswerten Gleichstellung sind. Diese Richtlinie sollte somit die Richtlinie 92/85/EWG[2)] des Rates vom 19. Oktober 1992 über die Durchführung von Maßnahmen zur Verbesserung der Sicherheit und des Gesundheitsschutzes von schwangeren Arbeitnehmerinnen,

---

[1)] Nunmehr Art. 157 AEUV durch Vertrag von Lissabon v. 13.12.2007 (ABl. C 306 S. 1).
[2)] Nr. **220**.

Wöchnerinnen und stillenden Arbeitnehmerinnen am Arbeitsplatz[1] unberührt lassen. Sie sollte ferner die Richtlinie 96/34/EG des Rates vom 3. Juni 1996 zu der von UNICE, CEEP und EGB geschlossenen Rahmenvereinbarung über Elternurlaub[2] unberührt lassen.

(25) Aus Gründen der Klarheit ist es außerdem angebracht, ausdrücklich Bestimmungen zum Schutz der Rechte der Frauen im Bereich der Beschäftigung im Falle des Mutterschaftsurlaubs aufzunehmen, insbesondere den Anspruch auf Rückkehr an ihren früheren Arbeitsplatz oder einen gleichwertigen Arbeitsplatz ohne Verschlechterung der Arbeitsbedingungen aufgrund dieses Mutterschaftsurlaubs sowie darauf, dass ihnen auch alle Verbesserungen der Arbeitsbedingungen zugute kommen, auf die sie während ihrer Abwesenheit Anspruch gehabt hätten.

(26) In der Entschließung des Rates und der im Rat vereinigten Minister für Beschäftigung und Sozialpolitik vom 29. Juni 2000 über eine ausgewogene Teilhabe von Frauen und Männern am Berufs- und Familienleben[3] wurden die Mitgliedstaaten ermutigt, die Möglichkeit zu prüfen, in ihren jeweiligen Rechtsordnungen männlichen Arbeitnehmern unter Wahrung ihrer bestehenden arbeitsbezogenen Rechte ein individuelles, nicht übertragbares Recht auf Vaterschaftsurlaub zuzuerkennen.

(27) Ähnliche Bedingungen gelten für die Zuerkennung – durch die Mitgliedstaaten – eines individuellen, nicht übertragbaren Rechts auf Urlaub nach Adoption eines Kindes an Männer und Frauen. Es ist Sache der Mitgliedstaaten zu entscheiden, ob sie ein solches Recht auf Vaterschaftsurlaub und/oder Adoptionsurlaub zuerkennen oder nicht, sowie alle außerhalb des Geltungsbereichs dieser Richtlinie liegenden Bedingungen, mit Ausnahme derjenigen, die die Entlassung und die Rückkehr an den Arbeitsplatz betreffen, festzulegen.

(28) Die wirksame Anwendung des Grundsatzes der Gleichbehandlung erfordert die Schaffung angemessener Verfahren durch die Mitgliedstaaten.

(29) Die Schaffung angemessener rechtlicher und administrativer Verfahren zur Durchsetzung der Verpflichtungen aufgrund der vorliegenden Richtlinie ist wesentlich für die tatsächliche Verwirklichung des Grundsatzes der Gleichbehandlung.

(30) Der Erlass von Bestimmungen zur Beweislast ist wesentlich, um sicherzustellen, dass der Grundsatz der Gleichbehandlung wirksam durchgesetzt werden kann. Wie der Gerichtshof entschieden hat, sollten daher Bestimmungen vorgesehen werden, die sicherstellen, dass die Beweislast – außer im Zusammenhang mit Verfahren, in denen die Ermittlung des Sachverhalts dem Gericht oder der zuständigen nationalen Stelle obliegt – auf die beklagte Partei verlagert wird, wenn der Anschein einer Diskriminierung besteht. Es ist jedoch klarzustellen, dass die Bewertung der Tatsachen, die das Vorliegen einer unmittelbaren oder mittelbaren Diskriminierung vermuten lassen, weiterhin der einschlägigen einzelstaatlichen Stelle im Einklang mit den innerstaatlichen Rechtsvorschriften oder Gepflogenheiten obliegt. Außerdem bleibt es den Mitgliedstaaten überlassen, auf jeder Stufe

---

[1] **Amtl. Anm.:** ABl. L 348 vom 28.11.1992, S. 1.

[2] **Amtl. Anm.:** ABl. L 145 vom 19.6.1996, S. 4. Geändert durch die Richtlinie 97/75/EG (ABl. L 10 vom 16.1.1998, S. 24).

[3] **Amtl. Anm.:** ABl. C 218 vom 31.7.2000, S. 5.

des Verfahrens eine für die klagende Partei günstigere Beweislastregelung vorzusehen.

(31) Um den durch diese Richtlinie gewährleisteten Schutz weiter zu verbessern, sollte auch die Möglichkeit bestehen, dass sich Verbände, Organisationen und andere juristische Personen unbeschadet der nationalen Verfahrensregeln bezüglich der Vertretung und Verteidigung bei einem entsprechenden Beschluss der Mitgliedstaaten im Namen der beschwerten Person oder zu deren Unterstützung an einem Verfahren beteiligen.

(32) In Anbetracht des grundlegenden Charakters des Anspruchs auf einen effektiven Rechtsschutz ist es angebracht, dass Arbeitnehmer diesen Schutz selbst noch nach Beendigung des Verhältnisses genießen, aus dem sich der behauptete Verstoß gegen den Grundsatz der Gleichbehandlung ergibt. Ein Arbeitnehmer, der eine Person, die nach dieser Richtlinie Schutz genießt, verteidigt oder für sie als Zeuge aussagt, sollte den gleichen Schutz genießen.

(33) Der Gerichtshof hat eindeutig festgestellt, dass der Gleichbehandlungsgrundsatz nur dann als tatsächlich verwirklicht angesehen werden kann, wenn bei allen Verstößen eine dem erlittenen Schaden angemessene Entschädigung zuerkannt wird. Es ist daher angebracht, die Vorabfestlegung irgendeiner Höchstgrenze für eine solche Entschädigung auszuschließen, außer in den Fällen, in denen der Arbeitgeber nachweisen kann, dass der einem Bewerber infolge einer Diskriminierung im Sinne dieser Richtlinie entstandene Schaden allein darin besteht, dass die Berücksichtigung seiner Bewerbung verweigert wurde.

(34) Um die wirksame Umsetzung des Grundsatzes der Gleichbehandlung zu verstärken, sollten die Mitgliedstaaten den Dialog zwischen den Sozialpartnern und – im Rahmen der einzelstaatlichen Praxis – mit den Nichtregierungsorganisationen fördern.

(35) Die Mitgliedstaaten sollten wirksame, verhältnismäßige und abschreckende Sanktionen festlegen, die bei einer Verletzung der aus dieser Richtlinie erwachsenden Verpflichtungen zu verhängen sind.

(36) Da die Ziele dieser Richtlinie auf Ebene der Mitgliedstaaten nicht ausreichend verwirklicht werden können und daher besser auf Gemeinschaftsebene zu erreichen sind, kann die Gemeinschaft im Einklang mit dem in Artikel 5 des Vertrags[1)] niedergelegten Subsidiaritätsprinzip tätig werden. Entsprechend dem in demselben Artikel genannten Grundsatz der Verhältnismäßigkeit geht diese Richtlinie nicht über das zur Erreichung dieser Ziele erforderliche Maß hinaus.

(37) Zum besseren Verständnis der Ursachen der unterschiedlichen Behandlung von Männern und Frauen in Arbeits- und Beschäftigungsfragen sollten vergleichbare, nach Geschlechtern aufgeschlüsselte Statistiken weiterhin erstellt, ausgewertet und auf den geeigneten Ebenen zur Verfügung gestellt werden.

(38) Die Gleichbehandlung von Männern und Frauen in Arbeits- und Beschäftigungsfragen kann sich nicht auf gesetzgeberische Maßnahmen beschränken. Die Europäische Union und die Mitgliedstaaten sind vielmehr aufgefordert, den Prozess der Bewusstseinsbildung für das Problem der Lohn-

[1)] Nunmehr Art. 5 EUV durch Vertrag von Lissabon v. 13.12.2007 (ABl. C 306 S. 1).

diskriminierung und ein Umdenken verstärkt zu fördern und dabei alle betroffenen Kräfte auf öffentlicher wie privater Ebene so weit wie möglich einzubinden. Dabei kann der Dialog zwischen den Sozialpartnern einen wichtigen Beitrag leisten.

(39) Die Verpflichtung zur Umsetzung dieser Richtlinie in nationales Recht sollte auf diejenigen Bestimmungen beschränkt werden, die eine inhaltliche Veränderung gegenüber den früheren Richtlinien darstellen. Die Verpflichtung zur Umsetzung derjenigen Bestimmungen, die inhaltlich unverändert bleiben, ergibt sich aus den früheren Richtlinien.

(40) Diese Richtlinie sollte unbeschadet der Verpflichtungen der Mitgliedstaaten in Bezug auf die Fristen zur Umsetzung der in Anhang I Teil B aufgeführten Richtlinien in einzelstaatliches Recht und zu ihrer Anwendung gelten.

(41) Entsprechend Nummer 34 der Interinstitutionellen Vereinbarung über bessere Rechtsetzung[1)] sollten die Mitgliedstaaten für ihre eigenen Zwecke und im Interesse der Gemeinschaft eigene Tabellen aufstellen, denen im Rahmen des Möglichen die Entsprechungen zwischen dieser Richtlinie und den Umsetzungsmaßnahmen zu entnehmen sind, und diese veröffentlichen –

HABEN FOLGENDE RICHTLINIE ERLASSEN:

Titel I. Allgemeine Bestimmungen

Art. 1 Gegenstand. *[1]* Ziel der vorliegenden Richtlinie ist es, die Verwirklichung des Grundsatzes der Chancengleichheit und Gleichbehandlung von Männern und Frauen in Arbeits- und Beschäftigungsfragen sicherzustellen.

[2] Zu diesem Zweck enthält sie Bestimmungen zur Verwirklichung des Grundsatzes der Gleichbehandlung in Bezug auf

a) den Zugang zur Beschäftigung einschließlich des beruflichen Aufstiegs und zur Berufsbildung,

b) Arbeitsbedingungen einschließlich des Entgelts,

c) betriebliche Systeme der sozialen Sicherheit.

[3] Weiter enthält sie Bestimmungen, mit denen sichergestellt werden soll, dass die Verwirklichung durch die Schaffung angemessener Verfahren wirksamer gestaltet wird.

Art. 2 Begriffsbestimmungen. (1) Im Sinne dieser Richtlinie bezeichnet der Ausdruck

a) „unmittelbare Diskriminierung" eine Situation, in der eine Person aufgrund ihres Geschlechts eine weniger günstige Behandlung erfährt, als eine andere Person in einer vergleichbaren Situation erfährt, erfahren hat oder erfahren würde;

b) „mittelbare Diskriminierung" eine Situation, in der dem Anschein nach neutrale Vorschriften, Kriterien oder Verfahren Personen des einen Geschlechts in besonderer Weise gegenüber Personen des anderen Geschlechts benachteiligen können, es sei denn, die betreffenden Vorschriften, Kriterien

---

[1)] **Amtl. Anm.:** ABl. C 321 vom 31.12.2003, S. 1.

oder Verfahren sind durch ein rechtmäßiges Ziel sachlich gerechtfertigt und die Mittel sind zur Erreichung dieses Ziels angemessen und erforderlich;

c) „Belästigung" unerwünschte auf das Geschlecht einer Person bezogene Verhaltensweisen, die bezwecken oder bewirken, dass die Würde der betreffenden Person verletzt und ein von Einschüchterungen, Anfeindungen, Erniedrigungen, Entwürdigungen oder Beleidigungen gekennzeichnetes Umfeld geschaffen wird;

d) „sexuelle Belästigung" jede Form von unerwünschtem Verhalten sexueller Natur, das sich in unerwünschter verbaler, nicht-verbaler oder physischer Form äußert und das bezweckt oder bewirkt, dass die Würde der betreffenden Person verletzt wird, insbesondere wenn ein von Einschüchterungen, Anfeindungen, Erniedrigungen, Entwürdigungen und Beleidigungen gekennzeichnetes Umfeld geschaffen wird;

e) „Entgelt" die üblichen Grund- oder Mindestlöhne und -gehälter sowie alle sonstigen Vergütungen, die der Arbeitgeber aufgrund des Dienstverhältnisses dem Arbeitnehmer mittelbar oder unmittelbar als Geld- oder Sachleistung zahlt;

f) „betriebliche Systeme der sozialen Sicherheit" Systeme, die nicht durch die Richtlinie 79/7/EWG des Rates vom 19. Dezember 1978 zur schrittweisen Verwirklichung des Grundsatzes der Gleichbehandlung von Männern und Frauen im Bereich der sozialen Sicherheit[1] geregelt werden und deren Zweck darin besteht, den abhängig Beschäftigten und den Selbständigen in einem Unternehmen oder einer Unternehmensgruppe, in einem Wirtschaftszweig oder den Angehörigen eines Berufes oder einer Berufsgruppe Leistungen zu gewähren, die als Zusatzleistungen oder Ersatzleistungen die gesetzlichen Systeme der sozialen Sicherheit ergänzen oder an ihre Stelle treten, unabhängig davon, ob der Beitritt zu diesen Systemen Pflicht ist oder nicht.

(2) Im Sinne dieser Richtlinie gelten als Diskriminierung

a) Belästigung und sexuelle Belästigung sowie jede nachteilige Behandlung aufgrund der Zurückweisung oder Duldung solcher Verhaltensweisen durch die betreffende Person;

b) die Anweisung zur Diskriminierung einer Person aufgrund des Geschlechts;

c) jegliche ungünstigere Behandlung einer Frau im Zusammenhang mit Schwangerschaft oder Mutterschaftsurlaub im Sinne der Richtlinie 92/85/EWG[2].

Art. 3 Positive Maßnahmen. Die Mitgliedstaaten können im Hinblick auf die Gewährleistung der vollen Gleichstellung von Männern und Frauen im Arbeitsleben Maßnahmen im Sinne von Artikel 141 Absatz 4 des Vertrags[3] beibehalten oder beschließen.

---

[1] **Amtl. Anm.:** ABl. L 6 vom 10.1.1979, S. 24.
[2] Nr. **220**.
[3] Nunmehr Art. 157 AEUV durch Vertrag von Lissabon v. 13.12.2007 (ABl. C 306 S. 1).

Titel II. Besondere Bestimmungen

Kapitel 1. Gleiches Entgelt

Art. 4 Diskriminierungsverbot. *[1]* Bei gleicher Arbeit oder bei einer Arbeit, die als gleichwertig anerkannt wird, wird mittelbare und unmittelbare Diskriminierung aufgrund des Geschlechts in Bezug auf sämtliche Entgeltbestandteile und -bedingungen beseitigt.

[2] Insbesondere wenn zur Festlegung des Entgelts ein System beruflicher Einstufung verwendet wird, muss dieses System auf für männliche und weibliche Arbeitnehmer gemeinsamen Kriterien beruhen und so beschaffen sein, dass Diskriminierungen aufgrund des Geschlechts ausgeschlossen werden.

Kapitel 2. Gleichbehandlung in betrieblichen Systemen der sozialen Sicherheit

Art. 5 Diskriminierungsverbot. Unbeschadet des Artikels 4 darf es in betrieblichen Systemen der sozialen Sicherheit keine unmittelbare oder mittelbare Diskriminierung aufgrund des Geschlechts geben, insbesondere hinsichtlich

a) des Anwendungsbereichs solcher Systeme und die Bedingungen für den Zugang zu ihnen,
b) der Beitragspflicht und der Berechnung der Beiträge,
c) der Berechnung der Leistungen, einschließlich der Zuschläge für den Ehegatten und für unterhaltsberechtigte Personen, sowie der Bedingungen betreffend die Geltungsdauer und die Aufrecherhaltung des Leistungsanspruchs.

Art. 6 Persönlicher Anwendungsbereich. Dieses Kapitel findet entsprechend den einzelstaatlichen Rechtsvorschriften und/oder Gepflogenheiten Anwendung auf die Erwerbsbevölkerung einschließlich der Selbständigen, der Arbeitnehmer, deren Erwerbstätigkeit durch Krankheit, Mutterschaft, Unfall oder unverschuldete Arbeitslosigkeit unterbrochen ist, und der Arbeitssuchenden sowie auf die sich im Ruhestand befindlichen oder arbeitsunfähigen Arbeitnehmer und auf ihre anspruchsberechtigten Angehörigen.

Art. 7 Sachlicher Anwendungsbereich. (1) Dieses Kapitel findet Anwendung

a) auf betriebliche Systeme der sozialen Sicherheit, die Schutz gegen folgende Risiken bieten:
   i) Krankheit,
   ii) Invalidität,
   iii) Alter, einschließlich vorzeitige Versetzung in den Ruhestand,
   iv) Arbeitsunfall und Berufskrankheit,
   v) Arbeitslosigkeit;
b) auf betriebliche Systeme der sozialen Sicherheit, die sonstige Sozialleistungen in Form von Geld- oder Sachleistungen vorsehen, insbesondere Leistungen an Hinterbliebene und Familienleistungen, wenn diese Leistungen als vom Arbeitgeber aufgrund des Beschäftigungsverhältnisses an den Arbeitnehmer gezahlte Vergütungen gelten.

(2) [1]Dieses Kapitel findet auch Anwendung auf Rentensysteme für eine besondere Gruppe von Arbeitnehmern wie beispielsweise Beamte, wenn die aus dem System zu zahlenden Leistungen aufgrund des Beschäftigungsverhältnisses mit dem öffentlichen Arbeitgeber gezahlt werden. [2]Die Tatsache, dass ein solches System Teil eines allgemeinen durch Gesetz geregelten Systems ist, steht dem nicht entgegen.

Art. 8 Ausnahmen vom sachlichen Anwendungsbereich. (1) Dieses Kapitel gilt nicht

a) für Einzelverträge Selbständiger,

b) für Systeme Selbständiger mit nur einem Mitglied,

c) im Fall von abhängig Beschäftigten für Versicherungsverträge, bei denen der Arbeitgeber nicht Vertragspartei ist,

d) für fakultative Bestimmungen betrieblicher Systeme der sozialen Sicherheit, die einzelnen Mitgliedern eingeräumt werden, um ihnen
   i) entweder zusätzliche Leistungen
   ii) oder die Wahl des Zeitpunkts, zu dem die regulären Leistungen für Selbständige einsetzen, oder die Wahl zwischen mehreren Leistungen

   zu garantieren,

e) für betriebliche Systeme der sozialen Sicherheit, sofern die Leistungen durch freiwillige Beiträge der Arbeitnehmer finanziert werden.

(2) Diesem Kapitel steht nicht entgegen, dass ein Arbeitgeber Personen, welche die Altersgrenze für die Gewährung einer Rente aus einem betrieblichen System der sozialen Sicherheit, jedoch noch nicht die Altersgrenze für die Gewährung einer gesetzlichen Rente erreicht haben, eine Zusatzrente gewährt, damit der Betrag der gesamten Leistungen dem Betrag entspricht oder nahe kommt, der Personen des anderen Geschlechts in derselben Lage, die bereits das gesetzliche Rentenalter erreicht haben, gewährt wird, bis die Bezieher der Zusatzrente das gesetzliche Rentenalter erreicht haben.

Art. 9 Beispiele für Diskriminierung. (1) Dem Grundsatz der Gleichbehandlung entgegenstehende Bestimmungen sind solche, die sich unmittelbar oder mittelbar auf das Geschlecht stützen und Folgendes bewirken:

a) Festlegung der Personen, die zur Mitgliedschaft in einem betrieblichen System der sozialen Sicherheit zugelassen sind;

b) Regelung der Zwangsmitgliedschaft oder der freiwilligen Mitgliedschaft in einem betrieblichen System der sozialen Sicherheit;

c) unterschiedliche Regeln für das Beitrittsalter zum System oder für die Mindestdauer der Beschäftigung oder Zugehörigkeit zum System, die einen Leistungsanspruch begründen;

d) Festlegung – außer in den unter den Buchstaben h und j genannten Fällen – unterschiedlicher Regeln für die Erstattung der Beiträge, wenn der Arbeitnehmer aus dem System ausscheidet, ohne die Bedingungen erfüllt zu haben, die ihm einen aufgeschobenen Anspruch auf die langfristigen Leistungen garantieren;

e) Festlegung unterschiedlicher Bedingungen für die Gewährung der Leistungen oder die Beschränkung dieser Leistungen auf eines der beiden Geschlechter;

f) Festsetzung unterschiedlicher Altersgrenzen für den Eintritt in den Ruhestand;

g) Unterbrechung der Aufrechterhaltung oder des Erwerbs von Ansprüchen während eines gesetzlich oder tarifvertraglich festgelegten Mutterschaftsurlaubs oder Urlaubs aus familiären Gründen, der vom Arbeitgeber bezahlt wird;

h) Gewährung unterschiedlicher Leistungsniveaus, es sei denn, dass dies notwendig ist, um versicherungstechnischen Berechnungsfaktoren Rechnung zu tragen, die im Fall von Festbeitragssystemen je nach Geschlecht unterschiedlich sind; bei durch Kapitalansammlung finanzierten Festleistungssystemen ist hinsichtlich einiger Punkte eine Ungleichbehandlung gestattet, wenn die Ungleichheit der Beträge darauf zurückzuführen ist, dass bei der Durchführung der Finanzierung des Systems je nach Geschlecht unterschiedliche versicherungstechnische Berechnungsfaktoren angewendet worden sind;

i) Festlegung unterschiedlicher Höhen für die Beiträge der Arbeitnehmer;

j) Festlegung unterschiedlicher Höhen für die Beiträge der Arbeitgeber, außer
   i) im Fall von Festbeitragssystemen, sofern beabsichtigt wird, die Höhe der auf diesen Beiträgen beruhenden Rentenleistungen für Männer und Frauen auszugleichen oder anzunähern;
   ii) im Fall von durch Kapitalansammlung finanzierten Festleistungssystemen, sofern die Arbeitgeberbeiträge dazu bestimmt sind, die zur Deckung der Aufwendungen für die zugesagten Leistungen unerlässliche Finanzierungsgrundlage zu ergänzen;

k) Festlegung unterschiedlicher oder nur für Arbeitnehmer eines der Geschlechter geltender Regelungen – außer in den unter den Buchstaben h und j vorgesehenen Fällen – hinsichtlich der Garantie oder der Aufrechterhaltung des Anspruchs auf spätere Leistungen, wenn der Arbeitnehmer aus dem System ausscheidet.

(2) Steht die Gewährung von unter dieses Kapitel fallenden Leistungen im Ermessen der für das System zuständigen Verwaltungsstellen, so beachten diese den Grundsatz der Gleichbehandlung.

Art. 10 Durchführung in Bezug auf Selbständige. (1) Die Mitgliedstaaten treffen die notwendigen Maßnahmen, um sicherzustellen, dass Bestimmungen betrieblicher Systeme der sozialen Sicherheit selbständig Erwerbstätiger, die dem Grundsatz der Gleichbehandlung entgegenstehen, spätestens mit Wirkung vom 1. Januar 1993 oder – für Mitgliedstaaten, die nach diesem Datum beigetreten sind – ab dem Datum, zu dem die Richtlinie 86/378/EG in ihrem Hoheitsgebiet anwendbar wurde, geändert werden.

(2) Dieses Kapitel steht dem nicht entgegen, dass für die Rechte und Pflichten, die sich aus einer vor dem Zeitpunkt der Änderung eines betrieblichen Systems der sozialen Sicherheit Selbständiger liegenden Zeit der Mitgliedschaft in dem betreffenden System ergeben, weiterhin die Bestimmungen des Systems gelten, die während dieses Versicherungszeitraums galten.

Art. 11 Möglichkeit des Aufschubs in Bezug auf Selbständige. Was die betrieblichen Systeme der sozialen Sicherheit Selbständiger betrifft, können die Mitgliedstaaten die obligatorische Anwendung des Grundsatzes der Gleichbehandlung aufschieben

a) für die Festsetzung des Rentenalters für die Gewährung von Altersrenten oder Ruhestandsrenten sowie die Folgen, die sich daraus für andere Leistungen ergeben können, und zwar

i) entweder bis zu dem Zeitpunkt, zu dem diese Gleichbehandlung in den gesetzlichen Systemen verwirklicht ist,

ii) oder längstens bis zu dem Zeitpunkt, zu dem eine Richtlinie diese Gleichbehandlung vorschreibt;

b) für Hinterbliebenenrenten bis zu dem Zeitpunkt, zu dem für diese der Grundsatz der Gleichbehandlung in den gesetzlichen Systemen der sozialen Sicherheit durch das Gemeinschaftsrecht vorgeschrieben ist;

c) für die Anwendung des Artikels 9 Absatz 1 Buchstabe i in Bezug auf die Anwendung von versicherungstechnischen Berechnungsfaktoren bis zum 1. Januar 1999 oder – für Mitgliedstaaten, die nach diesem Datum beigetreten sind – bis zu dem Datum, zu dem die Richtlinie 86/378/EG in ihrem Hoheitsgebiet anwendbar wurde.

Art. 12 Rückwirkung. (1) [1]Jede Maßnahme zur Umsetzung dieses Kapitels in Bezug auf die Arbeitnehmer deckt alle Leistungen der betrieblichen Systeme der sozialen Sicherheit ab, die für Beschäftigungszeiten nach dem 17. Mai 1990 gewährt werden, und gilt rückwirkend bis zu diesem Datum, außer im Fall von Arbeitnehmern oder ihren anspruchsberechtigten Angehörigen, die vor diesem Zeitpunkt Klage bei Gericht oder ein gleichwertiges Verfahren nach dem geltenden einzelstaatlichen Recht angestrengt haben. [2]In diesem Fall werden die Umsetzungsmaßnahmen rückwirkend bis zum 8. April 1976 angewandt und decken alle Leistungen ab, die für Beschäftigungszeiten nach diesem Zeitpunkt gewährt werden. [3]Für Mitgliedstaaten, die der Gemeinschaft nach dem 8. April 1976 und vor dem 17. Mai 1990 beigetreten sind, gilt anstelle dieses Datums das Datum, an dem Artikel 141 des Vertrags[1)] auf ihrem Hoheitsgebiet anwendbar wurde.

(2) Absatz 1 Satz 2 steht dem nicht entgegen, dass den Arbeitnehmern oder ihren Anspruchsberechtigten, die vor dem 17. Mai 1990 Klage erhoben haben, einzelstaatliche Vorschriften über die Fristen für die Rechtsverfolgung nach innerstaatlichem Recht entgegengehalten werden können, sofern sie für derartige Klagen nicht ungünstiger sind als für gleichartige Klagen, die das innerstaatliche Recht betreffen, und sofern sie die Ausübung der durch das Gemeinschaftsrecht gewährten Rechte nicht praktisch unmöglich machen.

(3) Für Mitgliedstaaten, die nach dem 17. Mai 1990 der Gemeinschaft beigetreten sind und zum 1. Januar 1994 Vertragsparteien des Abkommens über den Europäischen Wirtschaftsraum waren, wird das Datum „17. Mai 1990" in Absatz 1 Satz 1 durch „1. Januar 1994" ersetzt.

(4) Für andere Mitgliedstaaten, die nach dem 17. Mai 1990 beigetreten sind, wird das Datum „17. Mai 1990" in den Absätzen 1 und 2 durch das Datum ersetzt, zu dem Artikel 141 des Vertrags[1)] in ihrem Hoheitsgebiet anwendbar wurde.

[1)] Nunmehr Art. 157 AEUV durch Vertrag von Lissabon v. 13.12.2007 (ABl. C 306 S. 1).

Art. 13 Flexibles Rentenalter. Haben Frauen und Männer zu gleichen Bedingungen Anspruch auf ein flexibles Rentenalter, so ist dies nicht als mit diesem Kapitel unvereinbar anzusehen.

Kapitel 3. Gleichbehandlung hinsichtlich des Zugangs zur Beschäftigung zur Berufsbildung und zum beruflichen Aufstieg sowie in Bezug auf die Arbeitsbedingungen

Art. 14 Diskriminierungsverbot. (1) Im öffentlichen und privaten Sektor einschließlich öffentlicher Stellen darf es in Bezug auf folgende Punkte keinerlei unmittelbare oder mittelbare Diskriminierung aufgrund des Geschlechts geben:

a) die Bedingungen – einschließlich Auswahlkriterien und Einstellungsbedingungen – für den Zugang zur Beschäftigung oder zu abhängiger oder selbständiger Erwerbstätigkeit, unabhängig von Tätigkeitsfeld und beruflicher Position einschließlich des beruflichen Aufstiegs;

b) den Zugang zu allen Formen und allen Ebenen der Berufsberatung, der Berufsausbildung, der beruflichen Weiterbildung und der Umschulung einschließlich der praktischen Berufserfahrung;

c) die Beschäftigungs- und Arbeitsbedingungen einschließlich der Entlassungsbedingungen sowie das Arbeitsentgelt nach Maßgabe von Artikel 141 des Vertrags[1];

d) die Mitgliedschaft und Mitwirkung in einer Arbeitnehmer- oder Arbeitgeberorganisation oder einer Organisation, deren Mitglieder einer bestimmten Berufsgruppe angehören, einschließlich der Inanspruchnahme der Leistungen solcher Organisationen.

(2) Die Mitgliedstaaten können im Hinblick auf den Zugang zur Beschäftigung einschließlich der zu diesem Zweck erfolgenden Berufsbildung vorsehen, dass eine Ungleichbehandlung wegen eines geschlechtsbezogenen Merkmals keine Diskriminierung darstellt, wenn das betreffende Merkmal aufgrund der Art einer bestimmten beruflichen Tätigkeit oder der Bedingungen ihrer Ausübung eine wesentliche und entscheidende berufliche Anforderung darstellt, sofern es sich um einen rechtmäßigen Zweck und eine angemessene Anforderung handelt.

Art. 15 Rückkehr aus dem Mutterschaftsurlaub. Frauen im Mutterschaftsurlaub haben nach Ablauf des Mutterschaftsurlaubs Anspruch darauf, an ihren früheren Arbeitsplatz oder einen gleichwertigen Arbeitsplatz unter Bedingungen, die für sie nicht weniger günstig sind, zurückzukehren, und darauf, dass ihnen auch alle Verbesserungen der Arbeitsbedingungen, auf die sie während ihrer Abwesenheit Anspruch gehabt hätten, zugute kommen.

Art. 16 Vaterschaftsurlaub und Adoptionsurlaub. [1] Diese Richtlinie lässt das Recht der Mitgliedstaaten unberührt, eigene Rechte auf Vaterschaftsurlaub und/oder Adoptionsurlaub anzuerkennen. [2] Die Mitgliedstaaten, die derartige Rechte anerkennen, treffen die erforderlichen Maßnahmen, um männliche und weibliche Arbeitnehmer vor Entlassung infolge der Inanspruchnahme dieser Rechte zu schützen, und gewährleisten, dass sie nach Ablauf des Urlaubs Anspruch darauf haben, an ihren früheren Arbeitsplatz oder einen gleichwerti-

---

[1] Nunmehr Art. 157 AEUV durch Vertrag von Lissabon v. 13.12.2007 (ABl. C 306 S. 1).

gen Arbeitsplatz unter Bedingungen, die für sie nicht weniger günstig sind, zurückzukehren, und darauf, dass ihnen auch alle Verbesserungen der Arbeitsbedingungen, auf die sie während ihrer Abwesenheit Anspruch gehabt hätten, zugute kommen.

Titel III. Horizontale Bestimmungen

Kapitel 1. Rechtsmittel und Rechtsdurchsetzung

Abschnitt 1. Rechtsmittel

Art. 17 Rechtsschutz. (1) Die Mitgliedstaaten stellen sicher, dass alle Personen, die sich durch die Nichtanwendung des Gleichbehandlungsgrundsatzes in ihren Rechten für verletzt halten, ihre Ansprüche aus dieser Richtlinie gegebenenfalls nach Inanspruchnahme anderer zuständiger Behörden oder, wenn die Mitgliedstaaten es für angezeigt halten, nach einem Schlichtungsverfahren auf dem Gerichtsweg geltend machen können, selbst wenn das Verhältnis, während dessen die Diskriminierung vorgekommen sein soll, bereits beendet ist.

(2) Die Mitgliedstaaten stellen sicher, dass Verbände, Organisationen oder andere juristische Personen, die gemäß den in ihrem einzelstaatlichen Recht festgelegten Kriterien ein rechtmäßiges Interesse daran haben, für die Einhaltung der Bestimmungen dieser Richtlinie zu sorgen, sich entweder im Namen der beschwerten Person oder zu deren Unterstützung mit deren Einwilligung an den in dieser Richtlinie zur Durchsetzung der Ansprüche vorgesehenen Gerichts- und/oder Verwaltungsverfahren beteiligen können.

(3) Die Absätze 1 und 2 lassen einzelstaatliche Regelungen über Fristen für die Rechtsverfolgung betreffend den Grundsatz der Gleichbehandlung unberührt.

Art. 18 Schadenersatz oder Entschädigung. [1]Die Mitgliedstaaten treffen im Rahmen ihrer nationalen Rechtsordnungen die erforderlichen Maßnahmen, um sicherzustellen, dass der einer Person durch eine Diskriminierung aufgrund des Geschlechts entstandene Schaden – je nach den Rechtsvorschriften der Mitgliedstaaten – tatsächlich und wirksam ausgeglichen oder ersetzt wird, wobei dies auf eine abschreckende und dem erlittenen Schaden angemessene Art und Weise geschehen muss. [2]Dabei darf ein solcher Ausgleich oder eine solche Entschädigung nur in den Fällen durch eine im Voraus festgelegte Höchstgrenze begrenzt werden, in denen der Arbeitgeber nachweisen kann, dass der einem Bewerber durch die Diskriminierung im Sinne dieser Richtlinie entstandene Schaden allein darin besteht, dass die Berücksichtigung seiner Bewerbung verweigert wurde.

Abschnitt 2. Beweislast

Art. 19 Beweislast. (1) Die Mitgliedstaaten ergreifen im Einklang mit dem System ihrer nationalen Gerichtsbarkeit die erforderlichen Maßnahmen, nach denen dann, wenn Personen, die sich durch die Verletzung des Gleichbehandlungsgrundsatzes für beschwert halten und bei einem Gericht bzw. einer anderen zuständigen Stelle Tatsachen glaubhaft machen, die das Vorliegen einer unmittelbaren oder mittelbaren Diskriminierung vermuten lassen, es dem Beklagten obliegt zu beweisen, dass keine Verletzung des Gleichbehandlungsgrundsatzes vorgelegen hat.

(2) Absatz 1 lässt das Recht der Mitgliedstaaten, eine für die klagende Partei günstigere Beweislastregelung vorzusehen, unberührt.

(3) Die Mitgliedstaaten können davon absehen, Absatz 1 auf Verfahren anzuwenden, in denen die Ermittlung des Sachverhalts dem Gericht oder einer anderen zuständigen Stelle obliegt.

(4) Die Absätze 1, 2 und 3 finden ebenfalls Anwendung auf

a) die Situationen, die von Artikel 141 des Vertrags[1)] und – sofern die Frage einer Diskriminierung aufgrund des Geschlechts angesprochen ist – von den Richtlinien 92/85/EWG[2)] und 96/34/EG erfasst werden;

b) zivil- und verwaltungsrechtliche Verfahren sowohl im öffentlichen als auch im privaten Sektor, die Rechtsbehelfe nach innerstaatlichem Recht bei der Anwendung der Vorschriften gemäß Buchstabe a vorsehen, mit Ausnahme der freiwilligen oder in den innerstaatlichen Rechtsvorschriften vorgesehenen außergerichtlichen Verfahren.

(5) Soweit von den Mitgliedstaaten nicht anders geregelt, gilt dieser Artikel nicht für Strafverfahren.

Kapitel 2. Förderung der Gleichbehandlung – Dialog

Art. 20 Stellen zur Förderung der Gleichbehandlung. (1) [1]Jeder Mitgliedstaat bezeichnet eine oder mehrere Stellen, deren Aufgabe darin besteht, die Verwirklichung der Gleichbehandlung aller Personen ohne Diskriminierung aufgrund des Geschlechts zu fördern, zu analysieren, zu beobachten und zu unterstützen. [2]Diese Stellen können Teil von Einrichtungen sein, die auf nationaler Ebene für den Schutz der Menschenrechte oder der Rechte des Einzelnen verantwortlich sind.

(2) Die Mitgliedstaaten stellen sicher, dass es zu den Befugnissen dieser Stellen gehört,

a) unbeschadet der Rechte der Opfer und der Verbände, Organisationen oder anderer juristischer Personen nach Artikel 17 Absatz 2 die Opfer von Diskriminierungen auf unabhängige Weise dabei zu unterstützen, ihre Beschwerde wegen Diskriminierung zu verfolgen;

b) unabhängige Untersuchungen zum Thema der Diskriminierung durchzuführen;

c) unabhängige Berichte zu veröffentlichen und Empfehlungen zu allen Aspekten vorzulegen, die mit diesen Diskriminierungen in Zusammenhang stehen;

d) auf geeigneter Ebene mit entsprechenden europäischen Einrichtungen, wie beispielsweise einem künftigen Europäischen Institut für Gleichstellungsfragen verfügbare Informationen auszutauschen.

Art. 21 Sozialer Dialog. (1) Die Mitgliedstaaten treffen im Einklang mit den nationalen Gepflogenheiten und Verfahren geeignete Maßnahmen zur Förderung des sozialen Dialogs zwischen den Sozialpartnern mit dem Ziel, die Verwirklichung der Gleichbehandlung voranzubringen, beispielsweise durch

---

[1)] Nunmehr Art. 157 AEUV durch Vertrag von Lissabon v. 13.12.2007 (ABl. C 306 S. 1).
[2)] Nr. **220**.

Beobachtung der Praktiken am Arbeitsplatz und beim Zugang zur Beschäftigung, zur Berufsbildung und zum beruflichen Aufstieg sowie durch Beobachtung der Tarifverträge und durch Verhaltenskodizes, Forschungsarbeiten oder den Austausch von Erfahrungen und bewährten Verfahren.

(2) [1] Soweit mit den nationalen Gepflogenheiten und Verfahren vereinbar, ersuchen die Mitgliedstaaten die Sozialpartner ohne Eingriff in deren Autonomie, die Gleichstellung von Männern und Frauen durch flexible Arbeitsbedingungen zur besseren Vereinbarkeit von Privatleben und Beruf zu fördern und auf geeigneter Ebene Antidiskriminierungsvereinbarungen zu schließen, die die in Artikel 1 genannten Bereiche betreffen, soweit diese in den Verantwortungsbereich der Tarifparteien fallen. [2] Die Vereinbarungen müssen den Bestimmungen dieser Richtlinie sowie den einschlägigen nationalen Durchführungsbestimmungen entsprechen.

(3) Die Mitgliedstaaten ersuchen in Übereinstimmung mit den nationalen Gesetzen, Tarifverträgen oder Gepflogenheiten die Arbeitgeber, die Gleichbehandlung von Männern und Frauen am Arbeitsplatz sowie beim Zugang zur Beschäftigung, zur Berufsbildung und zum beruflichen Aufstieg in geplanter und systematischer Weise zu fördern.

(4) *[1]* Zu diesem Zweck werden die Arbeitgeber ersucht, den Arbeitnehmern und/oder den Arbeitnehmervertretern in regelmäßigen angemessenen Abständen Informationen über die Gleichbehandlung von Männern und Frauen in ihrem Betrieb zu geben.

[2] Diese Informationen können Übersichten über den Anteil von Männern und Frauen auf den unterschiedlichen Ebenen des Betriebs, ihr Entgelt sowie Unterschiede beim Entgelt und mögliche Maßnahmen zur Verbesserung der Situation in Zusammenarbeit mit den Arbeitnehmervertretern enthalten.

Art. 22 Dialog mit Nichtregierungsorganisationen. Die Mitgliedstaaten fördern den Dialog mit den jeweiligen Nichtregierungsorganisationen, die gemäß den einzelstaatlichen Rechtsvorschriften und Gepflogenheiten ein rechtmäßiges Interesse daran haben, sich an der Bekämpfung von Diskriminierung aufgrund des Geschlechts zu beteiligen, um die Einhaltung des Grundsatzes der Gleichbehandlung zu fördern.

Kapitel 3. Allgemeine horizontale Bestimmungen

Art. 23 Einhaltung. Die Mitgliedstaaten treffen alle erforderlichen Maßnahmen, um sicherzustellen, dass

a) die Rechts- und Verwaltungsvorschriften, die dem Gleichbehandlungsgrundsatz zuwiderlaufen, aufgehoben werden;

b) mit dem Gleichbehandlungsgrundsatz nicht zu vereinbarende Bestimmungen in Arbeits- und Tarifverträgen, Betriebsordnungen und Statuten der freien Berufe und der Arbeitgeber- und Arbeitnehmerorganisationen und allen sonstigen Vereinbarungen und Regelungen nichtig sind, für nichtig erklärt werden können oder geändert werden;

c) betriebliche Systeme der sozialen Sicherheit, die solche Bestimmungen enthalten, nicht durch Verwaltungsmaßnahmen genehmigt oder für allgemeinverbindlich erklärt werden können.

Art. 24 Viktimisierung. Die Mitgliedstaaten treffen im Rahmen ihrer nationalen Rechtsordnungen die erforderlichen Maßnahmen, um die Arbeitnehmer sowie die aufgrund der innerstaatlichen Rechtsvorschriften und/oder Gepflogenheiten vorgesehenen Arbeitnehmervertreter vor Entlassung oder anderen Benachteiligungen durch den Arbeitgeber zu schützen, die als Reaktion auf eine Beschwerde innerhalb des betreffenden Unternehmens oder auf die Einleitung eines Verfahrens zur Durchsetzung des Gleichbehandlungsgrundsatzes erfolgen.

Art. 25 Sanktionen. [1]Die Mitgliedstaaten legen die Regeln für die Sanktionen fest, die bei einem Verstoß gegen die einzelstaatlichen Vorschriften zur Umsetzung dieser Richtlinie zu verhängen sind, und treffen alle erforderlichen Maßnahmen, um deren Anwendung zu gewährleisten. [2]Die Sanktionen, die auch Schadenersatzleistungen an die Opfer umfassen können, müssen wirksam, verhältnismäßig und abschreckend sein. [3]Die Mitgliedstaaten teilen diese Vorschriften der Kommission spätestens bis zum 5. Oktober 2005 mit und unterrichten sie unverzüglich über alle späteren Änderungen dieser Vorschriften.

Art. 26 Vorbeugung von Diskriminierung. Die Mitgliedstaaten ersuchen in Einklang mit ihren nationalen Rechtsvorschriften, Tarifverträgen oder Gepflogenheiten die Arbeitgeber und die für Berufsbildung zuständigen Personen, wirksame Maßnahmen zu ergreifen, um allen Formen der Diskriminierung aufgrund des Geschlechts und insbesondere Belästigung und sexueller Belästigung am Arbeitsplatz sowie beim Zugang zur Beschäftigung, zur Berufsbildung und zum beruflichen Aufstieg vorzubeugen.

Art. 27 Mindestanforderungen. (1) Die Mitgliedstaaten können Vorschriften erlassen oder beibehalten, die im Hinblick auf die Wahrung des Gleichbehandlungsgrundsatzes günstiger als die in dieser Richtlinie vorgesehenen Vorschriften sind.

(2) Die Durchführung dieser Richtlinie rechtfertigt in keinem Fall eine Beeinträchtigung des Schutzniveaus der Arbeitnehmer in dem von ihr abgedeckten Bereich; das Recht der Mitgliedstaaten, als Reaktion auf eine veränderte Situation Rechts- und Verwaltungsvorschriften zu erlassen, die sich von denen unterscheiden, die zum Zeitpunkt der Bekanntgabe dieser Richtlinie in Kraft waren, bleibt unberührt, solange die Bestimmungen dieser Richtlinie eingehalten werden.

Art. 28 Verhältnis zu gemeinschaftlichen und einzelstaatlichen Vorschriften. (1) Diese Richtlinie steht Vorschriften zum Schutz der Frau, insbesondere bei Schwangerschaft und Mutterschaft, nicht entgegen.

(2) Diese Richtlinie berührt nicht die Bestimmungen der Richtlinien 96/34/EG und 92/85/EWG[1)].

Art. 29 Durchgängige Berücksichtigung des Gleichstellungsaspekts. Die Mitgliedstaaten berücksichtigen aktiv das Ziel der Gleichstellung von Männern und Frauen bei der Formulierung und Durchführung von Rechts- und Verwaltungsvorschriften, Politiken und Tätigkeiten in den in dieser Richtlinie genannten Bereichen.

[1)] Nr. **220**.

Art. 30 Verbreitung von Informationen. Die Mitgliedstaaten tragen dafür Sorge, dass die in Anwendung dieser Richtlinie ergehenden Maßnahmen sowie die bereits geltenden einschlägigen Vorschriften allen Betroffenen in geeigneter Form und gegebenenfalls in den Betrieben bekannt gemacht werden.

Titel IV. Schlussbestimmungen

Art. 31 Berichte. (1) Die Mitgliedstaaten übermitteln der Kommission bis zum 15. Februar 2011 alle Informationen, die diese benötigt, um einen Bericht an das Europäische Parlament und den Rat über die Anwendung der Richtlinie zu erstellen.

(2) [1] Unbeschadet des Absatzes 1 übermitteln die Mitgliedstaaten der Kommission alle vier Jahre den Wortlaut aller Maßnahmen nach Artikel 141 Absatz 4 des Vertrags[1)] sowie Berichte über diese Maßnahmen und deren Durchführung. [2] Auf der Grundlage dieser Informationen verabschiedet und veröffentlicht die Kommission alle vier Jahre einen Bericht, der eine vergleichende Bewertung solcher Maßnahmen unter Berücksichtigung der Erklärung Nr. 28 in der Schlussakte des Vertrags von Amsterdam enthält.

(3) [1] Die Mitgliedstaaten prüfen in regelmäßigen Abständen die in Artikel 14 Absatz 2 genannten beruflichen Tätigkeiten, um unter Berücksichtigung der sozialen Entwicklung festzustellen, ob es gerechtfertigt ist, die betreffenden Ausnahmen aufrechtzuerhalten. [2] Sie übermitteln der Kommission das Ergebnis dieser Prüfung regelmäßig, zumindest aber alle acht Jahre.

Art. 32 Überprüfung. Die Kommission überprüft spätestens bis zum 15. Februar 2013 die Anwendung dieser Richtlinie und schlägt, soweit sie dies für erforderlich hält, Änderungen vor.

Art. 33 Umsetzung. *[1]* [1] Die Mitgliedstaaten setzen die Rechts- und Verwaltungsvorschriften in Kraft, die erforderlich sind, um dieser Richtlinie spätestens ab dem 15. August 2008 nachzukommen, oder stellen bis zu diesem Zeitpunkt sicher, dass die Sozialpartner im Wege einer Vereinbarung die erforderlichen Bestimmungen einführen. [2] Den Mitgliedstaaten kann längstens ein weiteres Jahr eingeräumt werden, um dieser Richtlinie nachzukommen, wenn dies aufgrund besonderer Schwierigkeiten erforderlich ist. [3] Die Mitgliedstaaten treffen alle notwendigen Maßnahmen, um jederzeit gewährleisten zu können, dass die durch die Richtlinie vorgeschriebenen Ergebnisse erzielt werden. [4] Sie teilen der Kommission unverzüglich den Wortlaut dieser Vorschriften mit.

[2] [1] Wenn die Mitgliedstaaten diese Vorschriften erlassen, nehmen sie in den Vorschriften selbst oder durch einen Hinweis bei der amtlichen Veröffentlichung auf diese Richtlinie Bezug. [2] Diese Bezugnahme enthält außerdem eine Erklärung, wonach Bezugnahmen in bestehenden Rechts- oder Verwaltungsvorschriften auf durch diese Richtlinie aufgehobene Richtlinien als Bezugnahmen auf die vorliegende Richtlinie zu verstehen sind. [3] Die Mitgliedstaaten regeln die Einzelheiten der Bezugnahme und die Formulierung der genannten Erklärung.

[1)] Nunmehr Art. 157 AEUV durch Vertrag von Lissabon v. 13.12.2007 (ABl. C 306 S. 1).

[3] [1] Die Verpflichtung zur Umsetzung dieser Richtlinie in innerstaatliches Recht beschränkt sich auf diejenigen Bestimmungen, die eine inhaltliche Veränderung gegenüber den früheren Richtlinien darstellen. [2] Die Verpflichtung zur Umsetzung derjenigen Bestimmungen, die inhaltlich unverändert bleiben, ergibt sich aus den früheren Richtlinien.

[4] Die Mitgliedstaaten teilen der Kommission den Wortlaut der wichtigsten innerstaatlichen Rechtsvorschriften mit, die sie auf dem unter diese Richtlinie fallenden Gebiet erlassen.

Art. 34 Aufhebung. (1) Die Richtlinien 75/117/EWG, 76/207/EWG, 86/378/EWG und 97/80/EG werden mit Wirkung vom 15. August 2009 aufgehoben; die Verpflichtung der Mitgliedstaaten hinsichtlich der Fristen für die Umsetzung der in Anhang I Teil B genannten Richtlinien in einzelstaatliches Recht und für ihre Anwendung bleibt hiervon unberührt.

(2) Verweisungen auf die aufgehobenen Richtlinien gelten als Verweisungen auf die vorliegende Richtlinie und sind nach der Entsprechungstabelle in Anhang II zu lesen.

Art. 35 Inkrafttreten. Diese Richtlinie tritt am zwanzigsten Tag nach ihrer Veröffentlichung[1] im *Amtsblatt der Europäischen Union* in Kraft.

Art. 36 Adressaten. Diese Richtlinie ist an die Mitgliedstaaten gerichtet.

Anhänge.[2] *(hier nicht wiedergegeben)*

---

[1] Veröffentlicht am 26.7.2006.

[2] Anhänge (Aufhebungen, Umsetzungsfristen und Entsprechungstabelle) siehe die 7. Auflage dieser Textausgabe.

295. Richtlinie 2008/94/EG des Europäischen Parlaments und des Rates vom 22. Oktober 2008 über den Schutz der Arbeitnehmer bei Zahlungsunfähigkeit des Arbeitgebers

(ABl. L 283 S. 36)

EU-Dok.-Nr. 3 2008 L 0094

geänd. durch Art. 1 ÄndRL (EU) 2015/1794 v. 6.10.2015 (ABl. L 263 S. 1)

DAS EUROPÄISCHE PARLAMENT UND DER RAT DER EUROPÄISCHEN UNION –

gestützt auf den Vertrag zur Gründung der Europäischen Gemeinschaft, insbesondere auf Artikel 137 Absatz 2,

auf Vorschlag der Kommission,

nach Stellungnahme des Europäischen Wirtschafts- und Sozialausschusses[1)],

nach Anhörung des Ausschusses der Regionen

gemäß dem Verfahren des Artikels 251 des Vertrags [2)],

in Erwägung nachstehender Gründe:

(1) Die Richtlinie 80/987/EWG des Rates vom 20. Oktober 1980 über den Schutz der Arbeitnehmer bei Zahlungsunfähigkeit des Arbeitgebers [3)] wurde mehrfach und erheblich geändert [4)]. Aus Gründen der Klarheit und der Übersichtlichkeit empfiehlt es sich, sie zu kodifizieren.

(2) Unter Nummer 7 der am 9. Dezember 1989 angenommenen Gemeinschaftscharta der sozialen Grundrechte der Arbeitnehmer[5)] heißt es, dass die Verwirklichung des Binnenmarkts zu einer Verbesserung der Lebens- und Arbeitsbedingungen der Arbeitnehmer in der Gemeinschaft führen muss und dass diese Verbesserung, soweit nötig, dazu führen muss, dass bestimmte Bereiche des Arbeitsrechts wie die Verfahren bei Massenentlassungen oder bei Konkursen ausgestaltet werden.

(3) Es sind Bestimmungen notwendig, die die Arbeitnehmer bei Zahlungsunfähigkeit des Arbeitgebers schützen und um ihnen ein Minimum an Schutz zu sichern, insbesondere die Zahlung ihrer nicht erfüllten Ansprüche zu gewährleisten; dabei muss die Notwendigkeit einer ausgewogenen wirtschaftlichen und sozialen Entwicklung in der Gemeinschaft berücksichtigt werden. Deshalb sollten die Mitgliedstaaten eine Einrichtung schaffen, die die Befriedigung der nicht erfüllten Arbeitnehmeransprüche garantiert.

(4) Zur Gewährleistung eines angemessenen Schutzes der betroffenen Arbeitnehmer ist es angebracht, den Begriff der Zahlungsunfähigkeit im Lichte der Rechtsentwicklung in den Mitgliedstaaten auf diesem Sachgebiet zu bestimmen und mit diesem Begriff auch andere Insolvenzverfahren als Liquidationsverfahren zu erfassen. In diesem Zusammenhang sollten die

---

1) **Amtl. Anm.:** ABl. C 161 vom 13.7.2007, S. 75.

2) **Amtl. Anm.:** Stellungnahme des Europäischen Parlaments vom 19. Juni 2007 (ABl. C 146 E vom 12.6.2008, S. 71) und Beschluss des Rates vom 25. September 2008.

3) **Amtl. Anm.:** ABl. L 283 vom 28.10.1980, S. 23.

4) **Amtl. Anm.:** Siehe Anhang I Teile A und B.

5) Nr. **25**.

Mitgliedstaaten, um zu bestimmen, ob die Garantieeinrichtung zu einer Zahlung verpflichtet ist, vorsehen können, dass für den Fall, dass das Vorliegen einer Insolvenz zu mehreren Insolvenzverfahren führt, die Situation so behandelt wird, als handelte es sich um ein einziges Insolvenzverfahren.

(5) Es sollte vorgesehen werden, dass Arbeitnehmer, die unter die Richtlinie 97/81/EG[1] des Rates vom 15. Dezember 1997 zu der von UNICE, CEEP und EGB geschlossenen Rahmenvereinbarung über Teilzeitarbeit [2], die Richtlinie 1999/70/EG[3] des Rates vom 28. Juni 1999 zu der EGB-UNICE-CEEP-Rahmenvereinbarung über befristete Arbeitsverträge [4] und die Richtlinie 91/383/EWG[5] des Rates vom 25. Juni 1991 zur Ergänzung der Maßnahmen zur Verbesserung der Sicherheit und des Gesundheitsschutzes von Arbeitnehmern mit befristetem Arbeitsverhältnis oder Leiharbeitsverhältnis [6] fallen, nicht vom Geltungsbereich der vorliegenden Richtlinie ausgeschlossen werden.

(6) Zur Gewährleistung der Rechtssicherheit für die Arbeitnehmer von zahlungsunfähigen Unternehmen, die in mehreren Mitgliedstaaten tätig sind, und zur Festigung der Rechte dieser Arbeitnehmer im Sinne der Rechtsprechung des Gerichtshofes der Europäischen Gemeinschaften ist es angebracht, Bestimmungen vorzusehen, die ausdrücklich festlegen, welche Einrichtung in solchen Fällen für die Befriedigung der nicht erfüllten Arbeitnehmeransprüche zuständig ist, und deren Ziel die Zusammenarbeit der zuständigen Verwaltungen der Mitgliedstaaten zur schnellstmöglichen Befriedigung der nicht erfüllten Arbeitnehmeransprüche ist. Ferner ist es angebracht, eine ordnungsgemäße Anwendung der einschlägigen Bestimmungen dadurch zu gewährleisten, dass eine Zusammenarbeit der zuständigen Verwaltungen der Mitgliedstaaten vorgesehen wird.

(7) Die Mitgliedstaaten können Grenzen für die Verpflichtungen der Garantieeinrichtungen festlegen, die mit der sozialen Zielsetzung der Richtlinie vereinbar sein müssen und die unterschiedliche Höhe von Ansprüchen berücksichtigen können.

(8) Zur Erleichterung der Feststellung von Insolvenzverfahren, insbesondere in grenzübergreifenden Fällen, sollte vorgesehen werden, dass die Mitgliedstaaten der Kommission und den anderen Mitgliedstaaten mitteilen, welche Arten von Insolvenzverfahren eine Eintrittspflicht der Garantieeinrichtung auslösen.

(9) Da das Ziel der durch die vorliegende Richtlinie beabsichtigten Maßnahme auf Ebene der Mitgliedstaaten nicht ausreichend verwirklicht werden kann und daher besser auf Gemeinschaftsebene zu verwirklichen ist, kann die Gemeinschaft im Einklang mit dem in Artikel 5 des Vertrags niedergelegten Subsidiaritätsprinzip tätig werden. Entsprechend dem in demselben Artikel genannten Verhältnismäßigkeitsprinzip geht diese

---

[1] Nr. **235**.
[2] **Amtl. Anm.:** ABl. L 14 vom 20.1.1998, S. 9.
[3] Nr. **245**.
[4] **Amtl. Anm.:** ABl. L 175 vom 10.7.1999, S. 43.
[5] Nr. **210**.
[6] **Amtl. Anm.:** ABl. L 206 vom 29.7.1991, S. 19.

Richtlinie nicht über das zur Erreichung dieses Ziels erforderliche Maß hinaus.

(10) Die Kommission sollte dem Europäischen Parlament und dem Rat einen Bericht über die Umsetzung und Durchführung dieser Richtlinie, insbesondere bezüglich neuer, sich in den Mitgliedstaaten entwickelnder Beschäftigungsformen, unterbreiten.

(11) Die vorliegende Richtlinie sollte die Verpflichtung der Mitgliedstaaten hinsichtlich der in Anhang I Teil C genannten Fristen für die Umsetzung der dort genannten Richtlinien in innerstaatliches Recht und für die Anwendung dieser Richtlinien unberührt lassen –

HABEN FOLGENDE RICHTLINIE ERLASSEN:

Kapitel I. Geltungsbereich und Begriffsbestimmungen

Art. 1 [Geltungsbereich] (1) Diese Richtlinie gilt für Ansprüche von Arbeitnehmern aus Arbeitsverträgen oder Arbeitsverhältnissen gegen Arbeitgeber, die zahlungsunfähig im Sinne des Artikels 2 Absatz 1 sind.

(2) Die Mitgliedstaaten können die Ansprüche bestimmter Gruppen von Arbeitnehmern wegen des Bestehens anderer Garantieformen ausnahmsweise vom Anwendungsbereich dieser Richtlinie ausschließen, wenn diese den Betroffenen nachweislich einen Schutz gewährleisten, der dem sich aus dieser Richtlinie ergebenden Schutz gleichwertig ist.

(3) Die Mitgliedstaaten können, sofern eine solche Vorschrift nach ihrem innerstaatlichen Recht bereits angewandt wird, Hausangestellte, die von einer natürlichen Person beschäftigt werden, auch weiterhin vom Anwendungsbereich dieser Richtlinie ausschließen.

Art. 2 [Begriffsbestimmung] (1) Im Sinne dieser Richtlinie gilt ein Arbeitgeber als zahlungsunfähig, wenn die Eröffnung eines nach den Rechts- und Verwaltungsvorschriften eines Mitgliedstaats vorgeschriebenen Gesamtverfahrens beantragt worden ist, das die Insolvenz des Arbeitgebers voraussetzt und den teilweisen oder vollständigen Vermögensbeschlag gegen diesen Arbeitgeber sowie die Bestellung eines Verwalters oder einer Person, die eine ähnliche Funktion ausübt, zur Folge hat, und wenn die aufgrund der genannten Rechts- und Verwaltungsvorschriften zuständige Behörde

a) die Eröffnung des Verfahrens beschlossen hat; oder

b) festgestellt hat, dass das Unternehmen oder der Betrieb des Arbeitgebers endgültig stillgelegt worden ist und die Vermögensmasse nicht ausreicht, um die Eröffnung des Verfahrens zu rechtfertigen.

(2) *[1]* Diese Richtlinie lässt das einzelstaatliche Recht bezüglich der Begriffsbestimmung der Worte „Arbeitnehmer“, „Arbeitgeber“, „Arbeitsentgelt“, „erworbenes Recht“ und „Anwartschaftsrecht“ unberührt.

[2] Die Mitgliedstaaten dürfen jedoch folgende Personen vom Anwendungsbereich dieser Richtlinie nicht ausschließen:

a) Teilzeitarbeitnehmer im Sinne der Richtlinie 97/81/EG[1];

---

[1] Nr. **235**.

b) Arbeitnehmer mit befristetem Arbeitsvertrag im Sinne der Richtlinie 1999/70/EG[1];
c) Arbeitnehmer mit Leiharbeitsverhältnis im Sinne von Artikel 1 Nummer 2 der Richtlinie 91/383/EWG[2].

(3) Die Mitgliedstaaten dürfen den Anspruch der Arbeitnehmer auf Schutz nach dieser Richtlinie nicht von einer Mindestdauer des Arbeitsvertrags oder Arbeitsverhältnisses abhängig machen.

(4) *[1]* Diese Richtlinie hindert die Mitgliedstaaten nicht daran, den Schutz der Arbeitnehmer auf andere Situationen der Zahlungsunfähigkeit – beispielsweise tatsächlich auf Dauer eingestellte Zahlungen – die nach anderen im einzelstaatlichen Recht vorgesehenen Verfahren als den in Absatz 1 genannten Verfahren festgestellt worden ist, auszuweiten.

[2] Durch derartige Verfahren entstehen den Garantieeinrichtungen der übrigen Mitgliedstaaten in Fällen nach Kapitel IV jedoch keine Verpflichtungen.

Kapitel II. Vorschriften über die Garantieeinrichtungen

Art. 3 [Maßnahmen der Mitgliedstaaten] *[1]* Die Mitgliedstaaten treffen die erforderlichen Maßnahmen, damit vorbehaltlich des Artikels 4 Garantieeinrichtungen die Befriedigung der nicht erfüllten Ansprüche der Arbeitnehmer aus Arbeitsverträgen und Arbeitsverhältnissen sicherstellen, einschließlich, sofern dies nach ihrem innerstaatlichen Recht vorgesehen ist, einer Abfindung bei Beendigung des Arbeitsverhältnisses.

[2] Die Ansprüche, deren Befriedigung die Garantieeinrichtung übernimmt, sind die nicht erfüllten Ansprüche auf Arbeitsentgelt für einen Zeitraum, der vor und/oder gegebenenfalls nach einem von den Mitgliedstaaten festgelegten Zeitpunkt liegt.

Art. 4 [Begrenzung der Garantieeinrichtungen] (1) Die Mitgliedstaaten können die in Artikel 3 vorgesehene Zahlungspflicht der Garantieeinrichtungen begrenzen.

(2) *[1]* [1] Machen die Mitgliedstaaten von der in Absatz 1 genannten Möglichkeit Gebrauch, so legen sie die Dauer des Zeitraums fest, für den die Garantieeinrichtung die nicht erfüllten Ansprüche zu befriedigen hat. [2] Diese Dauer darf jedoch einen Zeitraum, der die letzten drei Monate des Arbeitsverhältnisses und die damit verbundenen Ansprüche auf Arbeitsentgelt umfasst und der vor und/oder nach dem Zeitpunkt gemäß Artikel 3 Absatz 2 liegt, nicht unterschreiten.

[2] Die Mitgliedstaaten können festlegen, dass dieser Mindestzeitraum von drei Monaten innerhalb eines Bezugszeitraums von mindestens sechs Monaten liegen muss.

[3] [1] Die Mitgliedstaaten, die einen Bezugszeitraum von mindestens 18 Monaten vorsehen, können den Zeitraum, für den die Garantieeinrichtung die nicht erfüllten Ansprüche zu befriedigen hat, auf acht Wochen beschränken. [2] In diesem Fall werden für die Berechnung des Mindestzeitraums die für die Arbeitnehmer vorteilhaftesten Zeiträume zugrunde gelegt.

---

[1] Nr. **245**.
[2] Nr. **210**.

(3) *[1]* [1]Die Mitgliedstaaten können Höchstgrenzen für die von der Garantieeinrichtung zu leistenden Zahlungen festsetzen. [2]Diese Höchstgrenzen dürfen eine mit der sozialen Zielsetzung dieser Richtlinie zu vereinbarende soziale Schwelle nicht unterschreiten.

[2] Machen die Mitgliedstaaten von dieser Befugnis Gebrauch, so teilen sie der Kommission mit, nach welcher Methode sie die Höchstgrenze festsetzen.

Art. 5 [Grundsätze] Die Mitgliedstaaten legen die Einzelheiten des Aufbaus, der Mittelaufbringung und der Arbeitsweise der Garantieeinrichtungen fest, wobei sie insbesondere folgende Grundsätze beachten:

a) das Vermögen der Einrichtungen muss vom Betriebsvermögen der Arbeitgeber unabhängig und so angelegt sein, dass es einem Verfahren bei Zahlungsunfähigkeit nicht zugänglich ist;
b) die Arbeitgeber müssen zur Mittelaufbringung beitragen, es sei denn, dass diese in vollem Umfang durch die öffentliche Hand gewährleistet ist;
c) die Zahlungspflicht der Einrichtungen besteht unabhängig von der Erfüllung der Verpflichtungen, zur Mittelaufbringung beizutragen.

Kapitel III. Vorschriften über die soziale Sicherheit

Art. 6 [Einschränkungsrecht] Die Mitgliedstaaten können vorsehen, dass die Artikel 3, 4 und 5 nicht für die Beiträge der Arbeitnehmer zu den einzelstaatlichen gesetzlichen Systemen der sozialen Sicherheit oder den betrieblichen oder überbetrieblichen Zusatzversorgungseinrichtungen außerhalb der einzelstaatlichen gesetzlichen Systeme der sozialen Sicherheit gelten.

Art. 7 [Maßnahmen bei Nichtzahlung] Die Mitgliedstaaten treffen die notwendigen Maßnahmen, um sicherzustellen, dass die Nichtzahlung an ihre Versicherungsträger von Pflichtbeiträgen zu den einzelstaatlichen gesetzlichen Systemen der sozialen Sicherheit, die vom Arbeitgeber vor Eintritt seiner Zahlungsunfähigkeit geschuldet waren, keine Nachteile für die Leistungsansprüche der Arbeitnehmer gegenüber diesen Versicherungsträgern mit sich bringt, soweit die Arbeitnehmerbeitragsanteile von den gezahlten Löhnen einbehalten worden sind.

Art. 8 [Absicherungspflicht] Die Mitgliedstaaten vergewissern sich, dass die notwendigen Maßnahmen zum Schutz der Interessen der Arbeitnehmer sowie der Personen, die zum Zeitpunkt des Eintritts der Zahlungsunfähigkeit des Arbeitgebers aus dessen Unternehmen oder Betrieb bereits ausgeschieden sind, hinsichtlich ihrer erworbenen Rechte oder Anwartschaftsrechte auf Leistungen bei Alter, einschließlich Leistungen für Hinterbliebene, aus betrieblichen oder überbetrieblichen Zusatzversorgungseinrichtungen außerhalb der einzelstaatlichen gesetzlichen Systeme der sozialen Sicherheit getroffen werden.

Kapitel IV. Vorschriften für grenzübergreifende Fälle

Art. 9 [Insolvenz] (1) Ist ein Unternehmen, das im Hoheitsgebiet mindestens zweier Mitgliedstaaten tätig ist, zahlungsunfähig im Sinne von Artikel 2 Absatz 1, so ist für die Befriedigung der nicht erfüllten Arbeitnehmeransprüche die Einrichtung desjenigen Mitgliedstaats zuständig, in dessen Hoheitsgebiet die betreffenden Arbeitnehmer ihre Arbeit gewöhnlich verrichten oder verrichtet haben.

(2) Der Umfang der Rechte der Arbeitnehmer richtet sich nach dem für die zuständige Garantieeinrichtung geltenden Recht.

(3) Die Mitgliedstaaten treffen die erforderlichen Maßnahmen, um sicherzustellen, dass Entscheidungen, die in den in Absatz 1 des vorliegenden Artikels genannten Fällen im Rahmen eines Insolvenzverfahrens gemäß Artikel 2 Absatz 1 ergehen, dessen Eröffnung in einem anderen Mitgliedstaat beantragt wurde, bei der Feststellung der Zahlungsunfähigkeit des Arbeitgebers im Sinne dieser Richtlinie berücksichtigt werden.

Art. 10 [Informationsaustausch] (1) Zur Durchführung von Artikel 9 sehen die Mitgliedstaaten den Austausch einschlägiger Informationen zwischen den zuständigen öffentlichen Verwaltungen und/oder den in Artikel 3 Absatz 1 genannten Garantieeinrichtungen vor, mit dem insbesondere ermöglicht wird, dass die zuständige Garantieeinrichtung von den nicht erfüllten Arbeitnehmeransprüchen unterrichtet wird.

(2) [1] Die Mitgliedstaaten teilen der Kommission und den anderen Mitgliedstaaten die genauen Angaben zu den jeweiligen zuständigen öffentlichen Verwaltungen und/oder Garantieeinrichtungen mit. [2] Die Kommission macht diese Informationen der Öffentlichkeit zugänglich.

Kapitel V. Allgemeine Bestimmungen und Schlussbestimmungen

Art. 11 [Erlassbefugnis] *[1]* Diese Richtlinie schränkt nicht die Möglichkeit der Mitgliedstaaten ein, für die Arbeitnehmer günstigere Rechts- oder Verwaltungsvorschriften anzuwenden oder zu erlassen.

[2] Die Durchführung dieser Richtlinie darf unter keinen Umständen als Begründung für einen Rückschritt gegenüber der bestehenden Situation in jedem einzelnen Mitgliedstaat und gegenüber dem allgemeinen Niveau des Arbeitnehmerschutzes in dem von ihr abgedeckten Bereich herangezogen werden.

Art. 12 [Einschränkung der Garantiepflicht] Diese Richtlinie steht nicht der Möglichkeit der Mitgliedstaaten entgegen,

a) die zur Vermeidung von Missbräuchen notwendigen Maßnahmen zu treffen;

b) die in Artikel 3 vorgesehene Zahlungspflicht oder die in Artikel 7 vorgesehene Garantiepflicht abzulehnen oder einzuschränken, wenn sich herausstellt, dass die Erfüllung der Verpflichtung wegen des Bestehens besonderer Bindungen zwischen dem Arbeitnehmer und dem Arbeitgeber und gemeinsamer Interessen, die sich in einer Kollusion zwischen dem Arbeitnehmer und dem Arbeitgeber ausdrücken, nicht gerechtfertigt ist;

c) die in Artikel 3 vorgesehene Zahlungspflicht oder die in Artikel 7 vorgesehene Garantiepflicht in den Fällen abzulehnen oder einzuschränken, in denen ein Arbeitnehmer allein oder zusammen mit engen Verwandten Inhaber eines wesentlichen Teils des Unternehmens oder Betriebs des Arbeitgebers war und beträchtlichen Einfluss auf dessen Tätigkeiten hatte.

Art. 13 [Mitteilung der Insolvenzverfahren; Veröffentlichung]

[1] Die Mitgliedstaaten teilen der Kommission und den anderen Mitgliedstaaten die Arten von nationalen Insolvenzverfahren, die in den Geltungsbereich dieser Richtlinie fallen, sowie sämtliche diese Verfahren betreffenden Änderungen mit.

[2] Die Kommission veröffentlicht diese Mitteilungen im *Amtsblatt der Europäischen Union.*

Art. 14 [Erlassmitteilungen] Die Mitgliedstaaten teilen der Kommission den Wortlaut der Rechts- und Verwaltungsvorschriften mit, die sie auf dem unter diese Richtlinie fallenden Gebiet erlassen.

Art. 15 [Umsetzungsbericht] Bis spätestens zum 8. Oktober 2010 unterbreitet die Kommission dem Europäischen Parlament und dem Rat einen Bericht über die Umsetzung und Durchführung der Artikel 1 bis 4, 9 und 10, des Artikels 11 Absatz 2, des Artikels 12 Buchstabe c, sowie der Artikel 13 und 14 in den Mitgliedstaaten.

Art. 16 [Aufhebung anderer Vorschriften] *[1]* Die Richtlinie 80/987/EWG, in der Fassung der in Anhang I aufgeführten Rechtsakte, wird unbeschadet der Verpflichtung der Mitgliedstaaten hinsichtlich der in Anhang I Teil C genannten Fristen für die Umsetzung der dort genannten Richtlinien in innerstaatliches Recht und für die Anwendung dieser Richtlinien aufgehoben.

[2] Verweisungen auf die aufgehobene Richtlinie gelten als Verweisungen auf die vorliegende Richtlinie und sind nach Maßgabe der Entsprechungstabelle in Anhang II zu lesen.

Art. 17 [Inkrafttreten] Diese Richtlinie tritt am zwanzigsten Tag nach ihrer Veröffentlichung[1] im *Amtsblatt der Europäischen Union* in Kraft.

Art. 18 [Geltungsbereich] Diese Richtlinie ist an die Mitgliedstaaten gerichtet.

Anhänge.[2] *(hier nicht wiedergegeben)*

---

[1] Veröffentlicht am 28.10.2008.

[2] Anhänge (Aufhebungen, Umsetzungsfristen und Entsprechungstabelle) siehe die 7. Auflage dieser Textausgabe.

300. Richtlinie 2008/104/EG des Europäischen Parlaments und des Rates vom 19. November 2008 über Leiharbeit

(ABl. L 327 S. 9)

EU-Dok.-Nr. 3 2008 L 0104

DAS EUROPÄISCHE PARLAMENT UND DER RAT DER EUROPÄISCHEN UNION –

gestützt auf den Vertrag zur Gründung der Europäischen Gemeinschaft, insbesondere auf Artikel 137 Absatz 2,

auf Vorschlag der Kommission,

nach Stellungnahme des Europäischen Wirtschafts- und Sozialausschusses[1],

nach Anhörung des Ausschusses der Regionen,

gemäß dem Verfahren des Artikels 251 des Vertrags[2],

in Erwägung nachstehender Gründe:

(1) Diese Richtlinie steht im Einklang mit den Grundrechten und befolgt die in der Charta der Grundrechte der Europäischen Union anerkannten Prinzipien[3]. Sie soll insbesondere die uneingeschränkte Einhaltung von Artikel 31 der Charta gewährleisten, wonach jede Arbeitnehmerin und jeder Arbeitnehmer das Recht auf gesunde, sichere und würdige Arbeitsbedingungen sowie auf eine Begrenzung der Höchstarbeitszeit, auf tägliche und wöchentliche Ruhezeiten sowie auf bezahlten Jahresurlaub hat.

(2) Nummer 7 der Gemeinschaftscharta der sozialen Grundrechte der Arbeitnehmer[4] sieht unter anderem vor, dass die Verwirklichung des Binnenmarktes zu einer Verbesserung der Lebens- und Arbeitsbedingungen der Arbeitnehmer in der Europäischen Gemeinschaft führen muss; dieser Prozess erfolgt durch eine Angleichung dieser Bedingungen auf dem Wege des Fortschritts und betrifft namentlich Arbeitsformen wie das befristete Arbeitsverhältnis, Teilzeitarbeit, Leiharbeit und Saisonarbeit.

(3) Die Kommission hat die Sozialpartner auf Gemeinschaftsebene am 27. September 1995 gemäß Artikel 138 Absatz 2 des Vertrags zu einem Tätigwerden auf Gemeinschaftsebene hinsichtlich der Flexibilität der Arbeitszeit und der Arbeitsplatzsicherheit gehört.

(4) Da die Kommission nach dieser Anhörung eine Gemeinschaftsaktion für zweckmäßig hielt, hat sie die Sozialpartner am 9. April 1996 erneut gemäß Artikel 138 Absatz 3 des Vertrags zum Inhalt des in Aussicht genommenen Vorschlags gehört.

(5) In der Präambel zu der am 18. März 1999 geschlossenen Rahmenvereinbarung über befristete Arbeitsverträge bekundeten die Unterzeichneten ihre Absicht, die Notwendigkeit einer ähnlichen Vereinbarung zum The-

---

[1] **Amtl. Anm.:** ABl. C 61 vom 14.3.2003, S. 124.

[2] **Amtl. Anm.:** Stellungnahme des Europäischen Parlaments vom 21. November 2002 (ABl. C 25 E vom 29.1.2004, S. 368), Gemeinsamer Standpunkt des Rates vom 15. September 2008 und Standpunkt des Europäischen Parlaments vom 22. Oktober 2008 (noch nicht im Amtsblatt veröffentlicht).

[3] **Amtl. Anm.:** ABl. C 303 vom 14.12.2007, S. 1.

[4] Nr. **25**.

ma Leiharbeit zu prüfen und entschieden, Leiharbeitnehmer nicht in der Richtlinie über befristete Arbeitsverträge zu behandeln.

(6) Die allgemeinen branchenübergreifenden Wirtschaftsverbände, nämlich die Union der Industrie- und Arbeitgeberverbände Europas (UNICE)[1], der Europäische Zentralverband der öffentlichen Wirtschaft (CEEP) und der Europäische Gewerkschaftsbund (EGB), haben der Kommission in einem gemeinsamen Schreiben vom 29. Mai 2000 mitgeteilt, dass sie den Prozess nach Artikel 139 des Vertrags in Gang setzen wollen. Sie haben die Kommission in einem weiteren gemeinsamen Schreiben vom 28. Februar 2001 um eine Verlängerung der in Artikel 138 Absatz 4 genannten Frist um einen Monat ersucht. Die Kommission hat dieser Bitte entsprochen und die Verhandlungsfrist bis zum 15. März 2001 verlängert.

(7) Am 21. Mai 2001 erkannten die Sozialpartner an, dass ihre Verhandlungen über Leiharbeit zu keinem Ergebnis geführt hatten.

(8) Der Europäische Rat hat es im März 2005 für unabdingbar gehalten, der Lissabon-Strategie neue Impulse zu geben und ihre Prioritäten erneut auf Wachstum und Beschäftigung auszurichten. Der Rat hat die Integrierten Leitlinien für Wachstum und Beschäftigung (2005-2008) angenommen, die unter gebührender Berücksichtigung der Rolle der Sozialpartner unter anderem der Förderung von Flexibilität in Verbindung mit Beschäftigungssicherheit und der Verringerung der Segmentierung des Arbeitsmarktes dienen sollen.

(9) Im Einklang mit der Mitteilung der Kommission zur sozialpolitischen Agenda für den Zeitraum bis 2010, die vom Europäischen Rat im März 2005 als Beitrag zur Verwirklichung der Ziele der Lissabon-Strategie durch Stärkung des europäischen Sozialmodells begrüßt wurde, hat der Europäische Rat die Ansicht vertreten, dass auf Seiten der Arbeitnehmer und der Unternehmen neue Formen der Arbeitsorganisation und eine größere Vielfalt der Arbeitsverträge mit besserer Kombination von Flexibilität und Sicherheit zur Anpassungsfähigkeit beitragen würden. Im Dezember 2007 hat der Europäische Rat darüber hinaus die vereinbarten gemeinsamen Flexicurity-Grundsätze gebilligt, die auf ein ausgewogenes Verhältnis zwischen Flexibilität und Sicherheit auf dem Arbeitsmarkt abstellen und sowohl Arbeitnehmern als auch Arbeitgebern helfen sollen, die durch die Globalisierung gebotenen Chancen zu nutzen.

(10) In Bezug auf die Inanspruchnahme der Leiharbeit sowie die rechtliche Stellung, den Status und die Arbeitsbedingungen der Leiharbeitnehmer lassen sich innerhalb der Union große Unterschiede feststellen.

(11) Die Leiharbeit entspricht nicht nur dem Flexibilitätsbedarf der Unternehmen, sondern auch dem Bedürfnis der Arbeitnehmer, Beruf und Privatleben zu vereinbaren. Sie trägt somit zur Schaffung von Arbeitsplätzen und zur Teilnahme am und zur Eingliederung in den Arbeitsmarkt bei..

(12) Die vorliegende Richtlinie legt einen diskriminierungsfreien, transparenten und verhältnismäßigen Rahmen zum Schutz der Leiharbeitnehmer fest und wahrt gleichzeitig die Vielfalt der Arbeitsmärkte und der Arbeitsbeziehungen.

---

[1] **Amtl. Anm.:** Die UNICE hat ihren Namen im Januar 2007 in BUSINESSEUROPE geändert.

(13) Die Richtlinie 91/383/EWG[1] des Rates vom 25. Juni 1991 zur Ergänzung der Maßnahmen zur Verbesserung der Sicherheit und des Gesundheitsschutzes von Arbeitnehmern mit befristetem Arbeitsverhältnis oder Leiharbeitsverhältnis[2] enthält die für Leiharbeitnehmer geltenden Bestimmungen im Bereich von Sicherheit und Gesundheitsschutz am Arbeitsplatz.

(14) Die wesentlichen Arbeits- und Beschäftigungsbedingungen für Leiharbeitnehmer sollten mindestens denjenigen entsprechen, die für diese Arbeitnehmer gelten würden, wenn sie von dem entleihenden Unternehmen für den gleichen Arbeitsplatz eingestellt würden.

(15) Unbefristete Arbeitsverträge sind die übliche Form des Beschäftigungsverhältnisses. Im Falle von Arbeitnehmern, die einen unbefristeten Vertrag mit dem Leiharbeitsunternehmen geschlossen haben, sollte angesichts des hierdurch gegebenen besonderen Schutzes die Möglichkeit vorgesehen werden, von den im entleihenden Unternehmen geltenden Regeln abzuweichen.

(16) Um der Vielfalt der Arbeitsmärkte und der Arbeitsbeziehungen auf flexible Weise gerecht zu werden, können die Mitgliedstaaten den Sozialpartnern gestatten, Arbeits- und Beschäftigungsbedingungen festzulegen, sofern das Gesamtschutzniveau für Leiharbeitnehmer gewahrt bleibt.

(17) Außerdem sollten die Mitgliedstaaten unter bestimmten, genau festgelegten Umständen auf der Grundlage einer zwischen den Sozialpartnern auf nationaler Ebene geschlossenen Vereinbarung vom Grundsatz der Gleichbehandlung in beschränktem Maße abweichen dürfen, sofern ein angemessenes Schutzniveau gewährleistet ist.

(18) Die Verbesserung des Mindestschutzes der Leiharbeitnehmer sollte mit einer Überprüfung der Einschränkungen oder Verbote einhergehen, die möglicherweise in Bezug auf Leiharbeit gelten. Diese können nur aus Gründen des Allgemeininteresses, vor allem des Arbeitnehmerschutzes, der Erfordernisse von Gesundheitsschutz und Sicherheit am Arbeitsplatz und der Notwendigkeit, das reibungslose Funktionieren des Arbeitsmarktes zu gewährleisten und eventuellen Missbrauch zu verhüten, gerechtfertigt sein.

(19) Die vorliegende Richtlinie beeinträchtigt weder die Autonomie der Sozialpartner, noch sollte sie die Beziehungen zwischen den Sozialpartnern beeinträchtigen, einschließlich des Rechts, Tarifverträge gemäß nationalem Recht und nationalen Gepflogenheiten bei gleichzeitiger Einhaltung des geltenden Gemeinschaftsrechts auszuhandeln und zu schließen.

(20) Die in dieser Richtlinie enthaltenen Bestimmungen über Einschränkungen oder Verbote der Beschäftigung von Leiharbeitnehmern lassen die nationalen Rechtsvorschriften und Gepflogenheiten unberührt, die es verbieten, streikende Arbeitnehmer durch Leiharbeitnehmer zu ersetzen.

(21) Die Mitgliedstaaten sollten für Verstöße gegen die Verpflichtungen aus dieser Richtlinie Verwaltungs- oder Gerichtsverfahren zur Wahrung der Rechte der Leiharbeitnehmer sowie wirksame, abschreckende und verhältnismäßige Sanktionen vorsehen.

---

[1] Nr. **210**.

[2] **Amtl. Anm.:** ABl. L 206 vom 29.7.1991, S. 19.

(22) Die vorliegende Richtlinie sollte im Einklang mit den Vorschriften des Vertrags über die Dienstleistungs- und Niederlassungsfreiheit, und unbeschadet der Richtlinie 96/71/EG[1] des Europäischen Parlaments und des Rates vom 16. Dezember 1996 über die Entsendung von Arbeitnehmern im Rahmen der Erbringung von Dienstleistungen[2] umgesetzt werden.

(23) Da das Ziel dieser Richtlinie, nämlich die Schaffung eines auf Gemeinschaftsebene harmonisierten Rahmens zum Schutz der Leiharbeitnehmer, auf Ebene der Mitgliedstaaten nicht ausreichend verwirklicht werden kann und daher wegen des Umfangs und der Wirkungen der Maßnahme besser auf Gemeinschaftsebene zu verwirklichen ist, und zwar durch Einführung von Mindestvorschriften, die in der gesamten Europäischen Gemeinschaft Geltung besitzen, kann die Gemeinschaft im Einklang mit dem in Artikel 5 des Vertrags niedergelegten Subsidiaritätsprinzip tätig werden. Entsprechend dem in demselben Artikel genannten Grundsatz der Verhältnismäßigkeit geht diese Richtlinie nicht über das zur Erreichung dieses Ziels erforderliche Maß hinaus –

HABEN FOLGENDE RICHTLINIE ERLASSEN:

Kapitel I. Allgemeine Bestimmungen

Art. 1 Anwendungsbereich. (1) Diese Richtlinie gilt für Arbeitnehmer, die mit einem Leiharbeitsunternehmen einen Arbeitsvertrag geschlossen haben oder ein Beschäftigungsverhältnis eingegangen sind und die entleihenden Unternehmen zur Verfügung gestellt werden, um vorübergehend unter deren Aufsicht und Leitung zu arbeiten.

(2) Diese Richtlinie gilt für öffentliche und private Unternehmen, bei denen es sich um Leiharbeitsunternehmen oder entleihende Unternehmen handelt, die eine wirtschaftliche Tätigkeit ausüben, unabhängig davon, ob sie Erwerbszwecke verfolgen oder nicht.

(3) Die Mitgliedstaaten können nach Anhörung der Sozialpartner vorsehen, dass diese Richtlinie nicht für Arbeitsverträge oder Beschäftigungsverhältnisse gilt, die im Rahmen eines spezifischen öffentlichen oder von öffentlichen Stellen geförderten beruflichen Ausbildungs-, Eingliederungs- und Umschulungsprogramms geschlossen wurden.

Art. 2 Ziel. Ziel dieser Richtlinie ist es, für den Schutz der Leiharbeitnehmer zu sorgen und die Qualität der Leiharbeit zu verbessern, indem die Einhaltung des Grundsatzes der Gleichbehandlung von Leiharbeitnehmern gemäß Artikel 5 gesichert wird und die Leiharbeitsunternehmen als Arbeitgeber anerkannt werden, wobei zu berücksichtigen ist, dass ein angemessener Rahmen für den Einsatz von Leiharbeit festgelegt werden muss, um wirksam zur Schaffung von Arbeitsplätzen und zur Entwicklung flexibler Arbeitsformen beizutragen.

Art. 3 Begriffsbestimmungen. (1) Im Sinne dieser Richtlinie bezeichnet der Ausdruck

a) „Arbeitnehmer“ eine Person, die in dem betreffenden Mitgliedstaat nach dem nationalen Arbeitsrecht als Arbeitnehmer geschützt ist;

---

[1] Nr. **230**.

[2] **Amtl. Anm.:** ABl. L 18 vom 21.1.1997, S. 1.

b) „Leiharbeitsunternehmen" eine natürliche oder juristische Person, die nach einzelstaatlichem Recht mit Leiharbeitnehmern Arbeitsverträge schließt oder Beschäftigungsverhältnisse eingeht, um sie entleihenden Unternehmen zu überlassen, damit sie dort unter deren Aufsicht und Leitung vorübergehend arbeiten;

c) „Leiharbeitnehmer" einen Arbeitnehmer, der mit einem Leiharbeitsunternehmen einen Arbeitsvertrag geschlossen hat oder ein Beschäftigungsverhältnis eingegangen ist, um einem entleihenden Unternehmen überlassen zu werden und dort unter dessen Aufsicht und Leitung vorübergehend zu arbeiten;

d) „entleihendes Unternehmen" eine natürliche oder juristische Person, in deren Auftrag und unter deren Aufsicht und Leitung ein Leiharbeitnehmer vorübergehend arbeitet;

e) „Überlassung" den Zeitraum, während dessen der Leiharbeitnehmer dem entleihenden Unternehmen zur Verfügung gestellt wird, um dort unter dessen Aufsicht und Leitung vorübergehend zu arbeiten;

f) „wesentliche Arbeits- und Beschäftigungsbedingungen" die Arbeits- und Beschäftigungsbedingungen, die durch Gesetz, Verordnung, Verwaltungsvorschrift, Tarifvertrag und/oder sonstige verbindliche Bestimmungen allgemeiner Art, die im entleihenden Unternehmen gelten, festgelegt sind und sich auf folgende Punkte beziehen:

   i) Dauer der Arbeitszeit, Überstunden, Pausen, Ruhezeiten, Nachtarbeit, Urlaub, arbeitsfreie Tage,

   ii) Arbeitsentgelt.

(2) *[1]* Diese Richtlinie lässt das nationale Recht in Bezug auf die Begriffsbestimmungen von „Arbeitsentgelt", „Arbeitsvertrag", „Beschäftigungsverhältnis" oder „Arbeitnehmer" unberührt.

[2] Die Mitgliedstaaten dürfen Arbeitnehmer, Arbeitsverträge oder Beschäftigungsverhältnisse nicht lediglich deshalb aus dem Anwendungsbereich dieser Richtlinie ausschließen, weil sie Teilzeitbeschäftigte, befristet beschäftigte Arbeitnehmer oder Personen sind bzw. betreffen, die mit einem Leiharbeitsunternehmen einen Arbeitsvertrag geschlossen haben oder ein Beschäftigungsverhältnis eingegangen sind.

Art. 4 Überprüfung der Einschränkungen und Verbote. (1) Verbote oder Einschränkungen des Einsatzes von Leiharbeit sind nur aus Gründen des Allgemeininteresses gerechtfertigt; hierzu zählen vor allem der Schutz der Leiharbeitnehmer, die Erfordernisse von Gesundheitsschutz und Sicherheit am Arbeitsplatz oder die Notwendigkeit, das reibungslose Funktionieren des Arbeitsmarktes zu gewährleisten und eventuellen Missbrauch zu verhüten.

(2) Nach Anhörung der Sozialpartner gemäß den nationalen Rechtsvorschriften, Tarifverträgen und Gepflogenheiten überprüfen die Mitgliedstaaten bis zum 5. Dezember 2011 die Einschränkungen oder Verbote des Einsatzes von Leiharbeit, um festzustellen, ob sie aus den in Absatz 1 genannten Gründen gerechtfertigt sind.

(3) Sind solche Einschränkungen oder Verbote durch Tarifverträge festgelegt, so kann die Überprüfung gemäß Absatz 2 von denjenigen Sozialpartnern durchgeführt werden, die die einschlägige Vereinbarung ausgehandelt haben.

(4) Die Absätze 1, 2 und 3 gelten unbeschadet der nationalen Anforderungen hinsichtlich der Eintragung, Zulassung, Zertifizierung, finanziellen Garantie und Überwachung der Leiharbeitsunternehmen.

(5) Die Mitgliedstaaten informieren die Kommission über die Ergebnisse der Überprüfung gemäß den Absätzen 2 und 3 bis zum 5. Dezember 2011.

Kapitel II. Arbeits- und Beschäftigungsbedingungen

Art. 5 Grundsatz der Gleichbehandlung. (1) *[1]* Die wesentlichen Arbeits- und Beschäftigungsbedingungen der Leiharbeitnehmer entsprechen während der Dauer ihrer Überlassung an ein entleihendes Unternehmen mindestens denjenigen, die für sie gelten würden, wenn sie von jenem genannten Unternehmen unmittelbar für den gleichen Arbeitsplatz eingestellt worden wären.

[2] Bei der Anwendung von Unterabsatz 1 müssen die im entleihenden Unternehmen geltenden Regeln in Bezug auf

a) den Schutz schwangerer und stillender Frauen und den Kinder- und Jugendschutz sowie
b) die Gleichbehandlung von Männern und Frauen und sämtliche Maßnahmen zur Bekämpfung von Diskriminierungen aufgrund des Geschlechts, der Rasse oder der ethnischen Herkunft, der Religion oder Weltanschauung, einer Behinderung, des Alters oder der sexuellen Orientierung

so eingehalten werden, wie sie durch Gesetze, Verordnungen, Verwaltungsvorschriften, Tarifverträge und/oder sonstige Bestimmungen allgemeiner Art festgelegt sind.

(2) In Bezug auf das Arbeitsentgelt können die Mitgliedstaaten nach Anhörung der Sozialpartner die Möglichkeit vorsehen, dass vom Grundsatz des Absatzes 1 abgewichen wird, wenn Leiharbeitnehmer, die einen unbefristeten Vertrag mit dem Leiharbeitsunternehmen abgeschlossen haben, auch in der Zeit zwischen den Überlassungen bezahlt werden.

(3) Die Mitgliedstaaten können nach Anhörung der Sozialpartner diesen die Möglichkeit einräumen, auf der geeigneten Ebene und nach Maßgabe der von den Mitgliedstaaten festgelegten Bedingungen Tarifverträge aufrechtzuerhalten oder zu schließen, die unter Achtung des Gesamtschutzes von Leiharbeitnehmern Regelungen in Bezug auf die Arbeits- und Beschäftigungsbedingungen von Leiharbeitnehmern, welche von den in Absatz 1 aufgeführten Regelungen abweichen können, enthalten können.

(4) *[1]* [1] Sofern Leiharbeitnehmern ein angemessenes Schutzniveau gewährt wird, können Mitgliedstaaten, in denen es entweder kein gesetzliches System, durch das Tarifverträge allgemeine Gültigkeit erlangen, oder kein gesetzliches System bzw. keine Gepflogenheiten zur Ausweitung von deren Bestimmungen auf alle vergleichbaren Unternehmen in einem bestimmten Sektor oder bestimmten geografischen Gebiet gibt, – nach Anhörung der Sozialpartner auf nationaler Ebene und auf der Grundlage einer von ihnen geschlossenen Vereinbarung – Regelungen in Bezug auf die wesentlichen Arbeits- und Beschäftigungsbedingungen von Leiharbeitnehmern festlegen, die vom Grundsatz des Absatzes 1 abweichen. [2] Zu diesen Regelungen kann auch eine Wartezeit für Gleichbehandlung zählen.

[2] [1] Die in diesem Absatz genannten Regelungen müssen mit den gemeinschaftlichen Bestimmungen in Einklang stehen und hinreichend präzise und

leicht zugänglich sein, damit die betreffenden Sektoren und Firmen ihre Verpflichtungen bestimmen und einhalten können. [2] Insbesondere müssen die Mitgliedstaaten in Anwendung des Artikels 3 Absatz 2 angeben, ob betriebliche Systeme der sozialen Sicherheit, einschließlich Rentensysteme, Systeme zur Lohnfortzahlung im Krankheitsfall oder Systeme der finanziellen Beteiligung, zu den in Absatz 1 genannten wesentlichen Arbeits- und Beschäftigungsbedingungen zählen. [3] Solche Vereinbarungen lassen Vereinbarungen auf nationaler, regionaler, lokaler oder sektoraler Ebene, die für Arbeitnehmer nicht weniger günstig sind, unberührt.

(5) [1] Die Mitgliedstaaten ergreifen die erforderlichen Maßnahmen gemäß ihren nationalen Rechtsvorschriften und/oder Gepflogenheiten, um eine missbräuchliche Anwendung dieses Artikels zu verhindern und um insbesondere aufeinander folgende Überlassungen, mit denen die Bestimmungen der Richtlinie umgangen werden sollen, zu verhindern. [2] Sie unterrichten die Kommission über solche Maßnahmen.

Art. 6 Zugang zu Beschäftigung, Gemeinschaftseinrichtungen und beruflicher Bildung. (1) [1] Die Leiharbeitnehmer werden über die im entleihenden Unternehmen offenen Stellen unterrichtet, damit sie die gleichen Chancen auf einen unbefristeten Arbeitsplatz haben wie die übrigen Arbeitnehmer dieses Unternehmens. [2] Diese Unterrichtung kann durch allgemeine Bekanntmachung an einer geeigneten Stelle in dem Unternehmen erfolgen, in dessen Auftrag und unter dessen Aufsicht die Leiharbeitnehmer arbeiten.

(2) *[1]* Die Mitgliedstaaten ergreifen die erforderlichen Maßnahmen, damit Klauseln, die den Abschluss eines Arbeitsvertrags oder die Begründung eines Beschäftigungsverhältnisses zwischen dem entleihenden Unternehmen und dem Leiharbeitnehmer nach Beendigung seines Einsatzes verbieten oder darauf hinauslaufen, diese zu verhindern, nichtig sind oder für nichtig erklärt werden können.

[2] Dieser Absatz lässt die Bestimmungen unberührt, aufgrund deren Leiharbeitsunternehmen für die dem entleihenden Unternehmen erbrachten Dienstleistungen in Bezug auf Überlassung, Einstellung und Ausbildung von Leiharbeitnehmern einen Ausgleich in angemessener Höhe erhalten.

(3) Leiharbeitsunternehmen dürfen im Gegenzug zur Überlassung an ein entleihendes Unternehmen oder in dem Fall, dass Arbeitnehmer nach beendigter Überlassung mit dem betreffenden entleihenden Unternehmen einen Arbeitsvertrag abschließen oder ein Beschäftigungsverhältnis eingehen, kein Entgelt von den Arbeitnehmern verlangen.

(4) Unbeschadet des Artikels 5 Absatz 1 haben Leiharbeitnehmer in dem entleihenden Unternehmen zu den gleichen Bedingungen wie die unmittelbar von dem Unternehmen beschäftigten Arbeitnehmer Zugang zu den Gemeinschaftseinrichtungen oder -diensten, insbesondere zur Gemeinschaftsverpflegung, zu Kinderbetreuungseinrichtungen und zu Beförderungsmitteln, es sei denn, eine unterschiedliche Behandlung ist aus objektiven Gründen gerechtfertigt.

(5) Die Mitgliedstaaten treffen die geeigneten Maßnahmen oder fördern den Dialog zwischen den Sozialpartnern nach ihren nationalen Traditionen und Gepflogenheiten mit dem Ziel,

a) den Zugang der Leiharbeitnehmer zu Fort- und Weiterbildungsangeboten und Kinderbetreuungseinrichtungen in den Leiharbeitsunternehmen – auch in der Zeit zwischen den Überlassungen – zu verbessern, um deren berufliche Entwicklung und Beschäftigungsfähigkeit zu fördern;

b) den Zugang der Leiharbeitnehmer zu den Fort- und Weiterbildungsangeboten für die Arbeitnehmer der entleihenden Unternehmen zu verbessern.

Art. 7 Vertretung der Leiharbeitnehmer. (1) Leiharbeitnehmer werden unter Bedingungen, die die Mitgliedstaaten festlegen, im Leiharbeitsunternehmen bei der Berechnung des Schwellenwertes für die Einrichtung der Arbeitnehmervertretungen berücksichtigt, die nach Gemeinschaftsrecht und nationalem Recht oder in den Tarifverträgen vorgesehen sind.

(2) Die Mitgliedstaaten können unter den von ihnen festgelegten Bedingungen vorsehen, dass Leiharbeitnehmer im entleihenden Unternehmen bei der Berechnung des Schwellenwertes für die Einrichtung der nach Gemeinschaftsrecht und nationalem Recht oder in den Tarifverträgen vorgesehenen Arbeitnehmervertretungen im gleichen Maße berücksichtigt werden wie Arbeitnehmer, die das entleihende Unternehmen für die gleiche Dauer unmittelbar beschäftigen würde.

(3) Die Mitgliedstaaten, die die Option nach Absatz 2 in Anspruch nehmen, sind nicht verpflichtet, Absatz 1 umzusetzen.

Art. 8 Unterrichtung der Arbeitnehmervertreter. Unbeschadet strengerer und/oder spezifischerer einzelstaatlicher oder gemeinschaftlicher Vorschriften über Unterrichtung und Anhörung und insbesondere der Richtlinie 2002/14/EG[1] des Europäischen Parlaments und des Rates vom 11. März 2002 zur Festlegung eines allgemeinen Rahmens für die Unterrichtung und Anhörung der Arbeitnehmer in der Europäischen Gemeinschaft[2] hat das entleihende Unternehmen den gemäß einzelstaatlichem und gemeinschaftlichem Recht eingesetzten Arbeitnehmervertretungen im Zuge der Unterrichtung über die Beschäftigungslage in dem Unternehmen angemessene Informationen über den Einsatz von Leiharbeitnehmern in dem Unternehmen vorzulegen.

Kapitel III. Schlussbestimmungen

Art. 9 Mindestvorschriften. (1) Diese Richtlinie lässt das Recht der Mitgliedstaaten unberührt, für Arbeitnehmer günstigere Rechts- und Verwaltungsvorschriften anzuwenden oder zu erlassen oder den Abschluss von Tarifverträgen oder Vereinbarungen zwischen den Sozialpartnern zu fördern oder zuzulassen, die für die Arbeitnehmer günstiger sind.

(2) [1]Die Durchführung dieser Richtlinie ist unter keinen Umständen ein hinreichender Grund zur Rechtfertigung einer Senkung des allgemeinen Schutzniveaus für Arbeitnehmer in den von dieser Richtlinie abgedeckten Bereichen. [2]Dies gilt unbeschadet der Rechte der Mitgliedstaaten und/oder der Sozialpartner, angesichts sich wandelnder Bedingungen andere Rechts- und Verwaltungsvorschriften oder vertragliche Regelungen festzulegen als die-

[1] Nr. **270**.
[2] **Amtl. Anm.:** ABl. L 80 vom 23.3.2002, S. 29.

jenigen, die zum Zeitpunkt des Erlasses dieser Richtlinie gelten, sofern die Mindestvorschriften dieser Richtlinie eingehalten werden.

Art. 10 Sanktionen. (1) [1] Für den Fall der Nichteinhaltung dieser Richtlinie durch Leiharbeitsunternehmen oder durch entleihende Unternehmen sehen die Mitgliedstaaten geeignete Maßnahmen vor. [2] Sie sorgen insbesondere dafür, dass es geeignete Verwaltungs- oder Gerichtsverfahren gibt, um die Erfüllung der sich aus der Richtlinie ergebenden Verpflichtungen durchsetzen zu können.

(2) [1] Die Mitgliedstaaten legen die Sanktionen fest, die im Falle eines Verstoßes gegen die einzelstaatlichen Vorschriften zur Umsetzung dieser Richtlinie Anwendung finden, und treffen alle erforderlichen Maßnahmen, um deren Durchführung zu gewährleisten. [2] Die Sanktionen müssen wirksam, angemessen und abschreckend sein. [3] Die Mitgliedstaaten teilen der Kommission diese Bestimmungen bis zum 5. Dezember 2011 mit. [4] Die Mitgliedstaaten melden der Kommission rechtzeitig alle nachfolgenden Änderungen dieser Bestimmungen. [5] Sie stellen insbesondere sicher, dass die Arbeitnehmer und/oder ihre Vertreter über angemessene Mittel zur Erfüllung der in dieser Richtlinie vorgesehenen Verpflichtungen verfügen.

Art. 11 Umsetzung. (1) [1] Die Mitgliedstaaten setzen die erforderlichen Rechts- und Verwaltungsvorschriften in Kraft und veröffentlichen sie, um dieser Richtlinie bis spätestens zum 5. Dezember 2011 nachzukommen, oder sie vergewissern sich, dass die Sozialpartner die erforderlichen Vorschriften im Wege von Vereinbarungen festlegen; dabei sind die Mitgliedstaaten gehalten, die erforderlichen Vorkehrungen zu treffen, damit sie jederzeit gewährleisten können, dass die Ziele dieser Richtlinie erreicht werden. [2] Sie setzen die Kommission unverzüglich davon in Kenntnis.

(2) [1] Wenn die Mitgliedstaaten diese Maßnahmen erlassen, nehmen sie in den Vorschriften selbst oder durch einen Hinweis bei deren amtlicher Veröffentlichung auf diese Richtlinie Bezug. [2] Die Mitgliedstaaten regeln die Einzelheiten der Bezugnahme.

Art. 12 Überprüfung durch die Kommission. Die Kommission überprüft im Benehmen mit den Mitgliedstaaten und den Sozialpartnern auf Gemeinschaftsebene die Anwendung dieser Richtlinie bis zum 5. Dezember 2013, um erforderlichenfalls die notwendigen Änderungen vorzuschlagen.

Art. 13 Inkrafttreten. Diese Richtlinie tritt am Tag ihrer Veröffentlichung[1)] im *Amtsblatt der Europäischen Union* in Kraft.

Art. 14 Adressaten. Diese Richtlinie ist an die Mitgliedstaaten gerichtet.

[1)] Veröffentlicht am 5.12.2008.

305. Richtlinie 2009/38/EG des Europäischen Parlaments und des Rates vom 6. Mai 2009 über die Einsetzung eines Europäischen Betriebsrats oder die Schaffung eines Verfahrens zur Unterrichtung und Anhörung der Arbeitnehmer in gemeinschaftsweit operierenden Unternehmen und Unternehmensgruppen

(Neufassung)
(Text von Bedeutung für den EWR)

(ABl. L 122 S. 28)

Celex-Nr. 3 2009 L 0038

geänd. durch Art. 2 ÄndRL (EU) 2015/1794 v. 6.10.2015 (ABl. L 263 S. 1)

DAS EUROPÄISCHE PARLAMENT UND DER RAT DER EUROPÄISCHEN UNION –

gestützt auf den Vertrag zur Gründung der Europäischen Gemeinschaft, insbesondere auf Artikel 137,

auf Vorschlag der Kommission,

nach Stellungnahme des Europäischen Wirtschafts- und Sozialausschusses[1],

nach Anhörung des Ausschusses der Regionen,

gemäß dem Verfahren des Artikels 251 des Vertrags[2],

in Erwägung nachstehender Gründe:

(1) Die Richtlinie 94/45/EG des Rates vom 22. September 1994 über die Einsetzung eines Europäischen Betriebsrats oder die Schaffung eines Verfahrens zur Unterrichtung und Anhörung der Arbeitnehmer in gemeinschaftsweit operierenden Unternehmen und Unternehmensgruppen[3] muss inhaltlich geändert werden. Aus Gründen der Klarheit empfiehlt es sich, eine Neufassung dieser Richtlinie vorzunehmen.

(2) Gemäß Artikel 15 der Richtlinie 94/45/EG hat die Kommission im Benehmen mit den Mitgliedstaaten und den Sozialpartnern auf europäischer Ebene die Anwendung der genannten Richtlinie und insbesondere die Zweckmäßigkeit der Schwellenwerte für die Beschäftigtenzahl überprüft, um erforderlichenfalls entsprechende Änderungen vorzuschlagen.

(3) Nach Anhörungen der Mitgliedstaaten und der Sozialpartner auf europäischer Ebene hat die Kommission dem Europäischen Parlament und dem Rat am 4. April 2000 einen Bericht über den Stand der Anwendung der Richtlinie 94/45/EG vorgelegt.

(4) Gemäß Artikel 138 Absatz 2 des Vertrags hat die Kommission die Sozialpartner auf Gemeinschaftsebene zu der Frage angehört, wie eine Gemeinschaftsaktion in diesem Bereich gegebenenfalls ausgerichtet werden sollte.

---

[1] **Amtl. Anm.:** Stellungnahme vom 4. Dezember 2008 (noch nicht im Amtsblatt veröffentlicht).

[2] **Amtl. Anm.:** Stellungnahme des Europäischen Parlaments vom 16. Dezember 2008 (noch nicht im Amtsblatt veröffentlicht) und Beschluss des Rates vom 17. Dezember 2008.

[3] **Amtl. Anm.:** ABl. L 254 vom 30.9.1994, S. 64.

(5) Die Kommission war nach dieser Anhörung der Auffassung, dass eine Gemeinschaftsaktion wünschenswert ist, und hat gemäß Artikel 138 Absatz 3 des Vertrags die Sozialpartner auf Gemeinschaftsebene erneut zum Inhalt des in Aussicht genommenen Vorschlags angehört.

(6) Nach dieser zweiten Anhörung haben die Sozialpartner die Kommission nicht von ihrer gemeinsamen Absicht in Kenntnis gesetzt, das in Artikel 138 Absatz 4 des Vertrags vorgesehene Verfahren einzuleiten, das zum Abschluss einer Vereinbarung führen könnte.

(7) Es bedarf einer Modernisierung der gemeinschaftlichen Rechtsvorschriften im Bereich der länderübergreifenden Unterrichtung und Anhörung der Arbeitnehmer mit dem Ziel, die Wirksamkeit der Rechte auf eine länderübergreifende Unterrichtung und Anhörung der Arbeitnehmer sicherzustellen, die Zahl der Europäischen Betriebsräte zu erhöhen und gleichzeitig die Fortdauer geltender Vereinbarungen zu ermöglichen, die bei der praktischen Anwendung der Richtlinie 94/45/EG festgestellten Probleme zu lösen und die sich aus bestimmten Bestimmungen oder dem Fehlen von Bestimmungen ergebende Rechtsunsicherheit zu beseitigen sowie eine bessere Abstimmung der gemeinschaftlichen Rechtsinstrumente im Bereich der Unterrichtung und Anhörung der Arbeitnehmer zu gewährleisten.

(8) Gemäß Artikel 136 des Vertrags haben die Gemeinschaft und die Mitgliedstaaten das Ziel, den sozialen Dialog zu fördern.

(9) Diese Richtlinie ist Teil des gemeinschaftlichen Rahmens, der darauf abzielt, die Maßnahmen der Mitgliedstaaten im Bereich der Unterrichtung und Anhörung der Arbeitnehmer zu unterstützen und zu ergänzen. Dieser Rahmen sollte die Belastung der Unternehmen oder Betriebe auf ein Mindestmaß begrenzen, zugleich aber auch die wirksame Ausübung der eingeräumten Rechte gewährleisten.

(10) Im Rahmen des Funktionierens des Binnenmarkts findet ein Prozess der Unternehmenszusammenschlüsse, grenzübergreifenden Fusionen, Übernahmen und Joint Ventures und damit einhergehend eine länderübergreifende Strukturierung von Unternehmen und Unternehmensgruppen statt. Wenn die wirtschaftlichen Aktivitäten sich in harmonischer Weise entwickeln sollen, so müssen Unternehmen und Unternehmensgruppen, die in mehreren Mitgliedstaaten tätig sind, die Vertreter ihrer von den Unternehmensentscheidungen betroffenen Arbeitnehmer unterrichten und anhören.

(11) Die Verfahren zur Unterrichtung und Anhörung der Arbeitnehmer nach den Rechtsvorschriften und Gepflogenheiten der Mitgliedstaaten werden häufig nicht an die länderübergreifende Struktur der Unternehmen angepasst, welche die Arbeitnehmer berührende Entscheidungen treffen. Dies kann zu einer Ungleichbehandlung der Arbeitnehmer führen, die von Entscheidungen ein und desselben Unternehmens bzw. ein und derselben Unternehmensgruppe betroffen sind.

(12) Es sind geeignete Vorkehrungen zu treffen, damit die Arbeitnehmer gemeinschaftsweit operierender Unternehmen oder Unternehmensgruppen angemessen informiert und angehört werden, wenn Entscheidungen, die sich auf sie auswirken, außerhalb des Mitgliedstaats getroffen werden, in dem sie beschäftigt sind.

(13) Um zu gewährleisten, dass die Arbeitnehmer von Unternehmen und Unternehmensgruppen, die in mehreren Mitgliedstaaten tätig sind, in angemessener Weise unterrichtet und angehört werden, muss ein Europäischer Betriebsrat eingerichtet oder müssen andere geeignete Verfahren zur länderübergreifenden Unterrichtung und Anhörung der Arbeitnehmer geschaffen werden.

(14) Die Modalitäten der Unterrichtung und Anhörung der Arbeitnehmer müssen so festgelegt und angewendet werden, dass die Wirksamkeit der Bestimmungen dieser Richtlinie gewährleistet wird. Hierzu sollte der Europäische Betriebsrat durch seine Unterrichtung und Anhörung die Möglichkeit haben, dem Unternehmen rechtzeitig eine Stellungnahme vorzulegen, wobei dessen Anpassungsfähigkeit nicht beeinträchtigt werden darf. Nur ein Dialog auf der Ebene der Festlegung der Leitlinien und eine wirksame Beteiligung der Arbeitnehmervertreter können es ermöglichen, den Wandel zu antizipieren und zu bewältigen.

(15) Für die Arbeitnehmer und ihre Vertreter muss die Unterrichtung und Anhörung auf der je nach behandeltem Thema relevanten Leitungs- und Vertretungsebene gewährleistet sein. Hierzu müssen Zuständigkeiten und Aktionsbereiche des Europäischen Betriebsrats von denen einzelstaatlicher Vertretungsgremien abgegrenzt werden und sich auf länderübergreifende Angelegenheiten beschränken.

(16) Zur Feststellung des länderübergreifenden Charakters einer Angelegenheit sollten sowohl der Umfang ihrer möglichen Auswirkungen als auch die betroffene Leitungs- und Vertretungsebene berücksichtigt werden. Als länderübergreifend werden Angelegenheiten erachtet, die das Unternehmen oder die Unternehmensgruppe insgesamt oder aber mindestens zwei Mitgliedstaaten betreffen. Dazu gehören Angelegenheiten, die ungeachtet der Zahl der betroffenen Mitgliedstaaten für die europäischen Arbeitnehmer hinsichtlich der Reichweite ihrer möglichen Auswirkungen von Belang sind oder die die Verlagerung von Tätigkeiten zwischen Mitgliedstaaten betreffen.

(17) Es ist eine Definition des Begriffs „herrschendes Unternehmen" erforderlich, die sich, unbeschadet der Definitionen der Begriffe „Unternehmensgruppe" und „beherrschender Einfluss" in anderen Rechtsakten, ausschließlich auf diese Richtlinie bezieht.

(18) Die Verfahren zur Unterrichtung und Anhörung der Arbeitnehmer in Unternehmen oder Unternehmensgruppen, die in mindestens zwei verschiedenen Mitgliedstaaten tätig sind, müssen unabhängig davon, ob sich die zentrale Leitung des Unternehmens oder, im Fall einer Unternehmensgruppe, des herrschenden Unternehmens außerhalb der Gemeinschaft befindet, für alle in der Gemeinschaft angesiedelten Betriebe oder gegebenenfalls Unternehmen von Unternehmensgruppen gelten.

(19) Getreu dem Grundsatz der Autonomie der Sozialpartner legen die Arbeitnehmervertreter und die Leitung des Unternehmens oder des herrschenden Unternehmens einer Unternehmensgruppe die Art, Zusammensetzung, Befugnisse, Arbeitsweise, Verfahren und finanzielle Ressourcen des Europäischen Betriebsrats oder anderer Verfahren zur Unterrichtung und Anhörung der Arbeitnehmer einvernehmlich dergestalt fest, dass diese den jeweiligen besonderen Umständen entsprechen.

(20) Nach dem Grundsatz der Subsidiarität obliegt es den Mitgliedstaaten, die Arbeitnehmervertreter zu bestimmen und insbesondere – falls sie dies für angemessen halten – eine ausgewogene Vertretung der verschiedenen Arbeitnehmerkategorien vorzusehen.

(21) Es bedarf einer Klärung der Begriffe „Unterrichtung" und „Anhörung" der Arbeitnehmer im Einklang mit den Definitionen in den jüngsten einschlägigen Richtlinien und den im einzelstaatlichen Rahmen geltenden Definitionen mit der Zielsetzung, die Wirksamkeit des Dialogs auf länderübergreifender Ebene zu verbessern, eine geeignete Abstimmung zwischen der einzelstaatlichen und der länderübergreifenden Ebene des Dialogs zu ermöglichen und die erforderliche Rechtssicherheit bei der Anwendung dieser Richtlinie zu gewährleisten.

(22) Bei der Definition des Begriffs „Unterrichtung" ist dem Ziel Rechnung zu tragen, dass eine angemessene Prüfung durch die Arbeitnehmervertreter möglich sein muss, was voraussetzt, dass die Unterrichtung zu einem Zeitpunkt, in einer Weise und in einer inhaltlichen Ausgestaltung erfolgt, die dem Zweck angemessen sind, ohne den Entscheidungsprozess in den Unternehmen zu verlangsamen.

(23) Bei der Definition des Begriffs „Anhörung" muss dem Ziel Rechnung getragen werden, dass die Abgabe einer der Entscheidungsfindung dienlichen Stellungnahme möglich sein muss, was voraussetzt, dass die Anhörung zu einem Zeitpunkt, in einer Weise und in einer inhaltlichen Ausgestaltung erfolgt, die dem Zweck angemessen sind.

(24) In Unternehmen oder herrschenden Unternehmen im Fall einer Unternehmensgruppe, deren zentrale Leitung sich außerhalb der Gemeinschaft befindet, sind die in dieser Richtlinie festgelegten Bestimmungen über die Unterrichtung und Anhörung der Arbeitnehmer von dem gegebenenfalls benannten Vertreter des Unternehmens in der Gemeinschaft oder, in Ermangelung eines solchen Vertreters, von dem Betrieb oder dem kontrollierten Unternehmen mit der größten Anzahl von Arbeitnehmern in der Gemeinschaft durchzuführen.

(25) Die Verantwortung eines Unternehmens oder einer Unternehmensgruppe bei der Übermittlung der zur Aufnahme von Verhandlungen erforderlichen Informationen ist derart festzulegen, dass die Arbeitnehmer in die Lage versetzt werden, festzustellen, ob das Unternehmen oder die Unternehmensgruppe, in dem bzw. in der sie beschäftigt sind, gemeinschaftsweit operiert, und die zur Abfassung eines Antrags auf Aufnahme von Verhandlungen nötigen Kontakte zu knüpfen.

(26) Das besondere Verhandlungsgremium muss die Arbeitnehmer der verschiedenen Mitgliedstaaten in ausgewogener Weise repräsentieren. Die Arbeitnehmervertreter müssen die Möglichkeit haben, sich abzustimmen, um ihre Positionen im Hinblick auf die Verhandlung mit der zentralen Leitung festzulegen.

(27) Die Rolle, die anerkannte Gewerkschaftsorganisationen bei der Aus- oder Neuverhandlung der konstitutiven Vereinbarungen Europäischer Betriebsräte wahrnehmen können, ist anzuerkennen, damit Arbeitnehmervertreter, die einen entsprechenden Wunsch äußern, Unterstützung erhalten. Um es ihnen zu ermöglichen, die Einrichtung neuer Europäischer Betriebsräte zu verfolgen, und um bewährte Verfahren zu fördern, sind kompetente Gewerkschaftsorganisationen und Arbeitgeberverbände, die als europäische

Sozialpartner anerkannt sind, über die Aufnahme von Verhandlungen zu unterrichten. Anerkannte kompetente europäische Gewerkschaftsorganisationen und Arbeitgeberverbände sind die Organisationen der Sozialpartner, die von der Kommission gemäß Artikel 138 des Vertrags konsultiert werden. Die Liste dieser Organisationen wird von der Kommission aktualisiert und veröffentlicht.

(28) Die Vereinbarungen über die Einrichtung und Arbeitsweise der Europäischen Betriebsräte müssen die Modalitäten für ihre Änderung, Kündigung oder gegebenenfalls Neuverhandlung enthalten, insbesondere für den Fall einer Änderung des Umfangs oder der Struktur des Unternehmens oder der Unternehmensgruppe.

(29) In diesen Vereinbarungen müssen die Modalitäten für die Abstimmung der einzelstaatlichen und der länderübergreifenden Ebene der Unterrichtung und Anhörung der Arbeitnehmer festgelegt werden, angepasst an die besonderen Gegebenheiten des Unternehmens oder der Unternehmensgruppe. Bei der Festlegung dieser Modalitäten müssen die jeweiligen Zuständigkeiten und Aktionsbereiche der Vertretungsgremien der Arbeitnehmer beachtet werden, vor allem was die Antizipierung und Bewältigung des Wandels anbelangt.

(30) Diese Vereinbarungen müssen gegebenenfalls die Einsetzung und die Arbeit eines engeren Ausschusses vorsehen, damit eine Koordinierung und eine höhere Effizienz der regelmäßigen Arbeit des Europäischen Betriebsrats sowie eine schnellstmögliche Unterrichtung und Anhörung im Falle außergewöhnlicher Umstände ermöglicht wird.

(31) Die Arbeitnehmervertreter können entweder vereinbaren, auf die Einrichtung eines Europäischen Betriebsrats zu verzichten, oder die Sozialpartner können andere Verfahren zur länderübergreifenden Unterrichtung und Anhörung der Arbeitnehmer beschließen.

(32) Es sollten subsidiäre Vorschriften vorgesehen werden, die auf Beschluss der Parteien oder in dem Fall, dass die zentrale Leitung die Aufnahme von Verhandlungen ablehnt oder bei den Verhandlungen kein Einvernehmen erzielt wird, Anwendung finden.

(33) Um ihrer Rolle in vollem Umfang gerecht zu werden und den Nutzen des Europäischen Betriebsrats sicherzustellen, müssen die Arbeitnehmervertreter den Arbeitnehmern, die sie vertreten, Rechenschaft ablegen und die Möglichkeit haben, die von ihnen benötigten Schulungen zu erhalten.

(34) Es sollte vorgesehen werden, dass die Arbeitnehmervertreter, die im Rahmen dieser Richtlinie handeln, bei der Wahrnehmung ihrer Aufgaben den gleichen Schutz und gleichartige Sicherheiten genießen wie die Arbeitnehmervertreter nach den Rechtsvorschriften und/oder Gepflogenheiten des Landes, in dem sie beschäftigt sind. Sie dürfen nicht aufgrund der gesetzlichen Ausübung ihrer Tätigkeit diskriminiert werden und müssen angemessen gegen Entlassungen und andere Sanktionen geschützt werden.

(35) Werden die sich aus dieser Richtlinie ergebenden Verpflichtungen nicht eingehalten, so müssen die Mitgliedstaaten geeignete Maßnahmen treffen.

(36) Gemäß den allgemeinen Grundsätzen des Gemeinschaftsrechts sollten im Falle eines Verstoßes gegen die sich aus dieser Richtlinie ergebenden Verpflichtungen administrative oder rechtliche Verfahren sowie Sanktionen,

die wirksam, abschreckend und im Verhältnis zur Schwere der Zuwiderhandlung angemessen sind, angewandt werden.

(37) Aus Gründen der Effizienz, der Kohärenz und der Rechtssicherheit bedarf es einer Abstimmung zwischen den Richtlinien und den im Gemeinschaftsrecht und im einzelstaatlichen Recht und/oder den einzelstaatlichen Gepflogenheiten festgelegten Ebenen der Unterrichtung und Anhörung der Arbeitnehmer. Hierbei muss der Aushandlung dieser Abstimmungsmodalitäten innerhalb jedes Unternehmens oder jeder Unternehmensgruppe Priorität eingeräumt werden. Fehlt eine entsprechende Vereinbarung und sind Entscheidungen geplant, die wesentliche Veränderungen der Arbeitsorganisation oder der Arbeitsverträge mit sich bringen können, so muss der Prozess gleichzeitig auf einzelstaatlicher und europäischer Ebene so durchgeführt werden, dass die jeweiligen Zuständigkeiten und Aktionsbereiche der Vertretungsgremien der Arbeitnehmer beachtet werden. Die Abgabe einer Stellungnahme des Europäischen Betriebsrats sollte die Befugnis der zentralen Leitung, die erforderlichen Anhörungen innerhalb der im einzelstaatlichen Recht und/oder den einzelstaatlichen Gepflogenheiten vorgesehenen Fristen vorzunehmen, unberührt lassen. Die einzelstaatlichen Rechtsvorschriften und/oder einzelstaatlichen Gepflogenheiten müssen gegebenenfalls angepasst werden, um sicherzustellen, dass der Europäische Betriebsrat gegebenenfalls vor oder gleichzeitig mit den einzelstaatlichen Vertretungsgremien der Arbeitnehmer unterrichtet wird; dies darf jedoch keine Absenkung des allgemeinen Niveaus des Arbeitnehmerschutzes bewirken.

(38) Unberührt lassen sollte diese Richtlinie die Unterrichtungs- und Anhörungsverfahren gemäß der Richtlinie 2002/14/EG[1)] des Europäischen Parlaments und des Rates vom 11. März 2002 zur Festlegung eines allgemeinen Rahmens für die Unterrichtung und Anhörung der Arbeitnehmer in der Europäischen Gemeinschaft[2)], die spezifischen Verfahren nach Artikel 2 der Richtlinie 98/59/EG[3)] des Rates vom 20. Juli 1998 zur Angleichung der Rechtsvorschriften der Mitgliedstaaten über Massenentlassungen[4)] sowie Artikel 7 der Richtlinie 2001/23/EG[5)] des Rates vom 12. März 2001 zur Angleichung der Rechtsvorschriften der Mitgliedstaaten über die Wahrung von Ansprüchen der Arbeitnehmer beim Übergang von Unternehmen, Betrieben oder Unternehmens- oder Betriebsteilen[6)].

(39) Es sollten besondere Bestimmungen für die gemeinschaftsweit operierenden Unternehmen und Unternehmensgruppen vorgesehen werden, in denen am 22. September 1996 eine für alle Arbeitnehmer geltende Vereinbarung über eine länderübergreifende Unterrichtung und Anhörung der Arbeitnehmer bestand.

(40) Ändert sich die Struktur des Unternehmens oder der Unternehmensgruppe wesentlich, beispielsweise durch eine Fusion, eine Übernahme oder eine Spaltung, so bedarf es einer Anpassung des bestehenden Europäischen Betriebsrats bzw. der bestehenden Europäischen Betriebsräte. Diese Anpas-

---

1) Nr. **270**.
2) **Amtl. Anm.:** ABl. L 80 vom 23.3.2002, S. 29.
3) Nr. **240**.
4) **Amtl. Anm.:** ABl. L 225 vom 12.8.1998, S. 16.
5) Nr. **260**.
6) **Amtl. Anm.:** ABl. L 82 vom 22.3.2001, S. 16.

sung muss vorrangig nach den Bestimmungen der geltenden Vereinbarung erfolgen, falls diese Bestimmungen die erforderliche Anpassung gestatten. Ist dies nicht der Fall und wird ein entsprechender Antrag gestellt, so werden Verhandlungen über eine neue Vereinbarung aufgenommen, an denen die Mitglieder des bestehenden Europäischen Betriebsrats bzw. der bestehenden Europäischen Betriebsräte zu beteiligen sind. Um die Unterrichtung und Anhörung der Arbeitnehmer in der häufig entscheidenden Phase der Strukturänderung zu ermöglichen, müssen der bestehende Europäische Betriebsrat bzw. die bestehenden Europäischen Betriebsräte in die Lage versetzt werden, ihre Tätigkeit, unter Umständen in entsprechend angepasster Art und Weise, bis zum Abschluss einer neuen Vereinbarung fortzusetzen. Mit Unterzeichnung einer neuen Vereinbarung müssen die zuvor eingerichteten Betriebsräte aufgelöst und die Vereinbarungen über ihre Einrichtung, unabhängig von den darin enthaltenen Bestimmungen über ihre Geltungsdauer oder Kündigung, beendet werden.

(41) Findet diese Anpassungsklausel keine Anwendung, so sollten die geltenden Vereinbarungen weiter in Kraft bleiben können, um deren obligatorische Neuverhandlung zu vermeiden, wenn sie unnötig wäre. Es sollte vorgesehen werden, dass auf vor dem 22. September 1996 gemäß Artikel 13 Absatz 1 der Richtlinie 94/45/EG oder gemäß Artikel 3 Absatz 1 der Richtlinie 97/74/EG[1)] geschlossene Vereinbarungen während ihrer Geltungsdauer Verpflichtungen, die sich aus der vorliegenden Richtlinie ergeben, weiterhin keine Anwendung finden. Ferner begründet die vorliegende Richtlinie keine allgemeine Verpflichtung zur Neuverhandlung von Vereinbarungen, die gemäß Artikel 6 der Richtlinie 94/45/EG zwischen dem 22. September 1996 und dem 5. Juni 2011 geschlossen wurden.

(42) Unbeschadet des Rechts der Parteien, anders lautende Vereinbarungen zu treffen, ist ein Europäischer Betriebsrat, der in Ermangelung einer Vereinbarung zwischen den Parteien zur Erreichung des Ziels dieser Richtlinie eingesetzt wird, in Bezug auf die Tätigkeiten des Unternehmens oder der Unternehmensgruppe zu unterrichten und anzuhören, damit er mögliche Auswirkungen auf die Interessen der Arbeitnehmer in mindestens zwei Mitgliedstaaten abschätzen kann. Hierzu sollte das Unternehmen oder das herrschende Unternehmen verpflichtet sein, den Arbeitnehmervertretern allgemeine Informationen, die die Interessen der Arbeitnehmer berühren, sowie Informationen, die sich konkret auf diejenigen Aspekte der Tätigkeiten des Unternehmens oder der Unternehmensgruppe beziehen, welche die Interessen der Arbeitnehmer berühren, mitzuteilen. Der Europäische Betriebsrat muss am Ende der Sitzung eine Stellungnahme abgeben können.

(43) Bevor bestimmte Beschlüsse mit erheblichen Auswirkungen auf die Interessen der Arbeitnehmer ausgeführt werden, sind die Arbeitnehmervertreter unverzüglich zu unterrichten und anzuhören.

[1)] **Amtl. Anm.:** Richtlinie 97/74/EG des Rates vom 15. Dezember 1997 zur Ausdehnung der Richtlinie 94/45/EG über die Einsetzung eines Europäischen Betriebsrats oder die Schaffung eines Verfahrens zur Unterrichtung und Anhörung der Arbeitnehmer in gemeinschaftsweit operierenden Unternehmen und Unternehmensgruppen auf das Vereinigte Königreich (ABl. L 10 vom 16.1.1998, S. 22).

(44) Der Inhalt der subsidiären Rechtsvorschriften, die in Ermangelung einer Vereinbarung anzuwenden sind und in den Verhandlungen als Auffangregelungen dienen, muss geklärt und an die Entwicklung der Anforderungen und Verfahren im Bereich der länderübergreifenden Unterrichtung und Anhörung angepasst werden. Eine Unterscheidung sollte vorgenommen werden zwischen den Bereichen, in denen eine Unterrichtung obligatorisch ist, und den Bereichen, in denen der Europäische Betriebsrat auch angehört werden muss, was das Recht einschließt, eine Antwort mit Begründung auf eine abgegebene Stellungnahme zu erhalten. Damit der engere Ausschuss die erforderliche Koordinierungsrolle wahrnehmen und im Falle außergewöhnlicher Umstände effizient handeln kann, muss dieser Ausschuss bis zu fünf Mitglieder umfassen und regelmäßig beraten können.

(45) Da das Ziel dieser Richtlinie, nämlich die Verbesserung der Rechte auf Unterrichtung und Anhörung der Arbeitnehmer in gemeinschaftsweit operierenden Unternehmen und Unternehmensgruppen, auf Ebene der Mitgliedstaaten nicht ausreichend verwirklicht werden kann und daher besser auf Gemeinschaftsebene zu verwirklichen ist, kann die Gemeinschaft im Einklang mit dem in Artikel 5 des Vertrags niedergelegten Subsidiaritätsprinzip tätig werden. Entsprechend dem in demselben Artikel genannten Grundsatz der Verhältnismäßigkeit geht diese Richtlinie nicht über das zur Erreichung dieses Ziels erforderliche Maß hinaus.

(46) Diese Richtlinie achtet die Grundrechte und wahrt insbesondere die Grundsätze, die mit der Charta der Grundrechte der Europäischen Union anerkannt wurden. Vor allem soll diese Richtlinie gewährleisten, dass das Recht der Arbeitnehmer oder ihrer Vertreter auf rechtzeitige Unterrichtung und Anhörung auf den angemessenen Ebenen in vollem Umfang Beachtung findet, und zwar in den Fällen und unter den Gegebenheiten, die im Gemeinschaftsrecht sowie in den einzelstaatlichen Rechtsvorschriften und Verfahren vorgesehen sind (Artikel 27 der Charta der Grundrechte der Europäischen Union).

(47) Die Verpflichtung zur Umsetzung dieser Richtlinie in innerstaatliches Recht sollte nur jene Bestimmungen betreffen, die im Vergleich zu den bisherigen Richtlinien inhaltlich geändert wurden. Die Verpflichtung zur Umsetzung der inhaltlich unveränderten Bestimmungen ergibt sich aus den bisherigen Richtlinien.

(48) Gemäß Nummer 34 der Interinstitutionellen Vereinbarung über bessere Rechtsetzung[1)] sind die Mitgliedstaaten aufgefordert, für ihre eigenen Zwecke und im Interesse der Gemeinschaft eigene Tabellen aufzustellen, aus denen im Rahmen des Möglichen die Entsprechungen zwischen dieser Richtlinie und den Umsetzungsmaßnahmen zu entnehmen sind, und diese zu veröffentlichen.

(49) Diese Richtlinie sollte die Verpflichtungen der Mitgliedstaaten hinsichtlich der in Anhang II Teil B genannten Fristen für die Umsetzung der dort genannten Richtlinien in innerstaatliches Recht und für die Anwendung dieser Richtlinien unberührt lassen –

HABEN FOLGENDE RICHTLINIE ERLASSEN:

[1)] **Amtl. Anm.:** ABl. C 321 vom 31.12.2003, S. 1.

Teil I. Allgemeine Bestimmungen

Art. 1 Zielsetzung. (1) Das Ziel dieser Richtlinie ist die Stärkung des Rechts auf Unterrichtung und Anhörung der Arbeitnehmer in gemeinschaftsweit operierenden Unternehmen und Unternehmensgruppen.

(2) [1] Hierzu wird in allen gemeinschaftsweit operierenden Unternehmen und Unternehmensgruppen auf Antrag gemäß dem Verfahren nach Artikel 5 Absatz 1 zum Zweck der Unterrichtung und Anhörung der Arbeitnehmer ein Europäischer Betriebsrat eingesetzt oder ein Verfahren zur Unterrichtung und Anhörung der Arbeitnehmer geschaffen. [2] Die Modalitäten der Unterrichtung und Anhörung der Arbeitnehmer werden so festgelegt und angewandt, dass ihre Wirksamkeit gewährleistet ist und eine effiziente Beschlussfassung des Unternehmens oder der Unternehmensgruppe ermöglicht wird.

(3) [1] Die Unterrichtung und Anhörung der Arbeitnehmer erfolgt auf der je nach behandeltem Thema relevanten Leitungsund Vertretungsebene. [2] Zu diesem Zweck beschränken sich die Zuständigkeiten des Europäischen Betriebsrats und der Geltungsbereich des Verfahrens zur Unterrichtung und Anhörung der Arbeitnehmer gemäß dieser Richtlinie auf länderübergreifende Angelegenheiten.

(4) Als länderübergreifend werden Angelegenheiten erachtet, die das gemeinschaftsweit operierende Unternehmen oder die gemeinschaftsweit operierende Unternehmensgruppe insgesamt oder mindestens zwei der Betriebe oder der zur Unternehmensgruppe gehörenden Unternehmen in zwei verschiedenen Mitgliedstaaten betreffen.

(5) Ungeachtet des Absatzes 2 wird der Europäische Betriebsrat in den Fällen, in denen eine gemeinschaftsweit operierende Unternehmensgruppe im Sinne von Artikel 2 Absatz 1 Buchstabe c ein oder mehrere Unternehmen oder Unternehmensgruppen umfasst, die gemeinschaftsweit operierende Unternehmen oder Unternehmensgruppen im Sinne von Artikel 2 Absatz 1 Buchstabe a oder c sind, auf der Ebene der Unternehmensgruppe eingesetzt, es sei denn, dass in der Vereinbarung gemäß Artikel 6 etwas anderes vorgesehen wird.

(6) Ist in der Vereinbarung gemäß Artikel 6 kein größerer Geltungsbereich vorgesehen, so erstrecken sich die Befugnisse und Zuständigkeiten der Europäischen Betriebsräte und die Verfahren zur Unterrichtung und Anhörung der Arbeitnehmer, die zur Erreichung des in Absatz 1 festgelegten Ziels vorgesehen sind, im Fall eines gemeinschaftsweit operierenden Unternehmens auf alle in den Mitgliedstaaten ansässigen Betriebe und im Fall einer gemeinschaftsweit operierenden Unternehmensgruppe auf alle in den Mitgliedstaaten ansässigen Unternehmen dieser Gruppe.

Art. 2 Definitionen. (1) Im Sinne dieser Richtlinie bezeichnet der Ausdruck

a) „gemeinschaftsweit operierendes Unternehmen" ein Unternehmen mit mindestens 1 000 Arbeitnehmern in den Mitgliedstaaten und mit jeweils mindestens 150 Arbeitnehmern in mindestens zwei Mitgliedstaaten;

b) „Unternehmensgruppe" eine Gruppe, die aus einem herrschenden Unternehmen und den von diesem abhängigen Unternehmen besteht;

c) „gemeinschaftsweit operierende Unternehmensgruppe" eine Unternehmensgruppe, die folgende Voraussetzungen erfüllt:

– sie hat mindestens 1 000 Arbeitnehmer in den Mitgliedstaaten,
– sie umfasst mindestens zwei der Unternehmensgruppe angehörende Unternehmen in verschiedenen Mitgliedstaaten,
und
– mindestens ein der Unternehmensgruppe angehörendes Unternehmen hat mindestens 150 Arbeitnehmer in einem Mitgliedstaat, und ein weiteres der Unternehmensgruppe angehörendes Unternehmen hat mindestens 150 Arbeitnehmer in einem anderen Mitgliedstaat;

d) „Arbeitnehmervertreter" die nach den Rechtsvorschriften und/oder den Gepflogenheiten der Mitgliedstaaten vorgesehenen Vertreter der Arbeitnehmer;

e) „zentrale Leitung" die zentrale Unternehmensleitung eines gemeinschaftsweit operierenden Unternehmens oder bei gemeinschaftsweit operierenden Unternehmensgruppen die zentrale Unternehmensleitung des herrschenden Unternehmens;

f) „Unterrichtung" die Übermittlung von Informationen durch den Arbeitgeber an die Arbeitnehmervertreter, um ihnen Gelegenheit zur Kenntnisnahme und Prüfung der behandelten Frage zu geben; die Unterrichtung erfolgt zu einem Zeitpunkt, in einer Weise und in einer inhaltlichen Ausgestaltung, die dem Zweck angemessen sind und es den Arbeitnehmervertretern ermöglichen, die möglichen Auswirkungen eingehend zu bewerten und gegebenenfalls Anhörungen mit dem zuständigen Organ des gemeinschaftsweit operierenden Unternehmens oder der gemeinschaftsweit operierenden Unternehmensgruppe vorzubereiten;

g) „Anhörung" die Einrichtung eines Dialogs und den Meinungsaustausch zwischen den Arbeitnehmervertretern und der zentralen Leitung oder einer anderen, angemesseneren Leitungsebene zu einem Zeitpunkt, in einer Weise und in einer inhaltlichen Ausgestaltung, die es den Arbeitnehmervertretern auf der Grundlage der erhaltenen Informationen ermöglichen, unbeschadet der Zuständigkeiten der Unternehmensleitung innerhalb einer angemessenen Frist zu den vorgeschlagenen Maßnahmen, die Gegenstand der Anhörung sind, eine Stellungnahme abzugeben, die innerhalb des gemeinschaftsweit operierenden Unternehmens oder der gemeinschaftsweit operierenden Unternehmensgruppe berücksichtigt werden kann;

h) „Europäischer Betriebsrat" einen Betriebsrat, der gemäß Artikel 1 Absatz 2 oder den Bestimmungen des Anhangs I zur Unterrichtung und Anhörung der Arbeitnehmer eingesetzt werden kann;

i) „besonderes Verhandlungsgremium" das gemäß Artikel 5 Absatz 2 eingesetzte Gremium, das die Aufgabe hat, mit der zentralen Leitung die Einsetzung eines Europäischen Betriebsrats oder die Schaffung eines Verfahrens zur Unterrichtung und Anhörung der Arbeitnehmer nach Artikel 1 Absatz 2 auszuhandeln.

(2) Für die Zwecke dieser Richtlinie werden die Beschäftigtenschwellen nach der entsprechend den einzelstaatlichen Rechtsvorschriften und/oder Gepflogenheiten berechneten Zahl der im Durchschnitt während der letzten zwei Jahre beschäftigten Arbeitnehmer, einschließlich der Teilzeitbeschäftigten, festgelegt.

Art. 3 Definition des Begriffs „herrschendes Unternehmen". (1) Im Sinne dieser Richtlinie gilt als „herrschendes Unternehmen" ein Unternehmen, das zum Beispiel aufgrund von Eigentum, finanzieller Beteiligung oder sonstiger Bestimmungen, die die Tätigkeit des Unternehmens regeln, einen beherrschenden Einfluss auf ein anderes Unternehmen („abhängiges Unternehmen") ausüben kann.

(2) Die Fähigkeit, einen beherrschenden Einfluss auszuüben, gilt bis zum Beweis des Gegenteils als gegeben, wenn ein Unternehmen in Bezug auf ein anderes Unternehmen direkt oder indirekt

a) die Mehrheit des gezeichneten Kapitals dieses Unternehmens besitzt oder

b) über die Mehrheit der mit den Anteilen am anderen Unternehmen verbundenen Stimmrechte verfügt oder

c) mehr als die Hälfte der Mitglieder des Verwaltungs-, Leitungs- oder Aufsichtsorgans des anderen Unternehmens bestellen kann.

(3) Für die Anwendung von Absatz 2 müssen den Stimm- und Ernennungsrechten des herrschenden Unternehmens die Rechte aller abhängigen Unternehmen sowie aller natürlichen oder juristischen Personen, die zwar im eigenen Namen, aber für Rechnung des herrschenden Unternehmens oder eines anderen abhängigen Unternehmens handeln, hinzugerechnet werden.

(4) Ungeachtet der Absätze 1 und 2 ist ein Unternehmen kein „herrschendes Unternehmen" in Bezug auf ein anderes Unternehmen, an dem es Anteile hält, wenn es sich um eine Gesellschaft im Sinne von Artikel 3 Absatz 5 Buchstabe a oder c der Verordnung (EG) Nr. 139/2004 des Rates vom 20. Januar 2004 über die Kontrolle von Unternehmenszusammenschlüssen[1)] handelt.

(5) Ein beherrschender Einfluss gilt nicht allein schon aufgrund der Tatsache als gegeben, dass eine beauftragte Person ihre Funktionen gemäß den in einem Mitgliedstaat für die Liquidation, den Konkurs, die Zahlungsunfähigkeit, die Zahlungseinstellung, den Vergleich oder ein ähnliches Verfahren geltenden Rechtsvorschriften ausübt.

(6) *[1]* Maßgebend für die Feststellung, ob ein Unternehmen ein herrschendes Unternehmen ist, ist das Recht des Mitgliedstaats, dem das Unternehmen unterliegt.

[2] Unterliegt das Unternehmen nicht dem Recht eines Mitgliedstaats, so ist das Recht des Mitgliedstaats maßgebend, in dem der Vertreter des Unternehmens oder, in Ermangelung eines solchen, die zentrale Leitung desjenigen Unternehmens innerhalb einer Unternehmensgruppe ansässig ist, das die höchste Anzahl von Arbeitnehmern aufweist.

(7) Ergibt sich im Fall einer Normenkollision bei der Anwendung von Absatz 2, dass zwei oder mehr Unternehmen ein und derselben Unternehmensgruppe eines oder mehrere der in Absatz 2 festgelegten Kriterien erfüllen, so gilt das Unternehmen, welches das unter Absatz 2 Buchstabe c genannte Kriterium erfüllt, als herrschendes Unternehmen, solange nicht der Beweis erbracht ist, dass ein anderes Unternehmen einen beherrschenden Einfluss ausüben kann.

[1)] **Amtl. Anm.:** ABl. L 24 vom 29.1.2004, S. 1.

Teil II. Einrichtung des Europäischen Betriebsrats oder Schaffung eines Verfahrens zur Unterrichtung und Anhörung der Arbeitnehmer

Art. 4 Verantwortung für die Einrichtung eines Europäischen Betriebsrats oder die Schaffung eines Verfahrens zur Unterrichtung und Anhörung der Arbeitnehmer. (1) Die zentrale Leitung ist dafür verantwortlich, dass die Voraussetzungen geschaffen und die Mittel bereitgestellt werden, damit jeweils nach Maßgabe des Artikels 1 Absatz 2 für gemeinschaftsweit operierende Unternehmen und gemeinschaftsweit operierende Unternehmensgruppen der Europäische Betriebsrat eingesetzt oder ein Verfahren zur Unterrichtung und Anhörung geschaffen werden kann.

(2) *[1]* Ist die zentrale Leitung nicht in einem Mitgliedstaat ansässig, so ist ihr gegebenenfalls zu benennender Vertreter in der Gemeinschaft für die Maßnahmen nach Absatz 1 verantwortlich.

[2] In Ermangelung eines solchen Vertreters ist die Leitung des Betriebs oder des zur Unternehmensgruppe gehörenden Unternehmens mit der höchsten Anzahl von Beschäftigten in einem Mitgliedstaat für die Maßnahmen nach Absatz 1 verantwortlich.

(3) Für die Zwecke dieser Richtlinie gelten der oder die Vertreter oder, in Ermangelung dieser Vertreter, die Leitung nach Absatz 2 Unterabsatz 2 als zentrale Leitung.

(4) [1]Jede Leitung eines zu einer gemeinschaftsweit operierenden Unternehmensgruppe gehörenden Unternehmens sowie die zentrale Leitung oder die fingierte zentrale Leitung im Sinne des Absatzes 2 Unterabsatz 2 des gemeinschaftsweit operierenden Unternehmens oder der gemeinschaftsweit operierenden Unternehmensgruppe ist dafür verantwortlich, die für die Aufnahme von Verhandlungen gemäß Artikel 5 erforderlichen Informationen zu erheben und an die Parteien, auf die die Richtlinie Anwendung findet, weiterzuleiten, insbesondere die Informationen in Bezug auf die Struktur des Unternehmens oder der Gruppe und die Belegschaft. [2]Diese Verpflichtung betrifft insbesondere die Angaben zu der in Artikel 2 Absatz 1 Buchstaben a und c erwähnten Beschäftigtenzahl.

Art. 5 Besonderes Verhandlungsgremium. (1) Um das in Artikel 1 Absatz 1 festgelegte Ziel zu erreichen, nimmt die zentrale Leitung von sich aus oder auf schriftlichen Antrag von mindestens 100 Arbeitnehmern oder ihrer Vertreter aus mindestens zwei Betrieben oder Unternehmen in mindestens zwei verschiedenen Mitgliedstaaten Verhandlungen zur Einrichtung eines Europäischen Betriebsrats oder zur Schaffung eines Unterrichtungs- und Anhörungsverfahrens auf.

(2) Zu diesem Zwecke wird ein besonderes Verhandlungsgremium nach folgenden Leitlinien eingesetzt:

a) Die Mitgliedstaaten legen das Verfahren für die Wahl oder die Benennung der Mitglieder des besonderen Verhandlungsgremiums fest, die in ihrem Hoheitsgebiet zu wählen oder zu benennen sind.
Die Mitgliedstaaten sehen vor, dass die Arbeitnehmer der Unternehmen und/oder Betriebe, in denen unabhängig vom Willen der Arbeitnehmer

keine Arbeitnehmervertreter vorhanden sind, selbst Mitglieder für das besondere Verhandlungsgremium wählen oder benennen dürfen.
Durch Unterabsatz 2 werden die einzelstaatlichen Rechtsvorschriften und/oder Gepflogenheiten, die Schwellen für die Einrichtung eines Gremiums zur Vertretung der Arbeitnehmer vorsehen, nicht berührt.

b) Die Mitglieder des besonderen Verhandlungsgremiums werden entsprechend der Zahl der in jedem Mitgliedstaat beschäftigen Arbeitnehmer des gemeinschaftsweit operierenden Unternehmens oder der gemeinschaftsweit operierenden Unternehmensgruppe gewählt oder bestellt, so dass pro Mitgliedstaat für jeden Anteil der in diesem Mitgliedstaat beschäftigten Arbeitnehmer, der 10 % der Gesamtzahl der in allen Mitgliedstaaten beschäftigten Arbeitnehmer entspricht, oder für einen Bruchteil dieser Tranche Anspruch auf einen Sitz besteht.

c) Die Zusammensetzung des besonderen Verhandlungsgremiums und der Beginn der Verhandlungen werden der zentralen Leitung und den örtlichen Unternehmensleitungen sowie den zuständigen europäischen Arbeitnehmer- und Arbeitgeberverbänden mitgeteilt.

(3) Aufgabe des besonderen Verhandlungsgremiums ist es, mit der zentralen Leitung in einer schriftlichen Vereinbarung den Tätigkeitsbereich, die Zusammensetzung, die Befugnisse und die Mandatsdauer des Europäischen Betriebsrats oder der Europäischen Betriebsräte oder die Durchführungsmodalitäten eines Verfahrens zur Unterrichtung und Anhörung der Arbeitnehmer festzulegen.

(4) *[1]* [1]Die zentrale Leitung beruft eine Sitzung mit dem besonderen Verhandlungsgremium ein, um eine Vereinbarung gemäß Artikel 6 zu schließen. [2]Sie setzt die örtlichen Unternehmensleitungen hiervon in Kenntnis.

[2] Vor und nach jeder Sitzung mit der zentralen Leitung ist das besondere Verhandlungsgremium berechtigt, zu tagen, ohne dass Vertreter der zentralen Leitung dabei zugegen sind, und dabei die erforderlichen Kommunikationsmittel zu nutzen.

[3] [1]Das besondere Verhandlungsgremium kann bei den Verhandlungen Sachverständige seiner Wahl hinzuziehen, zu denen Vertreter der kompetenten anerkannten Gewerkschaftsorganisationen auf Gemeinschaftsebene gehören können, um sich von ihnen bei seiner Arbeit unterstützen zu lassen. [2]Diese Sachverständigen und Gewerkschaftsvertreter können auf Wunsch des besonderen Verhandlungsgremiums den Verhandlungen in beratender Funktion beiwohnen.

(5) *[1]* Das besondere Verhandlungsgremium kann mit mindestens zwei Dritteln der Stimmen beschließen, keine Verhandlungen gemäß Absatz 4 zu eröffnen oder die bereits eröffneten Verhandlungen zu beenden.

[2] [1]Durch einen solchen Beschluss wird das Verfahren zum Abschluss der in Artikel 6 genannten Vereinbarung beendet. [2]Ist ein solcher Beschluss gefasst worden, finden die Bestimmungen des Anhangs I keine Anwendung.

[3] Ein neuer Antrag auf Einberufung des besonderen Verhandlungsgremiums kann frühestens zwei Jahre nach dem vorgenannten Beschluss gestellt werden, es sei denn, die betroffenen Parteien setzen eine kürzere Frist fest.

(6) *[1]* Die Kosten im Zusammenhang mit den Verhandlungen nach den Absätzen 3 und 4 werden von der zentralen Leitung getragen, damit das be-

sondere Verhandlungsgremium seine Aufgaben in angemessener Weise erfüllen kann.

[2] [1] Die Mitgliedstaaten können unter Wahrung dieses Grundsatzes Regeln für die Finanzierung der Arbeit des besonderen Verhandlungsgremiums festlegen. [2] Sie können insbesondere die Übernahme der Kosten auf die Kosten für einen Sachverständigen begrenzen.

Art. 6 Inhalt der Vereinbarung. (1) Die zentrale Leitung und das besondere Verhandlungsgremium müssen im Geiste der Zusammenarbeit verhandeln, um zu einer Vereinbarung über die Modalitäten der Durchführung der in Artikel 1 Absatz 1 vorgesehenen Unterrichtung und Anhörung der Arbeitnehmer zu gelangen.

(2) Unbeschadet der Autonomie der Parteien wird in der schriftlichen Vereinbarung nach Absatz 1 zwischen der zentralen Leitung und dem besonderen Verhandlungsgremium Folgendes festgelegt:

a) die von der Vereinbarung betroffenen Unternehmen der gemeinschaftsweit operierenden Unternehmensgruppe oder Betriebe des gemeinschaftsweit operierenden Unternehmens;

b) die Zusammensetzung des Europäischen Betriebsrats, die Anzahl der Mitglieder, die Sitzverteilung, wobei so weit als möglich eine ausgewogene Vertretung der Arbeitnehmer nach Tätigkeit, Arbeitnehmerkategorien und Geschlecht zu berücksichtigen ist, und die Mandatsdauer;

c) die Befugnisse und das Unterrichtungs- und Anhörungsverfahren des Europäischen Betriebsrats sowie die Modalitäten für die Abstimmung zwischen der Unterrichtung und Anhörung des Europäischen Betriebsrats und der einzelstaatlichen Arbeitnehmervertretungen gemäß den Grundsätzen des Artikels 1 Absatz 3;

d) der Ort, die Häufigkeit und die Dauer der Sitzungen des Europäischen Betriebsrats;

e) gegebenenfalls die Zusammensetzung, die Modalitäten für die Bestellung, die Befugnisse und die Sitzungsmodalitäten des innerhalb des Europäischen Betriebsrates eingesetzten engeren Ausschusses;

f) die für den Europäischen Betriebsrat bereitzustellenden finanziellen und materiellen Mittel;

g) das Datum des Inkrafttretens der Vereinbarung und ihre Laufzeit, die Modalitäten für die Änderung oder Kündigung der Vereinbarung und gegebenenfalls die Fälle, in denen eine Neuaushandlung erfolgt, und das bei ihrer Neuaushandlung anzuwendende Verfahren, gegebenenfalls auch bei Änderungen der Struktur des gemeinschaftsweit operierenden Unternehmens oder der gemeinschaftsweit operierenden Unternehmensgruppe.

(3) *[1]* Die zentrale Leitung und das besondere Verhandlungsgremium können in schriftlicher Form den Beschluss fassen, dass anstelle eines Europäischen Betriebsrats ein oder mehrere Unterrichtungs- und Anhörungsverfahren geschaffen werden.

[2] In der Vereinbarung ist festzulegen, unter welchen Voraussetzungen die Arbeitnehmervertreter das Recht haben, zu einem Meinungsaustausch über die ihnen übermittelten Informationen zusammenzutreten.

[3] Diese Informationen erstrecken sich insbesondere auf länderübergreifende Angelegenheiten, welche erhebliche Auswirkungen auf die Interessen der Arbeitnehmer haben.

(4) Sofern in den Vereinbarungen im Sinne der Absätze 2 und 3 nichts anderes bestimmt ist, gelten die subsidiären Vorschriften des Anhangs I nicht für diese Vereinbarungen.

(5) Für den Abschluss der Vereinbarungen im Sinne der Absätze 2 und 3 ist die Mehrheit der Stimmen der Mitglieder des besonderen Verhandlungsgremiums erforderlich.

Art. 7 Subsidiäre Vorschriften. (1) Um das in Artikel 1 Absatz 1 festgelegte Ziel zu erreichen, werden die subsidiären Rechtsvorschriften des Mitgliedstaats, in dem die zentrale Leitung ihren Sitz hat, angewandt,

- wenn die zentrale Leitung und das besondere Verhandlungsgremium einen entsprechenden Beschluss fassen
  oder
- wenn die zentrale Leitung die Aufnahme von Verhandlungen binnen sechs Monaten nach dem ersten Antrag nach Artikel 5 Absatz 1 verweigert
  oder
- wenn binnen drei Jahren nach dem entsprechenden Antrag keine Vereinbarung gemäß Artikel 6 zustande kommt und das besondere Verhandlungsgremium keinen Beschluss nach Artikel 5 Absatz 5 gefasst hat.

(2) Die subsidiären Vorschriften nach Absatz 1 in der durch die Rechtsvorschriften der Mitgliedstaaten festgelegten Fassung müssen den in Anhang I niedergelegten Bestimmungen genügen.

Teil III. Sonstige Bestimmungen

Art. 8 Vertrauliche Informationen. (1) *[1]* Die Mitgliedstaaten sehen vor, dass den Mitgliedern des besonderen Verhandlungsgremiums und des Europäischen Betriebsrats sowie den sie gegebenenfalls unterstützenden Sachverständigen nicht gestattet wird, ihnen ausdrücklich als vertraulich mitgeteilte Informationen an Dritte weiterzugeben.

[2] Das Gleiche gilt für die Arbeitnehmervertreter im Rahmen eines Unterrichtungs- und Anhörungsverfahrens.

[3] Diese Verpflichtung besteht unabhängig vom Aufenthaltsort der in den Unterabsätzen 1 und 2 genannten Personen und selbst nach Ablauf ihres Mandats weiter.

(2) *[1]* Jeder Mitgliedstaat sieht vor, dass die in seinem Hoheitsgebiet ansässige zentrale Leitung in besonderen Fällen und unter den in den einzelstaatlichen Rechtsvorschriften festgelegten Bedingungen und Beschränkungen Informationen nicht weiterleiten muss, wenn diese die Arbeitsweise der betroffenen Unternehmen nach objektiven Kriterien erheblich beeinträchtigen oder ihnen schaden könnten.

[2] Der betreffende Mitgliedstaat kann diese Befreiung von einer vorherigen behördlichen oder gerichtlichen Genehmigung abhängig machen.

(3) Jeder Mitgliedstaat kann besondere Bestimmungen für die zentrale Leitung der in seinem Hoheitsgebiet ansässigen Unternehmen vorsehen, die in

Bezug auf Berichterstattung und Meinungsäußerung unmittelbar und überwiegend eine bestimmte weltanschauliche Tendenz verfolgen, falls die innerstaatlichen Rechtsvorschriften solche besonderen Bestimmungen zum Zeitpunkt der Annahme dieser Richtlinie bereits enthalten.

Art. 9 Arbeitsweise des Europäischen Betriebsrats und Funktionsweise des Verfahrens zur Unterrichtung und Anhörung der Arbeitnehmer.

[1] Die zentrale Leitung und der Europäische Betriebsrat arbeiten mit dem Willen zur Verständigung unter Beachtung ihrer jeweiligen Rechte und gegenseitigen Verpflichtungen zusammen.

[2] Gleiches gilt für die Zusammenarbeit zwischen der zentralen Leitung und den Arbeitnehmervertretern im Rahmen eines Verfahrens zur Unterrichtung und Anhörung der Arbeitnehmer.

Art. 10 Rolle und Schutz der Arbeitnehmervertreter. (1) Unbeschadet der Zuständigkeiten der anderen Gremien oder Organisationen in diesem Bereich verfügen die Mitglieder des Europäischen Betriebsrats über die Mittel, die erforderlich sind, um die Rechte auszuüben, die sich aus dieser Richtlinie ergeben, um kollektiv die Interessen der Arbeitnehmer des gemeinschaftsweit operierenden Unternehmens oder der gemeinschaftsweit operierenden Unternehmensgruppe zu vertreten.

(2) Unbeschadet des Artikels 8 informieren die Mitglieder des Europäischen Betriebsrats die Arbeitnehmervertreter der Betriebe oder der zur gemeinschaftsweit operierenden Unternehmensgruppe gehörenden Unternehmen oder, in Ermangelung solcher Vertreter, die Belegschaft insgesamt über Inhalt und Ergebnisse der gemäß dieser Richtlinie durchgeführten Unterrichtung und Anhörung.

(3) *[1]* Die Mitglieder des besonderen Verhandlungsgremiums, die Mitglieder des Europäischen Betriebsrats und die Arbeitnehmervertreter, die bei dem Unterrichtungs- und Anhörungsverfahren nach Artikel 6 Absatz 3 mitwirken, genießen bei der Wahrnehmung ihrer Aufgaben den gleichen Schutz und gleichartige Sicherheiten wie die Arbeitnehmervertreter nach den innerstaatlichen Rechtsvorschriften und/oder Gepflogenheiten des Landes, in dem sie beschäftigt sind.

[2] Dies gilt insbesondere für die Teilnahme an den Sitzungen des besonderen Verhandlungsgremiums, des Europäischen Betriebsrats und an allen anderen Sitzungen im Rahmen der Vereinbarungen nach Artikel 6 Absatz 3 sowie für die Lohn- und Gehaltsfortzahlung an die Mitglieder, die Beschäftigte des gemeinschaftsweit operierenden Unternehmens oder der gemeinschaftsweit operierenden Unternehmensgruppe sind, für die Dauer ihrer durch die Wahrnehmung ihrer Aufgaben notwendigen Abwesenheit.

[3] Ein Mitglied eines besonderen Verhandlungsgremiums oder eines Europäischen Betriebsrats oder dessen Stellvertreter, das Besatzungsmitglied eines Seeschiffs ist, ist berechtigt, an einer Sitzung des besonderen Verhandlungsgremiums oder des Europäischen Betriebsrats oder an jeder anderen Sitzung gemäß den Verfahren des Artikels 6 Absatz 3 teilzunehmen, sofern es sich zum Sitzungszeitpunkt nicht auf See oder in einem Hafen in einem anderen Land als dem befindet, in dem die Reederei ihren Geschäftssitz hat.

[4] Die Sitzungen sind nach Möglichkeit so anzusetzen, dass sie die Teilnahme von Mitgliedern oder Stellvertretern, die Besatzungsmitglied eines Seeschiffs sind, erleichtern.

[5] Kann ein Mitglied eines besonderen Verhandlungsgremiums oder eines Europäischen Betriebsrats oder dessen Stellvertreter, das Besatzungsmitglied eines Seeschiffs ist, nicht an einer Sitzung teilnehmen, so ist nach Möglichkeit die Nutzung neuer Informations- und Kommunikationstechnologien in Erwägung zu ziehen.

(4) In dem Maße, wie dies zur Wahrnehmung ihrer Vertretungsaufgaben in einem internationalen Umfeld erforderlich ist, müssen die Mitglieder des besonderen Verhandlungsgremiums und des Europäischen Betriebsrats Schulungen erhalten, ohne dabei Lohn- bzw. Gehaltseinbußen zu erleiden.

Art. 11 Einhaltung der Richtlinie. (1) Jeder Mitgliedstaat gewährleistet, dass die Leitung der in seinem Hoheitsgebiet befindlichen Betriebe eines gemeinschaftsweit operierenden Unternehmens und die Leitung eines Unternehmens, das Mitglied einer gemeinschaftsweit operierenden Unternehmensgruppe ist, und ihre Arbeitnehmervertreter oder, je nach dem betreffenden Einzelfall, deren Arbeitnehmer den in dieser Richtlinie festgelegten Verpflichtungen nachkommen, unabhängig davon, ob die zentrale Leitung sich in seinem Hoheitsgebiet befindet.

(2) Für den Fall der Nichteinhaltung dieser Richtlinie sehen die Mitgliedstaaten geeignete Maßnahmen vor; sie gewährleisten insbesondere, dass Verwaltungs- oder Gerichtsverfahren vorhanden sind, mit deren Hilfe die Erfüllung der sich aus dieser Richtlinie ergebenden Verpflichtungen durchgesetzt werden kann.

(3) *[1]* Bei der Anwendung des Artikels 8 sehen die Mitgliedstaaten Verfahren vor, nach denen die Arbeitnehmervertreter auf dem Verwaltungs- oder Gerichtsweg Rechtsbehelfe einlegen können, wenn die zentrale Leitung sich auf die Vertraulichkeit der Informationen beruft oder diese – ebenfalls nach Artikel 8 – nicht weiterleitet.

[2] Zu diesen Verfahren können auch Verfahren gehören, die dazu bestimmt sind, die Vertraulichkeit der betreffenden Informationen zu wahren.

Art. 12 Zusammenhang mit anderen gemeinschaftlichen und einzelstaatlichen Bestimmungen. (1) Die Unterrichtung und Anhörung des Europäischen Betriebsrats wird mit der Unterrichtung und Anhörung der einzelstaatlichen Vertretungsgremien der Arbeitnehmer abgestimmt, wobei die jeweiligen Zuständigkeiten und Aktionsbereiche sowie die Grundsätze des Artikels 1 Absatz 3 beachtet werden.

(2) [1] Die Modalitäten für die Abstimmung zwischen der Unterrichtung und Anhörung des Europäischen Betriebsrats und der einzelstaatlichen Arbeitnehmervertretungen werden in der Vereinbarung gemäß Artikel 6 festgelegt. [2] Diese Vereinbarung steht den einzelstaatlichen Rechtsvorschriften und/oder den einzelstaatlichen Gepflogenheiten zur Unterrichtung und Anhörung der Arbeitnehmer nicht entgegen.

(3) Sind solche Modalitäten nicht durch Vereinbarung festgelegt, sehen die Mitgliedstaaten vor, dass der Prozess der Unterrichtung und Anhörung sowohl im Europäischen Betriebsrat als auch in den einzelstaatlichen Vertretungsgremien der Arbeitnehmer stattfindet, wenn Entscheidungen geplant sind, die

wesentliche Veränderungen der Arbeitsorganisation oder der Arbeitsverträge mit sich bringen können.

(4) Diese Richtlinie lässt die in der Richtlinie 2002/14/EG[1] vorgesehenen Unterrichtungs- und Anhörungsverfahren sowie die in Artikel 2 der Richtlinie 98/59/EG[2] und in Artikel 7 der Richtlinie 2001/23/EG[3] vorgesehenen spezifischen Verfahren unberührt.

(5) Die Durchführung dieser Richtlinie darf nicht als Rechtfertigung für Rückschritte hinter den bereits in den einzelnen Mitgliedstaaten erreichten Stand des allgemeinen Niveaus des Arbeitnehmerschutzes in den von ihr abgedeckten Bereichen benutzt werden.

Art. 13 Anpassung. *[1]* Ändert sich die Struktur des gemeinschaftsweit operierenden Unternehmens oder der gemeinschaftsweit operierenden Unternehmensgruppe wesentlich und fehlen entsprechende Bestimmungen in den geltenden Vereinbarungen oder bestehen Konflikte zwischen den Bestimmungen von zwei oder mehr geltenden Vereinbarungen, so nimmt die zentrale Leitung von sich aus oder auf schriftlichen Antrag von mindestens 100 Arbeitnehmern oder ihrer Vertreter in mindestens zwei Unternehmen oder Betrieben in mindestens zwei verschiedenen Mitgliedstaaten die Verhandlungen gemäß Artikel 5 auf.

[2] Mindestens drei Mitglieder des bestehenden Europäischen Betriebsrats oder jedes bestehenden Europäischen Betriebsrats gehören – neben den gemäß Artikel 5 Absatz 2 gewählten oder bestellten Mitgliedern – dem besonderen Verhandlungsgremium an.

[3] Während der Verhandlungen erfolgt die Aufgabenwahrnehmung durch den bestehenden Europäischen Betriebsrat oder die bestehenden Europäischen Betriebsräte entsprechend den in einer Vereinbarung zwischen diesem/diesen und der zentralen Leitung festgelegten etwaigen Absprachen.

Art. 14 Geltende Vereinbarungen. (1) *[1]* Unbeschadet des Artikels 13 gelten die sich aus dieser Richtlinie ergebenden Verpflichtungen nicht für gemeinschaftsweit operierende Unternehmen und gemeinschaftsweit operierende Unternehmensgruppen, in denen entweder

a) eine für alle Arbeitnehmer geltende Vereinbarung oder Vereinbarungen, in der bzw. in denen eine länderübergreifende Unterrichtung und Anhörung der Arbeitnehmer vorgesehen ist, gemäß Artikel 13 Absatz 1 der Richtlinie 94/45/EG oder Artikel 3 Absatz 1 der Richtlinie 97/74/EG abgeschlossen wurde bzw. wurden oder solche Vereinbarungen wegen Veränderungen in der Struktur der Unternehmen oder Unternehmensgruppen angepasst wurden;
   oder

b) eine gemäß Artikel 6 der Richtlinie 94/45/EG abgeschlossene Vereinbarung zwischen dem 5. Juni 2009 und dem 5. Juni 2011 unterzeichnet oder überarbeitet wird.

---

[1] Nr. **270**.
[2] Nr. **240**.
[3] Nr. **260**.

[2] Das einzelstaatliche Recht, das zum Zeitpunkt der Unterzeichnung oder der Überarbeitung der Vereinbarung gilt, gilt weiterhin für die in Unterabsatz 1 Buchstabe b genannten Unternehmen oder Unternehmensgruppen.

(2) [1] Laufen die in Absatz 1 genannten Vereinbarungen aus, so können die betreffenden Parteien gemeinsam beschließen, sie weiter anzuwenden oder zu überarbeiten. [2] Ist dies nicht der Fall, so findet diese Richtlinie Anwendung.

Art. 15 Bericht. Bis spätestens 5. Juni 2016 erstattet die Kommission dem Europäischen Parlament, dem Rat und dem Europäischen Wirtschafts- und Sozialausschuss Bericht über die Umsetzung der Bestimmungen dieser Richtlinie und legt gegebenenfalls geeignete Vorschläge vor.

Art. 16 Umsetzung. (1) *[1]* Die Mitgliedstaaten erlassen die erforderlichen Rechts- und Verwaltungsvorschriften, um den Bestimmungen von Artikel 1 Absätze 2, 3 und 4, Artikel 2 Absatz 1 Buchstaben f und g, Artikel 3 Absatz 4, Artikel 4 Absatz 4, Artikel 5 Absatz 2 Buchstaben b und c, Artikel 5 Absatz 4, Artikel 6 Absatz 2 Buchstaben b, c, e und g und der Artikel 10, 12, 13und 14 sowie des Anhangs I Nummer 1 Buchstaben a, c und d und Nummern 2 und 3 spätestens am 5. Juni 2011 nachzukommen, bzw. vergewissern sich, dass die Sozialpartner zu diesem Datum die notwendigen Vorschriften durch Vereinbarungen einführen, wobei die Mitgliedstaaten die notwendigen Vorkehrungen zu treffen haben, um jederzeit in der Lage zu sein, die dieser Richtlinie entsprechenden Ergebnisse zu gewährleisten.

[2] [1] Wenn die Mitgliedstaaten diese Vorschriften erlassen, nehmen sie in den Vorschriften selbst oder durch einen Hinweis bei der amtlichen Veröffentlichung auf diese Richtlinie Bezug. [2] In diese Vorschriften fügen sie die Erklärung ein, dass Bezugnahmen in den geltenden Rechts- und Verwaltungsvorschriften auf die durch die vorliegende Richtlinie geänderte Richtlinie als Bezugnahmen auf die vorliegende Richtlinie gelten. [3] Die Mitgliedstaaten regeln die Einzelheiten dieser Bezugnahme und legen die Formulierung der Erklärung fest.

(2) Die Mitgliedstaaten teilen der Kommission den Wortlaut der wichtigsten innerstaatlichen Rechtsvorschriften mit, die sie auf dem unter diese Richtlinie fallenden Gebiet erlassen.

Art. 17 Aufhebung. *[1]* Die Richtlinie 94/45/EG, in der Fassung der in Anhang II Teil A aufgeführten Richtlinien, wird unbeschadet der Verpflichtungen der Mitgliedstaaten hinsichtlich der in Anhang II Teil B genannten Fristen für die Umsetzung der dort genannten Richtlinien in innerstaatliches Recht mit Wirkung vom 6. Juni 2011 aufgehoben.

[2] Verweisungen auf die aufgehobene Richtlinie gelten als Verweisungen auf die vorliegende Richtlinie und sind nach Maßgabe der Entsprechungstabelle in Anhang III zu lesen.

Art. 18 Inkrafttreten. *[1]* Diese Richtlinie tritt am zwanzigsten Tag nach ihrer Veröffentlichung[1)] im *Amtsblatt der Europäischen Union* in Kraft.

[2] Artikel 1 Absätze 1, 5, 6 und 7, Artikel 2 Absatz 1 Buchstaben a bis e, h und i, Artikel 2 Absatz 2, Artikel 3 Absätze 1, 2, 3, 5, 6 und 7, Artikel 4

---

1) Veröffentlicht am 16.5.2009.

Absätze 1, 2 und 3, Artikel 5 Absätze 1, 3, 5 und 6, Artikel 5 Absatz 2 Buchstabe a, Artikel 6 Absatz 1, Artikel 6 Absatz 2 Buchstaben a, d und f, Artikel 6 Absätze 3, 4 und 5 und die Artikel 7, 8, 9 und 11 sowie Anhang I Nummer 1 Buchstaben b, e und f und Nummern 4, 5 und 6 sind ab dem 6. Juni 2011 anwendbar.

Art. 19 Adressaten. Diese Richtlinie ist an die Mitgliedstaaten gerichtet.

Anhang I. Subsidiäre Vorschriften (nach Artikel 7)

(1) Um das in Artikel 1 Absatz 1 festgelegte Ziel zu erreichen, wird in den in Artikel 7 Absatz 1 vorgesehenen Fällen ein Europäischer Betriebsrat eingesetzt, für dessen Zuständigkeiten und Zusammensetzung folgende Regeln gelten:

a) Die Zuständigkeiten des Europäischen Betriebsrats werden gemäß Artikel 1 Absatz 3 festgelegt.
Die Unterrichtung des Europäischen Betriebsrats bezieht sich insbesondere auf die Struktur, die wirtschaftliche und finanzielle Situation sowie die voraussichtliche Entwicklung der Geschäfts-, Produktions- und Absatzlage des gemeinschaftsweit operierenden Unternehmens oder der gemeinschaftsweit operierenden Unternehmensgruppe. Die Unterrichtung und Anhörung des Europäischen Betriebsrats bezieht sich insbesondere auf die Beschäftigungslage und ihre voraussichtliche Entwicklung, auf die Investitionen, auf grundlegende Änderungen der Organisation, auf die Einführung neuer Arbeits- und Fertigungsverfahren, auf Verlagerungen der Produktion, auf Fusionen, Verkleinerungen oder Schließungen von Unternehmen, Betrieben oder wichtigen Teilen dieser Einheiten und auf Massenentlassungen.
Die Anhörung erfolgt in einer Weise, die es den Arbeitnehmervertretern gestattet, mit der zentralen Leitung zusammenzukommen und eine mit Gründen versehene Antwort auf ihre etwaige Stellungnahme zu erhalten.

b) Der Europäische Betriebsrat setzt sich aus Arbeitnehmern des gemeinschaftsweit operierenden Unternehmens oder der gemeinschaftsweit operierenden Unternehmensgruppe zusammen, die von den Arbeitnehmervertretern aus ihrer Mitte oder, in Ermangelung solcher Vertreter, von der Gesamtheit der Arbeitnehmer gewählt oder benannt werden.
Die Mitglieder des Europäischen Betriebsrats werden entsprechend den einzelstaatlichen Rechtsvorschriften und/oder Gepflogenheiten gewählt oder benannt.

c) Die Mitglieder des Europäischen Betriebsrats werden entsprechend der Zahl der in jedem Mitgliedstaat beschäftigten Arbeitnehmer des gemeinschaftsweit operierenden Unternehmens oder der gemeinschaftsweit operierenden Unternehmensgruppe gewählt oder bestellt, so dass pro Mitgliedstaat für jeden Anteil der in diesem Mitgliedstaat beschäftigten Arbeitnehmer, der 10% der Gesamtzahl der in allen Mitgliedstaaten beschäftigten Arbeitnehmer entspricht, oder für einen Bruchteil dieser Tranche Anspruch auf einen Sitz besteht.

d) Um die Koordination seiner Aktivitäten sicherzustellen, wählt der Europäische Betriebsrat aus seiner Mitte einen engeren Ausschuss mit höchs-

tens fünf Mitgliedern, für den Bedingungen gelten müssen, die ihm die regelmäßige Wahrnehmung seiner Aufgaben ermöglichen.
Er gibt sich eine Geschäftsordnung.

e) Die Zusammensetzung des Europäischen Betriebsrats wird der zentralen Leitung oder einer anderen geeigneteren Leitungsebene mitgeteilt.

f) Vier Jahre nach der Einrichtung des Europäischen Betriebsrats prüft dieser, ob die in Artikel 6 genannte Vereinbarung ausgehandelt werden soll oder ob die entsprechend diesem Anhang erlassenen subsidiären Vorschriften weiterhin angewendet werden sollen.
Wird der Beschluss gefasst, eine Vereinbarung gemäß Artikel 6 auszuhandeln, so gelten die Artikel 6 und 7 entsprechend, wobei der Begriff „besonderes Verhandlungsgremium" durch den Begriff "Europäischer Betriebsrat" ersetzt wird.

(2) Der Europäische Betriebsrat ist befugt, einmal jährlich mit der zentralen Leitung zum Zwecke der Unterrichtung und Anhörung, auf der Grundlage eines von der zentralen Leitung vorgelegten Berichts, über die Entwicklung der Geschäftslage und die Perspektiven des gemeinschaftsweit operierenden Unternehmens oder der gemeinschaftsweit operierenden Unternehmensgruppe zusammenzutreten. Die örtlichen Unternehmensleitungen werden hiervon in Kenntnis gesetzt.

(3) Treten außergewöhnliche Umstände ein oder werden Entscheidungen getroffen, die erhebliche Auswirkungen auf die Interessen der Arbeitnehmer haben, insbesondere bei Verlegung oder Schließung von Unternehmen oder Betrieben oder bei Massenentlassungen, so hat der engere Ausschuss oder, falls nicht vorhanden, der Europäische Betriebsrat das Recht, darüber unterrichtet zu werden. Er hat das Recht, auf Antrag mit der zentralen Leitung oder anderen, geeigneteren, mit Entscheidungsbefugnissen ausgestatteten Leitungsebenen innerhalb des gemeinschaftsweit operierenden Unternehmens oder der gemeinschaftsweit operierenden Unternehmensgruppe zusammenzutreten, um unterrichtet und angehört zu werden.
Im Falle einer Sitzung mit dem engeren Ausschuss dürfen auch die Mitglieder des Europäischen Betriebsrats teilnehmen, die von den Betrieben und/oder Unternehmen gewählt worden sind, welche unmittelbar von den in Frage stehenden Umständen oder Entscheidungen betroffen sind.
Diese Sitzung zur Unterrichtung und Anhörung erfolgt unverzüglich auf der Grundlage eines Berichts der zentralen Leitung oder einer anderen geeigneten Leitungsebene innerhalb der gemeinschaftsweit operierenden Unternehmensgruppe, zu dem der Europäische Betriebsrat binnen einer angemessenen Frist seine Stellungnahme abgeben kann.
Diese Sitzung lässt die Rechte der zentralen Leitung unberührt.
Die unter den genannten Umständen vorgesehene Unterrichtung und Anhörung erfolgt unbeschadet der Bestimmungen des Artikels 1 Absatz 2 und des Artikels 8.

(4) Die Mitgliedstaaten können Regeln bezüglich des Vorsitzes der Sitzungen zur Unterrichtung und Anhörung festlegen.
Vor Sitzungen mit der zentralen Leitung ist der Europäische Betriebsrat oder der engere Ausschuss, der gegebenenfalls gemäß Nummer 3 Absatz 2 erweitert ist, berechtigt, in Abwesenheit der betreffenden Unternehmensleitung zu tagen.

(5) Der Europäische Betriebsrat und der engere Ausschuss können sich durch Sachverständige ihrer Wahl unterstützen lassen, sofern dies zur Erfüllung ihrer Aufgaben erforderlich ist.

(6) Die Verwaltungsausgaben des Europäischen Betriebsrats gehen zu Lasten der zentralen Leitung.
Die betreffende zentrale Leitung stattet die Mitglieder des Europäischen Betriebsrats mit den erforderlichen finanziellen und materiellen Mitteln aus, damit diese ihre Aufgaben in angemessener Weise wahrnehmen können.
Insbesondere trägt die zentrale Leitung die für die Veranstaltung der Sitzungen anfallenden Kosten einschließlich der Dolmetschkosten sowie die Aufenthalts- und Reisekosten für die Mitglieder des Europäischen Betriebsrats und des engeren Ausschusses, soweit nichts anderes vereinbart wurde.
Die Mitgliedstaaten können unter Wahrung dieses Grundsatzes Regeln für die Finanzierung der Arbeit des Europäischen Betriebsrats festlegen. Sie können insbesondere die Übernahme der Kosten auf die Kosten für einen Sachverständigen begrenzen.

Anhänge II, III.[1] *(hier nicht wiedergegeben)*

---

[1] Anhänge II, III (Aufhebungen, Umsetzungsfristen und Entsprechungstabelle) siehe die 7. Auflage dieser Textausgabe.

310. Richtlinie 2010/18/EU des Rates vom 8. März 2010 zur Durchführung der von BUSINESSEUROPE, UEAPME, CEEP und EGB geschlossenen überarbeiteten Rahmenvereinbarung über den Elternurlaub und zur Aufhebung der Richtlinie 96/34/EG[1]

(Text von Bedeutung für den EWR)

Vom 8. März 2010

(ABl. L 68 S. 13)

Celex-Nr. 3 2010 L 0018

zuletzt geänd. durch Art. 19 Abs. 1 RL (EU) 2019/1158[2] v. 20.6.2019 (ABl. L 188 S. 79)

DER RAT DER EUROPÄISCHEN UNION –

gestützt auf den Vertrag über die Arbeitsweise der Europäischen Union, insbesondere auf Artikel 155 Absatz 2,

auf Vorschlag der Europäischen Kommission,

in Erwägung nachstehender Gründe:

(1) Nach Artikel 153 des Vertrags über die Arbeitsweise der Europäischen Union (AEUV)[3] unterstützt und ergänzt die Union die Tätigkeit der Mitgliedstaaten unter anderem auf dem Gebiet der Chancengleichheit von Männern und Frauen auf dem Arbeitsmarkt und der Gleichbehandlung am Arbeitsplatz.

(2) Der Dialog zwischen den Sozialpartnern auf Unionsebene kann – falls sie es wünschen – nach Artikel 155 Absatz 1 des AEUV zur Herstellung vertraglicher Beziehungen, einschließlich des Abschlusses von Vereinbarungen, führen. Nach Artikel 155 Absatz 2 des AEUV können die Sozialpartner gemeinsam die Durchführung der auf Unionsebene geschlossenen Vereinbarungen in durch Artikel 153 des AEUV erfassten Bereichen durch einen Beschluss des Rates beantragen.

(3) Am 14. Dezember 1995 hatten die europäischen branchenübergreifenden Organisationen der Sozialpartner (EGB, UNICE und CEEP) eine Rahmenvereinbarung über Elternurlaub geschlossen, die durch die Richtlinie 96/34/EG des Rates vom 3. Juni 1996 zu der von UNICE, CEEP und EGB geschlossenen Rahmenvereinbarung über Elternurlaub[4] Rechtswirksamkeit erhalten hat. Diese Richtlinie wurde durch die Richtlinie 97/75/EG[5] des Rates geändert und auf das Vereinigte Königreich Großbritannien und Nordirland ausgedehnt. Die Richtlinie 96/34/EG hat maßgeblich dazu beigetragen, die Möglichkeiten für erwerbstätige Eltern in den Mitgliedstaaten, durch Urlaubsregelungen ihre beruflichen und familiären Pflichten besser in Einklang zu bringen, zu verbessern.

---

[1] **Aufgehoben mit Ablauf des 1.8.2022** durch Art. 19 Abs. 1 Elternzeit-RL 2019 (Nr. **345**) v. 20.6.2019 (ABl. L 188 S. 79).

[2] Nr. **345**.

[3] Nr. **5**.

[4] **Amtl. Anm.:** ABl. L 145 vom 19.6.1996, S. 4.

[5] **Amtl. Anm.:** ABl. L 10 vom 16.1.1998, S. 24.

(4) Nach Artikel 138 Absätze 2 und 3 des Vertrags zur Gründung der Europäischen Gemeinschaft („EG-Vertrag")[1] hat die Kommission die europäischen Sozialpartner 2006 und 2007 zu der Frage gehört, wie die Vereinbarkeit von Beruf, Familie und Privatleben und insbesondere die bestehenden gemeinschaftlichen Rechtsvorschriften über Mutterschutz und Elternurlaub verbessert werden könnten, sowie zur Möglichkeit, neue Formen des Urlaubs aus familiären Gründen, wie Vaterschaftsurlaub, Adoptionsurlaub, Urlaub zur Pflege von Familienangehörigen, einzuführen.

(5) Die drei allgemeinen europäischen branchenübergreifenden Organisationen der Sozialpartner (EGB, CEEP und BUSINESSEUROPE, vormals UNICE) und die europäische branchenübergreifende Sozialpartnerorganisation UEAPME, die eine bestimmte Unternehmenskategorie vertritt, haben der Kommission am 11. September 2008 mitgeteilt, dass sie Verhandlungen nach Artikel 138 Absatz 4 und Artikel 139 des EG-Vertrags[2] aufnehmen wollen, um die 1995 geschlossene Rahmenvereinbarung über Elternurlaub zu überarbeiten.

(6) Die Organisationen haben am 18. Juni 2009 die überarbeitete Rahmenvereinbarung über den Elternurlaub (im Folgenden als „überarbeitete Rahmenvereinbarung" bezeichnet) unterzeichnet und der Kommission ihren gemeinsamen Antrag übermittelt, einen Vorschlag für einen Beschluss des Rates auf Durchführung dieser überarbeiteten Rahmenvereinbarung vorzulegen.

(7) Im Rahmen ihrer Verhandlungen haben die europäischen Sozialpartner die Rahmenvereinbarung über Elternurlaub aus dem Jahr 1995 vollständig überarbeitet. Daher sollte die Richtlinie 96/34/EG aufgehoben und durch eine neue Richtlinie ersetzt werden, anstatt lediglich geändert zu werden.

(8) Da die Ziele der Richtlinie, nämlich die unionsweite Verbesserung der Vereinbarkeit von Beruf, Familie und Privatleben für erwerbstätige Eltern sowie der Chancengleichheit von Männern und Frauen auf dem Arbeitsmarkt und der Gleichbehandlung am Arbeitsplatz, auf Ebene der Mitgliedstaaten nicht ausreichend verwirklicht werden können und daher besser auf Unionsebene zu verwirklichen sind, kann die Union im Einklang mit dem in Artikel 5 des Vertrags über die Europäische Union[3] niedergelegten Subsidiaritätsprinzip tätig werden. Entsprechend dem in demselben Artikel genannten Grundsatz der Verhältnismäßigkeit geht diese Richtlinie nicht über das zur Erreichung dieser Ziele erforderliche Maß hinaus.

(9) Die Kommission hat ihren Vorschlag für die Richtlinie unter Berücksichtigung der Repräsentativität der Unterzeichnerparteien der überarbeiteten Rahmenvereinbarung, ihres Mandats und der Rechtmäßigkeit der Bestimmungen der überarbeiteten Rahmenvereinbarung sowie der Einhaltung der relevanten Bestimmungen für kleine und mittlere Unternehmen ausgearbeitet.

(10) Die Kommission hat das Europäische Parlament und den Wirtschafts- und Sozialausschuss über ihren Vorschlag unterrichtet.

---

[1] **Amtl. Anm.:** Umnummeriert: Artikel 154 Absatz 2 und 3 des AEUV *[Nr. **5**]*.

[2] **Amtl. Anm.:** Umnummeriert: Artikel 154 Absatz 4 und Artikel 155 des AEUV *[Nr. **5**]*.

[3] Nr. **1**.

(11) Nach Paragraf 1 Absatz 1 der überarbeiteten Rahmenvereinbarung werden im Einklang mit den allgemeinen Grundsätzen des Unionsrechts im Bereich der Sozialpolitik in der Vereinbarung Mindestvorschriften festlegt.

(12) Nach Paragraf 8 Absatz 1 der überarbeiteten Rahmenvereinbarung können die Mitgliedstaaten günstigere Regelungen als diejenigen der Rahmenvereinbarung anwenden oder einführen.

(13) Nach Paragraf 8 Absatz 2 der überarbeiteten Rahmenvereinbarung stellt die Umsetzung dieser Vereinbarung keine Rechtfertigung für eine Senkung des allgemeinen Schutzniveaus der Arbeitnehmer in dem von der Vereinbarung erfassten Bereich dar.

(14) Die Mitgliedstaaten sollten wirksame, verhältnismäßige und abschreckende Sanktionen für Verstöße gegen die in dieser Richtlinie festgelegten Pflichten vorsehen.

(15) Die Mitgliedstaaten können den Sozialpartnern auf deren gemeinsamen Antrag die Durchführung dieser Richtlinie übertragen, vorausgesetzt, diese Mitgliedstaaten treffen alle erforderlichen Maßnahmen, um jederzeit gewährleisten zu können, dass die durch diese Richtlinie vorgeschriebenen Ergebnisse erzielt werden.

(16) Nach Nummer 34 der Interinstitutionellen Vereinbarung über bessere Rechtsetzung[1)] sind die Mitgliedstaaten aufgefordert, für ihre eigenen Zwecke und im Interesse der Union eigene Tabellen aufzustellen, aus denen im Rahmen des Möglichen die Entsprechungen zwischen dieser Richtlinie und den Umsetzungsmaßnahmen zu entnehmen sind, und diese zu veröffentlichen –

HAT FOLGENDE RICHTLINIE ERLASSEN:

Art. 1 [Rahmenvereinbarung über den Elternurlaub] Mit dieser Richtlinie wird die im Anhang wiedergegebene überarbeitete Rahmenvereinbarung über den Elternurlaub, die von den europäischen branchenübergreifenden Organisationen der Sozialpartner (BUSINESSEUROPE, UEAPME, CEEP und EGB) am 18. Juni 2009 geschlossen wurde, in Kraft gesetzt.

Art. 2 [Sanktionen] [1]Die Mitgliedstaaten legen fest, welche Sanktionen bei einem Verstoß gegen die innerstaatlichen Vorschriften zur Umsetzung dieser Richtlinie zu verhängen sind. [2]Die Sanktionen müssen wirksam, verhältnismäßig und abschreckend sein.

Art. 3 [Umsetzungsvorschriften; Fristen] (1) *[1]* [1]Die Mitgliedstaaten erlassen bis spätestens 8. März 2012 die erforderlichen Rechts- und Verwaltungsvorschriften, um dieser Richtlinie nachzukommen, oder sie gewährleisten, dass die Sozialpartner die notwendigen Maßnahmen bis zu diesem Zeitpunkt durch Vereinbarung eingeführt haben. [2]Sie setzen die Kommission unverzüglich davon in Kenntnis.

[2] [1]Wenn die Mitgliedstaaten diese Vorschriften erlassen, nehmen sie in den Vorschriften selbst oder durch einen Hinweis bei der amtlichen Veröffentlichung auf diese Richtlinie Bezug. [2]Die Mitgliedstaaten regeln die Einzelheiten der Bezugnahme.

[1)] **Amtl. Anm.:** ABl. C 321 vom 31.12.2003, S. 1.

(2) *[1]* [1]Den Mitgliedstaaten kann bei besonderen Schwierigkeiten oder im Fall einer Durchführung im Weg eines Tarifvertrags höchstens ein zusätzliches Jahr gewährt werden, um dieser Richtlinie nachzukommen. [2]In diesem Fall informieren die Mitgliedstaaten die Kommission bis spätestens 8. März 2012 entsprechend und geben die Gründe an, derentwegen dieser zusätzliche Zeitraum erforderlich ist.

[2] Abweichend von Unterabsatz 1 wird der darin genannte zusätzliche Zeitraum in Bezug auf Mayotte als Gebiet der Union in äußerster Randlage im Sinne des Artikels 349 AEUV bis zum 31. Dezember 2018 verlängert.

(3) Die Mitgliedstaaten teilen der Kommission den Wortlaut der wichtigsten nationalen Rechtsvorschriften mit, die sie auf dem unter diese Richtlinie fallenden Gebiet erlassen.

Art. 4 [Aufhebung der Richtlinie 96/34/EG] [1]Die Richtlinie 96/34/EG wird mit Wirkung vom 8. März 2012 aufgehoben. [2]Verweisungen auf die Richtlinie 96/34/EG gelten als Verweisungen auf die vorliegende Richtlinie.

Art. 5 [Inkrafttreten] Diese Richtlinie tritt am zwanzigsten Tag nach ihrer Veröffentlichung[1] im *Amtsblatt der Europäischen Union* in Kraft.

Art. 6 [Adressaten] Diese Richtlinie ist an die Mitgliedstaaten gerichtet.

Anhang.
Rahmenvereinbarung über den Elternurlaub (überarbeitete Fassung)

Vom 18. Juni 2009

Präambel

Diese Rahmenvereinbarung der europäischen Sozialpartner BUSINESSEUROPE, UEAPME, CEEP und EGB (und Verbindungsausschuss Eurocadres/CEC) ist eine überarbeitete Fassung der am 14. Dezember 1995 geschlossenen Rahmenvereinbarung über Elternurlaub, die Mindestvorschriften für den Elternurlaub als wichtige Voraussetzung für die Vereinbarkeit von Beruf und Familie, die Förderung der Chancengleichheit und die Gleichbehandlung von Männern und Frauen festlegt.

Die europäischen Sozialpartner ersuchen die Kommission, diese Rahmenvereinbarung dem Rat vorzulegen, damit die Vorschriften kraft eines Ratsbeschlusses in den Mitgliedstaaten der Europäischen Union verbindlich werden.

I. Allgemeine Erwägungen

1. Gestützt auf den EG-Vertrag, insbesondere auf Artikel 138 und 139[2];
2. Gestützt auf Artikel 137 Absatz 1 Buchstabe c und Artikel 141 des EG-Vertrags[3], den Grundsatz der Gleichstellung (Artikel 2, 3 und 13 des

---

[1] Veröffentlicht am 18.3.2010.

[2] **Amtl. Anm.:** Umnummeriert: Artikel 154 und 155 des AEUV *[Nr. 5]*.

[3] **Amtl. Anm.:** Umnummeriert: Artikel 153 Absatz 1 Buchstabe c des AEUV *[Nr. 5]*.

EG-Vertrags[1] und die abgeleiteten Rechtsvorschriften, insbesondere die Richtlinie 75/117/EWG des Rates zur Angleichung der Rechtsvorschriften der Mitgliedstaaten über die Anwendung des Grundsatzes des gleichen Entgelts für Männer und Frauen[2], die Richtlinie 92/85/EWG[3] des Rates über die Durchführung von Maßnahmen zur Verbesserung der Sicherheit und des Gesundheitsschutzes von schwangeren Arbeitnehmerinnen, Wöchnerinnen und stillenden Arbeitnehmerinnen am Arbeitsplatz[4], die Richtlinie 96/97/EG des Rates zur Änderung der Richtlinie 86/378/EWG zur Verwirklichung des Grundsatzes der Gleichbehandlung von Männern und Frauen bei den betrieblichen Systemen der sozialen Sicherheit[5] und die Richtlinie 2006/54/EG[6] des Europäischen Parlaments und des Rates zur Verwirklichung des Grundsatzes der Chancengleichheit und Gleichbehandlung von Männern und Frauen in Arbeits- und Beschäftigungsfragen[7];

3. Gestützt auf die Charta der Grundrechte der Europäischen Union[8] vom 7. Dezember 2000 und deren Artikel 23 und 33 über die Gleichheit von Männern und Frauen bzw. die Vereinbarkeit von Berufs-, Privat- und Familienleben;
4. In Kenntnis des Berichts der Kommission aus dem Jahr 2003 über die Umsetzung der Richtlinie 96/34/EG des Rates vom 3. Juni 1996 zu der von UNICE, CEEP und EGB geschlossenen Rahmenvereinbarung über Elternurlaub;
5. Unter Berücksichtigung des Ziels der Lissabon-Strategie für Wachstum und Beschäftigung, die Gesamtbeschäftigungsquote auf 70 %, die Frauenbeschäftigungsquote auf 60 % und die Beschäftigungsquote für ältere Arbeitskräfte auf 50 % anzuheben, der Barcelona-Vorgaben für die Bereitstellung von Kinderbetreuungseinrichtungen sowie der Strategien zur Verbesserung der Vereinbarkeit von Beruf, Familie und Privatleben, die einen Beitrag zur Erreichung dieser Ziele leisten;
6. Gestützt auf den am 22. März 2005 von den europäischen Sozialpartnern beschlossenen Aktionsrahmen zur Gleichstellung von Männern und Frauen, der die Vereinbarkeit von Familie und Beruf als einen der Aktionsschwerpunkte festhält und darauf hinweist, dass eine Mischung ausgewogener, integrierter und kohärenter Maßnahmen im Bereich Urlaubs- und flexible Arbeitszeitregelungen sowie Kinderbetreuung erforderlich ist, damit weitere Fortschritte in der Frage der Vereinbarkeit erzielt werden;
7. Vereinbarkeitsfördernde Maßnahmen sind Teil eines umfassenderen politischen Programms, das darauf abstellt, im Rahmen eines Flexicurity-

---

[1] **Amtl. Anm.:** Artikel 2 des EG-Vertrags ist aufgehoben und materiell durch Artikel 3 des Vertrags über die Europäische Union *[Nr. 1]* ersetzt. Artikel 3 Absatz 1 des EG-Vertrags ist aufgehoben und materiell durch die Artikel 3 bis 6 des AEUV ersetzt. Artikel 3 Absatz 2 des EG-Vertrags ist umnummeriert zu Artikel 8 des AEUV. Artikel 13 ist umnummeriert zu Artikel 19 des AEUV.

[2] **Amtl. Anm.:** ABl. L 45 vom 19.2.1975, S. 19.

[3] Nr. **220**.

[4] **Amtl. Anm.:** ABl. L 348 vom 28.11.1992, S. 1.

[5] **Amtl. Anm.:** ABl. L 46 vom 17.2.1997, S. 20.

[6] Nr. **290**.

[7] **Amtl. Anm.:** ABl. L 204 vom 26.7.2006, S. 23.

[8] Nr. **15**.

Konzepts den Bedürfnissen von Arbeitgebern und Arbeitnehmern zu entsprechen und die Anpassungs- und Beschäftigungsfähigkeit zu verbessern;

8. Familienorientierte Maßnahmen sollten zur Erreichung der Gleichstellung von Männern und Frauen beitragen und im Kontext des demografischen Wandels, der Auswirkungen der Bevölkerungsalterung, der Überwindung der Kluft zwischen den Generationen, der Förderung der Erwerbsbeteiligung von Frauen und der Aufteilung von Fürsorgepflichten zwischen Frauen und Männern gesehen werden;

9. Die Kommission hat die europäischen Sozialpartner 2006 und 2007 in zwei Konsultationsrunden zur Frage der Vereinbarkeit von Beruf, Familie und Privatleben gehört und u.a. die Aktualisierung des Regelungsrahmens auf Gemeinschaftsebene zur Diskussion gestellt und die europäischen Sozialpartner aufgefordert, die Bestimmungen ihrer Rahmenvereinbarung über den Elternurlaub auf eine Überarbeitung hin zu prüfen;

10. Die Rahmenvereinbarung über Elternurlaub, die von den europäischen Sozialpartnern 1995 geschlossen wurde, hat als Katalysator für positive Veränderungen gewirkt, eine gemeinsame Grundlage für die Vereinbarkeit von Privatleben und Beruf in den Mitgliedstaaten gebildet und maßgeblich zu einer besseren Vereinbarkeit von Beruf und Familie von erwerbstätigen Eltern in Europa beigetragen; allerdings sind die europäischen Sozialpartner nach einer gemeinsamen Bewertung zu dem Schluss gekommen, dass bestimmte Aspekte der Vereinbarung angepasst oder überarbeitet werden müssen, damit die Ziele besser erreicht werden;

11. Eine solche Anpassung sollte unter Berücksichtigung der immer größeren Vielfalt der Arbeitskräfte und der gesellschaftlichen Entwicklungen, einschließlich der zunehmenden Vielfalt der Familienstrukturen, nach den nationalen Rechtsvorschriften, Tarifverträgen und/oder Gepflogenheiten erfolgen;

12. In vielen Mitgliedstaaten haben Maßnahmen, mit denen Männer aufgefordert werden sollen, in gleichem Maße familiäre Pflichten zu übernehmen, nicht zu befriedigenden Ergebnissen geführt; um eine ausgewogenere Aufteilung der familiären Pflichten zwischen Männern und Frauen zu fördern, sollten daher wirksamere Maßnahmen ergriffen werden;

13. In vielen Mitgliedstaaten gibt es bereits ein breites Spektrum politischer Maßnahmen und Gepflogenheiten im Bereich Urlaubs- und flexible Arbeitszeitregelungen sowie der Kinderbetreuung, die auf die Bedürfnisse der Arbeitnehmer und Arbeitgeber zugeschnitten sind und Eltern dabei unterstützen sollen, Beruf, Familie und Privatleben in Einklang zu bringen; diese Maßnahmen und Gepflogenheiten sollten bei der Umsetzung dieser Vereinbarung Berücksichtigung finden;

14. Diese Rahmenvereinbarung ist eine der Maßnahmen der europäischen Sozialpartner im Bereich der Vereinbarkeit;

15. Bei dieser Vereinbarung handelt es sich um eine Rahmenvereinbarung, welche Mindestvorschriften und Regelungen für einen vom Mutterschaftsurlaub zu unterscheidenden Elternurlaub und für Fernbleiben von der Arbeit aus Gründen höherer Gewalt festlegt und es den Mitgliedstaaten und den Sozialpartnern überlässt, die Voraussetzungen und Moda-

litäten für die Inanspruchnahme dieses Rechts zu regeln, damit die Lage in jedem einzelnen Mitgliedstaat berücksichtigt werden kann;

16. Das Recht auf Elternurlaub gemäß dieser Vereinbarung ist ein individuelles Recht und grundsätzlich nicht übertragbar, wobei die Mitgliedstaaten jedoch die Übertragbarkeit vorsehen können. Erfahrungsgemäß kann die Tatsache, dass der Elternurlaub nicht übertragbar ist, als positiver Anreiz wirken, damit Väter diesen in Anspruch nehmen; die europäischen Sozialpartner sind sich daher einig, dass ein Teil des Urlaubs nicht auf den anderen Elternteil übertragbar sein soll;
17. Es ist wichtig, die besonderen Bedürfnisse der Eltern von Kindern mit einer Behinderung oder Langzeitkrankheit zu berücksichtigen;
18. Die Mitgliedstaaten sollten die Aufrechterhaltung der Ansprüche auf Sachleistungen aus der Krankenversicherung für die Mindestdauer des Elternurlaubs vorsehen;
19. Die Mitgliedstaaten sollten außerdem bei der Umsetzung der Vereinbarung die Aufrechterhaltung der Ansprüche auf unveränderte Sozialleistungen für die Mindestdauer des Elternurlaubs ins Auge fassen, wenn sich dies nach den Gegebenheiten und der Haushaltslage in dem betreffenden Mitgliedstaat als angemessen erweist; außerdem sollten sie der Vergütung als einem maßgeblichen Faktor bei der Inanspruchnahme von Elternurlaub Rechnung tragen;
20. Die Erfahrung in den Mitgliedstaaten zeigt, dass die Höhe der Vergütung während des Elternurlaubs einer der Faktoren ist, der die Inanspruchnahme von Elternurlaub, vor allem durch Väter, beeinflusst;
21. Flexible Arbeitsregelungen ermöglichen es erwerbstätigen Eltern, ihre beruflichen und elterlichen Pflichten besser miteinander in Einklang zu bringen und erleichtern den beruflichen Wiedereinstieg, insbesondere nach einem Elternurlaub;
22. Elternurlaubsregelungen stellen darauf ab, erwerbstätige Eltern während einer bestimmten Zeitdauer zu unterstützen, damit sie kontinuierlich am Arbeitsmarkt teilnehmen; deshalb sollte besser darauf geachtet werden, dass während des Elternurlaubs Kontakt mit dem Arbeitgeber gehalten wird oder Absprachen für die Rückkehr auf den Arbeitsplatz getroffen werden;
23. Diese Vereinbarung berücksichtigt die Notwendigkeit, die sozialpolitischen Rahmenbedingungen zu verbessern, die Wettbewerbsfähigkeit der Wirtschaft der Europäischen Union zu fördern und keine administrativen, finanziellen oder rechtlichen Auflagen vorzuschreiben, die der Gründung und Entwicklung von kleinen und mittleren Unternehmen entgegenstehen;
24. Die Sozialpartner sind am besten in der Lage, Lösungen zu finden, die den Bedürfnissen der Arbeitgeber und der Arbeitnehmer gerecht werden; im umfassenderen Kontext weiterer Maßnahmen zur Verbesserung der Vereinbarkeit von beruflichen und familiären Pflichten und zur Förderung der Chancengleichheit und Gleichstellung von Männern und Frauen kommt ihnen daher eine besondere Rolle bei der Umsetzung, Anwendung, Überwachung und Bewertung dieser Vereinbarung zu.

DIE UNTERZEICHNERPARTEIEN HABEN FOLGENDE VEREINBARUNG GESCHLOSSEN:

II. Inhalt

Paragraf 1: Ziel und Anwendungsbereich. (1) Unter Berücksichtigung der zunehmenden Vielfalt der Familienstrukturen und unter Einhaltung der nationalen Rechtsvorschriften, Tarifverträge und/oder Gepflogenheiten werden in dieser Vereinbarung Mindestvorschriften festgelegt, damit erwerbstätige Eltern ihre beruflichen und elterlichen Pflichten besser miteinander in Einklang bringen können.

(2) Diese Vereinbarung gilt für alle Arbeitnehmerinnen und Arbeitnehmer, die gemäß den Rechtsvorschriften, Tarifverträgen und/oder Gepflogenheiten in dem jeweiligen Mitgliedstaat einen Arbeitsvertrag haben oder in einem Beschäftigungsverhältnis stehen.

(3) Die Mitgliedstaaten und/oder Sozialpartner dürfen Arbeitnehmer, Arbeitsverträge oder Beschäftigungsverhältnisse nicht lediglich deshalb vom Anwendungsbereich dieser Vereinbarung ausschließen, weil sie Teilzeitbeschäftigte, befristet beschäftigte Arbeitnehmer oder Personen sind bzw. betreffen, die mit einem Leiharbeitsunternehmen einen Arbeitsvertrag geschlossen haben oder ein Beschäftigungsverhältnis eingegangen sind.

Paragraf 2 : Elternurlaub. (1) Nach dieser Vereinbarung haben Arbeitnehmerinnen und Arbeitnehmer im Fall der Geburt oder Adoption eines Kindes ein individuelles Recht auf Elternurlaub zur Betreuung des Kindes bis zu einem von den Mitgliedstaaten und/oder Sozialpartnern festzulegenden Alter des Kindes von bis zu acht Jahren.

(2) [1]Der Elternurlaub wird für eine Dauer von mindestens vier Monaten gewährt und sollte zur Förderung der Chancengleichheit und Gleichbehandlung von Männern und Frauen grundsätzlich nicht übertragbar sein. [2]Um eine ausgewogenere Inanspruchnahme des Elternurlaubs durch beide Elternteile zu fördern, ist mindestens einer der vier Monate nicht übertragbar. [3]Die Modalitäten für den nicht übertragbaren Teil werden auf nationaler Ebene gesetzlich und/oder tarifvertraglich festgelegt, wobei die Elternurlaubsregelungen, die bereits in den Mitgliedstaaten bestehen, berücksichtigt werden.

Paragraf 3: Modalitäten. (1) [1]Die Voraussetzungen und die Modalitäten für die Inanspruchnahme des Elternurlaubs werden in den Mitgliedstaaten gesetzlich und/oder tarifvertraglich unter Einhaltung der Mindestvorschriften dieser Vereinbarung geregelt. [2]Die Mitgliedstaaten und/oder die Sozialpartner können insbesondere

a) entscheiden, ob der Elternurlaub als Vollzeit- oder Teilzeiturlaub, in Teilen oder in Form von Zeitguthaben gewährt wird; hierbei sind die Bedürfnisse der Arbeitgeber und der Arbeitnehmer zu berücksichtigen;

b) das Recht auf Elternurlaub von einer Beschäftigungs- und/oder Betriebszugehörigkeitsdauer bis zu einer Grenze von höchstens einem Jahr abhängig machen; die Mitgliedstaaten und/oder Sozialpartner, die von dieser Möglichkeit Gebrauch machen, stellen sicher, dass bei der Berechnung der Wartezeit im Fall aufeinanderfolgender befristeter Arbeitsverträge im Sinne der Richtlinie 1999/70/EG[1] des Rates über befristete Arbeitsverträge mit demselben Arbeitgeber die Gesamtvertragsdauer berücksichtigt wird;

c) die Bedingungen festlegen, in denen der Arbeitgeber – nach Konsultation gemäß den nationalen Rechtsvorschriften, Tarifverträgen und/oder Gepflogenheiten – aus berechtigten betrieblichen Gründen die Gewährung des Elternurlaubs verschieben darf. Sollten sich aus der Anwendung dieser Bestimmung Schwierigkeiten ergeben, so sollten diese nach den nationalen Rechtsvorschriften, Tarifverträgen und/oder Gepflogenheiten behandelt werden;

d) in Ergänzung zu Buchstabe c die Genehmigung erteilen, dass besondere Vorkehrungen getroffen werden, um den Bedürfnissen kleiner Unternehmen im Blick auf Arbeitsweise und Organisation gerecht zu werden.

(2) [1] Die Mitgliedstaaten und/oder Sozialpartner legen Fristen fest, innerhalb deren der Arbeitnehmer seinen Arbeitgeber über die Ausübung seines Rechts auf Elternurlaub unterrichten muss; der Arbeitnehmer hat Beginn und Ende des Elternurlaubs anzugeben. [2] Bei der Festlegung dieser Fristen tragen die Mitgliedstaaten und/oder Sozialpartner den Interessen der Arbeitnehmer und der Arbeitgeber Rechnung.

(3) Die Mitgliedstaaten und/oder Sozialpartner sollten prüfen, ob die Voraussetzungen und die Modalitäten für die Inanspruchnahme des Rechts auf Elternurlaub an die Bedürfnisse von Eltern von Kindern mit einer Behinderung oder Langzeitkrankheit angepasst werden müssen.

Paragraf 4: Adoption. (1) Die Mitgliedstaaten und/oder Sozialpartner prüfen, ob zusätzliche Maßnahmen erforderlich sind, um den besonderen Bedürfnissen von Adoptiveltern gerecht zu werden.

Paragraf 5: Arbeitnehmerrechte und Nichtdiskriminierung. (1) Im Anschluss an den Elternurlaub hat der Arbeitnehmer das Recht, an seinen früheren Arbeitsplatz zurückzukehren oder, wenn das nicht möglich ist, eine entsprechend seinem Arbeitsvertrag oder Beschäftigungsverhältnis gleichwertige oder ähnliche Arbeit zugewiesen zu bekommen.

(2) [1] Die Rechte, die der Arbeitnehmer zu Beginn des Elternurlaubs erworben hatte oder dabei war zu erwerben, bleiben bis zum Ende des Elternurlaubs bestehen. [2] Im Anschluss an den Elternurlaub finden diese Rechte mit den Änderungen Anwendung, die sich aus den nationalen Rechtsvorschriften, Tarifverträgen und/oder Gepflogenheiten ergeben.

(3) Die Mitgliedstaaten und/oder die Sozialpartner bestimmen den Status des Arbeitsvertrags oder Beschäftigungsverhältnisses für den Zeitraum des Elternurlaubs.

(4) Um sicherzustellen, dass die Arbeitnehmer ihr Recht auf Elternurlaub wahrnehmen können, treffen die Mitgliedstaaten und/oder die Sozialpartner nach den nationalen Rechtsvorschriften, Tarifverträgen und/oder Gepflogenheiten die erforderlichen Maßnahmen zum Schutz der Arbeitnehmer gegen Benachteiligung oder Kündigung aufgrund der Beantragung oder Inanspruchnahme des Elternurlaubs.

---

[1] Nr. **245**.

(5) *[1]* Sozialversicherungsrechtliche Fragen im Zusammenhang mit dieser Vereinbarung werden von den Mitgliedstaaten und/oder den Sozialpartnern nach den nationalen Rechtsvorschriften und/oder Tarifverträgen geprüft und entschieden; dabei ist der Bedeutung der Kontinuität der Ansprüche auf Deckung durch die verschiedenen Sozialversicherungssysteme, vor allem was die Gesundheitsfürsorge betrifft, Rechnung zu tragen.

[2] Einkommensrelevante Fragen im Zusammenhang mit dieser Vereinbarung werden von den Mitgliedstaaten und/oder Sozialpartnern nach den nationalen Rechtsvorschriften, Tarifverträgen und/oder Gepflogenheiten geprüft und entschieden; dabei ist dem Einkommen als einem der maßgeblichen Faktoren für die Inanspruchnahme des Elternurlaubs Rechnung zu tragen.

Paragraf 6: Wiederaufnahme der Erwerbstätigkeit. (1) *[1]* [1] Mit Blick auf eine bessere Vereinbarkeit treffen die Mitgliedstaaten und/oder die Sozialpartner die erforderlichen Maßnahmen, um sicherzustellen, dass die Arbeitnehmer bei der Rückkehr nach dem Elternurlaub Änderungen ihrer Arbeitszeiten und/oder des Arbeitsarrangements für eine bestimmte Dauer beantragen können. [2] Die Arbeitgeber prüfen und beantworten solche Anträge unter Berücksichtigung der Bedürfnisse der Arbeitgeber und der Arbeitnehmer.

[2] Die entsprechenden Modalitäten zu diesem Absatz werden nach den nationalen Rechtsvorschriften, Tarifverträgen und/oder Gepflogenheiten festgelegt.

(2) Um die Rückkehr nach dem Elternurlaub zu erleichtern, wird Arbeitnehmern und Arbeitgebern empfohlen, während des Elternurlaubs in Kontakt zu bleiben und sich über geeignete Maßnahmen für den Wiedereinstieg abzustimmen, die nach den nationalen Rechtsvorschriften, Tarifverträgen und/oder Gepflogenheiten zu treffen sind.

Paragraf 7: Fernbleiben von der Arbeit aus Gründen höherer Gewalt.

(1) Die Mitgliedstaaten und/oder die Sozialpartner treffen die notwendigen Maßnahmen, damit die Arbeitnehmer nach den nationalen Rechtsvorschriften, Tarifverträgen und/oder Gepflogenheiten Anspruch auf Freistellung von der Arbeit im Fall höherer Gewalt wegen dringender familiärer Gründe bei Krankheiten oder Unfällen, die die sofortige Anwesenheit des Arbeitnehmers erfordern, haben.

(2) Die Mitgliedstaaten und/oder die Sozialpartner können die Bedingungen für die Inanspruchnahme und die Einzelheiten für die Anwendung von Paragraf 7.1 festlegen und den Freistellungsanspruch auf eine bestimmte Dauer pro Jahr und/oder pro Fall begrenzen.

Paragraf 8: Schlussbestimmungen. (1) Die Mitgliedstaaten können günstigere Bestimmungen anwenden oder einführen, als sie in dieser Vereinbarung vorgesehen sind.

(2) [1] Die Umsetzung dieser Vereinbarung rechtfertigt nicht eine Verringerung des allgemeinen Schutzniveaus der Arbeitnehmer in dem unter diese Vereinbarung fallenden Bereich. [2] Dies berührt nicht das Recht der Mitgliedstaaten und/oder der Sozialpartner, bei neuen Entwicklungen (einschließlich der Einführung der Nichtübertragbarkeit) unterschiedliche Rechts- und Verwaltungsvorschriften oder tarifvertragliche Regelungen auszuarbeiten, voraus-

gesetzt, die in dieser Vereinbarung vorgesehenen Mindestvorschriften werden eingehalten.

(3) Diese Vereinbarung hindert die Sozialpartner nicht daran, auf der entsprechenden Ebene, einschließlich der europäischen Ebene, Übereinkünfte zur Anpassung und/oder Ergänzung dieser Vereinbarung zu schließen, um besonderen Umständen Rechnung zu tragen.

(4) [1] Die Mitgliedstaaten erlassen die Rechts- und Verwaltungsvorschriften, die erforderlich sind, um dem Ratsbeschluss spätestens zwei Jahre nach seinem Erlass nachzukommen, oder sie gewährleisten, dass die Sozialpartner im Wege einer Vereinbarung die erforderlichen Bestimmungen vor Ende dieser Frist festlegen. [2] Die Mitgliedstaaten haben, falls dies aufgrund besonderer Schwierigkeiten oder einer tarifvertraglichen Umsetzung notwendig sein sollte, längstens ein weiteres Jahr Zeit, dem Beschluss nachzukommen.

(5) Die Vermeidung und Beilegung von Streitigkeiten und Beschwerden, die sich aus der Anwendung dieser Vereinbarung ergeben, erfolgen nach den nationalen Rechtsvorschriften, Tarifverträgen und/oder Gepflogenheiten.

(6) Unbeschadet der Rolle der Kommission, der nationalen Gerichte und des Europäischen Gerichtshofs sollte jede Frage, die die Auslegung dieser Vereinbarung auf europäischer Ebene betrifft, zunächst von der Kommission an die Unterzeichnerparteien zur Stellungnahme zurückverwiesen werden.

(7) Die Unterzeichnerparteien überprüfen die Anwendung dieser Vereinbarung fünf Jahre nach Erlass des Ratsbeschlusses, wenn eine von ihnen einen entsprechenden Antrag stellt.

315. Richtlinie 2010/41/EU des Europäischen Parlaments und des Rates vom 7. Juli 2010 zur Verwirklichung des Grundsatzes der Gleichbehandlung von Männern und Frauen, die eine selbständige Erwerbstätigkeit ausüben, und zur Aufhebung der Richtlinie 86/613/EWG des Rates

(ABl. L 180 S. 1)

Celex-Nr. 3 2010 L 0041

DAS EUROPÄISCHE PARLAMENT UND DER RAT DER EUROPÄISCHEN UNION –

gestützt auf den Vertrag über die Arbeitsweise der Europäischen Union, insbesondere auf Artikel 157 Absatz 3,

auf Vorschlag der Europäischen Kommission,

nach Stellungnahme des Europäischen Wirtschafts- und Sozialausschusses[1)],

gemäß dem ordentlichen Gesetzgebungsverfahren[2)],

in Erwägung nachstehender Gründe:

(1) Mit der Richtlinie 86/613/EWG des Rates vom 11. Dezember 1986 zur Verwirklichung des Grundsatzes der Gleichbehandlung von Männern und Frauen, die eine selbständige Erwerbstätigkeit – auch in der Landwirtschaft – ausüben, sowie über den Mutterschutz[3)] wird der Grundsatz der Gleichbehandlung von Männern und Frauen, die eine selbständige Erwerbstätigkeit ausüben oder zur Ausübung einer solchen beitragen, in den Mitgliedstaaten verwirklicht. In Bezug auf selbständige Erwerbstätige und Ehepartner von selbständigen Erwerbstätigen war die Richtlinie 86/613/EWG nicht sehr wirksam, und ihr Geltungsbereich sollte neu definiert werden, da Diskriminierungen aufgrund des Geschlechts und Belästigungen auch in Bereichen außerhalb der abhängigen Beschäftigung auftreten. Aus Gründen der Klarheit sollte die Richtlinie 86/613/EWG durch die vorliegende Richtlinie ersetzt werden.

(2) In ihrer Mitteilung vom 1. März 2006 mit dem Titel „Fahrplan für die Gleichstellung von Frauen und Männern" hat die Kommission angekündigt, die bestehenden, 2005 nicht überarbeiteten Rechtsvorschriften der Union zur Gleichstellung der Geschlechter zu überprüfen, um sie – falls nötig – zu aktualisieren, zu modernisieren und zu überarbeiten und so die Entscheidungsstrukturen im Bereich der Gleichstellung der Geschlechter zu verbessern. Die Richtlinie 86/613/EWG gehört nicht zu den überarbeiteten Texten.

(3) Der Rat hat die Kommission in seinen Schlussfolgerungen vom 5. und 6. Dezember 2007 zum Thema „Ausgewogenheit zwischen Frauen und Männern bei Arbeitsplätzen, Wachstum und sozialem Zusammenhalt"

---

1) **Amtl. Anm.:** ABl. C 228 vom 22.9.2009, S. 107.

2) **Amtl. Anm.:** Standpunkt des Europäischen Parlaments vom 6. Mai 2009 (noch nicht im Amtsblatt veröffentlicht), Standpunkt des Rates in erster Lesung vom 8. März 2010 (ABl. C 123 E vom 12.5.2010, S. 5), Standpunkt des Europäischen Parlaments vom 18. Mai 2010.

3) **Amtl. Anm.:** ABl. L 359 vom 19.12.1986, S. 56.

aufgefordert zu prüfen, ob die Richtlinie 86/613/EWG gegebenenfalls überarbeitet werden sollte, um die mit Mutterschaft und Vaterschaft verbundenen Rechte von selbständigen Erwerbstätigen und mitarbeitenden Ehepartnern zu gewährleisten.

(4) Das Europäische Parlament hat die Kommission beständig dazu aufgerufen, die Richtlinie 86/613/EWG zu überarbeiten, um insbesondere den Mutterschutz von selbständig erwerbstätigen Frauen zu verstärken und die Situation von Ehepartnern von selbständigen Erwerbstätigen zu verbessern.

(5) Das Europäische Parlament hat seinen Standpunkt in diesem Bereich bereits in seiner Entschließung vom 21. Februar 1997 zur Situation der mitarbeitenden Ehepartner von selbständigen Erwerbstätigen[1] deutlich gemacht.

(6) In ihrer Mitteilung vom 2. Juli 2008 mit dem Titel „Eine erneuerte Sozialagenda: Chancen, Zugangsmöglichkeiten und Solidarität im Europa des 21. Jahrhunderts" hat die Kommission die Notwendigkeit unterstrichen, Maßnahmen zur Beseitigung des Ungleichgewichts zwischen den Geschlechtern im Unternehmertum zu ergreifen und die Vereinbarkeit von Privatleben und Beruf zu verbessern.

(7) Es bestehen bereits einige Rechtsinstrumente zur Verwirklichung des Grundsatzes der Gleichbehandlung, die auch selbständige Tätigkeiten abdecken, insbesondere die Richtlinie 79/7/EWG des Rates vom 19. Dezember 1978 zur schrittweisen Verwirklichung des Grundsatzes der Gleichbehandlung von Männern und Frauen im Bereich der sozialen Sicherheit[2] und die Richtlinie 2006/54/EG[3] des Europäischen Parlaments und des Rates vom 5. Juli 2006 zur Verwirklichung des Grundsatzes der Chancengleichheit und Gleichbehandlung von Männern und Frauen in Arbeits- und Beschäftigungsfragen[4]. Daher sollte die vorliegende Richtlinie nicht für die Bereiche gelten, die bereits von den anderen Richtlinien erfasst werden.

(8) Diese Richtlinie berührt nicht die Befugnisse der Mitgliedstaaten zur Gestaltung ihrer Sozialschutzsysteme. Die ausschließliche Zuständigkeit der Mitgliedstaaten für die Gestaltung ihrer Sozialschutzsysteme umfasst unter anderem Entscheidungen über die Errichtung, Finanzierung und Verwaltung dieser Systeme und der damit verbundenen Einrichtungen sowie über den Inhalt und die Bereitstellung von Leistungen, die Höhe der Beiträge und die Zugangsbedingungen.

(9) Diese Richtlinie sollte für selbständige Erwerbstätige und deren Ehepartner oder – wenn und soweit sie nach innerstaatlichem Recht anerkannt sind – Lebenspartner gelten, wenn diese nach den Bedingungen des innerstaatlichen Rechts für gewöhnlich an der Unternehmenstätigkeit mitwirken. Die Arbeit dieser Ehepartner und – wenn und soweit sie nach innerstaatlichem Recht anerkannt sind – Lebenspartner von selbständigen Erwerbstätigen sollte im Hinblick auf eine Verbesserung ihrer Situation anerkannt werden.

---

[1] **Amtl. Anm.:** ABl. C 85 vom 17.3.1997, S. 186.
[2] **Amtl. Anm.:** ABl. L 6 vom 10.1.1979, S. 24.
[3] Nr. **290**.
[4] **Amtl. Anm.:** ABl. L 204 vom 26.7.2006, S. 23.

(10) Diese Richtlinie sollte nicht für Sachverhalte gelten, die bereits durch andere Richtlinien zur Verwirklichung des Grundsatzes der Gleichbehandlung von Männern und Frauen, vor allem durch die Richtlinie 2004/113/EG[1] des Rates vom 13. Dezember 2004 zur Verwirklichung des Grundsatzes der Gleichbehandlung von Männern und Frauen beim Zugang zu und bei der Versorgung mit Gütern und Dienstleistungen[2], geregelt werden. Unter anderem behält Artikel 5 der Richtlinie 2004/113/EG[1] in Bezug auf Versicherungsverträge und verwandte Finanzdienstleistungen weiter Gültigkeit.

(11) Um Diskriminierungen aus Gründen des Geschlechts zu verhindern, sollte diese Richtlinie sowohl für unmittelbare als auch für mittelbare Diskriminierungen gelten. Belästigung und sexuelle Belästigung sollten als Diskriminierung angesehen und somit verboten werden.

(12) Diese Richtlinie sollte die Rechte und Pflichten, die aus dem Ehe- oder Familienstand nach innerstaatlichem Recht hervorgehen, nicht berühren.

(13) Der Grundsatz der Gleichbehandlung sollte die Beziehungen zwischen selbständigen Erwerbstätigen und Dritten innerhalb des Geltungsbereichs dieser Richtlinie umfassen, jedoch nicht die Beziehungen zwischen selbständigen Erwerbstätigen und ihren Ehepartnern oder Lebenspartnern.

(14) Im Bereich der selbständigen Erwerbstätigkeit bedeutet die Verwirklichung des Grundsatzes der Gleichbehandlung, dass es etwa in Bezug auf die Gründung, Einrichtung oder Erweiterung eines Unternehmens bzw. die Aufnahme oder Ausweitung irgendeiner anderen Form der selbständigen Tätigkeit zu keinerlei Diskriminierungen aufgrund des Geschlechts kommen darf.

(15) Die Mitgliedstaaten können gemäß Artikel 157 Absatz 4 des Vertrags über die Arbeitsweise der Europäischen Union zur Erleichterung der selbständigen Tätigkeit des unterrepräsentierten Geschlechts oder zur Verhinderung bzw. zum Ausgleich von Benachteiligungen in der beruflichen Laufbahn Maßnahmen für spezifische Vergünstigungen beibehalten oder beschließen. Grundsätzlich sollten Maßnahmen zur Gewährleistung der Gleichstellung der Geschlechter in der Praxis, wie z.B. positive Maßnahmen, nicht als Verstoß gegen den Grundsatz der Gleichbehandlung von Männern und Frauen angesehen werden.

(16) Es muss sichergestellt werden, dass die Bedingungen für die gemeinsame Gründung eines Unternehmens durch Ehepartner oder – wenn und soweit sie nach innerstaatlichem Recht anerkannt sind – Lebenspartner nicht restriktiver sind als die Bedingungen für die gemeinsame Gründung eines Unternehmens durch andere Personen.

(17) In Anbetracht ihrer Beteiligung an der Tätigkeit des Familienunternehmens sollten Ehepartner oder – wenn und soweit sie nach innerstaatlichem Recht anerkannt sind – Lebenspartner von selbständigen Erwerbstätigen, die Zugang zu einem Sozialschutzsystem haben, auch sozialen Schutz in Anspruch nehmen können. Die Mitgliedstaaten sollten verpflichtet sein, die notwendigen Maßnahmen zu ergreifen, um diesen Sozialschutz im Einklang mit ihrem innerstaatlichen Recht zu organisieren. Insbesondere ist es Aufgabe der Mitgliedstaaten, darüber zu entscheiden, ob die Verwirk-

---

[1] **dtv 5014 Europa-Recht Nr. 13.**

[2] **Amtl. Anm.:** ABl. L 373 vom 21.12.2004, S. 37.

lichung dieses Sozialschutzes auf obligatorischer oder freiwilliger Basis erfolgen sollte. Die Mitgliedstaaten können vorsehen, dass dieser Sozialschutz im Verhältnis zur Beteiligung an der Tätigkeit des selbständigen Erwerbstätigen und/oder zur Höhe des Beitrags stehen kann.

(18) Schwangere selbständige Erwerbstätige und schwangere Ehepartnerinnen und – wenn und soweit sie nach innerstaatlichem Recht anerkannt sind – schwangere Lebenspartnerinnen von selbständigen Erwerbstätigen sind in wirtschaftlicher und körperlicher Hinsicht verletzlich; deshalb ist es notwendig, ihnen ein Recht auf Mutterschaftsleistungen zu gewähren. Die Mitgliedstaaten sind – vorbehaltlich der Einhaltung der in dieser Richtlinie festgelegten Mindestanforderungen – weiterhin dafür zuständig, diese Leistungen zu organisieren, wozu auch die Festlegung der Beitragshöhe sowie sämtlicher Modalitäten im Zusammenhang mit Leistungen und Zahlungen gehört. Insbesondere können sie festlegen, in welchem Zeitraum vor und/oder nach der Entbindung das Recht auf Mutterschaftsleistungen besteht.

(19) Der Zeitraum, in dem selbständig erwerbstätigen Frauen sowie Ehepartnerinnen oder – wenn und soweit sie nach innerstaatlichem Recht anerkannt sind – Lebenspartnerinnen von selbständigen Erwerbstätigen Mutterschaftsleistungen gewährt werden, ähnelt der Dauer des Mutterschaftsurlaubs für Arbeitnehmerinnen, wie er derzeit auf Unionsebene gilt. Falls die Dauer des Mutterschaftsurlaubs für Arbeitnehmerinnen auf Unionsebene geändert wird, sollte die Kommission dem Europäischen Parlament und dem Rat Bericht erstatten und prüfen, ob die Dauer der Mutterschaftsleistungen für selbständig erwerbstätige Frauen sowie Ehepartnerinnen und Lebenspartnerinnen gemäß Artikel 2 ebenfalls geändert werden sollte.

(20) Um den Besonderheiten der selbständigen Tätigkeit Rechnung zu tragen, sollten selbständig erwerbstätige Frauen und Ehepartnerinnen oder – wenn und soweit sie nach innerstaatlichem Recht anerkannt sind – Lebenspartnerinnen von selbständigen Erwerbstätigen Zugang erhalten zu jeglichen bestehenden Diensten zur Bereitstellung einer zeitlich befristeten Vertretung, die eine Unterbrechung ihrer Erwerbstätigkeit wegen Schwangerschaft oder Mutterschaft ermöglichen, oder zu bestehenden sozialen Diensten auf nationaler Ebene. Der Zugang zu diesen Diensten kann als Alternative zu den Mutterschaftsleistungen oder als Teil davon gelten.

(21) Opfer von Diskriminierungen aufgrund des Geschlechts sollten über einen geeigneten Rechtsschutz verfügen. Um einen effektiveren Schutz zu gewährleisten, sollten Verbände, Organisationen oder andere juristische Personen – wenn die Mitgliedstaaten dies beschließen – die Befugnis erhalten, sich unbeschadet der nationalen Verfahrensregeln bezüglich der Vertretung und Verteidigung vor Gericht im Namen eines Opfers oder zu seiner Unterstützung an Verfahren zu beteiligen.

(22) Der Schutz von selbständigen Erwerbstätigen und deren Ehepartnern und – wenn und soweit sie nach innerstaatlichem Recht anerkannt sind – Lebenspartnern von selbständig Erwerbstätigen vor Diskriminierung aufgrund des Geschlechts sollte verstärkt werden, indem in jedem Mitgliedstaat eine oder mehrere Stellen vorgesehen werden, die für die Analyse der mit Diskriminierungen verbundenen Probleme, die Prüfung möglicher Lösungen und die Bereitstellung konkreter Hilfsangebote für die Opfer zuständig sind. Bei dieser Stelle oder bei diesen Stellen kann es sich um

dieselbe oder dieselben Stellen handeln, die auf nationaler Ebene die Aufgabe haben, für die Verwirklichung des Grundsatzes der Gleichbehandlung einzutreten.

(23) In dieser Richtlinie werden Mindestanforderungen festgelegt, weshalb es den Mitgliedstaaten freisteht, günstigere Vorschriften einzuführen oder beizubehalten.

(24) Da das Ziel der zu ergreifenden Maßnahmen, nämlich die Gewährleistung eines einheitlichen, hohen Niveaus des Schutzes vor Diskriminierung in allen Mitgliedstaaten, auf Ebene der Mitgliedstaaten nicht ausreichend verwirklicht werden kann und besser auf Unionsebene zu verwirklichen ist, kann die Union im Einklang mit dem in Artikel 5 des Vertrags über die Europäische Union niedergelegten Subsidiaritätsprinzip tätig werden. Entsprechend dem in demselben Artikel genannten Grundsatz der Verhältnismäßigkeit geht diese Richtlinie nicht über das zur Erreichung dieses Ziels erforderliche Maß hinaus –

HABEN FOLGENDE RICHTLINIE ERLASSEN:

Art. 1 Gegenstand. (1) Diese Richtlinie legt für die nicht von den Richtlinien 2006/54/EG und 79/7/EWG erfassten Bereiche einen Rahmen für die Verwirklichung des Grundsatzes der Gleichbehandlung von Männern und Frauen, die eine selbständige Erwerbstätigkeit ausüben oder zur Ausübung einer solchen beitragen, in den Mitgliedstaaten fest.

(2) Für die Verwirklichung des Grundsatzes der Gleichbehandlung von Männern und Frauen beim Zugang zu und bei der Versorgung mit Gütern und Dienstleistungen gilt weiterhin die Richtlinie 2004/113/EG[1].

Art. 2 Geltungsbereich. Diese Richtlinie betrifft:

a) selbständige Erwerbstätige, das heißt alle Personen, die nach den Bedingungen des innerstaatlichen Rechts eine Erwerbstätigkeit auf eigene Rechnung ausüben;

b) die Ehepartner oder – wenn und soweit sie nach innerstaatlichem Recht anerkannt sind – Lebenspartner von selbständigen Erwerbstätigen, die weder abhängig Beschäftigte noch Gesellschafter sind und sich nach den Bedingungen des innerstaatlichen Rechts gewöhnlich an den Tätigkeiten des selbständigen Erwerbstätigen beteiligen, indem sie dieselben Aufgaben oder Hilfsaufgaben erfüllen.

Art. 3 Begriffsbestimmungen. Im Sinne dieser Richtlinie bezeichnet der Ausdruck

a) „unmittelbare Diskriminierung" eine Situation, in der eine Person aufgrund ihres Geschlechts eine weniger günstige Behandlung erfährt, als eine andere Person in einer vergleichbaren Situation erfährt, erfahren hat oder erfahren würde;

b) „mittelbare Diskriminierung" eine Situation, in der dem Anschein nach neutrale Vorschriften, Kriterien oder Verfahren Personen des einen Geschlechts in besonderer Weise gegenüber Personen des anderen Geschlechts benachteiligen können, es sei denn, die betreffenden Vorschriften, Kriterien

[1] **dtv 5014 Europa-Recht Nr. 13.**

oder Verfahren sind durch ein rechtmäßiges Ziel sachlich gerechtfertigt und die Mittel sind zur Erreichung dieses Ziels angemessen und erforderlich;

c) „Belästigung" unerwünschte auf das Geschlecht einer Person bezogene Verhaltensweisen, die bezwecken oder bewirken, dass die Würde der betreffenden Person verletzt und ein von Einschüchterungen, Anfeindungen, Erniedrigungen, Entwürdigungen oder Beleidigungen gekennzeichnetes Umfeld geschaffen wird;

d) „sexuelle Belästigung" jede Form von unerwünschtem Verhalten sexueller Natur, das sich in verbaler, nicht verbaler oder physischer Form äußert und das bezweckt oder bewirkt, dass die Würde der betreffenden Person verletzt wird, insbesondere wenn ein von Einschüchterungen, Anfeindungen, Erniedrigungen, Entwürdigungen und Beleidigungen gekennzeichnetes Umfeld geschaffen wird.

Art. 4 Grundsatz der Gleichbehandlung. (1) Gemäß dem Grundsatz der Gleichbehandlung hat jegliche unmittelbare oder mittelbare Diskriminierung aufgrund des Geschlechts im öffentlichen oder privaten Sektor, etwa in Verbindung mit der Gründung, Einrichtung oder Erweiterung eines Unternehmens bzw. der Aufnahme oder mit der Ausweitung jeglicher anderen Art von selbständiger Tätigkeit zu unterbleiben.

(2) [1] In den durch Absatz 1 erfassten Bereichen gelten Belästigung und sexuelle Belästigung als Diskriminierung aufgrund des Geschlechts und sind daher verboten. [2] Die Zurückweisung oder Duldung solcher Verhaltensweisen durch die betreffende Person darf nicht als Grundlage für eine Entscheidung herangezogen werden, die diese Person berührt.

(3) In den durch Absatz 1 erfassten Bereichen gilt die Anweisung zur Diskriminierung einer Person aufgrund des Geschlechts als Diskriminierung.

Art. 5 Positive Maßnahmen. Im Hinblick auf die effektive Gewährleistung der vollen Gleichstellung von Männern und Frauen im Arbeitsleben können die Mitgliedstaaten Maßnahmen im Sinne von Artikel 157 Absatz 4 des Vertrags über die Arbeitsweise der Europäischen Union beibehalten oder beschließen, beispielsweise mit dem Ziel, unternehmerische Initiativen von Frauen zu fördern.

Art. 6 Gründung einer Gesellschaft. Unbeschadet der in gleicher Weise für beide Geschlechter geltenden besonderen Bedingungen für den Zugang zu bestimmten Tätigkeiten ergreifen die Mitgliedstaaten die erforderlichen Maßnahmen, um sicherzustellen, dass die Bedingungen für die gemeinsame Gründung einer Gesellschaft durch Ehepartner oder – wenn und soweit sie nach innerstaatlichem Recht anerkannt sind – Lebenspartner nicht restriktiver sind als die Bedingungen für die gemeinsame Gründung einer Gesellschaft durch andere Personen.

Art. 7 Sozialer Schutz. (1) Besteht in einem Mitgliedstaat ein System für den sozialen Schutz selbständiger Erwerbstätiger, so ergreift dieser Mitgliedstaat die erforderlichen Maßnahmen, um sicherzustellen, dass Ehepartner und Lebenspartner gemäß Artikel 2 Buchstabe b einen sozialen Schutz im Einklang mit innerstaatlichem Recht erhalten können.

(2) Die Mitgliedstaaten können darüber entscheiden, ob die Verwirklichung des Sozialschutzes gemäß Absatz 1 auf obligatorischer oder freiwilliger Basis erfolgt.

Art. 8 Mutterschaftsleistungen. (1) Die Mitgliedstaaten ergreifen die erforderlichen Maßnahmen, um sicherzustellen, dass selbständig erwerbstätige Frauen sowie Ehepartnerinnen und Lebenspartnerinnen gemäß Artikel 2 im Einklang mit dem innerstaatlichen Recht ausreichende Mutterschaftsleistungen erhalten können, die eine Unterbrechung ihrer Erwerbstätigkeit wegen Schwangerschaft oder Mutterschaft während mindestens 14 Wochen ermöglichen.

(2) Die Mitgliedstaaten können darüber entscheiden, ob die Mutterschaftsleistungen gemäß Absatz 1 auf obligatorischer oder freiwilliger Basis gewährt werden.

(3) Die Leistungen nach Absatz 1 gelten als ausreichend, wenn sie ein Einkommen garantieren, das mindestens Folgendem entspricht:

a) der Leistung, die die betreffende Person im Falle einer Unterbrechung ihrer Erwerbstätigkeit aus gesundheitlichen Gründen erhalten würde; und/oder

b) dem durchschnittlichen Einkommens- oder Gewinnverlust gegenüber einem vergleichbaren vorherigen Zeitraum, vorbehaltlich etwaiger Obergrenzen nach innerstaatlichem Recht; und/oder

c) jeglicher anderer familienbezogenen Leistung nach innerstaatlichem Recht, vorbehaltlich etwaiger Obergrenzen nach innerstaatlichem Recht.

(4) [1] Die Mitgliedstaaten ergreifen die erforderlichen Maßnahmen, um sicherzustellen, dass selbständig erwerbstätige Frauen sowie Ehepartnerinnen und Lebenspartnerinnen gemäß Artikel 2 Zugang erhalten zu jeglichen bestehenden Diensten zur Bereitstellung einer zeitlich befristeten Vertretung oder zu jeglichen bestehenden sozialen Diensten auf nationaler Ebene. [2] Die Mitgliedstaaten können vorsehen, dass der Zugang zu diesen Diensten als Alternative zu der Leistung gemäß Absatz 1 dieses Artikels oder als Teil davon gilt.

Art. 9 Rechtsschutz. (1) Die Mitgliedstaaten stellen sicher, dass alle Personen, die nach eigener Auffassung durch die Nichtanwendung des Grundsatzes der Gleichbehandlung einen Verlust oder Schaden erlitten haben, ihre Ansprüche aus dieser Richtlinie auf dem Gerichts- bzw. Verwaltungsweg sowie, wenn die Mitgliedstaaten es für angezeigt halten, in Schlichtungsverfahren geltend machen können, selbst wenn das Verhältnis, während dessen die Diskriminierung vorgekommen sein soll, bereits beendet ist.

(2) Die Mitgliedstaaten stellen sicher, dass Verbände, Organisationen oder andere juristische Personen, die gemäß den in ihrem innerstaatlichen Recht festgelegten Kriterien ein rechtmäßiges Interesse daran haben, die Einhaltung dieser Richtlinie sicherzustellen, sich entweder im Namen der beschwerten Person oder zu deren Unterstützung und mit deren Einwilligung an jeglichen zur Durchsetzung der Ansprüche aus dieser Richtlinie vorgesehenen Gerichts- und/oder Verwaltungsverfahren beteiligen können.

(3) Die Absätze 1 und 2 lassen nationale Regelungen über Fristen für die Rechtsverfolgung in Fällen, in denen es um den Grundsatz der Gleichbehandlung geht, unberührt.

Art. 10 Schadensersatz oder Entschädigung. [1] Die Mitgliedstaaten ergreifen im Rahmen ihrer nationalen Rechtsordnung die erforderlichen Maßnahmen, um sicherzustellen, dass der einer Person durch eine Diskriminierung aufgrund des Geschlechts entstandene Verlust oder Schaden gemäß den von den Mitgliedstaaten festzulegenden Modalitäten tatsächlich und wirksam ausgeglichen oder ersetzt wird, wobei dieser Schadensersatz oder diese Entschädigung abschreckend und dem erlittenen Verlust oder Schaden angemessen sein muss. [2] Eine im Voraus festgelegte Obergrenze für einen solchen Schadensersatz oder eine solche Entschädigung ist nicht zulässig.

Art. 11 Stellen zur Förderung der Gleichbehandlung. (1) Jeder Mitgliedstaat ergreift die erforderlichen Maßnahmen, um sicherzustellen, dass die Stelle oder die Stellen, die gemäß Artikel 20 der Richtlinie 2006/54/EG[1)] bezeichnet wurde bzw. wurden, auch dafür zuständig ist bzw. sind, die Verwirklichung der Gleichbehandlung aller Personen, die unter diese Richtlinie fallen, ohne Diskriminierung aufgrund des Geschlechts zu fördern, zu analysieren, zu beobachten und zu unterstützen.

(2) Die Mitgliedstaaten stellen sicher, dass es zu den Aufgaben der in Absatz 1 genannten Stellen gehört:

a) unbeschadet der Rechte der Opfer sowie der Verbände, Organisationen und anderen juristischen Personen nach Artikel 9 Absatz 2, die Opfer von Diskriminierung auf unabhängige Weise dabei zu unterstützen, ihrer Beschwerde wegen Diskriminierung nachzugehen;
b) unabhängige Untersuchungen zum Thema Diskriminierung durchzuführen;
c) unabhängige Berichte zu veröffentlichen und Empfehlungen zu allen Aspekten vorzulegen, die mit dieser Diskriminierung in Zusammenhang stehen;
d) auf geeigneter Ebene die verfügbaren Informationen mit den entsprechenden europäischen Einrichtungen wie dem Europäischen Institut für Gleichstellungsfragen auszutauschen.

Art. 12 Durchgängige Berücksichtigung des Gleichstellungsaspekts. Die Mitgliedstaaten berücksichtigen aktiv das Ziel der Gleichstellung von Frauen und Männern, wenn sie Rechts- und Verwaltungsvorschriften sowie politische Maßnahmen und Tätigkeiten in den unter diese Richtlinie fallenden Bereichen ausarbeiten und umsetzen.

Art. 13 Verbreitung von Informationen. Die Mitgliedstaaten stellen sicher, dass in ihrem Hoheitsgebiet die gemäß dieser Richtlinie getroffenen Maßnahmen sowie die bereits geltenden einschlägigen Vorschriften allen Betroffenen mit allen geeigneten Mitteln zur Kenntnis gebracht werden.

Art. 14 Schutzniveau. *[1]* Die Mitgliedstaaten können Vorschriften einführen oder beibehalten, die im Hinblick auf die Wahrung des Grundsatzes der Gleichbehandlung von Männern und Frauen günstiger sind als die in dieser Richtlinie vorgesehenen Vorschriften.

[2] Die Umsetzung dieser Richtlinie darf keinesfalls als Rechtfertigung für eine Absenkung des von den Mitgliedstaaten bereits garantierten Niveaus des

---

[1)] Nr. **290**.

Schutzes vor Diskriminierung in den von der Richtlinie erfassten Bereichen benutzt werden.

Art. 15 Berichte. (1) *[1]* Die Mitgliedstaaten übermitteln der Kommission bis zum 5. August 2015 sämtliche verfügbaren Informationen über die Anwendung dieser Richtlinie.

[2] [1] Die Kommission erstellt bis spätestens 5. August 2016 einen zusammenfassenden Bericht und legt diesen dem Europäischen Parlament und dem Rat vor. [2] Dieser Bericht sollte jegliche gesetzliche Änderung in Bezug auf die Dauer des Mutterschaftsurlaubs für Arbeitnehmerinnen berücksichtigen. [3] Dem Bericht sind, soweit erforderlich, Vorschläge zur Anpassung dieser Richtlinie beizufügen.

(2) Die Kommission berücksichtigt in ihrem Bericht die Standpunkte der einschlägigen Interessengruppen.

Art. 16 Umsetzung. (1) *[1]* [1] Die Mitgliedstaaten setzen die erforderlichen Rechts- und Verwaltungsvorschriften in Kraft, um dieser Richtlinie spätestens bis zum 5. August 2012 nachzukommen. [2] Sie teilen der Kommission unverzüglich den Wortlaut dieser Rechtsvorschriften mit.

[2] [1] Bei Erlass dieser Vorschriften nehmen die Mitgliedstaaten in den Vorschriften selbst oder durch einen Hinweis bei der amtlichen Veröffentlichung auf diese Richtlinie Bezug. [2] Die Mitgliedstaaten regeln die Einzelheiten der Bezugnahme.

(2) Wenn dies durch besondere Schwierigkeiten gerechtfertigt ist, kann den Mitgliedstaaten erforderlichenfalls ein zusätzlicher Zeitraum von zwei Jahren bis zum 5. August 2014 eingeräumt werden, um den Verpflichtungen nach Artikel 7 sowie den Verpflichtungen nach Artikel 8 in Bezug auf Ehepartnerinnen und Lebenspartnerinnen im Sinne von Artikel 2 Buchstabe b nachzukommen.

(3) Die Mitgliedstaaten teilen der Kommission den Wortlaut der wichtigsten innerstaatlichen Rechtsvorschriften mit, die sie auf dem unter diese Richtlinie fallenden Gebiet erlassen.

Art. 17 Aufhebung. *[1]* Die Richtlinie 86/613/EWG wird mit Wirkung vom 5. August 2012 aufgehoben.

[2] Verweisungen auf die aufgehobene Richtlinie gelten als Verweisungen auf die vorliegende Richtlinie.

Art. 18 Inkrafttreten. Diese Richtlinie tritt am zwanzigsten Tag nach ihrer Veröffentlichung im *Amtsblatt der Europäischen Union* in Kraft.

Art. 19 Adressaten. Diese Richtlinie ist an die Mitgliedstaaten gerichtet.

Geschehen zu Straßburg am 7. Juli 2010.

320. Richtlinie 2014/50/EU des Europäischen Parlaments und des Rates vom 16. April 2014 über Mindestvorschriften zur Erhöhung der Mobilität von Arbeitnehmern zwischen den Mitgliedstaaten durch Verbesserung des Erwerbs und der Wahrung von Zusatzrentenansprüchen

(Text von Bedeutung für den EWR)

(ABl. L 128 S. 1)[1)]

Celex-Nr. 3 2014 L 0050

DAS EUROPÄISCHE PARLAMENT UND DER RAT DER EUROPÄISCHEN UNION –

gestützt auf den Vertrag über die Arbeitsweise der Europäischen Union, insbesondere auf Artikel 46,

auf Vorschlag der Europäischen Kommission,

nach Stellungnahme des Europäischen Wirtschafts- und Sozialausschusses[2)],

gemäß dem ordentlichen Gesetzgebungsverfahren[3)],

in Erwägung nachstehender Gründe:

(1) Die Freizügigkeit ist eine der von der Union garantierten Grundfreiheiten. Artikel 46 des Vertrags über die Arbeitsweise der Europäischen Union (AEUV) sieht vor, dass das Europäische Parlament und der Rat gemäß dem ordentlichen Gesetzgebungsverfahren und nach Anhörung des Europäischen Wirtschafts- und Sozialausschusses durch Richtlinien alle erforderlichen Maßnahmen zu treffen haben, um die Freizügigkeit der Arbeitnehmer gemäß Artikel 45 AEUV herzustellen. Nach Artikel 45 AEUV gibt die Freizügigkeit der Arbeitnehmer den Arbeitnehmern das Recht, sich um angebotene Stellen zu bewerben und sich zu diesem Zweck im Hoheitsgebiet der Mitgliedstaaten frei zu bewegen. Diese Richtlinie zielt auf die Förderung der Mobilität von Arbeitnehmern ab, indem sie Mobilitätshindernisse abbaut, die durch einige Vorschriften bezüglich der an ein Beschäftigungsverhältnis gekoppelten Zusatzrentensysteme entstanden sind.

(2) Die Alterssicherung der Arbeitnehmer wird durch die gesetzliche Rentenversicherung gewährleistet, ergänzt durch die an das Beschäftigungsverhältnis gekoppelten Zusatzrentensysteme, die in den Mitgliedstaaten immer mehr an Bedeutung gewinnen.

(3) Das Europäische Parlament und der Rat verfügen über einen großen Ermessensspielraum bei der Wahl der Maßnahmen zur Verwirklichung der Ziele des Artikels 46 AEUV. Das Koordinierungssystem gemäß der Ver-

---

1) Veröffentlicht am 30.4.2014.

2) **Amtl. Anm.:** ABl. C 185 vom 8.8.2006, S. 37.

3) **Amtl. Anm.:** Standpunkt des Europäischen Parlaments vom 20. Juni 2007 (ABl. C 146 E vom 12.6.2008, S. 216) und Standpunkt des Rates in erster Lesung vom 17. Februar 2014 (ABl. C 77 E vom 15.3.2014, S. 1). Standpunkt des Europäischen Parlaments vom 16. April 2014 (noch nicht im Amtsblatt veröffentlicht).

ordnung (EWG) Nr. 1408/71 des Rates[1] und der Verordnung (EG) Nr. 883/2004[2] des Europäischen Parlaments und des Rates[3] und insbesondere die Bestimmungen zur Zusammenrechnung der Versicherungszeiten gelten nicht für die Zusatzrentensysteme, ausgenommen die Systeme, die in diesen Verordnungen als Rechtsvorschriften definiert werden oder die auf der Grundlage dieser Verordnungen Gegenstand einer entsprechenden Erklärung eines Mitgliedstaats sind.

(4) Die Richtlinie 98/49/EG des Rates[4] ist eine erste spezifische Maßnahme, die darauf abzielt, die Ausübung des Rechts der Arbeitnehmer auf Freizügigkeit im Bereich der Zusatzrentensysteme zu erleichtern.

(5) Ziel dieser Richtlinie ist es, die Mobilität von Arbeitnehmern zwischen den Mitgliedstaaten weiter zu erleichtern, indem die Möglichkeiten für Anwärter auf Zusatzrentenansprüche zum Erwerb und zur Wahrung solcher Zusatzrentenansprüchen verbessert werden.

(6) Diese Richtlinie gilt nicht für den Erwerb und die Wahrung von Zusatzrentenansprüchen von Arbeitnehmern, die innerhalb eines einzigen Mitgliedstaats zu- und abwandern. Die Mitgliedstaaten können es in Betracht ziehen, von ihren nationalen Befugnissen Gebrauch zu machen, um die gemäß dieser Richtlinie anwendbaren Regelungen auf Versorgungsanwärter auszudehnen, die innerhalb eines einzigen Mitgliedstaats den Arbeitgeber wechseln.

(7) Ein Mitgliedstaat kann verlangen, dass ausscheidende Arbeitnehmer, die in einen anderen Mitgliedstaat abwandern, dies ihren Zusatzrentensystemen entsprechend mitteilen.

(8) Der Beschaffenheit und dem besonderen Charakter der Zusatzrentensysteme und den diesbezüglichen Unterschieden innerhalb der einzelnen Mitgliedstaaten und zwischen ihnen sollte Rechnung getragen werden. Die Einführung neuer Systeme, die Tragfähigkeit bestehender Systeme sowie die Erwartungen und Rechte der derzeitigen Versorgungsanwärter sollten angemessen geschützt werden. Insbesondere sollte diese Richtlinie der Rolle der Sozialpartner bei der Gestaltung und Anwendung der Zusatzrentensysteme Rechnung tragen.

(9) Durch diese Richtlinie wird das Recht der Mitgliedstaaten, ihre Altersversorgungssysteme selbst zu gestalten, nicht in Frage gestellt. Die Mitgliedstaaten bleiben uneingeschränkt für die Organisation dieser Systeme zuständig und sind im Zuge der Umsetzung dieser Richtlinie in nationales Recht nicht verpflichtet, Rechtsvorschriften zur Einführung von Zusatzrentensystemen zu erlassen.

(10) Diese Richtlinie begrenzt nicht die Autonomie der Sozialpartner in Fällen, in denen sie für die Einrichtung und Verwaltung von Altersversorgungs-

---

[1] **Amtl. Anm.:** Verordnung (EWG) Nr. 1408/71 des Rates vom 14. Juni 1971 zur Anwendung der Systeme der sozialen Sicherheit auf Arbeitnehmer und Selbständige sowie deren Familienangehörige, die innerhalb der Gemeinschaft zu- und abwandern (ABl. L 149 vom 5.7.1971, S. 2).

[2] Nr. **105**.

[3] **Amtl. Anm.:** Verordnung (EG) Nr. 883/2004 des Europäischen Parlaments und des Rates vom 29. April 2004 zur Koordinierung der Systeme der sozialen Sicherheit (ABl. L 166 vom 30.4.2004, S. 1).

[4] **Amtl. Anm.:** Richtlinie 98/49/EG des Rates vom 29. Juni 1998 zur Wahrung ergänzender Rentenansprüche von Arbeitnehmern und Selbstständigen, die innerhalb der Europäischen Gemeinschaft zu- und abwandern (ABl. L 209 vom 25.7.1998, S. 46).

systemen zuständig sind, sofern sie die durch die Richtlinie festgelegten Ergebnisse sicherstellen können.

(11) Diese Richtlinie sollte für alle nach nationalem Recht und Gepflogenheiten eingerichteten Zusatzrentensysteme gelten, die Zusatzrentenleistungen für Arbeitnehmer bieten, beispielsweise Gruppenversicherungsverträge oder branchenweit oder sektoral vereinbarte, nach dem Umlageverfahren finanzierte Systeme, kapitalgedeckte Systeme oder Rentenversprechen auf der Grundlage von Pensionsrückstellungen der Unternehmen oder tarifliche oder sonstige vergleichbare Regelungen.

(12) Diese Richtlinie sollte nicht für Zusatzrentensysteme bzw. gegebenenfalls für Teilbereiche solcher Systeme gelten, die verschlossen wurden, so dass keine neuen Anwärter mehr aufgenommen werden, weil die Einführung neuer Regelungen für solche Systeme eine ungerechtfertigte Belastung bedeuten würde.

(13) Diese Richtlinie sollte keine Insolvenzschutz- oder Ausgleichsregelungen berühren, die nicht zu den an ein Beschäftigungsverhältnis gekoppelten Zusatzrentensystemen zählen und deren Ziel es ist, die Rentenansprüche von Arbeitnehmern bei Insolvenz des Unternehmens oder des Rentensystems zu schützen. Desgleichen sollte diese Richtlinie nationale Pensionsreservefonds unberührt lassen.

(14) Diese Richtlinie sollte nur auf die Zusatzrentensysteme Anwendung finden, für die Ansprüche bestehen, die sich aus einem Beschäftigungsverhältnis ergeben und die – je nach Vorschrift im jeweiligen Rentensystem oder im nationalen Recht – mit dem Erreichen des Rentenalters oder der Erfüllung anderer Voraussetzungen verbunden sind. Diese Richtlinie gilt nur für individuelle Versorgungsregelungen, die im Rahmen eines Beschäftigungsverhältnisses vereinbart wurden. Sind Leistungen der Invaliditäts- oder Hinterbliebenenversorgung mit Zusatzrentensystemen verbunden, so kann der Anspruch auf solche Leistungen Sonderregelungen unterliegen. Diese Richtlinie berührt nicht das geltende nationale Recht und die Regeln der Zusatzrentensysteme in Bezug auf diese Sonderregelungen.

(15) Eine einmalige Zahlung, die nicht mit den zum Zwecke der zusätzlichen Altersversorgung geleisteten Beiträgen in Zusammenhang steht, die unmittelbar oder mittelbar am Ende eines Beschäftigungsverhältnisses gezahlt und die ausschließlich vom Arbeitgeber finanziert wird, sollte nicht als Zusatzrente im Sinne dieser Richtlinie gelten.

(16) Da die zusätzliche Altersversorgung in vielen Mitgliedstaaten immer mehr an Bedeutung als Mittel zur Sicherung des Lebensstandards im Alter gewinnt, sollten die Bedingungen für den Erwerb und die Wahrung von Rentenansprüchen im Interesse des Abbaus von Hindernissen, die der Freizügigkeit der Arbeitnehmer zwischen den Mitgliedstaaten entgegenstehen, verbessert werden.

(17) Die Tatsache, dass in einigen Zusatzrentensystemen Rentenansprüche verfallen können, wenn das Beschäftigungsverhältnis eines Arbeitnehmers endet, bevor dieser den Mindestzeitraum der Zugehörigkeit zu dem betreffenden System (im Folgenden „Unverfallbarkeitsfrist“) oder ein bestimmtes Mindestalter (im Folgenden "Unverfallbarkeitsalter") erreicht hat, kann Arbeitnehmern, die zwischen Mitgliedstaaten zu- und abwandern, den Erwerb angemessener Rentenansprüche unmöglich machen. Die Voraussetzung einer langen Wartezeit, bevor der Arbeitnehmer Anwärter

eines Rentensystems werden kann, kann eine vergleichbare Wirkung haben. Derartige Bedingungen stellen deshalb Hemmnisse für die Freizügigkeit der Arbeitnehmer dar. Wird die Zugehörigkeit zu einem Rentensystem hingegen an das Erreichen eines Mindestalters geknüpft, so stellt diese Voraussetzung kein Hindernis für die Ausübung des Rechts auf Freizügigkeit dar und wird daher nicht durch diese Richtlinie geregelt.

(18) Die Unverfallbarkeitsbedingungen sollten nicht anderen Bedingungen für den Erwerb eines Anspruchs auf Zahlung einer Rente gleichgestellt werden, die nach nationalem Recht oder nach den Regeln bestimmter Zusatzrentensysteme, insbesondere beitragsorientierter Systeme, in Bezug auf die Auszahlungsphase festgelegt sind. Beispielsweise stellt der Zeitraum der aktiven Zugehörigkeit zu einem System, den ein Anwärter nach dem Erwerb des Anspruchs auf eine Zusatzrente erreichen muss, um die Rente in Form einer Leibrente oder einer Kapitalauszahlung beantragen zu können, keine Unverfallbarkeitsfrist dar.

(19) Hat ein ausscheidender Arbeitnehmer zum Zeitpunkt der Beendigung seines Beschäftigungsverhältnisses noch keine unverfallbaren Rentenanwartschaften erworben und trägt das Rentensystem oder der Arbeitgeber das Anlagerisiko, insbesondere bei leistungsorientierten Systemen, so sollte das System die vom ausscheidenden Arbeitnehmer eingezahlten Rentenbeiträge stets erstatten. Hat ein ausscheidender Arbeitnehmer zum Zeitpunkt der Beendigung seines Beschäftigungsverhältnisses noch keine unverfallbaren Rentenanwartschaften erworben und trägt der ausscheidende Arbeitnehmer das Anlagerisiko, insbesondere bei beitragsorientierten Systemen, so kann das System den aus diesen Beiträgen erwachsenden Anlagewert erstatten. Der Anlagewert kann höher oder niedriger sein als die vom ausscheidenden Arbeitnehmer gezahlten Beiträge. Alternativ dazu kann das System die Summe der Beiträge erstatten.

(20) Ausscheidende Arbeitnehmer sollten das Recht haben, ihre unverfallbaren Rentenanwartschaften als ruhende Rentenanwartschaften in dem Zusatzrentensystem, in dem die Anwartschaft begründet wurde, zu belassen. Was die Wahrung ruhender Rentenanwartschaften anbelangt, so kann der Schutz als gleichwertig gelten, wenn insbesondere im Kontext eines beitragsorientierten Systems den ausscheidenden Arbeitnehmern die Möglichkeit einer Übertragung des Wertes ihrer unverfallbaren Rentenanwartschaften auf ein Zusatzrentensystem geboten wird, das die Bedingungen dieser Richtlinie erfüllt.

(21) Im Einklang mit nationalem Recht und nationalen Gepflogenheiten sollten Maßnahmen getroffen werden, um die Wahrung der ruhenden Rentenanwartschaften oder ihres Wertes sicherzustellen. Der Wert der Anwartschaften zum Zeitpunkt des Ausscheidens des Anwärters aus dem System sollte nach dem nationalen Recht und nationalen Gepflogenheiten ermittelt werden. Wird der Wert der ruhenden Rentenanwartschaften angepasst, so sollte den Besonderheiten des Systems, den Interessen der ausgeschiedenen Versorgungsanwärter, den Interessen der im System verbleibenden aktiven Versorgungsanwärter sowie den Interessen der im Ruhestand befindlichen Leistungsempfänger Rechnung getragen werden.

(22) Diese Richtlinie begründet keine Verpflichtung, für ruhende Rentenanwartschaften günstigere Bedingungen festzulegen als für die Anwartschaften aktiver Versorgungsanwärter.

(23) Wenn die unverfallbaren Rentenanwartschaften oder der Wert der unverfallbaren Rentenanwartschaften eines ausscheidenden Arbeitnehmers einen vom betreffenden Mitgliedstaat festgelegten anwendbaren Schwellenbetrag nicht überschreiten, so kann den Rentensystemen die Möglichkeit eingeräumt werden, diese unverfallbaren Rentenanwartschaften nicht zu erhalten, sondern diese stattdessen in Höhe ihres Kapitalwertes an den ausscheidenden Arbeitnehmer auszuzahlen, damit durch die Verwaltung einer großen Zahl von ruhenden Rentenanwartschaften von geringem Wert keine übermäßigen Verwaltungskosten entstehen. Gegebenenfalls wird der Übertragungswert oder die Kapitalauszahlung gemäß nationalem Recht und nationalen Gepflogenheiten festgelegt. Die Mitgliedstaaten sollten gegebenenfalls einen Schwellenwert für solche Zahlungen festlegen, wobei sie der Angemessenheit des künftigen Renteneinkommens des Arbeitnehmers Rechnung tragen.

(24) Diese Richtlinie enthält keine Bestimmungen über die Übertragung unverfallbarer Rentenanwartschaften. Zur Förderung der Mobilität von Arbeitnehmern zwischen den Mitgliedstaaten sollten die Mitgliedstaaten jedoch bestrebt sein, im Rahmen des Möglichen und insbesondere bei Einführung neuer Zusatzrentensysteme die Übertragbarkeit unverfallbarer Rentenanwartschaften zu verbessern.

(25) Unbeschadet der Richtlinie 2003/41/EG des Europäischen Parlaments und des Rates[1)] sollten aktive Versorgungsanwärter und ausgeschiedene Versorgungsanwärter, die das Recht auf Freizügigkeit wahrnehmen oder wahrnehmen wollen, auf Verlangen angemessen über ihre Zusatzrentenansprüche aufgeklärt werden. Umfassen Rentensysteme auch Leistungen der Hinterbliebenenversorgung, so sollten begünstigte Hinterbliebene über dasselbe Recht auf Auskunft verfügen wie ausgeschiedene Versorgungsanwärter. Die Mitgliedstaaten sollten vorschreiben können, dass diese Auskünfte nicht häufiger als einmal pro Jahr erteilt werden müssen.

(26) In Anbetracht der Vielfalt der Zusatzrentensysteme sollte sich die Union darauf beschränken, innerhalb eines allgemeinen Rahmens Ziele vorzugeben. Eine Richtlinie ist daher das angemessene Rechtsinstrument.

(27) Da das Ziel dieser Richtlinie, nämlich die Erleichterung der Wahrnehmung des Rechts der Arbeitnehmer auf Freizügigkeit zwischen den Mitgliedstaaten, von den Mitgliedstaaten nicht ausreichend verwirklicht werden kann, sondern vielmehr wegen der Tragweite der Maßnahme auf Unionsebene besser zu verwirklichen ist, kann die Union im Einklang mit dem in Artikel 5 des Vertrags über die Europäische Union niedergelegten Subsidiaritätsprinzip tätig werden. Entsprechend dem in demselben Artikel genannten Verhältnismäßigkeitsgrundsatz geht diese Richtlinie nicht über das für die Erreichung dieses Ziels erforderliche Maß hinaus.

(28) Diese Richtlinie legt Mindestanforderungen fest, was den Mitgliedstaaten die Freiheit lässt, vorteilhaftere Bestimmungen zu erlassen oder beizubehalten. Die Umsetzung dieser Richtlinie kann keinen Rückschritt gegenüber der in einem Mitgliedstaat bestehenden Situation rechtfertigen.

[1)] **Amtl. Anm.:** Richtlinie 2003/41/EG des Europäischen Parlaments und des Rates vom 3. Juni 2003 über die Tätigkeiten und die Beaufsichtigung von Einrichtungen der betrieblichen Altersversorgung (ABl. L 235 vom 23.9.2003, S. 10).

(29) Die Kommission sollte spätestens sechs Jahre nach dem Tag des Inkrafttretens dieser Richtlinie einen Bericht über deren Anwendung erstellen.

(30) Im Einklang mit den nationalen Bestimmungen zur Verwaltung der Zusatzrentensysteme können die Mitgliedstaaten die Sozialpartner auf deren gemeinsames Verlangen mit der Durchführung der in den Anwendungsbereich von Tarifverträgen fallenden Bestimmungen der Richtlinie betrauen, vorausgesetzt, die Mitgliedstaaten treffen alle erforderlichen Maßnahmen, um zu garantieren, dass die Verwirklichung der in dieser Richtlinie festgelegten Ziele zu jedem Zeitpunkt gewährleistet ist –

HABEN FOLGENDE RICHTLINIE ERLASSEN:

Art. 1 Gegenstand. Diese Richtlinie legt Regelungen fest, die darauf abzielen, den Arbeitnehmern die Wahrnehmung des Rechts auf Freizügigkeit zwischen den Mitgliedstaaten dadurch zu erleichtern, dass die Hindernisse, die durch einige Vorschriften für die an ein Beschäftigungsverhältnis gekoppelten Zusatzrentensysteme entstanden sind, abgebaut werden.

Art. 2 Anwendungsbereich. (1) Diese Richtlinie gilt für Zusatzrentensysteme mit Ausnahme der unter die Verordnung (EG) Nr. 883/2004[1)] fallenden Systeme.

(2) Diese Richtlinie findet keine Anwendung auf:

a) Zusatzrentensysteme, die zum Zeitpunkt des Inkrafttretens dieser Richtlinie keine neuen aktiven Versorgungsanwärter mehr aufnehmen und ihnen verschlossen bleiben;

b) Zusatzrentensysteme, die Maßnahmen unterliegen, die das Tätigwerden einer nach nationalem Recht eingesetzten Behörde oder eines Gerichts mit dem Ziel, ihre finanzielle Lage zu sichern oder wiederherzustellen, beinhalten, einschließlich Liquidationsverfahren. Dieser Ausschluss gilt nur, solange diese Maßnahmen andauern;

c) Insolvenzschutzsysteme, Ausgleichssysteme und nationale Pensionsreservefonds und

d) einmalige Zahlungen, die am Ende des Beschäftigungsverhältnisses des Arbeitnehmers von Arbeitgebern an Arbeitnehmer geleistet werden und nicht mit der Altersversorgung in Zusammenhang stehen.

(3) Diese Richtlinie findet keine Anwendung auf Leistungen der Invaliditäts- und/oder Hinterbliebenenversorgung im Rahmen von Zusatzrentensystemen, mit Ausnahme der Sonderregelungen nach den Artikeln 5 und 6 in Bezug auf Leistungen der Hinterbliebenenversorgung.

(4) Diese Richtlinie gilt nur für Beschäftigungszeiten, die in den Zeitraum nach ihrer Umsetzung gemäß Artikel 8 fallen.

(5) Diese Richtlinie gilt nicht für den Erwerb und die Wahrung von Zusatzrentenansprüchen der Arbeitnehmer, die innerhalb eines einzigen Mitgliedstaats zu- und abwandern.

Art. 3 Begriffsbestimmungen. Im Sinne dieser Richtlinie bezeichnet der Ausdruck

---

1) Nr. **105**.

a) „Zusatzrente“ eine nach den Bestimmungen eines nach nationalem Recht und nationalen Gepflogenheiten eingerichteten Zusatzrentensystems vorgesehene Altersversorgung;
b) „Zusatzrentensystem“ ein nach nationalem Recht und nationalen Gepflogenheiten eingerichtetes, an ein Beschäftigungsverhältnis gekoppeltes betriebliches Rentensystem für die Altersversorgung, das Zusatzrenten für Arbeitnehmer bieten soll;
c) „aktive Versorgungsanwärter“ Arbeitnehmer, die aufgrund ihres derzeitigen Beschäftigungsverhältnisses nach den Bestimmungen eines Zusatzrentensystems Anspruch auf eine Zusatzrentenleistung haben oder nach Erfüllung der Anwartschaftsbedingungen voraussichtlich haben werden;
d) „Wartezeit“ die Beschäftigungsdauer, die nach nationalem Recht oder den Regeln eines Zusatzrentensystems oder vom Arbeitgeber getroffenen Festlegungen erforderlich ist, bevor ein Arbeitnehmer als Anwärter zu einem System zugelassen werden kann;
e) „Unverfallbarkeitsfrist“ die Dauer der aktiven Zugehörigkeit zu einem System, die nach nationalem Recht oder den Regeln eines Zusatzrentensystems erforderlich ist, um erworbene Zusatzrentenansprüche zu begründen;
f) „unverfallbare Rentenanwartschaften“ alle Zusatzrentenansprüche, die nach Erfüllung etwaiger Anwartschaftsbedingungen gemäß den Regeln eines Zusatzrentensystems und gegebenenfalls nach nationalem Recht erworben wurden;
g) „ausscheidender Arbeitnehmer“ einen aktiven Versorgungsanwärter, dessen derzeitiges Beschäftigungsverhältnis aus anderen Gründen als dem Erwerb einer Anwartschaft auf eine Zusatzrente endet und der zwischen Mitgliedstaaten zu- und abwandert;
h) „ausgeschiedener Versorgungsanwärter“ einen ehemaligen aktiven Versorgungsanwärter, der unverfallbare Rentenanwartschaften in einem Zusatzrentensystem besitzt und noch keine Zusatzrente aus diesem System erhält;
i) „ruhende Rentenanwartschaften“ unverfallbare Rentenanwartschaften, die in dem System, in dem sie von einem ausgeschiedenen Versorgungsanwärter erworben wurden, aufrechterhalten werden;
j) „Wert der ruhenden Rentenanwartschaften“ den Kapitalwert der Anwartschaften, der im Einklang mit nationalem Recht und nationalen Gepflogenheiten berechnet wird.

Art. 4 Bedingungen für den Erwerb von Ansprüchen im Rahmen eines Zusatzrentensystems. (1) Die Mitgliedstaaten treffen die erforderlichen Maßnahmen, um Folgendes sicherzustellen:
a) Gilt eine Unverfallbarkeitsfrist oder eine Wartezeit oder beides, so überschreitet deren Gesamtdauer für ausscheidende Arbeitnehmer unter keinen Umständen drei Jahre;
b) wird für den Erwerb unverfallbarer Rentenanwartschaften ein Mindestalter vorgeschrieben, so beträgt dieses Alter für ausscheidende Arbeitnehmer höchstens 21 Jahre;
c) hat ein ausscheidender Arbeitnehmer zum Zeitpunkt der Beendigung seines Beschäftigungsverhältnisses noch keine unverfallbaren Rentenanwartschaften erworben, so erstattet das Zusatzrentensystem die Beiträge, die vom ausscheidenden Arbeitnehmer oder in seinem Namen gemäß nationalem Recht oder

Kollektivverträgen eingezahlt wurden, oder, falls der ausscheidende Arbeitnehmer das Anlagerisiko trägt, entweder die Summe der geleisteten Beiträge oder den aus diesen Beiträgen erwachsenden Anlagewert.

(2) Die Mitgliedstaaten können den Sozialpartnern die Möglichkeit einräumen, abweichende Regelungen in Tarifverträge aufzunehmen, sofern diese Regelungen keinen weniger günstigen Schutz bieten und keine Hemmnisse für die Freizügigkeit der Arbeitnehmer schaffen.

Art. 5 Wahrung ruhender Rentenanwartschaften. (1) [1] Vorbehaltlich der Absätze 3 und 4 treffen die Mitgliedstaaten die erforderlichen Maßnahmen, um sicherzustellen, dass ausscheidende Arbeitnehmer ihre unverfallbaren Rentenanwartschaften in dem Zusatzrentensystem, in dem sie erworben wurden, belassen können. [2] Bei der Berechnung des ursprünglichen Wertes dieser Anwartschaften für die Zwecke des Absatzes 2 wird der Zeitpunkt zugrunde gelegt, zu dem das derzeitige Beschäftigungsverhältnis des ausscheidenden Arbeitnehmers endet.

(2) Die Mitgliedstaaten treffen unter Berücksichtigung der Art der Regelung und der Gepflogenheiten des jeweiligen Rentensystems die Maßnahmen, die erforderlich sind, um sicherzustellen, dass die Behandlung der ruhenden Rentenanwartschaften ausscheidender Arbeitnehmer und ihrer Hinterbliebenen oder des Wertes solcher Anwartschaften der Behandlung des Wertes der Ansprüche aktiver Versorgungsanwärter oder der Entwicklung der derzeit ausgezahlten Renten entspricht, oder dass diese Anwartschaften oder ihr Wert in einer anderen Weise behandelt werden, die als gerecht betrachtet wird, wie etwa folgende Maßnahmen:

a) wenn die Rentenanwartschaften im Zusatzrentensystem als nominale Anrechte erworben werden, indem der Nominalwert der ruhenden Rentenanwartschaften gesichert wird,

b) wenn sich der Wert der erworbenen Rentenanwartschaften im Laufe der Zeit ändert, indem eine Anpassung des Wertes der ruhenden Rentenanwartschaften durch die Anwendung folgender Elemente erfolgt:

   i) eine in das Zusatzrentensystem integrierte Verzinsung oder

   ii) eine vom Zusatzrentensystem erzielte Kapitalrendite,

   oder

c) wenn der Wert der erworbenen Rentenanwartschaften beispielsweise entsprechend der Inflationsrate oder des Lohnniveaus angepasst wird, indem eine entsprechende Anpassung des Wertes der ruhenden Rentenanwartschaften nach Maßgabe einer angemessenen Höchstgrenze erfolgt, die im nationalen Recht festgesetzt oder von den Sozialpartnern vereinbart wird.

(3) [1] Die Mitgliedstaaten können den Zusatzrentensystemen die Möglichkeit einräumen, unverfallbare Rentenanwartschaften eines ausscheidenden Arbeitnehmers nicht zu erhalten, sondern diese mit der in Kenntnis der Sachlage erteilten Einwilligung des Arbeitnehmers – auch in Bezug auf die zu erhebenden Gebühren – in Höhe ihres Kapitalwertes an den ausscheidenden Arbeitnehmer auszuzahlen, soweit der Wert der unverfallbaren Rentenanwartschaften einen vom betreffenden Mitgliedstaat festgelegten Schwellenwert nicht überschreitet. [2] Die Mitgliedstaaten teilen der Kommission den angewendeten Schwellenwert mit.

(4) Die Mitgliedstaaten können den Sozialpartnern die Möglichkeit einräumen, abweichende Regelungen in Tarifverträge aufzunehmen, sofern diese Regelungen keinen weniger günstigen Schutz bieten und keine Hemmnisse für die Freizügigkeit der Arbeitnehmer bewirken.

Art. 6 Auskünfte. (1) *[1]* Die Mitgliedstaaten stellen sicher, dass aktive Versorgungsanwärter auf Verlangen Auskünfte über die Folgen einer Beendigung des Beschäftigungsverhältnisses für ihre Zusatzrentenansprüche erhalten können.

[2] Insbesondere sind zu Folgendem Auskünfte zu erteilen:

a) den Bedingungen für den Erwerb von Zusatzrentenanwartschaften und den Folgen der Anwendung dieser Bedingungen bei Beendigung des Beschäftigungsverhältnisses;

b) dem Wert ihrer unverfallbaren Rentenanwartschaften oder einer höchstens 12 Monate vor dem Zeitpunkt ihres Ersuchens durchgeführten Schätzung der unverfallbaren Rentenanwartschaften und

c) den Bedingungen für die künftige Behandlung ruhender Rentenanwartschaften.

[3] Sofern das System die Möglichkeit des frühzeitigen Zugriffs auf unverfallbare Rentenanwartschaften in Form von Kapitalauszahlungen vorsieht, sollten die erteilten Auskünfte auch eine schriftliche Erklärung enthalten, wonach der Anwärter in Betracht ziehen sollte, sich im Hinblick auf die Anlage dieses Kapitals zum Zwecke der Altersversorgung beraten zu lassen.

(2) Die Mitgliedstaaten stellen sicher, dass ausgeschiedene Versorgungsanwärter auf Verlangen Auskünfte über Folgendes erhalten:

a) den Wert ihrer ruhenden Rentenanwartschaften oder eine höchstens 12 Monate vor dem Zeitpunkt ihres Ersuchens durchgeführte Schätzung der ruhenden Rentenanwartschaften und

b) die Bedingungen für die Behandlung ruhender Rentenanwartschaften.

(3) Im Falle von Leistungen der Hinterbliebenenversorgung im Rahmen von Zusatzrentensystemen gilt Absatz 2 auch für begünstigte Hinterbliebene in Bezug auf die Zahlung von Leistungen an Hinterbliebene.

(4) [1] Die Auskünfte sind schriftlich, in verständlicher Form und in angemessener Frist zu erteilen. [2] Die Mitgliedstaaten können vorsehen, dass solche Auskünfte nicht häufiger als einmal pro Jahr erteilt werden müssen.

(5) Die Verpflichtungen gemäß diesem Artikel gelten unbeschadet und zusätzlich zu der Auskunftspflicht der Einrichtungen der betrieblichen Altersversorgung gemäß Artikel 11 der Richtlinie 2003/41/EG.

Art. 7 Mindestvorschriften und Rückschrittsklausel. (1) In Bezug auf den Erwerb von Zusatzrentenanwartschaften von Arbeitnehmern, auf die Wahrung von Zusatzrentenansprüchen ausscheidender Arbeitnehmer sowie auf das Recht aktiver und ausgeschiedener Versorgungsanwärter auf die Erteilung von Auskünften können die Mitgliedstaaten Bestimmungen erlassen oder beibehalten, die vorteilhafter sind als die in dieser Richtlinie vorgesehenen Bestimmungen.

(2) Die Umsetzung dieser Richtlinie darf in keinem Fall zum Anlass genommen werden, die in den Mitgliedstaaten bestehenden Rechte auf Erwerb und

Wahrung von Zusatzrenten oder das Recht von Versorgungsanwärtern oder Leistungsempfängern auf die Erteilung von Auskünften einzuschränken.

Art. 8 Umsetzung. (1) [1]Die Mitgliedstaaten erlassen bis zum 21. Mai 2018 die erforderlichen Rechts- und Verwaltungsvorschriften, um dieser Richtlinie nachzukommen, oder sie sorgen dafür, dass die Sozialpartner die notwendigen Bestimmungen bis zu diesem Zeitpunkt durch Vereinbarung einführen. [2]Die Mitgliedstaaten treffen die erforderlichen Maßnahmen, um zu gewährleisten, dass die durch diese Richtlinie vorgeschriebenen Ergebnisse erzielt werden. [3]Sie setzen die Kommission unverzüglich davon in Kenntnis.

(2) [1]Wenn die Mitgliedstaaten Vorschriften nach Absatz 1 erlassen, nehmen sie in den Vorschriften selbst oder durch einen Hinweis bei der amtlichen Veröffentlichung auf diese Richtlinie Bezug. [2]Die Mitgliedstaaten regeln die Einzelheiten der Bezugnahme.

Art. 9 Berichterstattung. (1) Die Mitgliedstaaten übermitteln der Kommission bis zum 21. Mai 2019 sämtliche verfügbaren Informationen über die Anwendung dieser Richtlinie.

(2) Bis zum 21. Mai 2020 erstellt die Kommission einen Bericht über die Anwendung dieser Richtlinie, den sie dem Europäischen Parlament, dem Rat und dem Europäischen Wirtschafts- und Sozialausschuss vorlegt.

Art. 10 Inkrafttreten. Diese Richtlinie tritt am zwanzigsten Tag nach ihrer Veröffentlichung im Amtsblatt der Europäischen Union in Kraft.

Art. 11 Adressaten. Diese Richtlinie ist an die Mitgliedstaaten gerichtet.

Geschehen zu Straßburg am 16. April 2014.

325. Richtlinie (EU) 2016/943 des Europäischen Parlaments und des Rates vom 8. Juni 2016 über den Schutz vertraulichen Know-hows und vertraulicher Geschäftsinformationen (Geschäftsgeheimnisse) vor rechtswidrigem Erwerb sowie rechtswidriger Nutzung und Offenlegung

(Text von Bedeutung für den EWR)

(ABl. L 157 S. 1)[1)]

Celex-Nr. 3 2016 L 0943

DAS EUROPÄISCHE PARLAMENT UND DER RAT DER EUROPÄISCHEN UNION –

gestützt auf den Vertrag über die Arbeitsweise der Europäischen Union, insbesondere auf Artikel 114,

auf Vorschlag der Europäischen Kommission,

nach Zuleitung des Entwurfs des Gesetzgebungsakts an die nationalen Parlamente,

nach Stellungnahme des Europäischen Wirtschafts- und Sozialausschusses[2)],

gemäß dem ordentlichen Gesetzgebungsverfahren[3)],

in Erwägung nachstehender Gründe:

(1) Unternehmen und nicht kommerzielle Forschungseinrichtungen investieren in den Erwerb, die Entwicklung und die Anwendung von Know-how und Informationen – die Währung der wissensbasierten Wirtschaft, die einen Wettbewerbsvorteil schafft. Diese Investition in die Schaffung und Anwendung intellektuellen Kapitals ist ein bestimmender Faktor für die Wettbewerbsfähigkeit und den Markterfolg der Unternehmen durch Innovation und damit ihre Rendite, die letztlich die Motivation für ihre Forschungs- und Entwicklungstätigkeiten darstellt. Unternehmen wenden unterschiedliche Mittel an, um sich die Ergebnisse ihrer Tätigkeiten im Innovationsbereich anzueignen, wenn eine freie Zugänglichkeit nicht die volle Nutzung ihrer Investitionen in Forschung und Innovation erlaubt. Eines dieser Mittel ist die Nutzung von Rechten des geistigen Eigentums in Form von Patenten, Geschmacksmusterrechten oder Urheberrechten. Ein weiteres Mittel, um sich die Ergebnisse der Innovation anzueignen, ist der Schutz des Zugangs zu Wissen und die Verwertung von Wissen, das für das betreffende Unternehmen von Wert und nicht allgemein bekannt ist. Solch wertvolles Know-how und solche wertvollen Geschäftsinformationen, die nicht offengelegt werden und vertraulich zu behandeln sind, werden als Geschäftsgeheimnis bezeichnet.

[1)] Veröffentlicht am 15.6.2016.

[2)] **Amtl. Anm.:** ABl. C 226 vom 16.7.2014, S. 48.

[3)] **Amtl. Anm.:** Standpunkt des Europäischen Parlaments vom 14.April 2016 (noch nicht im Amtsblatt veröffentlicht) und Beschluss des Rates vom 27. Mai 2016.

(2) Unternehmen schätzen – unabhängig von ihrer Größe – Geschäftsgeheimnisse als genauso wichtig wie Patente und andere Formen von Rechten des geistigen Eigentums ein. Sie nutzen Vertraulichkeit als Managementinstrument für unternehmerische Wettbewerbsfähigkeit und Forschungsinnovationen; dabei geht es um ein breites Spektrum von Informationen, das über das technologische Wissen hinausgeht und auch Geschäftsdaten wie Informationen über Kunden und Lieferanten, Businesspläne sowie Marktforschung und -strategien einschließt. Kleine und mittlere Unternehmen (KMU) schätzen Geschäftsgeheimnisse in besonderem Maße und sind stärker auf sie angewiesen. Durch den Schutz eines derart breiten Spektrums von Know-how und Geschäftsinformationen, die eine Ergänzung von oder auch eine Alternative zu Rechten des geistigen Eigentums darstellen können, ermöglichen Geschäftsgeheimnisse den Urhebern und Innovatoren, einen Nutzen aus ihrer schöpferischen Tätigkeit oder ihren Innovationen zu ziehen; sie sind daher von außerordentlicher Bedeutung für die Wettbewerbsfähigkeit der Unternehmen sowie für Forschung und Entwicklung und für die Leistung durch Innovation.

(3) Offene Innovation ist ein Katalysator für neue Ideen, mit denen die Verbraucherbedürfnisse befriedigt und gesellschaftliche Herausforderungen bewältigt werden, der dafür sorgt, dass diese Ideen auf den Markt gelangen. Eine solche Innovation ist ein wichtiger Hebel für die Schaffung neuen Wissens und fördert die Entstehung neuer und innovativer Geschäftsmodelle, die sich auf die Nutzung gemeinsam geschaffenen Wissens stützen. Kooperative Forschung, einschließlich einer grenzüberschreitenden Zusammenarbeit, ist insbesondere wichtig, um den Umfang von Forschung und Entwicklung der Unternehmen im Binnenmarkt zu erhöhen. Die Weitergabe von Wissen und Informationen sollte als grundlegend für die Sicherstellung von dynamischen, positiven und gleichen Geschäftsentwicklungsmöglichkeiten, insbesondere für KMU, angesehen werden. In einem Binnenmarkt, in dem Hindernisse für eine grenzüberschreitende Zusammenarbeit auf ein Minimum reduziert werden und in dem die Zusammenarbeit nicht beeinträchtigt wird, sollten geistige Schöpfungen und Innovationen, Investitionen in innovative Prozesse, Dienstleistungen und Produkte fördern. Ein derartiges Umfeld, das geistige Schöpfungen und Innovationen begünstigt, und in dem die Mobilität der Arbeitnehmer nicht beeinträchtigt wird, ist auch für das Beschäftigungswachstum und für die Steigerung der Wettbewerbsfähigkeit der Wirtschaft in der Union wichtig. Geschäftsgeheimnisse spielen eine wichtige Rolle für den Schutz des Wissensaustauschs zwischen Unternehmen – insbesondere KMU – und Forschungseinrichtungen sowohl innerhalb des Binnenmarkts als auch über dessen Grenzen hinaus im Forschungs- und Entwicklungskontext und in der Innovation. Geschäftsgeheimnisse sind eine der gebräuchlichsten Formen des Schutzes geistiger Schöpfungen und innovativen Know-hows durch Unternehmen, doch werden sie gleichzeitig durch den bestehenden Rechtsrahmen der Union am wenigsten vor rechtswidrigem Erwerb oder rechtswidriger Nutzung oder Offenlegung durch andere Parteien geschützt.

(4) Innovative Unternehmen sind zunehmend unlauteren Praktiken ausgesetzt, die auf eine rechtswidrige Aneignung von Geschäftsgeheimnissen abzielen, wie Diebstahl, unbefugtes Kopieren, Wirtschaftsspionage oder Verletzung von Geheimhaltungspflichten, und ihren Ursprung innerhalb oder außerhalb

der Union haben können. Neuere Entwicklungen, wie die Globalisierung, das zunehmende Outsourcing, längere Lieferketten und der verstärkte Einsatz von Informations- und Kommunikationstechnologien, tragen zu einer Erhöhung des von derartigen Praktiken ausgehenden Risikos bei. Der rechtswidrige Erwerb und die rechtswidrige Nutzung oder Offenlegung eines Geschäftsgeheimnisses beeinträchtigen die Fähigkeit der rechtmäßigen Inhaber von Geschäftsgeheimnissen, Vorreiterrenditen aus ihren Innovationsanstrengungen zu erzielen. Ohne wirksame und vergleichbare rechtliche Mittel zum unionsweiten Schutz von Geschäftsgeheimnissen werden Anreize zur Aufnahme grenzüberschreitender Innovationstätigkeiten im Binnenmarkt zunichtegemacht und kann das Potenzial von Geschäftsgeheimnissen als Triebkräfte für Wirtschaftswachstum und Beschäftigung nicht ausgeschöpft werden. Auf diese Weise werden Innovation und Kreativität behindert und gehen die Investitionen zurück, wobei der Binnenmarkt nicht mehr reibungslos funktioniert und sein wachstumsförderndes Potenzial ausgehöhlt wird.

(5) Die auf internationaler Ebene im Rahmen der Welthandelsorganisation unternommenen Anstrengungen zur Lösung dieses Problems haben zum Abschluss des Übereinkommens über handelsbezogene Aspekte des geistigen Eigentums (im Folgenden „TRIPS-Abkommen") geführt. Das TRIPS-Abkommen enthält unter anderem Bestimmungen zum Schutz von Geschäftsgeheimnissen vor rechtswidrigem Erwerb und rechtswidriger Nutzung oder Offenlegung durch Dritte; dabei handelt es sich um gemeinsame internationale Standards. Alle Mitgliedstaaten wie auch die Union als Ganzes sind an dieses durch den Beschluss 94/800/EG des Rates[1)] gebilligte Übereinkommen gebunden.

(6) Ungeachtet des TRIPS-Abkommens bestehen zwischen den Rechtsvorschriften der Mitgliedstaaten erhebliche Unterschiede hinsichtlich des Schutzes von Geschäftsgeheimnissen vor rechtswidrigem Erwerb und rechtswidriger Nutzung oder Offenlegung durch andere Personen. Beispielsweise haben nicht alle Mitgliedstaaten nationale Definitionen der Begriffe „Geschäftsgeheimnis" oder „rechtswidriger Erwerb", „rechtswidrige Nutzung" oder „rechtswidrige Offenlegung eines Geschäftsgeheimnisses" eingeführt, so dass sich der Umfang des Schutzes nicht ohne weiteres erschließt und von einem Mitgliedstaat zum anderen variiert. Außerdem fehlt es an Kohärenz hinsichtlich der zivilrechtlichen Rechtsbehelfe, die im Falle eines rechtswidrigen Erwerbs oder der rechtswidrigen Nutzung oder Offenlegung von Geschäftsgeheimnissen zur Verfügung stehen, da nicht in allen Mitgliedstaaten die Möglichkeit einer Unterlassungsverfügung gegen Dritte besteht, die nicht Wettbewerber des rechtmäßigen Inhabers des Geschäftsgeheimnisses sind. Unterschiede zwischen den Mitgliedstaaten existieren auch bei der Behandlung von Dritten, die das Geschäftsgeheimnis in gutem Glauben erworben haben, aber später – bei der erstmaligen Nutzung – erfahren, dass das betreffende Geschäftsgeheimnis zuvor von einer anderen Partei unrechtmäßig erworben wurde.

[1)] **Amtl. Anm.:** Beschluss 94/800/EG des Rates vom 22. Dezember 1994 über den Abschluss der Übereinkünfte im Rahmen der multilateralen Verhandlungen der Uruguay-Runde (1986-1994) im Namen der Europäischen Gemeinschaft in Bezug auf die in ihre Zuständigkeiten fallenden Bereiche (ABl. L 336 vom 23.12.1994, S. 1).

(7) Zudem unterscheiden sich die nationalen Vorschriften auch danach, ob die rechtmäßigen Inhaber von Geschäftsgeheimnissen die Vernichtung von Produkten, die von Dritten unter rechtswidriger Nutzung von Geschäftsgeheimnissen hergestellt wurden, oder die Rückgabe oder Vernichtung aller Dokumente, Dateien oder Materialien verlangen können, die das rechtswidrig erworbene oder genutzte Geschäftsgeheimnis enthalten oder verkörpern. Darüber hinaus tragen die anwendbaren nationalen Vorschriften zur Schadensersatzberechnung nicht immer dem immateriellen Charakter von Geschäftsgeheimnissen Rechnung, was es schwierig macht, den tatsächlich entgangenen Gewinn oder die unlautere Bereicherung des Rechtsverletzers zu belegen, wenn kein Marktwert für die fraglichen Informationen bestimmt werden kann. Nur wenige Mitgliedstaaten gestatten die Anwendung abstrakter Regeln zur Schadensberechnung auf der Grundlage einer angemessenen Lizenzgebühr, die im Falle einer Lizenzerteilung für die Nutzung des Geschäftsgeheimnisses zu entrichten gewesen wäre. Hinzu kommt, dass viele nationale Vorschriften keinen angemessenen Schutz der Vertraulichkeit eines Geschäftsgeheimnisses für den Fall vorsehen, dass der Inhaber des Geschäftsgeheimnisses eine Klage wegen angeblichen rechtswidrigen Erwerbs oder angeblicher rechtswidriger Nutzung oder Offenlegung des Geschäftsgeheimnisses durch einen Dritten erhebt, wodurch die Attraktivität der bestehenden Maßnahmen und Rechtsbehelfe gemindert und der gebotene Schutz geschwächt wird.

(8) Die Unterschiede bei dem von den Mitgliedstaaten vorgesehenen rechtlichen Schutz von Geschäftsgeheimnissen zeigen, dass Geschäftsgeheimnisse nicht überall in der Union gleichermaßen geschützt sind, was eine Fragmentierung des Binnenmarkts in diesem Bereich und eine Schwächung des allgemeinen Abschreckungseffekts der einschlägigen Vorschriften zur Folge hat. Der Binnenmarkt wird insofern in Mitleidenschaft gezogen, als durch solche Unterschiede die Anreize für Unternehmen reduziert werden, innovationsbezogenen grenzüberschreitenden wirtschaftlichen Tätigkeiten, einschließlich Forschungs- oder Herstellungskooperationen mit Partnern, Outsourcing oder Investitionen in anderen Mitgliedstaaten, nachzugehen, bei denen man auf die Nutzung der als Geschäftsgeheimnis geschützten Informationen angewiesen ist. Grenzüberschreitende, vernetzte Forschung und Entwicklung sowie innovationsbezogene Tätigkeiten, einschließlich des damit zusammenhängenden Herstellungsprozesses und des sich anschließenden grenzüberschreitenden Handels, verlieren in der Union an Attraktivität und werden erschwert, was auch unionsweit zu Innovationsineffizienzen führt.

(9) Darüber hinaus besteht in Mitgliedstaaten mit einem vergleichsweise geringen Schutzniveau ein höheres Geschäftsrisiko, da es leichter ist, Geschäftsgeheimnisse zu stehlen oder auf andere unrechtmäßige Weise zu erwerben. Das führt zu einer ineffizienten Kapitalallokation für wachstumsfördernde Innovationen im Binnenmarkt aufgrund der höheren Ausgaben für Schutzmaßnahmen zur Kompensation des unzureichenden rechtlichen Schutzes in einigen Mitgliedstaaten. Auch leistet es Aktivitäten unfairer Wettbewerber Vorschub, die nach dem rechtswidrigen Erwerb von Geschäftsgeheimnissen die aus diesem Erwerb gewonnenen Produkte im gesamten Binnenmarkt verbreiten könnten. Die Unterschiede zwischen den gesetzlichen Regelungen erleichtern auch die Einfuhr von Produkten aus Drittländern in die Union über Einfuhrstellen mit geringerem Schutzniveau in Fällen, in denen

Konzeption, Herstellung oder Vermarktung der Produkte auf gestohlenen oder anderen unrechtmäßig erworbenen Geschäftsgeheimnissen beruhen. Insgesamt sind derartige Unterschiede dem ordnungsgemäßen Funktionieren des Binnenmarkts abträglich.

(10) Es ist angezeigt, auf Unionsebene Vorschriften zur Annäherung der Rechtsvorschriften der Mitgliedstaaten vorzusehen, damit im gesamten Binnenmarkt ein ausreichender und kohärenter zivilrechtlicher Schutz für den Fall des rechtswidrigen Erwerbs oder der rechtswidrigen Nutzung oder Offenlegung eines Geschäftsgeheimnisses besteht. Diese Regeln sollten die Mitgliedstaaten nicht daran hindern, einen weitergehenden Schutz vor rechtswidrigem Erwerb oder vor rechtswidriger Nutzung oder Offenlegung von Geschäftsgeheimnissen vorzuschreiben, sofern die in dieser Richtlinie ausdrücklich festgelegten Regelungen zum Schutz der Interessen anderer Parteien eingehalten werden.

(11) Diese Richtlinie sollte die Anwendung unionsweiter oder nationaler Rechtsvorschriften, nach denen Informationen, darunter Geschäftsgeheimnisse, gegenüber der Öffentlichkeit oder staatlichen Stellen offengelegt werden müssen, unberührt lassen. Ebenso sollte sie die Anwendung der Rechtsvorschriften unberührt lassen, nach denen es staatlichen Stellen gestattet ist, zur Erledigung ihrer Aufgaben Informationen zu erheben, oder der Rechtsvorschriften, nach denen diese staatlichen Stellen einschlägige Informationen an die Öffentlichkeit weitergeben dürfen oder müssen. Dazu gehören insbesondere Rechtsvorschriften über die Offenlegung geschäftsbezogener Informationen durch Organe und Einrichtungen der Union oder nationale Behörden, über die diese gemäß der Verordnung (EG) Nr. 1049/2001[1)] des Europäischen Parlaments und des Rates[2)], der Verordnung (EG) Nr. 1367/2006 des Europäischen Parlaments und des Rates[3)] sowie der Richtlinie 2003/4/EG des Europäischen Parlaments und des Rates[4)] oder gemäß anderen Bestimmungen über den Zugang der Öffentlichkeit zu Dokumenten oder über Transparenzverpflichtungen der nationalen Behörden verfügen.

(12) Diese Richtlinie sollte das Recht der Sozialpartner, – falls nach dem Arbeitsrecht vorgesehen – Kollektivverträge einzugehen, hinsichtlich der Verpflichtung zur Nichtoffenlegung von Geschäftsgeheimnissen oder zur Beschränkung ihrer Nutzung und hinsichtlich der Konsequenzen eines Verstoßes gegen diese Verpflichtung durch die Partei, die ihnen unterworfen ist, nicht berühren. Dies sollte an die Bedingung geknüpft sein, dass ein derartiger Kollektivvertrag nicht die in dieser Richtlinie enthaltenen Ausnahmen einschränkt, wenn ein Antrag auf in dieser Richtlinie vorgesehene Maßnahmen, Verfahren oder Rechtsbehelfe wegen des angeblichen Erwerbs oder der

---

[1)] **dtv 5014 Europa-Recht Nr. 14.**

[2)] **Amtl. Anm.:** Verordnung (EG) Nr. 1049/2001 des Europäischen Parlaments und des Rates vom 30. Mai 2001 über den Zugang der Öffentlichkeit zu Dokumenten des Europäischen Parlaments, des Rates und der Kommission (ABl. L 145 vom 31.5.2001, S. 43).

[3)] **Amtl. Anm.:** Verordnung (EG) Nr. 1367/2006 des Europäischen Parlaments und des Rates vom 6. September 2006 über die Anwendung der Bestimmungen des Übereinkommens von Århus über den Zugang zu Informationen, die Öffentlichkeitsbeteiligung an Entscheidungsverfahren und den Zugang zu Gerichten in Umweltangelegenheiten auf Organe und Einrichtungen der Gemeinschaft (ABl. L 264 vom 25.9.2006, S. 13).

[4)] **Amtl. Anm.:** Richtlinie 2003/4/EG des Europäischen Parlaments und des Rates vom 28. Januar 2003 über den Zugang der Öffentlichkeit zu Umweltinformationen und zur Aufhebung der Richtlinie 90/313/EWG des Rates (ABl. L 41 vom 14.2.2003, S. 26).

angeblichen Nutzung und Offenlegung von Geschäftsgeheimnissen zurückzuweisen ist.

(13) Diese Richtlinie sollte nicht als Einschränkung der Niederlassungsfreiheit, der Freizügigkeit der Arbeitnehmer oder der Mobilität der Arbeitnehmer, wie sie im Unionsrecht niedergelegt sind, verstanden werden. Außerdem soll sie die Möglichkeit des Abschlusses von Vereinbarungen über ein Wettbewerbsverbot zwischen Arbeitgebern und Arbeitnehmern gemäß dem geltenden Recht unberührt lassen.

(14) Es ist wichtig, eine homogene Definition des Begriffs „Geschäftsgeheimnis" festzulegen, ohne den vor widerrechtlicher Aneignung zu schützenden Bereich einzuengen. Eine solche Definition sollte daher so beschaffen sein, dass sie Know-how, Geschäftsinformationen und technologische Informationen abdeckt, bei denen sowohl ein legitimes Interesse an ihrer Geheimhaltung besteht als auch die legitime Erwartung, dass diese Vertraulichkeit gewahrt wird. Darüber hinaus sollten solches Know-how oder solche Informationen einen – realen oder potenziellen – Handelswert verkörpern. Solches Know-how oder solche Informationen sollten so verstanden werden, dass sie einen Handelswert verkörpern, zum Beispiel wenn ihr unbefugter Erwerb oder ihre unbefugte Nutzung oder Offenlegung die Interessen der Person, die rechtmäßig die Kontrolle über sie ausübt, aller Voraussicht nach dadurch schädigt, dass das wissenschaftliche oder technische Potenzial, die geschäftlichen oder finanziellen Interessen, die strategische Position oder die Wettbewerbsfähigkeit dieser Person untergraben werden. Die Definition eines Geschäftsgeheimnisses schließt belanglose Informationen und die Erfahrungen und Qualifikationen, die Beschäftigte im Zuge der Ausübung ihrer üblichen Tätigkeiten erwerben, sowie Informationen aus, die den Personenkreisen, die üblicherweise mit derartigen Informationen umgehen, generell bekannt sind bzw. für sie leicht zugänglich sind.

(15) Auch ist es wichtig, die Umstände festzulegen, unter denen ein rechtlicher Schutz von Geschäftsgeheimnissen gerechtfertigt ist. Aus diesem Grund muss definiert werden, welches Verhalten und welche Praktiken als rechtswidriger Erwerb oder rechtswidrige Nutzung oder Offenlegung eines Geschäftsgeheimnisses zu betrachten sind.

(16) Im Interesse von Innovation und Wettbewerbsförderung sollten die Bestimmungen dieser Richtlinie keine Exklusivrechte an als Geschäftsgeheimnis geschütztem Know-how oder als solchem geschützten Informationen begründen. Auf diese Weise sollte die unabhängige Entdeckung desselben Know-hows oder derselben Informationen möglich bleiben. Das „Reverse Engineering" bei einem rechtmäßig erworbenen Produkt sollte als ein rechtlich zulässiges Mittel zum Erwerb von Informationen angesehen werden, es sei denn, dass vertraglich etwas anderes vereinbart wurde. Die Freiheit zum Abschluss derartiger vertraglicher Vereinbarungen kann jedoch rechtlich beschränkt werden.

(17) In einigen Industriezweigen, in denen Urheber und Innovatoren keine Exklusivrechte genießen und in denen sich Innovationen traditionell auf Geschäftsgeheimnisse stützen, ist es mittlerweile ein Leichtes, in Verkehr gebrachte Erzeugnisse mithilfe von „Reverse Engineering" nachzukonstruieren. In diesen Fällen können die genannten Urheber und Innovatoren von Praktiken wie Produktpiraterie oder sklavischen Nachahmungen betroffen sein, die von ihrem Ansehen und ihre Innovationsanstrengungen profitieren.

In einigen nationalen Rechtsvorschriften über unlauteren Wettbewerb wird auf diese Praktiken eingegangen. Diese Richtlinie hat zwar nicht zum Ziel, das Recht des unlauteren Wettbewerbs insgesamt zu reformieren oder zu harmonisieren, jedoch sollte die Kommission sorgfältig prüfen, ob in diesem Bereich auf Unionsebene Handlungsbedarf besteht.

(18) Ferner sollten Erwerb, Nutzung oder Offenlegung von Geschäftsgeheimnissen immer dann, wenn sie rechtlich vorgeschrieben oder zulässig sind, als rechtmäßig im Sinne dieser Richtlinie gelten. Das betrifft insbesondere den Erwerb und die Offenlegung von Geschäftsgeheimnissen im Rahmen der Inanspruchnahme des Rechts der Arbeitnehmervertreter auf Information, Anhörung und Mitwirkung gemäß dem Unionsrecht und dem Recht oder den Gepflogenheiten der Mitgliedstaaten sowie im Rahmen der kollektiven Vertretung der Interessen der Arbeitnehmer und der Arbeitgeber einschließlich der Mitbestimmung und den Erwerb oder die Offenlegung von Geschäftsgeheimnissen im Rahmen von Pflichtprüfungen, die gemäß dem Unionsrecht oder dem nationalen Recht durchgeführt werden. Allerdings sollte diese Einstufung des Erwerbs eines Geschäftsgeheimnisses als rechtmäßig die Geheimhaltungspflicht in Bezug auf das Geschäftsgeheimnis oder jegliche Beschränkung der Nutzung des Geschäftsgeheimnisses, die Rechtsvorschriften der Union oder der Mitgliedstaaten dem Empfänger der Information auferlegen, unberührt lassen. Insbesondere sollte diese Richtlinie die Behörden nicht von ihrer Pflicht zur Geheimhaltung von Informationen, die ihnen von Inhabern von Geschäftsgeheimnissen übermittelt werden, entbinden, und zwar unabhängig davon, ob diese Pflichten in Rechtsvorschriften der Union oder der Mitgliedstaaten festgelegt sind. Diese Geheimhaltungspflicht umfasst unter anderem die Pflichten im Zusammenhang mit Informationen, die öffentlichen Auftraggebern im Rahmen der Vergabe öffentlicher Aufträge übermittelt werden, wie sie beispielsweise in der Richtlinie 2014/23/EU des Europäischen Parlaments und des Rates[1)], der Richtlinie 2014/24/EU des Europäischen Parlaments und des Rates[2)] und der Richtlinie 2014/25/EU des Europäischen Parlaments und des Rates[3)] festgelegt sind.

(19) Diese Richtlinie sieht zwar Maßnahmen und Rechtsbehelfe vor, die darin bestehen können, dass die Offenlegung von Informationen verhindert wird, um Geschäftsgeheimnisse zu schützen, doch darf die Ausübung des Rechts auf Freiheit der Meinungsäußerung und Informationsfreiheit, das sich gemäß Artikel 11 der Charta der Grundrechte der Europäischen Union[4)] (im Folgenden „Charta") auch auf die Freiheit der Medien und ihre Pluralität erstreckt, keinesfalls eingeschränkt werden, insbesondere was den investigativen Journalismus und den Schutz der journalistischen Quellen anbelangt.

[1)] **Amtl. Anm.:** Richtlinie 2014/23/EU des Europäischen Parlaments und des Rates vom 26. Februar 2014 über die Konzessionsvergabe (ABl. L 94 vom 28.3.2014, S. 1).

[2)] **Amtl. Anm.:** Richtlinie 2014/24/EU des Europäischen Parlaments und des Rates vom 26. Februar 2014 zur öffentlichen Auftragsvergabe und zur Aufhebung der Richtlinie 2004/18/EG (ABl. L 94 vom 28.3.2014, S. 65).

[3)] **Amtl. Anm.:** Richtlinie 2014/25/EU des Europäischen Parlaments und des Rates vom 26. Februar 2014 über die Vergabe von Aufträgen durch Auftraggeber im Bereich der Wasser-, Energie- und Verkehrsversorgung sowie der Postdienste und zur Aufhebung der Richtlinie 2004/17/EG (ABl. L 94 vom 28.3.2014, S. 243).

[4)] Nr. **15**.

(20) Die in dieser Richtlinie vorgesehenen Maßnahmen, Verfahren und Rechtsbehelfe sollten nicht dazu dienen, Whistleblowing-Aktivitäten einzuschränken. Daher sollte sich der Schutz von Geschäftsgeheimnissen nicht auf Fälle erstrecken, in denen die Offenlegung eines Geschäftsgeheimnisses insoweit dem öffentlichen Interesse dient, als ein regelwidriges Verhalten, ein Fehlverhalten oder eine illegale Tätigkeit von unmittelbarer Relevanz aufgedeckt wird. Das sollte nicht so verstanden werden, dass die zuständigen Gerichte daran gehindert seien, Ausnahmen von der Anwendung der Maßnahmen, Verfahren und Rechtsbehelfe in den Fällen zuzulassen, in denen der Antragsgegner allen Grund hatte, in gutem Glauben davon auszugehen, dass sein Verhalten den in dieser Richtlinie festgelegten angemessenen Kriterien entspricht.

(21) Im Einklang mit dem Grundsatz der Verhältnismäßigkeit sollten die Maßnahmen, Verfahren und Rechtsbehelfe zum Schutz von Geschäftsgeheimnissen darauf zugeschnitten sein, das Ziel eines reibungslos funktionierenden Binnenmarkts für Forschung und Innovation zu erreichen, indem sie insbesondere vor dem rechtswidrigen Erwerb und der rechtswidrigen Nutzung und Offenlegung eines Geschäftsgeheimnisses abschrecken. Eine solche Zuschneidung dieser Maßnahmen, Verfahren und Rechtsbehelfe sollte die Grundrechte und Grundfreiheiten oder das Gemeinwohl, etwa die öffentliche Sicherheit, den Verbraucherschutz, die öffentliche Gesundheit und den Umweltschutz, nicht gefährden oder untergraben und die Mobilität der Arbeitnehmer nicht beeinträchtigen. Deshalb bezwecken die in dieser Richtlinie festgelegten Maßnahmen, Verfahren und Rechtsbehelfe zu gewährleisten, dass die zuständigen Gerichte Faktoren wie dem Wert eines Geschäftsgeheimnisses, der Schwere des Verhaltens, das zum rechtswidrigen Erwerb oder zur rechtswidrigen Nutzung oder Offenlegung geführt hat, sowie den Auswirkungen dieses Verhaltens Rechnung tragen. Auch sollte sichergestellt sein, dass die zuständigen Gerichte über das Ermessen verfügen, die Interessen der an einem Rechtsstreit beteiligten Parteien und die Interessen Dritter, gegebenenfalls auch der Verbraucher, gegeneinander abzuwägen.

(22) Das reibungslose Funktionieren des Binnenmarkts würde unterminiert, wenn die vorgesehenen Maßnahmen, Verfahren und Rechtsbehelfe dazu genutzt würden, nicht legitime, mit den Zielen dieser Richtlinie unvereinbare Absichten zu verfolgen. Daher ist es wichtig, dass den Gerichten die Befugnis erteilt wird, angemessene Maßnahmen gegenüber Antragstellern zu treffen, die missbräuchlich oder unredlich handeln und offensichtlich unbegründete Anträge stellen, beispielsweise zu dem Zweck, den Marktzugang des Antragsgegners in unbilliger Weise zu verzögern oder zu beschränken oder ihn auf andere Weise einzuschüchtern oder ihm Schwierigkeiten zu bereiten.

(23) Im Interesse der Rechtssicherheit und angesichts der Tatsache, dass von rechtmäßigen Inhabern von Geschäftsgeheimnissen erwartet wird, dass sie in Bezug auf die Wahrung der Vertraulichkeit ihrer wertvollen Geschäftsgeheimnisse und auf die Überwachung von deren Nutzung eine Sorgfaltspflicht wahrnehmen, ist es angemessen, materielle Ansprüche oder die Möglichkeit einer Klageerhebung zum Schutz von Geschäftsgeheimnissen auf einen bestimmten Zeitraum zu beschränken. In den nationalen Rechtsvorschriften sollte zudem klar und unmissverständlich festgelegt werden, wann

dieser Zeitraum beginnen und unter welchen Umständen er unterbrochen oder ausgesetzt werden soll.

(24) Angesichts der Möglichkeit, dass die Vertraulichkeit eines Geschäftsgeheimnisses im Verlauf von Gerichtsverfahren nicht gewahrt bleibt, schrecken die rechtmäßigen Inhaber von Geschäftsgeheimnissen häufig davor zurück, zum Schutz ihrer Geschäftsgeheimnisse ein Gerichtsverfahren einzuleiten; dies stellt die Wirksamkeit der vorgesehenen Maßnahmen, Verfahren und Rechtsbehelfe infrage. Daher bedarf es – vorbehaltlich geeigneter Schutzmaßnahmen, die das Recht auf einen wirksamen Rechtsbehelf und ein faires Verfahren garantieren – spezifischer Anforderungen, die darauf abstellen, die Vertraulichkeit eines Geschäftsgeheimnisses, das Gegenstand eines Gerichtsverfahrens ist, im Verlauf des Verfahrens zu wahren. Der entsprechende Schutz sollte auch nach Abschluss des Gerichtsverfahrens und so lange weiterbestehen, wie die Informationen, die Gegenstand des Geschäftsgeheimnisses sind, nicht öffentlich verfügbar sind.

(25) Diese Anforderungen sollten zumindest die Möglichkeit vorsehen, den zum Zugang zu Beweismitteln oder Anhörungen berechtigten Personenkreis zu beschränken – wobei zu bedenken ist, dass alle diese Personen den Geheimhaltungsvorschriften dieser Richtlinie unterliegen sollten – und ausschließlich die nicht vertraulichen Teile von Gerichtsentscheidungen zu veröffentlichen. In Anbetracht der Tatsache, dass Gerichtsverfahren unter anderem hauptsächlich dazu dienen, die Art der Informationen zu bewerten, die Gegenstand eines Rechtsstreits sind, muss dabei sichergestellt werden, dass die Geschäftsgeheimnisse wirksam geschützt werden und gleichzeitig das Recht der Verfahrensparteien auf einen wirksamen Rechtsbehelf und ein faires Verfahren gewahrt bleibt. Der beschränkte Personenkreis sollte daher aus mindestens einer natürlichen Person jeder Partei sowie den jeweiligen Rechtsanwälten der Parteien und gegebenenfalls sonstigen Vertretern bestehen, die nach dem nationalen Recht ausreichend qualifiziert sind, um eine Partei in einem unter diese Richtlinie fallenden Gerichtsverfahren zu verteidigen, zu vertreten oder ihre Interessen wahrzunehmen; all diese Personen sollten Zugang zu den betreffenden Beweismitteln oder Anhörungen haben. Ist eine der Parteien eine juristische Person, so sollte sie eine oder mehrere natürliche Personen, die diesem Personenkreis angehören sollen, vorschlagen können, damit sichergestellt ist, dass sie angemessen vertreten wird, wobei allerdings durch eine ausreichende gerichtliche Kontrolle verhindert werden muss, dass das Ziel, den Zugang zu Beweismitteln und Anhörungen zu beschränken, unterlaufen wird. Diese Schutzklauseln sollten nicht so verstanden werden, dass sich die Parteien im Verlauf des Gerichtsverfahrens von einem Rechtsanwalt oder einem anderen Vertreter vertreten lassen müssen, wenn das nach nationalem Recht nicht erforderlich ist. Auch sollten sie nicht so verstanden werden, dass die Zuständigkeit der Gerichte, gemäß den geltenden Vorschriften und Gepflogenheiten des betreffenden Mitgliedstaats zu entscheiden, ob und in welchem Umfang die zuständigen Gerichtsbediensteten zur Erfüllung ihrer Aufgaben ebenfalls uneingeschränkt Zugang zu den Beweismitteln und Anhörungen erhalten, beschnitten wird.

(26) Der rechtswidrige Erwerb, die rechtswidrige Nutzung oder die rechtswidrige Offenlegung eines Geschäftsgeheimnisses durch einen Dritten könnte verheerende Folgen für den rechtmäßigen Inhaber des Geschäftsgeheimnisses haben, da dieser nach der Offenlegung den Zustand vor dem Verlust des

Geschäftsgeheimnisses nicht wiederherstellen kann. Folglich kommt es entscheidend darauf an, rasche, wirksame und zugängliche vorläufige Maßnahmen zur unverzüglichen Beendigung des rechtswidrigen Erwerbs oder der rechtswidrigen Nutzung oder Offenlegung eines Geschäftsgeheimnisses zu treffen, auch in dem Fall, dass es zur Erbringung von Dienstleistungen genutzt wird. Es kommt entscheidend darauf an, dass eine solche Abhilfe zur Verfügung steht, ohne dass eine Sachentscheidung abgewartet werden muss, wobei das Recht auf Verteidigung und der Grundsatz der Verhältnismäßigkeit gewahrt werden müssen und die Umstände des Einzelfalls zu berücksichtigen sind. In bestimmten Fällen sollte es zulässig sein, es dem mutmaßlichen Rechtsverletzer vorbehaltlich der Hinterlegung einer oder mehrerer Sicherheiten zu gestatten, das Geschäftsgeheimnis insbesondere dann weiterhin zu nutzen, wenn nur geringe Gefahr besteht, dass es in die Öffentlichkeit gelangt. Es sollte außerdem möglich sein, Sicherheiten in ausreichender Höhe zu verlangen, um die dem Antragsgegner durch einen unbegründeten Antrag entstehenden Kosten und Schäden zu decken, insbesondere dann, wenn dem rechtmäßigen Inhaber eines Geschäftsgeheimnisses durch eine zeitliche Verzögerung ein nicht wiedergutzumachender Schaden entstünde.

(27) Aus dem gleichen Grund ist es wichtig, endgültige Maßnahmen vorzusehen, die eine rechtswidrige Nutzung oder Offenlegung eines Geschäftsgeheimnisses auch in dem Fall verhindern, dass das Geschäftsgeheimnis zur Erbringung von Dienstleistungen genutzt wird. Damit solche Maßnahmen wirksam und verhältnismäßig sind, sollten sie – sofern die Umstände eine Befristung erforderlich machen – lange genug gelten, um etwaige geschäftliche Vorteile zu beseitigen, die der betreffende Dritte möglicherweise aus dem rechtswidrigen Erwerb oder der rechtswidrigen Nutzung oder Offenlegung des Geschäftsgeheimnisses gezogen hat. Maßnahmen dieser Art sollten in keinem Fall vollstreckbar werden, wenn die ursprünglich dem Geschäftsgeheimnis unterliegenden Informationen aus Gründen, die nicht der Antragsgegner zu vertreten hat, allgemein zugänglich geworden sind.

(28) Es besteht die Möglichkeit, dass ein Geschäftsgeheimnis auf rechtswidrige Weise für die Entwicklung, Herstellung oder Vermarktung von Produkten oder deren Bestandteilen genutzt werden könnte, die dann im Binnenmarkt Verbreitung finden könnten; dadurch würde den geschäftlichen Interessen des Inhabers des Geschäftsgeheimnisses und dem Funktionieren des Binnenmarkts geschadet. In diesen Fällen ebenso wie in Fällen, in denen das Geschäftsgeheimnis sich erheblich auf die Qualität, den Wert oder den Preis der aus dieser rechtswidrigen Nutzung gewonnenen Endprodukte auswirkt oder die Kosten der Prozesse für ihre Herstellung oder Vermarktung senkt oder diese Prozesse erleichtert oder beschleunigt, ist es wichtig, die Gerichte zu ermächtigen, effektive und geeignete Maßnahmen anzuordnen, um sicherzustellen, dass die betreffenden Produkte nicht auf den Markt gebracht bzw. vom Markt genommen werden. In Anbetracht der globalen Natur des Handels ist es auch erforderlich, dass diese Maßnahmen ein Verbot der Einfuhr dieser Produkte in die Union oder ihrer Lagerung zum Zwecke einer Vermarktung beinhalten. Entsprechend dem Grundsatz der Verhältnismäßigkeit sollten Abhilfemaßnahmen nicht unbedingt die Vernichtung der Produkte zur Folge haben, wenn andere gangbare Möglichkeiten bestehen, wie etwa die Beseitigung der rechtsverletzenden Eigenschaft des Produkts oder

eine Verwertung der Produkte außerhalb des Marktes, beispielsweise in Form von Spenden an wohltätige Organisationen.

(29) Eine Person könnte ein Geschäftsgeheimnis ursprünglich in gutem Glauben erworben haben, aber erst zu einem späteren Zeitpunkt – zum Beispiel aufgrund einer entsprechenden Mitteilung des ursprünglichen Inhabers des Geschäftsgeheimnisses – erfahren, dass ihre Kenntnis des betreffenden Geschäftsgeheimnisses auf Quellen zurückgeht, die dieses Geschäftsgeheimnis auf unrechtmäßige Weise genutzt oder offengelegt haben. Damit in solchen Fällen die vorgesehenen gerichtlichen Abhilfemaßnahmen oder Anordnungen der betreffenden Person keinen unverhältnismäßig großen Schaden zufügen, sollten die Mitgliedstaaten für entsprechende Fälle als alternative Maßnahme die Möglichkeit einer finanziellen Entschädigung für die geschädigte Partei vorsehen. Diese Entschädigung sollte jedoch nicht den Betrag der Lizenzgebühren übersteigen, die bei einer genehmigten Nutzung des betreffenden Geschäftsgeheimnisses für den Zeitraum angefallen wären, für den der ursprüngliche Inhaber des Geschäftsgeheimnisses dessen Nutzung hätte verhindern können. Würde die rechtswidrige Nutzung des Geschäftsgeheimnisses jedoch einen Verstoß gegen andere Rechtsvorschriften als die in dieser Richtlinie enthaltenen darstellen oder zu einer Gefahr für die Verbraucher werden, sollte eine solche rechtswidrige Nutzung nicht gestattet werden.

(30) Damit eine Person, die wusste oder begründeterweise hätte wissen müssen, dass sie ein Geschäftsgeheimnis auf unrechtmäßige Weise erwirbt, nutzt oder offenlegt, aus einem solchen Verhalten keinen Vorteil ziehen kann und gewährleistet ist, dass für den geschädigten Inhaber des Geschäftsgeheimnisses so weit wie möglich die Situation wiederhergestellt wird, in der er sich befunden hätte, wenn es nicht zu einem solchen Verhalten gekommen wäre, ist eine angemessene Entschädigung für den infolge des rechtswidrigen Verhaltens erlittenen Schaden vorzusehen. Die Höhe des dem geschädigten Inhaber des Geschäftsgeheimnisses zuerkannten Schadensersatzes sollte allen relevanten Faktoren Rechnung tragen, so einem Einkommensverlust des Inhabers des Geschäftsgeheimnisses oder einem unlauteren Gewinn des Rechtsverletzers und gegebenenfalls etwaigen dem Inhaber des Geschäftsgeheimnisses entstandenen immateriellen Schäden. In Fällen, in denen es beispielsweise angesichts des immateriellen Charakters von Geschäftsgeheimnissen schwierig wäre, die Höhe des tatsächlich erlittenen Schadens zu bestimmen, käme als Alternative in Betracht, die Schadenshöhe aus Größen herzuleiten wie etwa den Lizenzgebühren, die angefallen wären, wenn der Rechtsverletzter um eine Genehmigung zur Nutzung des betreffenden Geschäftsgeheimnisses ersucht hätte. Bezweckt wird mit dieser alternativen Methode nicht die Einführung einer Verpflichtung zu einem als Strafe angelegten Schadensersatz, sondern die Gewährleistung einer Entschädigung für den Inhaber des Geschäftsgeheimnisses auf objektiver Grundlage unter Berücksichtigung der ihm entstandenen Kosten, z.B. im Zusammenhang mit der Feststellung der Rechtsverletzung und den Nachforschungen. Diese Richtlinie sollte die Mitgliedstaaten jedoch nicht daran hindern, in ihrem nationalen Recht vorzusehen, dass die Schadenshaftung von Arbeitnehmern bei nicht vorsätzlichem Handeln beschränkt wird.

(31) Zur zusätzlichen Abschreckung für potenzielle Rechtsverletzer und zur Sensibilisierung der breiten Öffentlichkeit ist es zweckmäßig, Entscheidungen in Fällen, bei denen es um den rechtswidrigen Erwerb oder die rechts-

widrige Nutzung oder Offenlegung von Geschäftsgeheimnissen geht, gegebenenfalls durch öffentlichkeitswirksame Anzeigen zu veröffentlichen, sofern die Veröffentlichung weder mit einer Offenlegung des Geschäftsgeheimnisses verbunden ist noch der Privatsphäre und der Reputation natürlicher Personen auf unverhältnismäßige Weise abträglich ist.

(32) Die Wirksamkeit der Maßnahmen, Verfahren und Rechtsbehelfe, die den Inhabern von Geschäftsgeheimnissen zur Verfügung stehen, könnte im Falle einer Nichtbefolgung der von den zuständigen Gerichten getroffenen Entscheidungen unterminiert werden. Daher ist sicherzustellen, dass die betreffenden Behörden über geeignete Sanktionsbefugnisse verfügen.

(33) Zur Erleichterung der einheitlichen Anwendung der in dieser Richtlinie vorgesehenen Maßnahmen, Verfahren und Rechtsbehelfe ist es angezeigt, Mechanismen für eine Zusammenarbeit und einen Informationsaustausch zwischen den Mitgliedstaaten einerseits und zwischen den Mitgliedstaaten und der Kommission andererseits vorzusehen, insbesondere durch die Schaffung eines Netzes von Korrespondenzstellen, die von den Mitgliedstaaten benannt werden. Um zu prüfen, ob die Maßnahmen ihren Zweck erfüllen, sollte die Kommission darüber hinaus – gegebenenfalls mit Unterstützung des Amts der Europäischen Union für geistiges Eigentum – die Anwendung dieser Richtlinie und die Wirksamkeit der nationalen Maßnahmen überprüfen.

(34) Diese Richtlinie wahrt die Grundrechte und die Grundsätze, die insbesondere in der Charta anerkannt wurden, namentlich das Recht auf Achtung des Privat- und Familienlebens, das Recht auf Schutz personenbezogener Daten, das Recht auf Freiheit der Meinungsäußerung und Informationsfreiheit, die Berufsfreiheit und das Recht zu arbeiten, die unternehmerische Freiheit, das Eigentumsrecht, das Recht auf eine gute Verwaltung, und insbesondere das Recht auf Zugang zu Dokumenten bei gleichzeitiger Wahrung des Geschäftsgeheimnisses, das Recht auf einen wirksamen Rechtsbehelf und ein faires Verfahren und die Verteidigungsrechte.

(35) Wichtig ist, dass das Recht auf Achtung des Privat- und Familienlebens und den Schutz der personenbezogenen Daten aller Personen gewahrt bleibt, deren personenbezogene Daten vom Inhaber des Geschäftsgeheimnisses bei Maßnahmen zum Schutz eines Geschäftsgeheimnisses eventuell verarbeitet werden oder die an einem Rechtsstreit über den rechtswidrigen Erwerb bzw. die rechtswidrige Nutzung oder Offenlegung von Geschäftsgeheimnissen gemäß dieser Richtlinie beteiligt sind und deren personenbezogene Daten verarbeitet werden. Für die im Rahmen dieser Richtlinie unter Aufsicht der zuständigen Behörden der Mitgliedstaaten und insbesondere der von ihnen bezeichneten unabhängigen öffentlichen Stellen durchgeführte Verarbeitung personenbezogener Daten gilt die Richtlinie 95/46/EG des Europäischen Parlaments und des Rates[1]. Daher sollte diese Richtlinie die in der Richtlinie 95/46/EG niedergelegten Rechte und Pflichten – insbesondere das Recht der betroffenen Person auf Zugang zu ihren personenbezogenen Daten, die verarbeitet werden, sowie auf Berichtigung, Löschung oder Sperrung unvollständiger oder unrichtiger Daten sowie gegebenenfalls die Pflicht zur Ver-

[1] **Amtl. Anm.:** Richtlinie 95/46/EG des Europäischen Parlaments und des Rates vom 24. Oktober 1995 zum Schutz natürlicher Personen bei der Verarbeitung personenbezogener Daten und zum freien Datenverkehr (ABl. L 281 vom 23.11.1995, S. 31).

arbeitung sensibler Daten gemäß Artikel 8 Absatz 5 der Richtlinie 95/46/EG – nicht berühren.

(36) Da das Ziel dieser Richtlinie, nämlich ein reibungsloses Funktionieren des Binnenmarkts durch die Schaffung eines ausreichenden und vergleichbaren Rechtsschutzes im Binnenmarkt in Fällen des rechtswidrigen Erwerbs oder der rechtswidrigen Nutzung oder Offenlegung eines Geschäftsgeheimnisses, von den Mitgliedstaaten nicht ausreichend verwirklicht werden kann, sondern vielmehr wegen seines Umfangs und seiner Wirkungen auf Unionsebene besser zu verwirklichen ist, kann die Union im Einklang mit dem in Artikel 5 des Vertrags über die Europäische Union[1)] verankerten Subsidiaritätsprinzip tätig werden. Entsprechend dem in demselben Artikel genannten Grundsatz der Verhältnismäßigkeit geht diese Richtlinie nicht über das für die Verwirklichung dieses Ziels erforderliche Maß hinaus.

(37) Diese Richtlinie zielt nicht darauf ab, die Vorschriften im Bereich der justiziellen Zusammenarbeit, der gerichtlichen Zuständigkeit oder der Anerkennung und Vollstreckung von Urteilen in Zivil- und Handelssachen zu harmonisieren oder darauf, Fragen des anwendbaren Rechts zu behandeln. Andere Unionsinstrumente, durch die derartige Angelegenheiten ganz allgemein geregelt werden, sollten grundsätzlich weiterhin für den von dieser Richtlinie abgedeckten Bereich gelten.

(38) Diese Richtlinie sollte die Anwendung der Wettbewerbsvorschriften, insbesondere der Artikel 101 und 102 des Vertrags über die Arbeitsweise der Europäischen Union (AEUV), unberührt lassen. Die in dieser Richtlinie vorgesehenen Maßnahmen, Verfahren und Rechtsbehelfe sollten nicht dazu verwendet werden, den Wettbewerb entgegen den Vorschriften des AEUV in unzulässiger Weise einzuschränken.

(39) Diese Richtlinie sollte die Anwendung etwaiger sonstiger relevanter Rechtsvorschriften in anderen Bereichen, einschließlich der Rechte des geistigen Eigentums und des Vertragsrechts, unberührt lassen. Im Falle einer Überschneidung des Anwendungsbereichs der Richtlinie 2004/48/EG des Europäischen Parlament und des Rates[2)] mit dem Anwendungsbereich dieser Richtlinie geht diese Richtlinie als Lex specialis der anderen Richtlinie vor.

(40) Der Europäische Datenschutzbeauftragte wurde gemäß Artikel 28 Absatz 2 der Verordnung (EG) Nr. 45/2001 des Europäischen Parlaments und des Rates[3)] angehört und hat seine Stellungnahme am 12. März 2014 abgegeben –

HABEN FOLGENDE RICHTLINIE ERLASSEN:

[1)] Nr. **1**.

[2)] **Amtl. Anm.:** Richtlinie 2004/48/EG des Europäischen Parlaments und des Rates vom 29. April 2004 zur Durchsetzung der Rechte des geistigen Eigentums (ABl. L 157 vom 30.4.2004, S. 45).

[3)] **Amtl. Anm.:** Verordnung (EG) Nr. 45/2001 des Europäischen Parlaments und des Rates vom 18. Dezember 2000 zum Schutz natürlicher Personen bei der Verarbeitung personenbezogener Daten durch die Organe und Einrichtungen der Gemeinschaft und zum freien Datenverkehr (ABl. L 8 vom 12.1.2001, S. 1).

Kapitel I. Gegenstand und Anwendungsbereich

Art. 1 Gegenstand und Anwendungsbereich. (1) *[1]* Diese Richtlinie legt Vorschriften für den Schutz von Geschäftsgeheimnissen vor rechtswidrigem Erwerb, rechtswidriger Nutzung und rechtswidriger Offenlegung fest.

[2] Die Mitgliedstaaten können unter Beachtung der Bestimmungen des AEUV einen weitergehenden als den durch diese Richtlinie vorgeschriebenen Schutz von Geschäftsgeheimnissen vor rechtswidrigem Erwerb, rechtswidriger Nutzung und rechtswidriger Offenlegung vorsehen, sofern gewährleistet ist, dass Artikel 3, Artikel 5, Artikel 6, Artikel 7 Absatz 1, Artikel 8, Artikel 9 Absatz 1 Unterabsatz 2, Artikel 9 Absätze 3 und 4, Artikel 10 Absatz 2, Artikel 11, Artikel 13 und Artikel 15 Absatz 3 eingehalten werden.

(2) Diese Richtlinie berührt nicht

a) die Ausübung des Rechts der freien Meinungsäußerung und der Informationsfreiheit gemäß der Charta, einschließlich der Achtung der Freiheit und der Pluralität der Medien,

b) die Anwendung von Vorschriften der Union oder der Mitgliedstaaten, nach denen die Inhaber von Geschäftsgeheimnissen verpflichtet sind, aus Gründen des öffentlichen Interesses Informationen, auch Geschäftsgeheimnisse, gegenüber der Öffentlichkeit oder den Verwaltungsbehörden oder den Gerichten offenzulegen, damit diese ihre Aufgaben wahrnehmen können,

c) die Anwendung von Vorschriften der Union oder der Mitgliedstaaten, nach denen es den Organen und Einrichtungen der Union oder den nationalen Behörden vorgeschrieben oder gestattet ist, von Unternehmen vorgelegte Informationen offenzulegen, die diese Organe, Einrichtungen oder Behörden in Einhaltung der Pflichten und gemäß den Rechten, die im Unionsrecht oder im nationalen Recht niedergelegt sind, besitzen,

d) die Autonomie der Sozialpartner und ihr Recht, Kollektivverträge gemäß dem Unionsrecht sowie gemäß den Gepflogenheiten und den Rechtsvorschriften der Mitgliedstaaten einzugehen.

(3) [1] Keine Bestimmung dieser Richtlinie darf so ausgelegt werden, dass sie eine Grundlage dafür bietet, die Mobilität der Arbeitnehmer zu beschränken. [2] Was die Ausübung dieser Mobilität anbelangt, so bietet diese Richtlinie insbesondere keinerlei Grund für

a) die Beschränkung der Nutzung von Informationen, die kein Geschäftsgeheimnis im Sinne des Artikels 2 Nummer 1 darstellen, durch die Arbeitnehmer;

b) die Beschränkung der Nutzung von Erfahrungen und Fähigkeiten, die Arbeitnehmer im normalen Verlauf ihrer Tätigkeit ehrlich erworben haben;

c) die Auferlegung zusätzlicher Beschränkungen für Arbeitnehmer in ihren Arbeitsverträgen, die nicht gemäß dem Unionsrecht oder dem nationalen Recht auferlegt werden.

Art. 2 Begriffsbestimmungen. Für die Zwecke dieser Richtlinie bezeichnet der Ausdruck

1. „Geschäftsgeheimnis“ Informationen, die alle nachstehenden Kriterien erfüllen:

a) Sie sind in dem Sinne geheim, dass sie weder in ihrer Gesamtheit noch in der genauen Anordnung und Zusammensetzung ihrer Bestandteile den Personen in den Kreisen, die üblicherweise mit dieser Art von Informationen umgehen, allgemein bekannt oder ohne weiteres zugänglich sind;
b) sie sind von kommerziellem Wert, weil sie geheim sind;
c) sie sind Gegenstand von den Umständen entsprechenden angemessenen Geheimhaltungsmaßnahmen durch die Person, die die rechtmäßige Kontrolle über die Informationen besitzt;

2. „Inhaber eines Geschäftsgeheimnisses" jede natürliche oder juristische Person, die die rechtmäßige Kontrolle über ein Geschäftsgeheimnis besitzt;
3. „Rechtsverletzer" jede natürliche oder juristische Person, die auf rechtswidrige Weise Geschäftsgeheimnisse erworben, genutzt oder offengelegt hat;
4. „rechtsverletzende Produkte" Produkte, deren Konzeption, Merkmale, Funktionsweise, Herstellungsprozess oder Marketing in erheblichem Umfang auf rechtswidrig erworbenen, genutzten oder offengelegten Geschäftsgeheimnissen beruhen.

Kapitel II. Erwerb, Nutzung und Offenlegung von Geschäftsgeheimnissen

Art. 3 Rechtmäßiger Erwerb, rechtmäßige Nutzung und rechtmäßige Offenlegung von Geschäftsgeheimnissen. (1) Der Erwerb eines Geschäftsgeheimnisses gilt als rechtmäßig, wenn das Geschäftsgeheimnis auf eine der folgenden Weisen erlangt wird:

a) unabhängige Entdeckung oder Schöpfung;
b) Beobachtung, Untersuchung, Rückbau oder Testen eines Produkts oder Gegenstands, das bzw. der öffentlich verfügbar gemacht wurde oder sich im rechtmäßigen Besitz des Erwerbers der Information befindet, der keiner rechtsgültigen Pflicht zur Beschränkung des Erwerbs des Geschäftsgeheimnisses unterliegt;
c) Inanspruchnahme des Rechts der Arbeitnehmer oder Arbeitnehmervertreter auf Information und Anhörung gemäß dem Unionsrecht sowie gemäß den Rechtsvorschriften und den Gepflogenheiten der Mitgliedstaaten,
d) jede andere Vorgehensweise, die unter den gegebenen Umständen mit einer seriösen Geschäftspraxis vereinbar ist.

(2) Der Erwerb, die Nutzung oder die Offenlegung eines Geschäftsgeheimnisses gilt insofern als rechtmäßig, als der Erwerb, die Nutzung oder die Offenlegung durch Unionsrecht oder nationales Recht vorgeschrieben oder erlaubt ist.

Art. 4 Rechtswidriger Erwerb, rechtswidrige Nutzung und rechtswidrige Offenlegung von Geschäftsgeheimnissen. (1) Die Mitgliedstaaten stellen sicher, dass die Inhaber von Geschäftsgeheimnissen berechtigt sind, die in dieser Richtlinie vorgesehenen Maßnahmen, Verfahren und Rechtsbehelfe zu beantragen, um einen rechtswidrigen Erwerb, eine rechtswidrige Nutzung oder eine rechtswidrige Offenlegung ihres Geschäftsgeheimnisses zu verhindern oder eine Entschädigung zu erlangen.

(2) Der Erwerb eines Geschäftsgeheimnisses ohne Zustimmung des Inhabers des Geschäftsgeheimnisses gilt als rechtswidrig, wenn er erfolgt durch

a) unbefugten Zugang zu, unbefugte Aneignung oder unbefugtes Kopieren von Dokumenten, Gegenständen, Materialien, Stoffen oder elektronischen Dateien, die der rechtmäßigen Kontrolle durch den Inhaber des Geschäftsgeheimnisses unterliegen und die das Geschäftsgeheimnis enthalten oder aus denen sich das Geschäftsgeheimnis ableiten lässt;

b) jedes sonstige Verhalten, das unter den jeweiligen Umständen als mit einer seriösen Geschäftspraxis nicht vereinbar gilt.

(3) Die Nutzung oder Offenlegung eines Geschäftsgeheimnisses gilt als rechtswidrig, wenn sie ohne Zustimmung des Inhabers des Geschäftsgeheimnisses durch eine Person erfolgt, von der sich erweist, dass auf sie eine der folgenden Bedingungen zutrifft:

a) Sie hat das Geschäftsgeheimnis auf rechtswidrige Weise erworben.

b) Sie verstößt gegen eine Vertraulichkeitsvereinbarung oder eine sonstige Verpflichtung, das Geschäftsgeheimnis nicht offenzulegen.

c) Sie verstößt gegen eine vertragliche oder sonstige Verpflichtung zur Beschränkung der Nutzung des Geschäftsgeheimnisses.

(4) Ebenfalls als rechtswidrig gilt der Erwerb, die Nutzung oder die Offenlegung eines Geschäftsgeheimnisses, wenn eine Person zum Zeitpunkt des Erwerbs, der Nutzung oder der Offenlegung wusste oder unter den gegebenen Umständen hätte wissen müssen, dass sie unmittelbar oder mittelbar über eine andere Person in den Besitz des Geschäftsgeheimnisses gelangt war, die dieses rechtswidrig im Sinne des Absatzes 3 genutzt oder offengelegt hat.

(5) Das Herstellen, Anbieten oder Inverkehrbringen von rechtsverletzenden Produkten oder die Einfuhr, Ausfuhr oder Lagerung von rechtsverletzenden Produkten für diese Zwecke stellt ebenfalls eine rechtswidrige Nutzung eines Geschäftsgeheimnisses dar, wenn die Person, die diese Tätigkeiten durchführt, wusste oder unter den gegebenen Umständen hätte wissen müssen, dass das Geschäftsgeheimnis rechtswidrig im Sinne des Absatzes 3 genutzt wurde.

Art. 5 Ausnahmen. Die Mitgliedstaaten stellen sicher, dass ein Antrag auf die in dieser Richtlinie vorgesehenen Maßnahmen, Verfahren und Rechtsbehelfe abgelehnt wird, wenn der angebliche Erwerb oder die angebliche Nutzung oder Offenlegung des Geschäftsgeheimnisses in einem der folgenden Fälle erfolgt ist:

a) zur Ausübung des Rechts der freien Meinungsäußerung und der Informationsfreiheit gemäß der Charta, einschließlich der Achtung der Freiheit und der Pluralität der Medien;

b) zur Aufdeckung eines beruflichen oder sonstigen Fehlverhaltens oder einer illegalen Tätigkeit, sofern der Antragsgegner in der Absicht gehandelt hat, das allgemeine öffentliche Interesse zu schützen;

c) Offenlegung durch Arbeitnehmer gegenüber ihren Vertretern im Rahmen der rechtmäßigen Erfüllung der Aufgaben dieser Vertreter gemäß dem Unionsrecht oder dem nationalen Recht, sofern die Offenlegung zur Erfüllung dieser Aufgaben erforderlich war;

d) zum Schutz eines durch das Unionsrecht oder das nationale Recht anerkannten legitimen Interesses.

Kapitel III. Maßnahmen, Verfahren und Rechtsbehelfe

Abschnitt 1. Allgemeine Bestimmungen

Art. 6 Allgemeine Verpflichtung. (1) Die Mitgliedstaaten sehen die Maßnahmen, Verfahren und Rechtsbehelfe vor, die erforderlich sind, um einen zivilrechtlichen Schutz vor rechtswidrigem Erwerb sowie rechtswidriger Nutzung und Offenlegung von Geschäftsgeheimnissen zu gewährleisten.

(2) Die in Absatz 1 genannten Maßnahmen, Verfahren und Rechtsbehelfe:

a) müssen fair und gerecht sein;

b) dürfen nicht unnötig kompliziert oder kostspielig sein und keine unangemessenen Fristen oder ungerechtfertigten Verzögerungen mit sich bringen und

c) sie müssen wirksam und abschreckend sein.

Art. 7 Verhältnismäßigkeit und missbräuchliche Klagen. (1) Die in dieser Richtlinie vorgesehenen Maßnahmen, Verfahren und Rechtsbehelfe sind in einer Art und Weise anzuwenden, die

a) verhältnismäßig ist,

b) die Errichtung von Schranken für den rechtmäßigen Handel im Binnenmarkt vermeidet und

c) Gewähr gegen ihren Missbrauch bietet.

(2) *[1]* [1] Die Mitgliedstaaten stellen sicher, dass die zuständigen Gerichte – auf Antrag des Antragsgegners – im nationalen Recht vorgesehene angemessene Maßnahmen anwenden können, falls eine Klage wegen rechtswidrigen Erwerbs oder rechtswidriger Nutzung oder Offenlegung eines Geschäftsgeheimnisses offensichtlich unbegründet ist und der Antragsteller das Gerichtsverfahren missbräuchlich oder in unredlicher Absicht eingeleitet hat. [2] Diese Maßnahmen können soweit erforderlich die Gewährung von Schadensersatz für den Antragsgegner, die Verhängung von Sanktionen gegen den Antragsteller oder die Anordnung der Veröffentlichung von Informationen über die getroffene Entscheidung nach Artikel 15 umfassen.

[2] Die Mitgliedstaaten können vorsehen, dass die in Unterabsatz 1 genannten Maßnahmen Gegenstand getrennter Gerichtsverfahren sind.

Art. 8 Verjährungsfristen. (1) *[1]* Die Mitgliedstaaten legen gemäß diesem Artikel Vorschriften über die Verjährungsfristen für materielle Ansprüche und Klagen auf Anwendung der in dieser Richtlinie vorgesehenen Maßnahmen, Verfahren und Rechtsbehelfe fest.

[2] Die in Unterabsatz 1 genannten Vorschriften legen fest, wann die Verjährungsfrist beginnt, wie lang sie dauert und unter welchen Umständen sie unterbrochen oder ausgesetzt wird.

(2) Die Verjährungsfrist beträgt höchstens sechs Jahre.

Art. 9 Wahrung der Vertraulichkeit von Geschäftsgeheimnissen im Verlauf von Gerichtsverfahren. (1) *[1]* [1] Die Mitgliedstaaten stellen sicher, dass die Parteien, ihre Rechtsanwälte oder sonstigen Vertreter, Gerichtsbedienstete, Zeugen, Sachverständige und alle sonstigen Personen, die an einem Gerichtsverfahren beteiligt sind, das den rechtswidrigen Erwerb oder die rechtswidrige Nutzung oder Offenlegung eines Geschäftsgeheimnisses zum Gegenstand hat, oder die

Zugang zu Dokumenten haben, die Teil eines solchen Gerichtsverfahrens sind, nicht befugt sind, ein Geschäftsgeheimnis oder ein angebliches Geschäftsgeheimnis zu nutzen oder offenzulegen, das von den zuständigen Gerichten aufgrund eines ordnungsgemäß begründeten Antrags einer interessierten Partei als vertraulich eingestuft worden ist und von dem sie aufgrund der Teilnahme an dem Verfahren oder des Zugangs zu den Dokumenten Kenntnis erlangt haben. [2] Die Mitgliedstaaten können ferner die zuständigen Gerichte ermächtigen, solche Maßnahmen von Amts wegen zu ergreifen.

[2] [1] Die in Unterabsatz 1 genannte Verpflichtung besteht auch nach Abschluss des Gerichtsverfahrens weiter fort. [2] Die Verpflichtung endet jedoch, wenn eine der folgenden Situationen eintritt:

a) Im Rahmen einer rechtskräftigen Entscheidung wird festgestellt, dass das angebliche Geschäftsgeheimnis nicht die in Artikel 2 Nummer 1 genannten Kriterien erfüllt, oder

b) im Laufe der Zeit werden die in Frage stehenden Informationen für Personen in den Kreisen, die üblicherweise mit der betreffenden Art von Informationen umgehen, allgemein bekannt oder ohne weiteres zugänglich.

(2) *[1]* [1] Die Mitgliedstaaten stellen des Weiteren sicher, dass die zuständigen Gerichte auf ordnungsgemäß begründeten Antrag einer Partei spezifische Maßnahmen treffen können, die erforderlich sind, um die Vertraulichkeit eines Geschäftsgeheimnisses oder eines angeblichen Geschäftsgeheimnisses zu wahren, das im Laufe eines Gerichtsverfahrens im Zusammenhang mit dem rechtswidrigen Erwerb oder der rechtswidrigen Nutzung oder Offenlegung eines Geschäftsgeheimnisses genutzt oder auf das in diesem Rahmen Bezug genommen wird. [2] Die Mitgliedstaaten können ferner die zuständigen Gerichte ermächtigen, solche Maßnahmen von Amts wegen zu ergreifen.

[2] Die in Unterabsatz 1 genannten Maßnahmen sehen mindestens die Möglichkeit vor,

a) den Zugang zu von den Parteien oder Dritten vorgelegten Dokumenten, die Geschäftsgeheimnisse oder angebliche Geschäftsgeheimnisse enthalten, ganz oder teilweise auf eine begrenzte Anzahl von Personen zu beschränken;

b) den Zugang zu Anhörungen, bei denen unter Umständen Geschäftsgeheimnisse oder angebliche Geschäftsgeheimnisse offengelegt werden, und zu der entsprechenden Aufzeichnung oder Mitschrift dieser Anhörungen auf eine begrenzte Anzahl von Personen zu beschränken;

c) Personen, die nicht der begrenzten Anzahl von Personen nach den Buchstaben a und b angehören, eine nicht vertrauliche Fassung einer gerichtlichen Entscheidung bereitzustellen, in der die Geschäftsgeheimnisse enthaltenden Passagen gelöscht oder geschwärzt wurden.

[3] Die Anzahl der Personen nach Unterabsatz 2 Buchstaben a und b darf nicht größer sein, als zur Wahrung des Rechts der Verfahrensparteien auf einen wirksamen Rechtsbehelf und ein faires Verfahren erforderlich ist, und muss mindestens eine natürliche Person jeder Partei und ihre jeweiligen Rechtsanwälte oder sonstigen Vertreter dieser Gerichtsverfahrensparteien umfassen.

(3) Bei der Entscheidung über die Maßnahmen gemäß Absatz 2 und der Beurteilung ihrer Verhältnismäßigkeit berücksichtigen die zuständigen Gerichte die Notwendigkeit, das Recht auf einen wirksamen Rechtsbehelf und ein faires Verfahren zu gewährleisten, die legitimen Interessen der Parteien und gegebenenfalls

etwaiger Dritter sowie den möglichen Schaden, der einer der Parteien und gegebenenfalls etwaigen Dritten durch die Gewährung oder Ablehnung dieser Maßnahmen entstehen kann.

(4) Jede Verarbeitung personenbezogener Daten gemäß den Absätzen 1, 2 oder 3 erfolgt gemäß der Richtlinie 95/46/EG.

Abschnitt 2. Vorläufige und vorbeugende Maßnahmen

Art. 10 Vorläufige und vorbeugende Maßnahmen. (1) Die Mitgliedstaaten stellen sicher, dass die zuständigen Gerichte auf Antrag des Inhabers des Geschäftsgeheimnisses eine der folgenden vorläufigen und vorbeugenden Maßnahmen gegen den angeblichen Rechtsverletzer anordnen können:

a) vorläufige Einstellung oder gegebenenfalls vorläufiges Verbot der Nutzung oder Offenlegung des Geschäftsgeheimnisses;

b) Verbot des Herstellens, Anbietens, Vermarktens oder der Nutzung rechtsverletzender Produkte oder der Einfuhr, Ausfuhr oder Lagerung rechtsverletzender Produkte für diese Zwecke;

c) Beschlagnahme oder Herausgabe der mutmaßlich rechtsverletzenden Produkte, einschließlich eingeführter Produkte, um deren Inverkehrbringen oder ihren Umlauf im Markt zu verhindern.

(2) [1] Die Mitgliedstaaten stellen sicher, dass die Gerichte als Alternative zu den in Absatz 1 genannten Maßnahmen die Fortsetzung der angeblich rechtswidrigen Nutzung eines Geschäftsgeheimnisses an die Stellung einer oder mehrerer Sicherheiten knüpfen können, die die Entschädigung des Inhabers des Geschäftsgeheimnisses sicherstellen sollen. [2] Die Offenlegung eines Geschäftsgeheimnisses gegen die Stellung von Sicherheiten darf nicht erlaubt werden.

Art. 11 Anwendungsbedingungen und Schutzmaßnahmen. (1) Die Mitgliedstaaten stellen sicher, dass die zuständigen Gerichte im Zusammenhang mit den in Artikel 10 genannten Maßnahmen befugt sind, dem Antragsteller aufzuerlegen, alle vernünftigerweise verfügbaren Beweise vorzulegen, um sich mit ausreichender Sicherheit davon überzeugen zu können, dass

a) tatsächlich ein Geschäftsgeheimnis vorliegt,

b) der Antragsteller der Inhaber dieses Geschäftsgeheimnisses ist und

c) das Geschäftsgeheimnis auf rechtswidrige Weise erworben wurde, auf rechtswidrige Weise genutzt oder offengelegt wird oder ein rechtswidriger Erwerb oder eine rechtswidrige Nutzung oder Offenlegung des Geschäftsgeheimnisses droht.

(2) Die Mitgliedstaaten stellen sicher, dass die zuständigen Gerichte bei der Entscheidung über die Gewährung oder Ablehnung eines Antrags und der Beurteilung der Verhältnismäßigkeit den besonderen Umständen des Falls Rechnung tragen müssen, gegebenenfalls einschließlich:

a) des Wertes und anderer spezifischer Merkmale des Geschäftsgeheimnisses,

b) zum Schutz des Geschäftsgeheimnisses getroffene Maßnahmen,

c) des Verhaltens des Antragsgegners bei Erwerb, Nutzung oder Offenlegung des Geschäftsgeheimnisses,

d) der Folgen der rechtswidrigen Nutzung oder Offenlegung des Geschäftsgeheimnisses,

e) der legitimen Interessen der Parteien und Auswirkungen, die die Gewährung oder Ablehnung der Maßnahmen für die Parteien haben könnte,

f) der legitimen Interessen Dritter,

g) des öffentlichen Interesses und

h) des Schutzes der Grundrechte.

(3) Die Mitgliedstaaten stellen sicher, dass die in Artikel 10 genannten Maßnahmen auf Antrag des Antragsgegners aufgehoben oder auf andere Weise außer Kraft gesetzt werden, wenn

a) der Antragsteller nicht innerhalb einer angemessenen Frist, die entweder von dem die Maßnahmen anordnenden Gericht festgelegt wird, sofern dies nach dem Recht des Mitgliedstaats zulässig ist, oder, wenn es nicht zu einer solchen Festlegung kommt, 20 Arbeitstage oder 31 Kalendertage, wobei der längere der beiden Zeiträume gilt, nicht überschreitet, bei dem zuständigen Gericht das Verfahren einleitet, das zu einer Sachentscheidung führt oder

b) die in Frage stehenden Informationen aus Gründen, die dem Antragsgegner nicht zuzurechnen sind, nicht mehr die in Artikel 2 Nummer 1 genannten Kriterien erfüllen.

(4) Die Mitgliedstaaten stellen sicher, dass die zuständigen Gerichte die in Artikel 10 genannten Maßnahmen an die Stellung einer angemessenen Kaution oder die Leistung einer entsprechenden Sicherheit durch den Antragsteller knüpfen können, um eine etwaige Entschädigung des Antragsgegners oder einer etwaigen anderen von den Maßnahmen betroffenen Person sicherzustellen.

(5) *[1]* Werden die in Artikel 10 genannten Maßnahmen auf der Grundlage von Absatz 3 Buchstabe a des vorliegenden Artikels aufgehoben oder werden sie aufgrund einer Handlung oder Unterlassung des Antragstellers hinfällig, oder wird in der Folge festgestellt, dass kein rechtswidriger Erwerb oder keine rechtswidrige Nutzung oder Offenlegung des Geschäftsgeheimnisses vorlag und auch nicht drohte, so sind die zuständigen Gerichte befugt, auf Antrag des Antragsgegners oder eines geschädigten Dritten anzuordnen, dass der Antragsteller dem Antragsgegner oder dem geschädigten Dritten angemessenen Ersatz für den durch diese Maßnahmen entstandenen Schaden zu leisten hat.

[2] Die Mitgliedstaaten können vorsehen, dass der in Unterabsatz 1 genannte Antrag auf Schadensersatz Gegenstand eines getrennten Gerichtsverfahrens ist.

Abschnitt 3. Maßnahmen aufgrund einer Sachentscheidung

Art. 12 Gerichtliche Anordnungen und Abhilfemaßnahmen. (1) Die Mitgliedstaaten stellen sicher, dass die zuständigen Gerichte in dem Fall, dass in einer gerichtlichen Sachentscheidung ein rechtswidriger Erwerb, eine rechtswidrige Nutzung oder eine rechtswidrige Offenlegung festgestellt wird, auf Antrag des Antragstellers eine oder mehrere der folgenden Maßnahmen gegen den Rechtsverletzer erlassen können:

a) Einstellung oder gegebenenfalls Verbot der Nutzung oder Offenlegung des Geschäftsgeheimnisses;

b) Verbot des Herstellens, Anbietens, Vermarktens oder der Nutzung rechtsverletzender Produkte oder der Einfuhr, Ausfuhr oder Lagerung rechtsverletzender Produkte für diese Zwecke;

c) geeignete Abhilfemaßnahmen hinsichtlich der rechtsverletzenden Produkte;

d) die Vernichtung der Gesamtheit oder eines Teils der Dokumente, Gegenstände, Materialien, Stoffe oder elektronischen Dateien, die das Geschäftsgeheimnis enthalten oder verkörpern oder gegebenenfalls die Herausgabe der Gesamtheit oder eines Teils dieser Dokumente, Gegenstände, Materialien, Stoffe oder elektronischen Dateien an den Antragsteller.

(2) Zu den in Absatz 1 Buchstabe c genannten Abhilfemaßnahmen zählen

a) der Rückruf der rechtsverletzenden Produkte vom Markt;

b) die Beseitigung der rechtsverletzenden Qualität der rechtsverletzenden Produkte;

c) die Vernichtung der rechtsverletzenden Produkte oder gegebenenfalls ihre Marktrücknahme unter der Voraussetzung, dass der Schutz des in Frage stehenden Geschäftsgeheimnisses durch diese Marktrücknahme nicht beeinträchtigt wird.

(3) Die Mitgliedstaaten können vorsehen, dass ihre zuständigen Gerichte – bei Anordnung einer Entfernung der rechtsverletzenden Produkte aus dem Markt – auf Antrag des Inhabers des Geschäftsgeheimnisses anordnen können, dass die Produkte dem Inhaber des Geschäftsgeheimnisses oder wohltätigen Organisationen übergeben werden.

(4) [1] Die zuständigen Gerichte ordnen an, dass die in Absatz 1 Buchstaben c und d genannten Maßnahmen auf Kosten des Rechtsverletzers durchgeführt werden, es sei denn, es liegen besondere Gründe dafür vor, hiervon abzusehen. [2] Diese Maßnahmen ergehen unbeschadet des etwaigen Schadensersatzes, der dem Inhaber des Geschäftsgeheimnisses möglicherweise aufgrund des rechtswidrigen Erwerbs oder der rechtswidrigen Nutzung oder Offenlegung des Geschäftsgeheimnisses zu zahlen ist.

Art. 13 Anwendungsbedingungen, Schutzvorschriften und alternative Maßnahmen. (1) *[1]* Die Mitgliedstaaten stellen sicher, dass die zuständigen Gerichte bei der Prüfung eines Antrags auf Erlass gerichtlicher Anordnungen und von Abhilfemaßnahmen nach Artikel 12 und bei der Beurteilung von deren Verhältnismäßigkeit den besonderen Umständen des Falls Rechnung tragen müssen, einschließlich gegebenenfalls:

a) des Wertes oder anderer spezifischer Merkmale des Geschäftsgeheimnisses,

b) Maßnahmen, die zum Schutz des Geschäftsgeheimnisses getroffen werden,

c) des Verhaltens des Antragsgegners bei Erwerb, Nutzung oder Offenlegung des Geschäftsgeheimnisses,

d) der Folgen der rechtswidrigen Nutzung oder Offenlegung des Geschäftsgeheimnisses,

e) der legitimen Interessen der Parteien und Auswirkungen, die die Genehmigung oder Ablehnung der Maßnahmen für die Parteien haben könnte,

f) der legitimen Interessen Dritter,

g) des öffentlichen Interesses und

h) des Schutzes der Grundrechte.

[2] Falls die zuständigen Gerichte die Dauer der in Artikel 12 Absatz 1 Buchstaben a und b genannten Maßnahmen begrenzen, muss die Dauer ausreichen, um sämtliche kommerziellen oder wirtschaftlichen Vorteile zu beseitigen, die der

Rechtsverletzer aus dem rechtswidrigen Erwerb oder der rechtswidrigen Nutzung oder Offenlegung des Geschäftsgeheimnisses gezogen haben könnte.

(2) Die Mitgliedstaaten stellen sicher, dass die in Artikel 12 Absatz 1 Buchstaben a und b genannten Maßnahmen auf Antrag des Antragsgegners zurückgenommen oder ihre Wirkung auf andere Weise entfällt, wenn die fraglichen Informationen aus Gründen, die der Antragsgegner weder unmittelbar noch mittelbar zu vertreten hat, nicht mehr die in Artikel 2 Nummer 1 genannten Voraussetzungen erfüllen.

(3) *[1]* Die Mitgliedstaaten sorgen dafür, dass die zuständigen Gerichte auf Antrag der Person, der die in Artikel 12 vorgesehenen Maßnahmen auferlegt werden können, anordnen können, dass anstelle der Anwendung dieser Maßnahmen eine Abfindung an den Geschädigten zu zahlen ist, sofern alle folgenden Bedingungen erfüllt sind:

a) Zum Zeitpunkt der Nutzung oder Offenlegung wusste die betreffende Person nicht und hätte unter den gegebenen Umständen nicht wissen müssen, dass sie über eine andere Person in den Besitz des Geschäftsgeheimnisses gelangt ist, die dieses Geschäftsgeheimnis rechtswidrig genutzt oder offengelegt hat;
b) bei Durchführung der betreffenden Maßnahmen würde der betreffenden Person ein unverhältnismäßig großer Schaden entstehen und
c) die Zahlung einer Abfindung an die geschädigte Partei erscheint als angemessene Entschädigung.

[2] Wird anstelle einer Maßnahme gemäß Artikel 12 Absatz 1 Buchstaben a und b ein finanzieller Ausgleich angeordnet, so darf dieser nicht die Höhe der Lizenzgebühren übersteigen, die zu zahlen gewesen wären, wenn die betreffende Person um die Genehmigung ersucht hätte, das in Frage stehende Geschäftsgeheimnis für den Zeitraum zu nutzen, für den die Nutzung des Geschäftsgeheimnisses hätte untersagt werden können.

Art. 14 Schadensersatz. (1) *[1]* Die Mitgliedstaaten stellen sicher, dass die zuständigen Gerichte auf Antrag des Geschädigten anordnen, dass ein Rechtsverletzer, der wusste oder hätte wissen müssen, dass er einen rechtswidrigen Erwerb oder eine rechtswidrige Nutzung oder Offenlegung eines Geschäftsgeheimnisses vornahm, dem Inhaber des Geschäftsgeheimnisses einen Schadensersatz leistet, der dem infolge des rechtswidrigen Erwerbs oder der rechtswidrigen Offenlegung oder Nutzung tatsächlich erlittenen Schaden angemessen ist.

[2] Die Mitgliedstaaten können die Haftung von Arbeitnehmern für Schäden begrenzen, die ihren Arbeitgebern durch den rechtswidrigen Erwerb oder die rechtswidrige Nutzung oder Offenlegung eines Geschäftsgeheimnisses entstanden sind, sofern sie nicht vorsätzlich handeln.

(2) *[1]* Bei der Festsetzung der Höhe des Schadensersatzes gemäß Absatz 1 berücksichtigen die zuständigen Gerichte alle relevanten Faktoren, wie negative wirtschaftliche Folgen, einschließlich entgangener Gewinne des Geschädigten, etwaige durch den Rechtsverletzer erzielte unlautere Gewinne und gegebenenfalls andere als wirtschaftliche Faktoren wie den immateriellen Schaden, der dem Inhaber des Geschäftsgeheimnisses durch den rechtswidrigen Erwerb oder die rechtswidrige Nutzung oder Offenlegung des Geschäftsgeheimnisses entstanden ist.

[2] Alternativ können die zuständigen Gerichte in geeigneten Fällen den Schadensersatz jedoch als Pauschalbetrag festsetzen, und zwar auf der Grundlage von

Faktoren wie mindestens dem Betrag der Lizenzgebühren, die der Rechtsverletzer hätte entrichten müssen, wenn er die Genehmigung zur Nutzung des betreffenden Geschäftsgeheimnisses eingeholt hätte.

Art. 15 Veröffentlichung von Gerichtsentscheidungen. (1) Die Mitgliedstaaten stellen sicher, dass die zuständigen Gerichte bei Verfahren wegen des rechtswidrigen Erwerbs oder der rechtswidrigen Nutzung oder Offenlegung von Geschäftsgeheimnissen auf Antrag des Antragstellers und auf Kosten des Rechtsverletzers geeignete Maßnahmen zur Verbreitung von Informationen über die betreffende Entscheidung, einschließlich der vollständigen oder teilweisen Veröffentlichung, anordnen können.

(2) Bei jeder Maßnahme gemäß Absatz 1 des vorliegenden Artikels wird die Vertraulichkeit von Geschäftsgeheimnissen gemäß Artikel 9 gewährleistet.

(3) *[1]* Bei der Entscheidung darüber, ob eine Maßnahme gemäß Absatz 1 angeordnet wird, und bei der Bewertung ihrer Verhältnismäßigkeit berücksichtigen die zuständigen Gerichte gegebenenfalls den Wert des Geschäftsgeheimnisses, das Verhalten des Rechtsverletzers bei Erwerb, Nutzung oder Offenlegung des Geschäftsgeheimnisses, die Folgen der rechtswidrigen Nutzung oder Offenlegung des Geschäftsgeheimnisses und die Wahrscheinlichkeit einer weiteren rechtwidrigen Nutzung oder Offenlegung des Geschäftsgeheimnisses durch den Rechtsverletzer.

[2] Die zuständigen Gerichte berücksichtigen auch, ob die Informationen über den Rechtsverletzer die Identifizierung einer natürlichen Person ermöglichen würden und, falls ja, ob die Veröffentlichung dieser Informationen gerechtfertigt wäre, insbesondere im Lichte des etwaigen Schadens, den eine solche Maßnahme der Privatsphäre und dem Ruf des Rechtsverletzers zufügen kann.

Kapitel IV. Sanktionen, Berichterstattung und Schlussbestimmungen

Art. 16 Sanktionen bei Nichteinhaltung dieser Richtlinie. *[1]* Die Mitgliedstaaten stellen sicher, dass die zuständigen Gerichte allen Personen, die es versäumen oder ablehnen, einer der gemäß den Artikeln 9, 10 und 12 erlassenen Maßnahme nachzukommen, Sanktionen auferlegen können.

[2] Im Rahmen der Sanktionen wird unter anderem die Möglichkeit vorgesehen, im Falle einer Nichtbefolgung einer der gemäß den Artikeln 10 und 12 erlassenen Maßnahme wiederholt zu zahlende Zwangsgelder zu verhängen.

[3] Die Sanktionen müssen wirksam, verhältnismäßig und abschreckend sein.

Art. 17 Informationsaustausch und Korrespondenzstellen. [1] Zur Förderung der Zusammenarbeit, einschließlich des Informationsaustauschs, der Mitgliedstaaten untereinander sowie zwischen den Mitgliedstaaten und der Kommission benennt jeder Mitgliedstaat eine oder mehrere nationale Korrespondenzstellen für alle Fragen nach der Durchführung der in dieser Richtlinie vorgesehenen Maßnahmen. [2] Jeder Mitgliedstaat teilt die Kontaktadressen seiner Korrespondenzstelle(n) den anderen Mitgliedstaaten und der Kommission mit.

Art. 18 Berichte. (1) Bis zum 9. Juni 2021 erstellt das Amt der Europäischen Union für geistiges Eigentum im Rahmen der Tätigkeiten der Europäischen Beobachtungsstelle für Verletzungen von Rechten des geistigen Eigentums einen ersten Bericht über die Entwicklungen bei dem rechtswidrigen Erwerb, der rechtswidrigen Nutzung und der rechtswidrigen Offenlegung von Geschäftsgeheimnissen im Zuge der Anwendung dieser Richtlinie.

(2) *[1]* [1] Bis zum 9. Juni 2022 erstellt die Kommission einen Zwischenbericht über die Anwendung dieser Richtlinie und legt diesen dem Europäischen Parlament und dem Rat vor. [2] Dieser Bericht trägt dem in Absatz 1 genannten Bericht in angemessener Weise Rechnung.

[2] In dem Zwischenbericht werden insbesondere die etwaigen Auswirkungen der Anwendung dieser Richtlinie auf Forschung und Entwicklung, die Mobilität der Arbeitnehmer und die Ausübung des Rechts auf freie Meinungsäußerung und auf Informationsfreiheit untersucht.

(3) Bis zum 9. Juni 2026 bewertet die Kommission die Auswirkungen dieser Richtlinie und legt dem Europäischen Parlament und dem Rat einen Bericht vor.

Art. 19 Umsetzung. (1) *[1]* [1] Die Mitgliedstaaten setzen die Rechts- und Verwaltungsvorschriften in Kraft, die erforderlich sind, um dieser Richtlinie bis zum 9. Juni 2018 nachzukommen. [2] Sie teilen der Kommission unverzüglich den Wortlaut dieser Rechtsvorschriften mit.

[2] [1] Bei Erlass dieser Vorschriften nehmen die Mitgliedstaaten in den Vorschriften selbst oder durch einen Hinweis bei der amtlichen Veröffentlichung auf diese Richtlinie Bezug. [2] Die Mitgliedstaaten regeln die Einzelheiten dieser Bezugnahme.

(2) Die Mitgliedstaaten teilen der Kommission den Wortlaut der wichtigsten innerstaatlichen Rechtsvorschriften mit, die sie auf dem unter diese Richtlinie fallenden Gebiet erlassen.

Art. 20 Inkrafttreten. Diese Richtlinie tritt am zwanzigsten Tag nach ihrer Veröffentlichung im *Amtsblatt der Europäischen Union* in Kraft.

Art. 21 Adressaten. Diese Richtlinie ist an die Mitgliedstaaten gerichtet.

Geschehen zu Straßburg am 8. Juni 2016.

330. Richtlinie (EU) 2016/2341 des Europäischen Parlaments und des Rates vom 14. Dezember 2016 über die Tätigkeiten und die Beaufsichtigung von Einrichtungen der betrieblichen Altersversorgung (EbAV)

(Neufassung)
(Text von Bedeutung für den EWR)

(ABl. L 354 S. 37)

Celex-Nr. 3 2016 L 2341

– Auszug –

DAS EUROPÄISCHE PARLAMENT UND DER RAT DER EUROPÄISCHEN UNION –

gestützt auf den Vertrag über die Arbeitsweise der Europäischen Union, insbesondere auf Artikel 53, Artikel 62 und Artikel 114 Absatz 1,

auf Vorschlag der Europäischen Kommission,

nach Zuleitung des Entwurfs des Gesetzgebungsakts an die nationalen Parlamente,

nach Stellungnahme des Europäischen Wirtschafts- und Sozialausschusses[1)],

gemäß dem ordentlichen Gesetzgebungsverfahren[2)]

in Erwägung nachstehender Gründe:

(1) Die Richtlinie 2003/41/EG des Europäischen Parlaments und des Rates[3)] ist mehrfach in wesentlichen Punkten[4)] geändert worden. Aus Gründen der Klarheit empfiehlt es sich, im Rahmen der jetzt anstehenden Änderungen eine Neufassung dieser Richtlinie vorzunehmen.

(2) Im Binnenmarkt sollten Einrichtungen der betrieblichen Altersversorgung (EbAV) die Möglichkeit haben, ihre Tätigkeit in anderen Mitgliedstaaten auszuüben, und ein hohes Maß an Schutz und Sicherheit für Versorgungsanwärter und Leistungsempfänger betrieblicher Altersversorgungssysteme gewährleisten.

(3) Diese Richtlinie zielt auf eine Mindestharmonisierung ab und sollte die Mitgliedstaaten daher nicht daran hindern, strengere Bestimmungen beizubehalten oder einzuführen, um Versorgungsanwärter und Leistungsempfänger betrieblicher Altersversorgungssysteme zu schützen, sofern diese Bestimmungen mit den Verpflichtungen der Mitgliedstaaten nach dem Unionsrecht im Einklang stehen. Diese Richtlinie erstreckt sich nicht auf Fragen des nationalen Sozial-, Arbeits-, Steuer- oder Vertragsrechts oder auf die Angemessenheit der Altersversorgung in den Mitgliedstaaten.

---

1) **Amtl. Anm.:** ABl. C 451 vom 16.12.2014, S. 109.

2) **Amtl. Anm.:** Standpunkt des Europäischen Parlaments vom 24. November 2016 (noch nicht im Amtsblatt veröffentlicht) und Beschluss des Rates vom 8. Dezember 2016.

3) **Amtl. Anm.:** Richtlinie 2003/41/EG des Europäischen Parlaments und des Rates vom 3. Juni 2003 über die Tätigkeiten und die Beaufsichtigung von Einrichtungen der betrieblichen Altersversorgung (ABl. L 235 vom 23.9.2003, S. 10).

4) **Amtl. Anm.:** Siehe Anhang I, Teil A.

(4) Um die Mobilität von Arbeitnehmern zwischen den Mitgliedstaaten noch mehr zu erleichtern, soll mit dieser Richtlinie für eine gute Unternehmensführung, die Bereitstellung von Informationen für Versorgungsanwärter sowie die Transparenz und die Sicherheit der betrieblichen Altersversorgung gesorgt werden.

(5) Die EbAV sind in den einzelnen Mitgliedstaaten auf höchst unterschiedliche Weise organisiert und reglementiert. Betriebliche Altersversorgungssysteme werden sowohl von EbAV als auch von Lebensversicherungsunternehmen betrieben. Daher ist eine undifferenzierte Herangehensweise an die EbAV nicht sachgerecht. Die Kommission und die mit der Verordnung (EU) Nr. 1094/2010 des Europäischen Parlaments und des Rates[1)] eingerichtete Europäische Aufsichtsbehörde (Europäische Aufsichtsbehörde für das Versicherungswesen und die betriebliche Altersversorgung) (EIOPA) sollten bei ihrer Tätigkeit die unterschiedlichen Gepflogenheiten der Mitgliedstaaten berücksichtigen und die Organisationsweise der EbAV unbeschadet der nationalen sozial- und arbeitsrechtlichen Vorschriften festlegen.

(6) Die Richtlinie 2003/41/EG stellte einen ersten Gesetzgebungsschritt auf dem Weg zu einem unionsweit organisierten Binnenmarkt für die betriebliche Altersversorgung dar. Ein echter Binnenmarkt für die betriebliche Altersversorgung ist nach wie vor ein entscheidender Faktor für Wirtschaftswachstum und Arbeitsplatzschaffung in der Union sowie für die Bewältigung der Herausforderungen einer alternden Gesellschaft. Diese Richtlinie aus dem Jahr 2003 wurde nicht so grundlegend geändert, dass für EbAV ein modernes, risikobasiertes Unternehmensführungssystem eingeführt wurde. Eine angemessene Regulierung und Beaufsichtigung auf Unionsebene und auf nationaler Ebene bleiben auch in Zukunft von großer Bedeutung für die Entwicklung einer sicheren und verlässlichen betrieblichen Altersversorgung in allen Mitgliedstaaten.

(7) Grundsätzlich sollten die EbAV, falls angezeigt, berücksichtigen, dass in den betrieblichen Altersversorgungssystemen das Gleichgewicht zwischen den Generationen gewahrt wird, indem sie eine ausgewogene Verteilung der Risiken und Zuwendungen der betrieblichen Altersversorgung zwischen den Generationen anstreben.

(8) Es sind geeignete Maßnahmen erforderlich, um ergänzende private Altersversorgungssysteme, wie etwa betriebliche Altersversorgungssysteme, weiter zu verbessern. Das ist deshalb wichtig, weil die Systeme der sozialen Sicherheit immer stärker unter Druck geraten, sodass man sich zunehmend auf betriebliche Altersversorgungen als Ergänzung zu anderen Altersversorgungsmaßnahmen verlässt. Die EbAV spielen eine wichtige Rolle für die langfristige Finanzierung der Wirtschaft der Union und für die Bereitstellung gesicherter Altersversorgungsleistungen. Sie sind ein wichtiger Teil der Wirtschaft der Union; sie verwalten Vermögenswerte im Wert von 2,5 Bio. EUR für etwa 75 Mio. Versorgungsanwärter und Leistungsemp-

---

[1)] **Amtl. Anm.:** Verordnung (EU) Nr. 1094/2010 des Europäischen Parlaments und des Rates vom 24. November 2010 zur Errichtung einer Europäischen Aufsichtsbehörde (Europäische Aufsichtsbehörde für das Versicherungswesen und die betriebliche Altersversorgung), zur Änderung des Beschlusses Nr. 716/2009/EG und zur Aufhebung des Beschlusses 2009/79/EG der Kommission (ABl. L 331 vom 15.12.2010, S. 48).

fänger. Die betriebliche Altersversorgung sollte verbessert werden, ohne jedoch die grundlegende Bedeutung der Rentensysteme der Sozialversicherungen im Hinblick auf die Sicherheit, die Beständigkeit und die Wirksamkeit des Sozialschutzes, der einen angemessenen Lebensstandard im Alter gewährleisten und daher im Mittelpunkt des Ziels der Stärkung der europäischen Sozialmodelle stehen sollte, in Frage zu stellen.

(9) Angesichts der demografischen Entwicklungen in der Union und der Lage der nationalen Haushalte stellt die betriebliche Altersversorgung eine wertvolle Ergänzung zu den Rentensystemen der Sozialversicherung dar. Zu einem stabilen Rentensystem gehören unterschiedliche Produkte, vielfältige Einrichtungen sowie effektive und effiziente Aufsichtsmethoden.

(10) Die Mitgliedstaaten sollten die Arbeitnehmer vor Altersarmut schützen und eine zusätzliche Altersversorgung, die an Arbeitsverhältnisse geknüpft ist, als Ergänzung zu staatlichen Renten fördern.

(11) Diese Richtlinie trägt den Grundrechten und Grundsätzen Rechnung, die in der Charta der Grundrechte der Europäischen Union anerkannt werden, insbesondere dem Recht auf Schutz personenbezogener Daten, der unternehmerischen Freiheit, dem Recht auf Eigentum, dem Recht auf Kollektivverhandlungen und Kollektivmaßnahmen sowie dem Anspruch auf ein hohes Verbraucherschutzniveau, vor allem durch Gewährleistung eines höheren Maßes an Transparenz im Bereich der Altersversorgung, durch eine fundierte persönliche Finanz- und Altersvorsorgeplanung sowie durch die Erleichterung der grenzüberschreitenden Tätigkeit von EbAV und der grenzüberschreitenden Übertragung von Altersversorgungssystemen. Diese Richtlinie ist im Einklang mit diesen Rechten und Grundsätzen umzusetzen.

(12) Insbesondere eine Erleichterung der grenzüberschreitenden Tätigkeit von EbAV und der grenzüberschreitenden Übertragung von Altersversorgungssystemen – durch die Präzisierung der einschlägigen Verfahren und den Abbau unnötiger Hindernisse – könnte für die betroffenen Unternehmen und ihre Beschäftigten – unabhängig davon, in welchem Mitgliedstaat sie arbeiten – von Vorteil sein, da die Verwaltung der bereitgestellten Altersversorgungsleistungen zentralisiert würde.

(13) Die grenzüberschreitende Tätigkeit von EbAV sollte unbeschadet der für die betrieblichen Altersversorgungssysteme geltenden nationalen sozial- und arbeitsrechtlichen Vorschriften des Tätigkeitsmitgliedstaats erfolgen, die für die Beziehung zwischen dem Unternehmen, das das Altersversorgungssystem anbietet (im Folgenden „Trägerunternehmen") und den Versorgungsanwärtern und Leistungsempfängern maßgeblich sind. Die grenzüberschreitende Tätigkeit und die grenzüberschreitende Übertragung von Altersversorgungssystemen unterscheiden sich voneinander und sollten durch unterschiedliche Bestimmungen geregelt werden. Wenn eine grenzüberschreitende Übertragung eines Altersversorgungssystems eine grenzüberschreitende Tätigkeit nach sich zieht, sollten die Bestimmungen für grenzüberschreitende Tätigkeiten Anwendung finden.

(14) Wenn das Trägerunternehmen und die EbAV im selben Mitgliedstaat ansässig sind, begründet der Umstand, dass Versorgungsanwärter oder Leistungsempfänger eines Altersversorgungssystems ihren Wohnsitz in einem anderen Mitgliedstaat haben, für sich genommen keine grenzüberschreitende Tätigkeit.

(15) Die Mitgliedstaaten sollten berücksichtigen, dass die Rentenanwartschaften von Arbeitnehmern, die befristet in einen anderen Mitgliedstaat entsandt werden, geschützt werden müssen.

(16) Auch nach dem Inkrafttreten der Richtlinie 2003/41/EG ist die grenzüberschreitende Tätigkeit aufgrund der Unterschiede in den nationalen sozial- und arbeitsrechtlichen Vorschriften eingeschränkt geblieben. Außerdem bestehen noch erhebliche aufsichtsrechtliche Barrieren, die es für EbAV kostspieliger machen, Altersversorgungssysteme grenzüberschreitend zu betreiben. Darüber hinaus muss das derzeitige Mindestschutzniveau für Versorgungsanwärter und Leistungsempfänger verbessert werden. Das ist umso wichtiger, als Langlebigkeits- und Marktrisiken zunehmend von Versorgungsanwärtern und Leistungsempfängern statt von den EbAV oder dem Trägerunternehmen getragen werden. Ferner müssen die derzeit geltenden Mindestanforderungen an den Umfang der für Versorgungsanwärter und Leistungsempfänger bereitzustellenden Informationen erhöht werden.

(17) Die in dieser Richtlinie festgelegten Aufsichtsvorschriften sollen gleichermaßen ein hohes Maß an Sicherheit für alle zukünftigen Rentner durch strenge Aufsichtsstandards gewährleisten und eine solide, umsichtige und effiziente Verwaltung der betrieblichen Altersversorgungssysteme ermöglichen.

(18) Die EbAV sollten von Trägerunternehmen vollständig getrennt sein und ihre Tätigkeit nach dem Kapitaldeckungsverfahren mit dem Zweck ausüben, Altersversorgungsleistungen zu erbringen. EbAV, die einzig zu diesem Zweck tätig sind, sollte die freie Erbringung von Dienstleistungen und die Anlagefreiheit ermöglicht werden, vorbehaltlich lediglich koordinierter Aufsichtsvorschriften und ungeachtet dessen, ob solche EbAV als juristische Personen angesehen werden.

(19) Gemäß dem Subsidiaritätsprinzip sollten die Mitgliedstaaten uneingeschränkt für die Organisation ihrer Altersversorgungssysteme und die Entscheidung, welche Rolle den einzelnen drei Säulen der Altersversorgung in den jeweiligen Mitgliedstaaten zukommt, zuständig sein. Im Rahmen der zweiten Säule sollten sie ferner uneingeschränkt für die Rolle und Aufgaben der verschiedenen Einrichtungen, die betriebliche Altersversorgungsleistungen erbringen, wie branchenweite Pensionsfonds, Betriebspensionsfonds und Lebensversicherungsunternehmen, zuständig sein. Diese Richtlinie soll dieses Vorrecht der Mitgliedstaaten nicht in Frage stellen, sondern die Mitgliedstaaten im Gegenteil dazu anhalten, eine angemessene, sichere und tragfähige betriebliche Altersversorgung aufzubauen, und die grenzüberschreitende Tätigkeit erleichtern.

(20) Angesichts der Tatsache, dass die betriebliche Altersversorgung noch verbessert werden muss, sollte die Kommission für einen beträchtlichen Mehrwert auf Unionsebene sorgen, indem sie weitere Schritte unternimmt, um die Zusammenarbeit der Mitgliedstaaten mit den Sozialpartnern bei der Verbesserung von Altersversorgungssystemen der zweiten Säule zu unterstützen, und indem sie eine Gruppe hochrangiger Sachverständiger einsetzt, die die Altersversorgung der zweiten Säule in den Mitgliedstaaten stärkt; dazu gehört auch – insbesondere mit Blick auf grenzüberschreitende Tätigkeiten – die Förderung des Austauschs über bewährte Verfahren zwischen den Mitgliedstaaten.

(21) Die nationalen Rechtsvorschriften über die Teilnahme von Selbstständigen an EbAV sind unterschiedlich. In einigen Mitgliedstaaten können EbAV auf der Grundlage von Vereinbarungen mit Branchenverbänden, deren Mitglieder in der Eigenschaft als selbstständige Berufstätige handeln, oder unmittelbar mit Selbstständigen und abhängig Beschäftigten tätig werden. In einigen Mitgliedstaaten kann ein Selbstständiger auch Mitglied einer EbAV werden, wenn er als Arbeitgeber handelt oder in einem Unternehmen freiberufliche Dienstleistungen erbringt. In einigen Mitgliedstaaten können Selbstständige einer EbAV nur dann beitreten, wenn bestimmte Anforderungen einschließlich der durch das Sozial- und Arbeitsrecht vorgeschriebenen Anforderungen erfüllt sind.

(22) Vom Anwendungsbereich dieser Richtlinie sollten Einrichtungen ausgenommen werden, die Systeme der sozialen Sicherheit betreiben, die bereits auf Unionsebene koordiniert werden. Die Besonderheit von EbAV, die in einem Mitgliedstaat sowohl Systeme der sozialen Sicherheit als auch betriebliche Altersversorgungssysteme betreiben, sollte jedoch berücksichtigt werden.

(23) Einrichtungen, die im Rahmen obligatorischer Sozialversicherungssysteme nach dem Grundsatz der Kapitaldeckung tätig sind, fallen nicht in den Anwendungsbereich dieser Richtlinie.

(24) Finanzinstitute, für die es bereits einen Rechtsrahmen der Union gibt, sollten im Allgemeinen vom Anwendungsbereich dieser Richtlinie ausgenommen werden. Da jedoch derartige Einrichtungen in einigen Fällen möglicherweise betriebliche Altersversorgungsleistungen erbringen, ist sicherzustellen, dass diese Richtlinie nicht zu Wettbewerbsverzerrungen führt. Solche Verzerrungen können dadurch vermieden werden, dass die Aufsichtsvorschriften dieser Richtlinie auf das betriebliche Altersversorgungsgeschäft von Lebensversicherungsunternehmen im Sinne von Artikel 2 Absatz 3 Buchstabe a Ziffern i bis iii und Artikel 2 Absatz 3 Buchstabe b Ziffern ii bis iv der Richtlinie 2009/138/EG des Europäischen Parlaments und des Rates[1)] angewandt werden. Die Kommission sollte darüber hinaus die Lage auf dem Markt für betriebliche Altersversorgungen sorgfältig überwachen und prüfen, ob es möglich ist, die fakultative Anwendung dieser Richtlinie auf andere regulierte Finanzinstitute zu erweitern.

(25) Da es Ziel der EbAV ist, die finanzielle Absicherung im Ruhestand zu gewährleisten, sollten die Altersversorgungsleistungen der EbAV in der Regel in der Zahlung einer lebenslangen Rente, einer zeitlich begrenzten Zahlung, in Zahlungen eines pauschalen Kapitalbetrags oder einer Kombination hieraus bestehen.

(26) Es ist wichtig sicherzustellen, dass ältere und behinderte Menschen nicht dem Risiko der Armut ausgesetzt werden und einen angemessenen Lebensstandard haben. Eine angemessene Abdeckung biometrischer Risiken in betrieblichen Altersversorgungssystemen ist ein wichtiger Aspekt im Kampf gegen die Armut und unzureichende Absicherung von älteren Menschen. Bei der Schaffung eines betrieblichen Altersversorgungssystems

---

[1)] **Amtl. Anm.:** Richtlinie 2009/138/EG des Europäischen Parlaments und des Rates vom 25. November 2009 betreffend die Aufnahme und Ausübung der Versicherungs- und der Rückversicherungstätigkeit (Solvabilität II) (ABl. L 335 vom 17.12.2009, S. 1).

sollten Arbeitgeber und Arbeitnehmer oder ihre jeweiligen Vertreter die Möglichkeit der Abdeckung des Risikos der Langlebigkeit und der Berufsunfähigkeit sowie der Hinterbliebenenversorgung durch das Altersversorgungssystem in Betracht ziehen.

(27) Dadurch, dass den Mitgliedstaaten die Möglichkeit eingeräumt wird, EbAV, die Altersversorgungssysteme mit insgesamt weniger als 100 Versorgungsanwärtern betreiben, vom Anwendungsbereich nationaler Bestimmungen zur Umsetzung dieser Richtlinie auszunehmen, kann die Aufsicht in diesen Mitgliedstaaten erleichtert werden, ohne das ordnungsgemäße Funktionieren des Binnenmarktes in diesem Bereich zu beeinträchtigen. Dies sollte jedoch nicht das Recht dieser EbAV beeinträchtigen, für die Verwaltung ihres Anlagenportfolios Vermögensverwalter zu bestellen, die in einem anderen Mitgliedstaat niedergelassen und zur Ausübung dieser Tätigkeit ordnungsgemäß zugelassen sind, und Verwahrer oder Verwahrstellen zu beauftragen, die in einem anderen Mitgliedstaat niedergelassen und zur Verwahrung ihrer Vermögensanlagen ordnungsgemäß zugelassen sind. Die Mitgliedstaaten sollten bei EbAV, die Altersversorgungssysteme mit insgesamt mehr als 15 Versorgungsanwärtern betreiben, in jedem Fall gewisse Bestimmungen über Anlagevorschriften und das Unternehmensführungssystem anwenden.

(28) Einrichtungen wie die Unterstützungskassen in Deutschland, bei denen den Versorgungsanwärtern gesetzlich keine Ansprüche auf Leistungen in einer bestimmten Höhe eingeräumt werden und deren Belange durch eine zwingend vorgeschriebene gesetzliche Insolvenzsicherung geschützt werden, sollten vom Anwendungsbereich der Richtlinie ausgeschlossen werden.

(29) Zum Schutz der Versorgungsanwärter und der Leistungsempfänger sollten die EbAV ihre Tätigkeit auf die in dieser Richtlinie genannten und damit im Zusammenhang stehenden Tätigkeiten beschränken.

(30) Im Fall des Konkurses eines Trägerunternehmens sind die Versorgungsanwärter dem Risiko ausgesetzt, sowohl ihren Arbeitsplatz als auch ihre erworbenen Rentenanwartschaften zu verlieren. Deshalb muss eine eindeutige Trennung zwischen dem Trägerunternehmen und der EbAV gewährleistet sein, und es müssen mittels Aufsichtsstandards Mindestvorkehrungen zum Schutz der Versorgungsanwärter getroffen werden. Bei der Festlegung dieser Vorkehrungen sollte berücksichtigt werden, dass die EbAV Zugang zu Altersversorgungs-Sicherungssystemen oder ähnlichen Mechanismen haben, die die erworbenen individuellen Rentenanwartschaften der Versorgungsanwärter und Leistungsempfänger vor einem Ausfallrisiko des Trägerunternehmens schützen.

(31) Bei der Tätigkeit und der Aufsicht von EbAV sind in den Mitgliedstaaten erhebliche Unterschiede zu verzeichnen. In einigen Mitgliedstaaten wird nicht nur die EbAV selbst, sondern es werden auch die Stellen oder Gesellschaften beaufsichtigt, die zur Verwaltung derartiger EbAV zugelassen sind. Die Mitgliedstaaten sollten eine solche Besonderheit berücksichtigen können, solange alle in dieser Richtlinie genannten Voraussetzungen tatsächlich erfüllt sind. Die Mitgliedstaaten sollten auch Versicherungsunternehmen und anderen Finanzunternehmen erlauben können, EbAV zu verwalten.

(32) EbAV sind Altersversorgungseinrichtungen mit einem sozialen Zweck, die Finanzdienstleistungen erbringen. Sie sind für die Auszahlung von Leistungen der betrieblichen Altersversorgung verantwortlich und sollten deshalb bestimmte Mindestaufsichtsstandards bezüglich ihrer Tätigkeit und ihrer Betriebsbedingungen erfüllen, wobei sie nationalen Vorschriften und Gepflogenheiten Rechnung tragen sollten. Diese Einrichtungen sollten jedoch nicht wie reine Finanzdienstleister behandelt werden. Ihre soziale Funktion und die Dreiecksbeziehung zwischen dem Arbeitnehmer, dem Arbeitgeber und der EbAV sollten in angemessener Weise anerkannt und als grundlegende Prinzipien dieser Richtlinie gestärkt werden.

(33) Wenn EbAV nach nationalem Recht Pensionsfonds verwalten, die keine Rechtspersönlichkeit besitzen und aus Altersversorgungssystemen einzelner Versorgungsanwärter bestehen, deren Vermögenswerte von den Vermögenswerten der EbAV getrennt sind, sollten die Mitgliedstaaten die Möglichkeit haben, jeden Pensionsfonds als gesondertes Altersversorgungssystem im Sinne dieser Richtlinie zu betrachten.

(34) Die sehr große Anzahl von EbAV in bestimmten Mitgliedstaaten erfordert eine pragmatische Lösung hinsichtlich der Anforderung der vorherigen Genehmigung der EbAV. Wenn eine EbAV jedoch ein Altersversorgungssystem in einem anderen Mitgliedstaat betreiben will, sollte dafür die vorherige Genehmigung durch die zuständige Behörde des Herkunftsmitgliedstaats vorgeschrieben werden.

(35) Unbeschadet der nationalen sozial- und arbeitsrechtlichen Vorschriften über die Organisation der Altersversorgungssysteme, einschließlich der Bestimmungen über die Pflichtmitgliedschaft und die Ergebnisse von Tarifvereinbarungen, sollten die EbAV die Möglichkeit haben, ihre Leistungen in anderen Mitgliedstaaten zu erbringen, sobald ihnen die Zulassung durch die zuständige Behörde ihres Herkunftsmitgliedstaats erteilt wurde. Es sollte den EbAV erlaubt sein, die Trägerschaft durch Unternehmen mit Standort in einem beliebigen anderen Mitgliedstaat zu akzeptieren und Altersversorgungssysteme mit Versorgungsanwärtern in mehr als einem Mitgliedstaat zu betreiben. Dies kann gegebenenfalls zu erheblichen Größenvorteilen für derartige EbAV führen, die Wettbewerbsfähigkeit der Wirtschaft in der Union verbessern und die berufliche Mobilität erleichtern.

(36) Das Recht einer EbAV mit Sitz in einem Mitgliedstaat, in einem anderen Mitgliedstaat abgeschlossene betriebliche Altersversorgungssysteme zu betreiben, sollte nur unter vollständiger Einhaltung der sozial- und arbeitsrechtlichen Vorschriften des Tätigkeitsmitgliedstaats ausgeübt werden, soweit diese für die betrieblichen Altersversorgungssysteme von Belang sind, beispielsweise die Festlegung und Zahlung von Altersversorgungsleistungen und die Bedingungen für die Übertragbarkeit der Anwartschaften. Der Anwendungsbereich der Aufsichtsvorschriften sollte präzisiert werden, damit für die grenzüberschreitenden Tätigkeiten der EbAV Rechtssicherheit gewährleistet ist.

(37) EbAV sollten Altersversorgungssysteme innerhalb der Union grenzüberschreitend auf andere EbAV übertragen können, um eine unionsweite Organisation der betrieblichen Altersversorgung zu erleichtern. Die Übertragung sollte von der Genehmigung durch die zuständige Behörde im Herkunftsmitgliedstaat der übernehmenden EbAV abhängig sein, nachdem

diese zuständige Behörde die Zustimmung der zuständigen Behörde des Herkunftsmitgliedstaats der das Versorgungssystem übertragenden EbAV erhalten hat. Die Übertragung und die Übertragungsbedingungen sollten der vorherigen Zustimmung der Mehrheit der betroffenen Versorgungsanwärter und der Mehrheit der Leistungsempfänger oder gegebenenfalls der Mehrheit ihrer Vertreter unterliegen, wie zum Beispiel der Treuhänder eines auf einem Treuhandfonds beruhenden Systems.

(38) Bei der teilweisen Übertragung eines Altersversorgungssystems sollte für die wirtschaftliche Lebensfähigkeit sowohl des übertragenen als auch des verbleibenden Teils des Altersversorgungssystems und für den angemessenen Schutz der Rechte sämtlicher Versorgungsanwärter und Leistungsempfänger nach der Übertragung gesorgt werden, indem sowohl die übertragende als auch die übernehmende EbAV verpflichtet werden, für ausreichende und angemessene Vermögenswerte zu sorgen, damit die versicherungstechnischen Rückstellungen für den übertragenen und für den verbleibenden Teil des Systems abgedeckt sind.

(39) Zur besseren Abstimmung der Aufsichtspraktiken kann die EIOPA auf der Grundlage der ihr mit der Verordnung (EU) Nr. 1094/2010 übertragenen Befugnisse Informationen von den zuständigen Behörden einholen. Außerdem sollte die EIOPA bei einer vollständigen oder teilweisen grenzüberschreitenden Übertragung eines Altersversorgungssystems vermittelnd auftreten können, wenn Unstimmigkeiten zwischen den betroffenen zuständigen Behörden bestehen.

(40) Eine nach dem Grundsatz der Vorsicht vorgenommene Berechnung der technischen Rückstellungen ist eine wesentliche Voraussetzung dafür, zu gewährleisten, dass die Verpflichtungen zur Auszahlung der Versorgungsleistungen sowohl kurz- als auch langfristig erfüllt werden können. Die technischen Rückstellungen sollten daher auf der Grundlage anerkannter versicherungsmathematischer Methoden berechnet und von einem Versicherungsmathematiker oder einem anderen anerkannten Fachmann in diesem Bereich testiert werden. Die Höchstzinssätze sollten vorsichtig gemäß allen einschlägigen nationalen Vorschriften gewählt werden. Der Mindestbetrag der versicherungstechnischen Rückstellungen sollte einerseits ausreichend sein, damit die Zahlung der bereits laufenden Leistungen an die Leistungsempfänger fortgesetzt werden kann, und muss andererseits die Verpflichtungen widerspiegeln, die sich aufgrund der erworbenen Rentenanwartschaften der Versorgungsanwärter ergeben. Die versicherungsmathematische Funktion sollte von Personen wahrgenommen werden, die über versicherungs- und finanzmathematische Kenntnisse verfügen, die der Größenordnung, der Art, dem Umfang und der Komplexität der Risiken bei Tätigkeiten der EbAV entsprechen, und ihre einschlägigen Erfahrungen mit geltenden fachlichen Qualifikationen oder sonstigen Standards nachweisen können.

(41) Die von den EbAV gedeckten Risiken unterscheiden sich von einem Mitgliedstaat zum anderen ganz erheblich. Die Herkunftsmitgliedstaaten sollten deshalb die Möglichkeit haben, für die Berechnung der versicherungstechnischen Rückstellungen über die Vorschriften in dieser Richtlinie hinaus zusätzliche und ausführlichere Bestimmungen vorzusehen.

(42) Es sollten ausreichende und geeignete Vermögenswerte zur Bedeckung der versicherungstechnischen Rückstellungen verlangt werden, um die Inte-

ressen der Versorgungsanwärter und der Leistungsempfänger des Systems zu schützen, wenn das Trägerunternehmen insolvent wird.

(43) Im Interesse vergleichbarer Wettbewerbsbedingungen für im Inland und grenzüberschreitend tätige EbAV sollten die Mitgliedstaaten den Finanzierungsvorschriften sowohl für im Inland als auch für grenzüberschreitend tätige EbAV Rechnung tragen.

(44) In zahlreichen Fällen könnte das Trägerunternehmen und nicht die EbAV selbst die biometrischen Risiken decken oder bestimmte Leistungen oder Anlageergebnisse gewährleisten. In einigen Fällen gewährleistet die EbAV die genannte Deckung oder Sicherstellung jedoch selbst, und die Verpflichtungen des Trägerunternehmens erschöpfen sich generell mit der Zahlung der erforderlichen Beiträge. Unter diesen Umständen sollten die betreffenden EbAV über Eigenmittel verfügen, die auf dem Wert der versicherungstechnischen Rückstellungen und des Risikokapitals beruhen.

(45) EbAV sind sehr langfristige Anleger. Die Rückzahlung der im Besitz der EbAV befindlichen Vermögenswerte kann grundsätzlich nicht zu einem anderen Zweck als der Auszahlung der Versorgungsleistungen erfolgen. Um die Rechte der Versorgungsanwärter und der Leistungsempfänger angemessen zu schützen, sollten die EbAV außerdem eine Mischung der Vermögenswerte wählen können, die der genauen Art und Dauer ihrer Verbindlichkeiten entspricht. Daher ist eine wirksame Aufsicht erforderlich sowie ein Ansatz bei den Anlagevorschriften, der den EbAV eine ausreichende Flexibilität einräumt, um sich für die sicherste und rentabelste Anlagepolitik zu entscheiden, und sie verpflichtet, nach dem Grundsatz der unternehmerischen Vorsicht zu handeln. Die Einhaltung des Grundsatzes der unternehmerischen Vorsicht erfordert demnach eine auf die Mitgliederstruktur der einzelnen EbAV abgestimmte Anlagepolitik.

(46) Durch die Festlegung des Grundsatzes der unternehmerischen Vorsicht als grundlegendes Prinzip für Kapitalanlagen sowie die Ermöglichung der grenzüberschreitenden Tätigkeit von EbAV sollte die Bildung von Sparkapital im Bereich der betrieblichen Altersversorgung gefördert und so ein Beitrag zum wirtschaftlichen und sozialen Fortschritt geleistet werden.

(47) Die Aufsichtsmethoden und -praktiken unterscheiden sich von einem Mitgliedstaat zum anderen. Den Mitgliedstaaten sollte deshalb ein gewisser Ermessensspielraum bei den Vorschriften über die Vermögensanlage eingeräumt werden, die sie den EbAV mit Standort in ihrem Hoheitsgebiet vorschreiben möchten. Die genannten Bestimmungen sollten jedoch den freien Kapitalverkehr nicht einschränken, es sei denn, sie sind aus aufsichtsrechtlichen Gründen gerechtfertigt.

(48) Mit dieser Richtlinie sollte dafür gesorgt werden, dass die EbAV über ein angemessenes Maß an Investitionsfreiheit verfügen. Als sehr langfristige Investoren mit geringen Liquiditätsrisiken sind die EbAV in der Lage, innerhalb bestimmter durch den Grundsatz der unternehmerischen Vorsicht gesetzter Grenzen in nicht liquide Vermögenswerte wie Aktien sowie in andere Instrumente mit langfristigem wirtschaftlichen Profil, die nicht an geregelten Märkten oder im Rahmen multilateraler (MTF) oder organisierter (OTF) Handelssysteme gehandelt werden, zu investieren. Sie können auch Vorteile aus der internationalen Diversifizierung ziehen. Anlagen in Aktien in anderen Währungen als denen ihrer Verbindlichkeiten und in andere Instrumente mit langfristigem wirtschaftlichen Profil,

die nicht an geregelten Märkten oder im Rahmen von MTF oder OTF gehandelt werden, sollten deshalb – im Einklang mit dem Grundsatz der unternehmerischen Vorsicht, damit die Interessen der Versorgungsanwärter und der Leistungsempfänger geschützt werden – nicht eingeschränkt werden, es sei denn aus aufsichtsrechtlichen Gründen.

(49) Die Auffassungen darüber, was unter Instrumenten mit langfristigem wirtschaftlichem Profil zu verstehen ist, gehen weit auseinander. Bei diesen Instrumenten handelt es sich um nicht übertragbare Wertpapiere, die somit auch keinen Zugang zur Liquidität von Sekundärmärkten haben. Sie erfordern häufig die Bindung für eine feste Laufzeit, was ihre Marktfähigkeit einschränkt und ihnen sollten unter anderem Beteiligungen und Schuldtitel von und Darlehen an nicht börsennotierten Unternehmen zugerechnet werden. Zu den nicht börsennotierten Unternehmen zählen auch Infrastrukturprojekte oder nicht börsennotierte, wachstumsorientierte Firmen, die Bedarf an Immobilien oder anderen Vermögenswerten haben, die für langfristige Anlagezwecke geeignet sind. CO_2-arme und klimaverträgliche Infrastrukturprojekte sind häufig nicht börsennotiert und benötigen langfristiges Fremdkapital für die Projektfinanzierung.

(50) EbAV sollten im Einklang mit den in ihrem Herkunftsmitgliedstaat geltenden Vorschriften in anderen Mitgliedstaaten investieren können, um die Kosten grenzüberschreitender Tätigkeiten zu reduzieren. Deshalb sollte es den Tätigkeitsmitgliedstaaten nicht gestattet sein, EbAV, die in anderen Mitgliedstaaten niedergelassen sind, zusätzliche Anlagevorschriften aufzuerlegen.

(51) Natürliche Personen benötigen einen eindeutigen Überblick über ihre im Rahmen von gesetzlichen und betrieblichen Altersversorgungssystemen erworbenen Rentenanwartschaften, insbesondere, wenn diese Anwartschaften in mehr als einem Mitgliedstaat erworben wurden. Ein solcher Überblick könnte erzielt werden, wenn in der gesamten Union Pensions- und Rentenaufzeichnungsdienste geschaffen würden, ähnlich denen, die bereits in einigen Mitgliedstaaten infolge des Weißbuchs der Kommission vom 16. Februar 2012 mit dem Titel „Eine Agenda für angemessene, sichere und nachhaltige Pensionen und Renten", das die Entwicklung solcher Dienste fördert, eingerichtet wurden.

(52) Bestimmte Risiken lassen sich nicht durch quantitative Anforderungen verringern, die sich in den technischen Rückstellungen und den Finanzierungsvorschriften niederschlagen, sondern können nur durch die Festlegung von Anforderungen an die Unternehmensführung in geeigneter Weise angegangen werden. Die Gewährleistung eines wirksamen Unternehmensführungssystems ist deshalb für ein angemessenes Risikomanagement und für den Schutz der Versorgungsanwärter und Leistungsempfänger von grundlegender Bedeutung. Die betreffenden Systeme sollten der Größenordnung, der Art, dem Umfang und der Komplexität der Tätigkeiten der EbAV angemessen sein.

(53) Eine Vergütungspolitik, die einer übermäßigen Risikobereitschaft Vorschub leistet, kann das solide und effektive Risikomanagement von EbAV unterminieren. Die für andere Finanzinstitute geltenden Grundsätze und Offenlegungsanforderungen im Bereich der Vergütungspolitik sollten auch auf EbAV Anwendung finden, wobei es jedoch deren – im Vergleich zu anderen Finanzinstituten – besonderer Unternehmensführungsstruktur so-

wie der Notwendigkeit der Berücksichtigung von Größenordnung, Art, Umfang und Komplexität der Tätigkeiten der EbAV Rechnung zu tragen gilt.

(54) Eine Schlüsselfunktion ist eine Kapazität zur Übernahme bestimmter Unternehmensführungssaufgaben. Die EbAV sollten über ausreichende Kapazitäten verfügen, um eine Risikomanagement-Funktion, eine interne Revisionsfunktion und gegebenenfalls eine versicherungsmathematische Funktion vorzusehen. Sofern diese Richtlinie nichts Anderes vorsieht, sollte die Festlegung einer bestimmten Schlüsselfunktion nicht dem entgegenstehen, dass die EbAV frei entscheiden kann, wie sie die jeweilige Schlüsselfunktion in der Praxis organisiert. Die entsprechenden Anforderungen sollten keine unangemessen hohe Belastung darstellen; deshalb sollte der Größenordnung, der Art, dem Umfang und der Komplexität der Tätigkeiten der EbAV Rechnung getragen werden.

(55) Die Personen, die eine EbAV tatsächlich leiten, sollten gemeinschaftlich fachlich qualifiziert und persönlich zuverlässig sein, und die Personen, die Schlüsselfunktionen wahrnehmen, sollten über angemessene Kenntnisse und Erfahrungen und erforderlichenfalls über entsprechende fachliche Qualifikationen verfügen. Jedoch sollten nur die Inhaber von Schlüsselfunktionen einer Meldepflicht gegenüber der zuständigen Behörde unterliegen.

(56) Mit Ausnahme der Funktion der internen Revision sollte es möglich sein, dass eine einzige Person oder organisatorische Einheit mehr als eine Schlüsselfunktion wahrnimmt. Die mit einer Schlüsselfunktion betraute Person oder organisatorische Einheit sollte jedoch nicht gleichzeitig eine ähnliche Schlüsselfunktion im Trägerunternehmen wahrnehmen dürfen. Die Mitgliedstaaten sollten den EbAV gestatten können, Schlüsselfunktionen von derselben Person oder organisatorischen Einheit wie das Trägerunternehmen wahrnehmen zu lassen, sofern die EbAV darlegt, wie sie Interessenkonflikte mit dem Trägerunternehmen verhindert oder damit umgeht.

(57) Die EbAV müssen – unter Berücksichtigung der angestrebten ausgewogenen Verteilung von Risiken und Zuwendungen der betrieblichen Altersversorgung zwischen den Generationen – ihr Risikomanagement verbessern, damit potenzielle Schwachstellen hinsichtlich der Tragfähigkeit der Altersversorgungssysteme erkannt und mit den betreffenden zuständigen Behörden erörtert werden können. Im Rahmen ihres Risikomanagements sollten die EbAV eine Risikobeurteilung ihrer rentenbezogenen Tätigkeiten vornehmen. Diese Risikobeurteilung sollte auch den zuständigen Behörden zugänglich gemacht werden und – falls angezeigt – unter anderem Risiken im Zusammenhang mit dem Klimawandel, der Ressourcennutzung und der Umwelt, soziale Risiken und Risiken im Zusammenhang mit der durch eine geänderte Regulierung bedingten Wertminderung von Vermögenswerten (im Folgenden „gestrandete Vermögenswerte“) umfassen.

(58) Ökologische, soziale und Governance-Faktoren nach Maßgabe der von den Vereinten Nationen unterstützten Grundsätze für verantwortungsbewusstes Investment sind von großer Bedeutung für die Anlagepolitik und die Risikomanagementsysteme der EbAV. Die Mitgliedstaaten sollten die EbAV verpflichten, ausdrücklich offenzulegen, inwieweit diese Fak-

toren bei Anlageentscheidungen und in ihrem Risikomanagementsystem berücksichtigt werden. Die Relevanz und die Wesentlichkeit der ökologischen, sozialen und Unternehmensführungsfaktoren für die Anlagen eines Versorgungssystems und die Art und Weise, wie diesen Faktoren Rechnung getragen wird, sollten in den Angaben enthalten sein, die eine EbAV auf der Grundlage dieser Richtlinie veröffentlicht. Dies schließt jedoch nicht aus, dass eine EbAV dieser Anforderung nachkommt, indem es in diesen Angaben darauf hinweist, dass ökologische, soziale und Unternehmensführungsfaktoren in seiner Anlagepolitik nicht berücksichtigt werden oder die Kosten eines Systems zur Überwachung der Bedeutung und Wesentlichkeit dieser Faktoren und die Weise, wie sie berücksichtigt werden, in keinem Verhältnis zu der Größenordnung, der Art, dem Umfang und der Komplexität seiner Tätigkeiten stehen.

(59) Jeder Mitgliedstaat sollte verlangen, dass jede EbAV mit Standort in seinem Hoheitsgebiet einen Jahresabschluss und einen jährlichen Lagebericht, die alle von dieser EbAV betriebenen Altersversorgungssysteme berücksichtigen, sowie gegebenenfalls Jahresabschlüsse und jährliche Lageberichte für jedes einzelne Altersversorgungssystem erstellt. Der von einer zugelassenen Person ordnungsgemäß geprüfte Jahresabschluss und jährliche Lagebericht, die ein den tatsächlichen Verhältnissen entsprechendes Bild der Vermögenslage, Verbindlichkeiten und der Finanzlage der EbAV unter Berücksichtigung jedes von ihr betriebenen Altersversorgungssystems widerspiegeln, sind eine wesentliche Informationsquelle für die Versorgungsanwärter und die Leistungsempfänger des Systems sowie für die zuständigen Behörden. Sie ermöglichen es insbesondere den zuständigen Behörden, die finanzielle Solidität einer EbAV zu kontrollieren und zu bewerten, ob die EbAV all ihre vertraglichen Verpflichtungen erfüllen kann. Jahresabschlüsse und jährliche Lageberichte sollten der Öffentlichkeit falls möglich auf einer Website oder aber auf anderem Wege, zum Beispiel durch Bereitstellung einer Papierfassung auf Anfrage, zugänglich gemacht werden.

(60) Die Anlagepolitik einer EbAV ist sowohl für die Sicherheit als auch für die langfristige wirtschaftliche Tragfähigkeit der betrieblichen Altersversorgungssysteme ein entscheidender Faktor. Die EbAV sollten deshalb eine Erklärung zu den Anlagegrundsätzen abgeben und diese mindestens alle drei Jahre überprüfen. Diese Erklärung sollte den zuständigen Behörden und auf Antrag auch den Versorgungsanwärtern und den Leistungsempfängern jedes Altersversorgungssystems zugänglich gemacht werden.

(61) Es sollte EbAV erlaubt sein, alle Tätigkeiten einschließlich Schlüsselfunktionen ganz oder teilweise in ihrem Namen handelnden Dienstleistern zu übertragen. Im Falle des Outsourcings von Schlüsselfunktionen oder sonstiger Tätigkeiten sollten die EbAV in vollem Umfang für die Erfüllung all ihrer Verpflichtungen aus dieser Richtlinie verantwortlich bleiben. Bei Outsourcing von Tätigkeiten sollten die EbAV eine schriftliche Vereinbarung mit dem Dienstleister abschließen. Vereinbarungen über Dienstleistungen operationeller Art, zum Beispiel die Bereitstellung von Sicherheits- oder Instandhaltungspersonal, sind für die Zwecke dieser Richtlinie hiervon ausgenommen.

(62) Die Mitgliedstaaten sollten die Bestellung einer Verwahrstelle für die sichere Verwahrung der Vermögenswerte der EbAV vorschreiben können.

(63) EbAV sollten – unter Berücksichtigung der Art des eingerichteten Altersversorgungssystems und des damit verbundenen Verwaltungsaufwands – klare und ausreichende Informationen für potenzielle Versorgungsanwärter, Versorgungsanwärter und Leistungsempfänger bereitstellen, um diese in ihren ruhestandsbezogenen Entscheidungen zu unterstützen und ein hohes Maß an Transparenz in den verschiedenen Phasen eines Systems – Phase vor dem Beitritt, Phase der Mitgliedschaft (einschließlich der Phase vor dem Eintritt in den Ruhestand) und Ruhestandsphase – zu gewährleisten. Insbesondere sollten Informationen über die erworbenen Anwartschaften, die projizierte Höhe der Rentenleistungen, Risiken und Garantien sowie die Kosten bereitgestellt werden. Sofern die projizierte Höhe der Rentenleistungen auf ökonomischen Szenarien beruht, sollten diese Informationen auch ein ungünstiges Szenario umfassen, bei dem es sich um ein extremes, aber dennoch plausibles Szenario handelt. Sofern Versorgungsanwärter ein Anlagerisiko tragen, sind zusätzliche Informationen über das Anlageprofil, die verschiedenen Optionen und die frühere Performance erforderlich. Die Informationen sollten den Bedürfnissen der Nutzer entsprechen und dem Übereinkommen der Vereinten Nationen über die Rechte von Menschen mit Behinderungen – insbesondere hinsichtlich der Artikel 3 und 21, in denen die Zugänglichkeit bzw. der Zugang zu Informationen geregelt sind – Rechnung tragen. Die Mitgliedstaaten können zusätzlich festlegen, wer die Informationen für potenzielle Versorgungsanwärter, Versorgungsanwärter und Leistungsempfänger (zum Beispiel über Rentenaufzeichnungsdienste) bereitstellen kann.

(64) In Anbetracht der Besonderheiten von Versorgungssystemen, die Versorgungsleistungen in einer bestimmten Höhe bereitstellen, werden diese Leistungen außer unter extremen Umständen nicht von der früheren Performance oder von der Kostenstruktur beeinträchtigt. Die Informationen hierüber sollten deshalb nur bei Versorgungssystemen bereitgestellt werden, bei denen die Versorgungsanwärter ein Anlagerisiko tragen oder Anlageentscheidungen treffen können.

(65) Vor dem Beitritt sollten potenzielle Versorgungsanwärter alle für eine fundierte Entscheidung erforderlichen Informationen erhalten. Sofern potenzielle Versorgungsanwärter keine Wahl haben und automatisch in ein Altersversorgungssystem aufgenommen werden, sollte ihnen die EbAV unmittelbar nach ihrer Aufnahme die wichtigsten einschlägigen Informationen über ihre Mitgliedschaft zur Verfügung stellen.

(66) Für Versorgungsanwärter sollten die EbAV eine Leistungs-/Renteninformation ausstellen, die die wichtigsten persönlichen Daten sowie allgemeine Informationen über das Altersversorgungssystem enthält. Diese Leistungs-/Renteninformation sollte klar und umfassend sein und die einschlägigen und geeigneten Informationen umfassen, damit das Verständnis der – im Zeitverlauf und in allen Versorgungssystemen – erworbenen Rentenanwartschaften erleichtert und die berufliche Mobilität gefördert wird.

(67) Die EbAV sollten die Versorgungsanwärter frühzeitig genug vor dem Eintritt in den Ruhestand über die Auszahlungsoptionen unterrichten. Werden die Versorgungsleistungen nicht als lebenslange Rente ausgezahlt, sollten Versorgungsanwärter, die sich dem Ruhestand nähern, Informationen über die möglichen Auszahlungsprodukte erhalten, damit ihnen ihre Finanzplanung für den Ruhestand erleichtert wird.

(68) Während der Phase der Auszahlung der Versorgungsleistungen sollten die Leistungsempfänger weiterhin Informationen über ihre Leistungen und die entsprechenden Auszahlungsoptionen erhalten. Besonders wichtig ist dies, wenn die Leistungsempfänger während der Auszahlungsphase ein erhebliches Anlagerisiko tragen. Wenn eine Kürzung der den Leistungsempfängern zustehenden Versorgungsleistungen beschlossen wird, sollten die Leistungsempfänger nach dem Beschluss über die Kürzung noch vor der Umsetzung dieser Kürzung entsprechend informiert werden. Den EbAV wird als bewährte Praxis empfohlen, die Leistungsempfänger vor einem solchen Beschluss zu konsultieren.

(69) Bei der Ausübung ihrer Befugnisse sollte die zuständige Behörde als primäre Ziele den Schutz der Rechte der Versorgungsanwärter und Leistungsempfänger sowie die Stabilität und Solidität der EbAV im Blick haben.

(70) Der Umfang der Beaufsichtigung variiert von einem Mitgliedstaat zum anderen. Dies kann Probleme verursachen, wenn eine EbAV den Aufsichtsanforderungen ihres Herkunftsmitgliedstaats und gleichzeitig den sozial- und arbeitsrechtlichen Vorschriften des Tätigkeitsmitgliedstaats genügen muss. Eine klare Festlegung der Bereiche, die für die Zwecke dieser Richtlinie einer Beaufsichtigung unterliegen sollen, verringert Rechtsunsicherheiten und die damit verbundenen Transaktionskosten.

(71) Ein Binnenmarkt für EbAV setzt die gegenseitige Anerkennung aufsichtsrechtlicher Standards voraus. Die Einhaltung der Standards durch eine EbAV sollte von den zuständigen Behörden des Herkunftsmitgliedstaats der EbAV überwacht werden. Die Mitgliedstaaten sollten den zuständigen Behörden die Befugnisse übertragen, die diese benötigen, um präventive Maßnahmen oder – für den Fall, dass eine EbAV gegen die aus dieser Richtlinie erwachsenden Verpflichtungen verstößt – korrektive Maßnahmen treffen zu können.

(72) Zur Gewährleistung einer wirksamen Überwachung ausgelagerter Tätigkeiten, einschließlich eines weiteren Outsourcing müssen die zuständigen Behörden Zugang zu allen relevanten Daten haben, die sich im Besitz der Dienstleister befinden, an die diese Tätigkeiten ausgelagert wurden, – unabhängig davon, ob der betreffende Dienstleister der Regulierung unterliegt oder nicht – und das Recht haben, Vor-Ort-Kontrollen durchzuführen. Um Marktentwicklungen Rechnung zu tragen und die dauerhafte Einhaltung der Bedingungen für ein Outsourcing sicherzustellen, sollten die zuständigen Behörden befugt sein, bei den EbAV und den Dienstleistern Informationen über alle ausgelagerten Tätigkeiten anzufordern.

(73) Es sollte ein Informationsaustausch zwischen den zuständigen Behörden, sonstigen Behörden und Stellen vorgesehen werden, die für die Gewährleistung der finanziellen Stabilität bzw. für die Beendigung von Altersversorgungssystemen zuständig sind. Folglich muss festgelegt werden, unter welchen Bedingungen ein solcher Informationsaustausch möglich sein sollte. Wenn Informationen nur mit ausdrücklicher Zustimmung der zuständigen Behörden weitergegeben werden dürfen, sollten diese ihre Zustimmung gegebenenfalls von der Einhaltung strenger Auflagen abhängig machen können.

(74) Die gemäß dieser Richtlinie vorgenommene Verarbeitung personenbezogener Daten, wie etwa der Austausch oder die Übermittlung personenbezogener Daten durch die zuständigen Behörden, sollte im Einklang mit der Verordnung (EU) 2016/679 des Europäischen Parlaments und des Rates[1] erfolgen, und der Austausch oder die Übermittlung von Informationen durch die europäischen Aufsichtsbehörden gemäß dieser Richtlinie sollte im Einklang mit der Verordnung (EG) Nr. 45/2001 des Europäischen Parlaments und des Rates[2] erfolgen.

(75) Um ein reibungsloses Funktionieren des auf Unionsebene organisierten Binnenmarktes für die betriebliche Altersversorgung zu gewährleisten, sollte die Kommission nach Konsultation der EIOPA die Anwendung dieser Richtlinie prüfen, darüber Bericht erstatten und den Bericht bis spätestens zum 13. Januar 2023 dem Europäischen Parlament und dem Rat vorlegen.

(76) Zur Gewährleistung eines fairen Wettbewerbs zwischen Einrichtungen der betrieblichen Altersversorgung sollte der Übergangszeitraum, während dessen es den der Richtlinie 2009/138/EG unterliegenden Versicherungsunternehmen gestattet ist, ihr betriebliches Altersversorgungsgeschäft gemäß Artikel 4 der genannten Richtlinie fortzuführen, bis zum 31. Dezember 2022 verlängert werden. Die Richtlinie 2009/138/EG sollte daher entsprechend geändert werden.

(77) Die Weiterentwicklung von Solvabilitätsmodellen – wie der holistischen Bilanz (Holistic Balance Sheet, HBS) – auf Unionsebene ist praktisch nicht realisierbar und mit Blick auf Kosten und Nutzen nicht effizient, was insbesondere darauf zurückzuführen ist, dass die EbAV innerhalb der Mitgliedstaaten und zwischen den Mitgliedstaaten sehr unterschiedlich sind. Aus diesem Grund sollten auf Unionsebene keine quantitativen Eigenmittelanforderungen – wie etwa Solvabilität II oder davon abgeleitete HBS-Modelle – für EbAV konzipiert werden, da sie möglicherweise die Bereitschaft von Arbeitgebern, ein betriebliches Altersversorgungssystem anzubieten, schmälern könnten.

(78) Da das Ziel der vorgeschlagenen Maßnahme, nämlich die Schaffung eines Rechtsrahmens der Union für EbAV, von den Mitgliedstaaten nicht ausreichend verwirklicht werden kann, sondern vielmehr wegen des Umfangs und der Wirkungen der Maßnahme auf Unionsebene besser zu verwirklichen ist, kann die Union im Einklang mit dem in Artikel 5 des Vertrags über die Europäische Union[3] verankerten Subsidiaritätsprinzip tätig werden. Entsprechend dem in demselben Artikel genannten Grundsatz der Verhältnismäßigkeit geht diese Richtlinie nicht über das für die Verwirklichung dieses Ziels erforderliche Maß hinaus.

---

[1] **Amtl. Anm.:** Verordnung (EU) 2016/679 des Europäischen Parlaments und des Rates vom 27. April 2016 zum Schutz natürlicher Personen bei der Verarbeitung personenbezogener Daten, zum freien Datenverkehr und zur Aufhebung der Richtlinie 95/46/EG (Datenschutz-Grundverordnung) (ABl. L 119 vom 4.5.2016, S. 1).

[2] **Amtl. Anm.:** Verordnung (EG) Nr. 45/2001 des Europäischen Parlaments und des Rates vom 18. Dezember 2000 zum Schutz natürlicher Personen bei der Verarbeitung personenbezogener Daten durch die Organe und Einrichtungen der Gemeinschaft und zum freien Datenverkehr (ABl. L 8 vom 12.1.2001, S. 1).

[3] Nr. **1**.

(79) Gemäß der Gemeinsamen Politischen Erklärung vom 28. September 2011 der Mitgliedstaaten und der Kommission zu erläuternden Dokumenten haben sich die Mitgliedstaaten verpflichtet, in begründeten Fällen zusätzlich zur Mitteilung ihrer Umsetzungsmaßnahmen ein oder mehrere Dokumente zu übermitteln, in dem bzw. denen der Zusammenhang zwischen den Bestandteilen einer Richtlinie und den entsprechenden Teilen nationaler Umsetzungsinstrumente erläutert wird. In Bezug auf diese Richtlinie hält der Gesetzgeber die Übermittlung derartiger Dokumente für gerechtfertigt.

(80) Die Verpflichtung zur Umsetzung dieser Richtlinie in nationales Recht sollte nur jene Bestimmungen betreffen, die im Vergleich zu den bisherigen Richtlinien inhaltlich geändert wurden. Die Verpflichtung zur Umsetzung der inhaltlich unveränderten Bestimmungen ergibt sich aus den bisherigen Richtlinien.

(81) Die vorliegende Richtlinie sollte die Verpflichtungen der Mitgliedstaaten hinsichtlich der in Anhang I Teil B genannten Fristen für die Umsetzung der dort genannten Richtlinien in nationales Recht und für deren Anwendung unberührt lassen –

HABEN FOLGENDE RICHTLINIE ERLASSEN:

Titel I. Allgemeine Bestimmungen

Art. 1 Gegenstand. Mit dieser Richtlinie werden Vorschriften für die Aufnahme und Ausübung der Tätigkeit von Einrichtungen der betrieblichen Altersversorgung (EbAV) festgelegt.

Art. 2 Anwendungsbereich. (1) [1] Diese Richtlinie gilt für EbAV. [2] Besitzen EbAV gemäß den einschlägigen nationalen Rechtsvorschriften keine Rechtspersönlichkeit, so wendet der betreffende Mitgliedstaat diese Richtlinie entweder auf die EbAV selbst oder – vorbehaltlich des Absatzes 2 – auf die zugelassenen Stellen an, die für das Betreiben der betreffenden Einrichtungen verantwortlich und in ihrem Namen tätig sind.

(2) Diese Richtlinie gilt nicht für

a) Einrichtungen, die unter die Verordnungen (EG) Nr. 883/2004[1)] [2)] und (EG) Nr. 987/2009[3)] [4)] des Europäischen Parlaments und des Rates fallende Systeme der sozialen Sicherheit betreiben;

[1)] Nr. **105**.

[2)] **Amtl. Anm.:** Verordnung (EG) Nr. 883/2004 des Europäischen Parlaments und des Rates vom 29. April 2004 zur Koordinierung der Systeme der sozialen Sicherheit (ABl. L 166 vom 30.4.2004, S. 1).

[3)] Nr. **125**.

[4)] **Amtl. Anm.:** Verordnung (EG) Nr. 987/2009 des Europäischen Parlaments und des Rates vom 16. September 2009 zur Festlegung der Modalitäten für die Durchführung der Verordnung (EG) Nr. 883/2004 über die Koordinierung der Systeme der sozialen Sicherheit (ABl. L 284 vom 30.10. 2009, S. 1).

b) Einrichtungen, die unter die Richtlinien 2009/65/EG[1], 2009/138/EG, 2011/61/EU[2], 2013/36/EU[3] und 2014/65/EU[4] des Europäischen Parlaments und des Rates fallen;

c) Einrichtungen, die nach dem Umlageverfahren arbeiten;

d) Einrichtungen, bei denen die Beschäftigten des Trägerunternehmens keine gesetzlichen Leistungsansprüche haben und das Trägerunternehmen die Vermögenswerte jederzeit ablösen kann und seiner Verpflichtung zur Zahlung von Altersversorgungsleistungen nicht zwangsläufig nachkommen muss;

e) Unternehmen, die Pensionsrückstellungen für die Auszahlung der Versorgungsleistungen an ihre Beschäftigten bilden.

Art. 3 Anwendung auf EbAV, die Systeme der sozialen Sicherheit betreiben. [1] Für EbAV, die gleichzeitig auch gesetzliche Rentenversicherungssysteme betreiben, die als Systeme der sozialen Sicherheit im Sinne der Verordnungen (EG) Nr. 883/2004[5] und (EG) Nr. 987/2009[6] anzusehen sind, gilt diese Richtlinie nur in Anbetracht ihres fakultativen betrieblichen Altersversorgungsgeschäfts. [2] In diesem Fall wird für die Verbindlichkeiten und die ihnen entsprechenden Vermögenswerte ein separater Abrechnungsverband eingerichtet ohne die Möglichkeit, sie auf die gesetzlichen Rentenversicherungssysteme, die als Systeme der sozialen Sicherheit erachtet werden, zu übertragen oder umgekehrt.

Art. 4 Fakultative Anwendung auf Einrichtungen, die unter die Richtlinie 2009/138/EG fallen. *[1]* [1] Ein Herkunftsmitgliedstaat kann die Bestimmungen der Artikel 9 bis 14, 19 bis 22, des Artikels 23 Absätze 1 und 2, und der Artikel 24 bis 58 der vorliegenden Richtlinie auf das betriebliche Altersversorgungsgeschäft von Lebensversicherungsunternehmen im Sinne von Artikel 2 Absatz 3 Buchstabe a Ziffern i bis iii und Artikel 2 Absatz 3 Buchstabe b Ziffern ii bis iv der Richtlinie 2009/138/EG anwenden. [2] In diesem Fall wird für die den betrieblichen Altersversorgungsgeschäften entsprechenden Verbindlichkeiten und Vermögenswerte ein separater Abrechnungsverband eingerichtet, und sie werden ohne die Möglichkeit einer Übertragung getrennt von den anderen Geschäften der Lebensversicherungsunternehmen verwaltet und organisiert.

[2] In dem in Absatz 1 des vorliegenden Artikels genannten Fall und nur soweit ihr betriebliches Altersversorgungsgeschäft betroffen ist, finden die Ar-

[1] **Amtl. Anm.:** Richtlinie 2009/65/EG des Europäischen Parlaments und des Rates vom 13. Juli 2009 zur Koordinierung der Rechts- und Verwaltungsvorschriften betreffend bestimmte Organismen für gemeinsame Anlagen in Wertpapieren (OGAW) (ABl. L 302 vom 17.11.2009, S. 32).

[2] **Amtl. Anm.:** Richtlinie 2011/61/EU des Europäischen Parlaments und des Rates vom 8. Juni 2011 über die Verwalter alternativer Investmentfonds und zur Änderung der Richtlinien 2003/41/EG und 2009/65/EG und der Verordnungen (EG) Nr. 1060/2009 und (EU) Nr. 1095/2010 (ABl. L 174 vom 1.7.2011, S. 1).

[3] **Amtl. Anm.:** Richtlinie 2013/36/EU des Europäischen Parlaments und des Rates vom 26. Juni 2013 über den Zugang zur Tätigkeit von Kreditinstituten und die Beaufsichtigung von Kreditinstituten und Wertpapierfirmen, zur Änderung der Richtlinie 2002/87/EG und zur Aufhebung der Richtlinien 2006/48/EG und 2006/49/EG (ABl. L 176 vom 27.6.2013, S. 338).

[4] **Amtl. Anm.:** Richtlinie 2014/65/EU des Europäischen Parlaments und des Rates vom 15. Mai 2014 über Märkte für Finanzinstrumente sowie zur Änderung der Richtlinien 2002/92/EG und 2011/61/EU (ABl. L 173 vom 12.6.2014, S. 349).

[5] Nr. **105**.

[6] Nr. **125**.

tikel 76 bis 86, Artikel 132, Artikel 134 Absatz 2, Artikel 173, Artikel 185 Absatz 5, Artikel 185 Absätze 7 und 8, Artikel 209 der Richtlinie 2009/138/EG keine Anwendung auf Lebensversicherungsunternehmen.

[3] Der Herkunftsmitgliedstaat gewährleistet, dass entweder die zuständigen Behörden oder die für Lebensversicherungsunternehmen nach der Richtlinie 2009/138/EG zuständigen Aufsichtsbehörden im Rahmen ihrer Aufsichtstätigkeit die strikte Abtrennung des betreffenden betrieblichen Altersversorgungsgeschäfts überprüfen.

Art. 5 Kleine EbAV und gesetzlich vorgesehene Systeme. *[1]* [1] Ein Mitgliedstaat kann beschließen, diese Richtlinie mit Ausnahme der Artikel 32 bis 35 auf in seinem Hoheitsgebiet eingetragene oder zugelassene EbAV, die Altersversorgungssysteme betreiben, denen insgesamt weniger als 100 Versorgungsanwärter angeschlossen sind, ganz oder teilweise nicht anzuwenden. [2] Vorbehaltlich des Artikels 2 Absatz 2 müssen die betreffenden EbAV indessen das Recht haben, diese Richtlinie freiwillig anzuwenden. [3] Artikel 11 darf nur angewendet werden, wenn alle anderen Bestimmungen dieser Richtlinie Anwendung finden. [4] Die Mitgliedstaaten wenden Artikel 19 Absatz 1 und Artikel 21 Absätze 1 und 2 auf alle in ihrem Hoheitsgebiet eingetragenen oder zugelassenen EbAV an, die Altersversorgungssysteme betreiben, denen insgesamt mehr als 15 Versorgungsanwärter angeschlossen sind.

[2] Ein Mitgliedstaat kann jeden der Artikel 1 bis 8, 19 und 32 bis 35 auf Einrichtungen anwenden, bei denen die betriebliche Altersversorgung nach nationalem Recht gesetzlich vorgeschrieben ist und von einer staatlichen Stelle garantiert wird.

Art. 6 Begriffsbestimmungen. [1] Für die Zwecke dieser Richtlinie bezeichnet der Ausdruck

1. „Einrichtung der betrieblichen Altersversorgung“ oder „EbAV“ ungeachtet der jeweiligen Rechtsform eine nach dem Kapitaldeckungsverfahren arbeitende Einrichtung, die rechtlich unabhängig von einem Trägerunternehmen oder einer Trägerberufsvereinigung zu dem Zweck eingerichtet ist, auf der Grundlage
   a) einer/s individuell oder kollektiv zwischen Arbeitnehmer(n) und Arbeitgeber(n) oder deren Vertretern oder
   b) einer/s individuell oder kollektiv mit Selbstständigen nach Maßgabe der Rechtsvorschriften des Herkunfts- und des Tätigkeitsmitgliedstaats

   getroffenen Vereinbarung bzw. geschlossenen Vertrags an die Ausübung einer beruflichen Tätigkeit geknüpfte Altersversorgungsleistungen zu erbringen, und die damit unmittelbar im Zusammenhang stehende Tätigkeiten ausübt;
2. „Altersversorgungssystem“ einen Vertrag, eine Vereinbarung, einen Treuhandvertrag oder Vorschriften über die Art der Versorgungsleistungen und die Bedingungen, unter denen sie gewährt werden;
3. „Trägerunternehmen“ ein Unternehmen oder eine Stelle, das/die als Arbeitgeber, als selbstständig Erwerbstätiger oder als beliebige Kombination hieraus auftritt und ein Altersversorgungssystem anbietet oder Beiträge in eine EbAV einzahlt, gleichgültig ob dieses Unternehmen oder diese Stelle eine oder mehrere juristische oder natürliche Personen umfasst oder aus einer oder mehreren juristischen oder natürlichen Personen besteht;

4. „Altersversorgungsleistungen“ Leistungen, die mit dem Eintreten oder in Erwartung des Eintretens in den Ruhestand gezahlt werden, oder zusätzliche Leistungen als Ergänzung zu den vorgenannten Leistungen in Form von Zahlungen im Todes- oder Invaliditätsfall oder bei Beendigung der Erwerbstätigkeit oder in Form von Unterstützungszahlungen oder -leistungen im Falle von Krankheit, Bedürftigkeit oder Tod. Um die finanzielle Absicherung im Ruhestand zu fördern, können diese Leistungen in Form der Zahlung einer lebenslangen Rente, einer zeitlich begrenzten Zahlung, der Zahlung eines pauschalen Kapitalbetrags oder einer beliebigen Kombination hieraus erfolgen.
5. „Versorgungsanwärter“ Personen mit Ausnahme von Leistungsempfängern oder potenziellen Versorgungsanwärtern, die aufgrund ihrer beruflichen Tätigkeiten in der Vergangenheit oder der Gegenwart nach den Bestimmungen eines Altersversorgungssystems Anspruch auf Altersversorgungsleistungen haben oder haben werden;
6. „Leistungsempfänger“ Personen, die Altersversorgungsleistungen erhalten;
7. „potenzielle Versorgungsanwärter“ Personen, die zum Beitritt zu einem Altersversorgungssystem berechtigt sind;
8. „zuständige Behörde“ eine nationale Behörde, die mit der Wahrnehmung der mit dieser Richtlinie begründeten Aufgaben betraut ist;
9. „biometrische Risiken“ die mit Tod, Invalidität und Langlebigkeit verbundenen Risiken;
10. „Herkunftsmitgliedstaat“ den Mitgliedstaat, in dem die EbAV eingetragen oder zugelassen ist und in dem sie ihre Hauptverwaltung im Sinne von Artikel 9 hat;
11. „Tätigkeitsmitgliedstaat“ den Mitgliedstaat, dessen sozial- und arbeitsrechtliche Vorschriften im Bereich der betrieblichen Altersversorgung auf die Beziehung zwischen dem Trägerunternehmen und seinen Versorgungsanwärtern oder Leistungsempfängern anwendbar sind;
12. „übertragende EbAV“ eine EbAV, die die Verbindlichkeiten, die versicherungstechnischen Rückstellungen und andere Verpflichtungen sowie Rechte, und die entsprechenden Vermögenswerte oder diesen entsprechende flüssige Mittel eines Altersversorgungssystems insgesamt oder teilweise auf eine in einem anderen Mitgliedstaat eingetragene oder zugelassene EbAV überträgt;
13. „übernehmende EbAV“ eine EbAV, die die Verbindlichkeiten, die versicherungstechnischen Rückstellungen und andere Verpflichtungen und Rechte, sowie die entsprechenden Vermögenswerte oder diesen entsprechende flüssige Mittel eines Altersversorgungssystems insgesamt oder teilweise von einer in einem anderen Mitgliedstaat eingetragenen oder zugelassenen EbAV übernimmt;
14. „geregelter Markt“ einen geregelten Markt im Sinne von Artikel 4 Absatz 1 Nummer 21 der Richtlinie 2014/65/EU;
15. „multilaterales Handelssystem“ oder „MTF“ ein multilaterales Handelssystem oder MTF im Sinne von Artikel 4 Absatz 1 Nummer 22 der Richtlinie 2014/65/EU;
16. „organisiertes Handelssystem“ oder „OTF“ ein organisiertes Handelssystem oder OTF im Sinne von Artikel 4 Absatz 1 Nummer 23 der Richtlinie 2014/65/EU;

17. „dauerhafter Datenträger" ein Medium, das es einem Versorgungsanwärter oder einem Leistungsempfänger gestattet, an ihn persönlich gerichtete Informationen derart zu speichern, dass er sie in der Folge und für eine für die Zwecke der Informationen angemessene Dauer einsehen kann, und das die unveränderte Wiedergabe der gespeicherten Informationen ermöglicht;
18. „Schlüsselfunktion" innerhalb eines Unternehmensführungssystems eine Kapazität zur Übernahme praktischer Aufgaben, das die Risikomanagement-, die interne Revisionsfunktion und eine versicherungsmathematische Funktion umfasst;
19. „grenzüberschreitende Tätigkeit" das Betreiben eines Altersversorgungssystems, bei dem die Beziehungen zwischen dem Trägerunternehmen und den betroffenen Versorgungsanwärtern und Leistungsempfängern im Bereich der betrieblichen Altersversorgung durch sozial- und arbeitsrechtliche Vorschriften eines anderen Mitgliedstaats als des Herkunftsmitgliedstaats geregelt sind.

Art. 7 Tätigkeit der EbAV. *[1]* Die Mitgliedstaaten machen den in ihrem Hoheitsgebiet eingetragenen oder zugelassenen EbAV zur Auflage, ihre Tätigkeit auf Altersversorgungsgeschäfte und damit im Zusammenhang stehende Aktivitäten zu beschränken.

[2] Verwaltet ein Lebensversicherungsunternehmen gemäß Artikel 4 sein betriebliches Altersversorgungsgeschäft mittels eines separaten Abrechnungsverbands, so sind die betreffenden Vermögenswerte und Verbindlichkeiten auf Geschäfte im Rahmen von Altersversorgungsleistungen und damit unmittelbar im Zusammenhang stehende Aktivitäten einzugrenzen.

[3] Grundsätzlich berücksichtigen die EbAV falls angezeigt das Ziel, bei ihren Tätigkeiten die Risiken und Zuwendungen ausgewogen zwischen den Generationen zu verteilen.

Art. 8 Rechtliche Trennung zwischen Trägerunternehmen und EbAV. Die Mitgliedstaaten sorgen für eine rechtliche Trennung zwischen einem Trägerunternehmen und einer in ihrem jeweiligen Hoheitsgebiet eingetragenen oder zugelassenen EbAV, damit bei einem etwaigen Konkurs des Trägerunternehmens das Vermögen der EbAV im Interesse der Versorgungsanwärter und Leistungsempfänger gesichert ist.

Art. 9 Eintragung oder Zulassung. (1) *[1]* Die Mitgliedstaaten stellen für jede EbAV, deren Hauptverwaltung sich in ihrem Hoheitsgebiet befindet, sicher, dass die EbAV durch die zuständige Behörde in ein nationales Register eingetragen oder zugelassen ist.

[2] Der Ort der Hauptverwaltung ist der Ort, an dem die wichtigsten strategischen Entscheidungen einer EbAV getroffen werden.

(2) Bei einer grenzüberschreitenden Tätigkeit im Sinne von Artikel 11 werden in dem Register auch die Mitgliedstaaten, in denen die EbAV tätig ist, angegeben.

(3) Die im Register enthaltenen Informationen sind der EIOPA zu übermitteln, die sie auf ihrer Website veröffentlicht.

Art. 10 Auflagen für den Betrieb. (1) Die Mitgliedstaaten stellen für jede in ihrem Hoheitsgebiet eingetragene oder zugelassene EbAV sicher, dass

a) die EbAV ordnungsgemäß festgelegte Vorschriften über den Betrieb jedes Altersversorgungssystems eingeführt hat;

b) das Trägerunternehmen, sofern es eine Leistung zugesagt hat, zur regelmäßigen Kapitaldeckung verpflichtet wird.

(2) Im Einklang mit dem Grundsatz der Subsidiarität und unter angemessener Berücksichtigung des von den Sozialversicherungssystemen angebotenen Leistungsumfangs können die Mitgliedstaaten vorsehen, dass den Versorgungsanwärtern zusätzliche Leistungen wie die Abdeckung der Langlebigkeit und der Berufsunfähigkeit und die Hinterbliebenenversorgung sowie eine Garantie für die Rückzahlung der eingezahlten Beiträge optional angeboten werden, wenn die Arbeitgeber und Arbeitnehmer oder ihre jeweiligen Vertreter dem zustimmen.

Art. 11 Grenzüberschreitende Tätigkeit und Verfahren. (1) [1] Unbeschadet ihrer nationalen sozial- und arbeitsrechtlichen Vorschriften über die Gestaltung der Altersversorgungssysteme, einschließlich der Bestimmungen über die Pflichtmitgliedschaft, und unbeschadet der Ergebnisse von Tarifvereinbarungen gestatten die Mitgliedstaaten in ihren Hoheitsgebieten eingetragenen oder zugelassenen EbAV, grenz- überschreitend tätig zu sein. [2] Die Mitgliedstaaten gestatten in ihren Hoheitsgebieten niedergelassenen Unternehmen ferner, Träger von EbAV zu sein, die grenzüberschreitende Tätigkeiten anbieten oder ausführen.

(2) Eine EbAV, die grenzüberschreitend tätig werden und eine Trägerschaft durch ein Trägerunternehmen akzeptieren will, hat die vorherige Genehmigung der jeweils zuständigen Behörde ihres Herkunftsmitgliedstaats einzuholen.

(3) [1] Eine EbAV teilt ihre Absicht, grenzüberschreitend tätig zu werden, der zuständigen Behörde des Herkunftsmitgliedstaats mit. [2] Der Mitgliedstaat schreibt den EbAV vor, dass die Mitteilung folgende Angaben enthält:

a) den bzw. die Namen des Tätigkeitsmitgliedstaats bzw. der Tätigkeitsmitgliedstaaten, der bzw. die gegebenenfalls vom Trägerunternehmen ermittelt wird bzw. werden;

b) den Namen und den Standort der Hauptverwaltung des Trägerunternehmens;

c) die Hauptmerkmale des für das Trägerunternehmen zu betreibenden Altersversorgungssystems.

(4) *[1]* Wird die zuständige Behörde des Herkunftsmitgliedstaats nach Absatz 3 unterrichtet und hat sie nicht per begründetem Beschluss festgestellt, dass die Verwaltungsstruktur und die Finanzlage der EbAV sowie die persönliche Zuverlässigkeit und fachliche Qualifikation bzw. Berufserfahrung der Führungskräfte für die geplante grenzüberschreitende Tätigkeit nicht angemessen sind, übermittelt die zuständige Behörde die gemäß Absatz 3 vorgelegten Angaben binnen drei Monaten nach ihrem Erhalt der zuständigen Behörde im Tätigkeitsmitgliedstaat und setzt die EbAV hiervon in Kenntnis.

[2] Der in Unterabsatz 1 genannte begründete Beschluss wird innerhalb von drei Monaten nach dem Erhalt aller in Absatz 3 genannten Angaben ausgefertigt.

(5) [1]Übermittelt die zuständige Behörde des Herkunftsmitgliedstaats die in Absatz 3 genannten Angaben nicht an die zuständige Behörde des Tätigkeitsmitgliedstaats, nennt sie der betreffenden EbAV innerhalb von drei Monaten nach Eingang sämtlicher Angaben die Gründe hierfür. [2]Gegen diese Nichtübermittlung der Angaben können bei den Gerichten des Herkunftsmitgliedstaats Rechtsmittel eingelegt werden.

(6) Grenzüberschreitend tätige EbAV unterliegen den vom Tätigkeitsmitgliedstaat gemäß Titel IV vorgeschriebenen Auskunftspflichten gegenüber potenziellen Versorgungsanwärtern, Versorgungsanwärtern und Leistungsempfängern, die von dieser grenzüberschreitenden Tätigkeit betroffen sind.

(7) [1]Bevor die EbAV eine grenzüberschreitende Tätigkeit aufnimmt, steht der zuständigen Behörde des Tätigkeitsmitgliedstaats ein Zeitraum von sechs Wochen ab Erhalt der in Absatz 3 genannten Angaben zur Verfügung, um die zuständige Behörde des Herkunftsmitgliedstaats über die einschlägigen sozial- und arbeitsrechtlichen Bestimmungen im Bereich der betrieblichen Altersversorgungssysteme, die beim Betrieb eines von einem Unternehmen im Tätigkeitsmitgliedstaat getragenen Altersversorgungssystems einzuhalten sind, und über die im Tätigkeitsmitgliedstaat für die grenzüberschreitende Tätigkeit geltenden Auskunftspflichten gemäß Titel IV zu informieren. [2]Die zuständige Behörde des Herkunftsmitgliedstaats teilt der EbAV diese Angaben mit.

(8) Nach Erhalt der Mitteilung gemäß Absatz 7 oder bei Nichtäußerung der zuständigen Behörde des Herkunftsmitgliedstaats nach Ablauf der in Absatz 7 genannten Frist kann die EbAV eine grenzüberschreitende Tätigkeit nach Maßgabe der sozial- und arbeitsrechtlichen Vorschriften des Tätigkeitsmitgliedstaats im Bereich der betrieblichen Altersversorgungssysteme und im Einklang mit den im Tätigkeitsmitgliedstaat geltenden Auskunftspflichten gemäß Absatz 7 aufnehmen.

(9) [1]Die zuständige Behörde des Tätigkeitsmitgliedstaats benachrichtigt die zuständige Behörde des Herkunftsmitgliedstaats über wesentliche Änderungen der sozial- und arbeitsrechtlichen Bestimmungen des Tätigkeitsmitgliedstaats in Bezug auf betriebliche Altersversorgungssysteme, die sich auf die Merkmale des Altersversorgungssystems auswirken können, soweit dies grenzüberschreitende Tätigkeiten betrifft, sowie über wesentliche Änderungen der in dem Tätigkeitsmitgliedstaat geltenden Auskunftspflichten gemäß Absatz 7. [2]Die zuständige Behörde des Herkunftsmitgliedstaats teilt der EbAV diese Angaben mit.

(10) [1]Die zuständige Behörde des Tätigkeitsmitgliedstaats überwacht außerdem ständig, ob die Tätigkeiten der EbAV mit den sozial- und arbeitsrechtlichen Vorschriften des Tätigkeitsmitgliedstaats in Bezug auf betriebliche Altersversorgungssysteme und mit den im Tätigkeitsmitgliedstaat geltenden Auskunftspflichten im Sinne von Absatz 7 im Einklang stehen. [2]Werden dabei Unregelmäßigkeiten festgestellt, so unterrichtet die zuständige Behörde des Tätigkeitsmitgliedstaats unverzüglich die zuständige Behörde des Herkunftsmitgliedstaats. [3]Die zuständige Behörde des Herkunftsmitgliedstaats trifft in Abstimmung mit der zuständigen Behörde des Tätigkeitsmitgliedstaats die erforderlichen Maßnahmen, um sicherzustellen, dass die EbAV die festgestellten Verstöße unterbindet.

(11) Verletzt die EbAV trotz der Maßnahmen der zuständigen Behörde des Herkunftsmitgliedstaats – oder weil diese keine geeigneten Maßnahmen getroffen hat – weiterhin die geltenden sozial- und arbeitsrechtlichen Vorschriften

des Tätigkeitsmitgliedstaats in Bezug auf betriebliche Altersversorgungssysteme oder die in dem Tätigkeitsmitgliedstaat geltenden Auskunftspflichten gemäß Absatz 7, so kann die zuständige Behörde des Tätigkeitsmitgliedstaats nach Unterrichtung der zuständigen Behörde des Herkunftsmitgliedstaats geeignete Maßnahmen treffen, um weitere Unregelmäßigkeiten zu verhindern oder zu ahnden; soweit dies unbedingt erforderlich ist, kann der EbAV untersagt werden, im Tätigkeitsmitgliedstaat weiter für das Trägerunternehmen tätig zu sein.

Art. 12 Grenzüberschreitende Übertragung. (1) Die Mitgliedstaaten gestatten den in ihrem Hoheitsgebiet eingetragenen oder zugelassenen EbAV die vollständige oder teilweise Übertragung der Verbindlichkeiten und versicherungstechnischen Rückstellungen eines Altersversorgungssystems sowie anderer Rechte und Pflichten und entsprechender Vermögenswerte oder diesen entsprechende flüssige Mittel auf eine übernehmende EbAV.

(2) Die Mitgliedstaaten tragen dafür Sorge, dass die Kosten der Übertragung nicht von den übrigen Versorgungsanwärtern und Leistungsempfängern der übertragenden EbAV oder den bisherigen Versorgungsanwärtern und Leistungsempfängern der übernehmenden EbAV getragen werden.

(3) Die Übertragung bedarf der vorherigen Zustimmung

a) der Mehrheit der betroffenen Versorgungsanwärter und der Mehrheit der betroffenen Leistungsempfänger oder gegebenenfalls der Mehrheit ihrer Vertreter. Die Mehrheit wird nach nationalem Recht definiert. Informationen zu den Bedingungen der Übertragung werden den betroffenen Versorgungsanwärtern und Leistungsempfängern oder gegebenenfalls ihren Vertretern von der übertragenden EbAV rechtzeitig vor Einreichung des Antrags nach Absatz 4 zugänglich gemacht; und

b) des Trägerunternehmens, falls angezeigt.

(4) [1] Die vollständige oder teilweise Übertragung der Verbindlichkeiten oder versicherungstechnischen Rückstellungen eines Altersversorgungssystems und anderer Rechte und Pflichten sowie entsprechender Vermögenswerte oder diesen entsprechende flüssige Mittel zwischen übertragenden und übernehmenden EbAV erfordert die Genehmigung durch die zuständige Behörde des Herkunftsmitgliedstaats der übernehmenden EbAV nach vorheriger Zustimmung der zuständigen Behörde des Herkunftsmitgliedstaats der übertragenden EbAV. [2] Die Genehmigung der Übertragung wird von der übernehmenden EbAV beantragt. [3] Die zuständige Behörde des Mitgliedstaats der übernehmenden EbAV erteilt oder verweigert die Genehmigung und teilt der übernehmenden EbAV ihre Entscheidung binnen drei Monaten ab Eingang des Antrags mit.

(5) Der Antrag auf die in Absatz 4 genannte Genehmigung der Übertragung muss folgende Angaben enthalten:

a) die schriftliche Vereinbarung zwischen der übertragenden und der übernehmenden EbAV, in der die Bedingungen für die Übertragung festgelegt sind;

b) eine Beschreibung der Hauptmerkmale des Altersversorgungssystems;

c) eine Beschreibung der zu übertragenden Verbindlichkeiten oder versicherungstechnischen Rückstellungen und anderer Rechte und Pflichten sowie entsprechender Vermögenswerte oder diesen entsprechende flüssige Mittel;

d) Namen und Orte der Hauptverwaltungen der übertragenden und der übernehmenden EbAV sowie des Mitgliedstaats, in dem jede EbAV eingetragen oder zugelassen ist;

e) Hauptstandort und Name des Trägerunternehmens;

f) Nachweis der vorherigen Zustimmung gemäß Absatz 3;

g) gegebenenfalls Namen der Mitgliedstaaten, deren sozial- und arbeitsrechtliche Vorschriften im Bereich der betrieblichen Altersversorgung für das betreffende Altersversorgungssystem maßgeblich sind.

(6) Die zuständige Behörde des Herkunftsmitgliedstaats der übernehmenden EbAV übermittelt den Antrag nach Absatz 4 nach dessen Erhalt unverzüglich an die zuständige Behörde der übertragenden EbAV.

(7) Die zuständige Behörde des Herkunftsmitgliedstaats der übernehmenden EbAV bewertet nur, ob

a) alle in Absatz 5 genannten Informationen von der übernehmenden EbAV geliefert wurden;

b) die Verwaltungsstruktur, die Finanzlage der übernehmenden EbAV und die persönliche Zuverlässigkeit und fachliche Qualifikation bzw. Berufserfahrung der Führungskräfte der übernehmenden EbAV der geplanten Übertragung angemessen sind;

c) die langfristigen Interessen der Versorgungsanwärter und Leistungsempfänger der übernehmenden EbAV und der übertragene Teil des Systems während und nach der Übertragung angemessen geschützt sind;

d) die versicherungstechnischen Rückstellungen der übernehmenden EbAV zum Zeitpunkt der Übertragung vollständig kapitalgedeckt sind, wenn die Übertragung eine grenzüberschreitende Tätigkeit zur Folge hat; und

e) die zu übertragenden Vermögenswerte ausreichend und angemessen sind, um die Verbindlichkeiten, versicherungstechnischen Rückstellungen und sonstigen zu übertragenden Verpflichtungen und Ansprüche gemäß den einschlägigen Bestimmungen des Herkunftsmitgliedstaates der übernehmenden EbAV zu decken.

(8) Die zuständige Behörde des Herkunftsmitgliedstaats der übertragenden EbAV bewertet nur, ob

a) bei einer teilweisen Übertragung der Verbindlichkeiten, versicherungstechnischen Rückstellungen, sonstigen Verpflichtungen und Ansprüche des Altersversorgungssystems sowie der entsprechenden Vermögenswerte und deren Zahlungsmitteläquivalente die langfristigen Interessen der Versorgungsanwärter und Leistungsempfänger des übrigen Teils des Systems angemessen geschützt sind;

b) die individuellen Ansprüche der Versorgungsanwärter und Leistungsempfänger nach der Übertragung mindestens gleich hoch sind;

c) die dem Altersversorgungssystem entsprechenden zu übertragenden Vermögenswerte ausreichend und angemessen sind, um die Verbindlichkeiten, versicherungstechnischen Rückstellungen und sonstigen zu übertragenden Verpflichtungen und Ansprüche gemäß den einschlägigen Bestimmungen des Herkunftsmitgliedstaates der übernehmenden EbAV zu decken.

(9) Die zuständige Behörde des Herkunftsmitgliedstaats der übertragenden EbAV übermittelt die Ergebnisse der in Absatz 8 genannten Bewertung binnen

acht Wochen nach Erhalt des Antrags nach Absatz 6, damit die zuständige Behörde des Herkunftsmitgliedstaats der übernehmenden EbAV eine Entscheidung in Einklang mit Absatz 4 treffen kann.

(10) [1] Wird die Genehmigung verweigert, nennt die zuständige Behörde des Herkunftsmitgliedstaats der übernehmenden EbAV innerhalb der in Absatz 4 festgelegten Dreimonatsfrist die Gründe für diese Ablehnung. [2] Gegen eine solche Ablehnung oder Untätigkeit der zuständigen Behörde des Herkunftsmitgliedstaats der übernehmenden EbAV können bei den Gerichten im Herkunftsmitgliedstaat der übernehmenden EbAV Rechtsmittel eingelegt werden.

(11) *[1]* Die zuständige Behörde des Herkunftsmitgliedstaats der übernehmenden EbAV teilt der zuständigen Behörde des Herkunftsmitgliedstaats der übertragenden EbAV die Entscheidung nach Absatz 4 innerhalb von zwei Wochen mit.

[2] [1] Wenn die Übertragung eine grenzüberschreitende Tätigkeit zur Folge hat, informiert die zuständige Behörde des Herkunftsmitgliedstaats der übertragenden EbAV die zuständige Behörde des Herkunftsmitgliedstaats der übernehmenden EbAV auch über die für die Tätigkeit des Altersversorgungssystems maßgeblichen sozial- und arbeitsrechtlichen Vorschriften und die in Titel IV geregelten Auskunftspflichten des Tätigkeitsmitgliedstaats bei grenzüberschreitender Tätigkeit. [2] Dies geschieht binnen weiterer vier Wochen.

[3] Die zuständige Behörde des Herkunftsmitgliedstaats der übernehmenden EbAV übermittelt dieser die Informationen innerhalb einer Woche nach deren Erhalt.

(12) Nach Eingang einer Genehmigungsentscheidung gemäß Absatz 4 oder bei nicht vorliegenden Informationen über die Entscheidung seitens der zuständigen Behörde des Herkunftsmitgliedstaats der übernehmenden EbAV nach Ablauf der in Absatz 11 dritter Unterabsatz genannten Frist kann die übernehmende EbAV die Tätigkeit des Altersversorgungssystems aufnehmen.

(13) Besteht Uneinigkeit über das Vorgehen oder den Inhalt einer Maßnahme oder eines Nichttätigwerdens der zuständigen Behörde des Herkunftsmitgliedstaats der übertragenden oder der übernehmenden EbAV, einschließlich einer Entscheidung, eine grenzüberschreitende Übertragung zu genehmigen oder zu verweigern, kann die EIOPA auf Antrag einer der zuständigen Behörden oder aus eigener Initiative eine nicht bindende Vermittlertätigkeit gemäß Artikel 31 Absatz 2 Buchstabe c der Verordnung (EU) Nr. 1094/2010 wahrnehmen.

(14) Führt die übernehmende EbAV eine grenzüberschreitende Tätigkeit aus, kommen Artikel 11 Absätze 9, 10 und 11 zur Anwendung.

Titel IV. Auskunftspflicht gegenüber potenziellen Versorgungsanwärtern, Versorgungsanwärtern und Leistungsempfängern

Kapitel 1. Allgemeine Bestimmungen

Art. 36 Grundsätze. (1) Unter Berücksichtigung der Art des Altersversorgungssystems stellen die Mitgliedstaaten sicher, dass jede in ihrem Hoheitsgebiet eingetragene oder zugelassene EbAV Folgendes zur Verfügung stellt:

a) potenziellen Versorgungsanwärtern: zumindest die Informationen gemäß Artikel 41;
b) Versorgungsanwärtern: zumindest die Informationen gemäß Artikel 37 bis 40, 42 und 44; und
c) Leistungsempfängern: zumindest die Informationen gemäß Artikel 37, 43 und 44.

(2) Die in Absatz 1 genannten Informationen müssen folgende Anforderungen erfüllen:

a) Sie müssen regelmäßig aktualisiert werden.
b) Sie müssen klar, prägnant und verständlich formuliert sein, wobei Jargon und Fachbegriffe zu vermeiden sind, wenn stattdessen eine allgemein verständliche Sprache verwendet werden kann.
c) Sie dürfen nicht irreführend sein und müssen inhaltlich sowie hinsichtlich der verwendeten Terminologie konsequent sein.
d) Sie müssen in lesefreundlicher Form aufgemacht werden.
e) Sie müssen in einer Amtssprache des Mitgliedstaats verfügbar sein, dessen sozial- und arbeitsrechtliche Vorschriften im Bereich der betrieblichen Altersversorgungssysteme für das betreffende Altersversorgungssystem maßgebend sind; und
f) Sie müssen potenziellen Versorgungsanwärtern, Versorgungsanwärtern sowie Leistungsempfängern kostenlos auf elektronischem Weg, beispielsweise auf einem dauerhaften Datenträger oder über eine Website, oder auf Papier zugänglich gemacht werden.

(3) Die Mitgliedstaaten können weitere Vorschriften über die Informationen erlassen oder beibehalten, die potenziellen Versorgungsanwärtern, Versorgungsanwärtern und Leistungsempfängern zur Verfügung zu stellen sind.

Art. 37 Allgemeine Informationen zu dem Altersversorgungssystem.

(1) Die Mitgliedstaaten stellen für jede in ihrem Hoheitsgebiet eingetragene oder zugelassene EbAV sicher, dass Versorgungsanwärter und Leistungsempfänger über das betreffende Altersversorgungssystem ausreichend informiert werden, vor allem über

a) die Bezeichnung der EbAV, des Mitgliedstaats, in dem die EbAV eingetragen oder zugelassen ist, und die Bezeichnung seiner zuständigen Behörde;
b) die Rechte und Pflichten der Beteiligten des Altersversorgungssystems;
c) Informationen über das Anlageprofil;
d) die Art der von den Versorgungsanwärtern und Leistungsempfängern zu tragenden finanziellen Risiken;
e) die Bedingungen, die bei dem Altersversorgungssystem ggf. für vollständige oder teilweise Garantien oder für Leistungen in einer bestimmten Höhe gelten oder wenn nach dem Altersversorgungssystem keine Garantie gewährt wird, eine Erklärung für diese Zwecke;
f) ggf. Mechanismen zum Schutz der erworbenen Rentenanwartschaften oder Mechanismen, die Versorgungsansprüche mindern können;
g) wenn Versorgungsanwärter ein Anlagerisiko tragen oder Anlageentscheidungen treffen können, Informationen über die frühere Performance der Investitionen im Zusammenhang mit dem Altersversorgungssystem in einem

Zeitraum von mindestens fünf Jahren oder, wenn das System seit weniger als fünf Jahren besteht, in den Jahren seit Aufnahme der Tätigkeit;

h) bei Systemen, bei denen keine Höhe der Versorgungsleistungen vorgeschrieben ist, die Struktur der von den Versorgungsanwärtern und Leistungsempfängern zu tragenden Kosten;

i) die Optionen, die Versorgungsanwärtern und Leistungsempfängern in Bezug auf die Inanspruchnahme der Altersversorgungsleistungen offen stehen;

j) falls ein Versorgungsanwärter zur Übertragung von Rentenanwartschaften berechtigt ist, weitere Informationen zu den Modalitäten einer solchen Übertragung.

(2) Bei Altersversorgungssystemen, bei denen die Versorgungsanwärter ein Anlagerisiko tragen und die mehrere Optionen mit verschiedenen Anlageprofilen umfassen, erhalten die Versorgungsanwärter Angaben zu den Bedingungen für die angebotenen Anlageoptionen und gegebenenfalls für die Standardanlageoption sowie zu den Bestimmungen des Altersversorgungssystems, nach denen bestimmten Versorgungsanwärtern bestimmte Anlageoptionen zugewiesen werden.

(3) [1] Versorgungsanwärter und Leistungsempfänger oder ihre Vertreter erhalten innerhalb einer angemessenen Frist zweckdienliche Angaben zu Änderungen der Bestimmungen des Altersversorgungssystems. [2] Außerdem machen die EbAV eine Erläuterung der Auswirkungen wesentlicher Änderungen bei technischen Rückstellungen auf die Versorgungsanwärter und Leistungsempfänger zugänglich.

(4) Die EbAV machen die allgemeinen Informationen zu dem Altersversorgungssystem im Sinne dieses Artikels zugänglich.

Kapitel 2. Leistungs-/Renteninformation und Zusatzinformationen

Art. 38 Allgemeine Bestimmungen. (1) [1] Die Mitgliedstaaten verpflichten die EbAV dazu, für jeden Versorgungsanwärter ein knappes und präzises Dokument zu erstellen, das für ihn wesentliche Informationen enthält, wobei den Besonderheiten der nationalen Rentensysteme und dem nationalen Sozial-, Arbeits- und Steuerrecht Rechnung getragen wird (im Folgenden „Leistungs-/Renteninformation"). [2] Die Bezeichnung des Dokuments enthält den Begriff „Leistungs-/Renteninformation".

(2) Das genaue Datum, auf das sich die Informationen der Leistungs-/Renteninformation beziehen, ist an gut sichtbarer Stelle anzugeben.

(3) [1] Die Mitgliedstaaten schreiben vor, dass die in der Leistungs-/Renteninformation enthaltenen Informationen präzise sind, aktualisiert werden und den Versorgungsanwärtern mindestens alle zwölf Monate kostenlos auf elektronischem Weg, beispielsweise auf einem dauerhaften Datenträger oder über eine Website, oder auf Papier zugänglich gemacht werden. [2] Auf Antrag wird den Versorgungsanwärtern zusätzlich zu der elektronischen Fassung eine Papierfassung zugestellt.

(4) Enthält die Leistungs-/Renteninformation wesentliche Änderungen gegenüber den Informationen des Vorjahres, werden diese deutlich kenntlich gemacht.

(5) [1] Die Mitgliedstaaten arbeiten Vorschriften für die Festlegung der Annahmen aus, die den Projektionen nach Artikel 39 Absatz 1 Buchstabe d zugrunde gelegt werden. [2] Diese Vorschriften werden von den EbAV angewandt, wenn sie gegebenenfalls die jährliche nominale Anlagerendite, die jährliche Inflationsrate und die künftige Entwicklung der Löhne bestimmen.

Art. 39 Leistungs-/Renteninformation. (1) Die Leistungs-/Renteninformation umfasst mindestens die folgenden Informationen für die Versorgungsanwärter:

a) Angaben zur Person des Versorgungsanwärters, einschließlich gegebenenfalls einer klaren Angabe des gesetzlichen Renteneintrittsalters oder des Rentenalters, das für das Altersversorgungssystem festgelegt, von der EbAV geschätzt oder vom Versorgungsanwärter festgelegt wurde;
b) Bezeichnung und Kontaktadresse der EbAV und die Angabe des Altersversorgungssystems des Versorgungsanwärters;
c) gegebenenfalls Informationen über im Altersversorgungssystem vorgesehene vollständige oder teilweise Garantien sowie ggf. Quellen für weiterführende Informationen;
d) Informationen über die Projektion der Versorgungsleistungen aufgrund des Rentenalters nach Buchstabe a und einen Haftungsausschluss, wonach diese Projektion von der endgültigen Höhe der erhaltenen Leistungen abweichen kann. Wenn die Projektion der Versorgungsleistungen auf ökonomischen Szenarien beruht, umfassen diese Informationen auch jeweils ein Szenario für den günstigsten und für einen ungünstigen Fall, wobei den Besonderheiten und der jeweiligen Art des Altersversorgungssystems Rechnung getragen wird;
e) Informationen über die erworbenen Rentenanwartschaften oder das angesparte Kapital, wobei den Besonderheiten des Altersversorgungssystems Rechnung getragen wird;
f) Informationen über die Beiträge, die vom Trägerunternehmen und von dem Versorgungsanwärter mindestens in den letzten zwölf Monaten in das Altersversorgungssystem eingezahlt wurden, wobei den Besonderheiten des Altersversorgungssystems Rechnung getragen wird;
g) eine Aufschlüsselung der Kosten, die von der EbAV in den letzten zwölf Monaten einbehalten wurden;
h) Informationen zur Mittelausstattung des Altersversorgungssystems insgesamt.

(2) Die Mitgliedstaaten tauschen gemäß Artikel 60 vorbildliche Vorgehensweisen im Zusammenhang mit dem Format und dem Inhalt der Leistungs-/Renteninformation aus.

Art. 40 Ergänzende Angaben. (1) In der Leistungs-/Renteninformation ist anzugeben, wo und wie ergänzende Angaben erhältlich sind, unter anderem:

a) weitere praktische Informationen über die Optionen, die das Altersversorgungssystem Versorgungsanwärtern bietet;
b) die in den Artikeln 29 und 30 näher bezeichneten Informationen;
c) gegebenenfalls Angaben zu den zugrunde liegenden Annahmen, wenn Beträge in Form einer regelmäßigen Rentenzahlung angegeben werden, insbesondere bei der Rentenhöhe, der Art des Leistungserbringers und der Laufzeit der Rentenzahlungen;

d) Informationen zur Höhe der Leistungen im Falle der Beendigung des Arbeitsverhältnisses.

(2) Bei Altersversorgungssystemen, bei denen die Versorgungsanwärter ein Anlagerisiko tragen und dem Versorgungsanwärter aufgrund einer im Altersversorgungssystem festgelegten Bestimmung eine bestimmte Anlageoption zugewiesen wird, enthält die Leistungs-/Renteninformation gegebenenfalls Angaben dazu, wo zusätzliche Informationen erhältlich sind.

Kapitel 3. Sonstige Angaben und Unterlagen

Art. 41 Auskunftspflicht gegenüber potenziellen Versorgungsanwärtern. (1) Die Mitgliedstaaten verpflichten die EbAV dazu, sicherzustellen, dass potenzielle Versorgungsanwärter, die nicht automatisch in ein Altersversorgungssystem aufgenommen werden, bevor sie dem Altersversorgungssystem beitreten über Folgendes informiert werden:

a) alle ihnen zur Verfügung stehenden einschlägigen Optionen, einschließlich der Anlageoptionen;
b) die einschlägigen Merkmale des Altersversorgungssystems einschließlich der Art der Leistungen;
c) Informationen darüber, ob und inwieweit Umwelt-, Klima-, soziale und Unternehmensführungsaspekte in der Anlagepolitik berücksichtigt werden, und
d) wo weitere Informationen erhältlich sind.

(2) Wenn Versorgungsanwärter ein Anlagerisiko tragen oder Anlageentscheidungen treffen können, werden den potenziellen Versorgungsanwärtern Informationen über die frühere Performance der Investitionen im Zusammenhang mit dem Altersversorgungssystem in einem Zeitraum von mindestens fünf Jahren oder, wenn das System seit weniger als fünf Jahren besteht, in den Jahren seit Aufnahme der Tätigkeit sowie Informationen zur Struktur der von den Versorgungsanwärtern und Leistungsempfängern zu tragenden Kosten zur Verfügung gestellt.

(3) Die Mitgliedstaaten verpflichten die EbAV dazu, sicherzustellen, dass potenzielle Versorgungsanwärter, die automatisch in ein Altersversorgungssystem aufgenommen werden, sobald sie in das Altersversorgungssystem aufgenommen werden, über Folgendes informiert werden:

a) alle ihnen zur Verfügung stehenden einschlägigen Optionen, einschließlich Anlageoptionen;
b) die einschlägigen Merkmale des Altersversorgungssystems einschließlich Art der Leistungen;
c) Informationen darüber, ob und inwieweit Umwelt-, Klima-, soziale und Unternehmensführungsaspekte in der Anlagepolitik berücksichtigt werden, und
d) wo weitere Informationen erhältlich sind.

Art. 42 Auskunftspflicht gegenüber Versorgungsanwärtern in der Phase vor dem Eintritt in den Ruhestand. Zusätzlich zur Leistungs-/Renteninformation übermitteln die EbAV jedem Versorgungsanwärter rechtzeitig, bevor dieser das Rentenalter im Sinne von Artikel 39 Absatz 1 Buchstabe a erreicht, oder auf seine Anfrage hin Angaben zu den Auszahlungsoptionen, die ihm in Bezug auf die Inanspruchnahme der Altersversorgungsleistungen offen stehen.

Art. 43 Auskunftspflicht gegenüber Leistungsempfängern in der Auszahlungsphase. (1) Die Mitgliedstaaten verpflichten die EbAV, die Leistungsempfänger regelmäßig über die ihnen zustehenden Leistungen und die entsprechenden Auszahlungsoptionen zu unterrichten.

(2) Die Leistungsempfänger werden von den EbAV unverzüglich nach einem endgültigen Beschluss, der zu einer Kürzung der den Leistungsempfängern zustehenden Versorgungsleistungen führt, sowie drei Monate vor Umsetzung des Beschlusses informiert.

(3) Tragen die Leistungsempfänger in der Auszahlungsphase ein wesentliches Anlagerisiko, so stellen die Mitgliedstaaten sicher, dass die Leistungsempfänger regelmäßig angemessen informiert werden.

Art. 44 Weitere Auskünfte, die den Versorgungsanwärtern und Leistungsempfängern auf Anfrage erteilt werden. Auf Anfrage eines Versorgungsanwärters, eines Leistungsempfängers oder von deren Vertretern stellt die EbAV folgende zusätzliche Informationen zur Verfügung:

a) den Jahresabschluss und den jährlichen Lagebericht nach Artikel 29 oder, wenn eine EbAV für mehr als ein Altersversorgungssystem verantwortlich ist, den Jahresabschluss und den Bericht für das ihn betreffende System;
b) die Erklärung über die Grundsätze der Anlagepolitik nach Artikel 30;
c) alle weiteren Angaben zu den Annahmen, die für die Erstellung der Projektionen nach Artikel 39 Absatz 1 Buchstabe d zugrunde gelegt werden.

Titel VI. Schlussbestimmungen

Art. 62 Bewertung und Überprüfung. (1) Bis zum 13. Januar 2023 überprüft die Kommission die vorliegende Richtlinie und legt dem Europäischen Parlament und dem Rat einen Bericht über ihre Durchführung und Wirksamkeit vor.

(2) Die in Absatz 1 genannte Überprüfung bezieht sich insbesondere auf

a) die Angemessenheit dieser Richtlinie aus Sicht der Aufsicht und der Unternehmensführung;
b) die grenzübergreifende Tätigkeit;
c) die bei der Anwendung der Richtlinie gesammelten Erfahrungen und ihre Auswirkungen auf die Stabilität der EbAV;
d) die Leistungs-/Renteninformation.

Art. 64 Umsetzung. (1) *[1]* [1]Die Mitgliedstaaten setzen die Rechts- und Verwaltungsvorschriften in Kraft, die erforderlich sind, um dieser Richtlinie bis zum 13. Januar 2019 nachzukommen. [2]Sie teilen der Kommission unverzüglich den Wortlaut dieser Vorschriften mit.

[2] [1]Wenn die Mitgliedstaaten diese Maßnahmen erlassen, nehmen sie in den Vorschriften selbst oder durch einen Hinweis bei der amtlichen Veröffentlichung auf diese Richtlinie Bezug. [2]In diese Vorschriften fügen sie die Erklärung ein, dass Bezugnahmen in den geltenden Rechts- und Verwaltungsvorschriften auf die durch die vorliegende Richtlinie aufgehobenen Richtlinien als

Bezugnahmen auf die vorliegende Richtlinie gelten. [3]Die Mitgliedstaaten regeln die Einzelheiten dieser Bezugnahme und die Formulierung dieser Erklärung.

(2) Die Mitgliedstaaten teilen der Kommission den Wortlaut der wichtigsten nationalen Rechtsvorschriften mit, die sie auf dem unter diese Richtlinie fallenden Gebiet erlassen.

Art. 65 Aufhebung. *[1]* Die Richtlinie 2003/41/EG in der Fassung der in Anhang I Teil A aufgeführten Richtlinien wird unbeschadet der Pflichten der Mitgliedstaaten hinsichtlich der in Anhang I Teil B genannten Fristen für die Umsetzung und die Zeitpunkte der Anwendung dieser Richtlinien mit Wirkung vom 13. Januar 2019 aufgehoben.

[2] Bezugnahmen auf die aufgehobene Richtlinie 2003/41/EG gelten als Bezugnahmen auf die vorliegende Richtlinie und sind nach Maßgabe der Entsprechungstabelle in Anhang II zu lesen.

Art. 66 Inkrafttreten. Diese Richtlinie tritt am zwanzigsten Tag nach ihrer Veröffentlichung[1)] im *Amtsblatt der Europäischen Union* in Kraft.

Art. 67 Adressaten. Diese Richtlinie ist an die Mitgliedstaaten gerichtet.

[1)] Veröffentlicht am 23.12.2016.

335. Richtlinie (EU) 2017/1132 des Europäischen Parlaments und des Rates vom 14. Juni 2017 über bestimmte Aspekte des Gesellschaftsrechts

(Kodifizierter Text)
(Text von Bedeutung für den EWR)

(ABl. L 169 S. 46)

Celex-Nr. 3 2017 L 1132

zuletzt geänd. durch Art. 92 VO (EU) 2021/23 v. 16.12.2020 (ABl. 2021 L 22 S. 1)

– Auszug –

DAS EUROPÄISCHE PARLAMENT UND DER RAT DER EUROPÄISCHEN UNION –

gestützt auf den Vertrag über die Arbeitsweise der Europäischen Union, insbesondere auf Artikel 50 Absatz 1 und Absatz 2 Buchstabe g,

auf Vorschlag der Europäischen Kommission,

nach Zuleitung des Entwurfs des Gesetzgebungsakts an die nationalen Parlamente,

nach Stellungnahme des Europäischen Wirtschafts- und Sozialausschusses[1)],

gemäß dem ordentlichen Gesetzgebungsverfahren[2)],

in Erwägung nachstehender Gründe:

(1) Die Richtlinien 82/891/EWG[3)] und 89/666/EWG[4)] des Rates und die Richtlinien 2005/56/EG[5)], 2009/101/EG[6)], 2011/35/EU[7)] und 2012/30/EU[8)] des Europäischen Parlaments und des Rates wurden mehrfach und

---

[1)] **Amtl. Anm.:** ABl. C 264 vom 20.7.2016, S. 82.

[2)] **Amtl. Anm.:** Standpunkt des Europäischen Parlaments vom 5. April 2017 (noch nicht im Amtsblatt veröffentlicht) und Beschluss des Rates vom 29. Mai 2017.

[3)] **Amtl. Anm.:** Sechste Richtlinie 82/891/EWG des Rates vom 17. Dezember 1982 gemäß Artikel 54 Absatz 3 Buchstabe g) des Vertrags betreffend die Spaltung von Aktiengesellschaften (ABl. L 378 vom 31.12.1982, S. 47).

[4)] **Amtl. Anm.:** Elfte Richtlinie 89/666/EWG des Rates vom 21. Dezember 1989 über die Offenlegung von Zweigniederlassungen, die in einem Mitgliedstaat von Gesellschaften bestimmter Rechtsformen errichtet wurden, die dem Recht eines anderen Staates unterliegen (ABl. L 395 vom 30.12.1989, S. 36).

[5)] **Amtl. Anm.:** Richtlinie 2005/56/EG des Europäischen Parlaments und des Rates vom 26. Oktober 2005 über die Verschmelzung von Kapitalgesellschaften aus verschiedenen Mitgliedstaaten (ABl. L 310 vom 25.11.2005, S. 1).

[6)] **Amtl. Anm.:** Richtlinie 2009/101/EG des Europäischen Parlaments und des Rates vom 16. September 2009 zur Koordinierung der Schutzbestimmungen, die in den Mitgliedstaaten den Gesellschaften im Sinne des Artikels 48 Absatz 2 des Vertrags im Interesse der Gesellschafter sowie Dritter vorgeschrieben sind, um diese Bestimmungen gleichwertig zu gestalten (ABl. L 258 vom 1.10. 2009, S. 11).

[7)] **Amtl. Anm.:** Richtlinie 2011/35/EU des Europäischen Parlaments und des Rates vom 5. April 2011 über die Verschmelzung von Aktiengesellschaften (ABl. L 110 vom 29.4.2011, S. 1).

[8)] **Amtl. Anm.:** Richtlinie 2012/30/EU des Europäischen Parlaments und des Rates vom 25. Oktober 2012 zur Koordinierung der Schutzbestimmungen, die in den Mitgliedstaaten den Gesellschaften im Sinne des Artikels 54 Absatz 2 des Vertrags über die Arbeitsweise der Europäischen Union im Interesse der Gesellschafter sowie Dritter für die Gründung der Aktiengesellschaft sowie für die Erhaltung und Änderung ihres Kapitals vorgeschrieben sind, um diese Bestimmungen gleichwertig zu gestalten (ABl. L 315 vom 14.11.2012, S. 74).

erheblich geändert[1]. Aus Gründen der Klarheit und der Übersichtlichkeit empfiehlt es sich, sie zu kodifizieren.

...

(65) Die Rechte der Arbeitnehmer mit Ausnahme der Mitbestimmungsrechte sollten weiterhin den Vorschriften der Mitgliedstaaten unterliegen, die in den Richtlinien 98/59/EG[2][3] und 2001/23/EG[4][5] des Rates und den Richtlinien 2002/14/EG[6][7] und 2009/38/EG[8][9] des Europäischen Parlaments und des Rates genannt sind.

(66) Haben die Arbeitnehmer Mitbestimmungsrechte in einer an der Verschmelzung beteiligten Gesellschaft nach Maßgabe dieser Richtlinie und sieht das nationale Recht des Mitgliedstaats, in dem die aus der grenzüberschreitenden Verschmelzung hervorgehende Gesellschaft ihren Sitz hat, nicht den gleichen Umfang an Mitbestimmung vor wie in den jeweiligen an der Verschmelzung beteiligten Gesellschaften – einschließlich in mit Beschlussfassungsbefugnissen ausgestatteten Ausschüssen des Aufsichtsorgans – oder sieht dieses Recht nicht den gleichen Anspruch auf Ausübung von Mitbestimmungsrechten durch die Arbeitnehmer der aus der grenzüberschreitenden Verschmelzung hervorgehenden Betriebe vor, so sollte die Mitbestimmung der Arbeitnehmer in der aus der grenzüberschreitenden Verschmelzung hervorgehenden Gesellschaft sowie ihre Mitwirkung an der Festlegung dieser Rechte neu geregelt werden. Hierbei sollten die Grundsätze und Verfahren der Verordnung (EG) Nr. 2157/2001 des Rates[10] und der Richtlinie 2001/86/EG[11] des Rates[12] angewendet werden, jedoch mit den Änderungen, die für notwendig erachtet werden, weil die aus der Verschmelzung hervorgehende Gesellschaft dem nationalen Recht des Sitzmitgliedstaats unterliegen wird. Die Mitgliedstaaten können gemäß Artikel 3 Absatz 2 Buchstabe b der Richtlinie 2001/86/EG[11] für eine rasche Aufnahme der in Artikel 133 der vorliegenden Richtlinie vorgesehenen Verhandlungen sorgen, damit Verschmelzungen nicht unnötig verzögert werden.

---

[1] **Amtl. Anm.:** Siehe Anhang III, Teil A.

[2] Nr. **240**.

[3] **Amtl. Anm.:** Richtlinie 98/59/EG des Rates vom 20. Juli 1998 über Massenentlassungen (ABl. L 225 vom 12.8.1998, S. 16).

[4] Nr. **260**.

[5] **Amtl. Anm.:** Richtlinie 2001/23/EG des Rates vom 12. März 2001 über die Wahrung von Ansprüchen der Arbeitnehmer beim Übergang von Unternehmen, Betrieben oder Unternehmens- oder Betriebsteilen (ABl. L 82 vom 22.3.2001, S. 16).

[6] Nr. **270**.

[7] **Amtl. Anm.:** Richtlinie 2002/14/EG des Europäischen Parlaments und des Rates vom 11. März 2002 zur Festlegung eines allgemeinen Rahmens für die Unterrichtung und Anhörung der Arbeitnehmer in der Europäischen Gemeinschaft (ABl. L 80 vom 23.3.2002, S. 29).

[8] Nr. **305**.

[9] **Amtl. Anm.:** Richtlinie 2009/38/EG des Europäischen Parlaments und des Rates vom 6. Mai 2009 über die Einsetzung eines Europäischen Betriebsrats oder die Schaffung eines Verfahrens zur Unterrichtung und Anhörung der Arbeitnehmer in gemeinschaftsweit operierenden Unternehmen und Unternehmensgruppen (ABl. L 122 vom 16.5.2009, S. 28).

[10] **Amtl. Anm.:** Verordnung (EG) Nr. 2157/2001 des Rates vom 8. Oktober 2001 über das Statut der Europäischen Gesellschaft (SE) (ABl. L 294 vom 10.11.2001, S. 1).

[11] Nr. **265**.

[12] **Amtl. Anm.:** Richtlinie 2001/86/EG des Rates vom 8. Oktober 2001 zur Ergänzung des Statuts der Europäischen Gesellschaft hinsichtlich der Beteiligung der Arbeitnehmer (ABl. L 294 vom 10.11.2001, S. 22).

(67) Bei der Ermittlung des Umfangs der Mitbestimmung der Arbeitnehmer in den an der Verschmelzung beteiligten Gesellschaften sollte auch der Anteil der die Arbeitnehmer vertretenden Mitglieder des Leitungsgremiums berücksichtigt werden, das für die Ergebniseinheiten der Gesellschaften zuständig ist, wenn eine Mitbestimmung der Arbeitnehmer besteht.

...

HABEN FOLGENDE RICHTLINIE ERLASSEN:

Titel I. Allgemeine Bestimmungen sowie Gründung und Funktionsweise von Kapitalgesellschaften

Kapitel I. Gegenstand

Art. 1 Gegenstand. Diese Richtlinie legt Vorschriften für folgende Bereiche fest:

- Koordinierung der Schutzbestimmungen, die in den Mitgliedstaaten den Gesellschaften im Sinne des Artikels 54 Absatz 2 des Vertrags im Interesse der Gesellschafter sowie Dritter für die Gründung der Aktiengesellschaft sowie für die Erhaltung und Änderung ihres Kapitals vorgeschrieben sind, um diese Bestimmungen gleichwertig zu gestalten;
- Koordinierung der Schutzbestimmungen, die in den Mitgliedstaaten den Gesellschaften im Sinne des Artikels 54 Absatz 2 des Vertrags im Interesse der Gesellschafter sowie Dritter für die Offenlegung, die Wirksamkeit eingegangener Verpflichtungen von Aktiengesellschaften, Kommanditgesellschaften auf Aktien oder Gesellschaften mit beschränkter Haftung sowie für die Nichtigkeit dieser Gesellschaften vorgeschrieben sind, um diese Bestimmungen gleichwertig zu gestalten;
- Regelungen zur Online-Gründung von Gesellschaften, zur Online-Eintragung von Zweigniederlassungen und zur Online-Einreichung von Urkunden und Informationen durch Gesellschaften und Zweigniederlassungen;
- die Offenlegung von Zweigniederlassungen, die in einem Mitgliedstaat von Gesellschaften bestimmter Rechtsformen errichtet wurden, die dem Recht eines anderen Staates unterliegen;
- die Verschmelzung von Aktiengesellschaften;
- grenzüberschreitende Umwandlungen, Verschmelzungen und Spaltungen von Kapitalgesellschaften;
- die Spaltung von Aktiengesellschaften.

Titel II. Umwandlung, Verschmelzung und Spaltung von Kapitalgesellschaften

Kapitel -I. Grenzüberschreitende Umwandlung

Art. 86a Anwendungsbereich. (1) Dieses Kapitel gilt für Umwandlungen von Kapitalgesellschaften, die nach dem Recht eines Mitgliedstaats gegründet worden sind und ihren satzungsmäßigen Sitz, ihre Hauptverwaltung oder ihre Hauptniederlassung in der Union haben, in dem Recht eines anderen Mitgliedstaats unterliegende Kapitalgesellschaften.

(2) [1] Dieses Kapitel gilt nicht für grenzüberschreitende Umwandlungen, an denen eine Gesellschaft beteiligt ist, deren Zweck es ist, die vom Publikum bei ihr eingelegten Gelder nach dem Grundsatz der Risikostreuung gemeinsam anzulegen, und deren Anteile auf Verlangen der Anteilsinhaber unmittelbar oder mittelbar zulasten des Vermögens dieser Gesellschaft zurückgenommen oder ausgezahlt werden. [2] Diesen Rücknahmen oder Auszahlungen gleichgestellt sind Handlungen, mit denen eine solche Gesellschaft sicherstellen will, dass der Börsenwert ihrer Anteile nicht erheblich von deren Nettoinventarwert abweicht.

(3) Die Mitgliedstaaten stellen sicher, dass dieses Kapitel in keinem der folgenden Fälle auf Gesellschaften angewendet wird:

a) die Gesellschaft befindet sich in Liquidation und hat mit der Verteilung ihres Vermögens an ihre Gesellschafter begonnen;

[Buchst. b bis 11.8.2022:]

b) die Gesellschaft ist Gegenstand von in Titel IV der Richtlinie 2014/59/EU vorgesehenen Abwicklungsinstrumenten, -befugnissen und -mechanismen.

[Buchst. b ab 12.8.2022:]

b) die Gesellschaft ist Gegenstand von in Titel IV der Richtlinie 2014/59/EU oder in Titel V der Verordnung (EU) 2021/23 vorgesehenen Abwicklungsinstrumenten, -befugnissen und -mechanismen.

(4) Die Mitgliedstaaten können beschließen, dieses Kapitel nicht auf Gesellschaften anzuwenden, die Gegenstand von Folgendem sind:

a) Insolvenzverfahren oder präventiven Restrukturierungsrahmen;

b) anderen Liquidationsverfahren als denjenigen, die in Absatz 3 Buchstabe a genannt sind, oder

[Buchst. c bis 11.8.2022:]

c) Krisenpräventionsmaßnahmen gemäß Artikel 2 Absatz 1 Nummer 101 der Richtlinie 2014/59/EU.

[Buchst. c ab 12.8.2022:]

c) Krisenpräventionsmaßnahmen gemäß Artikel 2 Absatz 1 Nummer 101 der Richtlinie 2014/59/EU oder gemäß Artikel 2 Nummer 48 der Verordnung (EU) 2021/23.[1)]

Art. 86d Plan für die grenzüberschreitende Umwandlung. [1] Das Verwaltungs- oder Leitungsorgan der Gesellschaft erstellt einen Plan für die grenzüberschreitende Umwandlung. [2] Der Plan für die grenzüberschreitende Umwandlung enthält mindestens folgende Angaben:

a) Rechtsform und Firma der Gesellschaft im Wegzugsmitgliedstaat und ihren satzungsmäßigen Sitz in jenem Mitgliedstaat;

b) Rechtsform und Firma, die für die umgewandelte Gesellschaft im Zuzugsmitgliedstaat vorgesehen sind, und ihren vorgesehenen satzungsmäßigen Sitz in jenem Mitgliedstaat;

c) soweit einschlägig den Errichtungsakt der Gesellschaft im Zuzugsmitgliedstaat und, falls sie Gegenstand eines gesonderten Aktes ist, die Satzung;

[1)] Satzzeichen fehlt amtlich.

d) den vorgesehenen indikativen Zeitplan für die grenzüberschreitende Umwandlung;
e) die Rechte, welche die umgewandelte Gesellschaft den mit Sonderrechten ausgestatteten Gesellschaftern und den Inhabern von anderen Wertpapieren als Gesellschaftsanteilen gewährt, oder die für diese Personen vorgeschlagenen Maßnahmen;
f) etwaige Sicherheiten, die den Gläubigern angeboten werden, wie Garantien oder Zusagen;
g) etwaige besondere Vorteile, die den Mitgliedern der Verwaltungs-, Leitungs-, Aufsichts- oder Kontrollorgane der Gesellschaft gewährt werden;
h) ob die Gesellschaft in den letzten fünf Jahren im Wegzugsmitgliedstaat irgendwelche Förderungen oder Beihilfen erhalten hat;
i) die Einzelheiten zum Angebot einer Barabfindung für Gesellschafter nach Artikel 86i;
j) die voraussichtlichen Auswirkungen der grenzüberschreitenden Umwandlung auf die Beschäftigung;
k) gegebenenfalls Angaben zu dem Verfahren, nach dem gemäß Artikel 86l die Einzelheiten für die Beteiligung von Arbeitnehmern an der Festlegung ihrer Mitbestimmungsrechte in der umgewandelten Gesellschaft geregelt werden.

Art. 86e Bericht des Verwaltungs- oder Leitungsorgans für Gesellschafter und Arbeitnehmer. (1) *[1]* Das Verwaltungs- oder Leitungsorgan der Gesellschaft erstellt einen Bericht für Gesellschafter und Arbeitnehmer, in dem die rechtlichen und wirtschaftlichen Aspekte der grenzüberschreitenden Umwandlung erläutert und begründet sowie die Auswirkungen der grenzüberschreitenden Umwandlung auf die Arbeitnehmer erläutert werden.

[2] In diesem Bericht werden insbesondere die Auswirkungen der grenzüberschreitenden Umwandlung auf die künftige Geschäftstätigkeit der Gesellschaft erläutert.

(2) *[1]* Der Bericht enthält auch einen Abschnitt für Gesellschafter und einen Abschnitt für Arbeitnehmer.

[2] Die Gesellschaft kann entscheiden, ob sie einen einzigen Bericht erstellt, der diese beiden Abschnitte enthält, oder gesonderte Berichte für Gesellschafter und Arbeitnehmer, die den jeweiligen Abschnitt enthalten.

(3) In dem Abschnitt des Berichts für Gesellschafter wird insbesondere Folgendes erläutert:
a) die Barabfindung und die Methode, die benutzt wurde, um die Barabfindung zu ermitteln;
b) die Auswirkungen der grenzüberschreitenden Umwandlung auf die Gesellschafter;
c) die Rechte und Rechtsbehelfe für Gesellschafter nach Artikel 86i.

(4) [1] Der Abschnitt des Berichts für Gesellschafter ist nicht erforderlich, wenn alle Gesellschafter der Gesellschaft einvernehmlich darauf verzichtet haben. [2] Die Mitgliedstaaten können Gesellschaften mit einem einzigen Gesellschafter von den Bestimmungen dieses Artikels ausnehmen.

(5) In dem Abschnitt des Berichts für Arbeitnehmer wird insbesondere Folgendes erläutert:

a) die Auswirkungen der grenzüberschreitenden Umwandlung auf die Arbeitsverhältnisse sowie gegebenenfalls Maßnahmen, um diese Arbeitsverhältnisse zu sichern;

b) wesentliche Änderungen der anwendbaren Beschäftigungsbedingungen oder der Standorte der Niederlassungen der Gesellschaft;

c) wie sich die unter den Buchstaben a und b genannten Faktoren auf etwaige Tochtergesellschaften der Gesellschaft auswirken.

(6) Der Bericht oder die Berichte werden den Gesellschaftern und den Arbeitnehmervertretern oder – wenn es solche Vertreter nicht gibt – den Arbeitnehmern selbst in jedem Fall in elektronischer Form zusammen mit dem Plan für die grenzüberschreitende Umwandlung, falls verfügbar, spätestens sechs Wochen vor dem Tag der Gesellschafterversammlung nach Artikel 86h zugänglich gemacht.

(7) Erhält das Verwaltungs- oder Leitungsorgan der Gesellschaft nach Maßgabe des nationalen Rechts rechtzeitig eine Stellungnahme zu den Informationen gemäß den Absätzen 1 und 5 von den Arbeitnehmervertretern oder – wenn es solche Vertreter nicht gibt – den Arbeitnehmern selbst, werden die Gesellschafter hiervon in Kenntnis gesetzt und wird diese Stellungnahme dem Bericht als Anlage beigefügt.

(8) Der Abschnitt des Berichts für Arbeitnehmer ist nicht erforderlich, wenn eine Gesellschaft und ihre etwaigen Tochtergesellschaften keine anderen Arbeitnehmer haben als diejenigen, die dem Verwaltungs- oder Leitungsorgan angehören.

(9) Wurde auf den Abschnitt des Berichts für Gesellschafter nach Absatz 3 gemäß Absatz 4 verzichtet und ist der Abschnitt für Arbeitnehmer nach Absatz 5 gemäß Absatz 8 nicht erforderlich, ist ein Bericht nicht erforderlich.

(10) Die Absätze 1 bis 9 dieses Artikels lassen die anwendbaren Unterrichtungs- und Anhörungsrechte und -verfahren unberührt, die infolge der Umsetzung der Richtlinien 2002/14/EG[1)] und 2009/38/EG[2)] auf nationaler Ebene eingeführt wurden.

Art. 86i Schutz der Gesellschafter. (1) *[1]* Die Mitgliedstaaten stellen sicher, dass mindestens die Gesellschafter einer Gesellschaft, die gegen die Zustimmung zu dem Plan für die grenzüberschreitende Umwandlung gestimmt haben, berechtigt sind, ihre Anteile unter den Voraussetzungen der Absätze 2 bis 5 gegen Zahlung einer angemessenen Barabfindung zu veräußern.

[2] Die Mitgliedstaaten können das Recht nach Unterabsatz 1 auch anderen Gesellschaftern der Gesellschaft einräumen.

[3] [1] Die Mitgliedstaaten können vorschreiben, dass die ausdrückliche Ablehnung des Plans für die grenzüberschreitende Umwandlung, die Absicht der Gesellschafter, ihr Recht auf Veräußerung ihrer Anteile auszuüben, oder beides, spätestens in der Gesellschafterversammlung nach Artikel 86h angemessen dokumentiert wird. [2] Die Mitgliedstaaten können zulassen, dass der Widerspruch zur Niederschrift bezüglich des Plans für die grenzüberschreitende Umwandlung als ordnungsgemäße Dokumentation einer negativen Stimmabgabe gilt.

[1)] Nr. **270**.
[2)] Nr. **305**.

(2) [1] Die Mitgliedstaaten legen die Frist fest, innerhalb derer die in Absatz 1 genannten Gesellschafter gegenüber der Gesellschaft ihre Entscheidung erklären müssen, das Recht auf Veräußerung ihrer Anteile auszuüben. [2] Diese Frist darf einen Monat nach der Gesellschafterversammlung nach Artikel 86h nicht überschreiten. [3] Die Mitgliedstaaten stellen sicher, dass die Gesellschaft eine elektronische Adresse für den Eingang dieser Erklärung in elektronischer Form zur Verfügung stellt.

(3) [1] Die Mitgliedstaaten legen ferner die Frist für die Zahlung der in dem Plan für die grenzüberschreitende Umwandlung festgelegten Barabfindung fest. [2] Diese Frist darf nicht später als zwei Monate nach dem Wirksamwerden der grenzüberschreitenden Umwandlung gemäß Artikel 86q ablaufen.

(4) *[1]* [1] Die Mitgliedstaaten stellen sicher, dass Gesellschafter, die ihre Entscheidung erklärt haben, ihr Recht auf Veräußerung ihrer Anteile auszuüben, aber der Auffassung sind, dass die von der Gesellschaft angebotene Barabfindung nicht angemessen ist, berechtigt sind, bei der nach nationalem Recht beauftragten zuständigen Behörde oder Stelle eine zusätzliche Barabfindung zu beantragen. [2] Die Mitgliedstaaten setzen eine Frist für den Antrag auf zusätzliche Barabfindung fest.

[2] Die Mitgliedstaaten können vorsehen, dass die endgültige Entscheidung, durch die eine zusätzliche Barabfindung zuerkannt wird, für alle Gesellschafter gültig ist, die ihre Entscheidung erklärt haben, ihr Recht auf Veräußerung ihrer Anteile gemäß Absatz 2 auszuüben.

(5) Die Mitgliedstaaten stellen sicher, dass für die Rechte nach den Absätzen 1 bis 4 das Recht des Wegzugsmitgliedstaats maßgebend ist und dass die ausschließliche Zuständigkeit zur Beilegung von Streitigkeiten im Zusammenhang mit diesen Rechten im Wegzugsmitgliedstaat liegt.

Art. 86k Unterrichtung und Anhörung der Arbeitnehmer. (1) [1] Die Mitgliedstaaten stellen sicher, dass die Rechte der Arbeitnehmer auf Unterrichtung und Anhörung in Bezug auf die grenzüberschreitende Umwandlung geachtet und im Einklang mit dem Rechtsrahmen gemäß der Richtlinie 2002/14/EG[1)] und – soweit auf gemeinschaftsweit operierende Unternehmen und Unternehmensgruppen anwendbar – der Richtlinie 2009/38/EG[2)] des Rates ausgeübt werden. [2] Die Mitgliedstaaten können beschließen, die Rechte der Arbeitnehmer auf Unterrichtung und Anhörung auf die Arbeitnehmer weiterer Gesellschaften als derjenigen anzuwenden, die in Artikel 3 Absatz 1 der Richtlinie 2002/14/EG genannt sind.

(2) Unbeschadet des Artikels 86e Absatz 7 und des Artikels 86g Absatz 1 Buchstabe b stellen die Mitgliedstaaten sicher, dass die Rechte der Arbeitnehmer auf Unterrichtung und Anhörung mindestens vor einer Entscheidung über den Plan für die grenzüberschreitende Umwandlung oder den Bericht nach Artikel 86e, je nachdem, welcher Zeitpunkt zuerst eintritt, in einer Weise geachtet werden, dass den Arbeitnehmern vor der Gesellschafterversammlung nach Artikel 86h eine begründete Antwort gegeben wird.

(3) Unbeschadet etwaiger geltender Vorschriften oder Gepflogenheiten, die für die Arbeitnehmer günstiger sind, bestimmen die Mitgliedstaaten entspre-

[1)] Nr. **270**.
[2)] Nr. **305**.

chend Artikel 4 der Richtlinie 2002/14/EG im Einzelnen, wie das Recht auf Unterrichtung und Anhörung wahrgenommen wird.

Art. 86l Mitbestimmung der Arbeitnehmer. (1) Unbeschadet des Absatzes 2 findet auf die umgewandelte Gesellschaft die Regelung für die Arbeitnehmermitbestimmung Anwendung, die gegebenenfalls im Zuzugsmitgliedstaat gilt.

(2) Die Regelung für die Arbeitnehmermitbestimmung, die gegebenenfalls im Zuzugsmitgliedstaat gilt, findet jedoch keine Anwendung, wenn die Gesellschaft in den sechs Monaten vor der Offenlegung des Plans für die grenzüberschreitende Umwandlung eine durchschnittliche Zahl von Arbeitnehmern beschäftigt, die vier Fünfteln des im Recht des Wegzugsmitgliedstaats festgelegten Schwellenwerts entspricht, der die Mitbestimmung der Arbeitnehmer im Sinne des Artikels 2 Buchstabe k der Richtlinie 2001/86/EG[1] auslöst, oder wenn das Recht des Zuzugsmitgliedstaats

a) nicht mindestens den gleichen Umfang an Mitbestimmung der Arbeitnehmer vorsieht, wie er in der Gesellschaft vor der grenzüberschreitenden Umwandlung bestand, wobei dieser Umfang als der Anteil der die Arbeitnehmer vertretenden Mitglieder des Verwaltungs- oder des Aufsichtsorgans oder ihrer Ausschüsse oder des Leitungsgremiums ausgedrückt wird, das für die Ergebniseinheiten der Gesellschaft zuständig ist, wenn eine Arbeitnehmermitbestimmung besteht, oder
b) für Arbeitnehmer in Betrieben der umgewandelten Gesellschaft, die sich in anderen Mitgliedstaaten befinden, nicht den gleichen Anspruch auf Ausübung von Mitbestimmungsrechten vorsieht, wie sie den Arbeitnehmern im Zuzugsmitgliedstaat gewährt werden.

(3) In den in Absatz 2 des vorliegenden Artikels genannten Fällen regeln die Mitgliedstaaten die Mitbestimmung der Arbeitnehmer in der umgewandelten Gesellschaft sowie ihre Mitwirkung an der Festlegung dieser Rechte vorbehaltlich der Absätze 4 bis 7 des vorliegenden Artikels entsprechend den Grundsätzen und Modalitäten des Artikels 12 Absätze 2 und 4 der Verordnung (EG) Nr. 2157/2001[2] und den nachstehenden Bestimmungen der Richtlinie 2001/86/EG:

a) Artikel 3 Absatz 1, Artikel 3 Absatz 2 Buchstabe a Ziffer i und Buchstabe b, Artikel 3 Absatz 3, die ersten beiden Sätze von Artikel 3 Absatz 4 und Artikel 3 Absätze 5 und 7;
b) Artikel 4 Absatz 1, Artikel 4 Absatz 2 Buchstaben a, g und h und Artikel 4 Absätze 3 und 4;
c) Artikel 5;
d) Artikel 6;
e) Artikel 7 Absatz 1 mit Ausnahme des zweiten Spiegelstriches in Buchstabe b;
f) Artikel 8, 10, 11 und 12; und
g) Teil 3 Buchstabe a des Anhangs.

(4) Bei der Festlegung der in Absatz 3 genannten Grundsätze und Modalitäten verfahren die Mitgliedstaaten wie folgt:

---

[1] Nr. **265**.
[2] Nr. **100**.

a) Sie gestatten dem besonderen Verhandlungsgremium, mit der Mehrheit von zwei Dritteln seiner mindestens zwei Drittel der Arbeitnehmer vertretenden Mitglieder zu beschließen, dass keine Verhandlungen eröffnet oder bereits eröffnete Verhandlungen beendet werden und die Mitbestimmungsregelung angewendet wird, die im Zuzugsmitgliedstaat gilt.

b) Sie können in dem Fall, dass nach vorherigen Verhandlungen die Auffangregelung für die Mitbestimmung gilt, und ungeachtet dieser Regelung beschließen, den Anteil der Arbeitnehmervertreter im Verwaltungsorgan der umgewandelten Gesellschaft zu begrenzen. Bestand jedoch das Verwaltungs- oder Aufsichtsorgan der Gesellschaft zu mindestens einem Drittel aus Arbeitnehmervertretern, so darf die Begrenzung in keinem Fall dazu führen, dass die Arbeitnehmervertretung im Verwaltungsorgan weniger als ein Drittel beträgt.

c) Sie stellen sicher, dass die Regelung für die Arbeitnehmermitbestimmung, die vor der grenzüberschreitenden Umwandlung galt, bis zum Geltungsbeginn einer danach vereinbarten Regelung beziehungsweise in Ermangelung einer vereinbarten Regelung bis zur Anwendung der Auffangregelung nach Teil 3 Buchstabe a des Anhangs der Richtlinie 2001/86/EG weitergilt.

(5) Die Ausweitung von Mitbestimmungsrechten auf in anderen Mitgliedstaaten beschäftigte Arbeitnehmer der umgewandelten Gesellschaft nach Absatz 2 Buchstabe b verpflichtet die Mitgliedstaaten, die eine solche Ausweitung beschließen, nicht dazu, diese Arbeitnehmer bei der Berechnung der Schwellenwerte für die Beschäftigtenzahl zu berücksichtigen, bei deren Überschreitung Mitbestimmungsrechte nach nationalem Recht entstehen.

(6) Unterliegt die umgewandelte Gesellschaft einem System der Arbeitnehmermitbestimmung gemäß der Regelung nach Absatz 2, ist sie verpflichtet, eine Rechtsform anzunehmen, die die Ausübung von Mitbestimmungsrechten ermöglicht.

(7) Gilt für die umgewandelte Gesellschaft ein System der Arbeitnehmermitbestimmung, so ist sie verpflichtet, Maßnahmen zu ergreifen, um sicherzustellen, dass die Mitbestimmungsrechte der Arbeitnehmer im Falle nachfolgender Umwandlungen, Verschmelzungen oder Spaltungen – unabhängig davon, ob es sich um grenzüberschreitende oder innerstaatliche Vorhaben handelt – während vier Jahren nach Wirksamwerden der grenzüberschreitenden Umwandlung durch entsprechende Anwendung der Absätze 1 bis 6 geschützt werden.

(8) Die Gesellschaft teilt ihren Arbeitnehmern oder deren Vertretern ohne unangemessene Verzögerung das Ergebnis der Verhandlungen über die Mitbestimmung der Arbeitnehmer mit.

Art. 86s Unabhängige Sachverständige. (1) Die Mitgliedstaaten erlassen Vorschriften, in denen mindestens die zivilrechtliche Haftung des unabhängigen Sachverständigen geregelt ist, der den Bericht nach Artikel 86f zu erstellen hat.

(2) Die Mitgliedstaaten verfügen über Vorschriften, um sicherzustellen, dass

a) der Sachverständige oder die juristische Person, in deren Namen der Sachverständige handelt, von der Gesellschaft, die eine Vorabbescheinigung beantragt, unabhängig ist und dass kein Interessenkonflikt mit dieser Gesellschaft besteht, und

b) die Stellungnahme des Sachverständigen unparteiisch und objektiv ist und abgegeben wird, um die zuständige Behörde im Einklang mit den Anforderungen der Unabhängigkeit und der Unparteilichkeit gemäß dem Recht und den beruflichen Standards, denen der Sachverständige unterliegt, zu unterstützen.

Kapitel I. Verschmelzung von Aktiengesellschaften

Abschnitt 2. Verschmelzung durch Aufnahme

Art. 91 Verschmelzungsplan. (1) Die Verwaltungs- oder Leitungsorgane der sich verschmelzenden Gesellschaften erstellen einen schriftlichen Verschmelzungsplan.

(2) Der Verschmelzungsplan enthält mindestens folgende Angaben:

a) die Rechtsform, die Firma und den Sitz der sich verschmelzenden Gesellschaften;

b) das Umtauschverhältnis der Aktien und gegebenenfalls die Höhe der baren Zuzahlung;

c) die Einzelheiten hinsichtlich der Übertragung der Aktien der übernehmenden Gesellschaft;

d) den Zeitpunkt, von dem an diese Aktien das Recht auf Teilnahme am Gewinn gewähren, sowie alle Besonderheiten in Bezug auf dieses Recht;

e) den Zeitpunkt, von dem an die Handlungen der übertragenden Gesellschaft unter dem Gesichtspunkt der Rechnungslegung als für Rechnung der übernehmenden Gesellschaft vorgenommen gelten;

f) die Rechte, welche die übernehmende Gesellschaft den Aktionären mit Sonderrechten und den Inhabern anderer Wertpapiere als Aktien gewährt, oder die für diese Personen vorgeschlagenen Maßnahmen;

g) jeden besonderen Vorteil, der den Sachverständigen im Sinne des Artikels 96 Absatz 1 sowie den Mitgliedern der Verwaltungs-, Leitungs-, Aufsichts- oder Kontrollorgane der sich verschmelzenden Gesellschaften gewährt wird.

Art. 98 Wahrung von Ansprüchen der Arbeitnehmer. Die Wahrung von Ansprüchen der Arbeitnehmer der sich verschmelzenden Gesellschaften wird gemäß der Richtlinie 2001/23/EG[1] geregelt.

Abschnitt 3. Verschmelzung durch Gründung einer neuen Gesellschaft

Art. 109 Verschmelzung durch Gründung einer neuen Gesellschaft.

(1) *[1]* [1]Die Artikel 91, 92, 93 sowie 95 bis 108 sind unbeschadet der Artikel 11 und 12 auf die Verschmelzung durch Gründung einer neuen Gesellschaft anwendbar. [2]Hierbei sind unter „sich verschmelzenden Gesellschaften" oder „übertragender Gesellschaft" die erlöschenden Gesellschaften und unter „übernehmender Gesellschaft" die neue Gesellschaft zu verstehen.

[2] Artikel 91 Absatz 2 Buchstabe a wird auch auf die neue Gesellschaft angewendet.

---

[1] Nr. **260**.

(2) Der Verschmelzungsplan und, falls sie Gegenstand eines getrennten Aktes sind, der Errichtungsakt oder der Entwurf des Errichtungsaktes und die Satzung oder der Entwurf der Satzung der neuen Gesellschaft bedürfen der Zustimmung der Hauptversammlung jeder der erlöschenden Gesellschaften.

Kapitel II. Grenzüberschreitende Verschmelzungen von Kapitalgesellschaften

Art. 118 Allgemeine Bestimmungen. Dieses Kapitel gilt für Verschmelzungen von Kapitalgesellschaften, die nach dem Recht eines Mitgliedstaats gegründet worden sind und ihren satzungsmäßigen Sitz, ihre Hauptverwaltung oder ihre Hauptniederlassung in der Union haben, sofern mindestens zwei der Gesellschaften dem Recht verschiedener Mitgliedstaaten unterliegen (nachstehend „grenzüberschreitende Verschmelzungen" genannt).

Art. 122 Gemeinsamer Plan für grenzüberschreitende Verschmelzungen. [1] Die Leitungs- oder Verwaltungsorgane der sich verschmelzenden Gesellschaften stellen einen gemeinsamen Plan für eine grenzüberschreitende Verschmelzung (nachstehend „gemeinsamer Verschmelzungsplan" genannt) auf. [2] Dieser Plan enthält mindestens folgende Angaben:

a) Rechtsform und Firma jeder der sich verschmelzenden Gesellschaften und ihre satzungsmäßigen Sitze sowie Rechtsform und Firma, die für die aus der grenzüberschreitenden Verschmelzung hervorgehende Gesellschaft vorgesehen sind, und ihren vorgesehenen satzungsmäßigen Sitz;
b) das Umtauschverhältnis der Aktien oder sonstigen Gesellschaftsanteile und gegebenenfalls die Höhe der baren Zuzahlungen;
c) die Einzelheiten der Übertragung der Aktien oder sonstigen Gesellschaftsanteile der aus der grenzüberschreitenden Verschmelzung hervorgehenden Gesellschaft;
d) die voraussichtlichen Auswirkungen der grenzüberschreitenden Verschmelzung auf die Beschäftigung;
e) den Zeitpunkt, von dem an diese Aktien oder sonstigen Gesellschaftsanteile deren Inhabern das Recht auf Beteiligung am Gewinn gewähren, sowie alle Besonderheiten, die eine Auswirkung auf dieses Recht haben;
f) den Zeitpunkt, von dem an die Handlungen der sich verschmelzenden Gesellschaften unter dem Gesichtspunkt der Rechnungslegung als für Rechnung der aus der grenzüberschreitenden Verschmelzung hervorgehenden Gesellschaft vorgenommen gelten;
g) die Rechte, welche die aus der grenzüberschreitenden Verschmelzung hervorgehende Gesellschaft den mit Sonderrechten ausgestatteten Gesellschaftern und den Inhabern von anderen Wertpapieren als Gesellschaftsanteilen gewährt, oder die für diese Personen vorgeschlagenen Maßnahmen;
h) etwaige besondere Vorteile, die den Mitgliedern der Verwaltungs-, Leitungs-, Aufsichts- oder Kontrollorgane der sich verschmelzenden Gesellschaften gewährt werden;
i) soweit einschlägig den Errichtungsakt der aus der grenzüberschreitenden Verschmelzung hervorgehenden Gesellschaft und, falls sie Gegenstand eines gesonderten Aktes ist, die Satzung;
j) gegebenenfalls Angaben zu dem Verfahren, nach dem gemäß Artikel 133 die Einzelheiten über die Beteiligung von Arbeitnehmern an der Festlegung

ihrer Mitbestimmungsrechte in der aus der grenzüberschreitenden Verschmelzung hervorgehenden Gesellschaft geregelt werden;

k) Angaben zur Bewertung des Aktiv- und Passivvermögens, das auf die aus der grenzüberschreitenden Verschmelzung hervorgehende Gesellschaft übertragen wird;

l) den Stichtag der Jahresabschlüsse der an der Verschmelzung beteiligten Gesellschaften, die zur Festlegung der Bedingungen der grenzüberschreitenden Verschmelzung verwendet werden;

m) die Einzelheiten zum Angebot einer Barabfindung für Gesellschafter nach Artikel 126a;

n) etwaige Sicherheiten, die den Gläubigern angeboten werden, wie Garantien oder Zusagen.

Art. 124 Bericht des Verwaltungs- oder Leitungsorgans für Gesellschafter und Arbeitnehmer. (1) *[1]* Das Verwaltungs- oder Leitungsorgan jeder der sich verschmelzenden Gesellschaften erstellt einen Bericht für Gesellschafter und Arbeitnehmer, in dem die rechtlichen und wirtschaftlichen Aspekte der grenzüberschreitenden Verschmelzung erläutert und begründet sowie die Auswirkungen der grenzüberschreitenden Verschmelzung auf die Arbeitnehmer erläutert werden.

[2] In diesem Bericht werden insbesondere die Auswirkungen der grenzüberschreitenden Verschmelzung auf die künftige Geschäftstätigkeit der Gesellschaft erläutert.

(2) *[1]* Der Bericht enthält auch einen Abschnitt für Gesellschafter und einen Abschnitt für Arbeitnehmer.

[2] Die Gesellschaft kann entscheiden, ob sie einen einzigen Bericht erstellt, der diese beiden Abschnitte enthält, oder gesonderte Berichte für Gesellschafter und Arbeitnehmer, die den jeweiligen Abschnitt enthalten.

(3) In dem Abschnitt des Berichts für Gesellschafter wird insbesondere Folgendes erläutert:

a) die Barabfindung und die Methode, die benutzt wurde, um die Barabfindung zu ermitteln;

b) das Umtauschverhältnis der Gesellschaftsanteile und gegebenenfalls die Methode oder die Methoden, die benutzt wurde/wurden, um das Umtauschverhältnis zu ermitteln;

c) die Auswirkungen der grenzüberschreitenden Verschmelzung auf die Gesellschafter;

d) die Rechte und Rechtsbehelfe für Gesellschafter nach Artikel 126a.

(4) [1] Der Abschnitt des Berichts für Gesellschafter ist nicht erforderlich, wenn alle Gesellschafter der Gesellschaft einvernehmlich darauf verzichtet haben. [2] Die Mitgliedstaaten können Gesellschaften mit einem einzigen Gesellschafter von den Bestimmungen dieses Artikels ausnehmen.

(5) In dem Abschnitt des Berichts für Arbeitnehmer wird insbesondere Folgendes erläutert:

a) die Auswirkungen der grenzüberschreitenden Verschmelzung auf die Arbeitsverhältnisse sowie gegebenenfalls Maßnahmen, um diese Arbeitsverhältnisse zu sichern;

b) wesentliche Änderungen der anwendbaren Beschäftigungsbedingungen oder der Standorte der Niederlassungen der Gesellschaft;

c) wie sich die unter den Buchstaben a und b genannten Faktoren auf etwaige Tochtergesellschaften der Gesellschaft auswirken.

(6) *[1]* Der Bericht oder die Berichte werden den Gesellschaftern und den Arbeitnehmervertretern jeder der sich verschmelzenden Gesellschaften oder – wenn es solche Vertreter nicht gibt – den Arbeitnehmern selbst in jedem Fall in elektronischer Form zusammen mit dem gemeinsamen Plan für die grenzüberschreitende Verschmelzung, falls verfügbar, spätestens sechs Wochen vor dem Tag der Gesellschafterversammlung nach Artikel 126 zugänglich gemacht.

[2] Ist jedoch nach Artikel 126 Absatz 3 die Zustimmung der Gesellschafterversammlung der übernehmenden Gesellschaft zu der Verschmelzung nicht erforderlich, so muss der Bericht spätestens sechs Wochen vor dem Tag der Gesellschafterversammlung der anderen sich verschmelzenden Gesellschaft oder Gesellschaften zugänglich gemacht werden.

(7) Erhält das Verwaltungs- oder Leitungsorgan der sich verschmelzenden Gesellschaft nach Maßgabe des nationalen Rechts rechtzeitig eine Stellungnahme zu den Informationen gemäß den Absätzen 1 und 5 von den Arbeitnehmervertretern oder – wenn es solche Vertreter nicht gibt – den Arbeitnehmern selbst, werden die Gesellschafter hiervon in Kenntnis gesetzt und wird diese Stellungnahme dem Bericht als Anlage beigefügt.

(8) Der Abschnitt des Berichts für Arbeitnehmer ist nicht erforderlich, wenn eine sich verschmelzende Gesellschaft und ihre etwaigen Tochtergesellschaften keine anderen Arbeitnehmer haben als diejenigen, die dem Verwaltungs- oder Leitungsorgan angehören.

(9) Wurde auf den Abschnitt des Berichtss für Gesellschafter nach Absatz 3 gemäß Absatz 4 verzichtet und ist der Abschnitt für Arbeitnehmer nach Absatz 5 gemäß Absatz 8 nicht erforderlich, ist ein Bericht nicht erforderlich.

(10) Die Absätze 1 bis 9 dieses Artikels lassen die anwendbaren Unterrichtungs- und Anhörungsrechte und -verfahren unberührt, die infolge der Umsetzung der Richtlinien 2002/14/EG[1)] und 2009/38/EG[2)] auf nationaler Ebene eingeführt wurden.

Art. 126 Zustimmung der Gesellschafterversammlung. (1) Nachdem die Gesellschafterversammlung jeder der sich verschmelzenden Gesellschaften gegebenenfalls die Berichte nach den Artikeln 124 und 125, die gemäß Artikel 124 vorgelegten Stellungnahmen der Arbeitnehmer und die gemäß Artikel 123 übermittelten Bemerkungen zur Kenntnis genommen hat, entscheidet sie in Form eines Beschlusses, ob sie dem gemeinsamen Plan für die grenzüberschreitende Verschmelzung zustimmt und ob sie den Errichtungsakt und, falls sie Gegenstand eines gesonderten Aktes ist, die Satzung anpasst.

(2) Die Gesellschafterversammlung jeder der sich verschmelzenden Gesellschaften kann die Verschmelzung davon abhängig machen, dass die Modalitäten für die Mitbestimmung der Arbeitnehmer in der aus der grenzüberschreitenden Verschmelzung hervorgehenden Gesellschaft ausdrücklich von ihr bestätigt werden.

[1)] Nr. **270**.
[2)] Nr. **305**.

(3) In den Rechtsvorschriften eines Mitgliedstaats muss nicht die Zustimmung der Gesellschafterversammlung der übernehmenden Gesellschaft vorgeschrieben werden, wenn die Bedingungen des Artikels 94 erfüllt sind.

(4) Die Mitgliedstaaten stellen sicher, dass die Zustimmung der Gesellschafterversammlung zu der grenzüberschreitenden Verschmelzung nicht allein aus den folgenden Gründen angefochten werden kann:

a) das Umtauschverhältnis der Gesellschaftsanteile nach Artikel 122 Buchstabe b ist nicht angemessen;
b) die Barabfindung nach Artikel 122 Buchstabe m ist nicht angemessen; oder
c) die im Hinblick auf das Umtauschverhältnis der Gesellschaftsanteile gemäß Buchstabe a oder die Barabfindung gemäß Buchstabe b erteilten Informationen erfüllen nicht die rechtlichen Anforderungen.

Art. 126c Unterrichtung und Anhörung der Arbeitnehmer. (1) [1]Die Mitgliedstaaten stellen sicher, dass die Rechte der Arbeitnehmer auf Unterrichtung und Anhörung in Bezug auf die grenzüberschreitende Verschmelzung geachtet und im Einklang mit dem Rechtsrahmen gemäß der Richtlinie 2002/14/EG[1)], der Richtlinie 2001/23/EG[2)], in der die grenzüberschreitende Verschmelzung als Übergang eines Unternehmens im Sinne der Richtlinie 2001/23/EG angesehen wird, und – soweit auf gemeinschaftsweit operierende Unternehmen und Unternehmensgruppen anwendbar – der Richtlinie 2009/38/EG[3)] ausgeübt werden. [2]Die Mitgliedstaaten können beschließen, die Rechte der Arbeitnehmer auf Unterrichtung und Anhörung auf die Arbeitnehmer weiterer Gesellschaften als derjenigen anzuwenden, die in Artikel 3 Absatz 1 der Richtlinie 2002/14/ EG genannt sind.

(2) Unbeschadet des Artikels 123 Absatz 1 Buchstabe b und des Artikel 124 Absatz 7 stellen die Mitgliedstaaten sicher, dass die Rechte der Arbeitnehmer auf Unterrichtung und Anhörung mindestens vor einer Entscheidung über den gemeinsamen Plan für die grenzüberschreitende Verschmelzung oder den Bericht nach Artikel 124, je nachdem, welcher Zeitpunkt zuerst eintritt, in einer Weise geachtet werden, dass den Arbeitnehmern vor der Gesellschafterversammlung nach Artikel 126 eine begründete Antwort gegeben wird.

(3) Unbeschadet etwaiger geltender Vorschriften oder Gepflogenheiten, die für die Arbeitnehmer günstiger sind, bestimmen die Mitgliedstaaten entsprechend Artikel 4 der Richtlinie 2002/14/EG im Einzelnen, wie das Recht auf Unterrichtung und Anhörung wahrgenommen wird.

Art. 131 Wirkungen der grenzüberschreitenden Verschmelzung.

(1) Eine gemäß Artikel 119 Nummer 2 Buchstaben a, c und d vollzogene grenzüberschreitende Verschmelzung hat ab dem in Artikel 129 genannten Tag folgende Wirkungen:

a) Das gesamte Aktiv- und Passivvermögen der übertragenden Gesellschaft, einschließlich aller Verträge, Kredite, Rechte und Pflichten, geht auf die übernehmende Gesellschaft über.

---

1) Nr. **270**.
2) Nr. **260**.
3) Nr. **305**.

b) Die Gesellschafter der übertragenden Gesellschaft werden Gesellschafter der übernehmenden Gesellschaft, es sei denn, sie haben ihre Anteile nach Artikel 126a Absatz 1 veräußert.

c) Die übertragende Gesellschaft erlischt.

(2) Die nach Artikel 119 Nummer 2 Buchstabe b vollzogene grenzüberschreitende Verschmelzung bewirkt ab dem in Artikel 129 genannten Zeitpunkt Folgendes:

a) Das gesamte Aktiv- und Passivvermögen der sich verschmelzenden Gesellschaften, einschließlich aller Verträge, Kredite, Rechte und Pflichten, geht auf die neue Gesellschaft über.

b) Die Gesellschafter der sich verschmelzenden Gesellschaften werden Gesellschafter der neuen Gesellschaft, es sei denn, sie haben ihre Anteile nach Artikel 126a Absatz 1 veräußert.

c) Die sich verschmelzenden Gesellschaften erlöschen.

(3) Schreibt das Recht der Mitgliedstaaten im Falle einer grenzüberschreitenden Verschmelzung von Gesellschaften im Sinne dieses Kapitels die Erfüllung besonderer Formalitäten vor, bevor die Übertragung bestimmter von den sich verschmelzenden Gesellschaften eingebrachter Vermögensgegenstände, Rechte und Verbindlichkeiten gegenüber Dritten wirksam wird, so werden diese Formalitäten von der aus der grenzüberschreitenden Verschmelzung hervorgehenden Gesellschaft erfüllt.

(4) Die zum Zeitpunkt des Wirksamwerdens der grenzüberschreitenden Verschmelzung bestehenden Rechte und Pflichten der sich verschmelzenden Gesellschaften aus Arbeitsverträgen oder Beschäftigungsverhältnissen gehen infolge des Wirksamwerdens dieser grenzüberschreitenden Verschmelzung auf die aus der grenzüberschreitenden Verschmelzung hervorgehende Gesellschaft zu dem Zeitpunkt über, zu dem die grenzüberschreitende Verschmelzung wirksam wird.

(5) Anteile an der übernehmenden Gesellschaft werden nicht gegen Anteile an der übertragenden Gesellschaft getauscht, wenn diese Anteile

a) entweder von der übernehmenden Gesellschaft selbst oder von einer zwar im eigenen Namen, jedoch für Rechnung der übernehmenden Gesellschaft handelnden Person;

b) oder von der übertragenden Gesellschaft selbst oder von einer zwar im eigenen Namen, jedoch für Rechnung der übertragenden Gesellschaft handelnden Person gehalten werden.

Art. 133 Mitbestimmung der Arbeitnehmer. (1) Unbeschadet des Absatzes 2 findet auf die aus der grenzüberschreitenden Verschmelzung hervorgehende Gesellschaft die Regelung für die Arbeitnehmermitbestimmung Anwendung, die gegebenenfalls in dem Mitgliedstaat gilt, in dem diese Gesellschaft ihren Sitz hat.

(2) Die Regelung für die Arbeitnehmermitbestimmung, die gegebenenfalls in dem Mitgliedstaat gilt, in dem die aus der grenzüberschreitenden Verschmelzung hervorgehende Gesellschaft ihren Sitz hat, findet jedoch keine Anwendung, wenn mindestens eine der sich verschmelzenden Gesellschaften in den sechs Monaten vor der Offenlegung des gemeinsamen Plans für die grenzüberschreitende Verschmelzung eine durchschnittliche Zahl von Arbeitnehmern

beschäftigt, die vier Fünfteln des Schwellenwerts entspricht, der im Recht des Mitgliedstaats, dessen Rechtsordnung die sich verschmelzende Gesellschaft unterliegt, festgelegt ist und der die Mitbestimmung der Arbeitnehmer im Sinne des Artikels 2 Buchstabe k der Richtlinie 2001/86/EG[1] auslöst, oder wenn das für die aus der grenzüberschreitenden Verschmelzung hervorgehende Gesellschaft maßgebende nationale Recht

a) nicht mindestens den gleichen Umfang an Mitbestimmung der Arbeitnehmer vorsieht, wie er in den jeweiligen an der Verschmelzung beteiligten Gesellschaften bestand, wobei dieser Umfang als der Anteil der die Arbeitnehmer vertretenden Mitglieder des Verwaltungs- oder des Aufsichtsorgans oder ihrer Ausschüsse oder des Leitungsgremiums ausgedrückt wird, das für die Ergebniseinheiten der Gesellschaft zuständig ist, wenn eine Arbeitnehmermitbestimmung besteht; oder

b) für Arbeitnehmer in Betrieben der aus der grenzüberschreitenden Verschmelzung hervorgehenden Gesellschaft, die sich in anderen Mitgliedstaaten befinden, nicht den gleichen Anspruch auf Ausübung von Mitbestimmungsrechten vorsieht, wie sie den Arbeitnehmern in demjenigen Mitgliedstaat gewährt werden, in dem die aus der grenzüberschreitenden Verschmelzung hervorgehende Gesellschaft ihren Sitz hat.

(3) In den in Absatz 2 genannten Fällen regeln die Mitgliedstaaten die Mitbestimmung der Arbeitnehmer in der aus der grenzüberschreitenden Verschmelzung hervorgehenden Gesellschaft sowie ihre Mitwirkung an der Festlegung dieser Rechte vorbehaltlich der Absätze 4 bis 7 entsprechend den Grundsätzen und Modalitäten des Artikels 12 Absätze 2, 3 und 4 der Verordnung (EG) Nr. 2157/2001[2] und den nachstehenden Bestimmungen der Richtlinie 2001/86/EG:

a) Artikel 3 Absätze 1, 2 und 3, Artikel 3 Absatz 4 Unterabsatz 1 erster Gedankenstrich und Artikel 3 Absatz 4 Unterabsatz 2 sowie Artikel 3 Absätze 5 und 7;

b) Artikel 4 Absatz 1, Artikel 4 Absatz 2 Buchstaben a, g und h sowie Artikel 4 Absatz 3;

c) Artikel 5;

d) Artikel 6;

e) Artikel 7 Absatz 1, Artikel 7 Absatz 2 Unterabsatz 1 Buchstabe b und Artikel 7 Absatz 2 Unterabsatz 2 sowie Artikel 7 Absatz 3. Für die Zwecke dieses Kapitels wird jedoch der prozentuale Anteil, der nach Artikel 7 Absatz 2 Unterabsatz 1 Buchstabe b der Richtlinie 2001/86/EG für die Anwendung der Auffangregelung des Anhangs Teil 3 jener Richtlinie erforderlich ist, von 25 % auf 33 1/3 % angehoben;

f) die Artikel 8, 10 und 12;

g) Artikel 13 Absatz 4;

h) Anhang, Teil 3 Buchstabe b.

(4) Bei der Festlegung der in Absatz 3 genannten Grundsätze und Modalitäten verfahren die Mitgliedstaaten wie folgt:

---

[1] Nr. **265**.
[2] Nr. **100**.

a) Gilt für mindestens eine der sich verschmelzenden Gesellschaften ein System der Arbeitnehmermitbestimmung im Sinne des Artikels 2 Buchstabe k der Richtlinie 2001/86/EG, gestatten sie den betreffenden Organen der sich verschmelzenden Gesellschaften, sich dafür zu entscheiden, die Auffangregelung für die Mitbestimmung nach Teil 3 Buchstabe b des Anhangs der genannten Richtlinie, die durch das Recht des Mitgliedstaats, in dem die aus der grenzüberschreitenden Verschmelzung hervorgehende Gesellschaft ihren Sitz haben soll, festgelegt ist, ohne jede vorhergehende Verhandlung unmittelbar anzuwenden und diese Regelung ab dem Zeitpunkt der Eintragung einzuhalten.

b) Sie gestatten dem besonderen Verhandlungsgremium, mit der Mehrheit von zwei Dritteln seiner mindestens zwei Drittel der Arbeitnehmer vertretenden Mitglieder, mit der Maßgabe, dass diese Mitglieder Arbeitnehmer in mindestens zwei verschiedenen Mitgliedstaaten vertreten müssen, zu beschließen, dass keine Verhandlungen eröffnet oder bereits eröffnete Verhandlungen beendet werden und die Mitbestimmungsregelung angewandt wird, die in dem Mitgliedstaat gilt, in dem die aus der grenzüberschreitenden Verschmelzung hervorgehende Gesellschaft ihren Sitz haben wird.

c) Sie können in dem Fall, dass nach vorherigen Verhandlungen die Auffangregelung gilt, und ungeachtet dieser Regelung beschließen, den Anteil der Arbeitnehmervertreter im Verwaltungsorgan der aus der grenzüberschreitenden Verschmelzung hervorgehenden Gesellschaft zu begrenzen. Bestand jedoch das Verwaltungs- oder Aufsichtsorgan einer der an der Verschmelzung beteiligten Gesellschaften zu mindestens einem Drittel aus Arbeitnehmervertretern, so darf die Begrenzung in keinem Fall dazu führen, dass die Arbeitnehmervertretung im Verwaltungsorgan weniger als ein Drittel beträgt.

(5) Die Ausweitung von Mitbestimmungsrechten auf in anderen Mitgliedstaaten beschäftigte Arbeitnehmer der aus der grenzüberschreitenden Verschmelzung hervorgehenden Gesellschaft gemäß Absatz 2 Buchstabe b verpflichtet die Mitgliedstaaten, die eine solche Ausweitung beschließen, nicht dazu, diese Arbeitnehmer bei der Berechnung der Schwellenwerte für die Beschäftigtenzahl zu berücksichtigen, bei deren Überschreitung Mitbestimmungsrechte nach nationalem Recht entstehen.

(6) Besteht in mindestens einer der an der grenzüberschreitenden Verschmelzung beteiligten Gesellschaften ein System der Arbeitnehmermitbestimmung und soll diese Regelung des Absatzes 2 auf die aus der Verschmelzung hervorgehende Gesellschaft angewandt werden, so ist diese Gesellschaft verpflichtet, eine Rechtsform anzunehmen, die die Ausübung von Mitbestimmungsrechten ermöglicht.

(7) Gilt für die aus der grenzüberschreitenden Verschmelzung hervorgehende Gesellschaft ein System der Arbeitnehmermitbestimmung, so ist diese Gesellschaft verpflichtet, Maßnahmen zu ergreifen, um sicherzustellen, dass die Mitbestimmungsrechte der Arbeitnehmer im Falle nachfolgender Umwandlungen, Verschmelzungen oder Spaltungen – unabhängig davon, ob es sich um grenzüberschreitende oder innerstaatliche Vorhaben handelt – während vier Jahren nach Wirksamwerden der grenzüberschreitenden Verschmelzung durch entsprechende Anwendung der Absätze 1 bis 6 geschützt werden.

(8) [1] Eine Gesellschaft teilt ihren Arbeitnehmern oder deren Vertretern mit, ob sie die Auffangregelung für die Mitbestimmung nach Absatz 3 Buchstabe h anwenden oder Verhandlungen mit dem besonderen Verhandlungsgremium aufnehmen will. [2] Im letzteren Fall teilt die Gesellschaft ihren Arbeitnehmern oder deren Vertretern ohne unangemessene Verzögerung das Ergebnis der Verhandlungen mit.

Kapitel III. Spaltung von Aktiengesellschaften

Abschnitt 2. Spaltung durch Übernahme

Art. 137 Spaltungsplan. (1) Die Verwaltungs- oder Leitungsorgane der an der Spaltung beteiligten Gesellschaften erstellen einen schriftlichen Spaltungsplan.

(2) Der Spaltungsplan enthält mindestens folgende Angaben:

a) die Rechtsform, die Firma und den Sitz der an der Spaltung beteiligten Gesellschaften;
b) das Umtauschverhältnis der Aktien und gegebenenfalls die Höhe der baren Zuzahlung;
c) die Einzelheiten hinsichtlich der Übertragung der Aktien der begünstigten Gesellschaften;
d) den Zeitpunkt, von dem an diese Aktien das Recht auf Teilnahme am Gewinn gewähren, sowie alle Besonderheiten in Bezug auf dieses Recht;
e) den Zeitpunkt, von dem an die Handlungen der gespaltenen Gesellschaft unter dem Gesichtspunkt der Rechnungslegung als für Rechnung der einen oder anderen begünstigten Gesellschaft vorgenommen gelten;
f) die Rechte, welche die begünstigten Gesellschaften den Aktionären mit Sonderrechten und den Inhabern anderer Wertpapiere als Aktien gewähren, oder die für diese Personen vorgeschlagenen Maßnahmen;
g) jeden besonderen Vorteil, der den Sachverständigen im Sinne des Artikels 142 Absatz 1 sowie den Mitgliedern der Verwaltungs-, Leitungs-, Aufsichts- oder Kontrollorgane der an der Spaltung beteiligten Gesellschaften gewährt wird;
h) die genaue Beschreibung und Aufteilung der Gegenstände des Aktiv- und Passivvermögens, das an jede der begünstigten Gesellschaften zu übertragen ist;
i) die Aufteilung der begünstigten Gesellschaften auf die Aktionäre der gespaltenen Gesellschaft sowie den Aufteilungsmaßstab.

(3) *[1]* Wird ein Gegenstand des Aktivvermögens im Spaltungsplan nicht zugeteilt und lässt auch dessen Auslegung eine Entscheidung über die Zuteilung nicht zu, so wird der Gegenstand oder sein Gegenwert auf alle begünstigten Gesellschaften anteilig im Verhältnis zu dem nach dem Spaltungsplan auf sie entfallenden Nettoaktivvermögen übertragen.

[2] [1] Wird ein Gegenstand des Passivvermögens im Spaltungsplan nicht zugeteilt und lässt auch dessen Auslegung eine Entscheidung über die Zuteilung nicht zu, so haftet jede der begünstigten Gesellschaften als Gesamtschuldner. [2] Die Mitgliedstaaten können vorsehen, dass die gesamtschuldnerische Haftung auf das Nettoaktivvermögen beschränkt wird, das jeder begünstigten Gesellschaft zugeteilt wird.

Art. 145 Wahrung von Ansprüchen der Arbeitnehmer. Die Wahrung von Ansprüchen der Arbeitnehmer der an der Spaltung beteiligten Gesellschaften wird gemäß der Richtlinie 2001/23/EG[1] geregelt.

Abschnitt 3. Spaltung durch Gründung neuer Gesellschaften

Art. 156 Anwendung von Vorschriften über die Spaltung durch Übernahme. (1) [1] Die Artikel 137, 138, 139 und 141, Artikel 142 Absätze 1 und 2 und die Artikel 143 bis 153 finden unbeschadet der Artikel 11 und 12 auf die Spaltung durch Gründung neuer Gesellschaften Anwendung. [2] Für diese Anwendung bedeuten der Ausdruck „an der Spaltung beteiligte Gesellschaften" die gespaltene Gesellschaft, der Ausdruck „begünstigte Gesellschaft" jede der neuen Gesellschaften.

(2) Der Spaltungsplan erwähnt außer den Angaben nach Artikel 137 Absatz 2 die Rechtsform, die Firma und den Sitz jeder der neuen Gesellschaften.

(3) Der Spaltungsplan und, falls sie Gegenstand eines getrennten Aktes sind, der Errichtungsakt oder der Entwurf des Errichtungsaktes und die Satzung oder der Entwurf der Satzung jeder der neuen Gesellschaften bedürfen der Zustimmung der Hauptversammlung der gespaltenen Gesellschaft.

(4) Die Mitgliedstaaten dürfen nicht vorschreiben, dass die Anforderungen von Artikel 141, Artikel 142 und Artikel 143 Absatz 1 Buchstaben c, d und e Anwendung finden, wenn die Aktien jeder der neuen Gesellschaften den Aktionären der gespaltenen Gesellschaft im Verhältnis zu ihren Rechten am Kapital dieser Gesellschaft gewährt werden.

Kapitel IV. Grenzüberschreitende Spaltung von Kapitalgesellschaften

Art. 160a Anwendungsbereich. (1) Dieses Kapitel gilt für grenzüberschreitende Spaltungen von Kapitalgesellschaften, die nach dem Recht eines Mitgliedstaats gegründet worden sind und ihren satzungsmäßigen Sitz, ihre Hauptverwaltung oder ihre Hauptniederlassung in der Union haben, sofern mindestens zwei der an der Spaltung beteiligten Kapitalgesellschaften dem Recht verschiedener Mitgliedstaaten unterliegen (im Folgenden „grenzüberschreitende Spaltung").

(2) Ungeachtet des Artikels 160b Nummer 4 findet dieses Kapitel auch dann Anwendung auf grenzüberschreitende Spaltungen, wenn die bare Zuzahlung nach Artikel 160b Nummer 4 Buchstaben a und b nach dem Recht mindestens eines der betroffenen Mitgliedstaaten 10 % des Nennwerts oder – bei Fehlen eines solchen – des rechnerischen Werts der Aktien oder sonstigen Anteile am Kapital der begünstigten Gesellschaften überschreiten darf.

(3) [1] Dieses Kapitel gilt nicht für grenzüberschreitende Spaltungen, an denen eine Gesellschaft beteiligt ist, deren Zweck es ist, die vom Publikum bei ihr eingelegten Gelder nach dem Grundsatz der Risikostreuung gemeinsam anzulegen, und deren Anteile auf Verlangen der Anteilsinhaber unmittelbar oder mittelbar zulasten des Vermögens dieser Gesellschaft zurückgenommen oder ausgezahlt werden. [2] Diesen Rücknahmen oder Auszahlungen gleichgestellt sind Handlungen, mit denen eine solche Gesellschaft sicherstellen will, dass der Börsenwert ihrer Anteile nicht erheblich von deren Nettoinventarwert abweicht.

---

[1] Nr. **260**.

(4) Die Mitgliedstaaten stellen sicher, dass dieses Kapitel in keinem der folgenden Fälle auf Gesellschaften angewendet wird:

a) die Gesellschaft befindet sich in Liquidation und hat mit der Verteilung ihres Vermögens an ihre Gesellschafter begonnen;

[Buchst. b bis 11.8.2022:]

b) die Gesellschaft ist Gegenstand von in Titel IV der Richtlinie 2014/59/EU vorgesehenen Abwicklungsinstrumenten, -befugnissen und -mechanismen.

[Buchst. b ab 12.8.2022:]

b) die Gesellschaft ist Gegenstand von in Titel IV der Richtlinie 2014/59/EU oder in Titel V der Verordnung (EU) 2021/23 vorgesehenen Abwicklungsinstrumenten, -befugnissen und -mechanismen.

(5) Die Mitgliedstaaten können beschließen, dieses Kapitel nicht auf Gesellschaften anzuwenden, die Gegenstand von Folgendem sind:

a) Insolvenzverfahren oder präventiven Restrukturierungsrahmen,

b) anderen Liquidationsverfahren als denjenigen, die in Absatz 4 Buchstabe a genannt sind, oder

[Buchst. c bis 11.8.2022:]

c) Krisenpräventionsmaßnahmen gemäß Artikel 2 Absatz 1 Nummer 101 der Richtlinie 2014/59/EU.

[Buchst. c ab 12.8.2022:]

c) Krisenpräventionsmaßnahmen gemäß Artikel 2 Absatz 1 Nummer 101 der Richtlinie 2014/59/EU oder gemäß Artikel 2 Nummer 48 der Verordnung (EU) 2021/23.

Art. 160e Bericht des Verwaltungs- oder Leitungsorgans für Gesellschafter und Arbeitnehmer. (1) *[1]* Das Verwaltungs- oder Leitungsorgan der Gesellschaft, die die Spaltung vornimmt, erstellt einen Bericht für Gesellschafter und Arbeitnehmer, in dem die rechtlichen und wirtschaftlichen Aspekte der grenzüberschreitenden Spaltung erläutert und begründet sowie die Auswirkungen der grenzüberschreitenden Spaltung auf die Arbeitnehmer erläutert werden.

[2] In diesem Bericht werden insbesondere die Auswirkungen der grenzüberschreitenden Spaltung auf die künftige Geschäftstätigkeit der Gesellschaften erläutert.

(2) *[1]* Der Bericht enthält auch einen Abschnitt für Gesellschafter und einen Abschnitt für Arbeitnehmer.

[2] Die Gesellschaft kann entscheiden, ob sie einen einzigen Bericht erstellt, der diese beiden Abschnitte enthält, oder gesonderte Berichte für Gesellschafter und Arbeitnehmer, die den jeweiligen Abschnitt enthalten.

(3) In dem Abschnitt des Berichts für Gesellschafter wird insbesondere Folgendes erläutert:

a) die Barabfindung und die Methode, die benutzt wurde, um die Barabfindung zu ermitteln;

b) das Umtauschverhältnis der Gesellschaftsanteile und gegebenenfalls die Methode oder die Methoden, die benutzt wurde/wurden, um das Umtauschverhältnis zu ermitteln;

c) die Auswirkungen der grenzüberschreitenden Spaltung auf die Gesellschafter;

d) die Rechte und Rechtsbehelfe für Gesellschafter nach Artikel 160i.

(4) [1]Der Abschnitt des Berichts für Gesellschafter ist nicht erforderlich, wenn alle Gesellschafter der Gesellschaft einvernehmlich darauf verzichtet haben. [2]Die Mitgliedstaaten können Gesellschaften mit einem einzigen Gesellschafter von den Bestimmungen dieses Artikels ausnehmen.

(5) In dem Abschnitt des Berichts für Arbeitnehmer wird insbesondere Folgendes erläutert:

a) die Auswirkungen der grenzüberschreitenden Spaltung auf die Arbeitsverhältnisse sowie gegebenenfalls Maßnahmen, um diese Arbeitsverhältnisse zu sichern;

b) wesentliche Änderungen der anwendbaren Beschäftigungsbedingungen oder der Standorte der Niederlassungen der Gesellschaft;

c) wie sich die unter den Buchstaben a und b genannten Faktoren auf etwaige Tochtergesellschaften der Gesellschaft auswirken.

(6) Der Bericht oder die Berichte werden den Gesellschaftern und den Arbeitnehmervertretern der Gesellschaft, die die Spaltung vornimmt, oder – wenn es solche Vertreter nicht gibt – den Arbeitnehmern selbst in jedem Fall in elektronischer Form zusammen mit dem Plan für die grenzüberschreitende Spaltung, falls verfügbar, spätestens sechs Wochen vor dem Tag der Gesellschafterversammlung nach Artikel 160h zugänglich gemacht.

(7) Erhält das Verwaltungs- oder Leitungsorgan der Gesellschaft, die die Spaltung vornimmt, nach Maßgabe des nationalen Rechts rechtzeitig eine Stellungnahme zu den Informationen gemäß den Absätzen 1 und 5 von den Arbeitnehmervertretern oder – wenn es solche Vertreter nicht gibt – den Arbeitnehmern selbst, werden die Gesellschafter hiervon in Kenntnis gesetzt und wird diese Stellungnahme dem Bericht als Anlage beigefügt.

(8) Der Abschnitt des Berichts für Arbeitnehmer ist nicht erforderlich, wenn eine Gesellschaft, die die Spaltung vornimmt, und ihre etwaigen Tochtergesellschaften keine anderen Arbeitnehmer haben als diejenigen, die dem Verwaltungs- oder Leitungsorgan angehören.

(9) Wurde auf den Abschnitt des Berichts für Gesellschafter nach Absatz 3 gemäß Absatz 4 verzichtet und ist der Abschnitt für Arbeitnehmer nach Absatz 5 gemäß Absatz 8 nicht erforderlich, ist ein Bericht nicht erforderlich.

(10) Die Absätze 1 bis 9 dieses Artikels lassen die anwendbaren Unterrichtungs- und Anhörungsrechte und -verfahren unberührt, die infolge der Umsetzung der Richtlinien 2002/14/EG[1)] und 2009/38/EG[2)] auf nationaler Ebene eingeführt wurden.

Art. 160g Offenlegung. (1) *[1]* Die Mitgliedstaaten stellen sicher, dass die Gesellschaft die folgenden Unterlagen spätestens einen Monat vor dem Tag der Gesellschafterversammlung nach Artikel 160h offenlegt und im Register des Mitgliedstaats der Gesellschaft, die die Spaltung vornimmt, öffentlich zugänglich macht:

---

1) Nr. **270**.
2) Nr. **305**.

a) den Plan für die grenzüberschreitende Spaltung; und

b) eine Bekanntmachung, in der den Gesellschaftern, Gläubigern und Arbeitnehmervertretern der Gesellschaft, die die Spaltung vornimmt, oder – wenn es solche Vertreter nicht gibt – den Arbeitnehmern selbst mitgeteilt wird, dass sie der Gesellschaft spätestens fünf Arbeitstage vor dem Tag der Gesellschafterversammlung Bemerkungen zu dem Plan für die grenzüberschreitende Spaltung übermitteln können.

[2] Die Mitgliedstaaten können vorschreiben, dass der Bericht des unabhängigen Sachverständigen in dem Register offengelegt und öffentlich zugänglich gemacht wird.

[3] Die Mitgliedstaaten stellen sicher, dass die Gesellschaft vertrauliche Informationen von der Offenlegung des Berichts des unabhängigen Sachverständigen ausnehmen kann.

[4] Die nach diesem Absatz offengelegten Unterlagen müssen auch über das System der Registervernetzung zugänglich sein.

(2) *[1]* Die Mitgliedstaaten können eine Gesellschaft, die eine Spaltung vornimmt, von der Offenlegungspflicht nach Absatz 1 dieses Artikels befreien, wenn diese Gesellschaft die Unterlagen nach Absatz 1 dieses Artikels während eines ununterbrochenen Zeitraums, der mindestens einen Monat vor dem festgelegten Tag der Gesellschafterversammlung nach Artikel 160h beginnt und nicht vor Schließung dieser Versammlung endet, auf ihrer Website der Öffentlichkeit kostenlos zugänglich macht.

[2] Die Mitgliedstaaten knüpfen diese Befreiung jedoch an keine anderen Erfordernisse und Auflagen als die, die für die Gewährleistung der Sicherheit der Website und der Echtheit der Unterlagen erforderlich sind, und die zur Erreichung dieser Zwecke angemessen sind.

(3) *[1]* Macht die Gesellschaft, die die Spaltung vornimmt, den Plan für die grenzüberschreitende Spaltung nach Absatz 2 dieses Artikels zugänglich, übermittelt sie dem Register spätestens einen Monat vor dem Tag der Gesellschafterversammlung nach Artikel 160h die folgenden Informationen:

a) Rechtsform und Firma der Gesellschaft, die die Spaltung vornimmt, und ihren satzungsmäßigen Sitz sowie Rechtsform und Firma, die für die aus der grenzüberschreitenden Spaltung resultierende(n) neue(n) Gesellschaft(en) vorgesehen sind, und ihren vorgesehenen satzungsmäßigen Sitz;

b) Register, in dem die in Artikel 14 genannten Unterlagen für die Gesellschaft, die die Spaltung vornimmt, hinterlegt worden sind, und ihre Eintragungsnummer in diesem Register;

c) Verweis auf die Regelungen, die für die Ausübung der Rechte der Gläubiger, Arbeitnehmer und Gesellschafter getroffen wurden; und

d) Angaben zu der Website, auf der der Plan für die grenzüberschreitende Spaltung, die Bekanntmachung nach Absatz 1, der Bericht des unabhängigen Sachverständigen und vollständige Informationen zu den Regelungen nach Buchstabe c dieses Absatzes kostenlos online abgerufen werden können.

[2] Das Register macht die Informationen gemäß Unterabsatz 1 Buchstaben a bis d öffentlich zugänglich.

(4) Die Mitgliedstaaten stellen sicher, dass die Anforderungen nach den Absätzen 1 und 3 im Einklang mit den einschlägigen Bestimmungen von Titel I Kapitel III vollständig online erfüllt werden können, ohne dass es notwendig

ist, dass die Antragsteller persönlich vor einer zuständigen Behörde im betreffenden Mitgliedstaat erscheinen.

(5) [1] Zusätzlich zu der Offenlegung nach den Absätzen 1, 2 und 3 des vorliegenden Artikels können die Mitgliedstaaten vorschreiben, dass der Plan für die grenzüberschreitende Spaltung oder die Informationen nach Absatz 3 des vorliegenden Artikels in ihrem nationalen Amtsblatt oder über eine zentrale elektronische Plattform gemäß Artikel 16 Absatz 3 veröffentlicht werden. [2] In diesem Fall stellen die Mitgliedstaaten sicher, dass das Register dem nationalen Amtsblatt oder einer zentralen elektronischen Plattform die betreffenden Informationen übermittelt.

(6) *[1]* Die Mitgliedstaaten stellen sicher, dass die Unterlagen nach Absatz 1 bzw. die Informationen nach Absatz 3 über das System der Registervernetzung der Öffentlichkeit kostenlos zugänglich sind.

[2] Die Mitgliedstaaten stellen ferner sicher, dass Gebühren, die der Gesellschaft von den Registern für die Offenlegung nach den Absätzen 1 und 3 und gegebenenfalls für die Veröffentlichung nach Absatz 5 in Rechnung gestellt werden, die Deckung der Kosten für die Erbringung solcher Dienstleistungen nicht übersteigen.

Art. 160k Unterrichtung und Anhörung der Arbeitnehmer. (1) [1] Die Mitgliedstaaten stellen sicher, dass die Rechte der Arbeitnehmer auf Unterrichtung und Anhörung in Bezug auf die grenzüberschreitende Spaltung geachtet und im Einklang mit dem Rechtsrahmen gemäß der Richtlinie 2002/14/EG[1)], der Richtlinie 2001/23/EG[2)], in der die grenzübergreifende Spaltung als Übergang von Unternehmen im Sinne der Richtlinie 2001/23/EG angesehen wird, und – soweit auf gemeinschaftsweit operierende Unternehmen und Unternehmensgruppen anwendbar – der Richtlinie 2009/38/EG[3)] ausgeübt werden. [2] Die Mitgliedstaaten können beschließen, die Rechte der Arbeitnehmer auf Unterrichtung und Anhörung auf die Arbeitnehmer weiterer Gesellschaften als derjenigen anzuwenden, die in Artikel 3 Absatz 1 der Richtlinie 2002/14/EG genannt sind

(2) Unbeschadet des Artikels 160e Absatz 7 und des Artikel 160g Absatz 1 Buchstabe b stellen die Mitgliedstaaten sicher, dass die Rechte der Arbeitnehmer auf Unterrichtung und Anhörung mindestens vor einer Entscheidung über den Plan für die grenzüberschreitende Spaltung oder den Bericht nach Artikel 160e, je nachdem, welcher Zeitpunkt zuerst eintritt, in einer Weise geachtet werden, dass den Arbeitnehmern vor der Gesellschafterversammlung nach Artikel 160h eine begründete Antwort gegeben wird.

(3) Unbeschadet etwaiger geltender Vorschriften oder Gepflogenheiten, die für die Arbeitnehmer günstiger sind, bestimmen die Mitgliedstaaten entsprechend Artikel 4 der Richtlinie 2002/14/EG im Einzelnen, wie das Recht auf Unterrichtung und Anhörung wahrgenommen wird.

Art. 160m Vorabbescheinigung. (1) *[1]* Die Mitgliedstaaten benennen das Gericht, den Notar oder eine sonstige Behörde oder sonstige Behörden, die dafür zuständig ist/sind, die Rechtmäßigkeit von grenzüberschreitenden Spal-

---

1) Nr. **270**.
2) Nr. **260**.
3) Nr. **305**.

tungen für diejenigen Verfahrensabschnitte, für die das Recht des Mitgliedstaats der Gesellschaft, die die Spaltung vornimmt, maßgebend ist, zu prüfen und eine Vorabbescheinigung auszustellen, aus der hervorgeht, dass alle einschlägigen Voraussetzungen erfüllt und alle Verfahren und Formalitäten in dem jeweiligen Mitgliedstaat ordnungsgemäß erledigt sind (im Folgenden „zuständige Behörde").

[2] Diese Erledigung von Verfahren und Formalitäten kann die Befriedigung oder Sicherung von monetären oder nichtmonetären Pflichten gegenüber der öffentlichen Hand oder die Erfüllung besonderer sektoraler Anforderungen umfassen, einschließlich der Sicherung von Pflichten, die sich aus laufenden Verfahren ergeben.

(2) Die Mitgliedstaaten stellen sicher, dass die Gesellschaft, die die Spaltung vornimmt, ihrem Antrag auf Erteilung einer Vorabbescheinigung Folgendes beifügt:

a) den Plan für die grenzüberschreitende Spaltung;

b) den Bericht und gegebenenfalls die als Anlage beigefügte Stellungnahme nach Artikel 160e sowie den Bericht nach Artikel 160f, sofern sie verfügbar sind;

c) etwaige gemäß Artikel 160g Absatz 1 übermittelte Bemerkungen; und

d) Informationen über die Zustimmung der Gesellschafterversammlung nach Artikel 160h.

(3) *[1]* Die Mitgliedstaaten können vorschreiben, dass dem Antrag der Gesellschaft, die die Spaltung vornimmt, auf Erteilung einer Vorabbescheinigung zusätzliche Informationen beigefügt werden, wie insbesondere

a) die Zahl der Arbeitnehmer zum Zeitpunkt der Erstellung des Plans für die grenzüberschreitende Spaltung;

b) das Bestehen von Tochtergesellschaften und ihre jeweiligen geographischen Standorte;

c) Informationen zur Befriedigung von Pflichten gegenüber der öffentlichen Hand durch die Gesellschaft, die die Spaltung vornimmt.

[2] Für die Zwecke dieses Absatzes können die zuständigen Behörden diese Informationen, wenn sie nicht von der Gesellschaft, die die Spaltung vornimmt, erteilt werden, von anderen einschlägigen Behörden anfordern.

(4) Die Mitgliedstaaten stellen sicher, dass der Antrag nach den Absätzen 2 und 3 einschließlich Informationen und Unterlagen im Einklang mit den einschlägigen Bestimmungen von Titel I Kapitel III vollständig online eingereicht werden kann, ohne dass es notwendig ist, dass die Antragsteller persönlich vor der zuständigen Behörde erscheinen.

(5) In Bezug auf die Einhaltung der Regelung für die Arbeitnehmermitbestimmung in Artikel 160l prüft die zuständige Behörde des Mitgliedstaats der Gesellschaft, die die Spaltung vornimmt, ob der Plan für die grenzüberschreitende Spaltung Angaben zu den Verfahren, nach denen die einschlägigen Regelungen getroffen werden, sowie zu den Optionen für diese Regelungen enthält.

(6) Im Rahmen der Prüfung nach Absatz 1 prüft die zuständige Behörde Folgendes:

a) alle Unterlagen und Informationen, die der zuständigen Behörde gemäß den Absätzen 2 und 3 übermittelt wurden;

b) gegebenenfalls die Angabe der Gesellschaft, die die Spaltung vornimmt, dass das Verfahren nach Artikel 160l Absätze 3 und 4 begonnen hat.

(7) [1] Die Mitgliedstaaten stellen sicher, dass die Prüfung nach Absatz 1 innerhalb von drei Monaten nach dem Tag des Eingangs der Unterlagen und Informationen über die Zustimmung der Gesellschafterversammlung der Gesellschaft, die die Spaltung vornimmt, zu der grenzüberschreitenden Spaltung vorgenommen wird. [2] Diese Prüfung muss, je nach Fall, zu folgendem Ergebnis führen:

a) Wird festgestellt, dass die grenzüberschreitende Spaltung alle einschlägigen Voraussetzungen erfüllt und dass alle erforderlichen Verfahren und Formalitäten erledigt sind, stellt die zuständige Behörde die Vorabbescheinigung aus.

b) Wird festgestellt, dass die grenzüberschreitende Spaltung nicht alle einschlägigen Voraussetzungen erfüllt oder dass nicht alle erforderlichen Verfahren und Formalitäten erledigt sind, stellt die zuständige Behörde die Vorabbescheinigung nicht aus und teilt der Gesellschaft die Gründe für ihre Entscheidung mit; in diesem Fall kann die zuständige Behörde der Gesellschaft die Gelegenheit einräumen, innerhalb einer angemessenen Frist die entsprechenden Bedingungen zu erfüllen oder die Verfahren und Formalitäten zu erledigen.

(8) Die Mitgliedstaaten stellen sicher, dass die zuständige Behörde keine Vorabbescheinigung ausstellt, wenn im Einklang mit dem nationalen Recht festgestellt wird, dass eine grenzüberschreitende Spaltung zu missbräuchlichen oder betrügerischen Zwecken, die dazu führen oder führen sollen, sich Unionsrecht oder nationalem Recht zu entziehen oder es zu umgehen, oder zu kriminellen Zwecken vorgenommen werden soll.

(9) [1] Hat die zuständige Behörde im Rahmen der Prüfung nach Absatz 1 ernste Bedenken, dass die grenzüberschreitende Spaltung zu missbräuchlichen oder betrügerischen Zwecken, die dazu führen oder führen sollen, sich Unionsrecht oder nationalem Recht zu entziehen oder es zu umgehen, oder zu kriminellen Zwecken vorgenommen werden soll, so berücksichtigt sie relevante Tatsachen und Umstände, wie etwa – sofern relevant und nicht isoliert betrachtet – Anhaltspunkte, die die zuständige Behörde im Verlaufe der Prüfung nach Absatz 1, auch über eine Konsultation der einschlägigen Behörden, bemerkt hat. [2] Die Prüfung für die Zwecke dieses Absatzes wird von Fall zu Fall über ein Verfahren vorgenommen, das dem nationalen Recht unterliegt.

(10) Ist es für die Zwecke der Prüfung nach den Absätzen 8 und 9 notwendig, zusätzliche Informationen zu berücksichtigen oder zusätzliche Untersuchungstätigkeiten durchzuführen, so kann der in Absatz 7 vorgesehene Zeitraum von drei Monaten um höchstens drei Monate verlängert werden.

(11) Ist es wegen der Komplexität des grenzüberschreitenden Verfahrens nicht möglich, die Prüfung innerhalb der in den Absätzen 7 und 10 vorgesehenen Fristen vorzunehmen, stellen die Mitgliedstaaten sicher, dass der Antragsteller über die Gründe für eine etwaige Verzögerung vor Ablauf dieser Fristen unterrichtet wird.

(12) [1] Die Mitgliedstaaten sorgen dafür, dass die zuständige Behörde andere relevante Behörden mit Zuständigkeiten in den verschiedenen, von der grenz-

überschreitenden Spaltung betroffenen Bereichen, einschließlich derjenigen des Mitgliedstaats der begünstigten Gesellschaften, konsultieren kann und von diesen Behörden sowie von der Gesellschaft, die die Spaltung vornimmt, Informationen und Unterlagen erhalten kann, die notwendig sind, um die Rechtmäßigkeit der grenzüberschreitenden Spaltung innerhalb des im nationalen Recht festgelegten Verfahrensrahmens zu prüfen. [2] Für die Zwecke der Prüfung kann sich die zuständige Behörde eines unabhängigen Sachverständigen bedienen.

Art. 160n Übermittlung der Vorabbescheinigung. (1) *[1]* Die Mitgliedstaaten stellen sicher, dass die Vorabbescheinigung den in Artikel 160o Absatz 1 genannten Behörden über das System der Registervernetzung übermittelt wird.

[2] Die Mitgliedstaaten stellen ferner sicher, dass die Vorabbescheinigung über das System der Registervernetzung zugänglich ist.

(2) Der Zugang zu der Vorabbescheinigung ist für die in Artikel 160o Absatz 1 genannten Behörden und die Register kostenlos.

Art. 160u Gültigkeit. *[1]* Eine grenzüberschreitende Spaltung, die im Einklang mit den Verfahren zur Umsetzung dieser Richtlinie wirksam geworden ist, kann nicht für nichtig erklärt werden.

[2] Absatz 1 berührt nicht die Befugnisse der Mitgliedstaaten, unter anderem im Hinblick auf das Strafrecht, die Verhinderung und Bekämpfung der Terrorismusfinanzierung, das Sozialrecht, die Besteuerung und die Strafverfolgung, im Einklang mit den nationalen Rechtsvorschriften nach dem Tag des Wirksamwerdens der grenzüberschreitenden Spaltung Maßnahmen und Sanktionen zu verhängen.

Titel III. Schlussbestimmungen

Art. 166 Aufhebung. *[1]* Die Richtlinien 82/891/EWG, 89/666/EWG, 2005/56/EG, 2009/101/EG, 2011/35/EU und 2012/30/EU, in der Fassung der in Anhang III Teil A aufgeführten Richtlinien, werden unbeschadet der Verpflichtungen der Mitgliedstaaten hinsichtlich der in Anhang III Teil B genannten Fristen für die Umsetzung der dort genannten Richtlinien in nationales Recht und die Anwendungsfristen aufgehoben.

[2] Bezugnahmen auf die aufgehobenen Richtlinien gelten als Bezugnahmen auf die vorliegende Richtlinie und sind nach Maßgabe der Entsprechungstabelle in Anhang IV zu lesen.

Art. 167 Inkrafttreten. Diese Richtlinie tritt am zwanzigsten Tag nach ihrer Veröffentlichung im *Amtsblatt der Europäischen Union* in Kraft.

Art. 168 Adressaten. Diese Richtlinie ist an die Mitgliedstaaten gerichtet.

340. Richtlinie (EU) 2019/1152 des Europäischen Parlaments und des Rates vom 20. Juni 2019 über transparente und vorhersehbare Arbeitsbedingungen in der Europäischen Union

(ABl. L 186 S. 105)

CELEX 3 2019 L 1152

DAS EUROPÄISCHE PARLAMENT UND DER RAT DER EUROPÄISCHEN UNION –

gestützt auf den Vertrag über die Arbeitsweise der Europäischen Union, insbesondere auf Artikel 153 Absatz 2 Buchstabe b in Verbindung mit Artikel 153 Absatz 1 Buchstabe b[1],

auf Vorschlag der Europäischen Kommission,

nach Zuleitung des Entwurfs des Gesetzgebungsakts an die nationalen Parlamente,

nach Stellungnahme des Europäischen Wirtschafts- und Sozialausschusses[2],

nach Stellungnahme des Ausschusses der Regionen[3],

gemäß dem ordentlichen Gesetzgebungsverfahren[4],

in Erwägung nachstehender Gründe:

(1) Artikel 31 der Charta der Grundrechte der Europäischen Union[5] legt fest, dass jeder Arbeitnehmer das Recht auf gesunde, sichere und würdige Arbeitsbedingungen, auf eine Begrenzung der Höchstarbeitszeit, auf tägliche und wöchentliche Ruhezeiten sowie auf bezahlten Jahresurlaub hat.

(2) In Grundsatz Nr. 5 der europäischen Säule sozialer Rechte, die am 17. November 2017 in Göteborg proklamiert wurde, ist festgelegt, dass Arbeitnehmer ungeachtet der Art und Dauer des Arbeitsverhältnisses das Recht auf faire und gleiche Behandlung im Hinblick auf Arbeitsbedingungen sowie den Zugang zu sozialem Schutz und Fortbildung haben und dass der Übergang in eine unbefristete Arbeitsform zu fördern ist; dass im Einklang mit der Gesetzgebung und Kollektiv- bzw. Tarifverträgen die notwendige Flexibilität für Arbeitgeber zu gewährleisten ist, damit sie sich schnell an sich verändernde wirtschaftliche Rahmenbedingungen anpassen können; dass innovative Arbeitsformen, die gute Arbeitsbedingungen sicherstellen, zu fördern sind; dass Unternehmertum und Selbstständigkeit zu unterstützen sind und dass berufliche Mobilität zu erleichtern ist und dass Arbeitsverhältnisse, die zu prekären Arbeitsbedingungen führen, zu unterbinden sind, unter anderem durch das Verbot des Missbrauchs atypischer Verträge, und dass Probezeiten eine angemessene Dauer nicht zu überschreiten haben.

---

[1] Nr. **5**.

[2] **Amtl. Anm.:** ABl. C 283 vom 10.8.2018, S. 39.

[3] **Amtl. Anm.:** ABl. C 387 vom 25.10.2018, S. 53.

[4] **Amtl. Anm.:** Standpunkt des Europäischen Parlaments vom 16. April 2019 (noch nicht im Amtsblatt veröffentlicht) und Beschluss des Rates vom 13. Juni 2019.

[5] Nr. **15**.

(3) In Grundsatz Nr. 7 der europäischen Säule sozialer Rechte ist festgelegt, dass Arbeitnehmer das Recht haben, am Beginn ihrer Beschäftigung schriftlich über ihre Rechte und Pflichten informiert zu werden, die sich aus dem Arbeitsverhältnis ergeben, auch in der Probezeit; dass sie bei jeder Kündigung das Recht haben, zuvor die Gründe zu erfahren und das Recht auf eine angemessene Kündigungsfrist haben und dass sie das Recht auf Zugang zu wirkungsvoller und unparteiischer Streitbeilegung und bei einer ungerechtfertigten Kündigung Anspruch auf Rechtsbehelfe einschließlich einer angemessenen Entschädigung haben.

(4) Seit dem Erlass der Richtlinie 91/533/EWG[1] des Rates[2] hat es auf den Arbeitsmärkten aufgrund der demografischen Entwicklung und der Digitalisierung, die zur Entstehung neuer Formen der Beschäftigung geführt haben, tief greifende Veränderungen gegeben, die Innovationen, die Schaffung von Arbeitsplätzen und die Belebung des Arbeitsmarktes gefördert haben. Einige neue Arbeitsformen unterscheiden sich erheblich von herkömmlichen Arbeitsverhältnissen im Hinblick auf ihre Vorhersehbarkeit und führen so aufseiten der Arbeitnehmer zu Ungewissheit bezüglich der geltenden Rechte und des sozialen Schutzes. In dieser sich wandelnden Arbeitswelt besteht daher eine größere Notwendigkeit für Arbeitnehmer, umfassend über ihre wesentlichen Arbeitsbedingungen unterrichtet zu sein, was zeitnah und schriftlich in einer für Arbeitnehmer leicht zugänglichen Form erfolgen sollte. Angesichts der Entwicklung neuer Arbeitsformen erscheint es angemessen, Arbeitnehmern in der Union außerdem eine Reihe neuer Mindestrechte zu gewähren, die darauf abzielen, die Sicherheit und die Vorhersehbarkeit in Arbeitsverhältnissen zu verbessern und dabei gleichzeitig eine Aufwärtskonvergenz in den Mitgliedstaaten herbeizuführen und die Anpassungsfähigkeit des Arbeitsmarktes zu erhalten.

(5) Gemäß der Richtlinie 91/533/EWG[1] haben die meisten Arbeitnehmer in der Union Anspruch darauf, schriftliche Informationen über ihre Arbeitsbedingungen zu erhalten. Die Richtlinie 91/533/EWG[1] gilt jedoch nicht für alle Arbeitnehmer in der Union. Darüber hinaus gibt es bei neuen Arbeitsformen, die seit 1991 aufgrund von Arbeitsmarktentwicklungen entstanden sind, Schutzlücken.

(6) Es sollten daher auf Unionsebene Mindestanforderungen für die Unterrichtung über die wesentlichen Aspekte des Arbeitsverhältnisses und für die Arbeitsbedingungen festgelegt werden, die für alle Arbeitnehmer gelten und ihnen ein angemessenes Maß an Transparenz und Vorhersehbarkeit ihrer Arbeitsbedingungen garantieren sollen, wobei gleichzeitig ein angemessenes Maß an Flexibilität atypischer Arbeitsverhältnisse beizubehalten ist, damit die Vorteile für Arbeitnehmer und für Arbeitgeber gewahrt werden.

(7) Die Kommission hat den Sozialpartnern gemäß Artikel 154 des Vertrags über die Arbeitsweise der Europäischen Union[3] im Rahmen eines zwei-

---

[1] Nr. **215**.

[2] **Amtl. Anm.:** Richtlinie 91/533/EWG des Rates vom 14. Oktober 1991 über die Pflicht des Arbeitgebers zur Unterrichtung des Arbeitnehmers über die für seinen Arbeitsvertrag oder sein Arbeitsverhältnis geltenden Bedingungen (ABl. L 288 vom 18.10.1991, S. 32).

[3] Nr. **5**.

phasigen Konsultationsverfahrens die Möglichkeit gegeben, sich zur Verbesserung des Anwendungsbereichs und der Wirksamkeit der Richtlinie 91/533/EWG[1] sowie zur Erweiterung der Ziele der Richtlinie durch die Festlegung neuer Rechte für Arbeitnehmer zu äußern. Dies hat zu keiner Einigung der Sozialpartner geführt, Verhandlungen über diese Fragen aufzunehmen. Wie sich an den Ergebnissen der offenen öffentlichen Konsultationen, mit denen die Ansichten verschiedener Interessenträger und Bürgerinnen und Bürger eingeholt wurden, ablesen lässt, ist es jedoch wichtig, in diesem Bereich auf Unionsebene tätig zu werden und den gegenwärtigen Rechtsrahmen zu modernisieren und an neue Entwicklungen anzupassen.

(8) In seiner Rechtsprechung hat der Gerichtshof der Europäischen Union (im Folgenden „Gerichtshof") Kriterien für die Feststellung des Status eines Arbeitnehmers aufgestellt[2]. Die Auslegung dieser Kriterien durch den Gerichtshof sollte bei der Umsetzung der Richtlinie berücksichtigt werden. Falls sie die genannten Kriterien erfüllen, könnten Hausangestellte, Arbeitnehmer, die auf Abruf, intermittierend, auf der Grundlage von Gutscheinen und auf Online-Plattformen beschäftigt sind, sowie Praktikanten und Auszubildende in den Anwendungsbereich dieser Richtlinie fallen. Personen, die tatsächlich selbstständig sind, sollten nicht in den Anwendungsbereich dieser Richtlinie fallen, da sie die Kriterien nicht erfüllen. Der Missbrauch des Status der selbstständigen Erwerbstätigkeit, wie er im nationalen Recht definiert ist – sei es auf nationaler Ebene oder in grenzüberschreitenden Situationen –, stellt eine Form der falsch deklarierten Erwerbstätigkeit dar, die häufig mit nicht angemeldeter Erwerbstätigkeit in Verbindung steht. Wenn eine Person die typischen Kriterien für das Vorliegen eines Arbeitsverhältnisses erfüllt, aber als selbstständig erwerbstätig bezeichnet wird, um bestimmte rechtliche und steuerliche Verpflichtungen zu umgehen, liegt Scheinselbstständigkeit vor. Diese Personen sollten in den Anwendungsbereich dieser Richtlinie fallen. Die Ermittlung des Vorliegens eines Arbeitsverhältnisses sollte sich an den Fakten orientieren, die sich auf die tatsächliche Arbeitsleistung beziehen, und nicht an der Beschreibung des Verhältnisses seitens der Parteien.

(9) Es sollte den Mitgliedstaaten ermöglicht werden, festzulegen, dass gewisse Bestimmungen dieser Richtlinie, wenn dies aus objektiven Gründen aufgrund des besonderen Charakters der Aufgaben, die sie zu erfüllen haben, oder ihrer Beschäftigungsbedingungen, gerechtfertigt ist, nicht für bestimmte Kategorien von Beamten, Katastrophenschutzorganisationen, Streitkräfte, Polizeibehörden, Richter, Staatsanwälte, Ermittler und andere Strafverfolgungsbehörden gelten.

(10) Die in dieser Richtlinie festgelegten Anforderungen in Bezug auf die folgenden Sachverhalte sollten aufgrund der Besonderheiten ihrer Arbeits-

---

[1] Nr. **215**.

[2] **Amtl. Anm.:** Urteile des Gerichtshofs vom 3. Juli 1986, Deborah Lawrie-Blum/Land Baden-Württemberg, C-66/85, ECLI:EU:C:1986:284, vom 14. Oktober 2010, Union syndicale Solidaires Isère/Premier ministre und andere, C-428/09, ECLI:EU:C:2010:612, vom 9. Juli 2015, Ender Balkaya/Kiesel Abbruch- und Recycling Technik GmbH, C-229/14, ECLI:EU:C:2015:455, vom 4. Dezember 2014, FNV Kunsten Informatie en Media/Staat der Nederlanden, C-413/13, ECLI:EU:C:2014:2411, und vom 17. November 2016, Betriebsrat der Ruhrlandklinik gGmbH/Ruhrlandklinik gGmbH, C-216/15, ECLI:EU:C:2016:883.

bedingungen nicht für Seeleute oder Seefischer gelten: Mehrfachbeschäftigung, sofern sie mit der Arbeit auf Schiffen oder Fischereifahrzeugen unvereinbar sind, Mindestvorhersehbarkeit der Arbeit, Entsendung von Arbeitnehmern in einen anderen Mitgliedstaat oder in ein Drittland, Übergang zu einer anderen Arbeitsform und Informationen über die Identität der Sozialversicherungsträger, die die Sozialbeiträge erhalten. Für die Zwecke der vorliegenden Richtlinie sollten Seeleute und Seefischer im Sinne der Begriffsbestimmungen in den Richtlinien 2009/13/EG[1] bzw. (EU) 2017/159 des Rates[2] als innerhalb der Union arbeitend gelten, wenn sie an Bord von Schiffen oder Fischereifahrzeugen arbeiten, die in einem Mitgliedstaat zugelassen sindoder unter der Fahne eines Mitgliedstaats fahren.

(11) Angesichts der wachsenden Zahl von Arbeitnehmern, die aufgrund von Ausnahmeregelungen, welche die Mitgliedstaaten gemäß Artikel 1 der Richtlinie 91/533/EWG[3] treffen, vom Anwendungsbereich der genannten Richtlinie ausgeschlossen sind, ist es notwendig, diese Ausnahmeregelungen durch eine Möglichkeit für die Mitgliedstaaten zu ersetzen, die Bestimmungen dieser Richtlinie nicht auf Arbeitsverhältnisse anzuwenden, deren im Voraus festgelegte und tatsächlich geleistete Arbeitsstunden in einem Referenzzeitraum von vier aufeinanderfolgenden Woche im Durchschnitt drei Stunden wöchentlich oder weniger beträgt. Bei der Berechnung dieser Stunden sollten alle tatsächlich für einen Arbeitgeber geleisteten Stunden einbezogen werden, z.B. Überstunden oder zusätzliche Arbeit zu der in einem Arbeitsvertrag oder Arbeitsverhältnis garantierten oder vorgesehenen Arbeit. Ab dem Zeitpunkt, zu dem ein Arbeitnehmer diesen Grenzwert überschritten hat, gelten die Bestimmungen dieser Richtlinie für ihn, unabhängig von den darauffolgend geleisteten Stunden oder den im Arbeitsvertrag angegebenen Arbeitsstunden.

(12) Arbeitnehmer ohne garantierte Arbeitszeit, etwa diejenigen mit Null-Stunden-Verträgen oder bestimmten Abrufverträgen, sind besonders gefährdet. Daher sollten die Bestimmungen dieser Richtlinie unabhängig von der Anzahl der Stunden, die sie tatsächlich arbeiten, für sie gelten.

(13) Mehrere verschiedene natürliche oder juristische Personen oder andere Organisationen können in der Praxis die Aufgaben und Zuständigkeiten eines Arbeitgebers wahrnehmen. Die Mitgliedstaaten sollten frei sein, die Personen näher zu bestimmen, die als ganz oder teilweise verantwortlich für die Erfüllung der den Arbeitgebern durch diese Richtlinie auferlegten Verpflichtungen gelten, solange alle diese Verpflichtungen erfüllt werden. Die Mitgliedstaaten sollten auch entscheiden können, dass diese Verpflich-

---

[1] **Amtl. Anm.:** Richtlinien 2009/13/EG des Rates vom 16. Februar 2009 zur Durchführung der Vereinbarung zwischen dem Verband der Reeder in der Europäischen Gemeinschaft (ECSA) und der Europäischen Transportarbeiter-Föderation (ETF) über das Seearbeitsübereinkommen 2006 und zur Änderung der Richtlinie 1999/63/EG (ABl. L 124 vom 20.5.2009, S. 30).

[2] **Amtl. Anm.:** Richtlinie (EU) 2017/159 des Rates vom 19. Dezember 2016 zur Durchführung der Vereinbarung über die Durchführung des Übereinkommens über die Arbeit im Fischereisektor von 2007 der Internationalen Arbeitsorganisation, die am 21. Mai 2012 zwischen dem Allgemeinen Verband der landwirtschaftlichen Genossenschaften der Europäischen Union (COGECA), der Europäischen Transportarbeiter-Föderation (ETF) und der Vereinigung der nationalen Verbände von Fischereiunternehmen in der Europäischen Union (Europêche) geschlossen wurde (ABl. L 25 vom 31.1.2017, S. 12).

[3] Nr. **215**.

tungen teilweise oder ganz an eine natürliche oder juristische Person zu übertragen sind, die keine Partei des Arbeitsvertrags oder des Arbeitsverhältnisses ist.

(14) Die Mitgliedstaaten sollten die Möglichkeit haben, besondere Regeln aufzustellen: um Einzelpersonen, die als Arbeitgeber für Hausangestellte im Haushalt fungieren, von den in dieser Richtlinie festgelegten Anforderungen in Bezug auf die folgenden Sachverhalte auszunehmen: um Anträge auf andere Arbeitsformen zu prüfen und darauf zu reagieren sowie kostenlose Pflichtfortbildung anzubieten, und Rechtsbehelfsregelungen sollten Anwendung finden, wonach bei Informationen, die in den Dokumenten, die dem Arbeitnehmer nach dieser Richtlinie bereitzustellen sind, fehlen, von günstigen Vermutungen ausgegangen wird.

(15) Die Richtlinie 91/533/EWG[1] enthielt erstmals eine Liste der wesentlichen Aspekte des Arbeitsvertrags oder Arbeitsverhältnisses, über die Arbeitnehmer schriftlich zu unterrichten sind. Es ist erforderlich, diese Liste anzupassen, die die Mitgliedstaaten erweitern können, um den Entwicklungen auf dem Arbeitsmarkt und insbesondere der Zunahme der atypischen Arbeitsformen Rechnung zu tragen.

(16) Hat ein Arbeitnehmer keinen festen oder vorherrschenden Arbeitsort, sollte er über die gegebenenfalls geltenden Vorkehrungen für Fahrten zwischen den Arbeitsorten informiert werden.

(17) Es sollte möglich sein, dass die Unterrichtung über den Anspruch auf vom Arbeitgeber bereitgestellte Fortbildung in der Form einer Information erfolgt, welche die Anzahl der Fortbildungstage, auf die der Arbeitnehmer gegebenenfalls pro Jahr Anspruch hat, und Angaben über die allgemeine Fortbildungsstrategie des Arbeitgebers enthält.

(18) Es sollte möglich sein, dass die Angaben zu dem bei der Kündigung des Arbeitsverhältnisses von Arbeitgeber und Arbeitnehmer einzuhaltenden Verfahren die Frist für die Einreichung einer Klage gegen die Kündigung enthalten.

(19) Die Unterrichtung über die Arbeitszeit sollte im Einklang mit der Richtlinie 2003/88/EG[2] des Europäischen Parlaments und des Rates[3] erfolgen und sollte Informationen über Ruhepausen, tägliche und wöchentliche Ruhezeiten sowie über den Umfang des bezahlten Urlaubs umfassen, so dass der Schutz der Sicherheit und der Gesundheit der Arbeitnehmer sichergestellt wird.

(20) Die Unterrichtung über die Vergütung sollte Informationen zu allen Bestandteilen der getrennt angegebenen Vergütung umfassen, einschließlich – falls zutreffend – der Beiträge in Form von Geld- oder Sachleistungen, Zahlungen für Überstunden, Boni und anderer Ansprüche, die der Arbeitnehmer im Hinblick auf ihre bzw. seine Arbeit direkt oder indirekt erhält. Unbeschadet der Erteilung solcher Informationen sollte es den Arbeitgebern unbenommen bleiben, zusätzliche Vergütungsbestandteile, etwa Einmal-Zahlungen, vorzusehen. Der Umstand, dass über Vergütungsbestandteile, die gesetzlich oder kollektiv- bzw. tarifvertraglich vorgesehen

[1] Nr. **215**.
[2] Nr. **285**.
[3] **Amtl. Anm.:** Richtlinie 2003/88/EG des Europäischen Parlaments und des Rates vom 4. November 2003 über bestimmte Aspekte der Arbeitszeitgestaltung (ABl. L 299 vom 18.11.2003, S. 9).

sind, nicht unterrichtet worden ist, sollte kein Grund sein, diese dem Arbeitnehmer nicht zu gewähren.

(21) Falls es wegen der Art der Beschäftigung – etwa bei einem Abrufvertrag – nicht möglich ist, einen festen Arbeitsplan anzugeben, sollten die Arbeitgeber die Arbeitnehmer darüber informieren, wie ihre Arbeitszeiten festzulegen sind, einschließlich der Zeitfenster, in denen sie aufgefordert werden können zu arbeiten, und der Mindestankündigungsfrist, die sie vor Beginn eines Arbeitsauftrags zu erhalten haben.

(22) Die Unterrichtung über Sozialversicherungssysteme sollte Informationen über die Identität der Sozialversicherungsträger, die die Sozialbeiträge erhalten, gegebenenfalls Informationen zu Leistungen bei Krankheit, zu Leistungen bei Mutterschaft, Vaterschaft und Elternschaft, zu Leistungen bei Arbeitsunfällen und Berufskrankheiten sowie zu Leistungen bei Alter, bei Invalidität, für Hinterbliebene, bei Arbeitslosigkeit, bei Vorruhestand und für Familien umfassen. Wählt. der Arbeitnehmer den Sozialversicherungsträger selbst, sollten Arbeitgeber diese Informationen nicht bereitstellen müssen. Die Unterrichtung über den Sozialversicherungsschutz durch den Arbeitgeber sollte gegebenenfalls Informationen über das Bestehen von Zusatzrentensystemen im Sinne der Richtlinie 2014/50/EU[1)] des Europäischen Parlaments und des Rates[2)] und ergänzender Rentenregelungen im Sinne der Richtlinie 98/49/EG des Rates[3)] umfassen.

(23) Arbeitnehmer sollten einen Anspruch darauf haben, bei Beschäftigungsbeginn schriftlich über ihre Rechte und Pflichten informiert zu werden, die sich aus dem Arbeitsverhältnis ergeben. Die grundlegenden Informationen sollten ihnen daher möglichst umgehend, spätestens innerhalb einer Kalenderwoche ab ihrem ersten Arbeitstag, zugehen. Die übrigen Informationen sollten ihnen innerhalb eines Monats ab ihrem ersten Arbeitstag zugehen. Der erste Arbeitstag sollte als tatsächlicher Beginn der Ausübung von Arbeiten durch den Arbeitnehmer im Rahmen des Arbeitsverhältnisses verstanden werden. Die Mitgliedstaaten sollten darauf hinwirken, dass Arbeitgeber vor dem Ende der ursprünglich vereinbarten Laufzeit des Arbeitsvertrags die einschlägigen Informationen über das Arbeitsverhältnis bereitstellen.

(24) Im Hinblick auf den verstärkten Einsatz von digitalen Kommunikationsmitteln können die Informationen, die nach dieser Richtlinie schriftlich zur Verfügung zu stellen sind, auf elektronischem Wege übermittelt werden.

(25) Um den Arbeitgebern zu helfen, die Informationen zeitnah zu erteilen, sollten die Mitgliedstaaten auf nationaler Ebene Vorlagen bereitstellen können, einschließlich gezielter und ausreichend umfangreicher Informationen über den geltenden Rechtsrahmen. Diese Vorlagen könnten von nationalen Behörden und Sozialpartnern auf sektoraler oder lokaler Ebene

---

[1)] Nr. **320**.

[2)] **Amtl. Anm.:** Richtlinie 2014/50/EU des Europäischen Parlaments und des Rates vom 16. April 2014 über Mindestvorschriften zur Erhöhung der Mobilität von Arbeitnehmern zwischen den Mitgliedstaaten durch Verbesserung des Erwerbs und der Wahrung von Zusatzrentenansprüchen (ABl. L 128 vom 30.4.2014, S. 1).

[3)] **Amtl. Anm.:** Richtlinie 98/49/EG des Rates vom 29. Juni 1998 zur Wahrung ergänzender Rentenansprüche von Arbeitnehmern und Selbstständigen, die innerhalb der Europäischen Gemeinschaft zu- und abwandern (ABl. L 209 vom 25.7.1998, S. 46).

weiterentwickelt werden. Die Kommission unterstützt die Mitgliedstaaten bei der Erarbeitung von Vorlagen und Modellen und macht sie gegebenenfalls umfassend zugänglich.

(26) Arbeitnehmer, die ins Ausland geschickt werden, sollten zusätzliche Informationen betreffend ihre Situation erhalten. Bei aufeinanderfolgenden Arbeitsaufträgen in mehreren Mitgliedstaaten oder Drittländern sollte es ermöglicht werden, die Informationen für mehrere Arbeitsaufträge vor der ersten Abfahrt zu gruppieren und bei etwaigen Veränderungen später zu ändern. Arbeitnehmer, die entsandte Arbeitnehmer im Sinne der Richtlinie 96/71/EG[1] des Europäischen Parlaments und des Rates[2] sind, sollten außerdem über die einzige offizielle nationale Website des Aufnahmemitgliedstaats unterrichtet werden, wo sie die für ihre Situation geltenden Arbeitsbedingungen finden können. Sofern von den Mitgliedstaaten nicht anders geregelt, gelangen diese Verpflichtungen zur Anwendung, wenn die Dauer des Arbeitszeitraums im Ausland mehr als vier aufeinanderfolgende Wochen beträgt.

(27) Die Probezeit gestattet es den Parteien des Arbeitsverhältnisses zu überprüfen, ob der Arbeitnehmer und die Stelle, für die er eingestellt worden ist, miteinander vereinbar sind, und dem Arbeitnehmer zugleich begleitende Hilfe anzubieten. Der Eintritt in den Arbeitsmarkt oder der Übergang auf eine neue Stelle sollte nicht mit einer längeren Ungewissheit einhergehen. Wie in der europäischen Säule sozialer Rechte festgelegt, sollten Probezeiten daher eine angemessene Dauer haben.

(28) Zahlreiche Mitgliedstaaten haben eine generelle Höchstdauer der Probezeit zwischen drei und sechs Monaten festgesetzt, die als angemessen gelten sollte. Es sollte möglich sein, dass Probezeiten in Ausnahmefällen länger als sechs Monate dauern, wenn dies durch die Art der Tätigkeit gerechtfertigt ist, etwa bei Leitungs- oder Führungsfunktionen oder Stellen des öffentlichen Dienstes, oder wenn dies im Interesse des Arbeitnehmers ist, etwa im Zusammenhang mit spezifischen Maßnahmen zur Förderung dauerhafter Beschäftigung, insbesondere für junge Arbeitnehmer. Probezeiten sollten außerdem in Fällen entsprechend verlängert werden können, in denen der Arbeitnehmer während der Probezeit von der Arbeit fernblieb, beispielsweise aufgrund einer Krankheit oder aufgrund von Urlaub, damit der Arbeitgeber die Möglichkeit hat, die Eignung der Person für die betreffende Aufgabe zu beurteilen. Bei befristeten Arbeitsverhältnissen mit einer Dauer von weniger als zwölf Monaten sollten die Mitgliedstaaten dafür Sorge tragen, dass die Probezeitdauer angemessen ist und im Verhältnis zur erwarteten Dauer des Vertrags und der Art der Tätigkeit steht. Falls nach nationalem Recht oder gemäß den nationalen Gepflogenheiten vorgesehen, sollte es Arbeitnehmern ermöglicht werden, während der Probezeit Arbeitnehmerrechte zu erwerben.

(29) Ein Arbeitgeber sollte Arbeitnehmern weder verbieten dürfen, außerhalb des mit ihm festgelegten Arbeitsplans eine Beschäftigung bei anderen Arbeitgebern aufzunehmen, noch sie benachteiligen, falls sie dies tun. Es

---

[1] Nr. **230**.

[2] **Amtl. Anm.:** Richtlinie 96/71/EG des Europäischen Parlaments und des Rates vom 16. Dezember 1996 über die Entsendung von Arbeitnehmern im Rahmen der Erbringung von Dienstleistungen (ABl. L 18 vom 21.1.1997, S. 1).

sollte den Mitgliedstaaten ermöglicht werden, Bedingungen für die Anwendung von Unvereinbarkeitsbestimmungen im Sinne von Auflagen, wonach ein Arbeitnehmer nicht für andere Arbeitgeber arbeiten darf, aus objektiven Gründen festzulegen, etwa zum Schutz der Gesundheit und Sicherheit der Arbeitnehmer auch durch eine Begrenzung der Arbeitszeit, zum Schutz von Geschäftsgeheimnissen, der Integrität des öffentlichen Dienstes oder zur Vermeidung von Interessenkonflikten.

(30) Arbeitnehmer mit einem völlig oder größtenteils unvorhersehbaren Arbeitsmuster sollten über ein Mindestmaß an Vorhersehbarkeit verfügen, wenn der Arbeitsplan hauptsächlich vom Arbeitgeber festgelegt wird, entweder direkt, etwa durch die Zuweisung von Arbeitsaufträgen, oder indirekt, etwa durch die Aufforderung an den Arbeitnehmer, auf Kundenwünsche zu reagieren.

(31) Zu Beginn des Arbeitsverhältnisses sollten schriftlich Referenzstunden und Referenztage im Sinne von Zeitfenstern festgelegt werden, in denen auf Aufforderung des Arbeitgebers gearbeitet werden darf.

(32) Eine angemessene Mindestankündigungsfrist – die als der Zeitraum zwischen dem Zeitpunkt, zu dem ein Arbeitnehmer über einen neuen Arbeitsauftrag informiert wird, und dem Beginn dieses Auftrags zu verstehen ist – stellt bei Arbeitsverhältnissen mit Arbeitsmustern, die völlig oder größtenteils unvorhersehbar sind, ein weiteres notwendiges Element der Vorhersehbarkeit bezüglich der Arbeit dar. Die Länge der Ankündigungsfrist darf je nach den Erfordernissen des betreffenden Sektors unterschiedlich sein, doch muss ein angemessener Schutz der Arbeitnehmer sichergestellt sein. Die Mindestankündigungsfrist gilt unbeschadet der Richtlinie 2002/15/EG[1)] des Europäischen Parlaments und des Rates[2)].

(33) Die Arbeitnehmer sollten die Möglichkeit haben, einen Arbeitsauftrag abzulehnen, wenn er außerhalb der Referenzstunden und Referenztage fällt oder, wenn der Arbeitnehmer nicht innerhalb der Mindestankündigungsfrist über den Arbeitsauftrag unterrichtet worden ist, ohne Nachteile für diese Ablehnung zu erleiden. Die Arbeitnehmer sollten auch die Möglichkeit haben, den Arbeitsauftrag anzunehmen, wenn sie dies wünschen.

(34) Hat ein Arbeitnehmer, dessen Arbeitsmuster völlig oder größtenteils unvorhersehbar ist, mit dem Arbeitgeber vereinbart, einen bestimmten Arbeitsauftrag zu übernehmen, der Arbeitnehmer in der Lage sein, entsprechend zu planen. Der Arbeitnehmer sollte durch eine angemessene Entschädigung vor Einkommenseinbußen aufgrund eines verspäteten Widerrufs eines vereinbarten Arbeitsauftrags geschützt sein.

(35) Abrufverträge oder ähnliche Arbeitsverträge wie Null-Stunden-Verträge, in deren Rahmen der Arbeitgeber über die Flexibilität verfügt, die Arbeitnehmer nach Bedarf zur Arbeit aufzufordern, sind für die Arbeitnehmer besonders unvorhersehbar. Mitgliedstaaten, in denen solche Verträge zulässig sind, sollten sicherstellen, dass es wirksame Maßnahmen zur Verhinderung eines Missbrauchs dieser Verträge gibt. Bei diesen Maßnahmen

---

[1)] Nr. **275**.

[2)] **Amtl. Anm.:** Richtlinie 2002/15/EG des Europäischen Parlaments und des Rates vom 11. März 2002 zur Regelung der Arbeitszeit von Personen, die Fahrtätigkeiten im Bereich des Straßentransports ausüben (ABl. L 80 vom 23.3.2002, S. 35).

könnte es sich um Beschränkungen der Anwendung und Dauer dieser Verträge, eine widerlegbare Vermutung, dass ein Arbeitsvertrag oder Arbeitsverhältnis mit einem garantierten Umfang bezahlter Stunden ausgehend von den in einem vorherigen Referenzzeitraum geleisteten Stunden vorliegt, oder andere gleichwertige Maßnahmen handeln, mit denen missbräuchliche Praktiken wirksam verhindert werden.

(36) Wenn Arbeitgeber die Möglichkeit haben, Arbeitnehmern in atypischen Arbeitsverhältnissen Vollzeitarbeitsverträge oder unbefristete Arbeitsverträge anzubieten, sollte im Einklang mit den Grundsätzen im Sinne der europäischen Säule sozialer Rechte ein Übergang zu sichereren Arbeitsformen gefördert werden. Arbeitnehmer sollten das Recht haben, den Arbeitgeber um eine vorhersehbarere und sicherere Arbeitsformen zu ersuchen und eine begründete schriftliche Antwort des Arbeitgebers zu erhalten, in der auf die Bedürfnisse des Arbeitsgebers und die des Arbeitnehmers eingegangen wird. Die Mitgliedstaaten sollten die Möglichkeit haben, die Häufigkeit solcher Ersuchen zu begrenzen. Diese Richtlinie sollte die Mitgliedstaaten nicht davon abhalten, festzulegen, dass es dem Arbeitnehmer im Fall von Stellen des öffentlichen Dienstes, die im Zuge eines Auswahlverfahrens besetzt werden, nicht möglich ist, einfach um diese Stellen zu ersuchen, und dass für diese daher nicht das Recht gilt, um eine Arbeitsform mit vorhersehbareren und sichereren Arbeitsbedingungen zu ersuchen.

(37) Wenn Arbeitgeber gemäß den Rechtsvorschriften der Union oder nationalen Rechtsvorschriften oder Kollektiv- bzw. Tarifverträgen verpflichtet sind, Arbeitnehmern Fortbildung anzubieten, damit diese die Arbeit durchführen können, für die sie beschäftigt werden, sollte sichergestellt sein, dass diese Fortbildung allen Arbeitnehmern angeboten wird, auch denjenigen in atypischen Arbeitsverhältnissen. Die Kosten für diese Fortbildung sollten dem Arbeitnehmer weder in Rechnung gestellt noch von ihrer bzw. seiner Vergütung einbehalten oder abgezogen werden. Die Fortbildung sollte als Arbeitszeit angerechnet und möglichst während der Arbeitszeit besucht werden. Diese Verpflichtung betrifft nicht die Berufsausbildung oder Fortbildung, die erforderlich ist, um eine Berufsqualifikation zu erlangen, aufrechtzuerhalten oder zu erneuern, solange der Arbeitgeber nicht gemäß den Rechtsvorschriften der Union oder nationalen Rechtsvorschriften oder Kollektiv- bzw. Tarifverträgen verpflichtet wird, sie dem Arbeitnehmer zur Verfügung zu stellen. Die Mitgliedstaaten sollten die Maßnahmen ergreifen, die erforderlich sind, um Arbeitnehmer vor missbräuchlichen Praktiken im Zusammenhang mit Fortbildung zu schützen.

(38) Die Autonomie der Sozialpartner und ihre Funktion als Vertretung der Arbeitnehmer und Arbeitgeber sollten gewahrt bleiben. Es sollte den Sozialpartnern daher offenstehen, übereinzukommen, dass in bestimmten Branchen oder Situationen andere Bestimmungen als die Mindeststandards gemäß dieser Richtlinie geeigneter sind, die Ziele dieser Richtlinie zu erreichen. Die Mitgliedstaaten sollten daher die Möglichkeit haben, den Sozialpartnern zu erlauben, kollektiv- oder Tarifverträge beizubehalten, auszuhandeln, zu schließen und durchzusetzen, die von bestimmten Bestimmungen in dieser Richtlinie abweichen, solange dabei das generelle Schutzniveau für die Arbeitnehmer nicht abgesenkt wird.

(39) Die öffentliche Konsultation zur europäischen Säule sozialer Rechte hat gezeigt, dass es notwendig ist, die Durchsetzung des Arbeitsrechts der Union zu stärken, um dessen Wirksamkeit sicherzustellen. Die Evaluierung der Richtlinie 91/533/EWG im Rahmen des Programms der Kommission zur Gewährleistung der Effizienz und Leistungsfähigkeit der Rechtsetzung hat bestätigt, dass strengere Durchsetzungsmechanismen die Wirksamkeit des Arbeitsrechts der Union verbessern könnten. Die Konsultation hat außerdem ergeben, dass Rechtsbehelfssysteme, die einzig auf Schadenersatzforderungen beruhen, weniger effektiv sind als Systeme, die auch Sanktionen (etwa pauschale Strafgelder oder den Entzug der Zulassung) für Arbeitgeber vorsehen, welche versäumen, schriftliche Erklärungen abzugeben. Sie hat ferner gezeigt, dass Arbeitnehmer während des Arbeitsverhältnisses nur selten Rechtsbehelfe einlegen, womit das Ziel der schriftlichen Erklärung, nämlich sicherzustellen, dass die Arbeitnehmer über die wesentlichen Merkmale des Arbeitsverhältnisses zu unterrichte werden, gefährdet ist. Es ist daher erforderlich, Durchsetzungsbestimmungen vorzusehen, mit denen sichergestellt wird, dass, wenn Informationen über das Arbeitsverhältnis nicht erteilt werden, günstige Vermutungen oder ein Verfahren angewandt wird, bei dem der Arbeitgeber zur Erteilung der fehlenden Informationen aufgefordert und, wenn er dieser Aufforderung nicht nachkommt, sanktioniert werden kann, oder beides. Es sollte möglich sein, dass diese günstigen Vermutungen die Vermutung enthalten, dass der Arbeitnehmer ein unbefristetes Arbeitsverhältnis hat, dass es keine Probezeit gibt oder dass der Arbeitnehmer eine Vollzeitstelle innehat, wenn die entsprechenden Informationen fehlen. Rechtsbehelfe könnten von der Durchführung eines Verfahrens abhängig gemacht werden, bei dem der Arbeitgeber von dem Arbeitnehmer oder Dritten, etwa einem Vertreter des Arbeitnehmers oder einer anderen zuständigen Behörde oder Stelle, auf das Fehlen der Informationen hingewiesen wird und rechtzeitig vollständige und korrekte Informationen bereitzustellen hat.

(40) Seit dem Erlass der Richtlinie 91/533/EWG ist ein umfangreiches System an Vorschriften für die Durchsetzung des sozialen Besitzstands in der Union angenommen worden, insbesondere im Bereich Gleichbehandlung, die zum Teil auf diese Richtlinie angewandt werden sollten, damit sichergestellt ist, dass Arbeitnehmer im Einklang mit Grundsatz Nr. 7 der europäischen Säule sozialer Rechte Zugang zu wirkungsvoller und unparteiischer Streitbeilegung, etwa einem Zivil- oder Arbeitsgericht, sowie Anspruch auf Rechtsbehelfe haben, was auch eine angemessene Entschädigung umfassen kann.

(41) Insbesondere sollten Arbeitnehmer angesichts des grundlegenden Anspruchs auf wirksamen Rechtsschutz auch nach dem Ende des Arbeitsverhältnisses, in dessen Verlauf es zu einem vermuteten Verstoß gegen ihre in dieser Richtlinie verankerten Rechte gekommen ist, in den Genuss dieses Schutzes kommen.

(42) Die wirksame Durchführung dieser Richtlinie erfordert einen angemessenen gerichtlichen und administrativen Schutz vor Benachteiligungen infolge eines Versuchs, ein in dieser Richtlinie vorgesehenes Recht wahrzunehmen, infolge einer Beschwerde beim Arbeitgeber oder infolge der Einleitung von Rechts- oder Verwaltungsverfahren zur Durchsetzung der Einhaltung dieser Richtlinie.

(43) Arbeitnehmer, die in dieser Richtlinie vorgesehene Rechte wahrnehmen, sollten vor Kündigung oder vergleichbarer Benachteiligung – indem zum Beispiel ein auf Abruf tätiger Arbeitnehmer keine Arbeit mehr zugewiesen bekommt – oder vor jeglicher Vorbereitung auf eine mögliche Kündigung, weil sie versucht haben, diese Rechte wahrzunehmen, geschützt sein. Ist ein Arbeitnehmer der Ansicht, ihm sei aus den genannten Gründen gekündigt worden oder habe vergleichbare Nachteile erlitten, sollte er und die zuständigen Behörden oder Stellen die Möglichkeit haben, den Arbeitgeber aufzufordern, hinreichend genau bezeichnete Gründe für die Kündigung oder die Maßnahme mit gleicher Wirkung zu nennen.

(44) Die Beweislast dafür, dass die Kündigung oder die gleichwertige Benachteiligung nicht erfolgt ist, weil der Arbeitnehmer seine ihm aufgrund dieser Richtlinie zustehenden Rechte wahrgenommen hat, sollte beim Arbeitgeber liegen, wenn der Arbeitnehmer vor einem Gericht oder einer anderen zuständigen Behörde oder Stelle Tatsachen anführt, die darauf schließen lassen, dass ihm aus solchen Gründen gekündigt oder er einer gleichwertigen Benachteiligung ausgesetzt worden ist. Es sollte den Mitgliedstaaten offenstehen, diese Regel in Verfahren nicht anzuwenden, in denen ein Gericht oder eine andere zuständige Behörde oder Stelle den Sachverhalt untersuchen müsste, insbesondere in Systemen, wo eine Kündigung zuvor bereits von einer derartigen Behörde oder Stelle genehmigt werden muss.

(45) Die Mitgliedstaaten sollten wirksame, verhältnismäßige und abschreckende Sanktionen für die Verletzung der aus dieser Richtlinie erwachsenden Verpflichtungen festlegen. Sanktionen können administrative und finanzielle Sanktionen, wie Geldbußen oder Entschädigungszahlungen, sowie andere Arten von Sanktionen umfassen.

(46) Da die Ziele dieser Richtlinie, nämlich die Verbesserung der Arbeitsbedingungen durch die Förderung transparenterer und vorhersehbarere Beschäftigung bei gleichzeitiger Gewährleistung der Anpassungsfähigkeit des Arbeitsmarktes von den Mitgliedstaaten nicht ausreichend verwirklicht werden können, sondern vielmehr wegen der Notwendigkeit, gemeinsame Mindestanforderungen festzulegen, auf Unionsebene besser zu verwirklichen sind, kann die Union im Einklang mit dem in Artikel 5 des Vertrags über die Europäische Union[1)] verankerten Subsidiaritätsprinzip tätig werden. Entsprechend dem in demselben Artikel genannten Grundsatz der Verhältnismäßigkeit geht diese Richtlinie nicht über das für die Verwirklichung dieser Ziele erforderliche Maß hinaus.

(47) Mit dieser Richtlinie werden Mindestanforderungen festgelegt, so dass das Recht der Mitgliedstaaten unberührt bleibt, günstigere Bestimmungen einzuführen oder beizubehalten. Gemäß dem derzeitigen Rechtsrahmen erworbene Ansprüche sollten weiterhin gelten, es sei denn, durch diese Richtlinie werden günstigere Bestimmungen eingeführt. Die Umsetzung dieser Richtlinie darf weder dazu genutzt werden, bestehende Rechte abzubauen, die in vorhandenem Unionsrecht oder nationalem Recht festgelegt sind, noch darf sie als Rechtfertigung dienen, das allgemeine Schutzniveau für Arbeitnehmer in dem von der Richtlinie erfassten Bereich zu

---

[1)] Nr. **1**.

senken. Insbesondere sollte sie nicht als Grundlage für die Einführung von Null-Stunden-Verträgen oder ähnlichen Arbeitsverträgen dienen.

(48) Bei der Umsetzung dieser Richtlinie sollten die Mitgliedstaaten administrative, finanzielle oder rechtliche Auflagen vermeiden, die der Gründung und dem Ausbau von Kleinstunternehmen, kleinen und mittleren Unternehmen entgegenstehen. Die Mitgliedstaaten sind daher aufgefordert, die Auswirkungen ihres Umsetzungsrechtsakts auf kleine und mittlere Unternehmen zu prüfen, um sicherzustellen, dass sie nicht unverhältnismäßig beeinträchtigt werden – wobei ein besonderes Augenmerk auf Kleinstunternehmen und auf dem Verwaltungsaufwand liegen sollte –, und das Ergebnis dieser Prüfung zu veröffentlichen.

(49) Die Mitgliedstaaten können den Sozialpartnern die Umsetzung dieser Richtlinie übertragen, wenn die Sozialpartner dies gemeinsam beantragen und sofern die Mitgliedstaaten alle erforderlichen Maßnahmen treffen, um jederzeit gewährleisten zu können, dass die mit dieser Richtlinie angestrebten Ergebnisse erzielt werden. Außerdem sollten sie im Einklang mit den nationalen Rechtsvorschriften und Gepflogenheiten angemessene Maßnahmen ergreifen, um sicherzustellen, dass die Sozialpartner wirksam einbezogen werden, und um den sozialen Dialog zu fördern und zu verbessern, damit die Bestimmungen dieser Richtlinie umgesetzt werden.

(50) Die Mitgliedstaaten sollten jedwede angemessenen Maßnahmen ergreifen, um die Erfüllung der Verpflichtungen aus dieser Richtlinie sicherzustellen, indem beispielsweise gegebenenfalls Prüfungen vorgenommen werden.

(51) Angesichts der erheblichen Änderungen, die diese Richtlinie hinsichtlich des Zwecks, des Anwendungsbereichs und des Inhalts der Richtlinie 91/533/EWG[1] mit sich bringt, ist es nicht angezeigt, die genannte Richtlinie zu ändern. Die Richtlinie 91/533/EWG[1] sollte daher aufgehoben werden.

(52) Gemäß der Gemeinsamen Politischen Erklärung vom 28. September 2011 der Mitgliedstaaten und der Kommission zu Erläuternde Dokumente[2] haben sich die Mitgliedstaaten verpflichtet, in begründeten Fällen zusätzlich zur Mitteilung ihrer Umsetzungsmaßnahmen ein oder mehrere Dokumente zu übermitteln, in denen der Zusammenhang zwischen den Bestandteilen einer Richtlinie und den entsprechenden Teilen nationaler Umsetzungsinstrumente erläutert wird. In Bezug auf diese Richtlinie hält der Gesetzgeber die Übermittlung derartiger Dokumente für gerechtfertigt –

HABEN FOLGENDE RICHTLINIE ERLASSEN:

Kapitel I. Allgemeine Bestimmungen

Art. 1 Zweck, Gegenstand und Anwendungsbereich. (1) Zweck dieser Richtlinie ist es, die Arbeitsbedingungen zu verbessern, indem eine transparentere und vorhersehbarere Beschäftigung gefördert und zugleich die Anpassungsfähigkeit des Arbeitsmarktes gewährleistet wird.

[1] Nr. **215**.
[2] **Amtl. Anm.:** ABl. C 369 vom 17.12.2011, S. 14.

(2) In dieser Richtlinie werden die Mindestrechte festgelegt, die für jeden Arbeitnehmer in der Union gelten, der nach den Rechtsvorschriften, Kollektiv- bzw. Tarifverträgen oder Gepflogenheiten in dem jeweiligen Mitgliedstaat einen Arbeitsvertrag hat oder in einem Arbeitsverhältnis steht, wobei die Rechtsprechung des Gerichtshofs zu berücksichtigen ist.

(3) [1] Die Mitgliedstaaten können entscheiden, dass die Verpflichtungen aus dieser Richtlinie nicht für Arbeitnehmer mit einem Arbeitsverhältnis gelten, dessen im Voraus festgelegte und tatsächlich geleistete Arbeitszeit in einem Referenzzeitraum von vier aufeinanderfolgenden Wochen im Durchschnitt nicht mehr als drei Stunden wöchentlich beträgt. [2] Alle Zeiten, die bei Arbeitgebern gearbeitet werden, welche ein Unternehmen, eine Gruppe oder eine Organisation bilden oder einem Unternehmen, einer Gruppe oder einer Organisation angehören, werden diesem Dreistunden-Durchschnitt zugerechnet.

(4) Absatz 3 ist nicht anwendbar auf Arbeitsverhältnisse, bei denen vor dem Beschäftigungsbeginn kein garantierter Umfang bezahlter Arbeit festgelegt ist.

(5) *[1]* [1] Die Mitgliedstaaten können bestimmen, welche Personen für die Erfüllung der den Arbeitgebern durch diese Richtlinie auferlegten Verpflichtungen verantwortlich sind, solange alle diese Verpflichtungen erfüllt werden. [2] Sie können auch entscheiden, dass diese Verpflichtungen ganz oder teilweise einer natürlichen oder juristischen Person übertragen werden müssen, die keine Partei des Arbeitsverhältnisses ist.

[2] Dieser Absatz lässt die Richtlinie 2008/104/EG[1)] des Europäischen Parlaments und des Rates[2)] unberührt.

(6) Die Mitgliedstaaten können aus objektiven Gründen festlegen, dass die Bestimmungen des Kapitels III nicht für Beamte, Katastrophenschutzorganisationen, die Streitkräfte, die Polizeibehörden, Richter, Staatsanwälte, Ermittler oder andere Strafverfolgungsbehörden gelten.

(7) Die Mitgliedstaaten können entscheiden, die Verpflichtungen aus den Artikeln 12 und 13 sowie aus Artikel 15 Absatz 1 Buchstabe a nicht auf natürliche Personen anzuwenden, die als Arbeitgeber in Haushalten fungieren, in denen Arbeit für diese Haushalte erbracht wird.

(8) [1] Unbeschadet der Richtlinien 2009/13/EG und (EU) 2017/159 des Rates ist Kapitel II dieser Richtlinie auf Seeleute bzw. Seefischer anwendbar. [2] Die Verpflichtungen nach Artikel 4 Absatz 2 Buchstaben m und o sowie nach den Artikeln 7, 9, 10 und 12 gelten nicht für Seeleute oder Seefischer.

Art. 2 Begriffsbestimmungen. Für die Zwecke dieser Richtlinie bezeichnet der Ausdruck

a) „Arbeitsplan" einen Plan, in dem die Uhrzeiten und die Tage festgelegt sind, zu bzw. an denen die Arbeit beginnt und endet;

b) „Referenzstunden und Referenztage" Zeitfenster an festgelegten Tagen, in denen auf Aufforderung des Arbeitgebers Arbeit stattfinden kann;

c) „Arbeitsmuster" die Organisationsform der Arbeitszeit nach einem bestimmten Schema, das vom Arbeitgeber festgelegt wird.

[1)] Nr. **300**.

[2)] **Amtl. Anm.:** Richtlinie 2008/104/EG des Europäischen Parlaments und des Rates vom 19. November 2008 über Leiharbeit (ABl. L 327 vom 5.12.2008, S. 9).

Art. 3 Bereitstellung von Informationen. [1] Der Arbeitgeber stellt jedem Arbeitnehmer die gemäß dieser Richtlinie erforderlichen Informationen schriftlich zur Verfügung. [2] Die Informationen sind in Papierform oder – sofern die Informationen für den Arbeitnehmer zugänglich sind, gespeichert und ausgedruckt werden können und der Arbeitgeber einen Übermittlungs- oder Empfangsnachweis erhält – in elektronischer Form zur Verfügung zu stellen und zu übermitteln.

Kapitel II. Unterrichtung über das Arbeitsverhältnis

Art. 4 Pflicht zur Unterrichtung. (1) Die Mitgliedstaaten stellen sicher, dass den Arbeitgebern vorgeschrieben wird, die Arbeitnehmer über die wesentlichen Aspekte des Arbeitsverhältnisses zu unterrichten.

(2) Die in Absatz 1 genannte Unterrichtung umfasst mindestens folgende Informationen:

a) die Personalien der Parteien des Arbeitsverhältnisses;

b) den Arbeitsort; falls es sich nicht um einen festen oder vorherrschenden Arbeitsort handelt: den Hinweis darauf, dass der Arbeitnehmer grundsätzlich an verschiedenen Orten tätig wird oder ihren bzw. seinen Arbeitsort frei wählen kann, sowie den Sitz des Unternehmens oder gegebenenfalls den Wohnsitz des Arbeitgebers;

c) entweder

   i) die Funktionsbezeichnung, den Grad sowie die Art oder Kategorie der Arbeit, die dem Arbeitnehmer bei der Einstellung zugewiesen wurden, oder

   ii) eine kurze Charakterisierung oder Beschreibung der Arbeit;

d) den Zeitpunkt des Beginns des Arbeitsverhältnisses;

e) bei befristeten Arbeitsverhältnissen: das Enddatum oder die erwartete Dauer des Arbeitsverhältnisses;

f) bei Leiharbeitnehmern: die Identität der entleihenden Unternehmen, wenn und sobald bekannt;

g) gegebenenfalls die Dauer und die Bedingungen der Probezeit;

h) gegebenenfalls den Anspruch auf vom Arbeitgeber bereitgestellte Fortbildung;

i) die Dauer des bezahlten Urlaubs, auf den der Arbeitnehmer Anspruch hat, oder, falls dies zum Zeitpunkt der Unterrichtung nicht angegeben werden kann, die Modalitäten der Gewährung und der Festlegung dieses Urlaubs;

j) das bei der Kündigung des Arbeitsverhältnisses vom Arbeitgeber und vom Arbeitnehmer einzuhaltende Verfahren, einschließlich der formellen Anforderungen und der Länge der Kündigungsfristen, oder, falls die Kündigungsfristen zum Zeitpunkt der Unterrichtung nicht angegeben werden können, die Modalitäten der Festsetzung der Kündigungsfristen;

k) die Vergütung, einschließlich des anfänglichen Grundbetrags, sofern vorhanden anderer Bestandteile, die getrennt anzugeben sind, und der Periodizität und der Art der Auszahlung der Vergütung, auf die der Arbeitnehmer Anspruch hat;

l) falls die Arbeitsmuster völlig oder größtenteils vorhersehbar sind: die Länge des Standardarbeitstages oder der Standardarbeitswoche des Arbeitnehmers sowie gegebenenfalls die Modalitäten und die Vergütung von Überstunden und, sofern zutreffend, etwaige Modalitäten von Schichtänderungen;

m) falls die Arbeitsmuster völlig oder größtenteils unvorhersehbar sind, teilt der Arbeitgeber dem Arbeitnehmer Folgendes mit:
   i) den Grundsatz, dass der Arbeitsplan variabel ist, die Anzahl der garantierten bezahlten Stunden und die Vergütung für zusätzlich zu diesen garantierten Stunden erbrachte Arbeiten;
   ii) die Referenzstunden und die Referenztage, innerhalb derer der Arbeitnehmer aufgefordert werden kann zu arbeiten;
   iii) die Mindestankündigungsfrist, auf die der Arbeitnehmer vor Beginn eines Arbeitsauftrags Anspruch hat, und, falls zutreffend, die Frist für einen Widerruf nach Artikel 10 Absatz 3;

n) gegebenenfalls die Angabe der Kollektiv- bzw. Tarifverträge, in denen die Arbeitsbedingungen des Arbeitnehmers geregelt sind, oder bei außerhalb des Unternehmens durch einzelne paritätische Stellen oder Institutionen abgeschlossenen Kollektiv- bzw. Tarifverträgen: Angabe solcher Stellen oder paritätischen Institutionen, in deren Rahmen sie abgeschlossen wurden;

o) falls der Arbeitgeber dafür zuständig ist: die Identität der Sozialversicherungsträger, die die Sozialbeiträge im Zusammenhang mit dem Arbeitsverhältnis und einem gegebenenfalls vom Arbeitgeber gewährten Sozialversicherungsschutz erhalten.

(3) Die Informationen gemäß Absatz 2 Buchstaben g bis l und o können gegebenenfalls durch einen Hinweis auf die Rechts- und Verwaltungsvorschriften bzw. die Satzungsbestimmungen oder Kollektiv- bzw. Tarifverträge erteilt werden, die für die entsprechenden Bereiche gelten.

Art. 5 Zeitpunkt und Form der Unterrichtung. (1) [1] Sofern sie nicht früher bereitgestellt wurden, werden die Informationen gemäß Artikel 4 Absatz 2 Buchstaben a bis e, g, k, l und m dem Arbeitnehmer individuell zwischen dem ersten Arbeitstag und spätestens dem siebten Kalendertag in Form eines oder mehrerer Dokumente zur Verfügung gestellt. [2] Die übrigen Informationen gemäß Artikel 4 Absatz 2 werden dem Arbeitnehmer individuell innerhalb eines Monats ab dem ersten Arbeitstag in Form eines Dokuments bereitgestellt.

(2) Die Mitgliedstaaten können Vorlagen und Modelle für die in Absatz 1 genannten Dokumente entwickeln, die sie dem Arbeitnehmer sowie dem Arbeitgeber unter anderem auf einer einzigen offiziellen nationalen Website oder im Rahmen anderer angemessener Maßnahmen zugänglich machen.

(3) Die Mitgliedstaaten stellen sicher, dass die Informationen über die Rechts- und Verwaltungsvorschriften bzw. die Satzungsbestimmungen oder allgemeinverbindlichen Kollektiv- bzw. Tarifverträge, die den anwendbaren Rechtsrahmen regeln und von Arbeitgebern kommuniziert werden müssen, allgemein und kostenlos sowie in klarer, transparenter, umfassender und leicht zugänglicher Art und Weise durch Fernkommunikationsmittel und auf elektronischem Wege zur Verfügung gestellt werden, darunter auf bestehenden Online-Portalen.

Art. 6 Änderungen des Arbeitsverhältnisses. (1) Die Mitgliedstaaten stellen sicher, dass der Arbeitgeber dem Arbeitnehmer Informationen über Änderungen von in Artikel 4 Absatz 2 genannten Aspekten des Arbeitsverhältnisses oder über Änderungen der zusätzlichen Informationen für in einen anderen Mitgliedstaat oder in ein Drittland geschickte Arbeitnehmer gemäß Artikel 7 bei erster Gelegenheit, spätestens aber an dem Tag, an dem diese Änderungen wirksam werden, in Form eines Dokuments zur Verfügung stellt.

(2) Das Dokument nach Absatz 1 ist nicht erforderlich im Fall von Änderungen, mit denen lediglich einer Änderung der Rechts- und Verwaltungsvorschriften bzw. der Satzungsbestimmungen oder Kollektiv- bzw. Tarifverträge, auf die die Dokumente nach Artikel 5 Absatz 1 und gegebenenfalls nach Artikel 7 Bezug nehmen, Rechnung getragen wird.

Art. 7 Zusätzliche Informationen für in einen anderen Mitgliedstaat oder in ein Drittland geschickte Arbeitnehmer. (1) Die Mitgliedstaaten stellen sicher, dass der Arbeitgeber einem Arbeitnehmer der in einem Mitgliedstaat, der nicht der Mitgliedstaat ist, in dem er für gewöhnlich arbeitet, oder in einem Drittland arbeiten soll, vor seiner Abreise die in Artikel 5 Absatz 1 genannten Dokumente bereitstellt und dass in den Dokumenten zusätzlich zumindest Folgendes angegeben ist:

a) das Land oder die Länder, in dem bzw. in denen die Arbeit im Ausland geleistet werden soll, und die geplante Dauer der Arbeit;
b) die Währung, in der die Vergütung erfolgt;
c) falls anwendbar: die mit den Arbeitsaufträgen verbundenen Geld- oder Sachleistungen;
d) Angaben dazu, ob eine Rückführung vorgesehen ist, und falls ja, die Bedingungen für die Rückführung des Arbeitnehmers.

(2) Die Mitgliedstaaten stellen sicher, dass die entsandten Arbeitnehmer im Sinne der Richtlinie 96/71/EG zusätzlich über Folgendes unterrichtet werden:

a) die Vergütung, auf die sie im Einklang mit dem geltenden Recht des Aufnahmemitgliedstaats Anspruch haben;
b) falls anwendbar: Entsendezulagen und Regelungen für die Erstattung von Reise-, Verpflegungs- und Unterbringungskosten;
c) den Link zu der einzigen offiziellen nationalen Website, die der Aufnahmemitgliedstaat gemäß Artikel 5 Absatz 2 der Richtlinie 2014/67/EU des Europäischen Parlaments und des Rates[1)] eingerichtet hat.

(3) Die Informationen gemäß Absatz 1 Buchstabe b und Absatz 2 Buchstabe a können gegebenenfalls durch einen Hinweis auf konkrete Bestimmungen der Rechts- und Verwaltungsvorschriften und Satzungen oder Kollektiv- bzw. Tarifverträge erteilt werden, die für diese Informationen gelten.

(4) Sofern die Mitgliedstaaten nichts anderes bestimmen, finden die Absätze 1 und 2 keine Anwendung, wenn die Dauer jedes einzelnen Arbeitszeitraums außerhalb des Mitgliedstaats, in dem der Arbeitnehmer für gewöhnlich arbeitet, nicht mehr als vier aufeinanderfolgende Wochen beträgt.

[1)] **Amtl. Anm.:** Richtlinie 2014/67/EU des Europäischen Parlaments und des Rates vom 15. Mai 2014 zur Durchsetzung der Richtlinie 96/71/EG über die Entsendung von Arbeitnehmern im Rahmen der Erbringung von Dienstleistungen und zur Änderung der Verordnung (EU) Nr. 1024/2012 über die Verwaltungszusammenarbeit mit Hilfe des Binnenmarkt-Informationssystems („IMI-Verordnung") (ABl. L 159 vom 28.5.2014, S. 11).

Kapitel III. Mindestanforderungen an die Arbeitsbedingungen

Art. 8 Höchstdauer einer Probezeit. (1) Die Mitgliedstaaten stellen sicher, dass eine Probezeit, falls das Arbeitsverhältnis nach Maßgabe des nationalen Rechts oder der nationalen Gepflogenheiten eine solche umfasst, nicht länger als sechs Monate dauert.

(2) [1] Bei befristeten Arbeitsverhältnissen tragen die Mitgliedstaaten dafür Sorge, dass die Probezeitdauer im Verhältnis zur erwarteten Dauer des Vertrags und der Art der Tätigkeit steht. [2] Bei einer Vertragsverlängerung für dieselbe Funktion und dieselben Aufgaben gilt für das Arbeitsverhältnis keine neue Probezeit.

(3) [1] Die Mitgliedstaaten können in Ausnahmefällen längere Probezeiten festsetzen, wenn dies durch die Art der Tätigkeit gerechtfertigt oder im Interesse des Arbeitnehmers ist. [2] Die Mitgliedstaaten können festlegen, dass die Probezeit in Fällen, in denen der Arbeitnehmer während der Probezeit der Arbeit ferngeblieben war, entsprechend verlängert werden kann.

Art. 9 Mehrfachbeschäftigung. (1) Die Mitgliedstaaten stellen sicher, dass ein Arbeitgeber einem Arbeitnehmer weder verbieten darf, außerhalb des mit ihm festgelegten Arbeitsplans ein Arbeitsverhältnis mit anderen Arbeitgebern aufzunehmen, noch ihn benachteiligen darf, falls er dies tut.

(2) Die Mitgliedstaaten dürfen Bedingungen festlegen, bei deren Vorliegen die Arbeitgeber aus objektiven Gründen Unvereinbarkeitsbestimmungen anwenden dürfen, etwa aus Gründen der Gesundheit und der Sicherheit, zum Schutz von Geschäftsgeheimnissen, der Integrität des öffentlichen Dienstes oder zur Vermeidung von Interessenkonflikten.

Art. 10 Mindestvorhersehbarkeit der Arbeit. (1) Die Mitgliedstaaten stellen sicher, dass ein Arbeitnehmer, dessen Arbeitsmuster völlig oder größtenteils unvorhersehbar sind, nicht vom Arbeitgeber verpflichtet werden kann zu arbeiten, es sei denn, die beiden folgenden Voraussetzungen sind erfüllt:

a) Die Arbeit findet innerhalb der vorab bestimmten Referenzstunden und Referenztage im Sinne von Artikel 4 Absatz 2 Buchstabe m Ziffer ii statt, und

b) der Arbeitgeber unterrichtet den Arbeitnehmer innerhalb einer angemessenen Ankündigungsfrist gemäß den nationalen Rechtsvorschriften, Kollektiv- bzw. Tarifverträgen oder Gepflogenheiten nach Artikel 4 Absatz 2 Buchstabe m Ziffer iii über einen Arbeitsauftrag.

(2) Wenn eine oder beide der in Absatz 1 festgelegten Bedingungen nicht erfüllt werden, ist der Arbeitnehmer berechtigt, einen Arbeitsauftrag abzulehnen, ohne dass ihm daraus Nachteile entstehen.

(3) Erlauben die Mitgliedstaaten dem Arbeitgeber, einen Arbeitsauftrag ohne Entschädigung zu widerrufen, so ergreifen die Mitgliedstaaten die erforderlichen Maßnahmen gemäß den nationalen Rechtsvorschriften, Kollektiv- bzw. Tarifverträgen oder Gepflogenheiten, damit sichergestellt ist, dass der Arbeitnehmer Anspruch auf Entschädigung hat, falls der Arbeitgeber den zuvor mit dem Arbeitnehmer vereinbarten Arbeitsauftrag nach einer konkreten angemessenen Frist widerruft.

(4) Die Mitgliedstaaten können Modalitäten im Einklang mit den nationalen Rechtsvorschriften, Kollektiv- bzw. Tarifverträgen oder Gepflogenheiten zur Anwendung dieses Artikels erlassen.

Art. 11 Zusatzmaßnahmen bei Abrufverträgen. *[1]* Erlauben die Mitgliedstaaten Abrufverträge oder ähnliche Arbeitsverträge, so ergreifen sie mindestens eine der folgenden Maßnahmen, um missbräuchliche Praktiken zu unterbinden:

a) Beschränkungen der Anwendung und Dauer von Abrufverträgen und ähnlichen Arbeitsverträgen;
b) eine widerlegbare Vermutung, dass ein Arbeitsvertrag mit einem garantierten Mindestumfang bezahlter Stunden ausgehend von den in einem bestimmten Zeitraum durchschnittlich geleisteten Stunden vorliegt;
c) andere gleichwertige Maßnahmen, mit denen missbräuchliche Praktiken wirksam verhindert werden.

[2] Die Mitgliedstaaten unterrichten die Kommission über diese Maßnahmen.

Art. 12 Übergang zu einer anderen Arbeitsform. (1) [1]Die Mitgliedstaaten stellen sicher, dass Arbeitnehmer, die – falls zutreffend – ihre Probezeit abgeschlossen haben und seit mindestens sechs Monaten bei demselben Arbeitgeber tätig sind, ihren Arbeitgeber um eine Arbeitsform mit vorhersehbaren und sichereren Arbeitsbedingungen, falls verfügbar, ersuchen dürfen und eine begründete schriftliche Antwort erhalten. [2]Die Mitgliedstaaten können die Häufigkeit der Ersuchen begrenzen, in deren Folge die Verpflichtung nach Maßgabe dieses Artikels gilt.

(2) [1]Die Mitgliedstaaten sorgen dafür, dass der Arbeitgeber innerhalb eines Monats nach dem Ersuchen die in Absatz 1 genannte begründete schriftliche Antwort erteilt. [2]Bei natürlichen Personen, die als Arbeitgeber fungieren und bei Kleinstunternehmen sowie bei kleinen und mittleren Unternehmen können die Mitgliedstaaten vorsehen, dass die genannte Frist auf höchstens drei Monate verlängert wird, und erlauben, dass die Antwort mündlich erfolgt, wenn derselbe Arbeitnehmer bereits ein ähnliches Ersuchen vorgebracht hat und die Begründung für die Antwort bezüglich der Situation des Arbeitnehmers gleichgeblieben ist.

Art. 13 Pflichtfortbildungen. Die Mitgliedstaaten stellen sicher, dass den Arbeitnehmern Fortbildung kostenlos angeboten wird, als Arbeitszeit angerechnet wird und möglichst während der Arbeitszeiten stattfindet, wenn der Arbeitgeber aufgrund von Rechtsvorschriften der Union oder nationalen Rechtsvorschriften oder Kollektiv- bzw. Tarifverträgen verpflichtet ist, den Arbeitnehmern Fortbildung im Hinblick auf die Arbeit anzubieten, die sie ausüben.

Art. 14 Kollektiv- bzw. Tarifverträge. Die Mitgliedstaaten können den Sozialpartnern erlauben, im Einklang mit dem nationalen Recht oder den nationalen Gepflogenheiten Kollektiv- bzw. Tarifverträge beizubehalten, auszuhandeln, zu schließen und durchzusetzen, bei denen Regelungen bezüglich der Arbeitsbedingungen von Arbeitnehmern getroffen werden, die von den in den Artikeln 8 bis 13 beschriebenen Regelungen abweichen, sofern der Schutz der Arbeitnehmer insgesamt gewahrt bleibt.

Kapitel IV. Horizontale Bestimmungen

Art. 15 Rechtsvermutungen und Verfahren für eine frühzeitige Streitbeilegung. (1) Die Mitgliedstaaten stellen sicher, dass, wenn ein Arbeitnehmer innerhalb der Frist nicht alle oder nur Teile der Dokumente gemäß Artikel 5 Absatz 1 oder Artikel 6 erhält, eine oder beide der folgenden Regelungen angewandt wird:

a) Der Arbeitnehmer kommt in den Genuss von für ihn günstigen Vermutungen, die vom Mitgliedstaat festgelegt werden und die vom Arbeitgeber widerlegt werden können;

b) der Arbeitnehmer erhält die Möglichkeit, bei einer zuständigen Behörde oder Stelle eine Beschwerde einzureichen zeitnah und wirksam und angemessene Abhilfe zu erhalten.

(2) Die Mitgliedstaaten können festlegen, dass die die in Absatz 1 genannten Vermutungen und Mechanismen erst angewandt werden, wenn dem Arbeitgeber eine entsprechende Aufforderung übermittelt wurde und dieser es versäumt hat, die fehlenden Informationen rechtzeitig zur Verfügung zu stellen.

Art. 16 Anspruch auf Abhilfe. Die Mitgliedstaaten stellen sicher, dass Arbeitnehmer, einschließlich solcher, deren Arbeitsverhältnis beendet ist, Zugang zu wirkungsvoller und unparteiischer Streitbeilegung und einen Anspruch auf Abhilfe haben, wenn die ihnen aufgrund dieser Richtlinie zustehenden Rechte verletzt werden.

Art. 17 Schutz vor Benachteiligung oder negativen Konsequenzen.

Die Mitgliedstaaten führen die notwendigen Maßnahmen ein, um Arbeitnehmer, darunter auch Arbeitnehmervertreter, vor jedweder Benachteiligung durch den Arbeitgeber und vor jedweden negativen Konsequenzen zu schützen, denen sie ausgesetzt sind, weil sie Beschwerde beim Arbeitgeber eingereicht oder ein Verfahren angestrengt haben mit dem Ziel, die Einhaltung der im Rahmen dieser Richtlinie gewährten Rechte durchzusetzen.

Art. 18 Kündigungsschutz und Beweislast. (1) Die Mitgliedstaaten ergreifen die erforderlichen Maßnahmen, um eine Kündigung oder Maßnahmen mit gleicher Wirkung sowie jegliche Vorbereitung auf eine Kündigung von Arbeitnehmer zu untersagen, wenn diese Maßnahmen damit begründet werden, dass die Arbeitnehmer die in dieser Richtlinie vorgesehenen Rechte in Anspruch genommen haben.

(2) [1] Arbeitnehmer, die der Ansicht sind, dass ihnen aufgrund der Inanspruchnahme der in dieser Richtlinie vorgesehenen Rechte gekündigt worden ist oder dass sie deshalb Maßnahmen mit gleicher Wirkung ausgesetzt sind, können vom Arbeitgeber verlangen, dass er hinreichend genau bezeichnete Gründe für die Kündigung oder die Maßnahme mit gleicher Wirkung anführt. [2] Der Arbeitgeber legt diese Gründe schriftlich dar.

(3) Die Mitgliedstaaten ergreifen die erforderlichen Maßnahmen, um sicherzustellen, dass in Fällen, in denen die in Absatz 2 genannten Arbeitnehmer vor einem Gericht oder einer anderen zuständigen Behörde oder Stelle Tatsachen

anführen, die darauf schließen lassen, dass eine solche Kündigung oder Maßnahme mit gleicher Wirkung erfolgt ist, der Arbeitgeber nachzuweisen hat, dass die Kündigung aus anderen als den in Absatz 1 angeführten Gründen erfolgt ist.

(4) Absatz 3 lässt das Recht der Mitgliedstaaten, eine für die Arbeitnehmer günstigere Beweislastregelung vorzusehen, unberührt.

(5) Die Mitgliedstaaten sind nicht verpflichtet, Absatz 3 auf Verfahren anzuwenden, in denen die Ermittlung des Sachverhalts dem Gericht oder einer anderen zuständigen Behörde oder Stelle obliegt.

(6) Sofern von den Mitgliedstaaten nicht anders geregelt, findet Artikel 3 in Strafverfahren keine Anwendung.

Art. 19 Sanktionen. [1] Die Mitgliedstaaten legen Regeln für Sanktionen fest, die bei Verstößen gegen nationale Rechtsvorschriften, welche gemäß dieser Richtlinie erlassen wurden, oder gegen bereits geltende einschlägige Vorschriften zu Rechten, die unter diese Richtlinie fallen, anwendbar sind. [2] Die vorgesehenen Sanktionen müssen wirksam, angemessen und abschreckend sein.

Kapitel V. Schlussbestimmungen

Art. 20 Regressionsverbot und günstigere Bestimmungen. (1) Diese Richtlinie rechtfertigt nicht eine Verringerung des den Arbeitnehmern in den Mitgliedstaaten bereits jetzt gewährten allgemeinen Schutzniveaus.

(2) Diese Richtlinie berührt nicht das Recht der Mitgliedstaaten, für die Arbeitnehmer günstigere Rechts- oder Verwaltungsvorschriften anzuwenden oder zu erlassen oder die Anwendung von für die Arbeitnehmer günstigeren Kollektiv- bzw. Tarifverträgen zu fördern oder zuzulassen.

(3) Diese Richtlinie lässt andere Rechte unberührt, die Arbeitnehmern durch andere Rechtsakte der Union erteilt worden sind.

Art. 21 Umsetzung und Durchführung. (1) [1] Die Mitgliedstaaten ergreifen die Maßnahmen, die erforderlich sind, um dieser Richtlinie spätestens am 1. August 2022 nachzukommen. [2] Sie setzen die Kommission hiervon unverzüglich in Kenntnis.

(2) [1] Bei Erlass der Maßnahmen nach Absatz 1 nehmen die Mitgliedstaaten in den Vorschriften selbst oder durch einen Hinweis bei der amtlichen Veröffentlichung auf diese Richtlinie Bezug. [2] Die Mitgliedstaaten regeln die Einzelheiten dieser Bezugnahme.

(3) Die Mitgliedstaaten teilen der Kommission den Wortlaut der wichtigsten nationalen Rechtsvorschriften mit, die sie auf dem unter diese Richtlinie fallenden Gebiet erlassen.

(4) Die Mitgliedstaaten ergreifen im Einklang mit ihren nationalen Rechtsvorschriften und Gepflogenheiten angemessene Maßnahmen, um sicherzustellen, dass die Sozialpartner wirksam einbezogen werden, und um den sozialen Dialog zu fördern und zu verbessern, damit diese Richtlinie tatsächlich durchgeführt wird.

(5) Die Mitgliedstaaten können den Sozialpartnern die Durchführung dieser Richtlinie übertragen, wenn die Sozialpartner dies gemeinsam beantragen und sofern die Mitgliedstaaten alle erforderlichen Maßnahmen treffen, um jederzeit

gewährleisten zu können, dass die mit dieser Richtlinie angestrebten Ergebnisse erzielt werden.

Art. 22 Übergangsbestimmungen. [1] Die in dieser Richtlinie festgelegten Rechte und Pflichten gelten spätestens am 1. August 2022 für alle Arbeitsverhältnisse. [2] Ein Arbeitgeber muss jedoch die in Artikel 5 Absatz 1 und in Artikel 6 und 7 genannten Dokumente nur auf Aufforderung eines Arbeitsnehmers, der an diesem Tag bereits beschäftigt ist, bereitstellen oder ergänzen. [3] Das Ausbleiben einer solchen Aufforderung darf nicht zur Folge haben, dass Arbeitnehmer von den mit den Artikeln 8 bis 13 eingeführten Mindestrechten ausgeschlossen werden.

Art. 23 Überprüfung durch die Kommission. Nach Konsultierung der Mitgliedstaaten und der Sozialpartner auf Unionsebene und unter Berücksichtigung der Auswirkungen auf Kleinstunternehmen sowie kleine und mittlere Unternehmen überprüft die Kommission spätestens bis 1. August 2027 die Umsetzung dieser Richtlinie und schlägt gegebenenfalls die notwendigen Änderungen der Rechtsvorschriften vor.

Art. 24 Aufhebung. [1] Die Richtlinie 91/533/EWG[1)] wird mit Wirkung vom 1. August 2022 aufgehoben. [2] Bezugnahmen auf die aufgehobene Richtlinie gelten als Bezugnahmen auf die vorliegende Richtlinie.

Art. 25 Inkrafttreten. Diese Richtlinie tritt am zwanzigsten Tag nach ihrer Veröffentlichung[2)] im *Amtsblatt der Europäischen Union* in Kraft.

Art. 26 Adressaten. Diese Richtlinie ist an die Mitgliedstaaten gerichtet.

Geschehen zu Brüssel am 20. Juni 2019.

---

1) Nr. **215**.
2) Veröffentlicht am 11.7.2019.

345. Richtlinie (EU) 2019/1158 des Europäischen Parlaments und des Rates vom 20. Juni 2019 zur Vereinbarkeit von Beruf und Privatleben für Eltern und pflegende Angehörige und zur Aufhebung der Richtlinie 2010/18/EU des Rates

(ABl. L 188 S. 79)

Celex-Nr. 3 2019 L 1158

DAS EUROPÄISCHE PARLAMENT UND DER RAT DER EUROPÄISCHEN UNION –

gestützt auf den Vertrag über die Arbeitsweise der Europäischen Union, insbesondere auf Artikel 153 Absatz 2 Buchstabe b in Verbindung mit Artikel 153 Absatz 1 Buchstabe i,

auf Vorschlag der Europäischen Kommission,

nach Zuleitung des Entwurfs des Gesetzgebungsakts an die nationalen Parlamente,

nach Stellungnahme des Europäischen Wirtschafts- und Sozialausschusses[1)],

nach Stellungnahme des Ausschusses der Regionen[2)], gemäß dem ordentlichen Gesetzgebungsverfahren[3)],

in Erwägung nachstehender Gründe:

(1) Gemäß Artikel 153 Absatz 1 Buchstabe i des Vertrags über die Arbeitsweise der Europäischen Union[4)] (AEUV[5)]) unterstützt und ergänzt die Union die Tätigkeit der Mitgliedstaaten auf dem Gebiet der Chancengleichheit von Männern und Frauen auf dem Arbeitsmarkt und der Gleichbehandlung am Arbeitsplatz.

(2) Die Gleichstellung von Männern und Frauen ist ein Grundprinzip der Union. Artikel 3 Absatz 3 Unterabsatz 2 des Vertrags über die Europäische Union (EUV)[6)] legt fest, dass die Union die Gleichstellung von Frauen und Männern fördert. Artikel 23 der Charta der Grundrechte der Europäischen Union[7)] (im Folgenden „Charta") legt fest, dass die Gleichheit von Männern und Frauen in allen Bereichen, einschließlich der Beschäftigung, der Arbeit und des Arbeitsentgelts, sicherzustellen ist.

(3) Artikel 33 der Charta[7)] sieht das Recht auf Schutz vor Entlassung aus einem mit der Mutterschaft zusammenhängenden Grund sowie den Anspruch auf einen bezahlten Mutterschaftsurlaub und auf einen Elternurlaub nach der Geburt oder Adoption eines Kindes vor, um Familien- und Berufsleben miteinander in Einklang bringen zu können.

[1)] **Amtl. Anm.:** ABl. C 129 vom 11.4.2018, S. 44.

[2)] **Amtl. Anm.:** ABl. C 164 vom 8.5.2018, S. 62.

[3)] **Amtl. Anm.:** Standpunkt des Europäischen Parlaments vom 4. April 2019 (noch nicht im Amtsblatt veröffentlicht) und Beschluss des Rates vom 13. Juni 2019.

[4)] Nr. **5**.

[5)] Auszugsweise abgedruckt unter Nr. **5**.

[6)] Nr. **1**.

[7)] Nr. **15**.

(4) Die Union hat das Übereinkommen[1] der Vereinten Nationen von 2006 über die Rechte von Menschen mit Behinderungen ratifiziert. Das Übereinkommen ist somit integraler Bestandteil der Rechtsordnung der Union, und die Rechtsakte der Union sind möglichst so auszulegen, dass sie mit dem Übereinkommen in Einklang stehen. Insbesondere in Artikel 7 Absatz 1 des Übereinkommens ist festgelegt, dass die Vertragsparteien alle erforderlichen Maßnahmen treffen, um zu gewährleisten, dass Kinder mit Behinderungen gleichberechtigt mit anderen Kindern alle Menschenrechte und Grundfreiheiten genießen können.

(5) Die Mitgliedstaaten haben das Übereinkommen der Vereinten Nationen von 1989 über die Rechte des Kindes ratifiziert. In Artikel 18 Absatz 1 des Übereinkommens ist festgelegt, dass beide Elternteile gemeinsam für die Erziehung und Entwicklung des Kindes verantwortlich sind und das Wohl des Kindes ihr Grundanliegen sein sollte.

(6) Die Politik im Bereich der Vereinbarkeit von Beruf und Privatleben sollte zur Förderung der Geschlechtergleichstellung beitragen, indem sie die Erwerbstätigkeit von Frauen und die gerechte Aufteilung von Betreuungs- und Pflegeaufgaben zwischen Männern und Frauen unterstützt und indem sie die Einkommens- und Entgeltschere zwischen den Geschlechtern schließt. Eine solche Politik sollte auch demografische Veränderungen berücksichtigen, darunter die Auswirkungen der Bevölkerungsalterung.

(7) In Anbetracht der mit dem demografischen Wandel verbundenen Herausforderungen und des damit einhergehenden Drucks auf die öffentlichen Ausgaben in manchen Mitgliedstaaten ist davon auszugehen, dass der Bedarf an informeller Betreuung zunehmen wird.

(8) Auf Unionsebene gibt es mehrere Richtlinien zu Geschlechtergleichstellung und Arbeitsbedingungen, in denen bestimmte für die Vereinbarkeit von Beruf und Privatleben maßgebliche Aspekte bereits behandelt werden, insbesondere die Richtlinien 2006/54/EG[2] [3] und 2010/41/EU[4] [5] des Europäischen Parlaments und des Rates und die Richtlinien 92/85/EWG[6] [7], 97/81/EG[8] [9] und 2010/18/EU[10] [11] des Rates.

(9) Die Grundsätze der Gleichstellung der Geschlechter und der Vereinbarkeit von Berufs- und Privatleben werden in den Grundsätzen 2 und 9 der europäischen Säule sozialer Rechte bekräftigt, die am 17. November 2017 vom Europäischen Parlament, vom Rat und von der Kommission proklamiert wurde.

---

[1] Nr. **35**.

[2] Nr. **290**.

[3] **Amtl. Anm.:** Richtlinie 2006/54/EG des Europäischen Parlaments und des Rates vom 5. Juli 2006 zur Verwirklichung des Grundsatzes der Chancengleichheit und Gleichbehandlung von Männern und Frauen in Arbeits- und Beschäftigungsfragen (ABl. L 204 vom 26.7.2006, S. 23).

[4] Nr. **315**.

[5] **Amtl. Anm.:** Richtlinie 2010/41/EU des Europäischen Parlaments und des Rates vom 7. Juli 2010 zur Verwirklichung des Grundsatzes der Gleichbehandlung von Männern und Frauen, die eine selbständige Erwerbstätigkeit ausüben, und zur Aufhebung der Richtlinie 86/613/EWG des Rates (ABl. L 180 vom 15.7.2010, S. 1).

[6] Nr. **220**.

[7] **Amtl. Anm.:** Richtlinie 92/85/EWG des Rates vom 19. Oktober 1992 über die Durchführung von Maßnahmen zur Verbesserung der Sicherheit und des Gesundheitsschutzes von schwangeren Arbeitnehmerinnen, Wöchnerinnen und stillenden Arbeitnehmerinnen am Arbeitsplatz (zehnte Ein- →

(10) Die Vereinbarkeit von Beruf und Privatleben stellt jedoch – insbesondere aufgrund der zunehmenden Verbreitung verlängerter Arbeitszeiten und wechselnder Arbeitspläne – für viele Arbeitnehmer und Eltern mit Betreuungs- bzw. Pflegeaufgaben eine große Herausforderung dar, was negative Auswirkungen auf die Beschäftigungsquote von Frauen hat. Frauen sind vor allem auch deshalb am Arbeitsmarkt unterrepräsentiert, weil sich berufliche und familiäre Pflichten nur schwer vereinbaren lassen. Frauen mit Kindern sind häufig in geringerem Stundenausmaß bezahlt beschäftigt und wenden mehr Zeit für unbezahlte Betreuungs- und Pflegeaufgaben auf. Auch die Erkrankung oder Pflegebedürftigkeit von Angehörigen wirkt sich nachweislich negativ auf die Erwerbstätigkeit von Frauen aus und führt sogar dazu, dass manche Frauen ganz aus dem Arbeitsmarkt ausscheiden.

(11) Der derzeitige Rechtsrahmen der Union bietet Männern nur wenige Anreize, um einen gleichwertigen Anteil an den Betreuungs- und Pflegeaufgaben zu übernehmen. In vielen Mitgliedstaaten gibt es keinen bezahlten Vaterschafts- und Elternurlaub, weshalb nur wenige Väter einen Urlaub in Anspruch nehmen. Die Politik zur Förderung der Vereinbarkeit von Beruf und Privatleben für Frauen bzw. Männer ist so unausgewogen gestaltet, dass sie die Geschlechterstereotype und -unterschiede sowohl im Beruf als auch im Bereich von Betreuung und Pflege noch verstärkt. Mit Gleichbehandlungsmaßnahmen sollte unter anderem das Problem der Stereotype bei der Beschäftigung und den Rollen sowohl von Männern als auch von Frauen angegangen werden, und die Sozialpartner sind dazu angehalten, ihrer Schlüsselrolle gerecht zu werden, indem sie sowohl Arbeitnehmer als auch Arbeitgeber informieren und sie für die Bekämpfung von Diskriminierung sensibilisieren. Wenn Väter Maßnahmen zur Vereinbarkeit von Beruf und Privatleben in Anspruch nehmen, wie z.B. Urlaub oder flexible Arbeitsregelungen, wirkt sich dies außerdem nachweislich positiv in der Form aus, dass Frauen relativ betrachtet weniger unbezahlte Familienarbeit leisten und ihnen mehr Zeit für eine bezahlte Beschäftigung bleibt.

(12) Bei der Umsetzung dieser Richtlinie sollten die Mitgliedstaaten berücksichtigen, dass die ausgewogene Inanspruchnahme von Urlaub aus familiären Gründen durch Männer und Frauen auch von anderen geeigneten Maßnahmen abhängt, wie z.B. der Bereitstellung zugänglicher und erschwinglicher Kinderbetreuung und Langzeitpflege, die unabdingbar dafür ist, dass Eltern und pflegende Angehörige eine Beschäftigung aufnehmen oder sie weiterführen bzw. erneut eine Beschäftigung aufnehmen können.

(Fortsetzung der Anm. von voriger Seite)
zelrichtlinie im Sinne des Artikels 16 Absatz 1 der Richtlinie 89/391/EWG *[Nr.* ***200****]*) (ABl. L 348 vom 28.11.1992, S. 1).

[8] Nr. **235**.

[9] **Amtl. Anm.:** Richtlinie 97/81/EG des Rates vom 15. Dezember 1997 zu der von UNICE, CEEP und EGB geschlossenen Rahmenvereinigung über (ABl. L 14 vom 20.1.1998, S. 9).

[10] Nr. **310**.

[11] **Amtl. Anm.:** Richtlinie 2010/18/EU des Rates vom 8. März 2010 zur Durchführung der von BUSINESSEUROPE, UEAPME, CEEP und EGB geschlossenen überarbeiteten Rahmenvereinbarung über den Elternurlaub und zur Aufhebung der Richtlinie 96/34/EG (ABl. L 68 vom 18.3. 2010, S. 13).

Die Beseitigung wirtschaftlicher Negativanreize kann zudem Zweitverdiener, bei denen es sich zumeist um Frauen handelt, ermutigen, sich uneingeschränkt in den Arbeitsmarkt einzubringen.

(13) Um die Auswirkungen dieser Richtlinie bewerten zu können, sollten die Kommission und die Mitgliedstaaten bei der Erstellung vergleichbarer und nach Geschlecht aufgeschlüsselter Statistiken auch künftig zusammenarbeiten.

(14) Die Kommission hat die Sozialpartner in einer zweistufigen Konsultation gemäß Artikel 154 AEUV[1)] zu den Herausforderungen im Bereich der Vereinbarkeit von Beruf und Privatleben befragt. Die Sozialpartner konnten sich nicht darauf einigen, über diese Fragen – einschließlich Elternurlaub – in Verhandlungen einzutreten. Es ist jedoch wichtig, in diesem Bereich aktiv zu werden und den derzeitigen Rechtsrahmen unter Berücksichtigung der Ergebnisse dieser Konsultationen sowie der öffentlichen Konsultation, mit der die Meinung von Interessenträgern sowie Bürgerinnen und Bürgern eingeholt wurde, zu modernisieren und anzupassen.

(15) Die Richtlinie 2010/18/EU[2)] regelt den Elternurlaub, indem sie eine von den Sozialpartnern geschlossene Rahmenvereinbarung umsetzt. Die vorliegende Richtlinie baut auf den Bestimmungen der Richtlinie 2010/18/EU[2)] auf und ergänzt diese, indem bestehende Rechte gestärkt und neue eingeführt werden. Die Richtlinie 2010/18/EU[2)] sollte aufgehoben und durch die vorliegende Richtlinie ersetzt werden.

(16) Mit dieser Richtlinie werden Mindestvorschriften für Vaterschafts- und Elternurlaub und Urlaub für pflegende Angehörige sowie für flexible Arbeitsregelungen für Arbeitnehmer, die Eltern oder pflegende Angehörige sind, festgelegt. Diese Richtlinie sollte zu den im Vertrag formulierten Zielen zur Geschlechtergleichstellung im Hinblick auf Arbeitsmarktchancen, zur Gleichbehandlung am Arbeitsplatz und zur Förderung eines hohen Beschäftigungsniveaus in der Union beitragen, indem es diesen Eltern und pflegenden Angehörigen leichter gemacht wird, Beruf und Familienleben zu vereinbaren.

(17) Diese Richtlinie gilt für alle Arbeitnehmer mit Arbeitsverträgen oder anderen Formen von Beschäftigungsverhältnissen, einschließlich – wie zuvor von der Richtlinie 2010/18/EU[2)] geregelt – Verträgen im Zusammenhang mit der Beschäftigung oder mit Beschäftigungsverhältnissen von Personen, die in Teilzeit oder befristet beschäftigt sind oder mit einem Leiharbeitsunternehmen einen Arbeitsvertrag geschlossen haben oder ein Beschäftigungsverhältnis eingegangen sind. Unter Berücksichtigung der Rechtsprechung des Gerichtshofs der Europäischen Union (Gerichtshof) zu den Kriterien für die Festlegung des Arbeitnehmerbegriffs, ist es Sache der Mitgliedstaaten, die Begriffe „Arbeitsvertrag" und „Beschäftigungsverhältnis" zu definieren.

(18) Die Mitgliedstaaten sind dafür zuständig, Ehe- und Familienstand zu definieren und festzulegen, welche Personen als Elternteil, Mutter und Vater gelten sollen.

(19) Um eine gleichmäßigere Aufteilung von Betreuungs- und Pflegeaufgaben zwischen Frauen und Männern zu fördern und den frühzeitigen Aufbau

---

[1)] Nr. **5**.
[2)] Nr. **310**.

einer engen Bindung zwischen Vätern und Kindern zu ermöglichen, sollte das Recht auf Vaterschaftsurlaub für Väter – oder, sofern nach nationalem Recht anerkannt, für gleichgestellte zweite Elternteile – eingeführt werden. Dieser Vaterschaftsurlaub sollte um den Zeitpunkt der Geburt des Kindes herum genommen werden und eindeutig mit der Geburt – zum Zweck der Erbringung von Betreuungs- und Pflegeleistungen – zusammenhängen. Die Mitgliedstaaten können auch bei einer Totgeburt Vaterschaftsurlaub gewähren. Es fällt in die Zuständigkeit der Mitgliedstaaten zu entscheiden, ob der Vaterschaftsurlaub teilweise auch vor der Geburt des Kindes oder ausschließlich danach genommen werden kann, innerhalb welchen Zeitrahmens er genommen werden kann und ob und unter welchen Bedingungen Vaterschaftsurlaub als Teilzeit, in abwechselnden Zeiträumen, beispielsweise für mehrere aufeinander folgende Tage oder als durch Arbeitsblöcke unterbrochenen Urlaub, oder auf andere flexible Art und Weise genommen werden kann. Die Mitgliedstaaten können festlegen, ob Vaterschaftsurlaub in Arbeitstagen, Arbeitswochen oder anderen Zeiteinheiten bemessen wird, wobei zehn Arbeitstage zwei Kalenderwochen entsprechen. Der Anspruch auf Vaterschaftsurlaub sollte unabhängig von dem gemäß dem nationalen Recht definierten Ehe- oder Familienstand gewährt werden, um Unterschiede zwischen den Mitgliedstaaten zu berücksichtigen.

(20) Da die meisten Väter ihr Recht auf Elternurlaub nicht in Anspruch nehmen oder einen beträchtlichen Teil ihres Urlaubsanspruchs auf Mütter übertragen, dehnt diese Richtlinie den Mindestzeitraum des Elternurlaubs, der nicht von einem Elternteil auf den anderen übertragen werden kann, von einem auf zwei Monate aus, um Väter zur Inanspruchnahme von Elternurlaub zu ermutigen, behält jedoch den Anspruch jedes Elternteils auf mindestens vier Monate Elternurlaub bei, wie in der Richtlinie 2010/18/EU[1] festgelegt. Mit dieser Regelung, wonach mindestens zwei Monate Elternurlaub ausschließlich jedem einzelnen Elternteil zustehen und nicht auf den anderen Elternteil übertragen werden können, sollen Väter dazu angeregt werden, ihr Recht auf einen solchen Urlaub in Anspruch zu nehmen. Sie fördert und erleichtert zudem die Wiedereingliederung von Müttern in den Arbeitsmarkt im Anschluss an den Mutterschafts- und Elternurlaub.

(21) Durch diese Richtlinie wird Arbeitnehmern, die Eltern sind, ein Mindestelternurlaub von vier Monaten gewährt. Die Mitgliedstaaten sind dazu angehalten, das Recht auf Elternurlaub allen Arbeitnehmern zu gewähren, die elterliche Verantwortung wahrnehmen.

(22) Die Mitgliedstaaten sollten die Frist, innerhalb der Arbeitnehmer dem Arbeitgeber melden müssen, dass sie Elternurlaub beantragen, selbst festlegen und entscheiden können, ob der Anspruch auf Elternurlaub an eine bestimmte Betriebszugehörigkeitsdauer gebunden sein soll. Angesichts der zunehmenden Vielfalt an Vertragsformen sollte bei aufeinanderfolgenden befristeten Verträgen, die mit demselben Arbeitgeber abgeschlossen wurden, bei der Berechnung dieser Betriebszugehörigkeitsdauer die Gesamtlaufzeit dieser Verträge berücksichtigt werden. Um die Bedürfnisse der Arbeitnehmer und jene der Arbeitgeber ausgewogen zu berücksichtigen,

[1] Nr. **310**.

sollten die Mitgliedstaaten auch entscheiden können, ob es dem Arbeitgeber unter bestimmten Bedingungen erlaubt sein soll, die Gewährung eines Elternurlaubs aufzuschieben, sofern das Erfordernis besteht, dass der Arbeitgeber eine solche Verschiebung schriftlich begründen sollte.

(23) Flexible Lösungen erhöhen die Wahrscheinlichkeit, dass beide Elternteile – insbesondere Väter – einen solchen Urlaubsanspruch wahrnehmen, weshalb Arbeitnehmer die Möglichkeit haben sollten, Elternurlaub auf Vollzeit- oder Teilzeitbasis, in zwischen Erwerbszeiten und Urlaub abwechselnden, beispielsweise wochenweisen Zeiträumen welchen Bedingungen Vaterschaftsurlaub als Teilzeit, in abwechselnden Zeiträumen, beispielsweise für mehrere aufeinander folgende Tage oder als durch Arbeitsblöcke unterbrochenen Urlaub, oder in anderer flexibler Art und Weise zu beantragen. Der Arbeitgeber sollte einen solchen Antrag auf Elternurlaub, der nicht in Vollzeit, sondern in einer anderen Art und Weise genommen wird, akzeptieren oder ablehnen können. Die Mitgliedstaaten sollten prüfen, ob die für Elternurlaub geltenden Zugangsbedingungen und Modalitäten an die spezifischen Bedürfnisse von besonders benachteiligten Eltern angepasst werden sollten.

(24) Der Zeitraum, innerhalb dessen Arbeitnehmer Anspruch auf Elternurlaub haben, sollte an das Alter des Kindes geknüpft sein. Dieses Alter sollte so festgelegt werden, dass beide Elternteile ihren Anspruch auf Elternurlaub gemäß dieser Richtlinie tatsächlich in vollem Umfang geltend machen können.

(25) Um nach dem Elternurlaub den Wiedereinstieg ins Berufsleben zu erleichtern, wird Arbeitnehmern und Arbeitgebern empfohlen, während des Elternurlaubs freiwillig in Kontakt zu bleiben und sich über geeignete Maßnahmen abzustimmen, damit der Wiedereinstieg ins Berufsleben erleichtert wird. Dieser Kontakt und diese Maßnahmen werden von den Betroffenen unter Berücksichtigung des nationalen Rechts, von Kollektiv- bzw. Tarifverträgen oder Gepflogenheiten beschlossen. Die Arbeitnehmer sollten über Beförderungsverfahren und freie Stellen im Unternehmen informiert werden und in der Lage sein, sich an solchen Verfahren zu beteiligen und sich auf solche freien Stellen zu bewerben.

(26) Aus Studien geht hervor, dass in den Mitgliedstaaten, in denen ein großer Teil des Elternurlaubs Vätern gewährt wird und die Arbeitnehmer während des Urlaubs eine relativ hohe Bezahlung oder Vergütung als Lohnersatzleistung erhalten, mehr Väter Elternurlaub in Anspruch nehmen und positive Auswirkungen auf die Beschäftigungsquote von Müttern spürbar sind. Es ist daher angemessen, zu ermöglichen, diese Regelungen, sofern sie bestimmten Mindestvoraussetzungen entsprechen, weiterzuführen, anstatt die in dieser Richtlinie vorgesehene Bezahlung oder Vergütung für Vaterschaftsurlaub auszubezahlen.

(27) Um Männern und Frauen, die Pflege- oder Betreuungsaufgaben wahrnehmen, mehr Möglichkeiten zu bieten, berufstätig zu bleiben, sollte jeder Arbeitnehmer Anspruch auf fünf Arbeitstage Urlaub für pflegende Angehörige pro Jahr haben. Die Mitgliedstaaten dürfen festlegen, dass dieser Urlaub pro Fall in Zeiträumen von einem oder mehreren Arbeitstagen genommen werden kann. Um den unterschiedlichen nationalen Regelungen gerecht zu werden, sollten die Mitgliedstaaten den Urlaub für pflegende Angehörige anhand eines Bezugszeitraums, der nicht ein Jahr beträgt,

für die jeweilige pflege- oder unterstützungsbedürftige Person oder pro Fall berechnen können. Aufgrund der Bevölkerungsalterung und der damit einhergehenden Häufung von altersbedingten Beeinträchtigungen ist von einem steigenden Pflege- und Betreuungsbedarf auszugehen. Dieser steigende Pflege- und Betreuungsbedarf sollte von den Mitgliedstaaten bei der Konzipierung ihrer Politik im Bereich der Pflege und der Betreuung – auch im Hinblick auf Urlaub für pflegende Angehörige – berücksichtigt werden. Die Mitgliedstaaten sind dazu angehalten, den Anspruch auf Urlaub für pflegende Angehörige auch bei anderen Angehörigen wie etwa Großeltern und Geschwistern zu gewähren. Die Mitgliedstaaten können eine vorherige ärztliche Bescheinigung der erheblichen Pflegebedürftigkeit oder Unterstützung aus einem schwerwiegenden medizinischen Grund verlangen.

(28) Neben dem in dieser Richtlinie vorgesehenen Anspruch auf Urlaub für pflegende Angehörige sollten alle Arbeitnehmer im Falle höherer Gewalt aus dringenden und unerwarteten familiären Gründen weiterhin – wie derzeit in der Richtlinie 2010/18/EU[1] festgelegt – Anspruch auf Arbeitsfreistellung unter den von den Mitgliedstaaten festgelegten Bedingungen haben, ohne dass sie die Arbeitnehmerrechte verlieren, die sie bereits erworben haben oder im Begriff sind zu erwerben.

(29) Um die Inanspruchnahme der in dieser Richtlinie festgelegten Urlaubszeiten für Arbeitnehmer, die Eltern sind, insbesondere für Männer, noch attraktiver zu machen, sollten die Betroffenen während des Urlaubs Anspruch auf eine angemessene Vergütung haben.

(30) Die Mitgliedstaaten sollten deshalb für den Mindestzeitraum des Vaterschaftsurlaubs eine Höhe für die Bezahlung oder Vergütung festsetzen, die mindestens der Höhe des Krankengelds in dem jeweiligen Mitgliedstaat entspricht. Da mit der Gewährung des Rechts auf Vaterschafts- und Mutterschaftsurlaub dieselben Ziele – der Aufbau einer engen Bindung zwischen Elternteil und Kind – verfolgt werden, sind die Mitgliedstaaten dazu angehalten, während des Vaterschaftsurlaubs eine Bezahlung oder Vergütung in derselben Höhe wie die auf nationaler Ebene gewährte Bezahlung oder Vergütung während des Mutterschaftsurlaubs zu gewähren.

(31) Die Mitgliedstaaten sollten die Bezahlung oder Vergütung während des nicht übertragbaren Mindestzeitraums des Elternurlaubs nach dieser Richtlinie in einer angemessenen Höhe festsetzen. Bei der Festsetzung der Höhe der Bezahlung oder Vergütung, die während des nicht übertragbaren Mindestzeitraums des Elternurlaubs gewährt wird, sollten die Mitgliedstaaten berücksichtigen, dass die Inanspruchnahme von Elternurlaub oft zu einem Einkommensverlust in der Familie führt und dass Erstverdiener in einer Familie ihren Anspruch auf Elternurlaub nur dann geltend machen können, wenn dieser ausreichend vergütet wird, sodass ein angemessener Lebensstandard gewährleistet ist.

(32) Den Mitgliedstaaten steht es zwar frei zu entscheiden, ob sie bei einem Urlaub für pflegende Angehörige eine Bezahlung oder Vergütung gewähren, jedoch wird ihnen empfohlen, eine solche Bezahlung oder Vergütung

[1] Nr. **310**.

einzuführen, damit sichergestellt ist, dass pflegende Angehörige – insbesondere Männer – ihr Recht tatsächlich in Anspruch nehmen.

(33) Diese Richtlinie gilt unbeschadet der Koordinierung der Systeme der sozialen Sicherheit gemäß den Verordnungen (EG) Nr. 883/2004[1)] [2)] und (EU) Nr. 1231/2010[3)] des Europäischen Parlaments und des Rates und der Verordnung (EG) Nr. 859/2003 des Rates[4)]. Der für die soziale Sicherheit eines Arbeitnehmers zuständige Mitgliedstaat wird durch diese Verordnungen bestimmt.

(34) Damit Arbeitnehmer, die Eltern oder pflegende Angehörige sind, angehalten werden, erwerbstätig zu bleiben, sollten sie ihre Arbeitspläne an ihre persönlichen Bedürfnisse und Präferenzen anpassen können. Sie sollten deshalb – zu diesem Zweck und mit besonderem Augenmerk auf dem Bedarf des Arbeitnehmers – das Recht haben, flexible Arbeitsregelungen zu beantragen, damit sie ihre Arbeitsmuster anpassen können, wo dies möglich ist auch durch Nutzung von Telearbeit oder flexiblen Arbeitsplänen oder der Reduzierung der Anzahl der Arbeitsstunden zu Pflege- oder Betreuungszwecken *reduzieren*[5)].

(35) Um den Bedürfnissen sowohl von Arbeitnehmern als auch von Arbeitgebern gerecht zu werden, sollten die Mitgliedstaaten für flexible Arbeitsregelungen, darunter reduzierte Arbeitszeiten oder Telearbeit, eine zeitliche Befristung festlegen können. Für manche Frauen ist Teilzeitbeschäftigung zwar nachweislich eine gute Lösung, um nach der Geburt eines Kindes oder trotz der Betreuung von pflege- oder unterstützungsbedürftigen Angehörigen weiter berufstätig zu bleiben; lange Erwerbsphasen mit verkürzten Arbeitszeiten können jedoch niedrigere Sozialbeiträge und in der Folge geringere oder gar keine Pensions- bzw. Rentenansprüche nach sich ziehen.

(36) Bei der Prüfung der Anträge auf flexible Arbeitsregelungen sollte der Arbeitgeber u.a. die Dauer der beantragten flexiblen Arbeitsregelungen sowie seine Ressourcen und operativen Kapazitäten zur Bereitstellung solcher Regelungen berücksichtigen können. Der Arbeitgeber sollte entscheiden können, ob er den Antrag eines Arbeitnehmers auf flexible Arbeitsregelungen annimmt oder ablehnt. Die konkreten Umstände, die flexible Arbeitsregelungen notwendig machen, können sich ändern. Daher sollten Arbeitnehmer nicht nur das Recht haben, am Ende einer gemeinsam vereinbarten Zeitspanne zu ihrem ursprünglichen Arbeitsmuster zurückzukehren, sondern sie sollten dies auch zu einem früheren Zeitpunkt

---

1) Nr. **105**.

2) **Amtl. Anm.:** Verordnung (EG) Nr. 883/2004 des Europäischen Parlaments und des Rates vom 29. April 2004 zur Koordinierung der Systeme der sozialen Sicherheit (ABl. L 166 vom 30.4.2004, S. 1).

3) **Amtl. Anm.:** Verordnung (EU) Nr. 1231/2010 des Europäischen Parlaments und des Rates vom 24. November 2010 zur Ausdehnung der Verordnung (EG) Nr. 883/2004 und der Verordnung (EG) Nr. 987/2009 auf Drittstaatsangehörige, die ausschließlich aufgrund ihrer Staatsangehörigkeit nicht bereits unter diese Verordnungen fallen (ABl. L 344 vom 29.12.2010, S. 1).

4) **Amtl. Anm.:** Verordnung (EG) Nr. 859/2003 des Rates vom 14. Mai 2003 zur Ausdehnung der Bestimmungen der Verordnung (EWG) Nr. 1408/71 und der Verordnung (EWG) Nr. 574/72 auf Drittstaatsangehörige, die ausschließlich aufgrund ihrer Staatsangehörigkeit nicht bereits unter diese Bestimmungen fallen (ABl. L 124 vom 20.5.2003, S. 1).

5) Wortlaut amtlich.

beantragen können, wenn eine Änderung der zugrunde liegenden Umstände dies erfordert.

(37) Ungeachtet der Anforderung zu beurteilen, ob die für Elternurlaub geltenden Zugangsbedingungen und Modalitäten an den besonderen Bedarf von besonders benachteiligten Eltern angepasst werden sollten, sind die Mitgliedstaaten dazu angehalten zu beurteilen, ob die Zugangsbedingungen und Modalitäten für die Wahrnehmung des Rechts auf Vaterschaftsurlaub, Urlaub für pflegende Angehörige und flexible Arbeitsregelungen an den besonderen Bedarf von etwa alleinerziehenden Elternteilen, Adoptiveltern, Eltern mit Behinderungen, Eltern von Kindern mit Behinderungen oder einer chronischen Erkrankung oder Eltern in einer besonderen Lage wie etwa nach einer Mehrlingsgeburt oder einer Frühgeburt angepasst werden sollten.

(38) Urlaubsregelungen dienen der zeitlich befristeten Unterstützung von Arbeitnehmern, die Eltern oder pflegende Angehörige sind, um ihre Verbindung zum Arbeitsmarkt aufrechtzuerhalten und zu fördern. Daher ist es angebracht, eine ausdrückliche Schutzbestimmung für die Beschäftigungsansprüche von Arbeitnehmern, die gemäß dieser Richtlinie Urlaub nehmen, vorzusehen. Diese Richtlinie schützt insbesondere das Recht von Arbeitnehmern, nach einem solchen Urlaub an ihren früheren oder einen gleichwertigen Arbeitsplatz zurückzukehren, und das Recht, aufgrund ihres Urlaubs keine Verschlechterung der Arbeitsbedingungen ihres Arbeitsvertrags oder ihres Beschäftigungsverhältnisses hinnehmen zu müssen. Die Arbeitnehmer sollten das Recht auf die relevanten Ansprüche, die sie bereits erworben haben oder im Begriff sind zu erwerben, bis zum Ende eines solchen Urlaubs behalten.

(39) Wie bereits in der Richtlinie 2010/18/EU[1] festgelegt, sind die Mitgliedstaaten verpflichtet, den Status des Arbeitsvertrags oder Beschäftigungsverhältnisses für den Zeitraum des Elternurlaubs zu bestimmen. Im Einklang mit der Rechtsprechung des Gerichtshofs bleibt das Beschäftigungsverhältnis zwischen dem Arbeitnehmer und dem Arbeitgeber während des Elternurlaubs aufrecht, weshalb die bzw. der Begünstigte eines solchen Urlaubs für die Zwecke des Unionsrechts während dieser Zeit Arbeitnehmer bleibt. Daher sollten die Mitgliedstaaten bei der Statusfeststellung des Arbeitsvertrages oder Beschäftigungsverhältnisses während des Urlaubs gemäß dieser Richtlinie, auch im Hinblick auf Sozialleistungsansprüche, gewährleisten, dass das Beschäftigungsverhältnis aufrecht bleibt.

(40) Arbeitnehmer, die ihr Recht auf Urlaub oder auf Beantragung flexibler Arbeitsregelungen nach dieser Richtlinie in Anspruch nehmen, sollten vor Diskriminierung oder Schlechterstellung aufgrund der Inanspruchnahme dieser Rechte geschützt sein.

(41) Arbeitnehmer, die ihr Recht auf Urlaub oder auf Beantragung flexibler Arbeitsregelungen gemäß dieser Richtlinie in Anspruch nehmen, sollten im Einklang mit der Rechtsprechung des Gerichtshofs wie etwa seinem Urteil in der Rechtssache C-460/06[2] vor Kündigung und sämtlichen Vorbereitungen für eine mögliche Kündigung aufgrund der Beantragung

---

[1] Nr. **310**.

[2] **Amtl. Anm.:** Urteil des Gerichtshofs vom 11. Oktober 2007, Nadine Paquay/Société d'architectes Hoet + Minne SPRL, C-460/06, ECLI:EU: C:2007:601.

oder Inanspruchnahme eines solchen Urlaubs oder aufgrund der Wahrnehmung ihres Rechts, eine flexible Arbeitsregelung zu beantragen, geschützt sein. Ist ein Arbeitnehmer der Ansicht, er sei aus dem Grund entlassen worden, dass er diese Rechte wahrgenommen hat, sollte er den Arbeitgeber auffordern können, hinreichend genau bezeichnete Gründe für die Kündigung anzuführen. Hat ein Arbeitnehmer Vaterschaftsurlaub, Elternurlaub oder Urlaub für pflegende Angehörige nach dieser Richtlinie beantragt, sollte der Arbeitgeber die Gründe für die Kündigung schriftlich darlegen.

(42) Die Beweislast, dass die Kündigung nicht aufgrund der Beantragung oder Inanspruchnahme von Vaterschaftsurlaub, Elternurlaub oder Urlaub für pflegende Angehörige nach dieser Richtlinie erfolgt ist, sollte beim Arbeitgeber liegen, wenn der Arbeitnehmer vor Gericht oder einer anderen zuständigen Stelle Tatsachen anführt, die darauf schließen lassen, dass die Entlassung aus den genannten Gründen erfolgt ist.

(43) Die Mitgliedstaaten sollten wirksame, verhältnismäßige und abschreckende Sanktionen für Verstöße gegen die gemäß dieser Richtlinie verabschiedeten nationalen Rechtsvorschriften oder gegen die bei Inkrafttreten dieser Richtlinie bereits geltenden Vorschriften über die Rechte, die unter diese Richtlinie fallen, vorsehen. Diese Sanktionen können verwaltungsrechtliche und finanzielle Sanktionen wie Geldbußen oder Entschädigungszahlungen sowie andere Arten von Sanktionen umfassen.

(44) Die wirksame Umsetzung der Grundsätze der Gleichbehandlung und der Chancengleichheit erfordert angemessenen Rechtsschutz von Arbeitnehmern vor Benachteiligungen oder negativen Konsequenzen aufgrund einer Beschwerde oder eines Verfahrens im Zusammenhang mit den Rechten gemäß dieser Richtlinie. Wegen der Gefahr von Vergeltungsmaßnahmen könnten Opfer davor zurückschrecken, ihre Rechte in Anspruch zu nehmen, und sollten daher bei der Wahrnehmung ihrer Rechte gemäß der vorliegenden Richtlinie vor jeglicher Benachteiligung geschützt sein. Besonders wichtig ist dieser Schutz für Arbeitnehmervertreterinnen und -vertreter in Ausübung ihrer Funktion.

(45) Um das Schutzniveau der laut dieser Richtlinie gewährten Rechte weiter zu verbessern, sollten die nationalen Gleichbehandlungsstellen für Fragen im Zusammenhang mit Diskriminierung, die unter diese Richtlinie fallen, sowie für die Aufgabe zuständig sein, Opfern von Diskriminierung unabhängige Unterstützung hinsichtlich ihrer Beschwerden zu leisten.

(46) Mit dieser Richtlinie werden Mindestvorschriften festgelegt, d.h. die Mitgliedstaaten können auch für Arbeitnehmer günstigere Bestimmungen einführen oder beibehalten. Die Möglichkeit, dass ein Elternteil dem anderen Elternteil mehr als zwei Monate der vier Monate Elternurlaub nach dieser Richtlinie überträgt, ist keine für die Arbeitnehmer günstigere Bestimmung als die in dieser Richtlinie festgelegten Mindestbestimmungen. Zum Zeitpunkt des Inkrafttretens dieser Richtlinie erworbene Ansprüche sollten weiterhin gelten, es sein denn, durch diese Richtlinie werden günstigere Bestimmungen eingeführt. Die Umsetzung dieser Richtlinie sollte weder dafür genutzt werden, in diesem Bereich geltende Rechtsvorschriften der Union abzubauen, noch kann sie eine Rechtfertigung für die Absenkung des allgemeinen Schutzniveaus der Arbeitnehmer in den von der Richtlinie erfassten Bereichen sein.

(47) Daher sollte diese Richtlinie insbesondere nicht dahingehend ausgelegt werden, dass sie die Rechte gemäß den Richtlinien 2010/18/EU[1)], 92/85/EWG[2)] und 2006/54/EG[3)], insbesondere Artikel 19 der Richtlinie 2006/54/EG[3)], einschränkt.

(48) Kleinstunternehmen sowie kleine und mittlere Unternehmen (KMU) im Sinne der Definition im Anhang zu der Empfehlung 2003/361/EG der Kommission[4)], die den größten Teil der Unternehmen in der Union ausmachen, verfügen unter Umständen über begrenzte finanzielle, technische und personelle Ressourcen. Bei der Umsetzung dieser Richtlinie sollten die Mitgliedstaaten sich darum bemühen, keine administrativen, finanziellen oder rechtlichen Auflagen vorzuschreiben, die der Gründung und dem Ausbau von KMU entgegenstehen oder Arbeitgeber einer unverhältnismäßigen Belastung aussetzen. Deshalb werden die Mitgliedstaaten aufgefordert, die Auswirkungen ihres Umsetzungsrechtsakts auf KMU sorgfältig zu prüfen, um zu gewährleisten, dass alle Arbeitnehmer gleichbehandelt werden, dass KMU und insbesondere Kleinstunternehmen nicht unverhältnismäßig beeinträchtigt werden und dass unnötiger Verwaltungsaufwand vermieden wird. Die Mitgliedstaaten sind dazu angehalten, Anreize für KMU zu schaffen und ihnen Orientierung und Beratung bei der Einhaltung der in dieser Richtlinie verankerten Verpflichtungen anzubieten.

(49) Jede Art von Arbeitsfreistellung aus familiären Gründen, insbesondere Mutterschaftsurlaub, Vaterschaftsurlaub, Elternurlaub und Urlaub für pflegende Angehörige, die im nationalen Recht oder in Kollektiv- oder Tarifverträgen vorgesehen ist, sollte bei der Erfüllung der Anforderungen für eine oder mehrere der in dieser Richtlinie und in der Richtlinie 92/85/EWG[2)] vorgesehenen Arten von Urlaub berücksichtigt werden, sofern die in den Richtlinien festgelegten Mindestanforderungen erfüllt sind und das allgemeine Niveau des Arbeitnehmerschutzes in den von den Richtlinien erfassten Bereichen nicht abgesenkt wird. Bei der Umsetzung dieser Richtlinie sind die Mitgliedstaaten nicht verpflichtet, die verschiedenen Arten von Urlaub aus familiären Gründen, die im nationalen Recht oder in Kollektiv- bzw. Tarifverträgen vorgesehen sind und die im Hinblick auf die Einhaltung der Vorschriften dieser Richtlinie berücksichtigt werden, umzubenennen oder in anderer Weise abzuändern.

(50) Die Mitgliedstaaten sind dazu angehalten, im Einklang mit den nationalen Gepflogenheiten einen sozialen Dialog mit den Sozialpartnern zu fördern, damit die Vereinbarkeit von Beruf und Privatleben vorangebracht wird, indem sie Maßnahmen für die Vereinbarkeit von Beruf und Privatleben am Arbeitsplatz fördern, Systeme für die freiwillige Zertifizierung einrichten, Maßnahmen der beruflichen Bildung anbieten sowie Sensibilisierungs- und Informationskampagnen durchführen. Außerdem sind die Mitgliedstaaten dazu angehalten, in einen Dialog mit einschlägigen Interessenträgern wie etwa Nichtregierungsorganisationen, lokalen und regionalen

---

[1)] Nr. **310**.
[2)] Nr. **220**.
[3)] Nr. **290**.
[4)] **Amtl. Anm.:** Empfehlung der Kommission 2003/361/EG vom 6. Mai 2003 betreffend die Definition der Kleinstunternehmen sowie der kleinen und mittleren Unternehmen (ABl. L 124 vom 20.5.2003, S. 36).

Gebietskörperschaften und Dienstleistern einzutreten, damit die Maßnahmen für die Vereinbarkeit von Beruf und Privatleben im Einklang mit dem nationalen Recht und Gepflogenheiten gefördert werden.

(51) Die Sozialpartner sollten dazu angehalten werden, Systeme für die freiwillige Zertifizierung zu fördern, mit denen die Vereinbarkeit von Beruf und Privatleben am Arbeitsplatz bewertet werden kann.

(52) Da das Ziel dieser Richtlinie – zu gewährleisten, dass der Gleichstellungsgrundsatz im Hinblick auf die Arbeitsmarktchancen von Männern und Frauen und ihre Behandlung am Arbeitsplatz unionsweit umgesetzt wird – auf Ebene der Mitgliedstaaten nicht ausreichend verwirklicht werden kann, sondern vielmehr wegen seines Umfangs und seiner Wirkungen auf Unionsebene besser zu verwirklichen ist, kann die Union im Einklang mit dem Subsidiaritätsprinzip gemäß Artikel 5 EUV[1] tätig werden. Entsprechend dem in demselben Artikel genannten Grundsatz der Verhältnismäßigkeit geht diese Richtlinie nicht über das für die Verwirklichung dieser Ziele erforderliche Maß hinaus –

HABEN FOLGENDE RICHTLINIE ERLASSEN:

Art. 1 Gegenstand. *[1]* Mit dieser Richtlinie werden Mindestvorschriften festgelegt, um die Gleichstellung von Männern und Frauen im Hinblick auf Arbeitsmarktchancen und die Behandlung am Arbeitsplatz dadurch zu erreichen, dass Arbeitnehmern, die Eltern oder pflegende Angehörige sind, die Vereinbarkeit von Beruf und Familienleben erleichtert wird.

[2] Hierzu legt diese Richtlinie individuelle Rechte fest, und zwar in Bezug auf Folgendes:

a) Vaterschaftsurlaub, Elternurlaub und Urlaub für pflegende Angehörige;

b) flexible Arbeitsregelungen für Arbeitnehmer, die Eltern oder pflegende Angehörige sind.

Art. 2 Anwendungsbereich. Diese Richtlinie gilt für alle Arbeitnehmer, Männer wie Frauen, die nach der die Rechtsprechung des Gerichtshofs berücksichtigenden Definition im Recht, in den Kollektiv- bzw. Tarifverträgen oder den Gepflogenheiten jedes einzelnen Mitgliedstaats einen Arbeitsvertrag haben oder in einem Beschäftigungsverhältnis stehen.

Art. 3 Begriffsbestimmungen. (1) Für die Zwecke dieser Richtlinie bezeichnet der Ausdruck

a) „Vaterschaftsurlaub" die Arbeitsfreistellung für Väter oder – soweit nach nationalem Recht anerkannt – gleichgestellte zweite Elternteile anlässlich der Geburt eines Kindes zum Zweck der Betreuung und Pflege;

b) „Elternurlaub" die Arbeitsfreistellung von Eltern anlässlich der Geburt oder Adoption eines Kindes zur Betreuung dieses Kindes;

c) „Urlaub für pflegende Angehörige" die Arbeitsfreistellung von Arbeitnehmern, um einen Angehörigen oder eine im gleichen Haushalt wie der Arbeitnehmer lebende Person, der bzw. die aus schwerwiegenden medizinischen Gründen gemäß der Definition in jedem Mitgliedstaat auf erhebliche Pflege oder Unterstützung angewiesen ist, zu pflegen oder zu unterstützen;

---

[1] Nr. **1**.

d) „pflegende Angehörige“ Arbeitnehmer, die einen Angehörigen oder eine im gleichen Haushalt wie der Arbeitnehmer lebende Person, der bzw. die aus schwerwiegenden medizinischen Gründen gemäß der Definition in jedem Mitgliedstaat, auf erhebliche Pflege oder Unterstützung angewiesen ist, pflegen oder unterstützen;

e) „Angehöriger“ Sohn, Tochter, Mutter, Vater, Ehepartner oder, sofern das nationale Recht diese Partnerschaften vorsieht, Partner in einer eingetragenen Partnerschaft;

f) „flexible Arbeitsregelungen“ die Möglichkeit für Arbeitnehmer, ihre Arbeitsmuster anzupassen, einschließlich durch Nutzung von Telearbeit oder flexiblen Arbeitsplänen oder der Reduzierung der Arbeitszeiten.

(2) *[1]* Die Bezugnahme auf Arbeitstage in den Artikeln 4 und 6 ist als Bezugnahme auf eine Vollzeitarbeitsstelle gemäß der Definition in dem jeweiligen Mitgliedstaat zu verstehen.

[2] Der Anspruch eines Arbeitnehmers auf Urlaub kann entsprechend dem im Arbeitsvertrag oder Beschäftigungsverhältnis des Arbeitnehmers festgelegten Arbeitsmuster proportional zu seiner Arbeitszeit berechnet werden.

Art. 4 Vaterschaftsurlaub. (1) [1] Die Mitgliedstaaten ergreifen die notwendigen Maßnahmen, um sicherzustellen, dass Väter oder – soweit nach nationalem Recht anerkannt – gleichgestellte zweite Elternteile, Anspruch auf zehn Arbeitstage Vaterschaftsurlaub haben, der anlässlich der Geburt des Kindes des Arbeitnehmers genommen werden muss. [2] Die Mitgliedstaaten können bestimmen, ob der Vaterschaftsurlaub auch teilweise vor der Geburt des Kindes oder ausschließlich danach genommen werden kann und ob er in flexibler Form genommen werden kann.

(2) Der Anspruch auf Vaterschaftsurlaub ist nicht an eine vorherige Beschäftigungs- oder Betriebszugehörigkeitsdauer geknüpft.

(3) Der Anspruch auf Vaterschaftsurlaub wird unabhängig vom im nationalen Recht definierten Ehe- oder Familienstand des Arbeitnehmers gewährt.

Art. 5 Elternurlaub. (1) [1] Die Mitgliedstaaten ergreifen die notwendigen Maßnahmen, um zu gewährleisten, dass jeder Arbeitnehmer einen eigenen Anspruch auf vier Monate Elternurlaub hat, der zu nehmen ist, bevor das Kind ein bestimmtes Alter, das maximal acht Jahre beträgt, erreicht, das im Rahmen des nationalen Rechts oder von Kollektiv- bzw. Tarifverträgen zu bestimmen ist. [2] Dieses Alter wird so festgelegt, dass gewährleistet ist, dass jeder Elternteil sein Recht auf Elternurlaub tatsächlich und gleichberechtigt wahrnehmen kann.

(2) Die Mitgliedstaaten stellen sicher, dass zwei Monate des Elternurlaubs nicht übertragbar sind.

(3) *[1]* [1] Die Mitgliedstaaten legen eine angemessene Meldefrist fest, innerhalb der die Arbeitnehmer den Arbeitgeber über die Inanspruchnahme ihres Rechts auf Elternurlaub informieren müssen. [2] Dabei berücksichtigen die Mitgliedstaaten die Bedürfnisse sowohl der Arbeitgeber als auch der Arbeitnehmer.

[2] Die Mitgliedstaaten sorgen dafür, dass der Arbeitnehmer im Antrag auf Elternurlaub den geplanten Beginn sowie das geplante Ende des Urlaubs anführt.

(4) [1]Die Mitgliedstaaten können den Anspruch auf Elternurlaub von einer Beschäftigungs- oder Betriebszugehörigkeitsdauer abhängig machen, die jedoch maximal ein Jahr betragen darf. [2]Bei aufeinanderfolgenden befristeten Verträgen im Sinne der Richtlinie 1999/70/EG[1)] des Rates[2)], die mit demselben Arbeitgeber abgeschlossen wurden, ist bei der Berechnung dieser Wartezeit die Gesamtlaufzeit dieser Verträge zu berücksichtigen.

(5) [1]Die Mitgliedstaaten können selbst festlegen, unter welchen Umständen ein Arbeitgeber – nach Konsultation gemäß dem nationalen Recht, Kollektiv- bzw. Tarifverträgen oder Gepflogenheiten – die Gewährung des Elternurlaubs in einem vernünftigen zeitlichen Rahmen aufschieben darf, weil die Inanspruchnahme des Elternurlaubs zu dem Zeitpunkt eine gravierende Störung der Abläufe beim Arbeitgeber bewirken würde. [2]Der Arbeitgeber muss eine solche Aufschiebung des Elternurlaubs schriftlich begründen.

(6) [1]Die Mitgliedstaaten ergreifen die notwendigen Maßnahmen, um zu gewährleisten, dass die Arbeitnehmer auch Elternurlaub in flexibler Form beantragen können. [2]Die Mitgliedstaaten können die Einzelheiten für die Anwendung selbst festlegen. [3]Der Arbeitgeber prüft und beantwortet solche Anträge unter Berücksichtigung der Bedürfnisse sowohl des Arbeitgebers als auch des Arbeitnehmers. [4]Der Arbeitgeber muss jede Ablehnung eines solchen Antrags innerhalb eines angemessenen Zeitraums ab der Antragstellung schriftlich begründen.

(7) Die Mitgliedstaaten ergreifen die erforderlichen Maßnahmen, um sicherzustellen, dass die Arbeitgeber bei der Prüfung von Anträgen auf Elternzeit auf Vollzeitbasis vor einer Aufschiebung gemäß Absatz 5 nach Möglichkeit eine flexible Form des Elternurlaubs gemäß Absatz 6 anbieten.

(8) Die Mitgliedstaaten prüfen, ob die Zugangsbedingungen und die Modalitäten für die Anwendung von Elternurlaub an die Bedürfnisse von Adoptiveltern, Eltern mit einer Behinderung und Eltern von Kindern mit einer Behinderung oder einer chronischen Erkrankung angepasst werden müssen.

Art. 6 Urlaub für pflegende Angehörige. (1) [1]Die Mitgliedstaaten ergreifen die notwendigen Maßnahmen, um sicherzustellen, dass Arbeitnehmer das Recht haben, fünf Arbeitstage pro Jahr Urlaub für pflegende Angehörige zu nehmen. [2]Die Mitgliedstaaten können gemäß dem nationalen Recht oder nationalen Gepflogenheiten zusätzliche Einzelheiten mit Blick auf den Anwendungsbereich von Urlaub für pflegende Angehörige und die diesbezüglichen Voraussetzungen festlegen. [3]Die Inanspruchnahme dieses Rechts kann im Einklang mit dem nationalen Recht oder nationalen Gepflogenheiten von einem geeigneten Nachweis abhängig gemacht werden.

(2) Die Mitgliedstaaten können den Urlaub für pflegende Angehörige anhand eines Bezugszeitraums, der nicht ein Jahr beträgt, für die jeweilige pflege- oder unterstützungsbedürftige Person oder pro Fall gewähren.

Art. 7 Arbeitsfreistellung aufgrund höherer Gewalt. [1]Die Mitgliedstaaten ergreifen die notwendigen Maßnahmen, um zu gewährleisten, dass Arbeitnehmer im Falle höherer Gewalt das Recht auf Arbeitsfreistellung aus dringen-

---

[1)] Nr. **245**.

[2)] **Amtl. Anm.:** Richtlinie 1999/70/EG des Rates vom 28. Juni 1999 zu der EGB-UNICE-CEEP-Rahmenvereinbarung über befristete Arbeitsverträge (ABl. L 175 vom 10.7.1999, S. 43).

den familiären Gründen haben, wenn eine Erkrankung oder ein Unfall ihre unmittelbare Anwesenheit erfordern. [2] Die Mitgliedstaaten können das Recht jedes Arbeitnehmers auf Arbeitsfreistellung wegen höherer Gewalt auf eine bestimmte Zeitspanne pro Jahr oder pro Fall oder beides beschränken.

Art. 8 Bezahlung oder Vergütung. (1) Im Einklang mit den nationalen Gegebenheiten, wie dem nationalen Recht, Kollektiv- bzw. Tarifverträgen oder Gepflogenheiten und unter Berücksichtigung der den Sozialpartnern übertragenen Befugnisse stellen die Mitgliedstaaten sicher, dass Arbeitnehmer, die ihr Recht auf Urlaub gemäß Artikel 4 Absatz 1 oder Artikel 5 Absatz 2 in Anspruch nehmen, eine Bezahlung oder eine Vergütung gemäß den Absätzen 2 und 3 des vorliegenden Artikels erhalten.

(2) [1] Bei Vaterschaftsurlaub nach Artikel 4 Absatz 1 ist eine Bezahlung oder Vergütung in einer Höhe zu entrichten, die mindestens der Höhe der Bezahlung oder Vergütung entspricht, die der betreffende Arbeitnehmer vorbehaltlich der im nationalen Recht festgelegten Obergrenzen im Fall einer Unterbrechung seiner Tätigkeit aus Gründen im Zusammenhang mit seinem Gesundheitszustand erhalten würde. [2] Die Mitgliedstaaten können den Anspruch auf eine Bezahlung oder Vergütung von einer vorherigen Beschäftigungsdauer abhängig machen, die jedoch maximal sechs Monate unmittelbar vor dem errechneten Geburtstermin des Kindes betragen darf.

(3) Bei Elternurlaub nach Artikel 5 Absatz 2 wird diese Bezahlung oder Vergütung von dem Mitgliedstaat oder den Sozialpartnern so festgelegt, dass die Inanspruchnahme von Elternurlaub durch beide Elternteile erleichtert wird.

Art. 9 Flexible Arbeitsregelungen. (1) [1] Die Mitgliedstaaten ergreifen die notwendigen Maßnahmen, um zu gewährleisten, dass Arbeitnehmer mit Kindern bis zu einem bestimmten Alter, mindestens jedoch bis zum Alter von acht Jahren, sowie pflegende Angehörige das Recht haben, flexible Arbeitsregelungen für Betreuungs- und Pflegezwecke zu beantragen. [2] Für solche flexiblen Arbeitsregelungen kann eine angemessene zeitliche Begrenzung gelten.

(2) [1] Die Arbeitgeber prüfen und beantworten die Anträge auf flexible Arbeitsregelungen gemäß Absatz 1 innerhalb eines angemessenen Zeitraums, wobei sie sowohl die Bedürfnisse des Arbeitgebers als auch des Arbeitnehmers berücksichtigen. [2] Die Arbeitgeber müssen jede Ablehnung eines solchen Antrags bzw. jede Aufschiebung der Inanspruchnahme einer solchen Regelung begründen.

(3) [1] Wenn flexible Arbeitsregelungen gemäß Absatz 1 zeitlich begrenzt sind, hat der Arbeitnehmer das Recht, am Ende der vereinbarten Zeitspanne zum ursprünglichen Arbeitsmuster zurückzukehren. [2] Der Arbeitnehmer hat außerdem das Recht, die Rückkehr zum ursprünglichen Arbeitsmuster vor Ende der vereinbarten Zeitspanne zu beantragen, wenn eine Änderung der Umstände dies rechtfertigt. [3] Der Arbeitgeber prüft und beantwortet die Anträge auf eine vorzeitige Rückkehr zum ursprünglichen Arbeitsmuster unter Berücksichtigung der Bedürfnisse sowohl des Arbeitgebers als auch des Arbeitnehmers.

(4) [1] Die Mitgliedstaaten können den Anspruch auf die Beantragung flexibler Arbeitsregelungen von einer bestimmten Beschäftigungs- oder Betriebszugehörigkeitsdauer abhängig machen, die jedoch maximal sechs Monate betragen darf. [2] Bei aufeinanderfolgenden befristeten Verträge im Sinne der Richtlinie

1999/70/EG[1] des Rates, die mit demselben Arbeitgeber abgeschlossen wurden, ist bei der Berechnung der Wartezeit die Gesamtlaufzeit dieser Verträge zu berücksichtigen.

Art. 10 Beschäftigungsansprüche. (1) [1] Ansprüche, die die Arbeitnehmer zu Beginn eines Urlaubs gemäß den Artikeln 4, 5 und 6 oder einer Arbeitsfreistellung nach Artikel 7 bereits erworben haben oder im Begriff sind zu erwerben, bleiben bis zum Ende eines solchen Urlaubs oder einer solchen Arbeitsfreistellung aufrecht. [2] Im Anschluss an einen solchen Urlaub oder eine solche Arbeitsfreistellung gelten diese Ansprüche einschließlich aller Änderungen, die sich aus dem nationalen Recht, Kollektiv- bzw. Tarifverträgen oder Gepflogenheiten ergeben.

(2) Die Mitgliedstaaten sorgen dafür, dass die Arbeitnehmer nach Ablauf eines Urlaubs gemäß Artikel 4, 5 und 6 Anspruch darauf haben, an ihren früheren oder einen gleichwertigen Arbeitsplatz unter Bedingungen zurückzukehren, die für sie nicht weniger günstig sind, und in den Genuss aller Verbesserungen der Arbeitsbedingungen zu kommen, auf die sie Anspruch gehabt hätten, wenn sie den Urlaub nicht genommen hätten.

(3) Die Mitgliedstaaten bestimmen den Status des Arbeitsvertrags oder Beschäftigungsverhältnisses für den Zeitraum des Urlaubs gemäß Artikel 4, 5 und 6 oder der Arbeitsfreistellung nach Artikel 7, auch im Hinblick auf Sozialleistungsansprüche einschließlich der Rentenbeiträge, und stellen sicher, dass das Beschäftigungsverhältnis während dieses Zeitraums bestehen bleibt.

Art. 11 Diskriminierung. Die Mitgliedstaaten ergreifen die notwendigen Maßnahmen für ein Verbot der Schlechterstellung von Arbeitnehmern aufgrund der Beantragung oder Inanspruchnahme eines Urlaubs gemäß Artikel 4, 5 und 6 oder einer Arbeitsfreistellung nach Artikel 7 oder aufgrund der Inanspruchnahme der Rechte gemäß Artikel 9.

Art. 12 Kündigungsschutz und Beweislast. (1) Die Mitgliedstaaten ergreifen die notwendigen Maßnahmen für ein Verbot der Kündigung und aller Vorbereitungen für eine Kündigung aufgrund der Beantragung oder der Inanspruchnahme eines Urlaubs gemäß Artikel 4, 5 und 6 oder aufgrund der Inanspruchnahme der flexiblen Arbeitsregelungen gemäß Artikel 9.

(2) [1] Arbeitnehmer, die der Ansicht sind, ihre Kündigung sei aufgrund der Beantragung oder der Inanspruchnahme eines Urlaubs gemäß den Artikeln 4, 5 und 6 oder aufgrund der Inanspruchnahme des Rechts gemäß Artikel 9, flexible Arbeitsregelungen zu beantragen, erfolgt, können vom Arbeitgeber verlangen, dass er hinreichend genau bezeichnete Kündigungsgründe anführt. [2] Im Falle der Kündigung eines Arbeitnehmers, der Urlaub gemäß Artikel 4, 5 oder 6 beantragt oder in Anspruch genommen hat, muss der Arbeitgeber diese Gründe schriftlich darlegen.

(3) Die Mitgliedstaaten ergreifen die notwendigen Maßnahmen, um zu gewährleisten, dass in Fällen, in denen Arbeitnehmer, die der Ansicht sind, ihre Kündigung sei aufgrund der Beantragung oder der Inanspruchnahme eines Urlaubs gemäß den Artikeln 4, 5 und 6 erfolgt, vor Gericht oder einer anderen zuständigen Stelle Tatsachen anführen, die darauf schließen lassen, dass die

---

[1] Nr. **245**.

Kündigung aus diesen Gründen erfolgt ist, dem Arbeitgeber der Nachweis obliegt, dass die Kündigung aus anderen Gründen erfolgt ist.

(4) Absatz 3 lässt das Recht der Mitgliedstaaten, eine für die Arbeitnehmer günstigere Beweislastregelung vorzusehen, unberührt.

(5) Die Mitgliedstaaten sind nicht dazu verpflichtet, Absatz 3 auf Verfahren anzuwenden, in denen die Ermittlung des Sachverhalts dem Gericht oder einer anderen zuständigen Stelle obliegt.

(6) Sofern von den Mitgliedstaaten nicht anders geregelt, findet Artikel 3 in Strafverfahren keine Anwendung.

Art. 13 Sanktionen. [1]Die Mitgliedstaaten erlassen Vorschriften über Sanktionen die bei Verstößen gegen die gemäß dieser Richtlinie erlassenen nationalen Vorschriften, oder gegen die bereits geltenden einschlägigen Vorschriften zu Rechten, die in den Anwendungsbereich dieser Richtlinie fallen, zu verhängen sind und treffen alle für die Anwendung der Sanktionen erforderlichen Maßnahmen. [2]Die Sanktionen müssen wirksam, verhältnismäßig und abschreckend sein.

Art. 14 Schutz vor Benachteiligung oder negativen Konsequenzen. Die Mitgliedstaaten führen die notwendigen Maßnahmen ein, um Arbeitnehmer, einschließlich Arbeitnehmervertretern, vor jedweder Benachteiligung durch den Arbeitgeber oder vor negativen Konsequenzen zu schützen, denen sie ausgesetzt sind, weil sie mit dem Ziel, die Einhaltung der in dieser Richtlinie niedergelegten Anforderungen durchzusetzen, im Unternehmen Beschwerde eingereicht oder ein Gerichtsverfahren angestrengt haben.

Art. 15 Gleichbehandlungsstellen. Unbeschadet der Zuständigkeiten der Arbeitsaufsichtsbehörden oder anderer Stellen, die mit der Durchsetzung der Arbeitnehmerrechte befasst sind, einschließlich der Sozialpartner, sorgen die Mitgliedstaaten dafür, dass die gemäß Artikel 20 der Richtlinie 2006/54/EG[1)] bezeichnete Stelle oder bezeichneten Stellen, deren Aufgabe es ist, die Gleichbehandlung aller Personen ohne Diskriminierung aufgrund des Geschlechts zu fördern, zu analysieren, zu beobachten und zu unterstützen, für Fragen im Zusammenhang mit Diskriminierung zuständig sind, die unter diese Richtlinie fallen.

Art. 16 Schutzniveau. (1) Die Mitgliedstaaten können Vorschriften beibehalten oder einführen, die für die Arbeitnehmer günstiger sind als die Bestimmungen dieser Richtlinie.

(2) [1]Die Umsetzung dieser Richtlinie kann keinesfalls als Rechtfertigung für eine Absenkung des allgemeinen Schutzniveaus für Arbeitnehmer in den von dieser Richtlinie erfassten Bereichen herangezogen werden. [2]Das Verbot einer solchen Absenkung des Schutzniveaus berührt nicht das Recht der Mitgliedstaaten und der Sozialpartner, angesichts sich wandelnder Umstände andere Rechts- und Verwaltungsvorschriften oder vertragliche Regelungen festzulegen als diejenigen, die am 1. August 2019 gelten, sofern die Mindestvorschriften dieser Richtlinie eingehalten werden.

[1)] Nr. **290**.

Art. 17 Verbreitung von Informationen. Die Mitgliedstaaten stellen sicher, dass in ihrem Hoheitsgebiet die nationalen Maßnahmen zur Umsetzung dieser Richtlinie sowie die bereits geltenden einschlägigen Vorschriften, die gemäß Artikel 1 Gegenstand dieser Richtlinie sind, Arbeitnehmern sowie Arbeitgebern – insbesondere KMU – mit allen geeigneten Mitteln zur Kenntnis gebracht werden.

Art. 18 Berichterstattung und Überprüfung. (1) [1] Bis zum 2. August 2027 übermitteln die Mitgliedstaaten der Kommission alle Informationen zur Umsetzung dieser Richtlinie, die die Kommission für die Erstellung eines Berichts benötigt. [2] Diese Informationen umfassen die verfügbaren aggregierten Daten zur Inanspruchnahme der verschiedenen Arten von Urlaub und flexibler Arbeitsregelungen nach dieser Richtlinie durch Arbeitnehmer, Männer und Frauen, damit die Umsetzung dieser Richtlinie insbesondere im Hinblick auf die Gleichstellung der Geschlechter ordnungsgemäß überwacht und bewertet werden kann.

(2) *[1]* [1] Die Kommission übermittelt den Bericht nach Absatz 1 dem Europäischen Parlament und dem Rat. [2] Sie fügt dem Bericht gegebenenfalls einen Legislativvorschlag bei.

[2] Dem Bericht sind außerdem beizufügen:

a) eine Studie über das Zusammenwirken der verschiedenen in dieser Richtlinie vorgesehenen Arten von Urlaub und anderer Arten von Urlaub aus familiären Gründen wie etwa Urlaub aus Gründen einer Adoption, und

b) eine Studie über den Anspruch Selbständiger auf Urlaub aus familiären Gründen.

Art. 19 Aufhebung. (1) [1] Die Richtlinie 2010/18/EU[1)] wird mit Wirkung vom 2. August 2022 aufgehoben. [2] Bezugnahmen auf die aufgehobene Richtlinie gelten als Bezugnahmen auf die vorliegende Richtlinie und sind nach Maßgabe der Entsprechungstabelle im Anhang zu lesen.

(2) Ungeachtet der Aufhebung der Richtlinie 2010/18/EU gemäß Absatz 1 des vorliegenden Artikels können Elternurlaubszeiten oder separate kumulierte Elternurlaubszeiten, die von einem Arbeitnehmer gemäß der genannten Richtlinie vor dem 2. August 2022 genommen oder übertragen wurden, von dem Anspruch dieses Arbeitnehmers auf Elternurlaub gemäß Artikel 5 der vorliegenden Richtlinie abgezogen werden.

Art. 20 Umsetzung. (1) [1] Die Mitgliedstaaten setzen die Rechts- und Verwaltungsvorschriften in Kraft, die erforderlich sind, um dieser Richtlinie bis zum 2. August 2022 nachzukommen. [2] Sie setzen die Kommission unverzüglich davon in Kenntnis.

(2) [1] Hinsichtlich der Bezahlung oder Vergütung für die letzten beiden Wochen des Elternurlaubs nach Artikel 8 Absatz 3 setzen die Mitgliedstaaten ungeachtet des Absatzes 1 des vorliegenden Artikels die Rechts- und Verwaltungsvorschriften in Kraft, die erforderlich sind, um dieser Richtlinie bis zum 2. August 2024 nachzukommen. [2] Sie setzen die Kommission unverzüglich davon in Kenntnis.

[1)] Nr. **310**.

(3) [1] Bei Erlass der in den Absätzen 1 und 2 genannten Maßnahmen nehmen die Mitgliedstaaten in den Maßnahmen selbst oder durch einen beigefügten Hinweis bei der amtlichen Veröffentlichung auf die vorliegende Richtlinie Bezug. [2] Die Mitgliedstaaten regeln die Einzelheiten dieser Bezugnahme.

(4) Die Mitgliedstaaten teilen der Kommission den Wortlaut der wichtigsten nationalen Maßnahmen mit, die sie auf den unter diese Richtlinie fallenden Gebieten erlassen.

(5) Die Einzelheiten und Modalitäten für die Anwendung dieser Richtlinie werden nach dem nationalen Recht, Kollektiv- bzw. Tarifverträgen oder Gepflogenheiten im Einklang mit den Mindestanforderungen und Zielen dieser Richtlinie festgelegt.

(6) Im Hinblick auf die Erfüllung der Anforderungen der Artikel 4, 5, 6 und 8 dieser Richtlinie und der Richtlinie 92/85/EWG[1)] können die Mitgliedstaaten jeden Zeitraum und jede Bezahlung oder Vergütung für Arbeitsfreistellung aus familiären Gründen, insbesondere Mutterschaftsurlaub, Vaterschaftsurlaub, Elternurlaub und Urlaub für pflegende Angehörige, der bzw. die auf nationaler Ebene vorgesehen ist und über den Mindeststandards gemäß dieser Richtlinie oder der Richtlinie 92/85/EWG liegt, berücksichtigen, sofern die Mindestanforderungen für diesen Urlaub erfüllt sind und das allgemeine Niveau des Arbeitnehmerschutzes in den von den genannten Richtlinien erfassten Bereichen nicht abgesenkt wird.

(7) Wenn die Mitgliedstaaten während eines Elternurlaubs von mindestens sechs Monaten Dauer für jeden Elternteil eine Bezahlung oder Vergütung in Höhe von mindestens 65 % des Nettoeinkommens des Arbeitnehmers – möglicherweise vorbehaltlich einer Obergrenze – gewähren, können sie beschließen, nicht die in Artikel 8 Absatz 2 genannte Bezahlung oder Vergütung zu entrichten, sondern diese Regelung weiterzuführen.

(8) Die Mitgliedstaaten können den Sozialpartnern die Umsetzung dieser Richtlinie übertragen, sofern die Sozialpartner dies gemeinsam beantragen und sofern die Mitgliedstaaten alle erforderlichen Maßnahmen treffen, um zu gewährleisten, dass die mit dieser Richtlinie angestrebten Ergebnisse jederzeit erzielt werden.

Art. 21 Inkrafttreten. Diese Richtlinie tritt am zwanzigsten Tag nach ihrer Veröffentlichung im *Amtsblatt der Europäischen Union* in Kraft.

Art. 22 Adressaten. Diese Richtlinie ist an die Mitgliedstaaten gerichtet.

Geschehen zu Brüssel am 20. Juni 2019.

Im Namen des Europäischen Parlaments
Der Präsident
A. TAJANI

Im Namen des Rates
Der Präsident
G. CIAMBA

---

1) Nr. **220**.

Anhang. Entsprechungstabelle

Richtlinie 2010/18/EU[1]	Diese Richtlinie
Paragraf[2] 1 Absatz 1	Artikel 1
Paragraf 1 Absatz 2	Artikel 2
Paragraf 1 Absatz 3	Artikel 2
Paragraf 2 Absatz 1	Artikel 5 Absatz 1
Paragraf 2 Absatz 2	Artikel 5 Absätze 1 und 2
Paragraf 3 Absatz 1 Buchstabe a	Artikel 5 Absatz 6
Paragraf 3 Absatz 1 Buchstabe b	Artikel 5 Absatz 4
Paragraf 3 Absatz 1 Buchstabe c	Artikel 5 Absatz 5
Paragraf 3 Absatz 1 Buchstabe d	–
Paragraf 3 Absatz 2	Artikel 5 Absatz 3
Paragraf 3 Absatz 3	Artikel 5 Absatz 8
Paragraf 4 Absatz 1	Artikel 5 Absatz 8
Paragraf 5 Absatz 1	Artikel 10 Absatz 2
Paragraf 5 Absatz 2	Artikel 10 Absatz 1
Paragraf 5 Absatz 3	Artikel 10 Absatz 3
Paragraf 5 Absatz 4	Artikel 11
Paragraf 5 Absatz 5 Unterabsatz 1	Artikel 10 Absatz 3
Paragraf 5 Absatz 5 Unterabsatz 2	Artikel 8 Absatz 3
Paragraf 6 Absatz 1	Artikel 9
Paragraf 6 Absatz 2	Erwägungsgrund 25
Paragraf 7 Absatz 1	Artikel 7
Paragraf 7 Absatz 2	Artikel 7
Paragraf 8 Absatz 1	Artikel 16 Absatz 1
Paragraf 8 Absatz 2	Artikel 16 Absatz 2
Paragraf 8 Absatz 3	–
Paragraf 8 Absatz 4	–
Paragraf 8 Absatz 5	–
Paragraf 8 Absatz 6	–
Paragraf 8 Absatz 7	–

[1] Nr. **310**.
[2] Richtig wohl: „Artikel“; gilt für die ganze Spalte.

350. Richtlinie (EU) 2019/1937 des Europäischen Parlaments und des Rates vom 23. Oktober 2019 zum Schutz von Personen, die Verstöße gegen das Unionsrecht melden

(ABl.L 305 S. 17)[1)]

CELEX 3 2019 L 1937

geänd. durch VO (EU) 2020/1503 des EP und des Rates v. 7.10.2020 (ABl.L 347 S. 1)

– Auszug –

DAS EUROPÄISCHE PARLAMENT UND DER RAT DER EUROPÄISCHEN UNION –

gestützt auf den Vertrag über die Arbeitsweise der Europäischen Union, insbesondere auf Artikel 16, Artikel 43 Absatz 2, Artikel 50, Artikel 53 Absatz 1, Artikel 91, Artikel 100, Artikel 114, Artikel 168 Absatz 4, Artikel 169, Artikel 192 Absatz 1 und Artikel 325 Absatz 4 und auf den Vertrag zur Gründung der Europäischen Atomgemeinschaft, insbesondere auf Artikel 31,

auf Vorschlag der Europäischen Kommission,

nach Zuleitung des Entwurfs des Gesetzgebungsakts an die nationalen Parlamente,

nach Stellungnahme des Rechnungshofs[2)],

nach Stellungnahme des Europäischen Wirtschafts- und Sozialausschusses[3)],

nach Anhörung des Ausschusses der Regionen,

nach Stellungnahme der Gruppe von Sachverständigen gemäß Artikel 31 des Vertrags zur Gründung der Europäischen Atomgemeinschaft vom 30. November 2018,

gemäß dem ordentlichen Gesetzgebungsverfahren[4)],

in Erwägung nachstehender Gründe:

(1) Personen, die für eine öffentliche oder private Organisation arbeiten oder im Rahmen ihrer beruflichen Tätigkeiten mit einer solchen Organisation in Kontakt stehen, nehmen eine in diesem Zusammenhang auftretende Gefährdung oder Schädigung des öffentlichen Interesses häufig als Erste wahr. Indem sie Verstöße gegen das Unionsrecht melden, die das öffentliche Interesse beeinträchtigen, handeln diese Personen als Hinweisgeber und tragen entscheidend dazu bei, solche Verstöße aufzudecken und zu unterbinden. Allerdings schrecken potenzielle Hinweisgeber aus Angst vor Repressalien häufig davor zurück, ihre Bedenken oder ihren Verdacht zu melden. In diesem Zusammenhang wird sowohl auf Unionsebene als auch auf internationaler Ebene zunehmend anerkannt, dass es eines ausgewogenen und effizienten Hinweisgeberschutzes bedarf.

[1)] Veröffentlicht am 26.11.2019.

[2)] **Amtl. Anm.:** ABl. C 405 vom 9.11.2018, S. 1.

[3)] **Amtl. Anm.:** ABl. C 62 vom 15.2.2019, S. 155.

[4)] **Amtl. Anm.:** Standpunkt des Europäischen Parlaments vom 16. April 2019 (noch nicht im Amtsblatt veröffentlicht) und Beschluss des Rates vom 7. Oktober 2019.

(2) Auf Unionsebene sind Meldungen und Offenlegungen durch Hinweisgeber eine Möglichkeit, dem Unionsrecht und der Unionspolitik Geltung zu verschaffen. Ihre Informationen fließen in die auf nationaler und Unionsebene bestehenden Rechtsdurchsetzungssysteme ein und tragen so dazu bei, dass Verstöße gegen das Unionsrecht wirksam aufgedeckt, untersucht und verfolgt werden, so dass Transparenz und Verantwortlichkeit gestärkt werden.

(3) In bestimmten Politikbereichen können Verstöße gegen das Unionsrecht – ungeachtet dessen, ob sie nach nationalem Recht als Ordnungswidrigkeit, Straftat oder andere Art rechtswidriger Handlung eingestuft sind – erhebliche Risiken für das Gemeinwohl bergen, indem sie ernsthafte Gefahren für das öffentliche Interesse schaffen. Wenn in solchen Bereichen Schwächen bei der Rechtsdurchsetzung festgestellt werden und sich Hinweisgeber gewöhnlich in einer privilegierten Position befinden, um Verstöße ans Licht zu bringen, muss die Rechtsdurchsetzung verbessert werden, indem effektive, vertrauliche und sichere Meldekanäle eingerichtet und Hinweisgeber wirksam vor Repressalien geschützt werden.

(4) Der bestehende Hinweisgeberschutz in der Union ist in den Mitgliedstaaten unterschiedlich und in den verschiedenen Politikbereichen uneinheitlich gestaltet. Die Folgen der von Hinweisgebern gemeldeten Verstöße gegen das Unionsrecht, die eine grenzüberschreitende Dimension aufweisen, zeigen deutlich, dass ein unzureichender Schutz in einem Mitgliedstaat die Funktionsweise der Unionsvorschriften nicht nur in diesem Mitgliedstaat, sondern auch in anderen Mitgliedstaaten und in der Union als Ganzem beeinträchtigt.

...

(6) Der Schutz von Hinweisgebern ist notwendig, um die Durchsetzung des Unionsrechts im Bereich der öffentlichen Auftragsvergabe zu verbessern. Es ist erforderlich, nicht nur Betrug und Korruption bei der Auftragsvergabe im Zusammenhang mit der Ausführung des Unionshaushalts aufzudecken und zu verhindern, sondern auch die unzureichende Durchsetzung der Vorschriften bei der Vergabe öffentlicher Aufträge durch nationale öffentliche Auftraggeber und Auftraggeber bei der Ausführung von Bauleistungen, der Lieferung von Waren oder der Erbringung von Dienstleistungen anzugehen. Verstöße gegen solche Vorschriften verursachen Wettbewerbsverzerrungen, erhöhen die Geschäftskosten, untergraben die Interessen von Anlegern und Aktionären, verringern insgesamt die Anreize für Investitionen und schaffen ungleiche Bedingungen für Unternehmen in der ganzen Union, wodurch das ordnungsgemäße Funktionieren des Binnenmarktes beeinträchtigt wird.

(7) Im Bereich der Finanzdienstleistungen hat der Unionsgesetzgeber den Mehrwert des Hinweisgeberschutzes bereits anerkannt. Nach der Finanzkrise, die schwerwiegende Mängel bei der Durchsetzung der geltenden Vorschriften ans Licht gebracht hat, wurden in einer Vielzahl von einschlägigen Rechtsakten im Bereich der Finanzdienstleistungen Maßnahmen zum Schutz von Hinweisgebern eingeführt, darunter interne und externe Meldekanäle sowie ein ausdrückliches Verbot von Repressalien, wie in der Mitteilung der Kommission vom 8. Dezember 2010 mit dem Titel „Stärkung der Sanktionsregelungen im Finanzdienstleistungssektor" dargelegt. Innerhalb des für Kreditinstitute und Wertpapierfirmen gelten-

den Aufsichtsrahmens sorgt insbesondere die Richtlinie 2013/36/EU des Europäischen Parlaments und des Rates[1] für den Hinweisgeberschutz, der im Rahmen der Verordnung (EU) Nr. 575/2013 des Europäischen Parlaments und der Rates[2] gilt.

(8) Was die Sicherheit der auf dem Binnenmarkt angebotenen Produkte anbelangt, so lassen sich Beweise in erster Linie in den an der Herstellung und am Vertrieb beteiligten Unternehmen sammeln; Meldungen von Hinweisgebern aus solchen Unternehmen haben somit einen hohen Mehrwert, da sie sich sehr viel näher an Informationen über mögliche unlautere oder illegale Herstellungs-, Einfuhr- oder Vertriebspraktiken im Zusammenhang mit unsicheren Produkten befinden. Daher besteht das Bedürfnis, im Zusammenhang mit den Sicherheitsanforderungen für Produkte, die den Harmonisierungsrechtsvorschriften der Union unterliegen, wie in den Anhängen I und II der Verordnung (EU) 2019/1020 des Europäischen Parlaments und des Rates aufgeführt[3], und in Bezug auf die allgemeinen Anforderungen an die Produktsicherheit nach Maßgabe der Richtlinie 2001/95/EG des Europäischen Parlaments und des Rates[4] einen Hinweisgeberschutz einzuführen. Darüber hinaus würde der Hinweisgeberschutz gemäß der vorliegenden Richtlinie entscheidend dazu beitragen, die Umlenkung von Feuerwaffen, Teilen von Feuerwaffen und Munition sowie von Verteidigungsgütern zu verhindern, da er zur Meldung von Verstößen gegen das Unionsrecht anhalten würde, etwa in Bezug auf Urkundendelikte, veränderte Kennzeichnungen und betrügerischen Erwerb von Feuerwaffen innerhalb der Union, wodurch es häufig zu einer Umlenkung vom legalen auf den illegalen Markt kommt. Der Hinweisgeberschutz gemäß der vorliegenden Richtlinie würde außerdem dazu beitragen, dass die Beschränkungen und Kontrollen in Bezug auf Ausgangsstoffe für Explosivstoff korrekt angewendet werden und so die unerlaubte Eigenherstellung von Explosivstoffen erschweren.

(9) Der wesentliche Beitrag des Hinweisgeberschutzes zur Vermeidung von Verstößen gegen Unionsvorschriften auf dem Gebiet der Verkehrssicherheit, die das Leben von Menschen gefährden können, wurde bereits in den sektoralen Unionsrechtsakten für die Sicherheit im Luftverkehr, d.h. der Verordnung (EU) Nr. 376/2014 des Europäischen Parlaments und des Rates[5] und die Sicherheit im Seeverkehr, d.h. den Richtlinien 2013/

---

[1] **Amtl. Anm.:** Richtlinie 2013/36/EU des Europäischen Parlaments und des Rates vom 26. Juni 2013 über den Zugang zur Tätigkeit von Kreditinstituten und die Beaufsichtigung von Kreditinstituten und Wertpapierfirmen, zur Änderung der Richtlinie 2002/87/EG und zur Aufhebung der Richtlinien 2006/48/EG und 2006/49/EG (ABl. L 176 vom 27.6.2013, S. 338).

[2] **Amtl. Anm.:** Verordnung (EU) Nr. 575/2013 des Europäischen Parlaments und des Rates vom 26. Juni 2013 über Aufsichtsanforderungen an Kreditinstitute und Wertpapierfirmen und zur Änderung der Verordnung (EU) Nr. 648/2012 (ABl. L 176 vom 27.6.2013, S. 1).

[3] **Amtl. Anm.:** Verordnung (EU) 2019/1020 des Europäischen Parlaments und des Rates vom 20. Juni 2019 über Marktüberwachung und die Konformität von Produkten und zur Änderung der Richtlinie 2004/42/EG und der Verordnungen (EG) Nr. 765/2008 und (EU) Nr. 305/2011 (ABl. L 169 vom 25.6.2019, S. 1).

[4] **Amtl. Anm.:** Richtlinie 2001/95/EG des Europäischen Parlaments und des Rates vom 3. Dezember 2001 über die allgemeine Produktsicherheit (ABl. L 11 vom 15.1.2002, S. 4).

[5] **Amtl. Anm.:** Verordnung (EU) Nr. 376/2014 des Europäischen Parlaments und des Rates vom 3. April 2014 über die Meldung, Analyse und Weiterverfolgung von Ereignissen in der Zivilluftfahrt, zur Änderung der Verordnung (EU) Nr. 996/2010 des Europäischen Parlaments und des Rates und zur Aufhebung der Richtlinie 2003/42/EG des Europäischen Parlaments und des Rates und der →

54/EU[1] und 2009/16/EG[2] des Europäischen Parlaments und des Rates, anerkannt, die spezifische Maßnahmen zum Schutz von Hinweisgebern sowie eigene Meldekanäle vorsehen. Diese Rechtsakte beinhalten auch den Schutz der Arbeitnehmer, die eigene unbeabsichtigte Fehler melden, vor Repressalien (sogenannte „Redlichkeitskultur"). Die bestehenden Elemente des Hinweisgeberschutzes in diesen beiden Sektoren müssen ergänzt werden, und der Schutz muss auch anderen Verkehrsbereichen, d.h. dem Binnenschifffahrts-, dem Straßen- und dem Schienenverkehr, gewährt werden, um die Durchsetzung der Sicherheitsstandards in diesen Verkehrsbereichen zu verbessern.

(10) Im Bereich des Umweltschutzes gestalten sich die Beweiserhebung, Verhütung, Aufdeckung und Bekämpfung von Umweltstraftaten und rechtswidrigen Handlungen nach wie vor problematisch und Maßnahmen in dieser Hinsicht müssen gestärkt werden, wie die Kommission in ihrer Mitteilung vom 18. Januar 2018 mit dem Titel „Aktionsplan der EU für einen besseren Vollzug des Umweltrechts und eine bessere Umweltordnungspolitik" anerkannt hat. Da vor dem Inkrafttreten dieser Richtlinie die einzigen bestehenden Bestimmungen zum Schutz vom Hinweisgebern im Bereich des Umweltschutzes in einem sektorspezifischen Rechtsakt enthalten waren, d.h. der Richtlinie 2013/30/EU des Europäischen Parlaments und des Rates[3], ist die Einführung eines solchen Schutzes notwendig, um eine wirksame Durchsetzung des Umweltrechts der Union zu gewährleisten, zumal Verstöße in diesem Bereich das öffentliche Interesse schädigen und sich über nationale Grenzen hinweg negativ auswirken können. Die Einführung eines solchen Schutzes ist auch in Fällen bedeutend, in denen unsichere Produkte Umweltschäden verursachen können.

(11) Ein verbesserter Hinweisgeberschutz würde auch einen Beitrag zur Prävention und Abschreckung von Verstößen gegen Vorschriften der Europäischen Atomgemeinschaft für die nukleare Sicherheit, den Strahlenschutz und die verantwortungsvolle und sichere Entsorgung abgebrannter Brennelemente und radioaktiver Abfälle leisten. Er würde auch die Durchsetzung der einschlägigen Bestimmungen der Richtlinie 2009/71/Euratom des Rates[4] in Bezug auf die Förderung und Verbesserung einer effektiven Sicherheitskultur im Nuklearbereich und insbesondere des Artikels 8b Absatz 2 Buchstabe a jener Richtlinie stärken, der unter anderem verlangt, dass die zuständige Regulierungsbehörde Managementsysteme einführt, die der nuklearen Sicherheit gebührenden Vorrang

(Fortsetzung der Anm. von voriger Seite)
Verordnungen (EG) Nr. 1321/2007 und (EG) Nr. 1330/2007 der Kommission (ABl. L 122 vom 24.4.2014, S. 18).

[1] **Amtl. Anm.:** Richtlinie 2013/54/EU des Europäischen Parlaments und des Rates vom 20. November 2013 über bestimmte Verantwortlichkeiten der Flaggenstaaten für die Einhaltung und Durchsetzung des Seearbeitsübereinkommens 2006 (ABl. L 329 vom 10.12.2013, S. 1).

[2] **Amtl. Anm.:** Richtlinie 2009/16/EG des Europäischen Parlaments und des Rates vom 23. April 2009 über die Hafenstaatkontrolle (ABl. L 131 vom 28.5.2009, S. 57).

[3] **Amtl. Anm.:** Richtlinie 2013/30/EU des Europäischen Parlaments und des Rates vom 12. Juni 2013 über die Sicherheit von Offshore-Erdöl- und -Erdgasaktivitäten und zur Änderung der Richtlinie 2004/35/EG (ABl. L 178 vom 28.6.2013, S. 66).

[4] **Amtl. Anm.:** Richtlinie 2009/71/Euratom des Rates vom 25. Juni 2009 über einen Gemeinschaftsrahmen für die nukleare Sicherheit kerntechnischer Anlagen (ABl. L 172 vom 2.7.2009, S. 18).

einräumen und auf allen Ebenen des Personals und des Managements die Fähigkeit fördern, zu hinterfragen, ob die einschlägigen Sicherheitsgrundsätze und -praktiken ihrer Funktion effektiv gerecht werden, und Sicherheitsprobleme rechtzeitig zu melden.

...

(13) Die Meldung von Verstößen durch Hinweisgeber kann entscheidend dazu beitragen, Risiken für die öffentliche Gesundheit und den Verbraucherschutz, die aus andernfalls womöglich unbemerkten Verstößen gegen Unionsvorschriften erwachsen, aufzudecken, zu verhindern, einzudämmen oder zu beseitigen. Vor allem im Bereich Verbraucherschutz besteht eine starke Verbindung zu Fällen, in denen Verbraucher durch unsichere Produkte erheblich geschädigt werden können.

(14) Die Achtung der Privatsphäre und der Schutz personenbezogener Daten, welche als Grundrechte in den Artikeln 7 und 8 der Charta der Grundrechte der Europäischen Union[1] (im Folgenden „Charta“) verankert sind, sind weitere Bereiche, in denen Hinweisgeber dazu beitragen können, Verstöße gegen das Unionsrecht, die das öffentliche Interesse schädigen können, aufzudecken. Hinweisgeber können auch zur Aufdeckung von Verstößen gegen die Richtlinie (EU) 2016/1148 des Europäischen Parlaments und des Rates[2] über die Sicherheit von Netz- und Informationssystemen beitragen, die die Verpflichtung, Sicherheitsvorfälle zu melden (auch solche, die personenbezogene Daten nicht beeinträchtigen) sowie Sicherheitsanforderungen für Einrichtungen, die grundlegende Dienste in vielen Bereichen erbringen, beispielsweise Energie, Gesundheit, Verkehr und Bankwesen, für Anbieter zentraler digitaler Dienste, beispielsweise Cloud-Computing-Dienste, und für Lieferanten grundlegender Versorgungsgüter, wie Wasser, Strom und Gas, vorsieht. Meldungen von Hinweisgebern sind in diesem Bereich besonders nützlich, um Sicherheitsvorfälle zu verhindern, die wichtige wirtschaftliche und soziale Tätigkeiten und weitverbreitete digitale Dienste beeinträchtigen würden, und um Verstöße gegen die Datenschutzvorschriften der Union zu verhindern. Solche Meldungen tragen zur Kontinuität von Diensten bei, die für das Funktionieren des Binnenmarkts und das Wohlergehen der Gesellschaft von wesentlicher Bedeutung sind.

(15) Zudem ist der Schutz der finanziellen Interessen der Union, der die Bekämpfung von Betrug, Korruption und sonstigen rechtswidrigen Handlungen im Zusammenhang mit den Ausgaben der Union, der Erhebung von Einnahmen und Geldern der Union oder Vermögenswerten der Union betrifft, ein Kernbereich, in dem die Durchsetzung des Unionsrechts gestärkt werden muss. Der Stärkung des Schutzes der finanziellen Interessen der Union kommt auch bei der Ausführung des Haushaltsplans der Union im Zusammenhang mit Ausgaben, die auf der Grundlage des Vertrags zur Gründung der Europäischen Atomgemeinschaft (Euratom-Vertrag) anfallen, Bedeutung zu. Aufgrund mangelnder wirksamer Durchsetzungsmaßnahmen im Bereich des Schutzes der finanziellen Inte-

---

[1] Nr. **15**.

[2] **Amtl. Anm.:** Richtlinie (EU) 2016/1148 des Europäischen Parlaments und des Rates vom 6. Juli 2016 über Maßnahmen zur Gewährleistung eines hohen gemeinsamen Sicherheitsniveaus von Netz- und Informationssystemen in der Union (ABl. L 194 vom 19.7.2016, S. 1).

ressen der Union sowie in Bezug auf die Bekämpfung von Betrug und Korruption auf nationaler Ebene kommt es zu einem Rückgang der Unionseinnahmen und einem Missbrauch von Unionsgeldern, wodurch die öffentlichen Investitionen verzerrt werden sowie das Wachstum gedämpft und das Vertrauen der Bürger in Unionsmaßnahmen untergraben werden kann. Nach Artikel 325 des Vertrags über die Arbeitsweise der Europäischen Union (AEUV) sind die Union und die Mitgliedstaaten verpflichtet, Betrügereien und sonstige gegen die finanziellen Interessen der Union gerichtete rechtswidrige Handlungen zu bekämpfen. Zu den einschlägigen Maßnahmen der Union in diesem Bereich gehören insbesondere die Verordnung (EG, Euratom) Nr. 2988/95 des Rates[1)] und die Verordnung (EU, Euratom) Nr. 883/2013 des Europäischen Parlaments und des Rates[2)]. Die Verordnung (EG, Euratom) Nr. 2988/95 wird bezüglich der schwersten Formen betrugsähnlichen Verhaltens durch die Richtlinie (EU) 2017/1371 des Europäischen Parlaments und des Rates[3)] und das Übereinkommen aufgrund von Artikel K.3 des Vertrags über die Europäische Union über den Schutz der finanziellen Interessen der Europäischen Gemeinschaften vom 26. Juli 1995[4)], einschließlich der dazugehörigen Protokolle vom 27. September 1996[5)], 29. November 1996[6)] und 19. Juni 1997[7)], ergänzt. Dieses Übereinkommen und diese Protokolle gelten weiterhin für die Mitgliedstaaten, die nicht durch die Richtlinie (EU) 2017/1371 gebunden sind.

(16) Gemeinsame Mindeststandards für den Schutz von Hinweisgebern sollten auch für Verstöße gegen die Binnenmarktvorschriften im Sinne von Artikel 26 Absatz 2 AEUV festgelegt werden. Darüber hinaus zielen Maßnahmen der Union zur Verwirklichung des Binnenmarkts oder zur Gewährleistung eines funktionierenden Binnenmarkts nach der Rechtsprechung des Gerichtshofs der Europäischen Union (im Folgenden „Gerichtshof") darauf ab, zur Beseitigung bestehender oder sich abzeichnender Hemmnisse für den freien Waren- oder Dienstleistungsverkehr und zur Beseitigung von Wettbewerbsverzerrungen beizutragen.

(17) Der Schutz von Hinweisgebern im Interesse einer besseren Durchsetzung des Wettbewerbsrechts der Union, einschließlich in Bezug auf staatliche Beihilfen, würde insbesondere dazu beitragen, das effiziente Funktionieren der Märkte in der Union zu gewährleisten, gleiche Wettbewerbsbedingungen für Unternehmen zu ermöglichen und Vorteile für Verbraucher zu erzielen. Was die Wettbewerbsregeln für Unternehmen anbe-

---

1) **Amtl. Anm.:** Verordnung (EG, Euratom) Nr. 2988/95 des Rates vom 18. Dezember 1995 über den Schutz der finanziellen Interessen der Europäischen Gemeinschaften (ABl. L 312 vom 23.12. 1995, S. 1).

2) **Amtl. Anm.:** Verordnung (EU, Euratom) Nr. 883/2013 des Europäischen Parlaments und des Rates vom 11. September 2013 über die Untersuchungen des Europäischen Amtes für Betrugsbekämpfung (OLAF) und zur Aufhebung der Verordnung (EG) Nr. 1073/1999 des Europäischen Parlaments und des Rates und der Verordnung (Euratom) Nr. 1074/1999 des Rates (ABl. L 248 vom 18.9.2013, S. 1).

3) **Amtl. Anm.:** Richtlinie (EU) 2017/1371 des Europäischen Parlaments und des Rates vom 5. Juli 2017 über die strafrechtliche Bekämpfung von gegen die finanziellen Interessen der Union gerichtetem Betrug (ABl. L 198 vom 28.7.2017, S. 29).

4) **Amtl. Anm.:** ABl. C 316 vom 27.11.1995, S. 49.

5) **Amtl. Anm.:** ABl. C 313 vom 23.10.1996, S. 2.

6) **Amtl. Anm.:** ABl. C 151 vom 20.5.1997, S. 2.

7) **Amtl. Anm.:** ABl. C 221 vom 19.7.1997, S. 2.

langt, so wird die Bedeutung von Insiderinformationen bei der Aufdeckung von Wettbewerbsverstößen bereits in der von der Kommission angewandten Kronzeugenregelung nach Artikel 4a der Verordnung (EG) Nr. 773/2004 der Kommission[1)] sowie in dem kürzlich von der Europäischen Kommission eingeführten Instrument für anonyme Hinweise anerkannt. Verstöße gegen das Wettbewerbsrecht und gegen Vorschriften über staatliche Beihilfen betreffen die Artikel 101, 102, 106, 107 und 108 AEUV sowie die sekundärrechtlichen Bestimmungen zu ihrer Umsetzung.

(18) Verstöße gegen das Körperschaftsteuerrecht und Vereinbarungen, deren Zweck darin besteht, einen Steuervorteil zu erlangen und rechtliche Verpflichtungen zu umgehen, und die dem Ziel oder Zweck der geltenden Körperschaftsteuer-Vorschriften zuwiderlaufen, beeinträchtigen das ordnungsgemäße Funktionieren des Binnenmarkts. Solche Verstöße und Vereinbarungen können zu unlauterem Steuerwettbewerb und umfassender Steuerhinterziehung führen, die Wettbewerbsbedingungen für Unternehmen verzerren und Steuereinbußen für die Mitgliedstaaten und den Unionshaushalt insgesamt nach sich ziehen. Diese Richtlinie sollte Maßnahmen vorsehen, um Personen vor Repressalien zu schützen, die über steuerhinterziehende und/oder missbräuchliche Vereinbarungen berichten, die ansonsten unbemerkt bleiben könnten, damit die zuständigen Behörden besser in der Lage sind, einen ordnungsgemäß funktionierenden Binnenmarkt zu gewährleisten und Verzerrungen und Handelshemmnisse zu beseitigen, die sich auf die Wettbewerbsfähigkeit von Unternehmen im Binnenmarkt auswirken, in direktem Bezug zu den Freizügigkeitsbestimmungen stehen und auch für die Anwendung der Vorschriften für staatliche Beihilfen von Bedeutung sind. Der Hinweisgeberschutz gemäß dieser Richtlinie würde die jüngsten Initiativen der Kommission zur Verbesserung der Transparenz und des Informationsaustauschs im Steuerbereich und zur Schaffung eines gerechteren Umfelds im Bereich der Körperschaftssteuer innerhalb der Union ergänzen, um die Effizienz der Mitgliedstaaten bei der Ermittlung steuerhinterziehender und/oder missbräuchlicher Vereinbarungen zu erhöhen, und er würde solchen Vereinbarungen entgegenwirken. Durch diese Richtlinie werden jedoch weder materielle noch verfahrensrechtliche Steuerbestimmungen harmonisiert und sie zielt nicht darauf ab, die Durchsetzung der nationalen Bestimmungen über die Körperschaftssteuer zu verbessern; dies lässt die Möglichkeit der Mitgliedstaaten, gemeldete Informationen zu diesem Zweck zu verwenden, unberührt.

(19) In Artikel 2 Absatz 1 Buchstabe a wird der sachliche Anwendungsbereich dieser Richtlinie durch eine Bezugnahme auf eine Reihe von im Anhang aufgeführten Unionsrechtsakten festgelegt. Wenn der sachliche Anwendungsbereich dieser Unionsrechtsakte wiederum durch Bezugnahme auf in ihren Anhängen aufgeführte Unionsrechtsakte definiert wird, bedeutet das, dass diese in den Anhängen aufgeführten Unionsrechtsakte ebenfalls Teil des sachlichen Anwendungsbereichs dieser Richtlinie sind. Die Be-

---

[1)] **Amtl. Anm.:** Verordnung (EG) Nr. 773/2004 der Kommission vom 7. April 2004 über die Durchführung von Verfahren auf der Grundlage der Artikel 81 und 82 EG-Vertrag durch die Kommission (ABl. L 123 vom 27.4.2004, S. 18).

zugnahme auf die Rechtsakte im Anhang sollte außerdem dahingehend ausgelegt werden, dass sie auch alle nach diesen Rechtsakten erlassenen Durchführungs- oder delegierten Maßnahmen der Mitgliedstaaten und der Union umfasst. Darüber hinaus ist die Bezugnahme auf die Unionsrechtsakte im Anhang als dynamische Bezugnahme im Sinne des üblichen Systems für Bezugnahmen in Unionsrechtsakten zu verstehen. Demzufolge bezieht sich die Bezugnahme, wenn der Unionsrechtsakt im Anhang geändert wird, auf die geänderte Fassung des Rechtsakts, und wenn der Unionsrechtsakt im Anhang ersetzt wird, bezieht sich die Bezugnahme auf den neuen Rechtsakt.

(20) Insbesondere im Bereich der Finanzdienstleistungen enthalten einige Rechtsakte der Union, wie die Verordnung (EU) Nr. 596/2014 des Europäischen Parlaments und des Rates[1)] und die zugehörige Durchführungsrichtlinie (EU) 2015/2392 der Kommission[2)], schon jetzt detaillierte Vorschriften zum Schutz von Hinweisgebern. In solchen bestehenden Unionsvorschriften – einschließlich der in Teil II des Anhangs dieser Richtlinie aufgeführten Unionsrechtsakte – vorgesehene spezifische Regelungen in diesem Zusammenhang, die auf die entsprechenden Bereiche zugeschnitten sind, sollten beibehalten werden. Dies ist besonders wichtig, um festzulegen, welche juristischen Personen auf dem Gebiet der Finanzdienstleistungen, der Verhinderung von Geldwäsche und Terrorismusfinanzierung derzeit verpflichtet sind, interne Meldekanäle einzurichten. Damit in allen Mitgliedstaaten für Kohärenz und Rechtssicherheit gesorgt ist, sollte diese Richtlinie zugleich für alle Angelegenheiten gelten, die nicht durch sektorspezifische Rechtsakte geregelt werden und somit solche Rechtsakte ergänzen, so dass sie in vollem Umfang den Mindeststandards entsprechen. Insbesondere sollte diese Richtlinie genauere Einzelheiten zur Gestaltung der internen und externen Meldekanäle, zu den Verpflichtungen der zuständigen Behörden sowie dazu enthalten, in welcher konkreten Form auf nationaler Ebene für den Schutz vor Repressalien gesorgt wird. Diesbezüglich sieht Artikel 28 Absatz 4 der Verordnung (EU) Nr. 1286/2014 des Europäischen Parlaments und des Rates[3)] vor, dass die Mitgliedstaaten in dem von der genannten Verordnung geregelten Bereich einen internen Meldekanal vorsehen können. Aus Gründen der Kohärenz mit den in dieser Richtlinie festgelegten Mindeststandards sollte die Verpflichtung zur Einrichtung interner Meldekanäle gemäß dieser Richtlinie auch in Bezug auf die Verordnung (EU) Nr. 1286/2014 gelten.

(21) Diese Richtlinie sollte den für Arbeitnehmer gewährten Schutz bei der Meldung von Verstößen gegen das Arbeitsrecht der Union unberührt

---

[1)] **Amtl. Anm.:** Verordnung (EU) Nr. 596/2014 des Europäischen Parlaments und des Rates vom 16. April 2014 über Marktmissbrauch (Marktmissbrauchsverordnung) und zur Aufhebung der Richtlinie 2003/6/EG des Europäischen Parlaments und des Rates und der Richtlinien 2003/124/EG, 2003/125/EG und 2004/72/EG der Kommission (ABl. L 173 vom 12.6.2014, S. 1).

[2)] **Amtl. Anm.:** Durchführungsrichtlinie (EU) 2015/2392 der Kommission vom 17. Dezember 2015 zur Verordnung (EU) Nr. 596/2014 des Europäischen Parlaments und des Rates hinsichtlich der Meldung tatsächlicher oder möglicher Verstöße gegen diese Verordnung (ABl. L 332 vom 18.12.2015, S. 126).

[3)] **Amtl. Anm.:** Verordnung (EU) Nr. 1286/2014 des Europäischen Parlaments und des Rates vom 26. November 2014 über Basisinformationsblätter für verpackte Anlageprodukte für Kleinanleger und Versicherungsanlageprodukte (PRIIP) (ABl. L 352 vom 9.12.2014, S. 1).

lassen. Im Bereich der Sicherheit und des Gesundheitsschutzes am Arbeitsplatz verpflichtet Artikel 11 der Richtlinie 89/391/EWG[1)] des Rates[2)] die Mitgliedstaaten schon jetzt, dafür zu sorgen, dass Arbeitnehmern oder Arbeitnehmervertretern keine Nachteile entstehen, wenn sie den Arbeitgeber um geeignete Maßnahmen ersuchen und ihm Vorschläge unterbreiten, um Gefahren für die Arbeitnehmer vorzubeugen und/oder Gefahrenquellen auszuschalten. Die Arbeitnehmer und ihre Vertreter sind nach der genannten Richtlinie berechtigt, die zuständige Behörde auf Probleme hinzuweisen, wenn sie der Auffassung sind, dass die vom Arbeitgeber getroffenen Maßnahmen und eingesetzten Mittel nicht ausreichen, um die Sicherheit und den Gesundheitsschutz zu gewährleisten.

(22) Die Mitgliedstaaten können entscheiden, dass Meldungen von ausschließlich den Hinweisgeber beeinträchtigenden zwischenmenschlichen Beschwerden, das heißt Beschwerden über zwischenmenschliche Konflikte zwischen dem Hinweisgeber und einem anderen Arbeitnehmer, in andere Verfahren übergeleitet werden können.

...

(33) Hinweisgeber fühlen sich in der Regel wohler, wenn sie Informationen intern melden, es sei denn, sie haben Grund dazu, Informationen extern zu melden. Empirische Studien belegen, dass Hinweisgeber mehrheitlich zu internen Meldungen innerhalb der Organisation, in der sie arbeiten, neigen. Interne Meldungen sind auch der beste Weg, um Informationen an die Personen heranzutragen, die zu einer frühzeitigen und wirksamen Abwendung von Gefahren für das öffentliche Interesse beitragen können. Zugleich sollte der Hinweisgeber den Meldekanal wählen können, der sich angesichts der fallspezifischen Umstände am besten eignet. Zudem ist es erforderlich, im Einklang mit den von der Rechtsprechung des EGMR aufgestellten Kriterien die Offenlegung von Informationen unter Berücksichtigung demokratischer Grundsätze wie Transparenz und Verantwortlichkeit und Grundrechten wie die Freiheit der Meinungsäußerung und die Freiheit und die Pluralität der Medien zu schützen und gleichzeitig das Interesse der Arbeitgeber an der Verwaltung ihrer Unternehmen und dem Schutz ihrer Interessen einerseits mit dem Interesse der Öffentlichkeit am Schutz vor Schaden andererseits abzuwägen.

...

(35) Diese Richtlinie sollte vorsehen, dass Schutz zu gewähren ist, wenn Personen im Einklang mit den Rechtsvorschriften der Union Organen, Einrichtungen und sonstigen Stellen der Union beispielsweise im Zusammenhang mit den Unionshaushalt betreffendem Betrug Meldung erstatten.

(36) Personen benötigen besonderen Rechtsschutz, wenn sie Informationen melden, von denen sie im Rahmen ihrer beruflichen Tätigkeit Kenntnis erlangen, und sich damit dem Risiko von berufsbezogenen Repressalien aussetzen, beispielsweise aufgrund einer Verletzung der Vertraulichkeits- oder Loyalitätspflicht. Der Grund für den Schutz dieser Personen ist ihre

---

1) Nr. **200**.

2) **Amtl. Anm.:** Richtlinie 89/391/EWG des Rates vom 12. Juni 1989 über die Durchführung von Maßnahmen zur Verbesserung der Sicherheit und des Gesundheitsschutzes der Arbeitnehmer bei der Arbeit (ABl. L 183 vom 29.6.1989, S. 1).

wirtschaftliche Abhängigkeit von der Person, auf die sie de facto bezüglich ihrer Beschäftigung angewiesen sind. Liegt jedoch kein beruflich bedingtes Machtungleichgewicht vor, beispielsweise im Fall gewöhnlicher Beschwerdeträger oder unbeteiligter Dritter, so ist kein Schutz vor Repressalien erforderlich.

...

(38) Schutz sollte zuallererst für „Arbeitnehmer" im Sinne des Artikels 45 Absatz 1 AEUV[1)] in der Auslegung durch den Gerichtshof gelten, d.h. für Personen, die während eines bestimmten Zeitraums Dienstleistungen, für die sie eine Vergütung erhalten, für und unter der Leitung einer anderen Person erbringen. Schutz sollte daher auch Arbeitnehmern in atypischen Beschäftigungsverhältnissen, einschließlich Teilzeitbeschäftigten und befristet Beschäftigten, sowie Personen gewährt werden, die einen Arbeitsvertrag oder ein Arbeitsverhältnis mit einem Leiharbeitsunternehmen geschlossen haben; bei prekären Vertragsbeziehungen ist es häufig schwierig, Standardschutzbestimmungen gegen unfaire Behandlung anzuwenden. Der Begriff „Arbeitnehmer" schließt auch Beamte, öffentliche Bedienstete und andere Personen, die im öffentlichen Sektor arbeiten, ein.

(39) Schutz sollte darüber hinaus auch für weitere Kategorien natürlicher Personen gelten, die zwar nicht „Arbeitnehmer" im Sinne des Artikels 45 Absatz 1 AEUV[1)] sind, aber entscheidend zur Aufdeckung von Verstößen gegen das Unionsrecht beitragen können, und sich möglicherweise im Zusammenhang mit ihrer beruflichen Tätigkeit in wirtschaftlicher Abhängigkeit befinden. So sind etwa im Bereich der Produktsicherheit Lieferanten sehr viel näher an der Informationsquelle zu möglichen unlauteren und illegalen Herstellungs-, Einfuhr- oder Vertriebspraktiken in Bezug auf unsichere Produkte; und bei der Verwendung von Unionsmitteln sind Berater, die Dienstleistungen erbringen, in einer privilegierten Position, um auf Verstöße aufmerksam zu machen. Diese Kategorien von Personen, zu denen Selbstständige, die Dienstleistungen erbringen, Freiberufler, Auftragnehmer, Unterauftragnehmer und Lieferanten zählen, erfahren häufig Repressalien, die beispielsweise in der Form zutage treten können, dass Dienstleistungsverträge, Lizenzen oder Bewilligungen vorzeitig beendet oder gekündigt werden, sie Auftrags- oder Einkommensverluste erleiden, Opfer von Nötigung, Einschüchterung oder Mobbing werden, auf „schwarze Listen" gesetzt bzw. geschäftlich boykottiert werden oder ihr Ruf geschädigt wird. Anteilseigner und Personen in Leitungsgremien können ebenfalls von Repressalien betroffen sein, etwa in finanzieller Hinsicht oder in Form von Einschüchterung oder Mobbing, Eintragung in „schwarze Listen" oder Rufschädigung. Schutz sollte auch Personen mit beendetem Arbeitsverhältnis und Bewerbern für eine Stelle oder Personen, die Dienstleistungen bei einer Organisation erbringen möchten, gewährt werden, wenn sie während des Einstellungsverfahrens oder einer anderen vorvertraglichen Verhandlungsstufe Informationen über Verstöße erhalten und Repressalien erleiden könnten, etwa in Form negativer Arbeitszeugnisse oder indem sie auf „schwarze Listen" gesetzt bzw. geschäftlich boykottiert werden.

[1)] Nr. **5**.

(40) Ein wirksamer Hinweisgeberschutz umfasst auch den Schutz von Personengruppen, die zwar auf ihre berufliche Tätigkeit nicht wirtschaftlich angewiesen sind, aber infolge einer Meldung von Verstößen dennoch Repressalien erleiden können. Gegenüber Freiwilligen und bezahlten oder unbezahlten Praktikanten könnten Repressalien etwa in der Form ausgeübt werden, dass ihre Dienste nicht mehr in Anspruch genommen werden, ihnen negative Arbeitszeugnisse ausgestellt werden oder ihr Ruf bzw. ihre beruflichen Perspektiven auf andere Weise geschädigt werden.

(41) Es sollte nicht nur Schutz vor Repressalien gewährt werden, die direkt gegen den Hinweisgeber selbst ergriffen werden, sondern auch für Maßnahmen, die indirekt, einschließlich gegen Mittler, Kollegen oder Verwandte des Hinweisgebers, die ebenfalls in einer beruflichen Verbindung zum Arbeitgeber des Hinweisgebers, zu einem Kunden des Hinweisgebers oder zu einem Empfänger vom Hinweisgeber erbrachter Dienstleistungen stehen, ergriffen werden können. Unbeschadet des Schutzes, den Gewerkschaftsvertreter oder Arbeitnehmervertreter nach sonstigen Unionsbestimmungen und den nationalen Bestimmungen in ihrer Eigenschaft als Interessenvertreter genießen, sollten sie sowohl im Fall von Meldungen, die sie in ihrer Eigenschaft als Arbeitnehmer erstatten, als auch im Fall der Beratung und Unterstützung des Hinweisgebers den in dieser Richtlinie vorgesehenen Schutz genießen. Indirekte Repressalien umfassen auch Maßnahmen wie Verweigerung von Dienstleistungen, Erfassung auf „schwarzen Listen" oder Geschäftsboykott gegen die juristische Person, die im Eigentum des Hinweisgebers steht, für die er arbeitet oder mit der er in einem beruflichen Kontext anderweitig in Verbindung steht.

...

(47) Damit Verstöße gegen das Unionsrecht wirksam aufgedeckt und unterbunden werden können, müssen die einschlägigen Informationen rasch zu denjenigen gelangen, die der Ursache des Problems am nächsten sind, der Meldung am ehesten nachgehen können und über entsprechende Befugnisse verfügen, um dem Problem, soweit möglich, abzuhelfen. Aus diesem Grund sollten Hinweisgeber grundsätzlich darin bestärkt werden, zunächst die internen Meldekanäle zu nutzen und ihrem Arbeitgeber Meldung zu erstatten, sofern ihnen derartige Kanäle zur Verfügung stehen und vernünftigerweise erwartet werden kann, dass sie funktionieren. Dies gilt insbesondere, wenn die Hinweisgeber der Meinung sind, dass in der betreffenden Organisation wirksam gegen den Verstoß vorgegangen werden kann und keine Repressalien drohen. Folglich sollten juristische Personen des privaten und öffentlichen Sektors geeignete interne Verfahren für die Entgegennahme von Meldungen und entsprechende Folgemaßnahmen einrichten. In dieser Weise bestärkt werden sollten Hinweisgeber auch, wenn diese Kanäle eingerichtet wurden, ohne dass dazu nach dem Unionsrecht oder dem nationalen Recht eine Verpflichtung bestand. Dieser Grundsatz sollte bei Organisationen zur Förderung einer Kultur der guten Kommunikation und der sozialen Verantwortung von Unternehmen beitragen, in deren Rahmen Hinweisgeber als Personen gelten, die wesentlich zu Selbstverbesserung und herausragender Kompetenz innerhalb der Organisation beitragen.

(48) Bei juristischen Personen des Privatrechts sollte die Verpflichtung zur Einrichtung interner Meldekanäle in einem angemessenen Verhältnis zu ihrer Größe und dem Ausmaß des Risikos ihrer Tätigkeiten für das öffentliche Interesse stehen. Alle Unternehmen mit 50 oder mehr Arbeitnehmern, die Mehrwertsteuer erheben müssen, sollten unabhängig von der Art ihrer Tätigkeiten interne Meldekanäle einrichten müssen. Die Mitgliedstaaten können nach einer geeigneten Risikobewertung auch anderen Unternehmen vorschreiben, in bestimmten Fällen interne Meldekanäle einzurichten, etwa aufgrund erheblicher Risiken, die sich aus ihrer Tätigkeit ergeben.

(49) Die Möglichkeit der Mitgliedstaaten, juristische Personen des privaten Sektors mit weniger als 50 Arbeitnehmern darin zu bestärken, interne Kanäle für Meldungen und Folgemaßnahmen einzurichten, indem sie unter anderem für diese Kanäle weniger strenge Anforderungen als in dieser Richtlinie vorgesehen festlegen, sofern durch diese Anforderungen die Vertraulichkeit der Meldung und ordnungsgemäße Folgemaßnahmen garantiert sind, sollte von der Richtlinie unberührt bleiben.

(50) Die Ausnahme für Klein- und Kleinstunternehmen von der Verpflichtung, interne Meldekanäle einzurichten, sollte nicht für Privatunternehmen gelten, die gemäß den in Teilen I.B und II des Anhangs genannten Rechtsakten der Union zur Einrichtung interner Meldekanäle verpflichtet sind.

(51) Sehen juristische Personen des privaten Sektors keine internen Meldekanäle vor, sollte es klar sein, dass es Hinweisgebern möglich sein sollte, Meldungen extern an die zuständigen Behörden zu richten, und dass sie nach Maßgabe dieser Richtlinie vor Repressalien geschützt sein sollten.

(52) Um insbesondere die Einhaltung der Vorschriften für die Vergabe öffentlicher Aufträge im öffentlichen Sektor zu gewährleisten, sollten alle öffentlichen Auftraggeber und Auftraggeber auf lokaler, regionaler und nationaler Ebene entsprechend ihrer Größe zur Einrichtung interner Meldekanäle verpflichtet sein.

(53) Solange die Vertraulichkeit der Identität des Hinweisgebers gewahrt bleibt, kann jede juristische Person des privaten und öffentlichen Sektors selbst festlegen, welche Art von Meldekanälen einzurichten ist. Konkret sollten die Meldekanäle es Personen ermöglichen, schriftlich Meldung zu erstatten und diese Meldung auf dem Postweg, über einen Beschwerde-Briefkasten oder über eine Online-Plattform, sei es eine Plattform im Intranet oder im Internet, einzureichen, oder mündlich Meldung zu erstatten, über eine Telefon-Hotline oder ein anderes System für gesprochene Nachrichten, oder beides. Auf Anfrage des Hinweisgebers sollte es über diese Kanäle auch möglich sein, innerhalb eines angemessenen Zeitraums im Rahmen von physischen Zusammenkünften Meldung zu erstatten.

(54) Auch Dritte könnten ermächtigt werden, Meldungen von Verstößen im Namen von juristischen Personen des privaten und öffentlichen Sektors entgegenzunehmen, sofern sie entsprechende Garantien für die Wahrung der Unabhängigkeit und Vertraulichkeit, des Datenschutzes und der Geheimhaltung bieten. Bei solchen Dritten könnte es sich um externe Anbieter von Meldeplattformen, externe Berater, Prüfer, Gewerkschaftsvertreter oder Arbeitnehmervertreter handeln.

…

(56) Welche Personen oder Abteilungen innerhalb einer juristischen Person des privaten Sektors am besten geeignet sind, Meldungen entgegenzunehmen und Folgemaßnahmen zu ergreifen, hängt von der Struktur des Unternehmens ab; ihre Funktion sollte jedenfalls dergestalt sein, dass ihre Unabhängigkeit gewährleistet wird und Interessenkonflikte ausgeschlossen werden. In kleineren Unternehmen könnte diese Aufgabe durch einen Mitarbeiter in Doppelfunktion erfüllt werden, der direkt der Unternehmensleitung berichten kann, etwa ein Leiter der Compliance- oder Personalabteilung, ein Integritätsbeauftragter, ein Rechts- oder Datenschutzbeauftragter, ein Finanzvorstand, ein Auditverantwortlicher oder ein Vorstandsmitglied.

(57) Bei internen Meldungen trägt eine möglichst umfassende Unterrichtung des Hinweisgebers, soweit diese rechtlich möglich ist, über die Folgemaßnahmen zu einer Meldung wesentlich dazu bei, Vertrauen in die Wirksamkeit des allgemeinen Hinweisgeberschutzes aufzubauen und die Wahrscheinlichkeit weiterer unnötiger Meldungen oder einer Offenlegung zu senken. Der Hinweisgeber sollte innerhalb eines angemessenen Zeitrahmens über die geplanten oder ergriffenen Folgemaßnahmen und die Gründe für die Wahl jener Folgemaßnahmen informiert werden. Die Folgemaßnahmen könnten beispielsweise den Verweis auf andere Kanäle oder Verfahren bei Meldungen, die ausschließlich die individuellen Rechte des Hinweisgebers betreffen, den Abschluss des Verfahrens aufgrund mangelnder Beweise oder anderer Gründe, die Einleitung interner Nachforschungen, eventuell unter Angabe der Ergebnisse und möglicher Maßnahmen zur Behebung des Problems oder die Befassung einer zuständigen Behörde zwecks weiterer Untersuchung umfassen, soweit diese Informationen die internen Nachforschungen oder die Untersuchung nicht berühren und die Rechte der von der Meldung betroffenen Person nicht beeinträchtigen. Der Hinweisgeber sollte in jedem Fall über die Fortschritte und Ergebnisse der Untersuchung informiert werden. Es sollte möglich sein, den Hinweisgeber während der Untersuchung um weitere Informationen zu bitten, ohne dass jedoch eine Verpflichtung zur Bereitstellung dieser Informationen besteht.

(58) Ein angemessener Zeitrahmen zur Unterrichtung des Hinweisgebers sollte drei Monate nicht überschreiten. Werden die geeigneten Folgemaßnahmen erst noch festgelegt, so sollte der Hinweisgeber auch darüber informiert werden; zudem sollte ihm mitgeteilt werden, welche weiteren Rückmeldungen er erwarten kann.

(59) Personen, die Verstöße gegen das Unionsrecht melden wollen, sollten eine fundierte Entscheidung darüber treffen können, ob, wann und auf welche Weise sie Meldung erstatten. Juristische Personen des privaten und öffentlichen Sektors, die über interne Meldeverfahren verfügen, sollten Informationen zu diesen Verfahren sowie über externe Meldeverfahren an die jeweils zuständigen Behörden bereitstellen müssen. Es ist von wesentlicher Bedeutung, dass diese Informationen klar und leicht zugänglich sind, und zwar – soweit möglich – auch für Personen, die nicht Arbeitnehmer des Unternehmens sind, die aber aufgrund ihrer beruflichen Tätigkeit mit dem Unternehmen in Kontakt treten, beispielsweise Dienstleistungsunternehmen, Vertriebsunternehmen, Lieferanten

und andere Geschäftspartner. Die Informationen könnten etwa an einer sichtbaren, für diesen gesamten Personenkreis zugänglichen Stelle sowie auf der Unternehmenswebsite veröffentlicht werden und auch in Kursen und Schulungen zum Thema Ethik und Integrität behandelt werden.

(60) Eine wirksame Aufdeckung und Verhütung von Verstößen gegen das Unionsrecht setzt voraus, dass potenzielle Hinweisgeber die Informationen in ihrem Besitz einfach und unter vollständiger Wahrung der Vertraulichkeit an die zuständigen Behörden weitergeben können, die in der Lage sind, das Problem zu untersuchen und soweit wie möglich zu beheben.

...

(87) Hinweisgeber sollten vor jeder Form von direkten oder indirekten Repressalien geschützt werden, die von ihrem Arbeitgeber, von einem Kunden oder von einem Empfänger von ihnen erbrachter Dienstleistungen und von Personen, die für diese Personen arbeiten oder in ihrem Namen handeln, beispielsweise Kollegen und Führungskräfte derselben Organisation oder anderer Organisationen, mit denen der Hinweisgeber im Rahmen seiner beruflichen Tätigkeiten im Kontakt steht, ergriffen, gefördert oder geduldet werden.

(88) Wenn keine Abschreckung gegen Repressalien besteht und Repressalien ungestraft bleiben, kann dies potenzielle Hinweisgeber von Meldungen abhalten. Ein eindeutiges gesetzliches Verbot von Repressalien würde eine große abschreckende Wirkung besitzen und durch einschlägige Bestimmungen über die persönliche Haftung und über Sanktionen gegen Personen, die zu Repressalien greifen, noch verstärkt werden.

(89) Ein potenzieller Hinweisgeber, der sich nicht sicher ist, wie er Meldung erstatten kann oder ob er letztendlich geschützt werden wird, verliert möglicherweise den Mut, Meldung zu erstatten. Die Mitgliedstaaten sollten daher sicherstellen, dass hierzu einschlägige und zutreffende Informationen in einer klaren und der allgemeinen Öffentlichkeit leicht zugänglichen Weise bereitgestellt werden. Individuelle, unparteiische und vertrauliche Beratungen sollten kostenlos verfügbar sein, beispielsweise zu der Frage, ob die gemeldeten Informationen unter die geltenden Bestimmungen für den Schutz von Hinweisgebern fallen, welcher Meldekanal am besten geeignet sein dürfte und nach welchen alternativen Verfahren vorgegangen werden kann, falls die Informationen nicht unter die geltenden Bestimmungen fallen, sogenannte wegweisende Hinweise. Der Zugang zu derartigen Beratungen kann dazu beitragen, dass Meldungen über geeignete Kanäle und in verantwortungsvoller Weise vorgenommen und Verstöße zeitnah aufgedeckt oder gar verhindert werden. Derartige Beratung und Informationen könnten von einem Informationszentrum oder einer einzigen, unabhängigen Verwaltungsbehörde erteilt werden. Die Mitgliedstaaten können entscheiden, dass diese Beratung auch Rechtsberatung einschließt. Wird diese Beratung der Hinweisgeber von zivilgesellschaftlichen Organisationen übernommen, die verpflichtet sind, Informationen, die sie erhalten, vertraulich zu behandeln, so sollten die Mitgliedstaaten sicherstellen, dass diese Organisationen keinen Repressalien ausgesetzt werden, beispielsweise indem sie dadurch wirtschaftlich geschädigt werden, dass ihr Zugang zu Finanzmitteln eingeschränkt wird,

oder indem sie auf eine „schwarze Liste“ gesetzt werden und deshalb nicht mehr richtig arbeiten können.

…

(94) Über ein ausdrückliches rechtlich verankertes Verbot von Repressalien hinaus ist es von entscheidender Bedeutung, dass Hinweisgeber, die sich Repressalien ausgesetzt sehen, Zugang zu Rechtsbehelfen und Anspruch auf Entschädigung haben. Welcher Rechtsbehelf im Einzelfall am besten geeignet ist, sollte von der Art der erlittenen Repressalie abhängen, und der in solchen Fällen entstandene Schaden sollte im Einklang mit dem nationalen Recht vollständig wiedergutgemacht werden. Geeignete Rechtsbehelfe könnten beispielsweise Wiedereinstellungs- oder Wiedereinsetzungsklagen – beispielsweise nach einer Kündigung, einer Versetzung, einer Herabstufung oder Degradierung oder im Falle der Versagung einer Beförderung oder einer Teilnahme an einer Schulung –, oder Klagen auf Wiederherstellung entzogener Genehmigungen, Lizenzen oder Verträge sowie Klagen auf Entschädigung für eingetretene oder künftige finanzielle Verluste – beispielsweise Gehaltsausfälle in der Vergangenheit oder künftige Einkommensverluste, durch einen Arbeitsplatzwechsel verursachte Kosten –, für sonstige wirtschaftliche Schäden wie Rechtsschutzkosten und Kosten für medizinische Behandlungen sowie für immaterielle Schäden wie Schmerzensgeld sein.

(95) Während die Art des Rechtsbehelfs je nach Rechtsordnung variieren kann, so sollte sie doch sicherstellen, dass der Schaden tatsächlich und wirksam ausgeglichen oder ersetzt wird, und zwar auf eine Art und Weise, die dem erlittenen Schaden angemessen und abschreckend ist. In diesem Zusammenhang von Belang sind die Grundsätze der europäischen Säule sozialer Rechte, und zwar insbesondere der Grundsatz 7, in dem es heißt: „Bei jeder Kündigung haben Arbeitnehmerinnen und Arbeitnehmer das Recht, zuvor die Gründe zu erfahren, und das Recht auf eine angemessene Kündigungsfrist. Sie haben das Recht auf Zugang zu wirkungsvoller und unparteiischer Streitbeilegung und bei einer ungerechtfertigten Kündigung Anspruch auf Rechtsbehelfe einschließlich einer angemessenen Entschädigung.“ Die auf nationaler Ebene bestehenden Rechtsbehelfe sollten keine abschreckende Wirkung auf potenzielle Hinweisgeber haben. Wenn beispielsweise alternativ zu einer Wiedereinstellung im Fall einer Kündigung auch die Möglichkeit einer Entschädigung vorgesehen wird, könnte dies dazu führen, dass insbesondere größere Organisationen in der Praxis systematisch von dieser Alternative Gebrauch machen – was auf potenzielle Hinweisgeber abschreckend wirkt.

(96) Besonders wichtig für Hinweisgeber ist ein einstweiliger Rechtsschutz während laufender, mitunter langwieriger Gerichtsverfahren. Insbesondere sollten Hinweisgebern auch im nationalen Recht vorgesehene einstweilige Rechtsschutzmaßnahmen zur Verfügung stehen, die geeignet sind, Drohungen oder anhaltende Repressalien wie beispielsweise Mobbing sowie deren Versuch zu unterbinden, oder Repressalien wie eine Kündigung, die sich nach einem längeren Zeitraum unter Umständen nur schwer wieder rückgängig machen lässt und den Hinweisgeber finanziell ruinieren kann, zu verhindern, denn gerade diese Aussicht kann einen potenziellen Hinweisgeber ernsthaft entmutigen.

(97) Eine große abschreckende Wirkung auf Hinweisgeber kann zudem von außerhalb des beruflichen Kontexts ergriffenen Maßnahmen wie Gerichtsverfahren wegen vermeintlicher Verleumdung oder vermeintlicher Verstöße gegen das Urheberrecht, das Geschäftsgeheimnis, die Vertraulichkeit oder den Schutz personenbezogener Daten ausgehen. In solchen Verfahren sollten sich Hinweisgeber zu ihrer Verteidigung darauf berufen können, die Meldung von Verstößen oder die Offenlegung im Einklang mit dieser Richtlinie vorgenommen zu haben, sofern die gemeldeten oder offengelegten Informationen notwendig waren, um den Verstoß aufzudecken. In derartigen Fällen sollte es der Person obliegen, die das Verfahren angestrengt hat, nachzuweisen, dass der Hinweisgeber die in dieser Richtlinie festgelegten Bedingungen nicht erfüllt.

(98) Die Richtlinie (EU) 2016/943[1] des Europäischen Parlaments und des Rates[2] enthält Vorschriften, die gewährleisten sollen, dass ein ausreichender und kohärenter zivilrechtlicher Schutz für den Fall des rechtswidrigen Erwerbs oder der rechtswidrigen Nutzung oder Offenlegung eines Geschäftsgeheimnisses besteht. Allerdings ist darin auch festgelegt, dass der Erwerb, die Nutzung oder die Offenlegung eines Geschäftsgeheimnisses insofern als rechtmäßig anzusehen ist, als dies nach dem Unionsrecht erlaubt ist. Personen, die Geschäftsgeheimnisse in einem beruflichen Kontext erlangt haben, sollten nur dann den durch diese Richtlinie gewährten Schutz – auch vor zivilrechtlicher Haftung – genießen, wenn sie die in dieser Richtlinie festgelegten Bedingungen erfüllen, wozu auch gehört, dass die Offenlegung notwendig war, um einen Verstoß, der in den sachlichen Anwendungsbereich dieser Richtlinie fällt, aufzudecken. Sind diese Bedingungen erfüllt, so ist die Offenlegung von Geschäftsgeheimnissen als nach dem Unionsrecht erlaubt im Sinne von Artikel 3 Absatz 2 der Richtlinie (EU) 2016/943[1] zu betrachten. Überdies sollten beide Richtlinien als einander ergänzend betrachtet werden, und die in der Richtlinie (EU) 2016/943[1] vorgesehenen zivilrechtlichen Schutzmaßnahmen, Verfahren und Rechtsbehelfe sowie Ausnahmen sollten weiterhin immer dann gelten, wenn eine Offenlegung von Geschäftsgeheimnissen nicht in den Anwendungsbereich der vorliegenden Richtlinie fällt. Zuständige Behörden, denen Informationen über Verstöße zugehen, die Geschäftsgeheimnisse enthalten, sollten sicherstellen, dass sie nicht für Zwecke benutzt oder offengelegt werden, die über das für die ordnungsgemäße Weiterverfolgung der Meldungen erforderliche Maß hinausgehen.

(99) Für Hinweisgeber, die sich auf gerichtlichem Wege gegen erlittene Repressalien zur Wehr setzen, können die betreffenden Rechtskosten eine erhebliche Belastung darstellen. Wenngleich sie solche Kosten am Ende des Verfahrens möglicherweise erstattet bekommen, sind sie unter Umständen nicht in der Lage, diese Kosten zu begleichen, wenn sie am Anfang des Verfahrens auferlegt werden; dies ist insbesondere dann der Fall, wenn sie arbeitslos sind oder auf eine „schwarze Liste" gesetzt

---

[1] Nr. **325**.

[2] **Amtl. Anm.:** Richtlinie (EU) 2016/943 des Europäischen Parlaments und des Rates vom 8. Juni 2016 über den Schutz vertraulichen Know-hows und vertraulicher Geschäftsinformationen (Geschäftsgeheimnisse) vor rechtswidrigem Erwerb sowie rechtswidriger Nutzung und Offenlegung (ABl. L 157 vom 15.6.2016, S. 1).

wurden. Die Prozesskostenhilfe in Strafverfahren, insbesondere in Fällen, in denen die Hinweisgeber die Bedingungen der Richtlinie (EU) 2016/1919 des Europäischen Parlaments und des Rates[1)] erfüllen, und allgemein Unterstützung für Personen, die sich in ernsten finanziellen Nöten befinden, könnten in bestimmten Fällen zu einer wirksamen Durchsetzung des Rechts dieser Personen auf Schutz beitragen.

(100) Die Rechte der betroffenen Person sollten geschützt werden, um eine Rufschädigung oder andere negative Folgen zu vermeiden. Ferner sollten die Verteidigungsrechte der betroffenen Person und ihr Zugang zu Rechtsbehelfen in allen Stadien des sich an die Meldung anschließenden Verfahrens in vollem Umfang und im Einklang mit den Artikeln 47 und 48 der Charta gewahrt werden. Die Mitgliedstaaten sollten die Vertraulichkeit der Identität der betroffenen Person schützen und ihre Verteidigungsrechte nach den im nationalen Recht geltenden Verfahren bei Untersuchungen oder sich daran anschließenden Gerichtsverfahren gewährleisten; dazu gehören das Recht auf Akteneinsicht, das Recht auf Anhörung und das Recht auf wirksamen Rechtsschutz.

(101) Personen, die infolge einer Meldung oder Offenlegung ungenauer oder irreführender Informationen eine direkte oder indirekte Benachteiligung erfahren, sollten weiterhin den ihnen nach allgemeinem Recht zustehenden Schutz genießen und auf die nach allgemeinem nationalem Recht verfügbaren Rechtsbehelfe zurückgreifen können. In Fällen, in denen diese ungenauen oder irreführenden Informationen vorsätzlich und wissentlich gemeldet oder offengelegt wurden, sollten betroffene Personen Anspruch auf Schadensersatz nach nationalem Recht haben.

…

(106) Der sachliche Anwendungsbereich dieser Richtlinie erstreckt sich auf Bereiche, in denen die Einführung eines Schutzes von Hinweisgebern gerechtfertigt und angesichts der bisher vorliegenden Erkenntnisse geboten scheint. Dieser sachliche Anwendungsbereich könnte auf weitere Bereiche oder Rechtsakte der Union ausgeweitet werden, falls sich im Lichte etwaiger neuer Erkenntnisse oder der Ergebnisse einer Evaluierung des Funktionierens dieser Richtlinie die Notwendigkeit ergibt, die Durchsetzung dieser Richtlinie zu verstärken.

…

HABEN FOLGENDE RICHTLINIE ERLASSEN:

Kapitel I. Anwendungsbereich, Begriffsbestimmungen und Schutzvoraussetzungen

Art. 1 Ziel. Ziel dieser Richtlinie ist eine bessere Durchsetzung des Unionsrechts und der Unionspolitik in bestimmten Bereichen durch die Festlegung gemeinsamer Mindeststandards, die ein hohes Schutzniveau für Personen sicherstellen, die Verstöße gegen das Unionsrecht melden.

[1)] **Amtl. Anm.:** Richtlinie (EU) 2016/1919 des Europäischen Parlaments und des Rates vom 26. Oktober 2016 über Prozesskostenhilfe für Verdächtige und beschuldigte Personen in Strafverfahren sowie für gesuchte Personen in Verfahren zur Vollstreckung eines Europäischen Haftbefehls (ABl. L 297 vom 4.11.2016, S. 1).

Art. 2 Sachlicher Anwendungsbereich. (1) Durch diese Richtlinie werden gemeinsame Mindeststandards für den Schutz von Personen festgelegt, die folgende Verstöße gegen das Unionsrecht melden:

a) Verstöße, die in den Anwendungsbereich der im Anhang aufgeführten Rechtsakte der Union fallen und folgende Bereiche betreffen:
   i) öffentliches Auftragswesen,
   ii) Finanzdienstleistungen, Finanzprodukte und Finanzmärkte sowie Verhinderung von Geldwäsche und Terrorismusfinanzierung,
   iii) Produktsicherheit und -konformität,
   iv) Verkehrssicherheit,
   v) Umweltschutz,
   vi) Strahlenschutz und kerntechnische Sicherheit,
   vii) Lebensmittel- und Futtermittelsicherheit, Tiergesundheit und Tierschutz,
   viii) öffentliche Gesundheit,
   ix) Verbraucherschutz,
   x) Schutz der Privatsphäre und personenbezogener Daten sowie Sicherheit von Netz- und Informationssystemen;

b) Verstöße gegen die finanziellen Interessen der Union im Sinne von Artikel 325 AEUV sowie gemäß den genaueren Definitionen in einschlägigen Unionsmaßnahmen;

c) Verstöße gegen die Binnenmarktvorschriften im Sinne von Artikel 26 Absatz 2 AEUV, einschließlich Verstöße gegen Unionsvorschriften über Wettbewerb und staatliche Beihilfen, sowie Verstöße gegen die Binnenmarktvorschriften in Bezug auf Handlungen, die die Körperschaftsteuer-Vorschriften verletzen oder in Bezug auf Vereinbarungen, die darauf abzielen, sich einen steuerlichen Vorteil zu verschaffen, der dem Ziel oder dem Zweck des geltenden Körperschaftsteuerrechts zuwiderläuft.

(2) Diese Richtlinie lässt die Befugnis der Mitgliedstaaten unberührt, den Schutz nach nationalem Recht in Bezug auf Bereiche oder Rechtsakte auszudehnen, die nicht unter Absatz 1 fallen.

Art. 4 Persönlicher Anwendungsbereich. (1) Diese Richtlinie gilt für Hinweisgeber, die im privaten oder im öffentlichen Sektor tätig sind und im beruflichen Kontext Informationen über Verstöße erlangt haben, und schließt mindestens folgende Personen ein:

a) Arbeitnehmer im Sinne von Artikel 45 Absatz 1 AEUV[1)], einschließlich Beamte;

b) Selbstständige im Sinne von Artikel 49 AEUV;

c) Anteilseigner und Personen, die dem Verwaltungs-, Leitungs- oder Aufsichtsorgan eines Unternehmens angehören, einschließlich der nicht geschäftsführenden Mitglieder, sowie Freiwillige und bezahlte oder unbezahlte Praktikanten;

d) Personen, die unter der Aufsicht und Leitung von Auftragnehmern, Unterauftragnehmern und Lieferanten arbeiten.

[1)] Nr. **5**.

(2) Diese Richtlinie gilt auch für Hinweisgeber, die Informationen über Verstöße melden oder offenlegen, von denen sie im Rahmen eines inzwischen beendeten Arbeitsverhältnisses Kenntnis erlangt haben.

(3) Diese Richtlinie gilt auch für Hinweisgeber, deren Arbeitsverhältnis noch nicht begonnen hat und die während des Einstellungsverfahrens oder anderer vorvertraglicher Verhandlungen Informationen über Verstöße erlangt haben.

(4) Die Maßnahmen zum Schutz von Hinweisgebern gemäß Kapitel VI gelten, soweit einschlägig, auch für

a) Mittler,

b) Dritte, die mit den Hinweisgebern in Verbindung stehen und in einem beruflichen Kontext Repressalien erleiden könnten, wie z.B. Kollegen oder Verwandte des Hinweisgebers, und

c) juristische Personen, die im Eigentum des Hinweisgebers stehen oder für die der Hinweisgeber arbeitet oder mit denen er in einem beruflichen Kontext anderweitig in Verbindung steht.

Art. 5 Begriffsbestimmungen. Für die Zwecke dieser Richtlinie bezeichnet der Ausdruck

1. „Verstöße" Handlungen oder Unterlassungen, die
   i) rechtswidrig sind und mit den Rechtsakten der Union und den Bereichen in Zusammenhang stehen, die in den sachlichen Anwendungsbereich gemäß Artikel 2 fallen, oder
   ii) dem Ziel oder dem Zweck der Vorschriften der Rechtsakte der Union und der Bereiche, die in den sachlichen Anwendungsbereich gemäß Artikel 2 fallen, zuwiderlaufen;
2. „Informationen über Verstöße" Informationen, einschließlich begründeter Verdachtsmomente, in Bezug auf tatsächliche oder potenzielle Verstöße, die in der Organisation, in der der Hinweisgeber tätig ist oder war, oder in einer anderen Organisation, mit der der Hinweisgeber aufgrund seiner beruflichen Tätigkeit im Kontakt steht oder stand, bereits begangen wurden oder sehr wahrscheinlich erfolgen werden, sowie in Bezug auf Versuche der Verschleierung solcher Verstöße;
3. „Meldung" oder „melden" die mündliche oder schriftliche Mitteilung von Informationen über Verstöße;
4. „interne Meldung" die mündliche oder schriftliche Mitteilung von Informationen über Verstöße innerhalb einer juristischen Person des privaten oder öffentlichen Sektors;
5. „externe Meldung" die mündliche oder schriftliche Mitteilung von Informationen über Verstöße an die zuständigen Behörden;
6. „Offenlegung" oder „offenlegen" das öffentliche Zugänglichmachen von Informationen über Verstöße;
7. „Hinweisgeber" eine natürliche Person, die im Zusammenhang mit ihren Arbeitstätigkeiten erlangte Informationen über Verstöße meldet oder offenlegt;
8. „Mittler" eine natürliche Person, die einen Hinweisgeber bei dem Meldeverfahren in einem beruflichen Kontext unterstützt und deren Unterstützung vertraulich sein sollte;

9. „beruflicher Kontext“ laufende oder frühere Arbeitstätigkeiten im öffentlichen oder im privaten Sektor, durch die Personen unabhängig von der Art der Tätigkeiten Informationen über Verstöße erlangen und bei denen sich diese Personen Repressalien ausgesetzt sehen könnten, wenn sie diese Informationen melden würden;
10. „betroffene Person“ eine natürliche oder eine juristische Person, die in der Meldung oder in der Offenlegung als eine Person bezeichnet wird, die den Verstoß begangen hat, oder mit der die bezeichnete Person verbunden ist;
11. „Repressalien“ direkte oder indirekte Handlungen oder Unterlassungen in einem beruflichen Kontext, die durch eine interne oder externe Meldung oder eine Offenlegung ausgelöst werden und durch die dem Hinweisgeber ein ungerechtfertigter Nachteil entsteht oder entstehen kann;
12. „Folgemaßnahmen“ vom Empfänger einer Meldung oder einer zuständigen Behörde ergriffene Maßnahmen zur Prüfung der Stichhaltigkeit der in der Meldung erhobenen Behauptungen und gegebenenfalls zum Vorgehen gegen den gemeldeten Verstoß, unter anderem durch interne Nachforschungen, Ermittlungen, Strafverfolgungsmaßnahmen, Maßnahmen zur (Wieder-)Einziehung von Mitteln oder Abschluss des Verfahrens;
13. „Rückmeldung“ die Unterrichtung des Hinweisgebers über die geplanten oder bereits ergriffenen Folgemaßnahmen und die Gründe für diese Folgemaßnahmen;
14. „zuständige Behörde“ die nationale Behörde, die benannt wurde, um Meldungen nach Kapitel III entgegenzunehmen und dem Hinweisgeber Rückmeldung zu geben und/oder als die Behörde benannt wurde, welche die in dieser Richtlinie vorgesehenen Aufgaben – insbesondere in Bezug auf etwaige Folgemaßnahmen – erfüllt.

Kapitel II. Interne Meldungen und Folgemaßnahmen

Art. 7 Meldung über interne Meldekanäle. (1) Unbeschadet der Artikel 10 und 15 können Informationen über Verstöße grundsätzlich unter Nutzung der internen Meldekanäle und Verfahren nach Maßgabe dieses Kapitels gemeldet werden.

(2) Die Mitgliedstaaten setzen sich dafür ein, dass die Meldung über interne Meldekanäle gegenüber der Meldung über externe Meldekanäle in den Fällen bevorzugt wird, in denen intern wirksam gegen den Verstoß vorgegangen werden kann und der Hinweisgeber keine Repressalien befürchtet.

(3) Im Rahmen der Unterrichtung vonseiten juristischer Personen des privaten und öffentlichen Sektors gemäß Artikel 9 Absatz 1 Buchstabe g und vonseiten zuständiger Behörden gemäß Artikel 12 Absatz 4 Buchstabe a und Artikel 13 werden zweckdienliche Informationen über die Nutzung der internen Meldekanäle gemäß Absatz 2 bereitgestellt.

Art. 8 Pflicht zur Einrichtung interner Meldekanäle. (1) Die Mitgliedstaaten stellen sicher, dass juristische Personen des privaten und öffentlichen Sektors Kanäle und Verfahren für interne Meldungen und für Folgemaßnahmen einrichten; sofern nach nationalem Recht vorgesehen, nach Rücksprache und im Einvernehmen mit den Sozialpartnern.

(2) [1]Die Kanäle und Verfahren gemäß Absatz 1 dieses Artikels müssen den Arbeitnehmern der juristischen Person die Meldung von Informationen über Verstöße ermöglichen. [2]Sie können auch den in Artikel 4 Absatz 1 Buchstaben b, c und d und Artikel 4 Absatz 2 genannten anderen Personen, die im Rahmen ihrer beruflichen Tätigkeiten mit der juristischen Person im Kontakt stehen, die Meldung von Informationen über Verstöße ermöglichen.

(3) Absatz 1 gilt für juristische Personen des privaten Sektors mit 50 oder mehr Arbeitnehmern.

(4) Der in Absatz 3 festgelegte Schwellenwert gilt nicht für juristische Personen, die unter die im Anhang in den Teilen I.B und II genannten Unionsrechtsakte fallen.

(5) [1]Meldekanäle können intern von einer hierfür benannten Person oder Abteilung betrieben oder extern von einem Dritten bereitgestellt werden. [2]Die in Artikel 9 Absatz 1 genannten Garantien und Anforderungen gelten auch für Dritte, die damit beauftragt sind, den Meldekanal für eine juristische Person des privaten Sektors zu betreiben.

(6) [1]Juristische Personen des privaten Sektors mit 50 bis 249 Arbeitnehmern können für die Entgegennahme von Meldungen und für möglicherweise durchzuführende Untersuchungen Ressourcen teilen. [2]Dies gilt unbeschadet der diesen juristischen Personen durch diese Richtlinie auferlegten Verpflichtung, Vertraulichkeit zu wahren, Rückmeldung zu geben und gegen den gemeldeten Verstoß vorzugehen.

(7) Nach einer geeigneten Risikobewertung, die der Art der Tätigkeiten der juristischen Personen und dem von ihnen ausgehenden Risiko – insbesondere für die Umwelt und die öffentliche Gesundheit – Rechnung trägt, können die Mitgliedstaaten juristische Personen des privaten Sektors mit weniger als 50 Arbeitnehmern verpflichten, interne Meldekanäle und -verfahren gemäß Kapitel II einzurichten.

(8) [1]Die Mitgliedstaaten teilen der Kommission jede gemäß Absatz 7 gefasste Entscheidung, juristische Personen des privaten Sektors zur Einrichtung interner Meldekanäle zu verpflichten, mit. [2]Diese Mitteilung enthält eine Begründung der Entscheidung und die in der Risikobewertung nach Absatz 7 verwendeten Kriterien. [3]Die Kommission setzt die anderen Mitgliedstaaten von dieser Entscheidung in Kenntnis.

(9) *[1]* Absatz 1 gilt für alle juristischen Personen des öffentlichen Sektors, einschließlich Stellen, die im Eigentum oder unter der Kontrolle einer solchen juristischen Person stehen.

[2] Die Mitgliedstaaten können Gemeinden mit weniger als 10 000 Einwohnern oder weniger als 50 Arbeitnehmern oder sonstige juristische Personen im Sinne von Unterabsatz 1 dieses Absatzes mit weniger als 50 Arbeitnehmern von der Verpflichtung nach Absatz 1 ausnehmen.

[3] Die Mitgliedstaaten können vorsehen, dass interne Meldekanäle entsprechend dem nationalen Recht von Gemeinden gemeinsam oder von gemeinsamen Behördendiensten betrieben werden können, sofern die geteilten internen Meldekanäle von den einschlägigen externen Meldekanälen getrennt und gegenüber diesen autonom sind.

Art. 9 Verfahren für interne Meldungen und Folgemaßnahmen.

(1) Die Verfahren für interne Meldungen und Folgemaßnahmen gemäß Artikel 8 schließen Folgendes ein:

a) Meldekanäle, die so sicher konzipiert, eingerichtet und betrieben werden, dass die Vertraulichkeit der Identität des Hinweisgebers und Dritter, die in der Meldung erwähnt werden, gewahrt bleibt und nicht befugten Mitarbeitern der Zugriff darauf verwehrt wird;

b) eine innerhalb einer Frist von sieben Tagen nach Eingang der Meldung an den Hinweisgeber zu richtende Bestätigung dieses Eingangs;

c) die Benennung einer unparteiischen Person oder Abteilung, die für die Folgemaßnahmen zu den Meldungen zuständig ist, wobei es sich um dieselbe Person oder Abteilung handeln kann, die die Meldungen entgegennimmt und die mit dem Hinweisgeber in Kontakt bleibt, diesen erforderlichenfalls um weitere Informationen ersucht und ihm Rückmeldung gibt;

d) ordnungsgemäße Folgemaßnahmen der benannten Person oder Abteilung nach Buchstabe c;

e) ordnungsgemäße Folgemaßnahmen in Bezug auf anonyme Meldungen, sofern durch das nationale Recht vorgesehen;

f) einen angemessenen zeitlichen Rahmen für die Rückmeldung an den Hinweisgeber, und zwar von maximal drei Monaten ab der Bestätigung des Eingangs der Meldung bzw. – wenn der Eingang dem Hinweisgeber nicht bestätigt wurde – drei Monate nach Ablauf der Frist von sieben Tagen nach Eingang der Meldung;

g) die Erteilung klarer und leicht zugänglicher Informationen über die Verfahren für externe Meldungen an die zuständigen Behörden nach Artikel 10 und gegebenenfalls an Organe, Einrichtungen oder sonstige Stellen der Union.

(2) [1] Die Meldekanäle gemäß Absatz 1 Buchstabe a müssen die Meldung in schriftlicher oder mündlicher bzw. in beiden Formen ermöglichen. [2] Mündliche Meldungen müssen per Telefon oder mittels einer anderen Art der Sprachübermittlung sowie – auf Ersuchen des Hinweisgebers – im Wege einer physischen Zusammenkunft innerhalb eines angemessenen Zeitrahmens möglich sein.

Kapitel VI. Schutzmaßnahmen

Art. 19 Verbot von Repressalien. Die Mitgliedstaaten ergreifen die erforderlichen Maßnahmen, um jede Form von Repressalien gegen die in Artikel 4 genannten Personen, einschließlich der Androhung von Repressalien und des Versuchs von Repressalien, zu untersagen; dies schließt insbesondere folgende Repressalien ein:

a) Suspendierung, Kündigung oder vergleichbare Maßnahmen;

b) Herabstufung oder Versagung einer Beförderung;

c) Aufgabenverlagerung, Änderung des Arbeitsortes, Gehaltsminderung, Änderung der Arbeitszeit;

d) Versagung der Teilnahme an Weiterbildungsmaßnahmen;

e) negative Leistungsbeurteilung oder Ausstellung eines schlechten Arbeitszeugnisses;

f) Disziplinarmaßnahme, Rüge oder sonstige Sanktion einschließlich finanzieller Sanktionen;
g) Nötigung, Einschüchterung, Mobbing oder Ausgrenzung;
h) Diskriminierung, benachteiligende oder ungleiche Behandlung;
i) Nichtumwandlung eines befristeten Arbeitsvertrags in einen unbefristeten Arbeitsvertrag in Fällen, in denen der Arbeitnehmer zu Recht erwarten durfte, einen unbefristeten Arbeitsvertrag angeboten zu bekommen;
j) Nichtverlängerung oder vorzeitige Beendigung eines befristeten Arbeitsvertrags;
k) Schädigung (einschließlich Rufschädigung), insbesondere in den sozialen Medien, oder Herbeiführung finanzieller Verluste (einschließlich Auftrags- oder Einnahmeverluste);
l) Erfassung des Hinweisgebers auf einer „schwarzen Liste" auf Basis einer informellen oder formellen sektor- oder branchenspezifischen Vereinbarung mit der Folge, dass der Hinweisgeber sektor- oder branchenweit keine Beschäftigung mehr findet;
m) vorzeitige Kündigung oder Aufhebung eines Vertrags über Waren oder Dienstleistungen;
n) Entzug einer Lizenz oder einer Genehmigung;
o) psychiatrische oder ärztliche Überweisungen.

Art. 21 Maßnahmen zum Schutz vor Repressalien. (1) [1]Die Mitgliedstaaten ergreifen die erforderlichen Maßnahmen, um sicherzustellen, dass die in Artikel 4 genannten Personen vor Repressalien geschützt sind. [2]Dies umfasst insbesondere die in den Absätzen 2 bis 8 des vorliegenden Artikels genannten Maßnahmen.

(2) Unbeschadet des Artikels 3 Absätze 2 und 3 gelten Personen, die nach dieser Richtlinie Informationen über Verstöße melden oder offenlegen, nicht als Personen, die eine Offenlegungsbeschränkung verletzt haben, und sie können für eine solche Meldung oder Offenlegung in keiner Weise haftbar gemacht werden, sofern sie hinreichenden Grund zu der Annahme hatten, dass die Meldung oder Offenlegung der Information notwendig war, um einen Verstoß gemäß dieser Richtlinie aufzudecken.

(3) [1]Hinweisgeber können nicht für die Beschaffung der oder den Zugriff auf Informationen, die gemeldet oder offengelegt wurden, haftbar gemacht werden, sofern die Beschaffung oder der Zugriff nicht als solche bzw. solcher eine eigenständige Straftat dargestellt haben. [2]Im Fall, dass die Beschaffung oder der Zugriff eine eigenständige Straftat darstellen, unterliegt die strafrechtliche Haftung weiterhin dem nationalen Recht.

(4) Jede weitere mögliche Haftung des Hinweisgebers aufgrund von Handlungen oder Unterlassungen, die nicht mit der Meldung oder Offenlegung in Zusammenhang stehen oder für die Aufdeckung eines Verstoßes nach dieser Richtlinie nicht erforderlich sind, unterliegt weiterhin dem geltenden Unionsrecht oder nationalem Recht.

(5) [1]In Verfahren vor einem Gericht oder einer anderen Behörde, die sich auf eine vom Hinweisgeber erlittene Benachteiligung beziehen und in denen der Hinweisgeber geltend macht, diese Benachteiligung infolge seiner Meldung oder der Offenlegung erlitten zu haben, wird vermutet, dass die Benachteiligung eine Repressalie für die Meldung oder Offenlegung war. [2]In diesen

Fällen obliegt es der Person, die die benachteiligende Maßnahme ergriffen hat, zu beweisen, dass diese Maßnahme auf hinreichend gerechtfertigten Gründen basierte.

(6) Die in Artikel 4 genannten Personen erhalten Zugang zu geeigneten Abhilfemaßnahmen gegen Repressalien einschließlich einstweiligen Rechtsschutzes während laufender Gerichtsverfahren nach Maßgabe des nationalen Rechts.

(7) *[1]* [1] In Gerichtsverfahren, einschließlich privatrechtlicher, öffentlich-rechtlicher oder arbeitsrechtlicher Gerichtsverfahren wegen Verleumdung, Verletzung des Urheberrechts, Verletzung der Geheimhaltungspflicht, Verstoßes gegen Datenschutzvorschriften, Offenlegung von Geschäftsgeheimnissen sowie Schadensersatzverfahren, können die in Artikel 4 genannten Personen aufgrund von Meldungen oder von Offenlegungen im Einklang mit dieser Richtlinie in keiner Weise haftbar gemacht werden. [2] Diese Personen haben das Recht, unter Verweis auf die betreffende Meldung oder Offenlegung die Abweisung der Klage zu beantragen, sofern sie hinreichenden Grund zu der Annahme hatten, dass die Meldung oder Offenlegung notwendig war, um einen Verstoß gemäß dieser Richtlinie aufzudecken.

[2] Wenn eine Person Informationen über in den Anwendungsbereich dieser Richtlinie fallende Verstöße meldet oder offenlegt, die Geschäftsgeheimnisse beinhalten, und wenn diese Person die Bedingungen dieser Richtlinie erfüllt, gilt diese Meldung oder Offenlegung als rechtmäßig im Sinne von Artikel 3 Absatz 2 der Richtlinie (EU) 2016/943[1)].

(8) Die Mitgliedstaaten ergreifen die erforderlichen Maßnahmen, um sicherzustellen, dass Rechtsbehelfe und eine vollständige Wiedergutmachung des erlittenen Schadens für die in Artikel 4 genannten Personen entsprechend dem nationalem Recht vorgesehen sind.

Kapitel VII. Schlussbestimmungen

Art. 25 Günstigere Behandlung und Regressionsverbot. (1) Die Mitgliedstaaten können unbeschadet der Artikel 22 und Artikel 23 Absatz 2 für die Rechte von Hinweisgebern günstigere Bestimmungen als die in dieser Richtlinie festgelegten Bestimmungen einführen oder beibehalten.

(2) Die Umsetzung dieser Richtlinie darf unter keinen Umständen als Rechtfertigung dafür dienen, das von den Mitgliedstaaten bereits garantierte Schutzniveau in den von dieser Richtlinie erfassten Bereichen abzusenken.

Art. 28 Inkrafttreten. Diese Richtlinie tritt am zwanzigsten Tag nach ihrer Veröffentlichung im *Amtsblatt der Europäischen Union* in Kraft.

Art. 29 Adressaten. Diese Richtlinie ist an die Mitgliedstaaten gerichtet.

[1)] Nr. **325**.

Teil IV. Anhänge
Vorschriften zu Beschäftigung, Freizügigkeit, Soziale Sicherheit, Technischer Arbeitsschutz

Anhang I
Hinweise auf Vorschriften zur Beschäftigung und zum Beschäftigungszugang[1)]

- **Richtlinie 1999/63/EG** des Rates vom 21. Juni 1999 zu der vom Verband der Reeder in der Europäischen Gemeinschaft (European Community Shipowners' Association ECSA) und dem Verband der Verkehrsgewerkschaften in der Europäischen Union (Federation of Transport Workers' Unions in the European Union FST) getroffenen Vereinbarung über die Regelung der Arbeitszeit von Seeleuten (ABl. L 167 S. 33), geänd. durch RL v. 16.2.2009 (ABl. L 124 S. 30, geänd. 2018 ABl. L 22 S. 28).
- **Richtlinie 1999/95/EG** des Europäischen Parlaments und des Rates vom 13. Dezember 1999 zur Durchsetzung der Arbeitszeitregelung für Seeleute an Bord von Schiffen, die Gemeinschaftshäfen anlaufen (ABl. 2000 L 14 S. 29).
- **Richtlinie 2000/79/EG** des Rates vom 27. November 2000 über die Durchführung der von der Vereinigung Europäischer Fluggesellschaften (AEA), der Europäischen Transportarbeiter-Föderation (ETF), der European Cockpit Association (ECA), der European Regions Airline Association (ERA) und der International Air Carrier Association (IACA) geschlossenen Europäischen Vereinbarung über die Arbeitszeitorganisation für das fliegende Personal der Zivilluftfahrt (ABl. L 302 S. 57).
- **Richtlinie 2005/47/EG** des Rates vom 18. Juli 2005 betreffend die Vereinbarung zwischen der Gemeinschaft der Europäischen Bahnen (CER) und der Europäischen Transportarbeiter-Föderation (ETF) über bestimmte Aspekte der Einsatzbedingungen des fahrenden Personals im interoperablen grenzüberschreitenden Verkehr im Eisenbahnsektor (ABl. L 195 S. 15).
- **Richtlinie 2008/106/EG** des Europäischen Parlaments und des Rates vom 19. November 2008 über Mindestanforderungen für die Ausbildung von Seeleuten (ABl. Nr. L 323 S. 33), zuletzt geänd. durch RL v. 20.6.2019 (ABl. L 188 S. 94).
- **Richtlinie 2005/36/EG** des Europäischen Parlaments und des Rates vom 7. September 2005 über die Anerkennung von Berufsqualifikationen (ABl. L 255 S. 22, ber. ABl. L 271 S. 18, 2008 L 93 S. 28, 2009 L 33 S. 49, 2014 L 305 S. 115), zuletzt geänd. durch Beschl. v. 23.1.2020 (ABl. L 131 S. 1).
- **Verordnung (EU) Nr. 1296/2013** des Europäischen Parlaments und des Rates vom 11. Dezember 2013 über ein Programm der Europäischen Union für Beschäftigung und soziale Innovation („EaSI“) und zur Änderung des Beschlusses Nr. 283/2010/EU über die Einrichtung eines europäischen Progress-Mikrofinanzierungsinstruments für Beschäftigung und soziale Euglie-

[1)] Nichtamtliche Übersicht. Die Vorschriften sind vollständig wiedergegeben unter www.EU-ArbR.beck.de.

derung (ABl. L 347 S. 238), zuletzt geänd. durch VO v. 18.7.2018 (ABl. L 193 S. 1).

- **Verordnung (EU) 2016/589** des Europäischen Parlaments und des Rates vom 13. April 2016 über ein Europäisches Netz der Arbeitsvermittlungen (EURES), den Zugang von Arbeitnehmern zu mobilitätsfördernden Diensten und die weitere Integration der Arbeitsmärkte und zur Änderung der Verordnungen (EU) Nr. 492/2011 und (EU) Nr. 1296/2013 (ABl. L 107 S. 1), geänd. durch VO v. 20.6.2019 (ABl. L 186 S. 21).
- **Richtlinie (EU) 2019/1023** des Europäischen Parlaments und des Rates vom 20. Juni 2019 über präventive Restrukturierungsrahmen, über Entschuldung und über Tätigkeitsverbote sowie über Maßnahmen zur Steigerung der Effizienz von Restrukturierungs-, Insolvenz- und Entschuldungsverfahren und zur Änderung der Richtlinie (EU) 2017/1132 (ABl. L 172 S. 18).

Anhang II
Hinweise auf Vorschriften zur Freizügigkeit[1]

- **Richtlinie 2004/38/EG** des Europäischen Parlaments und des Rates vom 29. April 2004 über das Recht der Unionsbürger und ihrer Familienangehörigen, sich im Hoheitsgebiet der Mitgliedstaaten frei zu bewegen und aufzuhalten, zur Änderung der Verordnung (EWG) Nr. 1612/68 und zur Aufhebung der Richtlinien 64/221/EWG, 68/360/EWG, 72/194/EWG, 73/148/EWG, 75/34/EWG, 75/35/EWG, 90/364/EWG, 90/365/EWG und 93/96/EWG (ABl. L 158 S. 77, ber. ABl. L 229 S. 35, ABl. 2007 L 204 S. 28).

[1] Nichtamtliche Übersicht. Die Vorschriften sind vollständig wiedergegeben unter www.EU-ArbR.beck.de.

Anhang III
Hinweise auf Vorschriften zur Sozialen Sicherheit[1]

- **Richtlinie 79/7/EWG** des Rates vom 19. Dezember 1978 zur schrittweisen Verwirklichung des Grundsatzes der Gleichbehandlung von Männern und Frauen im Bereich der sozialen Sicherheit (ABl. 1979 L 6 S. 24).
- **Richtlinie 98/49/EG** des Rates vom 29. Juni 1998 zur Wahrung ergänzender Rentenansprüche von Arbeitnehmern und Selbständigen, die innerhalb der Europäischen Gemeinschaft zu- und abwandern (ABl. L 209 S. 46).
- **Richtlinie 2010/41/EU** des Europäischen Parlaments und des Rates vom 7. Juli 2010 zur Verwirklichung des Grundsatzes der Gleichbehandlung von Männern und Frauen, die eine selbständige Erwerbstätigkeit ausüben, und zur Aufhebung der Richtlinie 86/613/EWG des Rates (ABl. L 180 S. 1).

---

[1] Nichtamtliche Übersicht. Die Vorschriften sind vollständig wiedergegeben unter www.EU-ArbR.beck.de.

Anhang IV
Hinweise auf Vorschriften zum Technischen Arbeitsschutz[1)]

- **Richtlinie 89/656/EWG** des Rates vom 30. November 1989 über Mindestvorschriften für Sicherheit und Gesundheitsschutz bei Benutzung persönlicher Schutzausrüstungen durch Arbeitnehmer bei der Arbeit (Dritte Einzelrichtlinie im Sinne des Artikels 16 Absatz 1 der Richtlinie 89/391/EWG) (ABl. L 393 S. 18), zuletzt geänd. durch RL v. 24.10.2019 (ABl. L 279 S. 35).
- **Richtlinie 90/269/EWG** des Rates vom 29. Mai 1990 über die Mindestvorschriften bezüglich der Sicherheit und des Gesundheitsschutzes bei der manuellen Handhabung von Lasten, die für die Arbeitnehmer insbesondere eine Gefährdung der Lendenwirbelsäule mit sich bringt (Vierte Einzelrichtlinie im Sinne von Artikel 16 Absatz 1 der Richtlinie 89/391/EWG) (ABl. L 156 S. 9), zuletzt geänd. durch VO v. 20.6.2019 (ABl. L 198 S. 241).
- **Richtlinie 90/270/EWG** des Rates vom 29. Mai 1990 über die Mindestvorschriften bezüglich der Sicherheit und des Gesundheitsschutzes bei der Arbeit an Bildschirmgeräten (Fünfte Einzelrichtlinie im Sinne von Artikel 16 Absatz 1 der Richtlinie 89/391/EWG) (ABl. L 156 S. 14, ber. ABl. L 171 S. 30), zuletzt geänd. durch VO v. 20.6.2019 (ABl. L 198 S. 241).
- **Richtlinie 91/322/EWG** der Kommission vom 29. Mai 1991 zur Festsetzung von Richtgrenzwerten zur Durchführung der Richtlinie 80/1107/EWG des Rates über den Schutz der Arbeitnehmer vor der Gefährdung durch chemische, physikalische und biologische Arbeitsstoffe bei der Arbeit (ABl. L 177 S. 22), zuletzt geänd. durch RL v. 31.1.2017 (ABl. L 27 S. 115).
- **Richtlinie 92/57/EWG** des Rates vom 24. Juni 1992 über die auf zeitlich begrenzte oder ortsveränderliche Baustellen anzuwendenden Mindestvorschriften für die Sicherheit und den Gesundheitsschutz (Achte Einzelrichtlinie im Sinne des Artikels 16 Absatz 1 der Richtlinie 89/391/EWG) (ABl. L 245 S. 6), zuletzt geänd. durch VO v. 20.6.2019 (ABl. L 198 S. 241).
- **Richtlinie 92/58/EWG** Rates vom 24. Juni 1992 über Mindestvorschriften für die Sicherheits- und/oder Gesundheitsschutzkennzeichnung am Arbeitsplatz (Neunte Einzelrichtlinie im Sinne von Artikel 16 Absatz 1 der Richtlinie 89/391/EWG) (ABl. L 245 S. 23), zuletzt geänd. durch VO v. 20.6.2019 (ABl. L 198 S. 241).
- **Richtlinie 92/85/EWG** des Rates vom 19. Oktober 1992 über die Durchführung von Maßnahmen zur Verbesserung der Sicherheit und des Gesundheitsschutzes von schwangeren Arbeitnehmerinnen, Wöchnerinnen und stillenden Arbeitnehmerinnen am Arbeitsplatz (Zehnte Einzelrichtlinie im Sinne des Artikels 16 Absatz 1 der Richtlinie 89/391/EWG) (ABl. L 348 S. 1), zuletzt geänd. durch VO v. 20.6.2019 (ABl. L 198 S. 241).
- **Richtlinie 92/91/EWG** des Rates vom 3. November 1992 über Mindestvorschriften zur Verbesserung der Sicherheit und des Gesundheitsschutzes der Arbeitnehmer in den Betrieben, in denen durch Bohrungen Mineralien

---

[1)] Nichtamtliche Übersicht. Die Vorschriften sind vollständig wiedergegeben unter www.EU-ArbR.beck.de.

gewonnen werden (ABl. L 348 S. 9), geänd. durch RL v. 20. 6. 2007 (ABl. L 165 S. 21).

- **Richtlinie 92/104/EWG** des Rates vom 3. Dezember 1992 über Mindestvorschriften zur Verbesserung der Sicherheit und des Gesundheitsschutzes der Arbeitnehmer in übertägigen oder untertägigen mineralgewinnenden Betrieben (Zwölfte Einzelrichtlinie im Sinne des Artikels 16 Absatz 1 der Richtlinie 89/391/EWG) (ABl. L 404 S. 10), geänd. durch RL v. 20. 6. 2007 (ABl. L 165 S. 21).
- **Richtlinie 93/103/EG** des Rates vom 23. November 1993 über Mindestvorschriften für Sicherheit und Gesundheitsschutz bei der Arbeit an Bord von Fischereifahrzeugen (13. Einzelrichtlinie im Sinne von Artikel 16 Absatz 1 der Richtlinie 89/391/EWG) (ABl. L 307 S. 1), geänd. durch RL v. 20. 6. 2007 (ABl. L 165 S. 21).
- **Richtlinie 98/24/EG** des Rates vom 7. April 1998 zum Schutz von Gesundheit und Sicherheit der Arbeitnehmer vor der Gefährdung durch chemische Arbeitsstoffe bei der Arbeit (Vierzehnte Einzelrichtlinie im Sinne des Artikels 16 Absatz 1 der Richtlinie 89/391/EWG) (ABl. L 131 S. 11), zuletzt geänd. durch VO v. 20.6.2019 (ABl. L 198 S. 241).
- **Richtlinie 1999/92/EG** des Europäischen Parlaments und des Rates vom 16. Dezember 1999 über Mindestvorschriften zur Verbesserung des Gesundheitsschutzes und der Sicherheit der Arbeitnehmer, die durch explosionsfähige Atmosphären gefährdet werden können (Fünfzehnte Einzelrichtlinie im Sinne von Artikel 16 Absatz 1 der Richtlinie 89/391/EWG) (ABl. 2000 Nr. L 23 S. 57, ber. ABl. L 134 S. 36), zuletzt geänd. durch RL v. 27. 6. 2007 (ABl. L 165 S. 21).
- **Richtlinie 2000/39/EG** der Kommission vom 8. Juni 2000 zur Festlegung einer ersten Liste von Arbeitsplatz-Richtgrenzwerten in Durchführung der Richtlinie 98/24/EG des Rates zum Schutz von Gesundheit und Sicherheit der Arbeitnehmer vor der Gefährdung durch chemische Arbeitsstoffe bei der Arbeit (ABl. L 142 S. 47), zuletzt geänd. durch RL v. 24.10.2019 (ABl. L 279 S. 31).
- **Richtlinie 2000/54/EG** des Europäischen Parlaments und des Rates vom 18. September 2000 über den Schutz der Arbeitnehmer gegen Gefährdung durch biologische Arbeitsstoffe bei der Arbeit (Siebte Einzelrichtlinie im Sinne von Artikel 16 Absatz 1 der Richtlinie 89/391/EWG) (ABl. L 262 S. 21), zuletzt geänd. durch RL v. 3.6.2020 (ABl. Nr. L 175 S. 11).
- **Richtlinie 2002/44/EG** des Europäischen Parlaments und des Rates vom 25. Juni 2002 über Mindestvorschriften zum Schutz von Sicherheit und Gesundheit der Arbeitnehmer vor der Gefährdung durch physikalische Einwirkungen (Vibrationen) (ABl. L 177 S. 13), zuletzt geänd. durch VO v. 20.6.2019 (ABl. L 198 S. 241).
- **Richtlinie 2003/10/EG** des Europäischen Parlaments und des Rates vom 6. Februar 2003 über Mindestvorschriften zum Schutz von Sicherheit und Gesundheit der Arbeitnehmer vor der Gefährdung durch physikalische Einwirkungen (Lärm) (17. Einzelrichtlinie im Sinne des Artikels 16 Absatz 1 der Richtlinie 89/391/EWG) (ABl. L 42 S. 38), zuletzt geänd. durch VO v. 20.6. 2019 (ABl. L 198 S. 241)
- **Richtlinie 2004/37/EG** des Europäischen Parlaments und des Rates vom 29. April 2004 über den Schutz der Arbeitnehmer gegen Gefährdung durch

Karzinogene oder Mutagene bei der Arbeit (Sechste Einzelrichtlinie im Sinne von Artikel 16 Absatz 1 der Richtlinie) (ABl. L 158 S. 50, ber. ABl. L 229 S. 23), zuletzt geänd. durch VO v. 20.6.2019 (ABl. L 198 S. 241).

- **Richtlinie 2006/25/EG** des Europäischen Parlaments und des Rates vom 5. April 2006 über Mindestvorschriften zum Schutz von Sicherheit und Gesundheit der Arbeitnehmer vor der Gefährdung durch physikalische Einwirkungen (künstliche optische Strahlung) (19. Einzelrichtlinie im Sinne des Artikels 16 Absatz 1 der Richtlinie 89/391/EWG) (ABl. L 114 S. 38), zuletzt geänd. durch VO v. 20.6.2019 (ABl. L 198 S. 241).
- **Richtlinie 2009/104/EG** des Europäischen Parlaments und des Rates vom 16. September 2009 über Mindestvorschriften für Sicherheit und Gesundheitsschutz bei Benutzung von Arbeitsmitteln durch Arbeitnehmer bei der Arbeit (Zweite Einzelrichtlinie im Sinne des Artikels 16 Absatz 1 der Richtlinie 89/391/EWG) (ABl. L 260 S. 5).
- **Richtlinie 2009/148/EG** des Europäischen Parlaments und des Rates vom 30. November 2009 über den Schutz der Arbeitnehmer gegen Gefährdung durch Asbest am Arbeitsplatz (ABl. L 330 S. 28), geänd. durch VO v. 20.6. 2019 (ABl. L 198 S. 241).

Sachverzeichnis

Die fetten Ziffern kennzeichnen die Ordnungsnummern, unter denen die Verordnungen, Richtlinien, Gesetze usw. in dieser Ausgabe abgedruckt sind. Die mageren Ziffern bedeuten Artikel bzw. Paragrafen.